KB106501

씨네샹떼

세계 영화사의 걸작 25편,
두 개의 시선, 또 하나의 미래

씨네샹떼

강신주 이상용

민음사

삶에서 기승전결 따위는 있을 수 없다. 그건 예술에서나 가능할 뿐. 아니, 정확히 말해 삶에 기승전결이 없으니, 그걸 만들려고 하는 절절한 노력이 예술이라고 할 수 있겠다. 영화도 예외는 아니다. 오히려 영화만큼 우리에게 기승전결의 감각을 잘 가르쳐주는 매체도 없다. 가슴에 사무치도록 아찔한 영상과 음향으로 영화는 우리에게 말한다. 우리의 삶은 이렇게 시작해서 이렇게 발전하고 이렇게 변하고, 그래서 이렇게 마무리될 수도 있다고.

이렇게 만남을 시작해서 그렇게 연애를 하고 어떤 커플이 되어 백년해로를 꿈꾼다고. 흔히 영화가 현실을 반영한다고들 말하지만, 실상은 정반대다. 우리는 영화를 보면서 삶을 배운다. 주인공으로 살아가는 멋진 방법에서 루저로 견디는 법까지, 키스하는 방법에서부터 섹스를 나누는 법까지, 다가가는 기술에서부터 헤어지는 방법까지, 커피를 마시는 방법에서 소주와 와인을 폭음하는 것까지. 배움은 넘쳐난다. 음악을 듣는 방법, 산책하는 방법, 자본에 굴하지 않는 방법, 권력에 맞서는 방법…… 그 모든 것을 모아 우리는 '영화'라고 부른다.

현대 철학자 조르조 아감벤이 영화의 본질 중 하나로 제스처를 꼽은 데는 이유가 있다. 그것은 벌거벗은 생명, 즉 '누다비타(La Nuda Vita)'의 본질을 영화와 맞물려 설명하려고 한 것도 있지만, 제스처야말로 영화의 시작이었고 과정이었으며 결론이 되기 때문이다. 「톰과 제리」의 마지막 장면처럼 아이리스로 처리된 동그란 클로즈업 속에 제리가 보내는 윙크는 이야기가 끝났음을 대변한다. 제스처는 그 자체로 알파이자 오메가인 셈이다.

이 제스처에는 비극적 제스처가 있을 수 있고, 희극적 제스처가 있을 수도 있다. 달콤 쌉싸름한 희비극적 제스처를 상상해 보는 것은 또 어떠한가. 영화 속 주인공들에 대한 감정이입을 통해 우리는 모두 이것들 가운데 하나쯤은 경험해 보았음 직하다. "아! 저렇게 프러포즈를 하면 내 마음이 잘 전달되겠구나." "충분히 이해는 하지만, 나라면 그렇게 안 했을 텐데." 등등. 그래서 영화는 자동적으로 거울이 된다. 캐릭터들의 제스처를 통해 주인공의 삶과 자신의 삶을 이해하는 것, 이것이 바로 영화를 통한 성찰이다. 놀라운 건 반성과 성찰의 주체가 되는 순간,

우리는 삶의 주인공으로 살아가는 길에 한 걸음 더 내딛을 수 있게 된다는 것이다. 그것이 우리가 영화를 보는 진정한 이유다.

우리는 영화가 성찰적 힘을 가지고 있다고 믿는다. 아니, 성찰적 힘이 없는 영화는 가짜 영화라고 확신한다. 그것이 윤리적이거나 정치적인 성찰이든, 아니면 미적이거나 사회적 성찰이든 간에 말이다. 영화가 가진 힘을 가장 잘 알고 있는 영화평론가와 가장 추상적이고 보편적으로 사유하는 철학자가 만난 것도 이런 이유에서다. 철학자를 통해 성찰의 힘을 극대화할 수 있고, 영화평론가를 통해 영화 매체의 가능성을 명료화할 수 있으니까 말이다. 그렇지만 궁극적으로 우리는 영화를 통해 철학자가 영화평론가가 되고, 영화평론가가 철학자가 되는 걸 꿈꾼다. 스크린 이미지는 꿈과 현실의 경계를 가로지르며, 남자와 여자의 차이를 넘나들며, 모든 것을 하나의 프로젝션을 통해 투사하는 것을 실현하기 때문이다. 영화관은 거대한 자궁이고, 영화는 모든 것을 융합시키는 거대한 용광로와 같은 장소이기 때문이다. 그것은 가능한 일일까? 아니면 버스터 키튼 영화의 한 장면처럼 대낮 극장가의 백일몽에 지나지 않는 것일까?

최소한 이 책은 우리가 꾼 꿈의 결과라고 할 수 있다. 그리고 우리는 이 꿈을 함께 나누자고 말을 거는 중이다. 그것은 영화를 완성한 모든 감독들이 소망하는 것이기도 하다. 이 영화를 어떻게 바라볼까? 내가 웃는 장면에서 같이 웃을까? 의외의 장면들을 좋아할 수도 있다. 알 수가 없다. 영화는 완성되는 순간 관객에게 전달되는 미지의 영역으로 흘러가기에, 그와 마찬가지로 책을 출간하는 바로 이 순간도 두렵고 설레기만 하다. 두려움과 떨림. 그 울림 속에 두꺼운 책장의 서문을 마지막으로 쓴다.

2015년 4월

거의 1년 동안의 행복한 동거를 마무리하며

강신주, 이상용

차례

프롤로그

'씨네샹떼'라는 또 한 편의 영화

이상용

특정 시대에 너무 잘 맞아떨어지는 사람, 모든 면에서 완벽히 시대에 묶여 있는 사람은 동시대인이 아니다. 왜냐하면 바로 그 때문에 그들은 시대를 쳐다보지도, 확고히 응시하지도 못하기 때문이다. —조르조 아감벤, 『벌거벗음』에서

1

'사람'이라는 단어를 '영화'로 바꾸어 놓는다. "특정 시대에 너무 잘 맞아떨어지는 영화, 모든 면에서 완벽히 시대에 묶여 있는 영화는 동시대 영화가 아니다. 왜냐하면 바로 그 때문에 그 영화들은 시대를 쳐다보지도, 확고히 응시하지도 못하기 때문이다." 어떤 영화를 선택할 것인가? 이 질문에 대한 답변이 바로 『씨네샹떼』의 모든 것이라고도 할 수 있다. 그것은 선택한 영화들을 통해 과연 무엇을 말할 것인가 하는 문제와 연결된다. 이 물음에 대한 답을 찾는 것은 쉬웠다. 어떤 작품을 선택하든지 간에 그 영화를 통해 말해야 하는 것은 저 먼 미래나 흘러간 과거의 이야기가 아니다. 우리는 영화를 통해 동시대를 이야기해야만 한다. 무엇인가를 본다는 것, 무엇인가를 경험한다는 것은 점성술처럼 신비로운 것이 아니다. 그저 내가 속한 시대를 좀 더 이해하고 싶은 열망일 따름이다. 그렇다면 동시대 영화를 선택하는 것이야말로 동시대를 말하고 이해하는 가장 좋은 방법이 되지 않겠는가. 동시대 영화야말로 정서, 감정, 생각, 이데올로기를 보여 주는 것들이 아니겠는가.

2

틀린 말은 아니다. 그러나 사정을 면밀히 들여다보면 생각이 달라진다. 하나의 예를 들어보자. 걸그룹의 다리나 보이그룹의 복근은 동시대에 속한 것이기는 하다. 하지만 그들이 지닌 매끄러운 표면은 결코 동시대를 바라보도록 이끌지는 못한다. 너무나 매끈하고 아름다운 동시대의 이미지들은 오히려 눈을 멀게 만들어 버린다. 그것은 응시하기를 방해한다. 다리와 복근에 대해 제대로 말할 수 있는 시

점은 시간이 지난 뒤에야 가능할 것이다. 매끄러운 표면의 아름다움에 퇴적층이 쌓인 후에야 비로소 지층을 거둬 내고 그것들이 지닌 동시대적인 의미를 생각할 수 있게 될 것이다. 시간의 지층을 뚫고 들어가 그 작품의 동시대성을 기꺼이 발굴해 내고자 할 것이다.

영화를 통해 동시대를 응시한다는 것도 이와 같은 맥락이다. 동시대를 제대로 응시하기 위해서는 동시대에 묶여 있는 작품들이 아니라 일정한 '시차'를 두고 지층을 거둬 낼 수 있는 작품들이 필요하다. 시차야말로 동시대를 들여다볼 틈을 만들어 준다.

3

강력한 시차를 찾아 영화의 기원으로 내려간다. 1895년. 뤼미에르 형제가 프랑스의 리옹에서 영화를 찍기 시작했다. 이 무렵 영화는 새로운 발명품으로 각광받고 있었다. 미국의 에디슨은 키네토스코프를 발명한다. 이 장비는 만화경처럼 홀로 영화를 감상할 수 있는 상자였다. 뤼미에르 형제 중에서 솜씨가 좋은 동생 루이가 당대의 발명품들에 자극을 받아 시네마토그라프를 발명한다. 이 장비는 촬영기로도 사용될 뿐만 아니라 뒤집어 놓으면 영상기로도 쓰일 수 있다. 다른 발명품들에 비해 작고 가볍다는 것도 장점이었다.

무엇보다 시네마토그라프는 키네토스코프와는 달리 영사를 통해 한 편의 영화를 동시에 여러 사람이 관람할 수가 있었다. 그것은 오늘날의 극장 문화가 되었다. 시네마토그라프에서 발전한 새로운 시스템들이 20세기 기술사와 함께 발달하면서 스크린은 점점 거대해졌고, 영화는 인류의 문화가 되었다. 그렇다면 뤼미에르 형제의 승리로 영화사는 종결된 것인가?

지금의 상황은 다르게 전개되고 있다. 키네토스코프라는 이름은 역사의 뒤안길로 사라졌지만 오늘날 키네토스코프는 스마트폰, 노트북, 각종 개인용 멀티미디어 기기 속에서 부활하였다. 거리를 보면 알 수 있다. 지하철, 버스, 카페에 앉은 21세기 관객들은 시네마토그라프보다 키네토스코프를 더 사랑한다.

영화가 집단적으로 경험되는 것이라는 사실이 유지되고 있기는 하지만, 확산되고 있는 것은 개인이 관람하는 방식이다. 그것은 영화 경험의 변천사를 돌아보게 만든다. 처음에는 집단적 경험과 개인적 경험의 방식 사이에 갈등이 있었다. 이후 집단적 경험이 압도하면서, 영화는 혁명의 경험으로 번져 갔다. 독일의 비평가 발터 벤야민은 러시아 몽타주 영화를 보며 열광한 후 『기술 복제 시대의 예술 작품』에 영화의 새로운 아우라를 예찬하는 글을 쓴다. 그것은 영화라는 집단적 경험의 아우라를 예찬하는 것이기도 했다. 그러나 벤야민이 이 글을 선보인 지 100년도 지나지 않아, 이 열광은 곧 개인의 경험 시대로 접어든다. 영화의 기원은 이러한 흐름을 돌아보게 만든다. 거기에는 영화적 경험의 변천사를 이루는 키네토스코프와 시네마토그라프가 있었다. 오늘날 새로운 것은 알고 보면 익숙한 것들이다. 시차의 발견은 이 모든 것을 생각하게 만든다.

4

1895년 뤼미에르 형제의 영화를 시작으로 4부의 지형도를 그려 가기 시작했다. 1부 영화라는 테크놀로지는 영화의 기원을 다룬다. 막 생겨난 영화 속에는 무한한 가능성이 있었다. 움직임의 기록이 있고, 달나라로 향하는 판타지가 있으며, 무표정한 웃음이 있고, 무엇보다 혁명의 기록이 있다. 또한 20세기에 창궐한 도시와 산업에 대한 비판들이 이어졌다.

2부 영화의 사려 깊은 의미는 세계사의 격변인 양차 세계대전을 오가며 경험했던 세계의 파국을 들여다본다. 전쟁으로 인한 기아, 죽음, 광기를 경험하면서 영화는 아이의 태도에서 벗어날 수 있었다. 그러나 공교롭게도 이 시기의 대표적 흐름이었던 네오리얼리즘의 주인공은 아이다.

3부 영화, 욕망을 발산하다는 새로운 욕망이 들끓던 1960년대로부터 시작된다. 프리섹스의 시대, '쿨'의 정서와 욕망이 가득했던 시대다. 이 무렵의 영화들은 훌륭하다. 아마도 영화가 욕망을 담아내는 적합한 매체이기 때문이었을 것이다. 그녀의 빨간 입술, 그의 건장한 어깨 등. 전쟁의 경험을 벗어난 영화는 아이의 시기를 지나 성숙한 성인의 욕망을 드러내기 시작했다. 고다르, 안토니오니와 같은 감독들의 영화는 지적인 성숙함과 예술적 욕망까지도 마음껏 발산하였다.

4부 불안한 영혼, 방황하는 영화는 가까이 놓여 있는 진행형의 영화들이다. 방황하는 어른들이다. 20세기 후반 영화는 인류 문화의 중심이 되었고, 극장에 가는 것은 아주 흔한 일상이 되었다. 영화는 흔한 일상 속에 담긴 인간의 마음을 궁금해한다. 끝내 인간의 마음을 클로즈업하기에 이른다. 그것은 거대한 스크린을 통해 흔들리는 마음, 방황하는 영혼을 응시하는 것이다. 그 끝에는 구원을 향한 열망이 있다.

네 부의 구분은 단순한 편리성에 의한 것은 아니다. 혁명, 전쟁, 운동 등을 오가면서 각각의 영화들은 '사건으로서의 영화'를 대변한다. 그 사건들은 지나간 시대에 국한된 것이 아니라 오늘날 우리가 속해 있는 시대를 들여다볼 수 있는 틀을 제공한다. 또한 각각의 작품에 주목하는 것도 게을리하지 않았다. 한 편의 영화에는 기술사적인 의미와 사회적인 의미, 그리고 예술로서의 의미가 뒤엉켜 있다. 할 수 있다면 이것들을 음미해 보고자 했다.

5

책의 틀은 영화의 '시놉시스'를 시작으로 한다. 이미 나와 있는 영화의 자료들이나 소개가 넘쳐나지만 오류도 많이 발견된다. 그러한 오류들을 잡아 가면서 충실한 소개글이 되고자 했다. 이어지는 '작가에 대하여'는 풍성하지는 않지만 주목해야 하는 작가에 대한 기본적인 가이드가 되고자 했다. 강신주와 이상용이 펼치는 대담 '시네토크'는 강연장에서 이뤄진 것을 바탕으로 새롭게 보충하고 독자를 위한 가독성을 제공하기 위해 재가공되었다. 현장에 있던 독자들 입장에서는, 새롭게 정리된 주제들과 명쾌해진 내용들이 눈에 띌 것이다. 끝으로 강연이 끝난 후에 철학자와 평론가가 영화에 대한 한 편의 글을 각각 썼다. 그것은 서로의 대담을 통해 영향을 받고 난 후, 관객들로부터 질문을 받은 후에 답하는 과정에서 새로운 생각을 하게 되면서 완성한 글들이다. 후일담의 형태이기는 하지만 그 어느 때보다 더 빠른 호흡으로 숨 가쁘게 완성한 밀도 높은 글이다. 이후 각각의 작품들이 후대에 끼친 영향을 짧게 정리했다. 현장에서 나누었던 '키워드'는 따로 모아 책자 말미에 배치함으로써 마치 참고 사전처럼 읽어볼 수 있도록 구성하였다.

6

결과적으로 이 책은 한 권의 시나리오였다. 이를 바탕으로 25회의 촬영 현장이 펼쳐진 것이다. 철학자 강신주와 평론가 이상용은 배우였다. 감독이기도 했다. 때로는 다른 것일 수도 있었다. 할 수만 있다면 버스터 키튼이나 찰리 채플린처럼 감독이자 배우이기를 원했다. 더욱 이상적으로 생각한 것은 다르덴 형제처럼 서로의 역할을 바꾸어 가면서 영화를 완성하고 싶었다.

한 편의 영화가 완성되기 위해서는 감독과 배우뿐만 아니라 촬영, 음향, 무대 등 수많은 스태프들이 필요하다. 철학자 강신주가 민음사라는 출판사와 함께 이 프로젝트에 대한 제안을 해 왔다. 평론가 이상용은 제안을 듣고 CGV아트하우스에 반년이 넘는 프로젝트의 구현을 제안하였다. 이 복잡한 과정은 조율과 협업의 과정을 통해 '영화'를 만든다는 열망으로 하나가 되었다. 이 책자 속에는 무대 뒤에서 강연자들보다, 글쓴이들보다 더 진한 노고를 한 사람들의 노력들이 배어 있다. 고마움이 남는다. 영화는 한 편의 고마운 교향악이다.

7

그러나 끝내 영화를 완성하는 것은 관객들이다. 한 편의 영화는 어떠한 방식으로든지 관객의 시선을 통해 경험될 때 의미를 얻는다. 제 아무리 고전과 걸작의 이름을 달고 있다고 해도 보이지 않는다면, 읽히지 않는다면 무용지물이다. 『씨네샹떼』라는 영화의 운명도 마찬가지다. 이 책을 통해 파노라마처럼 펼쳐지는 영화의 역사는 이전의 영화책들과는 다른 경험을 전해 줄 것으로 희망한다. 오늘날 영화에 대한 말들은 그 어느 때보다 범람하고 있지만, 정작 영화를 응시하고 들여다보고 생각하면서 동시대를 사유하는 말들은 사라져 가고 있다. 이 책의 열망은 시대의 뒤안길로 접어든 영화의 성찰을 다시금 불러일으키는 것이다. 그리하여 영화와 함께 영화의 언어가 타오르는 것이다.

더욱 강력하게 희망하는 것은 책을 열람한 뒤에는 수록된 스물다섯 편의 영화가 새로운 관람의 경험으로 이어지기를 원한다는 점이다. 그럴 때만이 이 책의 수많은 장면들은 스물다섯 편의 영화 관람과 함께 '완성된 미래의 영화'로 다가갈 것이기 때문이다. 한 권의 책이 한 편의 영화를 낳고, 한 편의 영화가 또 다른 후대의 이야기를 낳으며, 이 책은 영원히 To be Continued되는 진행형의 영화가 된다. 우리는 그 영화들을 예찬할 따름이다. 모름지기 예찬하고, 예찬을 나누는 자들에게는 복이 있을지어다. 서로를 향해 비난하기보다는 축복하고 격려하면서 열정의 에너지를 나누기를 희망한다.

8

자, 책장을 꺼내 든다. 불이 꺼진다. 빛이 들어온다. 어둠 속에서 새로운 이야기가 펼쳐진다. 그 이야기들은 또 다른 사연들을 낳고, 그 사연들은 서로의 언어와 시선을 오가면서 전혀 다른 영화가 펼쳐진다. 영화는 영화다. 아니, 『씨네샹떼』는 영화다. 막이 오른다.

1부

영화라는 테크놀로지

1895 ~ 1936

19세기 후반에 도래한 영화는 기술 복제가 쉬워진 시대에 가장 각광받은 문화가 되었다. 그러나 영화적 경험은 처음부터 낯설기만 했고, 영화사 초기를 이끈 감독들은 이 경험의 필터를 요리조리 만지작거리기 시작했다. 낯선 만화경을 어떻게 들여다보게 할 것인가? 무엇을 경험시킬 것인가? 그것은 영화의 걸음마(early cinema)를 시작하는 가장 중요한 태도였다.

① 1강 영화와 영화적인 것에 대하여

열차의 도착
뤼미에르 형제

물 뿌리는 정원사
루이 뤼미에르

달세계 여행
조르주 멜리에스

영화를 지켜보는 설렘

열차의 도착 L'Arrivée d'un Train en Gare de la Ciotat, 1895

프랑스 | 1분 | 뤼미에르 형제

단지 흑백 화면인 데다가 노이즈도 보이고 괴상하다. 혹시 내가 눈병이라도 걸린 것일까, 아니면 꿈인가, 또는 환상인가? 시오타 역에 진입하는 열차 한 대가 객석까지 무섭게 돌진해 들어온다. 단 몇 초에 불과한 짤막한 영상이지만, 당시 이것이 불러일으킨 충격은 지금까지도 이어진다. 과거의 관객은 자기 턱밑까지 밀고 들어온 기차, 정확하게는 그 영상에 경악했고, 우리는 새로운 시대의 개막에 경의를 표할 따름이다. 단순한 촬영물이 새로이 태어나게 되는 첫 번째 계기를 지금 만나 보자.

가까운 이웃 나라들

프랑스 | 뤼미에르 형제

오늘날에도 여행은 우리의 가슴을 두근거리게 만든다. 하물며 100여 년 전 사람들에게는 어떤 의미였을까? 분명 단순한 설렘 그 이상이었을 것이다. 교통수단도 여의찮았던 시대에, 먼 나라의 광경을 영화를 통해 볼 수 있다는 건 어쩌면 마법처럼 신비한 경험이었을 것이다. 지구의(地球儀)를 빙글 돌려 어느 한 지점을 찍어 보자. 파리에서 가까운 영국이나 이탈리아, 아니 미국보다 더 먼 곳을 생각해 보라. 윌리엄 백퍼드나 샤토브리앙의 소설을 통해 그려 봤던 동양의 이미지, 실재하는지조차 의심스러운 극동의 왕국까지 전부 앉은자리에서 내다볼 수 있게 된 것이다. 이처럼 환상이라는 이름의 현실이, 벌써 영화 속에 깃들어 있었다.

물 뿌리는 정원사 L'Arroseur Arrosé, 1895

프랑스 | 1분 | 루이 뤼미에르

한 사람이 서서 정원에 물을 주고 있다. 호스에서 뿜어져 나오는 물줄기가 시원하다. 그런데 한 아이가 몰래 다가와, 정원사가 쥔 호스의 한 자락을 사뿐히 밟는다. 갑자기 물이 멎고, 정원사는 이상한 기분이 들어 자꾸 호스 안쪽을 들여다본다. 장난꾸러기 아이는 이때다 싶어 밟고 있던 호스에서 물러서고, 때마침 미친 듯이 솟구친 물줄기에 정원사는 봉변을 당한다. 그렇게 두 사람은 옥신각신하다가, 끝내 붙잡힌 아이는 호되게 얻어맞는다. 영화가 이렇게 재미있을 수 있다니!

달세계 여행 Le Voyage dans la Lune, 1902

프랑스 | 13분 | 조르주 멜리에스

괴짜 천문학 교수는 사람들을 불러 모아 일대 강연을 벌인다. "제 이론대로라면 저 달나라에 다녀올 수 있지요." 강단을 뚫어지게 보고 있던 청중은 저마다 웅성이기 시작한다. "분명 저 교수는 미친 게 틀림없어!" 하지만 천문학 교수는 눈 하나 깜짝하지 않는다. 오히려 잠자코 지켜보라며 큰소리친다. "이 대포를 이용하기만 하면!" 교수는 거대한 로켓을 보여 주며, 이것을 타고 달나라에 다녀오겠노라고 장담한다. 춤과 음악이 넘치는 응원 속에서, 로켓은 거대한 대포를 이용해 달나라까지 곧장 날아오른다. "쿵!" 달 표면에 안착한 로켓은, 달님의 심기를 불편하게 만든다. "아이고, 내 눈을 찌르다니!" 물론, 천문학 교수는 아랑곳없다. 오히려 여봐란듯이 달나라 구석구석을 들쑤시고 다닌다. 그러다 교수 일행은 외나무다리에서 맞닥뜨린 달나라 원주민들에게 쫓기는 신세가 되고, 결국 그들에게 포박당한다. 일행은 달나라 황제의 포로로 잡히지만, 놀라운 기지를 발휘하여 탈출에 성공한다. 교수는 일행들과 함께 지구로 귀환하고, 그들은 마치 동방 원정을 마친 알렉산드로스 대왕처럼 의기양양하게 자신들의 경험을 떠벌린다.

작가에 대하여

뤼미에르 형제

Auguste Marie Louis Nicholas Lumière, 1862-1954
Louis Jean Lumière, 1864-1948

"우리는 오로지 하나만 생각했다."

형인 오귀스트 마리 니콜라스 뤼미에르는 1862년, 동생인 루이 장 뤼미에르는 1864년, 둘 다 프랑스 브장송의 트윈 계곡에서 태어났다. 아버지 앙투안은 그림을 그리다가 사진작가로 활동했다. 1894년 2월 13일, 뤼미에르 형제는 시네마토그라프[846쪽 키워드 참고] 특허를 획득한 뒤 그해 여름, 루이는 노동자가 공장에서 퇴근하는 장면을 시네마토그라프로 촬영했다. 드디어 1895년 12월 28일 뤼미에르 형제는 파리 그랑 카페에서 첫 영화 상영회를 주관했다. 이 상영회에서는 「공장에서 나오는 사람들」, 「열차의 도착」, 「물 뿌리는 정원사」 등 모두 열 편의 작품이 상영됐다. 유료 상영이었다. 이후 하루에 20회 정도의 상영회를 여러 주에 걸쳐 개최하였으며, 이때부터 사람들이 줄을 서서 영화를 보기 위해 기다리는 풍경이 연출되었다. 1896년부터 뤼미에르 형제는 영화 산업을 국제적으로 확산시키기 시작했다. 1896년 3월 1일에 벨기에 브뤼셀에서 기존의 작품들이 상영되었고, 뤼미에르 공장에서 파견한 직원들이 스페인, 러시아, 인도, 브라질, 체코 등에서 상영회를 열기 시작했다. 이들은 상영뿐만 아니라 세계 도시의 사람들과 풍경을 촬영함으로써 국제적 볼거리로서의 영화를 생산하는 역할을 하기도 했다. 뤼미에르 형제의 활동은 영화 산업의 시작을 알렸다.

조르주 멜리에스

Georges Méliès, 1861-1938

"가장 조악한 트릭에서 가장 큰 영향력이 나온다."

조르주 멜리에스는 극장을 소유한 전문 마술사였다. 1895년 뤼미에르 형제의 영화를 본 후 자신의 공연 프로그램에 영화를 포함시키려 했지만, 뤼미에르 형제는 기계를 팔지 않았다. 영국에서 장비를 들여온 멜리에스는 1896년부터 「사라진 여인(Escamotage d'une Dame)」을 비롯하여 영화를 만들기 시작했다. 여인이 해골로 바뀌는 마술적 트릭을 활용하여 촬영한 작품이었다. 1897년 온실 형태의 스튜디오를 제작한 멜리에스는 캔버스 위에 달을 포함한 여러 세트를 디자인하여 판타지 영화를 만들기 시작했다. 1899년에 제작한 「드레퓌스 사건(Arrestation de Dreyfus)」은 5년 전에 일어난 반유대인 사건을 다뤄 사회적 관심을 끌기도 했다. 1902년 선보인 「달 세계 여행」으로 정점을 구가하던 멜리에스의 영화의 인기는 1905년 이후에 서서히 시들해진다. 결국 1912년 그는 빚더미에 올라앉고 추후 제작을 포기하였다. 그의 작품 수는 500편 정도로 알려져 있지만, 그중 남아 있는 작품은 절반을 조금 넘을 뿐이다. 그는 아내가 차린 장난감 가게에서 일하다 1938년에 사망하였다. 마틴 스코세이지는 전설적인 멜리에스의 이 시절 이야기를 「휴고(Hugo)」(2011)에 담았다. 이 영화에서 멜리에스는 장난감 가게 주인으로 등장한다.

시네토크

영화와 영화적인 것에 대하여

미술의 나라 프랑스 출신답게 오귀스트 뤼미에르와 루이 뤼미에르 형제, 그리고 조르주 멜리에스는 영화의 태동에서부터 큰 족적을 남겼다. 뤼미에르 형제의 첫 번째 영화로 알려진 작품과 주요한 영화들, 그리고 1902년 멜리에스의 유명한 작품인 「달세계 여행」을 두고 '영화'의 시작을 생각해 본다. 영화라는 것이 규정되지 않았던 시대의 초기 영화에는 움직이는 짧은 영상이 전부였다. 애초에 영화를 본다는 것은 무엇일까? 초기 영화에 담긴 몸짓은 무엇이었을까? 이 영화들은 영화가 어디로 나아갈 거라고 생각했을까? 기원을 들여다보려면 질문이 필요하다. 지금과는 다르지만, 놀라운 시작이었던 그때로 들어간다.

키네토스코프와 시네마토그라프

강 자, 드디어 씨네샹떼가 막을 올리네요. 오늘은 영화가 탄생하는 현장을 다루려고 합니다. 어느 경우든 최초의 발걸음, 그 방향과 속도가 그 미래를 결정하는 법입니다. 먼저 이상용 선생님이 영화라는 아이의 출산 과정을 복원해 주실 겁니다.

이 뤼미에르 형제는 사진가 집안에서 태어났습니다. 둘 다 재능이 있었던 것 같고요. 특히 동생 루이가 발명가의 재능이 넘쳤죠. 이들은 1895년 2월 시네마토그라프라는 영화 촬영기로 특허를 받고 그 후 영화를 찍기 시작합니다. 사실 영화를 볼 수 있는 기기는 에디슨이 먼저 만들었습니다. 야구 선수 베이브 루스(1895-1948)의 전기에서 읽은 적이 있는데, 당시 평균적인 미국인들은 날씨 좋을 때는 메이저리그를 보러 가고 비가 올 때는 에디슨의 키네토스코프[1]를 보러 갔다고 합니다. 그만큼 키네토스코프가 인기가 많았던 거죠.

영사 기능에 초점이 맞춰져 있던 키네토스코프에 비해 시네마토그라프는 촬영기와 영사기를 겸할 수 있었습니다. 휴대하기 간편하고 촬영과

1 1889년 에디슨이 발명한 영사기로, 한 사람이 구멍으로 영상을 들여다보는 방식이었으나 영화 산업의 기초가 되었다.

루이 뤼미에르가 발명한 시네마토그라프

“영사 기능에 초점이 맞춰져 있던 키네토스코프에 비해 시네마토그라프는 촬영기와 영사기를 겸할 수 있었습니다. 휴대하기 간편하고 촬영과 영사까지 되는 기기라 당시 활용도가 높은 장비였습니다. 새로운 기술에 민감했던 루이는 에디슨의 아이디어에 재봉틀의 원리를 적용해 필름에 펀치를 뚫어 프레임 수를 맞추는 기기를 발명했습니다.”

영사까지 되는 기기라 당시 활용도가 높은 장비였습니다. 이렇듯 영화는 산업 기술적 풍요에서 비롯된 발명품입니다. 흑백사진에서 컬러사진, 스틸사진에서 활동사진으로 기술이 발전하면서 영화가 탄생한 것입니다. 새로운 기술에 민감했던 루이는 에디슨의 아이디어에 재봉틀의 원리를 적용해 필름에 펀치를 뚫어 프레임 수를 맞추는 기기를 발명했습니다. 활동사진이 탄생한 거죠. 초당 46프레임이었던 키네토스코프(현재는 24프레임이 일반적이죠.)에서 벗어나, 루이는 눈이 잘 적응할 수 있는 게 16프레임이라고 판단했습니다. 그래서 초기 영화를 보면 프레임 수가 현재와 다르기 때문에 다소 어색하게 느껴질 때가 있습니다. 프레임 수가 다르다보니 초당 24프레임을 움직이는 영사기에 걸면 원래의 러닝타임보다 짧아지게 되겠죠. 1분마다 8프레임이 당겨지는 셈이니까요. 그래서 무성영화는 러닝타임을 표시하기보다는 릴의 길이를 표시하는 것을 상영 시간을 알려 주는 표기법으로 종종 쓰게 됩니다.

리옹 지방의 부잣집 가문 출신이었던 뤼미에르 형제는 이 시네마토그라프 기술을 이용해 뭘 찍었을까요? 첫 대상은 바로 공장에서 나오는 사람들이었습니다. 그 공장이 바로 '뤼미에르 공장'입니다. 루이는 열일곱 살 때 사진 감광판 기술을 발명했는데, 1890년대 초반에 이 공장은 직원을 300명이나 고용할 정도로 호황을 누렸습니다. 맨 처음 장비를 갖추어 찍었던 것이 바로 자기 집안의 공장이었던 것이죠. 이 작품은 한 편의 영화이면서 기록이자 홍보 영상이었던 셈입니다.

초기작 중에는 카메라를 들고 내리는 사람들이 영화 속에 등장하기도 합니다. 뤼미에르 공장에 근무하는 조수들이었죠. 요즘은 셀프카메라를 찍는 행위가 일반적인데, 그 시절에도 별반 다르지 않았나 봐요. 인간의 원초적인 관심사는 아주 '가까이'에 있죠. 뤼미에르 형제도 늘 보던 것을 찍었습니다. 밥 먹는 아이가 찍힌 영상을 보세요. 그 아이의 아버지가 바로 오귀스트 뤼미에르였습니다. 카드놀이 하는 장면에는 오귀스트와 그의 장인이 있고요. 영화를 찍는다는 게 대단한 일로 보일 수 있겠지만, 사진가 집안의 뤼미에르 형제는 기록사진과 같은 목적으로 가족, 직장 동료 등 주변에 있는 것들을 찍는 것으로 시작했습니다.

반면 「물 뿌리는 정원사」는 처음으로 조작이 들어간 영화입니다. 초기의 일상적인 영상에 비해 '설정'이 돋보이는 클립이에요. 영화의 주목도를 높이기 위해 '연출'이 가미된 것이지요. 코미디와 개그 요소가 더해졌다는 것은 관객에 대한 본격적인 의식이 생겨났음을 알려 줍니다. 버스터 키튼, 해럴드 로이드(1893-1971), 찰리 채플린의 영화는 액션을 통해 애크러배틱적 화면 구성을 효과적으로 보여 주는데, 여기 뤼미에르 형제의 영화에서도 그 가능성의 단초를 찾을 수 있습니다. 우리는 뤼미에르 형제를 다큐멘터리 영화의 효시쯤으로만 이해하고 있지만, 「물 뿌리는 정원사」를 보면 어떻게 관객을 몰입시킬지 고민을 많이 했던 영화 감독이었다는 것을 알 수 있습니다. 뤼미에르는 기계적 조작을 통한 효과를 발견해 내기도 했습니다. 「벽 부수기(Demolition d'un Mur)」(1895)를 보면 인부들이 집을 부수는 장면을 보여준 후 필름을 거꾸로 돌려 집이 만들어지는 흥미로운 연출을 표현해 내기도 합니다.

「열차의 도착」은 영화의 기원이 되는 작품으로 많이 알려져 있죠. 기차의 진입을 처음 목격했던 당대인들은 혼비백산하여 달아났다고 합니다. 초창기 영화에서 '기차'라는 소재의 의미는 상당히 독특합니다. 기차가 근대성(모더니티)의 상징이었던 만큼 최첨단 예술 '영화'에 어울리는 소재였습니다. 기차라는 테크놀로지가 '다가오다', '도착하다'라는 의미를 뤼미에르는 부각하고 싶을 테죠. 요약하자면 초창기 영화는 일상을 담는 것이었는데(과시성), 곧 관객을 의식하면서 장르적 요소를 도입했고(연출성), 시대정신을 담아 근대성(시의성)을 주제화하기 시작했던 겁니다.

영화의 기원으로 돌아가자면 1초당 16프레임에 '무엇'을 담아야 할 것인가는 중요한 문제였습니다. 당시 《르 몽드》에서는 뤼미에르 형제가 관객을 매료한 것은 사건 자체의 황홀함이 아니라 우연적이고 사소한 부분들, 즉 아이가 밥을 먹을 때 뒤에서 움직이는 나뭇가지, 배가 항구를 떠날 때 물결 위로 너울거리는 햇살의 매력이라고 썼습니다. 모네, 르누아르, 세잔 등 동시대 인상주의 화가들을 통해 빛에 대한 인상은 이미 인식하고 있던 거죠. 모네의 「해돋이 인상」(1874)이나 성당 시리즈에는 찰나의 아름다움에 대한 인식이 극대화된 것이 잘 나타납니다. 영화는 이 순간의 '움직임'까지 다룰 수 있는 최적의 매체였습니다. 영화가 이런 아름다움을 포착했던 정신을 계승하면서 덜 산업적인 장르로 발전됐다면 지금쯤 좀 더 사적이고 개인적인 성격의 작품들이 많이 탄생했을지도 모르겠습니다. 그런데 뤼미에르 형제가 사업의 일환으로 전 세계를 순회하며 영화를 상영하기 시작했고 그때 촬영도 병행했기 때문에 2년 남짓한 기간 동안 750편 정도의 영화를 찍게 됩니다. 이를 통해 영화는 '산업'의 국면으로 진입하게 됩니다.

영화의 현실 모방, 우리의 영화 모방

강 이상용 선생님은 영화평론가답게 초기 영화를 좋아하시는 것 같습니다. 전 이렇게 봤어요. 영화를 '집단'이 보았다는 사실이 굉장히 중요해 보여요. 영화는 집단적인 지각 경험을 만들죠. 그러니까 영화를 통해 동시대를 느끼고 살아가는 공통된 방식을 제공받는다는 겁니다. 마이클 잭슨이 문워크를 선보이자 우리는 자연스럽게 따라 춤춥니다. 그럴 때 우리는 그 춤을 '마이클 잭슨적'이라고 말할 수 있지요. 혼자 춘다면 미친 짓이지만 같이하면, 마이클 잭슨을 따라 하면, 그것도 대다수의 사람이 따라 하면, 그 춤은 유행이자 주류가 됩니다. '같이한다'라는 것의 의미는 엄청나죠. '영화 같다'라는 것은 영화에서 본 장면과 비슷하다는 뜻입니다. 우리는 신혼여행을 가면 스스로 영화 같은 장면을 연출하곤 합니다. 아름다운 영화를 많이 본 사람은 자연을 보고 영화적이라고 느끼기 마련이죠. 우리에게는 영화라는 경험이 각인한 특유한 지각 구조가 있는 겁니다.

인상주의가 탄생할 수 있었던 계기는 사진의 발명이었습니다. 회화의 기본 전통은 테크닉, 즉 모사(模寫)인데, 사진이 발명되는 순간 회화 장르에 있어서 '똑같은 것', 즉 복제의 의의는 축소된 것입니다. 그때부터 '주관'이 중요해진 거죠. 모네, 마네, 고흐 같은 인상파를 낳은 것이 바로 사진입니다. 영화 16프레임의 한 컷 한 컷도 사진입니다. 한 컷의 사진에 내재한 리얼리티에 필름의 연결, 속도, 편집 같은(리얼리티에서 멀어지게 하는) 요소가 더해집니다. 그러니 영화도 '주관'의 요소가 강해지죠. 감독이 중요한 것도 이런 이유 때문일 겁니다.

새로운 매체의 등장은 기존 매체에 대해 근본적인 물음을 제기하죠. 영화가 등장하면서 소설가들이 소설을 정당화해야 하는 곤혹스러운 상황에 직면하게 된 것도 어쩌면 당연한 일이에요. 프루스트의 『잃어버린 시간을 찾아서』에 이런 말이 나옵니다. "이것은 영화로 표현되지 못해." 지금 소설은 위기입니다. 사진이 등장했을 때 화가들은 내면의 인상을 중시하는 인상주의자가 되었습니다. 영화가 등장하면서 소설가는 자의식에 눈을 돌려 심리 소설에 집중하게 됩니다. 이제는 영화로 표현할 수 없는 것을 써야 하니까요. 사진의 등장으로 회화에서 사실주의가 후퇴하고 인상주의나 표현주의가 등장한 것처럼 말입니다. 훗날 영화도 새로 등장한 매체 앞에서 자신의 존재를 정당화하기 위해 변신을 꾀할 필요가 생길지도 모르죠.

처음으로 돌아와 영화의 본질은 사진에 운동성을 더한 '활동사진'이라는 말에서 찾을 수 있습니다. 映畵(영화)라는 한자에는 '시네마'(키네마=움직임)라는 의미가 담겨 있지 않습니다. '영화'란 그림자, 혹은 비치는 그림 정도의 뜻인데, 이보다는 활동사진이라는 용어가 훨씬 더 좋은 것 같아요. 그러니 사진이라는 리얼리티를 가속할 수도, 감속할 수도 있는 가능성, 이것도 또한 영화가 가진 가장 강력한 특징일 겁니다. '운동'이라는 개념에 들뢰즈가 주목한 것도 이 때문이죠. 고로 영화는 현실과 차이 나는, 혹은 유사한 운동의 느낌으로 영화관에 모인 다수 사람들에게 어떤 집단적 감정을 불러일으키는 매체라고 할 수 있습니다.

에드워드 머이브리지, 「움직이는 말」(1879)

이 집단 경험으로서 영화라…… 지금은 또 시대가 변했어요. 에디슨의 키네토스코프는 만화경처럼 혼자 볼 수 있는 시스템이었는데 오늘날 다시 키네토스코프로 돌아가 버린 게 아닐까 해요. 개인적으로 상영할 수 있는 휴대용 멀티미디어 기기가 마련된 거지요. 경험의 방식이란, 매체의 발달, 사회적 환경에 따라 변화합니다. 키네토스코프에서 시네마토그라프로 발전했다가, 다시 키네토스코프로 회귀한 것이 요즘의 경향이라고 생각합니다. 뤼미에르 형제 시절에는 영화가 현실을 모방하여 스크린으로 재현하는 일차원적인 것이었다면, 영화적 데이터가 많이 쌓이면서 이제는 영화를 모방하여 현실을 만들어 내게 되었습니다.「인셉션(Inception)」(2010)이나 「매트릭스(The Matrix)」(1999)에서 다룬 주제도 같죠. 그래서 '영화적'이라는 낱말의 정의를 내리기가 매우 힘들어졌습니다.

이탈리아의 철학자 조르조 아감벤(1942-)의 『목적 없는 수단』 5장에는 영화의 출발 시점에 대한 이야기가 나옵니다. 뤼미에르의 영화는 인간의 동작에 대한 여러 가지 기록을 남기려는 시도 끝에 등장했습니다. 연속 사진(에드워드 머이브리지가 촬영한 말 사진)이 사라져 가는 순간, 즉 몸짓에 대한 관심이 소멸되는 시점에 영화가 갑자기 등장한 거죠. 아감벤은 몸짓의 의미가 미약해진 순간, 영화라는 새 장르가 그것을 기록하는 역할을 맡게 됐다고 주장합니다. 흥미로운 고찰이죠. 이마고(죽음과 관련된 고정된 이미지)에서 애니미즘(살아 있음, 움직임)으로 인간의 관심사가 옮아갑니다. 영화는 우리 존재의 의미를 되살리려는 노력입니다. 초기 영화가 환영받았던 이유는 '움직임'이라는 단순한 사실, '살아 있음'을 보여 주는 것에 대한 반가움이었습니다. 오늘날 대부분의 상업 영화는 두 시간 안팎으로 조정되지만, 이렇게 정착하기까지는 여러 가지 실험이 있었어요. 산업적·상업적·경제적 합의점이 생성되기 전의 초기 영화에서 가장 순수한 형태의 영화다움을 발견할 수 있습니다. 제가 초기 영화를 좋아하는 이유를 여기서 찾아야겠네요.

영화의 몸짓, 움직임의 모방

강 키스의 '제스처'(몸짓)[846쪽 키워드 참고]를 떠올려 보세요. 우리가 키스를 처음 배우는 매체가 '서양 영화'인 경우가 많죠. 문득 클라크 게이블(1901-1960)처럼 키스하는 자신을 발견할지도 모릅니다. 키스뿐일까요. 이별, 울음, 웃음 혹은 저항마저도 어쩌면 우리는 제스처를 통해 배우는지도 모릅니다. 그러니 몸짓을 본다는 것은 생각 이상으로 심각한 것이지요. 아감벤이란 영민한 철학자가 제스처에 주목했던 것에도 다 이유가 있었던 셈입니다.

그러니 영화라는 것은 파시즘의 가능성을 내포하게 됩니다. 청소년들은 자연스럽게 제스처를 따라하죠. 분명히 영화에서 본 장면들입니다. 성냥개비를 물고 나타난 주윤발을 보고 남학생들이 한때 성냥개비를 입에 물고 다닌 적이 있었습니다. 아감벤이 동작이 강조되는 것은 사실보다는 윤리와 정치의 문제라고 말한 것도 이 때문입니다. 여자가 남자보다 움직인다는 것, 제스처의 중요성을 더 잘 이해하고 있다고 할 수 있을 겁니다. 그건 아마 그녀가 거울을 더 많이 보기 때문일 겁니다. 여기서 심각한 문제가 하나 발생합니다. 그건 영화의 몸짓을 따라 할수록 우리는 자신만의 고유한 움직임은 망각하기 마련입니다. 움직임을 배운 만큼, 움직임을 잃는 셈이지요. 한번 자신만의 움직임을 잃게 되면 다시 움직임을 습득할 필요가 생기고, 이런 식으로 움직임의 모방에 대한 필요는 무한해집니다.

이 정적인 모방을 '미메시스(mimesis)'라고 한다면, 동적인 모방은 '키네시스(kinesis)'라고 합니다. 키네시스는 영화를 뜻하는 단어인 '키노(kino)'의 어원이 되기도 하지요. 뤼미에르의 영화에서 카메라는 고정되어 있죠. 초기 영화는 관찰적 프레임으로, 클로즈업이나 미디엄 숏 대신 풀 숏이나 롱 숏, 익스트림 롱 숏으로 대부분 구성되어 있습니다. 예전에는 전체적인 몸짓을 보는 것이 영화였어요. 풀 숏 내지는 롱 숏으로 모든 것을 표현해야 했기 때문에 슬랩스틱 코미디가 유행할 수밖에 없었습니다. 뤼미에르 형제는 편집에 그다지 커다란 관심이 없었죠. 다만 배를 타고 이동할 때의 배의 외관 장면에서 종종 선실 안 장면으로 이어

조르주 멜리에스, 「달세계 여행」

“흔히 뤼미에르를 다큐멘터리의 아버지, 멜리에스를 극영화의 어머니라고들 부릅니다. 하지만 멜리에스 영화에도 당대성과 현실 정치가 드러납니다. 「달세계 여행」은 평화롭던 달을 지구인들이 침략한다는 식민지 모티브를 구현하고 있죠.”

졌지만 우연적인 것이었을 뿐, 패닝 숏 같은 것은 고려하지 못했습니다. 멜리에스의 「달세계 여행」 이후로 편집이나 이동 숏에 대한 고민이 본격적으로 영화에 담기기 시작합니다.

편집 효과의 우연한 발명

강 뤼미에르의 기록영화에서 서양인들이 배고픈 인도차이나 아이들에게 쌀알을 던지는 장면이 인상적이었죠. 가난에 찌들어서도 아편을 피우는 모습, 이런 게 서양인들 눈에는 동양의 특이한 풍경이라고 인식됐던 거죠. '사실'(팩트)이라는 것은 환상입니다. 많은 것 중에 특정한 것을 선택했다는 것, 거기에 이미 주관성이 내포되어 있거든요. 불행하게도 인간의 문화에서 리얼리즘을 찾는다는 것은 거의 불가능해요. 다큐멘터리 영화에 주의해야 하는 이유가 그겁니다. 뤼미에르 영화에 있는 원초적 '해석'을 우리는 발견할 수 있습니다. 동양에 대한 해석 말이죠.
뤼미에르 형제가 왜 배나 기차를 찍었을까요? 선진화에 대한 우월감 아니었을까요? 거기에는 분명 자본주의적 논리도 있었을 겁니다. 뤼미에르 형제의 영화가 멜리에스의 것에 비해 리얼리즘적이라는 평가에 대해 의심해 봐야 합니다. '뤼미에르 vs. 멜리에스'라는 논리 혹은 '사실성 vs. 허구성'이라는 논리에 의구심을 품어야 한다는 겁니다.

이 한 가지 먼저 부연해야 할 것이 있습니다. 「달세계 여행」은 컬러영화가 아니라 원래는 흑백영화인데, 오늘 보신 것은 채색과 사운드를 입힌 겁니다. 20세기에 와서 컬러에 대한 욕망이 강해진 탓일 겁니다.
이제 다큐멘터리와 극영화의 기원을 생각해 볼까요. 뤼미에르 형제를 다큐멘터리의 아버지라고 부르기도 하지만, 이미 살펴보신 것처럼 그들의 영화에도 조작성, 인위성은 있었습니다. 요즘도 종종 연출되거나 조작된 다큐멘터리들이 문제가 되기도 하지요. 초기 영화는 꽤 복잡하고 다채로웠습니다. 1920년대 초반에 이미 포르노가 만들어졌는데, 주로 포주들이 매춘을 기다리는 손님들에게 그런 영화들을 보여 주곤 했죠. 포르노를 포함한 영화의 다양한 장르는 동시다발적으로 생겼다는 말입니다. 영화사를 선형적으로 이해하는 것은 오류입니다. 다큐멘터리의 효시로 알려진 뤼미에르 형제의 영화에도 조작성이 있는 거죠. 허구 영화로도 진실을 다룰 수 있고 사실주의 영화에도 주관적이면서 선동적인 메시지를 담을 수 있어요. 멜리에스가 트릭을 쓴 이유가 뭐겠습니까? 그럴듯해 보이려는 것 아니겠어요? 그럴듯해 보이려고 한 이유는 본질적으로 '사실성'을 추구했기 때문입니다.

극영화의 기원으로 불리는 멜리에스의 초기 영화에 등장하게 된 '편집'은 우연의 산물이었습니다. 어느 날 루브르 오른편에 있는 오페라 거리에서 영상을 찍던 멜리에스는 필름에 문제가 생겨 촬영을 잠시 멈추게 되었습니다. 다시 돌려서 확인해 보니, 화면이 중간에 끊기는 바람에 남자가 여자로 바뀌고, 지나가던 자동차가 영구차로 바뀌는 것처럼 보였어요. '우연히' 편집 효과를 발명한 거죠. 멜리에스의 본업은 마술사였는데 개인 스튜디오를 만들어 영화를 촬영했죠. 본격적인 편집 개념은 없었지만, 이를 배경 삼아 빨리 돌리기, 거꾸로 돌리기, 멈췄다 다시 찍기 등 일차원적인 편집으로 영화를 만들었습니다. 많은 에너지가 필요한 작업이었겠죠.

「달세계 여행」은 쥘 베른의 소설이 원작이에요. 미국을 배경으로 남북전쟁 종전 이후 프랑스 모험가가 와서 대포로 우주선을 쏘는 계획을 세운다는 내용입니다. 소설에서는 달에 도착하지 못하죠. 배우 얼굴을 넣은 달 화면은 인상적입니다. 영화사적으로 클로즈업 효과를 처음으로 쓴 장면이라고 볼 수 있습니다. 롱 숏, 풀 숏 중심의 한 장면으로 구현된 뤼미에르 영화에서 한 발 더 나아간 겁니다.

강 멜리에스 영화에서도 사실성, 당대성, 현실 정치와 문화를 볼 수 있습니다. 낯선 곳에 가서 원주민들에게 상처를 주고 그들을 끌고 오는 이야기, 즉 식민지 모티프가 등장해요. 서구 열강이 아프리카 원주민(평화롭던 달)에게 했던 폭력 행위는 극영화라는 형식을 통해 무척 효과적으로 재현되었습니다. 이 영화를 보면 극영화가 리얼리티를 더 잘 잡아낼

조르주 멜리에스, 「달세계 여행」

"배우 얼굴을 넣은 달 화면은 인상적입니다. 클로즈업 효과를 처음으로 준 장면이라고 볼 수 있겠죠. 롱 숏/풀 숏 중심의 뤼미에르적 영화에서 한발 더 나아간 겁니다."

수 있다는 점을 알 수 있습니다. 뤼미에르는 다큐멘터리의 아버지이고 멜리에스는 극영화의 어머니라고 흔히들 얘기하지만, 멜리에스 영화에도 리얼리티가 있고 뤼미에르 영화에도 주관적 요소가 있습니다. 현실을 우회적으로 담아내려면 극영화 요소를 차용해야 할 필요가 있습니다. 극영화와 다큐멘터리[846쪽 키워드 참고]는 그 경계선이 불분명하기 때문에 둘을 이항 대립적인 것으로 보는 시선은 옳지 않습니다.

재밌고 근사한 두 시간의 고문

이 저도 동의합니다. 극영화든 다큐멘터리든 중요한 것은 '몸짓'입니다. 그러니 기묘한 이분법에 시간을 뺏기지 말고 '몸짓' 자체를 고민하는 게 더 유익할 겁니다. 어떤 제스처를 기록하여 남기는가에 주목해야 합니다. 대사가 남는다고들 하지만, 실은 영화를 볼 때는 표정과 몸짓이 가장 중요합니다. 「대부(The Godfather)」(1972)에서 말런 브랜도의 몸짓, 「워낭소리」(2008)에서 소의 몸짓, 「신세계」(2012)에서 황정민의 몸짓, 장르가 반복되는 것이 아니라 가장 원초적인 태도, 즉 제스처와 몸짓이 반복되기 때문입니다.

강 그림은 눈을 감으면 안 보이지만, 영화는 나의 의지와 상관없이 의식 속으로 막 밀고 들어와요. 두 시간 동안의 고문이라고도 할 수 있죠. 이 고문이 재밌고 근사하다면 문제는 심각해집니다. 걸음걸이에서부터 키스하는 동작까지 흉내 내게 되니까요. 영화의 파괴력이 여기에 있어요. 이미 봐 버린 이상, 나의 몸짓은 더 이상 전과 같지 않아집니다. 활동사진의 강력함이 그겁니다. 되돌리지 못해요. 세상을 직접 살아가며 깨달아 가는 모든 지혜를 한 편의 영화로 배울 수도 있어요. 우리는 최종적으로 그렇게 '몸짓'을 배우게 됩니다. 수영 교본을 읽는다고 수영을 잘하게 되나요? 강사가 직접 본을 보여 주는 편이 훨씬 쉽게 배워지지 않나요? 몸짓의 교육 효과에 영화의 정치적인 힘이 있는 거죠.

질문 1 어렸을 때는 영화를 끊임없이 보고 흉내도 자주 냈던 것 같습니다. 그런데 점점 영화가 피곤하게 느껴져요. 이제는 콘서트를 선호하게 되는데 왜일까요?

강 몸으로 배우는 건 젊은이들의 특권입니다. 어른이 되면 에너지가 떨어집니다. 그러니 어른들은 더 이상 배우기를 포기하는 겁니다. 이미 익힌 제스처를 반복하는 것이 편하니까요. 그 결과 그들은 제스처를 강요하는 영화보다는 눈 감고 음악을 들을 수 있는 콘서트를 즐기는 겁니다. 그것이 더 편하니까요.

이 저는 아직도 영화가 더 편해요. 친숙함의 문제가 있겠죠. 요즘은 시각 매체가 넘쳐 나는 시대가 된 것 같아요. 그래서 눈이 피로해진 걸 수도 있습니다.

질문 2 아감벤의 몸짓에 대한 이야기를 들으며 궁금해졌습니다. 영화에도 금기시되는 몸짓에 대한 고민이 있었나요?

강 몸짓화가 안 됐을 때 키스는 금기와 같고 도달하기 힘든 것으로 느끼기 마련입니다. 몸짓화가 완벽하게 되면 키스는 밥 먹는 것 같은 일상적인 행위가 되죠. 몸짓으로 옮겼다는 것 자체가 드라마틱한 것이 많이 상실된 상태, 금기의 극복이라고 볼 수 있어요. 조르주 바타유(1897-1962)의 저작들을 보면 희생의 문제가 여러 번 제기되죠. 바로 반복되는 몸짓의 위험성을 지적한 겁니다.

이 포르노의 몸짓은 일찍부터 영화의 검열제도를 발전시켰죠. 그런데 금기를 강조할수록 포르노의 매력은 커지죠. 역설적이게도 금기는 몸짓을 망각시킨 것이 아니라 몸짓을 '은밀하게' 학습하도록 유도해 주었죠. 아마도 그것이 영화 이미지의 또 다른 길이라고 할 수 있을 것 같아요.

질문 3 영화 초창기의 가장 주요한 두 작품이 모두 프랑스에서 나온 배경이 무엇인가요? 두 감독(세 명이지만)이 엇비슷한 시기에 활동했는데, 서로의 존재를 의식하고 있었나요?

강 19세기 세계 자본주의 수도는 파리라는 걸 기억해야 할 겁니다. 그만큼 파리에는 지금 우리 시대와 마찬가지로 불특정 다수의 대중들이 많았던 것이지요. 이들 대부분은 임금을 받는 노동자들이었습니다. '이들의 주머니를 어떻게 털까?' 이것이 당시 파리 자본가들의 고민이었다고 할 수 있을 겁니다. '어떻게 하면 노동자들을 유혹할 것인가?' 영화만큼 매력적인 매체도 없지요. 자본주의는 시각문명이라는 걸 알아야 합니다. 우린 보석, 아름다운 여자, 근사한 저택 등등 눈에 보이는 것만 소유할 수 있으니까요.

이 영화는 인상주의 시대에 발명되었다는 말이 있어요. 인상주의는 빛과 사물의 현실감에 대해 인식하도록 만들어 주었지요. 프랑스에서 인상주의가 탄생했다는 것이 결국 영화에 대한 미적 감각과 출발을 가능케 해 주는 토대가 되었다고 할 수 있을 것 같습니다. 그래요. 뤼미에르 형제와 멜리에스는 실제로 만났습니다. 멜리에스는 자신의 극장에서 영화를 상영하기로 결심하고는 뤼미에르 형제를 찾아갑니다. 그때 뤼미에르 형제가 영화에는 미래가 없다며 장비를 팔지 않았다고 해요. 하는 수 없이 멜리에스는 영국에서 영사기와 촬영기를 들여옵니다. 그 후 자신만의 방식으로 영화를 만들기 시작했죠.

질문 4 영화라는 새로운 장르의 예술이 탄생했을 때, 인접 예술에도 영향이 있었나요?

강 일단 시각예술 분야에서 영화는 하나의 공포이자 충격이었을 겁니다. 시각적 쾌락을 이제 그림이 아니라 어두운 영화관에서 더 강하게 얻을 수 있었을 테니까요. 오스트리아의 화가 클림트(1862-1918)가 파리에 체류했을 당시, 한참이나 멜리에스의 영화에 빠져 지냈다는 건 유명한 일화죠. 클림트의 고민은 아주 뻔합니다. '영화를 만들 것인가? 아니면 계속 그림을 그릴 것인가?' 파리를 떠나 빈으로 돌아간 다음, 클림트는 우리가 알고 있는 클림트가 되는 것 같습니다. 한마디로 영화가 할 수 없는 걸 그림으로 하려고 했고, 그걸 완성했다고 느낀 겁니다. 역으로 클림트와 그 주변 화가들의 표현주의가 나중에 영화에 영향을 끼치는 것도 흥미로운 현상일 수 있습니다. 한마디로 영화와 미술은 청중의 시선을 뺏기 위해 말 그대로 목숨을 건 전쟁을 했던 겁니다.

이 영화가 퍼져 가던 시대에는 다다이즘, 초현실주의, 미래파와 같은 새로운 아방가르드 예술 역시 넘실거리기 시작했어요. 속도와 운동감을 중시하던 미래파 화가들이 영화를 가까이했던 건 당연하지요. 미래파의 유명한 말 중에 "질주하고 있는 말의 다리는 네 개가 아니라 스무 개다."라는 문장이 있어요. 정지된 화폭 속에서도 미래파는 운동을 표현하려 했고, 그것을 실현해 주었던 게 바로 영화였죠. 저희가 다루지는 않습니다만 「안달루시아의 개(Un Chien Andalou)」(1929)라는 영화는 살바도르 달리와 루이스 부뉴엘이 함께 만든 초현실주의 영화이자 초기 영화의 대표작 중 하나였어요. 화가와 감독이 만나 영화 한 편을 완성한 거죠. 그 비전은 바로 초기 초현실주의를 통해서 가능했던 겁니다.

강신주

제스처, 뤼미에르와 멜리에스가 처음으로 보여 준 것

영화라는 말은 불만족스럽다. '비추다'라는 뜻의 영(映)과 '그림'이라는 뜻의 화(畵)가 합성된 글자가 바로 영화라는 단어다. 그러니까 영화란 영사기를 통해 비친 그림이라는 의미에 불과하다. 너무나 정적인 이미지 아닌가. 영화를 통해 우리가 느끼는 역동성은 '영화'라는 단어에서는 증발되고 만다. 그래서 지금은 사라진 '활동사진'이라는 말이 어쩌면 더 타당한지도 모르겠다. 영화란 활동하는 사진, 혹은 활동을 보여 주는 사진이라는 뜻이 될 테니 말이다. 1894년 뤼미에르 형제가 촬영과 영사가 동시에 가능했던 자신의 장치를 '시네마토그라프'라고 불렀던 것에도 다 이유가 있었던 셈이다. 운동(cinema)의 기록(graph), 바로 활동사진 아닌가? 그렇다. 영화의 본질은 바로 운동을 의미하는 그리스어 '키네마(kinema)'에서 유래한 '시네마(cinema)'라는 글자에 녹아 있다.

그래서일까, 영화라는 말보다 차라리 시네마라는 말을 사용하는 것이 여러모로 더 근사하게 들린다. 중요한 것은 운동을 찍은 한 장 한 장의 사진이 아니라, 그것들이 연속으로 돌아가면서 보여 주는 운동일 테니 말이다. 그러나 놀라운 건 어린 시절 누구나 한 번쯤 자기만의 시네마를 만들었던 적이 있었다는 사실이다. 물론 공부하기가 너무나 싫을 때 아니면 친구들이 갑자기 사라져 외로울 때였을 것이다. 심드렁하거나 외로워진 우리는 두툼한 책을 한 권 정해서 그 책을 펴고 페이지 가장자리에 그림을 그려 넣기 시작한다. 그다음 페이지에는 앞에 그린 것과 유사한 그림을 또 그린다. 위치나 동작은 조금 다르게. 그다음 페이지에도 같은 동작을 반복한다. 이런 식의 작업을 충분히 반복해서 최소 30쪽 이상쯤 되었을 때, 책등을 잡고 그 페이지들을 사르르 넘기면 놀랍게도 그림들은 움직이는 것처럼 보였다. 시네마의 탄생이다.

친구에게 연속 그림이 그려진 책을 사르르 넘겨 로켓이 날아가는 장면을 보여 주면, 친구는 똘망똘망한 눈으로 연속 사진이 만들어 내는 로켓의 운동에 빠져들었다. 왜 그랬을까? 미술 사학자 에르빈 파노프스키(1892-1968)의 말을 빌리면 "어떤 사물이든 관계없이 단지 사물이 움직이는 것처럼 보인다는 사실에 대한 순전한 기쁨"을 느꼈던 것이다. "와! 로켓이 정말 하늘로 날아가는 것 같다!" 친구의 감동과 찬탄은 수십 쪽을 한 장 한 장마다 로켓을 그려 넣었던 노고를 충분히 보상하고도 남았다. 그러나 얼마 지나지 않아 친구는 로켓 시네마에 심드렁해질 것이다. 친구가 심드렁해지면, 우리도 곧 심드렁해질 수밖에 없다. 그러면 다시 연속적으로 그려 넣은 또 다른 그림을 구상해서 새로운 시네마를 만들곤 했다. 지난번에는 로켓이 날아가는 시네마였다면, 이번에는 꽃이 피는 시네마다. 아니면 누군가에게 손을 내미는 장면을 묘사한 시네마일 수도 있다. 친구도 꽃이 피는 시네마나 악수를 하기 위해 움직이는 손을 보면 다시 감탄할 것이다.

뤼미에르 형제가 1895년에 시네마토그라프로 촬영해서 처음으로 상영했던 시네마는 우리가 어린 시절 영화감독이 되어 만들었던 시네마와 별반 다를 것이 없다. 공장에서 나오는 사람들을 촬영하거나 아니면 집을 부수는 노동자들을 촬영했던 것이다. 시네마를 보았던 사람들은 시네마 속에 등장하는 인물들이 "움직이는 것처럼 보인다는 사실"에 큰 기쁨을 느끼게 되었을 것이다. 그러나 이런 기쁨이 언제까지 가겠는가. 관객은 곧 주변 인물들이 움직이는 것처럼 보이는 모습에 심드렁해질 테니 말이다. 뤼미에르 형제가 세계 방방곡곡에 직원을 파견해서 다양한 볼거리를 찍어 오게 한 것에도 다 이유가 있었던 셈이다. 기차가 역에 들어오는 장면, 배가 항구를 떠나는 장면, 중국인들이 아편을 피우는 장면 등등. 이들 장면이 최초로 상영되었을 때 사람들은 감동했다. 그렇지만 이런 볼거리로 또 어디까지 가겠는가. 이것은 시네마 상영으로 돈을 벌려고 했던 뤼미에르 형제에게는 불가피한, 아니 사활을 건 고뇌였을 것이다.

뤼미에르 형제의 많은 단편 중에는 공사장 인부들이 집을 해체하는 시네마가 있다. 그런데 해체 장면에 이어 뤼미에르 형제는 그 장면을 거꾸로 돌린 장면을 보여 준다. 그러니까 인부들이 집을 허무는 장면을 찍은 필름을 거꾸로 돌려 버린 것이다. 당연히 무너진 벽은 다시 먼지를 날리며 세워지고, 인부들은 공사 현장을 떠나는 것처럼 보일 것이다. 주목하자! 시네마가 아니었다면 불가능했을 장면을 처음으로 사람들이 보게 된 것이다. 여기서도 파노프스키의 지적은 유효하다. 거꾸로 돌린 시네마도 여전히 그렇게 "움직이는 것처럼 보이는" 장면을 보여 주기 때문이다. 바로 이 순간이 시네마가 현실 세계로부터 독립할 수 있는 잠재력을 보인 순간이라고 하겠다. 시네마에 내재된 기술적 힘을 감독이 이용하기만 하면 현실처럼 보이는, 그러나 결코 현실이 아닌 시네마의 세계가 열릴 수 있는 잠재력 말이다.

뤼미에르 형제의 다른 시네마들은 더 이상 현실의 운동을 찍고 상영하는 것에

뤼미에르 형제가 찍은 「공장에서 나오는 사람들」

만족하지 않는다. 연출된 운동을 찍기 시작한 것이다. 물론 그 연출된 운동은 관객의 호기심과 흥미를 충족해 주어야만 한다. 정원에 물을 뿌리는 시네마가 대표적이라고 할 수 있다. 중년 남자 한 명이 호스로 정원에 물을 주고 있다. 그때 아이가 화면에 등장하면서 물 호스를 밟는다. 호스에 물이 나오지 않자 남자는 호스 입구를 당혹스러운 시선으로 들여다본다. 바로 이 순간 아이는 호스를 밟고 있던 발을 뗀다. 당연히 물세례를 받은 중년 남자는 장난꾸러기 아이를 잡으려고 한다. 거꾸로 돌린 시네마로 상징되는 시네마라는 매체의 독립적인 힘에 운동을 연출하는 인간의 상상력이 결합되는 순간, 드디어 시네마는 제대로 탄생하게 된다.

뤼미에르 형제는 단순히 다큐멘터리의 아버지라고 불려서는 안 된다. 이 탁월한 형제가 바로 시네마의 아버지이기 때문이다. 시네마라는 매체의 기술적 힘과 상상력이 발현된 연출의 힘을 발견했던 뤼미에르 형제를 어떻게 다큐멘터리의 장르에 국한할 수 있다는 말인가. 물론 매체라는 기술과 인간의 상상력이 결합한 최초의 영화는 1902년 멜리에스에 의해 만들어진 「달세계 여행」이라는 영화일 것이다. 그렇지만 뤼미에르 형제가 발견, 아니 발명해 낸 시네마들이 없었다면, 멜리에스의 극영화 자체는 출현할 수조차 없었을 것이다. 그래서 우리는 뤼미에르 형제가 진정한 의미의 시네마를 출범시켰다고 단호하게 말할 수 있어야만 할 것이다. 그렇다. 이 탁월한 형제는 기술의 힘과 상상력의 힘으로 바로 현실과는 닮아 있는 것처럼 보이지만 결코 현실은 아닌 어떤 운동을 만드는 데 성공했던 것이다.

아마 아감벤이었다면 기술이나 상상력, 혹은 둘의 결합으로 만들어진 이 운동을 '제스처'라고 불렀을 것이다. 어떤 사물이나 인물의 "움직이는 것처럼 보이는" 운동이 제스처가 아니면 무엇이란 말인가! "영화의 중심은 이미지가 아니라 제스처에 있기에 영화는 본질적으로 윤리와 정치 분야에 속한다." 아감벤의 유명한 말이다. 현실처럼 보이지만 현실은 아닌 운동, 즉 제스처는 인간이 인위적으로 만들어 낸 것이다. 그러니 그건 자연과학의 영역이 아니라 윤리와 정치의 영역이라는 것이다. 이제 우리는 시네마가 만든 제스처를 보고 거기에 영향을 받는 존재가 된 것이다. 관객은 인부들이 거꾸로 작업하고 거꾸로 걷는 장면을 봐 버린 것이다. 그리고 그들은 아이가 물 호스로 장난치는 모습을 봐 버린 것이다. 여기서 '봐 버렸다'라는 표현은 매우 의미심장하다. 시네마를 이미 봐 버린 이상, 우리는 자신과 세계를 과거와는 전혀 다르게 지각하게 되었으니 말이다.

거꾸로 움직이는 노동자의 제스처를 본 다음 관객은 아마도 거꾸로 걸으려고 시도할지도 모르겠다. 혹은 길거리에서 누군가 뒷걸음질하는 장면을 보게 되면, 뤼미에르의 장면을 봐 버린 관객이라면 "와! 영화 같다!"라고 외칠 것이다. 사실 그렇게 뒷걸음질하는 그 누군가도 바로 뤼미에르의 시네마를 봐 버린 사람일 수 있다. 아니면 어린 관객이라면 물 호스를 밟았던 시네마 속 어린아이의 제스처를 실생활에서 흉내 낼지도 모를 일이다. 혹은 멜리에스의 「달세계 여행」을 봐 버린 사람이 극장을 나오자마자 밤하늘에 환하게 걸린 달을 보고는 시네마 속에 등장했던 달의 미소를 떠올리거나, 어쩌면 달나라로 가려는 욕망을 품을지도 모를 일이다. 시네마는 치명적인 마력을 지닌 메두사로 우리에게 다가왔다. 시네마를 보지 않으면 그만이지만, 봐 버렸다면 우리는 완전히 변해 있을 테니까.

비평가의 눈
이상용

영화의 도착을 생각하다

1895년은 뤼미에르 형제가 영화 촬영 및 영사 장비인 시네마토그라프의 특허를 내고(2월), 처음으로 촬영하고(3월), 파리에서 공식적으로 상영했던(12월) 해다. 이전에도 영화를 볼 수 있는 장비들은 존재했고, 촬영 기술도 저마다 다르게 갖추고 있었다. 그러나 뤼미에르 형제는 자연스럽게 장비를 만들고, 영화를 만들고, 영화를 보여 주는 일을 한 해 동안에 완성해 낸다.

이는 뤼미에르 형제이기에 가능했던 일이다. 대대로 사진 장비를 제작하는 공장을 소유한 뤼미에르 가문은 1890년대에 이미 리옹 공장에서 300명이 넘는 직원을 거느렸다. 재주가 많았던 동생 루이 뤼미에르는 에디슨의 키네토스코프를 압도하는 장비를 만들어 내고는 형과 첫 촬영을 시작한다. 이들이 함께한 첫 번째 촬영은 역사적으로 유명한 「공장에서 나오는 사람들」이다. 이 작품은 리옹의 공장에서 퇴근하는 직원들을 찍은 것이다. 형제는 자신의 소유물을 화면에 담기 시작한다. 식사를 하는 아이와 가족을 찍고, 카드놀이를 하는 부모 세대를 담고, 리옹의 풍경을 찍고, 카메라를 든 새로운 공장의 직원들을 담는다.

1895년 12월 28일에 선보인 열 편의 영화 중 상당수는 뤼미에르 형제 주변의 모습을 촬영한 것이다. 그것은 사진과 마찬가지로 영화가 주변과 일상의 기록에서 출발했다는 것을 명백하게 보여 준다. 그러나 이것이 전부는 아니었다. 「열차의 도착」으로 알려진 유명한 뤼미에르 형제의 영화는 가족(소유물)을 벗어나 뤼미에르 형제가 발견하게 되는 지점이 무엇이었는가를 보여 주는 중요한 사례다. 후대의 기록과 평가에 의해 「열차의 도착」이 중요한 예시로 떠오른 것은 이 기록에 현대적 의미가 담겨 있기 때문이다.

모더니티(근대성)의 상징인 기차는 19세기 말 최첨단 테크놀로지 자체였다. 뤼미에르 형제는 시오타 역에 도착하는 기차를 담아내면서, 자연스럽게 새로운 모더니티 예술인 영화가 도착했음을 선포한다. 이 작품은 '열차의 도착'인 동시에 '영화의 도착'이 되어 버린 것이다. 화면 앞으로 다가오는 기차는 당시 관객에게 놀라움을 선사한다. 더 정확하게는 기존의 인식론적 한계를 넘어선 거대한 것이다가온다는 숭고미를 창출한다. 영화는 시작부터 압도당하는 경험을 통해 스스로 쾌락을 느끼는 마조히즘적 경험에 가까운 것인지도 모른다. 뤼미에르 형제는 1900년에 열린 파리 만국박람회에 대형 스크린을 설치해 영화를 상영하기도 했다. 전 세계 신문물을 소개하는 박람회에서 새로운 주인공은 영화였고, 그것은 커다란 화면 위에 상영되는 압박감을 통해 전달되었다.

뤼미에르 형제의 조수들은 이러한 영화 체험을 앞세워 세계로 나아가기 시작했다. 가까운 독일·체코는 물론이고 이집트·중국·미국의 관객 앞에서도 상영하면서 영화의 탄생을 알렸다. 말이 필요 없는 초기 영화는 단지 보여 주는 것만으로도 충분했다. 이 순간들은 또다시 카메라에 촬영되었다. 영화를 보여 주기 위해 시작된 세계 탐방은 곧 이국적인 해외 문물을 보여 주는 순간으로 이어졌고, 중국·이집트·체코 등을 담은 장면들이 새로운 영화 프로그램으로 상영되었다. 뤼미에르 형제의 놀라운 업적 중의 하나는 오늘날과 같은 시스템의 초기 형태를 만들어 냈다는 것이다. 영화는 시작부터 산업에 가까웠다.

그러나 뤼미에르 형제의 영화와 영화 산업을 단순히 자본주의적 순환 관계에서 바라보는 것은 편협한 사고일 수가 있다. 그들의 영화는 자신의 가족을 보여 주거나 이국적인 문물을 보여 주는 것 이외에도 새로운 가능성을 함께 예고했다. 초기작 「물 뿌리는 정원사」는 영화가 장르로 나아갈 수 있는 가능성을 열어 주었다. 이 작품은 정원사가 호스에서 물이 나오지 않자 호스 입구를 물끄러미 바라보는 상황으로 사건을 만든다. 그것은 몰래 뒤에서 다가간 아이의 장난에 의한 것이었다. 아이가 호스를 밟고 있던 발을 떼자 갑작스럽게 물이 뿜어져 나온다. 성난 정원사는 그제야 아이의 존재를 알고 화를 낸다.

이 작품은 뤼미에르 형제에 의해 의도된 것이다. 영화는 단순한 기록을 넘어서 연출과 의도를 통해 관객의 감정을 끌어당길 수가 있음을 보여 준다. 단순히 기차가 도착하는 모습으로 압도하는 경험에 머물지 않고, 이 경험을 연출해 낼 수 있는 가능성을 타진한 것이다. 그것은 곧 코미디 영화로 이어졌다. 「벽 부수기」는 또 다른 잠재성을 건드린다. 건물을 부수는 노동자들을 보여 준 다음 필름을 되감아 보여 주는 방식을 통해 영화가 현실을 그대로 담는 사진이 아니라 조작 가능한 '허구 세계'를 창출할 수 있다는 것을 증명해 낸다. 이러한 허구 가능성은 곧 직업적인 마술사였던 멜리에스의 손으로 승계된다.

극장을 운영하던 멜리에스는 영화 장비를 사들인 후 자신이 알고 있던 마술적 트릭을 영화에 도입한다. 이제 허구 세계의 가능성은 현실을 단순히 조작하는 데

뤼미에르 형제가 찍은 「열차의 도착」 광경

그치지 않고, 새롭게 지어진 세트 위에서 미지의 것들을 창조해 낸다. 1902년 멜리에스는 「달세계 여행」을 만든다. 마술을 보러 온 관객이 무대 위에서 벌어지는 일을 곧잘 믿는 것처럼, 스크린 위에 펼쳐진 달나라나 고무풍선 머리를 한 사람의 이야기를 사람들은 기꺼이 받아들였다. 시간과 공간을 초월한 영화는 현실성이라는 사진 예술의 토대 위에 상상적 가능성이라는 새로운 공간을 견인하기 시작한다.

초기의 영화들은 이야기의 원천을 찾아 원작을 각색하는 경우가 많았다. 「달세계 여행」은 쥘 베른의 소설 『지구에서 달까지』와 그 속편 『달나라 탐험』을 바탕으로 삼았지만 원작에 충실한 작품은 아니다. 멜리에스는 원작에 없는 달나라 사람들을 등장시켜 새로운 볼거리를 만들었다. 멜리에스의 남다른 점은 관객에게 친숙한 이야기를 가져오되, 관객이 꿈꾸거나 보고 싶어 하는 것을 새롭게 창조함으로써 허구 세계의 놀라움을 적극적으로 전시했다는 데 있다. 「달세계 여행」은 달을 둘러싼 수많은 프랑스 문화를 압축한 상상적 비전으로, 이 한 편의 영화에는 이전의 프랑스 문학과 괴담 속 상상의 공간이 그대로 재현되어 있다.

영화는 간편했다. 더 이상 활자를 보며 상상하거나 입으로 떠들 필요가 없었다. 보여 주기만 하면 됐다. 그것은 전혀 다른 가능성을 시사한다. 사람들은 영화의 도착과 함께 많은 것들을 망각하며 영화에 맡겨 두기 시작했다. 『목적 없는 수단』에서 조르조 아감벤은 "자신의 몸짓을 잃어버린 사회는 잃어버린 것을 영화에서 되찾고자 하며, 동시에 영화에 그 상실을 기록하고자 한다."라고 말했지만, 영화를 통해 되찾으려는 것은 단순히 몸짓에 국한되지 않는다. 영화는 잃어버린 역사(실제 역사에서부터 개인의 키스에 이르기까지)를 다양한 방식으로 재구성하며, 그것을 공유하려는 문화의 노력으로 정의할 수 있다. 동시에 재구성과 기록은 인간의 뇌 속에 담겨 있는 것들을 망각하게 하는 결과를 낳는다.

초기 영화는 기록과 망각이라는 역설 위에 놓여 있다. 뤼미에르 형제가 촬영한 공장 직원들이 퇴근하는 몸짓을 보고 있노라면, 그 시절 사람들의 움직임뿐만 아니라 옷차림, 표정, 시선의 위치가 함께 전달된다. 그것은 놀랍게도 생생하지만 어느새 그 몸짓을 흉내 내면서 우리는 스스로의 몸짓을 잃어버린다. 멜리에스의 「달세계 여행」은 달의 표정을 표현해 낸다. 로켓을 장착한 탄환이 우주를 가로질러 달에 착륙할 때, 멜리에스는 달의 얼굴에 포탄이 박혀 찡그리는 표정(몸짓)으로 달 착륙을 표현해 냈다. 달의 찡그리는 표정은 '뭐 먹을 게 있다고 지구에서 달까지 날아와 귀찮게 하지?'라는 것이기도 하고, 아폴로 11호의 우주 비행사 닐 암스트롱(1930-2012)의 발걸음보다 60년 먼저 표현된 희극적 몸짓이기도 하다. 이 순간들의 성찰은 여전히 중요하다. 「달세계 여행」의 찡그리는 달의 얼굴은 새로운 테크놀로지의 예술인 영화를 통해 머지않은 미래에 인간이 저곳에 갈 거라는 예언이기도 했다. 영화가 허구의 영역으로 찾아낸 새로운 장소는, 곧 새로운 기술과 함께 다가가야 하는 미래상이자 정치적 목소리가 되었다.

아감벤은 몸짓을 통해 영화는 본질적으로 윤리와 정치에 속할 수밖에 없다고 말한다. 저 달의 찡그림(몸짓)이 현재의 관객에게 다양한 윤리적 표정으로, 정치적 몸짓으로 다가올 수 있다는 것이다. 1902년의 관객은 그 사실을 인식하지 못했지만, 어느새 현대 영화는 외계인들의 침입과 우주 전쟁으로 각종 몸살을 앓게 되는 스크린 시대가 되었다. 이 현재의 몸짓은 어떠한 방식으로 영화적 망각과 기록을 경험하고, 이야기될 것인가. 그것은 또 다른 영화사의 시작을 예고한다.

뤼미에르 형제와 멜리에스가 후대에 끼친 영향은 직접적이지는 않다. 그러나 그들은 가장 광범위하게 영화의 분화에 영향을 끼쳤다. 뤼미에르 형제의 다양한 '기록'들은 다큐멘터리의 원형이 되었다. 이들의 작품은 영화가 하나의 시간과 공간을 담은 기록이며, 그것은 시간이 흐른 뒤에도 보존될 수 있는 모뉴먼트라는 것을 보여 주었다. 뤼미에르 형제의 작품들 중에는 코미디의 기원이 되는 영화도 많다. 각종 개그를 다룬 뤼미에르 형제의 영화들은 사람들이 타인의 몸짓과 행동에 대해 얼마나 많은 관심을 갖고 있는가를 증명하였다. 뤼미에르 형제의 영화는 다양하고 우스꽝스러운 상황을 연출하면서 무성 코미디 시대를 예고하기도 했다. 온실처럼 만든 스튜디오에서 온갖 실험을 한 멜리에스의 영화는 기괴한 상황과 캐릭터로 가득 채워져 있었고, 이들 영화는 판타지와 SF 영화에 중요한 참고가 되었다. 2011년에 선보인 마틴 스코세이지 감독의 「휴고」에는 멜리에스에 관한 판타지가 등장한다. 말년의 멜리에스가 장난감 가게를 운영하는 인물로 등장하고, 소년 휴고는 사별한 아버지의 기록을 추적하면서 결국 멜리에스의 존재를 알게 된다. 이 영화는 초기 영화에 대한 존경을 표현한 동시에 오늘날의 기술로 멜리에스의 비전과 영상을 재해석해 낸 작품이다.

JOSEPH M. SCHENCK
presents
BUSTER KEATON
in
"SHERLOCK JR."
A Metro Attraction

②강 몸짓, 영화가 주는 매력

셜록 주니어

버스터 키튼

"둘 다 잘될 거라고 기대하지 마라."

— 영화 도입부의 격언

셜록 주니어 Sherlock Jr., 1924

미국 | 45분 | 버스터 키튼

납작한 보터 해트를 눌러쓴 이 남자는 누구인가? 작달만한 키에 무표정한 얼굴, 아니 좀 멍해 보인다. 아무래도 그는 극장의 영사 기사인 듯하다. 가만 보니, 그는 시궁창 같은 현실에서 노상 탐정이 되길 꿈꾸고 있다. 그는 극장을 청소하다 말고, 명탐정 셜록 홈스라도 된 양 커다란 돋보기로 이곳저곳을 들여다본다. 극장 주인은 그런 주인공이 못마땅하기만 하다. 허황되고 사리에 밝지 못한 모양새로 봐서, 그는 보통보다 약간 모자란 남정네가 아닐까 싶다. 그래도 그는 탐정이 되고 싶다. 그리고 아름다운 한 여성을 자신의 연인으로 삼고자 한다.

그런데 주인공은 그 여성을 쉽게 차지할 수 없다. 그는 근사한 선물로 여인의 환심을 사 보려고 하지만, 워낙에 빈털터리라 그마저도 여의치 않다. 수중에는 고작 3달러뿐이고, 그럴싸한 물건은 보통 4달러 이상이다. 주인공은 극장 앞에 버려진 쓰레기를 치우다가 1달러를 줍지만, 본디 착한 마음씨를 지닌 사람이라 원래 주인에게 돈을 돌려준다. 심지어 엉겁결에 적선까지 하며 그나마 있던 돈마저 다 날려 버리고 만다. 결국 주인공은 1달러짜리 선물을 사 가격표를 4달러로 고친다. 하지만 더 큰 문제는 따로 있다. 일단 그럴싸한 연적이 있는 데다 그녀의 아버지 또한 덜떨어진 주인공을 탐탁찮게 여기기 때문이다. 심지어 주인공은 그녀 아버지의 물건을 훔쳤다는 누명까지 뒤집어쓰게 되는데, 그야말로 험난한 사건의 연속이다. 그와 연적인 양아치 같은 작자가 솜씨 좋게 꾸며 낸 함정이었던 것이다. 아무리 『탐정이 되는 법』을 탐독한다고 하지만, 현실은 정녕 호락호락하지 않다. 여하튼 사랑하는 여인과 만날 수도, 누명을 벗을 수도 없는 상황에서 주인공은 다시 영사실로 돌아온다. 그리고 실의에 빠져 깊은 잠에 빠져든다.

'내가 지금 꿈에서 깬 것인가? 아니면, 이대로 꿈이란 말인가?' 주인공의 의식은 자신의 육체를 벗어나, 꿈처럼 멋들어진 영화 화면 속으로 빨려 들어간다. 이 얼마나 고대하던 순간이란 말인가! 주인공은 그동안 읽어 둔 『탐정이 되는 법』대로, 영화 속에 들어서자마자 자신 있게 탐정으로 분한다. 주인공은 평소에 익혀 둔 '명탐정다운 솜씨'로 수수께끼 같은 사건을 척척 풀어 나간다. 적들의 간사한 훼방 따위는 가소로울 따름이다. 마치 모든 일이 톱니바퀴가 맞물리듯, 척척 돌아간다. 이어 주인공 셜록 주니어는 조수 질레트와 함께 창문을 뛰어넘고, 기차에 매달리며, 여장을 하고, 경찰 오토바이에 올라타며 기가 막힌 수완으로 차례차례 범인들을 소탕한다. 마침내 그는 도난당한 목걸이는 물론, 아름다운 여인까지 품에 안는다. 이것이 꿈이라면 깨어나지 않았으면! 그러나 그와 연인이 탄 차는 불의의 사고로 호수에 빠지게 되고, 모든 영광이 악몽으로 뒤바뀌는 순간, 주인공은 깨어난다. 역시 꿈이었구나, 영화처럼 말이야!

하지만 주인공의 '영화'는 지금부터 시작이다. 왜냐하면 마치 거짓말처럼 뜻밖의 증인 덕에 누명을 벗고 사랑하는 여인까지 차지하게 되었으니까 말이다. 이렇듯 꿈은 달콤하지만, 현실만큼 절실하지는 않다. 그렇다면 꿈은 현실적인 삶에 있어 그저 부차적일까? 그럴 리 없다. 어쩌면 꿈이야말로 우리들 인생의 '초록 불빛'일지도 모른다. 영화 같은 꿈이 주인공을 사랑으로 인도해 주지 않았는가.

HOW-TO-BE
A
DETECTIVE

작가에 대하여

버스터 키튼

Buster Keaton(Joseph Frank Keaton), 1895-1966

"침묵은 신의 것이다. 원숭이들만 떠들 뿐이다."

찰리 채플린, 해럴드 로이드와 함께 무성 코미디 영화를 대표하는 인물이다. 본명은 조지프 프랭크 키튼이며, 미국 캔자스 주에서 태어났다. 부모는 의약품 선전 판매쇼에 출연하고 있었는데, "당대 최고의 마술사"로 불린 탈출 마법의 귀재 후디니가, 부모의 공연에 출연한 키튼의 모습을 보고 '버스터'라는 별명을 붙여 주었다는 일화가 있다. 버스터는 사전적인 의미의 '폭탄(놀라움)'을 뜻하는 것일 수도 있고, 감탄사일 수도 있다. 1917년 유명 희극 배우인 로스코 패티 아버클(1887-1933)의 눈에 들어 영화계에 데뷔했다. 1928년까지 프로듀서 조지프 섕크(두 사람은 동서지간이기도 했다.)와 함께 약 20여 편의 단편영화와 열두 편의 장편영화(약 50분 정도의 분량)에 출연했고, 그 대부분을 연출했다. 애크러배틱한 연기와 함께 키튼을 유명하게 만든 것은, 바로 무표정한 연기였다. '표정이 사라질수록 관객의 웃음은 더 커진다.'라고 생각한 그는 무표정한 얼굴로 곡예에 가까운 액션 연기를 선보였다. 그는 "위대한 무표정(The Great Stone Face)"이라고 불리며 대중으로부터 사랑을 받았다. 1920년대 말 계약 파기 등의 사유로 임금 계약직 예술가로서 MGM에 들어간 그는, 1930

년대 중반까지 이어진 이혼에 따른 위자료 지불 탓에 파산하게 된다. 게다가 알코올 의존증 환자가 되면서 비참한 나날을 보낸다. MGM에서 그가 맡은 역할은 단역들이었다. 그러다 채플린의 도움으로 새로운 기회를 얻게 된다. 키튼은 채플린의 후기 걸작 「라임라이트(Limelight)」(1951)에 출연함으로써, 자신의 경력을 재평가받을 수 있는 기회를 마련한다. 전해지는 이야기에 따르면, 칼베로 역으로 출연한 채플린과 그의 동료로 등장한 키튼은 쌍벽을 이루며 촬영장에 있는 이들에게 감동을 주었다고 한다.

키튼은 위험천만한 스턴트 장면을 모두 직접 해내기로 유명했다. 달리는 자동차에 뛰어올라 타거나 폭발 한가운데 있는 장면들도 몸소 연기했다. 그는 트릭이나 특수 효과에 거의 의존하지 않았는데, 설령 그런 경우가 있다면 전부 개그를 효과적으로 표현하기 위함이었다. 키튼이 공식석상에 마지막으로 모습을 드러낸 것은 1965년 '베니스 국제영화제' 자리에서였다. 일흔 살을 바라보는 그는 열렬한 환호를 받았고, 몇 달 후에 타계했다. 키튼의 영화는 무성영화 시대의 관객은 물론이고, 무협배우로 잘 알려진 성룡의 1980년대 스타일을 확립하는 데 지대한 영향을 끼쳤다. 사뮈엘 베케트가 시나리오를 쓴 「영화(Film)」(1965)의 주인공 역시 키튼이었다. 베케트는 살아생전 영화의 대명사인 버스터 키튼에 대한 애정을, 이 한 편의 영화 속에 빼곡히 담아 둔다. 이 작품에는 아무런 대사가 없다. 무성영화를 따라 표정과 몸짓이 화면을 채운다. 그리고 영화의 말미에 주름진 버스터 키튼 말년의 모습을 클로즈업 화면으로 마주할 수 있다. 무성 코미디 영화를 사랑했던 베케트는 우리에게 은근히 말하는 듯하다. "키튼의 얼굴과 주름을 봐. 이게 바로 영화 그 자체야."

무표정의 미학, 표현으로서의 몸짓

무성 코미디의 시대가 왔다. 찰리 채플린, 해럴드 로이드를 비롯하여 무성 코미디의 역사를 주름잡은 코미디언들이 여럿 있지만 버스터 키튼만큼 중요한 인물도 없다. 키튼의 영화가 주는 가장 큰 재미는 그가 표현해 내는 몸짓에 있다. 키튼은 물, 불, 바람을 가리지 않고 종횡무진 액션을 펼친다. 스턴트맨의 도움도 없이 직접 위험천만한 장면을 무표정하게 연기하는 장면을 보고 있노라면 경탄과 함께 웃음이 절로 나온다. 키튼은 웃지 않지만, 키튼을 보는 관객은 웃지 않을 수가 없다. 키튼의 몸짓은 영화적 구경거리, 즉 '스펙터클'의 중요한 원동력이 되었다. 이로 인해 코미디는 단순한 농담을 넘어서 인간의 몸과 표현과 이미지의 원형이 된다. 그 자유로운 표현의 몸짓을 감상해 보자.

기차, 모더니티의 상징에서 유희의 무대로

이 지난 시간엔 뤼미에르의 발명적 측면에 대해 얘기했어요. 뤼미에르 영화들 중에서 가족을 찍은 것이나 「공장에서 나오는 사람들」보다 「열차의 도착」이 유명한 이유는 영화라는 장르 자체가 근대화의 상징이기 때문이죠. 이러한 맥락에서 버스터 키튼에게 기차란 무엇이었을까요? 키튼의 영화, 특히 가장 긴 장편영화 「제너럴(The General)」(1926)에도 기차 신이 굉장히 많아요. 뤼미에르 영화에서는 압박감과 파워를 상징했던 반면, 키튼의 영화에서 기차는 재미있는 놀이의 공간이 됩니다.

근대성의 상징으로서 기차는 상당히 무거운 공간이었습니다. 또 현대 영화들 속에서 기차는 액션의 공간이기도 했습니다. 시드니 루멧의 「오리엔트 특급 살인 사건(Murder on the Orient Express)」(1974), 그리고 앨프리드 히치콕의 「북북서로 진로를 돌려라(North by Northwest)」(1959)나 「의혹의 그림자(Shadow of a Doubt)」(1943) 같은 영화들에서 기차는 서스펜스와 공포, 살인의 공간으로 기능합니다. 최근에는 톰 크루즈가 「미션 임파서블(Mission Impossible)」(1996)에서 기차에서 매달리기도 했지만 비행기의 부각으로 인해 액션 공간으로서의 기차는 인기를 잃어 갑니다.

키튼의 경우, 기차를 유희적 공간으로 이용했는데, 이것이 바로 근대성

버스터 키튼, 「제너럴」

"버스터 키튼의 영화, 특히 가장 긴 장편영화 「제너럴」에는 기차 신이 많이 등장합니다. 뤼미에르 영화에서 기차는 근대성의 상징으로서, 압박감과 파워를 상징했던 반면, 키튼의 영화에서 기차는 즐거운 놀이의 공간이 되죠."

에 대한 키튼의 독특한 인식입니다. 키튼에게 테크놀로지란 무겁고 의미심장한 공간이 아니라 흥미로운 가능성의 공간이었던 셈입니다. 키튼과 동시대 감독이었던 찰리 채플린의 「모던 타임즈」와 비교해 봐도 키튼의 시각은 매우 독창적입니다. 키튼은 「열차의 도착」에서처럼 테크놀로지에 매혹되거나 경도된 인물도 아니고, 그렇다고 테크노포비아도 아닙니다. 키튼의 독창적이고 독보적인 맥락에 주목해야 합니다. 아나키즘적 기계주의라고 볼 수도 있겠습니다.

강 기차를 모더니티의 상징으로 보는 시선이 매우 흥미롭습니다. '모던'이라는 단어는 모데르나(moderna. '안티쿠나'의 반대말)에서 나왔어요. '새롭다'라는 뜻의 라틴어입니다. 새로움의 등장이야말로 근대사회의 특성이에요. 개인적으로 근대성(새로움)을 처음 느낀 곳은 청량리 맘모스백화점에서였는데, 거기 에스컬레이터라는 놀라운 도구를 타러 갔었죠. 움직이는 계단이라니, 정말 새로운 경험이었습니다. 우리가 근대에 산다는 것은 이런 식으로 새로움과 낡음을 구분할 수 있는 세계에 진입했다는 뜻입니다. 자본주의 발달에 따른 테크놀로지의 발전은 근대의 산물입니다. 계속 새로운 것이 나오고 그때마다 새것이 낡은 것을 대체해요. 새 제품이 당혹스럽게 보일 때, 전자 제품 사용설명서가 무서워질 때가 있잖아요, 그럼 구세대가 된 거예요. 세대 갈등이란 것 자체가 근대사회의 산물입니다. 모더니즘은 곧 '새로움주의'예요. 18세기 중엽 이전까지는 어른들이 가장 지혜로운 존재였어요, 삶의 리드미컬한 패턴을 가장 많이 반복해서 경험했으니까. 지금은 나이 든 사람들이 가장 헤매잖아요, 끊임없이 업데이트되는 기술에 적응하지 못하니까. 시네마토그라프라는 장비 자체도 새로운 기술의 산물이죠. 그러니 '영화답다=새롭다'라는 가치를 유지하기 위해, 영화는 또 새로운 공간을 필요로 하게 된 겁니다.

버스터 키튼이 재밌는 이유가 뭘까요? 무성영화인데도 아직도 '새로움'이 있기 때문이에요. 언뜻 보면 정신없는 것이 마치 성룡 영화 같기도 하죠. 성룡보다 버스터 키튼이 더 새로워 보이지 않으세요?

버스터 키튼의 "위대한 무표정"

이 성룡도 어린 시절에 어머니와 함께 버스터 키튼을 많이 봤어요. 「폴리스 스토리」에는 버스터 키튼의 현대화라고 부를 만한 포인트들이 있어요. 「턱시도(The Tuxedo)」(2002)는 옷에 장착된 각종 기능을 이용해 무술을 잘하게 되는 중국인 이야기인데, 버스터 키튼적 감각을 적용했다고 볼 수 있어요. 키튼은 기계적인 몸동작을 구사하여 로봇인지 인간인지 모호한 느낌을 주거든요. 버스터 키튼은 스턴트맨을 따로 두지 않고 직접 연기했는데, 성룡도 그랬죠. 둘 사이의 유사성은 슬랩스틱 요소(몸짓), 코미디[847쪽 키워드 참고]의 조작적 요소에 있습니다.

무성영화 시대에 가장 인기 있던 장르는 코미디입니다. 해럴드 로이드, 찰리 채플린, 버스터 키튼의 작품들이 대부분 10분짜리 단편이었어요. 미국 사회 노동자들의 고단함을 달래는 오락적 기능을 했던 거죠. 성룡의 경우에도 스트레스 해소로서의 영화를 만들었고요.

그런데 성룡의 과장된 웃음과는 달리 키튼의 트레이드마크는 무엇보다도 '무표정'입니다. 채플린의 페이소스[851쪽 키워드 참고]나 로이드의 지적인 분위기와는 확연히 구분되는 지점이죠. 키튼은 셋 중에서 가장 덜 유명했지만 사후에는 가장 크게 평가받은 인물입니다. "위대한 무표정"으로 불리는 키튼의 영화적 주제는 '재난'입니다. 「셜록 주니어」에서는 오토바이 추격 장면을 통해 설상가상 시퀀스[847쪽 키워드 참고]를 잘 보여 줍니다. 뒤에서 핸들을 잡고 있는 왓슨이 없어진 줄 모르고 안심하고 달리는 눈먼 오토바이가 위험한 장애물을 운 좋게 지나치는데, 그 아슬아슬한 강도가 점점 세지죠. 또 태풍에 집이 날아가도, 자동차가 물속에 처박혀도, 주인공은 태연자약해요. 오히려 무표정을 유지함으로써 우리는 나머지 배경, 즉 조형적 효과에 집중하게 됩니다. 공간 속에서 어떠한 동작을 짜 맞출 것인가에 대해 키튼만큼 엄격한 사람은 없었어요. 키튼의 공간 통제력은 놀라운데, 주인공이 마치 기계와 한 몸인 것처럼 혼연일체가 되어 동작을 펼칩니다.

이 작품의 백미는 엔딩 장면이죠. 강 선생님이 영화를 통해 몸짓을 배운다고 했던 것처럼, 사랑하는 여자에게 어떻게 대해야 할지 모르는 주인공이 스크린을 응시하면서 영화 장면을 하나씩 따라 해요. 키튼은 1924년에 이미 영화의 교육적 효과를 명확히 알고 있었던 겁니다. 이 엔딩 장면은 후에 성룡, 주성치 등에 의해 재활용되면서 하나의 이미지 계보를 이루게 됩니다.

강 막춤을 무표정한 얼굴로 추면 되게 웃기지 않나요? 무표정은 자연히 행동을 부각하죠. 그러니까 무표정은 막춤의 유머러스한 측면을 강조한다는 겁니다. 무표정으로 막춤을 추고 있으면, 좌중을 웃기려고 못 추겠다는 의도성이 있다고 판단되죠. 그래서 보는 사람들이 웃는 겁니다. 이처럼 무표정은 무성영화 속에서 행동으로 관객의 시선을 옮기고자 키튼이 고뇌한 결과물이라고 할 수 있습니다. 얼굴에서 읽을 수 있는 정보를 줄임으로써 행동에서 많은 정보를 찾게 만드는 겁니다.

이 버스터 키튼 작품에는 이야기 요소가 별로 없습니다. 물론 멜로 관계를 설정하는 1940-1950년대 다른 영화들처럼 키튼의 작품들도 결혼을 다룹니다. 「셜록 주니어」에서는 회중시계를 훔쳤다는 오해를 풀어야만 결혼에 골인할 수 있죠. 사실 극장에서 졸면서 꿈꾸기 전에 오해는 이미 풀립니다. 여주인공이 전당포를 찾아갔다가 시계를 훔친 진짜 범인을 알게 되거든요. 내러티브상의 갈등이 모두 끝난 것입니다. 극장 안으로 들어가 꿈꾸는 장면을 보도록 하는 것은 더 이상 드라마적 주요 요소가 아니라 '볼거리'예요. 이렇게 '볼거리'를 만들면서 키튼은 영화에서만 가능한 것을 보여 줍니다. 꿈꾸는 장면에서 물웅덩이, 사자 구덩이, 산골짜기 등 공간과 차원이 바뀝니다. 영화의 편집은 비논리적인 것(시공간적으로 연속성이 없는 것)들을 맞붙임으로써 논리적으로 느끼게 하는 테크닉이에요. 이것은 쿨레쇼프 효과로 불리는 몽타주[848쪽 키워드 참고]의 가장 기본적인 원리이기도 합니다.

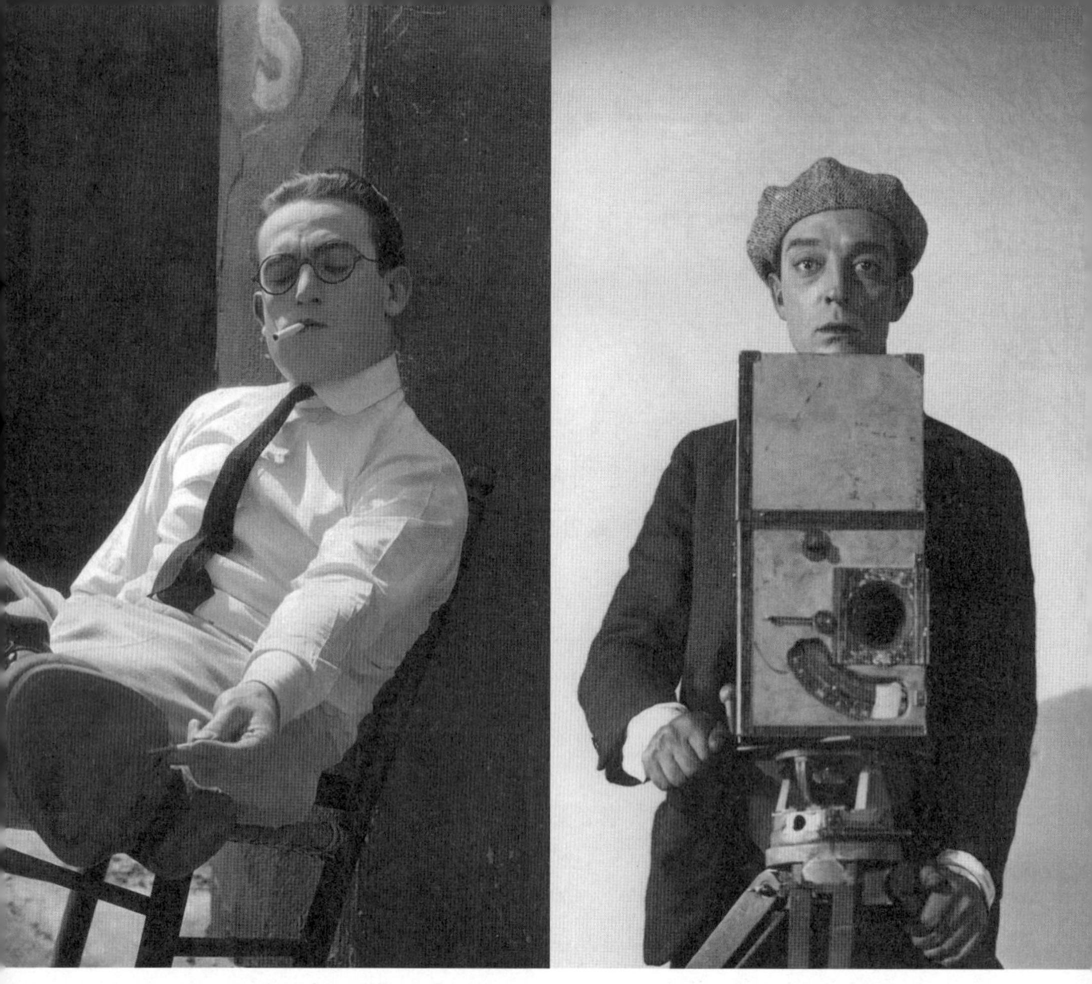

뿔테 안경으로 유명한 해럴드 로이드 vs. 무표정이 특징인 버스터 키튼

"성룡의 과장된 웃음과는 달리 키튼의 트레이드마크는 무엇보다도 '무표정'입니다. 채플린의 페이소스나 로이드의 지적인 분위기와는 확연히 구분되는 지점이죠. 키튼은 셋 중에서 가장 덜 유명했지만 사후에는 가장 크게 평가받은 인물입니다."

버스터 키튼이 된 현대인들

강 버스터 키튼의 무표정과 찰리 채플린의 페이소스 섞인 무표정의 차이, 둘이 상징하는 바는 무엇일까요? 이런 고민이 무성영화를 이해하는 하나의 키워드가 될 수 있을 듯한데요.

이 무표정은 거리 두기의 가장 좋은 방식입니다. 키튼은 여자의 집에서 쫓겨날 때조차 무표정하죠. 상실감을 표현하기보다는 태연히 영사기를 틀다가 졸고 맙니다. 이는 몽상가의 표정이기도 해요. 현실에 발붙이기보다는 이상적인 꿈을 꾸고 비현실적인 방식으로 해결하려는 이상주의자의 욕망입니다. 이렇게 힘들고 먹고살기 바쁜데 저 배우는 왜 저렇게 태연하고 무심한 걸까 하고 공감하지 못할 수도 있어요. 그게 당시 키튼이 채플린에 비해 인기가 없었던 이유인지도 모르겠네요. 그런데 지금 현대인들은 키튼의 초상에 더 가까워졌어요. 회사 생활이 힘들 때 뭘 하든 간에 무표정을 지켜야 해요. 키튼이 연기한 인물들은 대개 중산층의 실패자들이 많았는데 여러 어려움 속에서도 묵묵히 무표정한 얼굴로 시간을 견디는 식이죠. 가면을 쓰는 현대인들에게 키튼은 오히려 공감 가는 인물일 겁니다. 현대를 견디는 방법은 버스터 키튼 되기밖에 없는지도 몰라요.

강 동감합니다. 코믹한 장면은 웃음도 주지만 외로움도 주죠. 웃는다는 건 그 대상에 거리를 둔다는 것이니까요. 대응해야 할 장애물이 너무 많아진 현대사회에서는 감정이입을 줄이고 희극적인 삶의 자세를 취하게 되는 거죠. 희극적이란 원래 아이러니를 수반하는 것, 그러니 냉소적일 수도 있는 겁니다.

어트랙션 시네마와 설상가상 시퀀스

이 어트랙션 시네마[846쪽 키워드 참고]라는 것에 대해 생각해 볼게요. 당시 장편영화의 풀타임이 보통 50분이었으니, 「셜록 주니어」가 러브스토리를 다루고 있다지만 이야기가 부족하다고들 얘기합니다. 초기 영화에는 드라마가 기승전결로 짜임새 있게 구성되진 못했어요. 그 대신 볼거리를 제공함으로써 계속 관객을 유혹했습니다. 오토바이 장면에서처럼 조수가 떨어진지도 모른 채 주인공은 점점 더 큰 장애물을 만납니다. A〈B〈C의 공식, 즉 크레셴도예요. 관객의 반응도 이에 따라 점점 고조됩니다. 어트랙션의 원리가 옛날 영화에만 존재하느냐 하면 그렇진 않아요. 2000년대 밀레니엄 언저리의 묵시록적 영화들을 예로 들게요. 이를테면 「아마겟돈(Armageddon)」(1998), 「딥 임팩트(Deep Impact)」(1998) 같은 영화에 어트랙션 효과가 쓰였어요. 점점 더 큰 강도로 관객을 압도하는 영화들은 점점 커지는 기대감을 점점 큰 충격으로 만족시켜 주어야 합니다. 이런 어트랙션은 버스터 키튼이 가장 능숙한 영역이에요.(「제너럴」이 지루한 이유는 어트랙션만으로는 두 시간을 상회하는 러닝타임을 감당하긴 어렵기 때문이죠.) 키튼의 어트랙션 요소는 스펙터클을 강조하는 요즘의 블록버스터 영화에서 자주 쓰는 기법으로 「스피드(Speed)」(1997)에 잘 계승되어 있어요. 키아누 리브스(1964-)는 이 영화가 "순수한 엔터테인먼트 영화"라고 말했죠. 정치적 이데올로기와 무관하게 점점 더 큰 강도의 시각적 견인력에 골몰한 영화였습니다. 안타깝게도 드라마 구조를 중심으로 영화사가 발전되기 시작하면서 키튼은 도태될 수밖에 없었어요.

강 데이트할 때도 그래요. 처음엔 손가락만 닿거나 옷깃만 스치는 데 만족하세요. 첫날부터 키스하면 안 돼요. 연애는 분명한 어트랙션 활동이에요. 오늘은 분식을 사 주고, 다음에는 비싼 레스토랑에 가고, 그다음에는 이벤트를 해 주고, 이런 식으로 점점 더 좋은 연애 코스를 준비해야 하거든요. 어트랙션이 버스터 키튼만의 전유물은 아니죠. 어트랙션은 버스터 키튼이라는 남자가 관객이라는 여자를 유혹하는 기술입니다.

여자는 재미없으면 남자가 준비한 영화관을 박차고 나가 버리겠죠. 속편이 나오는 영화는 대부분 어트랙션 영화입니다. 더 밀어붙일 자신이 있다는 뜻이겠네요. 반대로 어트랙션 없는 영화는 굉장히 성숙한 영화일 수 있어요. 처음부터 영화의 수위가 강하면 이후로는 점점 지루해지는데, 그런 영화에도 익숙해져야 해요. 냉철한 태도로 해석하는 역할을 관객에게 맡기는 영화들을 마주해 보세요. 거기다 러닝타임까지 길면 굉장히 힘들죠. 현실의 삶에서는 매일 더 큰 행복을 찾기 힘들어요. 하루 중 가장 기분 좋은 시간이 아침이라면 하루를 버티는 게 힘들겠죠? 저녁에 즐거운 모임에 대한 기대가 있으면 지루한 하루를 보내기가 더 수월해지잖아요. 철학에서 희비극의 구분은 단순해요. 희극에서 우리는 주인공과 거리를 두는 반면, 비극에서는 주인공과 자신을 동일시해요. 그런 면에서 희극을 잘 만드는 사람들에게는 천재적인 면이 있어요. 적당한 거리 두기, 즉 타인을 웃기기란 매우 힘든데, 반대로 울리기는 쉽거든요. 개그맨들의 무기는 동일시가 아니에요. 누구를 만나든 간에 거리를 둡니다. 개그맨들이 사회를 잘 꿰뚫는 것도 거리 두기를 자유자재로 하기 때문이죠. 「인생은 아름다워(La Vita E Bella)」(1997) 같은 영화의 위트를 자세히 들여다보면, 답이 거리 두기에 있다는 것을 알 수 있어요.

이 새로운 테크놀로지라는 것 자체가 어트랙션일 수도 있어요. 영화의 테크놀로지뿐만 아니라 우리는 지금 핸드폰을 2년 주기로 기다리는 어트랙션의 시대에 살고 있죠. 물론 강 선생님의 말처럼 어트랙션이 뒤집힌 영화도 있어요. 빈티지의 욕망, 즉 희소성에 대한 열망도 일면 존재합니다. 그러나 대체로 어트랙션 기능은 주로 새로운 문물, 즉 테크놀로지와 밀접해요. 「그래비티(Gravity)」(2013)에서 죽은 조지 클루니가 돌아왔다 사라지기도 하는데, 이는 「셜록 주니어」의 꿈을 연상시켜요. 엎친 데 덮친 격으로 강도가 점점 높아지는 설상가상 시퀀스를 설명하기에 적합한 것이 바로 테크놀로지의 업데이트입니다. 그래서 새로운 테크놀로지가 나왔을 때(2D에서 3D로 옮아가는 것처럼) 가장 원초적인 형태의 어트랙션을 경험하게 됩니다. 「그래비티」의 경우 입체감을 더했을 뿐인데 어트랙션 효과는 굉장했습니다. 우주라는 공간을 현실성 있게 느낄 수 있었죠.

강 인간관계에서 어트랙션 논리를 역으로 이용해 봐도 재미있겠어요. 처음엔 돈을 확 써 버리다가 점점 자린고비가 되면 연인 관계는 금방 깨지지 않겠어요? 아니면 첫날 모든 매력을 발산했다가 점점 지루하게 굴어서 실망시켜 버린다든가.

이 그럴 수도 있겠네요. 코미디 영화는 웃음을 제공하는 장르라고 생각하기 쉬운데, 멜로적 외피에 재난 영화적 요소가 더해지는 경우가 많아요. 「셜록 주니어」의 경우 재난 영화, 탐정 영화, 패러디 영화의 요소가 혼합되어 있죠.(소설 『셜록 홈스』를 끌어와서 영화적으로 재현했는데, 패러디라는 것이 원본에서 거리를 두고 재해석하는 것이기 때문에 거리 두기라는 코미디의 본질에 가장 잘 어울리는 조합이기도 합니다.) 코미디는 그 자체로 장르로 완성되기는 어려워요. 따라서 여러 타 장르적 요소를 끌어옵니다. 예를 들어 멜로적 상황이 있어야 그 안에서 갈등을 일으킬 수 있고, 재난 상황이 있어야 곤경을 헤쳐 나가는 무표정한 사내를 설정할 수 있으며, 패러디가 있어야 익히 알고 있는 정보들을 취해 재해석할 수 있는 여지를 확보할 수 있습니다.

한편 영화라는 것을 성찰하기 위해서 영화 자체로 빠져 들어가서 영화적으로 경험해야 하는 작품들이 있어요. 1960년대 이후 본격적으로 등장한 이런 영화들을 '메타 영화'라고 합니다. '영화를 보고 삶을 배우게 된다.'라는 주제 의식에서 나온 것이죠. 이는 영화에 대한 영화라는 특징을 지닙니다. 1920년대라는 이른 시기에 영화의 본질을 성찰한 키튼에게 천재라는 수식은 당연한지도 모르겠어요.

사뮈엘 베케트(1906-1989)가 「필름」이라는 영화를 만들 때 캐스팅했던 배우가 바로 버스터 키튼이에요. 주름진 노년의 키튼을 익스트림 클로즈업으로 잡으며 시작하는 영화인데, 캐스팅의 이유인즉슨 키튼이 영화에 대한 본질적인 질문을 몸소 실행했던 인물이었기 때문입니다. 키튼

버스터 키튼, 「셜록 주니어」

"무표정은 거리 두기의 가장 좋은 방식입니다. 키튼은 애인의 집에서 쫓겨날 때도 무표정하죠. 상실감을 표현하기보다는 태연히 영사기를 틀다가 졸고 맙니다. 한편 몽상가의 표정이기도 해요. 현실에 발 붙이기보다는 이상적인 꿈을 꾸고 비현실적인 방식으로 해결해 보려는 욕망이 보입니다."

이 천재로 추앙받을 만한 이유는 또 있어요. 키튼은 영화 작업에서 연출, 주인공, 스턴트맨을 따로 두지 않고 모두 직접 했어요. 정교한 시나리오나 드라마적 플롯은 없었지만 기대한 만큼의 재미를 끌어내지 못할 때에는 수없이 다시 찍고 또 찍기를 반복했습니다. 완벽주의자 키튼은 서른여 편의 영화를 남겼습니다. 그는 타이밍과 여러 요소의 배합과 조화를 매 영화, 아니 매 장면마다 고민했던 배우이자 감독이었습니다.

질문 1 눈요기를 위한 영화라고 하면 어쩐지 부정적인 뉘앙스로 들리는데, 어트랙션 영화는 눈요기 영화랑 어떻게 다른가요?

이 어트랙션 영화는 단순한 크레셴도가 아니라 타이밍과 적절한 긴장을 견인할 수 있어야 해요. 그래서 키튼의 코미디를 '궤도 개그(Gag Trajectoire)'라는 용어로 부르기도 해요. 장면에 대한 뛰어난 감각 없이는 만들어 내기 어렵습니다. 어트랙션은 영화의 본질 중 하나인 엔터테인먼트적 순수성을 잘 보여 주는 장치입니다. 어트랙션은 현대의 3D 영화에서도 이어지고 있습니다.

강 눈요기 영화를 즐겁게 한 번 보는 영화라는 뜻으로 사용한다면 부정적이진 않아요. 「해리 포터(Harry Potter)」(2001-) 시리즈를 보면 롤러코스터를 탈 때처럼 신 나잖아요. 사실 어려운 논문을 쓰기는 쉬워도, 불특정 다수 대중을 위한 책을 쓰는 건 굉장히 어렵습니다. 영화의 리듬을 만들어 내는 것이 어트랙션 시네마의 핵심이죠. 어트랙션은 영화의 본질 중 하나인 오락적 순수성을 잘 보여 주는 장치라고도 할 수도 있습니다. 어트랙션을 만들어 내야 재미가 있죠. 또한 어트랙션은 새로운 기술과도 연결됩니다. 오늘날 각광을 받고 있는 3D 영화는 또 다른 어트랙션으로 관객을 끌어들이고 있지요. 특수 안경을 쓰고 관람하는 행위 자체가 생생한 화면의 움직임과 연결되면서 새로운 영화 경험의 어트랙션을 만들어 내고 있는 셈이죠.

질문 2 키튼, 성룡 등의 코미디 배우는 하나의 캐릭터를 많은 영화에서 반복하는데, 그 이유가 궁금합니다.

이 이유는 간단해요, 코미디이기 때문이에요. 복합적인 요소를 결합한 코미디 장르에는 캐릭터가 확실히 중심에 서 있지 않으면, 코믹한 요소를 인식할 수 있는 방법이 없습니다. 채플린이 바로 그 대표적인 예입니다. 채플린이 유명 코미디 배우로 성공할 수 있었던 이유는 '떠돌이 찰리'라는 캐릭터를 만들었기 때문입니다. 초기 단편영화에서는 지금과는 의상부터 달랐는데, 이것이 영화를 거듭할수록 정교화되며 지금의 찰리로 안착했습니다. 채플린은 후에 수염을 지우고 살인자 역할을 맡아 영화를 제작하지만 실패합니다. 왜냐하면 관객은 수염 없는 채플린의 페르소나를 거부했기 때문입니다. 캐릭터가 창조되는 것에 대한 좋은 예는 텔레비전 프로그램「무한도전」입니다. 서로의 '캐릭터'를 잡아 가며 코미디의 재미를 더해 가죠.

질문 3 영화를 볼 때 주관적인 감정이 개입되는 건 어쩔 수 없는 듯해요.

강 맞아요, 영화를 볼 때도 보는 이의 개인사가 작동합니다. 평론가가 그래서는 안 되겠지만, 일반 감상자라면 영화를 개인적 역사와 겹쳐 보는 것은 어쩔 수 없죠. 보는 이의 주관적인 경험이 지나치게 반영되면 영화 평론가는 될 수 없어요. 하지만 그렇다고 모든 주관적인 경험을 배제해서는 안 되겠죠. 그러면 개성 없고 재미없는 평론가가 될 테니까. 훌륭한 평론가가 되기 위해서는 은근히, 은유적으로 주관적인 경험과 영화를 아울러야 합니다. 어쨌든 한 감상자로서 개인적인 경험을 노골적으로 표현하는 것에는 나름의 의의가 있습니다. 무엇이든 일단 '표현'하는 것 자체에는 큰 가치가 있어요.

이 롤랑 바르트(1915-1980)의 『밝은 방』에 대해 얘기해 보죠. 바르트의 설명에 따르면 사진에는 스투디움(studium)과 푼크툼(punctum)이 있습니다. 스투디움은 사회적·역사적인 맥락입니다. 이것만으로는 재미가 없다고 바르트는 생각했어요. 그래서 푼크툼의 중요성을 강조했죠. 푼크툼은 찌르는 행위, 즉 개인의 독자적인 역사와 경험이에요. 내 마음에 이미지가 파고드는 순간을 가리켜요. 하지만 이 찌르는 이미지, 즉 푼크툼만으로는 평론으로 나아가기 힘들어요. 스투디움과 푼크툼, 둘 다 필요해요. 거기서 평론이 출발합니다. 푼크툼에서 출발하지만 이것을 보편적인 비평의 언어로 확장해 나갈 때에는 스투디움이 들어와 주어야 하지요. 그러나 강 선생님 말처럼 푼크툼이 쌓여 가는 데는 나름의 의의가 있어요. 우리는 먼저 푼크툼을 통해 영화를 바라보게 됩니다.

강신주

롤러코스터처럼 재미있지 않다면 영화를 도대체 왜 봐야 하는가?

1980년대는 암울했다. 전두환이 군사독재를 행하며 자유가 억압되었던 시절이니 당연한 일 아닌가. 대학가 앞이나 지하철 출구에서는 아무런 거리낌 없이 불법 검문검색이 횡행했다. 모든 시민, 좀 더 좁혀 말하면, 대학생들은 정권에게는 잠재적인 시위 주동자들이었던 셈이다. 이 얼마나 불쾌한 일인가? 경찰들은 우리의 가방을 뒤졌다. 무언가 시위 물품이라도 나오면 그나마 다행일 수도 있겠다. 대학생의 가방답지 않게 빈 담뱃갑 등 쓰레기라도 나온다면, 영 낭패가 아닐 수 없다. 가방을 뒤지던 경찰의 냉소에는 '그러고도 네가 대학생이니?'라는 조롱이 묻어 있는 것 같았다. 남자들도 불쾌했는데, 하물며 여자들은 또 얼마나 수치심을 느꼈을까? 혹여 생리대라도 가방에 들어 있을 수 있었을 테니까. 그럼에도 남녀 할 것 없이 우리 모두는 비겁할 수밖에 없었다. 압도적인 공권력 앞에서 우리는 고양이 앞에서 찍 소리 못 내는 나약한 쥐새끼 같았다.

후배 보기도 면목이 없고, 애인 보기도 쑥스러운 일상은 끝날 전망도 없이 반복되었다. 학교 정문 근처에 서 있는 경찰들을 보자마자, 우리 모두는 모욕적인 자기 검열에 빠지곤 했다. '혹시 어제 교내에서 받은 시국 성토 유인물이 들어 있는 것은 아닐까?' 운이 좋은 날도 있었다. 바빠서인지 경찰들이 별다른 검문검색을 하지 않고 무사히 학교로 들여보내기도 했으니 말이다. 교문을 들어서면서 안도의 숨을 내쉬곤 했다. 그렇지만 곧 모멸감이 찾아들었다. 내 학교도 편안히 못 들어오는 시대, 그리고 검문검색을 받지 않았다고 안도하는 나 자신이 너무 싫었다. 모든 걸 잊고 싶었다. 바로 이럴 때 정말 신기하게도 모든 걸 잊게 만드는 것이 있었다. 바로 성룡의 영화였다. 1983년 「오복성(五福星)」과 「프로젝트 A(A計劃)」, 1984년 「대복성(迷你特攻隊)」과 「쾌찬차(快餐車)」, 1985년 「폴리스 스토리(警察故事)」와 「복성고조(福星高照)」, 그리고 1986년 「용형호제(龍兄虎弟)」, 그리고 계속 성룡의 영화들은 개봉되었고, 아니나 다를까 대부분 흥행에 성공했다.

성룡의 영화는 암울했던 독재 시절을 잊게끔 청량제 노릇을 톡톡히 했다. 당시 성룡의 우당탕탕 액션을 본다는 건 롤러코스터를 탄 것에 비유할 수도 있다.

두 시간이 후딱 가서 20-30분 정도 흐른 것처럼 느낄 정도였으니 말이다. 우당탕탕 정신 차릴 수 없이 우리를 가지고 놀았던 성룡의 현란한 액션 속에서 우리는 자신이 누구인지 혹은 어느 시대에 살고 있는지 자각할 틈이 없었다. 아니, 더 정확히 말해 자각할 틈이 없었던 것이 행복했더랬다. 그렇다. 자신과 세계에 직면하기 힘들 때, 그리고 그런 자신의 나약함을 잠시라도 잊고 싶을 때, 우리는 영화관에 들렀던 것이다. "종교는 아편"이라는 마르크스(1818-1883)의 말을 빌리면, 당시 영화는 우리에게 끊을 수 없는 아편이었다. 자기 삶의 남루함과 지질함을 잊는 데 영화보다 더 근사한 것도 없었으니까. 고단한 현실을 잊도록 도와주는 아편을 구하는 것보다 영화 관람에는 시간도 돈도 적게 드니, 이것 또한 일석이조 아닌가. 당연히 이런 요구를 놓칠 영화사나 배급사는 없을 것이다.

1920년대 유럽에서는 영화적 실험을 통해 영화적인 것을 구축하려는 온갖 노력이 이루어지고 있었다. 영화는 단순한 재현이 아니라 인간의 창조적 표현으로서의 가능성을 모색했던 것이다. 당연히 영화 예술가의 내면이 관객보다 더 중요할 수밖에 없었다. 관객이 문제가 된다면 그건 영화 예술가의 내면이 제대로 관객에게 전달될 수 있는가의 여부와만 관련된 사항이었다. 그렇지만 이것과는 완전히 다른 영화가 같은 시기 대서양 건너 미국에서 버스터 키튼에 의해 만들어지고 있었다. 그는 과거 성룡 영화와 현재 할리우드 오락 영화의 서막을 알리는 롤러코스터와 같은 영화, 즉 아편과도 같은 영화를 만들고 있었으니까. "자! 이제 제가 이 영화로 여러분에게 말하려고 했던 것, 혹은 여러분이 느꼈으면 하는 것을 말하겠어요, 아시겠어요?" 버스터 키튼은 결코 이렇게 유럽식으로 묻지 않는다. 그냥 키튼은 영화관을 나오는 우리의 안색과 행동만을 미국식으로 관찰할 뿐이다.

롤러코스터를 타느라 시간 가는 줄 몰랐던 아이처럼 달뜬 표정으로 영화관을 나오는가의 여부, 키튼이 확인하려는 건 오직 이것뿐이었다. 그에게 영화는 세상의 근심 걱정을 잊도록 만드는 신 나는 롤러코스터 같아야 하고, 영화관은 꿈에서나 볼 것 같은 근사한 놀이동산 같아야만 한다. 키튼은 1895년 뤼미에르 이후 발전되어 온 거의 모든 영화 기법을 총동원하여 근사한 놀이동산과 롤러코스터를 만들려고 했다. 1919년에 1차 세계대전이 끝났지만 더 큰 재앙이 닥칠 예감에 암울했던 평범한 사람들에게 즐거운 한때를 보내게 해 주려 했던 것이다. 2차 세계대전을 겪고 나서야 간신히 회복될 정도로 심각했던, 미국에서 시작되어 세계로 번진 1929년의 세계 대공황을 떠올려 보라. 불안한 조짐과 예감이 삶의 도처에 독가스처럼 퍼져 갈 때, 그렇지만 그 독가스를 막기 불가능할 것 같은 절망감

「셜록 주니어」에서 키튼과 함께 설상가상 시퀀스를 겪게 될 오토바이

에 빠질 때, 키튼은 롤러코스터를 타고 잠시 세상사를 잊으라고 유혹했던 것이다. 1924년 개봉된 영화 「셜록 주니어」도 키튼이 만든 롤러코스터 중 하나였다.

「셜록 주니어」는 나른한 배경음악을 뒤로하고 다음과 같은 의미심장한 자막으로 시작된다. "옛 격언에는 '두 가지 일을 동시에 하려고도 하지 말고, 둘 다 잘될 거라고도 기대하지 마라.'는 말이 있다." 이 자막은 영사기사로 일하면서 언감생심 탐정을 꿈꾸던 주인공을 풍자하는 데 그치는 건 아니다. 다른 일은 생각하지도 말고 영화관에 들어왔으면 영화만 볼 일이다! 아니 정확히 말해 키튼은 이렇게 말하고 싶었던 것이다. "여러분의 근심 걱정을 근본적으로 해결할 수는 없지만, 저는 영화가 상영되는 동안 여러분이 근심 걱정을 잠시 벗어 놓도록 만들겠습니다." 영화인으로서 키튼의 자부심은 바로 여기에 있다. 과거에 대한 후회도, 그리고 미래에 대한 걱정도 완전히 마비시키고, 오직 스크린이란 현재에만 몰입하도록 만들 수 있다는 자부심 말이다. 44분짜리 영화 「셜록 주니어」를 보는 순간, 우리는 그의 자부심이 아무런 근거가 없었던 것이 아님을 확인하게 된다. 영화가 개봉된 지 90년이 지난 오늘날에도 「셜록 주니어」는 우리를 근사한 롤러코스터에 태우기 때문이다.

우리를 매혹하기 위해 키튼이 꺼리는 건 거의 없다. 코미디 요소도 적절히 섞어 넣고, 직접 묘기에 가까운 스턴트 연기도 마다하지 않는다. 그리고 바다, 사자, 절벽, 기차, 강 등 다양한 볼거리도 코미디와 스턴트의 배경으로 적절히 배치한다. 심지어 영화 속으로 주인공이 들어가는 놀라운 장면, 혹은 주인공이 바다, 절벽, 사자 무리 속으로 순간적으로 이동하는 것처럼 보이도록 만든 기법까지 거침없이 시도한다. 놀이동산에는 비탄과 절망과 같은 무거움이 조금이라도 있어서는 안 된다. 놀이동산은 즐거움과 놀라움의 경쾌함이 지배하는 공간이니까. 그래서 과거를 냉철히 반성하고 미래를 합리적으로 계획하는 지성을 이곳에서 기대해서는 안 된다. 물론 지적인 사람들은 어른을 어린이처럼 만드는 키튼 영화를 비판할지도 모르고, 키튼 영화를 보느라 현실을 망각하는 대중의 모습에 혀를 찰지도 모를 일이다. 그러나, 그래서 어떻다는 말인가? 「셜록 주니어」는 롤러코스터처럼 흥미진진하고 재미있는데 말이다.

『헤겔 법철학 비판』에서 마르크스는 이렇게 말했다. "종교는 번민하는 자의 한숨이며 인정 없는 세계의 심정인 동시에 정신없는 상태의 정신이다. 그것은 민중의 아편이다. 민중의 환상적인 행복인 종교를 폐기하는 것은 민중의 현실적인 행복을 요구하는 일이다." 키튼이라면 종교라는 단어 자리에 영화를 넣으려고 할 것이다. "영화는 번민하는 자의 한숨이며 인정 없는 세계의 심정인 동시에 정신 없는 상태의 정신이다. 그것은 민중의 아편이다. 민중의 환상적인 행복인 영화를 폐기하는 것은 민중의 현실적인 행복을 요구하는 일이다." 이어 키튼은 모든 비판적인 이론가에 맞서 이렇게 항변할 것이다. 사람들이 현실에서 정말로 행복해진다면, 자신도 더 이상 롤러코스터 같은 영화를 만들지 않을 거라고. 불행히도 그들이 근심걱정으로 한숨을 쉬고 있다면, 자신은 그들을 잠시라도 즐거움에 젖도록 만드는 영화를 계속 제작할 것이라고. 버스터 키튼에게 영화란 바로 이런 것이었다.

비평가의 눈
이상용

영화의 순수성

영화의 역사가 지층을 쌓아 가면서 정치·경제·사회 등의 문제로 매번 새로운 지각변동을 일으킬 때마다 우리는 새로운 영화를 만나게 된다. 무성영화의 전성기인 1920년대는 무수한 지각변동이 일어나 단층은 끊어지고, 새로운 땅들이 융기하는 시대였다. 그 가운데 영화의 본래 모습이 무엇인가를 장르적으로, 산업적으로 만들어 가는 움직임이 있었다. 무성 코미디의 주인공들인 찰리 채플린, 해럴드 로이드, 버스터 키튼은 자신들의 몸짓 하나로 스크린을 채우며 관객을 극장 안으로 끌어들였다.

그중 버스터 키튼은 유성영화의 도래와 함께 가장 빨리 사라진 인물이지만, 가장 순수한 몸짓으로 사후에 점점 더 높은 평가를 받은 인물이다. 키튼은 장편과 단편을 포함하여 약 서른 편의 작품을 연출하고, 연기하고, 제작했다. 대부분의 무성 코미디 감독들은 배우 역할도 겸했는데, 이러한 방식은 초기 뤼미에르나 멜리에스의 영화와 비견할 만하다. 그들 역시 자신들이 직접 촬영하거나 연출했으며, 본인을 포함한 가족을 카메라 앞에 세우는 것을 즐겼고, 자신의 극장과 시스템을 통해 영화를 세계에 배급했다. 공교롭게도 무성 코미디 영화는 영화의 기원 시기부터 보였던 제작 방식을 그대로 유지하고 있던 셈이다. 영화 산업의 발달에 따라 시스템이 분화되어 가던 시기에 그들은 영화사의 시작 형태를 코미디의 보호 아래 유지하고 있었다.

소리가 없던 시대에 화면에 대한 집중력은 큰 편이었고, 관객은 버스터 키튼의 무표정 위에 깔린 다양한 몸동작을 보며 폭소를 터뜨렸다. 슬랩스틱 코미디의 단순함은, 유성영화의 도래와 함께 스탠딩 개그가 시작되기까지 코미디의 본질이었다. 언어적 유희가 아니라 몸의 언어적 표현을 통해 직관적인 공감이 이루어졌고, 그것은 관객을 끌어들이는 기본적인 요소였다.

버스터 키튼은 이러한 바탕 위에 몇 가지 새로운 것을 덧붙인다. 그중 하나가 이야기의 무대를 재난이나 파국 위에 올려놓는 것이다. 「스팀보트 빌 주니어(Steamboat Bill Jr.)」(1928)에서 갑자기 불어닥친 태풍으로 주인공이 몸을 피신해 보지만 어디로 도망가든 태풍은 그를 날려 보낸다. 심지어 집까지 날려 보내도 키튼은 특유의 무표정으로 또 다른 피난 장소를 물색한다. 재난이나 파국과 대비되는 키튼의 태연한 모습은 '위대한 무표정'이라 불리며 무성영화 시대에 인장을 새기게 된다. 수많은 배우가 온갖 표정과 정조를 표현할 때 버스터 키튼은 가만히 눈만 뜨고 있으면 되었다. 그것은 아이러니하게도 재난의 상황과 맞물리면서 더 큰 웃음을 만들어 냈다. 「셜록 주니어」에서 오토바이 앞자리에 앉아 맞닥뜨리는 파국이 점점 커지는데도 그것을 태연스럽게 모면하는 연출은, 아이러니한 웃음을 선사하면서 관객을 스크린 앞에 집중하도록 만든다.

사실 대다수 무성 코미디 영화처럼 키튼의 영화에 특별한 이야기는 없다. 「셜록 주니어」에서 일어나는 핵심적인 사건은 주인공 키튼이 회중시계를 훔친 도둑으로 오해받는 것인데, 이 오인은 탐정의 꿈을 꾸기 이전에 이미 해결된다. 키튼의 여자 친구가 전당포에서 범인을 확인하게 되기 때문이다. 그러나 키튼의 영화는 멈추는 법이 없다. 범인으로 오해받은 상황을 미끼 삼아 꿈속에서 탐정이 된 키튼은 악당들과 대결을 펼친다. 이 장면은 당시 인기 있었던 아서 코넌 도일(1859-1930)의 『셜록 홈스』를 패러디하는 코미디인 동시에 파국으로 치닫는 상황 연출을 통해 관객을 끌어당기는 장치다.

초기 영화의 이러한 스타일을 '어트랙션 시네마'라고 한다. 어트랙션은 점점 강도가 세지는 장면을 이어 감으로써 관객이 눈을 떼지 못하고, 눈앞에 펼쳐지는 구경거리에 몰입하게 하는 방법이다. 오늘날의 블록버스터 영화는 여전히 어트랙션의 요소를 만들어 낸다. 이것은 뤼미에르 형제가 찍은 외국 풍경 영화들처럼 일종의 구경거리(스펙터클)를 만들어 내는 방식이기도 했다. 어트랙션은 이국적인 풍물뿐만 아니라 화면의 자극을 통해 구현되는 모든 구경거리를 이르는 말이다. 무성 코미디는 이를 본격적으로 연출해 냈다. 이러한 연출 방식은 채플린에 대한 전기를 쓰기도 했던 데이비드 로빈슨(1965-)에 의해 궤도 개그라고 불리기도 하였다. 어트랙션의 흐름이 일정한 궤도를 만들어 개그적인 재미를 연출한다는 뜻인데, 「셜록 주니어」에는 두 종류가 있다. 유명한 것은 마지막의 추격 장면이다. 키튼이 탄 오토바이가 '차 <흙더미 <줄다리기 <다리(차가 교차하는 장면, 다리가 쓰러지는 장면) <폭발 <기차(절정) <아가씨 구하기 <보트처럼 변한 자동차'로 이어지면서 예상 외의 상황들, 점점 더 강도가 세지는 상황을 보여 줌으로써 관객의 눈을 사로잡는다.

또 하나의 궤도 개그 방식은 주인공은 가만히 있고, 커팅을 활용해 정원, 길,

낭떠러지, 모래 둔덕, 바다에서 씻기는 모래톱, 눈 덮인 벌판 등이 차례로 보이는 것이다. 주인공은 움직이지 않지만 배경이 커팅에 의해 바뀌면서 일정한 궤도를 그린다. 궤도 개그는 연속성을 만들어 내지만 정작 드라마를 진행시키진 않는다. 이것이 바로 키튼이 영화를 견인하는 비밀이다. 물론 이 모든 것을 직접 연출하고 연기해 내는 키튼의 결단력과 운동 신경은 빼놓을 수 없는 마력이다.

키튼은 이러한 마력을 통해 주변의 사물이나 사건을 변형한다. 그는 기계의 운동과 힘을 변조하고 이용하여 거대한 질서를 기능적으로 변환한다. 스스로를 기계처럼 움직이면서, 기계의 요소가 되고 기계를 이용하는 인간을 재현한다. 이러한 기계적 현실화를 '아나키즘적 기계주의'라고 부를 수 있을 것이다. 그는 기계를 자유롭게 활용할 수 있다는 메시지를 노골적으로 드러내지는 않았지만 유럽의 미래파나 다다이즘과 동시대를 호흡해 냈다. 많은 감독이 기계에 대한 혐오를 드러내던 시대에 기계 예찬론자의 수준은 아니지만 그는 기계를 자유롭게 변형하거나 스스로 기계처럼 움직이는 흥미로움을 만들어 냈다. 키튼 영화에 등장하는 단골 손님 중의 하나가 '기차'라는 것은 우연이 아니다. 근대성의 상징인 기차를 놀이의 무대로 연출해 냄으로써, 키튼의 기차는 뤼미에르 형제의 기차처럼 압도적으로 다가오는 신문물의 상징도 아니며, 에드윈 포터(1869-1941)의 「대열차 강도(The Great Train Robbery)」(1903)처럼 자본을 둘러싼 욕망의 대결이 펼쳐지는 공간도 아니다. 키튼의 기차는 기계와 인간이 한 몸이 되어 유희를 펼치는 공간이다. 이 점에 있어 「설국열차」(2013)의 기차가 지닌 의미와 키튼의 영화에 등장하는 기차의 의미가 지닌 차이점을 또렷하게 음미해 볼 수 있다. 「설국열차」의 기차가 억압과 혁명의 공간이었다면, 버스터 키튼의 기차는 놀이와 유희의 공간으로 제시된다.

키튼의 영화는 재난과 파국의 거대한 배경과 함께 멜로드라마[860쪽 키워드 참고]의 규범을 끌어들이는 것을 마다하지 않았다. 그의 영화 대부분은 여성에게 호감을 보이는 키튼 자신을 통해 수줍지만 결혼을 이루려는 중산층의 욕망을 대변해 왔다. 남녀 주인공이 만나는 순간은 재난이 끝나고 중산층의 안락함으로 들어가는 시점이 된다. 이러한 마지막 장면은 새로운 길을 향해 떠나는 채플린의 마지막 모습(항상 뒷모습이다.)과는 대비되는 것이다. 그런 점에서 키튼의 영화는 은근한 보수주의자의 시각이라고 비판할 수 있을 것이다. 그러나 키튼의 영화가 더욱 집중한 것은 영화적 재미를 줄 수 있는 다양한 요소를 영화 속에 끌어당기는 것이다.

「셜록 주니어」의 마지막 장면은 정확히 영화로부터 몸짓을 어떻게 배우게 되는가를 설명해 주는 예시다. 잠에서 깨어난 키튼은 극장 영사실에 사랑하는 연인

버스터 키튼, 「스팀보트 빌 주니어」

"갑자기 불어닥친 태풍으로 주인공이 몸을 피신해 보지만 어디로 도망가든 태풍은 그를 날려 보낸다. 심지어 집까지 날려 보내도 키튼은 특유의 무표정으로 또 다른 피난 장소를 물색한다. 재난이나 파국과 대비되는 키튼의 태연한 모습은 '위대한 무표정'이라 불리며 무성영화 시대에 인장을 새기게 된다."

이 와 있는 것을 보게 된다. 그녀는 자신과 아버지의 오해를 사과하면서 키튼에게 은근한 몸짓으로 다가간다. 키튼은 이 순간 여자를 어떻게 다뤄야 할지를 모른다. 다행히 극장 앞에는 영화가 계속되고 있다. 키튼은 영화 속 장면을 보면서 주인공의 동작을 따라 연인에게 키스를 하고, 포옹을 하며, 반지를 건넨다. 그것은 영화가 하나의 교육적인 자료로 쓰일 것이라는 생각과 연결된다. 그러나 이 교육 방법이 완전하다고 할 수 있을까? 잠시의 침묵 사이에 키튼은 또다시 스크린을 응시한다. 영화 장면은 시간을 훌쩍 뛰어넘어 남녀 주인공 사이에서 태어난 아이들이 등장하는 것으로 연결된다. 이 장면을 보던 키튼은 어색하면서 멍청한 표정을 지어 보인다.

아마 키튼의 영화에 섹스 장면을 넣을 수 있었다면 상황은 달라졌을지도 모르겠다. 그러나 키튼의 영화는 철저하게 외피적인 요소에 충실하였고, 수줍게 키스를 하거나 손을 잡는 것이 고작이다. 그것만으로도 키튼의 세계에서 감정의 전달은 충분하다. 왜냐하면 재난의 상황 속에서 키튼은 섹스보다 더욱 강렬한 장면을 연출해 보여 주기 때문이다. 키튼의 영화가 일으키는 흥분은 이러한 액션의 강도에 있는 것이지 연인의 감정을 육체로까지 이어 가는 데 있는 것이 아니다.

오히려 그는 표면의 효과를 통해 영화의 본질을 사유하게 만든다. 가령 「셜록 주니어」의 꿈 장면은 영화 속으로 들어가는 것과 병치해 표현해 낸다. '꿈=영화'라는 공식은 미국 영화로서는 드물게 앞서 말한 것처럼 초현실주의와 다다이즘과의 친화력을 보여 준다. 정원의 뒤뚱거리는 의자의 이미지, 길가에 곤두박질치는 이미지, 몸을 기울인 절벽 각의 이미지, 사자의 입, 사막, 깔고 앉은 선인장, 파도가 휘몰아치는 섬의 이미지를 낳은 언덕, 내려다보게 되는 눈 덮인 공간, 다시 이 공간을 빠져나와 정원 속에 있는 주인공을 보여 준다. 이 장면이 끝나야 비로소 카메라가 스크린의 화면을 꽉 채우면서 영화 속 영화의 장면으로 들어가게 된다. 영화 속 영화의 장면은 영화인 동시에 꿈이며, 영화의 출발을 떠올리게 한다. 영화는 하나의 꿈 이미지로 시작되었고, 달세계 여행을 거쳐, 이제는 직접 스크린 속으로 주인공을 이동시킬 수 있는 경지에 오르게 된다. 꿈의 효과를 통해 키튼은 영화의 본성이 꿈이라는 초기 영화의 성질을 다시 한 번 확인시켜 주었을 뿐만 아니라 이후 영화사에서 반복되는 '영화에 대한 영화'의 특징을 짚어 낸다.

영화의 자기 반영적 성격인 영화의 성찰성을 드러내는 것이다. 키튼의 위대한 무표정은 여기에 일조한다. 그는 흥분하거나 슬퍼하는 일이 결코 없다. 무표정함을 통해 영화라는 텍스트를 드러내고, 영화가 무엇인지를 성찰하게 한다. 그 힘은

「셜록 주니어」에서 짝사랑으로 고민하는 키튼

오늘날 점점 커지고 있다. 살아생전 채플린과 키튼이 함께 활동하던 시대에 키튼의 명성은 보잘것없었다. 그러나 오늘날 두 사람은 동등한 취급을 받는다.

키튼이 보여 주는 것은 바로 이것이다. 즉, 지금의 현대사회에 살아남으려거든 '위대한 무표정'이 필요하다는 것. 거대한 재난 앞에서도 '뭐야?'라고 쳐다보는 눈짓이 필요하다는 것을 그에 대한 정당한 평가가 입증해 주는지도 모른다. 그 속에서 영화의 본질과 순수함을 구현하려던 몸짓은 여전히 현대적인 것으로 살아 있다. 비록 그의 시대는 유성영화의 도래와 함께 소멸되었지만, 영화가 무엇인지를 이해하기 위해서는 순수했던 그의 흑백필름 속으로 매번 돌아가게 된다. 마치 하나의 꿈처럼.

버스터 키튼의 연기 후계자로 꼽을 수 있는 인물은 성룡이다. 「프로젝트 A」를 비롯한 성룡의 홍콩 시절 영화에는 마지막 장면에 꼭 'NG' 컷이 공개된다. 특유의 몸짓들은 묘한 재미와 더불어 성룡의 멋진 액션들이 사실은 수많은 실수와 반복 속에서 완성되었다는 걸 홍보하고 있다. 성룡은 자신이 직접 과감한 스턴트 연기를 통해 쿵푸 영화와 액션 영화를 만들어 낸 인물이다. 그 모델이 바로 버스터 키튼의 영화들이었고, 애크러배틱한 키튼의 연기를 따라잡으면서 성룡은 홍콩 영화의 새로운 역사를 써 내려간다.

형식적인 측면에서 보자면 키튼의 영화에 영향을 받은 이들은 '순수한 볼거리'에 고심하는 영화들이라고 할 수 있다. 하나의 핵심적인 볼거리(폭탄을 실은 버스나 거대한 토네이도)가 인물과 상황을 연속적으로 만들어 낸다. 특히 재난 영화에 자주 쓰인다. 고전적인 재난 영화 「타워링(The Towering Inferno)」(1974)도 빌딩의 '불' 하나로 모든 상황을 이끌어가고, 「2012」(2009)와 같은 재난 영화 역시 지구의 종말로 지진, 화산 폭발, 해일 등으로 만들어 간다. 이러한 재난 영화의 기본적인 형태는 버스터 키튼의 장편영화에서 발견된다. 오늘날의 재난 영화와 다른 것이 있다면, 코미디였던 만큼 재난은 반드시 해결될 뿐만 아니라 재난의 상황이 웃음을 자아내는 소재로 쓰였다는 것이다.

③강 몽타주의 충격

전함 포템킨

세르게이 예이젠시테인

"조국에 구더기가 들끓고 있다."

— 포템킨호 선원들의 절규

전함 포템킨 **Броненосец Потемкин, 1925**

러시아 | 75분 | 세르게이 예이젠시테인

1905년에 일어난 러시아혁명은 과연 성공했을까? 역사는 "아니오."라고 답할 것이다. 그러나 전함 포템킨호의 수병들에게는 명백한 성공이었다. 이제 우리는 오데사 항구에 정박한 한 척의 함선에서 피어오른 작은 불씨가 어떻게 러시아 전체를 불태우는지 목도하게 될 것이다.

러시아는 끝났다. 제국은 황폐해졌고, 외교적으로도 수세에 몰려 있다. 절망에 빠진 민중은 신의 권위조차 의문시하며, 왕좌에 앉은 황제를 향해 분노의 활시위를 당긴다. 누가 러시아를 파국으로 내몰았는가, 어느 고약한 운명이 우리들의 형제자매를 생지옥으로 내던졌느냐 말인가! 거대한 러시아제국이 썩다 못해 곪아 가듯이, 전함 포템킨호의 주방에서도 악취가 풍긴다. 호박(琥珀)으로 치장한 제국은 수병들의 노고에는 아랑곳없이, 구더기가 활개 치는 고깃덩이를 내민다. 그저 참고 먹어야만 하는가? 계속 견뎌야만 하는가? 아직은 때를 기다려야 한다고, 좀 더 두고 봐야 한다고 다짐했던 혁명가들의 가슴속에 묘한 불길이 일어나기 시작한다. 마침내 시간이 된 것이다. 그러나 반항의 낌새를 알아챈 제국의 개들(함장과 장교들)은, 부패한 음식을 더 이상 먹지 않겠노라고 궐기를 일으킨 수병들을 향해 총부리를 겨눈다. 그렇게 혁명에 불을 그은 것이다. 결국 수병들은 폭동을 일으키고, 썩은 고깃덩어리는 검푸른 바다로 내던져진다. 그런 아수라장에서 혁명을 주동했던 동지가 장렬하게 전사하고 만다. 그러자 뭍으로까지 혁명의 기운이 번진다.

"죽은 자가 정의를 이끈다!" 민중은 혁명의 순교자를 기리기 위해 기나긴 행렬을 이어 간다. 지금껏 굶주림과 끝도 없는 생활고를 묵묵히 인내해 온 사람들조차, 불현듯 이 고결한 육신 앞에서는 가슴이 뜨거워진다. 애도의 물결은 때때로 격렬하게, 혹은 눈물을 삼키며 도도하게 진행된다. "당신들을 지지합니다." "혁명을 믿습니다." "이 조국은 우리의 것입니다!" 하지만 그때 차르의 군대가 오데사 항구로 밀고 들어온다. 총검은 거친 파도처럼 광장의 계단을 따라 흘러넘치고, 선량한 민중이 어디에다 운명을 한탄할 겨를도 없이 죽어 나간다. 일사불란하게 움직이는 군홧발은 장정, 부녀자, 갓난아이까지 무참히 짓밟는다. 한편 계단을 타고 굴러떨어지는 유모차의 바퀴 소리는 마치 혁명의 시작을 알리는 초시계의 음향처럼 선명하게 울려 퍼진다. 바야흐로 전함 포템킨이 제국의 군대를 향해 포탄을 쏘아 올리지만, 이미 때늦은 반격이었다.

그러나 오데사 항구뿐만 아니라, 러시아 전역에서 전함 포템킨을 저지하기 위해 무력이 총동원된다. 혁명의 불씨를 완전히 지르밟아, 아예 없었던 사건처럼 말끔히 없애 버리겠다는 듯이 말이다. 긴장은 시시각각으로 고조되고, 혁명에 찬동한 수병들조차 한 치 앞을 내다볼 수 없다. 신이시여, 지금 우리들의 선택이 과연 옳은 것입니까? 신은 침묵을 지킨다. 오로지 혁명의 붉은 깃발만이 드넓은 대양에서 너울댈 뿐이다. 한때 전우들이었던 수병들이 서로에게 총구를 겨누고, 초조하게 발포 명령만을 기다리고 있다. 이제 진실로 필요한 것은 믿음이다. 신? 운명? 아니, 동지들을 향한 신뢰 말이다. 결국 전함 포템킨으로 향했던 총구가 거둬지면서, 혁명을 향한 민중의 열망은 바다처럼 거대한 연대를 일궈 낸다. 혁명, 바로 지금부터가 시작이다. 민중이여, 저 위대한 붉은 깃발을 보라!

세르게이 예이젠시테인

Сергей Эйзенштейн,
1898-1948

"색의 매력을
포기하면 형식과
내용이 주목을
끌게 된다."

6개 국어를 구사했던 예이젠시테인은 재능 넘치는 사람이었다. 마르크스주의의 변증법만큼이나 일본의 가부키에도 심취했으며, 양자역학과 정신분석학에 관한 글을 남기기도 했다. 그는 자신의 아이디어를 끊임없이 수정하면서 다양한 기록을 남겼고, 모스크바 국가 문헌 저장소가 관리하는 개별 작가로서는 가장 많은 분량의 원고를 남긴 인물이다. 국내에 소개된 내용은 지극히 일부분에 불과하다. 1910년대와 1920년대 유럽 예술의 핵심은 아방가르드(전위)였다. 메이예르홀트(1874-1940) 아래에서 연극 작업을 해 온 예이젠시테인은 연극계의 '무서운 아이(Enfant Terrible)'로 인정받으며, 고전 「어떤 현자도 실수는 있다」를 서커스 양식으로 바꿔 연출해 화제를 모았다. 몇 편의 연극 무대를 연출한 후 영화 「파업(Стачка)」(1925)을 제작했다. '몽타주 운동'의 첫 번째 작품이 된 이 영화로 관심을 모은 그에게 「전함 포템킨」을 제작해 달라는 요청이 들어온다. 예이젠시테인은 이 두 작품으로 러시아에서 가장 유명한 감독이자 예술가의 지위에 오른다.

그후 예이젠시테인은 「10월(Октябрь)」(1928)을 만든다. 레닌 사망 이후 실권을 잡은 스탈린은 "혁명의 대의 표출보다는 엘리트주의자의 형식 실험이 도드라진다."라고 예이젠시테인을 비판했다. 한편 「10월」보다 먼저 촬영에 들어갔으나 한동안 중단됐다가 1929년에서야 시사회를 연 「낡은 것과 새로운 것(Старое и новое)」은 농촌의 기계화를 선전하는 일종의 계몽 영화였지만, "좀 더 농촌의 현실을 담아야 한다."라는 스탈린의 충고를 들어야 했다. 1929년 촬영감독인 에두아르드 티세(1897-1961)와 함께 서구의 영화 기술을 시찰한다는 명목으로 국외 파견을 나가게 된 예이젠시테인은 베를린과 런던, 파리를 오가며 강연하기도 했다. 그러다가 제임스 조이스(1882-1941), 버나드 쇼(1856-1950), 존 그리어슨(1898-1972)과 교분을 튼 뒤, 할리우드의 파라마운트와 계약을 하고 도미(渡美)하기에 이른다. 예이젠시테인은 찰리 채플린, 조지프 폰 스턴버그(1894-1969), 그레타 가르보(1905-1996)와 사귀며 할리우드 생활에 적응하는 듯했지만, 미국에서 "빨갱이 예이젠시테인"을 배척하는 운동이 일어나면서 계약마저 파기됐다. 그후 예이젠시테인은 소설가 업턴 싱클레어(1878-1968)가 제작하는 「멕시코 만세(Да здравствует Мексика!)」를 촬영하기 위해 멕시코로 간다. 하지만 예이젠시테인이 "제작비를 감당할 수 없을 정도로 낭비한다."라고 여긴 싱클레어는 해당 작품의 제작을 취소해 버린다. 이 영화는 예이젠시테인의 사후에야 남겨진 촬영 필름을 편집해 완성됐다. 러시아로 돌아온 예이젠시테인은 1935년 투르게네프의 『베진 초원』을 영화로 제작하지만 도중에 중단되었고, 러시아 국립 영화 아카데미에서 학생들을 가르치면서 침묵의 시기를 보낸다. 다행히 「알렉산드르 네프스키(Александр Невский)」(1938)로 큰 성공을 거두어 마침내 이 작품으로 레닌 훈장을 받는다. 하지만 그 이후 야심차게 준비한 「이반 대제(Иван Грозный)」 시리즈 3부작 중 2부(1946)가 당의 입장과 충돌을 일으키면서 영화 상영이 금지된다. 결국 당과의 갈등과 건강 악화로 2년 뒤에 타계한다. 하지만 그가 남긴 '몽타주 영화'와 문서들은 지금까지도 다채롭게 연구가 진행되고 있다. 마르크스의 『자본론』을 영화화하기 원했던 예이젠시테인은 다양한 실험적 양식을 자신의 영화에 장착하는 최전방의 작가였고, 영화의 힘이 무엇인지 증명해 냄으로써 영화 예술의 지적 수준을 끌어올린 감독이었다.

시네토크

혁명과 교육,
몽타주의 시각적 효과

1920년대 러시아는 유럽과는 다른 곳이었다. 혁명의 깃발이 지나갔고, 새로운 것에 대한 열망이 사람들을 사로잡았다. 그 가운데 몽타주 영화가 있었다. 영화 기법의 핵심이 몽타주임을 직감한 예이젠시테인은 몽타주로 동시대의 혁명 열기를 고스란히 영화에 담아냈다. 「전함 포템킨」 속의 포템킨호의 선상 반란은 냉정하게 보면 실패한 혁명이었지만 영화를 통해서는 새로운 혁명의 도화선으로 묘사된다. 이 영화에 특정한 주인공이라고 할 만한 인물은 '거의' 없다. 민중 그 자체가 주인공이었다. 시간을 두고 베를린에서, 파리에서 이 영화를 본 유럽인들은 충격을 받았다. 영화가 혁명을 담을 수 있다니, 영웅이나 선남선녀가 아니라 민중의 얼굴이 전면에 나올 수 있다니. 그것은 영화를 두고 다른 생각을 한 결과였다. 예이젠시테인은 그 선두주자였다. 그는 영화가 교육이기를 원했고, 변화이기를 원했고, 사람들의 뇌를 흔드는 충격이기를 원했다. 몽타주라는 이름으로 행해진 영화의 지적 변신이었다. 그 충격은 지금도 유효할 뿐만 아니라 독보적인 것이다.

순수한 혁명 정신을 간직한 마지막 영화

이 「전함 포템킨」에서는 몽타주 얘기만 할 거예요. 일단 숏이란 뭘까요? 숏은 컷과 컷 사이를 의미해요. 초기 영화는 오로지 한 숏으로만 이루어졌어요. 그런데 편집을 하기 시작하면서 컷이 생겨나고, 그래서 숏이 중요하게 부각됩니다. 숏을 본다는 것은 편집을 파악한다는 거예요. 숏이 모여 신이 되고, 그 신이 모여 시퀀스가 돼요. 일단 컷과 컷, 이것을 숏이라고 보면 돼요. 그리고 이런 숏들을 붙여 가며 편집하면 몽타주가 되는 거지요. 그래서 학창 시절에는 숏을 하나하나 세어 가며 영화를 본 적도 있어요. 숏들의 편집을 보면, 전체와 부분 사이의 구성을 파악할 수 있어요. 다시 말해, 부분과 전체의 변증법을 볼 수 있는 거죠. 이런 구성을 마르크스의 이론에 접목해 연구한 사례도 있습니다. 요제프 괴벨스(1897-1945)는 "「전함 포템킨」을 보면 누구나 볼셰비키[1]가 될 것이다."라고 말

1 다수파라는 뜻으로 1903년 2회 러시아 사회민주노동당 대회에서 레닌을 지지한 급진파를 이르던 말.

했대요. 영화와 사상이 아주 긴밀하게 연결되어 있었던 거죠.

강 먼저 마르크스와 볼셰비키 혁명에 대해 설명하겠어요. 역사에서 처음으로 가난한 자를 위한 철학자가 나타났어요. 일단 마르크스의 『자본론』은 도시 노동자들이 혁명을 일으킨다고 봤는데, 실제로 혁명은 농촌에서 일어났어요. 도시는 혁명의 무덤이었고요.(이 점에 대해 고민했던 사람이 벤야민이에요. 그래서 벤야민은 도시에 대해 생각하다가 '아케이드 프로젝트'를 진행한 거죠.) 1차 세계대전이 끝난 후 러시아에서 혁명이 일어났는데, 결과적으로 위로부터의 혁명이었죠. 노동자보다 무지한 농민을 혁명 주체로 만들려고 했으니까요.

영화는 무지한 자를 위한 매체입니다. 과거에는 대부분 문맹이었어요. 그래서 이미지로 말하는 영화가 부각된 거예요. 정치 선전에 용이했던 거죠. 레닌의 고민은 혁명이 인민을 위한 거라는 점을 알리는 문제였는데 여기에 영화를 활용하기로 합니다. 혁명가들은 영화를 통해 자신들의 메시지를 강렬하게 전달하고자 했어요. 인민이 자발적으로 혁명 주체가 되어야 한다고 강제하는 아이러니가 생긴 겁니다. 그래서 애초에는 감독에게 재량권을 줬습니다.

그런데 스탈린 시대가 본격화되는 1930년대부터 이런 순수한 의도가 변질되기 시작했어요. 사회주의리얼리즘이라는 이름으로 말이죠. 그래서 아직 혁명 정신이 오염되기 전에 제작된 「전함 포템킨」은 스탈린 시절의 선전 영화와는 달리 혁명의 순수성을 간직하고 있었어요. 1917년에 일어난 러시아혁명의 위상은 엄청나요. 당시 그들이 꿈꿨던 가치는 매우 중요합니다. 예이젠시테인도 억압받는 자들의 해방을 간절히 바랐고, 그 순수한 혁명의 꿈을 담아 자발적으로 영화를 제작했습니다. 왕조가 교체된 게 아니라 왕조 자체가 사라진 새로운 시대임을 알리고 싶었던 거죠. 그러나 1930년대로 들어서면서 점차 창작의 자유를 제안하는 당의 지침이 내려오죠.

당대 유명한 시인인 블라디미르 마야코프스키(1894-1930)[1]는 끝까지 스탈린에 저항하다가 숙청당했죠. 이것이 1930년대 러시아였습니다.

몽타주의 발견, 쿨레쇼프 효과

이 예이젠시테인의 선배 감독인 지가 베르토프(1898-1954)가 편집한 레닌 기관지 《키노 프라우다》는 문맹률을 고려해 러시아 곳곳의 소식을 지면이 아니라 영화로 제작하였습니다. 새로운 당의 개혁안을 자연스럽게 영화로 알린 셈인데, 영화의 위력을 러시아만큼 잘 알았던 곳도 없었던 것 같네요. 이때 몽타주가 뜨거운 화두로 떠오르면서 예술가들 사이에 갑론을박이 벌어졌죠. 이 시기에는 예이젠시테인뿐만 아니라 앞서 언급된 마야코프스키를 위시한 많은 예술가들이 몽타주주의자였다고 볼 수 있습니다. 그럼 몽타주란 과연 무엇인가? 가령 봉준호 감독의 「살인의 추억」(2003)을 보면 용의자를 찾기 위해 여러 몽타주를 대조하는 장면이 있습니다. 여러 인물 군상을 보여 줌으로써 1980년대의 시대상을 조망한 것입니다. 서로 다른 파편에서 출발하면서도 이 모든 것을 연결하는 방법에 대해 고민한 결과죠. 영화에 편집이 시작되면서 하나의 세계를 어떻게 그릴 것인가 하는 문제가 대두되면서 몽타주 이론이 등장합니다. 처음에는 아방가르드들이 몽타주를 시도했어요. 초현실주의 시인 로트레아몽(1846-1870)[2]의 시를 보면 각기 다른 이미지가 엉뚱하게, 즉 비논리적으로 결합되는 방식을 통해 세계가 만들어지는 과정이 보입니다. 이질적인 이미지의 조합을 접했을 때 받게 되는 충격의 효과를 이용한 거죠.

1 소년 시절부터 볼셰비키 지하운동에 참가했던 미래파 혁명 시인이었으나, 관료화된 소련 정부를 비판하다가 「목청이 터지도록」이라는 유명한 시를 남기고 권총으로 자살했다. 다음은 그 시의 일부다. "선전과 선동이, 내 마음에도 역시 걸렸다,/ 차라리 난 당신들을 위해 로맨스를 쓰고 싶었다.// 좀 더 이롭고 좀 더 매력 있는,/ 그러나 나는 나를 억누르고/ 내 노래의 무청을 짓밟았다.// 나의 시는 그대들에게 가리라,/ 모든 시대의 절정을 뛰어넘어,/ 그리고 시인과 정부를 앞질러……."

2 로트레아몽 같은 초현실주의 시인은 데페이즈망(dépaysement) 효과, 즉 하나의 사물을 그것이 속해 있는 환경이 아닌 낯선 맥락에 배치함으로써 유발되는 강렬한 이미지를 이용했는데, 예를 들어 "재봉틀과 박쥐우산이 해부대 위에서 우연히 만나는 것과 같은 아름다움."이라는 로트레아몽의 유명한 구절에서 그 효과가 잘 드러난다.

강 살바도르 달리(1904-1989)의 초현실주의적인 그림 「기억의 고집」(1931)을 보면, 시계가 액체처럼 흐르듯이 그려져 있어요. 시계와 액체는 서로 연결되지 않지만 이 둘이 결합되면 전혀 다른 이미지와 느낌을 주죠. 이처럼 영화와 초현실주의 그림은 크게 다르지 않습니다. 영화도 편집을 통해 새로운 세계를 제시하는 거죠. 몽타주는 영화적 상상력입니다.

이 영화랑 초현실주의는 동시대적이에요. 몽타주는 1910-1920년대에 아방가르드, 다다이스트들에 의해 이미 제시되었던 것입니다. 이 몽타주를 제일 먼저 영화에 실험한 감독들은 미국 영화의 아버지라고 불리는 데이비드 그리피스(1875-1948)와 러시아의 레프 쿨레쇼프(1899-1970)예요. 쿨레쇼프는 몽타주를 실험하기 위해 처음으로 편집을 시도했습니다. 전혀 연관성이 없는 이미지 A와 이미지 B를 결합한 새로운 결과물인 이미지 C를 관객이 연역적으로 읽어 내려 한다는 것을 발견했어요. 그 접합 지점에서 새로운 이야기가 창조된다는 걸 발견한 거죠. 각기 다른 장소에서 찍은 두 장면을 편집해 붙여 놓으니 시공간은 전혀 다르지만 하나의 이야기가 만들어진다는 것입니다. 실험을 위해 쿨레쇼프는 상트페테르부르크의 어느 빵집에서 빵을 만드는 장면을 찍고, 며칠 뒤 모스크바에서 어떤 사람이 침을 흘리는 장면을 찍습니다. 이 두 장면을 나란히 붙도록 편집했더니 관객은 '한 사람이 배가 고파서 빵을 만드는 것을 보고 침을 흘린다.'고 개연성을 만들어 내며 이해했죠. 이는 가장 기본적인 영화 몽타주입니다. 편집이 개입되면 시공간이 일치하지 않아도 하나의 흐름으로 이해하게 되니까요. 이게 바로 쿨레쇼프 효과예요. 영화적 진실은 다른 차원의 문제가 되는 거죠. 몽타주의 핵심은 숏 A와 숏 B는 각각 그 자체만으로는 존재할 수 없으며 이것을 어떻게 연결하느냐에 달려 있다는 것입니다.

강 서로 다른 두 장면을 어떤 순서로 배치하느냐에 따라 이야기의 방향 자체가 완전히 달라지기도 하죠. 편집 역량, 즉 몽타주가 강력해질수록 우리들은 당혹스러워집니다. 영화에 매혹된다는 의미에서, 그리고 새로운 의미가 창출된다는 점에서요.

'충돌'로서의 몽타주와 생각하는 영화

이 몽타주는 관객을 격동할 방법으로 고안된 셈이죠. 그렇지만 몽타주에 대한 생각은 감독마다 상이했죠. 러시아의 프세볼로트 푸도프킨(1893-1953)은 숏을 벽돌에 비유해 쌓아 간다고 생각한 반면, 그리피스는 유기적으로 이어 붙임으로써 하나의 큰 그림을 만들 수 있다고 봤습니다. 동시대의 다른 감독들은 몽타주를 하나의 집을 쌓기 위한 연결고리로 여겼지만, 예이젠시테인은 최초로 '충돌'에 대해 생각했어요. 서로 다른 이미지를 충돌시켜 새로운 이미지, 즉 제3의 효과를 창출해 냈던 거예요. 정반합의 변증법을 영화에 투영한 겁니다. 새로운 이미지를 창출해 내는 것, 즉 생각하는 영화로까지 발전시켜 나간 거예요. 그 이전의 유기적 스타일의 몽타주는 서사를 잘 전달하는 데에만 집중했던 것에 반해, 예이젠시테인은 보다 지적인 고민을 한 거죠.

어트랙션 영화까지만 해도 생각하는 영화는 아니었어요. 예이젠시테인은 몽타주를 통해 생각하는 영역으로 영화를 밀고 나아갔습니다. 그는 충격을 줘야 한다고 생각했어요. 충격을 받으면 자연스럽게 뇌가 움직이니까요. 예이젠시테인은 영화를 통해 사유의 운동이 이루어지길 바랐습니다. 이는 대단히 혁명적인 생각이었습니다. 많은 할리우드 영화를 비롯해 대부분의 영화들은 수동적으로 보는 영화에 그친 반면, 예이젠시테인의 영화는 사유의 운동을 일으켜 변증법적 도약을 일으키도록 한 것입니다. 많은 이들이 그의 영화를 고리타분한 고전이라고 생각하지만, 예이젠시테인이 만든 혁명 3부작(「10월」, 「낡은 것과 새로운 것」)은 모두 생각을 자극한다는 목적을 염두에 두고 만든 영화예요. 우리의 뇌에 충격을 주고, 그래서 사고방식을 변화시키고자 한 거죠. 레닌의 책 제목처럼 '무엇을 할 것인가?'라는 질문을 영화를 통해 던진 거예요.

한편 스탈린(1879-1953)은 예이젠시테인의 영화를 부르주아적이라고 비판했어요. 잘난 척하고 관념적이라는 것이지요. 스탈린의 압력 때문에 예이젠시테인도 결국 영웅적 서사를 다룬 영화를 만들긴 해요. 전작에 비해 아쉽다는 평가를 받기는 하지만요. 「이반 대제」 같은 작품이 바로 그런 영화인데, 황제 이반이 영웅적인 모습을 취하고는 있지만 물론 순순히 영웅 그 자체로 그려지고 있진 않아요. 반면 예이젠시테인의 초기 영화들인 「파업」이나 「전함 포템킨」은 개인이 주인공이 아니라 민중이 주인공이에요. 예이젠시테인에게는 한 명의 영웅보다 민중이 훨씬 더 중요했어요. 사회에 충격을 주면서 민중 운동을 일으키고 관객에게 '무엇을 할 것인가?'를 질문하게 만드는 영화였던 셈이죠.

강 몽타주를 쓴 다른 영화들이 모두 충격을 주는 것은 아니에요. 그런데 「전함 포템킨」의 완전히 상반되는 이미지들이 충돌했을 때 불러일으키는 충격은 오래도록 여운을 남깁니다. 그리고 그 충격에는 많은 이야기가 담기죠. 마치 상처처럼 가슴에 박히는 거예요. 박힌 상처는 언젠가는 풀어야 합니다. 그래서 사람들이 영화를 보고 나면 고민하게 되죠. 1920년대에 뤼미에르 형제의 영화만 본 사람들이 「전함 포템킨」을 본다면 분명 큰 충격을 받을 거예요. 사람의 가슴에 콱 하고 박히는 것, 영원히 잊히지 않을 강렬한 이미지를 만들겠다는 것, 이게 몽타주의 목적인 거죠. 숏과 숏을 결합한 대립이 주는 충격을 잘 활용한 사람이 바로 예이젠시테인이었습니다. 마냥 감정적으로 소비할 수만은 없게 되는 영화를 만들고자 한 것입니다.

이 그리피스가 남북전쟁 시대의 인간 군상을 담은 영화 「국가의 탄생(The Birth of a Nation)」(1914)도 몽타주는 잘 다뤘지만, 예이젠시테인은 그 영화를 비판했습니다. 「국가의 탄생」의 몽타주는 충돌이 아닌 유기적인 연결을 위해서만 쓴 것이기 때문이죠. 예이젠시테인의 몽타주는 그리피스와 같이 조화를 도모했던 것이 아니라 충돌을 낳으려고 했던

세르게이 예이젠시테인, 「전함 포템킨」

"몽타주는 부분적인 진실을 잡아서 어떻게 구성하느냐에 따라 세계의 진실을 더 잘 전달할 수 있다는 믿음의 표현입니다. 이를테면 차르의 군대가 다가오는 모습을 다 보여 주지 않고, 다리만 보여 줌으로써 그들이 오고 있다는 사실을 더 효과적으로 알릴 수 있었던 거죠."

겁니다. 예이젠시테인이 몽타주를 통해 어떻게 세상을 볼 수 있는지 일본 문화를 예로 들어 쓴 논문 「영화의 원리와 표의문자」를 보면, 한자의 구성 원리 중 회의(會意)와 형성(形聲)에 주목했어요. 청(淸)이란 글자가 있죠. 물이 맑다는 뜻인데, 물을 뜻하는 수(水)와 푸름을 뜻하는 청(靑)이 결합되어 만들어졌습니다. 이 이질적인 두 요소가 스파크를 일으켜 만든 단어가 바로 '물이 맑다'라는 의미의 청(淸)이죠. 이게 바로 예이젠시테인이 생각했던 몽타주의 원리였던 거죠.

몽타주는 부분적인 진실을 잡아서 어떻게 구성하느냐에 따라 세계의 진실을 더 명확하고 뚜렷하게 전달할 수 있습니다. 그래서 세계 혁명이라는 거대 진실을 전달하기 위해 오데사 항구의 혁명이라는 부분적인 진실에 주목했고, 그 사건을 몽타주로 어떻게 재구성할지 고민했던 거예요. 이를테면 차르의 군대가 다가오는 모습 전체가 아니라 다리만 보여 줌으로써 그들이 오고 있다는 사실을 더 효과적으로 알릴 수 있었던 거죠. 전체와 부분의 관계를 어떻게 형성할 것인지, 그리고 부분의 조합을 통해 전체를 어떻게 추상화해서 표현할 것인지 열심히 고민한 결과였습니다.

영웅주의 vs. 민중이 역사의 주인

강 몽타주에 대해서는 이제 충분히 논의된 것 같으니 영웅주의와 집단에 대해 이야기해 봅시다. 그런데 보통 집단을 다룬 영화는 재미가 없어요, 감정이입이 쉽지 않기 때문에 그래요. 집단 영화의 패인은 주인공에 동일시하면서 감상하는 것이 불가능하기 때문이에요. 「전함 포템킨」의 경우 강렬한 이미지마저 없었다면 새마을운동을 주제로 한 영화와 다를 바 없었을 겁니다. 우리는 집단 영화보다는 영웅 영화에 더 도취되기 쉬워요. 민중 전체에 동화되기보다는 한 명의 영웅에게 매혹되기가 쉽거든요. 예이젠시테인이 오늘날 민중 영화를 만든다면 흥행할까요?

이 오늘날 민중 영화가 나온다면 아마 성공하기 힘들 거예요. 「전함 포

세르게이 예이젠시테인, 「전함 포템킨」

"우리는 집단 영화보다는 영웅 영화에 더 도취되기 쉬워요. 민중 전체에 동화되기보다는 한 명의 영웅에게 매혹되기가 쉽거든요."

템킨」에서도 혁명을 주도하는 바쿨린추크가 주인공처럼 보이긴 해요. 그런데 영웅이라기에는 굉장히 어색하죠. 왜냐하면 선상 반란 장면이 마무리되어 모두가 기뻐하고 있을 때 갑자기 장면이 전환되며 "한편 바쿨린추크는 장병에게 쫓기다 죽음을 당한다."라고 종결되거든요. 같은 시공간에서 이뤄지는 동시적 상황인데 이렇게 장면을 나열하니 강조되는 효과가 나타납니다. 예이젠시테인의 영웅주의적 측면을 생각해 보게 돼요. 그의 죽음조차 개인의 죽음으로 보이지 않고 일종의 아이콘으로 취급돼요, 마치 십자가에 매달린 성상처럼 말이죠. 그리고 그의 죽음은 혁명이 전체로 번지는 매개체로서만 부각될 뿐이죠. 이 영화에서 어느 누구도 바쿨린추크를 기억하라고 말하지 않아요. 오히려 전체 장면을 이어 가면서 혁명의 확산성에 집중하고 있죠. 만약 할리우드 영화였다면 바쿨린추크의 죽음이 영화의 엔딩이 되었을 것입니다.

강 단 한 명의 구세주를 기다리는 것, 그게 바로 파시즘이에요. 한 명의 영웅이 세상을 구할 수 있다는 잘못된 신앙이죠. 이런 맥락에서 갑자기 영웅이 조명을 받으면, 인문학자는 마음이 좀 무거워져요. '사람들이 절망했구나, 그래서 영웅을 간절히 기다리는구나.' 하고요. 반면 「전함 포템킨」에는 민중의 희망이 있어요. '우리'가 세상을 바꿀 수 있다는 희망. 예이젠시테인은 끊임없이 민중의 힘을 이야기했어요. 그러니 독재자 스탈린에게는 굉장히 불편했죠. 다수의 사람들이 역사의 주인이라는 의식이 강하면, 파시즘 입장에서는 굉장한 위협이에요. 우리 모두가 세상을 바꿀 수 있다는 희망을 품는다면 「전함 포템킨」에 공감할 테고, 그런 희망 없이 누군가 구원해 줄 사람을 바란다면 파시즘에 동조될 수 있어요. 「전함 포템킨」은 모두가 영웅이 될 수 있다고 믿었던 시대의 영화, 낡았지만 낡지 않은 영화였던 거죠. 지금 세대의 영화와는 딴판이죠.

이 실제 「전함 포템킨」이 유럽에서 1926년 1월 베를린을 통해 유일하게 상영되었을 때, 벤야민도 이 영화를 보고 『기술 복제 시대의 예술 작품』에 몽타주에 대해 적습니다. 벤야민은 몽타주를 통해 모든 이가 스타가 될 수 있는 가능성을 감지해 냅니다. 애석하게도 지금의 스타마케팅은 오직 소수를 위한 것이지만, 벤야민은 몽타주를 통해 우리 모두의 얼굴이 드러날 수 있다고 믿었어요. 그것이 바로 이전의 예술에는 없었던 새로운 혁명성이자 가능성이라고 주장했습니다.

불운하게도 「전함 포템킨」은 수십 년간 제대로 상영되지 못했어요. 판본도 여러 개고, 배경음악에도 여러 곡이 사용됐어요. 영화음악을 많이 작곡했던 드미트리 쇼스타코비치(1906-1975)로부터 록그룹에 이르기까지 다양하게 시도되었죠. 어쨌든 아주 강력한 작품이기 때문에 또 어느 시대에 다시 상영 금지당할지 모를 영화입니다. 세상을 바꿔야 한다는 메시지가 강하니까요.

질문 1 몽타주 기법이 스스로 사유하는 데 오히려 방해되진 않나요?

이 충돌만큼 스스로 생각하게끔 자극하는 게 어디 있겠어요? 쭉 따라오게 만드는 게 아니라, 충격을 일으키는 거예요. 스탈린이 두려워할 만하죠. 당이 주입하는 생각이 아닌 다른 생각을 하게 자극하니까요.

질문 2 예이젠시테인은 개인의 능력을 과대평가하지 않았나요?

강 개인의 역량을 키우지 못했기에 결국 파시즘으로 빠진 거죠. 한 사람 한 사람이 강하면 독재자가 나오지 못해요. 누가 독재를 불러왔겠어요? 강한 개인들은 독재자를 따르지 않아요. 자기를 지배하는 자는 남을 지배하지 않아요. 남을 지배하는 자는 자신을 지배하지 못한다는 게 독재의 아이러니입니다.

질문 3 몽타주에는 '조립하다'라는 뜻이 있네요. 예이젠시테인 몽타주의 핵심은 '충돌'이라고 하셨잖아요. 그만큼 강렬해서 가령 한나 아렌트(1906-1975)의 책보다도 훨씬 파급력이 큰 것 같습니다. 그런데 영화는 왜 혁명을 곧바로 촉발하지 못하나요?

강 영화에 한계가 있는 건 사실입니다. 영화는 감상하는 매체라고 인식하기 때문에 영화를 봤다고 해서 즉시 혁명 대열에 참가하게 되는 것은 무리입니다. 물론 장기적으로 보면 혁명의 토대를 영화가 준비해 줄 수는 있죠. 우리의 지각 구조를 바꿔 버리니까요.

이 예이젠시테인의 영화가 명백히 고민한 것은 혁명을 일으킬지가 아니라 혁명을 어떤 관점에서 기억하고 기록할 것인가 하는 문제입니다. 영화의 출발은 사진과 유사해요. 기억하는 매체이자 기록하는 매체죠. 그런데 혁명을 이끄는 예술, 즉 몽타주 영화는 여기에서 조금 더 나가야 합니다. '사진적 속성'에 충실하기 보다는 언어적(시적) 속성이나 현장적(연극적) 속성을 지녀야 해요. 그러다 보니 몽타주 운동을 통해 지적 자극, 혁명에 대한 기억을 자극하는 게 핵심이 되었어요. 그런데 영화적 이미지는 기록이다 보니 뒤늦게 남겨지기 마련이지요. 예이젠시테인은 이처럼 뒤늦게 남겨지는 것을 몽타주 운동을 통해 생생한 현재의 운동으로 바꾸고자 고민했어요. 그것은 뇌를 흔들 수밖에 없었지요. 그것이 바로 지적 영화의 출발점을 이루게 됩니다.

질문 4 문맹률이 높은 시대에 영화가 효과적이라면, 자막 역시 무의미하지 않나요?

강 「전함 포템킨」의 자막은 사실 검열자들, 그러니까 당간부들을 위해 쓰였다고 보아야 할 겁니다. 그러니까 지적인 지도부들에게 예이젠시테인이 말하려는 겁니다. '내가 만든 영화는 이런 의미를 갖는다.'라고 말이지요. 더 고민해야 할 것이 하나 생깁니다. 그건 자막을 읽지 못하는 민중들이 예이젠시테인의 몽타주에서 받은 정서적 충격과 자막을 읽은 당 간부들이 지적으로 이해한 메시지가 과연 일치하느냐의 여부지요. 저는 일치하지 않는다고 봐요. 결국 나중에 예이젠시테인이 소비에트 정부로부터 불신임을 받는 것도 이런 이유에서이지 않을까, 추측을 해 봅니다.

이 무성영화 시대 자막의 역할은 대사나 정보의 전달만이 아니었어요. 숏과 숏을 구분해 주는 기능도 있었지요. 그리고 무성영화의 자막은 단순한 텍스트가 아니라 그 자체로 하나의 영화 장면과 동일한 이미지예요. 문맹률이 높은 민중들에게도 자막 화면이 정서적으로 던져 주는 것들이 있습니다. 그 자막 화면을 보는 것만으로도 묘한 쾌감이 전해졌겠죠. 그게 민중들에게 만족감을 주었을 수도 있을 것 같아요.

철학자의 눈
강신주

하나를 위한 전체, 전체를 위한 하나

여기 두 장의 사진이 있다. 첫 번째 사진에는 실내에서 남녀가 서로 강하게 응시하는 에로틱한 장면이 각인되어 있다. 남자와 여자는 곧 키스를 할 것 같기도 하고, 아니면 급하게 옷을 벗고 정사를 시도할 것도 같다. 이 사진을 '사랑-사진'이라고 해 두자. 두 번째 사진을 들여다보니, 첫 번째 사진과는 달리 동일한 두 남녀가 차가운 겨울에 길거리에 서 있어 쓸쓸해 보인다. 남자는 여자를 정면으로 응시하지 않고 비스듬히 여자 뒤에 있는 상점을 멍하니 응시한다. 반면 자기의 시선을 회피하는 남자를 쏘아보는 여자의 눈에는 차가운 눈물이 아리게 흘러내리고 있다. 두 번째 사진을 '갈등-사진'이라고 부르자.

이 두 사진은 두 가지 순서로 배치될 수 있다. 하나는 '사랑-사진' 다음에 '갈등-사진'으로, 다른 하나는 '갈등-사진' 다음에 '사랑-사진'으로 배치할 수 있다. 전자의 순서로 두 사진을 읽으면, 우리는 '이별'이라는 관념을 떠올리게 될 것이다. 한때 너무나도 격렬하게 사랑했던 남녀는 이제 남자의 배신으로 산산이 깨지고 말았다는 연상이 되니 말이다. 반대로 후자의 순서로 두 장의 사진을 들여다보면 '화해'라는 관념이 떠오른다. 대도시에 몰아치는 차가운 겨울바람처럼 냉랭했던 남녀가 가까스로 두 사람만 있을 공간을 찾더니 눈으로 서로를 애무하고 있으니까.

영화란 바로 이렇게 만들어지는 것 아닌가. 하나의 사진이 아니라 두 장의 사진이 시간 간격을 두고 움직일 때 영화는 탄생하기 때문이다. 사랑했던 남녀의 슬픈 이별 영화도 가능하고, 헤어질 것 같았던 남녀가 더 강하게 밀착하는 애정 영화도 가능하다. 두 장면은 그 자체로 주어진 현실을 반영하고 있지만, 그것들이 어떤 순서로 배치되느냐에 따라 우리는 전혀 다른 두 종류의 영화를 경험하게 된다. 아마 예이젠시테인이라면 이렇게 말했을 것이다. "이것이 바로 몽타주다! 정확하게 우리가 영화에서 하고 있는 것이 바로 이것이다. 다시 말해 묘사적이며 의미상으로 단일하고 내용상으로 중립적인 숏들(shots)을 조합해서 지적인 내용과 계열을 만들어 내는 것이다."

선원들을 분노시킨 썩은 고깃덩어리

두 장의 사진, 혹은 두 개의 숏만 있으면 우리는 두 가지 관념을 만들 수 있다. 세 장의 사진, 혹은 세 개의 숏으로는 만들어 낼 수 있는 관념이 이론적으로 여섯 가지가 될 수 있다.(사진 1-2-3, 사진 1-3-2, 사진 2-1-3, 사진 2-3-1, 사진 3-1-2, 사진 3-2-1) 사진이 많아질수록, 혹은 숏이 여러 개일수록, 창조할 수 있는 관념의 수는 기하급수적으로 늘어날 수밖에 없다. 이런 생산성이 바로 몽타주의 힘이다. 거의 비슷한 등장인물과 배경, 그리고 사건이 있어도 완전히 다른 느낌과 관념을 주는 영화들이 가능한 것도 바로 이런 이유에서다. 몽타주의 힘이 있었기에 영화감독은 새로운 느낌과 관념을 만들어 낼 자유와 역량을 발휘할 수 있었다.

방금 영화감독으로서의 자유와 역량이라고 말했다. 여기서 중요한 건 역량이다. 어떤 느낌과 관념을 주기 위해 영화감독은 나름대로 몽타주에 입각해서 숏을 고르고 그것을 배치할 수 있다. 전적으로 영화감독의 창조적인 영역이다. 그렇지만 감독이 의도했던 느낌과 관념이 정말 관객에게 고스란히 전달될 수 있을 것인가? 바로 이 부분이 영화감독으로서의 역량을 헤아릴 수 있는 대목이다. 자신은 너무나 훌륭한 영화를 만들었다고 자임하지만, 실제로는 관객이나 평론가로부터 철저하게 외면당하는 감독이 얼마나 많은가? 영화를 '대중 예술'이라고 하는 것도 어쩌면 이런 이유에서인지도 모른다. 감독이 자신의 영화를 보여 주려는 최종 대상이 '대중'이라면, '예술'이란 말은 몽타주의 자유로운 배치를 전제하기 때문이다.

그러니 영화 제작 순서는 다음과 같은 물음에 답하는 일련의 과정이라고 할 수 있다. 첫째, 대중에게 어떤 느낌과 관념을 안겨 주고 싶은가? 둘째, 대중에게 강한 효과를 주기 위해 어떤 몽타주를 구성하는 것이 좋은가? 셋째, 강력한 몽타주를 만들기 위해 어떤 숏을 찍어야 하는가? 1925년에 제작된 「전함 포템킨」으로, 이제는 영화사에 영원히 남을 상징이 된 소비에트 영화감독 예이젠시테인이 중요한 이유도 바로 여기에 있다. 그는 철저하게 이런 물음에 답하면서 영화를 만들었기 때문이다. 「전함 포템킨」을 예로 예이젠시테인이 어떻게 이 세 가지 물음에 답하는지 살펴보도록 하자.

예이젠시테인은 자신의 영화로 1920년대 소비에트 사람들이 혁명의 필요성과 열정을 얻기를 원했다. 러시아의 차르 체제를 붕괴했던 1917년 10월혁명의 주역들은 억압이 없는 사회, 모든 사람이 동등하게 주인이 되는 사회를 꿈꾸었다. 그렇지만 여전히 대다수 러시아인들에게 10월혁명은 그저 권력자만 바뀐 혁명에 불과했다. 당연히 그들은 스스로 혁명의 주체가 되기보다는 새로 들어선 정부의 명령에 귀를 기울이는 소극적인 자세를 견지하고 있었다. 모든 사람이 당당한 정치적 주체로 거듭나야 한다는 생각을 품고 있던 혁명 주체 세력과 영화감독 예이젠시테인이 의기투합했던 지점은 바로 여기다. 당시 심각했던 문맹률을 되돌아본다면, 교육 정도와 상관없이 보고 느끼고 생각할 수 있도록 하는 정치적 매체로서 영화처럼 강력한 도구가 또 어디 있겠는가?

대중에게 혁명에 대한 열정과 관심을 각인하기 위해 예이젠시테인은 서로 강렬하게 대립되는 숏으로 몽타주를 구성하려 했다. 그리하여 '아트락치온 몽타주' 그러니까 '견인 몽타주(Montage of Attractions)'가 탄생하게 된다. 가장 대표적인 것이 전함 포템킨호에 타고 있던 수병들의 반란에 동조하며 봉기했던 오데사 주민들에 대한 차르 군대의 잔혹한 학살 장면일 것이다. 이 장면을 구성하는 숏을 조금만 나열해 보자. 냉정하고 기계적으로 계단을 내려오는 군인들의 세련된 군화, 공포에 떨며 목숨을 건지기 위해 계단을 위태롭게 뛰어 내려오는 남녀노소 주민들, 어머니의 죽음으로 무법 세계에 내던져진 채 계단을 굴러떨어지는 유모차, 병사의 칼에

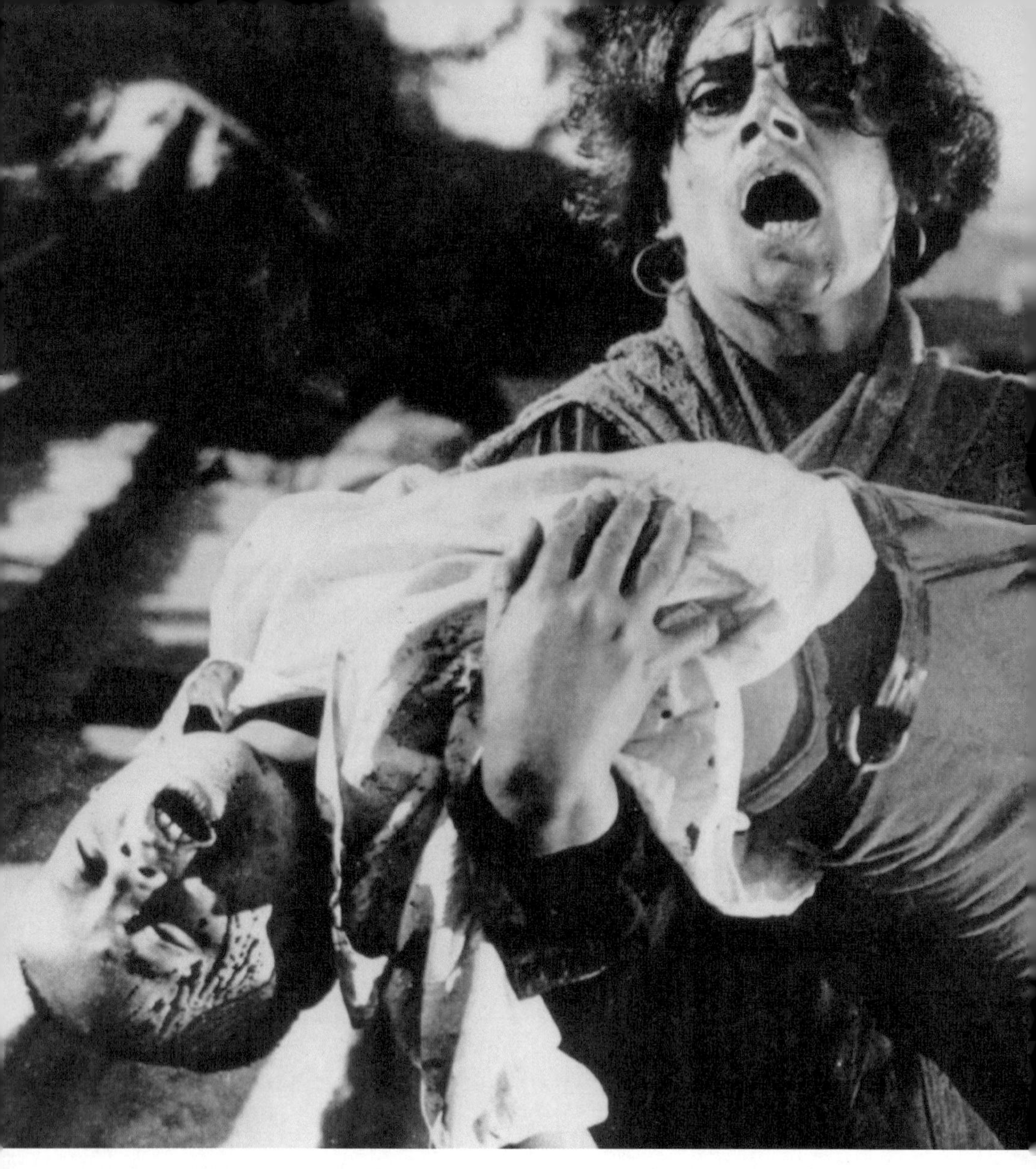

「전함 포템킨」에서 죽은 아이를 붙들고 오열하는 시민

맞아 안경과 함께 베인 여인의 절규……. 이런 수많은 숏이 모여 '오데사 계단의 학살'이라는, 대중의 눈과 심장을 견인하는 강렬한 몽타주가 구성된 것이다.

억압 없는 사회를 꿈꾸는 혁명에 대중을 견인하려고 했던 「전함 포템킨」에는 한 가지 인상적인 자막이 등장한다. "하나를 위한 전체, 혹은 전체를 위한 하나." 그렇지만 여기서 '하나'란 공산당이나 레닌 혹은 스탈린 같은 최고 통치자를 가리키지는 않는다는 걸 알 수 있다. 이 영화에서 '하나'란 억압에 맞서 싸우는 인

간들의 자발적인 공동체에 가깝다. 『독일 이데올로기』를 쓴 마르크스라면 이 '하나'를 아마 '자유로운 개인의 공동체'라고 불렀을 것이다. 그래서 일까, 「전함 포템킨」에는 억압에 대한 저항을 이끌어 가는 영웅적인 주인공이 등장하지 않는다. 포템킨호의 선상 반란을 일으켰던 영웅 바쿨린추크마저도 반란 사건 도중에 죽도록 연출한 것도 이런 이유에서이지 않을까?

바쿨린추크로 상징되는 영웅이나 지도자를 부정했던 예이젠시테인이 1930년대 소비에트 시절 사생아적(?) 군주로 등극한 스탈린의 눈에는 달가울 리 없었을 것이다. 스탈린의 사유에서 하나란 전체가 모여서 만들어진 효과라기보다는 전체를 끌고 나가는 엄연한 주체, 그것도 거의 무소불위의 지도자였기 때문이다. 스탈린 시절에 예이젠시테인의 예술성이 억압될 수밖에 없었던 건 어쩌면 당연한 일이겠다. 어쨌든 잊지 말아야 할 건 진정한 사회주의 혁명이나 영화사의 혁명적 사건이라고 할 수 있는 몽타주 기법도 모두 "하나를 위한 전체, 혹은 전체를 위한 하나."라는 슬로건에 지배된다는 점이다. 하긴 너무 당연한 일 아닌가? 칸트의 용어를 빌리면 영화에서 몽타주가 없는 숏은 맹목이고 숏이 없는 몽타주란 공허한 것이고, 정치에서 공동체가 없는 개개인들은 맹목이고 개개인들이 없는 공동체는 공허한 것일 테니까 말이다. 이것이 바로 우리가 아직도 예이젠시테인을 그리는 이유가 아닐는지.

비평가의 눈
이상용

사유하는 영화의 탄생

젊은 예이젠시테인이 연극과 영화를 오가며 활동하던 시절은 유럽을 중심으로 새로운 예술들이 확산되던 시기였다. 다다이즘, 초현실주의, 미래주의, 입체주의를 비롯한 아방가르드(전위)의 확산은 이제 막 걸음을 떼고 무성영화의 몸짓을 이어가던 초기 영화에 지대한 영향을 끼쳤다. 이 무렵에도 영화가 무엇이 될지는 여전히 미지수였다. 모든 것은 열려 있었다. 영화는 부지런히 새로운 감독과 함께 신선한 동시대 예술을 받아들이며 영화의 가능성을 실험했다. 또한 대중의 기호와 산업적인 요청을 타진하면서 자본주의의 영향력도 확대하기 시작했다. 이전의 예술적 형식과는 달리 기술 복제 시대의 예술인 영화는 대중적이면서도 새로운 가능성을 실험할 수 있는 요람이 되었다.

이 요람의 성격을 가장 잘 파악한 곳이 러시아다. 1905년의 1차 혁명과 1917년 2차 혁명 아래 '몽타주'로 집약되는 운동이 일어났다. 마야코프스키의 시, 프세볼로드 메이예르홀트의 연극, 그리고 지가 베르토프를 필두로 하는 러시아 감독들에게 몽타주는 '새로움'의 언어였다. 하나의 운동으로서 몽타주는 왕정도 무너트리는 충격적인 힘이며, 민중과 함께 나아가는 레닌의 박차이며, 새로운 것을 찬양하는 예술가들의 노래였다.

이러한 몽타주의 또렷한 특징 중 하나는 언제나 둘을 필요로 한다는 것이다. 이전의 정치적·문화적·경제적 사유가 하나의 절대성을 추구하는 것들이었다면, 몽타주는 왕정 국가와 사회주의가 충돌하고, 부르주아와 민중이 충돌하며, 귀족과 농민이 충돌하고, 낡은 것과 새로운 것이 충돌한다. 원래 몽타주에는 '편집'이라는 뜻이 있었다. 하나의 장면만으로 이루어진 영화는 몽타주를 필요로 하지 않는다. 영화가 몽타주를 필요로 하는 결정적인 순간은 한 장면이 다른 장면과 만나는 순간이다. 몽타주는 그 순간을 어떻게 연결할 것인가를 고민한다.

러시아의 몽타주 영화는 이러한 연결의 순간이 지닌 의미를 생각했다. 몽타주 원리의 기초를 제시한 러시아 감독 쿨레쇼프는 영화배우 이반 모주힌(1889-1939)을 데리고 한 실험을 행했다. 일명 '모주힌 실험'이라고 불리는 작업을 통해 알게 된 것은, 서로 다른 시공간에서 촬영한 두 장면을 몽타주로 연결해도, 관객은 그 장면들을 마치 하나의 연속선상에 있는 이야기처럼 받아들인다는 것이다. 이것은 연결의 순간에 대한 본격적인 인식의 틀을 제공했다. 또한 이 실험은 몽타주의 기초적인 연결 원리를 설명하는 쿨레쇼프 효과의 기원이 되었다. 이를 통해 몽타주를 관객이 영화를 어떻게 받아들이는가를 확인했다.

예이젠시테인의 동료였던 푸도프킨(1893-1953)은 몽타주를 벽돌을 쌓아 올리는 것에 비유했다. 건물의 벽을 차곡차곡 쌓아 가면서 하나의 건물을 완성하듯이, 숏과 숏을 연결하는 몽타주 방법은 영화라는 집을 짓기 위한 기초 공법으로 이해할 수 있다. 하나의 벽돌에 해당하는 몽타주를 어떻게 쌓아 갈 것인가 하는 구성주의는 결국 영화 전체를 구성하는 방법과 연결된다. 그 결과 감정을 차곡차곡 증폭하는 「어머니」와 같은 영화를 만들어 낸다. 그러나 예이젠시테인은 푸도프킨의 구성주의만으로는 몽타주를 이해하기에 부족하다고 생각했다. 그가 생각한 건축물은 벽돌을 차곡차곡 쌓아 올려 안정된 것이 아니라 때로는 울퉁불퉁하고 때로는 비어 있기도 한 새로운 형태였다. 조화를 이루긴 해야 하겠지만 층과 층이 충돌하고 건물의 좌우가 비대칭을 이루기도 하는 등 새로운 의미를 전달할 수 있을 것이다.

그래서 예이젠시테인은 숏을 세포로 정의했다. 살아 있는 세포는 다양한 방식으로 연결되어 하나의 기관이 되거나 장치가 된다. 세포는 벽돌처럼 각지고 정형화된 형태가 아니라 윤곽선이 유동적으로 변하면서 다른 세포와 연결된다. 이는 다양하게 열린 유기체를 탄생시킨다. 이러한 과정은 마르크스가 사유의 토대로 삼은 변증법 논리의 기반이기도 했다. 헤겔에 의해 제출되고 마르크스에 의해 역사적인 차원으로 전환된 변증법 논리의 3단계는 흔히 정반합으로 설명된다.

하나의 주장인 정(正)이 있으면, 조만간 이와 모순되거나 반하는 반(反)이 등장한다. 그리고 정과 반의 충돌 내지 대결은 결국 보다 높은 종합적인 주장인 합(合)으로 이끌어진다. 몽타주에는 바로 이러한 정반합의 원리가 함축되어 있다. 숏(정)과 숏(반)이 충돌하여, 높은 차원의 종합적 주장인 합을 이끌어 낼 수 있다면, 변증법적 몽타주는 관객에게 겉으로 보이는 것을 넘어서는 새로운 의미를 전달할 터다. 「전함 포템킨」의 가득 차 있는 장면들의 연결은 이러한 변증법적 도약을 위한 표현들이다. 이 도약이야말로 몽타주가 추구해야 할 원천의 힘 중 하나였다.

영화를 통해 새로운 가치를 창출하기 위해 몽타주는 필수적이다. 뤼미에르 형제의 첫 영화는 시오타 역에 기차가 도착하는 것을 보여 주는 것만으로도 충분

「전함 포템킨」에서 장렬히 전사한 혁명의 주동자

히 충격적이었다. 살아 움직이는 영상 그 자체를 경험한다는 것만으로도 충격은 전달됐다. 그것은 몽타주가 필요 없는 하나의 장면으로 이루어진 영화였다. 시각적 충격 자체에 충실한, 본다는 것의 의미를 무엇인지를 전파하는 순간이었다. 그러나 이 충격은 그리 오래가지 못했다. 시각 문화의 중요한 성질은 손쉽게 무뎌진다는 점이다. 한국의 아이돌 그룹의 꿀벅지와 복근이 한동안 자극(충격은 아니었다.)을 제공했지만 유행이 되면서 따분해질 수 있는 것처럼 말이다. 지속적인 충격을 위해서는 시각적 충격을 넘어서 다른 차원을 만들어 내야 한다.

예이젠시테인의 몽타주가 목표로 삼은 것은 뇌에 가하는 충격이었다. 장면과 장면의 충돌로 만들어진 운율적 긴장감, 톤의 긴장감은 영화적 진동을 일으키고, 이는 우리의 인식에 전해져 뇌를 움직였다. 예이젠시테인은 영화의 운동 이미지가 사유의 운동이 되기를 원했다. 이것의 방법론이 바로 '지적 몽타주'다. 러시아혁명이 오래된 관습을 파괴하고, 새로운 질서를 보여 주었듯 모름지기 영화 혹은 예술은 이러한 변화를 표현할 수 있어야 한다. 몽타주의 예술적 충격파는 과거의 고답적인 예술의 전통을 파괴해 버릴 수 있을 것이다. 또한 다가오는 변화를 표현해 낼 수 있을 것이다. 무지에 갇힌 러시아 농민들로 하여금 '보는 것만으로도' 각성시켜 깨울 수 있을 것이다. 영화를 보는 것만으로도, 그들은 생각하고 자발적으로 혁명에 동참할 수 있을 것이다. 그것이 러시아에서 1920년대를 중심으로 몽타주 영화를 가능케 한 신념이었다. 그리고 혁명이 영구적인 것으로 전환되어야 하듯이, 몽타주의 충격은 시각적인 차원에 머물지 않고 사유의 운동으로 이어져야 한다.

러시아 몽타주 영화가 지닌 이러한 생각은 오늘날의 관점에서는 이상주의적이고 어처구니없는 것처럼 보일 수 있다. 그러나 러시아의 지식인들은 소명을 갖고 몽타주의 충격을 통해 노동자와 농민을 변화시킬 수 있다고 믿었다. 예술이 필연적으로 충격이나 진동을 부과한다면, 세계는 이미 오래전에 변했을 것이라고, 인간은 이미 오래전부터 사유할 수도 있었을 것이라고 믿었다. 「전함 포템킨」의 강렬함은 이러한 신념의 결과다. 「전함 포템킨」에서 배 위에 걸리는 승리의 붉은 깃발을 포함하여, 위기의 순간에 동지애를 발휘하거나 민중이 하나되는 장면은 인간을 변화시킬 수 있다는 신념 없이는 도달하기 힘든 표현들이다.

아쉬운 일이지만, 이 영화가 추구했던 혁명의 시대는 저물어 버린 지 오래다. 그러나 오늘날 1920년대 러시아의 무성영화를 본다는 것은 단순히 영화를 감상만 하는 것이 아니라 영화가 새로운 변화를 가능케 하는 예술임을 재확인하는 것이다. 우리는 예이젠시테인을 이러한 영화 예술의 원조 격으로 기억해야 하며, 또한 영화를 냉정하게 들여다보아야 한다. 영화가 세상을 변화시킬 수 있는 혁명의 도구임을, 영화라는 가상을 통해 현실에 충격을 가할 수 있다는 놀라운 사실을, 그리고 그것이야말로 영화라는 이름이 사라진다 해도 영화가 희미하게나마 기억될 수 있는 원천일 수 있음을 생각해 볼 필요가 있다.

예이젠시테인에게 영화는 뇌에 가하는 '충격'이다. 이미지의 운동을 사유의 운동으로 바꾸는 역학 장치다. 영화는 충격을 줄 수 있고, 또한 이 충격을 대중과 민중에게 부과할 수 있다고 믿었다. 그것은 영화가 누렸던 몇 안 되는 행복한 시대 중 하나였다. 스탈린의 등장과 함께 예이젠시테인을 비롯한 러시아 몽타주 영화는 새로운 통제와 억압 아래 충격을 잃어버리고 만다. 몸짓에서 충격으로의 전환은 이처럼 길지는 못했던 것이다.

동시대 영화에서 예이젠시테인과 같은 몽타주 기법을 쓰는 경우를 찾아보기는 힘들다. 그래도 짧은 시간 동안 효과적인 메시지를 전달해야 하는 광고나 뮤직비디오에서는 이따금 예이젠시테인의 기법을 연상시키는 경우를 찾아볼 수가 있다.
예이젠시테인의 영화의 진정한 영향은 오락물이 아니라 지적인 영화를 만드는 감독들에게 모범이 되었다는 사실이다. 프랑스의 거장 장 뤽 고다르의 영화에 등장하는 몽타주 효과들은 충돌과 지적인 이미지를 형성해 내기 위해 사용된다. 여러 영화와 지면을 통해 고다르는 예이젠시테인에 대한 존경을 표현해 왔다. 최근작인 「필름 소셜리즘(Film Socialisme)」(2010)에서 그는 「전함 포템킨」의 가장 유명한 오데사 계단 장면을 인용하기도 했다.
할리우드 영화사의 인용도 유명하다. 프랜시스 포드 코폴라(1939-)의 「지옥의 묵시록(Apocalypse Now)」(1979)에서 윌러드 대위가 커츠 대령을 죽이는 장면은 예이젠시테인의 「10월」에서 빌려왔다. 커츠의 죽음과 소의 도살이 몽타주된다.
브라이언 드 팔마의 전형적인 장르 영화 「언터처블(The Untouchables)」(1987)은 유모차를 구해 내는 계단 장면으로 「전함 포템킨」의 계단 장면을 노골적으로 오마주했다.

④강 마지막 표현주의 블록버스터

메트로폴리스

프리츠 랑

"머리와 손의 중재자는 마음이어야 한다."

— 영화 마지막 내레이션

「메트로폴리스」 Metropolis, 1927

독일 | 153분 | 프리츠 랑

높은 마천루와 최첨단의 테크놀로지, 네온사인으로 말끔하게 표백된 이 세계는 분명 '아름다운 미래'일 것이다. 기술 문명이 가져다준 완벽한 지복의 세계, 사람들은 이곳을 메트로폴리스라고 부른다. 이토록 경이로운 도시를 건설한 요한 프레더슨은 신(新)바벨탑에 머물며 손짓 하나, 눈빛 하나로 그곳을 통치한다. 한편 독재자 프레더슨의 아들 프레더는 '영원의 정원'에서 메트로폴리스의 화려한 외면을, 세계의 전부로 여기며 자라고 있다. 그는 프레더슨의 후계자가 될 터이다.

그러던 어느 날, 프레더가 머무는 영원의 정원으로 한 무리 사람들이 몰려온다. 배고픔에 찌든 남루한 행색의 어린아이들, 그리고 그 사이에 우뚝 선 한 여성. 그들은 바로 메트로폴리스 지하에서, 지상 세계의 광채를 위해 평생 동안 고통받아야만 하는 노동자들이었다. 마침내 누더기를 걸친 여성이 입을 연다. "자, 보아라, 저들이 너희들의 형제다." 프레더는 그 말에 매혹이라도 된 듯, 노동자 여성과 아이들의 무리를 따라 지하 세계로 내려가 그곳을 둘러보게 된다. 그는 난생처음 보는 광경에 두려움과 묘한 매혹을 동시에 느낀다. 이 일이 있은 후, 프레더는 곧장 아버지 프레더슨에게 달려가 지하 세계의 참혹함에 대해 열변을 토한다. 하지만 프레더슨은 '메트로폴리스'의 영광을 위해 누군가는 희생될 수밖에 없다고 단호하게 잘라 말한다. "노동자들은 그들이 있어야 할 곳에 있는 것뿐이다." 하지만 프레더는 체념하지 않고, 지하 세계와 지상 세계를 조화시킬 방법을 고민하다가 직접 '지옥'으로 내려가 생활하기로 결심한다. 지하 세계로 내려간 프레더는 선량한 마음에서 노동을 시작하지만, 머지않아 "열 시간이 이토록 기나긴 시간인 줄 몰랐습니다."라고 절규하며 노동자들의 고통을 절감한다. 프레더는 고단한 노동을 마치고 쉼터로 돌아가는 길에, 예전에 영원의 정원에서 봤던 그 여성의 모습을 발견한다.

그녀, 즉 마리아는 지하 세계와 지상 세계가 서로 화해하게 될 장래의 비전을 설파하면서 집회에 모인 노동자들에게 바벨탑의 전설을 들려준다. 그리고 머지않은 미래에 중재자가 나타나 머리(지배자)와 손(노동자)을 이어 줄 것이라고 예언한다. 이윽고 사람들이 모두 자리를 떠난 뒤, 프레더는 마리아 앞으로 나아가 맹세한다. "내가 두 세계의 화해를 돕는 중재자가 되겠습니다."라고 말이다.

한편 독재자 프레더슨은 프레더의 일탈적인 행적과 지하 세계에서 벌어지는 수상한 움직임을 눈치챈다. 이미 몇 가지 단서를 손에 쥔 프레더슨은 벌써 죽은 자기 아내의 열광적인 숭배자이자, 메트로폴리스 최고의 과학자인 로트방을 찾아가 자문을 구한다. 그러자 로트방은 프레더슨에게 혁명의 기운을 귀띔해 준다. 그러한 사실을 알게 된 프레더슨은 로트방이 개발한 기계 인간을 이용해 지하 세계의 움직임을 와해할 수 있다고 확신한다. 이제 그는 자신의 아들을 지키고 메트로폴리스를 유지하기 위해 로트방의 연구를 흔쾌히 후원하지만, 평소 프레더슨에게 앙심을 품고 있던 로트방은 메트로폴리스를 멸망에 빠뜨릴 계획을 차례로 진행한다.

먼저 로트방은 지하 세계의 정신적 지주인 마리아를 납치해 그 외양을 본떠 기계 인간 마리아를 제작한다. 그러고는 진짜 마리아를 감금하고, 기계 인간 마리아의 입을 빌려 "화해 대신 파괴를!"이라는 구호로 노동자들을 선동한다. 결국 노동자들의 파업으로 도시를 지탱하던 기계가 폭주하면서 지하 세계와 지상 세계는 완전히 붕괴하고 만다. 급기야 지하 세계는 수몰되고, 완벽한 미래 도시는 재앙으로 불타오른다. 그 와중에 자신의 아이들을 잃었다고 판단한 노동자들은 파국의 근원인 (기계 인간) 마리아를 화형대에 묶는다. 마침내 (기계 인간) 마리아는 타오르는 불길 속에서 정체를 드러낸다. 더불어 진짜 마리아를 뒤쫓던 과학자 로트방 또한 비참한 최후를 맞는다. 과거 바벨탑이 붕괴했을 때처럼, 메트로폴리스는 폐허가 된다. 프레더와 마리아가 어린아이들을 구하고, 혼란에 빠진 민중을 위로했음에도, 메트로폴리스의 미래는 어둡기만 하다. 그러나 바로 그 순간, 마리아는 절망이 아닌 진정한 화해와 공존의 비전을 본다. 과거의 바벨탑은 혼란을 불러왔지만, 메트로폴리스의 새로운 바벨탑은 화해의 실마리였던 것이다. 그러나 메트로폴리스의 지배자 프레더슨도, 노동자의 수장도 선뜻 화해를 청하지 못한다. 바로 그때 황폐해진 도시 위에 선 프레더는 손(지하 세계)과 머리(지상 세계)를 중재하는 따뜻한 마음으로 새로운 시대의 개막을 알린다.

프리츠 랑

Fritz Lang, 1890-1976

"문화라는 말을 들을 때마다 수표를 꺼내야 했다."

프리츠 랑은 1890년 오스트리아 빈에서 건축가의 아들로 태어났다. 1911년 2년간 세계를 여행한 후, 파리에서 그림엽서 등을 팔며 회화를 공부했다. 그는 1차 세계대전의 발발과 함께 오스트리아로 징집되어 전선에서 몇 차례 부상을 당한 뒤 제대한다. 그가 처음 영화계에 들어와 시작했던 일은 시나리오 작가였다. 그리고 1920년 당시 유명한 시나리오 작가이자 소설가였던 테아 폰 하르보우(1888-1954)와 결혼한다. 이후 그의 모든 작품에는 그녀의 손길이 드리워진다.

「거미들(Die Spinnen)」(1919)을 시작으로 「도박사 마부제 박사(Dr. Mabuse der Spieler)」(1922)를 연출하는데, 이 영화에는 악마 같은 천재가 사회 전체를 통제한다는 주제 의식이 깔려 있다. 마부제 박사라는 캐릭터를 통해 구현된 '광기와 통제의 드라마'라는 테마는 이후 랑의 수많은 작품에서 반복된다. 마부제를 주인공으로 삼은 이야기는 그의 마지막 영화이자 1960년 발표한 작품인 「마부제 박사의 천 개의 눈(Die Tausend Augen des Dr. Mabuse)」까지 이어진다.

신화와 SF[850쪽 키워드 참고]는 독일 영화의 저력과 함께 프리츠 랑을 국제적인 감독으로 만들어 주었다. 「니벨룽겐의 노래(Die Nibelungen: Siegfried)」(1924)과 「메트로폴리스」는 해외 관객까지 의식한 작품이었다. 특히 「메트로폴리스」는 당시로서는 최고의 제작비를 투입한 대작으로, 당시 유럽 최고의 영화사였던 UFA 스튜디오의 전성기를 실감하게 한다. 독일 표현주의 영화[849쪽 키워드 참고]의 대미를 장식한 이 작품은 극단적인 세트와 과장된 인물 연기, 기계문명에 대한 두려움이 담긴 철학적 테마까지, 그야말로 독일 표현주의 영화를 집대성한 작품이었다. 그 때문인지 제작 과정에서 뒷말이 무성했다. 일례로 군중이 폭동을 일으키는 장면에 동원된 엑스트라들은 찬물 속에 내팽개쳐진 채로 몇 시간이나 서 있어야 했다. 그들은 영화에 묘사된 노동자들처럼 인간이 아닌 소품 취급을 받았던 것이다. 그뿐 아니라 여주인공은 높은 곳에서 직접 뛰어내려야 했다. 심지어 랑은 가짜 마리아가 화형을 당하는 장면에서 실제 화염을 사용함으로써 완벽주의자로서의 면모를 과시했다. 그러나 이 영화의 막대한 제작비는, 결국 UFA가 도산하는 데 일조했다.

하지만 나치는 「메트로폴리스」를 좋아했고, 프리츠 랑에게 영화 산업을 함께 육성하자는 제안을 하기도 했다. 급기야 프리츠 랑은 연쇄살인범을 다룬 「M」(1931)을 선보인 후, 나치 선전 장관 괴벨스를 만나는 지경에 이른다. 그러나 랑은 나치의 제안을 피해 미국으로 건너간다. 그는 미국의 여러 제작사를 돌며, 1936년에서 1956년까지 영화를 스물두 편 제작한다. 랑의 미국 영화는 높이 평가받지 못했지만, 오늘날 이 작품들의 중요성은 점차 커지고 있다. 그는 복수라는 주제를 다룬 「분노(Fury)」(1936)를 시작으로, 한층 원숙해진 영화들을 미국의 영화 시스템 속에서 구현했다. 「진홍의 거리(Scarlet Street)」(1945)와 「빅 히트(The Big Heat)」(1953) 같은 작품들은 할리우드의 '필름 누아르'에 큰 영향을 끼쳤다.

인간의 무의식적 욕망을 표출하다

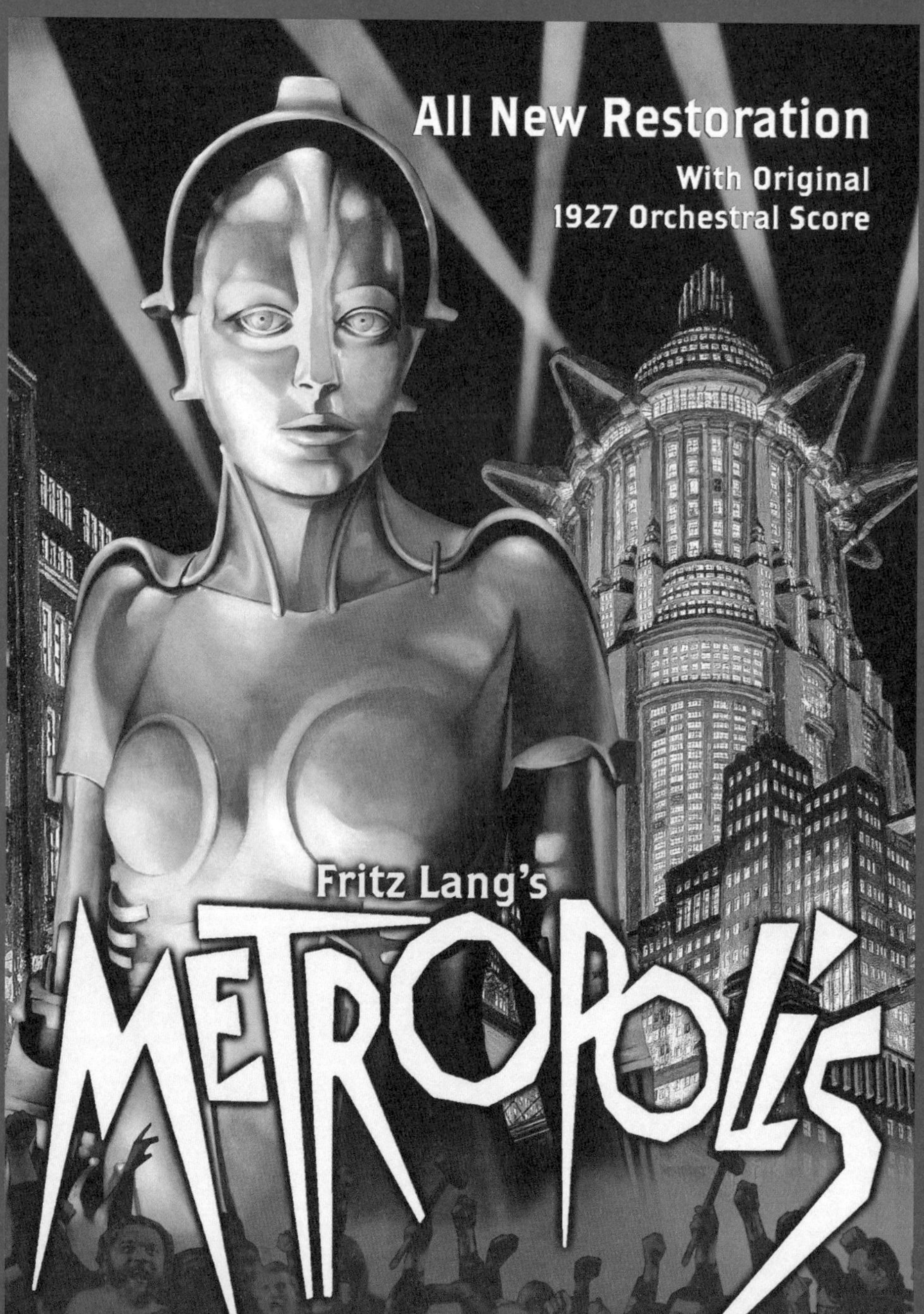

1910년대 말에서 1920년대까지 독일에서는 이전의 미술과 연극의 유행을 따라 '표현주의 영화'라는 새로운 흐름이 펼쳐졌다. 「칼리가리 박사의 밀실(Das Cabinet des Dr. Caligari)」(1919), 「노스페라투(Nosferatu)」(1922), 「M」 등 영화 속 주인공은 미치광이, 뱀파이어, 연쇄살인마였다. 표현주의 영화는 인간 내면의 무의식을 괴물의 형상으로 나타낸 것이다. 철학자나 사회학자가 표현주의 영화에서 독일 사회의 집단 무의식을 들여다보는 것도 이런 이유에서다. 표현주의 영화에 대한 연구는 '영화 사회학'의 시발점이 되었고, 히틀러가 등장하기까지 독일 사회를 이해하는 열쇠가 되기도 했다. 이 시기의 대표적 감독이 바로 프리츠 랑이다. 표현주의의 마지막 작품 중 하나인 「메트로폴리스」를 만든 우파(UFA)는 유럽 최대 규모의 스튜디오를 갖추고 있었고, 많은 영화인이 새로운 영화를 보기 위해 찾는 곳이기도 했다. 바로 이 최대 규모의 유럽 영화 공장에서 공포와 SF 장르를 넘나드는 영화가 탄생했다.

최초의 블록버스터, 히어로의 탄생

이 몽타주 영화를 만들 당시에는 누구나 스타가 될 수 있었지만, 이후 영화에서는 대중이 아니라 영웅이 나서게 됩니다. 「메트로폴리스」에 역시 영웅이 등장하지요. 그래도 이 작품에는 2500명의 엑스트라가 동원되었어요. 「메트로폴리스」는 우파라는 메이저 회사에서 제작했는데, 이 블록버스터가 흥행에 실패하면서 이 거대 기업이 도산을 면치 못했다는 후일담도 전해집니다. 불행한 일이죠.

이 작품은 1920년대 유럽의 블록버스터인 동시에 표현주의 영화의 대표작입니다. 장르적으로는 미래 사회를 배경으로 한 SF 영화이고요. 어쩌면 이 작품의 주제 의식은 「인셉션」과 같은 최근 영화까지 이어집니다. 놀런(1970-)은 서로의 비밀을 해킹하는 정보산업 사회의 공포와 개인의 억압된 심리를 꿈속의 꿈이라는 접근을 통해 흥미로운 SF 영화로 탄생시켰죠. 두 영화는 모두 사회 대 개인의 비극을 그렸다는 점에서, 무의식을 영화적으로 표현했다는 점에서, 그리고 당대 최첨단 영화 기술을 활용했다는 점에서 공명합니다. 얼핏 보면 다른 것 같지만 「인셉션」은 표현주의 영화의 흥미로운 적자입니다.

「메트로폴리스」의 다양한 버전을 오늘날 관람할 수가 있는데, 그중에는 색깔이 입혀진 판본을 보신 분도 있을 텐데요. 복원판이 여러 개 있어서 배경음악과 컬러링이 다양하게 시도되었습니다. 1920년대 영화들은 양차 세계대전을 겪으며 필름이 소실되는 경우도 있어서 정본이 어떤 건지 알 수 없었어요. 그런데 2010년 아르헨티나 영화 박물관에서 그간 공개되지 않았던 정본을 공개했고, 그것을 기반으로 복원판을 제작했습니다. 150분짜리 풀 버전을 보셨다면 더 풍부한 서사의 감동을 느낄 수 있으셨을 겁니다.

인간의 무의식적 욕망을 들춘 표현주의 영화

강 「메트로폴리스」는 고딕 양식(삐죽삐죽하고 음산한 분위기)과 표현주의 회화의 뉘앙스가 가득한 표현주의 영화의 진면목을 보여 줍니다. 스산하고 불편한 기분이 들게 해요. 인문학 용어 중에 '재현'과 '표현'이라는 말이 있죠.[1] 회화의 역사를 살펴보면, 인상주의는 재현에 가깝습니다. 정물, 풍경처럼 자신이 본 세상의 인상에서 출발하니까요. 반면 표현주의는 인상주의를 거부하며 등장한 것으로 주변이 아닌 자신의 내면, 특히 억압된 무의식적 욕망에 주목합니다. 표현주의의 발흥에는 부르주아사회의 허례허식을 공격하면서 순수한 내면의 감정을 분출하겠다는 의지가 있었습니다. 그런데 독일 표현주의에는 독일 특유의 정신이 있어요. 프리츠 랑의 「니벨룽겐의 노래」(바그너의 전기 영화입니다.) 역시 독일의 민족정신을 담고 있었죠. 독일 표현주의의 기저에는 독일 민족의 근본정신이 담겨 있습니다. 그러니까 표현주의는 개인의 단독적인 무의식을 표현할 수도 있고, 집단적 무의식을 표현할 수도 있는 겁니다. 당시 독일의 경우 미술이 전자였다면, 영화는 후자를 추종했던 셈이죠. 여기까지 표현주의에 대한 인문학적인 정의를 정리해 보았는데요,

1 재현(Representation)이 예술 및 창작 활동을 이상, 보편성, 신성의 구체화라고 설명하기 위한 용어라면, 표현(Presentation)은 그것을 현실, 주관성, 인간성의 창조적 발현이라고 보는 관점의 용어.

이제 SF 영화로서 감상 포인트를 들어 보죠.

이 무성영화 시대까지는 영화란 '무엇'인가에 대한 합의가 완료되지 않았기 때문에 역설적으로 영화가 무엇이든 될 수 있었습니다. 러시아 몽타주 영화에서 보듯 선전물로 쓰일 수도 있었고 버스터 키튼에서처럼 오락용, 엔터테인먼트로 이용될 수도 있었죠. 아직 영화가 맹아기에 있을 때 인간 무의식 탐구의 수단으로서 영화를 이용한 예가 바로 독일 표현주의입니다.

독일 영화 「칼리가리 박사의 밀실」은 표현주의 영화의 효시입니다. 연쇄살인마의 이야기를 다룬 영화인데 꿈과 현실의 경계가 매우 불분명합니다. 이 영화에서는 자연의 길을 그대로 쓰지 않고 길 자체를 모두 세트로 제작하여 비자연적인 직선의 도로를 보여 줍니다.

초기 표현주의 영화는 오랫동안 전해 내려온 집단적 무의식, 즉 신화와 전설을 주요 소재로 삼았습니다. 이를테면 골렘이 대표적입니다. 파울 베게너(1874-1948)와 칼 뵈제(1887-1958)의 표현주의 작품 「골렘(The Golem)」(1920)은 카프카가 살던 유대인 지역을 배경으로 하는 영화입니다. 랍비가 신의 창조적 언어를 접하게 된 후 진흙으로 골렘이라는 인조인간을 만들게 됩니다. 보르헤스도 「골렘」이란 시에서 인간을 신의 골렘으로 비유한 바 있죠. 유대인 카발라 전설에서는 진흙으로 로봇을 만들어 일을 시켰다고도 합니다. 「골렘」 발표 이후 7년이 흐른 1927년 「메트로폴리스」는 인간의 무의식 혹은 신화, 전설을 통해 미래를 얘기하려고 했습니다. 당시는 허버트 조지 웰스(1866-1946)의 세계관이 지배적이었던 시대였습니다. 웰스의 소설 『타임머신』은 마치 영화 「혹성탈출」처럼 인간이 오히려 양육되고 있는 디스토피아를 보여 줍니다. 미래에 대한 암울한 전망은 1차 세계대전 이후 자연스럽게 생겨난 인식이었죠. 광기 어린 인간의 실제를 그대로 그려 낸다는 것은 매우 끔찍하고 고된 일이기 때문에 돌려 말하는 서사들이 발달했고 우회적인 방식으로서의 SF 영화는 전성시대를 누릴 수 있었습니다.

벤야민과 동시대를 살았던 지크프리트 크라카워(1889-1966)가 쓴 영화

이론서 중에 『칼리가리에서 히틀러까지』라는 책이 있습니다. 책의 핵심은 살인마, 광인을 건드린 표현주의 영화의 발흥이 바로 히틀러에 대한 예견이었다는 통찰입니다. 계급적으로 분화된 양상, 노동자와 고용인의 갈등 등은 당시 현실의 '재현'이었던 것이죠. 프리츠 랑은 자신의 영화가 비판과 저항을 위한 것이라고 고백하기도 했지만, 나치는 오히려 그의 영화를 달가워했으며 심지어 그를 선전에 이용하고자 했습니다. 프리츠 랑의 다른 작품 「M」 역시 연쇄살인마를 다룬 영화인데, 크라카워의 관점에서 본다면 히틀러, 독재자, 악마의 등장을 예견한 것이었지요.

프리드리히 무르나우(1889-1931)는 표현주의 시대의 감독입니다. 그는 「노스페라투」라는 흡혈귀 영화를 만들었습니다. 흡혈귀를 통해 도래할 불안을 표현한 작품이죠. 크라카워의 가장 유명한 정의는 "영화는 사회의 집단 무의식을 다룬다."입니다. 영화는 집단적으로 보는 매체죠. 영화를 보며 공감한다는 것은 하나의 의식을 공유한다는 겁니다. 확실히 대중적으로 성공한 영화를 분석함으로써 대중의 집단 무의식을 알아낼 수도 있을 터이고, 그게 바로 영화 사회학적 관점입니다. 크라카워의 논리가 옳은지 그른지는 단언하기 어려워요. 표현주의 영화가 히틀러의 도래를 예언했는가에 대해서도 이견이 있습니다. 다만 집단과 사회의 욕망의 흐름에 따라 영화의 유행도 바뀔 수 있다는 영화 사회학의 통찰은 영화 감상자의 입장에서 염두에 두어도 좋을 것 같습니다.

광기, 광인의 문화사적 의미

강 로트방이라는 사람도 그렇고, 광인의 존재는 참 묘해요. 광인은 신이 내린 사람으로 존중받기도 합니다. 전근대사회에서 '광기'는 신의 계시가 나타나는 영역으로 사유되었다는 점을 고려해야 합니다. 푸코(1926-1984)의 『광기의 역사』를 참고해 보세요. '신들리다'라는 표현은 신이 들어왔다는 건데, 옛 문인과 시인들은 모두 '미친' 사람들이었습니다. 한편 히틀러의 캐릭터에도 광기 이미지가 있죠.

파울 베게너, 칼 뵈제, 「골렘」(1920)

"「골렘」의 배경은 카프카가 살던 유대인 지역입니다. 보르헤스도 「골렘」이라는 시를 쓰기도 했는데요, 인간이란 신의 골렘이라고 생각했던 것이죠. 유대인 카발라 전설 속에서는 진흙으로 로봇을 만들어 일을 시켰다고 합니다."

당시 시민들은 합리적으로 살았지만 세계대전이 발발하자 이성에 대한 의구심이 생겼습니다. 근대 시민사회, 즉 자본주의사회의 풀리지 않는 삶의 문제를 구원해 줄 신적인 존재의 도래를 기원하게 된 거죠. 신적 존재의 희구는 부르주아사회 이전부터 이어져 내려온 것들이 분출되어 나온 결과였습니다.(종교적 열망이 커지는 것은 현실 사회문제의 고착을 말해주는 지표입니다.) 독일 표현주의에서는 독일 정신으로서 초인, 광인을 내세운 셈입니다. 신의 선택을 받은 대사제인 것처럼 히틀러를 내세운 전당 대회를 보면 잘 알 수 있습니다. 표현주의의 호소력은 놀랍습니다.

이 가장 광기 어린 등장인물인 로트방의 정체는 뭘까요? 과거 독재자와 로트방, 헬이라는 여자가 삼각관계였는데 로트방이 죽은 여자를 로봇으로 되살리려 했다는 것이 짐작되죠. 로트방이 집에 들어갈 때 보면 여러 군데 붙은 표식이 다 오각형이에요. 유대인의 표식이죠. 유대인이 도시에 불만을 품고 사회를 전복하려고 한다니, 히틀러가 좋아할 만하죠. '유대인=악마'라는 반유대주의 인식, 나치주의에 복속하는 이데올로기를 자연스럽게 건드린 것이죠. 로트방과 가짜 마리아가 죽는다는 결과만 봐도 그래요.

가진 자와(머리) 못 가진 자(손)의 영원한 간극

강 '머리와 손의 중재자는 심장'이라는 문구 자체는 국가 전체주의, 사회민주주의와 밀착되어 있습니다. 영화 속 세계는 정신노동의 세계(지상)와 육체노동의 세계(지하)로 양분되어 있습니다. 국가 사회주의에서 변형된 형태인 사회민주주의는 기술 발전을 인정하는 관점입니다. 자본주의가 발달하고 기술이 발달하면 언젠가 모두, 즉 정신노동자와 육체노동자 혹은 지배자와 피지배자가 부유하게 살 것이라는 낙관적 입장이죠. 물론 분배를 통해서 모두의 경제적 풍요가 가능하다는 생각이 전제됩니다. 가진 자(머리)와 못 가진 자(손)가 나뉜 이분법적 도식은 견고합니다. 영화에서도 지하의 어린아이들이 신분 상승의 꿈을 이뤄서 지상으로 가고자 하지만 이것은 불가능한 꿈에 불과하죠. 대신 구도자 프레더는 '심장'으로 중재하겠다고 말하죠. 이는 불변하는 계급을 전제하는 굉장히 보수적인 논의입니다.

이 영화는 사회민주주의에 대한 이념을 공부하기에 좋은 텍스트입니다. 사회의 분업 체제도 잘 보여 주죠. 마리아 로봇은 사회 분란을 조장하는 좌파 선동가나 다름없습니다. 20세기 초 아주 강력한 독일 좌파 운동가가 있었습니다. 로자 룩셈부르크(1871-1919)는 동지라고 생각했던 사회민주주의자들에게 죽임을 당했어요. 그녀는 학살의 희생자였습니다. 선동하려다 불타 죽는 마리아 로봇은 마치 억압 없는 사회라는 기치를 들고 스파르타쿠스 동맹을 이끌었던 철의 여인 로자 룩셈부르크를 떠오르게 합니다. 나치는 계급 없는 사회를 주장했던 마리아 로봇이 무서웠을 것입니다.

자궁 없이 태어난 인간, 로봇의 계보학

이 잠시 로봇의 계보학을 숙고해 봅시다. 요즘도 로봇 영화는 계속해서 나옵니다. 「트랜스포머(Transformers)」(2007-) 시리즈도 인기가 좋죠. 로봇의 이미지는 초기 골렘이라는 기초적인 단계의 휴머노이드(humanoid)에서 출발하여 할리우드 영화로 나아가게 됩니다. 여성주의자이자 여성 작가였던 메리 셸리의 소설 『프랑켄슈타인』의 괴물은 자궁 없이 태어난 존재입니다. 이와 마찬가지로 로봇은 여성성의 부재로 인한 인공물의 한계를 필연적으로 지닙니다. 그런 로봇이 인간을 위협한다는 모티프는 아직까지도 많은 로봇 영화에서 끊임없이 반복됩니다.

몇몇 여성주의자들이 「메트로폴리스」의 로봇을 비판하기도 합니다. 테크놀로지에 대한 관점에는 기계 예찬론, 아나키스트적 입장, 테크노포비아, 이렇게 세 가지가 있습니다. 기계는 종국엔 인간을 위협할 거라는 해석이 이 영화에는 있습니다. 테크노포비아적 관점이죠. 마리아는 근대 이전의 기대, 즉 밤에는 창녀이고 낮에는 성녀라는 모순적인 기대를 그대로 투사한 '로봇'입니다. 이러한 여성에 대한 억압적 시선은 전형적인 근대 남성 중심적 시선이죠. 마리아 로봇이 여성 혐오주의와 테크노포비아적 관점을 투영한 결과물이라고 여성주의 진영에서 비판한 것입니다. 초기 로봇의 개념은 공포적·악마적인 이미지인 동시에 외형은 여성의 모습을 하고 있었습니다.

이후 로봇이 주인공인 영화는 다양하게 전개됩니다. 「매트릭스 2」(2003)에는 네오가 시온을 움직이는 기계에 대해 시의원과 대화를 하는 장면이 등장합니다. 기계가 멈추면 시온도 멈출 것 아니냐는 인식을 공유하지요. 그것은 기계와 인간이 함께해야 한다는, 일종의 공진화를 언급하는 장면입니다. 이렇게 분화된 기계에 대한 다양한 관점은 유명 SF 작가인 아이작 아시모프(1920-1992)에 이르면 인간의 최종 진화형은 로봇이 되지 않을까 하는 상상력에 미치기까지 합니다. 아시모프의 원작으로 영화를 만든 「바이센테니얼 맨」같은 영화에는 로봇이 인간보다 더 인간적일 수 있다는 인식까지 드러나죠.

「메트로폴리스」는 마리아 로봇에 대한 매혹과 공포를 동시에 보여 줍니다. 마리아 로봇이 지상의 남자들을 유혹하는 춤은 강렬하지요. 동시에 그 춤은 지하 노동자들을 선동합니다. 매혹과 공포는 다른 것이 아니라 동전의 양면이에요. 이 영화의 결론도 마찬가지입니다. 노동은 노동자를 억압하지만 노동 없이는 생존할 수 없다는 결론인 거죠. 선명하지 않은 양시론적(兩是論的) 입장이죠.

프리츠 랑, 「메트로폴리스」

"프리츠 랑은 인간의 무의식을 건드리되 과거의 것, 신화와 전설이 아닌 미래를 얘기하고자 했다. 시각적으로는 미래 도시를 효과적으로 표현하기 위해 미니어처 모형을 만들어 촬영했다."

질문 1 영화에 시계가 많이 나옵니다. 의미가 있는 건가요?

이 노동이라는 개념을 수량화, 계량화해서 표현한 겁니다. 「모던 타임즈」에서 시계 이미지를 사용한 것과 마찬가지로, 전체주의 사회에서 강조되는 시간 엄수라는 억압 기제가 발현된 것이죠.

강 분업 사회는 옆 섹션과 자기 섹션에서 임무가 완성되기까지 소요 시간이 같아야 한다고 주장합니다. 옛날에는 느지막하게 보자고 해도 지인과 만날 수 있었지만 이제 시계가 생긴 거죠. 대도시의 시계탑을 주목해 보세요. 나와 너의 시간이 똑같이 가야 한다는 강요입니다. 현대인이 조바심을 내며 살게 된 계기가 시계라는 것이죠. 베르그송(1859-1941)이 시계를 비판[1]한 것도 이런 이유에서입니다. 나만의 시간이 억압되도록 만드는 것이 바로 시계니까요.

질문 2 표현주의가 독일에서 발달했다고 했는데 패전에도 기인한 건가요?

강 1차 세계대전 뒤 독일에는 바이마르공화국이 들어섭니다. 개개인의 자유, 특히 예술가들의 자유로운 표현이 굉장히 긍정되던 분위기가 찾아온 겁니다. 당시 바우하우스[2]가 생겼을 정도였으니까요. 이런 자유로운 정신의 극한이 바로 표현주의였다고 할 수 있습니다. 자유를 누려 본 사람들은 그것이 억압되면 민감해지는 법입니다. 그래서 당시 예술가들은 바이마르공화국을 붕괴시킬 것 같은 조짐, 즉 나치의 출현에 그렇게 민감하게 반응했던 겁니다. 그러니까 표현주의가 등장해서 독일이 패전한 것이 아니라, 정확히는 나치가 출현했다고 해야 할 겁니다. 인간의 자유가 최대로 확장되자, 그 반동으로 그걸 통제하려는 억압 체제가 생긴 것이니까요. 물론 결국 나치 독일이 패전국이 되었지만, 그건 표현주의의 잘못이라기보다는 나치 자체의 폭력성에 기인한다고 해야 할 겁니다.

1 '시간의 철학자' 베르그송은 진정한 시간은 정량화될 수 없다고 말한다. 즉 사랑하는 연인과 함께할 때와 싫어하는 상사와 함께하는 시간은 같은 한 시간이라도 서로 다르다고 본다.

2 1919년 건축가 그로피우스를 중심으로 독일 바이마르에 설립된 국립 조형 학교. 1933년 나치의 탄압으로 폐쇄.

질문 3 영화 속 인물의 메이크업이 세련된 느낌입니다. 요즘 유행하는 스모키 메이크업도 보이는데요. 광기를 표현하기 위한 것인가요?

이 표현주의의 전반적인 특징입니다. 클로즈업 화면에서 강렬하게 보여야 하기 때문에 캐릭터를 부각한 것이죠. 과장된 캐릭터를 만들어 내기 위한 이러한 분장은 「칼리가리 박사의 밀실」에서도 마찬가지로 보입니다.

다르게 생각해 보면 무성영화였기 때문이기도 해요. 목소리로 캐릭터를 내기 시작하는 1930년대 이전에는 온전히 외형만으로 캐릭터를 설명해야 했던 것입니다. 그래서 표현주의 영화가 아닌 무성영화들도 화장, 패션 등이 강조된 편입니다. 예이젠시테인 영화의 여자 캐릭터를 떠올려 보세요.

질문 4 앞서 논의한 버스터 키튼, 예이젠시테인의 영화들은 남녀관계에 경직된 느낌이 있었는데, 「메트로폴리스」는 더 자유로운 분위기로 키스하거나 스킨십하는 장면도 많네요. 1920년대 당시 관객의 충격이 상당했겠습니다.

이 마리아 역을 맡은 배우는 상당히 매력적임에도, 국제적인 인기를 얻지는 못했어요. 실제 독일 여배우 중 미국에서 성공한 배우는 마를레네 디트리히(1901-1992)가 유일합니다. 독일이 브레히트를 위시한 연극적 전통이 강한 나라이기 때문에 유명 배우들은 영화보다 연극에 투신하는 경우가 많았죠. 또 유럽은 미국에 비해 스타 시스템의 발전이 더뎠습니다. 미국 영화가 엔터테인먼트적 요소가 강한 반면 유럽 영화는 굉장히 진지한 편이었죠. 서로 다른 두 대륙의 영화가 만나는 지점은 랑, 무르나우 등 독일 표현주의 감독들이 히틀러와 괴벨스를 피해 미국으로 망명하면서 시작됩니다. 그들이 만든 영화가 탐정, 범죄에 관한 장르인 필름 누아르입니다. 흑백영화에 조명을 강하게 쓴 게 특징이죠.

강 영화 자체의 속성을 이해해야 합니다. 영화는 어두운 곳에서 몰래 훔쳐보는 관음적 매체입니다. 실제 20세기 초에 B급 포르노도 상당히 많았다고 하죠. 초기 영화 중에 이웃집 여인이 옷 벗는 것을 몰래 훔쳐보는 것을 아이리스 기법으로 편집한 단순한 영화도 많았습니다. 당대에는 인간의 욕망을 충족시켜 주는 영화가 더 큰 인기를 끌었을지도 몰라요. 표현주의 영화는 일정 정도 그런 분위기에 편승했다고 할 수 있을 겁니다.

질문 5 히틀러가 일부러 이 영화의 결말을 수정하게 했다는 이야기가 있는데 사실인가요?

이 아닙니다. 히틀러는 프리츠 랑이 완성한 최종 편집본을 보지 못했거든요. 히틀러 때문은 아니었고 당시 상황이 그러했는데요. 제작비가 워낙 많이 들어간 작품이다 보니 제작자가 요구하는 상영 길이가 있었다고 합니다. 프리츠 랑이 아닌 누구였더라도 마냥 고집을 피울 수 있는 상황이 아니었죠.

강 영화가 개봉한 시기는 1927년으로 바이마르공화국 시절이자 나치 집권기 전이죠. 정당의 형태는 있었지만 히틀러가 강력한 총통이 되기 전이므로 그가 개입했다는 것은 어불성설이죠. 그리고 재미있는 사실은 이 영화를 두고서 나치스 내부에서도 평가가 극과 극으로 나뉘었다는 점입니다. 괴벨스는 독일 정신을 함양한 영화라고 좋아했죠. 반면 개인의 주관성을 중시한 영화라고 싫어한 이들도 있었다고 합니다.

질문 6 표현주의에서 다루는 기독교적 세계관은 뭔가요?

강 『안티크리스트』라는 니체(1844-1900)의 책을 꼭 읽어 보시기 바랍니다. 거기 있는 기독교 비판은 거의 결정적이라고 할 수 있어요. 미셸 옹프레(1959-)라는 사람도 찾아보세요. 『무신론 선언』(2005)은 굉장히 재밌습니다만 니체를 넘어서진 않습니다. 권위적인 아버지의 구조는 반복됩니다. 정치적 · 종교적으로 말이죠. 기독교는 인간의 자유의지를 믿지 않습니다. 선하게 산다는 것은 신의 말씀, 즉 섭리에 따른다는 것이죠. 민주주의에 부합하지 않는 존재가 왕, 아버지, 신이겠죠. 좋은 군주, 좋은 장군, 좋은 아버지를 찾기 전에 군주제, 가부장제 자체의 선악에 대해 생각해 보시기 바랍니다.

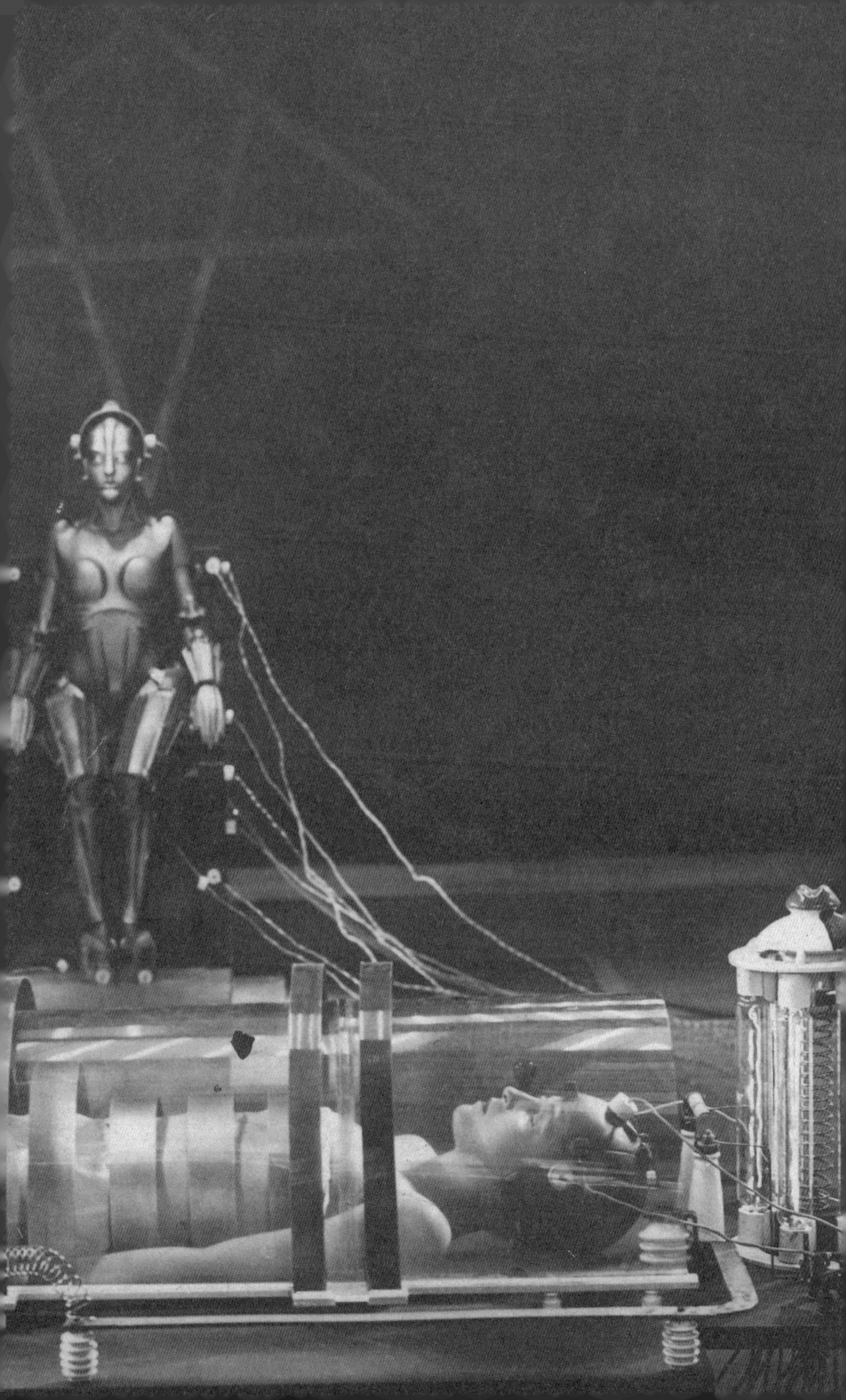

철학자의 눈
강신주

누가 로자 룩셈부르크를 두려워하랴?

2009년 5월 30일 독일에서 충격적인 소식이 우리에게 전해졌다. 독일의 시사 주간지《슈피겔》이 로자 룩셈부르크로 추정되는 시신을 발견했다는 기사를 게재한 것이다. 베를린 자선 병원 의학사 박물관 지하 창고에 자그마치 90년 동안 방치되어 있던 시신 한 구가 있었는데, 같은 병원 법의학 연구소장 미하엘 초코스(1967-)는 머리와 손발이 잘려져 나가고 몸뚱이만 남은 그 시신이 바로 로자 룩셈부르크라고 밝혔다. 지금으로부터 90년 전, 정확히 1919년 1월 15일 로자는 잔혹하게 살해되었다고 한다. 로자 평전을 쓴 막스 갈로(1932-)는 당시 처참했던 상황을 이렇게 전한다. "군인들은 로자를 에워싸고 개머리판으로 후려쳤다. 이윽고 로자의 얼굴은 피투성이가 되었다. 군인들은 대기하고 있던 자동차로 로자를 옮겼다. 그자들은 로자의 시신을 란트베르크카날 다리 위에서 던져 버렸다."

군인들, 정확히는 우파 민병대 조직이 로자를 살해했다고는 하지만, 우리는 당시 집권 세력이 사회민주당이라는 사실을 잊어서는 안 된다. 정권의 비호가 없다면, 자유와 평등의 공동체를 구성하려는 "붉은 로자"의 얼굴을 백주에 개머리판으로 내리친다는 건 생각조차 할 수 없는 일 아닌가. 그러니까 간접적으로나마 사회민주당, 즉 사회민주주의(Social Democracy)를 추구했던 당시 집권 세력이 로자를 암살했다고 할 수 있다. 한때는 동료이기도 했던 로자를 사회민주주의자들이 살해할 수밖에 없었던 이유는 무엇일까? 그건 민주주의를 참칭하고 있던 자신들과는 달리 로자야말로 진정한 민주주의자였기 때문이다. 로자는 노동자 스스로가 평등하고 자유로운 공동체를 구성할 수 있다고 굳게 믿었고 그를 위해 노력했던 혁명가였다. 그녀가 주축이 되어서 만든 스파르타쿠스단(Spartakusbund)은 바로 이런 자유로운 공동체를 실현하려고 노력했던 정치 결사체였다.

지금이나 그때나 사회민주주의자들은 자본가와 노동자 사이의 근본적인 위계 관계를 폐기하려고 들지 않는다. 그들은 재분배(Redistribution)를 통해 대립적 관계를 완화할 수 있다고 주장한다. 다시 말해 자본가계급으로부터 세금을 더 많이 거두어들이고, 그것을 노동자계급에 다시 분배한다면 정의로운 사회가 만들어질 수 있다는 것이다. '공정한 분배자'를 자처했던 그들은 자신들이야말로 노동자계급을 진심으로 사랑하고 있다고 포장하고 있었다. 그렇지만 로자의 눈에는 사회민주주의자들만큼 기만적인 세력도 없었을 것이다. 로자는 알았던 것이다. 호황이 지속될 때 사회민주주의자들은 노동자들에게 사회적 부를 분배하는 제스처를 취하겠지만, 불황이 찾아올 때 그들은 노동자계급을 부정하고 자본가계급의 이익에 종사하게 되리라는 것을.

하긴 재분배를 위해 필요한 재원 대부분이 자본가계급에서 유래하니, 어떻게 사회민주주의자들이 자본가계급을 부정할 수 있겠는가? 사실 그들은 자본가계급의 기득권을 안정적으로 지키기 위해 자유와 평등을 요구하는 노동자계급의 불만을 일시적으로 완화하려 했을 뿐이다. 빵이 곧 커질 때니 조금만 참으면 분배하겠다는 논리로 말이다. 그러나 아무리 빵이 작아도 누군가 독점하지 않는다면 많은 사람들이 충분히 나눌 수 있는 법이다. 사회민주주의 이념의 이런 기만성을 너무나 잘 알고 있던 로자의 입장은 그래서 단호했다. 노동자들이 직접 정치에 참여하여 언제든지 자신이 노력한 만큼 빵을 나누어 가질 수 있다고 확신했기 때문이다. 만일 로자가 주축이 되어 만들었던 스파르타쿠스단의 꿈이 실현된다면, 사회민주주의자들은 정권을 잃을 수밖에 없을 것이다. 그러니 그들의 눈에는 자신들의 기만과 허위를 정확히 읽고 있던 그녀의 냉정한 시선이 얼마나 부담스러웠겠는가. 마침내 그들은 오래된 동지 로자를 처참하게 살해한 것이다.

비극이 일어난 지 닷새째 되는 날, 그러니까 1919년 1월 19일 사회민주주의자들은 총선에서 승리한다. 이렇게 바이마르공화국은 탄생하게 된 것이다. 붉은 로자의 붉은 피를 광장 위에 그리고 차가운 물속에 흩뿌리면서 말이다. 바이마르공화국에 의해 독일 경제가 호황을 이루었다면, 어쩌면 로자는 쉽게 망각되었을 것이다. 그러나 불행히도 바이마르공화국은 호황은커녕 점점 불황에 빠져들게 된다. 당연히 불황의 가장 큰 피해자는 공화국 정부도, 자본가계급도 아닌 노동자들일 수밖에 없었다. 수익이 떨어지면 자본가계급은 노동자들을 해고하거나 임금을 줄이면서 자신의 기득권을 유지하려고 할 테니 말이다. 당연히 죽은 로자가, 그녀의 붉은 정신이 다시 노동자들의 가슴에 붉게 불타오르려고 할 때, 기묘한 블록버스터급 영화가 1927년에 개봉된다. 프리츠 랑이 연출한 「메트로폴리스」다.

영화 속에서 프리츠 랑은 자막으로 여러 번 자신의 신념을 강조한다. "머리와 손의 중재자는 심장이어야 한다." 당시 상황을 아는 사람들이라면 여기서 머리는 자본가계급을, 손은 노동자계급을, 그리고 심장은 사회민주당 정부에 다름 아

「메트로폴리스」의 여주인공 마리아의 매혹적이고도 섬뜩한 이미지

니라는 것을 쉽게 짐작할 것이다. 영화를 보면 노동자계급은 지하 세계에 살고 있고, 자본가계급은 지상 세계에 살고 있다. 이 지하 세계에 속해 있던 마리아라는 여자는 언젠가 노동자계급과 자본가계급 사이를 사랑과 화해로 조화시킬 수 있는 중재자가 도래하리라고 설교하고 있다. 때마침 자본가계급의 수장 격인 프레데슨의 아들 프레더는 마리아에게 호감을 느끼고 있었고, 마리아 또한 프레더가 중재자라고 선포한다. 마리아와 프레더 사이의 관계를 알게 된 프레데슨은 로트방이라는 광기 어린 과학자에게 마리아와 닮은 사이보그를 만들어 노동자계급을 과격하게 만들고, 자본가계급을 향락에 빠뜨리려고 한다.

프레데슨의 전략은 성공한다. 사이보그 마리아의 선동에 넘어간 노동자계급이 기계를 부수며 자본가계급에 격렬히 저항하기 시작했기 때문이다. 불행히도 파업과 기계 파괴의 대가는 고스란히 노동자계급에게 넘어간다. 기계를 부순 결과, 지하 세계는 수몰되고 그곳에 살고 있는 노동자들의 자녀들이 죽을 위험에 처하기 때문이다. 자신들이 속은 것을 알게 된 노동자들은 사이보그 마리아를 잡아서 화형식을 거행한다. 이런 극심한 혼동이 지난 뒤 노동자 대표와 자본가 대표 프레데슨이 결국 마주하게 된다. 그러나 너무나 오랜 갈등과 대립 탓인지 그들은 화해하는 데 주저하게 된다. 이때 진짜 마리아가 등장해 프레더에게 두 사람을 화해시키는 중재자가 되라고 격려한다. 프레더의 도움으로 노동자 대표와 자본가 대표는 손을 잡으며 영화는 막을 내린다. 물론 "머리와 손의 중재자는 심장이어야 한다."라는 자막을 반복하면서 말이다.

「메트로폴리스」에서 중요한 건 프레더슨과 프레더 사이의 관계, 그리고 로트방과 사이보그 마리아 사이의 관계라고 할 수 있다. 먼저 자본가 대표인 프레더슨과 중재자인 프레더의 부자 관계에 주목해 보자. 이것은 사회민주당 정권이 혈연적으로 자본가계급에서 유래했음을 상징하는 것 아닌가. 심지어 이름마저도 유사하다. 다음으로 로트방과 사이보그 마리아의 관계다. 여기서 우리는 프리츠 랑이 로트방을 유대인이라고 암시한다는 사실에 주목할 필요가 있다. 영화에 등장하는 로트방의 집에는 유대인을 상징하는 다윗의 별이 그려져 있다. 사이보그 마리아는 로트방이 만든 피조물이니 굳이 인종을 구별하자면 사이보그 마리아도 유대인일 수밖에 없다. 그래서 우리는 로트방이 유대인 마르크스의 상징이라는 사실을, 그리고 사이보그 마리아는 유대인 로자 룩셈부르크라는 사실을 직감하게 된다.

영화를 보면 자본가계급과 노동자계급 사이의 갈등은 로트방과 사이보그 마리아의 죽음으로 해소된다. 평생 노동자계급을 위해 헌신했던 마르크스와 로자 룩셈부르크에 대한 조롱도 이 정도면 가학증의 극치라고 할 수 있지 아닐까? 이미 『고타 강령 비판』에서 마르크스는 사회민주주의가 결국 노동자 편이 아니라 자본가 편을 들 것이라고 비판했고, 로자 룩셈부르크도 1916년에 스파르타쿠스단을 만들어 사회민주주의와 맞서 싸우지 않았던가. 그래서 우리는 프리츠 랑과 그의 영화 「메트로폴리스」가 사회민주주의 이념을 거의 광신적으로 추종하고 있다는 것을 직감하게 된다. 더 잔혹한 건 프리츠 랑이 사이보그 마리아, 즉 로자 룩셈부르크를 화형에 처한다는 사실이다. 1919년에 개머리판에 맞아 강물에 던져졌던 로자 룩셈부르크가 이제는 뜨거운 불에 던져졌다. 프리츠 랑이 로자 룩셈부르크를 두 번 죽일 정도로 무서워했던 이유는 무엇일까? 사회민주주의자들이 노동자계급을 끝내 기만할 테지만, 붉은 로자 룩셈부르크야말로 노동자계급을 영원히 사랑하리라는 걸 직감했기 때문은 아닐지.

이상용

악몽을 영화로 만들다

표현주의 영화의 역사는 길지 않다. 영화를 향한 다양한 실험과 방식이 도입되던 시기인 1910년대와 1920년대, 대략 1919년에서 1927년까지 10년도 안 되는 수명이다. 표현주의 영화의 역사가 짧은 데는 나치를 중심으로 한 독일의 정치적 변화가 크게 작용하기는 했지만, 더 중요한 것은 표현주의가 개척한 영역이었다.

표현주의 영화의 관심은 같은 시기의 할리우드처럼 액션이나 코미디가 아니었다. 프랑스 무성영화처럼 시리즈물로 만들어지거나 인상주의를 따라가지도 않았다. 표현주의는 현실이 아니라 비현실, 의식이 아니라 무의식에 관심을 두었고 표현주의 영화에는 꿈, 기억, 악몽, 최면 등이 자연스럽게 등장하게 되었다. 영화의 역사는 표현주의에 이르러 악몽을 영화로 만들기 시작했다. 그것은 무르나우의 「노스페라투」처럼 흡혈귀를 불러들이고, 유대인의 오랜 신화인 「골렘」을 깨웠다. 이는 독일 내부에 있는 타자를 깨우는 동시에 타자를 향한 독일인의 공포감을 드러낸 것이었다. 표현주의 영화의 시대가 지나고 나치를 중심으로 한 독일 민족주의가 강성해지는 것은 이러한 대비 속에서 자연스럽게 연결된다. 표현주의가 그려 내는 공포의 대상은 독일인 내면에 숨겨진 공포를 표출했다.

이와는 다른 표현주의 영화도 있었다. 프리츠 랑은 독일 민족의 영웅을 그린 서사시적 영화 「니벨룽겐」 2부작(1924)을 선보였다. 오스트리아 출신의 프리츠 랑은 자연스럽게 타자화된 공포의 대상을 제압할 '지크프리트'라는 독일 민족의 영웅을 그린 영화를 선보이면서 표현주의 영화를 복잡하게 그려 내기 시작했다. 여기에는 「M」까지 함께한 아내이자 시나리오 작가인 테아 폰 하르보우의 영향력도 컸다. 1930년대에 하르보우는 유대계인 프리츠 랑과 이혼하고는 나치당에 입당한다. 프리츠 랑은 독일 영화 산업을 함께하자는 괴벨스의 제안을 뒤로한 채 프랑스를 거쳐 1936년에 미국으로 이주한다.

이 일화는 짧은 역사를 지닌 독일 표현주의 영화가 정치와 현실에 의해 얼마나 복잡한 내면을 지니게 되었는가를 짐작케 하는 서사다. 독일 표현주의 영화는 공포의 대상을 끊임없이 불러내는 동시에 그 대상을 제압할 영웅을 제시했고, 악마와 영웅 사이를 오가는 표현주의 영화들은 비판적으로 읽히기도 하고 보수적으로 읽히기도 한다. 무의식의 표현이란 그런 것이다. 우리는 여기에 대해 단일한 해답을 내리기는 어렵다. 다만 독일 영화사에서 표현주의 시대가 나치가 집권하기 직전에 펼쳐졌고, 따라서 당시 영화의 무의식들은 저마다 복잡한 양상을 띨 수밖에 없었다는 현실적 판단을 내릴 따름이다.

그 가운데 독일 표현주의 영화사상 최고의 제작비가 들어간 대작이자 표현주의 영화의 마지막 작품인 「메트로폴리스」는 어떤 프리즘을 들이대는가에 따라 다양하게 읽힐 수밖에 없는 작품이다. 공교롭게도 「메트로폴리스」는 미래를 취한다. 이전의 표현주의 영화들이 과거의 신화와 전설에 기반했다면, 이 작품은 가상의 미래 도시 메트로폴리스를 묘사하는 데 주력한다. 이 미래 도시는 쾌락과 풍요를 누리는 지상에 거주하는 지배계급과 지하에 거주하면서 분주하게 기계를 작동시키는 데만 여념이 없는 노동자계급으로 나뉘어 있다. 그들은 각각 플라톤의 『국가』에서 묘사되는 정치 체제를 따라 머리와 손으로 개념화된다.

메트로폴리스의 지배자는 은밀히 노동자들의 행적을 관찰한다. 그들이 반란을 일으킬 수 있기 때문이다. 한편 고단한 노동으로 피로한 날들을 보내는 노동자들은 그들에게 영적 위로를 안겨 주는 마리아와 함께 모임을 갖는다. 마리아는 머지않은 미래에 머리와 손을 연결해 줄 중재자(메시아)가 올 거라고 예언한다. 「메트로폴리스」가 노동자계급의 파업과 혁명을 다룬 영화라면 단순 명료했겠지만, 실상 중재자는 독재자의 아들 프레더로 설정되어 있다. 지상의 지복을 누리던 프레더는 우연히 보게 된 마리아와 사랑에 빠져 스스로 지하 세계로 내려가 노동자의 삶을 살면서 그들의 고통을 몸소 체험한다. 그리고 메트로폴리스의 혼란을 바로잡고 머리와 손을 이어 주는 심장(중재자)이 된다. 계급론에 대해 해박하지 않더라도, 프레더가 심장이 된다는 것은 지배계급의 변화된 형태라고 비판하기 쉬울 것이다. 왜냐하면 지상과 지하, 머리와 손으로 구별되는 계급 구조에는 근본적으로 변화한 것이 없기 때문이다. 「메트로폴리스」가 내놓은 해결책은 조금만 생각해 보면 허무맹랑하다. 프레더처럼 무능한 메시아도 없을 것이다. 그가 한 일이라고는 마리아를 쫓아다닌 것 말고는 없지 않은가?

이 영화의 보수적 성격은 다른 곳에서도 발견된다. 독재자 프레더슨이 지하 세계의 혼란을 획책하기 위해 찾아간 인물은 과학자 로트방이다. 독재자와 과학자는 헬이라는 여성을 두고 서로 싸우던 사이였다. 프레더슨은 로트방의 로봇 개발을 후원하는 대가로 인조인간을 이용해 지하 세계를 혼란에 빠뜨릴 것을 주문한다.

「메트로폴리스」에서 주인공만큼이나 주요한 역할을 맡는 캐릭터, 과학자 로트방

로트방은 헬을 빼앗아 간 프레더슨을 향한 복수심을 감춘 채 메트로폴리스 전체를 혼란에 빠뜨릴 계획을 세운다. 바로 이 로트방이 문제를 복잡하게 만든다. 로트방의 집 앞에 새겨진 오각형의 표시나 마리아 로봇을 완성할 때 나타나는 오각형의 별은 바로 유대인의 상징인 '유대의 별'이기 때문이다. 19세기 말부터 유럽 곳곳에서 반유대주의가 창궐하기 시작했고, 「메트로폴리스」는 미치광이 과학자 로트방을 통해 자연스럽게 반유대주의의 감정을 부추긴다. 나치가 정책적으로 내세운 반

유대주의를 표현주의 영화의 마지막 걸작에서 만난다는 것은 누가 뭐래도 씁쓸하다.

프리츠 랑은 훗날 인터뷰를 통해 「메트로폴리스」가 권위주의에 반대하는 영화라고 밝혔다. 권위주의에 대한 도전은 프리츠 랑처럼 미국으로 건너갔던 프랑크푸르트학파의 주요한 연구 과제이기도 했다. 하지만 나치는 이 영화를 좋아했다고 한다. 이 기묘한 착종(錯綜)은 권위주의에 대한 도전이 새로운 권위주의의 탄생을 가능케 한 것은 아닌가 고민하게 한다. 표면적으로 「메트로폴리스」는 독재와 지배에 대한 후대(아들)의 반격을 다루고 있다. 그러나 홍수로 인해 도시에서 일어나는 혼란은 노동자들에게만 해당하는 공포였고, 지배자와 피지배자 간의 갈등은 손쉽게 마무리된다. 권위주의에 도전하기 위해서였다면 중재자 프레더가 노동자의 옷으로 갈아입는 것만으로는 부족하다. 프레더는 진짜 노동자가 되어야 했다. 마리아 역시 마찬가지다. 평화주의자인 마리아는 로트방의 실험에 의해 나쁜 마리아(로봇)로 재탄생한다. 하지만 이것을 단순히 로봇으로 변신했다고 여길 수만은 없는 문제다. 노동자들을 모아 놓고 그녀가 전하는 메시지 속에는 메트로폴리스의 사회 구조를 뒤흔들어야 한다는 당위성이 포함되어 있다. 그런 점에서 나쁜 마리아는 로봇이 아니라 '행동하는 마리아', '실천하는 마리아'라고 불러야 한다. 그것이 가능해질 때 이 영화의 전복적인 성격이 강해진다.

유대인 로트방은 이후 영화사에서 나쁜 과학자의 전형이 된다. 로트방의 기계손은 「프랑켄슈타인의 신부」(1935)에서부터 스탠리 큐브릭의 「닥터 스트레인지러브(Dr. Strangelove)」(1964)에 이르기까지 괴짜와 악마를 상상하는 이미지로 활용되었다. 물론 귀여운 사례도 있다. 팀 버튼 감독의 「가위손(Edward Scissorhands)」(1991)에서 에드워드는 과거의 사랑을 잊지 못하는 로트방이라고 할 수 있다.

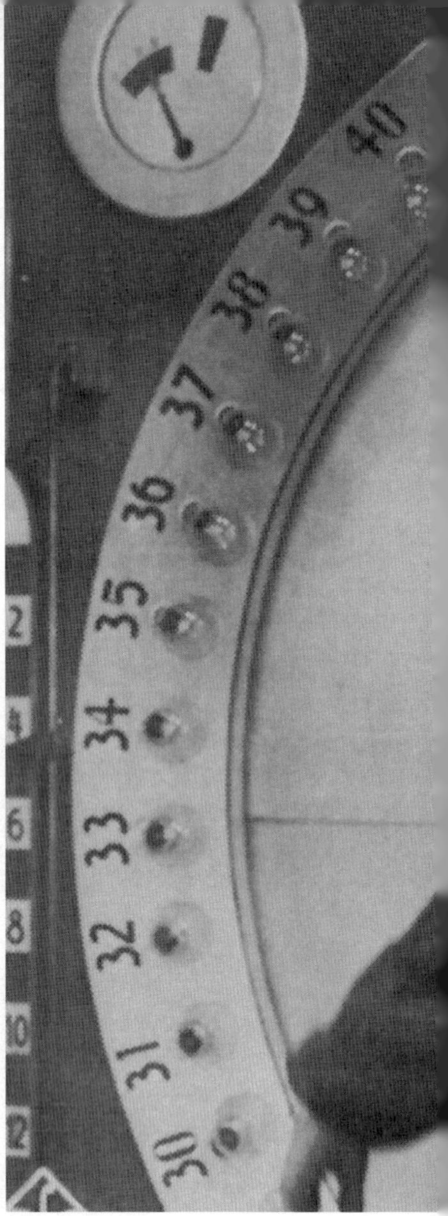

오늘날 표현주의 영화가 우리에게 분명하게 보여 주는 바는 영화는 한 사회의 집단 무의식이라는 점이다. 수많은 사람의 열광 이면에는 단순한 오락적 효과를 넘어서 사회적 현상으로 불릴 만한 것이 있다는 사실을 보여 준다. 독일 표현주의 영화에 등장하는 살인마, 범죄자, 괴물, 파업 등이 곧 도래할 독일 사회의 모습을 보여 주었다는 지크프리트 크라카워의 분석을 따르지 않더라도 오늘날 할리우드에서 끊임없이 만들어지는 '히어로' 영화는 현대인들이 어떤 영웅을 요청하고 있는가를 말해 준다. 이 시대의 새로운 통치자는 최소한 아이언맨의 갑옷으로 무장하거나(테크놀로지에 능숙하거나), X맨이나 어벤저스처럼 히어로 연합체(오늘날 뜻이 맞는 국가의 통치자들끼리 연합 전선을 펼치는 것은 상식적이다.)를 이루어야 할 것이다. 이러한 맥락에서 표현주의 영화의 진정한 후손은 새로운 집단 무의식을 이끌어 내는 또 다른 히어로물이다.

표현주의는 보다 직접적으로 미국 영화에 영향을 미쳤다. 독일에서 미국으로 건너간 무르나우나 프리츠 랑에 의해 표현주의적 영화들이 할리우드에서 많이 제작되면서 필름 누아르라 불리는 독특한 장르가 형성되었다. 도시의 범죄와 탐정을 중심으로 한 영웅담을 그렸던 필름 누아르는 이름 그대로 '검은 영화'로 불리며 도시의 밤거리를 무대로 삼았다. 「메트로폴리스」가 미래 도시에서 일어나는 암울한 상황을 다루고 있었다면, 필름 누아르는 현재의 도시를 무대 삼아 총격전과 갈등을 펼친다. 그것은 미국에서 펼쳐진 좀 더 현실화된 이야기인 동시에 여전히 어두운 현실을 도시의 밤이라는 특정 공간에 제약하려는

「메트로폴리스」에서 시대 및 계급의 중재자로 등장하는 프레더슨

영화 전략이기도 했다. 빛과 그림자를 중심으로 직조되는 필름 누아르는 할리우드의 장르 영화 중 가장 독특한 사례를 이루며, 당대의 현실을 둘러싼 미국 사회의 무의식을 들여다보게 해 준다. 표현주의 영화의 의미가 바로 여기에 있다. 수명은 길지 않았지만 필름 누아르를 비롯하여 공포 영화와 범죄 영화를 경유하면서 우리가 두려워하는 것들을 마주하는 검은 거울의 탄생을 개척했다. 이후 공포, 범죄, 미래, 신화, 환상의 이름으로 영화는 마음껏 표현을 하기 시작했다.

「메트로폴리스」의 수혜자는 독일이나 유럽이 아니라 할리우드였다. 독일 표현주의 영화를 이끈 수많은 영화인이 나치의 집권과 함께 미국으로 이주와 망명을 선택했다. 이들의 스타일을 이루는 어두운 배경과 무의식적 공포는 갱스터와 탐정물이 주류를 이루는 필름 누아르 영화에 스며들기 시작했다. 프리츠 랑의 경우 「빅 히트」를 비롯하여 직접 여러 편의 필름 누아르를 만들기도 했다.
'검은 영화' 필름 누아르는 뚜렷한 주제보다는 스타일 면에서 도드라졌다. 어두운 배경과 강렬한 조명의 사용은 큰 인기를 누린 장르로 발전하지는 못했지만, 미국 사회의 집단 무의식을 드러내면서 현재까지도 그 명성을 이어 가고 있다.
표현주의가 건드린 다양한 괴물 역시 할리우드에서 새로운 명성으로 재탄생했다. 흡혈귀, 로봇, 연쇄살인마 등은 할리우드의 하위 장르 영화의 원동력이 되었다. 공포, 범죄, SF 등의 영화가 표현주의 스타일과 접목되면서 한층 업그레이드되어 대중의 꿈자리를 사납게 만들었다. 마음속에 있던 억압된 괴물을 영화관에서 만나는 행위는 관객에게 기묘한 카타르시스를 안겨 주었다.

CHARLIE CHAPLIN
IN
MODERN TIMES

Written and Directed
by
CHARLIE CHAPLIN

5강 자본주의의 희비극

모던 타임즈

찰리 채플린

시놉시스

"걱정 마. 다 잘될 거야!"

—등장인물 찰리의 대사

모던 타임즈 Modern Times, 1936

미국 | 87분 | 찰리 채플린

1930년대에는 유난히 검은 날이 많았다. 지난 10년 동안 연일 벌어진 화려한 밤들이 하얗게 타 버리고 나니, 연회장을 채우고 있던 사람들의 두꺼운 눈 화장이 눈물을 타고 검게 흘러내리기 시작했다. 술잔은 말라비틀어지고, 샹들리에의 불도 꺼졌다. 이제 남은 것은 무섭도록 목구멍을 조여 오는 구체적인 가난과 일분일초도 안도할 수 없는 위기감뿐이다. 이런 시대에 막연한 미래를 꿈꾸는 일 따윈 사치다. 그저 오늘 하루를 버티기 위해, 당장 먹어 치울 수 있는 빵 한 조각을 얻기 위해 끊임없이 일하고 또 일하고 온종일 일하지 않으면 버틸 수 없다. 아침에 자명종이 울리면 반사적으로 일어나, 회사로 출근해서는 노상 굴러가는 기계 앞에 서서 기꺼이 중노동을 해야만 한다. 무엇을 선택하든 고통뿐인 시대에 인간은 소모품으로 살지언정 어느 공장에든 속해 있어야 했다. 살기 위해 호흡해야 하는 것처럼.

찰리는 '나사 조이는 업무'를 맡은 평범한 공장 노동자다. 풍족한 삶이라곤 할 수는 없지만, 이 어려운 시대에 한자리 차지하고 있으니 그래도 운 좋은 편이다. 찰리는 출근하여 퇴근할 때까지, 같은 자리에 서서 오로지 나사 조이는 일만을 온종일 반복한다. 그가 한눈이라도 파는 날에는 공정 전체가 엉망이 되기 때문에, 불가피한 경우를 제외하고는 항시 제자리에 꼭 붙어 제 몫을 해야 한다. 한편 공장 사장은 어려운 시대를 핑계로 어찌하면 노동자들을 더 완벽하게 부려먹을 수 있을지 고민에 빠진다. 사장 입장에서는 노동자들이 담배를 피우는 시간, 화장실에 다녀오는 시간조차 아깝기 때문이다. 하물며 점심시간조차 생산성 측면에서 보자면 굉장히 치명적이다. 결국 찰리는 '노동자가 점심을 먹으면서도 일할 수 있도록 돕는' 새로운 기계의 실험용 모르모트가 된다.

이런 와중에도 찰리의 머릿속은 온통 나사 조이는 일로 가득하다. 급기야 그는 기계의 일부가 되어 부품처럼 나뒹군다. '조여야 한다, 조여야 한다.'라는 강박을 도저히 떨칠 수 없다. 찰리는 동료의 단추를 조이고, 여직원의 엉덩이를 조이고, 사장의 코까지 쥐어짜고 만다. 결국 그는 매 순간 나사를 조이는 최고의 직원이 되었음에도 미쳤다는 판정을 받고 정신병원 신세를 지게 된다.

"이제부터 안정을 취하세요." 찰리는 곧 퇴원한다. 하지만 의사의 당부대로 침착하게 살 수 없는 게 요즘 시대(모던 타임즈) 아닌가? 그는 길거리에 나서자마자, 이제부터 무슨 일을 하며 먹고살아야 할지 고민이다. '안정을 취하라고, 이런 시대에? 어떻게!' 찰리는 길거리를 터벅터벅 걷다가 어떤 차가 흘리고 간 깃발 하나를 줍는다. 그는 그것을 주인에게 돌려주고자 차를 뒤쫓는데, 그러다 우연찮게 '노동운동' 행렬에 뒤섞이고 만다. 결국 폭도로 오인받은 찰리는 감옥으로 붙잡혀 간다. 하지만 그는 차라리 잘됐다고 생각한다. 왜냐고 묻는다면, 적어도 이곳은 잠자리도 마련해 주고, 심지어 세 끼까지 꼬박 챙겨 주니 말이다. 찰리는 주변 죄수들과 티격태격하면서도 잘 적응하는 듯싶었는데, 느닷없이 원치 않은 행운의 주인공이 된다. 의도하지 않은 기회로 탈옥수를 제압해 일약 모범 죄수로 선정되고, 곧 감형을 받게 된 것이다. '다시 또 길거리로 내몰리다니!'

한편 한 소녀가 있다. 그녀는 가족을 먹여 살리기 위해 바나나를 훔치거나 잽싸게 장바구니를 가로채기도 한다. 아무래도 어린 소녀로서는 가장 노릇이 아직 벅차기만 하다. 하지만 가족을 위해서라면 이런 몹쓸 짓이라도 해야 하는 것이다. 그녀가 받은 교육이라고는, 지독하게 궁핍한 시대가 강요한 부도덕뿐이다. 급기야 불의의 사고로 아버지까지 잃게 된 소녀는, 고아원에 들어가는 일을 피하기 위해 더욱 대담하게 도둑질을 한다. 하지만 얼마 안 되어 소녀는 경찰에게 체포되고 만다. 때마침 그 현장을 지나던 찰리는, 어린 소녀를 돕고자 하는 마음에서, 아니 안락한 감옥으로 되돌아가려는 심보에서 "내가 도둑질을 했다."라며 허위 자백을 한다. 그러나 절도 피해자에 의해 소녀가 진범으로 지명되고, 찰리는 풀려난다. 그는 안도하기는커녕 반드시 감옥에 들어가겠다는 일념으로, 무전취식을 하고 값비싼 시가를 빈털터리로 대놓고 피우다가 끝내 경찰서로 연행된다. 그런데 무슨 인연인지, 찰리는 경찰차에서 좀 전에 마주친 도둑 소녀와 재회한다. 그때 난데없이 차량이 전복되고, 그 두 사람은 충동적으로 도주한다. 둘 사이에 묘한 기류가 흐르기 시작한다.

의지가지없는 두 남녀가 만나 사랑에 빠지는 데는 그리 긴 시간이 필요하지 않다. 찰리와 소녀는 도주하는 와중에도 서로에게 금세 호감을 느낀다. 그러다 그들은 어느 중산층 가정집 앞에 주저앉아 잠시 숨을 돌린다. "우리가 저런 아담한 집에서 알콩달콩 생활하는 걸 상상할 수 있겠어?" 이내 찰리는 소녀와 함께 달콤한 환상에 젖어 든다. 찰리는 근사한 근무복을 차려입은 자신과 화사한 앞치마를 두른 소녀의 모습을 머릿속에 그려 본다. 집은 솜사탕처럼 안락하고 나무에는 과일이 흐드러지게 열려 있다. 프라이팬에서는 두툼한 고기가 지글대고 식탁 위엔 갓 짜낸 신선한 우유가 가득하다. 그러나 실제 두 사람이 손에 쥘 수 있는 건 잔디뿐이다. 지극히 소박한 소망인데도, 환상소설처럼 허황된 꿈처럼 느껴진다. 하지만 이 순간을 계기로 이제껏 하루하루 사는 데 급급하기만 했던 두 남녀는, 비로소 미래를 내다보며 제대로 된 삶을 살기로 결심한다.

먼저 찰리는 고급 백화점의 경비로 취직하는데, 밤이 어둑해지면 소녀를 불러 호사스러운(전부 제 것은 아니지만) 생활을 만끽하게 해 준다. 두 사람은 폐점한 백화점 완구 매장에서 롤러스케이트를 몰래 꺼내 타며 아슬아슬한 놀이를 즐긴다. 그 후 소녀는 마치 할리우드의 여배우라도 된 양 밍크코트를 걸치고 비단 이불에 몸을 누인다. 그런데 달콤한 시간은 그리 오래가지 못한다. 찰리는 갑자기 들이닥친 강도들과 좌충우돌 대치하다가, 결국 백화점에 진열된 와인을 퍼 마시고 고주망태가 되어 버린다. 당연히 백화점 측은 그를 해고한다. 그러나 고작 이런 일로 좌절할 수는 없는 일이다. 이 두 사람에게는 어엿한 장밋빛 미래가 있으니까. 다 쓰러져 가는 낡아 빠진 오두막에서도 마냥 행복하기만 했던 찰리와 소녀는, 며칠 허송세월하다가 끝끝내 먹고사는 일로 고민하게 된다. 찰리는 "걱정 마, 다시 공장에 다니면 되니까!"라고 호언장담하지만, 역시 공장 일은 시원찮다. 아니나 다를까, 그는 또 사고만 잔뜩 치고 결국 철창신세를 지게 된다. 한편 소녀는 자신의 미모와 재능을 활용해 카바레의 인기 가수로 성장한다.

그녀는 찰리에게, 정 마땅한 일이 없으면 자신이 공연하는 카바레의 웨이터로 취직하라고 권유한다. 찰리로서는 흔쾌히 수락할 만한 제안이다. '내 사랑과 함께 일할 수 있다니!' 두 사람은 별 무리 없이 같은 카바레의 여가수와 웨이터로서 생활을 이어 간다. 그러나 찰리는 여기에서도 사고뭉치다. 쟁반을 엎지르는 것은 기본이고, 막간극의 가수로 무대에 올라서서는 가사를 몽땅 까먹어 애먹인다. 물론 임기응변으로 엉뚱하고도 멋진 무대를 선보이기는 하지만 말이다. 마침내 소녀가 무대에 서자, 카바레는 점차 달아오른다. 그런데 이게 무슨 기막힌 운명의 장난인가? 과거에 소녀와 찰리를 검거했다가 놓친 경찰들이, 무대에 오른 이 두 사람의 정체를 알아본 것이다. 경찰은 이들을 붙잡으러 분장실로 쳐들어오지만, 이렇게 무너질 찰리와 소녀가 아니다. 두 남녀는 당혹스러운 상황에서도 기지를 발휘해, 또다시 도주에 성공한다. 다시금 무일푼의 방랑자 신세가 된 것은 물론이다. 소녀는 절망한 나머지, "이런 삶이 다 무슨 소용이냐고!" 한탄한다. 그러나 찰리는 고개를 가로저으며 의연하게 외친다. "힘내, 다 잘될 테니까!" 하늘이 무너져도 솟아날 구멍은 있다. 내 곁에 사랑하는 상대가 있고, 그 사람과 함께 미래를 꿈꿀 수 있다면 말이다. 두 사람은 어느 곳을 향해, 그리고 어디까지 뻗어 있는 길인지 알 수 없는 황망한 벌판을 따라 아주 사뿐하게 걸어 나간다. 그래, 꿈꿀 수 있는 한 우리는 살아 있다. 찰리의 뒷모습은 '이런 시대(모던 타임즈)'조차 웃어 넘길 수 있을 정도로 경쾌하고 용감하다.

찰리 채플린

Charlie Chaplin(Charles Spencer Chaplin), 1889-1977

"인생은 클로즈업하면 비극이지만 롱 숏으로 보면 희극이다."

채플린의 희극 인생은 1908년 프레드 카노(1866-1941)의 '무성 희극배우단'과 계약을 하면서 시작된다. 카노는 당시 최고의 흥행주로서 다양한 희극 공연으로 인기를 이끈 장본인이다. 1910년 채플린은 이미 극단의 주역이 되었고, 그해 가을 미국 순회공연을 떠나는 주인공으로 발탁된다. 1912년 미국 순회공연 중 채플린에게는 할리우드 스타가 될 기회가 찾아온다. 그의 탁월한 연기력이 키스톤 영화사의 맥 시네트(1880-1960)의 눈에 띄었던 것이다. 채플린은 키스톤에서 출연 계약을 맺고, 이듬해 12월부터 주급 150달러를 받는다. 이제 그는 어떤 캐릭터를 만들어 낼지 고민했다. 채플린은 분장실로 가는 도중에 헐렁한 바지와 커다란 구두, 지팡이에 중산모를 생각해 냈다. 채플린은 자신의 캐릭터를 맥 시네트에게 이렇게 설명했다고 한다. "정말 다재다능한 사람입니다. 뜨내기이면서 신사이자 시인이고 몽상가인가 하면 외톨이기도 하죠. 항상 로맨스와 모험을 꿈꿉니다. 그리고 남이 자신을 과학자, 음악가, 공작, 폴로 선수로 알아 주었으면 하지요."

1919년은 채플린에게는 물론이고 영화 역사상 중요한 해다. 당대의 스타 배우

메리 픽퍼드(1892-1979)와 더글러스 페어뱅크스(1883-1939), 감독 D. W. 그리피스(1875-1948) 등과 함께 유나이티드아티스트 영화사를 만든 것이다. 이유는 간단했다. 독점적인 영화 유통 체계를 거부하면서 스스로 자신들의 작품을 배급하겠다는 포부였다. 1923년 「파리의 여인(A Woman of Paris)」(1923)을 시작으로 「황금광 시대(The Gold Rush)」(1925), 「서커스(The Circus)」(1928), 「시티 라이트(City Lights)」(1931), 「모던 타임즈」, 「위대한 독재자(The Great Dictator)」(1940)로 이어지는 행보를 통해 채플린은 최고 전성기를 구가한다. 그사이 채플린은 네 번 결혼한다. 자신의 영화에서 주연을 맡았던 밀드레드 해리스(1901-1944)와 1918년에, 리타 그레이(1908-1995)와 1924년에, 폴레트 고다드(1910-1990)와 1936년에 결혼했으나 모두 오래가지 못했다. 마지막으로 1943년 극작가 유진 오닐의 딸 우나 오닐(1925-1991)과 결혼하여 여생을 함께한다.

1940년대는 채플린 인생에서 가장 복잡한 시기였다. 그의 인생에 최초로 시도한 유성영화 「위대한 독재자」를 위해 이전의 촬영 방식을 전면적으로 수정해야 했다. 이 작품은 히틀러에 대한 풍자인 동시에 미국 고립주의 노선에 대한 비판이기도 했다. 그는 거리낌 없는 진보적 발언으로 보수 진영을 건드렸다.

매카시즘의 광풍 속에서 분장을 지우고 맨얼굴로 연기한 「살인광 시대(Monsieur Verdoux)」(1947)의 상영이 금지 처분을 받자 채플린은 런던으로 돌아가기로 결심하고는 1952년 9월 17일 퀸엘리자베스호에 몸을 싣는다. 이듬해 4월, 채플린은 자신의 미국 귀국 허가증을 반납하며 다음과 같이 밝혔다. "나는 반동주의자들의 간악한 선동과 모략의 희생자다. 그들은 자신의 영향력과 고자질을 일삼는 언론의 지지를 기반으로 자유로운 정신의 소유자들이 지탄과 박해를 받는 병적인 사회 분위기를 조성했다. 이러한 환경에서 내가 영화 제작을 계속한다는 것을 불가능하다. 그런 이유로 나는 미국 거주를 단념했다."

이후 1972년 아카데미 평생 공로상과 함께 미국의 화해 분위기에 맞춰 잠깐 방문한 것을 제외하면 채플린은 대부분의 인생을 유럽에서 보냈다. 「뉴욕의 왕(A King in New York)」(1957)은 매카시즘을 향한 채플린의 직격탄이었고, 마지막 영화인 「홍콩으로부터 온 백작 부인(A Countess from Hong Kong)」(1975)은 평범한 코미디 영화였다. 1977년 12월 25일, 찰리 채플린은 스위스 자택에서 세상을 떠난다. 세상에 올 때는 가난한 사람들 사이에서 태어났지만 코미디의 왕으로 등극해 크리스마스에 떠난 셈이다.

떠돌이 찰리, 코미디 풍자의 절정

채플린을 만난다. 떠돌이 찰리를 만난다. 유성영화 시대에도 여전히 무성영화를 만들었던, 몸짓을 사랑했던 감독이자 배우를 만난다. 그의 영화는 떠돌이라는 캐릭터 하나만으로도 강렬한 인상을 남겼다. 그리고 더 멀리 나갔다. 그의 영화는 산업주의 시대를 비웃고, 독재자를 비웃고, 살인광 시대를 비웃는다. 예술을 사랑하고, 노래를 사랑하며, 낭만적인 사랑을 예찬한다. 희극과 비극이 이처럼 절묘하게 조화를 이루는 세계가 또 어디 있을까? 인간과 기계가 여유롭게 대비되는 영화가 또 어디 있을까? 채플린은 영화 그 자체였고, 「모던 타임즈」는 코미디만이 할 수 있는 풍자의 절정이었다. 그 모든 것이 채플린 한 사람의 힘으로 가능했다는 것, 그건 영화사의 기적이었다.

희극배우의 전혀 희극적이지 않은 삶

이 무성영화 시절의 코미디 배우들은 천재성이 돋보입니다. 감독, 시나리오, 주연 모두를 소화했죠. 채플린도 예외는 아니었어요. 채플린의 인기 요인은 키튼과는 다른 특별함 때문이었습니다. 채플린의 영화는 시추에이션과 소비성이 강한 개그에 집중했던 대부분의 코미디 영화와는 달랐죠. 채플린의 저변은 비극적 정서, 시대적 상황을 영화에 담는 데 있었습니다. 그의 성장 과정 때문인지도 모르겠어요. 채플린의 어머니는 정신병원에서 치료받고 있었고 아버지는 알코올의존증 환자였기에 채플린은 형 시드니와 함께 보호시설에서 자랐죠. 배우 출신이었던 부모의 피를 물려받았기 때문인지 채플린은 이른 나이에 무대에 데뷔합니다. 유명 배우가 된 뒤에도 인생의 악전고투는 계속되지요.

한편 채플린에게는 네 명의 부인이 있었어요. 여성 편력이 심했다고 볼 수도 있고, 사랑에 잘 빠지는 사람이었다고도 말할 수 있겠죠. 어쩌면 그에게는 모성에 대한 그리움과 충족되지 않는 갈증이 있었던 것 같습니다. 「위대한 독재자」에도 채플린의 부인 폴레트 고다드가 출연하는데 큰 역할이 주어지지 않아요. 여성은 그저 예쁜 배경에 불과하죠. 여성을 깊고 세밀하게 표현하는 데 자신이 없는 남성 예술가의 공포도 엿보입니다. 그뿐 아니라 찰리 채플린은 각종 불미스러운 스캔들과 매카시즘 광풍 속에서 모진 세월을 보내야 했습니다. 그의 명성에 비하면 쓸쓸한 말년이었죠. 이런 자신의 삶을 반영해서일까요? 그의 영화는 단순하지 않았어요. 코미디라는 장르를 통해 사회적 문제의식을 과감히 드러낸 건 채플린의 업적입니다. 희극에서 금기시되던 모든 것을 다뤄서 코미디를 한 단계 업그레이드했고, 대사 없이 몸짓만으로 사랑·분노·아이러니·광기 등 다양한 감정의 연기를 보여 주었습니다. 채플린에게는 버스터 키튼에게는 없던 슬픔, 짙은 페이소스가 있었습니다.

강 최초의 유성영화 「재즈 싱어(The Jazz Singer)」(1927) 이후 10년이 지날 때까지 채플린이 무성영화를 집요하게 고민했던 이유는 뭘까 생각해 봅니다. 행동의 세계는 기묘합니다. 누군가를 사랑할 때 우리는 행동을 보여야 합니다. 말이 개입되면(이것은 철학적인 문제인데) 진실이 아니어도 괜찮은 세계가 펼쳐집니다. 말로는 거짓말이 가능하니까요. 언어가 지닌 사기의 특징이라고 말할 수 있습니다. 채플린의 영화에는 이 사기의 가능성이 근절됩니다. 가령 아주 지능적인 외국 사기범이 한국에 와도 한국어를 모르면 사기 치기 힘들겠죠. 사기는 철저히 언어에 기반합니다. 여기서의 사기란 인간의 가장 원초적인 욕망인 허영심과 동의어입니다.

여주인공이 연인에게 던지던 대사 기억나세요? "가사는 신경 쓰지 말아요. 노래에 집중해요." 이건 채플린이 하고 싶었던 말 아니었을까요? 대사가 없어도 두 사람이 사랑한다는 건 쉽게 알 수 있잖아요. 언어가 본질적으로 사기라는 것을 다시 한번 깨닫게 해 주는 영화였던 것 같네요. "내가 입이 없는 게 아니야. 우리의 말은 가짜 이탈리아 말처럼 헛소리야." 이게 채플린의 메시지죠. 그는 몸짓만으로 진실을 담아내려고 했던 겁니다. 몸짓만으로 표현된 채플린의 고전 영화가 많은 대사와 복잡한 복선을 지닌 현대 영화들보다 더 섬세한 정서를 잡아낸 게 아닐까 생각합니다.

'불완전하기에 위대한' 인간을 찬양하라

이 코미디 영화를 보게 되었는데요. 「모던 타임즈」의 찰리는 공장에서 끊임없이 사고를 칩니다. 그런데 그게 매력적이에요. 에드가 모랭은 이를 두고 홀림, 실수하는 인간[850쪽 키워드 참고]이라고 합니다. 프랑스 사회학자 에드가 모랭(1921-)이 쓴 『영화적 인간』에 실린 다음 문장은 「모던 타임즈」를 아주 잘 설명합니다. "희극의 주인공은 충동에 따라 움직이며 몽유병자처럼 행동한다. 키튼의 얼굴, 채플린의 자동인형적인 걸음걸이는 거의 최면술에 걸린 것 같은 '홀림'을 나타낸다. 이 홀림은 그들로 하여금 있을 수 있는 모든 실수를 하게 하지만, 또한 그들을 최종적인 승리에 이르게 할 수도 있다. 그래서 실수 그 자체에 의해 코미디의 주인공은 적을 이길 수도 있고 심지어 사랑하는 여자를 유혹할 수도 있다."

「모던 타임즈」의 주인공은 '실수하는 인간'이에요. 영화에서 채플린은 실수를 연발하지만 기계는 실수하지 않죠. 대신 기계는 고장이 나죠. 하지만 인간은 실수합니다. 어쩌면 실수야말로 인간 존재의 특성을 대변하는 말이라고 할 수 있어요. 고장 난 기계는 모든 것을 위협하고 망쳐버리지요. 영화 속에 등장하는 식사 기계의 고장을 보세요. 찰리를 거의 죽일 뻔하잖아요. 그러나 인간의 실수는 새로운 수정 가능성과 변화를 예고하게 됩니다. "그래, 한번 다시 해 볼 수 있지 않겠어?"라는 이 영화의 마지막 대사처럼, 시행착오를 거쳐 만회합니다. 끊임없는 실수라는 건 인간의 존재 증명인지도 몰라요. 실수를 함으로써 인생은 다채로워지고 인간을 다른 방향으로 인도하니까요.

강 인간의 행동은 기본적으로 예측 불가능하며 합리적이지 않다는 명제(20세기의 도구적 이성 비판)가 채플린 영화에 깔려 있습니다. 기계 혹은 기계적 인간이라면 '인풋-아웃풋-인풋-아웃풋'의 논리를 따를 겁니다. 공부를 하면 학점이 잘 나오고, 일을 하면 열심히 승진을 한다는 식이죠. 우리는 너무 많은 지배 아래 있어요. 삶의 주인이 되지 못해요. 채플린처럼 살지 못하는 거예요. '수단-목적-수단-목적'의 고리에서 벗어나

야 해요. 기계적·도구적·합리적 삶은 한번 고장 나면 회복되기 어렵습니다. 반대로 실수와 틈은 가능성의 실마리를 낳습니다. 채플린이 이 영화에서 실수하지 않았다면 여자를 만나지 못했을 거예요. '고장'과 '실수'라는 개념 참 재밌어요. 실수는 긍정할 만한 삶의 재료예요.

이 그렇죠. 도구적 이성, 도구적 합리성으로서의 '규제하는 공간'은 「모던 타임즈」에 잘 구현되어 있습니다. 근대적 체계가 만들어 낸 공간인 감옥, 백화점, 공장, 정신병원 들을 주목해 보세요. 이 주제에 대해서는 푸코의 『감옥의 탄생』을 읽으면 좋습니다. 인간성을 유지하기 위해 만든 공간이 오히려 인간성을 파괴하는 현실이니 근대적 공간의 모순입니다. 이반 일리치(1926-2002)의 가장 유명한 말 "학교가 교육을 파괴하고 병원이 병을 만들며 공장이 생산을 저지한다."라는 것처럼요. 「우아한 거짓말」(2013)을 보면 알겠지만, 학교라는 현장 자체가 교육의 가치를 파괴하는 장소일수도 있습니다.

잔혹한 자본주의사회에서 유토피아를 꿈꾸는 방법

이 이 영화에는 현실의 고통이나 파괴와 상반되는 장면도 있어요. 그런데 흥미로운 것은 유토피아적 공간은 오로지 꿈속에서만 가능합니다. 「모던 타임즈」에서 꿈을 꾸는 유일한 장면이 등장합니다. 작은 테라스가 있는 집에 남녀 주인공이 있지요. 소가 등장해 바로 신선한 우유를 담아내고, 테라스에서 과일을 따먹습니다. 두 주인공이 중산층 가정을 보며 꾸는 꿈은 모든 것이 하나의 공동체 안에서 가능한 밝은 미래를 그립니다. 이는 당시 생시몽(1760-1825), 푸리에(1772-1837) 등의 공상적 마르크스주의자들의 꿈을 대변한 것이기도 합니다. 그러나 꿈에서 깨면 현실은 각박할 뿐이죠.

찰리 채플린, 「모던 타임즈」

"프로이트의 말처럼 꿈은 억압된 소망의 표현입니다. 평소 검열되어 있던 것들이 극화되어 꿈에 나타나는 거죠. 우리는 꿈을 꾸면서 일시적으로나마 억압된 욕망을 해소합니다. 자본주의사회와 기계화된 시대에서 꿀 수 있는 꿈이 바로 채플린의 꿈이었습니다."

강 프로이트 말처럼 꿈은 억압된 소망의 표현입니다. 평소 검열되어 있던 것들이 극화(Dramatization)되어 꿈에 나타나는 거죠. 우리는 꿈을 꾸면서 일시적이나마 억압된 욕망을 해소합니다. 자본주의사회와 기계화된 시대에만 꿀 수 있는 꿈이 앞서 이상용 선생님이 설명한 채플린의 꿈입니다. 휴식의 공간으로 꿈꿔지는 교외는 사실 벌레 많고 불편한 곳이죠. 철저한 도시인이었던 채플린의 유토피아가 자연으로 욕망화된 것입니다. 소가 직접 자기 젖을 짜고는 뚜벅뚜벅 돌아간다니, 말도 안 되는 소리죠. 이 유토피아적 세계는 기계문명을 매개해 채플린이 만든 허상에 불과합니다. 이 선생님이 언급하셨던 공상적 사회주의라는 말이 딱 맞는 것 같네요. 과연 인간이 기계를 버리고 자연으로 돌아갈 수 있을까요? 저는 불가능하리라 봅니다.

이 당시의 산업사회란 표준화된 기계 시스템(컨베이어 벨트 같은)이었다면, 이를 상상력으로 뒤집어 본 결과가 채플린의 꿈입니다. 언뜻 보면 떠돌이 찰리라는 캐릭터는 이 사회로부터 벗어난 존재로 보입니다. 하지만 그가 꾼 꿈 자체도 도구화의 결과에 지나지 않죠. 자기 식대로 자연을 이용할 수 있다는 것도 하나의 판타지인 셈이에요. 어쩌면 바로 여기에 떠돌이 찰리가 풍기는 페이소스가 자리 잡고 있는지도 모르겠습니다.

매카시즘의 광풍 속 거장의 운명

강 엔딩 후 "전미 비평가 위원회를 통과했다.(Passed by the National Board of Review)"라는 자막이 나오는데 1930년대에도 검열이 있었나 봅니다. 굉장히 노골적으로 저 문장이 나와서 깜짝 놀랐어요. 매카시즘 때문에 미국을 떠나야만 했던 채플린의 운명을 암시하는 것처럼 느껴져서요.

이 할리우드 영화에서 검열이라는 것은 당대 사회의 여러 가지 측면을 드러낸다고 할 수 있어요. 채플린과 같은 유명한 스타이자 감독도 검열을 피해 갈 수는 없었죠.

이걸 생각해 볼까요. 석양을 향해 두 사람이 걸어가는 엔딩 장면에서 찰리가 뱉은 대사 말이에요. "걱정하지 마. 다 잘될 거야." 하지만 힘든 상황 속에서 행복해지긴 힘들어 보이죠. 채플린의 모토라고 할 수도 있을 것 같아요. '잘되겠지. 잘될 거야.'라는 믿음이요.

그러나 채플린의 삶은 호락호락하지 않아요. 그는 2차 세계대전 이후 미국 사회에 불어닥친 매카시즘 열풍에 휩쓸리게 됩니다. 영국 국적을 유지한 채 미국 국적으로 귀화하지 않는다는 이유로 오랫동안 의심의 눈초리를 피하지 못하던 차였거든요. 더군다나 「모던 타임즈」의 한 장면 때문에 사회주의를 예찬한다는 의심을 받던 채플린은 「위대한 독재자」를 발표하고 얼마 후 결국 미국을 떠나게 됩니다. 네 번째 부인이자 유진 오닐의 딸 우나 오닐과 함께하기는 합니다만 그 후 미국으로 들어오기까지 오랜 시간 고통을 겪게 되지요. 스위스에 정착한 후 만든 「뉴욕의 왕」은 전형적으로 매카시즘을 공격하는 내용입니다. 채플린은 1972년 아카데미에서 공로상을 수상하기 위해 잠깐 방문한 것 외에는 1950년대 이후 미국에 들어오지 않습니다.

인생뿐 아니라 작품에 있어서도 자신이 원하는 소재들을 맘 편히 얘기할 수 있던 것은 아니에요. 할리우드에서 검열 시스템은 일찌감치 작동했습니다. 성인물 등급 분류 문제는 1920년대부터 발달되었고, 헤이스 코드[1]를 비롯한 각종 검열제도들이 일찌감치 정착되어 왔습니다. 하지만 채플린의 경우 헤이스 코드나 다른 검열 규제보다는 그가 정치적 소재를 건드렸다는 이유 때문에 문제되었어요. 매카시즘의 열풍으로 미국을 떠난 이후 채플린의 영화 인생에는 어느 정도 그림자가 드리워졌다고 해야겠지요.

1 Hays Code. 미국영화협회(MPAA)가 1930년 도입해 1968년까지 실시한 미국 내 영화 검열제도. 미국 상업 영화의 도덕성을 제고하기 위한 것이었다.

질문 1 도시를 벗어나 길을 떠나는 주인공 찰리와 떠돌이 소녀는 다시 공장과 일터로 돌아올 수밖에 없지 않을까요? 그들의 뒷모습에서 희망적인 메시지를 읽어 내는 게 타당할까요?

강 공장을 들어갈 때(돼지같이 우르르 들어가는 장면)와 거기서 나올 때는 분위기가 다릅니다. 이것은 채플린을 이해하는 데 매우 중요한 상징입니다. 기계에 종속되어 있던 인간과 기계를 벗어나고자 하는 인간은 분명 대조됩니다. 그래요. 설령 찰리와 소녀가 생계 때문에 다시 공장에 돌아와도, 두 사람은 맹목적으로 공장에 다녔던 경우와 다를 수밖에 없을 겁니다.

이 이 영화는 굉장히 자극적이에요. 등장인물의 고유명사조차 살아 있지 않습니다. 그들은 떠돌이거나 고아 소녀일 따름이에요. 모던 타임즈, 즉 현대사회는 이름이 없는 익명의 사회이고, 기계가 지배하는 사회이고, 인간의 역할이 단자화되는 사회입니다. 그런 곳에서 일시적으로 탈주하고, 낭만적 꿈을 꾸는 것은 가능하겠지만 살아가기 위해서는 또다시 기계의 일부가 될 수밖에 없는 운명이겠죠. 저는 찰리와 소녀가 새로운 땅을 찾아갈 수 있었으면 좋겠어요. 하지만 이 영화에서 희망의 순간은 꿈으로 표현될 뿐 현실로 드러나지는 않습니다. 그것이야말로 채플린의 냉철한 통찰이겠지요.

질문 2 영화 속에 시계가 자주 등장하는데요, 시계에 특별한 의미가 있는 것인지요?

강 "해 지면 보자." "일 끝나고 보자." 등등 막연하게 만남을 약속하는 건 매우 친한 사이에서만 가능해요. 소외된 현대인들에게는 시계가 약속을 정해 줍니다. 근대 자본주의의 상징은 시계탑입니다. 그것이 개개인의 시간을 지배하죠. 혁명이 일어날 때, 사람들이 시계탑을 먼저 부수는 것은 상징적이죠.

이 시간을 쓰는 양식에는 시대마다의 룰이 있습니다. 휴대폰의 보급으로 인해 요즘은 5분 전 취소도 비일비재합니다. 테크놀로지는 오히려 약속을 준수하기 힘들게 만들어요. 세분화된 시간을 측정할 수 있다는 것은 오히려 약속을 지키거나 신뢰를 지키는 삶과는 거리가 멀어진다는 의미 같아요. 농사가 중심이 되는 시대에 중요했던 시간 개념 중에는 '절기'라는 것이 있었어요. 절기는 생각보다 큰 시간 범주를 아우르는 것이어서 현대인들이 보기에는 부정확하게 느껴질 수도 있지만 막상 살아가는 데는 큰 문제가 없었죠. 계절의 변화, 농작물의 성장 변화를 경험하는 것만으로도 시간의 흐름 속에 삶을 자연스럽게 녹여낼 수가 있었습니다.

질문 3 무도회장이라는 공간의 의미가 뭔가요?

이 보드빌, 뮤직홀이라는 근대적 공간에서 채플린 그 자신이 젊은 시절 배우로 일했기에 그 공간에 애정이 있었을 겁니다. 해방감을 나타내기 좋은 공간이기도 하죠. 영화 속 채플린이 처음으로 소리를 입 밖으로 내는 유의미한 곳입니다. 「모던 타임즈」 이전 영화에서는 채플린의 소리가 등장하지 않아요. 이 작품에서 처음으로 채플린이 노래를 부르죠. 그곳이 바로 술집 혹은 뮤직홀이고요. 영화적인 의미도 있겠지만, 채플린의 영화 전체를 통해 뮤직홀에서 처음 명배우 채플린의 목소리가 등장한다는 것도 유의미합니다.

강 미하일 바흐친(1895-1975)의 카니발 연구만 봐도 알 수 있죠. 춤과 노래라는 건 합일, 유대, 연대의 표현이죠. 채플린 영화를 보면 인간은 공장에서 모여 있거나 아니면 무도회장에서 모이죠. 공장 속의 인간을 생각해 보세요. 서로 친밀한 인간관계를 맺을 여력이 없지요. 컨베이어 벨트에서는 사장의 명령으로 계속 조립해야 할 것들이 밀려 나오니 말이지요. 반면 무도회장을 보세요. 여기에는 사장과 같은 지배자가 존재하지 않습니다. 한 남자가 한 여자와 만나고, 또 헤어져 다른 사람을 만나 새로운 커플을 이루기를 반복하죠. 즐겁고, 유쾌하게. 아니면 아무 때고 무도회장을 떠나 집으로 돌아가도 됩니다. 공장에서는 꿈조차 꿀 수 없는 상황이라고 할 수 있지요. 그러니까 채플린 영화에서 무도회장은 매우 소중한 곳이라고 할 수 있습니다. 물론 이곳마저 공권력에 유린되어 안전하지 않은 곳으로 드러나지만 말입니다. 그러니 떠돌이 찰리와 소녀가 도시를 떠나는 겁니다. 공장을 떠나 무도회장으로 갔지만 그 무도회장도 안전하지 않으니 떠날 수밖에요.

질문 4 채플린의 눈에 많은 메시지가 담겨 있는 것 같습니다. 자전적인 작품이 있나요?

이 「라임라이트(Limelight)」(1952)라는 영화를 보시면 늙은 채플린을 볼 수 있지요. 거기에는 버스터 키튼도 나옵니다. 채플린을 떠나서 그냥 '자전 영화'만을 놓고 본다면 데릭 저먼(1942-1994)의 「블루(Blue)」(1993)를 추천하고 싶어요. 에이즈로 죽어 가는 감독의 내레이션과 제목 그대로 '파란' 화면만 나오는데 굉장히 인상적인 작품입니다.

철학자의 눈
강신주

말 따위는 신경 쓰지 마라!

사람의 영혼은 행동에 담겨 있다. 혹은 사람의 내면은 외면에 반영되어 있다. 무슨 소리인지 당혹스러울 것이다. 그렇지만 돌아보라. 사랑한다는 말을 입에 달고 사는 애인이 있다고 하자. 그런데 내가 아플 때마다 항상 다른 일로 바쁜 그는 달콤하게 변명하곤 한다. "미안해! 갑자기 일이 생겼네. 내 마음 알지? 사랑해." 혹은 키스를 하고 싶을 때 그는 나의 요구에 응하긴 하지만 잠시 주저한다. 물론 미안하다는 듯 말을 잇는다. "오늘 감기 기운이 있네. 미안해, 사랑해." 또 무거운 짐을 들고 갈 때, 그는 내게서 짐을 덜어 줄 생각도 안 한다. 약간 과장해서 무거운 척해야 그는 내 짐을 들어 준다. 안색에는 약간의 짜증이 스쳐 가지만, 곧 미소를 되찾으며 이렇게 말하곤 한다. "왜 이렇게 짐이 많니? 그러다 몸살 나겠다. 내가 얼마나 사랑하는지 알지?"

어느 경우든 그는 이제 나를 사랑하지 않는 것이다. 그는 사랑에 걸맞은 행동은 전혀 하지 않고 있기 때문이다. 그냥 관성으로 나를 만나고, 습관적으로 내게 사랑한다고 말하고 있을 뿐이다. 아마 바보만이 '사랑한다.'는 말에 속아서 행복감을 느낄 것이다. 여기서 평범하지만 동시에 심오한 교훈을 하나 얻게 된다. 행동은 말보다 타인에 대해 혹은 자신에 대해 더 많은 진실을 전해 준다는 가르침 말이다. 그렇다, 심지어 행동은 자신이 어떤 사람인지 반성할 때도 결정적인 위상을 차지한다. 부모님을 사랑한다고 생각하고 있고 타인에게 그 사실을 확신에 차서 이야기할지라도, 우리는 부모님과 함께 보내는 시간에 몸을 뒤틀며 힘들어할 수도 있다. 이건 자신의 말과 생각과는 달리 실상은 부모님을 그다지 사랑하지 않고 있다는 걸 말해 준다. 사랑이란 누군가와 함께 있을 때 느끼는 기쁨의 감정이기 때문이다.

"Never Mind the Words!" 즉 "말 따위는 신경 쓰지 마라!"라는 뜻이다. 이건 말이나 생각보다는 행동을 강조하는 어느 유명한 철학자의 말이 아니다. 찰리 채플린이 1936년에 만든 「모던 타임즈」라는 무성영화에 등장한 자막이다. 이미 1927년에 최초의 장편 유성영화 「재즈싱어」가 상연되었다는 사실을 기억하면,

"말 따위는 신경 쓰지 마라!"는 자막에 단순한 대사 이상의 의미가 있다는 걸 직감하게 된다. 그건 영화에 대한 채플린의 통찰을 반영하기 때문이다. 대중도 이제 유성영화에 거의 적응했던 1936년에 채플린이 「모던 타임즈」라는 무성영화를 고집했던 것은 무슨 이유에서일까? 잘 알다시피 「모던 타임즈」는 자본주의를 받아들인 '모던', 그러니까 근대사회를 조롱하고 풍자하는 영화다. 혹은 근대사회에서 주인이 아니라 불행한 손님으로 전락한 인간에 대한 레퀴엠이라고 할 수 있다.

기계에 종속되어 버린 인간, 점점 기계화되는 인간, 기계에 일자리를 빼앗긴 인간, 그럼에도 행복을 꿈꿀 수밖에 없는 인간. 중절모와 지팡이를 짚은 떠돌이 캐릭터의 행동으로 채플린이 우리에게 보여 주고자 한 것이 바로 이것이다. 말이나 생각이 아니라 행동으로 말이다. 나사를 조이는 거의 기계처럼 움직이는 동작, 여인의 블라우스에 붙은 단추를 나사로 착각하고 조이려는 실수, 거대한 톱니바퀴에 끼어 들어가 회전하는 모습, 불편한 인간을 보면 윤활유를 뿌리는 행동 등에 주목하자. 채플린은 정확이 알고 있었다. 말이나 생각으로는 자본주의적 삶의 비밀을 제대로 보여 줄 수 없다는 사실을 말이다. 생각해 보라. 대기업에 취직해 전공을 살리고 있다고 주변 사람들에게 자랑스럽게 떠벌리거나, 심지어 스스로도 자신은 멋진 삶을 산다고 생각하는 사람이 분명 있을 터이다. 이렇게 말하고 생각하는 사람이라면 스스로 출근할 때와 퇴근할 때 자신의 행동에 차이가 있는지 주목할 필요가 있다. 아마 출근할 때보다 퇴근할 때 자신의 발걸음이 더 가볍다는 사실을 쉽게 알아차릴 것이다.

행동을 직접 보여 주는 무성영화의 효과를 배가하기 위해 채플린은 버스터 키튼과 쌍벽을 이루는 무표정한 얼굴로 직접 떠돌이 캐릭터를 연기했다. 버스터 키튼도 그렇지만 채플린 또한 무성의 효과만큼이나 무표정이 등장인물의 행동에 주목하도록 만든다는 걸 정확히 알았던 셈이다. 보통 우리는 타인의 표정을 보면서 어떻게 그를 이해할지 결정하는 법이다. 그런데 상대방이 무표정으로 일관한다면 우리는 그의 속내를 읽기 위해 그의 행동에 주목할 수밖에 없다. 경쾌한 리듬으로 수프를 먹는다면 그가 별로 기분이 나쁘지 않다는 것이다. 반대로 아주 느리게 그리고 스푼에 수프를 뜨는 둥 마는 둥 먹는다면 그는 상당히 우울한 상태다. 결국 무성영화의 스타들이 무표정으로 일관하는 건 자신의 표정이 아니라 자신의 행동을 읽으라는 주문이었던 셈이다. 등장인물이 말도 없고 심지어 표정까지 없다. 그러니 관객은 그들의 행동만을 주시할 수밖에 없다.

「모던 타임즈」에서 펼쳐지는 채플린의 연기를 보면 웃음이 절로 나온다. 자본

「모던 타임즈」에서 역시 찰리는 정착하지 않는다. 떠돌이 찰리!

주의 속 암울한 삶이지만 채플린이 연기하는 떠돌이는 몸 개그를 연상시키는 우스꽝스러운 실수를 반복하기 때문이다. 그렇지만 영화관을 떠나는 순간 우리의 미소는 어느 사이엔가 씁쓰름하게 변하고 만다. 영화를 통해 우리는 자신도 인간을 옥죄는 자본주의의 올가미에 걸려 있다는 사실을 시인할 수밖에 없기 때문이다. 바로 여기에 「모던 타임즈」가 위대한 이유가 있다. 이 영화만큼 자본주의와 인간 사이의 비극적 관계를 유머러스하고도 강렬하게 보여 준 영화가 또 어디 있겠는가. 그만큼 자본주의적 생산양식에 대한 채플린의 통찰은 신랄하고 예리하기만 하다. 특히 중요한 것은 채플린의 좌충우돌식 실수다. 채플린의 실수는 우연이 아니다. 그것은 기계화되고 분업화된 노동조건에서는 필연적으로 발생할 수밖에 없으니까 말이다. 다시 말해 자본주의적 생산양식에서 노동자들은 정상적인 상태와는 다른 행동 양식, 즉 실수를 반복하도록 강제된다.

군대의 경험을 떠올려 보자. 입대하기 전에는 걷는 것에 대해 실수하는 사람이 거의 없을 것이다. 사랑스러운 애인과 산보를 할 때 오른손과 오른발이 동시에 올라가거나, 반대로 왼손과 왼발이 동시에 올라가는 실수를 했던 적이 있는가? 아마 없을 것이다. 누구에게나 가장 자연스럽게 걷는다는 건 왼손이 올라갈 때 오른발이 올라가고 오른손이 올라갈 때 왼발이 올라가는 식이었을 것이다. 그러나 입대하는 순간 우리는 자신의 실수에 경악하게 된다. 걸음걸이가 완전히 뒤죽박죽되어 버리기 때문이다. 그것은 선임병의 강압적인 명령 때문이다. 선임병은 계속 외쳐 댄다. "왼발! 오른발! 왼발! 오른발!" 군기가 바짝 든 신병은 왼발과 오른발에만 신경을 쓰느라 두 발이 양손과 동일하게 움직이는 당혹스러운 경험을 하게 된다. 자발적인 행동이 아니라 강제된 행동은 항상 실수를 낳게 된다. 이는 기계의 운동에 자기 몸의 운동을 맞추어야만 하는 억압적인 자본주의적 생산구조에도 그대로 적용된다.

우리가 자본주의적 생산양식에 사로잡혀 있을 때의 채플린과 사랑에 빠져 있을 때의 채플린의 차이에 주목해야 하는 것도 이런 이유에서다. 노동자로 일할 때 항상 실수를 반복하는 채플린도 사랑하는 연인과 함께 있을 때에는 별다른 실수를 저지르지 않는다. 채플린이 「모던 타임즈」에서 우리에게 말하고 싶었던 핵심은 억압에서 벗어나 사랑의 관계로 진입하지 않으면, 우리는 실수를 연발하는 우스운 삶을 영위할 수밖에 없다는 메시지다. 자본주의적 생산양식에 포획되어 점점 더 우스워지는 인간들에게 채플린은 자신의 통찰을 전하고 싶었고, 그래서 그는 유성영화의 '말'이 아니라 무성영화의 '행동'을 선택, 아니 고집했던 것이다.

아마도 아감벤이라면 채플린의 고집에 경탄을 금치 못했을 것이다. 영화가 관객에게 보여 주는 것은 '제스처'라고 역설했던 철학자였으니 말이다. 아감벤만이 아니다. 채플린과 거의 동시대에 활동했던 위대한 프랑스 철학자 모리스 메를로퐁티(1908-1961)도 채플린의 고집에 손을 기꺼이 들어 주었을 것이다. 「영화와 새로운 심리학」이라는 논문에서 메를로퐁티는 이렇게 말했다. "소설이 오랫동안 그렇게 해 왔던 것처럼 영화는 인간의 사유를 우리에게 제시하는 것이 아니다. 영화는 인간의 행위와 행동을 우리에게 제시하며 세계에 현존하는 특별한 방식, 사물과 타인을 다루는 특별한 방식을 우리에게 직접 제공한다. 이것은 우리가 몸짓과 시선과 거동에서 볼 수 있는 것이며, 우리가 알고 있는 사람들 각각을 명백하게 규정해 준다." 메를로퐁티의 이 말만큼 무성영화에 대한 채플린의 생각, 그의 비범한 고집을 잘 설명해 주는 것도 없을 것이다.

비평가의 눈
이상용

기계와 닮아 있는 웃음, 기계에 저항하는 웃음

「모던 타임즈」를 이끄는 두 가지 요소는 공장을 움직이는 거대한 기계장치와 채플린이 연기하는 인간 '찰리'다. 영화 초반에 문제가 되는 것은 기계의 흐름에 적응하지 못하고 실수하는 찰리다. 나사를 조이는 것이 업무인 찰리는 속도와 동작을 따라잡지 못해 문제를 일으킨다. 공장의 사장은 더 빠르게 일하도록 업무 가속을 지시하고, 힘겨워하는 찰리는 자꾸만 실수를 반복한다.

관객은 실수하는 찰리의 모습을 보며 웃음을 짓는다. 기계의 리듬에 적응하지 못하고 실수하는 인간은, 단순히 무능력한 인간만이 아니기 때문이다. 전혀 다른 분위기의 영화이지만 신구와 한석규가 아버지와 아들로 등장하는 「8월의 크리스마스」(1998)의 유명한 장면 중 하나가 죽음을 앞둔 아들이 아버지에게 비디오 리모컨 작동법을 알려 주는 대목이다. 죽음을 앞둔 자(아들)가 살아남은 자(아버지)를 위하는 배려의 마음 때문에 애잔하지만, 리모컨이라는 테크놀로지에 적응하지 못하는 아버지 세대의 모습에는 미소를 머금게 되기 때문이다. 단순한 기계장치 앞에서 자꾸만 실수하는 아버지의 모습은 인간적이다.

코미디와 멜로드라마는 각기 장르가 다름에도 불구하고 '실수하는 인간'이야말로 인간적인 가치를 영화가 보여 주는 방식이라는 점을 명확히 드러낸다. 그러나 시스템이나 기계의 입장에서 보면 실수는 문제를 야기한다. 찰리의 실수를 인간적인 차원으로만 볼 수 없는 것은 기계의 작동을 멈추게 하기 때문이다. 기계장치의 멈춤은 생산을 저지하고, 시간을 허비하고, 결과적으로 자본을 낭비한다. 그리하여 공장에서 실수하는 인간은 가차 없이 해고를 당하거나 정신병원에 보내진다. 그러나 인간만이 실수를 하는 것일까? 「모던 타임즈」의 흥미로운 점은 기계의 실수 또한 대비적으로 보여 준다는 데 있다.

노동자들의 일하는 시간을 늘리기 위해 공장은 새로운 기계를 도입한다. 이름하여 점심 식사를 먹여 주는 기계다. 그럴듯해 보이는 이 기계장치는 작동되자마자 뭔가 부자연스럽다는 느낌을 준다. 저 속도라면 차라리 찰리가 직접 손으로 스프를 떠먹는 것이 빠르겠다. 아무튼 중요한 것은 식사 기계가 고장을 일으켰다

「모던 타임즈」에서 나사 조이는 업무를 맡은 찰리

는 것이다. 식사 기계는 멈출 줄 모르고 찰리의 입을 향해 스파크를 일으키며 음식을 처넣는다. 그것은 공포감을 극대화한다. 인간의 실수는 시스템을 멈추는 것으로 충분하지만, 기계의 실수는 인간을 죽음으로 몰고 갈 수 있다.

이 공포감은 수많은 SF 영화의 바탕이 되었다. 「터미네이터(The Terminator)」(1984), 「매트릭스」 같은 영화의 공통점은 미래의 기계가 인간을 죽음으로 몰고 가거나 인간을 노예 상태로 전락시킬 수 있다는 점을 바탕에 깔고 있다. 그리하여

기계의 실수는 실수가 아니라 '고장'이라 불리며, 이 고장은 단순히 작동을 멈추는 데 그치지 않고 생사를 결정하는 일에 관여하기도 한다. 쉽게 생각해 보자. 전기를 만드는, 혹은 전기를 공급하는 기계장치가 고장 나 버린다면, 거대한 도시들은 하루 만에 몰락의 위기에 처할 것이다. 병원에서는 산소 호흡기가 작동하지 않아 중환자들이 위기에 처하고, 달리던 지하철은 멈춰 설 것이며, 엘리베이터에서는 갇힌 사람들이 아우성을 칠 것이다. 이렇게 시스템과 연결되어 있는 기계의 고장은 단순한 멈춤의 문제가 아니라 생명의 문제와 연결된다. 동시대의 SF 영화들이 이 점을 극대화하고 있다면, 채플린의 「모던 타임즈」는 고장을 공포의 정치학으로 풀지 않고 유머를 통해 승화시킨다.

실수하는 인간과 고장 난 기계의 대결은 이처럼 「모던 타임즈」 전반부 곳곳에서 흥미로운 대비를 이룬다. 「모던 타임즈」 전반부의 절정은 이렇게 대비되는 존재가 하나로 합쳐지는 장면이다. 나사 조이는 동작을 마치 기계처럼 반복하게 된 찰리는 결국 기계 속으로 빨려 들어가 버린다. 인간의 몸이 기계의 동작과 일치하게 되었을 때, 부품으로 전락한 인간이 기계 속에서 어떻게 보일지를 시각적으로 처리한 명장면이다. 이 모습을 본 공장 사람들은 찰리를 향해 "미쳤군!"이라고 말한다. 인간이 기계가 되어 버린다면, 그것은 '미친' 것이다. 기계에 잠식된 인간은 인간성을 소진한 채 미쳐 버릴 수밖에 없다.

뤼미에르 형제의 첫 영화인 「공장에서 나오는 사람들」은 뤼미에르 사진 공장을 나서는 직원들의 모습을 무덤덤하게 카메라에 담아냈다. 그로부터 32년이 흐른 뒤 「메트로폴리스」의 공장 직원들은 지친 몸을 이끌고 위로를 찾으며 지배층을 향한 분노를 내뿜기 시작한다. 뤼미에르 형제의 영화로부터 50년의 시간이 흐른 후, 채플린의 영화 속 노동자들은 정신병원 아니면 감옥으로 향한다. 그마저도 다행스러운 일이다. 대부분의 노동자들은 갑자기 불어닥친 경제공황으로 일자리를 잃고 불안에 치를 떤다. 그것은 기계 속에서 일을 하지 못하는 데서 오는 공포이자 미쳐 버릴 수밖에 없는 상황이다. 일하지 못해도 불안하고(영화의 후반부), 일하면 미칠 수밖에 없는(영화의 전반부) 진퇴양난의 상황이 「모던 타임즈」가 일컫는 현대의 시간이다. 이 작품의 전반부와 후반부는 이러한 원리로 나뉘어 있다.

채플린의 유머는 이런 아이러니 속에서 피어난다. 앙리 베르그송이 쓴 예외적인 책 중의 하나인 『웃음』은 코미디 영화와 관련하여 많은 통찰을 제공한다. 베르그송은 웃음이란 인간의 내면적이고 정신적인 요소가 외부의 기계적인 흐름에 종속될 때 발생한다고 말한 바 있다. 코미디의 가장 기본이 되는 요소는 인간의 몸동작이 인간처럼 자연스럽지 않고 부자연스러운 기계처럼 보일 때 발생한다고 지적한 것이다. "자동주의와 경직성의 결과"라고 언급한 베르그송의 웃음 발생 원인은 「모던 타임즈」에서 찰리가 자꾸 기계를 따라잡으려 할 때, 기계처럼 보일 때 생기는 현상과 맞물려 생각해 볼 수 있다. 베르그송이 생각한 웃음은 기계처럼 부자연스러울 때 발생하는 것이다.

이러한 관점에서 실수하는 인간이 자연스러움을 대변한다면, 기계는 부자연스러움을 대변한다고 정리할 수 있을 것이다. 동시에 베르그송에 따르면 희극적 웃음이란 개인의 비사회적·비사교적·부조화적인 행동이나 태도에 가하는 섬뜩한 징벌이기도 하다. '눈에 띌' 만큼 유별난 개인의 돌발 행동을 목격한 사람들이 그 개인으로 하여금 다시는 그런 돌발 행동을 하지 못하도록 주의하고 자제할 것을 요구하는 일종의 경고가 된다. 「모던 타임즈」에 빈번히 등장하는 경찰 장면은 바로 이러한 경고를 담고 있다. 희극적 웃음에는 사회가 개인을 별난 존재가 되지 않도록 교정하려는 의도가 숨어 있다.

그런데 채플린의 영화가 교정하려는 차원에 머물러 있었다면, 아마 이 작품은 후대에 인상적인 장면을 만들어 낸 영화 정도로 언급되었을 것이다. 이 장면은 교정당하는 찰리가 끝내 굴복하지 않는 이야기를 다룬다. 감옥에서 나온 그는 교정되지 않는 인간의 모습을 보여 준다. 찰리는 조선소의 배를 부서뜨리고, 백화점에서 술에 취하고, 술집에서 엉터리로 노래를 부른다. 그리하여 교정당하지 않는 찰리는 끊임없이 쫓겨나거나 쫓길 수밖에 없다. 이러한 상황이 반복되자 소녀는 자신들에겐 희망이 없다고 탄식한다. 그러나 찰리는 "다 잘될 거야."라며 희망을 품고 석양을 향해 걸어간다. 어차피 교정되지 않는 인간 찰리가 공장 시스템에 맞춰

잘살 수는 없을 것이다. 그런 점에서 찰리는 일반적인 생산 시스템의 시간에서 벗어난 예술가의 초상이다.

그의 실수가 유일하게 인정받은 장면이 술집에서 노래하면서 춤을 춘 장면이라는 것을 주목할 필요가 있다. 노래하고 춤추는 예술 세계에서는 실수가 멋진 것으로 인정받을 수 있다. 엉터리 가사라도(이 장면의 노래 가사는 채플린이 즉흥적으로 만들어 낸 것으로 의미를 정확히 알 수가 없다.) 분위기를 띄우고 있다면 사람들은 흥겨워한다. 손님들의 환호에 흥분한 술집 지배인은 찰리의 예술적 재능에 경탄을 보내며 좋은 대우를 약속한다. 채플린의 희망은 여기에 있다. 비록 예술적 인간이 공장 시스템에는 적응하지 못하고 문제를 야기하는 인간일 수 있겠지만, 무대에서의 실수는 우연적이고 미학적이며 아름다운 것으로 피어날 수 있다. 그것이야말로 채플린이 바라본 코미디의 본성이자 배우이며 영화감독인 이유이기도 했다.

「모던 타임즈」는 산업 시대에 소외된 인간을 바라본 영화이기도 하지만, 산업 시대에도 예술적 인간이 가능하다는 것을 항변하는 영화이기도 하다. 슬랩스틱 동작을 응용하여 춤추고 노래하는 찰리의 모습은 영화가 지닌 심각한 시대적 상황을 떠나 시름을 잊게 만들고, 즐기게 만든다. 그것이 바로 코미디 예술 아닌가. 「모던 타임즈」가 교조적 태도로 공격적 언사를 높이고 있었다면, 이처럼 길게 기억되지 못했을 것이다. 이 영화는 교조적이면서도 동시에 그 모든 대립과 시대적 고통을 무화하는 즐거움과 예술의 향기를 내포하고 있다. 그리하여 이 향기를 머금은 채 떠돌이 찰리는 소녀의 손을 잡고 가 보자고 제안한다. 비록 이 작품은 떠돌이 찰리라는 캐릭터가 등장한 마지막 영화로 기억되었지만, 중요한 의미는 노동자 찰리, 부랑자 찰리가 사실은 예술가 찰리였음을 보여 주었다는 데 있다. 그리하여 우리는 예술가의 뒷모습을 영원히 간직하게 되었다.

「모던 타임즈」가 후대에 끼친 영향은 지대하다. 프랑스의 코미디 감독 자크 타티(1909-1982. 그 역시 유성영화 시대에도 무성영화적인 코미디를 만들었다. 채플린과 키튼의 특성이 합쳐진 프랑스의 대표적 희극 감독이다.)의 「나의 아저씨(Mon Oncle)」(1958)의 많은 장면은 「모던 타임즈」를 연상시킨다. 채플린의 「모던 타임즈」의 가장 유명한 장면은 찰리가 기계의 부품처럼 묘사되는 장면인데, 이러한 연출은 앨런 파커(1944-)의 1982년작 「핑크 플로이드의 벽(Pink Floyd: The Wall)」에서 인간의 기계적인 동작을 묘사하는 데 활용되었다.

「모던 타임즈」는 현대사회를 비판하는 블랙코미디의 문법을 지니고 있기도 하다. 블랙코미디가 대중 영화에서 자주 등장했던 것은 아니지만 스탠리 큐브릭(1928-1999)의 탁월한 코미디 「닥터 스트레인지러브」 역시 같은 계열의 작품이다.

다른 영향도 있다. 실뱅 쇼메(1963-) 감독의 「마담 프루스트의 비밀 정원」(2013)의 주인공인 프루스트 부인의 집 안에는 온갖 식물이 자라는 정원이 갖추어져 있다. 자신의 집에 정원을 만들고, 농장을 만들어 낸다는 모티프의 효시는 「모던 타임즈」로부터 출발했다. 도심 한가운데서 포도를 따 먹고, 소를 불러 우유를 짜내는 유토피아적 상상력은 채플린 특유의 것이다. 나아가 채플린이 창조해 낸 인간 존엄성을 다룬 이미지는 수많은 영화에 주제적으로 이어지고 있다.

2부 영화의 사려 깊은 의미 1939 ~ 1959

영화의 이야기는 점점 길어지고 복잡해지기 시작했다. 영화 속 인물들 간의 복잡한 관계들은 어느새 거울처럼 동시대인을 들여다보게 만들었다. 영화는 과거의 영광을 재현하거나 미래의 예언서가 되면서, 언제나 지금의 문제들을 담아내고자 했다. 그것은 구로사와 아키라의 「라쇼몽」처럼 진실을 둘러싼 게임이지만, 그 게임 속에는 몇 가지 규칙들이 있기 마련이다. 서구에서는 1차 세계대전과 2차 세계대전을 통과하면서 인간과 사회에 대한 근본적인 물음들이 던져졌고, 영화는 고통 속에서 진실을 둘러싼 다양한 비전들을 빚어내었다.

LA RÈGLE DU JEU

Fantaisie dramatique de JEAN RENOIR

⑥강 삶의 달콤 씁쓸한 규칙

게임의 규칙

장 르누아르

"상대를 이해하려고 하면 관계는 끝장나죠."

—등장인물 주느비에브의 대사

「게임의 규칙」 **La Règle Du Jeu, 1939**

프랑스 | 113분 | 장 르누아르

대서양의 정적을 뚫고 한 대의 비행기가 프랑스에 도착한다. 비행사 앙드레가 대서양 횡단에 성공한 것이다. 그러나 그는 국민의 환호에는 관심조차 없다. 오로지 한 여성을 찾아 주변을 두리번댈 뿐이다. 비행사의 친구 옥타브는 그녀가 오지 않았을 것이라고 타이르듯 말한다. 절망에 빠진 앙드레는 기자들을 향해 한 여인을 위한 모험이었을 뿐이라고 말한다.

라콜리니에르 저택의 침실에서는 분내가 진동한다. 라디오를 듣던 안주인 크리스틴이 특별한 립스틱을 꺼내 바른다. 시중을 드는 리제트는 자신의 결혼 생활과 남녀의 우정에 대해 시답잖은 이야기를 잔뜩 떠든다. 남녀 사이에도 우정은 있을 수 있다는 주인마님의 말에 "돼지 등짝에 날개가 돋아난다면 모를까, 당치도 않아요!"라고 응수한다. 서재에는 크리스틴의 남편 로베르가 있다. 로베르는 자기가 수집한 자동인형을 사랑스러운 눈길로 바라본다. '우리 시대의 영웅' 앙드레가 그토록 부르짖던 크리스틴은, 바로 로베르의 아내였다. 그동안 크리스틴은 '정숙한 여인'으로서 온갖 스캔들에 무심한 척 대응해 왔지만, 사실 앙드레가 그녀를 못 잊는 데는 다 이유가 있다. 아니 땐 굴뚝에서 연기가 피어날 리 없듯, 한때 두 사람이 추파를 주고받지 않았다면 앙드레의 광기 어린 집착 또한 없었을 것이다. 급기야 앙드레는 자살을 기도하고, 결국 이런 모습을 견디지 못한 친구 옥타브가 묘안을 짜낸다. '라콜리니에르 저택에서 연회를 열어, 이 두 사람을 자연스럽게 만나게 하자.' 하지만 크리스틴과 앙드레의 염문을 익히 알고 있는 로베르로서는 결코 이런 제안이 달갑지 않다. 그런데 마침 로베르의 머릿속에도 좋은 수가 떠오른다.

'그래, 이번 기회를 잘 활용하면 나의 정부 주느비에브와의 골치 아픈 관계도 대략 정리할 수 있겠군. 아예 앙드레와 주느비에브를 엮어 줄까? 어쩌면 한번에 해치울 수도 있겠어.' 로베르는 자신의 심산을 정리하자마자, 마치 마지못해 승낙한다는 듯 겸연쩍은 태도로 옥타브의 제안을 수락한다. 한편 크리스틴은 결혼 생활에 충실히 임하겠다며 앙드레의 존재를 불편하게 여기지만, 끝내 친오빠 같은 옥타브의 말에 금방 회유된다.

궂은 날씨에도, 각계 명사들이 라콜리니에르에 모여들기 시작한다. 포도주를 권하는 식탁, 시가를 태우는 소파, 사냥 놀음까지 모든 것이 규칙에 따라 굴러간다. 그러나 게임에는 항상 변수가 생기는 법. 사냥이 마무리되어 갈 무렵, 망원경을 보던 크리스틴은 먼발치에서 로베르와 주느비에브가 키스하는 장면을 목격한다. 그리하여 새로운 게임이 전개된다. 한편 하인들 사이에도 리제트와 그녀의 남편이자 라콜리니에르 저택의 사냥터 관리인이기도 한 슈마셰, 그리고 로베르가 새롭게 고용한 마르소의 게임이 시작된다. 크리스틴은 남편의 정부 주느비에브와 대화를 나눈 후 남자들 사이를 오가기 시작한다. 저택에 모인 사람들의 감정적 줄다리기가 절정에 이른 순간, 슈마셰는 분노에 젖어 마르소를 향해 엽총을 난사한다. 앙드레와 로베르도 주먹다짐을 벌이고, 크리스틴은 자포자기한 상태로 온실로 숨어든다. "옥타브, 나는 이곳에서 도망치겠어요." 오래전부터 크리스틴을 연모해 온 옥타브는 잠깐이나마 야반도주를 꿈꾼다. 그러나 옥타브는 용기를 내지 못한다. 진실한 사랑을 믿는 앙드레에게 크리스틴의 연인이 될 자격이 있다고 판단했기 때문이다. 그래서 옥타브는 앙드레에게 외투를 건네며 크리스틴이 온실에 있다고 귀띔해 준다. 한편 난동을 피운 죄로 해고를 당한 마르소와 슈마셰는 낙심한 얼굴로 저택 주변을 배회한다. 아무래도 억울하고, 분이 가시지 않는다. 바로 그때 슈마셰와 마르소는 리제트로 보이는 한 여인이 온실 속에 서 있는 모습을 목격한다. 그리고 그녀를 부둥켜안고 있는 남성까지 보게 된다. 마르소의 부추김에 슈마셰의 절망감은 갑자기 복수심으로 돌변한다. '오늘 결딴내고 말겠다!' 이윽고 슈마셰는 어둠 속으로 사라졌다가 다시 나타난 남성을 향해 방아쇠를 당긴다. 그러나 총성과 함께 쓰러진 사내는 앙드레였고, 온실 속의 여인은 크리스틴이었다. 라콜리니에르 저택의 사람들은 '게임의 규칙'을 이해하지 못한 앙드레의 영혼을 동정하며, 다시 새로운 게임을 서두른다. 언제나 진심보다 규칙을, 감동보다 재미를 뒤쫓던 사람들이었으니까.

장 르누아르

Jean Renoir, 1894-1979

"커피 한 잔이면 스토리를 구성할 수 있다. 이것이 감독의 일이다."

영화감독이자 시나리오 작가인 장 르누아르는 인상주의 화가 오귀스트 르누아르(1841-1919)의 차남으로 파리에서 태어났다. 사실 그의 영화적 재능이 뛰어나지 않았다면, 아버지의 이름에 가려져 사람들 기억 속에서 지워져 버리거나 혹은 아버지의 유명세에 힘입은 '2류 감독'으로 기억됐을 것이다. 하지만 아버지 오귀스트가 화단에서 커다란 족적을 남긴 것처럼, 그의 재능은 프랑스 영화계에 독자적이고 뚜렷한 발자취를 남겼다. 그의 영화는 프랑스 영화계가 누벨바그의 문을 열기 전인 1930년대부터 1950년대 사이에, 가장 놀라운 작품들을 내놓은 감독으로 손꼽힌다. 장 르누아르는 프랑스뿐만 아니라 세계의 영화 흐름을 바꾼 누벨바그 감독들에게 칭송받고 있다.

무성영화 시대에 출발한 르누아르 영화는 아버지의 친구였던 에밀 졸라(1840-1902)의 『나나』 등을 제작했지만 큰 성공을 거두지는 못했다. 그의 필모그래피 중 첫 번째 이정표가 된 작품은 유성영화로 전환되던 시기인 1931년에 제작된 「암캐(La Chienne)」다. 이후 르누아르는 「랑주 씨의 범죄(Le Crime de Monsieur Lange)」

(1936)를 거쳐 첫 번째 대표작이라고 할 수 있는 「위대한 환상(La Grande Illusion)」(1937)을 발표한다. 이 영화로 인해 프랑스 인기 영화배우 중 하나인 장 가뱅(1904-1976)은 최고의 스타 자리를 공고히 했다.

그런데 르누아르가 최선을 다해 연출한 「게임의 규칙」은 그가 지금까지 만들었던 영화 중 상업적으로 가장 큰 실패를 맛본 작품이다. 하지만 프랑스의 대표적인 시네필 감독이자 누벨바그[861쪽 키워드 참고]의 기수였던 프랑수아 트뤼포(1932-1984)는 "「게임의 규칙」은 시네필의 사도신경이자 영화 중의 영화, 개봉 당시 가장 증오의 대상이었지만 시간이 흐른 후에는 최고의 평가를 받은 영화다."라고 평했다.

1941년 1월 10일 르누아르는 할리우드에 도착했다. 그는 폭스와 계약을 맺고 첫 번째 미국 영화 「비극의 호수(L'Étant Tragique)」를 감독했다. 르누아르는 다수의 영화를 할리우드에서 연출했지만 「해변의 여인(The Woman on the Beach)」(1947, 미개봉)에 이르기까지 성공작을 내놓지 못한다. 하지만 인도의 지원 아래 만든 「강(The River)」(1951)은 이 시기의 놀라운 걸작으로 손꼽힌다. 1952년 프랑스로 돌아온 장 르누아르는 잠시의 휴식도 없이 「황금마차(Le Carrosse d'Or)」(1953)를 연출한다. 이 영화를 통해 르누아르는 감독으로서의 열정을 되찾는다. 1954년에는 자신이 기용했던 대스타 장 가뱅과 함께 「프렌치 캉캉(French Cancan)」을 감독하면서 새로운 전성기를 구가한다. 당대 최고의 여배우 잉그리드 버그먼(1915-1982)을 여주인공으로 하는 「엘레나와 남자들(Elena et les Hommes)」 (1956)을 만들고, 새로운 매체인 텔레비전을 위한 방송용 영화까지 시도한다.

1975년에는 할리우드로부터 그의 전 작품을 기리는 오스카 명예상을, 이어 1977년 프랑스 정부에서는 레지옹도뇌르 훈장을 받는다. 미국의 저명한 평론가 데이비드 톰슨(1941-)은 "그는 가장 위대한 감독이다. 그는 영화의 존재를 정당화한다."라고 평가했다. 인상주의 화가의 아들로 태어나 사실주의 영역으로 뻗어 간 그는 인간에 대한 섬세한 관찰을 영화 전편에 관통하면서 인생과 삶에 대한 풍요로운 희비극을 펼쳐 보였다.

시네토크

위선의 가면을 쓴 인간 군상들

2차 세계대전 직전에 만들어진 영화 「게임의 규칙」을 만난다. 이 작품은 혼란스러운 유럽 사회의 모습을 묘사한 것이기도 하고, 위선의 가면을 쓴 인간 군상을 까발린 것이기도 하다. 영화의 빠른 전개와 달리 각각의 장면은 여유롭다. 귀족과 부르주아의 사랑 타령이 영화 전편에 깔리고, 귀족의 사냥 장면과 하인들의 분주한 모습이 대조를 이룬다. 그 가운데 옥타브라는 주조연급 캐릭터를 직접 연기하는 장 르누아르의 모습도 이채롭다. 「게임의 규칙」의 명성은 시간이 지날수록 더 높아지고 있다. 오늘날의 사회도 혼란스럽고 위선적이기 때문일까. 신분 귀족의 자리에 자본 귀족이 들어왔다는 차이만 있는 것 아닐까. 그러니 아직도 우리는 르누아르의 조소로부터 자유롭지 않은 셈이다.

가벼운 사랑과 무거운 관습

이 「게임의 규칙」은 2차 세계대전 직전에 만들어진 영화였기 때문에 당시의 불안감이 잘 나타나 있습니다. 이 영화에서는 앙드레라는 인물 딱 한 사람만 죽습니다. 앙드레는 '왜' 죽었을까를 생각하면서 감상하면 재미있습니다.

강 이 작품을 보면서 '르누아르는 정말 대단한 인물이구나.' 하고 생각했습니다. 아무래도 앙드레의 죽음에 대해 다양한 해석이 나올 것 같네요. 우리 두 사람의 해석이 옳으냐 그르냐의 문제는 중요하지 않아요. 관객 각자의 역사와 독법에 따라 다양한 감상이 가능합니다. 시의 감상은 독자들의 몫이라는 시인의 말이 레토릭만은 아닙니다. 감독 역시 분명 관객이 어떤 반응을 보일지 기대하거나 예측합니다.

이 영화를 보면서 딱 들었던 생각은 이겁니다. '너무나 가벼운 사랑과 너무나 무거운 관습에 대한 이야기구나.' 얼마 전에 초등학교 동창 하나가 이혼하고 싶다며 상담을 청해 왔어요. "순리대로 할까? 아니면 마음 가는 대로 할까?" 다시 영화로 돌아오면요. 앙드레는 순리를 어기는 캐릭터입니다. 그의 열망과 열정, 위험천만한 모험심은 사랑을 증명하려는 아이 같은 마음에서 나온 겁니다. 앙드레가 왜 죽었을까? 게임의 규칙을 동요시키는 존재이기 때문은 아니었을까요? 게임의 규칙을 어기면 게임에서 배제해야 하죠. 이게 앙드레의 죽음이 가진 의미입니다. 같은 배를 탄 100명 중에서 딱 한 사람만 진리를 얘기한다고 가정해 봅시다. 분명 나머지 아흔아홉 명은 동요하느니 차라리 그 한 명을 죽이려고 할 겁니다. 시끌벅적한 파티가 끝난 후, 앙드레 딱 한 명만 제외하고 모두 순리와 규칙이 있는 세계로 흡수해 들어가는 걸 보세요.
저는 이 영화가 사랑이라는 것의 가벼움을 말한 점이 좋았습니다. 연애 초기의 설렘에 마침표를 찍어 버리는 사회의 규범은 그동안 이어진 사랑의 속삭임을 허언에 불과한 것으로 전락시켜 버리죠. 사실 앙드레의 사랑도 가볍긴 마찬가지지만 어쨌든 목숨을 걸 정도로 심각했던 건 분명하니까요. 정말 독특한 캐릭터예요.

이 앙드레는 낭만적인 인물이에요. 그런 인물은 사랑을 위해 목숨을 걸죠. 다른 인물들은 사랑에 탐닉하지만 사랑을 위해 목숨을 내놓지는 않습니다. 저택의 주인인 로베르를 보세요. 바람을 피우기는 하지만 몸을 사리기만 합니다. 가령 당시 앙드레처럼 비행을 한다는 것은 목숨을 걸고 하는 일이었어요.

서로 다른 규칙들의 조화와 충돌

이 우리에게는 모두 저마다 다른 관습이 있죠. 하늘에서는 앙드레가 왕이지만 땅에서는 별 볼일 없는 사람이죠. 이곳 저택의 지배자는 로베르이고 크리스틴입니다. 그래서 대서양을 횡단했던 신영웅(현대적인 영웅)은 구체제라고 할 수 있는 귀족들의 세계에 진입하려고 했습니다만, 죽임을 당하고 맙니다.
모든 주체는 각자의 영역을 지니고 있습니다. 사적인 공간을 지배하는 각자의 합리성, 각자의 이유들이 있습니다. 어느 사회, 어느 집단, 어느 개인에게나 나름의 룰이 있습니다만, 그 정당성에 대해서는 생각해 봐야겠죠. 이 영화는 한 인물에 대한 영화가 아니라 인물과 인물의 사적 영역이 부딪치고 깨지면서 생기는 조화와 충돌에 대한 이야기입니다. 규칙을 이해하는 것도 중요하지만 게임의 필드를 이해하는 것도 중요합니다. 로마에 가면 로마법을 따르라는 말이 있는데, 로마법을 지키고 싶다면 어디까지가 로마에 해당하는지를 알아야겠죠.

크리스틴의 경우, 남편의 불륜을 목격한 후로는 주변의 모든 남자에게 적극적으로 감정을 표현합니다. 앙드레에게 밀월을 제안하기도 하는데, 그러자 앙드레는 갑자기 떳떳하게 남편의 허락을 받자고 합니다. 크리스틴의 마음속 규칙을 앙드레는 이해하지 못한 거죠.

또 앙드레에 대해 생각해 볼까요? 그는 매우 개성이 강한 인물입니다. 내적 규칙이 센 사람이죠. 규칙의 위반이 그의 규칙이라고도 볼 수 있어요. 그와 대비되는 캐릭터는 하인들입니다. 그들은 자기들 공동체 규칙에 굉장히 충실합니다. 정형화된 행동 패턴을 보이지요.

한편 장 르누아르가 직접 연기한 옥타브도 재미있습니다. 카드로 치자면 '조커'입니다. 어디에나 속할 수 있는, 서로를 이어 주는 허브 같은 존재입니다. 그는 공연 준비를 하느라 곰 가죽을 뒤집어쓰고 있을 때는 사랑싸움에 끼지 못하죠. 그러다가 크리스틴과 단둘이 있을 때는 갑자기 사랑 고백을 하기도 하고요. 여기저기 종횡무진으로 돌아다니면서 조커같이 활동해요.

1930년대 말에 발표되었음에도, 놀랍도록 현대적인 이 영화가 제시한 공간과 규칙에 대한 고민은 지금도 유효합니다.

강 선생님 말씀을 들으니 두 명의 철학자가 떠오릅니다. 첫 번째는 금기를 말했던 조르주 바타유입니다. 규칙이라는 매너리즘에 주목한 학자였죠. 유부녀가 아니었다면 크리스틴에게 앙드레가 그토록 강한 욕망을 품었을까요? 규칙이 존재해야 쾌감도 존재합니다. 바타유는 인간의 쾌감이 금기를 넘어설 때 존재한다고 했습니다. 동물들에게는 금기가 없기 때문에 그것을 깨뜨리는 쾌감 또한 없을 테죠.

두 번째 철학자도 프랑스인이네요. 르네 지라르(1954-)의 『낭만적 거짓과 소설적 진실』을 보면 욕망의 삼각 구도[1]가 나옵니다. 모든 욕망은 이상형으로 생각되는 인물을 모방하게 된다는 것이지요. 그러니까 내가 흠모하는 친구가 좋아하는 선생님을 나도 모르게 좋아하게 되는 식이지요. 친구의 친구를 사랑한다는 유행가처럼 말이에요.

이 맞아요. 지라르가 관심을 갖는 욕망은 모방 욕망입니다. 그는 늘 욕망이 매개되어 간접적으로 진행된다고 말했습니다. 여주인공 크리스틴을 보세요. 그녀는 앙드레가 자신을 향해 고백하는 라디오 인터뷰 내용을 듣고 어떻게 행동해야 할지 몰라 하녀 리제트에게 은근히 물어보지요. 크리스틴은 리제트를 따라하는 측면이 있어요. 리제트 또한 크리스틴과 앙드레 사이를 부추기면서 자신의 욕망을 드러냅니다. 안주인과 하녀가 서로의 욕망을 모방한다는 게 무척 흥미롭죠. 누군가 여러분들에게 연애하라고 부추기고 있다면, 실은 그렇게 말하는 사람이 연애하고 싶은 것인지도 몰라요.

강 마르소가 하녀를 좋아하는 것만 해도 그렇죠, 그 둘 사이엔 슈마셰라는 중간자가 있습니다. 한 사람이 대상을 욕망한다는 명제를 살펴봅시다. 우리가 스타를 좋아하지만, 스타의 이면에는 다른 존재가 있습니다. 제3자가 있죠. 많은 사람들이 그 스타를 좋아하기 때문에 나도 덩달아 좋아하게 되거든요. 옷가게 풍경을 볼까요, 옆에서 어떤 세련된 여자가 옷을 고르면 나도 그걸 사고 싶어집니다. 제가 프루스트를 좋아한다고 말하면 제 팬들도 프루스트를 근사하다고 생각하면서 『잃어버린 시간을 찾아서』를 구입하겠죠.

또 하나의 대표적인 예로 예수가 있죠. 나라는 평범한 인간이 신을 갈망

1 어떤 대상에 대한 주체의 욕망이 같은 대상에 대한 타자의 욕망에 의해 결정된다는 이론. 직접적 욕망이 아닌 외부 존재가 개입되는 간접화된 욕망으로 지라르는 이를 모방 욕망이라 명명한다.

할 때 그 사이에 예수가 있습니다. 이런 중간자적 인물의 존재를 생각해 보면 흥미롭죠. 지라르는 이렇게 말했습니다. "우리는 직접적으로 욕망하지 못한다."라고.

앙드레의 애정도 다시 볼 일입니다. 남편의 존재가 강력할 때 유부녀를 향한 열망과 남편에게 버림받은 여자가 자기한테 다가올 때의 허탈감은 굉장히 상반되죠. 앙드레는 크리스틴을 사랑한 게 아니었는지도 모릅니다. 다른 사람도 마찬가지예요. 앙드레가 크리스틴을 사랑하니, 파티에 참석한 모든 사람들이 그녀를 사랑하잖아요.

김건모의 「잘못된 만남」이라는 대중가요 가사를 떠올려 보세요. 친구의 친구를 사랑하게 되는 이유는 뭐였을까요? 순수한 욕망이나 직접적인 욕망은 정말 가지기 어렵습니다.

우리는 규칙을 벗어나 쾌감을 느끼고 원래의 규칙으로 돌아가 죽음을 맞이한 한 남성의 이야기를 봤습니다. 항상 욕망을 품기 위해서는 경쟁자가 있어야 합니다. 최소 세 사람이 있어야 규칙이 만들어질 수 있고, 지켜질 수도 있습니다.

롱 테이크 vs. 쇼트 테이크

이 한편 르누아르는 영화 기법에 있어서도 중대한 위업을 달성했습니다. 디프 포커스[852쪽 키워드 참고]가 가장 대표적인 예입니다. 그는 이 기법을 통해 전경은 물론 후경까지 담아내 입체적인 공간을 선보였습니다. 조명의 역할도 잘 살렸죠. 영화의 대부분이 롱 테이크[852쪽 키워드 참고]이기도 합니다. 한 숏, 한 숏이 길죠. 현대 영화에는 통상적으로 1500~2000 숏이 쓰입니다. 그러나 「게임의 규칙」 같은 롱 테이크 영화들은 그 수가 매우 적습니다. 물론 요즘 영화 중에서도 예외적인 작품이 꽤 있죠. 홍상수 영화의 경우는 대개 100개 미만입니다. 잊지 말아야 할 것은 숏의 개수 자체가 작가 의식과 매우 밀접한 관계를 맺는다는 사실입니다.

장 르누아르, 「게임의 규칙」

"한편 르누아르는 영화 기법에 있어서도 중대한 위업을 달성했습니다. 디프 포커스가 가장 대표적인 예입니다. 그는 이 기법을 통해 전경은 물론 후경까지 담아내 입체적인 공간을 선보였습니다. 현대 영화에는 통상적으로 1500-2000숏이 쓰입니다. 그러나 「게임의 규칙」 같은 롱 테이크 영화들은 그 수가 매우 적습니다. 물론 요즘 영화 중에서도 예외적인 작품이 꽤 있죠. 잊지 말아야 할 것은 숏의 개수 자체가 작가 의식과 매우 밀접한 관계를 맺는다는 사실입니다."

강 그럼 르누아르를 "시적 리얼리즘의 거장"이라고 말하는 것은 리얼리즘의 느낌을 살리기 위해 숏 수를 제한했기 때문인가요? 앙드레 바쟁(1918-1958)은 영화라는 매체를 정당화한 작품이 바로 「게임의 규칙」이라고 말했잖아요. 현대적 의미에서 영화의 시초라고 볼 수 있다는 건데요. 현대 영화의 온갖 기법에 익숙해진 우리 눈에는 잘 안 보이겠지만요.

이 그렇죠. 숏의 수를 제한하면 진짜와 같다는 느낌이 강하게 드니까요. 여기에 영상을 시적으로, 즉 미학적으로 배치하는 감각이 더해집니다. '시적 리얼리즘'이죠. 한데 「게임의 규칙」의 '사냥' 장면은 예외적입니다. 숏 전환이 빨라 강한 몽타주적 느낌을 자아냅니다. 즉 숏 수를 제한하는 것만이 르누아르의 재주는 아닙니다. 실내라면 롱 테이크가 가능할 뿐만 아니라 그렇게 해야만 현실적인 상황이 고스란히 담기겠죠. 하지만 야외라면 그런 규칙이 쉽지 않았을 겁니다. 또 빠른 속도로 공간 이동을 통해 사냥터라는 필드의 규칙을 보여 준 것이기도 합니다. 놀이(유희)의 야만성을 전할 수 있는 충격을 담아내려고 전략적으로 많은 숏들을 빠르게 전환했던 거죠.

강 말하자면 르누아르는 롱 테이크와 쇼트 테이크를 능수능란하게 오고 간 것이군요. 필요한 상황, 각각의 분위기에 따라서요. 가령 토론 프로그램은 보통 롱 테이크, 예능 프로그램은 쇼트 테이크에 기반합니다. 실제로 연예인들 별로 안 웃겨요. 편집의 힘인 거죠. 롱 테이크 영화에 나오는 배우들이 연기를 더 능숙하게 해야 하는 거라고도 볼 수 있겠죠. 나도 방송 섭외 전화가 오면 몇 분 찍어서 몇 분 방영되느냐고 물어요. 얼마나 편집될지 가늠해 보는 거죠. 그러니까 르누아르의 리얼리즘은 숏을 잘 통제한 데에서 출발했다고 보면 되겠습니다.

규칙은 위반될 때 비로소 그 존재를 드러낸다

이 「게임의 규칙」에서 또 하나 흥미로운 건 누가 주인공인지 모르겠다는 점입니다. 프랑스에서 이 영화가 개봉했을 때 르누아르는 처참한 실패를 맛봤습니다. 인간관계 속의 위선을 까발린 영화였기 때문에 관객들을 불편하게 만들었던 거죠.

한편 「게임의 규칙」에서 거론된 이방인 문제에도 주목할 필요가 있습니다. 크리스틴이라는 오스트리아 출신 외국인, 로베르라는 유대인 귀족, 그리고 앙드레라는 신흥 부르주아, 모두 이방인들이죠. 그래서 이들이 모여 일어나는 파장의 양상도 흥미롭고요.

로버트 알트먼(1925-2006)의 「고스퍼드 파크(Gosford Park)」(2001)는 「게임의 규칙」의 미국 리메이크 버전입니다. 피터 그리너웨이(1942-)의 「영국식 정원 살인 사건(The Draughtsman's Contract)」(1982)도 규칙의 자의성과 이러한 규칙들이 이끌어 내는 갈등(살인)을 다룬 작품입니다. 애거서 크리스티(1890-1976)의 추리소설이 원작인 「그리고 아무도 없었다(And Then There Were None)」(1945)도 궤를 같이합니다.

강 규칙 얘기가 나왔으니, 비트겐슈타인을 빼놓을 수 없겠네요. 문법이라는 규칙이 있습니다. 그런데 우리는 한국어를 배울 때 문법을 먼저 익히지 않잖아요. 반면 외국인들은 한국어를 문법부터 배우죠. 그렇지만 규칙은 반복적인 삶을 통해 획득되는 것이지, 규칙을 배웠다고 바로 삶을 잘 영위할 수 있는 건 아니죠. 그런 이유에서일까요, 규칙은 충돌하거나 위반되었을 때 그 존재감을 드러냅니다. 예를 들어 크리스틴이 도망가자고 말하니까 그제서야 앙드레는 귀족 사회에 자리 잡은 규칙의 존재를 기억해 냅니다. "우리는 살아가는 과정에서 규칙을 맹목적으로 배우고 의식하지는 않지만, 타인이 규칙을 위반할 때 비로소 그 존재를 자각하게 된다."라는 게 비트겐슈타인의 철학입니다. 우리는 걷는 방법을 배우지 않습니다. 그런데 '인간의 보행법'이라는 것을 배울 일이 있다면, 우리 다리에 이상이 생겼거나 사고를 당했을 때일 터입니다.

장 르누아르, 「게임의 규칙」

"「게임의 규칙」에서 또 하나 흥미로운 건 누가 주인공인지 모르겠다는 점입니다. 프랑스에서 이 영화가 개봉했을 때 르누아르는 처참한 실패를 맛봤습니다. 인간관계 속의 위선을 까발린 영화였기 때문에 관객들을 불편하게 만들었던 거죠."

이 규칙은 관습과 긴밀히 관련되어 있는데, 관습이란 지역에 뿌리를 내린 개념입니다. 삶의 전반적인 영역을 차지하고 있는 관습과 규칙의 허위성, 자의성을 까발린 것이 르누아르의 영화입니다. 모럴의 해체라는 면에서 니체적이라고도 할 수 있죠.

이 영화에는 '인형'의 이미지가 자주 나옵니다. 주느비에브 집에서도 그랬고, 마르소가 미소 지을 때나 로베르가 등장할 때도 장식품 인형이 보여요. 인형의 미소라는 것은 이들의 가식 내지 허위와 맞물립니다. "인형이 깨졌어요."라는 대사도 주목할 만하죠. (규칙에 대한) 암묵적 합의가 깨지고 훼손된 시점을 알리는 대사였던 거죠.

진짜처럼 보이기를 바라는 것은 어마어마한 실수다

강 그런데 어떤 분은 이 영화를 보면서 연극적인 말투와 동작 때문에 리얼하다는 생각이 안 든다고 지적하셨던데요, 상류사회에 안 가 봐서 그래요. 그런 모임에 가 보면 마치 한 편의 연극을 보는 것처럼 사람들이 매우 가식적인 투로 말합니다. 마치 연기하는 것 같아요. 결국 누구의 '리얼'이냐가 문제죠.

이 리얼은 저마다 모두 다를 겁니다. 리얼리즘에 대한 인식이 잘 담겨 있는 르누아르의 말이 있습니다. "진짜처럼 보이기를 바라는 것은 어마어마한 실수다. 예술은 인위적이어야만 하고 지속적으로 재창조되어야 한다. 이 재창조의 능력은 영화의 존재 이유다. 만약 우리가 그것을 잃는다면 예술을 잃는 것이다."

허위의식을 그대로 폭로하는 것, 그것이 르누아르가 생각했던 영화의 리얼리즘입니다. 사실적 재현이 아니라 진실성을 살리는 것이죠. 그러기 위해 르누아르는 장면과 숏을 통제하는 겁니다. 너저분한 다큐멘터리보다 르누아르의 영화가 삶의 모습을 있는 그대로 보여 주게 되는 것도 이런 이유에서일 겁니다.

질문 1 「게임의 규칙」에서는 귀족과 하인 계층이 복잡하게 얽히면서 인간관계가 다층적으로 그려진 점이 인상 깊었는데요, 감독이 의도한 바가 무엇인가요?

이 복잡하다는 점이야말로 이 작품이 바로 리얼리즘 영화라는 것을 정직하게 보여 줍니다. 그중 복잡한 '부분'을 들여다볼까요? 로베르와 마르소는 서로 다른 공간에 위치한 남자들이지만 성격상 비슷해요.(비슷한 룰을 가지고 있습니다.) 반면 리제트와 크리스틴은 조금 다릅니다. 그들은 같은 공간에 있지만 서로가 다르죠. 앞서 말했듯이 크리스틴의 롤모델이 되는 건 리제트예요. 그녀는 보다 개방적이고 진취적이죠. 리제트가 "남자와 무슨 우정을 나누겠냐."라고 반문하는 장면을 보세요. 그녀는 솔직하게 욕망을 드러냅니다. 이처럼 남자 주인과 하인은 다른 공간에서 비슷한 욕망을, 여자 주인과 하녀는 같은 공간에서 다른 욕망을 지니고 있지요. 여러 가지 함수관계를 찾을 수 있어요. 돌아보세요. 사실 이것이 우리 삶의 모습이 아닌가요. 1차원적 관계가 아니라 다차원적으로 연루되는 관계 속에서 우리는 살고 있죠. 르누아르의 리얼리즘은 바로 이것을 포착했던 겁니다.

강 지배계급에게는 그들의 규칙이 있고, 하인 계급에도 나름의 규칙이 있습니다. 두 계급이 마주쳤을 때, 그들은 자신들이 맹목적으로 따르던 규칙을 자각하게 될 겁니다. 한국 사람이 미국에 가야 한국 사회의 규칙을 자각할 수 있는 것과 마찬가지죠. 그러니까 르누아르 감독은 규칙을 보여 주려고 다양한 계급을 교차시키는 겁니다. 이제 앙드레의 죽음을 생각해 보도록 할까요. 몇몇 인물이 상대에게 "나랑 같이 도망가자."라는 말을 한 번씩은 던지는데, 진짜로 감행한 사람은 앙드레밖에 없어요. 말뿐으로 족한 것을 문자 그대로 실천한 셈이지요. 술집이나 경기장에서 우리는 터프한 척 자신을 과장해 말하는 경우가 있지요. 그냥 말에서 그치는 것으로 사실 행동으로 옮겨서는 안 되는 것들입니다. 농담 삼아 어떤 남자가 어느 유부녀에게 "저랑 도망가요."라고 가정해 보지요. 이 경우 그녀가 진지하게 "언제 떠날까요?"라고 대꾸한다면, 아마 그 남자는 당혹감을 느낄 겁니다. 모든 사람들이 "나랑 같이 도망가자."라고 농담조로 말할 뿐인데, 앙드레는 정말로 도망을 실행합니다. 가벼운 이야기를 너무나 진지하게 받아들인 셈이지요. 그러니 결국 앙드레만 죽게 됩니다. 규칙을 어겼으니, 게임 아웃인 셈입니다.

질문 2 「게임의 규칙」을 보면 디프 포커스 기법이나 인물 묘사가 매우 인상적인데요. 혹시 아버지 화가 르누아르로부터 특별한 영향이나 영감을 받았던 것인지요?

이 장은 아버지 오귀스트의 그림을 보며 자랐습니다. 아버지는 전설적인 인상주의 화가였지요. 영화 역시 인상주의 시대를 통과하면서 탄생한 예술입니다. 장 르누아르에게 아버지의 명성은 부담이 됐을 거예요. 그러나 실질적인 도움을 받기도 했지요. 장 르누아르의 초기 영화 중 「나나」를 준비할 때 제작비를 충당하기 위해 아버지가 유산으로 물려준 그림을 팔게 됩니다. 현실적 부자 관계가 드러나는 일화죠. 장 르누아르의 영화 중에는 분명 아버지의 그림자가 비치는 것들이 있어요. 초기작 「시골에서의 하루(Une Partie de Campagne)」(1936)나 말년 작품 「풀밭 위의 오찬(Le Deheuner sur L'Herbe)」(1959)을 보면 자연을 무대로 한 장면들이 등장하고, 마치 인상주의 회화의 한 장면을 보는 것처럼 카메라에 빛을 담아 연출하는 대목을 볼 수 있어요. 최근 칸 영화제에 소개된 영화 「르누아르」는 말년의 오귀스트 르누아르와 젊은 장 르누아르가 함께 생활했던 남프랑스 시절을 다루고 있습니다. 그 영화에서 장 르누아르는 아버지의 작업을 도와주고 있어요. 직접적으로 예술을 가르치지 않더라도 함께 밥을 먹고, 이야기를 나누면서 자연스럽게 예술적 감각이 전수된 셈이죠. 이러한 유산의 계승이야말로 두 명의 르누아르를 가장 프랑스적인 예술가들로 자리매김할 수 있게 해 주었지요.

질문 3 2차 세계대전 직전이라는 암울했던 시기에 이처럼 풍자적이고 신랄한 작품이 나온 게 흥미롭습니다. 대중의 반응이 어땠을지도 궁금하고, 시대적 맥락도 궁금합니다.

강 양차 세계대전 사이에는 사회주의 이념이 매우 폭넓게 받아들여지고 있었습니다. 당시 독일만 봐도 바이마르공화국, 다시 말해 사회민주주의 정부가 집권하고 있지 않았나요. 그러니까 노동자나 민중의 의식이 그만큼 고양된 시절이었던 겁니다. 당연히 전통적인 귀족계급과 부르주아계급을 까발리는 작품이 충분히 나올 수 있었지요. 물론 기득권을 쥔 상류계급들은 「게임의 규칙」을 금기시했지만 말입니다. 1차 세계대전과 2차 세계대전 사이에 끼어 있던 이 시기는 새로운 공동체를 열정적으로 실험했던 창조적 시기이기도 했음을 잊어서는 안 될 것 같네요.

철학자의 눈
강신주

게임이라는 걸 모르고 죽자고 덤비는 사람은 죽어야 한다!

조르주 바타유에게 깊은 경의를 표할 일이다. 바타유는 인간이라는 존재의 중요한 본질 한 가지를 우리에게 가르쳐 주었으니까. 바타유가 전해 준 가르침은 금기와 쾌감 사이의 역설, 혹은 아이러니와 연관된다. 구체적으로 말해 우리 인간은 금기를 넘어서려고 할 때 쾌감을 느낀다는 말이다. 모든 위대한 지적 통찰과 마찬가지로 바타유의 이야기를 듣는 순간 우리는 무릎을 탁 칠 수밖에 없다. "에구, 지금까지 나는 바보였네. 맞아! 금지됐다는 이유 하나만으로 (그러지 않았을 때보다) 더 강하게 '어떤 것'을 욕망하게 되는 거잖아." 사실 바타유의 통찰을 확증해 주는 사례들은 너무나 많아 일일이 언급하기 힘들 정도다. 그래도 한두 가지 사례를 살펴보도록 하자.

길을 따라 걷다가 벽에 쓰인 글자를 보기 위해 잠깐 걸음을 멈춘다. 나무로 만들어진 벽에는 작은 구멍이 하나 뚫려 있고, 그 위에 흥미로운 글이 적혀 있다. "들여다보지 마시오!" 헉! 금기를 명시한 말이다. "무엇 때문에 들여다보지 말라고 할까? 벽 너머에서 누군가 사랑이라도 나누고 있나? 아니면 알몸으로 일광욕이라도 하고 있는 걸까?" 점점 더 구멍을 들여다보고 싶은 욕망, 혹은 갈증이 커져만 간다. 물론 소심한 사람이라면 욕망을 억누르고 가던 길을 갈 것이다. 혹시 들여다보았다가 들키기라도 하면 낭패를 당할 테니 말이다. 그렇지만 산책을 끝내고 집에 들어가서도 "들여다보지 마시오!"라는 금지의 문구는 그 작은 구멍과 함께 자꾸 마음속에서 커져 블랙홀처럼 우리를 집어삼킬 것이다.

스님이나 신부처럼 결혼을 하지 않는 종교인에게 강한 사랑을 느끼는 여인의 내면도 마찬가지 논리로 설명할 수 있지 않을까? 키스할 수 없으니까, 섹스를 나눌 수 없으니까, 당연히 결혼해서 함께 살 수 없으니까, 아니 정확히 말해 키스, 섹스, 동거도 해서는 안 되는 남자니까, 성직자에 대한 그녀의 욕망은 한도 끝도 없이 증폭되는 것이다. 물론 스님이나 신부는 멋진 남자일 터다. 그러니 그를 사랑하게 된 것이리라. 그런데 여기에 '금지된 남자'라는 금기가 덧붙여지는 순간, 그녀의 욕망은 더욱 걷잡을 수 없이 커져만 간다. 사랑에 대한 열망이 너무나 커져 그녀는 그냥 멀리서 바라보기 위해서라도 사찰이나 성당을 찾을 수 있다. 하지만 기대와 달리 그를 가질 수 없다는 허기는 진정되기는커녕 오히려 더 심해질 뿐이다.

여기서 금기에 관해 좀 더 생각해 보도록 하자. 금기는 부정적이거나 억압적인 느낌이 들지만, 사실 그것은 규범의 그림자다. 스님이나 신부는 특정 규범을 따르기에 성직자인 것이다. 스님이든 신부든 성직자라면 세속적인 욕망을 억누르고 초월적 가치를 지향해야 한다. 이는 성직자의 규범이다. 마찬가지로 신도는 성직자를 일종의 선생님으로 존경해야 한다. 이는 신도의 규범이다. 그러니까 스님이나 신부가 사찰이나 성당에서 자신의 규범을 충실히 따른다면, 동시에 불교도이거나 천주교도이거나 일반인이 성직자를 만날 때 자신의 규범을 충실히 따른다면 금기는 물론 금기를 어기려는 욕망도 발생할 일이 없다.

오랜 노력 끝에 규범을 마치 '제2의 천성'처럼 따르게 될 때는 아무런 문제가 벌어지지 않는다. 하지만 예기치 않은 어느 순간 규범이 의식될 때, 그러니까 규범이 불편한 옷처럼 느껴질 때가 찾아올 수 있다. 이럴 때 규범은 우리에게 어둡지만 매혹적인 그림자를 짙게 드리운다. 그것이 바로 '금기'의 의미다. 무의식적으로 자연스럽게 따르던 규범과 의식적으로 의지를 가지고 따라야만 하는 규범! 이 두 가지 규범 사이에는 다시 건널 수 없는 루비콘 강이 흐르고 있는 셈이다. 그렇다면 너무도 자연스러워서 의식되지 않던 규범이 갑자기 금기의 형식으로서 따라야만 하는 규범으로 변질되는 이유는 무엇일까?

타자의 유혹! 혹은 타자에 대한 사랑! 그렇다, 사랑이다. 사랑이라는 태양이 규범을 비추는 순간, 규범은 금기라는 짙은 그림자를 드리운다. 스님이나 신부의 눈

「게임의 규칙」 등장인물들(왼쪽에서부터 옥타브, 앙드레, 크리스틴)

에 어느 날 한 신도가 갑자기 사랑스러운 여성으로 보일 수 있다. 지금까지 사찰이나 성당에서 너무나 자주 보았던 여성이었는데도 어느 사이엔가 사랑과 관심의 대상이 되어 버린 것이다. 드디어 성직자는 지금까지 맹목적으로 따르던 규범이 얼마나 거추장스러운 옷이었는지를 의식하게 된다. 반대로 사찰이나 성당을 찾아 성직자의 가르침과 충고를 듣곤 하던 한 여신도의 눈에 스님이나 신부가 꼭 안기고 싶은 남자로 보일 수도 있다. 바로 이 순간 그녀가 지금까지 따르던 규범은 하나의 금기로 변한다. 그녀는 신도라는 규범이 제 삶과 감정을 옥죄는 감옥처럼 느껴질 것이다.

사랑의 결실을 위해 이제 금기로 탈바꿈한 규범을 훌훌 벗어던져 버릴까? 신도와 키스해서는 안 되지만 마침내 입을 맞춘다면, 성직자의 품에 안겨서는 안 되지만 마침내 그의 품에 안긴다면, 금기를 어긴 이 사람들에게 마침내 쾌락과 행복이 찾아올까? 르누아르가 영화 「게임의 규칙」으로 던진 질문은 바로 이것이다. 게임이라고 번역된 프랑스어 jeu는 놀이, 유희, 도박 등을 의미한다. 그러니까 쾌감을 도모하는 행동이 바로 '게임'인 셈이다. 아니나 다를까, 로베르 후작의 라콜리니에르 저택에 초대된 상류층들은 모두 '게임'에 광적으로 몰입한다. 놀이와 유희를 즐기느라 여념이 없는 손님들 때문인지, 그곳 저택에서 근무하는 시종들도 앞다투어 '게임'에 빠져든다.

잊지 말아야 할 점은, 저택의 모든 사람들을 휘감고 있는 '게임'의 본질은 규범과 일탈 사이의 미묘한 줄타기라는 사실이다. 로베르 후작이 저택에 초대한 자신의 정부 주느비에브와 밀애를 즐기는 것도 '게임'이고, 로베르 후작의 부인 크리스틴이 자신을 사랑하는 앙드레, 옥타브 등 일련의 남자들과 밀애를 즐기는 것도 '게임'이다. 또한 크리스틴의 시녀 리제트가 남편 슈마셰를 무시하고 새로 들어온 시종 마르소와 희롱을 즐기는 것도 '게임'이다. 그러나 로베르 후작, 크리스틴, 그리고 리제트 등 '게임'의 중심에 서 있는 자들은 자신들이 따르는 규범을 근본적으로 어길 생각은 조금도 없다. 단지 일상을 떠나 잠시의 일탈, 그러니까 배우자가 보는 앞에서 '바람피우기' 정도의 게임을 즐기고 있을 뿐이다. 한마디로 이들은 규범을 폐기하기보다 규범을 훼손하지 않을 정도로 희롱하면서 쾌감을 느끼고 있는 것이다. 그래서 어쩌면 이들은 한여름 피서지에서 귀여운 일탈을 자행하는 청소년들과 다르지 않다고 할 수 있다.

르누아르가 묘사하는 '게임의 규칙'은 분명하다. 배우자가 아닌 사람과 밀애를 즐기되 결혼 생활은 유지하라! 라콜리니에르 저택에 모여든 사람들은 배우자와 헤어지고 새로 만난 애인과 도망칠 거라고 말로는 요란스럽고 낭만적으로 떠들어대지만, 그 누구도 그걸 몸소 실행할 생각은 없다. 그런데 불행히도 이 규칙을 모르는 딱 한 사람이 있었다. 그가 바로 앙드레다. 앙드레는 정말로 로베르 후작의 부인 크리스틴을 사랑한 것이다. 자신의 마음을 표현하기 위해 목숨을 걸고 대서양을 횡단하는 비행까지 감행할 정도였으니 말이다. 그래서 앙드레와 크리스틴이 로베르 후작으로부터 탈출해 새로운 삶을 살자고 서로 다짐하는 장면은 아이러니할 뿐만 아니라 비극적이기까지 하다. 앙드레가 '사랑의 규칙'에 서 있으려고 했다면, 크리스틴은 '게임의 규칙'을 따르고 있었기 때문이다.

매혹적인 여인은 남자 품에 안겨 속삭인다. "스님, 저랑 함께 아주 멀리 떠나요!", "신부님, 아무도 우리를 찾지 못하는 곳으로 가요!" 여인의 달콤한 말을 믿고 남자가 사찰이나 성당을 떠났다고 하자. 하긴 자신이 따르던 규범을 벗어던지지 못한다면(금기를 넘어서지 못한다면) 사랑이 어떻게 가능하겠는가! 하지만 애석하게도 만일 그녀가 '게임의 규칙'을 따르고 있다면, 남자는 참담한 상황에 직면할 것이다. 이제 평범한 남자로 돌아와 사랑을 구걸하는 자신을 철없는 아이 보듯 하는 여자의 표정을 발견하게 될 테니 말이다. 여자의 눈에는 '게임'처럼 관계를 즐기지 못하고 죽자고 덤비는 남자가 얼마나 바보처럼 보일까? 게임이 아니라 사랑을 위해 덤비는 사람은 죽어야 한다! 앙드레가 슈마셰의 총에 맞아 죽는 사건으로 영화를 마무리하면서, 르누아르가 우리에게 보여 준 '게임의 규칙'이 바로 이것 아닌가. 참을 수 없는 사랑의 가벼움이여! 견딜 수 없는 가식의 무게여!

비평가의 눈

이상용

게임은 사랑이고, 규칙은 관습이다

영화 「게임의 규칙」에 특정한 게임을 벌이거나 규칙을 선언하는 장면은 등장하지 않는다. 그렇다면 제목이 가리키는 것은 무엇일까? 도대체 무슨 게임이고 어떤 규칙인가? 이 영화에 반복적으로 등장하는 상황이 있다. 대서양을 횡단한 비행사 앙드레는 크리스틴을 향해 구애를 쏟아부으며 영화가 시작된다. 그런데 크리스틴은 로베르 후작과 이미 결혼을 하였고, 로베르는 결혼하기 전부터 주느비에브와 남몰래 연애를 해 왔다. 크리스틴의 아버지와 알고 지내던 옥타브는 앙드레의 심경을 헤아리고 크리스틴과의 만남을 주선한다. 하지만 사랑의 메신저 놀음이 지칠 때쯤 옥타브도 크리스틴을 향한 자신의 속마음을 드러낸다. 하인들도 예외는 아니다. 크리스틴의 시녀 리제트는 사냥터를 관리하는 슈마셰와 부부지간이다. 하지만 새롭게 고용된 하인 마르소의 추파를 싫지 않은 태도로 받아 준다.

「게임의 규칙」이 다루는 게임의 세계는 사랑이다. 이들 남녀의 사랑은 다양한 양상을 띤다. 흡사 무규칙 이종격투기처럼 자신만의 방식대로 사랑을 벌이고 있는 듯하다. '세속적인 사랑에 규칙을 적용한다는 것이 타당한 일일까.'라는 생각이 들기도 한다. 그것은 규칙의 진정한 의미를 돌아보게 만든다. 프랑스어 règle는 흔히 규칙이라는 뜻으로 활용되지만 사전의 세 번째 의미에는 통례, 관례라는 뜻도 명시돼 있다. 사랑에 규칙이라는 것을 적용할 수 있다면, 그것은 한 사회가 준수하는 통념이나 관습이라고 할 수 있을 것이다. 과거에도 그랬지만 오늘날에도 남자와 여자가 만나 벌이는 사랑의 게임에는 관습이 중요하다. 한국 사회에서는 결혼 전에 부모들끼리 만나는 상견례도 필요할 것이고, 마찬가지로 연애 행위 가운데에도 여러 가지 요인이 작용하기 마련이다. 사회적 관습은 더욱 강력하다. 남의 아내를 탐하지 말라는 관습이 없다면 권력과 돈을 가진 자들이 아름다운 여자를 모두 소유할 것이며, 아름다운 여자들에게 세상의 시선이나 관습이 없다면 달려드는 남자들을 모두 발아래 굴복시킬 것이다.

일정한 사랑의 관습들이 생겨난 것은 어쩌면 사랑의 관습이 잘 지켜지지 않기 때문이다. 요즘에는 정절이라는 말 이상으로 불륜이라는 말이 범람한다. 「게임의 규칙」은 사랑의 관습을 둘러싼 경계를 오가면서, 규칙이 위반되는 순간 속에서 규칙을 준수하려는 인간들의 위선을 다룬다. 이러한 위선을 위해 준비된 게임의 중요한 도구가 바로 가면이다. 가면은 적당하게 자신의 캐릭터를 드러내면서 서로 소통할 수 있는 가능성을 제시해 준다. 누군가는 바람둥이의 가면을 쓸 것이고, 누군가는 요조숙녀의 가면을 쓸 것이다. 그 사이에서 남자와 여자는 적절한 관습의 경계를 유지한다. 그런데 이러한 가면들의 정체를 속속들이 드러내 보이는 「게임의 규칙」은 코미디의 아이러니를 보여 주면서 가면 뒤에 숨겨진 인물들의 우스꽝스러움을 폭로한다.

남자들은 자신의 이상과 열정에 도취해 달려드는 얼치기(앙드레)이거나, 헤어질지 관계를 유지할지 선택하지 못하는 우유부단한 멍청이(로베르)이거나, 자신의 마음을 속인 채 중매쟁이가 된 광대(옥타브)다. 여자들은 고상한 척 정절을 지키는 것 같다가도 돌변하는 변덕쟁이(크리스틴)이거나, 남성들의 집착을 적당히 받아 주면서 이득을 챙기는 이기주의자(리제트)다. 영화 속 인물들의 행동에는 각자 이유가 있다. 그것은 가면을 쓴 채 살아가는 규칙의 준수 방식이다.

이 속에서 유일하게 비극을 맞이하는 인물이 앙드레다. 「게임의 규칙」은 앙드레의 도착으로 시작하여(그는 대서양을 건너 프랑스에 도착하고, 자동차를 타고 로베르와 크리스틴이 있는 저택에 도착했다.), 앙드레의 죽음으로 끝이 난다. 우리는 영화의 시작과 끝, 파티의 시작과 끝을 보여 주는 앙드레의 죽음을 면밀히 들여다볼 필요가 있다. 이는 관습이라는 것이 어떻게 형성되고, 파괴되고, 또다시 형성되는가를 보여 주기 때문이다.

앙드레가 죽음을 맞이한 이유 중 하나는 규칙(관습)을 벗어났기 때문이다. 중세 때부터 유럽에서는 귀족 유부녀가 젊은 남자를 애인으로 두는 걸 오랜 관습으로 여겨 왔다. 그러나 젊은 남자 앙드레는 귀부인을 애인으로 두었다는 사실 자체에 만족하지 못하고 그녀의 남편이 되고자 한다. 그것은 진짜 남편 로베르의 심기를 건드린다. 미디어에 의해 만들어진 새로운 시대의 모던한 영웅 앙드레는 과거의 귀족인 로베르와 맞설 만한 계급인 듯 그려진다. 실제로 앙드레는 로베르를 주먹다짐으로 제압한다. 하지만 로베르의 말처럼 앙드레는 하늘에서나 영웅이지, 전통적으로 귀족이 지배하는 공간인 로베르의 영지에서는 보잘것없다. 그리하여 앙드레가 선포한 새로운 규칙, 영웅의 규칙은 절정에 다다른 순간(크리스틴과 결혼하겠다고 마음먹는 순간) 죽음을 부르고 만다. 그것은 앙드레가 규칙(관습)을 제대로 몰랐기 때문이다. 아마 배경이 대도시였거나 인물들의 신분이 평민이었다면 상황은 달라졌을지 모른다.

앙드레가 죽음을 맞이한 또 다른 이유는 역설적이게도 규칙을 엄격하게 준수하려 했기 때문이다. 사냥터에서 남편 로베르가 주느비에브와 키스하는 장면을 본 후로 크리스틴의 마음은 돌변하기 시작한다. 크리스틴 역시 남편이 즐기는 귀족의 규칙에 따라 자유로운 연애 행각을 즐기겠노라고 결심한 것이다. 공연이 끝나고 두 사람이 함께 있게 되자 크리스틴은 앙드레에게 사랑을 고백하며 함께 떠나자고까지 한다. 그런데 앙드레는 이를 순순히 받아들이지 않는다. 앙드레는 로베르에게 당당하게 허락을 받고 떠나야 한다고 주장한다. 만일 앙드레가 여자의 말을 따랐다면, 두 사람은 유유히 저택을 벗어날 수 있었을 것이다. 그런데 그는 갑자기 가부장의 규칙이라는 오래된 규범을 꺼내 들었다. 남자의 자존심을 강조하고 여성을 복속시키고자 하는 가부장의 규칙은 앙드레가 여자가 원하는 것을 제대로 이해하지 못하고 있었음을 밝히는 역할을 한다. 욕망을 비켜난 앙드레의 느닷없는 규칙 선언은 탄환이 되어 돌아온다.

앙드레가 죽음을 맞이한 또 하나의 이유는 '오인' 때문이다. 리제트의 남편 슈마셰는 마르소와 아내의 애정 행각에 화가 나 총기를 난사한다. 이로 인해 로베르는 슈마셰를 저택에서 쫓아내 버린다. 그의 뒤를 따라 마르소가 나온다. 마르소 역시 쫓겨날 수밖에 없는 상황이다. 두 사람은 하인 계급의 고충을 나누며 동병상련의 분위기에 빠진다. 이때 저택에서 남녀 커플이 나와 온실을 향해 가는 것이 보인다. 슈마셰는 리제트의 코트를 입고 있는 크리스틴을 아내로 착각하고는 그녀를 에스코트하는 옥타브를 향해 분노의 화살을 날린다.

이 장면이 중요한 이유는 지배계급과 하인으로 분리되어 있던 '사랑의 게임'이 오인으로 인해 통폐합되기 때문이다. 처음으로 지배계급에 속한 옥타브와 하인인 리제트가 연결된다. 슈마셰가 불쾌하게 여기기는 하지만 마르소는 같은 계급에 속한 남성으로서 충분히 대적 가능한 상대다. 반면 옥타브의 경우는 상황이 다르다. 옥타브는 자신보다 높은 계급에 속한 인물이며, 아내를 진짜 앗아갈 수 있는 위협적인 인물이기 때문이다. 「게임의 규칙」의 진정한 규칙은 바로 이 순간에 결정된다. 선남선녀들이 수많은 사랑의 게임을 벌인다 해도 그것은 안전한 사회적, 계급적 테두리 내에서 이루어졌다. 그러나 슈마셰의 눈에 계급적 경계선을 넘어서는 것이 보이는 순간, 자신의 계급적 이익에 진정으로 위협이 가해지는 순간, 비극의 총알은 발사된다.

오인은 결코 사소하지 않다. 오인은 계급과 계급 사이의 진정한 갈등을 드러내는 국면을 제공하며, 이내 계급적 차이를 향한 분노로 이어진다. 그 자리에 앙드레가 아닌 옥타브가 있었어도 결과는 마찬가지였을 것이다. 왜냐하면 오인은 특정한 개인의 문제가 아니라 사회적 틀이 지닌 억압적인 한계를 고스란히 드러내기 때문이다.

「게임의 규칙」은 개인의 열정으로 시작하여, 계급적 오인으로 끝맺는 영화다. 열정은 한없이 공중으로 솟아올라 원하는 것을 성취하게 해 줄 것 같았지만, 어처구니없게도 잘못 입은 코트로 인해 땅속으로 꺼져 버린다. 프랑스에서 「게임의 규칙」이 처음으로 상영되었을 때, 국민의 사기를 저하한다는 이유로 수많은 평론가들이 불쾌한 심기를 보인 이유를 충분히 짐작할 만하다. 이 영화는 계급 간의 갈등을 노골적으로 드러내고 있으며, 그것이야말로 2차 세계대전을 앞둔 프랑스 사회의 진정한 현실이었다. 「게임의 규칙」이 건드리는 현실은 당대 도덕적인 위선과 그것을 가리는 수많은 계급의 가면을 벗겨 내는 것이었고, 이를 통해 르누아르는 인간 사회의 이면을 보여 주는 도덕적 리얼리즘을 확립하게 된다. 인간 세상의 진정한 이면은 사냥터 장면에서 보았던 것처럼 야만의 순간이었을 따름이다.

이러한 기치를 더 높이 치켜들게 되는 것은 포화를 경험한 이후 전쟁의 현실을 직접 눈으로 대면한 **네오리얼리즘**[852쪽 키워드 참고]에서였다. 장 르누아르는 전쟁 이후 만들어질 중요한 현대 영화의 측면을 5년 앞서 예언적으로 다룬 셈이다.

「게임의 규칙」이 그려 내는 규칙과 관습은 세계의 질서와 파괴를 드러내 보이려는 감독에게 영향을 끼쳤다. 로버트 알트먼의 「고스퍼드 파크」, 피터 그리너웨이의 「영국식 정원 살인 사건」이나 「차례로 익사시키기(Drowning by Numbers)」(1988) 등의 영화에 원천이 되었다. 「고스퍼드 파크」는 노골적으로 「게임의 규칙」을 참고한다. 맥코들 경과 그의 부인 실비아는 사냥 파티를 위해 웅장한 저택 고스퍼드 파크로 명사들을 불러들인다. 그들은 백작 부인, 1차 세계대전의 영웅, 미국의 영화 제작자 등 영미권 상류층 인사들이다. 이들과 함께 저택에 모인 사람들의 수발을 드는 하인들도 같은 곳에 머문다. 이 영화에도 살인 사건이 등장한다. 다만 맨 마지막이 아니라 중반부에 등장한다. 그 후 범인을 둘러싼 추론이 본격적으로 다뤄진다. 이와 비슷한 영화 중 하나는 프랑수아 오종(1967-) 감독의 「여덟 명의 여인들(8 Femmes)」(2002)이다. 애거서 크리스티의 영향력 아래 만들어진 이 작품은 장 르누아르의 영화가 장르적으로 변형되면 계급을 둘러싼 추리물이 될 수 있다는 가능성을 보여 준다.

오인으로 살인이 일어나고 한 가정이 파괴되는 과정은 샘 멘데스(1965-) 감독의 「아메리칸 뷰티(American Beauty)」(1999)와도 비교해 볼 수 있다. 이 영화의 화자이자 주인공은 이웃집 남자의 오인으로 살해당한다. 그것은 「게임의 규칙」의 희생자 앙드레처럼 따지고 보면 규칙을 위반한 자의 최후이기도 하다.

GERMANIA
ANNO ZERO

È un film
ideato, prodotto, diretto
da
ROBERTO ROSSELLINI

7강 전쟁과 네오리얼리즘

독일 영년

로베르토 로셀리니

"나는 배운 대로 했을 따름이야!"

— 등장인물 에드문트의 대사

「독일 영년」 Germania Anno Zero, 1947

이탈리아 | 74분 | 로베르토 로셀리니

이 폐허는 어디인가, 고대 로마제국의 유적인가? 아니다, 이곳은 광기가 내뿜은 검붉은 포화 속에 사라진 독일의 수도 베를린이다. 무너진 나치 독일의 황폐한 대지에는 하켄크로이츠(卍)의 물결 대신, 연합군이 사용하는 영어 말소리가 흘러넘친다. 차라리 꿈이었으면 좋으련만, 악몽 같은 전쟁이 지나고 난 자리에는 상처보다 더 격한 가난이 기다리고 있다. 그동안 나치를 믿던 자들은 하루아침에 단죄의 칼날을 받게 됐고, 기아와 파괴, 전도와 공황 속에서 독일의 국민들은 완전한 혼돈에 빠져든다. 전쟁의 포화가 지나간 독일의 수도 베를린은 폐허로 가득 차 있다.

소년 에드문트는 병든 아버지와 나치 혐의로 숨어 지내는 형을 대신하여 돈과 먹거리를 찾아 거리를 헤맨다. 그러나 아직 열다섯 살밖에 되지 않은 에드문트에게 일자리는 주어지지 않는다. 이기적인 어른들은 자신들 뱃속만 채우는 데 급급하다. 에드문트는 석탄 몇 덩어리를 주워 든 채 좁은 공간에 다섯 가정이 모여 사는 집으로 돌아온다. 집주인은 전기와 물을 아껴 쓰라고 잔소리를 해 댄다. 병석에 누워 몇 마디 훈계 말고는 아무것도 할 수 없는 아버지, 전쟁 중의 처신으로 인해 감옥에 잡혀가지 않을까 집에서 은신 중인 형 카를하인츠, 그리고 가족들을 돌보기 위해 동분서주하는 누나 에바. 이를 지켜보는 에드문트의 얼굴에는 표정이 없다. 연합군 경찰에 붙잡힐지 모를 형을 돌봐야 하고, 이웃 사람들의 손가락질에도 푼돈과 담배를 구걸하기 위해 미군들과 적당히 말동무하는 누나를 지켜야 한다. 하지만 어린아이로서 돈벌이를 한다는 것은 생각만큼 녹록한 일이 아니다. 가녀린 육체로 인부가 될 수 있겠는가? 아무 자본 없이 장사를 할 수도 없는 노릇이고, 출셋길에 나서기엔 조건이 열악하기만 하다. 이미 사람들의 온기가 사라져 버린 냉혹한 거리에서 어른들의 으름장은 사나운 맹수의 포효처럼 들린다. 결국 이런 콘크리트 정글 속에서 소년이 택할 수 있는 길이라고는, 부랑아들 무리에 섞여 설익은 사기를 치거나 호주머니 속 물건을 갈취하는 일뿐이다.

그러던 어느 날 에드문트는 나치의 신봉자이자 예전에 학교 교사였던 헤르 에닝을 만난다. 그는 에드문트를 유인하며 히틀러의 레코드를 팔도록 지시한다. 에닝은 에드문트에게 "이 세상은 양육강식의 법칙에 따라 돌아간다."라며, 병들고 나약한 존재는 도태될 수밖에 없는 것이 세상의 이치라고 알려 준다. 그의 말은 에드문트의 마음에 깊게 메아리친다. 병이 깊어진 아버지는 한동안 병원에 입원하게 되는데, 병문안을 간 에드문트는 주머니에 독약을 훔쳐 담아 온다. 퇴원한 아버지에게 에드문트는 독약이 든 차 한 잔을 가져다준다. 곧장 아버지는 세상을 떠난다.

한편 아버지가 정신을 잃고 쓰러진 순간에 연합군 경찰이 들이닥쳐 집 안을 뒤진다. 형은 더 이상 숨어 살지 않겠다며 자진해 조사를 받는데, 얼마 후 무혐의 처분을 받고 풀려난다. 아버지의 죽음과 형의 복귀로 가족의 근심은 모두 사라졌다. 그러나 아버지를 살해한 에드문트는 지금 자신이 저지른 일이 어떤 죄악인지도 모른 채 어둑한 길거리로 달려 나간다. '적어도 선생님은, 내 행동이 옳다고 할 거야. 나는 그가 가르쳐 준 대로 행동했을 뿐이니까. 나는 배운 대로 했을 따름이야!' 에드문트는 급히 선생을 찾는다. 하지만 선생은 이 모든 이야기를 듣고, 에드문트를 괴물 보듯이 쳐다본다. 선생은 "아버지를 살해한 일은 명백한 패륜이며 결코 용서받지 못할 짓"이라고 비난한다.

이제 소년이 의지할 곳은 아무 데도 없다. 길거리는 여전히 삭막하고 황폐하다. 에드문트의 마음도 그처럼 폐허가 돼 버렸다. 소년에게 주어진 선택지는 없다. 단지 무너진 건물 위에서, 차마 애도할 수 없는 아버지의 장례 행렬을 무표정하게 응시할 뿐이다. 에드문트는 아무리 생각해도 이 시대를 이해할 수 없다. 이런 비극적인 역사가 자기에게 일깨워 준 가르침이 도대체 무엇인지, 선악과 시비가 존재하는지조차 이제는 알 수 없다. 어디에선가 교회의 종소리가 들린다. 소년은 장난처럼, 실수처럼, 어쩌면 결연한 의지를 담아 비참하게 추락한다. 이것이 바로 '독일 영년'의 광경이다.

로베르토 로셀리니

Roberto Rossellini, 1906-1977

"나는 비관론자가 아니라 악을 인식하려는 낙관론자다."

로베르토 로셀리니는 1906년 8월 5일 이탈리아 로마에서 태어났다. 증조부가 로셀리니 형제에게 남긴 막대한 유산 덕분에 어린 시절을 유복하게 지냈다.

로셀리니는 1935년에 처음으로 단편영화 「다프네(Dafne)」(1935)를 제작한다. 그의 본격적인 영화 경험은 당대 최고의 감독 가운데 하나였던 고프레도 알레산드리니(1904-1978)가 연출한 「비행사 루치아노 세라(Luciano Serra Pilota)」(1938)의 시나리오 작업에 참여한 일이었다. 1941년에 처음으로 연출한 장편영화 「하얀 배(La Nava Bianca)」는 이듬해 베네치아 영화제에서 처음으로 상영되었다.

1943년 무솔리니 정권이 무너지면서 로셀리니는 그의 초기작이자 대표작인 「무방비 도시(Roma, Città Aperta)」(1945)를 구상하게 된다. 이 작품은 다른 영화를 찍고 남은 필름으로 만들었다. 나치 독일에 대항한 이탈리아 민중의 투쟁을 리얼리즘적 방식으로 그려 낸 「무방비 도시」는 네오리얼리즘의 시작을 본격적으로 알렸다. 이 영화는 독일군이 주둔해 있는 상태에서 촬영됐다. 이후 그는 「전화의 저편(Paisá)」(1946)과 전후 독일의 몰락상을 어린 소년의 눈으로 그려 낸 「독일 영년」 같은 리얼리즘 영화의 걸작을 만들어 냈다.

1950년대 들어서 로셀리니는 변화를 시도한다. 당대 최고의 여배우 잉그리드 버그먼과의 만남은 영화사에 세기의 스캔들로 기록됐다. 「무방비 도시」와 「전화의 저편」에 감명받은 버그먼은 로셀리니에게 함께 영화를 작업하고 싶다는 편지를 보냈다. 로셀리니는 1949년 1월 그녀를 만나기 위해 미국을 방문한다. 로셀리니와 버그먼은 제작사를 설립했고, 같은 해 버그먼은 「스트롬볼리(Stromboli)」(1950)를 촬영하기 위해 로마를 찾는다. 하지만 버그먼의 임신 사실이 언론에 알려지면서 뒷이야기가 불거졌다. 무엇보다 두 사람 모두 결혼한 상태라는 점이 큰 이슈를 낳았다. 버그먼은 1950년 2월 9일 이혼하고, 5월 24일 로셀리니와 재혼한다. 두 사람이 함께한 마지막 영화는 「이탈리아 여행(Viaggio in Italia)」(1954)이다.

로셀리니 영화에 있는 즉흥적인 요소들을 두고 세간에서는 무계획적으로 촬영한다는 비난이 일었다. 1954년 7월 《카이에 뒤 시네마》에서 로셀리니는 당시 비평가이던 프랑수아 트뤼포와 나눈 대담을 통해 다음과 같이 항변했다. "나는 늘 내 영화에 연속성을 주려고 생각하지요. 또 내 주머니에는 많은 메모들이 있어요. 하지만 솔직히 고백하자면 (제작자들을 안심시키기 위해서가 아니라면) 촬영 대본을 만들 필요성을 전혀 느끼지 못합니다. 오래전에 대화를 써 놓고도 내가 마지막 순간에 대사를 건네는 것은, 배우들이 대사를 능숙하게 익히기를 원치 않기 때문이에요."

1960년대에 로셀리니는 '오염된' 영화 대신 새로운 가능성의 매체 텔레비전 쪽으로 발길을 돌렸다. 텔레비전을 통해 시청자들에게 세계와 역사에 대한 비판적인 이해를 안겨 줄 교육적 역사 영화를 제작했다. 「루이 14세의 권력 쟁취(La Prise de Pouvoir par Louis XIV)」(1966)나 「사도 행전(Atti Degli Apostoli)」(1969) 등은 이 시기의 대표작들이다. 이 무렵 그의 관심사는 역사 속 인물을 현재 시점에서 어떻게 이야기할 수 있는가, 그리고 캐릭터에게 어떻게 역사적 개연성을 부여하는가 하는 점이었다.

이탈리아의 또 다른 거장 페네리코 펠리니(1920-1993)는 그의 영향력을 이렇게 표현했다. "내가 로베르트 로셀리니의 가르침 대부분에 빚지고 있는 것은 겸허함의 본보기, 혹은 좀 더 나은 표현을 찾자면 완전히 단순한 방식으로 현실을 마주하는 방식, 즉 자신의 아이디어, 문화, 감정을 방해하지 않는 노력이라고 정직하게 말해야 할 것이다. 로셀리니와 만나게 되었을 때, 나는 완전히 새로운 세상을 보았고 그가 만든 영화의 프레임을 통해 사물을 생생하게 만드는 감독의 사랑스러운 눈을 보았다.

네오리얼리즘,
파국을 겪은 세상을 담다

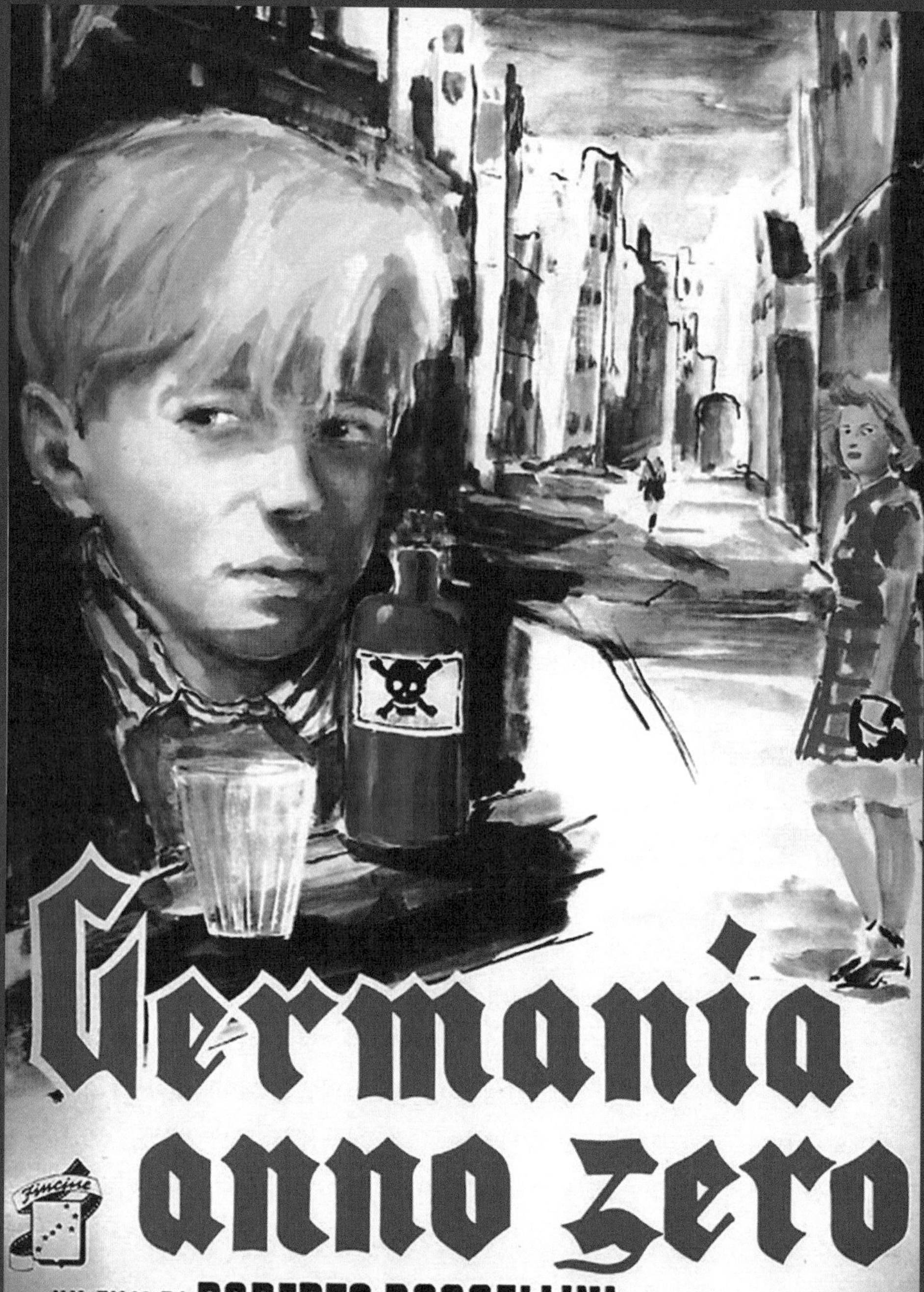

2차 세계대전 이후에 펼쳐진 네오리얼리즘 영화는 파국을 겪은 세상을 보여 주었다. 그러나 삶은 계속되기 마련. 그러니 생존을 위한 몸부림이 불가피한 법이다. 주인공들은 강한 군인이나 정치가가 아니라 연약한 아이들이나 여성 혹은 노인들이다. 그만큼 그들의 눈에 비친 전후의 살풍경은 너무나 가혹한 것이었고, 그러니 전쟁에 조금의 책임도 없는 그들의 죽음과 희생은 구원이란 오래된 주제를 떠올리기에 충분하다. 이렇게 네오리얼리즘은 세상에 대한 심도 깊은 인식을 촉구했다. 개인의 죽음은 단순히 개인의 문제가 아니라 한 가족과 사회를 둘러싼 문제였고, 때로는 국가 이데올로기에 의한 희생의 문제이기도 했다. 네오리얼리즘과 함께 현대 영화는 비참한 세계와 대면했고, 아이들의 촉촉한 눈망울을 통해 자신의 추악한 맨얼굴에 직면할 수 있게 됐다. 그 길을 앞서 걸어간 이가 현대 영화의 아버지라고 할 수 있는 로베르토 로셀리니다. 그의 영화를 통해 우리는 아이의 죽음을 본다. 소년의 죽음은 단순한 비극이 아니라 지금도 반복되고 있는 그 비극을 방치하고 있는 우리 자신을 부끄럽게 만든다.

모던 시네마의 진정한 출발점

이 로셀리니의 영화는 영화사의 전환점이 된 작품이라고들 합니다. 들뢰즈는 「독일 영년」을 "모던 시네마의 진정한 출발점"으로 봅니다. 전쟁이라는 큰 사건을 통해 세계관의 변화(그리고 변혁해야만 한다는 필요)를, 그러니까 새로운 생성을 꿈꾸었기 때문일 겁니다. 상처를 드러내야 치유의 희망이 생기는 것과 같은 이치일 겁니다.

「독일 영년」은 2차 세계대전 직후 만들어진 영화입니다. 로베르토 로셀리니의 다른 영화 「무방비 도시」와 「전화의 저편」과 함께 3부작을 이루는 작품이지요. 이 3부작으로 로셀리니는 네오리얼리즘이라는 장르의 개척자 중 한 사람이 되었습니다. 이 영화들은 자투리 필름을 모아 찍을 정도로 열악한 환경에서 작업되었습니다. 네오리얼리즘의 전형적인 특징 중 하나는 아이가 주인공이 된다는 점인데, 이후 영화 중에서도 네오리얼리즘의 수법을 가져온 것들이 꽤 돼요. 이를테면 이란 영화감독 마지드 마지디(1959-)의 「천국의 아이들(بچه‌های آسمان)」(1997) 같은 게 그렇죠.

강 이 영화는 '진짜' 같습니다. 저게 '진실'이구나 싶어요. 이제는 '네오'라고 하는 새로움은 또 어떤 것인지, '새로운 진실'이라면 옛날의 진실과 어떻게 다른지를 고민해 봐야겠지요.
네오리얼리즘을 생각할 때 가장 먼저 얘기할 것은 전쟁이에요. 전쟁이라는 경험은 바닥을 치는 경험이기 때문에 당사자의 삶은 리셋되어야만 하죠, 살아야 하니까. 그러니 전쟁은 삶의 진실을 마주하게 만듭니다. 인간의 잔혹성을 뼈저리게 느끼고, 그럼에도 인간애를 갈구하게 되는 거죠. 테오도어 아도르노(1903-1969)[1]는 말했습니다. "전쟁 이후 서정시는 불가능해졌다. 그럼에도 그것은 쓰여야만 한다." 양차 세계대전을 모두 겪고 난 후, 나치 몰락 시점의 이탈리아는 승전국이었지만, 무솔리니가 지배할 때 연합군의 공격으로 이미 초토화되었던 묘한 패전국이기도 했었습니다. 로셀리니는 이런 이탈리아의 상황을 패전 독일의 풍경에 빗대어 묘사하고자 했던 거지요.

아이의 영혼을 지배하는 목소리

이 그나저나 아이는 왜 죽어야 했을까요? 「게임의 규칙」과 마찬가지로 이 영화에서도 '죽음'의 문제가 핵심입니다. 인간을 다루는 영화에서, 결국 인간이 죽는다는 것은 강렬한 사건이라고 할 수 있거든요. 한 인물을 따라가면서 그의 생을 보여 주는 것이 영화의 형식인데, 그 존재가 세상과 결별하거나 누군가에게 죽임을 당한다는 것은 의미심장할 수밖에 없습니다. 요즘 대중 영화에서는 사람을 너무 쉽게 죽이는데요. 전후 사회를 다룬 네오리얼리즘 영화 때만 해도 죽음은 전쟁, 인간, 파시즘, 권력 등의 문제로 이어지는 진지한 성찰의 문제였어요. 이러한 맥락에서 에드문트가 한 선택, 즉 자살의 의미를 생각해 봐야 합니다.

1 프랑크푸르트학파 사상가로 나치에게 추방당하여 미국에서 파시즘을 연구한 『권위주의적 성격』과 호르크하이머와 함께 쓴 『계몽의 변증법』으로 명성을 얻었다.

강 가장 인상적인 장면은 폐허가 된 교회에서 목사로 보이는 성직자가 피아노를 연주하는 모습입니다. 리얼리즘이라기엔 너무 괴기스럽습니다. 이 장면의 파괴력 때문에 얼마 뒤 에드문트가 자살하게 된 건 아닐까요? 기독교적 사랑을 떠올리면 파스칼(1623-1662)의 『팡세』가 떠올라요. 그 책 1부에는 인간의 참혹성이 신랄하게 그려져 있습니다. '게임' 이야기가 나오는데, 이 단어의 가장 오래된 의미는 '사냥감'이라는 뜻입니다. 거기엔 당시 귀족들이 여우 사냥을 너무 많이 한 나머지 여우의 개체 수가 줄자, 허영으로 가득한 귀족들은 여우 대신 가난한 농가 자식들을 데려다 사냥을 했다는 믿지 못할 얘기도 나옵니다. 이렇게까지 한 이유는 단지 '무료함' 때문이었다고 써 있죠. 『팡세』 2부는 이런 참혹한 세계에 신이 없다면 어떻게 하냐고 이야기합니다. 참혹한 범죄와 속죄! 「독일 영년」과 『팡세』는 묘하게 공명하는 것 같아요.

이 찬송가 피아노 연주는 에드문트가 '바깥'에서 듣는 겁니다, 직접 보는 게 아니라요. 히틀러의 육성이 울려 퍼지는 장면도 인상적입니다. 폐허 곳곳에서 울리는 소리죠. 내면은 보통 소리로 비유되잖아요. 양심의 소리라는 말도 있듯이요. 내면에 울려 퍼지던 파시즘의 소리, 내면에 울려 퍼지던 속죄의 소리. 로셀리니는 이렇게 소리를 사용하는 것 같아요.

강 그럼 이 영화의 주인공이 죽은 진짜 이유는 무엇일까요? 첫 장면에 "로마노에게 바친다."라는 로셀리니의 문장이 나오는데요. 감독은 일부러 아들 로마노와 비슷하게 생긴 배우를 찾아 에드문트 역할로 캐스팅했다고 합니다. 에드문트는 기독교적 관점에서 죄를 범한 아이이므로 죽었을 수도 있습니다. 여자아이와 선생님에게도 버림을 받으니까요. 파시즘과 싸웠던 건 공산당뿐 아니라 가톨릭 쪽도 마찬가지였습니다. 정의 구현에 앞장선 선진적인 성직자들이 있었던 거죠. 영화를 보면 파스칼의 『팡세』 구조가 떠오르는 건 사실이에요. 그러고 보면 이데올로기엔 사랑이 없지만 이 리얼리즘적 영화에는 사랑이 있는 것 같습니다.

가난한 사람들을 품어 줬던 이탈리아 가톨릭을 상기시키는 영화입니다.

이 영화는 독일 베를린이 배경이지만 정작 배우들은 이탈리아어를 씁니다. 이탈리아에서는 자막 문화보다 더빙 문화가 발달했습니다. 더빙 작업이 로셀리니의 첫 직업이기도 했고요.
여하튼 어떤 목소리가 백지 같은 아이의 영혼을 지배해 가는 과정을 보여 주는 게 바로 이 영화입니다. 친구들과 놀려는데 아이들이 따돌리는 장면, 좋아하던 소녀가 다른 사내와 시시덕거리는 장면 등에서 소외와 고립, 이 아이가 정상적으로 사회생활을 하기 어렵겠다는 암시가 나오기도 하죠.
그런데 좀 더 내밀한 영역으로 들어가면요, 목소리에 관심이 갑니다. 약육강식을 기조 삼은 히틀러의 육성과 같이 세상으로부터 주입되는 내적 소리도 있습니다. 나치주의자이지만 몸을 사리면서 현실적으로 사는 선생님과 같은 다면적 존재와 달리, 이 아이는 친부 살해를 저지를 정도로 물들기 쉬운 투명한 존재였습니다. 그런데 기독교의 소리가 들리면서 그 아이는 죄책감을 느끼게 되었는지도 모릅니다. 지배적인 목소리를 따른 아이가 결국 비극을 인지한 순간입니다. 목소리가 세상을 지배해야 한다면, 그 목소리는 어떤 것이어야 하는가. 히틀러의 것이 아니라 가톨릭적 은총이어야 하지 않겠냐는 것이 로셀리니의 주장입니다.

네오리얼리즘, 아이의 리얼리즘

강 다시 네오리얼리즘에 대해 생각해 보죠. 이때 리얼리즘이라는 단어가 특히 심각합니다. 전문 배우를 안 썼다는 것도 네오리얼리즘의 한 특징입니다. 비용이 덜 들어서 그랬을 수도 있죠. 그 때문에 네오리얼리즘의 핵심 요인은 '가난'인 것 같기도 해요. 이 작품은 현실을 담아내기는 하는데 어떤 부분이 '사실적이다'를 넘어서는 지점이 있습니다. 네오라는 부분에 사랑이라는 종교적 의미성이 들어가는 것 같기도 해요.

이 네오리얼리즘 서사의 특유한 부분은 역시 '아이'입니다. 이탈로 칼비노(1923-1985)의 『거미집으로 가는 오솔길』[2]에도 이 영화와 상응하는 부분이 있습니다. 아이는 그저 따라 할 뿐인데, 왜 죽음의 대상이 되는가 하고 생각해 보면요. 아이의 죽음이라는 소재 자체가 반면교사가 되는 게 아닐까 싶어요.

강 그럼 '네오'의 의미가 아이일 수도 있겠네요. 고전 영화 「금지된 장난(Jeux Interdits)」(1952) 같은 걸 보면 아이들의 장난이 참 잔인하고 위험해 보입니다. 그냥 어른들을 순진하게 따라 할 뿐인데, 아이들의 행동은 엄청 폭력적이죠. 아이들이 순수한 만큼 그들의 행동은 어른들의 폭력을 그대로 보여 주는 겁니다. 그러니 네오리얼리즘이란 아이의 리얼리즘일 수도 있겠어요.

이 그럴 수도 있겠네요. 그런데도 에드문트의 행동에서 동질감을 느끼기란 참 어렵습니다. 저 아이를 뭐라고 말해야 할까? 아이를 불쌍하게 생각해야 하는데 영화는 그렇게 끝나지 않습니다. 아이에 대한 감정을 정하지 못한 채로 관객은 엔딩 크레디트를 보게 됩니다. 아무래도 동일시가 힘든 캐릭터입니다. 전시 상황이 파괴한 세계의 단면을 보여 주는 거죠. 「천국의 아이들」을 보면 아이의 순수한 영혼에 기꺼이 동조해 주고 싶어지지만 로셀리니의 영화는 그렇게 단순하지 않습니다.
모럴의 복잡성을 알려 주는 영화인 거죠. 도대체 도덕률이란 뭘까? 존재하기나 하는 걸까? 우리는 저 아이를 어떻게 이해해야 할까? 여러 가지 의문이 생깁니다. 확실히 불편한 아이이지만 나쁘고 잔인한 아이는 아닙니다. 아버지는 "내가 죽어야지."라고 말했습니다. 아이의 순진성은 아버지의 말을 표면적으로 받아들이고 행동으로 표출됩니다.

2 네오리얼리즘 영향을 받은 이탈로 칼비노의 첫 소설. 독일 식민지였던 이탈리아 빈민가에서 매춘부 누나와 살고 있는 소년 핀이 어른들의 세계에서 어디에도 속하지 못하고 소외와 고독을 경험하는 이야기다.

로베르트 로셀리니, 「독일 영년」

"네오리얼리즘의 '네오'는 아이를 뜻하는 게 아닐까요. 아이의 순수함과 거기서 파생되는 위험성이 사회의 진실을 깨닫게 하는 매체, 혹은 삶의 태도에 대한 반면교사의 역할을 하니까요."

강 맞아요, 이 아이는 말을 참 잘 듣습니다. 에드문트는 어른의 말을 잘 들으면 어른과 같은 존재로 대우받으리라 생각한 것도 같습니다. 어른이 자존심 탓에 하지 못하는 것들(구걸)을 대신함으로써 자긍심을 느낀 겁니다. 어른이 못한 걸 어른보다 잘하니, 우쭐대는 셈이죠.
어른처럼 행동하려다 아이는 자신이 '괴물'이라는 선고를 받습니다. 아이는 결국 기독교적 소리(피아노)를 듣고는 두려움에 휩싸입니다. 곧이곧대로 말을 들었을 뿐인 이 소년의 말로는 참 비극적입니다.
마오쩌둥 문화혁명 때 나이 든 사람들의 수염을 자른 홍위병이라는 청년 조직이 있습니다. 홍위병 아이들이 나중에 나이가 들었을 때 얼마나 수치심(후회)에 휩싸였을까요? 어쩌면 어린 나이였기에 가장 래디컬한 행동을 할 수 있었을 거예요. 이렇게 어린 시절, 너무나 순수해서 아무 사상이나 무분별하게 주입되기 쉬운 정신을 로셀리니도 다루고 싶었던 거겠죠.

이 그러고 보면 이탈리아 영화에서 우리는 순수한 캐릭터를 자주 발견하게 돼요. 이를테면 페데리코 펠리니라는 네오리얼리즘 시대에 출발했던 로셀리니와 동시대 감독이죠. 펠리니의 가장 유명한 작품은 네오리얼리즘 시대를 벗어나 만든 「8과 1/2(Otto e Mezzo)」(1963)이지만 네오리얼리즘의 자장 안에서 만든 또 다른 걸작이 바로 「길(La Strada)」(1954)입니다. 한국에도 여러 번 소개된 이 영화에서는 여주인공 젤소미나가 유명하죠. 그녀는 야만스러운 야바위꾼을 따라다니면서 생계를 책임집니다. 악마적 남성 캐릭터인 잠파노는 젤소미나를 학대하고 괴롭힙니다. 두 사람이 헤어진 후 시간이 흘러 잠파노가 노랫소리를 듣게 되는 장면이 있어요. 그 곡은 자신이 젤소미나에게 가르쳐 주었던 곡이에요. 빨랫줄에 빨래를 널던 여인이 흥얼거리는 가락을 듣고, 잠파노가 달려가 누가 가르쳐 주었는지 묻습니다. 그는 젤소미나의 이야기를 들려주죠. 그녀가 죽었다는 이야기까지도요. 짐승처럼 살았던 잠파노는 그녀의 죽음에 고통을 느끼고 해변에서 흐느껴 웁니다. 이 마지막 장면은 젤소미나의 죽음과 노랫가락이 잠파노를 구원하는 풍경을 담아냅니다. 일종의 영혼 회복인 겁니다. 이처럼 네오리얼리즘은 순수한 캐릭터를 주인공으로 내세워 '구원이란 무엇인가?'를 전달하고자 했습니다. 전쟁이 모든 것을 파괴해 버리니 그 가운데 순수한 아이나 여성이 얼마나 성스러워 보였겠어요.

잉그리드 버그먼, 세기의 스캔들

강 어린 시절 제가 처음으로 좋아했던 여배우가 잉그리드 버그먼이었어요. 「누구를 위하여 종은 울리나(For Whom the Bell Tolls)」(1943)라는 영화였던가요, 죽어 가는 남자 주인공 앞에서 오열하는 그녀의 모습이 아직도 기억에 생생해요. 그런데 이번 영화를 준비하면서 그녀가 로셀리니와 불륜에 가까운 사랑을 나눴다는 이야기를 듣고 충격을 받았어요. 성스러운 여자가 성적인 여자라는 사실을 확인했던 셈이니까요.

이 불륜이라 할 수 있지만 로셀리니는 아내와 별거 상태일 때 버그먼을 만났습니다. 잉그리드 버그먼은 1940년대 미국으로 건너와(스웨덴 태생) 성공한 스타였는데, 「무방비 도시」와 「전화의 저편」을 보고 감동을 받아 로셀리니에게 같이 영화 작업을 하고 싶다고 알렸습니다. 결국 둘이 영화사를 차렸고요. 이때부터 로셀리니 영화의 형태가 완전히 바뀝니다. 「스트롬볼리」나 「유로파(Europa)」(1951) 등을 찍게 됩니다.
버그먼이 로셀리니의 아이를 임신했다는 사실이 밝혀지면서 이탈리아 관객들은 로셀리니에게 배신감을 느낍니다. 버그먼도 할리우드에서 외면당하게 되고요. 그녀는 할리우드 복귀작 「아나스타샤」로 여우주연상을 받게 되기까지 한동안 힘든 시기를 보냅니다. 이 작품은 러시아 귀족의 수난기를 담고 있는데요, 묘하게 버그먼의 자전처럼 받아들여졌다고 합니다. 끝내 두 사람은 헤어졌다가 일흔 살 생일 때 재회했다고 하는데, 로셀리니가 직접 파티를 열어 주었던 걸 보면 둘은 여전히 애틋했던 것 같아요.

질문 1 네오리얼리즘이 이탈리아라는 특정 지역에서만 일어났던 움직임인지, 세계적으로 일어났던 흐름인지 궁금합니다.

이 예술사적으로는 영화에만 한정된 것은 아니지만 이탈리아에 국한된 문화 양상이긴 합니다. 영화사적으로는 루키노 비스콘티(1906-1976)의 「강박관념(Ossessione)」(1942)이라는 영화를 기점으로 10년 남짓한 기간 동안 형성된 작품들입니다. 주로 전시 상황, 전후의 비참한 상황을 담아낸 흑백영화였고 여기에는 비전문 배우가 많이 쓰였어요. 그러나 1950년대를 지나면서는 양상이 완전히 변해 버립니다.

질문 2 「게임의 규칙」에서는 피아니스트가 자동 피아노를 연주하는 장면이 나왔는데, 오늘 오르간 장면은 어떤 의미인지, 실제로 연주한 것인지 궁금합니다.

이 전축 소리에도 약간 과장이 있거든요. 피아노 장면도 다소 영화적 요소였던 거라 실제 연주였는지 녹음이었는지는 알기 어렵습니다. 한편 르누아르 영화에 나오는 자동 장치는 계급적 과시욕을 강조하는 요소이기도 합니다.

강 로만 폴란스키(1933-)의 「피아니스트(The Pianist)」(2002)라는 영화만 봐도 알 수 있는데, 전쟁은 음악과 반대되는 개념입니다. 찬송가든 대중가요든 음악을 크게 울렸다는 건 '종전'을 상징하는 겁니다. 에드문트라는 전쟁의 끄트머리를 사는 아이, 이 아이는 전쟁과 밀접히 연관된 마지막 세대인지도 모릅니다. '음악=평화'라는 도식이 있습니다. 신부님이 연주를 안 했더라도 음악 자체만으로도 의미가 있습니다, 분명 히틀러 연설과는 상반되죠.

질문 3 교회당에서 울려 나오는 게 독일 국가인가요?

강 헨델의 찬송가라고 합니다. 아무래도 바흐와 헨델이면 종교음악이겠지요. 그러나 잊지 말아야 할 건 바흐나 헨델의 음악이 가톨릭을 위한 게 아니라는 점입니다. 개신교(루터교)를 위한 음악이었습니다. 문맹률이 높았던 과거 시대에 「성경」 내용을 전달하는 가장 좋은 방법은 종교음악이었으니까요. 그러니까 「성경」을 통해 신과 직대면한다는 루터교의 정신이 중요합니다. 에드문트의 자살은 결국 스스로에게 벌을 주는 한 형식이었던 셈이지요. 참고로 독일 국가는 하이든의 현악 4중주곡 「황제(Gott erhalte Franz, den

Kaiser)」(1797)의 두 번째 악장입니다. 그는 당시에 가장 대중적인 작곡가로서 일정 정도 교회에서 벗어나 있었습니다. 그러니 「황제」와 같은 정치적인, 말하자면 세속적인 곡을 작곡할 수 있었던 겁니다.

질문 4 에드문트는 책임감 강한 아이입니다. 죄의 화살이 본인에게 돌아온 시점에서 스스로 죽을 수밖에 없다고 생각한 것 같습니다. 아이가 죽음으로써 새 시대의 도래를 알려 주려 한 것일까요?

이 최인호가 쓴 「술꾼」(1970)이라는 놀라운 단편이 있습니다. 소설에 나오는 10대 소년은 술을 계속 마시는데, 그 아이는 특정한 시대가 만들어 낸 존재죠. 어른 흉내를 내는, 아이답지 않은 아이 말입니다. 이 아이가 가장 아이답게 나오는 부분은 돈 버는 법을 배우기 위해 형을 따라가는 장면입니다. 이것은 책임감이나 가정적인 성향이라기보다 아이의 본성과 가까운 것 같아요.

강 구세대의 명령을 들은 아이라고 볼 수도 있겠네요. 로셀리니가 자신의 죽은 아들에게 바치는 영화라는 것을 보면 새 세대가 자라지 못하는 시대적 비극을 그렸다고도 볼 수 있겠네요. 자크 데리다(1930-)는 대응 가능성이 책임감의 어원이라고 했습니다. 'respond+able=responsible'이라는 거죠. 그렇지만 에드문트는 책임감이라는 단어에는 어울리지 않는 주인공인 듯합니다. 어른다운 제스처일 뿐, 제대로 대응하거나 적응하지 못했잖습니까.

질문 5 영화 속 선생님을 보면 소아성애자처럼 보이는데요, 『롤리타』와 연관해 생각해 볼 수도 있을까요?

이 학교 선생님의 캐릭터에는 동성애와 소아성애의 성향이 들어 있어요. 선생은 거리의 아이들을 이용해 경제적, 성적으로 자신의 욕망을 충족시키려 하죠. 에드문트의 선생님은 히틀러를 추종하는 파시스트이기도 한데, 이들 파시스트를 소아성애자로 묘사하는 작품들은 꽤 있는 편이에요. 파졸리니(1922-1975)의 영화 「살로, 소돔의 120일(Salò o le 120 Giornate di Sodoma)」(1975)도 생각나네요.

그리고 블라디미르 나보코프(1899-1977)의 『롤리타』가 소아성애를 다루기는 합니다만 이 작품의 주인공을 변태적으로만 규정하는 데는 문제가 있어요.

물론 이 작품의 성공으로 생겨난 '롤리타 콤플렉스'는 어린 여자에게 욕망을 느끼는 변태성욕을 지칭하게 됩니다만 정작 해당 작품을 읽어 보면 불끈거리는 욕망과는 거리가 멉니다. 주인공 험버트는 롤리타를 보고 매혹을 느끼지만 자기 욕망은 실행하기보다 끊임없이 부정하거나 미끄러지면서 끝내 자살을 선택하지요. 이 작품의 기초를 이루는 것은 오히려 망명자의 정서예요. 실제로 나보코프는 러시아 귀족 출신인데, 러시아혁명을 피해 유럽으로 망명했습니다. 유럽에 거주하던 그는 2차 세계대전 당시 나치를 피해 뉴욕으로 갔죠. 그래서 『롤리타』도 영어로 썼어요. 하지만 미국에서 출간을 거절당하고 프랑스에서 책을 먼저 냅니다. 프랑스어로 출간한 작품이 베스트셀러가 되면서 영국과 미국에도 소개됩니다.

철학자의 눈
강신주

리얼리티의 현상학, 혹은 고통에서 피어나는 리얼리티!

이게 꿈인가, 생시인가? 방금 일어나지 않을 것만 같았던 일이 기적처럼 일어났다. 항상 도도하기만 하던 그 사람이, 나에게 일말의 관심도 없어 보였던 그 사람이 내게 키스를 하고는 부끄러운 듯 서둘러 자리를 떠난 것이다. 꿈에서나 소원했던 일이 막상 일어나니, 이게 현실인지 정말 꿈을 꾸는 건지 헷갈릴 정도다. 이럴 때 우리는 자신도 모르게 얼굴이나 손등을 한번 세게 꼬집어 본다. 고통이 느껴지면, 몇 분 전의 키스는 분명 현실이리라. 불행히도 전혀 고통이 느껴지지 않는다면, 그저 행복한 개꿈에 젖어 있는 것이니 꿈에서 깨어나지 않기를 바랄 뿐이다. 여기서 우리는 리얼리티의 현상학에 이르게 된다. 그것은 인간이 고통 속에서 리얼리티를 느낀다는 통찰이다. "이건 현실이야!"라고 외칠 때, 우리는 지금 고통을 겪고 있다는 것을 말하고 있는 셈이다.

이 지점에서 갑자기 불교의 오랜 가르침 하나가 떠오른다. 일체개고(一切皆苦). 모든 것이 고통일 뿐이라는 뜻이다. 조금은 과장이라고 할지라도, 고통에 대한 불교의 통찰은 거의 진실에 가깝다고 할 수 있다. 방금 '조금은'이나 '거의'라는 말을 썼다. 그건 행복이나 기쁨도 분명 있다는 사실을 암시하기 위해서다. 대부분 우리는 고통의 상태에 있지만, 간혹 마술처럼 행복과 기쁨을 누리기도 한다. 여기에 "행복은 너무나 희소하다."라는 스피노자의 말은 인용할 필요도 없다. 삶의 대부분은 그냥 크고 작은 고통의 연속이라는 사실을 받아들이면 그만이니까. 그러니 행복이 찾아왔을 때 우리는 당혹감을 느끼게 되는 것이다. 대개의 경우 '현실=고통'의 도식이 적용되는 삶에 익숙해 있으니, 행복이 찾아오면 순간적으로 현실감, 즉 리얼리티가 증발한 듯한 느낌을 받는다.

대개의 경우 현실이 고통의 감각으로 다가오는 이유는 무엇일까? 그건 우리가 근본적으로 유한자이기 때문이다. 우리는 외부의 도움 없이는 하루도 삶을 영위할 수 없는 존재다. 직업도 필요하고 돈도 필요하다. 심지어 타인의 관심과 애정도 필요하다. 그러나 이런 모든 것은 바라고 기대한다고 해서 내 뜻대로 얻을 수 있는 게 아니다. 그래서 현실은 항상 고통으로 넘실거린다. 취업하려고 해도 마음대로 되지 않으니 고통스럽고, 나의 뜻과 반대로 전쟁이 발발하니 고통스럽고, 사랑하는 사람이 내게 무관심하니 또 괴로운 것이다. 그래서 로또 대박이라도 맞으면, 찍은 문제가 대부분 정답이라는 것을 확인하면, 꿈으로만 소망했던 사람과 키스를 나누면, 우리는 자신에게 찾아온 행복을 믿을 수 없게 된다. 그러니 볼이나 손등을 그렇게나 세게 꼬집게 되는 것이다. 행복을 느끼는 순간, 이게 꿈이 아니라 현실이라는 걸 확인하기 위해서다.

마침내 우리는 리얼리즘과 아이디얼리즘(idealism), 혹은 현실주의와 이상주의가 어떤 감각에서 유래했는지 이해할 수 있는 실마리를 얻게 된다. 철학에서든 문학에서든, 심지어 영화에서든 간에 리얼리즘과 아이디얼리즘은 고통의 깊이에서 측정 가능하다. 어떤 작품이 나에게 고통의 감각을 느끼게 한다면, 그 작품은 리얼리즘을 따르는 것이다. 반대로 고통이란 거의 찾아볼 수 없이 유쾌한 감정만을 안겨주는 작품이 있다면, 그건 아이디얼리즘에 입각해 있는 것이다. 물론 리얼한 작품에도 반드시 조금이나마 작은 기쁨이나 행복은 있을 수 있고, 반대로 아이디얼한 작품에도 갈등이나 고통이 어느 정도 들어 있기 마련이다. 처절한 전쟁 영화에도 아이들의 해맑은 미소가 등장하고, 별다른 갈등 없이 해피엔드로 치닫는 영화에도 충분히 눈물을 자아내는 장면이 있을 수 있다.

1930년대 프랑스 영화계를 풍미했던 건 시적 리얼리즘이었고, 1940년대 이탈리아 영화계를 지배했던 건 네오리얼리즘이었다. 도대체 1930년에서부터 1940년대까지 짧게는 20년 정도, 길게 보면 30년 정도 유럽 영화계에 리얼리즘이 지배적이었던 이유는 무엇일까? 그건 영화를 만드는 사람이나 보는 사람들이 모두 경제적이거나 정치적인, 혹은 정신적 고통에 내던져져 있었기 때문이다. 하긴 유럽을 두 번이나 초토화한 양차 세계대전의 여파에서 행복할 수 있었던 사람이 몇이나 되겠는가. 르누아르로 대표되는 프랑스의 시적 리얼리즘 영화보다 로셀리니로 상징되는 이탈리아 네오리얼리즘 영화들이 더 리얼하다. 1940년대 이탈리아 감독들의 고통은 1930년대 프랑스 감독들보다 더 깊었기 때문이다.

2차 세계대전이 1차 세계대전보다 더 잔혹했다는 역사적 사실, 그리고 한때 나치 편을 들다가 패망한 이탈리아 상황을 떠올려 보라. 이렇게 전쟁이 가져다준 고통은 당대를 살아간 사람들에게 정치를, 사회를, 권력을, 자본을, 그리고 인간을 '리얼하게' 보도록 강제할 수밖에 없었다. 고통스러운 시선은 리얼한 영화로 드러나는 법이다. 역으로 말해 리얼함의 정도는 고통의 깊이에서 찾아야 한다. 잔혹한 민낯을 드러낸 세상이 주는 고통을 온몸으로 받아냈기에 이탈리아 네오리얼리즘 영화는 10년 전 프랑스의 시적 리얼리즘 영화보다 더 리얼할 수 있었다. 그러니 이탈리아의 리얼리즘에는 '시적'이라는 사치스러운 용어가 허락될 수 없었다. 시나 음악의 예술적 스타일마저 사치로 느껴지는 리얼리즘 혹은 그저 살풍경한 리얼리즘이니, 일체의 형용사를 제거하고 그냥 '네오리얼리즘', 즉 새로운 리얼리즘이라고 부를 수밖에.

잊지 말자, 1940년대 이탈리아의 영화감독들은 리얼리즘이라는 이념을 영화라는 매체 속에 관철하려 했던 것이 아니라, 스스로 고통 속에 던져진 채로 세상과 인간을 보았기에 리얼한 영화를 제작할 수 있었다는 사실을. 세상을 바라보는 시선도 고통으로 점철되어 있지만, 그만큼 영화를 제작하는 여건도 고통스럽기는 마찬가지였다. 제작 여건의 악화는 프랑스보다 이탈리아에서 더 심했다. 영화처럼 대규모 인력과 기술이 투입되는 예술 분야에서 경제적 궁핍은 상상 이상으로 결정적인 영향을 미치는 법이다. 지난 1920년대처럼 화려한 스튜디오에서 유명 스타를 캐스팅해 찍는 영화들이 이제 불가능해진 것이다. 야외 촬영, 부족한 필름, 비전문적인 배우로 만들어진 영화는 스튜디오, 좋은 필름, 전문적인 배우로 만들어진 영화보다 더 리얼할 수밖에 없다.

로셀리니 감독의 「독일 영년」도 전쟁으로 폐허가 된 베를린 시내에서, 그리고 즉석 오디션으로 뽑은 배우들로 촬영한 영화였다. 당연히 다큐멘터리 냄새가 물씬 나는 영화가 나올 수밖에 없었다. 아이러니하게도 기법상의 리얼리즘은 제작 여건이 악화됐기 때문에 얻어진 결과물이었다. 누구나 알고 있지 않은가, 저예산으로 제작된 독립 영화가 상업 영화에 비해 얼마나 더 리얼해 보이는지 말이다. 여기에 단서 하나를 달아야겠다. 고통에 물든 시선은 리얼한 영화를 가능하게 하지만, 그 역은 반드시 성립되지 않는다는 사실을. 일반인과 같은 비전문 배우를 캐스팅해 세계를 있는 그대로 촬영한 영화가 반드시 고통에 대한 공감을 불러일으키지는 않기 때문이다. 따라서 기법상으로 다큐멘터리에 가까운 리얼리즘을 추구한다고 해서, 그 작품이 바로 리얼리즘 영화가 되는 것은 아니다. 고통이 빠진 채 시도된 리얼리즘은 가짜 리얼리즘에 다름 아니다.

이러한 이유로, 진정한 리얼리즘 영화는 필연적으로 진보적이다. 고통스러운 삶을 포착해 보여 주는 순간 리얼리즘 영화는 고통에 대한 대중적 공감을 형성할 수 있고, 따라서 조직적 저항을 낳을 수도 있다. 그래서 체제는 항상 리얼리즘 영화를 좌파 문화로 단죄하고 억압하려 한다. 고통에 대한 공감과 연대에는 체제를 전복할 수 있는 파괴력이 잠복해 있음을 잘 아니까. 물론 그렇다고 해서 사회주의

YOU ARE LEAVING
THE AMERICAN SECTOR
ВЫ ВЫЕЗЖАЕТЕ ИЗ
АМЕРИКАНСКОЙ ЗОНЫ
VOUS SORTEZ
DU SECTEUR AMERICAIN

「독일 영년」의 에드문트가 또래 아이들을 만나는 장면

이념을 따르려는 영화가 반드시 리얼리즘 영화가 되는 것은 아니다. 중요한 건 고통을 포착하는 감수성일 테다. 이런 점에서 종종 좌파라고 오해받는 로셀리니 감독이 추구했던 이념이 가톨릭이었다는 점은 시사하는 바가 크다. 사실 어떤 이념을 품고 있는가에 상관없이 감독이 세상을 고통스럽게 느끼고, 그렇게 바라보고 있느냐가 중요한 것이다. 일체의 고통을 느끼지 못한다면 이미 죽은 상태다. 삶의 세계는 고통을 느끼는 세계이고, 오직 그럴 때에만 리얼한 세계가 간신히 존재할 수 있다. 이게 바로 삶의 아이러니 아닐지.

비평가의 눈
이상용

소년을 구할 수 없는 아버지들의 세계

전쟁이 끝나고 사춘기에 접어든 에드문트에게 세상이라는 큰 벽이 다가온다. 침상에 누워 있는 병든 아버지는 노동할 수 없다. 아버지를 대신해 일을 해야 하는 큰형은 (나치 혐의로) 감옥에 갈 것이 두려워 집 안에 숨어 지낸다. 전쟁이라는 비극적인 상황은 아버지를 병들게 했고, 형을 숨어 지내게 했다. 에드문트만이 주저함 없이 세상을 향해 나선다.

그러나 세상은 어린 소년의 노동에 호의적이지 못하다. 어른들은 에드문트를 자신들의 일자리를 차지하려는 영악한 아이로 바라볼 뿐이다. 아버지 또한 마음이 편치 않다. 그 무엇보다 사람들의 시선이 신경 쓰인다. 에드문트가 나이를 속이고 일을 하려다 쫓겨난 사연을 말하자 아버지는 "차라리 잘됐다."라고 대답한다. 가족을 위해 잘된 일은 결코 아니지만, 자신을 대신해 어린 아들을 거리로 내보낸다는 사실이 수치스러웠기 때문이다. 아버지는 반복적으로 큰형을 탓한다. 그렇게 숨어 지내지만 말고 결단하고 행동하라고 종용한다. 에드문트가 거리의 아이들을 따라 밤을 지새우고 돌아온 어느 날, 화가 난 아버지는 에드문트의 뺨을 때린다. 그것은 에드문트가 걱정되어서가 아니다. 제대로 교육을 받지 못한 아이라고, 아버지 없고 어머니 없는 후레자식이라는 소리가 듣기 싫어서였을 것이다.

아버지에게는 소년이 가져온 감자도 아들의 안부도 우선적인 관심의 대상이 되지 못한다. 병상에 누워 지내는 자신의 상황이 부끄럽고 집안의 가장 어린 막내가 빵을 구해 오는 상황이 괴로울 따름이다. 그래도 착한 소년은 세상에 나가기를 주저하지 않는다. 세상에는 병상에 누워 있는 아버지를 대신하여 자신을 도울 또 다른 아버지들이 있을 것이다. 에드문트가 처음으로 만난 세상의 아버지는 이름 모를 한 아저씨다. 그는 에드문트가 팔려고 가져온 체중계를 보자 성능을 묻고는 대뜸 자신의 차에 싣는다. 그는 300리라를 달라는 에드문트의 말을 묵살한 채 통조림 하나를 건네준다. 에드문트는 이 상황을 받아들일 수가 없다. 그 아저씨는 아이가 끈질기게 정해 놓은 가격을 요구하자 인심을 쓴다는 듯 통조림 하나를 더 건넨다. 그러고는 귀찮다는 듯 소년을 밀쳐 낸다.

세상의 아버지가 이렇게 이기적이기만 한 것은 아닐 것이다. 거리를 걷던 에드문트는 우연히 다른 아버지, 즉 과거 선생님을 만난다. 선생님은 여러 이야기를 들려주면서 어린 제자와 이야기하는 것이 즐겁다고 말한다. 그리고 자신의 집으로 불러들여 소년을 어루만지며 세상은 약육강식의 법칙에 지배받고 있으며 강자만이 살아남는다는 교훈을 전해 준다. 또한 소년에게 히틀러의 육성이 담긴 레코드판을 미국인들에게 팔 것을 지시한다. 에드문트가 성공적으로 미군들에게 레코드판을 판매해 돈을 벌어 오자 선생님은 소년에게 용돈을 준다. 에드문트는 돈을 벌었다는 사실에 기뻐할 뿐 아니라 자신과 비슷한 처지의 부랑아들을 만난 일을 운 좋게 생각한다. 이들과 같이 있다면 더 이상 에드문트는 굶지 않아도 될 것 같다. 역시 세상에는 살아가는 법을 가르쳐 줄 수 있는 아버지들이 있다. 선생님의 말과 교훈은 에드문트의 마음속 깊숙이 자리 잡는다.

약육강식의 현실. 선생님은 강자만이 살아남아야 한다는 히틀러식으로 변질된 초인 사상을 전파한다. 맞는 말이다. 따라서 에드문트 가족 중에 가장 쓸모없는 약자인 아버지는 제거되어야 마땅하다. 병원에 입원해 있는 아버지를 보러 간 날, 에드문트는 몰래 독약을 챙긴다. 그리고 이 독약을 차에 타서 아버지에게 건넨다. 에드문트의 아버지는 그날로 죽어 버린다. 아버지의 죽음은 에드문트의 잘못이 아니다. 그것은 세상의 아버지들이 가르쳐 준 방법이었다. 축음기를 따라 울려 퍼지는 히틀러의 음성처럼 승리를 위한, 강자가 되기 위한 길이었다. 에드문트의 아버지조차 자신은 더 이상 쓸모없다며 죽고 싶다고 입버릇처럼 말하곤 하지 않았던가. 에드문트는 아버지의 소원을 따랐을 따름이다. 그것은 가족을 위해서도, 자신을 위해서도, 약육강식의 논리 속에서도 반드시 필요한 일이었다.

그러나 에드문트는 아버지의 죽음 이후 무언가 잘못되었다는 생각을 품는다. 누이는 흐느껴 울기 시작하고, 형의 태도도 달라진다. 에드문트는 한달음에 선생님을 찾아간다. 그마저 에드문트를 비난하기 시작한다. 에드문트가 선생님을 찾아간 것은 자신의 행동에 정당성을 얻기 위함이었다. 에드문트는 선생님의 말을 따랐을 따름이었다. 그런데 선생님이 왜 에드문트를 비난하는 것일까? 알 수 없다. 어제의 거리는 더 이상 어제와 같지 않다. 공을 차는 아이들도 소년과 함께 어울려 주지 않고, 하룻밤을 보낸 소녀를 찾아가 보지만 다른 남자들과 시시덕거리느라 바쁘다. 소년은 모든 것이 덧없이 느껴진다. 진정한 외로움이 찾아온 것이다. 그때 거리에 교회의 피아노 소리가 울려 퍼진다. 그래, 천상의 아버지는 내 마음을 알 것이다. 소년은 폐허가 된 건물 위로 올라가 아버지를 향해 뛰어내린다. 그러

나 천상의 아버지 역시 소년을 받아 주지 않는다. 추락한 소년은 허무한 죽음으로 세상과 이별한다. 모든 아버지가 무엇인가를 말하고 있었지만, 그 말들은 소년을 이끌어 주지 못했고 결코 구원하지 못했다.

소년이 이해하지 못한 것은 무엇이었을까? 「독일 영년」에서 관객들이 목격한 것은 표정 없는 에드문트의 맨얼굴이다. 소년은 자신을 위한 가면을 쓰지 않았다. 소년은 가면을 벗어 던지고 맨얼굴로 험악한 세상에서 살아 보려고 했다. 그것은 순진한 태도인 동시에 어린 소년이 사회를 이해하지 못한 탓이기도 하다. 우리는 타인이 누구인지 정체성을 확신할 때, 또한 우리가 누구라고 정체성을 타인에게 확인시켜 줄 때 하나의 공동체를 가정한다. 이때 우리에게 필요한 것은, 이웃을 위해 필요한 것은 가면의 존재다. 소년처럼 가면을 벗어 던지고 진실한 모습을 보여 주는 것은 오히려 너와 나의 관계를 위태롭게 한다. 차라리 거짓된 가면이 관계를 조화롭게 해 줄 것이다. 가면 안쪽의 맨얼굴을 통해 진정성이 성취되리라는 기대를 버려야 한다. 진정성이 있다는 믿음이야말로 거짓이며, 가면을 벗은 무(無)의 얼굴을 본다는 것은 공포 그 자체이기 때문이다. 가면은 우리를 인격체로 만들어 준다. 세상에 존재하는 유일한 진정성이란 가면을 벗으려는 노력이 아니라, 그 가면이 가정한 인격을 가능한 한 최대한 진지하게 수행하는 데 있다.

에드문트는 전후에 펼쳐진 아버지들의 사악한 가면을 이해하지 못했다. 소년은 아버지들의 가면을 모두 진실 그대로라고 여기고 받아들이기 시작했다. 그리하여 아버지가 죽고 싶다는 말도 가식이 아니라 진실로 받아들였으며, 약육강식의 논리를 강조한 선생님의 말도 허식이 아니라 진심으로 받아들였다. 그것은 친부를 살해하는 끔찍한 비극으로 이어진다. 차라리 소년의 체중계를 강탈하다시피 한 아저씨가 그나마 괜찮은 인물일지도 모른다. 그에게도 물건을 보자며 접근한 허식이 있긴 했지만 최소한 세상은 내 편이 아니라는 것을 가르쳐 주었으니 말이다. 그러나 대부분의 아버지들은 소년을 위하는 척하면서 자신을 위해 말하고 행동했을 따름이다. 우리는 구원받을 수 없는 아버지들의 세계를 끔찍하게 여겨야 한다. 그것은 바로 전쟁이 가져온 황폐한 현실이다.

「독일 영년」에서 에드문트의 집에는 어머니가 없다. 부성만이 지배한다. 그런데 감독은 어머니가 왜 없는가는 설명하지 않는다. 어머니를 대신해 누이가 있기는 하지만 그녀가 행하는 일이란 밤마다 미군들이나 외국인들을 상대해 주면서 생계를 위해 담배 몇 개비를 얻어 오는 게 고작이다. 그러면서도 누이는 자신의 연인인 한 남자를 기다리고 있다. 그가 언제 올지 기약할 수는 없다. 다만 그 남자에게 매달려 있을 따름이다. 그런 점에서 누이 역시 오롯한 모성적 존재는 아니다. 그저 또 다른 남자에게 종속된 자유롭지 못한 영혼이다.

문제는 아버지들이 이미 이기적으로 타락했으며 더 이상 제대로 지배력을 발휘하지 못한다는 점이다. 전쟁의 참혹함이란 바로 이러한 아버지의 타락으로부터 기인한다. 그것은 곧 아들을 타락시키며 세상을 타락시킨다. 친구들이 누이를 향해 권유하는 것처럼 남자들에게 쉽게 몸을 맡기고 편히 살기를 권유하는 것이다. 이러한 현실 속에서 누이가 끝까지 버티기는 했지만(그래서 여성이다.) 소년은 이러저러한 아버지를 좇다 끝내 죽음을 택한다. 천상의 아버지인 신이 에드문트를 들어 올려 주었다면 어떠했을까? 알 수 없는 일이다. 높은 곳에서 추락한 에드문트가 죽음 이후에 천사가 되었다고 생각하면 조금은 마음이 편해질 수 있다. 가톨릭을 견지했던 로셀리니가 에드문트의 죽음을 생각한 것은, 소년의 행복이 끝내 지상에서는 이루어질 수 없기에 하늘에서나마 이루어지기를 바란 것은 아니었을까? 그래서 「독일 영년」의 자살 장면은 갑작스럽게 일어난다. 그것은 현실의 피로를 급격하게 단절시키는 장면이다. 관객들은 에드문트의 말 없는 자살, 느닷없는 자살을 통해 처참하고 비극적인 현실을 바꿔야 한다고 생각한다. 이 영화의 자살이 중요한 이유는 여기에 있다. 더 이상 소년의 자살을 방관해서는 안 된다. 이 영화의 제목이 「독일 영년」인 것도 바로 그러한 까닭이다.

네오리얼리즘의 영화는 가난하고 어려운 시대에 놓인 사회와 국가에 영화를 만들 수 있는 최소한의 방법과 모럴을 알려 주었다. 1950년대 중반 이후 「아푸 3부작: 길의 노래(Pather Parchali)」(1955)를 만든 인도 감독 사티야지트 레이(1921-1992)의 영화에는 네오리얼리즘의 영향력이 역력하다. 아이를 주인공으로 삼고 있고, 가난한 현실이 배경으로 등장한다. 그 가운데 주인공은 꿋꿋이 삶의 길을 걸어간다. 네오리얼리즘은 한국전쟁 이후의 한국 영화에도 큰 영향을 끼쳤다. 김수용(1929-) 감독의 「사격장의 아이들」(1967)은 야외 촬영을 바탕으로 아이들을 주인공으로 내세워 전쟁의 어두운 현실을 다뤘는데, 단번에 네오리얼리즘의 영향을 받은 작품임을 짐작하게 한다.

유명한 사례는 1990년대 국제영화제 무대에 혜성같이 등장한 이란 영화들을 통해서다. 「내 친구의 집은 어디인가」로 대변되는 압바스 키아로스타미의 영화는 네오리얼리즘을 건강하게 되살린 사례다.

한동안 이란 영화는 새로운 감독들의 등장과 아이들과 여성을 중심으로 한 네오리얼리즘 스타일이 만나면서 아시아 영화에 대한 관심을 이끌어 냈다. 중국의 새로운 영화들도 네오리얼리즘의 영향 아래에 있다. 1990년대에 등장한 중국 6세대 감독들 중 왕샤오슈아이(1966-)의 「북경 자전거(十七歲的單車)」(2001)는 「자전거 도둑」의 모방 아래 완성되었고, 지아장커(1970-)의 장편영화 데뷔작 「소무(小武)」(1997) 역시 네오리얼리즘 스타일을 취해 각광받았다.

⑧강 춤추고 노래하는 필름

사랑은 비를 타고

진 켈리, 스탠리 도넌

시놉시스

"어느 순간에도 품위만큼은 지켜야 합니다."

— 등장인물 돈의 대사

「사랑은 비를 타고」 Singin' in the Rain, 1952

미국 | 103분 | 진 켈리, 스탠리 도넌

땅거미가 진 할리우드의 어느 한 극장, 관객의 환호성과 카메라의 은백색 플래시로 소란스럽다. 아무래도 오늘, 유명 영화의 시사회가 열리는 모양이다. 아니나 다를까, 그곳엔 은하수처럼 수많은 스타가 밟고 지나갈 레드 카펫이 깔려 있고, 영화 속 주인공을 직접 보겠다며 모여든 인파와 기자들로 발 디딜 틈조차 없다. 매끈한 리무진에서 이름난 스타들이 하나둘 내릴 때마다 여기저기에서 탄성이 터져 나온다. "우와, 돈 록우드다! 리나 레몬트와 함께 오고 있어!" 스타 중의 스타, 현재 최고의 주가를 올리고 있는 흥행 배우 두 사람이 나란히 등장하자 군중이 술렁이기 시작한다. 급기야 실신하는 여성 팬마저 있다. 이때, 연예 프로그램의 리포터는 두 사람(정확하게는 코스모까지 세 사람)에게 마이크를 건넨다. "돈, 당신이 지금 이 자리에 서기까지 겪어 온 일을 말씀해 주세요." 그러자 돈은 특유의 근사한 미소를 지으며, 자신의 인생을 반추한다. 물론, 돈의 인생은 그의 이야기처럼 그리 유쾌하지도, 멋지지도 않았다.

한동안 그는 시골 밤무대(보드빌)에나 오르는 아마추어 개그맨, (심지어 야유만 받았다.) 보잘것없는 영화 단역만 전전했다. 하지만 돈은 자신에게 온 기회를 단번에 움켜잡았다. 처음에 그는 영화 촬영 보조를 맡고 있었지만, 우연한 기회로 스턴트맨 역할을 따냈고 그 일을 계기로 무성영화계 최고의 스타가 된다. 이렇듯 돈의 인생 역정(歷程)은 무성영화 시대의 중요한 단면을 모두 함축하고 있다. 한편 지금 돈의 곁에 서 있는 리나 또한, 지난 세월 무성영화계를 함께 누빈 파트너다. 물론 대중은 돈과 리나가 '연인'이라고, 영화 속 로맨스를 그대로 체현하고 있다고 굳게 믿고 있지만 말이다.

영화 시사회가 끝나고, 돈은 본능적으로 불안한 기운을 알아챈다. 관객의 찬사와 박수갈채에도 이 불안은 쉬이 진정되지 않는다. 그는 여전히 무성영화의 힘을 믿지만, 자기 영화 인생에 어떤 한계가 임박했음을 직감한다. 광택이 흐르는 턱시도와 샴페인도, 극성 팬들의 관심과 리나와의 거짓된 관계도 전부 넌더리 날 뿐이다. 그러다 우연찮게 얻어 탄 어느 자동차에서 돈은 매력적인 한 여성을 만나게 된다. 그녀의 이름은 캐시, 대스타의 얼굴도 못 알아보는 맹랑한 여인이다. 캐시는 돈의 수작에 절대 걸려들지 않고, 오히려 "무성영화는 바보 같다."라고 험담을 늘어놓는다. 그녀 생각에 본디 배우는, 언어를 통해 감정을 전달하고 대사를 해석할 수 있는 능력을 가진 존재여야 한다. 마치 셰익스피어의 「햄릿」 역처럼 말이다. 그런데 무성영화의 배우들은 붕어처럼 입만 벙긋대고, 우스꽝스러운 행동만 보여 주지 않는가! 캐시의 이런 발언에 무성영화 스타인 돈 록우드는 내심 상처를 받는다.

하지만 돈은 캐시의 날카로운 지적을 떨쳐 낼 수 없다. 영화 시사회가 끝난 다음에도, 돈의 저택에서는 시사회 애프터파티가 한창이다. 리나의 앵앵거리는 목소리, 영화 관계자들의 이야기, 어느 것 하나 귀에 들어오지 않는다. 그때 영화사 사장은 마치 선전포고를 하듯, 뜻밖의 소식을 발표한다. "우리도 이제 유성영화를 제작할 겁니다. 다들 아시겠지만, 요즘 유성영화가 인기라고 합니다. 일단 보여 드리죠." 영화사 대표는 방금 자신이 한 말이 녹음된 영상을 보여 주며, 장차 유성영화의 시대가 올 것이라고 호언장담한다. 그러나 연회장의 사람들은 "그래도 무성영화가 최고지!"라며 유성영화의 존재를 하찮게 여긴다. 결정적인 순간에 불안감을 느끼는 사람은 돈 록우드, 바로 그 혼자인 듯싶다. 돈의 머릿속이 온갖 근심으로 무거워지려고 할 때, 한 무리의 무희들이 등장해 파티의 여흥을 돋운다. "아니, 저 여자는?" 분홍색 깃털로 치장한 무희들 사이에서 돈은 좀 전에 만났던 캐시를 찾아낸다. 지금이야말로 자신이 당했던 망신을 갚아 줄 기회다. 돈은 신 나게 캐시를 비아냥대지만 어쩐지 마음이 편찮다.

돈은 자꾸 떠오르는 캐시 생각에 정신이 없다. 그날 밤에는 괜한 홧김에 못할 말까지 내뱉어 가며 그녀를 쫓아냈지만, 어쩐지 캐시가 그립다. 그런 와중에 돈과 리나의 다음 작품이자 첫 유성영화가 될 「결투하는 기사」가 크랭크인에 돌입한다. 마침 최근 개봉한 유성영화 「재즈 싱어」가 공전의 흥행을 일으키며 승승장구하자, 영화사 대표는 유성영화 제작에 더욱 박차를 가한다. 하지만 전인미답의 영역을 개척한다는 것이, 어디 생각만큼 쉬운 일이겠는가? 유성영화를 제작하는 데 필수 불가결한 음향 시스템이 엉망인 데다, 주연 배우 리나 레몬트의 목소리는 그야말로 재앙이다. 개봉 여섯 주를 앞두고 무리하게 개최한 「결투하는 기사」의 중간 시사회 결과는 엉터리로 녹음된 배우들의 목소리만큼이나 만신창이다. 이제 관객은 불과 며칠 전까지만 해도 최고의 스타로 군림해 온 돈과 리나를 향해 야유와 모욕, "다시는 이들의 영화를 보지 않겠다."라는 잔인한 평가를 내린다. 돈의 시름은 더욱 깊어지고, 영화 제작자들 또한 할 말을 잃는다.

그때 돈의 오랜 동료이자 정신적 지지자인 코스모, 영화배우 지망생으로서 재회한 캐시는 기발한 의견을 내놓는다. "우리는 춤의 명수고 율동 하나는 끝내주니까, 영화에다가 노래를 붙여 만들면 어떨까?" 코스모는 돈의 역량을 최대한 발휘할 수 있는 범위에서 유성영화를 제작하면 반드시 성공하리라고 기를 북돋는다. 더불어 캐시도 춤과 노래를 통해서라면 무성영화의 유산을 유성영화의 장점으로 충분히 되살릴 수 있을 거라고 귀띔한다. 돈은 불현듯 욕조에서 깨달음을 얻은 아르키메데스처럼 자리를 훌훌 털고 일어나, 앞으로 「결투하는 기사」가 나아가야 할 방향에 대해 분명히 깨닫게 된다. 그리고 자신이 캐시에게 느끼는 감정에 대해서도 어렴풋 가닥을 잡는다. "비를 맞으며 노래해도, 행복한 기분을 멈출 수 없어! 어두운 밤 구름을 보면서도 미소가 번지고, 태풍이 불어닥쳐도 웃음이 끊이질 않네. 내 가슴에는 태양 가득, 그래 사랑이니까."

흥행 참패가 불 보듯 뻔한 작품을 본 영화사 대표를 설득하는 일은 아주 간단하다. 애초에 로맨스 역사극이었던 「결투하는 기사」는 급기야 뮤지컬로 바뀌고, 제목까지 「춤추는 기사」로 변경된다. 배우들의 육성(肉聲)도 사후 녹음을 하면서부터 한결 매끄러워졌다. 그러나 여자 주인공 리나 레몬트의 불쾌한 목소리만큼은 난감하다. 연기력이 부족하더라도 노래만 잘 불러 주면 그만일 텐데, 어느 것 하나 재능이 없는 것이다. 결국 미성을 지닌 캐시를 설득해 리나의 립싱크를 담당하도록 부탁한다.

이윽고 「춤추는 기사」가 개봉하고, 할리우드는 흥분에 젖는다. 무성영화의 대스타가 유성영화의 영웅으로 화려하게 변신하는 데 성공한 것이다. 대중은 돈과 리나가 말과 노래를 주고받으며 비극적인 사랑을 나누는 「춤추는 기사」에 흠뻑 매료된다. 하지만 기쁨도 잠시, 탐욕스러운 리나는 자신의 인기를 이어 갈 속셈으로 흉계를 꾸민다. 리나는 자기 계약서의 애매모호한 조항을 근거로 영화사 사장을 종용해, 캐시가 자신의 립싱크 대역 배우로만 머물게끔 만든다. 돈과 리나라는 한 쌍의 막강한 캐릭터를 생각해 봐도 영화사 대표로서는 선택의 여지가 없다. 결국 영화사는 리나의 손을 들어 준다. 그러나 가만히 당하고 있을 돈이 아니다. 거짓된 흥행, 반쪽뿐인 성공, 상처 입은 사랑…… 한평생 '존엄성'을 지키며 살아온 돈 록우드에게는 절대 용납할 수 없는 일이다. 그는 얄팍한 술수를 통해 허황된 성공을 누리기보다, 당장은 고통스러울지도 모를 진실을 선택한다. 유성영화를 빌려 비로소 자신의 목소리를 낼 수 있게 됐듯이, 돈은 값진 소신을 밝히기로 결심한다. 이제 붉은색 공단으로 만들어진 막이 오르면, 리나가 캐시의 목소리를 빙자해 무대에 오른다. 돈과 코스모, 영화사 사장은 서로 합심해 괘씸한 리나에게 망신을 주고, 목소리의 진짜 주인공이 누구인지 만천하에 공개하기로 한다.

결국 리나의 립싱크 사실이 들통 나면서 객석은 혼란에 빠지고, 망연자실한 캐시는 도망치듯 무대를 떠난다. 바로 그때 돈 록우드는 관객에게 그녀를 소개한다. 유성영화 시대에 걸맞은 새로운 스타로서 말이다. 그리고 그 어느 배역보다 매력적인 목소리로 캐시에게 사랑을 고백한다. 그대가 있을 곳은, 여기라고.

진 켈리

Gene Kelly, 1912-1996

"춤은 남자의 놀이다. 그녀보다는 그가 잘 춘다."

진 켈리는 원래 피츠버그 주립 대학교에서 경영학을 전공했다. 그러나 대공황으로 인하여 주유소 점원과 굴토 노동자 같은 직업을 전전하며 댄스 교사로도 일했다. 진 켈리는 1938년 브로드웨이 뮤지컬[854쪽 키워드 참고] 합창단의 일원이 되었고, 마침내 1940년 「팔 조이(Pal Joey)」에서 주요 배역을 맡아 브로드웨이에 데뷔한다. 그 후 여러 브로드웨이 히트작의 안무를 맡은 후 주디 갈랜드(1922-1969)와 나란히 주연한 「나와 여자 친구를 위해(For Me & My Gal)」(1942)로 주목을 받기 시작한다. 그의 절정기는 1940년대 말부터 1950년대까지였다. 자신보다 나이가 어린 스탠리 도넌과 공동 감독 겸 주인공으로 등장한 「춤추는 대뉴욕(On the Town)」(1949), 「사랑은 비를 타고」, 「언제나 맑음(It's Always Fair Weather)」(1955)을 통해 그는 1950년대 최고의 스타 반열에 오른다. 영화를 제작한 MGM은 뮤지컬 영화의 명가였고, 진 켈리는 최고의 뮤지컬 스타였던 프레드 아스테어(1899-1987)를 넘어서 MGM을 대표하는 얼굴이 되었다.

진 켈리의 허스키하면서도 부드럽게 넘어가는 노랫소리와 쾌활하고 소박한 성격이 어우러진 스타일은 늘씬한 아스테어가 보여 주는 춤에 비해 우아하고 섬세한 맛은 떨어졌다. 하지만 남성적이고 힘찬 안무 스타일은 그를 1950년대 가장 미국적인 뮤지컬 스타로 자리매김하기에 이른다. 「춤추는 대뉴욕」의 동적인 연출과 활기찬 안무 덕분에 뉴욕은 낭만이 넘치는 유토피아처럼 보이고, 「사랑은 비를 타고」는 무성영화 시대에서 유성영화 시대로 넘어가는 시기의 할리우드의 혼란을 경쾌한 어조로 풍자해 내었다. 1951년에 뮤지컬 영화의 거장 빈센트 미넬리(1910-1986)가 연출한 「파리의 미국인(An American in Paris)」(1951) 역시 진 켈리의 이력에서 빼놓을 수 없는 작품이다. 조지 거슈윈(1898-1937)의 곡에 맞추어 추는 진 켈리의 클라이맥스 춤(무려 17분간 펼쳐진다.)은 대중 예술과 거슈윈의 음악이 결합된 명장면이다. 이 영화의 느슨함은 이 장면 하나로 모두 상쇄된다고 할 수 있을 정도다. 이러한 혁신적인 시도는 「파리의 미국인」에게 주어진 아카데미 특별상으로써 영화계의 공로 인정과 세간의 평가를 아울러 받게 되었다.

그러나 1950년대 중반 이후 단독 연출자로 나선 진 켈리의 경력은 순탄치만은 않았다. 처음으로 단독 연출한 「무도회의 초대(Invitation to Dance)」(1957)는 대사 없이 전개되는 진솔하고 야심찬 뮤지컬이었고, 베를린 국제영화제에서 그랑프리를 받았다. 하지만 흥행 면에서나 예술적으로는 크게 성공을 거두지 못했다. 1960년대 텔레비전의 보급으로 MGM 뮤지컬들이 사양길에 접어듦에 따라 그의 연기나 감독 경력도 점차 내리막으로 들어선다. 이후 그는 「신의 법정(Inherit the Wind)」(1960), 「3인의 특공대(Three the Hard Way)」(1974) 등에서 조연급의 숙달된 연기를 보여 주었으나 이는 그가 춤과 안무로 이뤘던 이전의 영광에는 미치지 못하는 것이었다.

1985년 미국 영화 연구소(AFI)에서는 평생 공로상을, 1994년 빌 클린턴 대통령(1946-)은 국가 유공훈장을 진 켈리에게 수여했다. 진 켈리는 1996년 2월 뇌출혈 합병증으로 캘리포니아 비벌리힐스 자택에서 사망했다.

스탠리 도넌

Stanley Donen, 1924-

"영화는 24프레임(1초)마다 거짓말을 한다."

진 켈리와 함께 만든 대표적 뮤지컬 「사랑은 비를 타고」가 증명하듯 이 작품은 진 켈리와 함께함으로써 가능했다. 그러나 나이가 어렸던 도넌이 춤의 세계에 무지했다고 생각하면 오산이다. 그는 MGM의 유능한 안무가로서 「커버 걸(Cover Girl)」(1944)을 비롯한 여러 뮤지컬의 안무를 담당했다. 그의 데뷔작 역시 진 켈리와 함께 만든 「춤추는 대뉴욕」이었다. 이 작품은 극본가인 애돌프 그린(1914-2002)과 베티 컴든(1917-2007), 촬영 감독인 해럴드 로슨(1895-1988)의 도움으로 가장 뛰어난 뮤지컬 중 하나로 남게 되었다. 끊임없이 움직이는 여섯 명의 주연 배우와 생동감 넘치는 화면은 이 영화를 빛낸다. 또한 이 영화는 춤과 음악에 의존한 기존 작품들과 달리 틀에 박힌 노래와 탭댄스를 배제하고, 일정한 내러티브를 진행한 탄탄한 뮤지컬의 표본이 된 작품이다. 확실한 이미지를 심어 주기 위해 삽입한 엠파이어스테이트 빌딩 꼭대기에서 춤추는 장면도 독창적이다.

이후 도넌은 단독으로 「황제의 결혼(Royal Wedding)」(1951)이라는 작품을 제작하기도 했다. 진 켈리와 다시 한번 의기투합해 만든 「사랑은 비를 타고」는 수많은 영화가 아낌없이 패러디한 빗속에서 춤을 추는 명장면을 통해 인구에 회자되었다. 그러나 이 영화에서 특히 눈여겨볼 점은 도넌이 할리우드 시스템의 이면을 비판했다는 점이다. 대중 영화의 전형성을 지닌 뮤지컬 장르에서 낭만과 풍자를 뒤섞는 것은 스탠리 도넌이 지닌 독특한 시각이라고 할 수 있다. 그는 뮤지컬 영화의 고전 중 하나라고 할 수 있는 「7인의 신부(Seven Brides for Seven Brothers)」(1954)를 단독으로 선보이기도 했고, 오드리 햅번(1929-1993)이 주인공으로 등장하는 「퍼니 페이스(Funny Face)」(1957)를 만들기도 했다.

미국의 작가주의 비평가 앤드루 새리스(1928-2012)는 도넌을 "신비적 표현과 감독"으로 분류한다. 더불어 그는 도넌이 전성기 때 선보인 낡은 장르 영화들 때문에 크게 찬양받지 못한 감독이라고 평했다.

1950년대 중반 이후 할리우드에서 뮤지컬은 사양길에 접어든다. 뮤지컬을 만들던 쟁쟁한 멤버들이 극영화로 옮겨 가거나 은퇴하던 시기이기도 했다. 도넌은 극영화로 옮긴 전자에 속했다. 1970년대에는 주로 사회성 짙은 코미디를 만들었다. 물론 과거의 영광에 도달하기는 어려웠고, 브루스 윌리스(1955-)의 출세작인 미국 드라마 「블루문 특급(Moonlighting)」 시리즈의 연출을 맡기도 했고, 「새턴 3(Saturn 3)」(1980)에서는 당대의 미녀 파라 포셋(1947-2009)과 커크 더글러스(1916-), 그리고 하비 케이틀(1939-)이 삼각관계로 등장하는 SF 영화를 선보이기도 했다.

뮤지컬 영화, 현실의 고통에서 달아나다

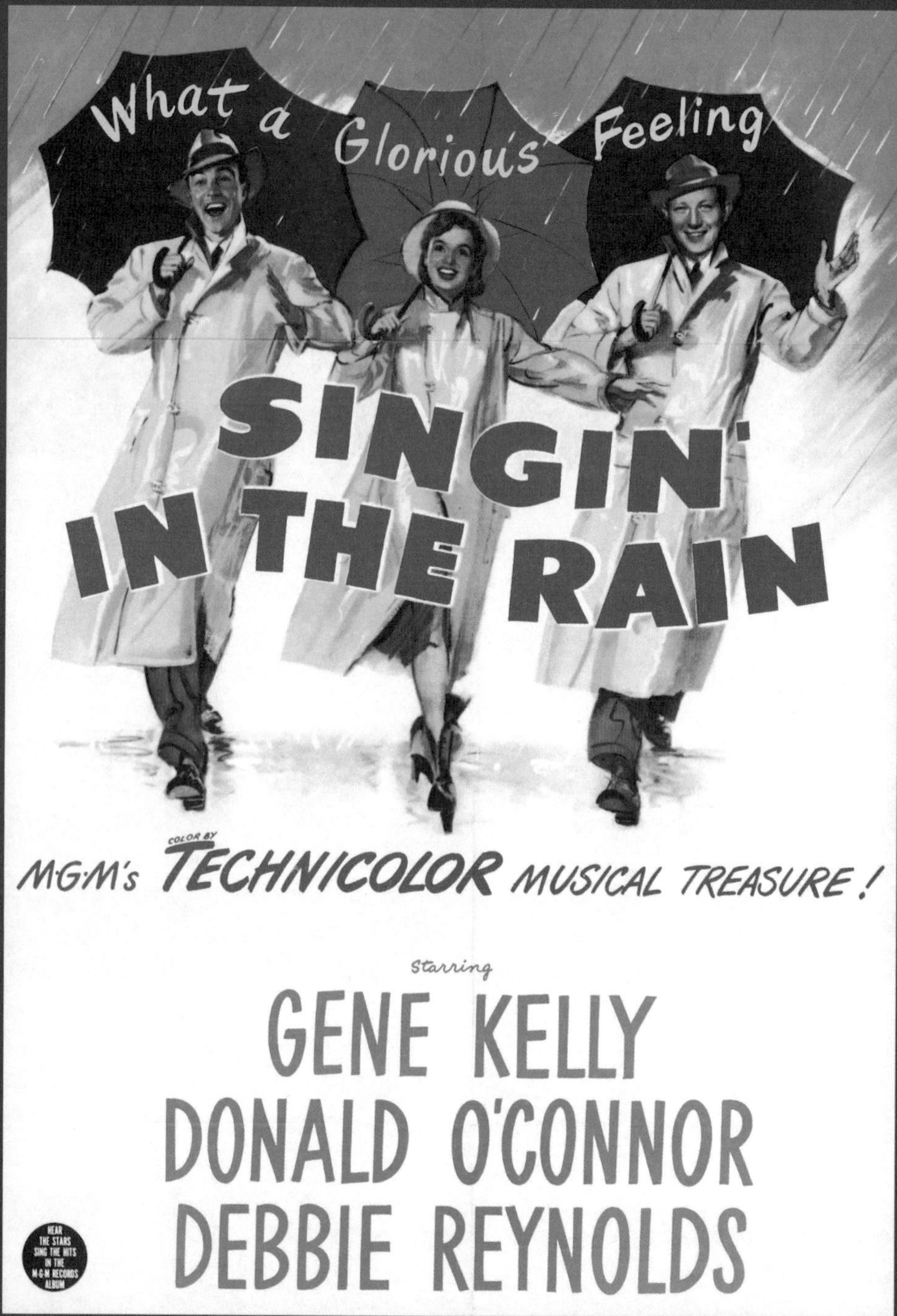
What a Glorious Feeling
SINGIN' IN THE RAIN
M·G·M's COLOR BY TECHNICOLOR MUSICAL TREASURE!
Starring
GENE KELLY
DONALD O'CONNOR
DEBBIE REYNOLDS
HEAR THE STARS SING THE HITS IN THE M-G-M RECORDS ALBUM

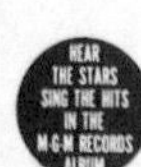

2차 세계대전의 후유증이 사라질 무렵 할리우드를 지배한 것은 뮤지컬 영화였다. 물론 미국의 승전을 자화자찬하는 전쟁 영화와 서부영화도 있다. 그렇지만 전쟁의 참상을 잊으려는 이들의 눈길은 춤과 노래의 경쾌함으로 인생을 달래 주는 뮤지컬 영화에 가 있었다. 사실 영화의 역사는 무성영화에서 소리가 들리는 시대로 전환된 지 오래였고, 화려한 음악과 낭만적인 노래들은 보는 즐거움 이상으로 듣는 기쁨을 제공했다. 「사랑은 비를 타고」는 뮤지컬이 주는 쾌락의 정점에 서 있다. 이 작품은 아메리칸드림을 보여 주는 성공담이면서, 진정한 사랑을 찾는 러브 스토리였고, 영화사의 뒷얘기가 담긴 가십이기도 했다. 그 모든 것이 뮤지컬이라는 이름 아래 통일되어 움직인다. 진 켈리의 힘이 넘치는 안무와 재치 가득한 노랫말은 지금도 우리를 흥겹게 한다. 보는 즐거움에 결합된 듣는 즐거움이 어떻게 흥겨움을 주지 않겠는가!

무성영화의 제스처, 뮤지컬 영화의 댄스

이 영화에 대한 영화인 만큼 「사랑은 비를 타고」에는 메타 영화만이 주는 즐거움이 있어요. 1950년대까지 이어진 할리우드 고전 영화는 텔레비전의 등장과 함께 완전히 다른 양상을 보이며 현대 영화로 나아갑니다. 대표적으로 「수색자」 같은 서부극[856쪽 키워드 참고]과 「사랑은 비를 타고」와 같은 뮤지컬 영화 장르가 영화사에서 사라집니다. 그래서 고전 중 특색 있는 영화를 한 편 보면 좋을 것 같다고 판단했어요. 지난 시간에 보았던 대표적인 리얼리즘 영화 두 편, 양차 세계대전 직전의 「게임의 규칙」과 직후의 「독일 영년」에 비하면 「사랑은 비를 타고」는 사실상 판타지에 가깝습니다. 이 영화에서 영화적 엔터테인먼트는 그 절정에 이르게 되죠.

강 살다 보면 깨어나기 싫은 근사한 꿈도 꾸고 지독한 악몽도 꾸죠. 「사랑은 비를 타고」는 1952년, 세계대전이 아직 끝나기 전에 만들어진 영화예요. 미국은 전쟁터로부터 지리적으로 떨어져 있어 유리한 점이 많았죠. 전쟁은 놀랍게도 인간에게 파멸을 가져다주는 동시에 자본의 발달에도 굉장한 추진력을 가합니다. 자본주의가 발달하기 이전까지 전쟁은 권력자들의 사사로운 욕심 때문에 일어났습니다. 하지만 근대사회 이후에 벌어진 전쟁은 자본주의적 압력과 밀접히 연관돼 있어요. 그동안 이룬 것이 모두 불타 소실되었기 때문에, 특히 전후에는 제품 생산의 수요가 대폭 늘어났습니다.

저는 이 영화를 보고 남철, 남성남 콤비가 떠올랐어요. 미8군에서 자주 공연하던 스타들이었는데, 1950-1960년대에 탭댄스라는 건 정말 볼 만한 오락거리였죠. 이 영화의 수많은 장면들이 낯설지 않은 건 당시 공연문화 때문일 거예요. 그래도 갭이 느껴지는 게 사실입니다. 당시에 미국 말고는 「사랑은 비를 타고」 같은 영화를 제작할 수 없었을 거예요. 20세기 영화가 미국 중심일 수 있었던 건 그곳이 파괴되지 않고 유일하게 무사한 공간이었기 때문입니다.

이 뮤지컬 영화의 역사는 매우 짧습니다. 뮤지컬 영화는 1920년대 중후반 「재즈 싱어」를 필두로 유성영화와 함께 등장했죠. 1940년대 중반부터 1950년대 초반까지 뮤지컬 영화는 최고의 전성기를 구가했죠. MGM이 대표적인 대형 뮤지컬 영화사였는데, 지금은 사라졌죠.

「오즈의 마법사(The Wizard of Oz)」(1939) 같은 경우엔 감독이 네 번이나 바뀌었어요. '현실'은 흑백, '오즈'는 컬러로 찍었습니다. 참 재미있죠. 그 시절엔 현실이 흑백이었던 거죠. 온통 흑백영화뿐이었으니까요. 뮤지컬 영화의 변천사는 영화의 기술적 흐름을 압축해서 보여 줘요.

한편 「사랑은 비를 타고」에는 무성 코미디의 역사가 그대로 드러납니다. 주인공은 보드빌 공연자 출신인데 스턴트맨을 거쳐 스크린계의 스타로 성공하죠. 이어서 주인공은 뮤지컬 배우로 거듭나게 됩니다.

이 영화의 명장면 이야기를 꺼내 볼까요? 「사랑은 비를 타고」에는 인상적인 장면이 하나 등장합니다. 주인공 돈이 어린아이처럼 즐겁게 물장난을 치며 뛰어다닐 때 경찰이 나타나 제지하는 장면 기억하시죠. 이건 「모던 타임즈」에 대한 오마주입니다. 「모던 타임즈」에는 나사를 돌리던 찰리가 공장 밖으로 나와서 여자에게 달려듭니다. 이때 경찰이 등장하죠. 「모던 타임즈」와 「사랑은 비를 타고」의 유사한 장면이 주는 효과는 어떤 걸까요?

첫째, 무성영화의 몸짓과 뮤지컬 영화의 몸짓은 닮아 있다는 것을 알려 줍니다. 그것은 장르가 건드릴 수 있는 캐릭터의 한계를 지적해 주죠. 경찰의 등장은 한마디로 캐릭터가 도를 넘지 말 것을 제지하는 장치입니다. 장르 영화에서는 극대화된 몸짓이 필요하기 마련인데, 뮤지컬 영화에 있어 슬랩스틱적 요소가 적을지라도 무성영화 때의 몸짓과 조응하는 부분이 있다는 것은 명백합니다. 채플린이 말도 안 되는 노랫말을 읊조리며 춤추는 「모던 타임즈」의 코미디 장면을 떠올려 보세요. 소리의 도입 여부는 큰 차이지만 코미디와 뮤지컬은 본질적으로 닮아 있죠.

두 번째로는 소리 도입의 영향력이 얼마나 놀라운지 알 수 있어요. 이건 두 영화의 차이를 또렷하게 보여 주는 겁니다. 「사랑은 비를 타고」에는 소리, 즉 음향에 대한 조롱(비판)이 담겨 있습니다. 관객은 소리에 열광하지만 무성영화 시대의 배우와 제작진들은 새로운 풍조를 비웃기도 하고, 새 시대에 적응하기 위해 좌충우돌하기도 합니다. 새로운 기술의 도입이 지리멸렬한 상황(여러 가지 시행착오)을 만들어 낸다는 건 우스운 장면인 거죠. 관객의 반응이나 제작자의 변덕으로 많은 영화가 짧은 시간에 변형되고 수정되었던 실제 영화판, 그 조악했던 환경을 그대로 보여 주고 있죠.

목소리의 진실성

강 그러나저러나 과잉 연기를 펼치는 리나 캐릭터가 오히려 매력적이지 않나요? 지금까지 영화가 제스처라는 걸 계속 배웠잖아요. 영화 클라이맥스에서 무대 장막이 걷히면서 실제 노래를 부른 캐시가 주인공으로 밝혀지는 장면은 매우 인상적입니다. 어찌 보면 무성영화에 대한 강력한 조롱 같기도 해요. 소리가 진실에 더 가깝다는 테마가 영화 전반에 흐르죠. 돈도 반복해서 "나는 가짜야."라며 자아 부정을 해요. 무성영화

시대의 스타 리나의 몰락을 보면서, 소리 없는 몸짓의 시대가 저문다는 것이 슬프기도 해요. 그래서인지 조연일지라도 리나의 연기가 기억에 많이 남네요.

이 목소리의 진실성이라는 건 철학적으로도 중요한 논쟁 중 하나였어요. 우연히 캐시의 차를 얻어 탄 돈은 신참 아가씨에게서 뼈아픈 얘기를 듣고는 맘이 상하지만 목소리가 빠진 연기가 과연 진짜인가에 대해 한 번 생각하게 돼요. 그래서 리나가 입을 벙긋거리는 동안 커튼콜을 통해 리나 뒤에 숨어 노래하던 캐시의 존재가 공개되는 장면은 매우 극적입니다. 그런데 이 영화에는 비하인드 스토리가 있어요. 캐시 역을 맡았던 데비 레이놀즈(1932-)의 목소리는 사실 다 더빙된 겁니다. 목소리의 진실성을 주장하는 영화가 오히려 속임수를 쓴 셈이죠. 그럼 캐시의 목소리는 누구 것이었을까요? 바로 리나 역을 했던 진 헤이건(1923-1977)이 캐시의 목소리와 노래를 모두 녹음해 주었던 겁니다. 매우 역설적이죠. 목소리를 찾아서 진실을 추구하는 영화 같지만, 은근히 관객을 놀려 먹는 작품인 거죠. 또한 이 영화의 배경음악[853쪽 키워드 참고]은 MGM의 다른 영화 컴필레이션에 실렸던 노래를 재탕한 겁니다. 이 영화에서 첫선을 보인 노래는 「모세가 말하기를(Moses Supposes)」이 유일했죠. 이 영화는 목소리의 신선함과 참신성을 강조했지만 사실 모든 게 거짓에 가까워요. 어떤 면에서 할리우드적 상상력은 이전의 자산을 어떤 식으로 재구성하느냐의 문제인 것 같습니다. 이 영화는 '빌보드 베스트 10' 같은 인기 리스트를 듣는 것처럼 말초적인 즐거움을 전하죠. 할리우드 영화는 무엇보다도 대중의 관심과 즐거움에 주안점을 두고 제작한 산물입니다.

스타의 탄생!

강 영화를 아무 생각 없이 편하게만 본다는 건 무슨 뜻일까요? 우리가 현실에서 기분이 끝내준다고 해서 구두를 신고도 물웅덩이에 풍덩풍덩 들

진 켈리, 스탠리 도넌, 「사랑은 비를 타고」

"품위를 지킬 수 없는 현실에서 열심히 노력한 캐시의 품위를 정말로 세워 준 사람은 돈입니다. 품위라는 건 허례허식을 뜻하는 것이 아니라, 오히려 배려 같은 본질적인 마음을 통해 획득할 수 있는 성질의 것이죠."

어간다든가 큰 소리로 노래를 불러 젖힌다든가 하나요? 아마 그렇지 않을 겁니다. 그렇지만 저는 「물랭루즈(Moulin Rouge)」(2001)를 정말 좋아해요. 이런 영화엔 고통이 없기 때문이에요. 우여곡절이 있긴 하지만 쉽게 해결되죠. 결국 같은 이야기가 반복되는데도 우리는 지겨워하지도 않고 봐요. 아주 작은 변주만 있어도, 우리는 전혀 새로운 걸 본 것처럼 또 즐거워해요. 이렇게 비현실적인 뮤지컬을 도대체 왜 좋아하는 걸까요?
이전 시간에 감상했던 두 리얼리즘 영화를 보면 옛날 영화를 본다는 느낌이 강해요. 반면 「사랑은 비를 타고」를 보면 이질감이 없지요. 주인공은 곤란한 일을 당하다가도 결국 해피엔드를 맞이합니다. 권선징악이라는 원형적 모티프가 계속 반복되고 있어요. 그런데도 우리가 「사랑은 비를 타고」를 좋아하는 이유는 무엇일까요?

이 뮤지컬은 어른을 위한 왕자와 공주 이야기라고 할 수 있습니다. 한마디로 동화예요. 삶이 복잡할수록, 심플한 동화가 좋아지는 것 아닐까요. 더군다나 왕자와 공주에 감정이입할 수 있으니, 평범한 사람인 우리로서는 언감생심의 일이죠. 단적인 예로 「페임(Fame)」(2009)이나 「코요테 어글리(Coyote Ugly)」(2000)만 해도 기본 플롯이 같죠. 음악, 뮤지컬 요소는 스타 탄생이라는 모티프에 아주 잘 어울립니다. 공연자(퍼포먼서)의 데뷔, 고난, 성공이라는 과정을 증명해 줄 퍼포먼스가 바로 음악, 공연이니까요. 그리고 여기에 인간은 꿈꾸는 존재라는 자아실현 모티프, 이미 성공한 기성 배우와 배우 지망생 사이의 로맨스라는 장치가 덧붙죠. 같은 모티프의 어두운 버전은 대런 아로노프스키(1969-) 감독의 「블랙 스완(Black Swan)」(2010)일 거예요.
칸 영화제에서 개봉했던 「아티스트(The Artist)」(2011)는 「사랑은 비를 타고」의 여러 부분을 패러디한 영화입니다. 다른 점이 있다면 도널드는 잘나가지만 「아티스트」의 주인공은 쫄딱 망해요. 그 대신 여성이 주인공을 맡죠. 뮤지컬 영화라는 같은 자장 안에서도 이전 영화에선 여자가 남자의 조력 없이 성공하기 힘들었지만 2000년대 영화에서는 성 역할이 전도되어 후배 여배우가 오히려 스타 남자 배우를 도와줍니다. 디즈니 애니메이션만 봐도 그런 경향이 보입니다. 「인어 공주(The Little Mermaid)」(1989) 이후로 (단독) 여자 주인공의 역할이 두드러지죠. 「겨울 왕국(Frozen)」(2013)의 성공만 봐도 그래요.

강 그게 바로 남자가 원하는 거 아닐까요? 남성 평등에 기여한 건 무엇보다도 여자들의 성공에 무임승차하고 싶어 하는 남성의 욕망인지도 몰라요. 「사랑은 비를 타고」는 미국적 가부장제를 잘 보여 줍니다. 착하고 예쁜 여성이 능력도 있고 게다가 조력을 아끼지 않지만, 여전히 두 사람의 삶을 이끄는건 남자죠.

이 페미니즘적 시선에서 보면 리나라는 캐릭터를 진취적으로 볼 수도 있고요. 직접 경영까지 손대겠다는 그녀의 포부를 보세요. 너무 나쁜 여자로 그려졌지만 현대적 관점에서 보면 그녀의 행동에 사실상 문제 될 건 없죠.

관례 속에서 포착되는 품위의 개념

강 돈이 레드카펫을 밟을 때 디그니티(Dignity)를 언급합니다. 품위와 위엄을 뜻하는 말이죠. 그러니까 디그니티는 일종의 자존감, 혹은 자긍심을 전제한 말입니다. 스타가 되려는 그 궁극적인 목적도 이 디그니티를 얻는 데 있죠. 한마디로 존경과 관심을 받으려는 어린아이와 같은 욕망이 없다면, 디그니티는 의미가 없다는 겁니다. 그런데 이 영화는 그런 디그니티 개념을 조금 뒤틀어 버리는 듯합니다. 이 점에 대해 말씀해 주세요.

이 아메리칸드림만 보고 달려든 현실엔 사실 품위가 없죠. '쇼잉'되는 것들(할리우드 특유의 가십), 세간의 욕망을 보여 주는 것들 사이에서 품위를 지키기란 쉽지 않아요. 당시에는 스캔들을 조작하기 위해 유명한

남녀 배우를 같은 숙소에 묵게 하기도 했어요. 주인공들의 로맨스가 마케팅에 도움이 된다는 사실을 파악했던 거죠. 주인공 돈은 품위를 주장하지만 품위 뒤에 가려진 진실을 끊임없이 드러내는 인물이에요. 우아한 백조는 수면 아래에서 다리를 쉴 새 없이 출싹거립니다.

다른 뮤지컬 영화에서는 환상만 추구하는 반면 「사랑은 비를 타고」는 그래도 현실에 대해서도 고민을 던집니다. 진짜 목소리가 무엇일까 하고 말이죠. 종국에는 이 고민을 일회적 환상으로 덮어 버리기는 합니다만 훌륭히 문제 제기를 한 건 사실이죠.

강 타인이 날 잘 대해 줄 때 찾아오는 행복감이 있죠. 품위를 지킬 수 없는 현실에서 열심히 노력한 캐시의 품위를 정말로 세워 준 사람은 돈입니다. 품위라는 건 허례허식을 뜻하는 게 아니라, 오히려 배려 같은 본질적인 마음과 태도를 통해 획득할 수 있는 결과물이죠. 반면 리나는 거칠고 장난스럽고, 사악하고 경박해 보이죠. 품위와는 거리가 멉니다. 이 영화에서 디그니티와 인디그니티가 교차되는 부분이 흥미롭습니다.

이 「사랑은 비를 타고」는 관계 속에서 포착되는 품위의 개념을 세련되게 표현해 낸 영화예요. 사랑받을 때 우리는 가장 큰 디그니티를 얻습니다. 그래서 어쩌면 사랑을 고백하는 스튜디오 장면이 남녀 주인공이 모두 디그니티를 얻는 극적인 장면이라고 할 수 있을 겁니다. 이 장면을 만들면서 두 감독은 불빛을 켜 주고 바람을 일으켜 줌으로써 현실이 환상으로 전환되는 순간을 직접 보여 주죠. 결국 환상은 현실에 기반을 두고 있는 겁니다. 환상이 아름다울 수 있는 것은 품위가 유지되기 때문입니다.

질문 1 후반부에 나오는 '브로드웨이 멜로디' 장면이 지나치게 독립적이어서 이상해 보였어요. 제 입장에서는 좀 지루했는데, 어떤 역할을 하는 거죠?

이 날카로운 지적입니다. 그 장면의 당위를 모르겠다는 분들이 많아요. 브로드웨이 멜로디 장면은 공동 연출을 맡았던 진 켈리가 원해서 영화에 삽입한 겁니다. 사실 이 장면 안에 모든 뮤지컬 형태가 다 들어 있긴 하죠. 솔로, 군무, 세트 이용 등……. 하지만 내러티브 면에서 긴밀성이 떨어지긴 해요. 공동 연출자였던 대배우 진 켈리의 입김을 무시할 수 없었을 겁니다. 진은 뮤지컬 영화배우 중 가장 남성적인 마스크를 지닌 스타였고 외모만큼이나 파워풀한 이미지를 추구했다고 해요.

강 책을 쓰다 보면 정말 담고는 싶은데 전후 맥락과의 긴밀성이 떨어져 아쉽게 못 넣는 글들이 있어요. 그래도 넣고 싶으면 중반부쯤에 슬그머니 욱여넣어요. 진 켈리도 그랬던 거겠죠. 이를테면 카메오 역할도 그런 거잖아요? 플롯상으로는 중요하지 않지만 보여 주고 싶은 욕심인 거죠. 감독 본인이 애착을 품고 넣은 장면일 거예요. 영화도 개인의 작품이니까요. 기록에 대한 사사로운 욕망이 있었을 것 같아요.

질문 2 관객을 의식한 영화가 이전에는 별로 없었던 것 같아요. 관객의 반응에 영화가 좌지우지되는 장면들이 흥미로웠어요. 정말로 당시엔 그랬나요?

이 뮤지컬 영화의 전성기 때 '영화에 대한 영화'가 유행이었어요. 현장 반응에 대한 부분도 많이 나와요. 특히 무성에서 유성으로 전환되는 시기를 다뤘기 때문에 그 적응을 둘러싼 에피소드가 재밌는 겁니다. 그럼에도 관객의 역할은 일부이고 깊게 관여하지 않았어요. 메타 영화 중 특유한 게 있긴 합니다. 가끔씩 관객이 나와 말하기도 하고, "이 영화 어때요?" 하고 극 중 인물이 관객한테 물어보기도 합니다. 장 뤽 고다르 영화에서 자주 볼 수 있는 형식이죠.

질문 3 저는 뮤지컬을 보고 싶은데 너무 비싸기도 하고 무대가 잘 보이지도 않으니까 보통 뮤지컬 영화를 보거든요. 영화에서는 배우들의 표정이 잘 보이니까요. 뮤지컬 공연과 구분되는 뮤지컬 영화만의 특징이 있다면 무엇인가요?

이 뮤지컬 영화는 원래 브로드웨이 뮤지컬을 스크린으로 옮긴 것이었어요. 말씀하신 바로 그 의도 때문에 만들어진 장르예요. 당시에도 뉴욕의 뮤지컬 공연 티켓은 매우 비쌌죠. 그래서 뮤지컬이 파급력이 크고 대중적인 데다 저렴한 영화로 옮겨 간 것입니다. 「레 미제라블(Les Miserables)」(2012) 같은 영화도 그렇죠. 하지만 이제는 전반적으로 풍족해지면서 대중에게 뮤지컬 공연장을 찾을 여유가 생긴 겁니다. 라이브를 원하는 층들이 많아졌어요. 그렇기 때문에 할리우드에서 예전만큼 뮤지컬 영화를 많이 만들지는 않습니다.

강 뮤지컬 영화는 공연과는 달리 박리다매를 지향하죠. 한번 촬영한 영상을 복제하면 동시에 수천 곳에서 볼 수 있으니까요. 그렇지만 그 결과 뮤지컬 공연이 가진 일회성의 느낌은 사라지죠. 공연의 일회성은 반복적 소비를 낳습니다. 같은 공연도 할 때마다 다르죠. 각기 다른 연주자, 지휘자, 공연장, 공연자의 컨디션에 따라 달라집니다. 그러니 매번 공연이 열려도 우리는 다시 보러 가죠. 이번엔 어떤 느낌일까…… 궁금해하면서요. 그렇지만 뮤지컬 영화는 어디서 봐도, 그리고 언제 봐도 같겠죠. 그래서 외려 흥미가 떨어지는 거예요.

질문 4 「사랑은 비를 타고」는 1920년대 스타 시스템을 배경으로 한 것입니까?

이 물론입니다. 스타 시스템은 할리우드적 특징으로 많이 연구되었어요. 셜리 템플(1928-2014)이라는 아역 배우(「소공녀(The Little Princess)」(1939)가 대표작입니다.)는 지금으로 치면 국민 여동생 같은 존재였습니다. 20세기폭스 소속이었는데, 마릴린 먼로(1926-1962)도 이 회사에 소속되어 있었던 걸 보면, '금발 미녀의 계보'를 만든 영화사라고 할 수 있어요.

강 감독이나 장르, 음악을 통해 영화를 볼 수도 있겠지만 실은 배우를 보고 영화를 보는 경우가 많습니다. 저도 알 파치노(1940-)가 출연한 영화는 다 찾아 봤고, 그 배우의 몸짓이나 말투 같은 걸 따라 하기도 했었죠.

감독의 영향력을 넘어서는 스타의 존재는 영화의 큰 특징이에요. 소설 장르와는 좀 다르죠. 에드거 모랭(1921-)의 『스타』는 정말 재밌는 책이에요. '영화적이다'라는 걸 가장 잘 설명해 주는 게 바로 스타인 거죠. '스타=영화적'이라는 도식이 성립해요. 영화를 설명하는 가장 집약적인 매체인 포스터만 봐도 알 수 있어요. 영화 포스터는 보통 스타 이미지를 강조하죠. 팬들은 다양한 영화를 보면서 스타가 변모해 가는 모습을 확인하기도 하고요.

이 그러고 보면 무성 코미디 영화와 뮤지컬 영화의 유사성은 '스타'라는 지점에 있을 거예요. 지금도 "누가 거기 나온대."라고 하면 우르르 몰려가지만 질적으로 달라요. 무성 코미디와 뮤지컬 영화 시대에는 스타 배우가 연출자의 역할까지 맡았었거든요. 말하자면 '천재적 스타'쯤 되겠죠.

철학자의 눈

강신주

뮤지컬 영화, 어른들을 위한 행복 동화

날아다닐 듯 행복할 때가 있다. 몰래 사랑하던 그가 나에게 프러포즈를 할 때도 그렇고, 노심초사하며 기다리던 대학의 합격 통지서가 날아온 날, 수백 대 1의 경쟁률을 뚫고 마침내 원하던 회사에 입사하는 날에도 그렇다. 남자라면 누구나 오랜 병영 생활을 마치고 당당히 위병소를 나올 때의 행복감을 기억하고 있을 터다. 혹은 몇 개월이나 고생하며 모은 돈으로 프랑스 여행을 떠나는 날도 행복하기는 마찬가지다. 어떤 경우든 너무 행복할 때에는 콧노래가 절로 나오는 법. 행복감이 더 강해지면 경쾌한 몸동작이 저절로 나오기도 한다. 이런 이유에서 '날아갈 듯한 행복'이라는 표현이 단순한 과장만은 아닌 것이다. 이렇듯 행복은 항상 노래, 그리고 춤과 연결된다. 아니, 노래와 춤으로 이어지지 않는 행복감은 어쩌면 너무 평범하고 볼품없는 것일지도 모른다.

음악과 춤! 인간에게만 허락된 행복의 두 가지 상징, 그래서 너무나도 소중한 두 가지 표현 방식이다. 경쾌한 발걸음과 쾌활한 콧노래! 정말로 행복하지 않다면, 이 두 가지는 가능하지 않을 것이다. 동아시아의 옛사람들도 "손이 춤추고 있는지, 발을 구르고 있는지 알지 못하겠다.[不知手之舞之足之蹈之]"라는 말로 이런 행복감을 표현했다. 사실 이건 우리 모두에게 해당된다. 예를 들어 지인 중 누군가가 콧노래를 부르거나 복도에서 경쾌한 춤을 추고 있다면, 우리는 미소를 띠며 그에게 물어볼 것이다. "야! 뭐 좋은 일 있니? 무척 행복해 보인다." 놀라운 건 지인의 행복한 콧노래와 춤동작을 목격하는 순간, 우리는 자신도 모르게 그의 행복에 감염된다는 점이다. 설령 그를 만나기 전에 우울했다고 해도 그걸 순간적으로 잊을 만큼 그 감염력은 상상 이상이다.

이처럼 타인이 콧노래와 춤동작으로 자신의 행복을 전파하려면, 그 사람이 상대방에게 사랑과 우정의 대상이어야만 한다. 한마디로 '그의 행복은 나의 행복, 그의 불행은 나의 불행.'이라고 느낄 수 있을 정도로 내게 가까운 사람이어야 한다는 뜻이다. 당연한 일 아닌가. 죽이고 싶을 정도로 미운 사람의 행복한 꼴만큼 화나게 하는 일도 없을 테니 말이다. 그러니 타인의 행복이 내게 온전히 전달되기 위해서

DRUG
STORE

는 그 사람이 미움의 대상이어서는 안 된다. 최소한 그가 내게 질투나 경쟁의 대상이어서도 안 된다. 또 여러모로 나와 유사한 수준의 사람이 엄청난 행복을 맛보는 걸 목격하게 된다면, 우리는 그의 행복에 감염되기는커녕 상대를 질투하기 십상이다. '왜 하필이면 그가 행복한 거야? 내가 그 사람보다 떨어지는 게 뭐 있다고.'

우리가 어릴 적부터 신데렐라 같은 행복한 이야기를 좋아하는 건 어쩌면 이런 이유 때문인지도 모른다. 신데렐라는 나와 전혀 비슷하지 않다. 심지어 신데렐라가 살고 있는 환경은 내가 사는 곳과 완전히 딴판이다. 신데렐라가 나의 경쟁 상대나 질투의 대상이 될 수 없다는 뜻이다. 그래서 그녀가 가벼운 고난을 겪고 왕자와 결혼하는 해피엔드가 우리를 미소 짓게 할 수 있는 것이다. 어린아이들이 동화에 열광하는 것도 이런 이유에서다. 잠시나마 동화의 주인공들이 누리는 행복에 감염될 수 있으니까. 그런데 어린아이들에게만 동화가 필요할까? 그렇지 않다. 오히려 어른에게 더 필요한 것이 바로 행복감이다. 스스로 경험하기 힘드니, 타인의 행복에 감염되는 것이야말로 행복을 맛볼 수 있는 유일한 방법일지도 모른다. 할리우드가 이런 어른들의 욕망을 놓칠 리 있겠는가. 그래서 탄생한 게 뮤지컬 영화라는 장르다.

뮤지컬 영화는 행복을 상징하는 두 가지 표현 요소, 즉 춤과 노래를 모두 갖추고 있다. 아울러 우리가 얻으면 행복하리라 생각하는 두 요소, 즉 부와 사랑의 테마도 구비하고 있다. 하긴 부르주아사회에서 얻기 힘든 것, 그래서 얻기만 하면 우리에게 행복감을 주기에 충분한 것이 부와 사랑만 한 것도 없다. 그래서 뮤지컬 영화는 부와 사랑을 얻게 되는 해피엔드를, 그 행복감을 춤과 노래로 표현한 장르라고 할 수 있다. 어른을 위한 동화 중 이보다 더 완벽한 것이 또 어디 있겠는가. 게다가 대량 복제로 수많은 상영관에서 저렴한 가격으로 관람할 수 있으니, 서민들의 주머니를 터는 데 이만큼 훌륭한 것도 없다. 브로드웨이나 런던의 뮤지컬이 얼마나 비싼지 생각해 보면, 뮤지컬 영화가 지닌 이점에 대해서는 두말할 필요가 없다.

근본적으로 뮤지컬 영화는 동화와 유사하다. 그러나 어른을 위한 동화가 아이를 위한 동화와 완전히 같을 수 없는 법. 공주와 평민 남성, 혹은 왕자와 평민 여성 사이의 사랑은 남성 스타와 평범한 여성 사이의 사랑 이야기로 바뀐다. 그리고 물랭루즈에서나 펼쳐질 법한 화려한 춤과 무희들이 선보이는 섹시한 볼거리가 더해진다. 그뿐 아니라 성인 남녀 사이에 충분히 벌어질 수 있는 '밀당'과 같은 흥미 요소까지 도입된다. 할리우드는 어른을 행복하게 만들 수 있는 요소라면 모두 닥치는 대로 뮤지컬 영화에 쏟아붓는다. 1940년대부터 1950년대까지 할리우드 영화계를 풍미했던 '백스테이지 뮤지컬'은 바로 이렇게 탄생했다. 한마디로 무대 위와 무대 뒤의 스타들의 일거수일투족을 보여 주는 뮤지컬이 탄생한 것이다. 열렬한 인기를 통해 엄청난 부를 누리고 대중의 흠모를 받는 스타가 20세기적 왕자로 새롭게 만들어졌고, 이 왕자는 평범하지만 진실한 여인을 만나 진정한 행복을 일구게 된다는 내용이다.

1952년에 상영된 이후 지금은 전설이 되어 버린 진 켈리의 「사랑은 비를 타고」가 중요한 이유도 바로 여기에 있다. 백스테이지 뮤지컬이 가진 모든 특징을 가장 효과적으로 결합해 어른을 위한 행복 동화로 탄생시킨 것이다. 이 기념비적 뮤지컬 영화의 스토리는 단순하다. 무성영화 스타인 돈은 배우를 꿈꾸던 젊은 아가씨 캐시를 만나게 된다. 캐시를 통해 유성영화의 중요성을 자각하게 된 돈은 근사한 뮤지컬 영화를 완성하여 무성영화 스타에서 유성영화 스타로 발돋움하는 데 성공한다. 이런 변신의 과정은 돈과 캐시가 사랑의 결실을 맺는 과정이기도 하다. 부와 사랑이 한꺼번에 이루어지는 해피엔드인 셈이다. 물론 이 모든 과정은 매혹적인 춤과 노래로 근사하게 표현된다.

이 영화의 압권은 비 오는 늦은 밤 주인공 돈, 그러니까 진 켈리가 비를 맞으며 춤추고 노래하는 유쾌한 장면이다. "나는 빗속에서 노래하고 있어요. 지금 단지 빗속에서 노래하고 있어요. 얼마나 멋진 감정인가요. 나는 다시 행복해요. 저 위 저렇게 어둡게 드리운 구름들을 보며 나는 웃고 있어요. 태양은 내 심장에 있거든요. 나는 이제 사랑하게 될 거예요." 돈은 캐시의 사랑을 얻고 난 뒤의 행복감, 그러니까 이제 무성영화 스타에서 유성영화 스타로 변신하리라는 기대감을 춤과 노래로 표현한다. 새 시대의 스타로 변신해 부를 얻고, 아울러 멋진 여자를 만났다는 부푼 기대감에 진 켈리는 완전히 어린아이가 되어 옷이 젖는지도 모른 채 경쾌한 스텝을 구르며 물웅덩이를 걷어찬다.

빗속에서 노래하고 춤추는 해맑은 장면은 한번 보면 잊을 수 없을 정도로 근사하다. 그러니 어느 누가 진 켈리가 누리는 행복에 전염되지 않을 수 있겠는가. 결국 뮤지컬 영화는 행복을 전하는 춤과 노래로 성패가 나는 법이다. 영화의 스토리가 자본주의적 삶을 맹목적으로 긍정하고 있다는 좌파적 비판도, 적극적인 여성이 아니라 순종적인 여성만이 행복할 수 있다는 가부장적 시선을 내면화하고 있다는 페미니즘적 비판도 여기서는 모두 힘을 잃어버린다. 뮤지컬은 어른들을 위한 행복 동화일 뿐이다. 현실에 불행한 사람들이 존재하는 한, 그럼에도 그들이 한순간이나마 행복을 맛보려고 기대하는 한, 앞으로도 뮤지컬은 영화관과 무대 위에 계속 막을 올릴 것이다.

비평가의 눈

이상용

뮤지컬 혹은 몸짓의 확대

뮤지컬은 춤과 노래를 통해 이야기를 이어 가는 장르를 뜻한다. 뮤지컬 영화는 사운드의 도래와 함께 1920년대 중후반에 시작됐지만, 뮤지컬 영화의 전성기는 1930년대 중반부터 1950년대 중반까지였다. 이전의 무성영화 시기와 달리 점점 더 화려해진 음악과 사운드의 활용은, 뮤지컬 영화가 소리 없이 영화를 보던 시기와 완전히 단절을 이룬 것처럼 보이게 한다.

그런데 「사랑은 비를 타고」를 보면 주인공 돈이 시사회장 레드 카펫에 서서 자신의 과거 사연을 들려주는 장면이 등장한다. 보드빌 공연을 하고, 악당으로 분해 주인공의 주먹에 쓰러지고, 절벽에서 뛰어내리는 등 돈의 회상 장면들은 고스란히 무성영화의 역사 그 자체다.(돈은 입으로는 자신이 마치 최고의 연기 학교를 나와 유명한 무대에서 공연하다 주인공으로 승승장구한 사람인 양 이야기하지만, 회상 장면이 보여 주는 그의 과거는 사실 굴욕적이기까지 하다.) 「사랑은 비를 타고」가 처음부터 강조해 다루는 것은 바로 역사의 전환이다. 돈 록우드는 무성영화의 최고 스타였지만, 사운드의 도입과 함께(「재즈 싱어」를 비롯한) 새로운 영화의 시대가 열리면서 곤경에 처하게 된다. 이를 타계하기 위해 돈은 「결투하는 기사」를 「춤추는 기사」로 바꾸는 아이디어를 제안한다. 영화는 대성공을 거두고, 돈은 무성영화의 스타에서 유성영화의 스타로 변신하는 데 성공한다.

이것은 뮤지컬 장르가 바로 무성영화의 계승자임을 대변하는 과정이기도 하다. 무성영화, 특히 무성영화 시대에 가장 큰 인기를 누렸던 무성 코미디의 여러 특징들은 소리와 함께 시작된 뮤지컬을 통해 그 매력을 이어 갈 수 있었다. 채플린이 유성영화 시대에도 여전히 무성영화 스타일을 고집하며 만든 「모던 타임즈」의 후반부 장면, 즉 떠돌이 찰리가 어렵사리 종업원으로 취직한 음식점에서 춤과 노래를 펼치는 장면을 기억할 것이다. 채플린을 포함해 대부분의 무성 코미디 배우들은 보드빌 출신이었고(그것은 「사랑은 비를 타고」의 돈 록우드 역시 마찬가지다.), 그들은 춤과 노래에 능했다. 「모던 타임즈」의 유명한 장면 중 하나인 떠돌이 찰리가 춤추며 노래하는 모습은 무성 코미디가 뮤지컬로 이어질 것을 알린 예고편이었다.

「사랑은 비를 타고」에서 주인공 돈 록우드가 회상하는 자신의 무명 시절 모습

사운드의 도래와 함께 무성 코미디는 사라졌지만, 코미디언들의 몸짓과 동작은 뮤지컬 영화를 통해 화려하게 확대되었다. 물론 차이는 있다. 무성영화 시대에 버스터 키튼처럼 직접 스턴트 장면을 펼치던 돈이 어느새 우아하고 품위 있는 인생 찬가를 춤과 노래로 보여 주듯, 뮤지컬은 무성 코미디의 개그 몸짓을 품위의 몸짓으로 확장했다. 무성 코미디가 인생은 엉망진창이고 우스꽝스럽지만 그래도 살 만한 것이라고 위로했다면, 뮤지컬은 부족한 인생도 우아할 수 있고 성공을 거둘 수 있으며 세상 사람들에게 품위를 보여 줄 수 있는 것이라고 말하기 시작했다.

사운드는 무성 코미디와 뮤지컬을 잇는 다리가 된다. 무성영화의 몸짓이 인간의 상실된 몸동작을 흉내 내면서 자신만의 세계를 구축했다면, 이제 영화가 몸짓에 익숙해지고 소리까지 포섭해 완벽한 몸짓의 재현을 이루자 조금 더 세련됨을 요구하기 시작했다. 물론 입술과 소리를 흉내 낸다는 것은 여전히 코미디 같은 일이다. 「사랑은 비를 타고」의 가장 중요한 사건은 '립싱크'다. 그것은 소리도 흉내 낼 수 있다는 코미디의 정신이 고스란히 스며든 것이다. 「모던 타임즈」에서 찰리가 춤과 노래를 펼칠 때 노래의 가사를 아무런 의미 없이 즉흥적으로 내뱉었던 것처럼, 소리도 충분히 코미디의 재료가 될 수 있다. 그러나 「사랑은 비를 타고」는 소리의 흉내와 함께 목소리를 통해 진실을 전하는 것이 얼마나 중요한가도 강조하고 있다. 그것은 목소리를 통한 개인성의 발현, 즉 목소리를 통한 인격의 품위가 된다. 무성영화 시대의 여성 스타 리나에게 없는 것이 바로 목소리에 밴 품위다. 즉 「사랑은 비를 타고」는 힘겨운 삶이라고 할지라도 한 발짝 더 나아가 다양한 품위를 지키자고 말하는 영화다. 때로는 왈츠의 삼박자로, 종종 탭댄스의 경쾌함으로, 또는 발레리나의 우아한 몸동작으로 말이다. 그런 점에서 뮤지컬은 소리와 몸짓의 본격적인 '절합(Articulation, 단절하면서 결합한다는 뜻이다.)' 시도였고, 노래와 함께 등장하는 다양한 춤동작으로 눈을 사로잡았다.

혹자는 이 영화에서 진 켈리가 홀로 빗속에서 춤추는 장면을 보며 사랑의 몸짓으로 기억할 것이고, 혹자는 여주인공 캐시와 진 켈리가 스튜디오의 불빛을 하나씩 밝히며 함께 춤추는 세레나데를 가슴에 간직할 것이다. 어떤 이는 돈의 친구 코스모가 영화 세트장에서 「그들을 웃겨 봐요」[853쪽 키워드 참고]를 부르며 선보이는 슬랩스틱이 가미된 춤과 노래를 오래도록 떠올릴 수도 있다. 그 모든 것이 삶의 순간을 우아하게 표현하는 몸동작들이다. 진 켈리의 춤은 사랑의 충만함과 그 속에 담긴 쾌락을, 세레나데 장면은 연인의 마음이 환히 켜지는 과정을, 코스모의 춤과 노래는 영화 현장의 어려움을 너끈하게 받아들이는 여유를 전달하는 것이다. 영화를 볼 때마다 춤과 노래가 섞인 뮤지컬 장면을 보는 즐거움은 여기에 있다. 이 과정들은 꽤 힘겹고 버거울 수 있지만 어쩐지 춤과 노래로 표현하면 한없이 가벼워진다. 뮤지컬의 몸짓은 인생의 무거움을 가볍게 만들어 버린다. 5분 이상 춤과 노래가 펼쳐지는 것을 지켜보고 있노라면 모든 것을 훌훌 털어 버리고 다음 단계로 나아갈 수 있는 여유를 갖게 된다. 뮤지컬은 춤과 노래의 승화 작용을 통해 인생의 무거움을 찰나로 만들어 버린다.

무성 코미디 영화와 뮤지컬 영화의 공통점은 또 다른 차원에서도 살펴볼 수 있다. 대다수의 뮤지컬 영화는 춤과 노래를 중심으로 삼다 보니, 정작 이야기는 그다지 풍성하지 않거나 빈약한 편이다. 하지만 영화의 러닝타임 두 시간이 길게 느껴지지 않는다. 그것은 뮤지컬 영화가 유성영화 나름대로의 '어트랙션'(견인, 매력)을 구현했기 때문이다. 무성영화의 본질을 설명하는 자리에서, 어트랙션 시네마의 특징은 "드라마나 이야기는 단순하고 뻔하지만 점점 세지는 크레셴도의 화

「사랑은 비를 타고」에서 케이크 세례를 받은 악역 리나 라몬트

면 강도를 통해 관객들로 하여금 다음 장면을 기다리고 기대하게 만든다."라고 설명한 바 있다. 그것은 관객을 화면의 구경거리 속으로 빨려 들어가게 하는 방식이다.

어트랙션 시네마로서 뮤지컬 영화는 점점 더 화려해지고 풍성해지는 공연 장면을 통해 구현된다. 차이가 있다면, 버스터 키튼의 코미디처럼 숨 가쁘게 장면을 이어 가기보다 계단과도 같은 능선의 굴곡을 그리며 영화를 전개시킨다. 모든 것이 뮤지컬 장면으로만 이루어질 수 없다 보니 중간중간 쉬어 가는 휴지부를 만드는 것이다. 이처럼 뮤지컬 영화의 어트랙션은 가파른 상승 곡선이 아니라 계단식 구성을 보여 준다. 그래서 한 호흡의 여유를 갖고(춤과 노래가 주가 되는) 뮤지컬 영화에 빠져들다 보면 다음에는 과연 어떤 노래와 춤이 등장할지 기대하게 된다. 뮤지컬 영화가 성공적으로 만들어지기 위한 조건은, 흔히 언급되는 것처럼 주인공의 성공 스토리에 있는 것이 아니라 관객들에게 성공의 계단을 함께 올라가는 듯한 즐거움을 경험하게 해 줄 때 진정으로 가능해진다.

끝으로 무성 코미디 영화와 뮤지컬 영화의 중요한 공통점은 스타 시스템에 있다. 무성 코미디 영화는 감독 겸 주연과 제작을 맡은 채플린, 키튼, 로이드 등의 스타 시스템을 통해 성장했다. 뮤지컬 영화도 마찬가지다. 「사랑은 비를 타고」의 주인공 진 켈리는 이 영화의 공동 감독으로 이름을 올렸다. 물론 MGM이라는 메이저 제작사가 있기는 했지만 특출한 스타는 뮤지컬 영화의 중요한 자리를 차지했고, 영화를 이끄는 기표였다. 그들은 영화의 중요한 안무를 고안할 뿐만 아니라 직접 구현하며 장면을 만들어 냈다. 이것은 무성 코미디 영화에서 행했던 방식이다. 채플린이나 키튼은 코미디 장면을 직접 고안하고 몸소 연기하면서, 창조적인 웃음을 이끌어 냈다. 뮤지컬은 창조적 우아함(품위)을 만들어 낸다. 그것은 천재적인 스타를 통해 만들어지는 세계다.

무성 코미디에 이어 뮤지컬 영화가 아주 오랫동안 세상에 머물지 않고 소멸하게 된 것은, 어쩌면 이러한 장르의 속성이 짧았기 때문이 아니라 이것을 만들어 낼 천재들이 활약할 수 있는 시절이 짧았기 때문이었는지도 모른다. 영화에 있어 능수능란한 천재성은 동시대의 제작 시스템과 부딪히며 갈등을 일으키기 마련이었고, 짧은 기간 동안 불꽃을 태우고 사라져 버렸다. 뮤지컬 영화는 1950년대 중반을 넘기면서 더 이상 스타를 배출해 내지 못했다. 물론 간헐적으로 등장한 것은 사실이다.

뮤지컬이 만들어 낸 춤과 노래는 여전히 공연의 현장에서, 디즈니의 애니메이션 속에서, 가끔씩 등장하는 뮤지컬 영화 속에서 명맥을 이어 가고 있다. 물러섰지만 끝내 사라지지 않는 이유는 간단하다. 삶이 한없이 무거워질 때 사람들은 가벼움을 찾아 극장을 찾기 때문이다. 때로는 코미디의 몸짓과 웃음에 동조하면서, 때로는 뮤지컬의 춤과 노래에 자신의 인생도 우아할 수 있다는 희망과 기대를 걸며 빼어난 천재들의 몸짓에 젖어 든다. 그리하여 영화사의 한 페이지에는 프레드 아스테어, 진저 로저스(1911-1995), 진 켈리, 주디 갈랜드 등의 이름이 새겨진다. 그들은 인생의 우아함을 선물했던 별들이다.

「사랑은 비를 타고」의 메인 테마곡 「싱잉 인 더 레인」을 부르는 장면은 수많은 영화에서 반복적으로 차용됐다. 이명세 감독의 「남자는 괴로워」(1995)의 주인공 안성기는 비 오는 거리에서 춤추고 노래한다. 「심슨 가족」에서도 이것을 패러디한 장면이 등장한다. 이제 누군가 빗속에서 노래를 부르고 춤을 출 태세를 갖추고 있다면 자연스럽게 「사랑은 비를 타고」를 떠올리지 않을 수 없는 지경이다. 영국의 영화 이론가 피터 울렌(1983-)이 이 장면을 두고 "단일 장면으로는 가장 기억에 남는 영화 속 춤 장면"이라고 평한 것은 옳았다. 폭력과 섹스에 대한 성찰을 담은 스탠리 큐브릭 역시 이 장면을 「시계태엽 오렌지(A Clockwork Orange)」(1971)에서 패러디했을 정도이니 말이다. 큐브릭의 연출은 이 장면이 지닌 낭만성과 신화를 정면으로 파괴하는 것이기도 했다. 최근에는 프랑스 영화 「아티스트」를 통해 「사랑은 비를 타고」에 대한 재해석이 이뤄졌는데, 이 작품은 무성영화 스타였던 조지가 유성영화의 등장으로 몰락하면서 벌어지는 사건과 배우 지망생 페피 사이의 사랑을 다루고 있다. 캐릭터에 변화가 있다면 돈의 역할이 주도적이었던 고전과 달리 「아티스트」에서는 페피가 주도적 역할을 맡는다는 것이다. 이처럼 장르 영화에서 시대에 따라 남녀 주인공의 역할 비중이 변화하곤 한다.

東京物語

脚本 野田高梧 小津安二郎

9강 가족의 뒷모습

동경 이야기

오즈 야스지로

"사람의 마음은
너무 쉽게 변해요.
인생은 싫은 일뿐이에요."
— 등장인물 교코의 대사

「동경 이야기」 東京物語, 1953

일본 | 136분 | 오즈 야스지로

창문을 열자 햇살이 부서지는 바다가 내다보인다. 수면이 호수처럼 고요한 내해(內海) 세토나이카이가 눈부시게 펼쳐진 이곳은 오노미치라는 작은 마을이다. 무더위가 한창인 어느 여름날, 주름 깊은 노부부가 분주히 가방을 챙기고 있다. 막내딸은 출근길에 나서면서 이들에게 무사히 잘 다녀오라며 인사를 건네고, 이웃 주민도 부러운 눈길로 두 사람의 여행을 축하한다. 이제 긴 기차 여행을 떠나려는 슈키치와 도미는, 슬하에 장성한 자식과 귀여운 손주 들이 있는 다복한 사람들이다. 맏아들 고이치와 큰딸 시게는 험난하기 짝이 없는 도쿄에 벌써 자리를 잡았고, 다른 한 녀석도 오사카에서 제 몫을 다하고 있다. 다만 아픈 구석이 있다면 전사한 둘째 아들과 홀로 남겨진 며느리 정도다.

작은 어촌에 불과한 오노미치에 비하면 도쿄는 별천지다. 슈키치와 도미는 자신들이 어렸을 때만 해도 도쿄에 가려면 수개월이나 걸렸던 일을 떠올리며, 매 순간 격세지감을 느낀다. 맏아들의 집은 도쿄 역에서도 한참이나 더 가야 나올 모양이다. 고이치에게서 "도쿄에 병원을 개업"했다고 이야기를 들었던 노부부는, 도심과 멀찍이 떨어진 이곳이 과연 도쿄인가 싶기도 하다. 뭐, 그래도 상관없다. 어차피 사랑스러운 자식과 손주 들을 보는 데 의의가 있으니까. 그들이 잘사는 모습을 보는 것만으로도 충분하다. 가끔씩 무뚝뚝하고 자기 일밖에 모르는 큰아들에게 약간 서운하기도 하지만, 한 집안의 가장으로서 견실하게 버티고 있는 모습을 보니 내심 뿌듯하다. 고이치의 아내 후미코는 친절하고, 버릇없는 손자들은 귀엽기만 하다. 그러던 어느 주말, 고이치는 노부부에게 도쿄 구경을 나가자며 외출

준비를 시작한다. 하지만 그때 갑자기 들이닥친 환자 탓에 그 짧은 여흥은 산산이 깨지고 만다. 슈키치와 도미는 자기들은 신경 쓰지 말라며 괜찮다고 연거푸 말한다. 문득 도미는 어린 손주를 바라보며, 이런 만남이 자기 살아생전에 언제 또 가능할지 생각에 잠긴다. 마냥 행복하다고 하기에는 달리 형언할 수 없는 서글픔이, 도쿄의 하늘을 물들인 검붉은 노을처럼 밀려든다.

부족한 살림에 미용실을 개업하고 억척스럽게 사는 맏딸도 자랑스럽기는 마찬가지다. 여자의 몸으로 사업을 한다는 게 보통 일이겠는가? 맏딸 시게는 집안일이며 바깥일까지 모두 다 완벽하게 해내고 있다. 그나저나 이곳에서도 노부부의 마음은 편찮다. 오래간만에 시게를 보고 사위도 만나니 기분이 좋긴 하다만, 하루 종일 바쁘게 굴러가는 딸네 집 형편을 보고 있노라니 공연히 폐를 끼치는 것은 아닌지 불안하다. 하기는 장인과 장모를 대접하겠다고 '비싼' 과자를 사 온 남편을 대뜸 구박하는 딸이니, 아무리 내 속으로 낳은 자식이라지만 어려울 수밖에 없다. 도쿄에 오기는 했지만, 아무래도 이곳을 구경하기는 틀린 모양이다. 자식들은 저마다 바쁘다고 난리인데, 부모가 된 도리로 그들을 번거롭게 만들 수는 없기 때문이다. 바로 그 무렵, 큰딸 시게는 둘째 며느리 노리코에게 하루 정도 부모님과 도쿄를 돌아봐 달라고 부탁한다. 전쟁이 끝났는데도 8년째 돌아오지 않는 남편의 생사도 모른 채 혼자 살며 밥벌이에 바쁜 둘째 며느리이지만, 언제나처럼 환하게 웃으며 슈키치와 도미를 모시고 도쿄 구경에 나선다. 오노미치에서 도쿄까지 그 먼 길을 단 하루 만에 달려온 것도 신기한데, 마천루가 밀집한 도쿄 시내 광경에는 그저 입이 벌어질 따름이다. 노리코는 온종일 바쁜 일정에도 노부부를 챙기는 데 여념이 없다. 한순간도 귀찮은 기색 없이, 비좁은 자기 집에까지 모셔 와 저녁과 약주까지 대접한다. 한편 슈키치와 도미에게 비친 노리코의 모습은, 어쩐지 가엾고 위태롭다. 전쟁 중에 잃은 아들아이만큼이나 둘째 며느리의 존재가 과연 서글프고, 때로는 죄책감처럼 무겁게 느껴지는 것이다.

둘째 며느리 노리코와 즐거운 시간을 보내고 나서 다시 찾은 맏딸 시게의 집은 여전히 가시방석이다. 급기야 우두커니 앉혀 두는 일 말고는 부모님을 달리 대접할 수 없다고 판단한 고이치와 시게는, 두 사람을 도쿄 근처의 휴양지 아타미로 보낸다. 명분은 늙은 부모님을 좋은 온천 휴양지에서 모시고 호강시켜 드린다는 것이지만, 실제로는 그들 스스로 편하고 싶은 마음이다. 그런 자식들의 속내를 모를 리 없는 슈키치와 도미이지만, 이왕 온 것이니 온천 여행을 즐기려 한다. 아타미 해변은 오노미치와 달리 근사한 데다 고급 료칸[旅館]에서 즐기는 온천욕은 충분히 만족스럽다.

그러나 밤새 이어진 젊은 투숙객들의 소란스러운 음주가무로 노부부는 잠을 설치고 만다. 끝내 도미가 흉통을 호소하면서, 두 사람은 다시 도쿄로 돌아온다. 예상보다 일찍 도쿄로 돌아온 부모님을 맞이하는 두 남매의 표정이 밝지만은 않다. '모처럼 비싼 돈을 들여 일부러 여행을 보냈는데, 이렇게나 빨리 돌아오시다니!' 한때 한 지붕 밑에서 가족으로 지냈던 삶이 무색할 정도로, 고이치와 시게는 눈치를 준다. 결국 도미는 둘째 며느리 노리코와 시간을 보내다가 그 집에 하루 묵고, 슈키치는 옛 친구들을 만나 술판을 벌이다가 고주망태가 된 채로 시게 집에 와 드러눕는다. 아무래도 더는 눈치가 보여 도쿄에 머물 수 없을 듯싶다. 간만에 자식들도 만나고 저 멋진 도쿄 구경까지 했으니, 이제 오노미치로 돌아간들 뭐가 아쉽겠는가? 노부부는 자식들에 대한 섭섭함보다, 그동안 짐이 됐다는 미안함에 서둘러 가방을 챙긴다. 그럼에도 여전히 과부로 지내는 노리코의 옆모습이 걸린다.

도쿄에서 오노미치로 향하는 길은 왠지 더 멀게 느껴진다. 처음 도쿄에 올 적에는 자식들을 만나 볼 수 있다는 부푼 기대에 피로감도 잊었지만, 모두와 작별하고 언제 다시 본다는 기약조차 없이 귀향하는 지금의 길은 어쩐지 쓸쓸하다. 아니나 다를까, 도미는 여독 탓인지 오사카 부근에서 쓰러지고 만다. 그러나 도미는 자기 몸이 아플지언정, 오사카에 잠시 내려 셋째 아들의 얼굴까지 보게 됐다며 기뻐한다. 두 사람은 늙은 나이에 기력을 잃긴 했어도, 불과 몇 주 사이에 모든 자식을 다 만나 봤다는 데 만족한다. 이윽고 도착한 오노미치, 결국 도미는 앓아눕는다. 그러고는 다시 돌아올 수 없는 죽음의 나라로 영영 떠나 버리고 만다. '언제쯤 자식들의 얼굴을 다시 볼 수 있을까?' 하고 자문하던 도미의 생각은, 그녀 자신의 죽음으로 예정보다 빨리 이뤄진다.

어머니의 부고에 황급히 달려온 자식들은 묵묵히 장례를 치른다. 느닷없는 죽음이지만, 장례식은 지극히 사무적으로 일사불란하게 이뤄진다. 그 후 자식들은 오노미치를 떠날 채비를 서두른다. 큰딸 시게는 어머니의 비싼 옷가지를 챙겨 가기에 급급하고, 다른 아들들도 돌아가신 어머니와 홀로 남겨진 아버지보다도 자신들의 일상과 업무에 신경을 곤두세우느라 여념이 없다. 이렇듯 정나미 없는 언니, 오빠들의 살풍경한 모습에 막내딸은 야속한 기분을 느낀다. 결국 이번에도 끝까지 오노미치를 지키는 것은 노리코의 몫이다. 노리코는 침울해진 막내 시누이에게 서운해하지 말라고 당부하면서 누구나 부모 곁을 떠나 독립하고 가정을 꾸리면 변할 수밖에 없다고, 세상의 이치를 의연하게 받아들이라고 조언한다. "삶을 살다 보면, 누구나 변하게 되는걸요. 저도 그래요." 하지만 막내 시누이는 여전히 납득할 수 없다. "정말 그런 거라면, 인생은 참 싫은 일뿐이군요." 노리코는 잠자코 고개를 끄덕인다.

이제 노리코마저 오노미치를 떠날 때가 됐다. 가뜩이나 텅 빈 거실이 더 넓어 보인다. 슈키치는 작별 인사를 올리려고 마주 앉은 노리코에게 "이제는 네 행복을 위해 살아라. 한창나이이니 어서 새 삶을 시작하라."라며 진심 어린 제안을 건넨다. 시아버지로부터 그런 말을 들은 노리코는 안 그래도 자꾸만 변해 가는 자기가 교활한 인간 같다고, 그럼에도 때때로 '새로운 일'을 바라는 마음 때문에 괴롭다고 울음을 터뜨린다. 하지만 슈키치는 자신이 낳고 기른 자식보다, 그저 며느리일 뿐인 노리코가 자기들을 더 잘 대해 줬다면서 깊은 감사의 마음을 표한다. 앞으로 또 오랜 세월, 홀로 오노미치의 집을 지키게 될 시아버지는 평소 아내 도미가 차고 다니던 시계를 노리코에게 쥐어 준다. 더없이 선량한 둘째 며느리의 평탄한 장래를 바라면서 말이다. 마침내 노리코도 언제쯤 다시 올 수 있을지 장담할 수 없는 오노미치를 뒤로한 채 도쿄로 향한다. 인생, 그것은 마치 단 한순간도 같은 자리에 머물 수 없는 강물처럼 사람과 사람 사이를 유유히 흘러간다.

오즈 야스지로

小津安二郞, 1903-1963

"별 볼 일 없는 건 유행을 따르고, 중대한 일은 도덕을 따르며, 예술에 있어서는 오직 내 결정을 따른다."

오즈 야스지로는 약 35년 동안 쉰세 편의 영화를 만들어 낸 일본 영화계의 거장이다. 그는 1903년 12월 12일, 도쿄의 큰 비료 상인의 둘째 아들로 태어났다. 오즈 야스지로는 구시가지에 해당하는 후쿠가와에 살았지만 10년 후인 1913년에 아버지의 출생지 나고야 부근으로 어머니와 함께 옮겨 간다. 마쓰사카의 상인들에게는 시골에 본점을 두고, 도시에 지점을 운영하는 전통이 있었다. 오즈와 두 형제들은 아버지와 떨어진 도시에 머물며 일하고 살았다.

평생 독신으로 지낸 오즈는 언제나 어머니를 이상적인 존재로 생각했다. 오즈의 유년기는 그의 영화에 자연스럽게 영향을 미쳤다. 물론 아버지 또한 그의 영화 속 관심사였다. 「태어나기는 했지만(生まれてはみたけれど)」(1932)과 같은 초기 영화에서는 아버지가 아들들에게 무시를 당하고는 한다. 좀 더 성장한 다음부터는 「아버지가 있었다(父ありき)」(1942), 「동경 이야기」, 「만춘(晩春)」(1949) 등을 통해 아버지의 존재를 이상화했다.

1923년 스무 살의 나이에 오즈는 쇼치쿠의 카메라 조수로 일하면서 영화 인생을

시작했다. 오즈의 감독 데뷔작은 시대극 「참회의 칼(懺悔の刀)」(1927)이었다. 그것은 쇼치쿠 영화사가 주로 다뤘던 시대극 스타일을 따른 것이었다. 쇼치쿠에서 교토로 자리를 옮기면서, 그에겐 자연스럽게 동시대 영화를 찍을 수 있는 권한이 주어졌다. 오즈에게 당대의 유망한 영화감독으로서 명성을 선사한 것은 주로 대학 생활과 공장 노동자을 다룬 난센스 코미디였다. 직장을 잃은 후 거리를 헤매는 어느 기혼 월급쟁이에 대한 코미디 영화 「동경의 합창(東京の合唱)」(1931)은 특히 오즈를 주목할 만한 영화감독으로 끌어올렸다.

2차 세계대전 중에도 오즈는 부지런히 영화를 만들었지만, 거장의 풍모는 「만춘」부터 시작된다. 오즈는 자기 딸이 결혼하길 바라는 홀아비와 그런 아버지를 떠나지 않으려는 딸의 이야기를 그린 「만춘」을 필두로 「초여름(麥秋)」(1951), 「동경 이야기」, 「이른 봄(早春)」(1956), 「꽁치의 맛(秋刀魚の味)」(1962) 등의 영화에서 거의 같은 이야기를 변주해 보여 줬다. 영화 제목에 계절감을 담은 것은 오즈 야스지로의 특징 중 하나다. 오즈는 매번 같은 이야기를 다루는 것 같지만 그 사이에 깃든 미묘한 차이와 섬세한 표현이 마음을 끈다. 우리는 이 미묘함을 '오즈적 우주'라고 일컫는다. 점점 더 드라마를 비워 내는 오즈의 스타일은 화면을 채우거나 비움으로써 인간의 사랑과 헌신, 존경과 체념을 표현하는 다양한 방식을 포착해 냈다. 그는 독특한 금욕주의로 일본은 물론이고 영화사에서 유례를 찾아볼 수 없는 장면을 창조했다.

1960년 오즈는 자신이 만든 「가을 햇살(秋日和)」(1960)에 대해 다음과 같은 말을 남겼다. "사람들은 때로 가장 단순한 것을 복잡하게 만든다. 그런데 복잡하게 보이는 인생은 갑자기 아주 단순하게 드러난다. 나는 그것을 이 영화에서 보여 주고 싶었다. 드라마를 영화로 보여 주기는 쉽다. 배우들이 웃거나 울지만 이것은 단지 설명일 뿐이다. 감독은 감정에 호소하지 않고 그가 원하는 바를 보여 줄 수 있다. 나는 드라마에 의지하지 않고 사람들로 하여금 느끼게 만들고 싶다. 나는 「도다가의 형제자매들(戶田家の兄妹)」(1941) 이후 줄곧 이렇게 하려고 시도해 왔지만 그것은 아주 어려운 일이었다. 「가을 햇살」은 성공적인 영화다. 하지만 아직도 완벽과는 거리가 멀다." 오즈의 마지막 영화는 「그해 여름의 끝」이었다. 끝내 죽음이 승리하는 이 작품은 오즈가 암으로 타계하면서 마지막 영화가 됐다. 그의 묘비에는 '무(無)'라는 한 글자가 새겨져 있다.

시네토크

서서히 해체되는 가족, 그 씁쓸한 서정시

2차 세계대전 이후 패망한 일본은 어떠했을까? 오즈 야스지로의 가족 영화가 보여 주려는 것이 바로 이것이다. 오즈가 다루는 대가족은 서서히 해체돼 가고 있다. 각각 시골과 도시로 갈린 부모와 자식 세대의 삶은 그들의 가치관을 다르게 만들어 버렸다. 등장인물 중 며느리는 낡은 세대와 새로운 세대의 가치관을 모두 소유한 갈등적 캐릭터다. 전쟁으로 남편을 잃은 그녀는 여전히 시부모님을 돌본다. 그래도 가치관의 변화와 새로운 기운이 밀려오는 것을 거부할 수 없다. 여기서 오즈의 영화 「동경 이야기」는 변화하는 세태와 호흡하기보다 뒤로 물러서 바라보는 길을 선택한다. 수많은 대중문화가 유행의 선두 주자임을 자처할 때 오즈의 영화는 한 발짝 물러섰다. 그 물러섬은 가족의 초상을 제대로 볼 수 있도록 만들었다. 귀엽지만 버릇없는 손자 세대, 먹고살기에 분주한 자식 세대. 이제 노인 세대는 그들과 좋은 시절을 보내기는 어려울 듯하다. 도쿄 근처의 온천에 머물며 부모들은 생각에 잠긴다. 인생은 그저 흘러가는 것이라고.

모든 것이 가능해지는 유보적 서사

이 오즈 야스지로는 무성영화 시절부터 활동한 감독이에요. 전시에는 프로파간다 영화를 만들기도 했고요. 개인적으로는 「만춘」을 처음 봤을 때 커다란 충격을 받았습니다. 물론 오즈의 대표작을 뽑자면 「동경 이야기」예요. 종합적인 성격이 있고, 완성작이라고 부를 만하니까요. 「동경 이야기」 엔딩 장면에서 교코가 집에 남는 장면으로 끝나잖아요. 그때 남은 막내딸을 시집보내는 이야기가 「만춘」입니다. 오즈 야스지로의 후기작은 소재와 이야기 구조가 다 비슷해요.

오즈 야스지로 영화엔 특징이 있어요. 관객은 인물을 주로 정면으로 보게 됩니다. 보통 영화 같으면 투 숏 후에 오버숄더 숏으로 두 사람이 있다는 것을 설명하죠. 180도 선을 넘어가지 않는다는 게 할리우드의 룰이에요. 영화의 카메라가 연극의 뷰를 흉내 내는 거죠. 물론 오즈의 화면이 할리우드의 전형적인 방식에서 벗어났다고 해서 막연히 '일본적'이라고 단정할 순 없어요. 사실 일본 영화사에도 오즈 야스지로처럼 찍

오즈 야스지로, 「동경 이야기」

"「동경 이야기」에서 자주 나오는 '그래'라는 말이 때로는 부정이고 때로는 긍정이고, 또 때로는 반문이기도 하고 혼잣말이기도 합니다. 주인공 슈키치가 가장 많이 하는 말 '그래'라는 대사는 맥락에 따라 여러 가지로 해석될 수 있는 아주 단순한 말입니다. 오즈 야스지로는 보는 사람의 마음에 따라 인식되는 장면으로서의 영화를 제시한 것입니다."

는 사람은 별로 없거든요. 오즈 야스지로의 스타일은 지금까지 본 적 없는 독창적인 영화 세계이지만 우리의 실제 삶과 가장 많이 닮아 있기도 합니다.

강 할리우드나 프랑스, 러시아 영화와 다른 이 영화만의 기법이나 카메라앵글이 눈에 띄네요. 확실히 오즈 야스지로 영화만의 독특한 마력이 있는 것 같네요.

이 강 선생님의 말씀이 맞아요. 사실 할리우드의 고전 기법과 오즈의 차이점을 말할 때 많은 비평가가 흔히들 말하는 대안적 편집, 카운터 편집이라고 부르는 개념이 중요한 건 아니에요. 우리는 우리만의 감정을 독창적인 방식으로 전달할 수 있다는 가능성을 오즈 야스지로의 세계가 보여 줬다는 점에 주목해야 해요. 즉 90도든 180도든 각도와 기술적 문제가 중요한 게 아니라, 핵심은 이 영화를 설명할 수 있는 방법이 무엇이냐 하는 겁니다. 영화를 경험한다는 것 자체에 대해 고민하기 좋은 영화입니다.

할리우드 영화는 컷과 컷 사이가 자연스럽게 넘어가기 때문에 인비저블 커팅[1]이라고 부르기도 합니다. 그런데 오즈 야스지로의 영화는 너무나도 대담하고 뻔뻔하게 직각으로 보여 주거나 가상선을 넘어 다닙니다. 그가 왜 이런 형태를 만들었느냐 하는 문제에 대해 혹시 동양적 구도가 아니냐며 수많은 해석이 나왔습니다. 그러나 저는 이렇게 생각합니다. 오즈 야스지로는 인물들이 대화를 나눌 때 같은 공간에 그들이 함께 있음을 잊지 않게 하려고 했던 것 같습니다. 그는 구체적인 사물의 위치나 방향보다 인물의 감정을 살리는 데 주목했죠. 오즈 야스지로는 뒤에 있는 찻잔이나 소품의 자리를 스스로 바꾸기도 했다고 해요. 자주 했던 장난인데, 오즈 야스지로는 "사람들은 감정선에 주목하지. 소품의 방향이

1 Invisible Cutting. 비가시 편집. 액션과 액션 연결이 자연스러워 마치 연속적으로 이루어지는 한 동작처럼 보이게 하는 편집법. 출연자의 행위나 사건의 진행 흐름이 정교하게 짜깁기되어 관객은 숏의 전환이나 복수 카메라의 위치를 의식하기 어렵다.

나 원위치에는 주목하지 않아."라고 말했다더군요. 오즈 야스지로가 특정한 효과를 노렸다고 보는 사람도 있지만, 오히려 그는 자연스러운 흐름에 주목했고 나머지에는 주안점을 두지 않았던 것 같아요. 그래서인지 몰라도 오즈 야스지로 영화에는 화면에 여백이 생깁니다. 낭비가 없도록 화면을 꽉 채우려는 할리우드와 달리 오즈 야스지로는 비우기 위한 노력을 보였습니다.

가령 그의 작품에서 자주 나오는 대사 '그래'라는 말에 대해 생각해 볼까요? 때때로 부정이고 때로는 긍정이고, 또 어쩔 때는 반문이기도 하며 혼잣말이기도 합니다. 주인공 슈키치가 가장 많이 하는 말 '그래'라는 대사는 맥락에 따라 여러 가지로 해석될 수 있는 아주 단순한 말입니다. 이렇게 단순한 표현, 절제된 기법을 자주 이용합니다. 오즈 야스지로는 보는 사람의 마음에 따라 인식되는 장면으로서의 영화를 제시한 것입니다.

할리우드 영화가 선형적인 서사를 지향한다면, 오즈 야스지로의 영화는 모든 것이 가능해지는 유보적 서사를 보입니다. 홍상수 영화도 보면 다 비슷한 것 같은데 그 속엔 작은 변주들이 있죠. 그 특유의 미묘한 차이와 반복이 오즈 야스지로 영화의 특징입니다. 이러한 미묘한 디테일은 사실 할리우드 작가 중에는 찾아보기 어렵습니다.

과거 지향적인 가족 모델

강 역시 「동경 이야기」에서 가장 존경스러운 배우는 슈키치예요. 그의 눈동자는 사람을 안 보고 앵글 바깥을 보는 것 같아요. 어딘가 너머를 보는 듯하죠. 사실 노인네들의 마음을 이해한다는 건 씁쓸한 일이에요. 아내 도미가 죽고 나서 바깥을 허허롭게 보고 있는 모습이 찡하더군요. 서양 사람들 눈에는 오리엔탈리즘으로 보일 겁니다. 물론 이 영화의 등장인물도 울며 화를 냅니다. 하지만 이들은 나쁜 사람들이라기보다는 평범한 가족들의 모습이에요. 우리 가정에서 흔히 볼 수 있는 모습이라 친숙하게 느껴지지 않나요? 반세기 뒤에 이 영화를 리메이크한 「동경가족(東京家族)」(2013)이 화제가 된 건 예나 지금이나 사람 사는 모습은 엇비슷하기 때문일 거예요.
한편 이 영화에는 둘째 아들의 죽음과 할머니의 죽음, 두 죽음이 나옵니다. 가족간 정서적 자장을 만들어 주는 소재죠. 특히 중요한 건 노리코를 과부로 만든 둘째 아들의 죽음인 것 같아요. 큰딸 시게는 남편 잃은 노리코에게 아무렇지도 않게 시부모 관광을 부탁하는 반면, 정작 부모들은 노리코에게 미안해하죠. 저에게는 정서적으로 그 부분이 민감하게 다가 왔습니다. 전쟁 중에 죽은 남편과의 인연으로 맺어진 구세대 시부모, 그리고 새로운 세대 며느리 사이의 연결 고리가 저는 좀 불편하더군요.

이 그럴 수도 있겠네요. 노리코를 연기한 하라 세츠코(1920-)는 단아하면서도 선이 강한 마스크를 지닌 매혹적인 여배우입니다. 당시 일본의 여신 중에 한 명이었다고 해요. 주로 신여성, 특히 전후 일본을 계몽하는 지도자 캐릭터를 많이 맡았어요. 그런데 「만춘」에서 다시 사랑스러운 딸로 등장하더니, 그때부터 보수적인 스타일로 이미지가 확 변합니다. 전통적인 부모 세대와 그 이데올로기에 순응하는 인물로요.

정치적 시각 vs. 보편적 시각

강 이 영화가 주는 불편한 지점을 더 파고들어 볼까 합니다. 2차 세계대전을 일으킨 독일은 패전의 대가로 나라를 반으로 쪼갰어요. 그런데 우습게도 동아시아에서는 전쟁을 일으킨 일본이 아니라 한국이 쪼개졌죠.
당시 일본 사람들은 패전에 대해 어떻게 생각했을까요? 아무래도 「동경 이야기」의 시아버지가 며느리에게 시계를 전해 주는 장면은 일본적 가족 가치(천황제 포함)를 이양하는 의식처럼 보입니다. 한번 정치적으로 강하게 읽어 볼까요? 자식 세대는 미국식 자본주의 가치를 따르는 삶을 살아요. 할아버지는 그런 자식들을 절대 긍정하지 않아요. 그냥 "음……."이라고만 하는데, 그게 바로 현재를 타락했다고 보는 보수적인 자세예요. 과거를 지향하는 할아버지의 당당한 태도에서 전쟁에 대한 반성은 없어 보입니다. 게다가 둘째 아들도 전쟁을 일으킨 침략자가 아니라 억울하게 죽은 희생자처럼 나옵니다.
1950년대 일본에서라면 미국의 강한 영향력에 대한 거부감이 있었을 겁니다. 그래서 이 영화는 무섭게도 읽힐 수 있는 작품이에요. 어찌 보면 노리코는 전형적인 피해자예요. 그에 반해 첫째, 둘째 자식들은 타락한 속물처럼 그려집니다. 이렇게 패망 이후의 세대를 삐딱하게 바라보고 있는 걸 보면, 패망 이전의 상태를 그리워하고 희구하는 것 같기도 해요. 변화를 인정하지 않으려는 느낌이 듭니다. 시아버지 슈키치가 자신의 진짜 욕망을 표현하는 건 마지막 한순간인데, 그게 바로 며느리에게 시계를 주는 장면이죠. 이걸 보면서 저는 일본이 침략 전쟁을 벌였음에도 자신들도 고통을 겪는다는 식으로 생각하는 모양이구나 하고 느꼈습니다. 당시 미군정은 가족주의를 해체해 천황제 부활을 막겠다는 강한 의지를 보였는데, 바로 그러한 압력에 대한 반발 같아요.
집안에 있는 권위적인 아버지의 존재는 종교적으로는 신이고 정치적으로는 독재자예요. 이 영화엔 전쟁의 가해자였던 사람들이 자신들도 어쩌면 피해자일 수 있다는 관점이 깔려 있어요. 한 왕조가 세워지면 연호를 새로 만들듯이, 시계는 역사를 의미하죠. 새 시대를 살라면서(다른 남자랑 결혼하라면서) 구시대의 시계를 주는 게 무섭지 않나요? 멈췄던 시간을 다시 움직이게 하는 것, 역사의 사명감을 느끼게 하는 대목 아닌가요?
처음 봤을 때는 잔잔한 감동을 받았는데, 여러 번 반복해서 보는데 피해의식과 전통을 고수하려는 의지가 보여 불편해지더군요.

이 물론 정치적 메타포로 읽히는 지점이 있습니다. 1950년대 후반부터 금기시되었던 사항 중 하나가 봉건적 이데올로기의 강조입니다. 오즈 야스지로의 영화는 이걸 자주 어겼어요. 따라서 좌파 성향의 비평가들도 그를 달갑게 보지 않았고요.

오즈 야스지로 영화의 정치적 한계는 뻔하지만 단정 짓기는 어렵습니다. 노리코가 열차에서 시계를 확인하기 전 장면을 보면 막내 교코가 시간을 확인합니다. 노리코가 열차를 타고 갈 때를 예감한 듯한 뉘앙스가 느껴져요. 아버지의 정신적, 감정적 교감이 담겨 있는 유품을 노리코가 물려받았고, 그것은 새 세대인 교코와도 공유됩니다. 이런 계승을 불쾌하게 생각할 수도 있습니다. 그러나 어디까지나 관객 해석의 몫입니다. 보수성으로부터 새 세대의 긍정성까지 읽을 수 있는 작품입니다. 시계를 전해 주는 행위 속에는 복잡한 맥락이 들어 있거든요. 보수성, 미안함, 애전함 등. 영화는 인간이라는 동물의 복잡 미묘함을 품고 있어요.

강 과한 해석일 수 있지만 제가 이렇게 읽은 건, 이 영화가 1953년 개봉작이라는 사실 때문이죠. 미국과 소련이 우리를 분단시켰고 그 대가는 치명적이었습니다. 우리는 처절했고, 실제 인명 피해도 심각했어요. 문득 1953년의 한국인이 이 영화를 봤다면 어땠을지 궁금해져요. 오즈 야스지로가 통찰력이 떨어지는 감독이라면, 만약 그에게 세계사적 차원의 이해가 없었다면, 그래서 1953년의 과도기적 갈등을 하이쿠처럼 단순하게 포착한 것뿐이라면, 오히려 그랬다면 영화 감상을 편하게 할 수 있었을 거예요. 하지만 몇몇 장면은 전쟁 이전 시기에 대한 향수나 회구처럼 느껴져 찜찜하네요.
어쨌든 「동경 이야기」에서는 가족 관계를 넘어 큰 틀에서 개인주의, 자본주의, 경쟁 논리의 도입에 대한 부정적인 시선이 보입니다.

이 한 가지 확실한 건 멜로드라마적 구조 안에서 훨씬 더 감정을 자극할 수 있었던 드라마투르기 영화인데도, 오즈 야스지로는 노골적으로 눈물을 쏙 빼려고 의도하거나 일방향적으로 달려가지 않는다는 점입니다. 이게 오즈 야스지로의 균형 감각이죠. 감정을 자극하지 않으며, 부모 세대를 통한 향수를 과장하지는 않아요.

강 자본주의가 강하게 도입되면 삶 자체가 전쟁이 됩니다. 구태여 양차 세계대전이 필요 없어집니다. 이 영화 속 배경에는 두 가지 전쟁이 교차되어 있는 거죠, 진짜 전쟁과 전쟁 같은 삶 말이에요.
이제 전쟁이라는 문맥을 제외하고 가족 관계에만 집중해서 얘기해 볼게요. 그러기 위해서는 근본적인 구조, 즉 세대 간 갈등을 짚고 넘어가야겠습니다. 이 구조에 보편성이 있기 때문에 「동경 이야기」는 우리를 울립니다. 그런 의미에서 이상용 선생님이 가족 구성원들을 분석해 주시죠.

이 「동경 이야기」에는 3남 2녀가 등장합니다. 통상적으로 할리우드 영화라면 결혼식이나 장례식 같은 계기로 인물들을 첫 장면에 소개할 겁니다. 그런데 이 이야기에서는 마지막쯤 되어서야 다 같이 모이게 되죠. 막내딸 교코는 첫 장면부터 등장하긴 하지만 기본적인 정보를 일체 소개하지 않다가 마지막 장면에 가서야 교사였음이 드러납니다. 친절하게 설명해 주는 할리우드 영화와는 전혀 다릅니다.
오즈 야스지로는 한 인물이 특정 공간을 점유한 순간에야 그 사람의 정체성을 알려 줍니다. 큰아들의 공간은 집인 동시에 병원이죠. 큰딸의 공간도 그녀의 가정인 동시에 미용실이죠. 그렇기 때문에 일찍 소개된 겁니다.

강 할아버지의 직업은 은퇴한 공무원이었죠? 오즈 야스지로 영화는 사적 공간이 없는 세계입니다. 사적 공간을 공적 기능이 삼켜 버리죠. 결국 할아버지는 은퇴한 후에야 완전히 사적인 공간을 얻게 된 겁니다.

이 중요한 장면 중 하나가 아버지가 술 취해 큰딸 미용실 의자에 앉는 숏입니다. 술에 취하지 않고는 딸의 공적 공간을 차지할 수 없는 거죠.

정상적, 상식적인 상태에서는 자식 세대의 공간을 부모가 점유하기 힘듭니다. 부모 세대가 자식들이 일하는 공간에 함부로 진입할 수 없음을 영화는 분명히 보여 줍니다.

강 여러모로 1950년대 리얼리티가 잘 드러나는 영화인 것 같아요. 위정자들이 전쟁을 일으켰든 말든 서민들은 그들만의 삶을 영위한다는 거죠. 오즈 야스지로가 가진 기묘한 특징은 바로 여기에 있어요. 역사에 대해 가치 평가를 하기보다 그저 있는 그대로 주어진 삶을 받아들입니다. 바로 여기서 오즈 야스지로가 보수적인 감독이었다고 말할 수 있는 여지가 생깁니다. 세대 간의 갈등을 묘사하는 장면에서 오즈 야스지로는 자신의 은밀한 보수성을 그나마 드러냅니다. 자본주의에 젖은 자식 세대들을 조금은 냉정하게 혹은 다소 우스꽝스럽게 그리면서 말입니다. 이런 시선에 따르면 노인 세대, 즉 오즈 야스지로 자신의 삶은 긍정의 대상이 될 수 있는 씨앗을 품게 되는 셈이지요.

이 그리고 앞서 기차 얘기를 몇 번 했었죠. 뤼미에르의 기차를 말할 때는 그걸 근대적 공간으로서의 표현이라고 했었고, 버스터 키튼 영화에서는 유희 공간의 무대로 전환되었다고 했는데요. 오즈 야스지로의 영화, 특히 「동경 이야기」에서도 기차는 중요한 소재로 등장합니다. 부모가 죽기 전에 자식 한번 보겠다고 기차에 오르고, 자식들은 부모의 죽음 때문에 급하게 기차를 탑니다. 오고 가는 것의 반복을 가능하게 해 주는 수단으로서 기차는 인생의 여정 자체를 상징하는 것이죠.
부모는 죽기 전에 자식을 보겠다는 마음으로 기차가 도쿄에 도착하자 안도하지만, 자식들은 전보를 받고 항상 급하게 기차를 타고는 돌아갈 생각만 합니다. 부모의 임종을 지키지 못한다는 것은 불효막심한 질타의 대상이 될 만한 일인데도 막내아들은 어머니의 마지막 순간을 지키지 못합니다. 도리어 야구 경기 때문에 급히 돌아가야 한다는 경칠 소릴 하죠.

유일하게 부모 곁(그리고 임종)을 지키는 사람은, 어찌 보면 집안 사람이라고 할 수 없는 노리코입니다. 세대 간 갈등의 교량 역할을 하는 인물인 그녀는 "어른이 된다는 것, 사회에 적응한다는 것은 이런 거야." 하고 막내딸 교코에게 조언해 주며 갈등을 줄이기도 합니다. 노리코는 시어머니가 계실 땐 차마 그 얘기를 못했지만 가끔 자기도 외롭고 힘들다며 시아버지에게 솔직히 고백하죠.

강 그런데도 시아버지는 왜 노리코에게 시계를 주는 거죠? 시어머니 유품을 보면서 절개를 지키라는 뜻 아닙니까?

이 그렇게만 볼 수 없는 게 오즈 야스지로의 영화에서 진정한 행복을 드러내는 장면은 인물들이 나란히 앉아 있거나 함께 걸어가는 동행 장면입니다. 최근에 나온 일본 영화 중에 고레에다 히로카즈(1962-)의 「걸어도 걸어도(歩いても 歩いても)」(2008)라는 작품이 있습니다. 그는 최근작 「그렇게 아버지가 된다(そして父になる)」(2013)에서도 친자인지 모르고 그동안 키운 아들을 재회하는 장면에서 아버지와 아들이 나란히 걸어가는 모습을 연출했습니다. '저게 인생이구나.(이데올로기적 갈등뿐 아니라 여러 상황적 갈등이 있지만.) 결국 산다는 것은 발을 맞추어 걸어가는 거구나.'라는 메시지가 있어요.
따라서 그 시계도 평행적 효과를 내는 장치라고 생각하면 시아버지와 노리코, 그리고 막내딸이 같은 시간, 같은 시대를 공유할 수 있겠다, 함께 살아갈 수 있겠다라는 암시인 겁니다.

질문 1 할아버지의 말투를 들어 보면 자식들한테도 너무 격을 갖추고 있는데요. 가부장적 문화가 강한 우리 정서로 볼 때 약간 어색하게 느껴지더라고요. 일본 특유의 정서인가요, 아니면 오즈 야스지로만의 연출인가요?

이 보편적인 건 아닙니다. 일본 영화에도 폭력적인 아버지들이 많이 나오거든요. 공무원이라고 하면 그래도 중산층의 전형이기 때문에 계급성을 지니고 있었을 수도 있죠. 그도 자식에 대해 험담 비슷한 걸 하긴 합니다만 교양 있는 계층이라는 게 느껴지죠.

강 '강한 자가 가장 아름답다.'라는 일본 특유의 사고방식이 있습니다. 일본 패망 후 맥아더 신사가 지어졌습니다. 맥아더가 일본을 안 떠나려는 이유가 있었죠. 일본엔 폭력, 위계의 순수성이 있습니다. 일본 사람은 밥을 내어 주는 사람에게는 누구든 정중하게 인사합니다.

아버지가 자식을 키울 때와 자식에게서 대접받을 때의 태도를 보면 180도 달라요. 자기 영향력에 대한 인식이 명확합니다. 천황 만만세 했던 사람들이 맥아더를 찬양하는 거 보면 알 수 있죠. 어떻게 보면, 바로 그렇기 때문에 파시즘 문제가 생기는 거죠. 일본 우경화의 바닥에는 그런 게 있지 않을까 싶습니다.

질문 2 가족에 대한 환상이 많은 영화라고 봤습니다. 이상화된 부모, 이상화된 자식에 대한 이미지가 그려져 있는 영화 같아요. 지극히 평범하고 정상적인 자식들이 배은망덕하게 느껴질 정도로요. 저는 감독의 가족에 대한 현실적 통찰이 미숙하다고 생각했거든요. 마지막 영화라고 하는 「그해 여름의 끝」에서는 이러한 시선이 바뀌었을지 조금 궁금하네요.

이 오즈 야스지로는 실제로 결혼을 하지 않았습니다. 평생 어머니와 단출하게 살았던 그의 전기적 사실을 들어 '실제 가족을 모르는 사람'이라고 말하는 사람도 있을 순 있다고 생각해요. 그런데 가족에 대한 얘기를 하지만 오즈 야스지로가 찍은 쉰세 편의 영화는 모두 시기마다 각기 다른 테마를 다룹니다. 이야기(드라마)보다 감정에 충실하다는 명제가 중요하다는 건 이런 이유에서입니다. 이야기, 즉 소재는 거기서 거기지만 더 중요한 것은 그 캐릭터가 품은 감정(나쓰메 소세키의 책 제목을 빌리면 '마음(こころ)'이라는 것)이 어떤 것인지 오즈 야스지로가 표현하려고 노력했고, 어느 정도 성공했다는 겁니다. 감정이 극대화된 그 순간의 떨림을 전달받지 못한다면 오즈 야스지로 영화는 재미없을 겁니다. 저 느린 화면 속에 차근차근 조금씩 쌓여 감정이 파도를 일으키는 순간이 있음을 느끼실 수 있을 거예요. 기회가 된다면 마지막

작품은 꼭 직접 감상해 보시길 바랍니다.

질문 3 정적이고 여백이 많고 대사가 간략한, 지극히 절제된 오즈 야스지로 스타일은 서구 영화에서 찾아보기 어려운가요? 이를테면 외국에선 이런 뷰를 만드는 경우가 별로 없다고 하셨잖아요. 혹시 그에게서 영향받은 서양 감독이 있나요?

이 폴 슈레이더(1946-)라고 하는 평론가(이자 시나리오 작가)가 『영화의 초월적 스타일: 오즈, 브레송, 드레이어』라는 제목으로 작가 연구서를 냈는데요. '초월적 스타일(영적 스타일)'이라며 세 명의 감독을 같이 연관시켰죠. 로베르 브레송(1908-2004), 칼 드레이어(1889-1968), 그리고 오즈 야스지로 말입니다. 어쩌면 이들은 같은 계열 작가라고 볼 수 있을 겁니다.

그럼에도 오즈 야스지로는 그냥 오즈 야스지로일 수밖에 없습니다. 그 이유는 나머지 감독들과 차별화된 문법을 썼기 때문입니다. 그는 깊이 있는 공간을 만들어 내려고 노력하지 않았습니다. 표면에 밀착해 최대한 미니멀하게 전달했습니다. 두 시간 넘는 영화를 드라마틱한 소재 없이 일상사만으로 채운 오즈 야스지로는 확실히 특유합니다. 종종 다다미 숏도 거론되는데 일본 가옥 구조에 들어맞게 만든 거죠. 한 작가가 어떤 시선으로 사람들과 공간들을 바라보느냐 하는 건 감독의 시점이자 세계관이기 때문에 이 숏에서 오즈 야스지로 영화만의 특별성을 찾아볼 수 있을 겁니다.

강 다다미 숏 같은 경우는 앉아서 보겠다는 의미인 것 같아요. 주먹질을 하거나 과하게 참여하겠다는 의미가 아니죠. 시골 가면 마루에 앉았을 때 보이는 사적인 풍경이 있죠. 그런데 이때 가족들이 서서 얘기하면 불안해집니다. 앉아서 나누는 얘기들, 동작들, 정적인 장면들, 앉아서만 느낄 수 있는 미묘한 감정선, 그런 게 대화에서 느껴지면서 사적인 집 안을 엿보는 것 같은 기분이 생겨요.

이 가령 후대 감독 중 오즈의 영향을 강하게 받은 감독이 있다면 빔 벤더스(1945-)를 꼽을 수 있습니다. 그는 1980년대 도쿄를 배경으로 다큐멘터리 「도쿄가(Tokyo-Ga)」(1985)를 찍기도 했습니다. 동경의 풍경을 담은 작품이자 오즈 야스지로의 무덤을 담아 그의 영화에 대한 존경을 표하기도 한 필름입니다. 또 빔 벤더스의 대표작 「베를린 천사의 시(Der Himmel üeber Berlin)」(1987)를 보면 마지막 엔딩 장면에 세 천사들에게 이 영화를 바친다는 문장이 등장해요. 그 천사들은 바로 프랑수아 트뤼포, 안드레이 타르코프스키, 그리고 오즈 야스지로죠.

서구뿐만 아니라 오즈의 스타일은 아시아와 자국 영화에도 영향을 끼쳤죠. 일본 내에서는 고레에다 히로카즈 영화에서 오즈의 흔적이 잘 나타납니다. 대만을 대표하는 감독 허우샤오시엔(1947-) 역시 「카페 뤼미에르(珈琲時光)」(2003)라는 작품을 통해 오즈 야스지로에 대해 온갖 존경심을 드러냈어요.

일본 영화를 보면 '고코로(마음)'라는 단어가 정말 많이 나옵니다. 영화사적으로 이 '마음'이라는 걸 표현하려고 했던 인물을 꼽으라면 오즈 야스지로를 들고 싶습니다.

질문 4 시아버지는 "응.", 노리코는 "아니요."를 시종일관 반복해요. 저는 「동경 이야기」가 "응."이라고만 대답하는 시아버지와 "아니요."라고만 일관했던 며느리가 마지막 장면에서 같은 생각을 하고 있었다는 걸 확인하는 영화라고 봤거든요. 그래서 시계 전달을 삶과 행복이 이어지리라는 희망적 메시지로 봤습니다.

이 좋은 해석인데요. '응'만 있는 세상도 재미없을 것이고 '아니요'만 있는 세상도 재미없겠죠. 저도 노리코와 아버지의 일대일 장면이 영화의 클라이맥스라고 생각해요.

질문 5 감정을 절제하고 남을 배려하는 일본인의 전형을 노리코에게서 찾을 수 있었는데, 당시 일본인을 대표하는 캐릭터인가요?

강 전쟁의 상흔을 겪긴 했어도 상처가 깊은 것에 비해 온화하고 절제된 모습을 보이죠. 2011년 동일본 대지진 때 일인데, 자기 아이까지 가족을 모두 잃은 상황에서 절망하고 있는 어느 가장이 카메라와 마이크 앞에 서자 그의 목소리가 갑자기 아나운서 톤으로 바뀝니다. 일본인의 공적 의식을 잘 설명해 주는 예이지요. 일본인은 공적 의식과 사적 의식의 간극이 매우 큽니다. 다른 사람들에게 보이는 공간, 외국인에게 관찰되는 공간에서는 극도로 절제해요. 권위적 사회, 특히 군인 사회에서 그런 경향이 심하죠. 일사불란하게 질서 정연해 보이는 사람들이 자위대만 들어가면 비정상적일 정도로 폭력적인 양태를 보이잖아요.

문고판이 가장 기본적인 판형으로 자리 잡은 일본 독서 문화도 사실 지하철에서 외적으로 타인에게 피해를 주지 않기 위해 고안된 양식이죠. 이처럼 일본은 기이할 정도로 공적 의식이 압도적인 사회입니다. 그러니 그만큼 '고코로', 즉 마음을 귀하게 여기게 된 거죠.

이 참고로 미국인이 도쿄에서 낯섦을 느낀 영화가 있는데, 소피아 코폴라 감독의 「사랑도 통역이 되나요(Lost in Translation)」(2003)입니다. 신혼여행 겸 출장으로 일본에 온 두 남녀가 주인공인데, 일본 문화의 다면성이 드러나는 영화예요. 서양인 눈에 비친 일종의 오리엔탈리즘적 시선이겠지만, 겉에서 보이는 것들만으로는 이해하기 힘든 일본인의 특징이 잘 그려지죠.

질문 6 앞선 강의에서 등장인물의 죽음을 통해 영화의 메시지를 생각해 보라고 하셨잖아요. 시어머니 도미는 왜 죽어야 했나요?

강 전쟁은 남성이 일으키기 때문에 패전은 가부장적 권위에 치명적입니다. 1946년 1월 1일 맥아더 사령부에 패배한 천황이 이렇게 말했어요. "나는 신이 아니라 인간입니다." 집안의 작은 천황이 바로 아버지인데, 영화 속 아버지의 권위를 지켜 주는 건 부인의 존재예요. 그런데 부인이 죽었으니, 그나마 남은 희망은 노리코인 거죠. 도미의 존재는 천황, 즉 가부장 권력이 붕괴하는 시점에 그 체제를 유지해 주는 마지막 조력자였던 거예요. 시어머니의 죽음은 한 체제의 붕괴를 말해 주는 겁니다.

이 도미 이전에 죽은 사람이 한 명 더 있죠. 바로 둘째 아들입니다. 둘째 아들의 죽음이야말로 천황제의 붕괴와 밀접하죠. 자연스럽게 구세대를 지지하는 어머니도 죽게 되는 거고요. 결과적으로 살아남은 자들의 여생과 그 방향에 대해 얘기하는 영화가 되는 거예요.

질문 7 정면 숏에 대해 좀 더 설명해 주세요.

이 장 뤽 고다르가 만든 「아워 뮤직(Notre Musique)」(2004)이라는 영화가 있는데, 여기서 할리우드의 고전적 편집 체계의 문제점을 지적하는 장면이 나옵니다. 할리우드의 멜로드라마에서는 '나눠 찍기' 대상이 주인공 남녀에 한정됩니다. 이를테면 남자와 다른 존재(여자)인데, 서로의 차이가 아니라 동질성에 주목한 숏 방식인 거죠. 그런데 오즈 야스지로는 한 숏 안에 두 인물을 담아냄으로써 각각의 개별성, 인물 간의 차이를 숨기지 않고 드러냅니다.

또 할리우드는 '나눠 찍기'를 주인공 중심으로하는 데 반해 오즈 야스지로는 시선을 균등하게 분배하는 편입니다. 보조적 인물의 삶에도 주목하는 거죠. 별것 아닌 것처럼 보이지만, 관객이 무의식적으로 주인공, 즉 히어로 중심주의적 생각에 동조하게 만드는 것이 바로 할리우드 영화의 경계해야 할 위력이죠.

강 여러 인물이 한 장면에 같이 등장하면 관객 스스로 어느 얼굴, 어느 표정에 더 집중할지를 정할 수 있는 자유가 생기죠. 동일시의 몫이 관객한테 오는 거예요.

강신주

서정성 이면에 존재하는 섬뜩한 잔혹함

맥아더를 정점으로 하는 연합군 최고사령부(General Headquarters)는 1945년 10월 11일 새롭게 출범한 시데하라 기주로 내각에 5대 개혁 정책을 요구한다. 여성 선거권 부여, 노동자 단결권 보장, 교육 자유주의, 억압적 제도 폐지, 그리고 경제 기구의 민주화, 이 다섯 가지가 바로 그것이다. 어느 정책이나 그 본질은 천황을 정점으로 하는 과거 수직적인 권위주의를 파괴하고 수평적인 사회관계를 구축하려는 데 있었다. 한마디로 일본에서 다시 군국주의나 제국주의적 권위주의가 발생할 수 없도록 일말의 가능성 자체를 미연에 막겠다는 의도였다. 최고사령부의 정책은 1946년 1월 1일에 정점에 이르게 된다. 최고사령부의 압력으로 천황은 스스로 자신은 신이 아니라 평범한 인간이라는 점을 선언하게 되니 말이다. 천황이 인간의 자리로 추락하던 날, 남성의 권위도 그리고 아버지의 권위도 모두 땅바닥으로 곤두박칠쳤다. 천황을 중심으로 유지되었던 일본 특유의 가족제도 이에[家]가 요동치기 시작한 것이다. 천황의 권위가 흔들리면서, 개별 가족 내부에서 작은 천황으로 군림했던 아버지의 권위도 조금씩 와해될 수밖에 없었다.

어쩌면 일본의 진정한 동요는 패전이 아니라, 바로 이때부터 시작되었는지도 모른다. 겉으로는 미국적 자본주의를 이식받으며 경제적 부흥으로 나아가는 듯 보였지만, 안으로는 가족 질서의 동요가 주는 파장으로 일본 사회가 여지없이 뒤흔들리고 있었던 것이다. 1953년 개봉한 「동경 이야기」에서 오즈 야스지로 감독이 보여 주고자 했던 건 바로 이것이다. 영화는 시골에서 막내딸과 함께 지내던 노부부가 의사 아들, 미용사 큰딸, 그리고 전쟁 미망인 며느리가 살고 있는 도쿄를 방문하면서 벌어지는 다양한 에피소드를 담고 있다. 어쩌면 마지막 도쿄 여행일 수도 있다는 설렘도 잠시, 노부부는 도쿄에 도착하자마자 미국식 자본주의에 맞춰 정신없이 돌아가는 도쿄 풍경에 당혹감을 금치 못한다. 그러나 진정한 충격은 아직 시작되지도 않았다. 도쿄에 사는 아들과 딸은 부모를 친절히 맞아 주긴 하나 시골에서 올라온 부모를 은근히 짐으로 여긴다. 노부부가 아들과 딸의 속내를 짐작하지 못할 리 없다.

그나마 다행인 건 전쟁 미망인 며느리 노리코가 있다는 점이다. 어쩌면 이제 아무런 관계도 아닐 수 있는 노부부를 진심으로 환대한 사람은 딸도, 아들도 아닌 노리코였으니까. 여기서 노리코가 혼자 사는 작은 방에 놓인 사진, 그러니까 노부부에게는 아들이자 노리코에게는 남편 되는 사람의 사진은 무척 의미심장하다. 이 사진은 노리코가 아직도 남편을 잊지 않고 있다는 걸 보여 주기 때문이다. 노부부가 노리코의 집에 들어섰을 때 안도감을 느낀 건 아마도 그녀가 아직도 자신들의 죽은 아들을 잊지 않았다는 사실을 확인했기 때문은 아닐까? 그래서 노부부와 노리코의 유대감은 현재적이지 않고, 회상적이다. 전쟁 이전, 그러니까 가족 제도가 요동치지 않았을 때의 추억으로 노부부와 노리코는 긴밀한 관계를 유지하고 있으니 말이다. 여기서 1945년 이전과 이후 사이의 질적 단절, 혹은 시차가 중요한 계기로 작동한다. 노리코, 노부부, 아들과 딸은 모두 다른 시간에 사는 것처럼 보이기 때문이다.

노리코의 경우 비록 몸은 1953년에 살고 있지만 그녀의 마음은 1945년 이전, 즉 남편과 살았던 시절에 아직도 머물러 있다. 노부부의 경우도 노리코와 마찬가지다. 그들의 몸은 1953년 도쿄에 와 있지만, 마음만큼은 1945년 이전에 그대로 남아 있다. 노부부가 일정을 앞당겨 도쿄를 떠나 과거 향수를 지킬 수 있는 어촌 마을로 서둘러 떠나는 것도 이런 이유에서다. 여기서 우리는 왜 노부부와 노리코가 그렇게 친밀한 관계를 맺는지 이해할 수 있는 실마리를 얻게 된다. 세대 차이가 존재하지만 노리코와 노부부는 같은 시대에 살고 있는 것이다. 반면 아들과 딸에게 1945년 이전의 삶은 이미 되돌릴 수 없는 과거일 뿐이다. 한마디로 그들은 철저히 '1953년 도쿄'에서 살고 있다. 당연히 그들에게 나이 든 부모는 과거에 속한 존재, 그래서 함께 있으면 불편할 수밖에 없는 존재로 느껴지는 것이다.

「동경 이야기」는 뒤틀리고 복잡한 시대를 살아가는 사람들에 대한 영화다. 패전 뒤에도 과거에 대한 향수를 마음에 품고 있는 사람들(노리코와 노부부), 되찾을 수 없는 과거 따윈 깨끗이 잊어버리고 새롭게 펼쳐진 삶의 조건에 충실하려는 사람들(아들과 딸) 말이다. 그 때문에 가부장적 아버지를 정점으로 하는 과거 시절의 삶이 옳다고 할 수도 없고, 미국에 의해 강요된 자본주의와 자유주의적인 현재의 삶이 옳다고 할 수도 없다. 양쪽 모두 인간이라면 주어진 정치 경제학적 구조에 적응하거나 반항하면서 살아가기 마련이니까. 카메라의 위치를 60센티미터 높이로 끈덕지게 유지하면서(마치 동양화처럼 가족들의 언행을 들여다보면서) 오즈 야스지로가 보여 주고자 했던 건 이것인지도 모른다. 어느 경우에든 인간의 삶은 참 누추하다는 사실 말이다. 그렇지만 영화가 진행되면서, 우리는 감독이 노리코와 노부부의 시선에 공감하고 있다는 불편한 진실에 직면하게 된다. 감독 자체가 1903년에 태어난 탓일까, 어쨌든 「동경 이야기」는 노리코와 노부부가 공유하고 있던 향수, 즉 과거의 시제에 우선적인 가치를 부여한다. 그래서 우리는 노부부와 노리코 사이의 관계를 좀 더 살펴볼 필요가 있다.

노부부, 그러니까 늙은 시어머니와 시아버지는 노리코를 유혹하는 역할을 수행한다. 노리코가 죽은 아들을 잊고 새 출발을 했으면 좋겠다는, 그래서 노리코가 아직도 젊은 여자로서 누릴 수 있는 행복을 맛보았으면 좋겠다는 유혹 말이다. 사실 이미 아무런 관계도 없다고 할 수 있는 며느리 아닌 며느리에게는 할 필요도 없는 말 아닌가. 여기서 중요한 건 노부부가 자신들과 같은 시제에 살았던 며느리가 다른 시제로 건너가리라는 사실을 직감했다는 점이다. 버려지기 전에 버리려는 자존심 때문일까, 노부부는 앞다투어 노리코에게 새로운 삶을 시작하라고 이야기한다. 이때 노부부가 노리코에게서 진정으로 듣고 싶었던 말은 무엇이었을까? "예. 그럴게요. 사실 지금 만나는 남자가 있어요." 이런 대답이었을까? 아니면 이런 대답을 원했을까? "무슨 말씀이세요. 전 외롭지 않아요. 저는 어머니, 아버지를 뵙는 것이 좋아요."

며느리가 새롭게 출발하겠다는 뜻을 받아들이면, 노부부는 고독 속에 방치될 것이다. 아들과 딸도 자신들을 귀찮게 여기는 신세인데, 그나마 자신들을 따뜻하게 대해 주는 며느리 노리코마저 사라지면 외로움은 불가피해질 것이다. 그래도 가부장적 자존심은 지킬 수 있을 터다. 반대로 며느리가 전혀 새로운 남자를 만날 뜻이 없다고 하면, 노부부는 외로움에서 벗어날 수 있고 동시에 가부장적 자

「동경 이야기」의 주요 인물. 왼쪽에서부터 시어머니 도미, 둘째 며느리 노리코, 시아버지 슈키치

존심도 유지할 수 있다. 자신들이 강요하지 않았지만, 노리코 스스로 자신들과 같은 시제에 살겠다고 결단한 것이니까. 진정으로 노부부가 노리코에게 원했던 건 바로 이 점 아니었을까? 그래서 노리코에게 새롭게 출발하라는 노부부의 제안엔 절망적인 데가 있다. 그들의 무의식이 원했던 건 노리코가 자발적으로 새 출발을 거부하는 것이었으니 말이다. 속으로는 다른 데 시집가지 않기를 바라면서 겉으로는 새 출발을 하라고 이야기할 수밖에 없는 처지만큼 절망적인 상황이 또 어디

있겠는가.

시어머니의 사망으로 노리코를 포함한 모든 가족들이 노부부가 사는 어촌 마을로 하나둘 모여들면서, 「동경 이야기」는 엔딩으로 치닫는다. 아들과 딸은 장례식을 마치자마자 도쿄로 서둘러 떠나려 하지만, 노리코는 홀로 남은 시아버지 곁에 며칠 더 머문다. 이때 노부부의 막내딸 교코가 오빠와 언니의 행태에 격한 불만을 토로한다. 그러자 노리코는 웃으며 젊은 교코에게 말한다. "누구든 자기 생활이 가장 중요해지는 거야." 은연중에 노리코도 이제 죽은 남편일랑 잊어버리고 자신만의 행복을 찾겠다는 결의를 보인 것이다.

그러나 홀로 남은 시아버지는 도쿄로 떠나려는 노리코에게 마지막 유혹의 제스처를 던진다. 입으로는 이제 새 삶을 살라는 말을 자애롭게 건네지만, 동시에 그는 며느리에게 시어머니의 시계를 유품으로 넌지시 전한다. 이것은 노리코에게 1945년 이전의 시제, 자신과 죽은 아내가 머물러 있는 시제 속에 계속 머물러 있으라고 하는 무의식적 명령이다. 도쿄로 가는 기차 안에서 노리코는 시어머니의 시계를 근심 어린 눈길로 응시한다. 깜짝 놀란 나는 그녀에게 외치고 싶다. "노리코! 제발 시아버지가 준 시계를 쓰레기통에 던져 버려요!"

비평가의 눈
이상용

나란히 본다는 것, 함께 걷는다는 것

오즈 야스지로의 영화에는 정신을 고양하는 듯한 엄숙함이 있다. 그것은 느린 속도와 움직임 없는 화면 때문인지도 모른다. 카메라를 이동시켜 촬영한 장면이 드물고, 배우들은 일정한 톤으로 대사를 말하고, 인물의 감정을 클라이맥스로 치닫게 하는 장면이 없다 보니 느릿한 화면의 움직임은 참선하는 듯한 분위기를 자아낸다. 이러한 스타일은 일정하게 오즈 야스지로의 영화를 신성시하도록 만들었다.

그런데 오즈 야스지로 영화의 신성함을 설명하는 언어에는 공통점이 있다. 예를 들어, 오즈 야스지로의 영화는 이동 장면을 최대한 '배제'한다거나 드라마의 플롯 사용을 '제한'한다고들 표현한다. 배우들에게 기본적인 연기 이외의 것을 최대한 '금지'했으며, 자극적인 장면이나 감정을 '절제'했다고 기술한다. 이러한 설명들을 따르자면 오즈 야스지로는 영화의 화면에 무엇인가를 덜어 내거나 제한하는 '뺄셈'으로서의 영화를 만든 셈이다. 그리고 이러한 뺄셈을 설명하는 언어 속에는 '부정의 정신'이 포함된다.

그런데 명백한 것은 오즈 야스지로의 영화가 침묵하는 것처럼 여겨지지만 실은 쉴 틈 없이 말하는 영화에 가깝다는 사실이다. 「동경 이야기」에서 보이듯 인물의 대사가 짧고, 가볍게 '응.' 하는 정도로 대화가 한정된다 할지라도, 이 '응.'이라는 말은 쉬지 않고 나온다. 「동경 이야기」의 날씨는 언제나 화창하다. 비가 많이 내리는 일본을 무대로 삼은 일본의 대표적 감독의 영화임에도, 오즈 야스지로의 필모그래피 중 몇몇 작품을 제외하고는 비가 내리는 장면을 찾아보기 어렵다. 어머니의 죽음을 포함해 비극적 정서가 깔려 있기는 하지만, 오즈 야스지로 영화에서 인물들이 비탄에 빠져 있는 경우는 흔치 않다. 그들은 "응."이라고 말함으로써 비극적 정서를 가볍게 뛰어넘는다. 오즈 야스지로 영화의 인물들은 '살아간다는 것'에 충실하며, 일상의 욕망에도 충실하다. 물론 이 충실한 욕망 덕분에 부모와 자식 간에 세대 갈등이 표출되기도 한다. 그런데 그것 역시 끝내는 "응."이라는 반응과 함께 무화되어 버리고 만다.

오즈 야스지로의 영화에서 정말 중요한 것은 부정성이나 제한이 아니라 격렬한 비극, 삶의 무거움조차 '무화'하는 특유의 태도다. 우리는 이것을 오즈 야스지로 영화의 정수라 부를 수 있을 것이다. 그의 묘비명에 '無(무)'가 새겨져 있는 것도 우연은 아니다. 「동경 이야기」의 가족들은 부모에게 사소한 질문을 자주 던진다. 지금 목욕을 하는 게 어떤지, 외출하는 것이 어떤지, 근교로 여행을 다녀오는 게 어떤지 등을 묻는다. 어쩌면 이런 질문은 영화에서 큰 의미가 없을지도 모른다. 사실 모든 것은 이미 어느 정도 결정된 사항이고, 부모를 향해 던지는 질문은 최종적 절차에 불과하기 때문이다. 그래도 예의상 묻는 질문이야말로 오즈 야스지로의 영화를 채우는 세계다. 그렇다. 오즈 야스지로의 영화에서 중요한 것은 예의상 하는 말이다. 밥은 어떤 것으로 먹는 게 좋은지, 자식들의 상황은 어떤지, 지금 시간적으로 여유가 있는지를 서로에게 예의상 묻는다. 그때마다 아버지는 "응."이라고 답한다. 다른 종류의 답도 있다. 시부모는 둘째 며느리 노리코에게 이런 질문들을 던진다. "시간을 빼앗아 미안하다.", "좋은 사람 있으면 결혼해라." 그리고 그때마다 노리코의 대답은 "아닙니다."이다.

"응."이든 "아니오."든 간에 그것은 '무'를 지향한다는 점에서 같다. 그들은 반응으로 답변을 하며, 그것을 통해 삶의 무거움과 고민을 가볍게 만든다. 그러지 않으면 살아가는 것이 너무나 버겁기 때문이다. 그리하여 표면적 예의들이 오즈 야스지로 영화를 가득 채워 가기 시작한다. 자식들이 예의상 물어보는 질문에 부모가 "아니."라고 말하기는 어렵다. 이 긴장감 속에서 오즈 야스지로의 영화는 밝은 분위기를 취한다. 또한 '예의'라는 형식은 오즈 야스지로의 영화가 지닌 일정한 격식을 드러낸다. 많은 서구인들이 이러한 격식을 두고 엄밀함에 가까운 것이라고 여겼지만, 이것은 엄밀함의 문제가 아니라 삶을 이루는 형식의 문제다.

중요한 것은 다음의 순간들이다. 예의와 격식과 형식을 갖춘 오즈 야스지로의 영화는 서로 바라보면서 대화를 하는 것이 아니다. 그랬다면 오즈 야스지로의 영화는 이류 멜로드라마 수준에 머물렀을 것이다. 오즈 야스지로는 영화에서 나란히 한 방향을 바라보며 대화를 나누거나 나란히 걸어가는 장면을 보여 줄 때가 있다. 이 변화가 중요하다. 대화를 나눈다는 것은 서로에게 일정한 격식이 필요한 일이다. 상대의 마음으로 들어가 보기 쉽지 않기 때문이다. 상대가 나를 맞춰 주기 위해 "목욕을 하라."라고 권유하는 것이고, 그 마음을 잘 알고 있기에 아버지는 "응."이라고 답하는 거다. 여기에 싫다고 말할 수 있는 것은 영화 속에 등장하는 어린 손자들뿐이다. 예의를 갖춘다는 것은 어느 정도 사회화되었다는 것을 의미하는데, 아이들은 아직 예의를 모르기 때문이다.

「동경 이야기」에서 아타미 온천 제방 위에 나란히 앉은 노부부

중요한 것은 사회적인 틀이나 예의 순간을 벗어나 진심을 나눌 때다. 시골에서 상경한 노부부를 비추는 장면에서, 두 사람이 나란히 한 방향으로 앉아 속내를 털어놓는 모습을 보여 주는 것은 이러한 연유에서다. 그것은 부부이기 때문에 같은 방향을 바라보는 것이 아니라, 오랜 시간 동안 둘의 관계 속에서 같은 지향점과 방향을 공유했기 때문에 같은 곳을 바라보게 된다. 도시라는 공간 속에서 그들은 똑같이 삭막함을 느낀다. 아타미 온천장에서는 신발마저 남들과 달리 나란히, 그리고 가지런히 놓여 있다. 「동경 이야기」에는 딱 한 번 카메라가 이동하는 장면이 있는데, 그것은 도쿄 시내가 내려다보이는 언덕에서 노부부가 함께 구경하고 대화를 나눈 후 걸어갈 때다. 그것은 함께 걸어가는 인생, 도쿄라는 낯선 공간에서도 함께하는 동반자의 작은 기쁨을 표현한다.

그런데 같은 곳을 바라보는 장면의 대부분은 노부부를 통해 표현되었는데, 장례식이 끝난 후 아침에 노리코가 시아버지를 찾아 앞마당에 나왔을 때 그들이 같은 방향을 바라보며 대화를 나누는 장면이 등장한다. 영화의 포스터로도 쓰인

「동경 이야기」에서 어머니의 주검을 지켜보고 있는 가족들

마당 앞 석등 아래 노리코와 시아버지가 나란히 서 있는 장면은 두 사람 역시 동반자적 희망을 지니고 있음을 표현한 것이다. 모든 자식들이 일터로 떠나고 집 안의 막내마저 학교에 간 후 노리코와 시아버지가 마음속에 담긴 대화를 나눌 수 있는 건 그래서 가능하다.

오즈 야스지로의 영화가 세대 간의 갈등을 다루고 있기는 하지만 그것을 엄밀함과 부정성으로 폭로하진 않는다. 이것은 함께 같은 곳을 바라보거나 함께 걸어갈 수 있는 긍정성의 자리와 함께 모든 것이 덧없을 수 있는 무의 자리를 발견하려고 하기 때문에 가능한 일이다. 모든 것을 내려놓고 마음을 털어놓을 때 삶은 또 다른 가능성을 얻는다. 우리는 이것을 오즈식 희망이라고 부를 수 있으며, 오즈식 긍정, 오즈 야스지로가 좋아하던 '무'의 표현이라 할 수 있다. 많은 감독이 오즈 야스지로의 이러한 '무'를 느낀다. 이를 부정의 정신으로 이해하든, 공감의 정신으로 바라보든 점점 텅 비어 가는 오즈 야스지로 영화의 형식은 좋은 기분을 만들어 낸다.

무의 공감을 통해 많은 후대 감독들이 오즈 야스지로의 영화에서 발견한 것은 서로 다른 두 사람이 함께 있을 때 만들어 내는 마음의 자장이었고, 그것은 나란히 걷거나 나란히 바라보는 순간을 통해 응용되었다. 독일의 거장 빔 벤더스의 걸작 「파리 텍사스(Paris, Texas)」(1984)에는 아버지 트래비스가 아들을 만나 길 하나를 두고 나란히 걷는 장면이 나온다. 이 장면은 두 사람의 함께하는 마음을 들여다보게 하기에 관객의 심금을 울린다. 비록 헤어져 살 수밖에 없지만 두 남자가 지닌 혈육이라는 감정을 나란히 걸어가는 것 하나로 표현한 것이다. 서구 감독들의 응용이 이러할진대 같은 일본이나 동양 감독의 영화 속에서는 오즈의 영향은 더욱 진하게 등장할 수밖에 없다. 현재 일본을 대표하는 감독 고레에다 히로카즈의 영화 「걸어도 걸어도」는 바로 나란히 걷는 가족들의 모습을 그대로 제목에 옮긴 것이다. 영화에는 오즈적 나란히 보기나 나란히 걷기가 심심치 않게 등장한다. 원래 텔레비전 다큐멘터리 촬영을 했던 고레에다 히로카즈가 영화에 입문하게 된 것은 대만 감독 허우샤오시엔이 도쿄에서 「카페 뤼미에르」를 찍을 때 조연출을 맡으면서부터인데, 이 영화는 바로 대만의 거장이 오즈 야스지로를 존경하는 마음으로 만든 또 하나의 「동경 이야기」였다. 이들 영화 속에서 나란히 보거나 걷는 장면을 목격할 때마다, 우리는 오즈 야스지로의 세계가 지닌 놀라운 초월성을 보게 된다. 그것은 함께하는 삶의 공감이자 인생의 무상감을 표현해 내는 성찰의 확장이다.

세상에 갈등이 일어나는 이유는 서로 다른 곳을 바라보기 때문이다. 진정한 마음을 움직이게 하는 것은 마주 보며 대립하는 것이 아니라 서로 같은 곳을 보며 이해하는 것이다. 그다음은 서로의 손을 잡고 걷기 시작하는 것이다. 물론 걷다 보면 힘들 때도 있고 지칠 때도 있다. 걸어도 걸어도 인생이라는 문제의 답은 쉽게 나오지 않는다. 하지만 분명한 점은, 인생의 답은 걷지 않으면 찾을 수 없으며 걸어가기 위해서는 함께 걸어갈 곳을 나란히 바라보아야 한다는 것이다. 오즈 야스지로 영화의 엄밀함과 무화의 정신은 예의 바른 대화 속에서 인생의 방향과 움직임을 찾기 위한 긍정의 정신, 섬세한 마음으로 가득 차 있다.

오즈 야스지로의 세계에는 엄밀함과 경이로움이 있다. 그것은 미학적 매력을 제공하기도 하고, 가족에 대한 이야기는 현대적으로 재해석돼 지속적으로 다뤄져 왔다. 독일의 거장 빔 벤더스 감독은 「파리 텍사스」에서 아들과 아버지가 함께 걸어가는 장면을 통해 오즈에 대한 존경심을 표했다. 심지어 그는 「베를린 천사의 시」에서는 프랑수아 트뤼포, 안드레이 타르코프스키, 오즈 야스지로에게 헌사를 바치기도 했다. 또 「도쿄가」라는 다큐멘터리를 만들기도 했는데, 벤더스가 도쿄에 대한 애정을 갖게 된 건 아무래도 오즈 야스지로의 영화 덕분이었다. 미국의 독립 영화감독 짐 자무시(1953-) 역시 오즈 야스지로 영화에 대한 애정을 곳곳에서 드러냈다. 장편 데뷔작 「천국보다 낯선(Stranger Than Paradise)」(1984)에서 보인 흑백 화면의 정서는 오즈의 황량함을 끌어당긴다.

오즈의 영향력은 아시아에서도 크다. 대만의 거장 허우샤오시엔은 「카페 뤼미에르」를 통해 오즈에 대한 존경을 표시했고, 이 작품의 조감독이었던 일본의 고레에다 히로카즈 감독도 「걸어도 걸어도」, 「그렇게 아버지가 된다」와 같은 가족 영화를 통해 새롭게 해석되었다. 일본 감독 야마다 요지가 선보인 「동경 가족」은 「동경 이야기」를 현재적으로 재해석해 낸 작품으로 베를린 국제영화제를 통해 첫선을 보인 바 있다.

10강 서부극의 마지막 신화

수색자

존 포드

시놉시스

"아무리 먼 데라도 그대가 있는 곳이라면 멀지 않네."

— 영화 마지막 장면의 노래

「수색자」 The Searchers, 1956

미국 | 119분 | 존 포드

태양이 떠오르고 저무는 곳이 이 광야의 끝일까? 현기증이 날 정도로 이글거리는 메마른 황무지 저편에서 돌연 검은 형상이 떠오른다. 지열로 구불거리는 대기 중에 아무래도 낯선 존재가 나타난 것이다. 적일까, 이웃일까, 사람이 맞기는 할까? 외딴곳에서 목장을 돌보는 애런과 그의 가족들은 불길한 기운 속에서 시시각각 다가오는 그 형상을 잠자코 기다린다. 아뿔싸, 저 그림자의 주인은 이든이 아닌가? 남북전쟁과 함께 수년 동안 집을 떠나 있던 그가 이제야 돌아온 것이다. 이든과 애런, 그리고 이곳의 안주인 마사 사이에는 묘한 기류가 흐른다. 동생 애런은 불쑥 나타난 형 이든의 존재가 그리 달갑지 않은 듯 떨떠름한 표정이다. 그러자 이든은 퉁명스럽게 돈뭉치를 던지며, 신세 지는 만큼 비용을 지불할 테니 다른 말은 삼가라고 언짢은 상황을 일축한다.

마침 마을의 목사이자 순찰대장이기도 한 샘은 애런을 찾아와 자신과 함께 텍사스 순찰대를 맡지 않겠느냐며 제안해 온다. 바로 그때 평소 인디언에 대한 강한 혐오감과 차별 의식을 지니고 있던 이든이 나서서, 한 집안의 가장인 애런보다 자기가 순찰대를 맡는 편이 낫겠다고 말을 꺼낸다. 샘은 그 제의를 흔쾌히 받아들인다. 한편 이든은 오랜 황무지 방랑을 통해 얻은 온갖 지식을 순찰대 일원들에게 설파하며, 인디언 소탕을 위해서는 보다 적극적으로 움직일 필요가 있다고 선동한다. 텍사스 순찰대와 함께 이든과 마틴이 집을 비운 어느 날, 애런의 목장 주변에 불길한 기운이 감돌기 시작한다. 태풍 전야의 적막한 고요처럼, 황무지 한가운데 놓인 애런의 목장은 숨 막히는 정적에 휩싸인다. 어스름한 사막의 벌판, 풀

포기 하나 찾아볼 수 없는 그곳에, 분명 누군가가 있다. 이든일까? 아니다, 텅 빈 황야에서 강한 살기가 진동한다. 애런과 마사는 집 안의 불을 끄고 문단속을 한다. 이 허약한 집채가 얼마나 버틸 수 있을까, 그사이 이든과 순찰대가 돌아오기만 해 준다면! 마사는 도무지 희망을 꿈꿀 수 없는 상황에서, 가장 어린 막내딸이라도 부디 생존하기를 바라며 은신처인 할머니의 무덤가로 홀로 내보낸다. 막내딸 데비의 품에 안긴 인형만이 사방에 자욱한 죽음의 공포를 위로할 뿐이다. 그러나 나쁜 예감은 꼭 들어맞는다고 했던가! 애런의 가족은 전부 참혹하게 몰살당한다. 심지어 미리 피신시켜 뒀던 데비마저 코만치 인디언들에게 납치당하고 만다. 불타 주저앉은 처참한 폐허 위에 선 이든과 마틴은 가증스러운 코만치 인디언에게 기필코 복수하리라고, 또 그들에게 납치된 사랑스러운 데비를 반드시 되찾겠노라고 다짐한다.

애런 일가족의 장례가 끝나자마자, 이든은 마을 사람들을 소집해 복수의 여정을 개시한다. 그런 모습을 지켜보던 마을의 부녀자들은 더 큰 화를 당할지도 모른다고 생각하며 복수 대신 용서를 베풀라고, 또 다른 분노의 씨앗을 뿌리지 말라고 애원한다. 하지만 이든은 뜻을 굽히지 않는다. 그는 애런의 가족이 당한 만큼, 코만치 인디언들 또한 앙갚음을 받아 마땅하다고 생각할 뿐이다. 이때 이든은 자신이 데려온 업둥이 조카 마틴과 함께 본격적인 수색을 시작한다.

한편 마틴은 백인과 인디언 사이에서 태어난(태어났다고 하는) 혼혈아로, 이든의 눈에는 오염된 존재일 뿐이다. 이든은 잠시의 주저도 없이 마틴을 멸시한다. '폴리'라는 성(姓)을 공유한다는 것 자체가 모욕이라는 듯이 말이다. 그런 이든의 과격한 인종차별은 때론 기행처럼 드러나기도 한다. 이미 죽어 매장된 인디언의 눈에다가 총알을 박아 버리고(인디언의 영혼이 구천을 떠돌도록), 자신들의 재산이 야만인의 전리품이 되는 것을 막기 위해 멀쩡한 가축을 도살하기도 한다. 이뿐만이 아니다. 광기에 젖은 이든은 퇴각하는 인디언 무리를 향해 아까운 탄알을 마구 갈긴다. 이든의 신경증적 반응은, 처음 그와 뜻을 같이했던 마을 사람들조차 소스라치게 할 정도다. 결국 복수심 말고는 마땅한 계획도 없이 시작된 수색 작전은, 별다른 소득 없이 5년이나 이어진다. 그 와중에 사람들 대부분은 이든의 무리에서 이탈해 간다. 끝까지 남은 사람은 그나마 가족인 마틴뿐이다. 그러나 마틴이라고 해서 이런 무모한 수색 활동이 마냥 좋을 리 없다. 자신을 무시하는 이든과 지내는 일부터 고향의 연인 로리의 응석, 매 순간 위험에 노출된 여정까지 어느 것 하나 마음 편한 게 없다. 그럼에도 마틴이 수색 활동을 단념할 수 없는 건, 오로지 데비에 대한 애정과 걱정 때문이다. 불한당에게 납치된 어린 소녀가 잘살고 있을지, 그리고 이든이 그 아이를 찾아냈을 때 혹여나 위협을 가하지 않을지, 마틴의 머릿속은 복잡하기만 하다.

데비를 되찾기 위한 수색이 길게 이어질수록, 이든과 마틴의 상황은 점점 더 난장판이 된다. 마틴은 어느 인디언 족장과 물물교환을 하다가 그쪽 풍속을 오해해 낯선 처녀와 강제로 결혼하는가 하면, 돈을 노린 작자들과 마찰을 일으키다가 살인을 저지르기도 한다. 또 인디언들에게 잡혀갔다가 구출된 백인 생존자들의 끔찍한 모습과 기병대가 벌인 대학살의 참상도 목도한다. 마틴은 백인과 인디언의 갈등 속에 내재한 증오의 본질이 무엇인지 좀처럼 짐작할 수 없지만, 과거 시대의 개척자들이 자신 있게 떠들어 대던 무자비한 웅변에 어떤 결함이 있는 건 아닌지 새삼 의심한다.

여전히 그들은 데비를 찾기 위한 여정을 이어 가지만, 각자 내부에서 일어나기 시작한 기묘한 균열을 감지한다. 그러다 멕시코에 이르게 된 이든과 마틴은 허름한 선술집에서 만난 한 남성의 입을 통해 코만치 인디언, 즉 스카의 행방을 알게 된다. 마침내 데비가 붙잡혀 있는 코만치 부족과 조우한 이든과 마틴은 그리도 찾아 헤매던 그 아이를 만나게 된다. 오랜 세월에 씻겨 복수심마저 수그러든 것일까? 이든과 마틴은 족장 스카와 마주 앉아, 인디언의 이야기에 귀를 기울인다. 그의 인생은 백인의 약탈과 참살로 인한 분노로 점철되어 있다. 스카는 백인의 손에 소중한 아들들을 잃은 후로 오직 복수심에 의지해 살아왔다. 그런 그가 백인 여성을 취한 것 또한 복수의 일부였다. 그러나 이든은 어떠한 동정심도 표하지 않는다.

한편 어느덧 처녀가 된 데비는 스카의 아내가 되어 있고, 5년 동안 자신을 돌봐준 코만치들과 헤어지는 걸 망설인다. 이에 분노한 이든은 조카 데비에게 총부리를 겨누고, 아무리 가족이지만 오염된 존재는 제거돼야 마땅하다고 생각한다. 이에 질겁한 마틴은 데비를 감싸 안고, 그사이 코만치 인디언이 쏜 화살에 이든은 부상을 입는다.

피부색은 틀림없이 백인이지만 아예 인디언이 되어 버린 조카에게 적잖이 실망한 이든은 자기 행동을 반성조차 하지 않는다. 심지어 자기가 죽으면 모든 재산을 마틴에게 물려주겠노라며 유언장마저 갱신하다. 이런 이든의 극단적인 행동에 경악한 마틴은 그가 쥐어 준 유언장을 내던져 버린다. 복잡한 상황이 일단락되자 이든과 마틴은 일단 고향으로 발길을 돌린다. 그런데 도착한 고향 마을에서는 시끌벅적한 연회가 한창이다. 마틴은 혹시나 자신들을 반겨 주는 자리가 아닐까 하고 이든에게 우스갯소리를 던진다. 그러나 그들을 위한 것이 아니었다. 가만 보니, 마틴의 연인이었던 로리가 이제 막 결혼식을 올릴 참이다. 로리는 수년 동안 방랑 생활을 하면서도 단 한 통의 편지 말고는 다른 기별조차 하지 않은 마틴에게 질려 버린 것이다. 그러나 다시 마틴의 사랑을 확인한 로리는 예정된 결혼식을 망설인다. 그 순간 들이닥친 신랑과 시비가 붙은 마틴은 결국 주먹다짐까지 벌이고, 자기를 위해 흙바닥에 몸을 던진 마틴을 보며 로리는 내심 기쁨을 느낀다. 결국 결혼식은 취소되고, 마틴과 로리는 다시 연인의 연을 맺는다. 그때 마침 연회장에 들어선 기병대 중위는 인디언에게 포로로 잡혀 있던 마을 주민을 인도하며, 코만치에 대한 대대적인 토벌이 곧 있으리라는 이야기를 알린다. 결국 이든과 마틴은 숨 돌릴 사이도 없이, 데비를 찾기 위한 여정을 다시 시작한다.

이윽고 최후의 결전이 벌어지고, 코만치 인디언들은 백인 기병대의 압도적인 화력 속에 속수무책으로 스러진다. 도저히 (비슷한 세력 간) '전쟁'이라고 할 수 없는, 문자 그대로 일방적이고 무자비한 대학살이었다. 이렇듯 엄청난 혼란 속에서 이든은 자신의 원수인 스카의 머리 가죽을 벗겨 내고, 황급히 도망치는 데비를 집요하게 추격한다. 그동안 이든의 광기 어린 살육을 지켜본 마틴은 끝내 이든이 조카마저 살해하리라 확신하고는 비극을 막기 위해 죽을힘을 다해 그들을 뒤쫓는다. 그러나 이든은 데비에게 총을 겨누는 대신, 따뜻한 품으로 끌어안는다. 이제 그들의 수색 활동은 끝났다. 돌이켜 보니 진실로 기나긴 여정이었다. 서부의 황무지를 방황하는 내내 수많은 희생과 이별, 맹목적인 다툼이 끊이지 않았지만, 어쨌든 이들은 다시 평화를 찾는다. 마틴과 로리는 조만간 결혼식을 올릴 테고, 데비도 차차 자신의 고향에 적응해 갈 것이다.

그런데 환영을 받으며 집 안으로 향하는 사람들을 앞서 보내고, 작열하는 황야에 홀로 선 이든의 눈빛이 예사롭지 않다. 그는 앞으로 행복만이 가득할 그곳에 속하지 못한 채, 한쪽 팔을 부여잡고 비틀거리는 발걸음으로 몸을 돌린다. 마치 자신이 있어야 할 곳은 여전히 저 황무지라는 듯이 말이다. 이토록 쓸쓸한 뒷모습에 영웅의 월계관을 씌울 수 있을까? 이든은 태곳적 서부의 눈부신 태양 속으로 집어삼켜진다.

작가에 대하여

존 포드

John Ford, 1894-1973

"영화 속 서부에서는 길을 잃을 염려가 없다."

흔히 미국 서부극(웨스턴)은 두 명의 존에 의해 완성됐다고들 한다. 바로 존 포드와 존 웨인(1907-1979)이다. 존 포드는 미국의 영화감독 조합에서 자신을 "내 이름은 존 포드다. 나는 서부영화 감독이다."라고 말해 유명세를 타기도 했다. 그러나 그는 1917년 처음 연출을 맡은 이래 140편이 넘는 영화를 연출했지만, 그 가운데 서부극은 쉰네 편에 불과하다. 존 포드는 평생 총 여섯 차례에 걸쳐 아카데미상을 수상했는데(「밀고자(The Informer)」(1935), 「분노의 포도(The Grapes of Wrath)」(1940), 「나의 계곡은 푸르렀다(How Green Was My Valley)」(1941), 「말 없는 사나이(The Quite Man)」(1952), 그리고 다큐멘터리 두 편), 아이러니하게도 서부극으로는 단 한 차례도 수상하지 못했다.

존 포드는 1894년 아일랜드계 미국인의 아들로 태어났다. 아일랜드인 특유의 기질과 공동체 지향성은 이후 그가 만든 영화 속에 빈번히 녹아든다. 그는 열아홉 살에 해군사관학교 입학에 실패하고 대학을 중퇴한 후 초창기 영화계에서 감독으로 일하고 있던 형 프랜시스를 따라 영화판에 뛰어든다. 이때부터 '잭 포드'라는 예명으로 영화계에서 일하며 배우, 스턴트맨, 시각 효과 연출자 등 온갖 잡일을 도맡는다. 1917년 형 프랜시스가 유니버설 간부와의 잦은 마찰로 스튜디오를 떠나게 됐을 때도 존 포드는 스튜디오에 남아 첫 작품 「토네이도(The Tornado)」(1917)를 감독한다. 「철마(Iron Horse)」(1924), 「세 악당(Three Bad Men)」(1926) 같은 그의 무성영화 시대 작품 역시 대부분 웨스턴이었으며, 이 시기부터 그는 야외에서 행해지는 액션 신에 장대한 스펙터클을 가미함으로써 초기 웨스턴의 원형인 카우보이 오페라에 시각 요소를 강화했다. 1921년 그는 유니버설을 떠나 폭스 스튜디오에서 일하게 된다.

1930년대는 본격적으로 자신의 스타일을 확립하기 시작한 시기인데(이 시기에 그는 자신의 첫 아카데미 감독상 수상작 「밀고자」를 내놓았다.) 특히 1939년은 중요한 해로 기록된다. 이해에 「모호크족의 북소리(Drums along the Mohawk)」와 「젊은 날의 링컨(Young Mr. Lincoln)」, 프랑스 평론가 앙드레 바쟁이 "고전적 완성으로까지 도달한 스타일의 성숙성을 나타내는 이상적 예"라고 했던 「역마차(Stagecoach)」를 동시에 내놓았다. 「역마차」는 존 포드 서부극에서 중요한 배경으로 사용되는 모뉴먼트 밸리가 처음으로 등장한 영화로도 알려져 있다. 그는 1940년 「분노의 포도」와 1941년 「나의 계곡은 푸르렀다」로 연속해 아카데미상을 받으며 감독으로서 완숙한 기량을 선보인다.

2차 세계대전부터 1950년대 초반까지 제작된 서부극들은 1946년 「황야의 결투(My Darling Clementine)」와 1948년부터 1950년까지 만든 기병대 3부작 「아파치 요새(Fort Apache)」(1948), 「황색 리본을 한 여자(She Wore a Yellow Ribbon)」(1949), 「리오그란데(Rio Grande)」(1950)가 유명하다. 존 포드는 「말 없는 사나이」로 네 번째 아카데미상을 받았으나, 이후 한동안은 서부극을 만들지 않았다. 1956년에 발표한 「수색자」는 그의 진정한 걸작으로, 서부와 영웅에 대한 제일 복잡하고 가장 비판적인 영화로 기록된다. 1962년 발표한 「리버티 밸런스를 쏜 사나이(The Man Who Shot Liberty Valance)」는 서부와 사라져 가는 영웅, 서부극에 대한 고별사와도 같은 영화다. 서부 신화의 이면을 파헤치는 형식을 갖춘 이 작품은 사실과 전설, 역사와 신화 같은 서부극을 둘러싼 대립적 요소가 어떻게 서로에게 영향을 미치며 현재에 이르게 되었는가를 보여 준다. 이후 「7명의 여자(Seven Women)」(1966)를 끝으로 반세기에 걸친 그의 필모그래피는 막을 내린다.

서부극,
미국의 건국신화

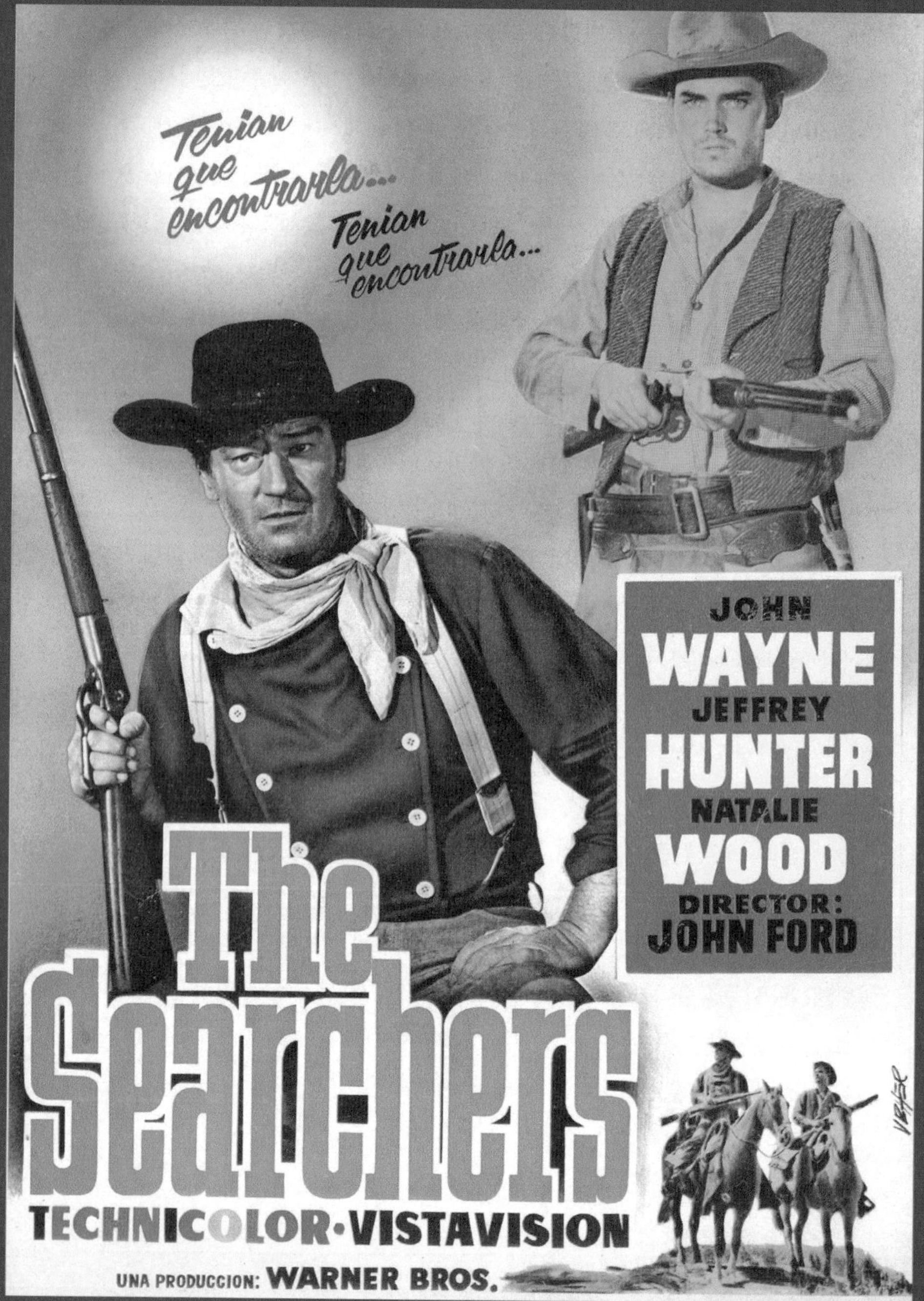
Tenian que encontrarla...
Tenian que encontrarla...
JOHN
WAYNE
JEFFREY
HUNTER
NATALIE
WOOD
DIRECTOR:
JOHN FORD
The Searchers
TECHNICOLOR·VISTAVISION
UNA PRODUCCION: WARNER BROS.

1960년대 이전의 할리우드 영화사에서 서부극은 미국 영화의 자존심이었다. 무엇보다 서부극은 미국의 역사를 다루고 있는 데다(비록 그것이 허구적인 요소를 가미한 것이라 해도), 영웅을 통해 질서를 회복하는 과정을 그리고 있어 그들의 건국신화라고 해도 과언이 아니었다. 「와이어트 어프(Wyatt Earp)」(1994)를 비롯한 수많은 영웅들이 서부극을 통해 재탄생했고, 그들은 개척자 정신의 표상으로 자리 잡았다. 존 포드는 그러한 서부극의 달인으로서 일찌감치 명성을 누렸다. 후기 서부극으로 분류할 수 있는 「수색자」는 또 하나의 영웅담이다. 그런데 이 영화의 주인공 이든은 뭔가 좀 단단히 비뚤어진 사내다. 그가 전형적인 영웅과 다르게 보이는 이유는 무엇일까? 그건 서부극의 어떤 지점을 건드리는 것일까? 여전히 인디언과 백인 사이에 총질이 난무하지만, 이 영화는 총질보다 기나긴 추격의 세월에 무게를 둔다. 서로 다른 인종이지만 비슷한 사연을 지닌 인디언과 백인의 닮은 모습을 통해 서부극의 폭력성을 거울처럼 되비춰 준다.

존 포드, 서부극을 대변하는 동시에 종결 지은 감독

이 서부영화는 가장 미국적인 장르예요. 다른 나라 시각에서 보면 불쾌할 수 있는 영화죠. 하지만 「수색자」의 경우는 좀 달라요. 우리도 공감할 수 있는 여지가 있어요. '보이는 것'과 '건드려지는 것' 사이의 차이를 발견해 보세요. 서부극의 대변자로 알려진 존 포드는 사실 서부극을 해체한 종결자이기도 합니다.

강 이 영화를 제대로 보려면 첫 장면과 마지막 장면을 주목하면 돼요. 이를테면, 첫 장면에서 이든이 동생의 집으로 걸어 들어오는 장면은 특히 인상적입니다. 그리고 마지막 장면에서 집 안으로 안 들어가는 주인공의 모습을 눈여겨보세요. 한편 우리는 이든의 군인 복장에도 주목해야 해요. 남북전쟁에 패했는데도 그가 계속 남군 복장을 고수하는 데에는 이유가 있어요. 인종주의적 요소도 보이죠. 여하튼 다시 첫 장면을 생각해 보도록 하죠. 처음 이든을 환대한 사람은 제수씨 마사입니다. 사실 이든도 제수씨를 보러 온 거예요. 또 마지막 장면을 보면 사람들이 우르르 다 집 안으로 들어가죠? 하지만 이든은 돌아섭니다. 더이상 그를 반겨 줄 사람이 없는 거죠.

따라서 마사가 인디언에게 무자비하게 성폭행당해 죽은 사건이 주는 충격은 어마어마합니다. 그 때문에 이든의 기나긴 수색 활동이 조카딸을 구하겠다는 일념으로는 안 보여요. 즉 이든이 가족 질서를 수호하는 남자는 아닌 겁니다. 오히려 이 영화의 주된 갈등은 치정 살인극에 가까워요. 가족 질서에 복잡성을 불러일으키는 감정의 흐름이 있는 거죠. 전쟁이 끝난 뒤에도 군복을 입고 다니는 남자라면 보통 고집 센 인물이 아니겠죠. 서부 시대의 리얼리티에 근접한 영화라고도 볼 수 있을 것 같아요. 선악 자체의 경계를 흐리는 것 같기도 하고요.

이 강 선생님 말씀대로 이 영화에서 시작 부분은 정말 중요합니다. 처음에 마사가 밖을 내다보고 있을 때 이든이 찾아오죠. 「수색자」에서는 이든의 복수가 중요한 주제인데, 이 복수의 원인이 바로 마사의 죽음이에요. 이든은 광기에 휩싸여 5년을 보내요. 전형적인 할리우드 영화였다면 이든이 복수를 마치고 집으로 돌아가는 게 맞습니다. 하지만 이든은 귀가하지 않고 황량한 서부 벌판에 남은 채 영화가 막을 내리죠. 여기서 「수색자」가 다루고 있는 관계성에 대한 힌트를 얻을 수 있어요.

「수색자」도 결국은 가족 영화입니다. 가족을 지키려는 한 남자의 투쟁이죠. 가족에 관한 또 하나의 흥미로운 영화를 든다면 스티븐 스필버그(1946-)의 「우주 전쟁(War of the Worlds)」(2005)입니다. 톰 크루즈(1962-)가 주연했던 영화죠. 가장 가슴 아픈 장면 하나는 레이의 딸이 우주인의 습격을 피해 도망치다가 지하에 숨을 때예요. 이때 아버지가 오길비를 죽이는 걸 딸이 용인해 줘요. 그 이전까지는 딸 레이첼이 엄마와 함께 계부 밑에 살면서 블루칼라인 아버지를 계속 부인해 왔었어요. 그런데 친아버지와 함께 있는 동안 우주 전쟁이 일어나는데, 바로 이 전쟁의 상황이 딸의 입장에서는 아버지를 처음으로 인정하는 계기가 되죠. 스필버그는 끊임없이 가족을 재결합시키려고 노력합니다. 어떤 계기를 통해 가족을 하나로 만들죠. 이처럼 스필버그와 존 포드가 가족 테마를 이용하는 방식은 상당히 유사해요.

그런데 「수색자」만의 독특함은 이든이라는 인물이 절대로 가족 안으로 흡수되거나 어울리지 못한다는 점입니다. 이 영화는 집을 지키는 마사와 집 밖을 평생 떠도는 이든의 이야기를 통해 '집(가정)'을 수호하는 방식을 독특하게 보여 줍니다. 이든이 스카의 머리 가죽을 벗겼으니 복수는 성공했고 따라서 영화는 해피엔드로 끝난다고 볼 수도 있겠지만, 이든이 가정에 편입되지 않는다는 결말은 꽤 파격적입니다.

스카와 이든, 데칼코마니적 관계

이 이든이라는 캐릭터를 연구해 보면 이 영화의 지향점이 명확해집니다. 이든과 스카가 만났을 때 서로 대화하는 장면이 재밌지 않았나요? 서로 자기네 언어를 잘한다고 호의를 표하질 않나……. 백인들에게 아들을 잃은 트라우마로 그들에게 엄청난 적개심을 지닌 스카인데도 말이죠. 이 영화의 시대적 배경은 백인과 인디언 간에 조정과 갈등의 움직임이 뒤엉켜 있던 시기였습니다. 그러니까 갈등보다는 평화를 희구하는 움직임이 커지기 시작하던 때예요. 그런데 이든은 "아직도 나는 나의 칼을 가지고 있다. 버리지 않았다."라고 말해요. 전쟁에서 진 남군이 시간의 흐름에 따라 사회에 적응하는 동안, 이든은 그러지 못한 사람입니다. 스카와 이든은 데칼코마니적 관계에 있다고 볼 수 있어요. 스카 역시 평화를 원하는 인디언들 사이에서는 말썽 좀 그만 피우고 잠잠하게 있어 줬으면 하는 존재였을 겁니다.

1956년 개봉 당시 관객은 이런 숨은 맥락을 읽어 내지 못했습니다만, 시간이 흐를수록 이든이 백인 사회에 편입된 존재가 아니라 공동체의 일원인 동시에 아웃사이더라는 흥미로운 사실을 많은 평론가가 지적하기 시작했어요.

강 이든이 불쌍한 존재라면 논리적으로 스카도 연민의 대상이 되어야겠죠. 스카라는 이름만 봐도 알 수 있듯 그는 상처받은 캐릭터임이 분명해요. 「수색자」는 선악 구도가 명확하지 않아서 어려운 영화죠. 어쩌면 스카의 죽음으로 이든의 존재 의미마저 흔들릴지도 몰라요.
서로 쫓고 쫓기지만 이든과 스카는 서로의 존재 이유가 되었던 거죠. 둘 중 하나가 사라지면 이 전쟁은 끝나는 거예요. 보통 서부영화의 기조엔 백인 우월주의가 깔려 있다고 보면 되는데, 이 영화는 조금 복잡해요. 가령 아메리카로 이주한 백인들이 믿던 기독교는 본래 원수도 사랑하라고 말하는 종교인데, 당시 기독교 목사들은 편협한 교리에 묶여 있었어요. 우리 민족, 우리 식구만 안전하면 된다는 거였죠. 존 포드는 미국 건국신화의 리얼리티를 보여 주기 위해 이런 영화를 만든 걸지도 몰라요.

이 아닌 게 아니라, 1920년대부터 만들어진 서부극 역사를 보면 그 기저에는 대부분 백인 중심주의가 깔려 있습니다. 그런데 존 포드의 영화는 달라요. 백인 이든이 인디언인 스카와 동질성을 지녔다고 표현한 건 매우 독특한 시각이고, 제수씨를 사랑하는 근친상간적 관계도 불편하죠. 마사는 원래 이든의 애인이었는데, 남북전쟁 시기(이든이 자리를 비운 사이)에 이든의 동생과 결혼한 거라는 해석도 있어요. 목사 샘이 조직한 자위대에 이든이 자원한 건 스스로 이런 불편한 자리를 벗어나기 위함이었던 거죠. 이든이 수색 도중에 초토화된 집에 돌아왔을 때 놀라서 부른 가족의 이름 역시 '마사' 한 명뿐입니다.
한편 조카 마틴에 대한 감정도 이율배반적이죠. 5년 동안 두 남자가 한 목표를 향해 나아갔다면 동료 의식이 생기기 마련인데 어디에서도 동질감을 찾아볼 수 없어요. 사실상 두 사람은 목표가 다르죠. 이든의 목표는 데비를 죽이는 거고 마틴은 데비를 구하는 거예요. 결국 식구들 곁으로 돌아오는 건 애인이 있는 마틴뿐이고, 이든은 가족 안으로 편입되지 못합니다. 물론 마틴도 이든과 비슷한 배신을 당할 뻔하지만 다행히도 결혼식 날 극적이고도 코믹한 반전을 맞죠.

존 포드, 「수색자」

"만약 이든이 불쌍하다면 논리적으로는 스카도 연민의 대상이 되어야겠죠. 스카라는 이름만 봐도 알 수 있듯 그는 상처받은 캐릭터임이 분명해요. 선악 구도가 명확하지 않아서 어려운 영화죠. 어쩌면 스카의 죽음으로 이든의 존재 의미마저 흔들리게 된 겁니다."

존 포드, 「수색자」

"서부영화를 보고 동네 아이들과 놀이를 할 때, 한쪽은 보안관이 되고 다른 쪽은 인디언이 되어야 했습니다. 이때 인디언을 맡은 친구들은 종종 울상이 되곤 했어요. 참 아이러니하지요. 그러나 놀라운 건 이것도 지적 판단이라는 겁니다. 사실 우리는 어른이 되어서도 여전히 감성적으로, 혹은 무의식적으로 보안관 편에 서 있으니 말입니다."

영웅이면서 동시에 괴물 같은 존재

강 스카와 이든이 싸우는 건 서로 너무 닮아서입니다. 지독히 비슷한 존재가 맞닥뜨리게 될 때 비극이 시작됩니다. 이든이 앞으로 어떻게 살지는 뻔해요. 자기 존재 유지를 위해 또 수색을 하겠죠. 끊임없이 서칭(searching)할 거예요.

그런 점에서 이든이라는 캐릭터 자체가 미국 기원의 복잡성을 상징해요. 「수색자」는 '소속되지 않은 자'의 운명 같은 걸 다룬 영화예요. 우리가 아는 인디언의 잔혹성은 바로 이에 대한 반작용으로서 나온 것이에요. 미국의 건립, 프런티어라고 하는 개척자 정신은 미국이라는 국가 성립의 중요한 명제였죠. 그런데 이 영화를 들여다보면 서부영화 같지 않아 갸우뚱하게 돼요. 악마적인 인디언과 싸워 미국을 건립했다는 대명제를 해체한 영화이기 때문입니다.

이 가만 생각해 보니 재밌는 부분이 있어요. 이든이 스카를 만나고 와서 마틴에게 복수심을 심어 주기 위해 폭탄 선언하는 장면 기억하시죠? "스카가 목에 걸었던 뼈 목걸이 봤어? 너희 엄마 뼈야!" 그런데 놀라서 절규라도 해야 할 마틴의 반응이 웃깁니다. "그게 나랑 무슨 상관이에요?" 마틴은 이미 다른 세대인 거죠.(8분의 1 정도만 인디언의 피가 섞여 있기 때문이라고 표면적으로 이해할 수도 있겠지만요.) 마틴을 기다리는 여성도 북유럽에서 건너온 이민 세대죠. 존 포드 감독도 아일랜드계 이민자였고요. 실은 백인들 내에도 순혈 문제가 있었습니다. 완벽한 백인의 피가 더럽혀져서는 안 된다는 식의 결벽증 말이에요.

니체가 이런 말을 했습니다. "용과 싸워 이긴 영웅은 용이 되지 않기 위해 조심해야 한다." 용의 피를 뒤집어쓰고 영웅이 되었을 때 그는 또 다른 괴물이 된다는 의미입니다. 스카와 이든의 상동성은 '맞닿은 극단', 즉 두 존재 모두 용이면서 영웅적인 괴물 같은 존재일 수밖에 없다는 사실에서 비롯됩니다.

강 맞아요. 양쪽 모두 그런 적대감을 기반으로 사는 거예요. 스카를 쫓는 이든과 그에 맞서 부족을 이끄는 스카. 미국 역사를 보면 제로니모(1829-1909)라는 마지막 대추장 얘기가 있어요. 제로니모는 사적 감정을 품었다는 혐의로 다른 인디언들에게 배척당합니다. 「수색자」에서도 결국 사라지는 건 스카와 이든뿐이라는 사실은 시사하는 바가 커요. 정복의 허탈함을 보여 주는 거죠.
서부영화의 또 다른 불편함은 남성 중심적인 스토리에서 죽어 나가는 존재는 부녀자에 한정된다는 사실이죠. 그래서 여성 입장에서는 좋아하기 힘든 장르 같아요. 여하튼 이처럼 리얼리티가 있는 캐릭터 덕에 인디언과 백인의 절묘한 관계가 잘 드러난 것 같아요. 「수색자」 이후 서부영화에서는 어떤 경향이 발견되나요?

백인-원주민 구도의 영향과 해체

이 「리버티 밸런스를 쏜 사나이」가 존 포드의 바로 다음 영화인데, 존 웨인이 또 등장합니다. 서부영화는 두 명의 존에 의해 장르적으로 확립됐다고 하는데, 바로 존 포드와 존 웨인이 그들이죠. 존 웨인은 서부영화를 떠나 가장 미국적인, 즉 진취적이면서도 우익적인 캐릭터였습니다. 이 영화는 랜스라는 아주 신사적인 동부 출신 변호사와 톰이라는 거친 인물이 만나 의기투합하는 이야기입니다. 표면적으로 랜스가 승리하지만 그 기저에는 톰의 폭력이라는 수단이 있었던 거죠. 하지만 그게 표면으로 드러나지는 않습니다.
한편 2차 세계대전의 영향으로 서부영화 또한 조금 달라집니다. 과거 서부영화의 단순하고 명징한 선악 구도, 남성주의적 관계 설정 등에도 변화가 생겨요.

강 어쩌면 외계인이 등장하는 영화의 원형도 서부영화 속에 있다고 할 수 있겠네요. 나쁜 외계인도 있고 친밀한 이미지의 외계인도 나오잖아요. 뱀파이어나 사이보그도 그렇고요. 모두 서부영화의 백인-원주민 구도에서 나온 거죠.

이 우리가 잘 아는 친근한 외계인은 스필버그의 「미지와의 조우(Close Encounters of the Third Kind)」(1977)와 「E.T.(The Extra-Terrestrial)」(1982)에 나오는데요. 확실히 플롯상 비슷한 부분이 많죠. 한편 생각해 볼 만한 친인디언적 영화라면 케빈 코스트너(1955-)가 주연한 「늑대와 춤을(Dances with Wolves)」(1990)이 있습니다. 그런 영화들이 1990년이 되어서야 나왔다는 건 인디언과 미국인의 갈등이 조정되는 데 꽤 많은 시간이 소요되었다는 것을 증명해요.

강 사실 우리의 처지는 스카 쪽에 가까움에도, 대다수는 백인 개척자와 자신을 동일시했죠. 이게 바로 영화의 무서운 힘입니다. 관객이 주인공과 동일시할 수밖에 없는 구조 말입니다. 서부영화를 보고 동네 아이들과 놀이를 할 때, 한쪽은 보안관이 되고 다른 쪽은 인디언이 되어야 했습니다. 이때 인디언을 맡은 친구들은 종종 울상이 되곤 했어요. 참 아이러니하지요. 미국 인디언은 알타이어족으로 우리랑 같은 언어 체계를 쓰는 사람들이었으니 말입니다. 유사한 언어, 비슷한 감수성을 갖춘 사람들을 저주하는 우리의 모습은 돌이켜보면 씁쓸해요. 그러나 놀라운 건 이것도 지적 생각에 지나지 않는다는 점이죠. 우리는 어른이 되어서도 여전히 감성적으로, 혹은 무의식적으로 보안관 편에 서 있으니 말입니다.

질문 1 「수색자」의 고독한 주인공이 인상적이었는데요. 존 포드의 다른 영화에 나오는 주인공 이미지도 마찬가지인가요?

이 서부극의 주인공은 고독한 영웅이기 마련이에요. 하지만 결론이 색다르거나 캐릭터가 다채로운 영화도 많아요. 예를 들면 「역마차」는 창녀 달라스와 링고 키드(존 웨인)가 새로운 세계를 찾아 멕시코 국경을 넘는 얘기예요. 존 웨인이 영웅으로 등장하기는 합니다만 그는 감옥에서 막 나온 인물로 묘사되고 있어요. 영웅인 주인공에게 완벽한 도덕성을 부여하기보다 복잡한 심리적 배경을 깔고, 그로 하여금 중산층 계급의 여인이 아니라 소외된 계급의 여인인 달라스를 선택하게 합니다. 동시대 서부영화의 영웅주의적 선택과는 사뭇 다르죠. 존 포드의 후기작은 더 복잡해요. 존 포드 영화의 주인공들은 단순한 캐릭터가 아니라 복잡한 심리를 지닌 현대적 인물들이었어요.

질문 2 악당에게도 가족이 있을 텐데 그들을 처단하는 데서 잔인함을 많이 느꼈습니다. 영화사에서 잔인한 보복을 쾌락으로 느끼기 시작한 건 언제부터일까요?

이 그리피스의 「국가의 탄생」을 보면 학살 장면이 그대로 나옵니다. 그는 상당히 혁신적인 스타일의 감독이었음에도 정치색이 짙은 끔찍한 장면을 만들었기 때문에 많은 비판을 받았어요. 그러니까 영화 맹아기부터도 '보복=쾌락'이라는 공식이 이미 만들어져 있었던 거죠.

강 뉴 시네마의 대표 영화 가운데 「우리에게 내일은 없다(Bonnie and Clyde)」(1967)를 보면 범죄자가 주인공인데, 인간 본성으로서의 폭력성이 잘 담겨 있죠. 범죄자를 주인공으로 삼는 경우, 자연히 잔혹성이 쾌락으로 경험될 여지가 있다는 점이 중요해요. 어쨌든 우리는 주인공에 감정이입하게 되니까 말입니다.

질문 3 앞서 서부극에선 여성이 희생되기 마련이라고 말씀하셨는데요. 이 영화에 등장하는 여성 캐릭터도 하나같이 순종적으로 보입니다.

이 그건 남성이 주인공인 서부영화에선 일반적인 설정입니다. 강자, 남성, 백인, 영웅이 주인공이며 노인, 아이, 여자는 주변 인물이 됩니다. 영화 「셰인(Shane)」(1953)을 보면, 아무도 좋아하지 않는 셰인을 따르는 한 아이가 있습니다. 영웅에 대해 이율배반적 두려움을 느끼는 마을 남성들에 비해 아이는 순수하게 그려지죠. 전형적인 서부영화에는 보통 정의롭지만 무섭고 거칠어 보이는 남성 주인공을 좋아하고 따르는 역할이 있기 마련인데, 보통 아이와 여성이 이걸 떠맡는 경우가 꽤 있습니다. 흑인이나 여성이 주인공으로 나오는 영화들은 애석하게도 1970년대 이후에나 가능했죠.

강 한편 생활에 적응하는 정착민은 여성이라는 점이 재밌어요. 오히려 황야를 개떼같이 몰려다니는 수컷들은 다 제거당합니다. 사회에 적응하는 캐릭터로서 여성이 롤모델로 제시되는 거죠. 존 웨인은 스스로 집에 못 들어가잖아요. 집 안으로 남자들을 이끄는 여자들의 손짓을 봐요.

정착에 대한 욕망과 해방되고 싶은 욕구는 계속 충돌하죠. 어떻게 보면 페미니즘적 시각으로 해석할 수도 있어요. 순간적으로 강한 존재가 남성이라면, 장기적으로 강한 존재는 여성이라고 말입니다. 하긴 당연한 일이지요. 척박한 생활에서 가장 중요한 건 생물학적 연속성, 즉 종존 보존일 테니 말입니다.

강신주

미국인은 황야에 희생양을 내던지는 것으로 손에 묻은 피를 지울 수 있을까?

1637년 피쿼트 전투(Pequot War) 때도 그랬고, 1876년 수 전투(The Great Sioux War) 때도 마찬가지였다. 북미 대륙에 들어온 백인들은 항상 동일한 패턴으로 인디언을 비겁하게 탄압했고, 무자비하게 살육했다. 우선 인디언이 사는 지역에 소수의 백인이 들어온다. 백인은 인디언의 도움으로 낯설고 척박한 환경에 정착하는 데 간신히 성공한다. 백인은 약자를 돕는 오랜 인디언 문화의 혜택을 톡톡히 입은 셈이다. 구체적으로 백인은 인디언으로부터 식료품을 얻는 등 직접적인 도움을 받았을 뿐만 아니라, 정착한 지역에서 살아가는 데 필요한 지혜까지 두루 전수받았다. 그래서일까, 정착 초기에 백인은 인디언에게 항상 고마움을 표시했고, 심지어 그들의 환대를 잃을까 봐 아부도 서슴지 않았다. 그러나 백인 정착민의 수가 점점 늘고 이어 무력이 강해진 순간, 상황은 급변했다.

이제 압도적인 무력을 구비한 백인에게 인디언은 친구가 아니라, 같은 땅에서 경쟁하는 적으로 뒤바뀐 것이다. 그래도 양심은 있었던지, 백인은 인디언 축출을 위해 노골적으로 공세를 보이진 않았다. 백인은 인디언의 삶을 조금씩 압박하여 그들의 분노를 자극했다. 한때 너무나 불쌍해서 도와주었던 백인의 후안무치한 행동에, 자긍심 강한 인디언이 어떻게 분노를 표출하지 않을 수 있겠는가. 당연히 인디언도 백인에게 폭력을 행사했지만 작은 규모였다. 그러나 백인이 노린 건 바로 이것이었다. 그들은 마치 기다렸다는 듯 압도적인 무력으로 인디언을 도륙해 버렸다. 이 점에서 1890년 12월 29일 운디드니 대학살(Wounded Knee Massacre)은 상징적 사건이다. 수족 인디언을 무장 해제하는 과정에서 단 한 명의 인디언이 칼을 놓지 않았다는 이유로 백인은 총격을 가했다. 이때 여성과 어린이를 포함하여 200명 이상의 수족이 대량 학살당했다.

자신들의 후안무치 혹은 잔혹함과 폭력성을 감추려던 것일까? 미국인들은 인디언을 악으로, 그리고 백인을 선으로 만들어야만 했다. 이제 더 이상 서부(Western)라는 공간이 존재하지 않게 되었을 때, 그러니까 아무도 소유하지 않아 누구나 소유할 수 있었던 땅과 금광이 더 이상 존재하지 않게 되었을 때, 20세기

초 서부영화가 만들어진 것이다. 이제 역사 왜곡으로 승리자를 미화하는 일만 남았던 것이다. 어쩌면 미국 백인에게는 인디언이 악이고 자신들은 선이라는 집단적 최면이 필요했을지도 모른다. 물론 그러기 위해 백인은 제한적 시선을 유지해야만 했다. 인디언이 자신들을 공격한 시점에서부터 마침내 자신들이 무자비한 인디언의 공격에 대항해 승리하는 시점 사이만을 보려는 제한적 시선이 바로 그것이다.

서부영화 대부분은 땅과 금광을 얻기 위해 인디언의 삶을 파괴한 백인의 역사를 은폐하고 있다. 백인의 탐욕에 맞서 삶의 터전을 지키려던 인디언의 모습은 사라지고, 그 자리에 선량한 백인이 이룬 정착지를 무자비하게 파괴하고 부녀자를 강간하고 아이들을 학살하는 악마들이 들어선 것이다. 서부영화는 진지하게 묻지 않는다. 왜 인디언이 백인을 공격하게 된 것인지를. 서부영화는 그저 말을 탄 인디언들이 모래 먼지를 일으키며 질주하는 장면, 화살이 가공할 소리를 내며 건물이나 마차에 박히는 장면, 원주민이 부녀자를 겁탈하고 정착지 주택을 불태우는 잔인한 장면으로 시작할 뿐이다. 당연히 백인은 잔인한 인디언에 대항하여 폭력으로 맞서야만 한다. 그건 정당방위이기에 선한 폭력으로 보일 수밖에 없다.

1950년대까지 인디언과 관련한 서부영화에서 인디언은 거의 악마로 그려졌고, 당연히 그들을 죽이는 것은 아무 문제도 되지 않을 뿐만 아니라 심지어 부추겨졌다. 이런 상황에서 두 명의 전설적인 존, 즉 감독 존 포드와 배우 존 웨인이 함께 만든 영화 「수색자」는 여러모로 의미심장하다. 표면적으로 「수색자」는 전형적인 인디언 서부영화라고 할 수 있지만 그 이면에는 서부영화의 전형성에서 벗어나는 심각한 균열이 존재하기 때문이다. 내용은 단순하다. 존 웨인이 연기한 이든이라는 주인공이 동생 가족을 무참하게 도륙한 인디언을 추적해 납치된 마지막 혈육인 조카딸 데비를 마침내 구출해 내는 이야기다. 그런데 영화를 주의 깊게 반복해 보면, 「수색자」에서 결코 봉합될 수 없는 어떤 균열이 있음을 깨닫게 된다. 그럼 그 균열은 도대체 어디에 있는 것일까?

먼저 동생 부부를 학살하고 데비를 납치한 코만치족의 추장 스카에 주목해 보자. 스카는 자기 가족을 학살한 백인에 대한 복수심으로 들끓는 인물이다. 결국 이름 그대로 스카는 이미 치유받을 수 없는 '상처(scar)'를 지닌 인물이다. 자신이 당했던 것처럼 백인을 능욕하고 학살한다고 해서, 상처가 치유될 리 만무하다. 하지만 어떡하겠는가, 그렇게라도 하지 않고서는 끓어오르는 복수심과 분노를 가라앉힐 수 없으니 말이다. 그런 스카의 분노는 불행히도 이든의 동생 가족을 대상으로 폭발한다. 그럼 이든이 스카를 몇 년 동안 집요하게 추적하여 그를 죽인 이유를 생각해 볼까? 그건 스카가 살육당한 가족들을 위해 백인에게 복수한 것과 같은 이유였다. 복수심! 이든도 자기 혈육의 복수를 위해 스카를 추적해서 죽였던 것이다.

균열은 바로 여기에서 드러난다. 「수색자」에서 존 포드가 전하고자 했던 건, 스카로 상징되는 인디언이 잔혹해질 수밖에 없었던 이유다. 비극의 첫 막은 인디언이 아니라 백인이 열어젖히지 않았던가. 사실 백인이 스카의 가족을 도륙하지 않았다면, 이든과 그의 동생 가족들에게 그런 잔혹한 비극이 벌어질 수 있었겠는가? 바로 이 지점에서 「수색자」라는 영화가 지닌 묘한 균열이 입을 벌린다. '인디언=악, 백인=선'이라는 도식이 은연중에 해체되기 때문이다. 스카로 상징되는 인디언은 악하지만 동시에 선한 존재이고, 이든으로 상징되는 백인도 선하면서 악한 존재다. 탐욕으로 인디언의 삶을 회복할 수 없게 파괴한 백인은 분명 악한 존재다. 이 순간 인디언은 선한 존재가 된다. 그런데 (존 포드에 따르면) 복수심에 젖어 백인의 가정을 산산이 와해한 인디언 또한 악한 존재이긴 마찬가지다. 바로 이때 역설적이게도 인디언을 추적해 납치된 아이를 구하는 백인은 선한 존재가 된다.

여기에 서부 시대를 바라보는 존 포드의 기묘한 양비론이 숨어 있다. 과거를 묻지 말고, 근본적인 원인도 따지지 말고, 타인의 삶을 배려하지 않고 파괴한 사람들은 모두 악하다는 양비론 말이다. 영화의 마지막에는 인상적인 한 장면이 등장한다. 데비를 구해 마을로 돌아온 이든이 집 앞에서 주저하다가 안쪽으로 들어오지 못하고 다시 황야로 떠나가는 장면 말이다. 이 최후의 장면으로 우리는 존 포드의 속내를 어렵지 않게 헤아릴 수 있다. 복수심으로 백인을 살해한 스카가 세상에서 사라진 것처럼, 복수심으로 인디언을 도륙한 이든도 세상에서 없어져야 한다는 것이다. 황

「수색자」의 배경이 된 모뉴먼트밸리

야로 떠나는 이든을 어느 누구도 신경 쓰지 않는 것처럼, 이제 새로운 시대의 백인은 인디언을 학살했던 자신들의 선조를 쿨하게 잊고 행복을 누리면 된다는 것이다. 그러나 스카의 복수심과 이든의 복수심이 과연 동일선상에서 부정되는 것이 타당할까? 스카도 죽었고 이든도 황야로 떠났으니, 남은 사람들, 즉 (물론 놀랍게도) 인디언의 땅을 점유한 백인이 과거 자신의 조상들이 저지른 만행을 잊는 것이 과연 타당한가 말이다. 존 포드에게 묻고 싶은 질문은 바로 이것이다.

비평가의 눈

이상용

옛날 옛적 서부에서 생긴 일

존 포드의 1956년도 영화 「수색자」는 제목 그대로 무언가를 '찾는' 영화다. 집으로 돌아온 이든이 업둥이로 들인 마틴과 함께 인디언들을 찾아 정찰을 나간 사이, 코만치족 추장 스카는 이든이 머물던 동생의 집을 초토화해 버린다. 스카는 이든의 동생은 물론이고, 이든이 사랑했던 제수씨 마사와 조카들까지 주검으로 만든다. 이든은 묘지를 세우고, 수색대를 결성하여 스카를 쫓아 발길을 재촉한다. 이든의 마음을 가득 채우고 있는 것은 복수심이다. 동네 여인 하나는 복수는 부질없는 것이라고 타이르지만 이때부터 시작된 이든의 추격전은 무려 5년간 지속된다.

복수는 「수색자」의 기본적인 동력이다. 이든은 자신이 가장 사랑했던 여인 마사를 죽인 남자를 찾아야 한다. 그자를 찾아내 자신이 받은 상처를 고스란히 되돌려 주어야 한다. 이든은 스카를 찾아 백방으로 수소문하며 그의 뒤를 가까이, 그리고 멀리 쫓아간다. 이 영화의 절정부는 멕시코 국경 지대에서 추장 스카와 이든이 만나는 장면이다. 인디언 스카는 백인들을 살육하고 다니는 인물로 악명 높다. 스카는 이든에게 자신의 행동을 설명한다. 그가 백인들을 죽이게 된 것은 두 아들을 모두 백인에게 잃었기 때문이다. 스카의 행동은 복수였다. 그의 복수극은 이든의 복수심을 자극한 셈이었고, 스카 역시 그 사실을 잘 알고 있다. 두 사람의 관계는 서로 앞서거니 뒤서거니 한다.

복수를 행하는 대상과 복수를 당하는 대상이 서로 닮아 있다는 건 새삼스러운 일이 아니다. 「수색자」는 두 사람이 처음으로 마주한 때를 또렷하게 제시한다. 스카가 영어로 말을 건네자 이든은 "당신은 영어를 잘하는군."이라고 답한다. 마찬가지로 이든이 구사하는 인디언 말을 들은 스카는 "당신은 코만치 언어를 잘하는구먼."이라고 되돌려 준다. 두 사람은 영원히 평행선을 달린다. 한 사람은 백인의 정체성을 대변하고, 다른 사람은 인디언의 마음을 대변하면서 그들 서로의 존재성을 통해 자신의 존재를 구성한다. 그것은 가장 아이러니한 장면을 만들어 내기도 한다. 이든은 5년간 찾아 헤맨 데비를 만나자마자 총을 꺼내 든다.

그 장면은 이든이 행한 수색의 목적이 데비가 아니었음을 명시적으로 보여 주는 것이기도 하다. 스카의 아내가 된 데비는 또 다른 인디언이거나 피가 오염된 존재일 뿐이다. 그녀는 이제 제거 대상인 인디언이지 더 이상 자신과 같은 정체성을 지닌 백인이 아니다. 백인의 순혈주의와 가부장적 이데올로기가 결합된 이든의 행동은 놀랍도록 폭력적이다. 이든은 데비와 재회한 후 스카에게 공격받아 상처를 입게 되자 유서를 쓴다. 그 내용은 자신의 유산을 모두 마틴에게 물려준다는 것이었다. 자신에게 다른 친인척은 없다면서 말이다. 그는 데비의 존재를 애써 부정한다.

데비를 찾는 건 마틴의 몫이다. 자신의 피가 "8분의 1은 코만치."라고 말하는 마틴은 인디언 혼혈 계통의 청년이다. 이든에 의해 구출되어 업둥이로 길러진 마틴에게는 자신과 함께 성장한 데비를 찾는 일이 수색 작업의 목적이 된다. 무엇보다도 마틴은 이든이 데비를 보자마자 죽이려는 걸 목격한 후부터 더욱 적극적으로 데비를 먼저 발견하여 보호하려고 한다. 마틴에게는 스카를 죽이겠다는 극렬한 복수심이 미미한 편이다.(없는 것은 아니다.) 그가 더 중요하게 생각하는 것은 살아 있는 데비를 찾아 마을로 돌아오는 것이며, 자신이 속한 공동체를 지키는 것이다. 실제로 마틴에게는 지켜야 할 것이 많다. 마을에는 자신을 기다리는 아내가 있으며, 함께 지켜야 할 가족이 있다. 여기에 데비를 끼워 넣는 건 당연한 일이다.

기병대와 함께 스카를 공격하려 할 때 마틴은 자신이 먼저 적진에 들어가 데비를 구해 내겠다고 제안한다. 이든은 마틴의 제안을 무시하지만, 마틴의 열정은 사람들에게 동의를 얻는다. 마틴은 데비를 만나 끌어안는다. 그리고 마틴의 뒤를 덮치려고 한 스카를 향해 총구의 불을 뿜는다. 스카를 죽인 것은 바로 마틴이다. 이든은 스카의 시체를 본 후 그의 머리 가죽을 벗겨 낸다. 인디언들이 백인들에게 행했던 것처럼 똑같이 되갚아 주는 것이다.

이든의 이러한 행동은 마틴과 사뭇 다르다. 마틴은 유산을 물려주겠다는 이든의 유서를 던지면서, 왜 데비를 제외했는지 따져 묻는다. 혼혈아이자 업둥이로 불우하게 자란 마틴에게 함께한다는 것이야말로 가장 큰 위로를 준다. 어쩌면 이든에게 그토록 멸시와 천대를 받으면서도 5년간 함께 추격을 벌인 것도 비슷한 연유로 그랬던 것일지도 모른다. 이든은 어릴 적에 자신을 구해 준 사람이었고, 데비와 더불어 살아남은 직계가족이다. 마틴이 추격을 감행하고, 아내를 둔 채 데비 구출 작전에 자원한 것은 가족에 대한 강렬한 애착 때문이다.

존 포드 감독은 이든의 행동을 따라 영화를 시작했지만, 마틴의 마음을 따라 영화를 마무리한다. 결국 가족을 지키는 것은 마틴의 몫이고, 이든은 마틴이 있는 집으로 따라 들어올 수 없는 인물이기 때문이다. 「수색자」가 놀라운 작품일 수 있는 이유는 여기에 있다. 아무리 남북전쟁의 영웅이자 빼어난 힘을 지닌 이든일지라도 집을 지키기에 적합한 인물은 아닌 것이다. 오히려 이든은 백인들에게 추격당하며 쫓겨 다니는 코만치족 추장 스카처럼 평생을 서부에서 방황해야 하는 운명을 지니고 있다. 가족이 위험에 처하면 이든의 역할이 중요해지지만, 그런 위험에서 벗어나면 그의 힘은 불필요한 것이 된다. 이든 자신도 이 사실을 잘 안다. 그는 데비를 두 번째 만났을 때 또다시 죽이려고 하지 않는다. 그녀를 안고 무사히 돌아온다. 하지만 집 안으로 들어가지는 않는다. 이든과 같은 영웅의 역할은 광활한 서부에서 시작되어 서부에서 끝이 난다. 집을 지키는 것은 또 다른 영웅, 마틴의 몫이다.

그런 점에서 「수색자」는 두 영웅에 관한 서로 다른 이야기라고 정의할 수 있다. 서부와 광야를 지켜야 하는 이든, 그리고 집과 아내를 지켜야 하는 마틴의 이야기다. 백인 순혈주의를 고집하는 이든과 새로운 시대의 혼혈을 이어 가는 마틴의 이야기 말이다. 그리고 구세대 이든과 새로운 세대를 이끌어야 하는 마틴의 이야기이기도 하다.

그런데 서로에게 총칼을 겨누기도 했던 이든과 마틴이 함께 수색(여행)을 할 수 있었던 까닭은 무엇일까? 그것은 바로 역사의 문제다. 역사란 뜻이 맞는 사람들이 만들어 가는 것이 아니라, 서로 다른 생각을 품은 사람들이 함께 역마차를 타고 다음 구간으로 이동하는 것이다. 존 포드의 초기 걸작 「역마차」는 이러한 생각을 고스란히 표현한 영화다. 서로 다른 신분과 정체성을 지닌 사람들이 역마차를 타고 이동을 시작한다. 인디언들의 공격이 예상되지만 그들은 같은 역마차 안에서 운명 공동체로서 소임을 다한다. 그것은 존 포드가 생각한 서부영화의 이미지였고, 「수색자」에서는 서로 다른 두 백인을 등장시켜 또 다른 '역마차'를 보여 주었다. 그리고 두 영웅 사이에 '스카'라는 인디언도 슬쩍 끼워 넣는다. 이제 인디언은 미국이라는 역마차를 위협하는 단순한 악당이 아니라 미국이라는 역마차에 함께 탑승해 흥망성쇠를 함께할 수밖에 없는 또 다른 운명 공동체다. 그래서 「수색자」에서 스카의 운명은 구세대 이든의 운명과 공명하는 것이다.

영화가 끝날 무렵 새로운 역마차를 이끌어 갈 이는 마틴이다. 그는 수색 여행 중에 인디언과 물물교환을 하다 일어난 오해 때문에 인디언 아내를 얻기도 했고(물론 마틴이 원한 것은 아니었지만) 경험이 부족하기는 하지만 구세대와 다른 원칙을

「수색자」의 이든과 마틴이 동행하는 모습

갖고 도덕을 실천한다. 그런 한편 자신의 백인 아내를 지키기 위해 때로는 완력을 쓸 줄도 아는 서부 사나이다. 그의 등장과 함께 백인과 인디언의 갈등이 마무리된다. 물론 그것은 백인 기병대를 앞세운 무력적 종식이며, 여기에 대한 비판은 충분히 가능하다.

「수색자」에서 '찾는다는 것'은 결국 인물마다, 세대마다 차이가 일어날 수밖에 없다. 즉 수색 작업은 저마다의 게임의 규칙이 된다는 말이다. 그런 점에서 「수색자」는 장 르누아르의 「게임의 규칙」을 연상시키기도 한다. 닮아 있는 계급과 다른 계급을 보여 주면서 삶이라는 리얼리티가 어떻게 엉망진창이 되고, 어떻게 삶이 이어지는가를 냉혹하게 보여 준다. 옛날 옛적 서부라는 공간은 사람들이 살아가는 또 하나의 '성'이었다.

1950년대까지 전성기를 누리던 할리우드 고전적 서부극은 무성 코미디 영화, 뮤지컬 영화의 운명과 함께 1960년대 들어 사양길에 접어든다.
장르 영화가 되었으나 그 이후로는 다른 활로를 찾아 내기 시작했다. 1970년대에 시작된 「스타워즈 4: 새로운 희망(Star Wars)」(1977)은 서부극의 변형이다. 존 포드의 「수색자」는 「스타워즈」 시리즈의 방황 모티프와 우주 모험에 영향력을 끼쳤다. 1970년대에 들어 미국 영화는 서부 대신에 우주를 개척하기 시작한 셈이다.
서부극은 미국을 벗어나 다른 국가에서 유행했다. 또렷한 사례는 1960년대와 1970년대 유행한 이탈리아 스파게티 웨스턴[856쪽 키워드 참고]이다.
1970년대에는 흑인 영웅을 주인공으로 한 「파시(Posse)」(1975)와 같은 변형된 스파게티 웨스턴은 미국 내에서 만들어지기도 했다.
1980년대와 1990년대의 서부극은 대단히 부드러워졌다. 10대 취향에 맞춘 「영 건(Young Guns)」(1988) 시리즈의 탄생과 함께, 케빈 코스트너(1955-)의 「늑대와 춤을」의 대성공은 백인과 인디언이 어떻게 동조되어 가는가를 전면에 다루었다. 이 작품은 1930년의 덜 알려진 서부극 「시마론(Cimarron)」(1931) 이후 처음으로 아카데미 작품상을 받은 서부영화가 되었다.
1992년에는 「라스트 모히칸(The Last of the Mohicans)」과 클린트 이스트우드의 걸작 서부영화 「용서받지 못한 자(The Unforgiven)」가 선을 보인다.
서부영화의 전성기는 종언을 고했지만 여전히 서부영화는 변형된 형태로 개척되어 왔다.

PICKPOCKET

de

Robert

BRESSON

⑪강 구원에 이르는 기이한 길

소매치기

로베르 브레송

“그대에게 이르기 위해
얼마나 기이한 길을 걸어왔던가.”
— 등장인물 미셸의 독백

「소매치기」 Pickpocket, 1959

프랑스 | 75분 | 로베르 브레송

오늘 주말인가? 아무래도 상관없다. 경마장은 일확천금의 요행을 바라는 사람들로 벌써부터 북새통이다. 판돈에 눈먼 군중 사이로 불안한 눈동자의 한 청년이 우뚝 서 있다. 푹 꺼진 눈두덩에 홀쭉하게 야윈 이 남자의 이름은 미셸이다. 이윽고 그의 눈동자가 한곳에 내리꽂힌다. 윤기가 흐르는 악어가죽 가방은 마치 돈다발이라도 질경이듯 아가리를 벌리고 있다. 미셸은 자력에 빨려들 듯 그 악어가죽 가방을 든 중년 부인의 뒤를 쫓는다. 이제 경마가 시작되려나 보다. 경기장을 에워싸고 있던 관중이 일제히 트랙 곁으로 몰려든다. 미셸은 좀 전에 점찍어 둔 중년 부인 뒤에 바짝 붙어 선다. 말이 달리기 시작한다. 미셸의 손도 표독스러운 독사가 되어 가방의 언저리를 맴돈다. 하나, 둘, 셋. 가방의 잠금 장치가 천연덕스럽게 풀린다. 다시 하나, 둘, 셋. 어쩌지, 이제 경기가 끝나려나 보다. 바로 그 순간, 미셸은 돈뭉치를 포획하는 데 성공한다. 묘한 성취감이 그의 굳은 얼굴을 자극한다. 그러나 미셸은 자신의 성공에 도취될 새도 없이 경찰에게 덜미가 잡히고 만다. 대기가 어스레할 무렵 경찰은 미셸을 풀어 준다. 증거가 불충분했기 때문이다. 미셸은 훔친 돈을 마치 자기 몫인 양 냉큼 집어 들고 곧장 집으로 돌아온다. 그런데 그의 단칸방에서는 살림살이를 거의 찾아볼 수 없다. 공기마저 한 사람 분량밖에 준비되어 있지 않은 것 같다.

긴장했던 탓일까? 격한 피로에 잠이 들었던 미셸은 깨어나자마자 어머니 댁으로 향한다. 하지만 어머니 집 안으로는 들어가지 않는다. 이웃 주민이자 미셸을 대신해 노모를 챙겨 주는 잔만이 그 집 안에 들어가 볼 뿐이다. 미셸은 자기가 훔친 돈을 잔에게 쥐어 주며 부디 어머니께 전해 달라고 부탁한다. 잔은 불안한 표정을 한 채 황급히 자리를 뜨는 미셸의 뒷모습을 보며 어쩐지 애처로운 감정에 휩싸인다. 그렇게 미셸은 어머니의 얼굴도 보지 않고, 곧장 집을 떠난다. 친한 친구이자 종종 일자리를 소개해 주는 자크를 만나기 위함이다. 미셸은 이미 알고 있다. 언제까지나 소매치기로 살 수 없다는 사실을 말이다. 그래서 그는 자크에게 새 직장을 소개받고자 하는 것이다. 그러던 중 미셸은 며칠 전에 자신을 체포했던 경찰과 마주친다. 그냥 모른 척하고 지나가도 될 상황임에도 미셸은 굳이 그 경찰을 불러 세운다. 결국 다소 엉뚱한 술자리가 이어진다. 미셸은 경찰을 앞에 두고 자신만의 '철학'을 설파한다. "매우 지적이고 재능 있는, 아니 천재적인 사람이 사회를 위해 법을 어길 수 있다면 어떨까요? 분명 사회에 득이 될 거예요." 하지만 경찰관은 매우 위험한 발상이라고 경고한다. "그러면 세상은 엉망진창이 되고 말겠지." 이내 경찰관은 자리에서 일어난다. 그리고 자크는 "무슨 이유를 대도 소매치기는 나쁜 짓."이라고 미셸을 타이른다. 그동안 미셸의 행적을 잘 꿰뚫고 있다는 얼굴로…….

하지만 미셸은 자신의 '재능'을 방기할 수 없다. 그는 집으로 돌아오는 길에, 우연찮게 지하철에서 목격한 어느 소매치기의 능수능란한 손재주를 보고 감명을 받는다. 아니, 어쩌면 시기일지도 모르겠다. 미셸은 신문을 이용해 지갑을 잽싸게 낚아채는 수법을 연구하고, 또 연습한다. 미셸은 특별한 목적지도 없이, 그저 자신의 재능을 확인하고 제대로 활용하기 위해 몇 날 며칠을 지하철에 오른다. 비로소 성공, 아뿔싸 이번에는 실패. 자크의 만류에도 미셸은 줄기차게 소매치기를 감행한다. 그는 경찰이 냄새를 맡았다는 친구의 경고에도 아랑곳없다.

소매치기는 실패하고 경찰이 자꾸 숨통을 조여 오자, 미셸은 기분이 가라앉는다. 그렇게 방 안에 틀어박혀 있는데, 느닷없이 잔과 자크가 찾아온다. "어머니가 계속 찾으세요." 잔은 단 한 번뿐이라도 좋으니, 어머니를 뵈러 오라고 미셸에게 당부한다. 하지만 흔쾌한 약속은 나오지 않는다. 급기야 자크는 "미셸, 너 어머니를 사랑하기는 하는 거냐?"라며 호통을 친다. 그러자 미셸은 "어느 누구보다 사랑해!"라고 대꾸한다. 결국 미셸을 설득하는 데 실패한 잔과 자크는 각자의 자리로 되돌아간다. 그런데 미셸이라고 무사태평할 리 없다. 그는 답답한 가슴을 부여잡고 길거리를 쏘다닌다.

그러다 마주친 한 남성으로부터 도무지 말로는 설명할 수 없는 기이한 인력을 감지한다. 선수는 선수를 알아본다고 했던가! 미셸이 본능적으로 따라간 남자는 전문적인 소매치기 집단의 일원이었다. 그들의 손놀림은 물이 바위를 타고 흐르듯 유연하면서도 아침 햇살에 꽃봉오리가 벌어지듯 은근했다. 미셸은 그들의 솜씨에 감격한다.

소매치기들과 어울려 지내는 동안, 얼마간의 시간이 흘렀을까? 미셸은 잔이 남기고 간 다급한 쪽지를 뒤늦게 발견하고, 곧장 어머니 댁으로 향한다. 마침내 미셸은 어머니와 마주 앉는다. 그렇게 겨우겨우 성사된 모자의 상봉은 야속한 죽음의 훼방으로 금세 끝나고 만다. 미셸은 사랑하는 어머니께 아무것도 해 드리지 못했다는 사실에, 하다못해 멀쩡히 사는 모습조차 보여 드리지 못했다는 데에 부채 의식을 느낀다. 한편 자크는 여전히 정신을 차리지 못하는 미셸이 안타까울 따름이다. 18세기에 활약했던 유명한 소매치기 범죄자 책이나 들여다보고 있는 미셸이 그저 한심해 보일 뿐이다. 결국 단골 술집에서 그때 그 경찰관과 다시 합석하게 된 두 사람은, 소매치기와 범죄에 관해 온갖 이야기를 나눈다. 미셸은 상대방의 이야기에 불성실하게 냉소한다. 며칠 후 미셸은 그 경찰관에게 전설적인 도둑의 일생을 몸소 알려 주겠다는 심산으로 경찰서를 찾는다. 하지만 함정 수사였을까? 경찰관을 만나고 온 사이에 단칸방은 엉망이 되어 있다. 하지만 그동안 훔친 돈과 시계는 잘 숨겨 둔 덕에 무사하다. '차라리 문을 열고 다니자. 나를 잡아 볼 테면 얼마든지 도전해라.' 미셸은 소매치기에 더 열을 올린다.

그런데 미셸은 어느 순간부터 잔의 존재가 마음에 걸린다. 그는 그런 사실을 잘 알면서도 내색조차 않는다. 자크 또한 잔에게 호감이 있는 듯싶다. 미셸은 그러한 낌새를 알아차리자마자 더욱더 소매치기에 열중한다. 기차역은 마치 웅장한 오페라 무대 같다. 미셸과 소매치기 일당은 호흡이 잘 맞는 오케스트라처럼, 때로는 대사를 읊는 배우들처럼 능숙하고 절제된 솜씨로 성대한 쇼를 선보인다. 하나, 둘, 셋. 옷가지와 신문, 손이 한데 어우러져 윤무를 선보이는 듯하다. 그러나 계속해서 춤을 즐길 수는 없는 노릇이다.

사실 경찰은 예전부터 미셸의 뒤를 캐고 있었다. 이제야 경찰관은 미셸의 집으로 직접 찾아와 모든 이야기를 털어놓는다. "어느 날 한 노파가 도둑질을 당했지. 그러자 그 노파를 돌봐주던 이웃집 여자가 경찰에 신고했어. 하지만 며칠 후 그 노파가 수사를 취하해 버리더군. 가족과 엮인 일이라면서 말이야. 그리고 몇 주 전 내가 그 사건의 용의자를 경마장에서 잡았더랬지." 미셸의 미간이 찡그러진다. 그러나 경찰관은 말을 멈추지 않는다. "바로 자네 말일세." 그런데 경찰은 미셸을 구속하기는커녕 유유히 자리를 뜬다. 증거가 불충분하기 때문일 터다. 미셸은 곧

바로 잔에게 달려간다. 그는 그녀에게 자신이 소매치기라는 사실을 알고 있었느냐며 추궁한다. 잔은 그렇게 달려드는 미셸이 가여울 뿐이다. "소매치기는 나쁜 짓이에요. 당신도 잘 알잖아요!" 미셸은 무너진다. "나쁜 짓인 걸 알면서도 멈출 수가 없어. 난 그것 말고는 이룬 게 하나도 없거든." 잔은 그의 자포자기에 지지 않고 대응한다. "아니에요. 다른 방법이 있을 거예요." 하지만 미셸은 "그냥 받아들여. 네 부모가 널 버리고 가 버린 것처럼 말이야."라고 잔을 호되게 쏘아붙인다. 그럼에도 잔은 미셸을 껴안는다. 도둑이든 소매치기든 무엇이 되었든 미셸을 이해할 수 있다는 듯이. 그러나 미셸은 그녀의 마음을 무시한 채, 지금껏 모아 둔 장물을 챙겨 먼 곳으로 도망쳐 버리고 만다.

그리고 얼마나 긴 시간이 지났을까? 미셸은 불쑥 잔을 찾아간다. 그런데 잔은 더 이상 혼자가 아니다. 미셸이 방랑하는 사이에, 자크는 잔을 취했고 또 버렸다. 어쨌든 미셸은 이제 새로운 삶을 살겠노라며 잔에게 다짐한다. 그러나 인생은 늘 얄궂고, 인간은 나약한 영혼이다. 끝내 다시 소매치기에 손을 댄 미셸은, 경찰의 함정 수사에 기꺼이 걸려든다. 이윽고 미셸과 잔은 구치소 쇠창살을 사이에 두고 다시 마주 앉게 된다. 대뜸 잔이 고백한다. "당신은 나의 전부예요." 여전히 미셸은 퉁명스럽다. "내겐 아무도 필요 없어." 이윽고 "잔, 가지 마."라고 나지막이 말을 덧붙인다. 비로소 미셸은 잔을 향한 자신의 감정에 솔직해지기로 결심한다. 그렇게 다시 마주 선 두 남녀는 서로를 애무한다. "잔, 당신에게 이르기까지 얼마나 기이한 길을 걸어왔던가." 이제 미셸은 구원된 것일까? 아니, 그건 아무도 모른다. 단지 이 시작된 연인에게 박수를 보내 줄 수 있을 뿐…….

로베르 브레송

Robert Bresson, 1901-1999

"영화는 한 번도 드러난 적 없던 것을 드러내야 한다."

1901년에 프랑스에서 태어난 브레송은 젊은 시절을 화가로 보냈다. 그의 첫 극영화는 「죄악의 천사들(Les Anges du Péché)」(1943)이었고, 이어서 「불로뉴 숲의 여인들(Les Dames du Bois de Boulogne)」(1945)과 「어느 시골 사제의 일기(Journal d'un Curé de Campagne)」(1951)를 완성함으로써 주요 감독으로 자리 잡는다. 「불로뉴 숲의 여인들」은 디드로(1713-1784)의 소설 『운명론자 자크와 그의 주인』을 각색한 작품으로, 다분히 연극적인 전통에 머문 영화다. 비전문 배우들을 기용해 만든 「어느 시골 사제의 일기」는 브레송 영화 특유의 여러 특징들을 잘 보여 준다. 얼굴을 클로즈업하는 대신 신체의 일부를 클로즈업하는 독특한 제유 효과, 사운드에 대한 집착, 그리고 구원에 대한 이중적인 태도는 이후 영화들을 관통하는 주제가 된다. 이 작품 역시 조르주 베르나노스(1888-1948)의 소설을 각색하여 만들었다.

브레송 영화의 특징은 「사형수 탈주하다(Un Condamné à Mort s'est échappé ou Le Vent Souffle Où il Veut)」(1956), 「소매치기」(1959), 「잔 다르크의 재판(Le Procès de Jeanne d'Arc)」(1962), 「당나귀 발타자르(Au hasard, Balthazar)」(1966), 「무셰트(Mouchette)」(1967)를 통해 구현된다. 「사형수 탈주하다」로 칸 영화제 감독상을, 「잔 다르크의 재판」으로 심사 위원 특별상을 수상하였다. 가장 독특한 영화는 「당나귀 발타자르」다. 인간의 악행과 오만이 당나귀의 시선을 통해 보여 준다. 「사형수 탈주하다」는 영화의 사운드 활용에서 새로운 차원을 열었다 할 만하다. 주인공인 사형수를 따라가면서 문에 대고 숟가락을 문지르는 소리, 면도날을 담요에 닦는 소리, 나뭇조각을 닦는 소리 등을 아주 섬세하게 들려준다. 그는 영화가 단순한 지각을 통해서가 아니라 다양한 감각적인 측면을 종합하여 획득되는 것임을 제시하였다.

마지막 시기는 「유순한 여인(Une Femme Douce)」(1969)으로부터 시작된다. 이 작품과 「몽상가의 나흘 밤(Quatre Nuits d'un Rêveur)」(1971)은 현대의 파리로 무대를 옮겨 왔다. 인간의 운명과 도덕에 관한 탐구는 이 작품들을 통해 동시대성을 획득한다. 오랫동안 야심차게 기획한 「호수의 랑슬로(Lancelot du Lac)」(1974)는 아서 왕의 전설 속에서 그를 배신할 수밖에 없는 랜슬롯을 그려 냄으로써 비극의 드라마를 완성한다. 또한 1977년에 만든 「아마도 악마가(Le Diable Probablement)」는 현대사회에 절망하는 한 청년의 이야기인 「유순한 여인」, 「몽상가의 나흘 밤」과 궤적을 함께 한다. 브레송 영화 중 가장 많은 스캔들을 일으키면서 프랑스에서 미성년자 관람 불가 판정을 받기도 했고, 베를린 영화제에서는 심사 위원이었던 파스빈더 감독과 평론가 데렉 말콤(1932-)이 자신들의 지지를 공개하지 않으면 사퇴하겠다는 선언을 해 화제가 되기도 했던 이 작품은 당시 베를린 국제영화제 은곰상을 받았다.

마지막 작품인 「돈(L'Argent)」(1983)은 여태껏 해 온 이야기들을 종합하면서도 쉽게 풀어 썼다. 이 영화의 주인공은 '돈'이다. 돌고 도는 자금의 순환 속에 인간의 운명과 비극성을 획득한다.

1975년 갈리마르 출판사에서 간행된 브레송 영화와 삶에 관한 에세이집 『영화에 관한 노트들』에서 브레송은 "진실이란, 우리 마음에 다다랐을 때 이미 진실이 아니다."라고 말한 바 있다. 우리가 붙잡는 진실 너머에 있는 진짜 진실을 담으려고 했던 것. 그것이 브레송이 만들어 온 영화의 '기이한 길'이다.

시네토크

구원에 이르는 기이한 길

로베르 브레송은 가장 독특한 감독 중 하나다. 그는 유명 배우를 출연시키기보다는 아마추어 배우를 선호했으며, 직접적인 대화보다는 인물의 내레이션으로 영화를 진행했다. 내레이션은 종종 주인공의 마음을 드러내기도 하고, 다음에 일어날 장면을 미리 언급하기도 한다. 시간의 순서를 따르지 않는 복잡 미묘한 방식으로 말이다. 브레송의 영화들은 주로 구원의 문제를 다룬다. 소매치기 미셸을 주인공으로 내세운 「소매치기」도 마찬가지다. 그러나 구원에 이르는 과정은 기이할 뿐만 아니라 어디로 향할지 방향을 알 수가 없다. 그것은 섬광처럼 온다. 이 영화에서 우리는 주인공이 지갑을 훔치는 손의 섬광과 함께 그의 영혼이 향하는 빛을 읽어 나가야 한다. 범죄라는 악의 행위와 구원이라는 절대적 선의 행위를 교묘하게 직조하면서, 브레송은 절제된 스타일로 한 남자가 걷는 기이한 구원의 길을 보여 준다.

순수한 긴장감

이 「소매치기」는 75분짜리 영화임에도 데쿠파주[1]가 잘 안 되는 영화예요. 표면적이고 피상적인 장면에 연기는 무표정하고 사건은 내레이션으로 진행되는 탓에 순서도 헷갈리죠. 브레송은 일상적인 소재로 가장 독특한 영화를 만드는 감독입니다. 절제된 스타일 덕에 오즈 야스지로와 비교되기도 하고요. 「소매치기」의 모호함, 수수께끼를 함께 탐구해 봅시다.

강 어릴 적 무언가를 훔쳐본 경험이 있는 분들은 희열과 두려움, 긴박감이 기억나셨을 거예요. 단순한 쾌감은 아니죠. 어른이 되어서는 포기해야 하는 쾌감입니다. 그래서 어린 시절로 돌아간 기분이었어요.
사랑이고 뭐고 이런 건 다 장식이에요. 제가 어린 시절 만화방에서 만화책을 훔친 적이 있어요. 잡히지 않고 만화 가게를 빠져나오는 순간에 맡

1 decoupage. 시나리오를 분석하여 촬영 대본으로 옮기는 과정. 영화 촬영 이전 혹은 이후에 작품의 내부 구조를 면밀히 분석하는 작업을 말한다.

는 그 공기의 신선함은 이루 형용할 수 없을 정도였죠. 손[857쪽 키워드 참고]이 클로즈업된 장면이 인상적이에요. 어떻게 보면 소매치기라는 행위는 소녀의 옷고름을 풀어헤쳐서 젖가슴을 보고 싶다는 욕망과 비슷해요.
돈과 여자. 브레송이라는 사람이 아주 영민하게 서스펜스를 잡았어요. 순수하고 팽팽한 긴장감, 압도적인 긴장감을 손동작만으로 보여 주죠.

이 미셸이 왜 굳이 소매치기에 집착하는지조차 설명되지 않아요. 개연성이 없습니다. 절박함도 안 느껴지거든요. 친구가 새 직장을 소개해 주려는 것도 왜 거부하는지 답답하죠.
미셸은 모순되는 캐릭터입니다. 의적 혹은 고도의 지적인 능력을 사회에 공헌하는 사람을 롤 모델로 삼는 듯하지만 정작 자신은 삶을 그저 탕진할 뿐이죠. 재밌는 건 자유로운 공간에서는 삶의 제약을 받던 주인공이 창살로 사방이 막힌 감옥 안에서는 오히려 자유로워집니다. 이 자유 속에서 그는 사랑을 깨닫잖아요.

금지된 것을 욕망하다

강 "금지된 것을 욕망하다." 철학자 조르주 바타유가 한 이야기와 같은 맥락입니다. 금지를 받아들이는 순간 우리는 어른이 됩니다. 미셸은 어린애 같아요. 타락했다기보다는 순수해 보여요. 그러니까 금지된 것을 포기하지 않고 욕망하는 거지요. 예를 들어 마음에 드는 유부녀가 앞에 있는데도 키스를 안 하는 이유가 뭘까요? 금지된 것에 대한 대가가 크다는 걸 이제는 알기 때문이죠. 안전은 확보하겠지만, 쾌감은 사라지죠. 이것이 평범한 어른의 심리적 메커니즘일 겁니다. 어쨌든 금기를 받아들이는 사람이 있고 금기에 아랑곳 않는 사람이 있어요. 에베레스트 산에 기어 올라가는 건 인간밖에 없습니다. 힘들고 어렵고 불가능해 보이는데 인간은 도전합니다.

이 이 영화를 심플하게 정리하면 '기이한 길'이 핵심이에요. 감옥에 있을 때 비로소 잔이 욕망의 대상이 되잖아요. 돈을 마음대로 거머쥘 수 있을 때는 돈에 대한 욕망이 사라지죠. 반대로 손안에 들어올 수 없게 될 때 비로소 욕망의 대상이 된다는 것을 이 영화가 보여 주는 거죠.

브레송의 영화 스승 중 한 명인 르네 클레망(1913-1996)의 「금지된 장난」은 브레송의 '기이한 길'과 비슷합니다. 미셸은 잡히기를 원하는 것 같아요. 마지막 경마장 장면에서는 남자의 흉계를 읽었는데도 멈추지 못합니다. 덫이라는 걸 감지하고도 손이 한 번 올라갔다가 떨어지고 또 다시 올라가잖아요. 양가감정이 있는 거예요. '오늘도 무사하길' 바라는 감정과 함께, 감옥이 되었든 경찰이 되었든 누군가가 제발 자신을 멈춰 줬으면 하는 거예요. 유럽 방랑을 끝내고 돌아온 미셸이 잔을 돌봐 주기로 선언한 이상 이제는 소매치기를 멈추고 정상적인 생활을 해야겠다는 마음이 있는 한편, 그러면서도 스스로 제어하지 못할 만큼 여전히 소매치기의 스릴에 매력을 느끼기에 누군가 자신을 멈춰 주었으면 하고 바라는 게 아닐까 싶어요.

운을 시험하는 인간의 본성

강 마치 성장소설 같아요. 어른이 되는 이야기죠. 자유와 구속이라는 테마가 흥미로워요. 어린 시절에 한 번쯤 겪는 감정의 동요를 묘사한 영화예요. 발터 벤야민의 『아케이드 프로젝트』에도 도박 이야기가 나와요. 벤야민은 도박의 목적이 돈을 버는 게 아니라는 걸 알아냅니다. 경륜장에 한번 가 보세요. 겨울만 되면 북적여서 난리도 아닌 게 마치 일종의 농한기 때 종교 생활처럼 반복돼요. 도박은 기대감을 주는 행위예요. 꿈꿔 볼 수 있게 합니다. 하지만 희망이나 좌절이 진정한 목적은 아닙니다. 딸 수도 있고 잃을 수도 있는, 잡힐 수도 있고 무사히 넘어갈 수도 있는 미결정의 순간, 그 긴장을 즐기는 겁니다.

로베르 브레송, 「소매치기」

“유럽 방랑을 끝내고 돌아온 미셸이 잔을 돌봐 주기로 선언한 이상 이제는 소매치기를 멈추고 정상적인 생활을 해야겠다는 마음이 있는 한편, 그러면서도 스스로 제어하지 못할 만큼 여전히 소매치기의 스릴에 매력을 느끼기에 누군가 자신을 멈춰 주었으면 하고 바라는 게 아닐까 싶어요.”

이 도박의 종교적 이미지에 대해 얘기하셨는데 미셸은 운을 시험하고 있는 거예요. 운명을 가늠해 보는 거죠. 미셸의 흔들리는 동공을 많이 보게 되는데 인간의 본성을 나타내기 위한 클로즈업입니다. '기이한 길'은 많은 사람이 자기의 인생을 회고하며 쓰는 표현 중의 하나입니다. 결국 "나는 이러저러한 길을 거쳐 구원에 이르렀습니다."라고 고백하는 거죠. '구원'이라는 표현이 얼핏 거창해 보이지만 인생을 통해 인간이 경험하게 되는 순리 같은 거라고 이해하면 쉽습니다. 성장이기도 하고 깨달음이기도 하고 구도이기도 한 거죠. 미숙한 존재가 겪는 몇 가지 시행착오를 이 영화는 다루고 있어요. 어머니나 형사 반장 같은 주변 인물은 이 청년의 구원을 염원하듯 끊임없이 기회를 줍니다.

강 도박에 빠진 사람은 뭔가에 쫓기는 삶을 살고 있습니다. 그런 세계에는 타인이 설 자리가 없어요. 고독한 긴장의 세계에서 사랑이란 뭘까요? 최초로 타인의 진입을 겪는 겁니다. 이럴 때 도박에서 우리는 벗어나게 됩니다. 어쩌면 사랑이 없으니 도박과 같은 스릴을 추구한다고 말할 수도 있을 것 같네요. 모든 종교적 몰입의 적, 그건 바로 타자와의 사랑인 셈이지요.

파스칼의 『팡세』 얘기를 한 적이 있죠. 그 책의 2부에서 재미있는 게 기독교적 신을 증명하는 부분입니다. 신이 없는지 있는지는 죽어야 알 수 있습니다. 기복 신앙과 달리 내세를 얘기하는 기독교의 핵심 논리는 결코 무너지지 않습니다. 있을 수도 있고 없을 수도 있다, 인생을 마쳐야만 내세의 존재 유무를 알 수 있다. 최고의 약점 같아 보이는데 최고의 장점이에요. 통계적으로 믿는 편이 안전하다고 해요. 내세가 없어도 손해 볼 것 없고, 있다면 땡큐라는 거죠. 소매치기와 종교, 도박 행위의 기본적인 구조는 모두 같죠. 가능성이라는 것에 모든 믿음을 건다는 점은 일치합니다. 삶의 팽팽한 긴장감을 유지해 주는 거죠.

이 에릭 로메르의 「모드의 집에서 하룻밤(Ma Nuit chez Maud)」(1969)이

라는 작품에서 앞서 강 선생님이 설명한 파스칼 개념을 볼 수 있습니다. 내기라는 것을 소재로 인간의 본성에 대해 얘기하는 거죠. 운명의 실험을 통해 자기 존재를 증명, 확인하는 거죠. 미셸은 지하철에서 한 번 잡힌 적이 있었죠. 경찰은 아니고 당사자한테서였지만요. 그럼에도 실험을 계속하죠. 내 운명은 뭘까 끊임없이 탐구하는 거죠.

한편 시각적으로 압도될 만한 아름다움이 있습니다. 절도 장면이 매혹적으로 표현되죠. 히치콕도 살인을 매혹적인 소재라고 얘기했던 것처럼요. 소매치기 장면의 손동작이 우아하다고 말씀드렸는데 이 장면을 동성애적으로 이해하는 평론가들이 더러 있습니다. 주로 남자들에게 다가가고 그들의 숨결이 느껴지는 거리에서 손동작과 눈빛 교환이 극대화되는 섹슈얼한 요소에 주목한 거죠. 소매치기라는 행위가 애무를, 공범과 수익 분배를 하는 장면은 섹스 이후를 암시하는 거라고 이해하기도 하더군요.

브레송은 문학에 상당히 경도되어 있었어요. 브레송의 마지막 작품인 「돈」은 톨스토이의 단편을 기반으로 했고, 「소매치기」는 『죄와 벌』[857쪽 키워드 참고] 플롯을 가져온 것입니다. 브레송은 영화감독이기도 하지만 전형적인 드라마보다는 내레이션을 통해 독특하게 이야기를 전개해요. 내레이션은 마치 문학작품을 읽는 것 같은 분위기를 만들어 내기도 하고, 영화의 전개 시간을 자유롭게 이동시키는 기능을 하기도 합니다. 내레이션이 그저 상황 설명에 그치는 것이 아니라 다음에 펼쳐질 장면을 예고하죠. 마치 '예언' 같죠. 그래서 생각(인지)과 실제 벌어지는 일(행동) 사이에 미묘한 간극이 발생합니다. 브레송의 스타일은 마음의 울림을 표현하는 적절한 방식 같기도 합니다. 왕가위도 브레송의 영향을 상당히 많이 받았기 때문에 내레이션을 즐겨 사용합니다. 「중경삼림」, 「동사서독」 같은 영화를 보면 내레이션의 활용이 브레송처럼 독특하지요.

질문 1 미셸의 방이 밀실처럼 보이는 데에는 특별한 의도가 있나요?

이 「소매치기」는 분명 자유와 구속에 관한 영화입니다. 그런데 미셸은 훔친 돈도 허술하게 숨기고 방문이 열린 상태에서 서슴없이 외출하죠. 카프카의 『법 앞에서』라는 우화에서 문지기는 문이 항상 열려 있고 시골 사람들은 '법의 문'으로 들어서는 것을 가로막지 않으며 또한 법은 아무것도 명하지 않는다고 말했는데, 조르조 아감벤은 '법의 문'이 열려 있는 데 주목했습니다. 사실 문이 닫혀 있을 때에 비로소 들어간다는 행위가 가능해지기 때문입니다. 현대 철학에서 '연다'라는 것의 의미는 중요합니다. 대표적으로 감옥 같은 공간은 창살에 의해 닫혀 있는 곳이죠. 이미 열려 있는 곳은 '들어간다'라는 개념이 불가능합니다. 미셸이 방황하는 내내 사실 모든 세상은 열려 있던 거죠. 그래서 들어갈 공간이 없었던 겁니다. 구원이 가능해지기 위해서는 열어젖힐 '닫힘'이 필요했던 거죠.

강 문이란 단절과 연속(소통)이라는 두 가지 요소를 동시에 내포하는 개념입니다. 문은 '열리는' 것이기도 하고 '가로막는' 것이기도 해요. 그런데 '열린 문'이 있다면, 문제는 복잡해지죠. 이 문 앞에서 사람은 망설이게 됩니다. 여러분이 도둑이라고 해 보세요. 닫힌 문은 열고 들어가겠지만, 열린 문은 당혹감을 줄 겁니다. 들어가야 하는지, 들어가지 말아야 하는지 잘 모르죠. 영화 속 남녀에게 쇠창살은 '보기는 하되 만질 수 없게' 막는 것이에요. 이렇게 영화에서 창문, 창살 같은 것들을 두고 여러 가지 생각을 해 보면 재미있을 거예요.

질문 2 미셸의 헐렁한 슈트는 볼품없어 보이는 데 반해 여성들의 옷은 꽤 화려해 보이는데, 혹시 영화 의상을 특별히 맞춘 걸까요?

이 클로드 를르슈(1937-)의 「남과 여(Un Homme et une Femme)」(1966) 같은 경우는 영화 의상에 힘을 준 영화였기에 여배우들이 샤넬을 입고 나오기도 했습니다. 이 영화를 본 장 뤽 고다르 영화의 아내이자 여주인공이었던 안나 카리나가 다른 배우들은 샤넬을 입는데 자기는 그렇지 못하다며 한탄을 하기도 했지요.

브레송은 주로 일상적인 옷을 입힌 감독입니다. 일부러 화려한 의상을 준비했다고 볼 수 없죠. 스타 영화와는 확연히 동떨어진 작품들이니까요. 리얼리티를 추구했기 때문이었을 거예요. 히치콕 같은 경우도 「이창(Rear Window)」(1954)에서 그레이스 켈리의 의상에 굉장히 신경 쓴 게 보입니다. 영화를 보면 그레이스 켈리가 극 중 모델로 나오는데 패션쇼를 마치고 사 온 옷을 가리키며 프랑스에서 건너온 신상으로 1000달러를 주고 구매했다고 자랑하는 장면이 나옵니다. 영화 속 의상은 이처럼 연출자의 성격과 의도에 따라 일상적이기도 하고, 화려해지기도 하지요.

질문 3 미셸에게 도덕적 원리를 가장 많이 설파했던 자크가 오히려 비도덕적인 행위를 저지르는데요, 이 캐릭터를 어떻게 보시나요?

강 확실히 밉상이죠. 그런데 여러분들은 미셸보다 자크가 더 낫다고 생각하지요, 안 그런가요? 이게 바로 속물근성이죠. 자본주의와 법에 포획되어 길들여진 겁니다. 사실상 자본주의의 경계에 서 있는 사람만이 도박을 할 수 있지요. 그리고 자본주의라는 현실이 아니라 일종의 종교라는 걸 직감하는 겁니다. 현명한 사람들은 주식 투자는 합법적인 도박이고, 도박이란 불법적인 투자라는 사실을 알죠. 저는 순응적인 자크보다 야성적인 미셸이 훨씬 더 좋아요. 미셸은 자본주의의 경계선상에서 아찔한 희열을 만끽하는 캐릭터이니까요.

이 『성경』의 「욥기」를 보면 욥의 행위를 두고 여러 사람이 이러쿵저러쿵 떠드는 장면이 있어요. 욥이 처한 불행에는 이유가 있다는 둥 네가 잘못해서 신의 분노를 산 게 아니냐는 둥 다들 도덕적으로 한마디씩 거들지요. 사람들은 타인들에겐 윤리적인 말을 참 잘해요. 그런데 정작 자신에게는 관대하기 마련이죠. 자크는 그런 인물이에요. 친구를 비난하면서 정작 자신이 비도덕적인 처신을 하는, 즉 우리들의 모습인 거죠.

질문 4 「소매치기」에 나오는 배우들의 표정은 절제돼 있으면서도 굉장히 사실적입니다.

강 도시 생활의 핵심은 무표정 유지입니다. 전원생활의 핵심은 감정의 표현이고요. 도시인임을 알아볼 수 있는 기준이 무표정이에요. 개체 수가 많은 곳에 살려면 무관심해야 합니다.

소매치기가 도시에서 유행할 수 있는 이유 가운데 하나도 바로 그겁니다, 시골에서는 남몰래 소매치기로 생활하기가 정말 힘들어요. 추리 소설, 범죄 소설의 배경이 모두 도시인 데는 이런 이유가 있는 거죠. 「소매치기」는 전형적인 도시 영화입니다.

질문 5 욕망이 생기면 그대로 욕망하면 되는 일일까요?

이 슬라보이 지제크(1949-)의 유명한 농담이 하나 떠오르네요. 자신이 닭의 모이라고 생각하는 남자가 한 명 있었습니다. 그는 자신이 닭의 모이가 아니라는 것을 치료를 통해 깨닫게 됩니다. 그런데 다시 그가 나타나 의사에게 무서워 죽겠다고 칭얼댑니다. 의사가 "당신은 닭의 모이가 아니잖아요? 그걸 모르오?"라고 묻자 "네, 저는 알아요. 그런데 닭도 그 사실을 알까요?"라고 물었다죠. 이 에피소드는 대타자의 문제를 말해 줍니다. 존재의 인식은 '나'에서 끝나지 않습니다. 상대, 대타자의 문제까지 확장되는 겁니다.

욕망도 마찬가지예요. 내게 있는 욕망의 근원은 타자 혹은 대타자로 향하게 됩니다. 나는 오히려 텅 빈 존재예요.

철학자의 눈
강신주

내기의 욕망, 그 치명적인 쾌감

조르주 바타유에게는 인문학적 야성이 존재한다. 제도권 교육을 받지 않아서인지는 몰라도 그에게는 남이 보지 못하는 걸 보는 안목이 있다. 그가 보여 준 통찰 중에서도 압권은 금기와 관련된 인간의 욕망에 대한 것이다. 인간은 금지된 것, 더 노골적으로 말해 금지되었다는 이유만으로 금지된 것을 욕망한다. 여기에 인간 욕망의 특이성이 존재한다. 결혼한 지 오래된 커플의 성욕보다 연애 중인 커플의 성욕이 더 강한 데에는 다 이유가 있었던 셈이다. 항상 성교가 가능한 상대보다 그렇지 않은 상대에게서 더 큰 성적 욕망을 느끼기 때문이다. 이 정도로 만족하지 말고, 바타유의 통찰을 좀 더 근본적으로 밀어붙여 보도록 하자. 그를 통해 우리는 자유롭다는 느낌과 상반된, 즉 부자유스럽다는 느낌을 언제 느끼게 되는지 더 명료하게 이해할 수 있을 테니 말이다.

금지된 것을 욕망하지만 그걸 결코 얻지 못할 거라는 확신이 들 때, 우리는 부자유를 느끼게 된다. 반대로 금지된 것을 악전고투 끝에 얻게 되었을 때 우리는 마치 족쇄에서 풀려난 것처럼 자유를 느낄 것이다. 금기와 욕망의 변증법, 혹은 부자유와 자유의 변증법은 바로 여기서 작동한다. 금기가 강할수록 욕망이 더 강해지듯, 부자유가 극심할수록 그로부터 벗어났을 때 만끽할 자유는 더 강해질 테다. 결국 금기의 강도가 0퍼센트로 떨어지면, 자신의 내면에 욕망이 작동한다는 느낌, 혹은 자유롭다는 느낌을 얻지 못할 것이다. 손만 벌리면 얻을 수 있는 것에 욕망을 느끼는 사람이 과연 있겠는가? 마찬가지로 금기의 수준이 100퍼센트인 경우에도 우리는 욕망을 느끼지 않을 것이다. 완전한 금기의 상태, 다시 말해 무엇을 얻으려는 의지 자체도 발생하지 않는 상태에서, 예를 들어 중력 때문에 날 수 없다는 사실을 받아들인 사람에게 하늘을 자유롭게 날고자 하는 욕망이 생길 수 있을까?

욕망이 작동하려면 금기 수준은 0퍼센트보다 높거나 아니면 100퍼센트보다 낮아야만, 다시 말해 '0%〈X〈100%'라는 공식을 충족해야 한다. 물론 0퍼센트에 가까운 금기 수준보다는 50퍼센트, 혹은 99퍼센트의 금기 수준에서 우리는

「소매치기」에서 그룹의 협동으로 범죄를 완성해 가는 장면

더 큰 욕망을 느낄 것이다. 압도적인 금지에도 불구하고 금지된 것을 욕망해서 마침내 얻게 되었을 때, 쾌감 또는 자유로운 느낌은 그렇지 않았을 때보다 훨씬 더 강화되고 확장될 테니 말이다. 물론 금기가 너무 강할 경우, 분명 우리는 욕망한 걸 얻지 못할 수도 있다. 그렇지만 이건 단지 금기 수준을 높일 뿐 욕망 자체를 없애지는 못한다. 오히려 더 강한 욕망을 불러일으키기 쉽다. 확률이 별로 높지 않은 로또 복권을 매주 무언가에 홀린 듯이 구매하는 사람들은 바로 이 점을 비극적이지만 웅변적으로 보여 준다. 아마 눈치가 빠른 사람은 바타유의 논의에 내기의 논리가 함축되어 있다는 사실을 간파했을 것이다.

그렇다, 내기다. 혹은 도박이다. 금지된 것을 욕망하는 논리에는 내기나 도박의 논리가 전제되어 있다. 예를 들어 90퍼센트의 금지 수준은 그만큼 실패 확률이 높다는 걸 말한다. 나머지 10퍼센트는 바로 성공률이다. 같은 논리로 10퍼센트의 금지 수준은 실패 확률이 낮다는 걸 반영한다면, 나머지 90퍼센트는 성공 확률이라고 할 수 있다. 당연히 성공 확률이 10퍼센트인 경우가 성공 확률이 90퍼센트인 경우보다 더 큰 욕망을 불러일으킨다. 위험부담이 클수록 위험은 더 큰 금기가 되고, 더 강렬한 욕망이 발생하니까 말이다. 물론 위험부담을 극복하고 성공을 쟁취한다면, 우리의 쾌감은 그만큼 더 폭발적일 것이다. 여기서 한 가지 단서를 달아야겠다. 욕망한 것을 얻었을 때의 쾌감은 한순간에 폭발적으로 정점에 이르렀다가 서서히 가라앉고 마침내는 사라진다는 것 말이다.

잊지 말자! 내기나 도박에서 유래하는 욕망과 쾌감은 성공과 실패의 갈림길에서 발생하는 긴장감에서 오는 것이지, 결코 성공과 실패라는 사후 결과에서 오는 것은 아니다. 운명을 결정하기 위해 허공에 동전을 던질 때, 그리고 마침내 그 동전이 바닥에 떨어져 회전하며 뒤뚱뒤뚱 멈추려 할 때, 인간의 욕망은 극한으로 치닫는다. 다행히도 던져진 동전이 원하던 면을 보여 주며 멈추는 순간 우리의 쾌감은 폭발한다. 앞면이 나오든 뒷면이 나오든 그 결과는 욕망과 쾌감에 큰 영향을 끼치지 않는다. 앞면이나 뒷면으로 확정되는 순간, 동전의 앞면이 나올지 뒷면이 나올지 결정할 수 없는 상태에서의 긴장감은 사라지리라는 사실이 중요하다. 물론 원하던 면이 나온다면 흡족한 기분으로 긴장감의 소멸을 만끽하겠지만, 반대로 원하지 않던 면이 나온다면 씁쓸한 기분으로 긴장감의 소멸을 맛보게 된다.

어떤 결과와 함께 긴장감이 소멸되는지 그 결과도 분명 중요하긴 하다. 그렇지만 긴장감 자체는 동전을 과감하게 허공에 던지는 결단이 없었다면 발생할 수조차 없다는 사실을 놓쳐서는 안 된다. 내기를 하지 않는다면, 다시 말해 금지된 것을 기꺼이 무릅쓰지 않는다면, 욕망도 긴장감도 그리고 쾌감도 존재할 수 없는 법이다. 모험(冒險)! 모험은 '무릅쓰거나 감당한다'라는 뜻의 '모(冒)'와 '위험함과 위태로움'을 뜻하는 '험(險)'이라는 글자로 이루어진 단어다. 결국 욕망은 내기이자 도박이고, 그래서 본질적으로 모험일 수밖에 없다. 돌아보면 삶의 희열, 즉 살아 있다는 걸 자각하는 즐거움은 어느 경우이든지 모험의 순간에만 찾아오는 것 아닐까? 사랑도 그렇다. 언감생심의 상대, 너무도 매력적이어서 얻기 힘든 사람에게 위험을 무릅쓰고 프러포즈하는 순간 역시 팽팽한 긴장감과 함께 우리에게 치명적인 쾌감을 전해 준다. 혁명도 마찬가지 아닐까? 혁명은 자존심과 판돈을 잃는 정도에 그치지 않고 우리에게 목숨마저 버릴 위험을 요구하기 때문이다. 그러니 그 욕망과 희열은 얼마나 크겠는가? 동전 던지는 것과 프러포즈하는 것에 비할 바가 아닐 것이다.

1959년 상영된 「소매치기」라는 영화가 중요한 것도 바로 이런 이유에서다. 미셸이라는 소매치기를 통해 브레송은 욕망의 내적 메커니즘과 순수한 욕망을 포착했다. 물론 미셸이 힘들이지 않고 돈을 벌려고 소매치기를 하려는 건 아니다. 성공할 수도 실패할 수도 있는 그 긴장감을 만끽하면서 그는 살아 있다는 희열을 느끼고 싶어 한다. 미셸과 동료 소매치기들의 현란하면서도 긴장된 손동작으로 브레송은 「소매치기」라는 영화에 엄청난 긴장감을 불어넣는 데 성공한다. 사람들의 가방이나 호주머니에 손을 대는 순간 위험과 모험은 시작된다. 더불어 긴장감과 쾌락도 뿌리를 내린다. 불행히도 소매치기로 현장에서 잡힐 수도 있고, 아니면 무사히 돈을 손에 넣을 수도 있다. 그렇지만 누누이 말했지만 실패냐 성공이냐가 포인트는 아니다. 중요한 건 실패할 수도 있고 성공할 수도 있는 긴장감, 동전을 던졌기에 그 결과를 기다려야 하는 긴장감이니까 말이다. 물론 브레송의 이런 전언을 쉽게 알아차린다는 건 그렇게 만만한 일은 아니다. 대부분의 사람들은 모험보다는 안전을 선택하는데, 이는 금기에 도전하기보다는 금기를 수용하는 데 너무나 익숙해 있기 때문이다.

그래서일까, 「소매치기」를 본 평범한 관객이라면 십중팔구 미셸의 성공과 실패에 주목할 것이다. 그러고는 혀를 끌끌 차며 이렇게 말할 것이다. "언젠가는 붙잡히게 될 일을 저지르다니!" "쉽게 번 돈은 쉽게 없어지기 마련이니, 착실히 일해서 돈을 버는 편이 더 좋았을 텐데." 이런 평가를 하는 사람들은 소매치기가 금지된 행동이라는 세간의 평가를 그대로 수용하고 있는 것이다. 그들은 욕망이나 쾌감이 던져진 동전의 면을 확인하는 데 있는 것이 아니라 동전을 던지는 행위 그 자체에 있다는 사실을 간과하고 있다. 간단히 말해 평범한 사람들은 금지를 그대로 받아들이는 순간, 욕망이나 쾌감도 존재할 수 없다는 사실을 쉽게 잊는다. 아이러니한 것은 미셸을 비웃는 사람들도 언젠가 미셸처럼 되리라는 사실이다. 금기를 받아들이는 순간, 누구든지 심드렁하고 무기력한 삶, 욕망이라곤 찾아볼 수 없는 삶을 영위하게 된다. 누가 이런 무욕의 삶을 감당하려고 하겠는가? 무력감에서 벗어나려면 소매치기가 아닐지라도 다른 종류의 금지된 행위, 혹은 위험한 행위에 몸을 던지는 건 불가피한 일이 아닐지. 그것이 도박이든 범죄이든 불륜이든 간에 말이다.

비평가의 눈
이상용

구원은 그대와 함께 온다

미셸은 일자리를 구해 준다는 친구의 친절한 제안을 기꺼이 거부한다. 자신을 지켜보겠노라는 경찰이 있지만 미셸은 잡을 테면 잡아가 보라며 가볍게 무시한다. 그를 사랑한다고 말하는 여자가 있지만 미셸은 그녀를 내버려 둔 채 2년간 모습을 보이지 않는다. 이 모든 것을 거부한 그가 선택한 길은 '소매치기'다.

미셸에게 소매치기는 단순한 범죄가 아니다. 그는 경관에게 세상의 도덕을 초월하여 자유롭게 범죄를 저지를 수 있는 소수의 사람이 있다는 생각을 피력한다. 물론 그의 생각은 받아들여지지 않는다. 친구 자크조차도 그의 생각을 받아들이지 않는다. 그러나 미셸은 아랑곳하지 않는다. 어차피 자신의 생각이 받아들여질 거라 생각하지 않았다. 그는 자신만의 소명이 있는 듯 무소의 뿔처럼 홀로 간다.

미셸은 범죄 조직에 속하여 전문적으로 일을 벌이는 소매치기가 아니다. 지하철의 한 소매치기가 행하는 기술을 본 후 집에 와서 따라해 보는 순수한 아마추어다. 이러한 미셸이 흥미로울 수밖에. 그를 뒤따라온 한 남자가 있다. 그는 미셸에게 온갖 범죄의 기술을 알려 준다.

생각해 보면 자크도, 잔도, 경찰도 미셸의 마음을 터놓을 친구는 되지 못했다. 심지어 미셸에게는 어머니조차 피해야 하는 대상이었다. 그런데 소매치기를 통해 함께할 수 있는 사람을 찾았으니 그것은 소매치기의 정당성을 확보해 준다. 그들은 기차역에서 호흡을 맞추며 솜씨를 뽐낸다. 세 남자가 호흡을 맞춰 소매치기를 하는 장면은 마치 서로의 생각과 마음이 자유롭게 흘러 다니며 대화를 나누는 것 같다. 세 남자가 서로를 향해 애무하고 부대끼고 향연을 펼친다. 그들은 소매치기를 통해 타인과 교감한다.

「소매치기」는 영화의 시작 장면에서 설명하는 것과 같이 범죄 영화나 스릴러 영화가 아니다. 자신의 생각을 이해받고 싶어 하는 미셸이라는 남자가 자신을 정당화하려고 노력하는 영화다. 경찰은 물론이고 절친한 친구인 자크도, 자신을 은근히 바라보는 잔도 그를 기꺼이 받아들이려 하지 않았다. 순수한 아마추어 소매치기인 미셸을 지켜보던 전문가 소매치기만이 그의 동작을 통해 순수한 열정을 이해하고 함께하고자 한다. 그것은 범죄의 공유라기보다는 지식의 전수이자 경험의 나눔이다.

그러나 기쁨은 한순간이었다. 뒤늦게 잔이 남기고 간 쪽지를 발견한 미셸은 위독한 어머니를 만나 대화를 나눈다. 어머니의 죽음이 이어진다. 미셸은 그제서야 결핍을 느낀다. 어쩌면 그가 소매치기에 집착한 것은 어머니의 생활비라도 벌충하고픈 소망이 아니었을까. 최소한 무엇인가 하고 있다는 존재 증명이 아니었을까. 그러나 유일한 혈육인 어머니가 죽었으니 더 이상 헌신할 이유가 사라졌다.

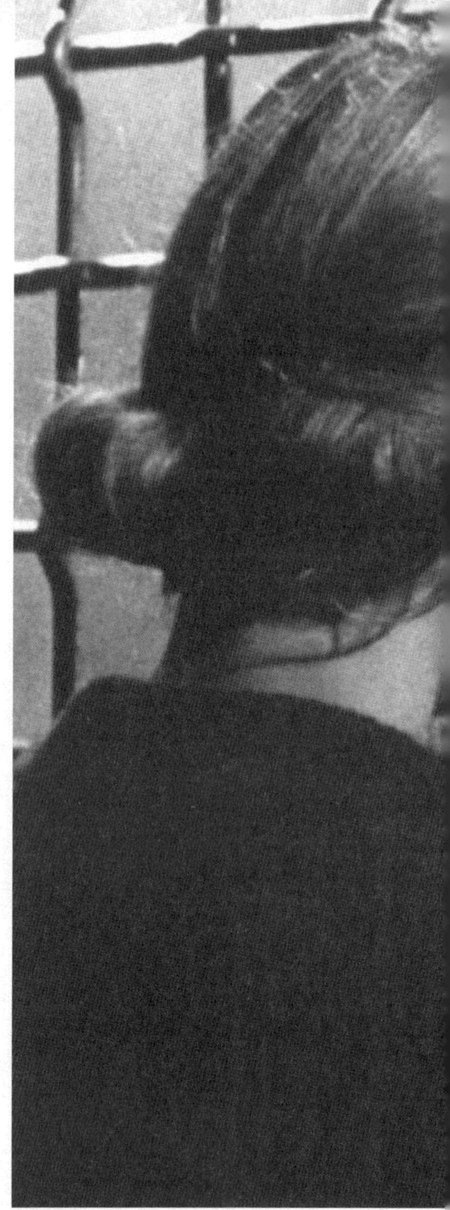

소매치기 미셸의 성장담은 불인정의 연속이다. 단골 술집에서 경찰관을 또다시 만나게 된 미셸은 18세기의 유명한 도둑 바링턴을 언급하면서 그에 관한 책을 들고 경찰서로 찾아가겠다고 말한다. 그가 경찰서를 찾아간 것은 결백을 증명하기 위해서가 아니다. 자신이 행한 일들을 경관은 잘 알고 있다. 그럼에도 미셸은 바링턴을 통해 범죄라는 것이 꼭 비윤리적인 것만은 아닐 수 있음을 피력하고자 한다. 이는 일종의 고백이자 자신을 이해해 달라는 몸부림이다.

하나의 범죄가 때로는 이해를 구하는 과정일 수 있다. 그것은 자신을 정당화하기 위한 노력의 행위일 수 있다. 그러나 이 결연한 의지마저 무너져 버린다. 미셸의 집으로 찾아온 경찰은 이야기 하나를 들려준다. "어느 날 한 노파가 도둑질을 당했지. 그러자 그 노파를 돌봐 주던 이웃집 여자가 경찰에 신고했다고 해. 하지만 며칠 후 노파는 수사를 취하해 버리더군. 가족과 엮인 일이라면서 말이야. 그리고 몇 주 전 내가 그 사건의 용의자를 경마장에서 잡았더랬지. 바로 자네 말일세."

이제 미셸은 절망한다. 자신을 구속하기는커녕 기회를 주겠다며 자리를 뜨는 그의 태도에 불안을 느낀다. 소매치기의 정당성을 통해 다른 이보다 우월한 사람

잔과 미셸이 재회한 「소매치기」의 마지막 장면

이며 도덕적으로 우위에 놓여 있다고 생각했는데, 경찰의 말(진실)은 자신을 한없이 초라하게 만든다. 한없이 작아진 미셸은 잔에게 달려가 자신은 소매치기라고 폭로한다. 잔이 소매치기는 나쁜 짓이라고 타박하자, 자신은 그것 말고는 이룬 게 하나도 없다고 반박한다.

어머니의 죽음으로 한없이 무너지고, 도덕적으로 우월하다고 여긴 경찰에게 무시를 당한 미셸은 결국 추락해 버렸다. 자신이 이룬 것은 소매치기밖에 없다. 그런데 이 행위가 아무에게도 인정받을 수 없다면, 과연 이를 지속하는 게 마땅할까. 발악하는 미셸을 잔은 꼭 껴안는다. 그것은 또다시 미셸이 작아지는 결과를 낳는다. 소매치기 미셸은 어머니에게 떳떳하지도, 경찰에게 우월하지도, 잔에게 놀랍지도 않은 인물이 되어 버렸다. 소매치기는 그저 소매치기일 따름이다.

재빠른 손기술로 남의 지갑을 자유롭게 넘나들고, 시계를 마음대로 가져온다는 것은 꽤 근사한 일이다. 남의 지갑을 공동의 소유로 만들고, 네 것이 내 것이 되게 한다. 소유와 경계를 자유롭게 허무는 일이다. 미셸이 소매치기의 대상을 물색할 때 종종 그 사람과 뜨거운 눈길을 마주하게 되는 것은 단순히 지갑을 가져오는 것 이상의 교감과 열정이 필요하기 때문이다. 소매치기를 행하면서 미셸이 느끼는 흥분은 바로 여기에 있다.

그런데 이 행위가 어머니로부터, 자신이 더 우월하다고 여기는 경찰로부터 끝내 인정받을 수 없는 것이라면 앞으로 행할 이유가 어디에 있겠는가. 잔에게는 자신의 힘과 크기를 과시하고자 드러냈지만 그녀는 두려움에 떨거나 물러서기는커녕 미셸을 애처롭게 여기며 끌어안지 않는가. 심지어 함께 일하던 소매치기 동료들마저 힘없이 경찰에게 잡혀가지 않았던가. 미셸이 소매치기를 행한 것은 이해의 교감이 필요했기 때문이다. 그는 다른 사람의 돈이 탐난 것이 아니라 타인이 소유한 것을 자유롭게 가져올 수 있다는 사실에 매료되었다. 돈이 아니라 도덕적인 실험을 위해 소매치기를 한다는 것은 생각만 해도 근사한 일이다. 하지만 이 모든 것이 부정되기 시작했다. 아무도 자신을 근사하게 여기지 않는 것이다. 점점 더 초라해진다. 소매치기야말로 자신이 인정받고 자신을 구원하는 방법이라고 생각했지만 더 외로워질 따름이다.

2년간의 방황 후 돌아와 보니 세상은 여전히 엉망진창이다. 잔은 아버지에게서 버림을 받고, 미혼모로 아이를 키우고 있다. 아이의 아버지는 미셸의 친구였던 자크다. 이 사실에 오히려 미셸은 안도한다. 아직은 자신이 더 우월할 수 있다고 말이다. 그는 호기롭게 잔을 향해 자신이 책임을 지겠다고 말한다. 2년 동안 그의 자존심과 우월감은 변하지 않았다. 그리하여 다시 소매치기가 시작되고 미셸은 카페에서 만난 사내를 따라 경마장에 간다. 그의 행동이 의심스러웠지만 자신의 손이 사내의 단추를 따고, 주머니 속을 따라 움직이는 것은 멈출 수가 없다.

「소매치기」는 자신을 향한 자신감과 자만심, 그리고 그 사이에서 인정과 구원을 찾고자 하는 열망이 뒤엉킨 영화다. 종국에 이르러 미셸은 깨닫게 된다. 구원과 인정은 스스로 충족될 수 없다. 그것은 타인을 통해서만 오는 기이한 과정이다. 미셸은 깨닫는다. 불완전해 보이는 타인의 존재를 통한 것만이 진정한 구원이자 희망이라는 것을. 자족적인 구원은 일시적이며, 타인으로부터 인정받기 어렵기 때문이다.

그러나 누군가를 통한 구원은 그 사람과 합일을 이루면서 불완전함을 보완해 낸다. 불완전한 것과 불완전한 것이 만나 이전보다는 보완된 불완전함이 된다. 완전한 마침표를 찍은 것은 아니지만 잔을 향해 고백하는 순간 미셸이 홀로 지고 있던 짐은 덜어진다. 그녀가 나를 메워 줄 것이고, 좀 더 완성체로 채워 줄 것이다. 그것이야말로 부족한 존재를 구원하는 길이다. 그녀를 받아들이는 것 말이다. 구원은 타인의 손길을 통해서만 다가갈 수 있는 기이한 길이므로.

로베르 브레송의 스타일은 여러 감독에 의해 다양하게 변주되어 왔다. 북유럽 국가 핀란드의 대표적 감독인 아키 카우리스마키(1957-)도 브레송 스타일에 독특한 유머를 가미했다.
아키 카우리스마키의 영화에는 단순 명료한 미장센과 절제된 대사에 인물의 정서를 대변하는 절묘한 음악이 어우러진다. 「천국의 그림자(Varjoja Paratiisissa)」(1986), 「아리엘(Ariel)」(1988), 「성냥 공장 소녀(Tulitikkutehtaan Tyttö)」(1990)로 이어지는 '프롤레타리아 3부작'은 냉소와 인생의 관조를 담은 너무도 브레송적인 스타일의 영화다.
간결하게 인물을 따라가는 방식은 현존하는 대표적 시네아스트 다르덴 형제의 극영화 스타일에 영향을 주었다. 다르덴의 영화에도 특별한 드라마는 없다. 하나의 인물을 관조적으로 따라가면서 그 혹은 그녀의 행위에 집중한다. 넓은 의미에서 브레송의 영화는 영적, 관조적 스타일을 유지하는 수많은 감독의 영화에 기본 방식을 제공했다고 할 수 있다.
그의 영화는 불필요하게 개입하지 않는다. 그러나 마지막에 이르는 순간 뒤통수에 묵직한 충격을 준다. 브레송의 영화는 두 눈을 통해 똑바로 보이는 세계가, 끝내 지진으로 뒤틀리는 것을 보여 주는 영화다. 그 순간 기묘한 감동이 온다. 카우리스마키의 영화도, 다르덴의 영화도 그렇다. 그것은 두 시간을 견뎌 낸 관객을 향한 영화의 은총이다.

3부 영화, 욕망을 발산하다 1960 ~ 1972

20세기 중반을 통과하면서 영화는 사회뿐만 아니라 개인의 은밀한 욕망을 본격적으로 대변하였다. 살인, 섹스, 변태성욕, 패션, 광기 등 다양한 욕망의 언어들은 스크린을 통과하면서 세상의 빛과 그림자가 되었다. 영화와 현실은 서로 주거니 받거니 하면서 욕망을 교환하기 시작한다. 금발의 여인을 뒤따라가면서, 월남전의 악몽을 떠올리면서, 소매치기의 번뜩이는 손을 클로즈업하면서, 영화는 욕망 그 자체가 되었다. 그 정점에 서 있는 것은 바로 인간이 아니라 욕망만이 남아 있는 살아 있는 고깃덩어리 좀비였다.

⑫강 내 안에 거주하는 괴물

싸이코

알프레드 히치콕

"우리들은 각자 자신들의 덫에 걸려 있어요."

— 등장인물 노먼의 대사

「싸이코」 Psycho, 1960

미국 | 109분 | 알프레드 히치콕

애리조나 주 피닉스 시. 금요일 오후 2시 43분. 살풍경한 열사의 도시가 내다보인다. 도시는 12월에도 따갑게 내리쬐는 햇볕 아래 무심히 바쁘게 굴러가고 있다. 그런데 지금껏 블라인드가 내려져 있는 한 모텔 객실이 눈에 띈다. 점심때가 훌쩍 지난 시간까지, 여전히 침대에 몸을 파묻고 있단 말인가? 걷잡을 수 없는 호기심에 홀린 듯, 카메라의 시선은 낮모를 누군가의 객실을 향한다. 두 남녀가 보인다. 침대에는 아직도 뜨거운 열기가 남아 있다. 남자는 옷을 챙겨 입는다. 여자는 속옷 차림으로 상대에게 투정을 부린다. "더는 이런 싸구려 모텔에서 만나고 싶지 않아요." 남자는 그녀의 입술에 자신의 입술을 포개면서도 별수 없다는 태도다. "샘, 비밀리에 만나는 건 싫어요." 이들의 이름은 샘과 마리온이다. 샘은 캘리포니아에 거주하며 철물점을 운영하는 이혼남이다. 마리온은 피닉스에서 10여 년째 경리 일을 보고 있다. 이제 마리온은 샘과 정착하고 싶다. 하지만 샘은 주저한다. 그는 얼마 전에 결혼에 실패했고, 위자료와 빚만으로도 이미 벅찬 생활을 하고 있기 때문이다. 마리온은 심통을 부리다가, 결국 샘에게 설복당하고 만다. 마리온은 자신을 다잡다가도, 때때로 불쑥 떠오르는 조바심에 자꾸 불안해진다.

샘을 캘리포니아로 보내고, 마리온 또한 사무실로 돌아온다. 금요일인 탓일까? 아무래도 집중이 되지 않는다. 사무실 동료인 캐럴라인은 막 도착한 마리온에게 그동안 걸려 온 전화 내용이며 오후 업무에 대해 귀띔해 준다. "언니 라일라는 투손에 간 모양이고, 곧 석유 갑부가 부동산 문제로 들이닥치겠군." 마리온은 태평하게 화장을 고친다. 이윽고 비싼 토지를 매입하기로 한 석유 갑부가 부동산 사무실로 찾아온다. 그는 마리온의 책상에 걸터앉아 너스레를 떤다. "우리 귀여운 딸아이가 내일 결혼을 하지. 이제 열여덟 살이야." 아무래도 딸의 결혼 선물로 땅을 사려는 모양이다. "우리 아이는 단 한 번도 불행했던 적이 없지. 불행해질 참이면 그때마다 돈으로 다 쫓아 버렸거든!" 마리온의 눈동자가 흔들린다. 마침 그때 갑부는 4만 달러나 되는 큰돈을 현찰로 내민다. 부동산 사무실 사장조차 갑자기 튀어나온 거금에 당황한다. 마리온만은 침착하다. "마리온, 당장 그 돈을 은행 금고에 넣어 둬. 주말 동안 그런 큰돈이 사무실에 있는 건 역시 찜찜해. 월요일에 출근할 때, 수표로 받아 와." 마리온은 사장의 지시대로 당장 4만 달러를 챙겨 자리에서 일어난다. 그녀는 은행에 들렀다가 곧바로 조퇴하겠다는 말을 남기고 급하게 사무실을 빠져나온다.

마리온은 4만 달러를 들고 집으로 온다. '돈으로 불행을 쫓을 수 있다……' 그녀는 옷가지를 챙기며 돈과 함께 떠날 채비를 서두른다. '이 돈이면 샘과 결혼할 수 있어. 돈은 틀림없이 불행을 쫓아 줄 거야. 그러면 행복해지겠지.' 마리온은 샘이 있는 캘리포니아로 달아날 심산이다. 이 훔친 돈으로 샘의 빚과 위자료를 몽땅 청산해 버리면, 모든 일이 뜻대로 잘 풀릴 테다. 그녀는 지체 없이 집을 나선다. 어서 피닉스를 벗어나야 한다. 마리온은 지금 자신이 무슨 일을 벌이고 있는지조차 가늠할 수 없는 큰 범죄를 저지르고 만다. 머릿속은 혼란스럽다 못해 아예 백지가 되어 버렸다. 마리온은 차를 몰고 피닉스를 떠나던 도중에, 우연찮게 부동산 사무실 사장과 마주친다. '아무렴 어때, 일단 달리자.'

마리온은 너무 긴장한 나머지 길가에 차를 세우고 쓰러지듯 잠이 든다. 마침 그 주변을 지나던 경찰은 마리온의 수상한 태도를 보고, 집요하게 검문을 실시한다. 마리온의 가슴은 양심이 불러일으키는 죄책감, 돈이 가져다줄 장밋빛 미래…… 서로 상반된 감정과 욕망으로 쿵쾅거리기 시작한다. 경찰은 마리온의 운전면허와 차량을 확인한다. 하지만 그것만으로는 그녀가 4만 달러를 훔친 도둑이라는 사실을 알아낼 순 없다. 마리온은 불안감에 젖어 재빨리 운전대를 잡는다. '빨리 캘리포니아로 가야 한다.' 결국 그녀는 꺼림칙한 마음에 애리조나 주 간판이 달린 자신의 차를 팔아 버리고, 캘리포니아에 등록된 다른 차를 구입한다. 흥정은 고사하고, 자기 가방마저 잃어버릴 정도로 지나치게 서두르는 그녀의 모습에 중고차 중개인마저 적잖이 당황한다. 마침내 마리온은 경찰, 다른 이들의 시선까지 모두 따돌리고 시원하게 가속 페달을 밟는다. 떡하니 기회가 왔고, 그것을 잡은 것뿐이다. 낮 동안 불안과 죄책감에 일그러져 있던 마리온의 얼굴이, 땅거미가 지자 점차 환하게 피어난다. 성취감에 들썩이는 입술을 주체할 수 없다. '이제 월요일이 되면 4만 달러의 행방을 두고 한바탕 소동이 벌어지겠지. 나더러 요망한 계집이라고 욕을 하겠지. 하지만 이 돈으로 불행을 쫓아낼 거야.' 머릿속에 온갖 상황을 상상하자니, 느닷없이 장대비가 쏟아진다. 운전할 수 없을 만큼 엄청난 비다. 마리온은 하는 수 없이 차를 세운다. 낡은 네온사인이 희미하게 반짝이는 허름한 베이츠 모텔에다가 말이다.

들어와 보니 프런트 사무실이 잠겨 있다. 한참이나 사람을 찾아 대니, 그제야 모텔 주인이 언덕 위 2층집에서 헐레벌떡 뛰어나온다. "죄송합니다." 모텔 주인 노먼은 연약한 동물처럼 호리호리한 모습이다. 선한 눈매에, 수줍은 듯 상냥한 말투의 남자다. 마리온은 혹시나 하는 마음에 가명으로 투숙하고, 노먼은 잠깐 고민하다가 그녀를 1번 객실로 인도한다. 모텔 주인은 다소 어색한 태도로 객실이 제법 쾌적한 편이라며 수다를 늘어놓는다. 그리고 저녁을 함께 먹자며 선심을 쓴다. 사실 마리온은 아무래도 상관없다. 그녀는 옷도 갈아입지 않고, 일단 4만 달러부터 꺼내 본다. '이걸 어디에 둬야 안전할까?' 결국 신문지에다가 둘둘 말아 침대 탁자 위에 올려놓는다. 그저 하찮은 종이 뭉치처럼 보이도록 말이다. 마침 그 순간, 언덕 위 2층집에서 노파의 고함 소리가 들려온다. "어디서 또 계집년을 집에 들인 거야? 그년에게 내 음식을 줄 순 없다. 당장 내쫓아 버려!" 광인의 귀곡성처럼 욕설이 뒤섞여 있다. 마리온은 그 소리에 질색하다가도, 그냥 고개를 가로젓고 만다. 잠시 후 노먼은 간단한 식사를 준비해 마리온을 찾아온다. 두 사람은 모텔 사무실에 앉아 이런저런 이야기로 입치레한다. 사무실 곳곳에 배치된 새 박제는, 마치 대성당의 괴물 석상처럼 이들을 내려다보고 있다.

"아들의 가장 좋은 친구는 어머니죠." 노먼은 새 박제를 만드는 일, 그리고 병든 어머니를 돌보는 일 말고는 달리 아무것도 하지 않는 듯싶다. "사람들은 저마다 덫에 걸려 있죠. 아무도 도망칠 수 없어요." 노먼은 절망적인 어조로 말을 이어 간다. 마리온은 그가 노모의 손아귀에 붙들려 있다고 판단한다. "노먼, 벗어나야 해요." 그러자 노먼은 갑자기 심기가 불편해진 듯 눈을 치켜뜬다. "누군가를 너무 사랑하면 싫어져도 싫어할 수 없죠. 저는 어머니의 병이 싫을 따름이에요." "요즘엔 그런 데도 있잖아요. 이를테면……." 마리온은 노먼을 생각해 노모를 병원에 모시라고 충고하지만, 오히려 그의 심기를 긁어 댈 뿐이다. "박제된 새처럼 연약한 우리 어머니를, 그런 곳에다가 모시라고요?" 이젠 마리온마저 스트레스를 느끼기 시작한다. "내일 일찍 떠나야 해서 먼저 가 볼게요." 그녀는 노먼을 뒤로한 채 객실로 돌아간다.

'다시 피닉스로 돌아갈까? 아직 늦지 않았는데…….' 마리온은 일단 샤워부터 한다. 노먼은 그녀의 모습을 비밀스럽게 뚫어 놓은 구멍을 통해 몰래 훔쳐본다. 기묘한 흥분이 들끓어 오른다. 노먼은 더 이상 견딜 수 없다는 듯, 눈을 질끈 감고 2층으로 돌아온다. 마리온은 아무것도 모른 채 샤워를 즐긴다. 그동안 쌓인 피로와 근심이 씻겨 내려가는 기분이다. 바로 그때, 젖빛 샤워 커튼 저편으로 검은 그림자가 나타난다. 한 걸음, 한 걸음, 점점 더 가까워진다. 이내 샤워 커튼이 걷히고, 서늘한 은백색 식칼이 마리온의 육체를 난도질하기 시작한다. 욕조에 낭자한 마리온의 핏물이 샤워기의 물을 타고 수챗구멍으로 쓸려 내려간다. 뒤이어 노먼의 절규가 들려온다. "어머니, 옷에 피가……. 설마, 어머니!" 노먼은 '이런 살인'이 마치 종종 있는 일인 것처럼, 서둘러 뒷수습에 나선다. 마리온의 시체, 가방, 4만 달러까지 전부 다 그녀의 자동차와 함께, 모텔 근처의 늪 속으로 감쪽같이 사라지고 만다.

며칠이 지나도 마리온의 행방이 묘연하자, 언니 라일라는 샘의 가게까지 찾아간다. "당신이랑 공모한 거죠? 제발 제 동생이 어디에 있는지 말 좀 해 봐요!" 당연히 샘도 알 길이 없다. 그렇게 라일라와 샘이 저마다 당혹감에 빠져 있을 무렵, 그들 앞에 한 사설탐정이 등장한다. 그의 이름은 아보개스트. 4만 달러를 잃어버린 석유 갑부가 마리온을 잡기 위해 고용한 사람이다. 아보개스트는 대뜸 라일라와 샘을 심문하다가 별다른 소득이 없자, 곧장 탐문 조사에 돌입한다. 마리온은 분명 샘에게 가는 길이었을 테고, 그사이에 증발해 버렸다. 틀림없이 피닉스와 샘의 철물점 사이에 단서가 남아 있을 테다. 마침내 아보개스트는 베이츠 모텔에 이르게 된다. 아보개스트는 노먼과 대화를 나누다가 그의 불안해하는 모습과 엉뚱한 말실수를 포착한다. 그리고 탐정다운 노련한 솜씨로 숙박부에 적힌 마리온의 손글씨를 식별해 낸다. 노먼은 당황한 나머지 말을 더듬고, 아무리 껌을 씹어 대도 진정이 안 된다. 아보개스트의 능숙한 말주변에, 노먼은 또 실수를 내뱉고 만다. 탐정은 모텔 주변을 둘러봐도 되겠느냐며 건물 밖으로 나온다. 그리고 언덕 위에 위치한 2층집에 시선이 멈춘다. '2층 창가에 한 여성이 앉아 있군.' 그는 본능적으로 그 광경에 이끌린다. "노먼, 저 집에 누가 또 계시군요." 노먼은 이제 미칠 것 같다. "아뇨. 아무도 없어요. 아뇨, 어머니가 계시긴 해요. 아니, 사실 저 혼자라도 봐도 돼요." 노먼의 입에서 횡설수설이 자꾸 쏟아져 나온다. 궁지에 몰린 노먼은 단호하게 탐정을 돌려보낸다. 그가 과잉된 반응을 보일수록 아보개스트의 의심은 커져 갈 뿐이다. 일말의 낌새를 잡은 아보개스트는 베이츠 모텔을 몰래 수색하고, 노먼의 노모까지 만나 보기로 결심한다. "라일라, 당신 동생의 행방을 알았어요. 베이츠 모텔에 묵었다고 하더군요. 한 시간 후에 만나요." 사설탐정은 먼저 라일라에게 연락을 취한 후, 다시 베이츠 모텔로 향한다. 모텔 사무실은 열려 있고, 노먼은 어디로 갔는지 찾아볼 수 없다. 탐정은 모텔 건물에서 특별한 단서를 얻지 못하자, 내내 의심스러웠던 언덕 위 2층집으로 발길을 놓는다. 쥐 죽은 듯 조용한 낡은 가정집 안은 을씨년스럽다. 그는 이층 창가에 드리워져 있던 그림자의 주인을 밝히기 위해 살며시 계단을 오른다. 한 걸음, 두 걸음, 세 걸음. 아보개스트가 이층에 다가설수록, '그 방'의 문 또한 차츰 열리기 시작한다. 그 순간, 마리온을 살해했던 노먼의 어머니가 다시 서슬 퍼런 식칼을 들고 나타난다. 급습을 당한 아보개스트는 미처 저항할 틈도 없이 계단 밑으로 굴러떨어지고, 무참히 최후를 맞는다.

몇 시간이 지나도 사설탐정이 나타나지 않자, 이제 라일라는 견딜 수 없다. 그녀는 샘에게 직접 베이츠 모텔로 가 봐야 한다고 을러댄다. "현명한 일이 아닙니다." 샘은 좀 더 기다려 보자고 라일라를 타이르지만 좀체 말을 듣지 않는다. 결국 샘 혼자 베이츠 모텔로 향하고 그곳을 둘러보지만, 당최 마리온이며 아보개스트, 아니 사람의 흔적이라고는 찾아볼 수 없다. 다시 철물점으로 돌아온 샘은 라일라에게 자신이 본 정황을 이야기해 준다. 그럼에도 라일라의 속마음은 도무지 개운하지 않다. 급기야 두 사람은 그 지역에서 잔뼈 굵은 보안관을 만나 자문을 구한다. 하지만 그 보안관 부부가 들려주는 이야기를 듣고 있자니 혼란이 더욱 가중될 뿐이다. 이미 십 년 전에 노먼의 어머니가 죽었다니? 그녀가 자신의 애인을 죽이고 자살했다고? 그렇다면 아보개스트와 샘이 노먼의 2층집에서 목격한 늙은 여성은 누구인가! 끝내 라일라와 샘의 요청으로 보안관은 노먼의 집을 수색하지만, '아무도' 찾아낼 수 없었다. 노먼, 한 사람 말고는…….

어쩔 수 없다. 라일라와 샘은 아보개스트의 추리에 확신을 품고, 직접 베이츠 모텔로 향한다. 두 사람은 마치 부부인 양 태연하게 방을 잡고, 몰래 1번 객실을 수색한다. 그 방은 마리온이 살해당했을 당시의 모습 그대로다. 샤워 커튼은 뜯겨 나갔고, 변기에도 마리온이 쓰다 버린 종이 쪼가리가 그대로 남아 있다. 라일라는 노먼의 노모를 직접 만나, 이 사건의 전말에 대해 낱낱이 들어야겠다고 결심한다. 결국 샘이 시답잖은 이야기로 노먼을 붙잡아 두는 동안, 라일라는 홀로 2층집으로 들어간다. 하지만 아무도, 아무것도 없다. 노모의 침실은 텅 비어 있고, 아들의 방은 장난감들로 채워져 있다. 아무래도 뭔가 잘못됐다고 느낀 라일라가 2층 집을 나오려는 찰나, 상기된 모습의 노먼이 뛰어 들어온다. '샘까지 변을 당한 걸까?' 라일라는 급한 마음에 지하실로 몸을 숨긴다. 그런데 그곳 깊숙한 자리에 노모가 앉아 있다. 라일라는 억누를 수 없는 불길한 기운을 느끼면서도, 조심스럽게 그녀 곁으로 다가간다. '세상에, 이럴 수가!' 지금껏 노먼이 애지중지 돌보던 어머니는 이미 죽어 백골이 된 지 오래다. '그럼, 아보개스트와 샘이 본 노파는 누구인가?' 바로 그때 노파의 모습을 한 노먼이 칼을 감아쥐고 들이닥친다. 차림새는 물론, 목소리마저 노파다. 가까스로 정신을 차린 샘 덕분에 라일라는 구조되고, 노먼은 경찰서로 압송된다.

이윽고 정신과 의사가 진실을 밝힌다. "노먼 베이츠는 더 이상 존재하지 않습니다. 그는 처음부터 절반만 존재했죠. 이젠 남아 있던 그 절반마저 자기 어머니에게 흡수돼 버렸습니다. 아마 영원토록 그럴 겁니다." 그렇다. 노먼의 정신은 자신과 이미 죽은 어머니에 의해 양분되어 있었던 것이다. 노먼의 어머니는 남편을 잃고, 줄곧 아들에게 광적으로 집착했다. 이들 모자의 기이한 관계는 수년 동안 지속되다가, 어머니가 다른 남자를 만나기 시작하면서부터 깨지기 시작한다. 결국 노먼은 '자신만을 사랑하고 돌보던 어머니'를 되찾고 또 독점하기 위해, 그녀와 애인 모두를 독살해 버리고 만다. 하지만 노먼은 자기가 어머니를 죽였다는 사실을 감당할 수 없게 되자, 본인의 정신 안에 그녀의 존재를 부활시키기에 이른다. 급기야 노먼 속의 어머니는 노먼이 다른 여성에게 욕정을 느낄 때마다 거침없이 질투의 칼날을 휘둘렀던 것이다. 결국 마리온은 그들 '모자'에게 희생당하고 만 것이다. 노먼이 자기 어머니를 사랑하는 만큼, 어머니 또한 노먼을 사랑해야 했기에……. 이제 노먼의 내면에는 어머니의 존재만 깃들어 있다. 그의 육체는 어머니의 정신에 사로잡힌 한 쪼가리일 뿐이다. "어머니로서 자기 아들을 곤란하게 만드는 건 언제나 슬픈 일이지." 이 저주받은 두 영혼을 난폭하게 얽어 놓은 '탯줄'을 언제쯤 끊을 수 있을까?

알프레드 히치콕

Alfred Hitchcock, 1899-1980

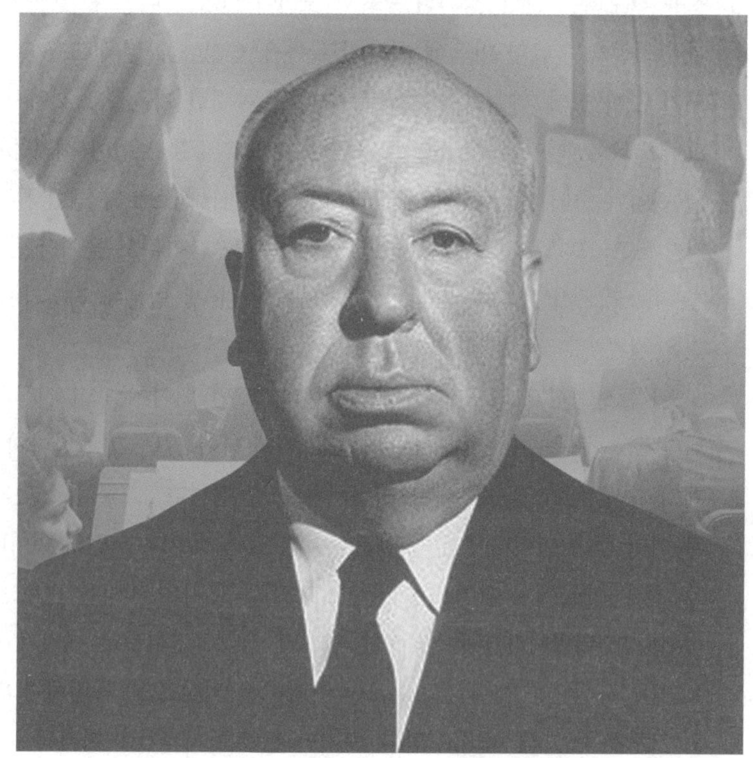

"영화의 길이가 방광의 한계를 시험해서는 안 된다."

서스펜스의 대가, 스릴러 영화의 거장으로 불리는 알프레드 히치콕은 지치지 않는 열정의 소유자였다. 무엇보다 히치콕은 현대 영화가 요구하는 상업성과 작가성이라는 두 마리 토끼를 잡아 올린 몇 안 되는 인물 중 하나다. 청과물상의 아들로 태어난 히치콕은 런던 대학교에서 미술을 전공한 후 1920년 영화사에 입사하여 자막 디자인을 시작으로(당시는 무성영화 시대여서 자막의 그래픽적 효과가 중요했다.) 미술감독과 시나리오 작가, 조감독 일을 거친다. 당시 유럽 최고의 제작사인 독일의 우파(UFA) 스튜디오에서 일하기도 했다. 1925년 독일 뮌헨에서 처음으로 감독할 기회를 얻어 제작한 영화가 「쾌락의 정원(The Pleasure Garden)」이다.

영국에서 미국으로 이어지는 행보를 따라 히치콕의 이력을 다섯 단계로 나누어 살펴보는 것이 그의 작품 세계를 이해하는 데 도움이 될 것이다. 50여 편이 넘는 장편영화를 만든 히치콕은 무성영화에서부터 컬러영화까지 모든 것을 두루 겪으며 영화사의 반세기를 움직인 인물이다. 그의 첫 번째 시기는 「39계단(The Thirty-nine Steps)」(1935) 이전의 영국 영화다. 무성영화가 다수 포함되어 있는 이 작품들에서는 독일 표현주의 영화 스타일이 엿보이며, 이중에서는 「하숙인 (The Lodger)」(1926)이 가장 유명하다. 두 번째 시기는 「39계단」에서부터 「자메이카 여인숙(Jamaica Inn)」(1939)에 이르는 영국에서 만든 작품들이다. 주로 스크루볼 코미디식의 티격태격하는 커플이 주인공으로 등장하며, 우연히 서로 얽힌 남녀가 함께 모험하면서 사건을 해결하고 인연을 맺는 데 성공하는 결말이 많다. 세 번째 시기는 미국으로 건너가면서 시작된다. 「바람과 함께 사라지다(Gone with the Wind)」(1939)의 제작자로 유명한 셀즈닉 형제와 계약을 맺고 그들과 미국에서 함께한 시기다. 「레베카(Rebecca)」(1940)와 「의혹의 그림자(Shadow of a Doubt)」(1943) 등을 보면 여주인공들의 의혹이야말로 이 시기의 가장 중요한 관점이다. 네 번째는 셀즈닉 형제와 결별한 후 자유롭게 영화를 만들 여건이 확보된 시기다. 히치콕의 거장으로서의 면모가 드러난 전성기로 「열차의 이방인(Strangers on a Train)」(1951)을 비롯해 「이창」, 「현기증(Vertigo)」(1958), 「북북서로 진로를 돌려라」, 「싸이코」, 「새(The Birds)」(1963) 등이 이때 발표되었다. 이 시기 작품에서는 대부분 모성으로부터 억압받은 남성적 인물이 주인공이다. 「싸이코」의 노먼 베이츠가 대표적인 예다. 마지막으로 「마니(Marnie)」(1964) 이후에 만든 말년의 작품들이 있는데 대부분 높이 평가받지 못하였다.

『히치콕과의 대화』라는 빼어난 인터뷰집을 쓴 프랑수아 트뤼포 감독은 "잉마르 베리만(1918-2007)의 시대에 영화가 문학과 마찬가지로 하나의 예술형식이라는 전제를 받아들인다면, 나는 히치콕을 카프카, 도스토예프스키, 그리고 에드거 앨런 포와 마찬가지로 불안의 예술가에 속한다고 말하고 싶다."라며 히치콕을 현대 예술가의 반열에 올려놓았다. 스크린 속 분열하는 인간의 욕망과 충동에 대한 치밀한 탐구는 지금까지도 새로운 해석을 낳는다. 히치콕은 현대 영화를 가로지르는 중심의 이름이다.

내 속에 똬리를 틀고 있는 욕망

「싸이코」를 만난다는 것은 우리의 욕망을 들여다보는 일이다. 주변을 돌아보라. 사람들은 겉으로는 멀쩡해 보여 서로 차이가 없는 것처럼 보인다. 그렇지만 누가 그들 속에 똬리를 틀고 있는 어두운 욕망을 들여다볼 수 있겠는가. 그들 스스로 보려고도 하지 않는 그 욕망을. 백주에 만났다면 그들은 사랑에 빠졌을지도 모른다. 그러나 한밤중에 그들은 다른 모습을 드러낸다. 아니, 히치콕의 영화는 반대로 말해야 할지도 모르겠다. 한밤중에 그들은 매혹적으로 보인다. 하지만 한낮에 그들은 돈 봉투를 들고 달아나거나 정사를 벌인다. 그 어느 쪽을 선택하든 「싸이코」 혹은 히치콕은 인간의 두 가지 면모를 한 영화를 통해 보여 준다. 그것이 바로 히치콕 영화가 가진 치명적인 매력이다. 두 얼굴의 인간을 추격한다는 것, 그들의 시작과 종착역을 본다는 것. 마리온을 따라 당도하는 곳은 베이츠 모텔이다. 사람들은 끝내 이곳에서 헤어나지 못한다. 그곳은 세상의 끝일까, 아니면 우리의 마음속 어두운 심연일까?

재미와 의미, 두 마리 토끼를 잡다

이 히치콕은 당대 상업 영화의 대표 감독이었습니다. 프랑스 평단에서 재발견된 거장이죠. 프랑수아 트뤼포 감독이 미국으로 건너와 직접 인터뷰할 정도로 관심을 보였던 할리우드 감독입니다. 유럽에서 더 높은 평가를 받은 미국 감독이 몇 있는데, 우디 앨런이나 히치콕 같은 경우죠. 히치콕의 작품은 재미있고 손쉽게 접할 수 있는 영화인데도 보면 볼수록 의아함이 들어요. 「싸이코」의 몇몇 장면은 브레송 작품에 비견될 정도로 완성도가 높습니다. 「싸이코」에서 샤워하는 장면은 거의 「소매치기」의 손동작에 비견될 만한 디테일을 보여 줍니다. 중요한 장면들에는 무성영화의 전통이 그대로 차용되어 있는데 이런 방식도 매우 독특하죠. 인간의 변태적인 욕망을 일상 속에서 드러냈다는 게 재미있어요. '재미'와 '의미'라는 두 마리 토끼를 잡는 데 성공한 작품이 아닌가 싶습니다.

영화를 보면서 샤워 살인 신의 컷 수를 세 보시길 바랍니다. 실제 이 신에 사용된 컷은 50개가 넘는 편집의 구성이 상당히 리드미컬하죠. 장면에 쓰인 컷 수를 세어 보는 건 컷이라는 개념을 정확하게 이해하는 데 좋은 연습이자 편집 효과나 리듬에 대한 인식도 깊게 해 주는 훈련입니다. 수평적·수직적, 원형적·직선적 등의 조형적 편집 효과, 가속에 대한 리듬을 느끼는 데 유익하죠. 기실 이 장면에는 칼이 인간 몸에 들어가는 사실적인 영상이나 상처를 클로즈업해서 보여 주는 부분이 없습니다. 짧은 시간에 느껴지는 강렬한 임팩트는 순전히 편집 효과의 힘입니다.

강 감독의 위대함이란 컷 조정에서 빛을 발하죠. 어디에 집중적으로 관객을 몰입시킬지, 어느 부분에서 느슨하게 할지 이로써 결정하기 때문입니다.

1960년대에 나온 이 작품은 '정신분열'이라는 소재를 다룬 첫 영화 같아요. 마지막 부분에 심리학자가 미주알고주알 설명을 많이 해 주는 부분이 있는데 지금 우리로서는 사족이라는 생각도 들지만, 그 당시엔 어쩔 수 없었을 거예요. 처음이니까 이해시켜야 했겠죠. 그럼 일단 히치콕 감독에 대해 알고 넘어가 볼까요? 왜 이상용 선생님은 그의 많은 영화 중 「싸이코」를 선택하셨나요?

「싸이코」 탄생의 배경

이 수많은 히치콕 영화 중에 「싸이코」를 선택한 데는 오락적 재미를 그대로 전하고 싶었던 마음이 가장 큽니다.

영국에서 「바람과 함께 사라지다」를 제작했던 데이비드 셀즈닉(1902-1965)의 요청으로 미국으로 건너온 히치콕은 많은 영화를 찍었습니다. TV 방송도 상당히 많이 했고요. 그때 했던 작업 중 가장 히트작은 캐리 그랜트(1904-1986)의 「북북서로 진로를 돌려라」입니다. 그러던 중 히치콕은 로버트 블로흐(1917-1994)라는 무명 소설가가 쓴 『싸이코』를 영화화하기로 결정합니다. 그는 책을 통해 영화의 결말이 밝혀지면 안 된다고 생각해서 해당 판본을 모조리 사들이기도 했어요. 「싸이코」는 80만 달러라는 적은 비용으로 어마어마한 흥행 돌풍을 일으킨 작품입니다.

여주인공으로 분한 자넷 리(1927-2004)보다 언니 라일라로 나오는 베라 마일즈(1929-)가 당시에는 훨씬 더 유명한 여배우였습니다. 베라 마일즈가 결혼하자 히치콕이 그녀에게 보조적인 캐릭터만 준 게 아니냐고 말도 많았습니다. 그 밖에도 히치콕의 여배우 사랑은 대단했는데 그레이스 켈리도 그중 한 명이에요. 켈리와 「다이얼 M을 돌려라」, 「이창」을 찍었는데 「새」도 그녀와 함께 찍고 싶었다고 합니다. 모나코의 정치적 상황 때문에 무산되기는 했지만요.

다시 본론으로 돌아오자면 「싸이코」 이전에는 메인 캐릭터가 중반에 죽어 버리는 영화는 없었습니다. 이 영화를 기점으로 주인공은 끝까지 살아남는다는 공식이 해제된 셈이죠. 마리온에서 노먼으로 옮겨 가는 식의 주인공 이동은 현대 영화에서도 찾아보기 힘듭니다. 물론 주인공이 바뀌는 와중에도 관객의 몰입도는 전혀 줄지 않습니다. 히치콕에게는 관객을 쥐락펴락할 수 있다는 자신감이 있었던 것 같아요. 도대체 히치콕 감독의 이런 자신감, 기가 막힌 영화 장악력은 어디서 오는 걸까요? 우리는 먼저 히치콕의 영화를 지배하는 공포와 서스펜스에 대해 고민해 봐야 합니다.

히치콕의 시선과 공포

강 이 영화에는 두 가지 교훈이 있어요. 공포와 서스펜스는 어디서 오는가, 그리고 자아란 무엇인가? 관객은 여주인공에게 동일시했다가 그녀의 처참한 죽음 이후엔 노먼 베이츠라는 남자를 따라 분열하는 자아를 경험하게 됩니다.

개인적으로 제일 무서웠던 것은 집이었습니다. 해 질 녘 희뿌옇게 바라보이는 집의 풍경이 상당히 오싹하죠. 우리는 언제 무서워할까요? 공포감을 이해하기 위해서는 '시선'에 주목할 필요가 있어요. 보이지는 않는데 나를 보는 존재가 있습니다. '시선'은 공포의 근원입니다. 영화 초반부에서는 사장의 시선이 계속 여주인공을 쫓아와요. 공포 영화에 어두운 공간이 많이 등장하는 이유가 그겁니다. 있되 잘 보이지 않는 공간은 우리를 두렵게 합니다. look과 gaze의 차이는 명확합니다. look의 주체는 나이고, gaze의 주체는 타인입니다. 어머니에게 청소하라는 잔소리를 들으면서 자란 딸들은 결혼하고 독립하고 나서도 집 정리를 열심히 해요. 어머니의 시선이 딸들의 집(머릿속)에도 머무는 거죠. 마리온의 공포는 줄곧 시선에 의해 형성됩니다. 사장의 응시에서 경찰관의 응시, 거기서 또 노먼 베이츠의 응시로 이 공포는 이어집니다.

이 말씀하신 대로 히치콕 영화는 look보다는 gaze 개념에 가깝습니다. 여러 인물들의 시선은 시간이 흐름에 따라 점차 한곳으로 모입니다. 영화의 시작 장면에서 호텔 방 안으로 카메라가 들어간다는 것은 우리를 호텔 안으로 인도하겠다는 뜻입니다. 마리온은 누워 있고 샘은 반 정도만 잘려서 등장합니다. 사실은 섬뜩한 이미지죠. gaze는 관음증적 욕망과 동시에 장차 받게 될지 모르는 처벌에 대한 두려움을 잘 설명해 주는 용어입니다. 「수잔나와 노인들」(1580)이라는 베로네세(1528-1588)가 그린 명화가 있습니다. 성경의 「다니엘서」에 나오는 장면을 다루는데 노골적인 '시선'의 존재가 그려진 작품입니다.

강 수잔나의 아름다움에 반한 두 노인이 그녀가 목욕하는 광경을 음탕하게 바라보는 장면이죠. 그나저나 이 영화에는 매우 인상적인 장면이 또 있었습니다. 빗속에서 운전하는 마리온이 나오는 장면에서 서치라이트에 화면이 밝게 날아가죠. 꼭 모든 사람에게 내가 노출된 것같이 느끼게 되죠. 사실은 타인이 아닌 초자아의 검열인 것뿐이죠.

이 관음증적인 욕망을 이용한 오락 요소도 있습니다. 하얀 속옷에서 검은 속옷으로, 다시 검은 속옷을 벗는 장면으로 페티시즘적 전환을 통해 마리온이 가진 욕망의 변화가 보입니다. 또 다른 재미 요소 돈 봉투 4만 달러는 맥거핀(macguffin)입니다. 시각적 쾌락을 붙잡아 영화를 이끌어

가게 하지만 사실은 중요하지 않는 미끼, 속임수일 뿐인 소재죠.

분열된 자아가 사는 집

강 그렇다면 히치콕의 방점은 노먼이라는 남자에게 있을 텐데 노먼의 변형된 캐릭터는 현재 많은 영화들에서 찾을 수 있습니다. 분열증적 인물이나 그러한 상황이 담긴 영화는 참 많죠. 「인셉션」도 그렇고요. 한 사람의 영혼에 한 층의 세계만 있지 않다는 것을 보여 준 영화니까요.

이 노먼 베이츠가 어떤 인물인지 정신과 의사가 해명하는 장면이 있습니다. 그는 어머니라는 모성적 초자아에 눌려 사는 아들입니다. 노먼이 어머니를 사랑하는 만큼 노먼이 마음에 들어 하는 이성을 어머니도 질투하게 되는 거죠. 베이츠 모텔이라는 공간은 상당히 흥미롭습니다.(최근 동명의 미국 드라마도 나왔는데요.) 집이라는 공간의 이해가 상당히 중요합니다.

프로이트의 언캐니[859쪽 키워드 참고]는 공포 영화 평론에 많이 활용되는 개념입니다. uncanny는 집과 비슷함, 편안함, 안락함, 안전함을 뜻하는 canny의 반의어죠. 그런데 집과 같이 편안한 순간에도 공포가 발생한다는 것에 프로이트는 주목했습니다. 집에 편하게 있다가도 갑작스럽게 찾아오는 공포가 있다는 겁니다. '두려운 낯섦' 정도가 되겠죠. 평소와 똑같은 창문이나 문인데 자정이 넘었다는 사실을 깨닫고 문득 바라보면 창문이나 문이 다르게 느껴지는 공포요. 낯익은 것이 낯설어질 때 공포가 생깁니다. 그런데 히치콕은 이런 순간, 이런 공간 들을 몹시 좋아했어요. 그의 영화 속에서는 항상 편안한 공간, 낯익은 관계 속에서 살인이 일어납니다. 부부끼리 의혹을 품는(「다이얼 M을 돌려라」는 아내에 대한 청부 살인이 소재죠.) 등 믿는 도끼에 발등 찍히는 스토리를 들려 줍니다. 언캐니한 사건이 그런 익숙한 공간, 익숙한 관계에 있다고 히치콕은 본 겁니다. 이 영화 속 집이 주는 느낌도 언캐니 그 자체죠. 낯익은 공간

인데 문득 공포의 대상으로 변모해요. 미국 화가 에드워드 호퍼(1882-1967)가 자주 그렸던 미국의 집들에도 황량하고 스산한 느낌이 있는데 '언캐니'라는 표현이 잘 어울려요. 실제로 노먼의 집은 그런 이미지들과 조응합니다.

강 후반부에서 가장 중요한 풍경은 집입니다. 시커먼 집 속에 밝지만 뿌연 창이 박혀 있죠. 밝아서 나를 비추는 것 같지만, 탁한 창 때문에 나는 그 안을 들여다볼 수는 없습니다. 그러니 섬뜩한 느낌과 공포가 발생하는 겁니다. 우리들에게 가장 섬뜩한 존재는 부모님입니다. 단도직입적으로 gaze의 서늘함을 안겨 주는 최초의 타자가 부모님인 셈이지요. 내가 모르는 나의 모습을 가장 잘 아시는 분들이니까요. 못난 과거(내가 못 본 나)를 봐 온 존재가 무섭기 때문에 본질적으로 가족은 공포스러울 수밖에 없습니다. 친근함 이상으로 무섭기에 애증이 생기는 겁니다.

이 2층이라는 오픈된 공간에서 숨겨져 있던 지하로 내려가면서 노먼 베이츠의 무의식이 드러납니다. 어머니의 백골에서 관객의 두려움은 극대화되죠. 히치콕의 강점은 스토리텔링에 있는 것 같지만 사실은 시각적인 압박감으로 하나의 감정을 일순간 드러낸다는 데 있습니다. 그래서 그의 영화를 순수하다고 할 수 있는 거고요. 마리온의 차를 늪에서 끌어내는 엔딩 장면만 봐도 알 수 있죠. 히치콕은 저열하거나 은밀한 인간의 욕망을 시각적으로 끌어올리려 했고, 거기에 성공한 감독입니다.

강 프루스트는 양성애가 기본적이라고 말합니다. 하지만 프로이트의 정신분석학은 아주 거칠게 이성애에 기반을 두고 모든 심리를 설명하죠. 이런 단순한 구분법이 명쾌하게 통하지 않는 복잡성이 이 영화에 있

는 것 같아요. 이것도 「싸이코」라는 영화에 지적인 성격을 부여하죠. 우리로 하여금 등장인물의 내면을 추적하도록 만드니까요. 산산히 분열된 수많은 자아들, 그리고 그것들 사이의 관계. 지젝이 「싸이코」를, 그리고 히치콕 감독을 좋아했던 것도 다 이유가 있었던 셈입니다.

이 노먼 안에는 두 자아가 동시에 있잖아요. 그런데 어머니의 자아가 주도적으로 드러나기 전에도 순간적인 적개심이 표출되었다는 점에 주목해 봅시다. 응접실에서 대화하는 노먼과 마리온을 박제들이 내려다보는 것처럼 연출된 장면을 생각해 보세요. 박제는 어머니의 시선을 대변합니다. 마리온이 노먼의 고충에 공감한답시고 "어머니를 어딘가에 보내지 그러세요?" 하니까 노먼이 정색하면서 "어딘가라고요? 사람들은 정신병원을 '어딘가'라고 말하지."라면서 따져 묻습니다. 노먼의 자아에는 마리온에 대한 욕망이 분명 있었지만 동시에 어머니를 보호하고 지켜야 한다는 소유욕도 한켠에 자리했던 겁니다. 마찬가지로 어머니의 자아 또한 노먼에게 "나 건드리지 마!"라고 소리치면서 자기를 좀 내버려 두었으면 하면서도, 동시에 아들이 다른 여자에게 욕망을 느끼는 데 질투하면서 "너 그런 여자 만나서 어떻게 해 보려는 거잖아?"라고 소리치죠. 「싸이코」는 전반적으로는 시각 중심적 영화인데 그때만큼은 음성이 강하게 표현되어서 청각 중심으로 바뀝니다.
사람이 부모를 떠나야만 성장할 수 있는데, 노먼은 가족이라는 사슬에 갇혀 성장하지 못한 안타까운 경우입니다. 구치소 안에서 결국 노먼의 두 자아 중에서 어머니의 자아만 살아나서는 "나는 파리 한 마리 못 잡는 약한 사람이야."라며 꼼짝 안 하고 있잖아요, 자신의 결백을 보여 줘야 한다면서. 결국 어머니가 승리한 자아로 살아남는 걸 보면서, 노먼이 가엾다는 생각이 들었습니다. 노먼의 존재는 사라지는 거죠.

질문 1 어머니 자아일 때 살인했다고 생각했는데 마지막 장면에서는 어머니가 결백을 입증해야겠다고 혼잣말했잖아요?

이 단순하게는 상충되지만 노먼은 어머니를 죽인 범죄자죠. "나는 파리 한 마리 못 죽여."라는 말이 반전인 거죠. 영화를 보면서 어머니가 살인자라고 생각했는데 그 생각을 깨뜨리는 거니까요.

강 '어머니'라는 개념을 만든 것은 노먼이니까요. 노먼을 아예 버리고 어머니로 돌아가야 하는 상황이 온 거죠. 어머니도 안 죽였다고 말하며 피해자임을 자처하는 것으로 살아갈 돌파구를 삼은 겁니다.

아버지가 존재한다면 어머니와 아들의 집착적인 결속 관계는 생기지 않았겠죠. 마마보이의 전형적인 형태를 보여 주는 영화입니다. 마마보이는 평생 아내를 사랑하지 못합니다. 아내를 괴롭힘으로써 어머니와의 유대를 지켜요.

이 샤워 살인 신은 어머니의 살인이라고 표면적으로 볼 수도 있지만 어떤 의미에서는 아들 노먼의 섹스로 이해할 수도 있습니다. 날카로운 칼끝은 남근적 이미지를 지니고 있어요. 노먼이 계획적으로 어머니의 모습과 아들의 모습을 왔다 갔다 한다고 보기는 어려울 것 같아요. 어떤 순간들(예를 들어 아름다운 여성)이 다가오면 무의식이 작동하면서 노먼의 상태가 변화를 일으키지요. 정확하게는 '노먼-어머니'예요. 그는 두 자아를 동시에 품고 있고, 마리온을 보면서 질투도 하고(어머니), 욕망도 품죠(노먼). 어느 쪽에 무게를 둘지는 관객의 입장에 따라 달라질 수 있어요.

질문 2 노먼이 나타나기 전까지 시각적으로 공포스러운 장면은 없는 데 반해 영화음악은 초반부터 과하게 괴기스럽습니다. 특정한 음악적 효과를 염두에 두었던 건가요?

강 후반부의 음악도 전반부만큼이나 강했지만 시각적 인상이 후반부에 너무 강해 음악적 영향력이 두드러지지 않았던 것일 수도 있어요. 어디에서 놀라는가, 어느 부분을 가장 공포스럽게 느끼는가 하는 데에는 확실히 개인차가 있습니다. 뒷부분이 센 건 사실이죠. 하지만 범인이 나타나야만 공포가 형성되는 건 아니라고 생각합니다. 가령 성숙한 공포라 함은 끝날 때까지 살인자가 모습을 비치지 않을 때 발생하지 않나요? 세련된 공포 영화는 귀신이나 살인자 없이도 긴장을 만들어 냅니다. 괴물, 살인자, 범인이 보여야 충격적이라고 생각하는데, 사실 밀도 있는 긴장과 서스펜스는 「싸이코」 초반부에도 명백히 존재해요. 전반부의 고속도로 장면의 음산한 분위기, 그때 쓰인 음향과 음악 들이 후대까지도 영향을 미치는 뛰어난 서스펜스 요소죠.

이 「파라노말 액티비티(Paranormal Activity)」(2007)에서는 시작 장면부터 이상한 소리가 계속 납니다. 시각 이미지는 맨 마지막 컷에서 단 한 번 등장하고 끝나요. 시종일관 긴장감을 유지할 수 있었던 것은 무언가가 '아직' 안 나왔기 때문일 겁니다. 공포의 실체는 (미처 인지하지 못한) '불안'에 있습니다. 싸이코가 됐든 귀신이 됐든 그 실체를 목격하면 그 순간 인식된 존재이므로 더 이상 무섭지 않습니다. 장국영(1956-2003)의 유작인 「이도공간(異度空間)」(2002)에도 모르는 존재만이 무섭다는 대사가 인상적으로 나오죠. 아는 것, 인식되는 것은 공포에 이르지 않습니다. 히치콕은 영화 인생 내내 같은 음악감독과 작업했습니다. 버나드 허먼(1911-1975)이었죠. 히치콕은 영화의 효과를 극대화하는 역할에 사운드를 철저히 복속했습니다. 히치콕 영화는 늘상 주제음악을 반복함으로써 우리 귀를 길들여 세뇌한다고 말한 비평가가 있습니다. 허먼은 음악적 라이트모티프의 활용에 뛰어난 감독이었기에 테마곡들은 오래도록 기억에 남습니다.

질문 3 차가 끌려 올라가면서 The End가 나왔는데 To be Continued 느낌으로 다가왔어요. 히치콕이 의도했던 걸까요? 「새」도 정조는 비슷하긴 했지만요.

이 십여 편의 「싸이코」 후속편들이 있었으나 히치콕이 직접 관여한 작품은 아닙니다. 앤서니 퍼킨스(1932-1992)가 직접 출연한 경우는 있었지만요. 하지만 직접적이진 않다고 해도 「싸이코」 다음의 히치콕 작품은 「새」였는데 테마는 동일하게 이어집니다. 비이성적인 광기, 싸이코시스(psychosis) 상황을 주제로 서스펜스를 효과적으로 부각한 영화예요. 「새」는 세상의 종말을 그린 묵시록적인 영화예요. 새가 왜 인간들을 공격하는지 갑론을박이 펼쳐지는데, 이유가 드러나지는 않습니다. 잠시 딴말을 하자면 「새」처럼 살아 있는 새를 노골적으로 묘사한 영화도 있지만 영국 시절에 만든 「사보타주(Sabotage)」(1936)에 역시 새가 나옵니다. 극장 안에서 디즈니 애니메이션이 상영되는 데 '새' 캐릭터가 등장해요. 히치콕이 조류 공포증이 있다는 증언은 없습니다만 하늘에서 침공하는 새의 이미지는 불길하게 자주 쓰이죠. 「북

알프레드 히치콕, 「싸이코」

"사람이 부모를 떠나야만 성장할 수 있는데, 노먼은 가족이라는 사슬에 갇혀 성장하지 못한 안타까운 경우입니다. 구치소 안에서 결국 노먼의 두 자아 중에서 어머니의 자아만 살아나서는 "나는 파리 한 마리 못 잡는 약한 사람이야."라며 꼼짝 안 하고 있잖아요. 자신의 결백을 보여 줘야 한다면서. 결국 어머니가 승리한 자아로 살아남는 걸 보면서, 노먼이 가엾다는 생각이 들었습니다. 노먼의 존재는 사라지는 거죠."

북서로 진로를 돌려라」의 옥수수밭에서 주인공이 쫓기는 장면은 비행기에 의한 것이기는 하지만 시점은 새의 것처럼 느껴져요. 하늘에서 내려다보는 존재는 어딘가 흉물스럽죠. 「싸이코」에서도 흡사한 장면이 있어요. 탐정 아보개스트가 죽음을 당할 때 계단에 떨어지는 탐정의 모습은 위에서 아래로 내려다보는 시점으로 잡혀 있어요. 일종의 새의 시점이죠.

강 서양에서 새는 하늘과 땅의 메신저라고 볼 수 있습니다. 그리스신화에 등장하는 헤르메스의 경우 발에 새 날개가 있는 것으로 그려지죠. 그러니까 새는 인간적인 것이 신적인 것으로 옮겨가는 상징이라고 할 수 있을 겁니다. 그런데 히치콕에게서 새는 박제된 존재로서 새이기는 하되 날지 못합니다. 마찬가지로 하늘로 솟아오르지 않고 땅으로 하강해 인간을 공격하는 새도 이미 새라고 볼 수 없죠. 땅으로 향하니 지옥의 악마라고 할 수 있으니까요. 여기서 히치콕적 비극이 탄생하는 겁니다.

질문 4 카우보이모자를 쓴 석유 재벌이 추파를 던지고, 여성의 옷차림이 너무 타이트한 데는 남성의 성적 판타지가 스며든 게 아닌가 싶었어요.

이 「이창」에서도 그레이스 켈리가 파리에서 온 새 옷을 사진사 제프에게 과시하는 장면이 있는데 히치콕이 여성 인물에게 섹슈얼한 이미지를 부여한 것은 사실입니다. 비단 히치콕뿐 아니라 1960년대 영화에서 흔히 볼 수 있는 이미지였고요. 그런데 「싸이코」의 본질을 생각해 봅시다, 이 영화는 철저히 여성의 욕망을 따르는 구조거든요. 전반부에는 마리온의 욕망이, 후반부에는 노먼이지만 사실은 노먼의 어머니에게 지배받는 아들의 욕망이 중심이 되고 있죠. 남성 중심적 판타지라기에는 걸리는 부분이 많아요.

강 물론 여성 입장에서 '이건 말도 안 돼.'라고 느끼는 부분은 있을 수 있어요. 남성 감독이 완벽한 페미니스트가 되긴 힘들어요. 여성적 경험과 남성적 경험은 확연히 다르기 때문에 히치콕이라는 남자가 여성적 욕망을 완벽히 재현하기는 불가능했을 테니까요.

따지고 보면 슬픈 건 남성주의적인 영화를 만드는 여성 감독들입니다. 여성만의 경험을 어필하는 것도 필요할 것 같습니다. 여성적 감수성에 가슴 깊이 공감할 수 있는 남자는 없을 거예요. 그런 척을 하거나 그러려고 노력할 수는 있겠지만 남성이 여성의 사고방식을 완전히 체득하기는 힘듭니다.

강신주

보이지는 않지만 누군가 당신을 보고 있다!

지금 우리에게는 일반 귀신론이 필요하다. 혹은 일반 공포론이라고 해도 좋겠다. 수많은 공포 영화가 만들어지고, 지금도 자발적으로 공포를 맛보려고 극장을 찾는 누군가가 있을 것이다. 흥미로운 일 아닌가. 지금 바로 이 순간 어느 극장에서 "으악!" 하고 비명을 지르며 눈을 감고 고개를 숙이는 사람들이 있다는 사실이. 모골이 송연한 공포에 질려서인지, 우리는 공포의 정체, 구체적으로 말해 공포가 어떤 메커니즘으로 우리를 휘감게 되는지 심각하게 고민하지 않는다. 그러니 일반 귀신론이 필요하다는 것이다. 일반 귀신론을 제대로 전개하려면, 어쩌면 책 한두 권의 분량이 필요한지도 모를 일이다. 그러니 일반 귀신론을 펼치겠다는 야심찬 계획은 이 짧은 지면에는 불가능하다. 그렇다고 인간이 언제 공포를 느끼는지 파악하려는 시도를 그만둘 수도 없는 노릇이다. 그래서 여기서 간단히 일반 귀신론을 입문 수준으로나마 스케치할 필요가 있다. 여기에 일반 귀신론이라는 이름을 붙인 건 결코 치기 어린 말장난이 아니다. 귀신만큼 공포의 메커니즘을 가장 잘 보여 주는 상징이 또 어디 있겠는가.

대학 시절 무슨 이유였는지 전국 방방곡곡을 방랑한 적이 있었다. 마치 머물 곳을 찾는 사람처럼 바람 따라, 꽃 냄새 따라, 혹은 시냇물 따라 정처 없이 떠돌았다. 이런 식의 방랑에 따라다니는 유일한 곤경은 먹거리와 잠자리를 어떻게 얻느냐의 문제다. 지금은 정확히 기억나지 않지만 가야산 어딘가를 배회하고 있을 때였다. 첩첩산중 경운기 한 대 가까스로 지나다닐 정도의 길을 시원한 바람을 맞으며 걷고 있었다. 그런데 곧 걸음을 재촉할 수밖에 없었다. 어느 사이엔가 해가 저물기 시작했는데 주변에는 민가 하나 보이지 않았다. 20여 년 전이니 가야산 깊은 산골은 삶이 살 정도로 위험한 곳이었다. 다행스럽게도 저 멀리 굽이 너머 계곡 사이로 희미한 불빛이 내비치고 있었다. 작은 마을이 있는 것이 분명했다. 십년감수라도 한 듯 나는 거의 뛰다시피 그 불빛이 비치는 곳으로 걸어갔다.

그렇지만 아무리 걸어도 불빛은 가까워질 기미를 보이지 않았다. 심지어 때때로 불빛이 사라지기까지 했다. 무언가에 홀린 것만 같았다. 그 순간 생각지도 않던 공포가 밀려들었다. 누군가 나의 뒤를 밟고 있는 것 같아 수차례 뒤를 돌아보기도 했다. 그러나 뒤돌아보는 순간 나를 따라오던 발소리도 이내 잠잠해졌다. 마치 내가 돌아보는 것을 아는 듯 말이다. 설상가상 뛰다시피 걸어가는 작은 산길 옆에서는 연신 무슨 소리가 들려왔다. 가던 길을 멈추고 길 옆 덤불 속을 쳐다보았지만, 이번에도 나의 시선을 느껴서인지 덤불 속의 소리는 일순간 멈추곤 했다. 누군가 나를 따라오고 있는 것이 분명했다. 그렇지만 사람인지 짐승인지 전혀 갈피를 잡을 수가 없었다. 갑자기 어린 시절 「전설의 고향」(1977)에 등장해서 나를 이불 속에 가두어 놓았던 무서운 귀신들의 몰골이 떠올라 모골을 송연하게 했다.

어떻게 마을에 들어서는지도 몰랐다. 계곡 근처에 모여 있던 다섯 집의 창가에 비치던 불빛이 어찌나 고마웠던지. 가장 가까운 집의 대문을 두드리자 할머니 한 분이 나와 주셔서 나의 공포 체험은 일단락되었다. 시골 인심답게 넘칠 듯이 가득 담긴 저녁 식사를 대접받은 뒤, 나는 정신없이 곯아떨어졌다. 아마도 방금 경험한 공포감 때문에 기진맥진했으리라. 다음 날 아침 나는 서둘러 할머니의 일을 도와주기 시작했다. 맛난 밥과 편한 잠자리를 제공받았으니, 할머니가 힘이 부쳐 하지 못하던 일들을 도와드렸다. 할머니의 배웅을 받으며 나는 마을을 떠났다. 밝은 낮에 어제 왔던 길을 다시 걸어 내려가니 그다지 험하지도, 그리 멀지도 않은 길이었다. 30-40분을 지나자 작은 길은 끝나고 자동차가 다니는 2차선 도로가 나왔을 정도이니 말이다. 그제야 아침 식사 때 할머니가 건넨 이야기가 기억났다. 어젯밤 할머니가 문을 열고 본 내 몰골은 말이 아니었나 보다. 얼굴뿐만 아니라 온몸이 땀에 젖어 무언가에 홀린 것처럼 불안하기 이를 데 없어서 할머니는 나를 집에 들일 수밖에 없었다고 했다.

일반 귀신론은 대학 시절 나의 경험을 숙고하면 어렵지 않게 구성할 수 있다. 무엇보다 먼저 똑같은 길인 데도 나에게 심한 공포를 안겨 주기도 하고 그렇지 않은 이유를 고민해 보자. 핵심은 '밤'과 '낮'의 차이에 있다. 그러니 공포에서 어둠과 밝음의 차이가 중요한 것이다. 어둡다는 건 우리가 주변을 시선으로 식별할 수 없다는 걸 말한다. 한마디로 보이지 않는다는 것이다. 반대로 밝다는 건 우리가 주변을 명료하게 볼 수 있다는 것이다. 바로 이것이 중요하다. 그렇지만 볼 수 없다는 건 공포의 충분조건일 뿐 필요조건은 아니다. 무언가 볼 수는 없지만 그것이 나를 응시하고 있다는 느낌이 들어야만 비로소 공포에 사로잡히기 때문이다. 시각이 작동할 수 없으니, 그 무엇인가는 오감 중 다른 감각으로 느껴져야만 할 것이다. 그래야 무언가가 정말로 실체로서 내 앞에 존재할 수 있을 테니 말이다.

「싸이코」의 여주인공 마리온이 경찰관 사내에게 의심받는 장면

마침내 우리는 귀신이라는 해묵은 상징의 정의에 이르게 된 것이다. 귀신이란 볼 수는 없지만 다른 감각으로 느낄 수 있는 그 무엇이다.

정체를 알 수 없으니 귀신은 말 그대로 '무엇(what)'이라고밖에 할 수 없다. 정체를 알 수 없는 무언가가 어둠 속에서 나를 응시한다. 그렇지만 그 무언가는 스스로를 감추고 있으니 내게 적대적일 수밖에 없다. 친근한 것이 나를 멀리하면서 동시에 보이지 않게 숨을 수는 없는 노릇 아닌가. 어두운 밤에 홀로 골목길을 걷

다가 보이지는 않지만 무엇인가 자신을 응시하고 있다는 느낌을 받은 적이 있는가? 그것이 바로 귀신, 즉 '무엇'이다. 내가 볼 수는 없지만 나를 보고 있는 건 우리를 공포에 빠뜨린다. 바로 이것이 일반 귀신론의 핵심이다. 서스펜스의 대가 히치콕이 위대한 이유는 일반 귀신론의 핵심을 정확히 간파하고 그것을 영상으로 만들 수 있었다는 데 있다. 바로 그 증거가 「싸이코」다. 「싸이코」는 크게 두 부분으로 나뉜다. 영화사의 명장면 중 하나인 욕실 살인 장면, 즉 여주인공 마리온이 정신 분열증에 걸린 남자에게 칼로 난도질당하는 장면이 바로 두 부분을 나누는 경계선이다.

베이츠 모텔에 도달하기 전 이야기를 먼저 살펴보자. 피닉스에 살고 있는 마리온은 충동적으로 회사 돈을 훔쳐 달아난다. 죄책감 때문인지 마리온은 누군가가 항상 자신을 보고 있다는 느낌을 받게 된다. 어쩌면 이 죄책감이 마리온에게는 깜깜한 밤, 보려고 하지만 볼 수 없는 어둠의 대용품이다. 바로 이 대목에서 히치콕은 어둠 속에서 갑자기 출몰해서 사람들을 놀라게 하는 귀신과 같은 존재를 캐스팅한다. 한 사람은 피닉스를 떠나기 전에 자동차 안에 있는 마리온을 응시하는 회사 사장, 아직 마리온이 공금을 횡령한 사실을 모르는 사장이고, 다른 한 사람은 무언가 서두르는 마리온을 응시하는 도로 경찰이다. 누군가 자신을 응시한다고 느끼는 공포 상태에서 갑작스레 등장한 두 인물은 마리온의 공포를 극대화할 수밖에 없고, 마리온에게 감정이입을 하고 있는 관객도 예외는 아닐 것이다. 갑작스레 마리온 앞에 등장하는 두 인물은 어두운 밤길을 걸어갈 때 갑자기 부스럭거리는 덤불 속의 인기척과 같은 효과를 낳았던 것이다.

베이츠 모텔에 이르러 마리온은 노먼 베이츠라는 모텔 주인, 여리지만 신경질적인 젊은 남자를 만나게 된다. 이 남자에게 두 개의 분열된 자아가 존재한다는 사실이 영화 후반부에 드러나기까지, 베이츠 모텔에 도착한 마리온도, 그리고 그녀와 함께 베이츠 모텔에 이른 관객도 이 사실을 알 턱이 없다. 노먼의 내면에는 노먼 자신의 자아뿐만 아니라 어머니의 자아도 함께 동거하고 있었다. 문제는 이 두 자아가 서로를 감시하고 서로를 배타적으로 소유하려 한다는 점이다. 그러니 노먼이 다른 여자를 만나 사랑에 빠지려는 순간, 그의 내면에 있던 어머니 자아가 불쑥 등장해서는 노먼의 여자를 죽이는 것이다. 불행히도 마리온은 바로 이런 분열증에 빠진 남자의 촉수에 걸려들었다. 아니나 다를까, 노먼이 마리온을 마음에 두었다는 사실을 확인한 순간, 그의 내면에 숨어 있던 어머니의 자아가 출현해 마리온을 살해한다. 바로 이것이다. 눈에 보이지 않지만 그녀와 관객을 적대적으로 응시하고 있던 노먼의 또 다른 자아, 즉 어머니의 자아가 바로 귀신이 아니면 무엇이겠는가. 그래서일까, 마지막에 노먼이 어머니의 옷을 입고 칼을 휘두르는 장면을 보고 나서야 비로소 우리는 공포에서 벗어나 안도의 숨을 쉬게 된다. 이것이 바로 히치콕의 위대함이다. 그만큼 일반 귀신론적 통찰을 영화에 자유자재로 연출했던 감독은 없었으니 말이다.

비평가의 눈
이상용

두 여인의 죄의식, 그녀들의 목소리

점심시간을 이용해 샘과 은밀히 만나는 마리온은 '남들'처럼 부모님께 남자를 소개하고 싶고, '남들'처럼 남자를 집으로 초대하고 싶다. 하지만 샘은 이혼한 아내에게 매달 지불해야 하는 위자료와 아버지가 남긴 빚 때문에 마리온과 당장 결혼할 수가 없다.(이러한 설정은 오늘날의 사회였다면 달라졌을 출발점이다. 결혼하지 않았다는 이유로 남녀의 정사가 은밀해지는 것은 1960년대식 미국의 통념이다.)

샘과 헤어진 후 마리온은 사무실로 돌아온다. 자신의 딸을 위해 저택을 준비한 고객은 4만 달러의 현금을 내보이며 돈으로 불행을 쫓아 버릴 수 있다고 큰소리를 친다. 부동산 사무소의 사장은 돈을 은행에 맡기고 퇴근하라고 마리온에게 이른다. 그녀는 은행 대신 서둘러 짐 가방을 챙겨 도망을 선택한다. 4만 달러라면 자신의 불행을 날려 버릴 수 있을 것이다. 마리온은 피닉스를 떠나 샘의 거주지인 캘리포니아로 향한다.

「싸이코」는 히치콕 영화의 주제들이 내밀하게 스며 있는 영화다. 히치콕은 '범죄 상황'에 처한 '평범한 사람'이 '죄책감'에 시달리는 이야기를 즐겨 다루어 왔다. 다른 점은 있다. 대다수 히치콕 영화에서 범죄는 아주 우연히 시작된다. 그런데 「싸이코」의 마리온은 범죄를 직접 선택한다. 4만 달러가 든 가방과 함께 차를 몰고 집을 나왔을 때 그녀는 횡단보도를 가로지르는 직장의 사장과 눈이 마주친다. 시선을 마주하자마자 그녀의 마음이 뛰기 시작한다. 과거 히치콕의 영화라면 마음을 뛰게 하는 죄책감을 사건이나 드라마와 연결하여 표현했겠지만, 「싸이코」는 마음의 소리를 노골적으로 들려준다.

사장 내가 현금은 안 된다고 했지? 난 책임 못 지네…… 10년간 데리고 있어서 믿었는데.

고객 나는 4만 달러 포기 못해. 돌려받을 거야. 부족한 건 그 여자가 몸으로 때워야 할걸? 꼭 찾아내겠어.

사장 기다려 보게. 난 아직 믿을 수가 없어. 무슨 문제가 있었을 거야.

고객 은행에 확인해 봤지? 보지도 못했다잖아. 아직도 믿어?

이것은 마리온의 마음속에서 만들어진 것이다. 마리온의 죄책감은 사장의 '시선'과 마주하면서 자극받기 시작했고, 자동차를 운전하는 내내 이러한 죄책감에 시달린다. 길가에서 잠든 그녀를 깨우는 경찰의 시선을 받을 때도, 중고차를 급히 구매할 때도 마리온의 죄의식은 강조되어 드러난다. 그녀는 희희낙락하며 범죄를 저지르는 악당도 아니다. 유혹을 견디지 못해 4만 달러를 탐낸 평범한 인간에 불과하다.

「싸이코」의 전반부는 여러 차원에서 논의되어 왔다. 시각적 차원에서는 돈 봉투를 통해 표현되는 맥거핀 효과를 따라간다고 설명되기도 하였고, 백인 여성의 범죄에 초점을 맞추기도 했다. 그러나 이 분석들은 부차적이다. 이 모든 것에 중핵이 있다면 그것은 죄책감이다. 죄책감은 시각적 맥거핀의 내용을 채워 주기도 하고, 범죄 행위의 동력이 되기도 한다.

이러한 죄의식은 목적지를 향해 가는 것을 덜그럭거리게 만든다. 그 가로막길이 베이츠 모텔이다. 캘리포니아를 향해 가던 마리온은 갑자기 쏟아지는 비로 인해 베이츠 모텔에 도착한다. 모텔 주인 노먼은 마리온이 잘못 왔음을 강조하면서도 그녀를 손님으로 환대한다. 이 만남이야말로 영화의 절정이라고 할 수 있다. 영화가 끝난 후에야 밝혀지는 사실이지만, 노먼은 오래전 살인을 저지르고 죄책감에 사로잡혀 살아온 인물이다. 아무튼 죄의식을 짊어진 두 인물의 만남이라는 점에서 '베이츠 모텔'은 중요한 장소다. 이곳은 이미 살인이 일어났던 장소이고, 앞으로 또 살인이 일어날 장소가 되기 때문이다. 죄책감을 덮기 위해 죽음은 반복되고, 그것은 「싸이코」의 스토리를 이끌어 가는 핵심이 된다. 「싸이코」는

노먼의 의식구조를 상징한다고 볼 수 있는 「싸이코」 속 2층집

죄책감이 전이되고, 살인이 반복되면서 일어나는 '마음'과 '욕망'의 드라마다.

통상적으로 남녀의 로맨스를 따라가는 히치콕의 영화에서 남녀 주인공이 결합되는 순간은 '공모'라는 감정을 통해서였다. 우연히 일어난 범죄 사건에 남녀 주인공이 연루되고, 이들은 사건을 해결하기 위해 연대하고 공모하기 시작한다. 그리하여 범죄에 공모한다는 것은 그들을 육체적 결합 이상으로 단단하게 정신적 결합을 가능케 한다. 히치콕 영화의 익숙한 공식을 따라가면, 베이츠 모텔에서 만난 마리온과 노먼이 샌드위치를 먹으며 마음을 드러내는 순간이 바로 서로에게 공모의 감정을 느끼는 순간이다. 여러 평자의 지적처럼, 박제된 방에서 대화를 나누는 장면은 그들 사이의 교감을 먼저 보여 준다.

그러나 빠져나갈 수 없는 덫에 대해 이야기하면서 두 사람은 서둘러 자리를 정리한다. 이 순간이야말로 전반부의 절정을 이룬다. 자리가 정리된 이유는 대화를 나누는 중에 마리온의 생각이 바뀌었기 때문이다. 그녀는 눈앞에 있는 남자(범죄자)에게 연대의 감정을 느끼기보다는 잘못된 상황을 바로잡아야 한다는 생각을 하게 된다. 마리온의 변심은 다음 장면이 설명해 준다. 방으로 돌아온 마리온은 4만 달러 중 이미 사용한 돈을 계산한 후 끄적이던 종이를 변기에 버리고 샤워를 시작한다. 밤이 지나고 아침이 오면 그녀는 집으로 돌아갈 것이다.

싸이코의 등장은 이 순간에 이루어진다. '노먼-어머니'는 마리온의 변심을 알아차린다. 이 존재는 샤워를 하는 마리온의 뒤쪽으로 다가와 칼로 그녀를 난도질한다. 「싸이코」의 유명한 샤워 살인 장면은 공모자의 변심에 대한 응징이다. 히치콕의 대다수 영화에서 '공모'한 연인들이 해피엔드를 이룰 수 있었다면, '변심'한 연인들은 응징당하기 마련이었다. 「새」의 멜라니, 「현기증」의 매들린이 공격당하거나 죽음을 맞이한 것도 '변심'의 순간을 드러냈기 때문이다.

그런데 중요한 문제가 하나 있다. 마리온의 마음을 진정으로 읽어 낸 것은 '노먼-어머니' 중 누구인가 하는 문제다. 마리온에게 유혹을 느낀 것은 노먼이지만, 그녀에게 칼을 든 것은 어머니다. 이 영화가 복잡한 것은 '노먼-어머니'라는 양성적 존재가 곳곳에서 얼굴을 드러내기 때문이다. 애초에 영화의 전반부가 마리온이 들려주는 마음의 소리를 따라, 그녀의 죄책감을 따라 전개되었다면, 영화 후반부에서는 누구의 죄책감과 마음의 소리를 듣는가를 따져 보는 것이 중요할 것이다. 영화 후반부를 채우는 것은 노먼이 아니라 '어머니'다.

범죄가 드러나고 독방에 갇힌 어머니의 마음속 소리는 다음과 같다. "어머니가 자기 아들을 곤란하게 하는 것은 슬픈 일이지. 하지만 내가 살인을 했다고 믿게 내버려 둘 수는 없어. 이제 그 애를 가둘 거야. 내가 했어야 했던 일이지." 어머니의 마음은 자신의 결백을 주장하면서 모든 죄를 아들에게 뒤집어씌운다. 흥미로운 것은 영화에서 들려온 마음의 소리가 전반부에는 마리온의 것이었다면, 후반에는 어머니의 것이라는 점이다. 두 여인의 내면 음성은 대구를 이룬다.

노먼이라는 존재를 슬쩍 지워 버리고 나면 두 여성의 마음속 소리가 어떤 갈등을 일으키는지는 명확해진다. 「싸이코」는 그녀들이 느끼는 사랑에 대한 절박함

(샘을 향한 것과 아들을 향한 것), 욕망에 따른 충동(돈을 훔치는 것과 살인)을 따라간다. 그러나 두 여인은 공모할 수 없다. 그들은 '노먼'을 통해서만 매개된다. 어머니는 노먼의 눈으로 마리온을 지켜보고, 마리온은 노먼의 성대로 흘러나오는 어머니의 소리를 멀리서 듣게 되면서 그녀의 존재를 짐작한다.

두 여성의 마음을 따라가는 「싸이코」의 충격적인 구성은 마음을 드러낸 결과다. 그것은 폭력과 죽음으로 이어진다. 그렇다면 노먼의 진정한 역할은 무엇일까? 그것은 두 여성의 마음을 지하와 늪에 묻어 버리는 것이다. 어머니가 마리온을 살해한 후 노먼은 서둘러 욕실을 치운다. 관객이 충격으로부터 빠져나오기도 전에 모든 것을 깨끗이 청소한 후 시체와 짐과 차를 늪에 빠뜨린다. 또한 노먼은 위기 상황이 다가오자 2층에 모셔 둔 어머니의 유골을 지하 과일 창고에 옮겨 놓는다.

노먼의 역할과 행위는 죄책감을 감추는 전형적인 행위다. 영화의 반전은 지하에 감춰진 두 여성이 드러나는 순간이다. 지하로 내려간 마리온의 언니 라일라는 어머니의 유골을 보고 놀란다. 또한 「싸이코」의 마지막 장면은 늪에 잠긴 마리온의 자동차를 건져 올리는 순간이다. 두 여성의 존재가 지상으로 올라오는 순간, 두 여성을 매개했던 노먼의 존재는 세상 속에서 사라져 버린다. 정말 섬뜩한 일이다. 노먼은 두 여자를 지하 세계로 내려보냈고, 그녀들은 끝내 노먼을 지우고 지상으로 올라와 버린다. 「싸이코」는 그녀들의 승리를 그려 낸다.

「싸이코」는 공포영화의 대부와도 같은 작품이다. 이후로 수많은 공포영화에서 연쇄살인마와 싸이코패스들이 주인공으로 등장하기 시작했다. 「싸이코」는 10편까지 만들어지면서 공포영화 시리즈의 계보를 만들기 시작했다. 이후 웨스 크레이븐(1939-)을 비롯한 현대의 공포 영화 감독들 히트 작이 새로운 숫자를 달고 시리즈로 이어져 나오기 시작했다. 한국의 공포 영화 「여고괴담」에 여러 속편이 있듯이, 「싸이코」는 속편 혹은 시리즈 영화의 포문을 열었다고 할 수 있다.

최근 미국 드라마 「베이츠 모텔」이 인기를 끌었다. 영화 「싸이코」에서 보안관의 입을 통해 전해졌던 과거의 상황이 드라마로 만들어진 것이다. 자연스럽게 노먼 베이츠의 어린 시절이 등장하고, 그의 성장 과정을 비롯해 이후 살인자가 되어 가는 과정을 그린다. 이 드라마는 2013년 3월 18일 미국 A&E 채널에서 처음 방영됐다. 새로운 세기로 넘어왔지만 사람들은 여전히 「싸이코」의 충격에서 벗어나지 못하고 있다.

사소하지만 지속적인 영향력도 스릴러 장르에 퍼졌다. 미끼로 번역되는 맥거핀은 후대 영화에 지대한 영향을 끼쳤다. 「싸이코」에서 맥거핀으로 활용된 것은 관객들을 베이츠 모텔로 이끌기까지 시각적 중심을 이끄는 '돈 봉투'다. 정작 노먼이 등장한 이후 돈 봉투는 영화의 관심사에서 사라져 버린다. 대중 영화에서 활용된 맥거핀의 유명한 사례는 「미션 임파서블 3」(2006)의 '토끼 발'이다.

13강 하녀, 소외된 악마

하녀

김기영

시놉시스

"우리 삶의 절반은 모두 하녀에게 의지하고 있지."

— 등장인물 동식의 대사

「하녀」 1960

한국 | 109분 | 김기영

비 오는 날, 몸을 피할 수 있는 공간이 있다는 건 참으로 다행한 일이다. 불이 환하게 밝혀진 널찍한 창문을 들여다보자. 남편 동식은 식탁에 앉아 저녁을 먹고, 아내는 자수를 놓는다. 남매는 부모의 발치에 앉아 실뜨기를 하는 데 여념이 없다. 문득 남편은 신문에 실린 한 기사에 시선이 꽂힌다. "금천 살인 사건이라……." 역시나 선정적인 내용일수록 궁금증이 동하기 마련이다. 하녀와 주인집 남자가 불륜을 저지르다가 급기야 치정 살인이 일어난 것이다. 남편 곁에 앉아 그 이야기를 잠자코 듣고 있던 아내는 "남자들은 다 멍청하군요. 고작 하녀랑 그런 짓을 하다니."라고 불쾌한 듯 불만을 토로한다. 그러자 남편은 오히려 '하녀' 쪽을 두둔하며 그들도 다 같은 사람이라고 감싼다. 아이들은 영영 끝나지 않을 순서를 주고받으며 여전히 실뜨기를 한다. 돌고, 돌고, 또 돌고…….

방적기가 힘차게 돌아간다. 사계절 어느 때나 쉴 새 없이 굴러가던 방적기가 퇴근 방송과 함께 딱 멈춘다. 기계 앞에서 일을 보던 조경희와 곽신영은 유달리 퇴근을 서두른다. 하지만 그녀들이 급히 옷을 갈아입고 향한 곳은 집이 아니라, 공장의 일과 후 특별 활동 교실이다. 이곳엔 다른 특별 활동도 많고 많지만, 특히 음악 교실이 인기다. 피아노 선생님이 근사하기 때문이다. 조경희는 친구 곽신영에게 그동안 품어 온 사모의 감정을 편지로 전달하라고 부추긴다. 곽신영은 주저하지만, 연심을 부정할 수 없다. 조경희는 곽신영의 편지를 낚아채 음악 교실 피아노 건반 위에 몰래 넣어 둔다. 이제 곧 수업이 시작될 참이다. 조경희와 곽신영은 조마조마한 마음으로 선생님의 행동을 꼼꼼히 살핀다. 그렇다. 이 음악 교실의 교사는 유부남 동식이다. 평소 가정에 충실해 온 그에게 '이런 편지'는 지독한 희롱으로 느껴질 뿐이다. 동식은 자신의 호주머니에 편지를 구겨 박고 침착하게 수업을 진행하다가, 도저히 참을 수 없다는 듯 고개를 가로젓더니 공장 행정실로 향한다. 그는 공장 관리자에게 방금 자신이 당한 '고약한 일'을 까발리고, 결국 곽신영은 정직 처분을 받는다. 곽신영은 실연의 아픔, 그리고 수치심에 젖어 고향으로 돌아간다. 조경희는 곽신영을 배웅하고, 저녁 무렵 동식의 집을 찾는다. 그녀는 동식에게 피아노 과외를 따로 받고 싶다고 청한다. 새집 공사에 자기가 건사해야 할 식구들까지, 동식으로서는 한 푼이 아쉬울 때다. 때마침 굴러든 돈줄을 마다할 이유가 없다. 경희는 어수선한 동식의 집과 살짝 괴팍해 보이는 그의 식솔들을 둘러보며 묘한 느낌을 받는다.

마침내 경희의 피아노 과외가 시작된다. 동식은 피아노 선생님으로서 경희의 손가락을 어루만지고, 가끔씩 손을 포개기도 한다. 경희는 싫지 않은 눈치다. 바로 그때, 아래층 부엌에서 찢어질 듯한 비명이 울린다. 2층에서 피아노 교습을 하던 동식과 경희, 그리고 짐 정리를 돕던 아이들까지 일제히 달려 나온다. 동식의 아내가 부엌 찬장을 정리하다가 갑자기 튀어나온 쥐에 놀라 쓰러지고 만 것이다. 그녀는 남편에게 애원한다. "이 집은 제가 홀로 돌보기엔 너무 커요. 하녀를 들여야겠어요." 동식은 아내에게 그동안 너무 무리를 했다면 잠시라도 편히 쉬라고 당부한다. 경희는 그렇게 서로를 아끼고, 애무하는 부부를 내려다본다.

다시 특별 활동 시간이 돌아왔다. 동식은 수업을 마치고 경희를 불러 한 가지 부탁을 한다. 아무래도 하녀를 구해야겠다고 말이다. 하녀를 물색하는 일은 생각보다 수월하게 이뤄진다. 경희는 옷장에 숨어 담배를 태우는 데다, 다소 당돌한 성격의 공장 청소부에게 이 자리를 제안한다. 그 친구는 제법 괜찮은 시급을 듣자마자, 당장 하녀로 일하겠다며 경희의 제의를 수락한다. 경희는 친구와 함께 동식의 집을 찾는다. 경희의 친구, 아니 하녀는 집 안의 화기애애한 분위기에는 관심이 없다는 듯 멀뚱한 얼굴로 부엌을 들쑤시고 다닌다. 그러다 하녀는 찬장에서 기어 나온 쥐와 맞닥뜨리지만 놀라기는커녕 가소롭다는 듯 붙잡아 흔들어 댄다. 동식에게 머물 2층 방을 안내받은 하녀는 이 모든 것이 마냥 신기하다는 듯 침대에 앉아 발을 구르다가, 피아노 소리가 들리는 쪽으로 조금씩 다가간다. 베란다의 창을 열고 옆방으로 걸어가, 그쪽을 들여다본다. 잔인할 정도로 순진한 눈빛으로.

쥐들은 차례로 죽어 나가고, 아내는 악몽에 시달린다. 그래도 가정은 평화롭다. 동식은 다리가 불편한 딸아이에게 쳇바퀴를 도는 다람쥐를 보여 주고 재활에 힘쓰라고 한다. 딸 애순은 쥐랑 다를 게 없다며 질색하고, 아들 창순은 끝까지 개구쟁이 짓을 해 댄다. 새로 들어온 하녀도 괴팍하긴 하나 잘 적응하는 듯싶고, 경희의 피아노 과외도 변함없이 이어진다. 하지만 임신과 집안일로 몸이 쇠약해진 아내는 아이들과 함께 친정집에 머물기로 한다.

그러던 어느 날, 공장으로 곽신영이 죽었다는 소식이 전해진다. 갑작스러운 부고에 충격을 받은 경희와 동식은 서둘러 신영의 고향으로 향한다. 울화병 때문이었을까, 상사병 탓이었을까? 신영의 어머니는 너무 쉽게 부러져 버린 묘령의 딸아이가 원망스럽기만 하다. 급기야 그녀는 동식의 멱살을 틀어잡고 한풀이를 시작한다. "왜 내 딸한테 그런 짓을 한 거야!" 동식은 무거운 가슴을 끌어안고 경희와 함께 집으로 돌아온다. 경희는 기분 전환 삼아 피아노를 치자고 한다. 하지만 동식은 정신이 반쯤 나간 듯하다. 그 와중에 경희는 동식에게 사랑을 고백하고, 단칼에 거부당하자 도리어 으름장을 놓는다. "저도 자살해 버릴 거예요. 하지만 신영이처럼 조용히 죽지는 않을 거예요. 글을 남겨 당신이 벌 받도록 만들 테야." 동식은 정신적 압박이 극에 달하자, 경희에게 손찌검을 하고 만다. "당신이 한 짓을, 아주 세상이 다 알도록 만들 테야." 경희 또한 격앙된 나머지 자신의 옷을 찢어발기고, 동식이 자신을 겁탈하려고 했다는 양 꾸며 댈 거라고 호통을 친다. 동식은 끓어오르는 분을 참지 못하고 다시 경희의 뺨을 때린다. 이제 경희도 별수 없다는 듯 피아노 방을 뛰쳐나가고, 동식은 어느 누구도 자신의 삶과 가정을 망칠 수 없다고 절규한다. 그렇게 맥이 빠져 되돌아온 2층 방에는, 비에 젖어 잠옷 위로 젖가슴이 다 드러난 하녀가 피아노를 두드리며 서 있다. "비에 젖어 춥군요." 하녀는 겁 없는 짐승처럼 동식 곁에 다가선다. "담배 한 대 주시겠어요?" 동식은 어처구니가 없다. 그러자 하녀는 멋대로 담배가 든 함을 들고 자기 방으로 도망간다. "오늘 조경희랑 있었던 일을 당신 아내한테 말해 버리겠어요." 동식은 분을 삭이지 못하고 하녀를 뒤쫓아 그녀의 방까지 따라 들어간다. "제게도 피아노 레슨을 해 주시겠어요? 하지만 제2의 조경희가 되는 건 싫어요." 하녀는 점점 더 당돌해진다. 동식은 그녀의 저돌적인 포옹과 애무에 강력히 저항하지만, 이미 자신의 욕정에 불씨가 옮겨붙었음을 직감한다. 결국 하녀가 옷을 벗자, 동식은 그녀의 가슴을 움켜쥐고 깊은 욕망을 울부짖는다. 하녀는 동식을 절대 놔주지 않겠다는 듯 필사적으로 부둥켜안는다. 욕정은 마치 낙뢰처럼 동식의 가정을 후려갈긴다.

이제 동식의 삶은 매 순간이 아수라장이다. 공장의 학생들은 동식의 고발로 곽신영이 죽게 됐다며 그를 비난한다. 가정에서도 정신을 차릴 수 없기는 마찬가지다. 하녀와 하룻밤을 보낸 이후로, 그녀의 행동이 부쩍 이상해졌기 때문이다. 이제 아이들과 아내가 집으로 돌아왔다. 얼핏 모든 것이 예전 그대로인 듯싶지만, 한편으론 모든 것이 송두리째 바뀌어 버렸다. 하녀는 기분이 내킬 때마다 피아노를 마구 두들겨 댄다. "전부 당신 아내한테 말해 버리겠어요. 그리고 저는 당신이 그 여자랑 동침하는 걸 견딜 수 없어요." 하녀는 당연하다는 듯이 동식에게 무리한 요구를 해 온다. 그는 죄책감과 하녀의 집착으로 검게 타 버린다.

동식의 외도는 가벼운 불장난 이상의 흔적을 남긴다. 결국 하녀가 그의 아이를 잉태하고 만 것이다. 살림이 넉넉해져 거실에 텔레비전까지 들여놓고, 곧 셋째 아이가 태어나는 경사스러운 상황에서도 동식의 얼굴은 차츰 더 어두워진다. '아내에게 실토할까?' 아마 그는 모든 것을 잃게 될 것이다. 설령 아내가 동식을 납득해 준다고 해도, 한번 깨진 신뢰는 결코 돌이킬 수 없을 것이다. 게다가 하녀의 배에서는 자신의 또 다른 아이가 하루하루 자라나고 있지 않은가. 시간이 흐른다고 해결될 문제가 아닌 것을 알지만, 동식의 입술은 좀처럼 떨어지지 않는다. 그가 주저할수록 하녀의 집착은 더 난폭해진다. 결국 심리적 압박을 이기지 못한 동식은 아내에게 모든 일을 털어놓는다. 아내는 그의 오입질에 순간 이성을 잃지만, 금세 정신을 가다듬고 '자신이 해야 할 일'을 차례로 진행시킨다. 동식의 아내는 하녀를 얼러 낙태를 종용하고, 끝내 충격을 받은 하녀는 계단에서 투신한다. 동식은 자신의 죗값을 대신 치르는 하녀를 지켜보며, 마음에 파고든 욱신거리는 통증을 느낀다.

유산한 하녀의 분노는 광증으로 번진다. 이제 그녀는 동식을 대놓고 '남편'이라 부르고, 안주인의 수발을 받는다. 이런 하녀의 행동은 동식이 셋째 아이를 얻은 다음부터 더욱 본격적으로 전개된다. 그는 순산의 기쁨을 누릴 틈도 없이, 안방까지 밀치고 들어오는 하녀의 행동을 감당해야 한다. "내 아이를 죽였듯이, 당신들도 똑같은 대가를 치러야 해." 하녀는 요람에 누워 있는 갓난아기를 쏘아본다. "같은 남자의 아이인데, 왜 내 아이는 죽고 이 아이는 이렇게 살아 있는 거지!" 하녀는 순식간에 아이를 집어 든다. 하지만 몸싸움 끝에 결국 하녀는 안방에 내쫓기고, 그녀는 즉시 다른 복수를 계획한다. '다른 아이들이라도 죽여 버리겠어.' 하녀는 당장 부엌으로 달려가 찬장에 놓아둔 쥐약을 꺼내 든다. 그리고 물잔에 섞어 아들 창순에게 건넨다. 그렇게 창순을 독살하고도 그녀는 눈 하나 깜짝하지 않는다. 오히려 마땅한 일을 해냈다는 듯 당당하다. 동식은 분노에 차 하녀를 후려치고 겁박하지만, 아내는 그러지 말라고 애원한다. "어차피 죽은 아이를 되살릴 수도 없고, 당신까지 잘못되면 우리 가족은 끝나요. 소문이 나서 공장에서 잘리기라도 하면 이 가족은 누가 먹여 살리나요?" 아내는 가정을 위해 하녀의 요구를 들어주기로 결정한다. 이제 동식은 하녀의 소유다.

하녀는 안주인이 차린 밥상을 받고, 동식을 끼고 살며 본처 행세를 한다. 끝내 참다못한 동식의 아내는 하녀를 독살하려 한다. 그러나 낌새를 알아챈 하녀의 술수로 동식의 처는 마지막 순간에 일을 그르친다. 그녀는 독살에 실패하고, 하녀에게 머리끄덩이까지 잡히는 수모를 당하지만 달리 하소연할 길 없다. 딸 애순도 흉포해진 하녀를 내몰기 위해 자기 딴에 노력을 하지만 부질없다. 그들이 하녀를 멸시하고 쫓아내려고 할수록, 그녀는 점점 더 사나운 이빨을 드러낸다.

장대비가 쏟아지는 어느 날 저녁, 그날도 어김없이 경희의 피아노 과외가 시작된다. 건반이 하나씩 눌릴 때마다, 하녀의 복장이 뒤집힌다. '조경희, 내 남자를 탐하다니.' 2층 방의 피아노, 아니 동식과 관련된 모든 것은 하녀의 소유물이다. 그것들을 만지고, 아끼고, 사랑하고, 또 파괴할 수 있는 사람은 오직 그녀 한 사람뿐이다. 따라서 조경희도 정당한 대가를 지불해야 한다. 하녀는 매섭게 날이 선 식칼을 틀어쥐고 피아노 방으로 달려든다.

"피아노 집어치워. 넌 피아노를 배우러 온 게 아니야! 너야말로 나쁜 년이야." 경희는 하녀의 미쳐 버린 눈동자에 온몸이 얼어붙는다. "너 미쳤어? 칼 내려놔." 동식은 광기에 사로잡힌 하녀를 진정시키기 위해 조심스럽게 말을 꺼낸다. "어서 이 아이를 내보내세요. 이 집은 내 것이라는 걸 알려 주세요." 경희는 경솔하게도 동식에게 도움을 청한다. "선생님!" 현재 그가 처한 상황을 짐작조차 못한 채 말이다. "이제 선생님이라고 부르지 마. 나도 모르게 널 찌를지도 몰라." 하녀의 분노는 점점 더 달아오른다. 식칼을 쥔 그녀의 손이 부르르 떨리기 시작한다.

"미스 조, 어서 나가. 이 집은 있을 데가 못 돼." 불길한 예감을 느낀 동식은 점점 초조해진다. 분명 하녀라면 무슨 짓이든 하고 말 테다. 이미 살인조차 불사한 여자가 아닌가! 이대로라면 경희는 저 시퍼런 칼날로 난도질당하고 만다. 경희는 또다시 동식에게 도움을 청한다. 그러나 하녀는 동식의 이름을 부를 수 있는 사람조차 자기뿐이라며, 경희의 오른쪽 어깨를 깊숙이 찌른다.

결국 이렇게 버티며 살 수 없다고 판단한 동식은 하녀의 청에 따라 음독자살을 기도한다. '내 손으로 하녀를 죽여 살인자가 되느니, 차라리 자포자기하는 편이 낫다. 살인자 남편, 살인자 아버지로는 남을 수 없다.' 하녀는 동식을 완전히 차지하기 위해 동반 자살마저 불사한다. '이 세상에서 이 남자를 가질 수 없다면,

죽어서라도 내 것으로 만들겠어. 내가 소유할 수 없다면, 그 누구도 가질 수 없어!' 하녀는 쥐약을 탄 물 잔을 두 잔 준비한다. "당신과 함께 하늘나라에 가면, 신께 결혼식을 올려 달라고 빌 거예요. 이제 아무도 우리를 갈라놓을 수 없어요, 영원히!" 하녀는 동식의 손을 억지로 끌어당겨 깍지를 낀다. 하지만 동식은 마지막 죽는 순간만큼은 아내의 곁에 있고 싶다며 하녀의 손을 뿌리친다. 하녀는 죽을힘을 다해 그를 뜯어말리지만, 이미 혈관을 타고 퍼지기 시작한 독은 무자비한 속도로 그녀의 숨통을 조여 온다. 결국 하녀는 계단에 내팽개쳐지고, 동식은 아내가 있는 거실에 이르러서야 참아 온 단말마를 토해 낸다. 아내는 부릅뜬 눈으로 세상을 등진 동식의 눈을 감겨 주며, 비통한 눈물을 흘린다. "새집을 탐하지 않았더라면 이런 일은 없었을 텐데." 비는 하염없이 쏟아져 내린다.

느닷없이 기차 경적이 울리고, 동식은 창가에 서서 한가로이 담배를 태우고 있다. 아내는 읽고 있던 신문을 치우더니, 기가 찬다는 듯 코웃음을 친다. "결론적으로 교양과 인격이 있는 남자가 하녀한테 유혹당하는 걸 이해하지 못하겠어요." 동식은 물고 있던 담배 연기를 길게 내뿜더니 점잖게 대꾸한다. "그게 바로 남자의 약점이야. 높은 산을 보면 올라가고 싶고, 깊은 물을 보면 돌을 던지고 싶고…… 여자를 보면 원시로 돌아가고 싶어." 아내는 조금도 동의할 수 없다는 눈치다. "솔직히 남자들이 야비한 동물이라는 걸 인정하세요." 바로 그때, 하녀가 차를 준비해 방으로 들어온다. 동식은 괜히 하녀 얼굴에 담배 연기를 뱉으며 희롱한다. "이 집에 젊은 하녀를 둔 것이, 범의 입에 날고기지." 아내는 혀를 찬다. 동식은 아내의 반응에 껄껄 웃으며 자조한다. "남자들은 나이가 들수록 젊은 여자를 탐하기 쉽죠. 그러다 패가망신합니다. 당신도 예외는 아니죠." 그럼 지금까지 우리가 본 것은 무엇이었을까. 혹시 동식이 읽던 신문 기사의 내용이었을까, 아니면 그가 앞으로 겪게 될 사건인 걸까? 어쩌면 동식은 당신인지도 모른다.

김기영

1919-1998

"그는 나의 멘토다."
— 봉준호

김기영 감독은 서울 교동 소학교 3학년 때 평양으로 이사하여 그곳에서 성장기를 보냈다. 그의 대사의 독특함은 이북의 언어가 드리워져 있기 때문이기도 하다. 대학 시험에 실패한 후 일본에서 재수 생활을 하던 도중 그는 영화와 연극에 눈을 뜨게 된다. 해방 후 서울대학교 의대에 진학한 김기영은 여운형이 주도한 인민정치위원회에 참여하기도 하고, 연극반 활동도 활발하게 펼친다. 1947년 서울대의 '국립대학극장'을 이끌면서 입센(1828-1906)의 「유령」이나 셰익스피어의 「햄릿」을 연출한다. 김기영은 6·25 직후 미군 공보원에서 제작을 맡으면서 영화와 인연을 맺는다.

> 내 중학교 선배가 「시집가는 날」로 유명한 시나리오 작가 오영진인데 그분의 권유로 문예 영화를 먼저 하게 되었다. 피란 가서 부산대학병원에 있을 때 오 선배가 「대한 뉴스」를 맡았다. 미국인들이 만든 「리버티 뉴스」가 나오고 있었는데 한국 최초의 뉴스 영화를 만드는 거였다. 내가 시나리오를 쓰고 음악을 골라서 서울 수복에 관한 영화를 한 편 만들어 극장에 붙였는데 사람들이 막 울고불고 야단이었다. 그랬더니 「리버티 뉴스」 쪽에서 제안이

왔다. 그때 대학병원에서 3500원을 받았는데, 「리버티 뉴스」에서는 최고의 엔지니어로 대우해 5만 원을 주고 군대도 면제해 준다는 조건이었다. 첫 월급으로 결혼식도 치르고, 피란 때라 모두 굶주리는데 나 혼자 호화판이라 미안하기도 했다.

김기영 감독의 데뷔작은 「주검의 상자」(1955)다. 그의 초기작에는 네오리얼리즘 영화의 분위기가 배어 있다. 김기영의 스타일은 1960년에 만든 「하녀」로부터 본격적으로 출발한다. 자기 복제로 이어진 「화녀」(1971), 「충녀」(1972), 「화녀 '82」(1982) 시리즈는 독특한 미장센[859쪽 키워드 참고]과 표현주의적 색채로 한국 영화 대표작으로 언급된다.

「하녀」도 시대의 상황이 반영된 영화다. 그 당시는 전라도, 경상도에서 처녀들이 무작정 서울로 올라올 때다. 그들의 직업은 창녀, 식모, 버스 차장 세 가지밖에 없었다. 공장이 아직 많지 않을 때였다. 그런 시대를 알지 못하면 이 영화의 현실감을 이해하지 못한다. 시대적 배경, 시대적 정서가 영화의 향방을 결정한다. 그때 관객 반응을 보면 알 수 있다. 영화를 보러 온 부인들이 가정부 때문에 얼마나 골치가 아팠던지 영화를 보며 마구 일어나서 '저 년 죽여라!' 고함을 지르기도 했다.

김기영의 영화는 인간을 곱게 그리지 않는다. 「현해탄은 알고 있다」(1961)나 「고려장」(1963) 같은 작품에서도 인간의 나약함을 비웃는 김기영 특유의 유머는 괴기하다. 그는 늘상 대중을 염두에 두었는데, 멜로드라마와 전쟁 영화와 괴기 영화를 오가면서 1960년대에 전성기를 누린다. 암울한 유신 시대에 김기영이 만든 영화는 문예 영화들이다. 이광수와 이청준의 소설을 각각 영화화한 「흙」(1978)과 「이어도」(1977)는 원작의 분위기와는 동떨어져 있지만 훌륭히 재구성된 이 시기의 걸작이다.

1980년대에 김기영은 영화사 '신한문예영화'를 차렸지만 형편은 좋지 않았다. 「반금련」(1981), 「자유 처녀」(1982), 「바보 사냥」(1984), 「육식동물」(1984)을 제작했지만 서서히 시대 속에서 사라져 갔다. 그러다 여러 후배 감독들의 극찬 속에 열린 1997년 2회 부산 국제영화제 회고전을 통해 김기영은 재조명된다. 이듬해인 1998년 2월 5일 새벽 3시경 그는 자택에서 화재로 타계했다. 그는 같은 해 베를린 국제영화제에서 자기 작품 네 편을 직접 소개할 예정이었다.

한국 중산층 가정의 욕망을 먹고 사는 괴물

「싸이코」가 미국인의 욕망을 들여다보았다면, 동시대에 만들어진 「하녀」는 한국인의 욕망을 들여다본 이야기다. 물론 차이도 존재한다. 「싸이코」가 인간의 마음속 깊은 데 있는 분열적인 무의식을 들여다보았다면, 「하녀」는 인간들의 표층적인 욕망과 그 무의식을 문제 삼는다. 두 영화는 이처럼 다른 듯 비슷하다. 「하녀」는 제목 그대로 괴물같은 하녀의 이야기다. 서울의 한 중산층 가정에 하녀가 들어오면서 그 집안은 풍비박산이 난다. 1950년대 말에서 1960년대 초의 가정은 그만큼 연약했다. 이는 한국전쟁이 끝난 지 얼마 되지 않았음을 보여 주는 것이기도 하고, 새로운 산업의 물결이 불어 닥치면서 가치관의 혼란이 야기되는 시기임을 보여 주는 것이기도 하다. '하녀'는 그 모든 것을 뜻한다. 어쨌든 그녀는 모든 것을 집어삼킨 괴물이었다.

마틴 스코세이지 감독이 세계에 소개한 한국 영화

이 「하녀」는 이번 시네토크에서 다룬 영화 중 유일한 한국 영화입니다. 1960년대를 한국 영화의 르네상스라고 부릅니다. 4·19혁명부터 유신 시대 이전까지의 짧은 기간 동안 새로운 영화들이 태동합니다. 신상옥(1926-2006), 이만희(1931-1975), 김기영의 영화가 대표적이죠. 김기영은 이중에서도 가장 독특할 뿐 아니라 작품 수준도 뛰어납니다.

세계 영화 재단에서 전 세계 주요 필름을 리마스터링하는 작업을 마틴 스코세이지 감독이 진행해 왔습니다. 「하녀」는 몇 년 전에 선택되어 복원 후 2006년 칸 영화제에 선보여졌습니다. 「하녀」에 세계적으로도 보편적 가치가 있다고 볼 수 있는 증거겠죠. 2회 부산영화제 때 김기영 회고전을 했습니다. 얼마 뒤 1998년 2월 베를린 영화제에 초청받은 감독님은 명륜동 자택에 화재가 나는 바람에 영면하셨습니다. 당시 회고전을 준비하면서 몇 번 뵈었는데 기인 혹은 괴물 같다는 인상을 받았습니다. 그래서인지는 모르겠지만 제 마음속에는 「하녀」가 가장 중요한 한국 영화로 기억돼요.

강 이 영화를 보면서 감독의 똘끼가 충만하다는 게 느껴지더군요. 저는 「싸이코」보다 「하녀」가 훨씬 더 재밌었습니다. 최근에 리바이벌한 전도연이 나온 「하녀」(2010)는 김기영 감독의 「하녀」와는 정말 무관한 영화입니다. 부르주아사회에 대한 신랄한 풍자, 인간 본성에 대한 냉소적 시선이 없다면 「하녀」는 「하녀」일 수 없지요. 그저 집주인과 하녀 사이의 에로신, 혹은 괴기한 상황 전개만으로 김기영 감독을 대신할 수 없는 법입니다. 개성 강한 음향, 스토리, 영상 배치, 미장센을 보면 김기영만 한 감독이 또 있을까 싶습니다.

이 김기영 감독은 자기 복제를 많이 했습니다. 윤여정이 주연했던 「화녀」, 「충녀」, 「화녀 '82」 등 여자 시리즈가 유명하지요. 여성의 욕망을 다루는 영화 말입니다. 당시에 이런 여성 캐릭터는 보기 드물었습니다. 굉장히 다채로운 여성의 욕망이 나오는데 이 양상을 어떻게 볼지가 중요한 것 같습니다.

강 1960년대 말투가 격정적이지 않나요? 감정이 과잉된 것처럼 들리지만 이게 원래 우리 말투였어요. 감정을 억눌러야 하는 독재 시대를 거치면서 우리의 말투가 지금처럼 모노톤으로 변하게 된 겁니다. 어쨌든 이 영화에서 두 가지를 먼저 언급할게요. 첫째는 철저한 가부장적 사회라는 겁니다. 원래 가부장적 사회에서 남자는 일을 안 해요. 농사짓던 옛날에 모 심고 수확할 때를 제외하고는 실제로 밭에서 일하고 바느질해서 집안 먹여 살린 사람은 여자예요. 가부장적 사회라는 건 남자가 머리를 쓰는 시대를 말해요. 그런데 지금은 남자가 돈만 벌어 오지 실제로 아이 교육에서부터 집안 대소사에 대해 머리 쓰는 쪽은 여자예요. 지금도 권위적인 구조의 시댁에 가면 여자가 다 일해야 하니까 우리 사회가 아직 가부장적이라고 느낄 수 있지만, 실제로 여자가 모든 걸 지휘한다는 면에서 우리 사회는 모계사회에 가까워요. 그런데 「하녀」에서 여자가 재봉틀로 돈 벌어서 집안을 일으키고 남자는 예술을 하는 한량에 가

김기영, 「하녀」

"1960년대에는 여공의 지위가 지금보다 꽤 높았던 것 같아요. 하녀보다 상대적으로 부유한 여공에게는 지식인에게 피아노를 배우는 행위 자체가 문화이고 교양이었던 것 같습니다."

까운 걸 보면 한국적 가부장제 사회였던 거죠. 둘째는 몇몇 영화 평론가들이 '한국적 부르주아사회'를 공격하는 영화라고 해석하는데, 제 생각은 좀 달라요. 이 영화에서 남자는 여자들의 욕망 구조에서 아무 힘도 없는 사람으로 나와요. 이 선생님 말씀처럼 '여성의 욕망'을 들여다보아야 합니다.

이 당시는 식모, 차장, 이런 직업들이 많은 시절이었어요. 특히 식모는 가난한 지방에서 어렵게 상경해 안정된 집안의 질서를 무너뜨리는 존재였어요. 당시 하녀 때문에 얼마나 문제가 많았던지 "공공의 적"이라고 불렀다고 합니다. 그래서 「하녀」를 보던 관객들이 영화관에서 일제히 "저년 죽여라!" 하고 외쳤다고 하네요. 영화가 표현주의적이고 심리적인 데다가 상징성이 강하기 때문에 오히려 더 현실감이 있어서 공감대가 형성되었던 거죠.

이 영화를 계급적으로 보는 시각도 있는데, 사실 동식을 부르주아로 보기는 힘듭니다. 라이스카레, 시계, 피아노처럼 부를 상징하는 것들이 나오긴 하지만 부자는 아니죠. 음악 교사이긴 해도 자본주의가 요구하는 생산적인 가장과는 거리가 멀고요. 그리고 가장 흥미로운 것은 하녀의 욕망이 안 드러나요. 이 영화가 계급적이라면 하녀가 정실부인의 자리를 뺏으려고 하는데 기묘하게 공존해요. 그러면서 또 자신보다 계급적으로 위라고 할 수 있는, 즉 피아노를 돈 내고 배울 수 있는 여공을 질투해요.

삼천포로 빠지자면, 여공을 연기한 엄앵란이라는 배우에 대해서는 부연이 좀 필요합니다. 저는 엄앵란의 스타성이 과연 뭘지에 대해서 많은 생각을 했는데요. 당시 대부분의 여배우들은 기녀 출신이었다고 합니다. 그런데 엄앵란은 숙대 나온 여자였죠. 쉽게 말하면 대학 정규 교육을 받은 당시로서는 보기 드문 여배우, 지금으로 치면 김태희 같은 이미지였던 거죠.

강 명문 여대생인 데다가 복스럽게 생긴 여자입니다. 양귀비를 닮은 듯해서 전통적 여성상의 이미지로는 괜찮지 않나요? 가난한 시절에는 통통한 여자가 귀하고, 풍족한 시절에는 날씬한 여자가 귀한 법이죠. 미인에도 희소성의 원리가 그대로 적용된다는 게 신기하죠. 그러니 엄앵란은 두 가지 희소성을 갖추었기에 미녀 대접을 받을 수 있었을 겁니다.

르네 지라르의 모방 욕망

이 당대 최고의 스타였던 신성일은 여성 편력으로 유명한데 그가 최종적으로 선택한 여자가 엄앵란이었던 것을 보면, 그녀는 역시 당시의 김태희였다고 볼 수 있겠죠.

다시 본론으로 돌아오면, 르네 지라르의 모방 욕망으로 하녀를 설명하면 어떨까 해요. 스타가 광고하는 커피를 마심으로써 욕망을 충족하는 거죠. 브랜드, 명품에 대한 선호도 매개된 욕망일 뿐, 단순히 필요해서 구매하는 것은 아니듯 말이죠. 하녀는 남성의 주변 여인들을 따라가면서 욕망을 모방합니다. 정실부인의 아이를 욕망하고, 여공이 배우는 피아노를 욕망하고, 이 모방은 죽어서야 끝나죠. 영화는 1960년대 서울 시민이 다들 품고 있던 모방 욕망의 순환이 끝내 파멸에 이르리라는 어두운 전망을 이 작품은 보여 줍니다. 현재에도 유효한 묵시론적 전망인 셈이지요.

영화를 보면 하녀를 제외한 모든 캐릭터는 고정되어 있죠. 변화를 겪는 것은 하녀뿐입니다. 욕망이 변함으로써 우리는 존재가 변한다고 볼 수도 있을 거예요. 하녀를 모티프로 계속 리메이크 작이 생길 수 있는 이유도 하녀라는 캐릭터가 네버엔딩 스토리를 이끌기 때문이죠. 욕망이 계속 옮겨 갈 뿐 소멸하지 않습니다. 그게 「하녀」의 이야기 틀을 반복적으로 생산합니다.

강 김기영의 차가움은 여기 있습니다. 욕망밖에 없는 거죠. 내가 일군

가정을 지켜야 한다는 욕망 말입니다. 어차피 죽은 아이는 잊고 살아남은 우리는 살 길을 모색하자고 말하는 부인이 참 무섭죠. 낭만적으로 사랑한다고 말하지 않아요. 냉철한 현실을 지적하는 부분이 있습니다.
"사랑이란 건 없을 수도 있다."라는 차가운 김기영의 통찰이 이 영화에 있어요. 쥐와 사람 사이에 차이가 없죠. IMF 이후에 얼마나 많은 커플들이 헤어졌는지 아세요? 하나같이 수없이 사랑한다고들 맹세하고 스파게티 먹고 와인 마시며 여행 다녔던 커플들이에요. 피아노 교습을 받다가 딴짓을 하려는 조경희를 밀치면서도 동식은 "돈을 벌어야 하니까 다시 와."라고 말하죠. 명대사예요. 이게 바로 현실입니다. 우린 보통 이렇게 사랑하고 있는 거라고(또는 우리가 하고 있는 사랑은 가짜라고) 감독은 숨김없이 말하고 있어요.
삶이 버겁다면 김기영적 세계에 살고 있기 때문일 겁니다. 진짜 현실 앞에서 더 이상 사랑은 없다는 것을 깨닫는 건 절망스러운 일입니다. 루이스 부뉴엘의 「부르주아의 은밀한 매력」도 떠오르더군요. 부풀려진 포근한 사랑의 낭만은 없고 뼈다귀만 남겨 보여 주는 거죠.

이 욕망은 은밀하고 교활합니다. 조경희가 곽의 욕망을 부추겼죠. 선생에게 편지를 써 보라고 말이죠. 하지만 동료였던 곽의 죽음 이후, 본심을 드러냅니다. 조경희가 "기분도 우울한데 피아노 같이 치세요."라고 선생님에게 말하는 거 보세요. 타인(곽)의 욕망이나 비극에 대해서는 책임을 지려고 하지 않습니다. 타이밍을 봐서 자기 욕망을 노출한 걸 보면 주도면밀하죠. 그녀는 나중에 속마음을 동식에게 고백합니다.

강 1960년대 집안에 피아노가 있었다는 데 주목하셔야 해요. 여공의 지위가 지금보다 꽤 높았던 것 같아요. 공장에 하녀도 따로 딸려 있고요. 돈의 가치가 상당했기 때문에 음악 선생님도 여공들에게 잘 보이려고 하는 거겠죠. 지금도 문화 귀족은 대부분 강북에 있습니다. 평창동 같은 데요. 근데 강남 사람들은 부유해도 모여 만나 보면 육자배기 부르는 수준에 그칩니다. 그러니 비유하자면 하녀보다 상대적으로 부유한 강남 여공에게 문화란 강북 지식인에게 피아노를 배우는 행위입니다. 교양에 대한 욕망이죠. 그런데 하녀의 욕망은 조경희의 욕망과 다릅니다. 욕망이 계속 변하다가 좌초하는 캐릭터라서 좀 복잡해요.

비동시성의 동시성

이 사운드와 더불어 비나 번개의 효과도 크죠. 창밖으로 하녀가 나타날 때 유령같이 보이는 효과도 있고요. 부인의 기본적인 욕망은 2층 양옥집입니다. 중산층의 환상을 유지하기 위해 재봉틀을 움직이죠. 동식이 사 온 다람쥐도 딸의 재활을 넘어서 부인의 재봉질을 암시하기도 합니다. 조경희에게는 피아노를 배우려는 욕망과 더불어 피아노 선생님에 대한 욕망이 있죠. 확실히 부인과 조경희에게는 특정한 욕망이 있죠. 그런데 하녀는 자기 욕망의 목적지가 없습니다. 이중, 삼중, 사중의 소외를 겪고 있는 캐릭터입니다. 조경희는 2층, 정실부인은 1층을 차지하는데, 하녀는 집안을 자유롭게 오가는 존재지만 특정한 공간을 점유하지는 못하지요.

한편 한국의 1960년대는 '비동시성의 동시성'이라는 개념으로 설명하면 좋을 것 같습니다. 에른스트 블로흐(1885-1977)가 말했던 것처럼 혼종된 양식이 이 영화의 특징이었던 거죠. 한복을 입은 정실부인과 서구식 차림을 한 하녀가 한 공간에 서 있는 거죠. 서양적이기도 동양적이기도 하며 이도 저도 아닌 한국의 근대성이 이 영화에 잘 들어 있습니다.

베토벤 부조상도 그렇고 공간도 그렇고 미장센을 정말 잘 만든 영화입니다. 특히 일본 관객들은 김기영 작품을 이마무라 쇼헤이(1926-2006)의 영화와 비교하면서 매우 좋아했습니다. 영화를 찍다가 잘 안 풀리면 김기영 감독은 곧장 일본에 갔다고도 합니다. 김기영 감독에게 있어서 일본의 영향도 무시할 순 없겠죠.

김기영, 「하녀」

"하녀는 남성의 주변 여인들을 따라가면서 욕망을 모방합니다. 그리고 이 모방은 죽어서야 끝나죠. 영화는 1960년대 서울 시민이 다들 품고 있던 모방 욕망의 순환이 끝내 파멸에 이르리라는 어두운 전망을 보여 줍니다."

강 베토벤의 데드마스크와 동식의 얼굴이 오버랩되는 장면들, 촌스럽다고도 볼 수도 있겠지만 그 강력한 인상은 무시할 수 없습니다.

이 잘 만들어진 영화라 좋은 것이 아니라, 이전에 보지 못했던 돌출된 느낌, 낯선 느낌 자체가 미덕인 거죠. 두 시간 동안 관객을 밀어붙이는 힘을 보면 동서고금을 두고도 이 정도의 흡인력을 찾아보기 힘들죠. 「하녀」의 불균질성[863쪽 키워드 참고]은 약점이 아닙니다. 불균질함이 가지는 독특한 파워가 있습니다. 이리 튈지 저리 튈지 모르는 작품인 거죠. 캔버스를 튀어 나갈 것 같은 붓터치에서 느껴지는 에너지가 있듯이요. 조화로움의 미덕 대신 무질서한 것으로부터 뿜어져 나오는 에너지, 그것이 그 시대성을 대변한다면 굉장히 멋진 것이죠.

강 「싸이코」만 해도 너저분한 선악 구도가 존재하죠. 하지만 이 영화에는 매끈한 교훈이 없습니다. 이 영화가 인간 세계 밑바닥의 진실을 건드리는 건 분명합니다. 유치한 머릿속에서만 선악 구도가 강하지만, 현실은 선악 구도가 그야말로 뒤죽박죽이니까요.

질문 1 스릴러 영화로 봐도 되나요?

이 스릴러보다는 멜로드라마에 더 가깝습니다. 감정의 절제가 멜로의 품격이라 한다면, 조금 과잉된 경향을 보이기는 하죠. 한데 멜로드라마엔 여러 요소가 혼종되는 경우가 허다합니다. 제임스 딘(1931-1955)이 주연한 「이유 없는 반항(Rebel without a Cause)」(1955)만 봐도 십 대들이 대안 가정을 이루는 이야기입니다. 다른 가족의 형태, 삶의 양식에 대해서 고민하는 이야기가 나오죠. 이성애를 다룬 드라마가 아니라 동성애 코드로 해석할 여지도 생기고요. 「하녀」라는 영화도 조금 과격하게 흘러가도 기본적으로는 멜로의 틀을 쓰고 있는 영화입니다. 살인이라는 극단적인 사건 때문에 스릴러로 느낄 수 있지만, 가족의 통합과 균열에 대해 다룬 가족 드라마라는 점이 더 기본적인 틀입니다.

질문 2 급박한 상황에서 남자 배우의 행동이 느려 터져서 여성의 입장에서 신경질이 나더군요.

강 남자들이 단호할 것 같아도 의외로 굉장히 우유부단합니다. 가부장제 사회의 남자들은 취약합니다. 허울뿐인 왕입니다. 갈등이 해결되려면 동식이 빠져야 합니다. 이 영화에서 남자는 일만 복잡하게 하고 갈등만 증폭하는 역할이죠. '베갯머리송사'라고 아시죠? 남자들을 휘두르는 건 여자의 농간입니다. 남자를 전면에 배치했지만, 실질적인 권력은 여자가 쥐고 있던 겁니다. 전쟁에서 승리한 국가의 남자들에게만 권위가 있습니다. 계속 패권 다툼에서 져 온 우리나라 남자의 권위는 바닥에 떨어져 있었습니다.

이 1960년대 또 하나의 중요한 영화가 「오발탄」(1961)입니다. 가장이지만 어디로 가야 할지조차 모르죠. 남성 이데올로기적 관점에서 보면 남성의 실패가 이어져 오던 시점입니다. 일제 강점기, 해방 이후 미군정, 6·25 이후 분단 사회의 남성이었습니다. 유신이라는 정치 체제를 통해 억지로 남자의 권위를 끌어올리려고 했었죠. 1960년대 영화를 보면 가부장의 권위는 바닥에 떨어져 있고 그들에게는 선택권이 없었습니다.

강 지금도 그래요. 남자가 자신의 우유부단함을 가리기 위해 극단적인 폭력성을 보일 때도 있지만 근본적으로는 연약한 존재죠. 박정희 같은 독재자가 얼마나 세상을 무서워했으면 자신의 불안을 드러내지 않으려고 검은 선글라스를 꼈겠습니까.

질문 3 전도연이 주연한 「하녀」에도 일부러 낙태하게 만든다거나 샹들리에 위로 낙상하게 된다거나 하는 장면이 나오더군요. 원작에서는 하녀가 직접 낙태를 하는데, 이게 굉장히 충격적이었습니다.

강 이 영화에 아이에 대한 사랑은 나오지 않습니다. 임상수 감독의 「하녀」는 모성애를 건드리죠. 너저분한 감정이 들어옵니다. 근데 김기영의 「하녀」에는 그런 감정이 아예 없습니다. 정실부인에게도 죽은 아들이 중요하지 않고, 하녀에게도 배 속 아이는 그리 중요하지 않습니다. 신파에서 완전히 멀찍이 떨어진 영화입니다.

이 시대성도 있어요. 하녀를 연기한 이은심은 굉장히 센 캐릭터였기 때문에 이 작품 이후 다른 영화에 출연하지 못했습니다. 불운한 여배우였죠. 그에 반해 임상수의 「하녀」는 강렬하기보다 현실적입니다. 그래서 제게는 충격이 덜해요. 김기영의 「하녀」 이은심은 시대를 관통하는 강렬한 상징들을 내뿜죠. 욕망과 삶에 대한 분출이 과잉되어 흘러나옵니다.

강 살이 덮여 있고 옷이 덮여 있어서 못 보고 있었던 뼈다귀를 건드리는 영화였다니까요. 동식 없이 정실부인과 독대했을 때는 이은심이 약자일 수밖에 없었습니다. 그러니 낙태 제안을 따른 것이죠. 물론 나중에 후회할 순 있겠죠. 이 아이는 카드였는데, 정실부인의 말을 따르면 안 되는 거였는데 하고요. 모두를 쥐새끼로 보고 있는 김기영의 차가운 지성과 달리 쥐에게 상처받은 토끼를 부각하는 요즘 감독의 리메이크작을 보면, 김기영의 탁월함이 금방 드러납니다. 그는 사랑의 밑바닥, 사랑이 메마른 바닥을 보여 줍니다.

질문 4 쥐약을 먹고 인물들이 죽는다는 설정이 독특한데요. 쥐라는 번식력 강한 동물을 낙태를 환기하는 데 이용한 건가요?

강 쥐약을 먹을까 봐 두려워하는 인물들이 나오잖아요? 내가 쥐로 오인될까 봐 무서워한다는 건데요. 내가 쥐일 수 있다, 알고 보니 다름 아닌 내가 쥐였다는 인지적 공포는 아주 강력한 김기영의 테마인 것 같아요. 쥐와 쥐약이라는 메타포는 인상적인 설정입니다. 쥐약을 무서워하던 인물들은 대개 죽습니다. 쥐에 대한 비유는 여러 가지로 등장하는데 아버지가 다리가 불편한 딸을 위해 쳇바퀴 도는 다람쥐를 사온 장면을 보면 아버지가 마치 딸에게 쥐처럼 살라고 하는 것 같잖아요. 「하녀」는 쥐와 같은 동물적 운명에 갇힌 중산층 가정을 보여 주는 영화이기도 하고, 아버지가 딸에게 쳇바퀴를 돌리는 쥐가 되라고 말하는 영화이기도 합니다. 2층집이라는 모던한 공간에 살지만 그 안에서 아내는 다람쥐처럼 재봉틀을 쉼없이 돌리는 등 많은 캐릭터들이 쥐의 형상을 하고 있지요. 김기영 감독은 우리 안의 동물성에 대해 경계하라고 말하고 싶었던 것 같아요. 사랑이 아닌 것들을 다 보여 줄 수 있는 사람이었으므로 감독은 사랑이 뭔지를 잘 알았고, 사랑에 대한 애정이 있으니 지속적으로 사랑을 말하는 영화 작업을 계속해 오셨을 거예요.

이 미하엘 하네케의 초기작 중에 「베니의 비디오(Benny's Video)」(1992)라는 영화가 있습니다. 거기에도 동물화된(속물화된) 인간의 초상이 인상적으로 나옵니다. 현대 자본주의사회가 도래한 이후에 인간이 점점 동물화되는 모습을 찍은 거죠. 비디오나 문명에 찌들어서 동물화되는 모습에 착안한 거죠. 스페인의 페드로 알모도바르(1951-)의 영화도 동물화된 인간들이 주인공이에요. 강 선생님 말씀대로 현대 감독들에게 존엄성을 상실한 타락한 인간, 현대인 속의 동물성이라는 것은 가장 중요한 영화적 주제인 것 같습니다. 김기영의 「하녀」로 인간의 '쥐 되기'라는 관점에서 본다면 더 직접적으로 이해될 것 같네요.

강 우리가 애완동물을 기르는 이유가 그것 같아요. 동물을 바라봄으로써 자신은 인간이라고 자위하고 싶었던 거죠. 나는 동물이 아니라고 믿고 싶은 거겠죠. 카프카의 「변신」도 그레고리 잠자가 벌레가 되어서 벌레의 인생을 살다 그만 죽어 버리는 이야기잖아요. 잠자가 죽고 나서도 나머지 가족들은 공원에 가서 화목하게 웃으며 시간을 보내죠. 우리도 똑같아요. 치매 걸린 어머니가 돌아가시면 나머지 가족들은 화합을 도모한다며 가족 여행을 가곤 해요. 물론 카프카의 작품이 동물성을 주장하는 건 아니에요. 부정적 측면을 통해 오히려 사랑의 순수성, 사랑이라고 함부로 부르지 못하는 엄숙성을 더욱 값지게 느끼려는 거예요. (사랑이) 아닌 것들을 모조리 다 보여 주고 나면 한 가지 가장 주요한 핵심이 남죠. 하네케 감독의 영화 「아무르」에서도 그랬고요.

질문 5 영화에서 갓 태어난 아들과 본부인, 그리고 다리가 불편한 딸만 살아남는데, 세 인물의 공통점은 뭘까요?

이 「게임의 규칙」 강의에서부터 왜 죽는가 하는 문제가 정말 중요하다고 얘기했죠. 왜 살아남았는가보다는 왜 죽었는지를 생각하는 게 좋아요. 그래도 생각해 보자면, 육체가 불편한 딸이나 갓난아이 같은 경우에는 존재력이 강하지 않았지만 자신의 욕망을 직접 피력하진 않죠. 반면 직접적으로 욕망을 드러낸 인물들은 다 죽었죠. 원죄에 대한 죗값을 치르듯이 말이에요. 아버지가 딸에게 '다람쥐'를 사다 주잖아요? 그것은 딸이 '쥐'처럼 되었으면 좋겠다는 바람을 보여 주는 것이기도 한데, 다리가 불편해 끝내 될 수가 없었죠. 쥐가 아닌 유일한 소녀가 덕분에 쥐들의 싸움 속에서 생존한 거죠.

철학자의 눈

강신주

사랑과 품위, 그따윈 쥐에게나 던져 버려!

번지점프대 위에서 한 시간째 망설이는 사람이 있다. 훅 뛰어내렸다면 지금쯤 점프대를 뒤로하고 술집에서 시원한 생맥주로 목이나 축이고 있을 텐데. 한순간 겁에 질리자마자, 그의 다리는 얼어붙은 듯 말을 듣지 않는다. 앞으로 나가려고 해도 전혀 나갈 수 없다. 그래서 그는 아직도 점프대 위 가장자리에 서서 주저하고 있는 것이다. 앞으로 나가면 온몸이 긴장되어 더 이상 한 걸음도 뗄 수가 없다. 그러니 뒤로 물러날 수밖에. 비록 긴장은 풀렸지만 상기된 얼굴에 한숨만 연신 나온다. "나는 왜 이리 용기가 없는 걸까?" 이미 번지점프에 성공한 친구들이 밑에서 기다리고 있는 것이 부담스러운지, 아니면 비겁한 자신이 싫어서인지 심호흡을 크게 한번 하고 끝으로 다시 걸음을 옮겨 본다. 그렇지만 사정은 나아지지 않는다. 온몸이 긴장되어, 이번에도 실패다. 이러기를 벌써 한 시간째다.

용기 있는 사람은 번지점프를 수월하게 하고, 용기가 부족한 사람은 번지점프를 힘들게 하는 것일까? 그렇지 않다. 사정은 정반대다. 번지점프를 하는 사람은 용기가 있는 사람이고, 하지 못하는 사람은 용기가 부족한 사람이다. 더 정확히 말해, 번지점프를 하는 순간 우리는 용기가 있다는 것을 증명한 것이고 그러지 않다면 우리는 용기가 없다는 것을 증명한 것이라고 해야 한다. 여기서 우리는 중요한 통찰 한 가지를 얻게 된다. 그건 내적 가치를 실체처럼 미리 우리 안에 존재하는 것이 아니라, 행동이나 삶으로 증명해야 한다는 통찰이다. 용기만 그럴까? 꿈이나 이상도 마찬가지고 행복과 기쁨도 마찬가지다. 결국 아무리 스스로 용기가 있다고 믿고 있어도, 용기가 필요한 상황에 과감히 몸을 던지지 않는다면 우리는 용기가 없는 것이다. 마찬가지로 꿈이 있다고 아무리 믿고 있어도, 그 꿈을 실현하려는 구체적인 행동을 하지 않는다면 우리는 스스로 꿈이 없다는 걸 입증하고 있는 셈이다.

사랑도 마찬가지 아닐까? 결혼한 딸은 대부분 자신이 친정어머니를 사랑한다고 믿고 있다. 그렇지만 사랑도 행동으로 증명해야만 하는 내적 가치라는 사실을 쉽게 잊는다. 생일날이나 어버이날 정도에만 마치 예비군 훈련을 가는 남자처럼 친정어머니를 보러 가는 딸이라면 어떻게 자신이 어머니를 사랑한다고 말할 수

「하녀」의 여주인공을 연기한 이은심의 섬뜩한 카리스마

있겠는가. 아마도 그녀는 시어머니가 너무나 힘들기에 만만한 친정어머니가 그리웠는지도 모른다. 친정어머니와 헤어지는 날 아쉬움과 그리움에 발걸음이 잘 떨어지지 않을 때에만, 딸은 어머니에 대한 자신의 사랑을 증명해 보인다. 이와 마찬가지로 남편을 사랑한다고 믿는 아내는 그가 실직했을 때 자신의 사랑을 증명할 수 있어야만 한다. 또 자식을 사랑한다고 믿는 어머니는 아이가 성적이 떨어졌을 때 그 사랑을 증명할 수 있어야 한다. 가장 외롭고 비참하고 힘들 때 사랑하는 사람

을 품어 주지 않는다면, 아무리 상대방을 사랑한다고 말해도 그건 헛소리에 불과한 것 아닌가.

번지점프대가 용기를 증명하기에 좋은 조건인 것처럼, 위기가 없다면 사랑을 증명할 방법은 없다. 남편이 돈을 잘 벌어 가정이 원활히 돌아갈 때가 아니라 남편이 실직해서 가정이 위기에 빠질 때, 아내는 자신의 사랑을 증명해야만 한다. 아내가 젊고 건강할 때가 아니라 늙고 몸이 아플 때, 남편은 자신의 사랑을 증명해야만 한다. 아이가 주변의 손가락질을 받을 때, 부모는 아이에 대한 사랑을 증명해야만 한다. 어쩌면 말이다, 그래서 우리는 돈을 많이 벌려고 혈안이 되어 있고, 또 우리는 건강과 미모를 유지하려고 발버둥을 치고, 또 우리는 아이에게 선행 학습을 시키려고 분주한지도 모를 일이다. 가난, 병과 노화, 아이의 성적 하락 등 위기가 찾아오지 않는다면, 우리는 자신의 사랑을 증명해야 할 상황을 대면할 필요가 없을 것이고, 당연히 지금까지 자신의 삶이 허위에 가득 차 있었다는 걸 자각할 위험도 피할 수 있을 테니 말이다.

자신이 소중하게 여기는 내면적 가치를 증명해 내는 것은 무척 어려운 일이다. 물론 자신에게 그런 내면적 가치가 없다는 사실에 직면한다는 것 또한 그만큼 어려운 일이다. 알몸 그대로의 자신을 직면하려면 우리에게는 집요한 의지와 커다란 용기가 동시에 필요한 법이다. 그러니 1960년 김기영 감독, 그리고 그가 만든 영화 「하녀」는 위대하다고 말할 수 있어야만 한다. 1960년대 전후 우리 부모들은 자신이 속해 있던 가족이 사랑과 행복, 그리고 기쁨을 가지고 있다고 믿었다. 그러나 김기영 감독은 그런 믿음은 일종의 백일몽일 뿐만 아니라 허위라는 사실을 직시했다. 가족을 절대적으로 신성시하고 있었던 당시 한국 사회의 정황에 비추어 볼 때 김기영 감독의 「하녀」는 일종의 반역이자 혁명이었을 것이다. 남편과 아내 사이의 사랑뿐만 아니라, 김기영 감독은 거의 천성이라고 하는 자식에 대한 부모의 사랑마저도 허위일 수 있다는 걸 폭로하니 말이다.

「하녀」는 제목 그대로 '하녀'가 바로 위기를 상징한다. 공장 여공들에게 피아노 교습을 하며 간신히 품위를 유지하는 남편, 그리고 무능한 남편 대신 재봉틀을 돌려 버젓한 2층집을 마련하는 데 성공한 아내. 남편과 아내에게는 아들과 딸이 각각 한 명씩 있다. 2층집이 너무나 컸던지, 부부는 가사를 도울 '하녀'를 구하게 된다. 피아노 교사를 흠모한 여공 경희는 친구를 하녀로 소개하면서 마침내 부부에게 커다란 위기가 도래한다. 하녀는 정숙하기는커녕 관능적이고 동물적이기까지 하다. 쥐도 맨손으로 때려잡고 거침없이 집 안에서 담배를 피우는 모습은 이러한 점을 웅변적으로 보여 준다. 하녀는 얼마 지나지 않아 주인아저씨를 욕망하게 된다. 2층집을 소유한 부유함, 피아노를 연주하는 세련됨, 그리고 자신보다 사회적 지위가 높은 여공들이 흠모하던 희소성 등이 그를 욕망하게 한 것이다. 주인아저씨를 소유하는 순간, 비록 한순간의 백일몽일지라도, 이런 모든 갖기 힘든 걸 얻었다는 희열을 얻을 수 있을 테니 말이다.

여주인이 친정으로 떠났을 때, 하녀는 주인아저씨를 유혹하여 그를 품에 안는 데 성공한다. 마침내 가정을 송두리째 뒤흔들 수 있는 위기가 찾아온 것이다. 설상가상으로 하녀는 임신까지 하게 된다. 친정에서 돌아온 안주인은 우유부단한 남편에게서 이 모든 위기 상황을 전해 듣는다. 사랑, 윤리, 성실, 이 모든 인간적 가치를 증명해야 할 때가 온 것이다. 그렇지만 부부는 이 모든 걸 증명하지 못한다. 부부는 2층집과 피아노로 상징되는 기존의 삶을 지키는 데만 의기투합한다. 그리하여 안주인은 하녀를 반강제적으로 설득해서 낙태시킨다. 안주인은 인간으로서의 도리를 증명하는 데 실패한 것이다. 아이를 잃은 데 흥분한 하녀가 자신의 아들을 죽였을 때도, 안주인은 "이왕 죽은 아이는 살아날 수 없으니, 남은 사람이나 삽시다."라고 남편에게 말할 정도이니 안주인은 모성애를 증명하는 데도 실패한다. 결과적으로 안주인도 하녀와 마찬가지로 그저 욕망의 덩어리였던 셈이다.

남편도 예외는 아니다. 하녀 때문에 골머리를 앓을 무렵, 경희도 마치 하녀처럼 피아노 선생을 유혹하려는 장면이 등장한다. 경희는 스스로 자기 옷을 찢으며 피아노 선생이 자신을 강간하려 했다는 소문을 내겠노라고 협박한다. 화를 참지 못한 피아노 선생은 경희의 빰을 후려갈기고 그녀를 내쫓으려고 한다. 그러나 당혹감과 부끄러움에 울고 있는 경희에게 그는 충격적인 말을 한다. "경희! 앞으로도 피아노를 배우러 와. 식구가 하나 느니까 돈이 필요해." 벌이가 신통치 않은 피아노 선생이 가부장적 권위를 미약하나마 유지하려면 돈이 필요했던 것이다. 남편도 속물, 그것도 우유부단하기 이를 데 없는 속물이었던 셈이다. 피아노 선생으로서, 그리고 인생 선배로서의 당당함을 증명할 기회를 스스로 박차고 있으니 말이다.

영화는 남편과 하녀가 쥐약을 먹고 자살하는 것으로 비극적인 막을 내린다. 쥐는 허기짐이라는 위기에서 먹을 것에 대한 욕망 때문에 쥐약이 뿌려진 밥을 게걸스럽게 먹고 죽어 가는 존재다. 이와 유사하게 「하녀」의 주인공들은 피아노 소리가 들리는 부유한 2층집에 대한 욕망 때문에 스스로를, 그리고 서로를 파괴하는 것 아닌가? 쥐약에 의한 죽음으로 김기영 감독이 보여 주고자 한 건 바로 이것 아니었을까? 위기의 순간에 우리는 자신이 인간인지를 증명해야 한다. 만일 그럴 수 없다면, 우리는 쥐와 다름없는 욕망의 존재일 뿐이다. 하긴 평화스럽고 안정적일 때 그 누가 자신의 인간적 품위를 버리겠는가. 그렇다. 위기 속에서 증명하지 못하는 사랑이나 인간적 품위는 없는 것과 진배없다. 바로 이것이 50여 년이 지난 뒤에도 우리가 김기영 감독과 그의 작품을 기억하는, 아니 기억해야만 하는 이유다. 인간의 진면목을 엿보았던 감독은 시니컬하게 묻는다. "자! 지금이 바로 위기다. 어디 당신의 사랑과 인간적 가치를 증명해 보시지!"

이상용

하녀에게는 이름이 없다

하녀에게는 이름이 없다. 그녀에게 가족이 있는지도 알 수 없다. 공장에서 일하는 여성들과 마찬가지로 멀리 시골에서 상경했을 것이라는 추측이 가능하지만, 임신한 하녀에게는 도움을 청할 친구도 없으며 난관을 타계하도록 도와줄 지인도 없어 보인다. 그녀는 혈혈단신으로 동식의 집에서 하녀로 일한다.

「하녀」에서 처음으로 그녀가 등장하는 장면은 뒷모습이다. 공장에서 일하는 여성들 사이로 지나가는 하녀의 첫 모습이 보인다. 얼굴을 드러내지 못하는 하녀의 첫 등장은 여공들과 다른 신분임을 분명히 보여 준다. 여공들 사이에는 우정도 있고, 같이 노래를 부르는 연대의 순간도 있으며, 친구의 자살에 놀라고 분노하는 감정의 표출도 있다. 그러나 하녀에게는 감정을 나눌 존재가 아무도 없다.

하녀에게 존재하는 것은 친구가 아니라 따라 해야 할 욕망뿐이다. 하녀는 담배를 피우고 싶다. 하지만 자신이 직접 사서 피우지는 않는다. 여공 미스 김에게 담배를 부탁하거나 동식의 담배를 얻어 피울 뿐이다. 하녀는 피아노를 치고 싶다. 그러나 미스 김처럼 정식 레슨비를 내고 배우는 것이 아니라 자기 마음대로 두드리는 것이 고작이다. 이처럼 하녀의 욕망은 자신이 제대로 지배하거나 지불하는 것이 아니라 주변 사람들이 욕망하는 것을 따라 할 따름이다. 자신의 아이가 죽으면 타인의 아이도 죽어야 하고, 다른 여자들이 동식을 원하면 자신도 원한다. 피아노 치는 소리를 들으면 피아노를 치고 싶어지고, 담배를 피우는 모습을 보면서 하녀도 한 모금을 당긴다.

그녀의 욕망은 모방의 욕망이며, 뚜렷한 모델 없이 상황에 따라 변한다는 점에서 무차별적이다. 그녀가 점점 더 무섭게 느껴지는 것은 이러한 무차별적인 모방 욕망 때문이다. 상대의 욕망을 빨아들이는 스펀지같다. 자신도 그것을 행해야 만족하는 존재이기에 욕망의 갈증은 더 커진다. 그럴수록 이성적인 대화나 타협은 불가능해진다. 하녀는 어린아이와 같다. 원하는 욕망에 따라 자신을 손쉽게 뒤바꿔 버린다. 가령 동식 아내의 권유에 따라 낙태를 했지만, 동식의 아내가 아이를 낳은 후에는 자신만 아이를 낙태했다는 사실에 분노를 표한다. 그녀의 분노는

'동일하게 취급받지 못했다.'라는 사실에 대한 분노다. 아이를 상실한 것에 대한 모성적 분노도 아니고, 계급적 차별에 대한 하층민의 분노도 아니다. 그녀의 분노는 남들과 똑같이 취급받지 않는다는 것에 대한 근본적 분노다. 타인의 욕망과 자신의 욕망 사이에 불균형이 일어날 때 그녀는 괴물로 변해 간다.

그런데 이러한 괴물이 된 건 하녀의 선택이 아니다. 애당초 하녀를 원한 것은 동식과 그의 아내였다. 새로 지은 2층집을 아내가 홀로 감당하기에는 힘에 부친 탓에 아내가 먼저 남편에게 하녀를 들이자고 요청한 것이다. 그렇게 집에 들어온 하녀의 월급을 주기 위해 동식은 집에서 피아노 교습을 하고, 아내는 쉼 없이 재봉틀을 돌려 댄다. 동식과 아내에게 하녀는 이중적인 존재다. 새로 이사한 집을 꾸리기 위해서는 하녀의 도움이 필요하고, 그녀로 인해 돈은 더 필요해진다. 집 안을 가득 메우는 피아노 소리(상당 부분은 하녀가 연주하는 것이다.)와 재봉틀 소리는 동식과 아내의 이중적 상황을 고스란히 드러내는 무거운 배경을 이룬다. 아름답게 울려 퍼져야 할 피아노 소리는 하녀가 연주할 때마다 공포의 소리로 변하며, 아내가 돌리는 재봉틀 소리는 집안에서 일어나는 죽음과 함께 무거운 분위기를 더한다. 그렇다. 피아노와 재봉틀 소리는 괴물의 비명이 된다. 아내와 동식을 괴물로 만들어 버린다. 인간이기를 포기한 아내는 하녀를 죽이기 위해 밥에 쥐약을 섞고, 하녀의 추궁을 견디다 못한 동식은 그녀의 목을 조르기도 한다.

그런 점에서, 김기영의 「하녀」는 하녀라는 존재로 인해 모두가 괴물로 변해 가는 이야기라고 정의할 수 있다. 한 마리의 괴물이 무서운 것은 괴물 자체 때문이 아니다. 괴물에 맞서거나 대응하면서 모든 존재가 마치 괴물처럼 변해 가는 상황을 만들어 내기 때문이다. 그들은 거울처럼 서로를 비춘다. 그래서인지 「하녀」에는 유달리 거울 장면이 많다. 그것은 앞서 언급한 모방의 욕망을 드러내는 동시에 서로의 괴물스러움을 끄집어 내는 장치로 활용되고 있다. 노동하는 하녀는 아내의 모습이고, 피아노 치는 하녀는 김 선생의 모습인 셈이다. 임신한 하녀는 아내의 모습이고, 담배를 피우는 하녀는 김 선생의 모습이다. 하녀는 그 자체로 존재하는 것이 아니라 거울로서 존재한다. 하녀는 그들을 욕망하는 동시에 그들의 거울인 셈이다.

하녀에게 이름이 없는 것은 이 때문이다. 그녀의 이름은 무엇이든 될 수 있다. 모든 일이 하녀의 뜻에 따라 순조롭게 진행되었다면, 하녀는 피아노 레슨을 받는 미스 김이 될 수도 있었고, 동식의 아이를 낳는 아내가 될 수도 있었다. 그런 점에서 이름 없는 그녀는 우리 자신의 욕망인 동시에 우리 자신의 이름이다. 1960년대

왼쪽에서부터 하녀, 여공, 피아노 선생이자 남자 주인공 동식

라는 복잡한 시대 상황에서 시골에서 상경하여 도시 생활을 시작한 하녀는 중산층이 지닌 속성과 위선을 투명하게 비춘다. 도시인들은 그녀의 얼굴에서 자신이 꼭꼭 숨겨 둔 욕망을 보게 될 때 그 모습을 부정하고 경악하면서 몸서리치는 것이다. 그러나 하녀가 자신의 가슴을 드러내는 순간 동식이 거부할 수 없을 것이라는 것은 너무나 자명한 일이었다. 젊은 하녀는 경제적인 여유를 가진 남성이 한 번쯤은 생각해 본 무엇이기 때문이다. 또한 젊은 하녀는 2층집을 갖게 된 부

인이 필요로 하는 무엇이기 때문이다. 심지어 살 만한 집의 아이들이 놀려 먹을 만한 무엇이기 때문이다.

철학자 리처드 커니(1954 -)는 괴물의 존재성을 탐구한 『이방인, 신, 괴물』에서 이러한 괴물과 어떻게 살아가야 할 것인가에 대한 진지한 답변을 내놓는다. "아마도 열쇠는 우리의 괴물을 죽이는 것에 있는 것이 아니라, 그것들과 함께 사는 법을 배우는 것에 있다. 거기에 괴물이 결국 스스로와 화해하고 타인을 희생시키는 것을 멈출 희망이 있다. 니체가 자신의 독특한 아포리즘으로 썼듯이, '괴물과 싸우는 자는 그 누구라도, 그 싸움의 과정에서 자신이 괴물이 되지 않도록 조심해야' 하기 때문이다."

「하녀」는 괴물과 싸우다 괴물이 되어 버린 사람들의 이야기다. 그들이 좀 더 솔직하고 내밀하게 부르주아의 은밀한 욕망을 인정했더라면, 하녀는 다른 방식으로 동식의 집 안에서 거주할 수 있었을지도 모른다. 그러나 누구나 알고 있듯이, 하녀가 중산층 자리를 침범하려고 경계선을 넘는 순간 타협보다는 주먹이 앞서는 법이다. 김기영이 즐겨 묘사하는 '쥐'의 형상처럼 자신의 영역을 지키기 위해 처절하게 물고 물리는 싸움이 시작된다. 「하녀」는 그 파국을 따라가는 욕망의 파토스다.

「하녀」의 영향력을 전파한 데는 그 누구보다도 김기영 감독 자신의 역할이 컸다. 그는 1971년에 「화녀」, 1972년에 「충녀」로 그해 최다 관객 기록을 세우기도 하였으며, 1982년에는 「화녀 '82」라는 속편까지 내놓을 정도였다. 김기영의 '-녀' 시리즈들은 살인 혹은 자살이라는 결말로 끝이 난다. 그것은 욕망의 한계를 넘어선 인물이 맞닥뜨려야 하는 파국이기도 하다.

「하녀」는 임상수 감독이 동명의 제목으로 리메이크하기도 했다. 이 작품은 칸 영화제 경쟁 부문에 소개되면서 화제를 모았다. 김기영의 작품과는 많은 것이 달라졌지만, 여전히 「하녀」 이야기에 내재된 마력을 살렸다. 임상수의 영화는 '은이'라는 인물이 부잣집의 하녀로 일을 하면서 겪게 되는 여러 상황들을 보여 준다. 원작과 구별되는 흥미로운 점은 부잣집에 있는 하녀가 은이 혼자만이 아니라는 것이다. 김기영의 영화에서 '하녀'는 단독적인 존재였다.

수많은 아침 드라마나 각종 이야기 속에서 '하녀'의 역할은 점점 더 부각되고 있다. 이유는 간단하다. 그녀들이 품은 한이 곧 대중의 한이고, 그녀들이 품은 욕망이 바로 우리의 욕망이기 때문이다. 우리는 하녀다. 어느 시대든 이 사실을 인정하려 들지는 않겠지만 오늘도 관객들은 '하녀'가 등장하는 드라마에 열광을 보낸다.

14강 여전히 새로운 누벨바그

미치광이 피에로

장 뤽 고다르

시놉시스

"당신은 문자로 말하고, 나는 느낌으로 말하고……"

— 등장인물 마리안의 대사

「미치광이 피에로」 Pierrot le Fou, 1965

프랑스 | 110분 | 장 뤽 고다르

> 그가 사는 세상은 슬픔이었다. 타락한 왕과 병약한 왕자, 바보와 난쟁이와 폐인, 우스꽝스러운 괴짜가 자기 자신을 비웃기 위해 왕자처럼 차려입었다. 이 모든 것은 예절과 음모와 거짓의 올가미 속에, 종교재판과 문 앞에서의 침묵과 고해성사와 후회에 묶여 있다.
>
> — 엘리 포르, 『미술사』

페르디낭은 파리의 한 서점에서 책을 몇 권 산다. 파리의 하늘이 보랏빛으로 저물어 갈 즈음, 그는 욕조에 몸을 누이고 책 한 구절을 읊조린다.

담배가 잿빛으로 타들어 가는 만큼, 그의 독송 또한 길어진다. 페르디낭은 딸아이를 곁에 앉히고 벨라스케스(1599-1660)의 예술관을 들려준다. 마침 아내가 욕실로 들어와 아이에게 쓸데없는 걸 읽어 주지 말고, 당장 옷부터 챙겨 입으라고 그를 다그친다. '아, 맞다.' 그러고 보니 오늘 장인 댁에서 사교 파티가 열린다. '꼴 보기 싫은 속물과 역겨운 친척들이 모여 시답잖은 이야기나 떠들겠지.' 아내는 페르디낭의 심기 따위엔 관심조차 없다. 그녀는 혹시 또 좋은 일자리를 얻을 수 있을지도 모르니, 자기 아버지한테 잘 보이라고 주의를 줄 뿐이다. 한때 페르디낭은 스페인어 교사를 하다가 그만두고, 다니던 방송국마저 때려치웠다. 그는 마치 데릴사위처럼 아내 집안에 의지해 살고 있지만, 그들을 증오한다. '차라리 책이나 읽자.' 그는 다시 엘리 포르의 책을 집어 든다. 아내에게는 그런 그가 한심하게만 보인다. 사실 페르디낭의 아내는 이탈리아 출신의 부유층으로 돈에 매우 민감하다.

결국 파티에 참석한 페르디낭은 자신이 처한 상황에 신물을 느낀다. 상류층 사람들은 저마다 한자리씩 차지하고 앉아 새로 나온 온갖 사치품과 고급 승용차에 대해 떠든다. 그들은 서로 대화를 나누기는커녕 각자 자기가 하고 싶은 말만 하며 권태롭고 가식적인 파티를 이어 간다. 페르디낭은 그들과 어울리지 못한 채 주변만 맴돈다.

"앞을 보기 위한 도구는 눈이고, 듣기 위한 도구는 귀야. 말하는 도구는 입이지. 이것들은 함께 일하지 않아. 협동을 모르지. 사람의 몸은 하나로 움직여야 하는데 내 몸은 나누어진 느낌이야." 페르디낭은 상대를 의식한 말인지조차 불분명하게 마치 혼자 뇌까리듯 말을 내뱉는다. 그러자 궐련을 태우고 있던 한 여성이 나선다. "입 좀 다물어요. 듣기만 해도 짜증나는 말이군요." 이곳엔 더 이상 가망이 없다. "외로운 사람은 말이 많은 법이지." 그리고 그는 사람들이 웅성대는 쪽으로 다가가 두 손 가득 케이크를 집어 들고, 아내의 얼굴을 향해 내동댕이쳐 버린다. 이제 그는 그곳에 없다.

장난감이 어지럽게 널린 집에 들어서자 친구 프랑크의 소개로 아이를 돌봐 주러 온 보모의 모습이 보인다. 그녀의 이름은 마리안 르누아르, 페르디낭의 옛 연인이기도 하다. "왜 혼자 오셨죠?" 마리안은 피로에 내려앉은 눈꺼풀을 억지로 들어 올리며 페르디낭에게 묻는다. "그냥 지루해서 돌아왔어." 페르디낭은 호주머니에 손을 질러 넣고 한숨을 내쉰다. "살다 보면 바보만 만나게 되는 날이 있지." 그러고 나서, 마리안을 집에 데려다 주겠노라며 다시 승용차의 핸들을 잡는다. 이제 차 안에 밭게 앉은 두 사람은 자신들의 과거에 대해 이야기를 나눈다. "5년 6개월 전에 만났었죠? 근데 결혼한 거예요?" "이탈리아 갑부의 딸을 만났어. 그녀는 날 사랑하지 않아." 마리안은 쓴웃음을 짓는다. "그럼 이혼하지 그래요?" 페르디낭은 그리 간단한 일이 아니라고 잘라 말한다. "예전엔 그러려고도 했어. 그땐 살아 있었으니까. 하지만 지금은 아냐." 이제 페르디낭이 그녀에게 물을 차례다. 이때 라디오에서 베트남전쟁에 관한 뉴스가 흘러나온다. "115명의 사상자가 발생했고……." 이 내용을 듣던 마리안은 갑자기 몸서리를 친다. "익명성이란 참 무서운 거예요. 그저 115명이 죽었다는 내용이지만, 그 각각의 사람들에게는 저마다 인생이 있었을 텐데 우리로서는 알 수가 없죠." 페르디낭은 딱하다는 얼굴로 마리안을 바라본다. "그게 인생이야." 돌연 기분이 좋아진 마리안은 선언하듯 대꾸한다. "아닐걸요, 피에로!" 페르디낭은 곤란하다는 얼굴로 받아친다. "또 그렇게 부른다. 내 이름은 페르디낭이야." 하지만 그녀는 굳이 그를 '피에로'라고 부른다. '어쩔 수

없지, 그녀가 원한다면!'

르누아르, 모딜리아니, 엘리자베스 테일러, 마틴 루서 킹, 피카소……. 그녀의 아파트 벽면에는 온갖 잡지, 화보, 엽서 따위가 어지럽게 붙어 있다. 바닥에는 밀항선에서나 찾아볼 수 있을 법한 수상한 나무 궤짝과 당장이라도 불을 내뿜을 듯한 총기들이 잔뜩 쌓여 있다. 게다가 거실 침상에는 한 남성이 목덜미에 가위가 박힌 채 죽어 있다. 마리안은 이 모든 상황이 아무렇지도 않은 모양이다. 그녀는 태연히 페르디낭에게 대접할 아침 식사를 준비한다. 이제 막 잠에서 깨어난 페르디낭은 자기가 옳았다고 소리친다. "우리가 사랑하지 못할 거라고 했지?" 마리안은 대수롭지 않다는 듯 노래를 부른다. "우리가 사랑하지 못한다는 게 아니라, '영원히' 사랑할 수 없다는 거였어요. 변덕스러우니까." 페르디낭은 일어나자마자 담배를 피우고, 마리안은 마치 춤을 추듯 발코니와 거실, 욕실을 바쁘게 오간다. 페르디낭은 마리안에게 그동안 프랑크와 어떤 관계였는지 캐묻는다. "그냥 아무 관계도 아니에요." 시체가 여전히 거실에 널브러져 있는 가운데, 느닷없이 프랑크가 들이닥친다. 페르디낭은 미리 준비한 샴페인 병으로 그를 기절시키고 마리안과 함께 동화책과 장총을 챙겨 달아난다. 어쩌면 그녀는 암흑가의 일에 발을 담그고 있을지도 모른다. 그런 게 아니라면, 저 수많은 총과 마리안을 추적해 오는 저 일당은 누구라는 말인가? "제 오빠한테 가요." 마리안은 시간에 맞춰 자동차를 몰고 와, 외벽 홈통을 타고 내려온 페르디낭을 태워 파리를 빠져나간다. 자유의 여신상이 우리를 알아보고 손을 흔들어 주는 지금, 어서 파리를 벗어나야 한다.

이들의 도피는 시작부터 엉망진창이다. 그들은 마치 경찰에게 붙잡히고 싶은 사람처럼 주유소의 직원들을 폭행하고, 기름까지 채워 도주한다. 마리안은 다짜고짜 "자신의 오빠를 찾아가야 한다."라고 거듭 언급한다. 알고 보니 그녀의 오빠는 아프리카 암시장에서 수상한 물건들을 거래하는 밀매업자다. 그녀 또한 이 더러운 일에 엮여 있는 것이다. 모든 일이 다 혼란스럽지만, 어쨌든 목적지를 정해야 한다. 마리안은 "니스로 가요, 아니 이탈리아까지!"라고 밝게 이야기한다. 하지만 그들에겐 당장 쓸 한 푼조차 없다.

어느 한적한 마을에 도착한 그들은 아무 바에나 들어가 음료를 마신다. 이제 정말로 돈이 없다. 텔레비전에서는 그들에 대한 이야기가 흘러나온다. 어디로 가야 할까, 일단 돈을 구해야 하는데. 그들은 마을 사람들을 붙잡고 갖가지 이상한 이야기를 늘어놓는다. 말주변이 좋은 두 사람은 그런 이상한 이야기로 돈을 모은다. 다시 도주할 때다. 그러다 우연히 길가에서 사고 차량을 발견한다. 두 남녀가 나무를 들이받고 처참하게 죽어 있다. 그들은 좋은 생각이 났다는 듯이, 거기에다 자신들의 차를 세우고 불을 지른다. 이러면 경찰들은 우리가 죽은 줄 알 거야. 차 전체에 번진 불을 바라보며 페르디낭은 말을 꺼낸다. "마리안, 차 속 가방에 뭐가 든 줄 알아?" 마리안은 불길한 낌새를 알아챈다. "차 안에 돈 가방이 있는 걸 알면서도 그런 거지?" 페르디낭은 으쓱해 보이며 "여행자는 원래 대범한 법이지."라고 대답한다.

페르디낭과 마리안은 줄곧 티격댄다. 그렇게 농을 주고받는 여유도 잠시, 마리안은 당장 스포츠카를 훔치자고 제안한다. 페르디낭은 책을 더 읽고 싶다고 하지만, 그녀는 견딜 수 없어 한다. 결국 그들은 하늘색 스포츠카를 대놓고 훔쳐 계속 남프랑스를 향해 달린다. 그들은 신문을 펴 보며 자신들의 기사를 읽는다. 페르디낭의 아내는 그들을 미쳤다고 증언했고, 마리안은 페르디낭이 아직도 그의 아내에게 관심을 두는지 살핀다. 그러다 마리안은 어쨌든 자기 오빠에게 가면 답이 나올 거라고, 돈을 얻어 근사한 호텔에서 휴양을 즐길 수 있을 거라고 부푼 기대감을 털어놓는다. "사랑에 빠지는 건 미치는 거나 다름없죠." 마리안은 상쾌하게 외친다. "그래, 이젠 나도 살아 있음을 느껴. 뭐든 할 수 있을 것 같아." 페르디낭은 뜻밖에 밀려든 자유에 젖어 환희를 느낀다. 그러고는 훔친 자동차를 바닷물에 처박아 버리고, 해변을 거닐다 모래 위에 드러눕는다.

그들은 마치 원시인들처럼 낚시와 사냥을 한다. 그들은 닥치는 대로 음식을 훔쳐 먹으면서도, 책만큼은 구입해 읽는다. 이제 앵무새와 야생 여우가 그들의 가족이자 친구다. 그들은 마치 무인도에 갇힌 연인들 같다. 페르디낭은 이런 생활이 제법 만족스러운 눈치다. 아무런 방해 없이 계속 글을 쓸 수 있고, 마음껏 몽상할 수 있으니까. 다만 불안한 점이 한 가지 있다면 그건 바로 마리안이다. "마리안, 나를 사랑하지?" 마리안의 눈동자가 격하게 흔들린다. "네, 진실로요." 그들의 사랑은 위태롭게 영원성의 언저리를 배회한다. 역시나 마리안은 슬슬 권태를 느끼기 시작한다. '그는 글을 쓰고 책을 읽지만, 도대체 나는 무얼 즐기며 살라는 말인가!' 페르디낭은 지루함에 지친 그녀의 얼굴에서 모종의 위기감을 알아차린다. "왜 그렇게 슬퍼 보이지?" 마리안이 답한다. "당신은 내게 문자로 말하고, 나는 당신에게 느낌으로 말하니까요." 페르디낭도 불쑥 참을 수 없다는 듯 불만을 토로한다. "당신하고는 도무지 대화가 안 돼. 생각은 없고 온통 느낌뿐이지." 마리안이라고 할 말이 없는 게 아니다. "제게 느낌은 곧 생각인걸요!" 그녀는 페르디낭 곁에서 달아나 버린다. "내가 옳았죠? 우리는 절대 서로를 이해하지 못해요. 난 대체 무얼 하지?" 그들 사이에 시커먼 균열이 입을 벌린다.

마리안은 지루한 전원 생활 따위 집어치우고, 예전처럼 갱스터 영화로 돌아가자고 절규한다. 하지만 페르디낭은 이렇게 지내지 않으면 곧 큰돈이 필요할 테고, 막판엔 감당할 수 없게 될 거라고 타이른다. 결국 두 사람은 노잣돈을 마련하기 위해 관광객의 돈을 털기로 결심한다. '베트남전쟁에 관한 연극을 해보면 어떨까? 미국인들은 전쟁을 좋아하니까.' 그들은 바닥에 포스터를 그리고, 물 위에 불을 지른다. 페르디낭은 엉터리 영어를 지껄이고 마리안은 베트남 여성 흉내를 내가며 우스꽝스러운 연극을 개시한다. 그들은 해괴한 연극을 마치자마자 관람료 명목으로 미국인들의 돈을 강제로 뜯어 간다. 다시 두 사람은 노래를 흥얼대고 멋대로 춤을 추면서 숲 속을 방황한다. 마리안은 자신의 짧은 운명선을 탓하며, 불길한 장래를 예고한다. 한편 마을의 댄스홀로 향하던 이들은 무기 밀매 조직의 끄나풀과 마주치게 된다. 마치 우연처럼, 혹은 필연처럼. 마리안은 어차피 이 사건은 자기 오빠랑 관계된 일이니까, 자신이 직접 해결하고 돌아오겠다며 난쟁이 조직원과 자리를 뜬다. 댄스홀에 홀로 덩그러니 남겨진 페르디낭은 전화를 통해 마리안의 다급한 목소리를 듣게 된다. 그는 곧장 그녀가 붙잡혀 있는 빌딩으로 달려간다. 그런데 막상 마리안은 전화 속 분위기와는 달리 태평하기만 하다. 밀매 조직원의 고약한 협박에도, 그녀는 느긋하게 가위를 어루만지다가 끝내 그 가위로 또다시 살인을 저지르고 만다. 페르디낭이 빌딩에 도착했을 때는 이미 모든 일이 끝나고 난 뒤다. 마리안은 이미 도주해 버렸고, 애꿎은 페르디낭만 다른 조직원들에게 붙잡혀 물고문을 당한다. 그는 참다못해 마리안과 만나기로 한 약속 장소를 밝히고, 결국 철길에 버려진다. 하지만 그도, 밀매 조직원들도 마리안의 행방을 찾지 못한다. 그녀는 감쪽같이 잠적해 버렸다.

그는 길거리, 극장을 전전하다가 어느 부호의 요트 관리자로 취직한다. 바로 그곳에서 사라진 줄만 알았던 마리안과 다시 만나게 된다. 그녀의 얼굴은 마치 아무 일도 없었다는 듯이 천연덕스럽다. 그녀의 말로는 자신은 결코 홀로 도망친 게 아니고, 밀매 조직원들을 피해 달아나던 도중에 페르디낭과 길이 엇갈렸을 뿐이란다. 그리고 우연히 들른 바에서 자신의 오빠를 만나게 됐고, 그렇게 잠시 피신해 있었다는 것이다. "그럼 나는 어떻게 찾아냈지?" 페르디낭은 이젠 아무래도 좋다는 듯 그녀에게 묻는다. "우연히, 정말이에요." 마리안은 천진한 얼굴로 페르디낭에게 애원한다. 자신을 부디 믿어 달라고. "그래, 믿어. 나의 거짓말쟁이야." 두 사람은 다시 하나가 된다. 거짓말처럼 진짜로.

페르디낭과 마리안은 다시 차를 훔쳐 달아난다. 그녀는 근처에 자신의 오빠가 있다며 그리로 가자고 한다. 페르디낭은 꺼림칙한 기운을 감지했음에도, 절대 거부하지 않는다. 그녀와 함께라면 아무리 불구덩이라도 기꺼이 뛰어들 준비가 돼 있다. 왜? 오직 그녀와 있을 때만 살아 있음을 느끼게 되니까. 사실 남몰래 무기를 밀매하는 마리안의 오빠는, 그녀의 가족이 아니다. 그녀는 자신의 내연남을 마치 친오빠인 양 속여 지금까지 지내 온 것이다. 따라서 그녀가 페르디낭을 다시 찾아온 데는 이유가 있다. 그를 이용해 다른 밀매 조직원을 소탕하려는 속셈 말이다. 페르디낭은 이 모든 일이 범죄와 연관된 일임을 알고 있음에도, 순순히 그녀의 뜻에 따른다. 그에게 마리안은 이제껏 자신이 저지른 모든 행위(이를테면 무기 밀매와 사기, 살인 따위)의 시비를 가려 주는 유일한 잣대다. 페르디낭은 마리안의 계획대로 돈 가방을 들고 나타난다. 그는 그녀와 도망칠까도 생각하지만, 그녀는 이 돈 가방을 오빠에게 가져다 줘야 한다고 단언한다. "오빠는 끝까지 우리를 찾아내서 혼내 줄 거예요." 페르디낭은 '137'까지 숫자를 세고 있을 테니, 꼭 돌아오라고 마리안에게 당부한다. 하지만 그녀는 돈 가방을 들고 오빠, 아니 자신의 애인과 함께 떠나 버린다. 페르디낭은 이미 짐작하고는 있었지만, 이번에도 여지없이 당하고 만다. 페르디낭은 부둣가로 가 다른 배를 잡아타고 그들을 뒤쫓는다. 그는 마리안을 부르짖으며 황무지와 같은 섬을 들쑤시고 다닌다. 그러다 끝내 마리안과 그의 애인을 총으로 쏴 죽이고 만다. 자신의 사랑이자 생명, 유일한 빛이었던 그녀의 육체가 차갑게 식어 간다. "용서해 줘요, 피에로." 곧이어 마리안은 눈을 감는다. 그는 창고로 들어가 다이너마이트를 챙긴다. 이제 페르디낭은, 마치 유서처럼 예술(L'Art)의 자리에 죽음(La Mort)을 채워 넣는다. 얼굴에 푸른 페인트칠을 한 그는 지중해가 내다보이는 절벽에 서서 자신의 머리통에 다이너마이트를 칭칭 감는다. 앞이 보이지 않는다. 그는 불이 붙은 성냥개비를 바닥에 떨어뜨리고, 마침 발치에 놓여 있던 도화선에 화염이 옮겨 붙는다. 순식간에 폭약이 터지고, 그는 화려한 폭죽놀이처럼 검붉은 연기와 함께 사라지고 만다. 그리고 잠시 후 갑자기 그녀의 목소리가 들려온다. "다시 찾았어!" 마리안이 속삭인다. 페르디낭은 나지막한 목소리로 되묻는다. "무엇을?" "영원을." 마리안의 대답에 페르디낭은 회의적이다. "그냥 바다일 뿐이야." 하지만 마리안도 지지 않는다. "그리고 태양을 찾았어!" 맹목적으로 펼쳐진 수평선은 이들의 죽음에 아무런 애도도 표하지 않는다.

장 뤽 고다르

Jean-Luc Godard, 1930-

"영화는 24프레임(1초)마다 진실을 말한다."

한스 루카스라는 필명으로 1950년대에 영화평을 쓰기 시작한 고다르는 1952년에는 앙드레 바쟁의 영화 잡지 《카이에 뒤 시네마》 필진에 합류한다. 1950년대 여러 습작 단편을 만들기도 했고, 영화의 편집자 업무도 해 보았던 고다르는 1959년에 장편 「네 멋대로 해라(À Bout de Souffle)」를 내놓으면서 친구들인 자크 리베트(1928-), 에릭 로메르, 프랑수아 트뤼포와 함께 누벨바그의 상징적인 인물로 자리 잡는다. 「네 멋대로 해라」가 공개되었을 때 할리우드 누아르를 따라하면서도, 닮지 않은 영화 스타일에 사람들의 눈은 휘둥그레질 수밖에 없었다. 그것은 할리우드라는 우상의 파괴였다. 트뤼포의 말을 빌리자면 "가장 나쁜 것들을 모아 새롭게 만들어 내는" 고다르의 방식은 누벨바그 감독들과는 또 다르게 보였다. 그는 영화 「작은 병정(Le Petit Soldat)」(1963)에서 알제리 사태를 이야기했고, 「미치광이 피에로」에서는 베트남전쟁을 논했다. 이처럼 고다르는 남녀의 낭만적인 이야기와 함께 현실과 정치에 대한 발언을 서슴지 않았다.

초기 고다르의 영화는 매끈한 드라마를 거부하고, 자본주의를 향해 비판을 날리면서 남녀 관계에 대해 공격적인 언사를 드러냈다. 고다르는 이야기를 만드는 전통적인 의미의 감독이 아니라 마치 에세이스트처럼 자유롭게 글을 쓰고 사고하는 감독처럼 보였다. 《카이에 뒤 시네마》의 1962년판 겨울호에서 그는 자신을 비평가로 규정했다.

> 지금도 나는 여전히 나 자신을 비평가로 생각한다. 난 어떤 의미에서 예전의 그 어느 때보다 더 비평가다. 난 비평을 쓰는 대신에 영화를 만들지만, 거기엔 비판적 차원이 포섭되어 있다. 나는 나 자신을 소설 형식으로 에세이를 생산하거나 또는 에세이 형식으로 소설을 생산하는 에세이스트라고 생각한다. 다만 나는 쓰는 대신에 그것들을 촬영한다.

고다르는 1968년도 68혁명 이후 '지가 베르토프 집단(Groupe Dziga Vertov)'을 이끌면서 실험적이고 정치적 영화를 만드는 데 매진한다. 제작 방식에 있어서도 기존 영화계의 자본을 거부하면서, 장피에르 고랭(1943-)과 함께 「동풍(Le Vent d'est)」(1970), 「블라디미르와 로자(Vladimir et Rosa)」(1971)와 같은 영화를 선보인다. 새로운 변화와 혁명, 그리고 기존 이데올로기에 대해 비판을 가한 이들의 영화 제작 방식은 유례를 찾아보기 힘든 것이었다.

고다르는 1979년부터 다시 상업 영화계로 귀환한다. 그가 1980년대에 만든 선언적인 작품은 「할 수 있는 자가 구하라: 인생(Sauve Qui Peut: la Vie)」(1980)다. 고다르는 68혁명 경험에 대한 처절한 자기 고백인 이 영화를 "자신의 두 번째 데뷔작"이라고 말한다. 그러나 고다르의 도발적이고 혁명적인 발언에 관객은 무관심했다. "문화의 감옥" 속에 있다는 절망감은 1970년대와 1980년대를 지나면서 점점 더 고다르의 발목을 붙잡았다.

그가 1997년에 완성한 「영화사(Histoire(s) du Cinéma)」는 그런 질문에 대한 답변이자 자신이 이제껏 만든 영화에 대한 정리라고 할 수 있다. 고다르가 두드리는 타자기의 자판 소리는 세르게이 예이젠시테인의 영화 「파업」과 영화 「10월」의 한 장면, 즉 자본주의 관료들과 부르주아들을 때려잡기 위해 민중이 봉기하는 몽타주 이미지와 겹친다. 고다르는 계속하여 영화를 선보인다. 그는 관객을 향해 치열하게 질문을 던지는 에세이스트이고, 그의 에세이는 결코 가벼운 신변잡기가 아니다. 역사와 정치, 그리고 문화와 경제를 가로지르는 하나의 횡단이다.

시네토크

가장 유럽적인
젊은 예술가의 초상

장 뤽 고다르의 영화를 만나는 것은 20세기에 만개한 영화의 본성에 직면한다는 것과도 같다. 영화의 가능성을 다양한 영상 언어로 현실화했던 인물, 바로 그가 고다르다. 그래서일까, 고다르는 어렵다. 과거에 보지 못했던 새로운 영화를 만들었으니, 고다르가 우리에게 낯설 수밖에 없는 건 어쩌면 당연하다 하겠다. 마치 제임스 조이스의 『율리시스』를 읽는 것과 같은 느낌이라고나 할까. 「미치광이 피에로」는 그나마 친숙한 작품에 속한다. 조이스의 난해한 작품들 중 그나마 쉬운 『젊은 예술가의 초상』에 비교될 수도 있다. 그래서일까, 「미치광이 피에로」는 누구나, 특히 젊은이들이라면 쉽게 공감할 수 있는 테마들로 직조되어 있다. 사랑하는 연인들이 있고, 그들의 도주가 있으며, 죽음을 이끌어 오는 권태가 있다. 사실 이런 테마들은 1960년대 한복판을 살던 당시 유럽인들의 초상을 보여 주는 것이었다. 당시 고다르는 누가 뭐래도 가장 유럽적인 감독 중 하나였으며, 유럽의 한가운데서 자신의 친구들과 함께 정말 신속하게 영화를 찍고, 그만큼 기민하게 편집했다. 「미치광이 피에로」에서 젊은 기운이 느껴지는 것은 이 때문이다. 누군가에게는 사랑스럽고, 누군가에게는 알 수가 없는 「미치광이 피에로」는 분명 영화 혁명의 중심부를 강타했지만, 아직도 그 파장이 살아 있는 현재형의 작품인 셈이다.

누벨바그 젊은 세대의 영화

이 어떤 분이 사랑에 대한 영화를 추천해 달라고 하셨는데 「미치광이 피에로」가 생각났어요. 저에게 사랑에 대해 많이 알려 준 영화입니다. 여인의 배신과 남성의 맹목적인 믿음이 주제예요. 알면서도 속고, 그러면서도 따라가는 기이한 형태의 사랑을 보여 주는데, 가장 흔하고 전형적인 멜로의 플롯, 사랑의 도피라는 모티프죠. 파리에서부터 지중해 니스까지 주인공들의 여정이 이어져요. 여자를 죽이고 남자가 자폭한다는 결말은 로맨스 스토리의 전형이죠. 고다르는 워낙 이름 자체가 영화의 대명사예요. 데뷔작 「네 멋대로 해라」는 두말할 것 없이 유명하고, 정치적 색깔을 띠는 「중국 여인(La Chinoise)」(1967) 같은 영화도 있죠.(미셸 푸코의 『말과 사물』을 찢어발기는 장면도 나와요.) 「미치광이 피에로」는 파리에서 1년 넘게 장기 상영을 했을 정도로 대중적인 인기를 누린 영화입니다. 당시 젊은 세대의 감수성을 대변했다는 증거죠. 이제 고다르의 점프 컷 같은 기법은 우리에게도 익숙합니다. 왕가위(1958-) 감독의 「중경삼림(重慶森林)」(1994), 「타락천사(墮落天使)」(1995)에도 점프 컷은 상당히 많이 쓰였죠. 그래서 저는 당시 고다르의 감수성이 지금 이 세대에도 전달될지 철 지난 것처럼 느껴질지 궁금하고 불안하기도 했어요.

강 젊음의 단편을 이렇게 잘 잡은 영화도 없을 듯해요. 누벨바그의 특징은 젊다는 거예요. 요즘은 중년, 노년을 주제로 하는 영화가 많이들 나오는데 저 시기 프랑스에서는 아버지를 찍는 대신 '자기 자신들'에 집중했던 것 같아요.

저는 이제 완연한 중년인데, 젊은 분들에게는 이 영화가 강력하게 다가올 것 같아요. 지금 이 순간을 다뤘다고 느낄 것 같고. 「네 멋대로 해라」나 트뤼포의 영화를 보면 젊은 시절의 격정, 파괴, 욕망 같은 것이 잘 드러나요. 젊은 감독이 바로 자기들 얘기를 찍었고, 그래서 같은 세대 모두가 열광하는, 그런 시절이 있었다는 것만으로도 설레네요. 누벨바그는 전설적인 용어죠. '새로운 물결' 혹은 '새로운 조류'라는 뜻이죠. 아직도 누벨바그 풍이라는 말이 많이 쓰이잖아요. 지금도 고다르나 누벨바그에 대해서 해체해 보고 재해석해 봐야 한다는 논의도 많이 나오고요.

「미치광이 피에로」가 제작된 1960년대에는 여러 가지 복잡한 양상이 일어났죠. 세계대전을 일으킨 어른들을 미워하는 젊은 세대가 출현한 시대예요. 4·19혁명이 일어난 의미도 마찬가지예요. 6·25를 방치했던 어른들을 공격할 만큼 아이들이 큰 겁니다. 꼬마 때 전쟁을 겪었던 세대가 자라서 대학을 다니고, 힘이 좀 생기니까 어른들 세대와는 다른 시대를 열고 싶다고 전면에 나선 거예요. 전형적인 패턴입니다.

프랑스 영화계에서도 그런 젊은 세대가 낡은 전통을 깨부수고 싶었던 거죠. 누벨바그는 1960년대의 주요 관심사였던 영구한 평화에 대한 희구와 멀지 않아요. 프랑스에 68혁명이 있었고 미국에는 히피가 유행했죠. 일본 도쿄대 전공투 사건도 4·19를 모범 삼아 일어났던 거죠.(반도의 청년 학도들을 본받아야 한다고 게시판에 붙여 놓을 정도였으니까요.) 한국의 1960년대는 좀 더 이른 시기에 각성했죠. 남북이 첨예한 대치 상황이었기에 청년들이 더 예민했던 거죠. 전범으로 삼을 만한 모델, 아버지가 없는 세대였기 때문일 거예요.

《카이에 뒤 시네마》에서도 1950년대 후반에서 1960년대 사이에 자기들이 만든 누벨바그 영화와 비교해서, 그 이전의 영화들을 "아버지의 영화"라고 부르더군요. 그러니 누벨바그 영화는 젊은이의 영화임은 확실하죠. 동서를 막론하고 1960년대에는 이상한 의미의 세계화가 진행된 거죠. 전쟁을 초래한 기성세대에 대한 젊은 세대의 저항이 한국에서, 일본에서, 미국에서, 독일에서, 그리고 프랑스에서 동시다발적으로 일어났으니까요. 전쟁이 국지적으로 일어난 게 아니라 전 세계적으로 일어나고 말았으니, 새로운 사회에 대한 열망, 그것을 꿈꾸는 방법의 모색도 전 지구적으로 일어난 거죠. 현실을 바꾸기 어려울 때 우리는 환상(예술)부터 교정하려고 합니다. 4·19 세대는 아마 고다르를 보고 감탄했을 것 같아요. 누벨바그 영화는 혁명도 좌절도 겪는, 뭐든지 할 수 있지만 한편으로는 무의미하기도 한 세대를 그린 일련의 영화들이었던 것 같아요. 물론 그렇다고 염세적이거나 냉소적인 입장을 초지일관 밀어붙이지도 않아요. 젊으니까 금방 회복되어 다시 열정적으로 삶을 사랑하죠. 고다르 영화의 싱싱하고 찬란한 색채가 그걸 말해 주는 것 같아요. 그래서일까요, 영화 속 지중해의 하늘빛처럼 「미치광이 피에로」란 영화의 색채는 참으로 아름답습니다.

한편 남자 주인공의 자살 장면에도 리얼리티가 있는 것 같아요. 자살하겠다고 결심은 했지만 순간적으로 아차 하는 생각에 자살을 멈추려고 하죠. 그런데 다이나마이트가 비비 꼬여 끝내 죽고 말잖아요. 젊은이의 자살은 그런 식으로 이루어지는 것 같아요. 주인공이 죽었다, 끝났다고도 볼 수 있겠지만 어떻게 보면 이 장면은 청춘의 죽음, 어른이 되는 통과의례 같기도 해요. 그러니 영원한 청춘, 늙어도 기억할 수밖에 없는 젊음으로 영원히 남을 겁니다.

여주인공 마리안도 너무 예쁘고, 나도 참 미치광이처럼 대학 시절을 보낸 것 같다는 아련한 느낌도 많이 들었습니다. 소주를 냉면 그릇에 부어

장 뤽 고다르, 「미치광이 피에로」

"「미치광이 피에로」는 저에게 사랑에 대해 많은 걸 알려 준 영화입니다. 여인의 배신과 남성의 맹목적인 믿음이 주제예요. 알면서도 속고, 그러면서도 따라가는 기이한 형태의 사랑을 보여 주는데, 가장 흔하고 전형적인 멜로의 플롯, 사랑의 도피라는 모티프죠."

원샷 하던 그 시절이요. 그때는 정말이지 내일 생각 안 하고 술도 많이 마셨는데요.

이 술 얘기 하시니까 저도 신입생 시절이 기억납니다. 대학교 1학년 때 생일 파티를 한답시고 저도 냉면 그릇에 소주를 마셔 댔는데요. 그때 생전 첫 오바이트를 했습니다. 이런 걸 왜 하는 거지!

강 요새 애들은 그렇게 마시면 죽을 거예요. 우리는 술에 목마른 상태로 신입생 환영회를 갔지만, 지금 대학생들은 술을 배우거나 준비할 새도 없이 어쩔 수 없이 마시기 시작하는 거죠. 우린 더 마시려고 오바이트했다니까요.

이 1학년 때 그렇게 시간을 보내다가 군대 갔다 오고 나서 영화 몇 편을 봤습니다. 그중 하나가 「미치광이 피에로」였고요. 영화를 처음 보고 '영화라는 게 이럴 수도 있구나?' 했어요. 영화가 이토록 형언하기 힘든 느낌을 전할 수 있는 매체라면 저 세계에 한번 뛰어들어 보고 싶다고, 같이 고민하고 어울려 보고 싶다고 처음 생각했던 계기가 됐죠. 그러고 나서 많은 세월이 흘렀고, 저도 굉장히 오랜만에 봤습니다. 이상하게 책상 서랍 깊이 넣어 두고 쉽게 꺼내 들지 못했어요. 막상 보고 나서 선정한 걸 후회하지 않을까 걱정스럽기도 했고요. 소주를 대신할 만한 청춘의 감수성이란 걸 다시 소환해서 적절하게 반응할 수 있을까 두려웠던 거지요.

그런데 다시 보니까 좀 명확해진 부분이 있어요. 누벨바그는 당시 젊은 세대들의 영화였어요. 《카이에 뒤 시네마》의 필진들은 대부분 감독이었습니다. 평론가로서는 고다르보다도 트뤼포가 더 유명했습니다. 트뤼포는 1980년대에 대중 영화계로 편입합니다만 고다르는 끝까지 예술적 고집을 지키려고 했죠.(기존의 관습을 깨부수려는 영화를 만들고 싶어 했고, 평생 그걸 하고 있는 작가입니다.) 같은 누벨바그 작가 계열이라고 해도 갈라서는 지점이 분명 있어요. 누벨바그의 개념이 특히 한국 사회에서는 박제된 신화가 되었죠. 저는 그렇게 박제된 개념에 대해 생득적으로 거부감을 느껴요. 그래서 좀 더 개인적으로, 직접 체험하고 깨닫고 싶었어요. 지금 나에게 누벨바그란, 고다르란 무엇일까 하고 부단히 고민했어요. 그러고서 제 나름대로 내린 결론이 '폼'입니다. 고다르 영화에는 '폼'을 잡는 부분이 많이 들어 있는 것 같아요. 굉장히 지적이고 정치적인 감독으로 알려져 있긴 하지만요. 「네 멋대로 해라」의 유명한 장면 하나는 주인공 진 세버그(1938-1979)(프랑스 소설가 로맹 가리의 부인이기도 했죠.)가 샹젤리제 거리에서 "뉴욕 해럴드 트리뷴!"이라고 외치면서 신문을 파는 모습입니다. 뒷모습을 잡았는데 매우 인상적인 구도가 연출되었죠. 그 의도는 뭘까, 각도와 거리의 의미는 뭘까 많은 얘기가 있습니다만, 사실 고다르는 그저 그 여배우의 아름다운 뒷태를 보여 주려고 했던 것 같습니다. 그 자연스럽고 꾸밈없는 아름다움은 그 시대 젊은 세대만이 포착하고 공감할 수 있는 것이었죠. 기실 그들은 가난했습니다. 레일을 깔고 트래킹 숏(달리 숏)을 찍을 만한 경제적 여유가 없었어요. 촬영 감독 라울 쿠타르(1924-)는 카메라를 휠체어에 올려놓고 찍는 수밖에 없었지만, 오히려 그 덜컹거림은 젊은 세대의 몸짓을 더 적절히 담아내는 효과를 거두었습니다.
아까 말씀드렸던 대로 「미치광이 피에로」는 도피 영화입니다. 젊은이의 후퇴, 비겁함이라고 호도할 수도 있겠지만(당시에도 그렇게 보는 사람들이 있었어요.) 도피나 도망이란 것조차 젊은이의 특권임은 분명하죠. 돌아보세요. 어른들은 도피나 도망조차 못 하잖아요. 출근하다가 공항으로 방향을 돌려 아무 나라나 훅 떠나지 못하죠. 퇴근하다가 가족을 버리고 그냥 기차에 몸을 싣지도 못해요. 도피나 도망에도 용기가 필요한 법이죠.

강 요즘 젊은이들은 가출 안 하죠. 불행한 일이에요. 나이가 들면 할 수 없는 걸 마구 해야 하는데 이것이 바로 젊음의 특권이자 늙은 사람들이 부러워하는 것이거든요. 그래서일까요, 이런 젊은 세대, 젊은 감수성을 포착했기에 누벨바그 영화는 아직도 싱싱한 것 같아요.

이 그렇죠. 그게 핵심 같아요. 젊은 세대에서만 보이는 장면과 스토리텔링은 누벨바그 감독들의 전유물이었습니다. 트뤼포가 찍었던 「쥘 앤 짐(Jules et Jim)」(1961) 같은 영화의 영향력은 컸습니다. 베르톨루치(1940-)가 「몽상가들(The Dreamers)」(2003)에서 다뤘던 기묘한 남녀 관계도 생각해 보면 트뤼포의 영화에서 따온 거라고 볼 수 있죠. 한 여자를 두고 두 남자가 서로를 인정하며 공존하는 이야기잖아요.

강 여기서 '인정'이라는 단어는 수정되어야 할 것 같아요. 삼각관계가 유지되기 위해서는 서로들 쿨한 척하는 것뿐이지 진짜 '인정'은 아닐 거예요. 사실은 한 여자를 독점하고 싶지만, 기성세대의 모습을 따르기 싫어 쿨한 척한 것뿐이지요. 그러니 젊은이의 치기라고도 할 수 있지만, 이런 치기가 없다면 관습적 관계를 거부하고 새로운 관계를 모색하는 젊음의 힘도 불가능할 겁니다.

이 제가 말씀드렸던 '폼'이 바로 같은 맥락이죠. 결국에는 어떤 시대가 지나가고 보면 '폼'에 가깝게 보이는 거죠. 그렇지만 그 '폼'은 당대에는 함께 호흡했던, 놀라운 폭발력을 보였던 에너지였어요. 누벨바그라 불렸던 1950년대 말과 1960년대 초에 프랑스에서만 300여 명의 감독이 데뷔할 정도로 예외적인 현상이었죠. 그렇다고 해서 이제 낡았다고 생각해서는 안 돼요. 누벨바그의 '폼'은 젊은 세대의 영원한 '폼'이기도 하니까요. 그 보편성을 잊지 말아야 하죠.

강 지금도 대학생들이 과 동기를 주연으로 해서 되지도 않는 영화를 찍는 경우가 있죠. 근데 놀라운 건 그렇게 열악한 환경에서 이따금 폭발적인 창작물이 나온다는 거예요. 고다르도 이 카테고리에 들어가는 인물입니다. 유럽이나 미국의 경우 텔레비전이라는 강력한 매체가 휩쓸면서 영화관은 불황을 맞았죠. 1960년대 대다수 자본이 텔레비전으로 쏠렸

으니까요. 그런데 집안 어른들이 거실을 차지하고 있는 거예요. 그럼 젊은이들은 거리로 나오고 갈 데라곤 영화관밖에 없습니다. 사실 지금도 영화관은 탈출구 기능을 하죠. 그러고 보면 시네필은 모두 젊은 세대로 이루어진 그룹이었을 거예요.
이 영화에는 젊은이들의 자유로운 감각과 감정이 잘 담겨 있는 것 같아요. 장치가 부족해서 어떤 기법이 탄생할 수도 있던 거고요. 이 선생님 말씀대로 '폼'이라는 표현이 정말 잘 맞는 것 같고요, 폼이 정말 많이 들어가 있는데 예뻐요. 하긴 폼 잡는 건 젊은이들만의 특권이죠.

이 아주 단순화해서 얘기하면 요즘 영화들은 벽을 치거나 벽을 긁는 데 그치는 것 같아요. 갇혀 있는 거죠. 고다르나 트뤼포는 치기라고 불릴지라도 벽을 부수고 뛰쳐나갔죠. 분출하는 에너지가 있습니다. 반면 요즘은 한적한 공간, 방 안에서 내면의 상태에 집중한 영화들이 대다수죠. 사실 한 번쯤은 오쿠다 히데오 소설 제목처럼 '남쪽으로 튀어' 가야 하는 것 아니겠어요. 이 영화도 사실상 남쪽으로 튀는 내용이기도 하고요.
아무튼 톡톡 튀는 고다르 영화의 매력을 들여다보기 위해서는 마리안의 아파트에서 벌어지는 3분이 채 안 되는 분량을 보면서 점프 컷을 음미해 보면 좋아요. 시공간이 엉켜 있는 게 점프 컷의 특징입니다. 초반엔 시간 순서대로 영화가 흘러가는 것 같죠. 컷 없이 진행되고 있는 롱 테이크인데 갑자기 침대 위에 있던 시체는 온데간데없이 사라집니다. 페르디낭이 나타나서 프랑코를 죽이고 탈출하는 장면입니다. 파리로 떠나는 것 같이 보이는데 다시 출발하기 전 장면으로 돌아오고, 떠나고, 또 전 장면으로 돌아오기를 반복하죠.
흔히 영화의 편집에서 일순위로 고려하는 사항은 연속성(continuity)이기 마련입니다. 그런데 고다르는 이 할리우드의 미덕을 끊임없이 파괴했습니다. 일부러 불연속성을 만듭니다. 음악도 툭툭 끊어 버리기 일쑤입니다.(고다르 특기 중에 하나인데요.) 기존 영화음악은 연속성을 보완해주거나 강조해 주는 소임을 했는데 말이죠.
고다르 영화의 특징은 단절입니다. 이러한 단절의 틈 사이로 관객의 참여를 유도하는 거죠. 관객은 고다르의 영화를 보며 생각해야 합니다. 우리 앞에 떨어지는 퍼즐을 풀어야 하니까요. 불친절은 고다르의 목표였던 것 같습니다. 직접 참여하는 비판적인 관객이 되어 주기를 바랐던 거겠죠.

강 영화라는 매체의 가능성을 극대화해서 보여 주는 지극히 영화적인 장면입니다. 저 장면을 이해하면 나머지 뒷부분에 나오는 장면은 다 받아들여지죠. 영화라는 세계에 푹 빠지게 만드는 것 같습니다.
이 선생님은 생각하게 한다고 하셨지만, 저는 오히려 비판적 거리를 잃고 페르디낭의 세계로 훅 들어간다고 느꼈어요. 판단 유보의 상태로요. 일정 부분은 하루키적 세계인 건 맞아요. 아직도 철이 안 들었죠. 섹스는 존재하지만 소통은 부재하는 세계죠. 비틀스 노래 「노르웨이의 숲(Norwegian Wood)」(1966) 가사[1]가 그렇잖아요. '노르웨이의 숲'이라는 번역어는 잘못된 것이죠. 비틀즈의 노래를 보면 Norwegian Wood는 노르웨이산 가구라는 의미니까요. 남자가 하루 종일 섹스만 하자고 하지만, 여자는 돈을 벌러 가죠. 돈 없이 어떻게 먹고살아요? 그러나 여자가 나갔다는 걸 안 순간, 남자는 여자 집에 있던 노르웨이산 가구를 홧김에 불태워 버리죠. 성숙하지도 못하고, 배려도 없는 젊은이들의 사랑이 엿보이죠.
어떤 영화들은 관객에게 유사성을 느끼게 만듭니다. 동일시를 목표로 하죠. 근데 이 영화는 거리 두기를 합니다.(배우들이 우리한테 말을 걸 때도 있잖아요. 갑자기 리듬을 깨면서.) 동일시하지 말라고 하는 것 같아요. 자기 경험으로 투사하려 하지 말고 그냥 이 세계를 있는 그대로 받아들이라고 말하는 것 같아요. 가늠하거나 판단하지 말고, 흉내 내지 말고, 자의적으로 해석하지 말고 그냥 훅 들어오라는 것 같아요. 친구한테 내 얘기를 들려줬는데 상대방이 "맞아, 나도 그랬어."라고 말하면 짜증날 때가 있죠.

1 "그녀는 내게 그녀의 방을 보여 줬어요. '멋지지? 노르웨이산 목재로 꾸며져 있어.' (……) 그녀는 내게 머물러 달라고 말한 뒤 아무 곳에나 앉으라 했죠. 그래서 주위를 둘러봤지만 거기엔 의자가 없다는 걸 알았어요. (……) 난 러그 위에 앉아 그녀가 준 와인을 마시며 시간을 보냈습니다. 우린 2시까지 대화했고 그녀가 '이제 잘 시간이야.'라고 말했습니다. (……) 그리고 일어났을 때 난 혼자였습니다. 그 새는 날아가 버린 거죠. 이윽고 난 불을 붙였습니다. 멋지지 않나요? 노르웨이산 목재라니."

내가 말하는 건 그게 아닌데 상대방이 다 아는 듯이 대꾸해 오면요. 고다르도 그랬던 것 같아요. "이런 세계가 있어."라고 젊은 감독이 배타적으로 말한다고 생각해 보세요. 해석하지 말고 자기 영화에 익숙해지라는 겁니다. 예술 영화의 탄생이 이렇게 이루어진 거 아닐까요? 《카이에 뒤 시네마》에 그의 동료 트뤼포가 "감독은 저자여야 한다."라고 했습니다. 대중에게 맞춰서 작품을 생산하는 게 아니라, 내가 쓰고 싶은 것을 쓴다는 거죠. 작가적 개성, 작가주의풍 영화를 주장하는 거죠. 감독은 '오퇴르(auteur)', 즉 작가라는 겁니다. 관객이 자기 경험에 따라 자의적으로 해석하는 게 싫었던 이들이겠죠. 트뤼포가 어린 나이에 「400번의 구타(Les 400 Coups)」(1959)로 칸 영화제에서 황금종려상을 받았죠. '오퇴르'로서 데뷔했던 겁니다.

이 그렇습니다. 누벨바그 감독들은 '오퇴르'가 되고 싶었던 겁니다. 고다르의 이 영화를 보세요. 파리를 떠나는 순간은 플롯상으로 굉장히 중요한 기점이 되는 장면입니다. 그런데 진지해 보이지는 않죠. 가만 보면 「미치광이 피에로」의 모든 장면은 느닷없이 일어납니다. 드라이브하다가 갑자기 바다로 뛰어든다든가, 자살하나 싶으면 그냥 단순한 해프닝으로 끝나고 말고요. 마지막에 자살하려는 장면에서 다이너마이트에 불을 붙인 것도 실수였어요. 유의미하고 의미심장할 만한 순간에 그 엄숙함을 깨뜨리죠. 브레히트적 효과, 소격 효과[865쪽 키워드 참고]를 정말 기가 막히게 쓴 것이라고 할 수 있고, 어쨌든 자꾸 낯설고 비트는 기법을 보여줌으로써 관객이 시종일관 안심할 수 없게 하는 것 자체가 재미있는 것 같아요. '이건 뭐지?' 하고 관객의 의아함이 계속되는 속에서 영화는 끝나 버리죠.

고다르는 새로운 언어, 문법 체계를 만들려고 했어요. "우리는 무성영화 시대에서보다도 더 영화의 언어를 제대로 활용하지 못하고 있다. 내가 고민하는 것은 영화에 있어서 새로운 알파벳이다."라고 말했죠. 그는 작가주의적 감독이 되려고 노력했습니다. 작가는 끊임없이 새로운 언어를 찾으려고 하니까요.

강 타인에게 너무 친절하면 매력이 없죠. 고다르는 이걸 알았던 사람 같아요. 전혀 다른 모습을 보여 주는 거예요. 그럼 타인이 더 관심을 보이겠죠. 물론 영원히 내 작품을 느끼지 않았으면 좋겠다는 식의 독불장군은 아니었어요. 단순히 소외를 목표로 한 영화는 아니라는 말이죠. 자기 작품에 대해서 전전긍긍하는 작가의 모습도 보이지 않나요? 누군가 자기를 알아줬으면 좋겠다고 간절히 소망하고 있는 걸 보면 고다르가 어린애 같은 거죠. 그는 우리가 영화를 끝까지 보도록 만드는 거예요.
이런 어린애 같은 느낌은 고다르가 그린 남녀 관계에도 그대로 드러나요. 남자는 생각을 중시하고 여자는 느낌을 따른다고 말하는 이분법적 구도도 그렇고(남자는 화살을 매만지는데 여자는 벌써 작살로 물고기를 잡아오죠.) 톡톡 튀는 장면들이 재밌어요. 초창기 영화에서 봤던 몽타주 기법도 보이고요.

이 실제로 고다르가 가장 좋아하는 감독이 예이젠시테인입니다. 영화의 알파벳을 고민했던 고다르가 몽타주를 존경하지 않을 리 없었던 거죠.

강 이런 영화적 문법을 고민하는 사람들은 타인들과 대화할 때 말을 더듬습니다. 상대가 나를 너무도 쉽게 이해한다고 속단할 때, 명민한 자의식은 그런 억측에 민감할 수밖에 없지요. 그러니 다시 설명하려고 말을 더듬을 수밖에 없는 겁니다. 상대방의 속단을 피할 수 있는 말을 찾을 수밖에 없으니까요.

빨간 남자 파란 여자

이 안나 카리나(1940-)를 직접 만난 적이 있습니다.(부산영화제 프로그래머로 일할 때 심사 위원장으로 오셨거든요.) 자연스럽게 남편이었던 고다르 얘기가 나왔어요. 카리나는 누벨바그 여신 중에서도 가장 인기 많은 여배우였습니다. 덴마크 태생의 카리나는 어린 시절 가정이 불우했다고 합니다. 그래서 젊은 나이에 모델 일을 하러 프랑스로 넘어왔죠. 처음 프랑스에 와서 찍었던 샴푸 광고로 당시 큰 인기를 끌었습니다. 광고가 나간 이후에 고다르에게서 매일 전보가 왔다고 합니다. 초반엔 계속 거절했다고 합니다. 그때 고다르는 이미 마흔이 넘은 나이였습니다. 두 사람은 「작은 병정」 이후 영화를 함께 만들며 인연을 이어 갑니다.

1960년대에 남프랑스의 휴양 도시 니스에 둘이 여행을 가기로 했다고 합니다. 차를 몰고 가던 고다르가 갑자기 "꼭 가야겠어? 내일은 트뤼포랑 만나기로 했는데. 《르 몽드》 기자랑도 약속했고."라고 궁시렁거리더랍니다. 그러다 또 차를 세우더니 또 다른 핑계를 대기를 반복하길래, 결국 화가 난 카리나는 차에서 내려 혼자 집으로 걸어왔다고 합니다. 그러고 나서 몇 년 후에 두 사람은 결별하게 되는데요. 고다르도 어쩔 수 없는 폼 잡는 예술가 남자였구나, 사실은 속 좁은 평범한 남자구나 하는 게 느껴지더군요. 고다르는 어느 정도 폼을 잡았던 인물이기도 해요. 거대한 레이밴 선글라스는 한 시절의 폼을 보여 주죠.

마지막으로 드릴 말씀은 이 작품의 색채 대비입니다. 빨강과 파랑이 선명하게 대비됩니다. 페르디낭이 주로 빨간색 계열의 옷을 입고 있다가 마지막 자살 장면에서는 파란 셔츠를 입고 얼굴에는 빨간 다이너마이트를 두르죠. 마리안은 주로 파란색 계열을 입고 다니다가 후반부에 빨간색 상의를 입습니다. 화성인 남자, 금성인 여자 이야기이기도 하기 때문에 조금은 유치할지라도 색채를 과감하게 대비시킨 거죠. 성격과 사고방식의 차이를 보여 주기도 하고, 한쪽에서 흡수되고 서로 감응하는 모습을 색채적으로 보여 준 거죠.

한편 한정된 공간에 있을 때 "더 이상 쥘 베른처럼 살기 지겨워!"라고 내뱉는 마리안의 말도 재밌죠. 쥘 베른의 많은 모험 소설이 도시에서 멀어져서 고립되거나 탐험하는 이야기들이니까요.

질문 1 제목이 왜 미치광이 피에로인가요? 남자에게는 페르디낭이라는 멀쩡한 이름이 있는데 여자가 왜 자꾸 '피에로'라고 부르지요? 또 남자가 들고 다니는 책이 궁금합니다.

강 영화 초반에 "외로운 사람은 말이 많다."라는 말이 나오죠. 장 폴 벨몽도(1933-)가 맡은 배역은(비단 그뿐만 아니라 장 뤽 고다르 세계에 나오는 모든 남자 주인공은) 고립되고 사색적인 존재입니다. 페르디낭은 좀 고상한 단어잖아요. 지적인 사람으로 인정받고 싶은 남자에게 자꾸 '피에로'이기를 요구하는 거죠. 철학 박사로 불리고 싶은 저에게 누군가 '신주야, 코흘리개야.'라고 부르는 것과 같죠. 여자의 눈에 지적인 척하는 남자가 우스꽝스러웠던 것 같습니다. 그러니 '너는 페르디낭이 아니라 피에로에 불과해!'라고 강조하는 거죠. 이런 불일치가 서로에게 매력을 느끼게 하지만 결국엔 질리게 하는 이유도 되지요. '피에로'는 애완견을 부르는 애칭 같은 거예요.

이 페르디낭이 갖고 다니는 책은 엘리 포르의 『미술사』인데, 고다르의 자기 반영적 태도를 보여 주죠. 여주인공 이름도 르누아르이고, 영화 중간중간 르누아르의 그림이 보이기도 해요. 감독 자신의 취향을 보여 주는 거죠. 이건 영화에 대한 영화, 예술에 대한 영화라고 말하는 것 같네요.

「미치광이 피에로」는 「우리에게 내일은 없다」라는 미국 영화와 주제적으로 많이 비교되기도 했습니다. 할리우드 영화의 기법을 특이하게 재해석했던 영화라고 본 거죠. 한편 당시 유명하던 갱의 이름이 '피에로'였다고도 해요. 그래서 페르디낭이 기분 나빠 하죠. 갱 이름으로 부르지 말라는 뜻입니다.

내가 규정되고 싶은 것과 상대가 나를 부르는 것 사이에는 간극이 있기 마련이죠. 이름은 내가 바라는 나 자신의 정체성과는 거리가 멉니다. 본래 타인의 편의를 위해 고안된 것이니까요.

강 영화 대사 중에 "벨라스케스는 밤의 화가"라는 말이 나옵니다. 고요한 사색의 순간을 즐겼다는 거죠. 대조적으로 마리안은 땀이 나는 낮의 세계에 삽니다. 그러니 피에로라고 놀리지만 사실 그녀는 지적인 페르디낭을 부러워하고 좋아했습니다. 그녀가 페르디낭처럼 글을 쓰려고 한 것도 이런 이유에서입니다. 아이러니한 일이죠. 피에로라고 놀리면서도 진지한 페르디낭으로 남아 주기를 바랐던 것 같아요. 마리안은 공책에 계속 무언가를 끄적이며 현실에서 동떨어져 있는 듯한 사색적인 샌님이 속으로는 좋았던 거예요.

질문 2 초반의 파티 장면에서 화려한 조명 색이 예사롭지 않았습니다.

이 파티는 부르주아적 권태의 장면을 드러낸 겁니다. 통역을 통해서만 대화를 할 수 있었던 외국인 새뮤얼 풀러(1912-1997, 실제로 영화감독인 그는 카메오로 출연했다.)와의 대화만이 유일하게 유의미했죠. 파티 장면은 그 자체로 페르디낭이 염증을 느끼는 세계, 총천연색의 화려한 부르주아 색깔을 보여 주는 겁니다. 그러다 페르디낭이 이렇게 절망합니다. "앞을 보기 위한 도구는 눈이고 귀는 듣기 위한 도구지. 사람의 몸은 하나로 움직여야 하는데 나는 나뉜 느낌이야." 이렇게 배제되었다는 느낌, 혹은 분열감을 극복하는 유일한 방법은 사랑밖에 없었던 거죠. 그런데 합치와 조화라는 개념은 또 환상이었던 겁니다. 로맨스 영화임에도 섹스 장면이 없는 이 영화에서 이들의 미끄러지는 언어가 섹스에 대한 은유 같기도 해요.

강 강력하고 현란한 조명은 두 사람이 서로를 응시하지 못하도록 합니다. 한마디로 고독하게 개개인들을 고립시킨다는 것이지요. 반대로 은은한 조명, 혹은 아예 조명이 없는 카페에서 연인들은 고즈넉히 밀어를 나누곤 합니다. 그러니 빛은 관계 단절을, 어둠은 관계 회복을 상징한다고 할 수 있지요. 어쩌면 애인과 사랑을 나눌 때 우리가 불을 끄는 것도, 애인과 키스를 나눌 때 우리가 눈을 감는 것도 그런 이유에서인지도 모릅니다. 강렬한 불빛, 그 강렬한 공적 세계에서는 사적 영역은 눈이 녹듯 사라지기 쉬우니까요.

질문 3 로드무비가 결국 자기 파괴로 이어지는 이유는 무엇인가요? 갈 곳 없는 인생의 모습을 보여 주는 건가요?

강 대표적인 로드무비 「델마와 루이스(Thelma & Louise)」(1991)에서 마지막에 차를 타고 달아나던 주인공들이 훅 날잖아요. 점프해서 좋은 곳으로 가지 않았을까요? 로드무비가 갈 곳 없는 인생의 향배를 표현한 건 아니에요. 자기 삶을 살아간다는 건 참 힘든 일이죠. 군대, 시집, 여행…… 좀 자라서 부모 곁을 떠날 때를 생각해 보세요. 불안하죠, 도착 지점이 어떤 곳인지 모르니까. 누군가를 사랑할 때도 마찬가지예요. 결말이 어떻게 될지 모르잖아요. 로드무비가 보여 주는 것이 그런 정도라고 생각하시면 됩니다. '떠나다'에 방점이 있는 겁니다. '죽음'이라는 형식으로 형상화되었지만, '죽었다'는 건 과거의 자아가 죽은 것일 수도 있고 이전의 내가 아니라는 뜻일 수도 있는

장 뤽 고다르, 「미치광이 피에로」

"파티는 부르주아적 권태 장면을 드러낸 겁니다. 통역을 통해서만 대화를 할 수 있었던 외국인 새뮤얼 풀러와의 대화만이 유일하게 유의미했죠. 파티 장면은 그 자체로 페르디낭이 염증을 느끼는 세계, 총천연색의 화려한 부르주아 색깔을 보여 주는 겁니다."

거죠. 다시 살아나려면 죽어야 하니까, 로드무비는 죽을 각오를 하고 나가라는 메시지를 보내는 겁니다.

이 "길은 끝나는 곳에서 다시 시작된다."는 말이 있어요. 이게 바로 로드무비의 진리입니다. 떠났다가 금방 돌아오면 그건 '가출'에 불과하죠. 로드무비는 또 다른 세상을 향해 무작정 나가 보는 겁니다. 길에서 친구를 만날 수도 있고 괴물을 만날 수도 있죠. 「오즈의 마법사」도 대표적인 로드무비인데, 나무꾼 친구도, 위험한 마녀도 있지만 실은 이게 다 사기라는 걸 도로시는 종국에 깨닫게 되죠. 프랭크 바움(1856-1919)은 『오즈의 마법사』 시리즈를 열세 편이나 더 썼는데 모두 그 음모가 드러나는 과정이라고 할 수 있으니, 결국 길 가운데서 끝나는 게 로드무비의 가장 중요한 포인트가 아닌가 싶어요. 이런 차원에서 「델마와 루이스」를 보면, 그들이 현실에서는 더 이상 발 디딜 곳이 없으니까 한 차원 높은 또 다른 세계로 도약하는 것으로 이해해야겠죠.

질문 4 주인공들이 정착하지 못하고 떠날 수밖에 없었던 이유는 뭔가요?

이 출발점부터 생각해 봅시다. 주인공은 사실 마리안이라기보다 페르디낭이에요. 그가 왜 떠났나를 이해하는 게 가장 중요해요. 출발점은 아주 단순하게 설명하자면 파티 장면에서 드러나는 자본주의적 권태입니다. 정치적인 언어나 수사학 자체도 다 사실은 권태로움을 배가하는 대상인 겁니다. 주변 친구들이 돈이나 자동차에 대해 떠들 때, 이 남자가 유일하게 탐닉하는 것은 '책'이죠. 독서 세계에서 유일하게 탈출구를 찾는 남자가 우연히 5년 전에 사귀었던 여자를 다시 만나게 됐어요. 두 번째 탈출구(현대인이 권태로울 때 선택하는 매혹적인 탈출구)가 나타난 거죠.

피에로는 그녀를 데리고 자기가 속한 파리라는 공간을 떠나서 남쪽으로 향합니다. 돈도 태워 버리고 모든 것을 다 버린 채 그들만의 공간을 찾아갔어요. 그런데 자기들끼리 있으면 좋을 줄 알았는데 또 권태가 밀려오기 시작한 거죠. 이 영화는 결국 권태로 몸부림치던 한 남자가 탈출구를 찾아 도피하다가 자살에 이르는 이야기인데, 로드무비에 범죄영화의 스타일을 도입한 겁니다. 고다르가 이 시기에 만든 영화들은 결국 할리우드 요소를 가져와 고다르 식대로 재해석한 결과물들이죠.

1960년대 유럽인들이 시달렸던 건 전후의 풍요였어요. 전후 사회가 안정되고 베이비붐 세대가 지나가면서 물질적 풍요로움이 밀려왔죠. 기실 전쟁은 수요와 공급을 활발하게 하는 계기로 작용하죠. 이때 생긴 사람들의 여유는 곧 권태로 이어졌습니다. 알베르토 모라비아(1907-1990)의 『권태』 같은 작품들도 바로 이 시기에 쓰인 소설입니다.

강 20세기 가장 중요한 사건은 1960년대 텔레비전의 보급이에요. 사실 로드무비 탄생의 이유는 단순해요. 부모들이 텔레비전을 차지하고 집을 안 나서니까 영화 관객의 수가 현저히 떨어진 거고, 반대로 젊은이들은 부모들을 피해 거리로 나섰죠. 젊은 감독들이 그런 현상을 포착한 거예요. 큰 투자 없이 자유롭게 독립 영화를 제작할 수 있었고, 고다르 관객은 바로 집을 나온 그 젊은이들이었죠. 1960년대엔 영화관에서 대마초도 했잖아요, 영화가 해방구 역할을 했던 겁니다. 우리나라 사람들도 1970-1980년대에는 첫 키스를 대개 깜깜한 영화관에서 했죠. 그러니 '텔레비전=부모'라는 도식, 즉 기성세대의 권태에서 벗어난 젊은이들에게 영화관은 길 도중에 있던 작은 휴식처였던 겁니다. 자신의 길뿐만 아닌 다른 길도 모색하는 중간 기차지처럼 말이지요. 물론 가정에서와는 다른 권태가 길에서도 찾아옵니다. 그렇다고 가정으로 돌아갈 수도 없지요. 이미 나왔으니.

질문 4 마리안의 집에서 페르디낭이 살인 현장을 보고도 범죄를 덤덤히 받아들이고, 절도와 폭행 등을 하면서도 무감각한 점이 이상했습니다.

이 이 영화 속 대부분의 인물들이 공격당하거나 죽는데, 그 명확한 이유가 제시되지 않습니다. 어떻게 보면 젊은이의 특권이라고도 볼 수 있는 '치기' 때문에 일어난 거겠죠. 기성 관습에 저항하는 인물들의 태도를 페르디낭과 마리안이 보여 주는데, 특히 살인은 페르디낭의 몫이라기보다는 마리안과 밀접한 개념이죠. 마리안은 '오빠'라고 불리는 모종의 범죄 조직원과도 연루가 되어 있죠. 이 영화는 마리안이 범죄 조직과 연루되어 있는지를 디테일하게 보여 주는 범죄 영화가 아닙니다. 범죄 영화의 외피만 가져온 채 초점은 마리안과 그녀의 사건을 바라보는 페르디낭에게 맞춰져 있습니다. 범죄 영화적 요소들은 그저 키치적으로 막 끌어당기는 겁니다. 이 영화 창작 당시는 미국 문화로 따지면 팝아트의 시대였거든요. 앤디 워홀(1928-1987)처럼 팝적인 요소를 자유롭게 인용했던 거죠. 고다르는 유행에 매우 민감했고 그걸 빠르게 활용할 줄 알았던 사람이에요.

강 기성세대의 규칙에서 벗어나니, 살인이나 범죄도 그다지 무거운 것이 아니죠. 살인이나 범죄에 민감한 것이 기성세대라면, 그것에 둔감한 것이 젊은 세대의 특권이라고 할 수 있어요. 그러니 과감하고, 그만큼 상처받죠. 영화 속에서 살인 장면이 그리 나쁜 일 같지 않다는 느낌으로 다가오죠? 그렇지만 동시에 넓은 문맥에서 보면 왜 죽였는지 모르지만 정서적으로 뭔가 불안하고 도망가야 할 것 같은 느낌을 풍기잖아요. 나머지는 중요한 것 같지 않아요. 서럽다는 감정을 느끼셨으면 된 거예요. 이들의 삶에서 리얼리티가 떨어진다고 느끼실 필요는 없어요.

그리고 페르디낭이 느꼈던 권태에 공감하시죠? 어떤 모임에 가면 막 짜증나지 않아요? 쓸데없는 화장품이 어쩌고저쩌고 미장원이 어쩌고저쩌고…… 그럴 때 이렇게 말하고 싶지만 입 밖으로 못 내뱉죠. "너희 같은 것들과 나는 안 맞아!" 그런데 이 영화는 진짜 생각나는 대로 솔직히 말해 버리는 영화인 거예요. 자기가 자유롭기를 외쳤다면 스스로 자유를 증명해 내야 합니다. 자기가 느낀 자유를 포기하고 돌아오면 자유를 알지 못했던 상태보다 더 폐인이 됩니다. 다시는 자유로울 수 없게 되죠. 이 영화의 '미치광이'는 그런 의미예요. 갈 데까지 가 보는 거죠. 마지막 죽음도 멋있잖아요. 그 정도면 예술 아니에요? 다이너마이트를 감았다가 '어, 내가 뭐하는 짓이지?' 하는 순간 성냥을 놓쳐서 터져 죽는 결말, 진짜 인생은 그런 거예요.

강신주

아버지를 부정했던 청년이 아버지가 될 수 있을까?

1950년대 후반에서부터 1960년대 후반, 이 10년 동안 서양의 젊은이들은 기성세대에 격렬한 반감을 표했다. 1945년에 끝난 2차 세계대전의 공과에 대한 때늦은 비판이라고나 할까, 아니면 전쟁 시기에 저지른 어른들의 잘못을 냉철히 성찰할 나이가 되었다고 할까. 어쨌든 전쟁이 발발했다는 이유만으로 기성세대는 일종의 원죄를 짊어질 수밖에 없었다. 모든 사람, 특히 자신의 자식 세대에게 비참과 불행을 안겨 준 것만큼 커다란 원죄가 또 어디 있겠는가. 이건 정말 어른답지 못한 행동이었다. 그러니 전쟁을 막기에 무기력했던 아이들, 포탄과 비명에 공포에 질렸던 아이들은 이제 청년으로 자라 아버지 세대에 잘잘못을 따지게 된 것이다. 어린아이들의 삶을 공포와 불안으로 점철하도록 만든 기성세대의 책임을 되묻는 셈이다. 이런 청년들의 도전과 비판에 그 어느 어른들이 제대로 대응할 수 있다는 말인가.

전쟁이 끝나고 10여 년이 지나면 항상 청년 문화가 등장하게 된다. 전쟁을 막지 못한 어른들이 유구무언의 처지에 떨어지는 순간, 청년들의 목소리는 높아만 갔던 것이다. 2차 세계대전의 규모 때문인지, 1960년대 청년들의 당돌하지만 젊은 목소리는 한 국가나 한 지역에 국한되지 않고 세계 도처에서 울려 퍼졌다. 1960년대 한국의 4·19혁명, 일본의 학생운동, 프랑스의 68혁명, 독일의 학생운동, 그리고 미국의 히피 운동. 영화의 경우에도 마찬가지였다. 그중 가장 격렬하게 기성세대의 영화들을 비판하며 새로운 영화를 만들려는 움직임은 프랑스에서 일어나게 되었으니, 바로 누벨바그였다. 글자 그대로 '새로운 물결'로 기존 영화판을 뒤엎어 버리려는 젊은 영화인들의 운동이었다.

프랑스에서 새로운 영화 운동이 다른 지역보다 더 강렬하게 발생한 데에는 1951년에 시작된 영화 평론지 《카이에 뒤 시네마》가 결정적인 힘을 발휘했다. 이 잡지에 기고했던 젊은 평론가들은 과거 세대의 영화를 "아버지의 영화(Le Cinéma de Papa)"라고 조롱하며, 아버지 세대를 극복한 젊은이의 영화를 만들어야 한다고 역설했다. 흥미롭게도 이들 젊은 평론가는 직접 영화판에 뛰어들어 스스로 아버지의 영화가 아니라 자신들의 영화가 가능하다는 걸 보여 주려고 했다. 아니, 보여 줄 수밖에 없었다고 해야 할 것이다. 당연한 일 아닌가? 아버지의 영화를 주절주절 비판하는 것만으로는 새로운 영화가 나오지 않을 테니, 스스로 새로운 영화가 가능하다는 걸 증명할 수밖에. 고다르도 그랬고, 트뤼포도 그랬고, 클로드 샤브롤(1930-2010)이나 에릭 로메르도 그랬다. 《카이에 뒤 시네마》에서 필명을 날렸던 신랄한 평론가들이 이제 감독으로 데뷔한 것이다.

고다르와 함께 누벨바그의 기수였던 프랑수아 트뤼포는 정말 상징적인 인물이다. 트뤼포는 1954년《카이에 뒤 시네마》에 작은 글 한 편을 투고한다. 「프랑스 영화의 어떤 경향(Une Certaine Tendance du Cinéma Français)」이라는 평론이다. 이 글에서 트뤼포는 영화 제작 과정 자체를 통제하는 한 사람의 작가(auteur)가 필요하다고 역설한다. '작가 영화(Cinéma d'Auteur)'만이 영화를 단순한 엔터테인먼트나 오락이 아닌 하나의 예술로 만들어 준다고 강조하면서 말이다. 1959년 칸 영화제에서 트뤼포는 숨을 죽일 수밖에 없었다. 평론가로서 자신이 표방했던 '작가 영화'라는 이념에 따라 손수 만들었던 영화 「400번의 구타」가 소개되는 자리였기 때문이다. 칸이 그에게 감독상을 수여하는 순간, 아마 트뤼포는 안도했을 것이다. 마침내 그는 작가 영화가 가능하다는 걸 인정받았고, 동시에 이로서 누벨바그 운동은 이제 대세로 자리 잡기 시작했기 때문이다.

아버지의 가르침을 부정했기에 누벨바그 감독들에게는 과거 아버지 세대의 경험이나 가르침, 혹은 전통에 의지할 수 없었다. 그렇다면 트뤼포나 고다르와 같은 감독들이 만든 영화는 그들만의 치열한 삶과 진솔한 감정을 그들만의 스타일로 풀어놓은 것일 수밖에 없다. 새 술은 새 부대에 담겨야 하니까. 그래서일까, 「400번의 구타」도 트뤼포 자신의 개인적 체험이 고스란히 녹아들어 간 작품일 수밖에 없었던 것이다. 우리 시인 김수영의 말처럼 누벨바그 감독들은 스스로 "온몸으로 밀어붙여" 만든 것이라야만 영화가 될 수 있고, 오직 그럴 때에만 영화는 예술이 된다고 믿었다. 아버지를 떠난 젊은이들이었기에 누벨바그 감독들은 아버지의 가르침과 비호도 받지 않고 알몸으로 세계를 경험할 수밖에 없었다. 어떤 보호도 없이 세계와 부딪히며 삶과 사랑을 배워 가는 가출한 아이처럼 말이다.

1965년에 상영된 고다르의 영화 「미치광이 피에로」는 누벨바그 영화의 모든 특성이 가장 확실히 드러나는 작품이다. 영화 첫 장면에서부터 주인공 피에로는 부르주아의 허위의식을 혐오하며 그들에게 케이크를 던져 버린다. 그러고는 가정을 버리고 이전에 만난 적이 있던 애인 마리안과 프랑스 남부, 지중해의 태양이 작열하는 곳으로 도망간다. 물론 그사이에 두 남녀는 살인과 절도도 서슴지 않는다. 남녀는 새로운 사랑이 가능한 삶을 모색하며 좌충우돌한다. 부모의 사랑을 거부했기에 남녀의 사랑은 더 절절하고 심지어 편집증처럼 보일 때도 있다. 아버지로 상징되는 전통적인 가정 모델을 폐기해서인지, 그들의 사랑은 무언가 불안하고 아찔해 보이며, 심지어 불법적인 것처럼 보이기도 한다. 아버지의 사랑과는 질적으로 다른 사랑, 혹은 다른 누구도 흉내 낼 수 없는 사랑은 가능할까? 고다르가 영화 내내 모색하고자 했던 것은 바로 이것이었다.

아버지가 없다는 것은 프로이트 식으로 말하면 초자아도 없고, 따라서 자기검열도 없다는 것, 나아가 더 이상 삶의 모델로 삼을 수 있는 이상형이 없다는 걸 말한다. 그러니 아버지뿐만 아니라 누구도 흉내 내지 않는 삶과 그런 사랑을 영화로 포착해야 한다. 그래서일까, 고다르는 관객이 너무나 쉽게 피에로나 마리안의 경험에 감정이입하려는 걸 막으려고 했다. 관객이 쉽게 감정이입할 수 있는 영화를 만든다는 건, 트뤼포가 선언했던 작가 영화가 실패했다는 걸 의미하기 때문이다. 감정이입의 위험이 있는 곳마다 고다르가 도처에 감정이입을 막는 장치를 설정하는 것도 다 이유가 있었던 셈이다. 이야기의 시간적 순서를 뒤죽박죽으로 만드는 점프 컷 기법, 갑자기 영화 주인공 피에로와 마리안이 뒤를 돌아보며 관객에게 말을 거는 기법, 혹은 갑자기 뮤지컬 형식을 도입하는 파격 등등.

고다르는 「미치광이 피에로」를 통해 자기만의 사랑을 보여 주려 했던 것이다. 그는 관객이 경험했고 소망하는 사랑, 그래서 누구나 공감할 수 있는 사랑에는 전혀 관심이 없다. 그는 「미치광이 피에로」를 통해 자신만의 사랑을 관객으로부터 인정받으려 했다. 바로 이것이 트뤼포가 그렇게 강조했던 '작가'가 자신의 작품을 통해 달성해야 하는 것 아닌가. '어! 나도 그런 적이 있는데. 영화가 과거 내 경험을 떠오르게 하네.' 관객이 이런 반응을 보이는 순간, 고다르는 좌절하게 될 것이다. 이런 반응은 고다르가 자기만의 사랑을 하지 못했다는 걸 입증할 수밖에 없으니까. 오히려 그가 얻고 싶었던 반응은 그 반대였다. '아! 저런 사랑도 가능하구나. 근사한걸. 감독을 한번 만나 보고 싶네. 어떤 사람일까?'

아버지의 영화를 부정할 때, 누벨바그 감독은 자기만의 영화를 만들어 그것으로 사랑을 받으려고 했다. 가출한 고아의 야생적 경험을 노래한 영화로 말이다. 그러니 누벨바그 영화는 자유와 사랑의 영화일 수밖에 없었던 것이다. 흥미롭게도 누벨바그 영화는 1970년대 중반 이후 들어서면서 서서히 시들게 된다. 도대체 무슨 일이 있었던 걸까? 그건 다름 아니라 누벨바그 감독도 점점 나이가 들어 이제는 그들 자신이 그렇게도 부정했던 아버지의 지위에 오르게 되었기 때문 아닐까? 만일

점프 컷 기법이 돋보이는 「미치광이 피에로」의 한 장면

누벨바그가 지속되려면 그들은 집요한 의지로 아버지의 지위를 거부할 수 있어야만 했다. 그래서 우리는 고다르에게 경의를 표할 수 있어야만 한다. 트뤼포가 아버지의 지위를 받아들였다면, 고다르는 영원한 청년으로 남기를 결단했기 때문이다.

트뤼포와 고다르의 관계를 보면 이문열(1948-)의 소설 『사람의 아들』에 등장하는 민요섭과 조동팔이 떠오른다. 신학도였던 민요섭은 신의 아들이 아니라 사람의 아들을 숭상하는 이단 사상을 피력했고, 명문 고등학교 학생이었던 조동팔은 그의 이단적 신앙을 자기 삶의 정수로 받아들인다. 그렇지만 민요섭이 자신의 이단적 입장을 버리고 기독교인으로 돌아가자, 조동팔은 자신의 삶을 만들었던 스승 민요섭을 살해한다. 분명 1950년대 트뤼포는 고다르에게는 갈등이 없었던 시절 조동팔의 민요섭과 같은 존재였다. 불행히도 시간이 갈수록 트뤼포는 아버지의 영화로 되돌아가지만, 고다르는 누벨바그 영화를 지키려고 한다. 1984년 트뤼포가 죽은 뒤에도 고다르의 고군분투는 계속되고 있다. 누벨바그 정신에 입각한 영화들이 영원히 가능하다는 것, 그리고 가능해야 한다는 걸 영화로 입증하지 않는다면, 어떻게 누벨바그 정신을 지킬 수 있다는 말인가. 바로 이 지점이 누벨바그의 마지막 기수 고다르의 고뇌와 고독이 마지막 거친 숨을 내쉬고 있는 자리가 아닐지.

이상용

권태 일기

페르디낭은 모든 것이 권태로운 사내다. 아내의 권유로 억지로 따라나선 파티는 자욱한 담배 연기처럼 무의미할 뿐이다. 새로 산 자동차, 패션, 유행에 관한 이야기 등 공허한 이들의 속물적 언어로 울려 퍼진다. 간혹 예외는 있다. 미국에서 온 감독 새뮤얼 풀러는 영화의 정의를 묻는 페르디낭의 질문에 "한마디로 감정."이라고 답변한다.

어쩌면 속물의 언어가 잃어버린 것이야말로 감정을 담은 언어라고 할 수 있다. 영화 역시 이러한 감정을 잃어버리고 있다. 페르디낭은 감독의 말에 모처럼 생각하게 된다. 하지만 대화를 오래 나누기는 불가능하다. 페르디낭은 영어를 못하고, 풀러는 불어를 못한다. 두 사람은 통역을 통해 짧은 순간 교감할 뿐이다. 권태로운 인간들 사이에서 드물게 일어나는 교감이란 그렇게 순간적인 것이다.

형형색색의 조명 아래 열리는 파티는 점점 더 속물성을 드러낸다. 여자들은 뽐내듯이 가슴을 드러내고, 남자들은 거들먹거리며 여자들 곁에서 대화를 나눈다. 페르디낭은 어디에도 속하지 못한 채 그들 사이를 스쳐 간다. 페르디낭의 아내는 이탈리아의 부호 출신으로 남편에게 괜찮은 일자리를 주고 싶다. 하지만 페르디낭에게 아내의 제안은 장인의 일을 도우며 속물로 사는 지름길이다. 그에게는 서점에서 책을 사고, 어린 딸에게 미술사 책을 읽어 주는 것이 유일한 낙이다. 모든 것이 속물로 변해 버린 권태가 만연한 세상에서 페르디낭이 유일하게 열정을 바칠 데는 독서뿐이다. 아내나 파티에 온 사람들에게 페르디낭의 말은 종종 무시를 당하지만, 그럴수록 그는 더욱 책에 탐독하면서 하루를 견딘다.

서둘러 파티장을 빠져나와 집으로 돌아온 페르디낭은 아직도 돌아가지 않은 보모가 있다는 것을 확인한다. 그녀의 이름은 마리안. 두 사람은 5년 전에 만난 적이 있다. 당시 페르디낭은 스페인어를 가르치는 선생이었고, 마리안은 학생이었다. 페르디낭은 마리안에게 파티가 너무 지루했다고 말한 후 그녀를 집까지 차로 데려다 주겠다고 제안한다. 비 오는 차 안에서 두 사람은 갑작스레 5년 전 사랑의 기억으로 돌아가게 되고, 연인의 감정을 회복한다.

수많은 소설과 영화에서 반복되는 소재인 '불륜'은 권태에 빠진 현대인들이 유일하게 벌일 수 있는 모험이다. 지리상의 신대륙은 더 이상 남아 있지 않고, 소련과 미국은 우주를 경쟁적으로 탐험했다. 이제 남아 있는 것은 감정의 모험이다. 사랑의 낭만적 거짓에 기꺼이 몸과 마음을 던질 수 있는 모험가는 돈키호테이자 어릿광대다. 그것은 기존의 모든 관계를 부정하거나 위협하면서 도덕적 불안으로 자신을 이끌어 가는 현대인의 광대 짓이다. 물론 다르게 말할 수도 있다. 불륜만큼 권태로운 사건도 없다. 그것은 권태에 사로잡힌 현대인이 벌이는 몸부림이며, 감정의 소비로 이어지는 피에로의 몸짓이다. 책을 읽던 페르디낭은 이 모험에 기꺼이 뛰어든다. 5년 만에 재회한 마리안은 더욱 여성스러워졌고, 음험해졌다. 그녀의 불안은 페르디낭의 모험심을 더욱 자극한다. 그녀의 아파트에는 알 수 없는 시체가 있다. 페르디낭의 친구 프랑크는 그녀의 아파트를 자연스럽게 찾아온다. 그들 사이에 심상치 않은 공기가 느껴진다. 페르디낭은 마리안에게 프랑크와 키스했는지를 묻는다. 하지만 그녀는 쉽게 답하지 않는다.

두 사람은 공범이 됨으로써 불륜의 모험을 범죄의 모험으로 이어 간다. 아파트를 찾아온 프랑크를 살해하고, 일방통행로를 따라 권태로운 파리를 떠난다. 방향은 남쪽이다. 프랑스 남단, 지중해의 도시 니스를 거쳐 동쪽으로 가면 이탈리아 국경을 쉽게 넘을 수 있다. 두 사람의 로드무비가 범죄와 함께 시작된다. 이제 범죄는 점점 더 늘어난다. 두 사람은 주유소를 습격하고, 자동차를 불태워 자살로 가장하는 등 끊임없이 범죄를 저지르며 공범이 되고, 사랑에 빠진다. 공범이 되는 것은 두 사람의 죄의식을 묶어 주면서 연인들을 벼랑 끝에 몰아세워 수갑을 채우는 멜로 영화의 한 방법이다.

페르디낭과 마리안은 결국 두 사람만의 장소를 찾아낸다. 그곳에서 페르디낭은 낚시를 하고, 사냥을 하고, 음식을 훔치며 시간을 탕진한다. 도시의 권태 역시 소비라는 탕진의 방식으로 채워져 있다. 그런데 도시의 탕진은 자신을 포장하려는 의지가 크게 앞선다. 나를 좀 더 그럴듯하게 보이기 위해 가슴을 드러내고, 좀 더 괜찮게 보이기 위해 자동차를 구입한다.

페르디낭이 선택한 무위도식은 이러한 욕망마저 포기한 무위의 시간이다. 여기에는 최소한의 과시도 목적도 없다. 사람들의 방해 없이 글을 쓰는 것만으로도 만족하고, 글에는 어떤 목적도 없으며, 몽상하는 자유로움을 따를 뿐이다. 그러나 마리안은 아무것도 하지 않는 이 생활이 점점 지루해진다. 페르디낭은 글을 쓰고 책을 읽지만, 마리안에게는 무위의 시간을 견디는 방식이 없다. 그녀에게 둘만의

다이너마이트를 양손에 든 「미치광이 피에로」의 남자 주인공 페르디낭

시간은 하나도 흥분되지 않는 일이다. 페르디낭은 마리안에게 묻는다. "왜 그렇게 슬퍼 보이지?" 마리안이 답한다. "당신은 내게 문자로 말하고, 나는 당신에게 느낌으로 말하니까요." 페르디낭도 불쑥 참을 수 없다는 듯 불만을 토로한다. "당신하고는 도무지 대화가 안 돼. 생각은 없고 온통 느낌뿐이지." 마리안라고 할 말이 없는 건 아니다. "내게 느낌은 곧 생각인걸!" 그녀는 페르디낭에게서 달아나 버린다. 생각과 느낌 사이에서 '감정'은 공유되지 못한다. 그러나 생각과 느낌만의 문제는 아니다. 원인이 무엇이든 두 사람 중 하나는 한적한 생활에 권태를 느끼기 시작한다. 두 사람 사이에 알제리전쟁이나 베트남전쟁을 끌어들여도, 정치·경제·문화를 끌어들여도, 심지어 시골로 달아나 버려도 현대인을 감싸고 있는 권태로부터 숨을 곳은 없다. 그들은 어떠한 방식으로든, 어떠한 이유로든, 권태를 찾을 것이다. 왜냐하면 권태를 발견하는 순간 현재 유지하는 방식을 끝내야 하는 정당성을 찾을 수 있기 때문이다. 「미치광이 피에로」는 권태가 우리에게 다가온 영화가 아니

라 권태를 구실 삼아 도망치는 현대인의 비극과 무기력을 극대화한 영화다.

권태 속에서 자기만의 해소 방식을 찾은 남자와 끊임없는 애정 행각과 배신만이 유일한 즐거움인 여자 사이에 화해가 이뤄지는 것은 불가능하다. 마리안은 오빠라고 부르는 자신의 또 다른 연인과 함께 도주를 시작하고, 페르디낭은 반복되는 배신에 치를 떨며 그녀에게 총구를 겨눈다. 그녀가 죽은 후 페르디낭은 이 모든 것을 끝내야 한다는 결론에 도달한다. 그것은 권태로운 생활뿐만 아니라 권태로운 관계로부터 탈출하는 방법이어야 한다. 머리에 다이너마이트를 두르고 고함을 지르는 것은 두렵기 때문만이 아니라 권태로움을 탈출할 방법을 찾았기 때문이다. 그런데 성냥에 불을 켜다 문득 생각이 든다. 권태로움을 인정하는 가장 흔한 방법이야말로 자살일지도 모른다고. 페르디낭은 불을 끄려고 하지만 이미 타이밍을 놓쳤다. 그의 시체는 폭발과 함께 산산이 부서진다. 권태로부터 제대로 탈출하거나 맞서 보지도 못한 채 결국 '허무한 죽음'으로 끝나는 것이다.

허무에 도달하는 것은 권태와 맞서다가 느끼는 실존의 공백이다. 페르디낭은 끝까지 무위도식하지 못한 채 공허함에 빠져든다. 왜냐고? 이유는 간단하다. 마리안과 달리 페르디낭은 그녀를 진정으로 사랑했던 것이다. 하지만 그 사랑은 일방통행이었고, 그녀는 텅 빈 공백으로 그에게 허위의식만을 던져 주었다. 그녀와 사랑에 빠지게 된 순간, 페르디낭은 공허함으로부터 도망칠 수 없음을 깨닫는다. 그가 쓴 수많은 글과 읽던 책을 뒤로한 채 페르디낭은 문자들 사이의 공백으로 사라져야 하는 것이다. 베트남, 알제리, 미군 등 모든 말은 공허하다. 그저 한 시대를 풍미하는 부르주아와 지식인들의 허울 좋은 껍데기일 뿐이다. 오, 피에로, 미치광이.

「미치광이 피에로」에 뮤지컬적인 장면들이 등장하듯 고다르의 전작 「국외자들(Bande á Part)」(1964)에는 안나 카리나가 춤추는 유명한 장면이 등장한다. 고다르의 초기 영화들에는 할리우드 뮤지컬에 대한 인용과 패러디가 종종 시도되었다. 이 장면들의 강렬한 인상은 후대 감독에게 영향을 주었다. 미국의 독립 영화 감독인 할 하틀리(1959-)는 「심플 맨(Simple Men)」(1992)을 통해 록그룹 소닉 유스의 「쿨 싱(Kool Thing)」이라는 음악과 함께 주인공들이 춤추는 장면을 연출한다. 더 유명한 예로는 쿠엔틴 타란티노(1963-)의 「펄프 픽션(Pulp Fiction)」(1994)에서 여주인공이 춤추는 장면을 들 수 있는데, 고다르식으로 뮤지컬 장면을 패러디한 것이었다. 타란티노는 「국외자들」을 사랑한 나머지 자신의 제작사 이름을 고다르 영화의 프랑스 원제를 빌려와 Bande à Part라고 지을 정도였다.
점프 컷 또한 고다르의 발명품이라고 할 수 있다. 「네 멋대로 해라」 이후 고다르가 장면들을 연결하는 방식은 시각적 파장을 일으키면서 각종 영화와 드라마에 즐겨 활용된다. 왕가위 감독의 「중경삼림」에 활용된 점프 컷은 고다르의 스타일을 유연하게 적용한 대표적인 예다.
고다르가 끼친 후대의 영향력은 뮤지컬적인 연출이나 점프 컷 같은 기법에 국한되지는 않는다. 그의 진정한 영향력은 영화를 다르게 생각한다는 데 있다. 사색하는 수많은 영화들, 논평을 가하는 영화들은 모두 고다르의 영향 아래 이루어졌다고 해도 과언이 아니다. 그는 카메라를 펜처럼 활용하는 재능을 선보였다.

15강 카메라의 가능성 저편에

확대

미켈란젤로 안토니오니

"저는 사진작가라 사진을 찍었을 뿐입니다."
— 등장인물 토머스의 대사

「확대」 Blow-Up, 1966

영국, 이탈리아 | 111분 | 미켈란젤로 안토니오니

런던은 마치 겉과 속이 뒤집힌 장갑처럼 '멋진 하위문화'로 들끓었고, 반전과 반핵을 외치는 목소리, 새로운 시대를 갈망하는 욕망으로 폭발했다. 물론 런던의 젊은 사진작가 토머스도 예외는 아니었다. 토머스는 어젯밤 제대로 잠을 이루지 못했는지 푸르죽죽한 얼굴로 싸구려 여인숙에서 걸어 나온다. 그곳에 기거하는 일용직 노동자들과 별 의미 없는 인사를 나누고, 얼른 자신의 스포츠카에 올라탄다. 거리는 달뜬 마임 예술가들 탓에 아침부터 소란스럽다. 토머스는 그런 광경에 이골이 난 듯 눈길조차 주지 않는다. "아, 촬영에 늦었군. 나의 슈퍼모델 베르슈카가 불평이 이만저만 아니겠어." 그는 주로 패션지 사진을 찍는데, 사실 '그 이상'을 원하고 있다. 이미 패션 촬영 쪽에서는 내로라하는 사진작가로 대접받고 있지만, 역시 그것만으로는 '무언가'가 부족한 것이다. 그래서 지난밤, 토머스는 허름한 여인숙을 일부러 찾아가 굳이 숙박하고 나왔다. 자신의 인생과 예술관이 걸린 중요한 사진집을 완성하기 위해서 말이다.

하지만 먹고살기 위해서는 패션을 촬영을 계속해야만 한다. 토머스는 먼지에 찌든 옷을 갈아입기는커녕 얼굴조차 제대로 씻지 않고 스튜디오에 들어선다. 오늘도 예정된 촬영이 산더미 같다. 이 바닥 사람들은 전부 고급한 옷가지가 만들어 낸 잔인한 허상에 놀아나고 있다. 슈퍼모델을 지망하는 어리숙한 소녀들, 파리에서 건너온 값비싼 옷을 입고 우스꽝스러운 포즈를 취하는 모델들, 그리고 그들 앞에 카메라를 들고 서 있는 토머스 자신까지 전부! 마침내 토머스가 카메라를 움켜쥐고 촬영장에 들어오자, 모델 베르슈카가 잔뜩 토라진 얼굴로 앉아 있다.

"거의 한 시간이나 기다렸어요. 이제 11시면 파리로 가야 하는데." 토머스는 그녀의 사정 따윈 상관없다는 표정이다. 그는 시시콜콜한 이야기 몇 마디만 건네고 곧장 촬영에 돌입한다. 베르슈카는 능숙하게 자신의 육체를 통제한다.

토머스는 광기에 사로잡힌 듯, 아니 황홀경에 빠진 사람처럼 카메라 렌즈에 비친 피사체를 게걸스럽게 탐한다. 그의 작업은 거의 강박적인 수준이다. 하지만 촬영이 끝나자마자 토머스는 순식간에 모든 흥미를 잃고, 완전히 녹초가 되어 소파에 쓰러진다. 그때 에이전시 측에서 전화가 온다. '아무래도 새로운 스튜디오 자리를 알아보라는 거겠지.' 토머스는 잠시도 쉬지 못하고, 바로 옷을 갈아입고 면도까지 마무리한다. 그는 나머지 촬영까지 모두 마치고, 일단 친구 빌의 집에 들르기로 한다. 빌은 팔자 좋게 예술 타령만 하고 있고, 그의 아내 퍼트리샤는 그림자처럼 집 안을 떠돌 뿐이다. "저놈의 그림들을 몰래 와서 몽땅 찢어 버려야지." 토머스는 빌에 대해 악의적인 불평을 늘어놓고, 퍼트리샤는 옆에서 잠자코 듣는다. 결국 그는 집구석마저 숨이 막히는 듯 문을 박차고 나온다. 그런 토머스의 뒷모습을 바라보는 퍼트리샤의 눈동자가 묘하게 흔들린다. 다시 스튜디오로 돌아온 토머스는 사진집 편집자 론에게 보여 줄 따끈한 새 작품 사진 몇 장을 챙겨 다시 외출한다.

그는 어느 길모퉁이에 위치한 골동품상에 들어선다. '여기가 딱이야.' 토머스는 새로운 스튜디오 자리로 이곳을 마음에 두고 있다. '잘하면 좋은 사진을 건질 수도 있겠군.' 토머스는 한적한 동네 분위기에 매료되어 근처 공원 쪽으로 성큼성큼 걸어간다. 푸른 잔디와 녹음(綠陰) 말고는 달리 인적을 찾아볼 수 없는 텅 빈 공원을 마구잡이로 쏘다니며 잠깐의 자유를 만끽한다. 그러던 중 토머스는 널찍한 잔디밭에서 다정하게 노니는 한 쌍의 남녀를 발견한다. 그들은 왁자지껄 웃어 대다가, 갑자기 행복에 겨워 손을 맞잡고 빙그르르 돌기도 한다. 토머스는 울타리 뒤 풀숲에 웅크리고 서서, 몰래 그들의 모습을 카메라 담는다. 찰칵, 찰칵, 찰칵. 바람 소리뿐인 공터에 카메라 셔터가 요란하게 돌아간다. '이 정도 사진이면 내 사진집 마지막 부분에 어울리겠어.' 그는 정신없이 찍고, 또 찍는다. 바로 그 순간, 건너편 잔디밭에 서 있던 남녀가 토머스의 존재를 눈치챈다. 특히 여자는 적잖이 당황한 기색이다. 그러나 토머스는 아랑곳하지 않는다. 그는 자신이 원하는 만큼, 찍어야 할 모든 광경을 전부 촬영하고 나서야 발길을 돌린다. 그때 잔디밭에 서 있던 여성이 그를 뒤쫓아 온다.

여자는 돈을 줄 테니, 방금 찍은 사진을 내놓으라고 따지고 든다. 하지만 토머스는 상대가 그럴수록 더욱 물러날 생각이 없다. 여자가 아무리 거금을 준다 해도, 이 작품을 포기하고 싶지 않은 것이다. 끝내 말이 통하지 않자, 그녀는 토머스의 손목을 붙들고 늘어지다가, 급기야 입으로 물기까지 한다. 토머스는 절대 물러서지 않는다. 그러다 풀이 꺾인 여성은 황급히 자리를 털고 일어나 잔디밭 저편으로 줄행랑을 치고 만다. 뭔가 다른 낌새를 알아채고 도망친 것일까? 토머스는 홀연히 사라져 버린 그녀의 뒷모습에서 불길한 기운을 느낀다. 그는 본능적으로 텅 빈 잔디밭을 몇 차례 더 촬영한다. '분명 끝내주는 작품이 나올 거야.' 토머스는 나름대로 이 기묘한 상황을 정리하고, 다시 골동품상을 찾는다. 거기서 그는 골동품 장사에 별 흥미가 없는 가게 주인과 시답잖은 이야기를 나누다가, 거대한 크기의 프로펠러를 충동적으로 사들인다. "오늘 꼭 이걸 제 스튜디오로 배달해 주세요." 그는 가게 주인에게 짤막한 부탁을 남기고, 론을 만나러 떠난다. '조만간 이 가게 자리가 내 것이 될지도 모르겠군.' 그는 골동품 장사에 아무런 관심도 없는 여주인을 생각하며 어떤 확신을 느낀다.

토머스는 점심을 먹고 있는 론 앞에 새로 찍은 사진 몇 장을 들이민다. 어젯밤 싸구려 여인숙에 촬영한 것들이다. 론은 제법 흡족한 눈치다. "그럼 마지막 부분에 실을 사진은 어떤 거지?" 론의 질문에 토머스의 눈빛이 반짝인다. "아주 굉장한 걸 건졌어요. 방금 공원에서 찍은 것들인데, 이따 보여 드리죠. 아주 고요하고, 평화로운 사진입니다. 책에 실린 대부분의 사진이 좀 폭력적이니까, 마지막은 그렇게 가려고요." 이어 토머스는 쉬지 않고 이야기를 쏟아 낸다. "곧 런던을 뜨려고요. 으스대는 계집아이들에게 질렸어요. 돈만 많으면 좀 자유로울 텐데." 그는 한숨을 섞어 가며 하소연을 한다. 바로 그때 론이 창밖을 가리키며 토머스에게 묻는다. "저기, 자네가 아는 사람인가? 자네 차 주변을 서성이는군." 토머스는 범상치 않은 기운을 감지한다. 곧장 자신의 차로 달려가 카메라가 제대로 있는지 확인하고, 재빨리 스튜디오로 돌아온다. 그런데 토머스의 위치를 어떻게 알아냈는지, 대뜸 좀 전에 공원에서 만났던 그 여성이 나타난다. "사진을 돌려주세요."

하지만 순순히 사진을 돌려줄 토머스가 아니다. 그는 천천히 이야기를 나누자며 여자를 자신의 스튜디오 안으로 끌어들인다. "사진 돌려줘요." 여자가 다시 입을 연다. "그럴 수 없어요. 제겐 너무 중요한 사진입니다." 토머스도 팽팽하게 맞선다. "제 사생활이 좀 어지러워요. 안 그래도 복잡한데, 그런 사진까지……." 그녀의 머릿속이 차츰 복잡해지기 시작한다. 결국 그녀는 토머스를 속여 사진기를 훔치려 하지만, 실패하고 만다. 절박한 여성과 달리, 토머스는 그저 만사태평하다. 그는 여자에게 "혹시 모델을 해 볼 생각이 없느냐?"라고 묻기도 하고, 느닷없이 자기 아내의 전화를 바꿔 주기도 한다. 하지만 여자에겐 그런 농담을 주고받을 만한 여유가 없다. 이제 여성은 거의 절망한 나머지 옷을 벗는다. 그는 선심을 쓰는 척하며 엉뚱한 필름을 그녀에게 건넨다. 나른한 음악 때문일까, 아니면 대마초의 달짜근한 냄새 탓일까? 두 사람은 문제의 사진 필름을 사이에 두고 묘한 친화력을 느낀다. 때마침 초인종이 울린다. 한 번, 두 번. 웬만하면 그냥 포기하고 갈 만큼의 시간이 지났는 데도, 문밖의 사람은 하염없이 초인종을 눌러 댄다. 토머스는 하는 수 없이 아래층으로 내려간다. '아뿔싸, 프로펠러를 배달시켰지!' 그는 큼직한 골동품을 스튜디오 안에 넣어 두고, 다시 여인 곁으로 돌아온다. 그녀는 대마초를 태우며 깔깔거리다가 문득 시계를 들여다보더니 크게 놀란다. "늦었어요." 빠른 손놀림으로 옷을 갖춰 입은 여성은 자신의 이름과 전화번호만을 남긴 채 스튜디오를 떠난다. 토머스는 마치 백일몽을 꾼 듯하다. 이제 정신을 차리고 '진짜' 필름을 현상해 볼 때다. '분명 대단한 작품이 나올 것이다.' 그는 정신을 가다듬고 한 장 한 장 공들여 사진을 뽑아낸다.

그런데 이상하다. 얼핏 평범해 보이는 풍경 속에 무서운 박력이 꿈틀댄다. 알 수 없는 무언가가 당장이라고 밀고 나올 것처럼, 이미지 저편에 숨은 진실이 자신의 존재를 드러내려고 아우성치듯 흑백 화면이 크게 동요하고 있는 것이다. '사진 속 저 여성의 얼굴을 보라. 도대체 무엇을 보고 저렇게 겁에 질린 것일까? 그저 남자의 포옹에 긴장한 것일까. 아니다, 여자의 시선을 따라가 보자.' 그러자 한 자루의 권총을 쥔 손목이 어둑한 풀숲 사이로 드러난다. 토머스는 거의 광적으로 사진을 거듭 확대한다. 그는 벙어리의 목을 비틀어서라도 무슨 말을 듣고야 말겠다는 악랄한 이단 심문관처럼, 지나칠 정도로 집요하게 사진을 파고든다. 마침내 그는 이 사진들이 어떤 범죄, 이를테면 살인 사건과 연관된 '증거물'임을 직감하게 된다. 토머스는 다급한 마음에 아까 그 여성이 남기고 간 쪽지를 찾아 전화를 걸어 보지만, 역시나 헛수고다. '엉터리 번호를 적어 두고 갔군.' 하지만 그는 다시 안정을 되찾는다. "론! 환상적인 일이 벌어졌어요. 오늘 낮에 공원에서 찍은 사진 말이에요. 아주 환상적이에요. 누가 누군가를 죽이려 했다니까요. 어쩌면 제가 그 사람의 목숨을 구했을지도 몰라요. 론, 제 말을 듣고 있어요?" 토머스도 이쯤 되니 슬슬 재미가 있는 모양이다. 반면 론의 반응은 시큰둥하다. 하지만 그는 뭐랄까 형언할 수 없는 찜찜한 마음에 남은 사진들마저 확대 현상해 본다. '이럴 수가!' 그는 '여자가 떠난 텅 빈 잔디밭 사진'을 확대해 보다가, 순간 기겁하고 만다. '저기 풀숲에 누워 있는 게 정녕 사람의 시체라는 말인가?' 이것은 그냥 범죄가 아니다, 살인이다! 그는 두려운 마음을 억누르고, 재차 문제의 공원을 방문한다. 역시나 사진 속 장소에 시체가 방치돼 있다. 밤공기에 차갑게 식은 육체가 뻣뻣하게 굳어 있다.

토머스는 지금 자신에게 닥친 상황을 이해하기는커녕 갈피조차 잡지 못한다. 그는 어지러운 머리통을 끌어안고 일단 집으로 향한다. '혹시 퍼트리샤라면 나를 도와줄 수 있을까?' 하지만 그런 기대는 산산이 깨지고 만다. 그가 집에 돌아오니, 퍼트리샤와 빌은 한창 정사를 나누고 있다. 물론 '이런 사실'을 토머스라고 몰랐던 것은 아니다. 그 자신도 떳떳할 게 하나 없는 인간이지만, 그래도 막상 두 눈으로 확인하니 기분이 언짢다. 알량한 자존심, 어쩌면 깊이 절망한 탓일까? 그는 아무 말 없이 집을 나선다. 이제 토머스가 갈 데라고는 자신의 스튜디오뿐이다. 그런데 이게 어찌 된 일인가? 도대체 누가 한 짓인지는 몰라도, 스튜디오 전체가 아수라장이다. '문제의 필름과 사진'이 사라진 것을 보니, 분명 그 여자 일당이 벌인 짓이다. 그래도 사진 한 장은 미처 챙기지 못한 모양이다. 바로 시체가 찍힌 어슴푸레한 사진 말이다. 토머스는 그나마 한 장이라도 건졌다는 사실에 안도한다. 그 순간, 퍼트리샤가 스튜디오로 들어선다. 토머스는 그녀에게 자신이 겪은 '기묘한 사건'을 이야기해 주지만, 퍼트리샤는 달리 흥미를 느끼지 않는다. 그들은 그저 자신들의 처지, 일면식도 없는 피해자에 대한 피상적인 대화만 주고받다가 헤어진다. 두 사람은 계속 같은 자리만 맴돌 뿐이다.

결국 토머스는 론을 찾아가기로 한다. 그러다 어느 콘서트 클럽에 당도한다. 그는 애초에 무슨 일을 하려고 내달렸는지 완전히 잊어버린 사람처럼, 넋을 놓고 록 그룹의 무대를 바라본다. 토머스는 앰프 스피커가 토해 내는 거친 리듬에 취한 사람처럼 몸을 흔든다. 콘서트홀을 가득 채운 관객도, 무대에 오른 가수들도 전부 무아지경에 빠져 있는 듯싶다. 급기야 기타리스트는 자신의 일렉트릭 기타를 바스러뜨리더니 관객을 향해 집어던진다. 사람들은 부서진 기타 조각을 마치 성스러운 보물을 대하듯 서로 차지하기 위해 아우성이다. 토머스도 갑자기 무슨 생각인지, 기타 조각을 얻으려 안간힘을 쓴다. 결국 성물(聖物)은 그의 것이 된다. 콘서트장 바깥으로 나온 그는 애써 얻은 '보물'을 길바닥에 내던지고 원래 가려던 파티 장소로 발걸음을 놓는다.

파티장에 들어서니 샴페인 향기와 대마초 냄새가 진동한다. 토머스는 알코올과 환각에 취한 사람들 사이에서 론을 찾아낸다. 그는 이미 정신이 빠진 론을 붙잡고 자신이 겪은 '기묘한 사건'을 들려준다. 그럼에도 론의 눈동자는 여전히 흐리멍덩하다. 이제 토머스는 격앙된 태도로, 아예 직접 촬영한 '시체 사진'까지 보여 주지만 별 소용이 없다. "토머스, 기왕에 여기 왔으니 이거라도 한 대 피우지 그래." 그는 론이 건넨 대마초를, 아침부터 파리에 가야 한다고 툴툴거리던 베르슈카에게 준다. "론, 우리 당장 시체를 보러 가요. 그걸 찍어야 한다고요." 론은 어이없다는 듯 대꾸한다. "나는 사진작가가 아닐세." 토머스는 순간 말문이 막힌다. "나는 사진작가입니다!" 토머스의 강경한 태도에, 론의 얼굴이 심각해진다. 혹시 어떤 조치를 취하려는 것일까? "그런데 토머스, 공원에서 뭘 봤다고?" 역시 부질없는 짓이다. "아무것도." 토머스는 대답할 기력조차 없다.

토머스는 거의 포기한 심정으로 파티에 합류한다. 아무래도 피곤했던 탓에, 그는 금세 취해 잠들어 버리고 만다. 창밖은 벌써 환하다. '동이 트고 얼마나 지났을까? 다시 시체를 보러 가야 한다.' 토머스는 멍청하게 곯아떨어진 자신을 원망하며 문제의 현장으로 뚜벅뚜벅 걸어간다. 스산한 새벽 공기가 토머스의 뺨을 때린다. 그는 조마조마한 가슴을 부여잡고 수풀 곁에 다가선다. 무엇을 보았느냐고? 아무것도! 분명 어젯밤까지 내동댕이쳐져 있던 시체가 이제는 말끔히 사라지고 없다. 이렇게 아무것도 남아 있지 않지만, 정말로 아무것도 없었던 것일까? 토머스는 바람에 나부끼는 나뭇가지를 올려다본다. 그리고 말을 잊어버린 사람처럼 입을 꾹 다물고 있다. 그때, 저 먼 곳에서 소란스러운 함성이 들려온다. 그들은 온종일 런던 길거리를 배회하는 마임 예술가 무리다. 이들은 우스꽝스러운 분장을 하고 갑자기 우르르 몰려오더니 기어이 공원의 테니스 코트를 차지한다. 마임 예술가들은 보이지 않는 공을 주고받으며 테니스 경기를 시작한다. 러브, 피프틴, 서티, 포티……. 토머스도 이들의 게임을 지켜본다. 결코 보이진 않지만, 명백히 보이는 경기를 말이다. 아이코, 테니스공이 장외로 나가 버렸다. 마이미스트 테니스 선수들은 토머스에게 공을 주워 달라고 부탁한다. 처음 토머스는 다소 당황한 듯싶더니, 곧장 그들의 뜻을 따른다. 그는 잡을 순 없지만 한 손에 꼭 잡히는 테니스공을 선수들에게 던진다. 그는 다시 차분히 집중하고 그들의 경기를 바라본다. 통, 통, 통. 그러자 테니스공이 코트를 누비는 소리가 들려온다. 이젠 토머스마저도 없다. 아니, 있다?

미켈란젤로 안토니오니

Michelangelo Antonioni,
1912-2007

"찍으려는 것과
찍힌 것
사이에는
늘 간극이
존재한다."

1960년 칸 영화제에서 미켈란젤로 안토니오니의 「모험(L'Avventura)」이 처음으로 공개된 일화는 하나의 전설로 남아 있다. 특별한 사건도 없는 롱 테이크 화면을 두고 야유가 쏟아진 것이다. 관객 중 일부가 화면을 향해 야유를 보냈다. 또 감독 안토니오니는 외딴 섬에 사라진 여자를 찾는 이 작품을 두고, 여주인공이 어떻게 됐는지는 자기도 모른다고 말해 빈축을 샀다. 그러나 같은 해 9월 파리에서는 개봉 후 몇 달간 장기 상영되는 진풍경이 벌어졌다. 미켈란젤로 안토니오니는 1912년 이탈리아의 북부 도시 페레라에서 태어났다. 볼로냐 대학에서 경제학을 전공한 그는 지역 신문과 영화지 기자로 활동했고, 영화에 본격적으로 뛰어든 것은 로마 영화 실험 센터를 졸업한 후의 일이다. 로베르토 로셀리니와 마르셀 카르네(1906-1996) 밑에서 조감독을 거치고, 단편 다큐멘터리 「포 강의 사람들(Gente del Po)」(1947)을 연출하며 시작된 안토니오니의 감독 생활은 1940년대에 2차 세계대전의 영향으로 쉼표를 맞는다. 전쟁으로 이탈리아 영화 산업이 어려움에 처했을 때 그는 번역가로 활동했다가, 이탈리아의 또 다른 거장 루키노 비스콘티의 추천으로 영화 활동을 재개했다.

안토니오니의 출발은 네오리얼리즘이라고 할 수 있다. 1948년 다큐멘터리 시리즈를 만들며 사실들을 먼저 담아냈다. 첫 장편영화 「어느 사랑의 연대기(Cronaca di un Amore)」는 1950년에 완성됐다. 그 후 「여자 친구들(Le Amiche)」(1955), 「외침(Il Grido)」(1957) 등을 제작하며 경력을 쌓던 그는 1960년에 선보인 「모험」으로 칸 영화제 심사위원상을 받았다. 이후 안토니오니는 현대인의 초상을 잡아내는 대표적 감독이 된다. 「모험」에 이은 소외 3부작에 해당하는 「밤(La Notte)」(1961), 「일식(L'Eclisse)」(1962)은 인물들이 겪는 소외와 황량한 풍경에 주목하게 만들었다.

산업사회의 한복판에서 정신적 혼란을 느끼는 여성의 모습을 담은 「붉은 사막(Il Deserto Rosso)」(1964)에 이어 「확대」에서 안토니오니 영화의 분위기는 다소 바뀐다. 우연히 살인 사건을 카메라에 포착한 후에 자신이 찍은 것이 현실인지 허구인지 모호한 상황에 휩쓸린다는 내용은 동시대 문화에 대한 비판인 동시에 예술이 더 이상 가능하지 않음을 토로하는 것이기도 하다. 미국 히피 대학생들의 삶을 담은 「자브리스키 포인트(Zabriskie Point)」(1970) 역시 형식은 화려하지만 자학적인 분위기가 짙다. 「여행자(The Passenger)」(1975)는 세상과 정치를 비롯한 모든 인간관계가 그저 스쳐 지나가는 풍경에 불과할 뿐이라는 염세주의가 짙은 작품이었다. 그러던 중 안토니오니는 1985년 뇌졸중으로 신체 마비를 겪고 언어 능력을 상실한다. 이 일로 그가 더 이상 영화를 만들지 못할 거라는 소문이 돌았다. 하지만 1995년에 후배 빔 벤더스의 도움을 받아 여든세 살의 나이로 「구름 저편에(Beyond the Clouds)」를 공동 연출한다.

영화 속에서 안토니오니의 분신이라 할 극 중 감독인 존 말코비치(1953-)는 "존재하는 것은 이미지로밖에 표현할 수밖에 없다."라고 말한다. 이 작품은 세상에 있는 것을 정의하지 못하고 그저 유사한 이미지를 찾아 헤맬 뿐인 영화감독의 숙명에 대한 자기 고백이다. 당시 《가디언》의 기자가 "당신은 이제 낙관적이십니까?"라고 물었을 때 안토니오니는 그 어느 때보다 완강하게 손과 고개를 저었다. 당시 안토니오니는 이미 반신불수로 언어 장애가 있었고 거동이 불편한 상태였다.

말년에 그는 왕가위, 스티븐 소더버그(1963-)와 함께 옴니버스 영화 「에로스(Eros)」(2004) 중 한 편을 만든다. 안토니오니는 끝까지 황량한 세계를 구현해 냈다.

시네토크

사라지는 순간이 던지는 의문들

1960년대 문화의 중심지인 런던을 들어가 보자. 그곳에서 만나게 된 토머스는 잘나가는 패션모델을 거느리는 사진작가다. 그러나 토머스는 모델을 찍은 엇비슷한 사진들에 불만이 많다. 비슷비슷해 보이는 사진들은 더 이상 자신에게 감흥을 주지 못한다. 아무리 어여쁜 소녀들이 찾아와 사진을 찍어 달라고 청해도 권태로울 따름이다. 그런 토머스에게 이상한 일이 일어난다. 공원에서 찍은 사진 때문에 한 여자가 찾아와 섹스를 청한다. 토머스는 사진에 집착하는 그녀가 이상하다. 자신이 찍은 사진을 확대해 보니 이상한 점들이 발견된다. 이것은 애정행각이나 스캔들이 아니라 살인 장면이다. 누가 죽인 것이고, 누굴 죽인 것일까? 자신이 찍은 사진을 찾으려는 그녀는 누구일까? 마침내 아직도 그 의미를 알 수 없는 사진들은 사라지고 만다. 도대체 이 모든 사건은 무엇이란 말인가? 토마스의 머릿속에만 존재하는 사진과 이어진 사건들의 의미를 붙잡을 수 있을까. 혹은 꼭 그래야만 하는 걸까.「확대」는 이렇게 의미와 무의미의 윤무 속으로 우리를 초대한다.

Blow-Up의 의미

이 이 작품을 더 쉽게 찾으려면 '욕망'이라고 검색하셔야 돼요. 미켈란젤로 안토니오니 감독이 1960년에 발표한 「모험」도 우리나라에는 '정사'로 소개됐었죠. 원제인 Blow-Up은 사진을 확대하는 기술을 말해요. 「미치광이 피에로」에서 고다르가 표현한 '권태'라는 개념이 더 밀도 있게 다뤄진 영화가 「확대」예요. 권태에 빠진 사람들을 보여 주는 영화죠.

세 종류의 카메라

강 이 작품에는 세 종류의 카메라가 등장합니다. 우선 처음에는 패션모델을 향한 아주 강렬하고 폭력적인 카메라가 하나 나와요. 사진작가가 여자를 이리저리 굴리면서 찍어 대는데, 그때 카메라는 거의 남성의 성기로 보일 정도로 도발적이며 관음증적인 시선을 보여 줍니다. 이때 사진작가는 모델에게 "머리 넘겨 봐."라면서 상황을 통제하죠. 거의 성폭력에 가까운 카메라인 셈이죠. 또 하나는 하층 시민들의 삶을 담기 위해 자기도 노숙자 차림으로 그들 속으로 잠입해서 찍는 카메라죠. 패션 모델을 찍은 카메라가 자본주의에 편승하는 카메라라면, 다큐멘터리 카메라에 가까운 이 카메라는 자본주의를 고발하는 카메라니까요. 두 카메라가 나란히 등장하는데, 작가주의적 시선은 비슷한 것 같아요. 피사체가 모델이든 노숙자이든 주인공은 대상을 강력하게 통제하고 장악하니까요. 마지막 세 번째 카메라는 앞의 두 경우와 달리 '비의도적' 카메라라고 할 수 있어요. 하층민들의 삶을 담은 카메라 작업을 하다가, 주인공이 우연히 두 남녀가 밀회를 나누는 공원 풍경을 찍게 됩니다. 이때 찍힌 장면 안에는 주인공이 전혀 '의도하지 않은' 무언가도 함께 찍히죠. 영화 제목에 주목해 보세요. 사진을 확대해 보니 자기가 못 본 것을 카메라가 잡아 낸 거죠. 자연히 그는 카메라를 숭배하면서 사진을 확대합니다. 바로 이 대목에서 주인공은 권태에서 벗어나 활력을 되찾아요. 멋대로 살아오던 토머스가 진지해져서는 파티장에서 대마초도 거부할 정도니 말입니다.
가끔씩 영화감독과 인터뷰하다 보면 "어떤 여배우의 연기가 의도치 않게 멋있게 나와서 감동했다."라는 식의 말을 듣곤 해요. 애초엔 감독 자신이 통제하려 했는데, 문득 카메라앵글에 낯선 무언가가 포착됐을 때 예기치 못한 흥미진진하고 드라마틱한 사건이 연출되는 거죠. 저는 이 세 가지 관점 모두가 안토니오니 감독의 개인사에 관련 있으리라고 생각합니다. 시류에 편승하든 개인적 사명감을 구현하든 의도가 개입된 카메라, 그다음으로 의도치 않은 사건처럼 앵글에 담겨 펼쳐지는 세계에 매혹된 카메라 말입니다.

권태에 빠진 젊은 예술가의 초상

이 토머스는 새벽부터 허름한 건물에서 갑자기 나오더니 그곳 사람들과 쪽지를 주고받고는 곧장 자신의 스포츠카를 몰고 질주합니다. 도대체 이 남자는 거기서 무엇을 한 것일까? 우리에게 이런 호기심을 던져 주는 장면이죠. 우리는 토머스라는 남자가 상당히 잘나가는 사진작가라는 사실을 곧 알게 됩니다. 그는 슈퍼모델들을 한 시간이나 기다리게 하고도 미안하다는 말 한마디 없죠. 하지만 이 남자는 이런 생활에 너무 진력나 있는 거예요. '계속 똑같은 여자 모델들, 예쁜 애들 봐서 뭐 해!' 일상에 권태를 느끼고는 다른 욕망을 찾아 나서죠. 노동자들의 하류 인생, 혹은 의미 있다 싶은 걸 찍어서 자신의 이름을 내건 사진집 안에 담아 두려던 거죠. 결국 이 욕망은 영화의 첫 장면과 연결돼요. 그는 노동자들을 찍으러 허름한 숙소에서 하루를 보냈던 거죠.

한편 공원에 들어선 토머스는 이리저리 배회합니다. 그러다 한 남녀를 보죠. '도대체 저들은 왜 저렇게 즐거운 거지?' 그저 호기심에 셔터를 마구 눌러요. 그러자 몰래 찍히고 있다는 사실을 눈치챈 여자가 토머스를 찾아옵니다. 여자가 필름을 내놓으라고 실랑이를 벌이다가 하는 수 없이 뛰어가 버리는데, 그 여자의 뒷모습을 찍은 사진들은 나중에 살인 장면과 연결됩니다. 사실 그 모든 사진들은 무의미하게 찍은 것들이에요. 뭔가 의미심장한 것이 있으리라는 걸 알고 찍은 게 아니죠.

토머스의 패션 사진은 정확하게 내가 뭘 원하는지 알아야 찍을 수 있는 겁니다. 물론 노숙자 사진들에도 작가의 욕망과 의도가 개입돼 있어요. 우리가 흔히 예술의 이미지를 대할 때 고려하는 것이 작가의 의도잖아요. 그런데 예술에 또 다른 영역이 있다고 말한다면, 그건 바로 제3의 영역 '의도하지 않은 의도'인 거죠. 그냥 찍었을 뿐인 사진이 갑자기 어떤 거대한 사건과 연결됩니다. 물론 사건의 실체를 정확히 알 수는 없죠. 문제의 사진을 확대해 보니 윤곽이 뚜렷하지 않죠? 「마이너리티 리포트(Minority Report)」(2002)에서처럼 디지털 세계였다면 톰 크루즈가 사진을 확대하여 그 실체를 뚜렷하게 볼 수 있었겠죠. 아날로그의 시대, 즉 1960년대에는 사진을 확대해 들어가다 보면 화소들이 막 흩어져 버려요. 모호성과 애매성의 세계에 떨어지는 거죠.

이 영화의 후반부는 작가가 우연히 찍은 사진이 사실인지 아닌지를 견줘 보는 내용으로 채워져 있어요. 가령 그 사진을 들고 경찰서에 가서 시체가 있다고 신고한다고 쳐요. "그냥 뿌연데 어디 시체가 있습니까?"

미켈란젤로 안토니오니, 「확대」

"「확대」에는 세 종류의 카메라가 나옵니다. 패션모델을 찍는 첫 번째 카메라는 강렬하고 폭력적이죠. 사진작가가 여자를 막 굴리면서 찍어 대는데, 그때 카메라는 남성의 성기로 보일 정도로 도발적이고 관음적입니다."

라는 대꾸나 듣겠죠. 그런데 토머스는 살인 사건이라 생각할 만한 맥락 속에 들어가 있었어요. 수풀 속에 드러누운 시체를 봤고, 죽기 전의 남자가 바로 그 여자와 공원에서 노니는 모습을 봤으니까요. 물론 그걸로도 확증하거나 단언하긴 어려워지기는 합니다. 무엇보다도 토머스가 스튜디오를 비운 사이에 얼마 안 되는 증거들까지 몽땅 사라졌죠.

도난당한 후 남겨진 확대에 확대를 거듭한 유일한 사진 한 장으로는 아무것도 증명할 수 없어요. 하지만 토머스는 이들 과정을 전부 겪으면서 우연성, 우발성 속에서 발견된 전체 맥락을 짐작합니다. 화가 친구의 아내 퍼트리샤에게도 이 사건을 이야기해 줍니다. 그러나 그녀는 관심이 없죠. 그녀에게는 이 사건이 맥락화되어 있지 않기 때문이에요. 우리가 어떤 대화를 할 때, 서로 공유하는 맥락이 없다면 그 대화가 다 무슨 소용이 있겠어요. 그렇게 맥락의 공유가 좌절됐을 때 토머스는 테니스를 치는 광대들을 보게 됩니다. 이런 무의미 속에서 인간은 과연 무엇을, 어떻게 맥락화할 수 있을 것인가 하는 고민이 생기죠.

채플린에게서 찾을 수 없던 것

강 이 정도의 관능성은 찰리 채플린에게는 없었던 감각이죠. 첫 장면부터 하나씩 살펴보면 카메라앵글이 거의 에로틱 그 자체죠. 뒤에 어린 소녀들과 옷을 벗고 나뒹구는 장면은 그저 그런 편인데, 앞부분에서 카메라로 모델을 탐하는 장면은 강렬하고 자극적이에요. 그러다가 갑자기 무언가가 개입되죠. 그 '무언가'가 카메라앵글로 들어왔을 때 토머스의 의식이 깨어납니다. 이를테면 시체가 나오는 장면 같은 섬뜩한 장면들이 있죠. 의도하지 않았는데 사진에 찍힌 유의미한 존재들이 내뿜는 긴장감 말이죠. 사실 우리도 그 긴장감을 공유하게 돼요. 그래서 제가 마지막 공원 신이 멋있다고 얘기한 겁니다. 시체가 없어진 그 자리에, 바람이 불어와 초목이 흔들리는 그 장면! 그동안 아무것도 아니었던 그 소리가 토머스에게 들리기 시작해요. 결국 우리가 제대로 느끼며 살고 있나, 이런 문제거든요. 이 주인공이 보여 준 세계는 유리 캡슐 같은, 폭풍우가 불어도 전혀 체감할 수 없는 구경꾼의 세계였던 것 같아요. 어느 날 그 공고하던 영역이 깨지고 찢기게 된 거죠.
언젠가 안토니오니 감독이 이런 말을 했습니다. "배우는 암소들이다. 이들을 어떻게 해서든 펜스로 끌고 가 그것을 뛰어넘게 만들어야 한다." 그가 시나리오를 엄격하게 통제했을 것 같지는 않아요. 그는 영화 촬영 과정이 행복하게 긴장되기를 원했던 것 같아요. 그래서 이 영화가 그런 우발성, 긴장감에 대한 영화일 수도 있겠구나 싶어요.

이 권태에 대한 묘사도 이 영화의 핵심 중 하나예요. 예술가가 권태에서 벗어나기 위해서는 열정이나 희열을 느껴야 해요. 불륜이라는 것도 따지고 보면 희열, 열정의 계기인 거죠. 설령 그런 것들이 실상 거짓이고 낭만적 환상이라 할지라도, 자꾸 그걸 회복하고 싶어 하는 게 인간의 기본적인 태도 중에 하나거든요. 토머스는 사진을 찍는 게 너무 권태로웠습니다. 그저 비슷비슷한 모델들만 촬영하다가 다른 가치, 다른 계급, 다른 삶을 찍으면서 나름의 희열을 찾았다고 생각했죠. 그런데 공원에서 문제의 사진을 찍으며, 그는 이제껏 자신이 몰랐던 세상의 신비, 은밀하게 감춰진 진실의 영역에까지 다가서게 된 겁니다. '나는 봤다.'라고 확신한 거예요.
론한테 이야기하잖아요. "내가 진짜 멋있는 사진 두 장을 방금 공원에서 찍었어. 최고의 걸작이 될 것 같아." 두 장을 이렇게 발견하고 나서 거기에 온통 관심이 쏠립니다. 심지어 소녀들하고 장난을 치다가도 갑자기 "비켜 봐." 하더니 계속 사진을 확대하며 어떤 생각에 몰두해요. 진실이 있다고 느끼는 순간, 예술이 무엇인지도 증명할 수 있으리라는 기대와 열정을 찾은 거예요. 토머스는 그렇게 세계의 진실을 끊임없이 복원해 내고 싶어 하는 예술가예요. 그래서 친구의 그림을 사려고 하잖아요? 빌은 추상적인 표현들을 많이 그려요, 마치 잭슨 폴록처럼. 폴록의 그림이 유행하던 1960년대는 사실 예술의 의미가 박제화되어 가던 시기이기도 했거든요. 토머스가 "얼마야? 내가 살게." 하고 묻자, 그 친구가 "안 팔아. 너 같은 애한텐."이라고 응수해요. 그 말 속에는 여러 가지 뉘앙스가 있는데 '너같이 상업적인 애는 내 그림을 살 자격이 없어.'라는 무시잖아요. 그런 취급을 받는 토머스가 드디어 세상이 모르는 비밀을 드러낼 걸작을 찍었으니 얼마나 기뻤겠어요? 그런데 갑자기 증명할 길이 사라져 버린 거예요. 사진을 도난당했어요. 그런데 이게 진실의 본질일 수도 있죠. 우리가 손에 잡을 수 있으리라고 믿는 그 순간에 아스라이 사라져 버리는 게 진실의 본성이잖아요.

침묵의 소리, 부재의 존재감

이 저도 토머스가 아침에 시체를 찾으러 다시 갔던 장면을 좋아해요. 이미 시체는 사라지고 없는 그 공원에서 토머스는 침묵의 소리를 봅니다. 원래는 있었는데 지금은 없어요. 그 부재의 존재감을 묘사한 바람 소리와 나무, 물결과 햇빛이 부서지는 느낌들. 안토니오니는 부재하는 것이 꼭 없는 것은 아니고, 있는 것이 꼭 명징한 것은 아니라고 말하고 있어요. 실제로 우리가 현실에서 추구하는 욕망이라는 것들도 따지고 보면 뭔가 있는 것 같은데, 사실 찾아보면 없잖아요. 이 괴리감을 어떻게 극복해야 하는가의 문제를 관객에게 던지는 영화예요.

강 진실, 혹은 진리의 아이러니죠. 모두가 아는 건 심드렁하잖아요. 모두 아는 걸 가지고, '이게 진실이야.'라고 말하는 것 우스운 일이죠. 반대로 나만 아는 것이 있다면, '이게 진실이야.'라고 강조하고 다니죠. 미친놈이라는 소리를 들으면서 말이죠. 마인드게임을 다룬 영화들, 예를 들어 「인셉션」, 「이터널 선샤인(Eternal Sunshine of the Spotless Mind)」(2004) 같은 영화도 이런 진실의 아이러니와 관련된 것이라 볼 수 있지 않을까요? 어쨌든 「확대」에서도 내 마음에는 있는데 타인(나를 제외한 모두)은 없다고 합니다. 명징하게 증명해 내고 싶지만 그게 어려울 때 찾아오는 당혹감들, 이게 이 영화의 마지막 긴장인 것 같아요. 유일하게 남은 '확대'한 사진은 흐릿하고 모호하죠. 그리고 마지막 장면에서 공허하게 서 있던 주인공이 쏙 빠지고, 그 초록 정원 위로 The End라는 글자가 커지죠. 안토니오니 감독이 엔딩을 미학적으로 하나 던져 놓은 거예요.

이 이 영화의 부수적인 에피소드도 주제 의식과 긴밀히 연결되어 있어요. 대표적인 예가 골동품 가게에서 젊은 여사장과 얘기하는 장면이죠. 그녀는 골동품이 너무나 지겹다면서 모든 걸 팔아 버리고 네팔로 가겠다고 말해요. 그러니까 토머스가 반문하죠. "거기야말로 골동품이 지천에 있는데?" 그러자 여자는 "그럼 모로코로 갈래요."라고 대답하죠. 그녀는 네팔이 자신이 속한 골동품의 세계와 다를 거라고 막연히 생각한 것뿐이에요. 우리들 모습과 닮았죠. 욕망하는 게 있고 지향하는 바가 있다고 믿지만 그게 네팔인지 모로코인지도 구별하지 못한 채 쉽게 진로를 바꿔요.
또 한 가지 주요한 에피소드는 론을 만나러 갈 때 사진 속 여자, 자기를 따라왔던 여자가 보이는 것 같아서 뒤쫓다가 사라지고 난 후 보게 되는 야드버즈의 공연이에요. 밴드 야드버즈는 에릭 클랩튼(1945-)을 포함해서 전설적인 영국 기타리스트를 수없이 배출한 팀이죠. 사람들이 떨어져 있는 뮤지션의 기타를 쟁취하려고 난리인 상황에서 토머스가 덩달아 달려들어 기타 조각을 쟁취하죠. 그런데 밖에 나오자마자 싱겁게 버리고 말지요. 공연장 안에서는 누구나 다 원하니까 자신도 쟁취하지 않으면 안 되겠다는 생각이 들었지만 공연장 밖에 나와 보니 쓸모없죠. 행인들은 심지어 그걸 발로 툭툭 차면서 웬 쓰레기인가 하며 지나치죠. 욕망의 속성이 그렇죠. 이런 서브플롯은 안토니오니가 얼마나 뛰어난 감독인지 보여 주죠. 이런 에피소드들을 반복적으로 보여 줌으로써 감독은 우리가 확실하다고 믿는 욕망을 맥락이 사라진 다른 공간으로 옮기고, 그 후 대상의 무의미성을 상기시킵니다.

강 토머스가 찍은 사진의 진실, 그건 자기 혼자만의 것입니다. 아무도

미켈란젤로 안토니오니, 「확대」

"마인드게임을 다룬 영화예요. 「확대」에서도 내 마음에는 있는 걸 타인(나를 제외한 모두)은 없다고 해요. 그래서 명징하게 증명해 내고 싶은데 그게 어려울 때 찾아오는 당혹감들, 이게 이 영화의 마지막 긴장인 것 같아요."

인정 안 해 주니까요. 이런 상황을 스스로 감당해야 하죠. 그러니까 두 가지 욕망이 있는 거예요. 안토니오니 감독이 당신들만의 욕망을 견딜 수 있고 감당할 수 있느냐 하는 어려운 질문을 던지는 거죠. 그래서 영화가 명쾌해지는 지점은 역시 마임 장면이에요. 팬터마임 예술가들은 모두 공이 존재한다고 가정하잖아요. 그 공을 집어 던져 주는 토머스의 표정을 보면 삶의 긴장이 끝났다고 인식한 것처럼 보이더군요. 혼자서 이 진실의 공허함을 어떻게 감당할까 싶어 씁쓸해요.

이 말씀하신 장면은 카메라워크를 훌륭하게 활용한 영화 사례로도 꼽혀요. 테니스의 운동성이 그대로 화면에 구현되어 있습니다. 물끄러미 바라보던 토머스가 상상의 공을 던져 주고 나서는 카메라가 더 이상 그쪽으로 가지 않죠. 그때부터 카메라는 계속 토머스에게 고정되어 있습니다. 그런데 그때부터는 소리를 통해서 공의 움직임을 느끼게 하죠. 마치 토머스는 '그래, 권태로운 세상의 일상이란 이런 거구나.' 하는 듯한 표정을 짓고 있고요.

안토니오니 감독의 자기 반영성

강 네오리얼리즘 시절에는 대개의 나라들이 파시즘을 싫어했는데 안토니오니 감독은 유보적이었던 듯해요. 마지막 엔딩에서 보수성을 볼 수 있습니다. 통용되는 세계를 받아들이는 데에 대한 안타까움도 있지만, 그건 어쩔 수 없는 우리 삶의 한계라는 씁쓸함도 있어요. 다른 네오리얼리즘 감독들이 터프하게 인간의 고통을 담아내려 했던 것과는 달리 안토니오니는 자본과 손을 잡을 수 있었던 게 이런 관점 때문인 것 같아요. 그래서 이 작품을 자전적이라고 볼 수 있는 거죠.

이 저도 동감입니다. 보편적으로 1960년대에 들어서면서부터는 사람들이 다소 냉소적으로 변해요. 그때는 최고의 유행이 죄다 런던에 몰려 있던 시대였는데, 욕망의 도시 밑면을 슬쩍 들여다보면 공허가 금방 또 드러나기 때문에 그 경계선을 왔다 갔다 살던 토머스로서는 뭔가 다른 것을 추구했지만 끝내 무릎 꿇게 되는 거죠.

강 끝으로 「확대」를 근사하게 보는 팁을 하나 드릴게요. 안토니오니 감독은 지성적인 요소가 선행되는 영화보다는 정서적이고 감정적인 자극을 만들어 내려고 노력했어요. 따라서 어느 장면이 가장 지적이었느냐가 아니라 어느 장면이 가장 이 영화에서 기억이 남느냐 하는 것에 집중하고 보는 게 좋을 것 같습니다. 근사한 영화를 소개해 준 이상용 선생님에게 고맙다는 말을 하고 싶을 정도로 멋진 영화였습니다. 고맙습니다, 선생님.

질문 1 감독이 의도적으로 얼굴을 익스트림 클로즈업한 것 같아요.

이 1960년대는 젊음의 에너지가 기성세대의 모든 권위를 다 거부하던 시대라고 설명드렸잖아요. 그래서 표정을 반복적으로, 그리고 크게 보여 주는 거죠. 인물의 얼굴과 표정만으로도 한 시대의 가치나 품격을 충분히 설명해 주는 영화들이 있어요. 「살인의 추억」(2003)이 대표적입니다. 범인으로 추정되는 몽타주가 그 시대의 얼굴이기도 하고요. 거기 나온 모든 캐릭터에 당시의 시대성이 오롯이 담겨 있습니다. 「확대」에서도 토머스의 헤어스타일이 딱 비틀스 스타일이죠. 패션이나 얼굴이 가장 단적인 시대의 단서들이거든요. 영화에 나온 광대들도 기금 활동 등을 하면서 반전·반핵 운동에 열심인 젊은이들입니다. 반대로 패션모델을 꿈꾸는 두 소녀의 얼굴은 그들이 신고 있는 다채로운 양말보다도 훨씬 단색적이죠. 덧없고 부질없다는 시대의 느낌을 주는 표정입니다.

질문 2 토머스의 스포츠카가 주인공의 내면을 극대화하는 장치 같아요.

이 「미치광이 피에로」 때도 1960년대 자동차의 유행, 패션이 뭔지는 선명하게 보이죠. 오픈카 같은 것들이 굉장히 중요한 상징으로 쓰였죠. 예를 들면 1960년대 대표적인 미국 영화 중 하나인 「졸업(The Graduate)」(1967)을 보시면 졸업 선물로 받는 게 자동차죠. 알파 로메오는 상당히 중요한 모티프로 나와요. 사회로 진입을 하기 직전에 아버지가 아들에게 선물한다는 건 어떤 권력의 이양 의식처럼 보이죠. 한편 성적인 코드도 강해요. 로빈슨 부인을 처음으로 차에 태우고 부인 댁에 갔다가 에로틱한 상황에 빠지게 되거든요.

강 지금 차의 의미는 좀 달라진 것 같아요. 밀폐된 차, 서민적인 중고차에서 담배를 피우면서 클래식을 듣는 처량한 이미지도 있죠. 한마디로 결혼한 남자들의 마지막 휴식처, 도피처인 셈이죠. 인큐베이터 같아요.

이 요즘은 한국의 남성들이 캠핑카를 많이 산다는 얘기를 들었어요. 남성성의 욕망으로 차를 사던 시대는 지난 거죠. 주말을 헌납하고 가정 지향적으로 활용해야 하는 탈것이 된 거죠.

질문 3 영화에서 토머스와 빌의 아내 사이에 묘한 관계가 있는 것 같습니다.

이 토머스가 공원 남녀에게 관심을 두게 된 건 어쩌면 자신이 겪고 있는 심리적인 어떤 고민에 대한 반응인 것 같아요. 한편으로는 빌의 아내에 대한 욕망이 여러 차례 드러나는데 가장 충격적인 장면은 빌과 빌의 아내의 섹스를 훔쳐보는 거죠. 그때 빌의 아내가 토머스를 바라보고 나서 토머스를 따라오죠. 야한 잠옷을 걸친 채로요. 빌의 아내가 사실은 토머스에 대해서 계속 욕망을 드러내면서도 끝까지 토머스를 따르거나 하지는 않죠.

강 니체는 "훌륭한 예술가는 어린아이이다."라고 했습니다. 어린아이가 놀이터에서 시간 가는 줄 모르고 노는 그 모습이 창작할 때 밤새우는 창작자와 별 차이가 없거든요. 왜 예술가들은 여성 편력이 화려할까요?

이 시대성을 따릅니다. 여성 편력으로 유명한 예술가들 보면 헤밍웨이가 1920년대부터 1960년대까지 부인 네 명, 거기다 애인은 더 많았고요. 피카소도 공식적으로 부인 네 명을 두었죠. 19세기 말까지는 지리상 발견을 통해서 끊임없이 신대륙이 개척되면서 모험가라는 직책이 굉장히 주목을 받았거든요. 탐험가, 정복자라는 캐릭터에 계급적 힘이 있었던 거죠. 그런데

20세기에는 더 이상 군인 유형의 모험가들이 발견할 공간이 없어집니다. 그때 예술가가 새로운 영웅으로 부상해요. 강인한 남성성을 대표하는 예술가들이요. 헤밍웨이는 투우도 좋아하고 킬리만자로로 사자를 직접 잡으러 갈 정도였으니까요. 피카소 같은 경우도 대단히 술을 잘 마시고 스페인 공산주의자들과 연대해서 전쟁을 벌이자고 선동했던 인물이었죠. 그러다가 1960-1970년대에 여성주의가 득세하기 시작하면서 이런 모험가의 피는 옅어지기 시작했어요.

강 예술가는 이제 세속적 직업이 된 것 같아요. 「미드나잇 인 파리(Midnight in Paris)」(2011)를 보셔도 확연히 드러나죠. 주인공이, 혹은 감독이 1920년대 프랑스 파리로 가서 헤밍웨이를 만나고 싶었던 이유는 단순하잖아요. 할리우드 시나리오 작가란 대중적인 목적의식이 뚜렷한 사람이니까 1920년대에 판타지가 있던 거죠. 삶과 예술이 괴리되지 않았던 그때의 분위기가 그리운 거죠. 아니, 정확히는 마초적인 예술가, 즉 수많은 미녀를 거느리는 예술가를 꿈꾸었던 거죠.

질문 4 저는 이 영화의 엔딩을 굉장히 긍정적이고 희망적으로 봤어요. 저는 토머스가 성적이고 상업적인 작가에서 진지한 작가로 변하는 성장담이라고 생각했거든요. 그런데 선생님들께서는 시니컬한 엔딩이라고 말씀하셔서 충격적이었습니다.

이 이 영화는 보이는 것과 보이지 않는 예술의 두 가지 영역에 대한 표현입니다. 그런데 만약 토머스가 그 보이지 않는 것을 이해하고 인정하게 된다면, 그래서 그것을 통해 뭔가 새로운 예술가로 탄생했다면, 마지막에 토머스는 사라지지 않고 자기의 존재성을 증명해 내는 것으로 끝났을 테죠. 그런데 이 영화에서는 끊임없이 모든 것이 다 사라지거든요. 사진도 사라지고 여자도 사라져요. 여자가 사라지는 장면은 테크닉적으로도 놀라운데, 그 은행 창구 앞에 서 있는 것 같았는데 토머스가 다시 보니까 갑자기 여자가 돌아서는 순간 컷이 사라져요. 끊임없이 뭔가 잡힐 것 같지만 잡히지 않는다는 것이 그 여자를 통해 대변되고 있어요. 토머스도 무언가가 있다는 것은 알아내지만 잡힐 듯 끝내 잡히지 않는다는 울림이 계속 드러나기 때문에, 관객도 토머스가 뭔가를 찾아 주었으면 하고 바라게 되죠. 하지만 열망에서 그치고 맙니다. 영화의 마지막 장면을 보면 화면에서 토머스 역시 사라지는 게 보입니다.

강 진실은 홀로 감당해야 한다는 것, 이것이 안토니오니 감독의 생각이었던 것 같아요. 그런데 마지막 장면에서 팬터마임하는 친구들이 테니스 치는 장면을 연기하죠. 그 순간 자신을 뺀 모든 사람들이 없는 테니스 공을 있다고 합의 본 셈입니다. 이때 주인공은 테니스 공이 없다는 걸 혼자 증명해야만 하죠. 그게 진실이니까. 그런데 주인공은 팬터마임하는 친구들의 입장을 따르기로 합니다. 없는 공을 줍는 척하고 그걸 던지는 시늉을 해요. 진실을 포기하고 다수의 의견을 따르게 된거죠. 참으로 시니컬한 엔딩이죠. 진실은 홀로 감당해야 하지만, 그것이 무척 힘들다는 걸 수긍하니까요.

강신주

어느 영화인의 격렬 미묘한 초상

매력적인 여성과 중년 남자가 공원에서 밀회를 즐긴다. 남녀는 누군가 자신을 지켜본다는 걸, 심지어 자신들의 밀회 장면을 누군가 카메라에 담고 있다는 사실을 알지 못한다. 그런데 얼마 지나지 않아 여성은 그 사실을 알아채고는 토머스라는 사진작가에게로 달려온다. 필름을 내놓으라는 여성의 당연한 요구에 토머스는 뻔뻔하게 답한다. "투우사는 투우를 하고 정치가는 정치를 하듯, 나는 사진작가로서 사진을 찍은 겁니다." 지금이라면 아마 법정 구속감일 테지만 1960년대 영국 런던에서 도둑촬영은 아무런 문제도 아니었던 모양이다. 어쨌든 필름을 돌려달라는 여성의 당혹스러운 요구는 토머스 자신이 무언가 중요한 것을 카메라에 담았다는, 최소한 남녀 당사자들에게는 정말로 중요한 순간을 찍었다는 확신을 갖게 한다. 물론 이 순간 토머스는 그것이 무엇인지 이해하지는 못했지만 말이다.

여인은 어떻게 알았는지, 토머스의 작업실까지 찾아와 필름을 끈질기게 요구한다. 심지어 그녀는 토머스 앞에서 옷마저 서슴지 않고 벗을 정도로 다급했다. 정말 중요한 것이 필름에 담겨 있다는 확신에, 여인에게 가짜 필름을 건넨 토머스는 공원에서 찍은 사진을 서둘러 인화하고서 사진을 뚫어져라 응시한다. 도대체 자신은 무엇을 찍은 것일까? 여인이 찍혔을까 두려워하던 장면은 무엇이었을까? 이런 의문을 가지고 사진들을 응시하던 토머스는 흐릿한 배경 부분에서 묘한 지점을 발견하게 된다. 배경을 '확대'하자, 한 남자가 총을 겨눈 채 남녀의 밀회를 응시하는 장면이, 이어서 확대한 다른 사진에는 여자와 밀회를 즐겼던 남자가 수풀 속에 쓰러져 누워 있는 장면도 드러났다. 그렇다. 토머스의 카메라는 우연히 살인 사건을 포착했던 것이다. 그러니 그녀는 자신의 몸을 던져서라도 그 필름을 되찾으려 했던 것이다.

불행히도 확대된 필름은 흐릿했다. 토머스가 깊은 밤 공원을 다시 찾은 것도 이런 이유에서다. 직접 시체를 확인해야 했으니까. 정말로 살인 사건이 일어났던 것일까, 아니면 확대되어 흐릿한 사진이 착시 효과를 일으켰던 것일까, 궁금했던 것이다. 인적이 끊겨 바람만 허허롭게 불고 있는 깊은 밤, 공원에서 토머스는 확대된 사진이 진실하다는 걸 확인한다. 낮에 젊은 여인과 밀회를 나누었던 중년 남자는 허무하게 수풀 밑에 싸늘하게 누워 있었으니까. 토머스는 심각한 범죄의 증인이 된 것이다. 서둘러 공원을 빠져나온 토머스는 작업실에 돌아온 뒤 충격에 빠지게 된다. 누군가 작업실을 뒤진 것이다. 필름은 모두 없어졌고, 심지어 인화된 사진도 모두 사라졌다. 아마도 그녀가 다시 돌아온 것이리라. 이제 단지 확대되어 흐릿한 사진 한 장만이, 토머스에게는 진실을 가르쳐 주고 있지만 타인에게는 아무 말도 해 줄 수 없을 정도로 흐릿한 사진 한 장만이 남았을 뿐이다.

다음 날 카메라를 들고 토머스는 아침 일찍 다시 공원을 찾았다. 지금이라도 서둘러 중년 남자의 시체를 카메라에 담으려는 생각에서였다. 그러나 시체는 바람 소리만 흩날리는 공원에서 감쪽같이 사라져 버렸다. 모든 것이 사라져 버린 것이다. 범죄도, 거기에 연루된 여인도 모두 사라져 버렸다. 오직 토머스의 기억과 그 기억이 옳다는 걸 말해 주는, 확대되어 흐릿한 사진 한 장만 남은 것이다. 성공한 패션 사진작가이지만 매너리즘에 빠져 있던 토머스, 그 매너리즘에서 벗어나려고 노동자의 비참한 삶을 사진에 담고 있던 토머스는 순간적이나마 자신에게 긴장감과 열정을 심어 주었던 사건에서 완전히 벗어나게 된 것이다. 「확대」는 우연히 만난 젊은 팬터마임 예술가들의 유희에 허허롭게 동참하는 토머스의 모습으로 막을 내린다. 오랫동안 기억에 남을 만한 매혹적인 엔딩이다. 이것이 1966년에 상영되어 미켈란젤로 안토니오니 감독에게 칸 영화제 황금종려상을 안겨 준 영화 「확대」의 핵심 플롯이다.

「확대」는 그 자체로도 훌륭한 영화적 경험을 선사한다. 그렇지만 한 가지 더 주목해야 할 것은 이 영화가 안토니오니 감독이 스스로 그린 자화상, 혹은 자신의 영화 인생에 대한 변론이기도 하다는 점이다. 이 점에서 토머스의 세 가지 카메라, 혹은 카메라의 세 가지 용례는 매우 중요하다. 첫 번째는 패션지 사진을 찍을 때의 카메라다. 영화 초반부에 거의 겁탈에 가까울 정도로 모델을 관능적으로 내모는 토머스의 현란한 카메라워크를 기억해 보자. 사람들을 성적으로 흥분시켜 제품을 사도록 만들어야 하니, 이때의 카메라는 자본의 이익에 포획된 카메라라고 할 수 있다. 한마디로 '패션 잡지'를 위한 카메라인 셈이다. 이와는 대조적으로, 두 번째는 토머스가 노숙자로 위장해서 보호소에 있는 노동자들을 담은 카메라, 그러니까 자본에 희생된 노동자들을 담을 때의 카메라다. 토머스는 이 카메라로 담은 사진으로 자신의 '책'을 만들려고 생각한 것이다.

그렇다면 세 번째 카메라는 무엇일까? 그건 바로 자신도 모르게 살인 현장을

본능적으로 셔터를 눌러 대는 「확대」의 주인공 사진작가 토머스

포착했던 카메라다. 자본에 포획된 잡지를 위한 카메라나 자본에 저항하는 책을 위한 카메라와는 전혀 다른 것이다. 이 두 가지 카메라가 토머스라는 작가의 의지에 종속된다면, 세 번째 카메라는 작가의 의도나 의지와 무관한 카메라이기 때문이다. 조금 어렵게 이야기하면, 패션 잡지 카메라나 기록 카메라가 작가의 자발성(voluntariness)에 의존한다면, 세 번째 카메라는 작가의 비자발성(involuntariness)을 상징한다고 하겠다. 기억해 보라. 카메라가 살인 장면을 포착하지 않았다면, 토머스는 그 배경에 있는 흐릿한 장면을 '확대'할 생각조차 하지 않았을 것이다. 그리고 몇 번이고 공원을 오가는 수고도 하지 않았을 것이다. 여기서 주목해야 할 것은 바로 카메라 자체의 능력이라고 할 수 있다. 작가의 의도가 무엇이든지 카메라는 무언가를 찍는다. 결국 '사람의 눈'과 '카메라의 눈'은 같은 걸 보는 것처럼 생각되지만, 사실 다른 걸 보고 있던 셈이다.

세 가지 용례로 작동하는 토머스의 카메라는 안토니오니가 생각하는 세 종류의 영화를 상징한다. 자본에 포획된 첫 번째 카메라가 상업 영화, 혹은 형식주의 영화를 상징한다면, 자본에 저항하는 두 번째 카메라는 다큐멘터리 영화나 사실주의 영화를 상징한다. 여기서 우리는 안토니오니가 이탈리아의 네오리얼리즘 전통에서 영화를 공부했던 감독이라는 걸 기억해야 한다. 네오리얼리즘은 파시즘에 저항하며 인간에게 따뜻한 연민의 시선을 던졌던 영화 사조였다. 권력 앞에서 소심했던 안토니오니만이 다른 네오리얼리즘 감독과는 달리 적극적으로 파시즘 정권에 저항하지 않았다. 아마도 이건 그에게 씻을 수 없는 트라우마로 남았을 것이다. 상업 영화에 신물이 나서 자기만의 '작가 정신'으로 노동자의 삶을 담아내려는 토머스의 의지는 바로 네오리얼리즘에 대한 안토니오니 감독의 부채 의식의 발로였던 셈이다. 그렇지만 세 번째 카메라의 비유로 안토니오니는 자신의 부채 의식을 가볍게 넘어서려 했던 것이다.

대중의 욕망을 자극하기 위한 상업 영화든, 대중의 각성을 촉구하는 리얼리즘 영화든 간에 모두 카메라를 통제하려는 작가의 의도와 자발성을 반영하고 있다. 그렇지만 카메라에는 항상 작가와 감독을 넘어서는 어떤 힘이 존재한다. 카메라의 의지라고나 할까, 카메라의 눈이라고나 할까. 영화감독은 자신의 의도나 의지보다는 카메라 언어에 민감하게 복종해야만 하는 존재다. 이것이 바로 안토니오니 감독이 빛나는 지점이다. 그는 상업 영화를 작품으로 만들 수도 있고, 다큐멘터리 영화로도 작품을 만들 수 있는 감독이었으니 말이다. 어쨌든 카메라가 감독의 의도를 넘어서는 무언가를 포착한다면 그걸로 영화는 충분히 영화일 수 있다는 입장, 이게 바로 안토니오니의 확고한 생각이다. 안토니오니는 정말 상업성과 사실성을 모두 가볍게 뛰어넘어 영화를 구원하는 데 성공한 것일까? 모를 일이다. 그렇지만 한 가지 확실한 사실은 「확대」뿐만 아니라 그의 영화 대부분이 정말 영화답다는 느낌을 준다는 것이다.

비평가의 눈

이상용

예술(진실)을 추적하는 스릴러

「확대」는 예술에 관한 예술가의 고뇌를 담은 영화다. 사진작가 토머스에게 예술가의 열정은 어느덧 권태로 바뀐 듯 보인다. 제아무리 멋진 여성을 카메라에 담아도 그녀의 아름다움에는 더 이상 특별한 것이 없다. 화려한 아름다움은 금세 싫증이 난다. 최첨단 패션 의상도, 그 안에 담긴 여인의 몸도 사진가에게는 권태로울 따름이다.

영화의 첫 장면은 어느 장소로부터 토머스가 나오는 모습을 보여 준다. 이곳은 노동자들이 하룻밤 유숙하는 곳이다. 토머스는 사람들과 담배를 나눠 피우며 헤어진 후 자신의 스포츠카를 향해 가볍게 오른다. 안토니오니 감독은 이 한 장면만으로 토머스가 다른 세계에 속한 인물이라는 것을 보여 준다. 도시를 질주하는 자동차의 경쾌함은 노동자의 무거운 모습과는 대조적이다. 토머스가 이곳에서 하룻밤을 보낸 이유는 사진집을 출간하기 위해서다. 자신의 에이전시를 만나 전해 준 흑백사진 속에는 어둠 속에 잠겨 있는 노숙자들이 담겨 있다. 그는 자본의 쾌락과 산업에 기여하는 사진이 아니라 조금 더 의미 있는 사진을 찍고 싶다.

그러나 토머스가 담고 싶은 사진 예술은 처음부터 갈등을 예고한다. 노동자들과 헤어진 후에 토머스가 경쾌하게 스포츠카에 오르는 뒷모습은 그의 실패를 예감하게 하는 시선이기도 하다. 토머스의 카메라가 제아무리 노숙자들이나 일용직 노동자들을 그럴듯하게 담을 수 있다 할지라도, 그는 노동자들의 삶에 진정으로 다가갈 수 없는 존재다. 그가 패션 사진작가로 유명한 것은, 패션계와 그의 삶이 닮아 있는 탓이다. 서로 닮아 있는 것 속에서 가치는 빛을 낸다. 토머스의 가장 큰 문제이자 고민은 그에게 속하지 않은 것을 열망한다는 데 있다.

「확대」는 토머스의 방황을 보여 준다. 그는 우연히 공원에서 사진을 찍게 된다. 그것은 남녀의 스캔들을 담은 사진이면서 동시에 살인 사건을 엿본 사진이다. 그 장면은 아주 우연한 기회로 카메라에 담긴다. 토머스는 에이전시에게 흥분한 목소리로 아주 중요한 사진을 촬영했다고 말한다. 그 확신에 찬 어조는 이전의 태도와는 사뭇 다르다. 문제는 이때부터 시작된다. 사진에 찍힌 여자가 사진을 돌려받

자신이 찍은 사진을 확대 중인 토머스

기를 원하고, 친구를 만나고 돌아온 토머스는 그때 자신의 사진들이 사라진 것을 알게 된다. 이 과정은 다음과 같이 요약할 수 있다. '진실'이라는 것은 공원의 사진처럼 우연히 담길 수 있으며, 쉽게 빠져나가기도 한다. 예술가는 언제나 본질을 추구하지만, 그것은 미끄러지면서 달아난다. 「확대」는 토머스가 겪은 일련의 사건을 통해 자신이 진실을 보았다(담았다)고 믿는 순간, 사라지는 이야기다.

여기에서 한 가지 주목해야 할 장면이 있다. 그것은 토머스가 공원에서 사진을

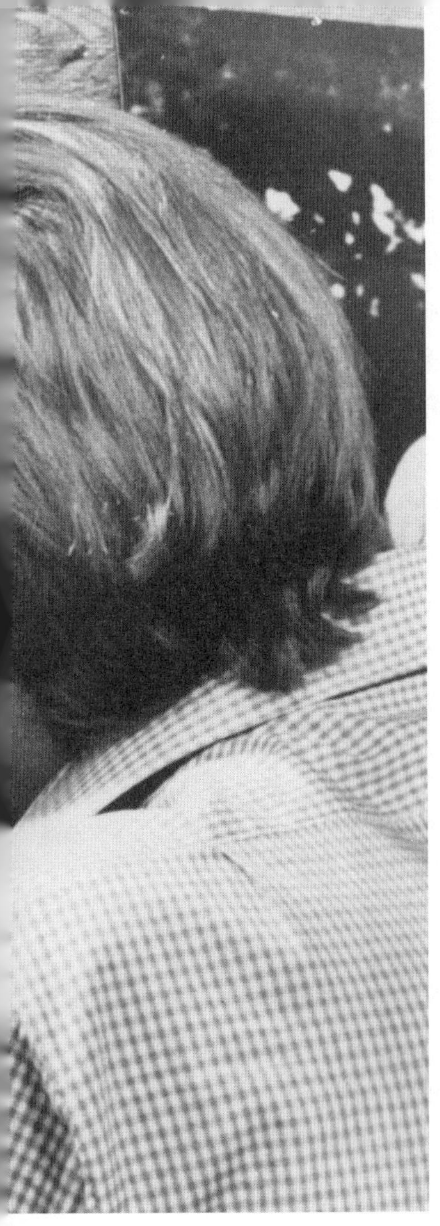

찍기 이전에 들른 장소와 관련이 있다. 토머스가 공원에 가게 된 것은 새로운 사진 스튜디오를 물색하기 위해서였다. 그는 공원 앞 골동품 가게를 들른다. 두 번째로 골동품 가게에 방문하였을 때 그는 한 가지 물건을 사들인다. 비행기용 프로펠러다. 그는 경탄하듯이 그 프로펠러를 바라본 후 자신의 스튜디오에 가져다 달라고 부탁한다. 왜 그랬을까? 수많은 골동품 사이에서 프로펠러가 토머스의 눈을 사로잡은 이유는 무엇일까?

「확대」를 예술에 관한 예술가의 고뇌를 담은 영화라고 보자면, 토머스의 선택을 유명한 역사의 한 페이지와 연결해서 생각해 볼 필요가 있다. 비행기에 부착되는 프로펠러를 보면서 예술적 고뇌에 빠진 이는 토머스가 처음이 아니었다. 미술 공부를 하던 마르셀 뒤샹(1887-1968)은 1912년 항공 공학 박람회를 관람한 후 친구인 조각가 콩스탕탱 브랑쿠시(1876-1957)에게 말했다. "이제 회화는 망했어, 저 프로펠러보다 멋진 걸 누가 만들어 낼 수 있겠어? 말해 보게, 자넨 할 수 있나?" 현대 회화의 창시자 중 하나로 손꼽히는 뒤샹은 이미 오래전에 프로펠러를 보고 반해 버린다. 위상 기하학을 연상시키는 프로펠러의 곡선미, 이제껏 경험하기 힘들었던 독특한 재질, 그리고 어느 면에서 바라보아도 세상에 속할 것 같지 않은 물건의 이채로움이 그를 압도한 것이다. 뒤샹은 남성용 소변기를 '샘(fountain)'이라는 이름으로 출품하여 미술관에 전시한 인물로 유명하다.

이 사건에 대해 사람들이 관심을 갖는 것은 "어떻게 변기를 미술품이라고 우겼지?"라는 정도의 스캔들의 의미다. 그러나 뒤샹의 마음에는 또 다른 것이 있었다. 오래전 뒤샹은 브랑쿠시와 함께 프로펠러를 보며, 레디메이드(기성품)가 보여주는 공업적 예술성에 대해 경탄을 보냈던 것이다. 내가 만든 조각이 저 프로펠러의 매끈함보다 못할 수 있다는 것을 인정한다면, 이제 우리는 예술에 대한 생각을 달리 해야 하는 것이 아닌가? 1912년 뒤샹이 한 고민이 바로 이것이었다. 그 생각의 결과가 바로 「샘」의 전시였고, 이 생각은 영화 속 주인공인 토머스에게도 전달된다. 배달된 프로펠러를 자신의 스튜디오 중앙에 배치하고 한참을 들여다보는 그 눈길은 분명 경탄의 눈길이고, 미적인 감상의 눈길이다.

프로펠러의 우아함은 자신의 사진보다 더 아름다울 뿐만 아니라 자신을 찾아오는 모델들보다 더 섹시하다. 토머스가 프로펠러의 아름다움을 극복하기 위해서는 다른 생각을 할 수밖에 없다. 뒤샹이 여러 기성품을 전시함으로써 '인정'을 통한 새로운 예술의 탄생을 선언했다면, 토머스는 또 다른 가능성을 찾는다. 그는 자신이 찍은 사진들을 확대하기 시작한다. 결과는 놀라웠다. 누군가에 의해 네거티브필름을 포함한 모든 것이 소실되고 남은 것은 확대에 확대를 반복하여 뽑은 거친 입자의 사진 한 장뿐이다. 이 사진은 형체를 알아보기가 힘들다. '네거필름'을 훔쳐 간 이들이 확대된 한 장의 사진을 가져가지 않은 이유는, 그것이 무슨 사진인지 몰랐기 때문이 아니라 더 이상 의미가 없을 정도로 알아볼 수 없는 사진이었기 때문이었다. 공원에서 찍은 다른 사진들은 살인 사건의 증거나 스캔들의 증거로 충분히 활용될 수 있지만, 확대에 확대를 거친 사진은 형체가 흐릿해져 실체를 알아볼 수 없다.

이 사진이야말로 진짜 예술이다. 그는 모델들의 화려한 동작이나 지친 노동자의 얼굴이나 몸짓이 아니라, 형체를 알아볼 수 없는 한 장의 사진이야말로 자신이 경험했던 이상한 사건을 증언한다. 남겨진 확대 사진은 토머스가 경험한 진실을 담고 있을 뿐만 아니라 세상에 단 한 장밖에 없는 유일무이한 독창성을 지니고 있다. 이 독창성은 레오나르도 다빈치(1452-1519)의 「모나리자(Mona Lisa)」(15C)와는 차원이 다르다. 누구나 이해할 수 있는 독창성이 아니다. 토머스가 가장 사랑하는 여인조차 그 사진을 보며 이해하지 못할 뿐만 아니라 이해하려 들지도 않는다. 그는 깨닫게 된다. 사람들이 패션 사진에 열광하지만, 세상의 진실은 남겨진 사진처럼 아무도 이해할 수 없는 것인지도 모른다.

'나는 완전히 이 사건을 경험하였고, 남아 있는 확대 사진은 그것을 담은 유일무이한 기록이지만 그 누구도 이 사진으로부터 그날의 일을 떠올리지는 못할 것이다.' 심지어 아주 그럴듯하게 설명해도 믿기가 어려울 것이다. 그렇다면 확대된 한 장의 사진은 무의미한 것일까? 그렇지 않다. 영화의 마지막 장면이 보여 주는 것은 보이지 않는 테니스공을 토머스가 주워서 던져 주는 것이다. 보이지 않는 예술에 다가가는 것은 반드시 예술가(테니스를 치는 광대)의 몫만은 아니다. 그것을 보는 사람이 다가갈 수만 있다면 언제든지 보이지 않는 예술의 의미(테니스공)를 주워서 예술 작품 속으로 되돌려 줄 수가 있다.

우리는 광대들이 테니스를 치는 장면을 이러한 차원에서 바라볼 수 있다. 뒤샹이 기성품을 예술품의 자리로 치환하려 했다면, 토머스는 이상한 사건의 경험을 통해 관객을 예술가의 자리로 치환하려 한다. 오늘날 예술을 둘러싼 말은 침묵의 교감을 선택하기보다는 끊임없이 설명하려고 든다. 그러나 예술을 정의하는 순간 말은 달아날 것이다. 말보다는 침묵으로 예술 작품을 향해 던져 줄 때 우리에게는 교감이 일어난다.

샤를 보들레르(1821-1867)의 유명한 시 「교감」은 다음과 같이 시작된다.

> 자연은 하나의 신전, 거기 살아 있는 기둥은
> 이따금 어렴풋한 말소리를 내고
> 인간이 거기 상징의 숲을 지나면
> 숲은 정다운 눈으로 그를 지켜본다.

「확대」의 시선을 정겹다고 할 수는 없지만, 인생과 예술을 향한 집요한 시선은 그 어느 영화보다 농밀하다.

「확대」의 주제 의식은 후대 감독들에게 직접적인 영향을 끼쳤다. 유명한 사례가 프랜시스 포드 코폴라의 「컨버세이션(Conversation)」(1974)과 브라이언 드 팔마(1940-)의 「필사의 추적(Blow Out)」(1981)이다. 두 영화에서 모티프로 쓰인 것은 사진이 아니라 소리다. 「컨버세이션」은 주인공 해리가 도청 중 살인 사건을 듣게 되는 내용이다. 「확대」를 정치 스릴러로 옮긴 셈이다. 「필사의 추적」의 원제는 Blow Out이다. Blow-Up이라는 제목까지 노골적으로 인용했다. 주인공인 영화 음향 담당자 잭 테리는 자신의 일에 권태를 느끼는데 그가 작업한 영화들은 모두 B급 공포영화에 불과하다. 그러던 중 한적한 공원에서 잭은 자동차 사고를 목격한다. 잭은 물속으로 가라앉던 차 안에서 한 여성 샐리를 구하는데, 차 안에는 이미 사망한 남성도 한 명 있었다. 잭은 사망한 남성이 유력한 대권 후보인 주지사 맥 라이언이라는 것을 나중에 알게 된다. 작업실로 돌아온 잭은 자신이 공원에서 녹음한 음원을 분석하며 사고 경위를 추적한 결과, 타이어 폭발음 이전에 총소리가 있었다는 사실을 알게 된다. 잭은 샐리가 이를 감추고 있다는 것을 눈치챈다. 그녀는 불륜 현장 사진을 찍고 돈을 뜯어내는 한패였다고 고백한다. 잭은 어렵사리 증거를 확보하고 경찰에 신고하지만 아무도 그의 말에 귀 기울이지 않는다. 「확대」의 노골적인 인용이기는 하지만, 드라마가 꽤 구체적이다. 안토니오니 영화의 모호하면서도 깊은 예술과 인생에 대한 성찰을 따라잡기는 어렵다. 그래도 「필사의 추적」을 통해 좀 더 쉽고 오락적으로 추적해 볼 수 있을 것이다.

night OF THE LIVING DEAD

Directed by
GEORGE A. ROMERO

⑯강 좀비, 현대인의 초상

살아 있는 시체들의 밤

조지 로메로

시놉시스

“스스로 갇히는 건 위험해요. 맞서 싸워야 해요.”

— 등장인물 벤의 대사

「살아 있는 시체들의 밤」 Night of the Living Dead, 1968

미국 | 96분 | 조지 로메로

낮은 구릉을 따라 구불구불 이어진 도로를 타고 한 대의 자동차가 달려온다. 일요일 늦은 오후 한적한 길을 내달리던 차는 이내 공동묘지 앞에 멈춰 선다. 잘 차려입은 두 남녀는 잔뜩 볼멘소리를 하며 성묘 제수품을 챙긴다. 그들은 남매 사이로, 어머니의 성화에 못 이겨 돌아가신 아버지를 뵈러 온 것이다. “일몰 시간이 바뀌는 날을 여름의 첫날로 해야 해. 벌써 저녁 8시인데도 날이 이렇게 밝잖아.” 여동생 바바라는 여전히 밝은 바깥 풍경이 놀라운 모양이다. 오빠 조니는 별로 대수롭지 않다는 듯 짜증 섞인 말투로 대꾸한다. “아무렴 어때, 다시 집으로 가려면 세 시간 또 달려야 한다고. 일요일에 이게 다 무슨 일이람.” 남매는 아버지의 묘비 앞에 손수 준비한 십자가 기념물을 내려놓는다. “아니, 저번에 가져다 둔 기념물은 어디로 사라진 거야. 매번 이걸 준비하는 것도 돈이군.” 조니의 불평은 끝도 없이 튀어나온다. 그는 진지하게 기도를 올리는 바바라를 지켜보다가 문득 장난기가 동한다. “우리 어렸을 적에 기억나? 바로 이 묘지, 저 나무 뒤에서 내가 널 놀래 줬지.” “그러지 마.” 여동생이 겁에 질려 단호하게 쏘아 대자, 조니는 한층 신이 난다. “바바라, 널 잡으러 오고 있어…….” 그는 귀신 흉내를 내며 달아나는 바바라에게 계속 겁을 준다. “그들이 널 쫓아오고 있어, 바바라.” 마침 묘지 저편에서 흐리멍덩한 얼굴로 뒤뚱대며 걷고 있는 한 남성이 나타난다. “저 남자가 널 쫓고 있어, 바바라. 도망가자!” 이제 바바라는 오빠의 장난에 불쾌하다 못해 짜증이 난다. “오빠, 저 사람이 듣겠어. 그러지 좀 마.” 조니는 낯선 남성에게 결례가 되든 말든 한바탕 장난을 치고 멀찍이 달아나 버린다. 바로 그때, 퀭한 얼굴로 묘지를 걷고 있던 남성이 느닷없이 바바라를 덮친다. "오빠, 도와줘!" 낯선 남성은 살코기 앞에 선 굶주린 육식 동물처럼 바바라의 목덜미를 물어뜯으려고 한다. 이때 조니가 나서 바바라를 간신히 구해 낸다. 하지만 그는 낯선 남성이 휘두르는 괴력에 변을 당하고 만다. 결국 바바라는 패닉 상태에 빠져 미친 듯이 도주한다.

바바라는 악착같이 쫓아오는 괴한을 피해 어느 민가로 숨어든다. 집 안은 무덤처럼 어두컴컴하고 적막하다. 바바라는 실낱 같은 희망을 품고 전화를 찾아 수화기를 들어 보지만, 역시나 통신 두절이다. 절망에 빠져 2층으로 발걸음을 옮긴다. 하지만 그곳엔 흉측하게 살이 뜯긴 시체가 버려져 있다. 이젠 어찌하면 좋을지, 당장 무슨 일을 해야 할지조차 떠오르지 않는다. 바바라는 '죽기 아니면 까무러치기'로 현관문을 박차고 뛰쳐나간다. 그 순간, 한 차량의 헤드라이트가 바바라의 눈을 때린다. "괜찮아요." 흑인 남자는 그녀를 안심시킨다. "걱정하지 말아요. 그놈들은 제가 맡을게요." 흑인 남성은 거친 숨소리를 내뿜으며 집 안을 바쁘게 돌아다닌다.

흑인 남성, 즉 벤은 넋 나간 바바라를 내버려 두고 집 안을 수색한다. 그녀의 눈동자는 마치 머리통을 얻어맞은 사람처럼 완전히 풀려 있다. "이봐요, 여기에서 빠져나가야 한다고요. 사람들이 모여 있는 곳으로 가야 해요." 벤은 답답한 가슴을 가다듬고 바바라를 타이른다. 하지만 그녀는 정신을 차리지 못한다. 결국 벤은 하는 수 없이 홀로 음식과 무기를 찾으며 바깥의 괴물들과 대적하기 위한 준비를 서두른다. 바로 그때 서너 명 정도로 수가 불어난 괴한들이 벤이 몰고 온 차량을 부수기 시작한다. '이 지옥에서 벗어날 수 있는 유일한 동아줄인 차량을 이대로 망가지게끔 방치할 순 없다!' 벤은 위험을 무릅쓰고 집 밖으로 나가 괴물들을 차례로 제거한다. 이제 그는 집 안으로 잠입한 괴물까지 죽이고, 마치 그들에게 선전포고를 하듯 사체에 불을 붙인다. "집의 문과 창을 막으면 당분간 버틸 수 있어요. 사람이 올 때까지 기다리든, 도망치든 시간을 벌어야 해요." 벤의 설득에도 바바라는 멍하니 서 있을 뿐이다. 그녀는 벤이 분주히 움직이든 말든 느릿느릿 집 안을 방황한다. 한편 벤은 이제껏 자신이 겪은 기묘한 상황에 대해 일장 연설을 늘어놓는다. 주유소 옆에 붙은 레스토랑에서 식사를 하다가 지금 바깥에 서 있는 괴물과 처음 조우한 일, 그리고 그들로부터 가까스로 도망쳐 나와 이곳에 이르게 된 경위에 대해서 말이다. 그러나 그녀는 그의 이야기에는 관심조차 없다. 그러다 대뜸 바바라는 자신이 겪은 일에 대해 횡설수설하기 시작한다. "오빠가 그놈한테 당했어요." 그녀의 목구멍에서 절망감이 터져 나온다. "오빠는 이미 죽었어요." 벤은 덤덤한 어조로 '사실'을 말해 준다. "아뇨, 안 죽었어요. 아직 밖에 있다고요! 나가서 구해야 해요. 제발요, 구해야 한다고요!" 바바라는 거의 실성한 사람처럼 소리를 질러 댄다. 벤은 다급한 마음에 그녀의 뺨을 후려친다. 끝내 그녀는 기절하고 만다.

벤은 괴물들과 맞설 채비를 한다. 외부 상황을 파악하기 위해 켜 놓은 라디오에서는 절망적인 내용만 쏟아져 나온다. 벤은 벽난로에 불을 지피고, 소파에도 불을 붙여 집 밖으로 내동댕이친다. '버티는 수밖에 없다.' 곧이어 그는 괴물들의 침입을 막기 위해 모든 창과 문에 대못을 박는다. 라디오 속보가 이어지는 동안, 평범했던 민가는 철옹성처럼 견고한 요새가 됐다. 벤은 이제야 겨우 한숨을 돌린다. "납득하기 어려운 일들이 계속되고 있습니다. 살인범들은 피해자의 인육을 섭취하는 식인종으로 판명됐으며, 시체에서는……." 바바라의 머릿속은 한없이 하얘진다. 극도의 공포는 이제 공황 상태로 접어든다.

바로 그 순간, 꾹 닫혀 있던 지하실 문이 벌컥 입을 벌린다. 그렇다. 이 집 안에 또 다른 생존자들이 몇 명 더 은신해 있었던 것이다. 그들은 각기 데이트를 하고 평범한 일요일 오후를 보내다가 괴물들, 즉 살아 있는 시체들의 습격을 받고 이곳 지하실까지 쫓겨 오게 되었다. 젊은 연인 톰과 주디는 호숫가로 수영하러 나갔다가 수상한 괴물들과 맞닥뜨렸고, 쿠퍼 가족도 그놈들을 피해 달아나던 중 딸 캐런이 공격당해 허겁지겁 이 민가로 몸을 숨겼다고 한다. "당신들은 아래 숨어 있으면서, 어째서 우리들을 돕지 않았습니까?" 벤은 분을 삭이지 못하고 해리에게 따지고 든다. "지하실이 가장 안전한 곳이오. 위층에서 무슨 일이 벌어지는지, 그게 괴물들이 내는 소리인지 우리가 어찌 분간할 수 있다는 말이오?" 해리는 라디오 방송에선 별로 얻을 게 없다는 듯 자신의 주장을 분명히 밝힌다. "지하실이 가장 안전한 장소입니다. 이런 널빤지 따위로 저 괴물들을 어찌 당해 낼 수 있단 말이오!" 벤과 해리, 톰은 옥신각신한다. 벤은 해리의 말대로 지하실에 숨었다간 결국 '독 안에 든 쥐'가 되고 말 것이라며 사람들을 설득한다. 여러 차례의 실랑이 끝에 쿠퍼 부부와 톰, 벤과 바바라는 텔레비전 방송을 지켜보며 현재 상황을 타계할 가장 확실한 방책을 모색하기로 한다.

"…… 식인 괴물의 존재는 사실로 판명됐습니다. 피해자들은 사망한 후 되살아나고 있으며 …… 몇 년 전 쏘아 보냈던 인공위성이 방사능을 띠고 있다는 이유로 파괴시켰는데, 그것이 이번 참사와 연관된……." 이젠 정부까지 나서 대피를 권고하자, 해리의 마음도 조금씩 흔들리기 시작한다. "의학적 소견에 따르면 괴물들에게 공격당한 사람도 결국에는 …… 따라서 시신을 즉시 소각해야 합니다." 결국 벤과 톰, 해리는 서로 힘을 합쳐 탈출 계획을 차례로 진행시킨다. 벤과 톰은 집 바깥에 세워 둔 차를 몰고 나가 기름을 주유하고, 해리는 2층 창가에서 화염병을 던져 두 사람을 엄호하기로 한다. 바로 그때 예정에 없던 주디가 톰의 안전을 걱정하며 뒤따라온다. 어쨌든 그들의 '탈출 계획'은 제법 순조롭게 이뤄진다. 그런데 '아뿔싸!' 괴물을 쫓아내기 위해 들고 있던 횃불이 주유기를 타고 트럭에 옮겨 붙으면서 끝내 톰과 주디는 폭사당하고 만다. 벤은 겨우겨우 목숨만 부지해 집으로 돌아오지만, 패닉 상태에 빠진 해리는 일부러 문을 열어 주지 않는다. 결국 벤은 완력으로 문을 부수고 들어와 해리에게 주먹을 갈긴다. "내가 너를 바깥으로 끌고 나가, 저것들의 먹이로 던져 줄 테다!" 해리는 실신하고, 벤마저 녹초가 되어 버린다.

괴물들은 마치 축제를 즐기듯 톰과 주디의 시체를 뜯어먹는다. 점차 상황이 악화되자, 해리는 자신의 가족만이라도 살리기 위해 벤의 엽총을 강탈한다. 이에 격분한 벤은 해리와 몸싸움을 벌이다가, 결국 그를 쏴 버리고 만다. 때마침 괴물들이 집 안으로 밀려들기 시작한다. 해리는 지하실로 내려가 딸아이 곁에서 숨을 거두고, 바바라는 벌써 괴물로 변한 오빠 조니에게 붙들려 간다. 헬렌은 만사 제쳐 두고 캐런부터 찾아가지만, 딸아이 역시 괴물로 변한 지 오래다. 캐런은 죽은 아버지의 살점으로 포식하고, 어머니 헬렌마저 살해한다. 이제 홀로 살아남은 벤은 '어쩔 수 없이' 지하실로 향한다. '이토록 많은 수의 괴물들을 혼자 상대할 순 없다!' 그는 처음 자신이 생각했던 계획과는 정반대로 지하실에 숨어 구조대를 기다리기로 결정한다. 날이 밝아 온다. '살아 있는 시체들'은 온데간데없다. 벤의 곁에는 머리를 관통당한 쿠퍼 일가족만이 남아 있을 뿐이다. 저 먼발치에서 인기척이 들린다. '아, 이제 살았구나!' 벤은 안도의 한숨을 내쉰다. 그는 감격에 겨워 구조대가 내다보이는 창가 쪽으로 다가선다. "저놈 보이죠? 이마 정중앙을 조준하세요." 하지만 구조대는 벤을 향해 총구를 겨눈다. 그들 눈에는 벤 또한 '살아 있는 시체'일 뿐이다. '탕!' 단 한 발이었다. 그렇게 벤은 마치 도살된 짐승처럼 매서운 갈고리에 꿰어져 불길 속에 던져진다.

작가에 대하여

조지 로메로

George Romero, 1940-

"평범한 영화를 만든다면 아무도 안 볼 것이다."

조지 로메로는 열네 살 때부터 단편영화를 만들며 영화에 대한 관심을 드러냈다. 텔레비전 방송국에서 여러 편의 광고를 연출하기도 했다. 1968년에 공동 각본, 편집, 촬영을 겸한 데뷔작 「살아 있는 시체들의 밤」을 완성했다. 16밀리미터 흑백필름으로 제작된 이 7만 달러짜리 저예산 영화는 컬트 영화의 신화가 되었다.

「살아 있는 시체들의 밤」은 고전적인 공포 영화의 관습을 뒤바꿔 놓았다. 정상인과 괴물의 구분이 한순간에 무너진다. 인간이 더 괴물처럼 보인다. 평론가 로빈 우드(1931-2009)의 표현을 빌리면 이 작품은 "미국 사회 내의 억눌린 갈등과 긴장을 표현한 영화다." 「살아 있는 시체들의 밤」의 정치적·사회적 주제의 폭은 넓었다. 영화 속에서 생존이라는 자본주의적 가치를 대변하는 백인들은 어쩌면 좀비보다 더 위협적이고 사악한 존재들이다. 쿠퍼가로 대표되는 백인 캐릭터는 좀비보다 더 이기적이고, 심지어 행동과 판단이 느리다.

10년 뒤 선보인 「시체들의 새벽(Dawn of the Dead)」(1978)에서의 좀비는 강박적으로 소비에 매달리는 미국 사회의 물신주의에 대한 풍자로 묘사된다. 마치 쇼핑하는 괴물들과 흡사하다. 슈퍼마켓 내부를 습관적으로 배회하는 좀비의 이미지는 맹목적이고 때로는 폭력적인 미국의 소비 대중을 암시한다. 이 영화에서는 백인 남성과 여성, 흑인 남성이라는 세 부류의 주인공이 등장해 인종과 성의 경계를 넘어 합심해 위기를 넘기려 한다.

7년 뒤에 선보인 '시체 3부작'의 마지막 작품 「시체들의 날(Day of the Dead)」(1985)은 레이건 시절의 사회적 맥락을 배경으로 소련과 군비 경쟁을 벌이던 당시 미국 행정부에 대한 조롱을 담았다. 그의 영화는 괴물을 다루는 B급 영화였기에 인정받지 못했다기보다는, 당대 보수 진영에 대한 급진적인 반감을 표현했기 때문에 호감을 사지 못했다.

제작비 마련이 여의치 않으면 로메로는 텔레비전 영화를 찍어 기회를 노리기도 했고, 영화 제작비를 마련하기 위해 동분서주해 왔다. 「나이트 라이더스(Knightriders)」(1981)는 아서 왕의 전설을 빌려 말 대신 오토바이를 타고 싸움을 벌이는 기사들의 얘기를 찍은 것이고, 「크립쇼(Creepshow)」(1982)는 스티븐 킹의 원작 영화 가운데 수작으로 손꼽힌다. 그는 힘들게 주류 영화 바깥에서 작업해 오는 방식을 유지하면서 피가 난무하는 고어 영화와 공포 영화, 그리고 극단적인 폭력 묘사로 미국의 기성 사회를 비판하는 영화를 만들었다.

조지 로메로 감독은 자기 복제의 달인이기도 하다. 그의 작품은 본인을 포함한 다양한 감독들에 의해 리메이크되어 왔다. 주로 리메이크가 된 작품은 「살아 있는 시체들의 밤」이다. 「살아 있는 시체들의 밤」에서 이야기가 이어지는 속편 격인 「바탈리언(Return of the Living Dead)」(1985)과 조지 로메로가 프로듀서로 이름을 올린 동명의 영화 「살아 있는 시체들의 밤」(1990)은 톰 사비니(1946-)에 의해 만들어졌다. 후자는 컬러로 만들어진 로메로의 「살아 있는 시체들의 밤」이라고 할 수 있으며, 시대에 맞게 여성 캐릭터인 바바라의 역할이 크게 부각된다.

좀비 영화를 빼놓으면 조지 로메로는 과작의 감독이다. '좀비 3부작'이 워낙 강렬했던 탓에 다른 시도에 대해서는 크게 인정받지 못한 부분도 있다. 그러나 좀비 영화의 아버지라는 면에서, 최근에 대거 부활한 좀비와 함께 그의 영화가 지닌 고전적 가치는 점점 더 부각되고 있다.

좀비,
한 시대를 품은 존재

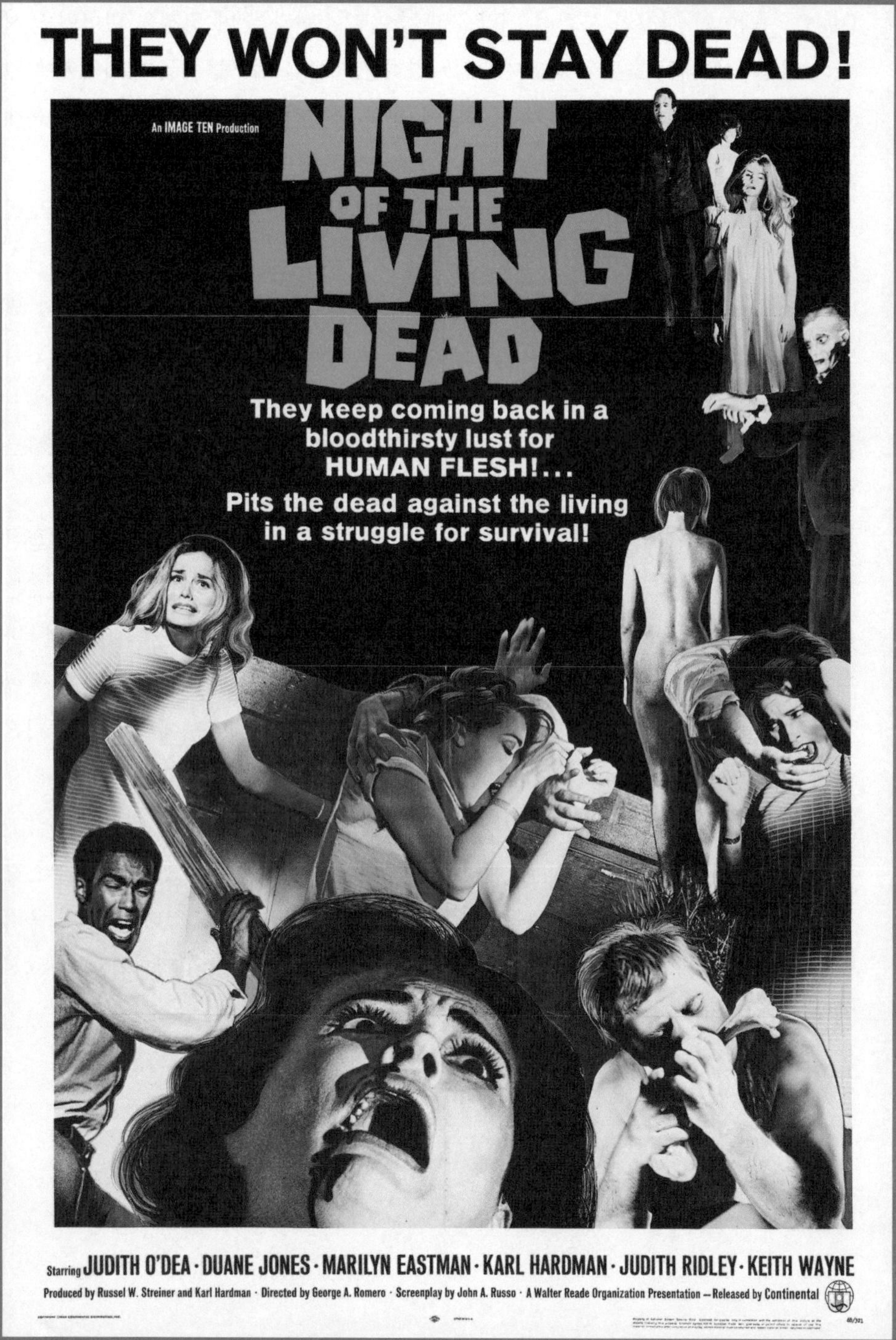

THEY WON'T STAY DEAD!

An IMAGE TEN Production

NIGHT OF THE LIVING DEAD

They keep coming back in a bloodthirsty lust for HUMAN FLESH!...
Pits the dead against the living in a struggle for survival!

Starring JUDITH O'DEA · DUANE JONES · MARILYN EASTMAN · KARL HARDMAN · JUDITH RIDLEY · KEITH WAYNE

Produced by Russel W. Streiner and Karl Hardman · Directed by George A. Romero · Screenplay by John A. Russo · A Walter Reade Organization Presentation – Released by Continental

진짜 괴물이 등장하는 영화를 다룬다. 바로 좀비 영화다. 1968년작 「살아 있는 시체들의 밤」에서는 아직 좀비라는 이름은 쓰이지 않았다. (비록 이름은 없었지만) 좀비라는 캐릭터가 이제 막 눈 뜰 무렵 이들이 어떻게 묘사되었는지를 이 작품에서 확인할 수 있다. 좀비는 단순한 괴물이 아니었다. 그들은 형제였고, 시대의 희생물이었으며, 집단화된 현대인의 초상이기도 하니까. 그래서 좀비를 이해한다는 것은 꽤나 복잡하다. 좀비는 단순히 무서운 존재여서 공포를 주는 것이 아니라, 우리의 복잡한 내면을 들여다보게 하는 존재여서 공포스럽다. 일그러진 얼굴과 표정을 살짝 감추고 보면 우리 모습과 크게 다르지 않다. 「살아 있는 시체들의 밤」은 아주 잘 만든 영화라고 보기에는 무리가 있다. 차라리 예술사에서 종종 목격하는 어딘가 미완성된 느낌을 주지만 시대를 품고 있는 회화나 조각에 비유할 수 있다. B급 영화도 A급 영화보다 더 심오할 수 있는 법이다. 조지 로메로 감독이 성취한 것은 바로 이것 아니었을까.

B급 정서의 미덕

이 우리가 다루는 영화 중에 가장 이질적이고 유일한 B급 영화예요. B급 영화는 못 만들었어요. 못 만드는 것이 하나의 특징이 될 수 있었던 시대가 바로 1960년대입니다. 못 만든 영화 중에서 가장 잘 만든 조지 로메로의 영화를 함께 보는 건 1960년대 이해하는 데 좋은 기회가 될 거예요. 이 작품은 1950년대 냉전을 기점으로 이후 베트남전쟁이라든가 워터게이트 사건 등 직접적으로 다루기 힘든 미국 사회의 변화를 영화적으로 우회해서 다룬 결과물이라 볼 수 있습니다.

한편 이 영화가 나올 때까지 좀비라는 말은 전혀 공식화되지 않은 개념이었어요. 진지하게 생각해 봐야할 문제 중 하나는 우리가 오늘날 공유하는 많은 개념이 지금처럼 예전에도 같았으리라 여기고 지나친다는 거예요. 이를테면 현대에서 여성, 아이 등의 개념은 몇 세기 전으로만 거슬러 올라가도 감당 안 될 정도로 다르거든요. 로마의 폭군 네로 황제 시대 때 기록을 보면 시민들이 네로 황제에게 저항하는 표시로 자기 아이를 로마 광장에서 머리를 깨뜨려 죽이기도 했었거든요. 오늘로서는 상상할 수도 없는 일이죠. 당시에는 아이가 가부장제의 사유재산 같은 개념이었던 거죠.
미국 가족들이 어떻게 변해 가는가에 대해서 로메로처럼 냉혹하게 보여 주는 감독도 없는 것 같아요. 이 영화는 아이가 어머니를 난도질하는 슬래셔물입니다. 기존의 사회적 가치 붕괴를 보여 주는 것이고 가족 체제에 적극적으로 저항하는 태도를 형상화한 거라고 볼 수 있어요. 여러 커플이 등장하는 영화이기도 해요. 커플 내지는 가족 관계를 중심으로 보면 더 흥미롭게 감상하실 수 있으리라 봅니다.

좀비 캐릭터의 등장

강 이 B급 영화를 보면서 공포 영화의 핵심, 그 심리의 기저에 있는 동력은 뭘까 생각해 보시는 것도 좋을 것 같아요. 공포에 대해서 인문학적으로 성숙한 성찰을 해 보게 합니다. 먼저 이상용 선생님께서 공포물이랄까, 좀비랄까, 뭐 그런 것들의 계보학을 설명해 주세요.

이 좀비들의 형상은 지금까지 여러 인종과 패션으로 드러났습니다. 로메로의 시체 3부작에서 「살아 있는 시체들의 밤」이 유명하지만 정말 재미있는 건 「시체들의 새벽」이거든요. 이 영화는 2000년대에 「새벽의 저주(Dawn of the Dead)」(2004)라는 이름으로 리메이크되기도 했습니다. 백화점 쇼핑몰에 좀비들이 나타난다는 줄거리인데, 꼭 인간 세상의 드라마를 보는 것 같아요. 영화는 정확하게 현대 물질만능주의 사회를 대변하는 소비자들의 모습을 좀비에 투영해요.
좀비라는 캐릭터는 계속 시대상을 반영하면서 성격이 변모되고 형성되어 왔습니다. 프랑켄슈타인이나 드라큘라 같은 고전적인 인간 형상의 괴물 캐릭터는 1920년대부터 만들어졌지만 좀비라는 개념이 본격화되기 시작한 건 1960년대 이후의 일이고, 이 정도로 대중적으로 확산된 건 불과 10년 안팎입니다.

로메로가 만든 좀비는 어기적거리며 느리게 걸어다녀서 사실 무섭지가 않아요. 「28일 후(28 Days Later)」(2002)로 넘어가면 좀비가 걷는 속도, 즉 이동 속도가 엄청나게 빨라지는데 거기서 또 시대적 속도가 반영된 것이 느껴집니다. 「월드워Z(World War Z)」(2013)라는 영화 같은 경우도 원작 자체 줄거리만 이야기하자면 '구글링 소설'이에요. 경험이기보다는 인터넷으로 조사해서 쓴 소설 같아요. 소설에는 좀비가 확산되지 않은 두 국가가 어디인지 묘사됩니다. 한 국가가 바로 북한이에요. 북한에 도통 좀비가 나타나지 않았던 이유는 사회주의 국가이기 때문에 인민들의 이빨을 다 뽑아 버리는 식으로 통제해 왔기 때문이라고 나와요. 좀비의 감염이 이빨로 물어서만 퍼져 나간다는 설정이었거든요. 또 한 군데가 이스라엘이에요. 이스라엘은 거대한 성벽을 쌓죠. 영화를 보면 나중에 좀비들이 소리를 듣고 흥분해서 성벽을 뛰어오르는 멋진 장면이 연출됩니다. 이런 건 로메로 작품에서는 상상도 할 수 없었던 좀비 액션 신이거든요. 그 영화에서 이스라엘이 좀비를 막을 수 있었던 가장 중요한 이유는 벽을 쌓았기 때문이에요. 생각해 보면 이스라엘의 역사가 곧 성벽의 역사이기도 하잖아요? 로메로 영화에서와 마찬가지로 「월드워Z」에서도 세계가 어떻게 돌아가는지 보이죠.

동양의 귀신과 서양의 좀비

강 1967년 개봉한 불후의 명작 「월하의 공동묘지」 들어 보셨죠? 무덤이 쫙 갈라지면서 등장하고는 피 흘리면서 복수하는 전형적인 동양의 귀신이 등장하죠. 이 귀신은 직접 자기를 죽게 만든 사람들만을 공격합니다. 그러니까 죄를 안 지으면 귀신의 공포에서 자유로워요. 동양 귀신의 특징은 인과적이란 거예요. 그런데 이 좀비 영화를 보면서 제가 받은 느낌은 서양 사람들이 느끼는 전염병에 대한 공포를 다룬 것 같다는 거였거든요. 서구 역사에서도 로마제국이 발달하면서 엄청나게 많은 떼거리들이 온갖 병을 가지고 오거든요. 하긴 미국만 생각해 보셔도 편하죠. 영국 청교도인들이 처음 아메리카 대륙에 갔던 시대에 인디언들을 초토화할 수 있었던 것은 전염병이예요. 당시 백인들은 "신의 힘이 이렇게 세다, 악마 같은 여기 인간들을 다 죽였다."라고 당당히 떠들고 다녔지만, 저들은 면역이 돼 있는데 인디언에게는 끔찍한 도시 병원균들을 몰고 온 거죠. 동양은 농경문화가 발달하고 마을 공동체 이외에는 교류가 적었던 탓도 있어요. 반면에 서구는 무역항을 기반으로 산업을 발달시켰죠. 이러면 전염병 확산이 불가피하거든요. 그래서 어떤 전염병 학자들은 이렇게 얘기하죠. 문명이 고도로 발달하고 도시화되면서 사람들이 모이면 문명이 갑자기 파괴되거나 멈추게 되기도 하는데 그 계기가 전염병이라는 거죠. 무차별적 재앙입니다.

이 로마와 관련해서 가장 유명한 문장이 "모든 길은 로마로 통한다."잖아요. 로마 시대에 들어서 비로소 도로가 발달하기 시작했다는 얘기거든요. 도로포장하는 기술과 마차들, 교통 체계가 발달해요. 로마에 또 놀라운 발명품이 있죠. 파리 쪽에 아직도 남아 있는 게 로마식 수로거든요. 물길이 있다는 건, 한번 감염이 시작되면 삽시간에 전 지역에 병이 퍼진다는 뜻이죠. 길과 수로라는 문명의 상징이 한편으로는 감염의 통로가 됩니다. 걷잡을 수 없이 확산되는 전염병의 은유는 좀비 영화에 상당히 깊게 들어가 있습니다.

강 그래서 2차 세계대전 때 유대인에 대해서도 격리해야 한다는 얘기가 많았거든요. 우생학과 전염병학이 발달하는데, 그게 실은 유대인들을 격리하기 위한 근거를 만들기 위한 작업이죠. 서구에서 무언가에 대해 배타적인 감정이 생길 때에는 이렇게 전염병적 상상력을 촉발합니다. 정치철학자 마사 너스바움(1947-)은 『혐오와 수치심』에서 "혐오에 대한 핵심적인 관념은 전염에 대한 사고다."라고 지적했어요. 나치는 전염에 대한 두려움을 유대인 혐오와 연결시킨 겁니다.
「살아 있는 시체들의 밤」에서 시체들이 살아 움직이기 시작한 원인을 외계 방사능 때문이라 설명하는 것 또한 일종의 전염병적 상상력이에요. 여기에는 외계인에 대한 적대감까지 있는 거죠. 따라서 상당히 폐쇄적인 느낌을 주는 영화입니다. 미지의 세상에서 누군가가 오면, 그들과 함께 좋은 세상을 구축하겠다는 것이 아니라 전멸할지도 모른다는 위험을 느끼는 거죠. 영화 바닥에는 타자에 대해 극도로 두려워하는 감각이 흘러요. 작품 구조만 보자면 꼭 좀비가 아니어도 돼요. 여기에 에일리언을 넣어도 구조가 깨지지 않아요. 영화 「에일리언(Alien)」(1979)에서 인간의 몸에다가 아이를 심어 놓잖아요. 좀비를 뒷조사해 보니 그 유명한 부두교와 관련이 되어 있더라고요. 좀비라는 존재가 전염병적 상상력의 응집체로 등장하는 거죠. 동양 공포물의 교훈은 상당히 분명해요. 영화를 보면서 남자들은 부인 괴롭히지 말아야지, 조강지처가 좋더라 이런 윤리를 얻으면 그만이거든요.

타자로서의 괴물

이 1950년대부터 미국과 소련이 적대적 관계가 된 냉전 시대가 시작되잖아요. 냉전 시대는 외계인 영화와 함께 시작됩니다. 다시 말해서 냉전 때에는 적군과 아군의 구별이 뚜렷했고, 이때 외계인들이 '타자'로 그려집니다. 그들을 어떻게 무찌를 것인가라는 고민이 SF 영화의 주된 스토리가 되는데, 그러다가 1960년대로 넘어가면서 미국 사회는 혼란을 겪습니다. 대표적인 게 '매카시즘' 열풍입니다. 상원 의원이었던 매카시가 "바로 우리들 안에 공산주의자가 있어. 빨리 다 잡아들여야 돼."라는 식으로 조사하기 시작하잖아요. 그때 철저히 외부화되었던 적들이 우리 안의 영역에 도사리고 있다는 내부적 공포로 바뀌기 시작해요.

바로 그 시기에 에일리언의 원형이 되는 잭 피니(1911-1995)의 『신체 강탈자(The Body Snatcher)』(1954)가 발표됩니다. 인간의 신체에 침입해서 한 마을 사람들처럼 가장하면서 사람을 죽이거나 계속 감염시켜 나가는 과정을 제시한 거죠. 이런 서사들을 바탕으로 좀비 영화도 나왔던 거고요. 외부에 있었던 타자가 내가 잘 아는 내부의 존재로 전환됐을 때 나타나는 진정한 공포가 좀비 영화의 핵심입니다.

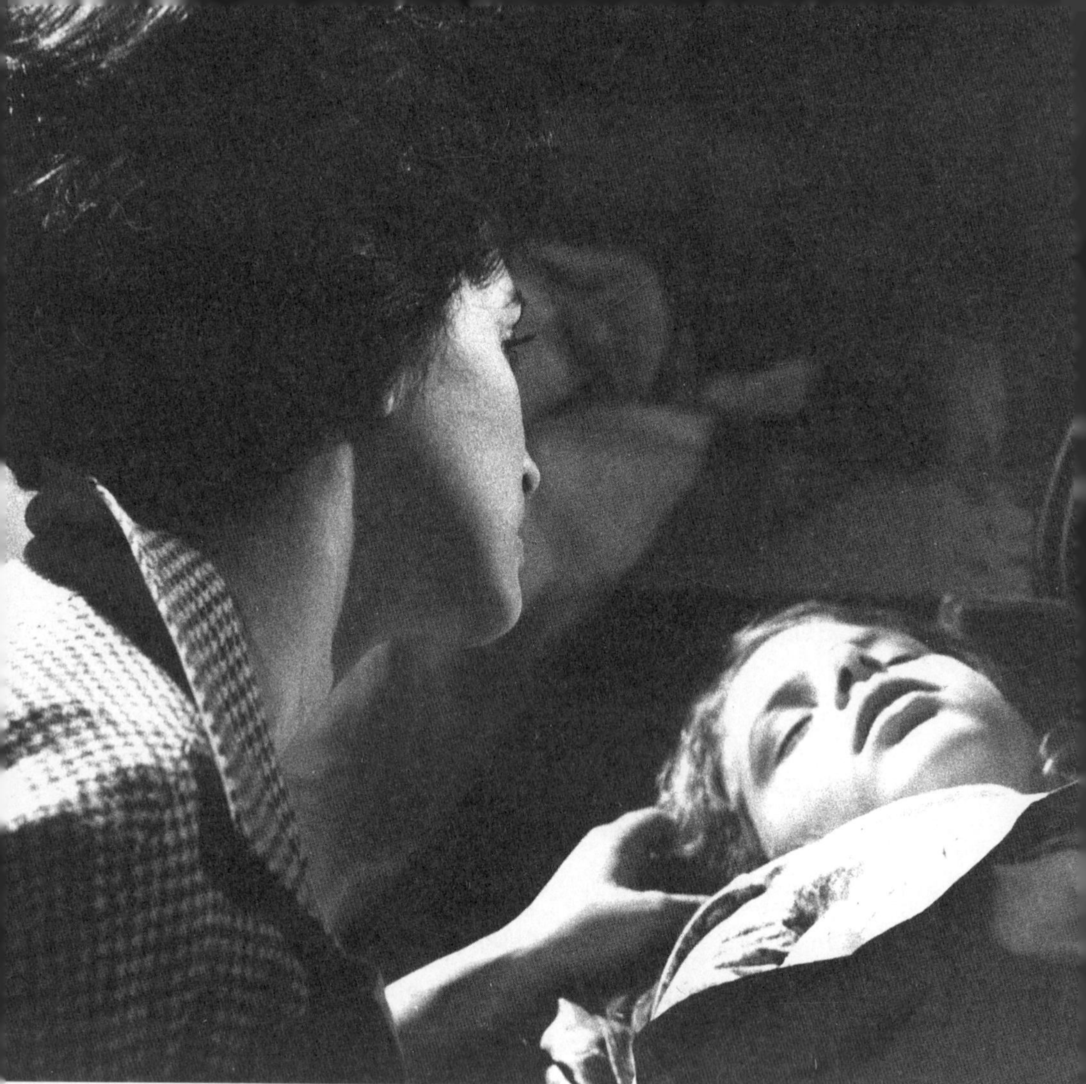

조지 로메로, 「살아 있는 시체들의 밤」

"영화 초반부에 그려진 부모 세대에 대한 불만이 영화의 주요 무대에 이르러서는 자식이 부모를 죽이는 상황으로 이어지죠. 1960년대에는 워터게이트 사건이 촉발한 정치 불신과 더불어 베트남전쟁에 대한 반전 운동이 한창이었죠. 가족 서사 안에서만 보면, 당시 기성세대에 대한 불만이 최고조에 달했던 시기에 이 영화는 미국 사회가 가족을 어떻게 해체할까를 노골적으로 드러냈다고 할 수 있습니다."

2000년대 초반부터는 동양 공포물도 조금 변형되죠. 원한이 해결되었는데도, 귀신이 사라지거나 소멸되지 않는 경우가 나와요. 「링(リング)」(1998)이라는 영화를 보시면 사다코의 원한을 풀어 주었는데도, 공포를 일으키는 존재는 비디오 형태로 무차별적으로 복제되어 전염병처럼 퍼집니다. 동양의 전통적인 공포 개념이 서구 문명과 연결되며 변형된 거죠.

강 우리가 지금 제일 무서워하는 것들은 서구화, 세계화 경향과 밀접하게 연관되어 있어요. 세계가 열려서 아주 좋은 거 같지만, 우리는 직감적으로 알거든요. 제3세계 노동자들에 대해서 벌이는 사회 캠페인을 보세요. "다문화를 인정하자."라는 건 이미 팽배해 있는 불안감의 반증이 되는 거죠. 나라가 어지러울수록 강조된 개념이 충이고 효이고 정조입니다. 열녀문이 많았다는 건 그 당시 여자들이 자유로웠다는 얘기기도 해요. 다 열녀면 열녀문을 왜 세웠겠습니까. 실질적으로 열녀가 드물었기 때문에 열녀문도 세워 주는 거거든요.
좀비가 아니더라도, 흡혈귀든 전염병이든 외계인이든 감염의 메커니즘은 거의 같습니다. 거기에 주목해 보면 로메로 감독이 보여 준 기초적인 얼개가 있죠. 밀폐된 공간, 지하실에 숨은 사람, 내부 갈등, 오인으로 인한 살해 등등 이 작품에 등장하는 공포 영화 문법은 지금까지도 반복되고 있습니다.

감염의 공포, 감염의 사랑

이 사랑이나 애틋한 감정이 피어날 때도 손을 잡는 것을 시작으로 관계가 형성되잖아요. 마르그리트 뒤라스(1914-1996)의 원작 소설을 영화화한 장자크 아노(1943-) 감독의 「연인(L'Amant)」(1992)을 보면 차 안에서 남녀 주인공이 손을 맞잡는 장면이 제가 보기엔 그 어느 영화보다도 에로틱하게 그려졌거든요. 사실 감염이 되어야 사랑이잖아요. 정말로 그 대상이 타인이고 타자였을 때는 더럽기 짝이 없고 불쾌하게 느껴지는 접촉일 테지만, 사랑이 되고 나면 그 더러움을 기꺼이 감내하게 될 뿐만 아니라 더 이상 더럽거나 낯설게 느끼지 않죠. 인간은 감염이라는 똑같은 과정을 두고 거부와 애착 사이를 왔다 갔다 하면서, 괴물이라고 부르기도 하고 연인이라고 선언하기도 합니다. 인간이란 묘한 존재죠.

강 시대가 나빠져서 임신마저도 감염으로 사유하는 젊은이들이 있잖아요. 우리가 피임을 하는 이유가 뭘까요? 미혼모한테는 새 생명이 하나의 재앙일 수 있다는 얘기거든요. 극단적으로 보면 우리 몸에 잉태되는 태아마저도 내 인생을 좀먹는 좀비 같은 존재, 감염체로 볼 수 있다는 거죠. 이상용 선생님이 방금 너무 멋진 말씀을 해 주셨는데요. 우리 모두는 누군가를 만지고 키스하고 안아 주고 손을 잡는 존재잖아요. 그럴 때 느끼는 희열, 내밀한 이 영역에 가장 취약한 저변의 요소들이 있다는 거죠. 로메로의 방을 방금 막 빠져나와서 방을 나가서 첫사랑을 만났다고 가정해 봅시다. 사람인지 좀비인지 모르잖아요. 감염의 공포를 극복하지 못한다면 우리 인간관계는 다 붕괴되고 말 거예요. 우리는 알레르기가 발생할까 두려워 꽃조차 만지지 못하게 될지도 모릅니다.

가족의 문제를 폭로한 B급 영화

이 가족 얘기를 간단히 해 볼게요. 영화의 시작 시점에서 오빠가 겁쟁이 여동생을 놀려요. "바바라, 너 옛날 생각나니?" 마침 그때 이상한 남자가 다가오더니 오빠를 쓰러뜨리고 바바라는 도망쳐서 외딴집에 이르죠. 이 집 지하에는 쿠퍼네 가족이 숨어 있었는데, 아내 헬렌이 딸 캐런을 병간호하고 있고요. 쿠퍼네 가족은 전형적인 백인 중산층 가족이잖아요. 처음에 조니와 바바라가 품었던 불만은 부모 세대를 향한 거였죠. '엄마 본인은 오지도 않으면서 왜 우리만 죽은 아버지 무덤을 찾아 이토록 먼 곳까지 와야 하는 거야.'라는 식이었죠, 그런데 쿠퍼 또한 상당히 가부장적이고 권위주의적인 인물이고, 아내 헬렌은 그런 남편을 신뢰하지 않죠. "위에 라디오가 있는데 내려와서 기다리자고?" 남편한테 말도 안 되는 소리를 한다며 텔레비전이 있다는 소리를 듣자마자 지하실을 박차고 뛰어 올라가요. 생존 과정에서도 가장 재수 없는 캐릭터로 그려지고, 결국 흑인 벤이 쏜 총을 맞고 지하철에서 쓰러지니까 그때 좀비가 된 캐런이 기쁘다는 듯이 죽은 아버지의 시체를 씹어 먹기 시작하고, 그 다음에는 엄마를 모종삽으로 잔인하게 살해해요.

즉 영화 초반부에 그려진 부모 세대에 대한 불만이 영화의 주요 무대에 이르러서는 자식이 부모를 죽이는 상황으로 이어지죠. 1960년대에는 워터게이트 사건이 촉발한 정치 불신과 더불어 베트남전쟁에 대한 반전 운동이 한창이었죠. 가족 서사 안에서만 보면, 당시 기성세대에 대한 불만이 최고조에 달했던 시기에 이 영화는 미국 사회가 가족을 어떻게 해체할까를 노골적으로 드러냈다고 할 수 있습니다. 즉 자식이 부모를 뜯어먹는 것은 세대 갈등을 노골화한 장면이고, 그렇게 B급 좀비 영화는 청년들에게 카타르시스를 선사합니다. 저항을 위해 갈 데까지 가 보는 막무가내의 태도가 B급 영화의 정서고, 이는 컬트 영화가 존중받는 가장 큰 이유입니다.

강 폭력적인 아버지가 좀비로 치환된 거죠. 성폭력 대부분은 가족 안에서 일어나요. 아버지가 딸을 괴롭힌다고 가정해 봅시다. 아버지가 인정하지 않는 딸은 오빠나 다른 형제 사이에서도 만만한 애가 되죠. 시골에 가면 동네마다 미친년이 있어요. 동네의 성적 해방구인 거예요.

대개 성폭행을 당하는 딸을 살펴보면, 부모가 안 좋은 경우가 대부분이에요. 부모가 미친년 대하듯이, 이질적인 물건처럼 공격하는 거죠. 근데 아버지가 자기를 괴롭히고 나서는 술이 깨면 사과하잖아요. 이때 짓는 밝은 미소를 딸들은 크게 기억해요. 그러다 밝은 미소가 인상적인 남자를 만나서 결혼해요. 그 밝음 이면엔 아버지의 폭력성이 있을지도 모르는데도요. 감염이라는 게 그런 거예요. 내가 부모한테 잘못 물렸구나라는 생각부터 시작돼요. 나는 그냥 불행해질 수밖에 없는 거예요. 불행하다는 인식 자체가 자꾸 불행을 자초합니다. 반대로 어머니 입장에서도 자기 아이를 가만히 들여다보고 있노라면 좀비 같다는 느낌이 들 때가 있을 거예요. 무거운 짐, 다리에 달린 쇠구슬처럼 느껴질 때가 있죠. 카프카의 「변신」을 보면 오빠가 죽은 다음에, 가족들이 소풍가는 장면으로 끝나요. 무능한 아버지 대신 그레고리 잠자는 끊임없이 돈을 벌어다 줘야 하는 캐릭터고요. 가족 구조에 있어서의 좀비성(기생성)을 아주 잘 담아낸 작품이 카프카 소설이에요. 그런 의미에서 이 영화도 카프카적 세계를 그리고 있다고 할 수 있고요. 그로테스크한 부분도 공통되죠.

이 맞아요. 그로테스크한 지점에서 서로 연결되어 있는 건 분명합니다. 냉철하게 보자면 이 영화에는 가족 관계도 있지만 수많은 커플의 형식이 드러나요. 가장 미래지향적인 커플이 지하실에서 나온 톰과 주디죠. 주디는 상당히 어린 여자애로 설정되어 있어요. 이제 막 성인이 된 여자애인 만큼 과감하게 벤을 따라서 모험하죠. 주유소까지 용감하게 가지만 차에 올라타는 순간에 차는 폭발해 버리죠. 민병대원들 말마따나 "인간 바비큐"가 된 셈입니다.

사실 통상적인 공포 영화는 젊은 커플을 보통 살려 두거든요. 암울한 묵시록적 상황이 끝나고 나면 새로운 세대를 낳아서 미래를 이어 갈 희망의 단서로 삼는 거죠. 그런 통상적인 공식을 깨고 이 영화는 처음으로 아이들 엄마를 죽이는 장면을 보여 주는가 하면, 젊은 커플마저도 바비큐가 되어 버리는 끔찍한 전개를 보여 줍니다. 다른 사람들은 거의 인정도 안 해 줍니다. 대표적인 게, 바바라가 돌아왔을 때 벤이 없었으면 일찍 와서 죽었겠죠? 벤은 괜찮은 남자잖아요. 합리적이고 영리할 뿐만 아니라 예외적인 상황에 대한 대처도 뛰어나고 대처할 만한 힘도 있고요. 한데 흑인이라는 이유로 이 모든 백인 조합 속에서 배제됩니다. 러브라인으로 발전하지 않죠. 결국에는 민병대원이라는 백인들에게 좀비로 오인받아 살해당하는 인종차별을 결말에서 보여 주죠.

좀비에서 흑인으로!

강 좀비 중에 흑인이 없는 게 재밌더라고요. 로메로 감독이 주인공을 흑인으로 캐스팅한 대목도 의미심장하죠. 1960년대면 인종차별이 굉장히 심했을 때잖아요. 그런 때 로메로는 흑인을 애써 주인공으로 내세웠죠. 백인들은 유치하게 그렸고요. 백인들끼리 막 좀비도 되고 죽이고 살리고 그러잖아요. 신적 존재처럼 그려지던 흑인이 제일 마지막 부분에 가서는 백인들에게 죽임을 당해요. 우리의 모든 기대를 남김없이 저버리는 건 B급 영화의 특징인 것 같아요. 마틴 루서 킹(1929-1968) 시절만 해도 백인들은 흑인이 탄 차에 같이 타지도 않았어요. 소독약 뿌리고 그랬다니까요. 벤이라는 이 흑인이 얼마나 긍정적이고, 고귀하고, 품격이 있으며, 인간을 구하려 했고, 도와주려 했는지를 한참 보여 주고 나서 비극적인 결말을 제시했죠. 거기서 느껴지는 서늘한 정서가 있어요.

이 이제까지 우리가 다룬 영화 중에 흑인이 나왔던 작품 기억나세요? 놀랍게도 한 편도 없었습니다. 영화라는 문화 자체가 백인 중심적인 게 사실이에요. 흑인이 처음으로 주인공으로 등장한 이 영화는 물론 아쉽게도 메이저 영화나 A급 영화가 아닙니다. 그런데 이 영화에서조차 다른 백인들은 다 가족적 배경이나 공동체 배경이 설명이 되는 반면 영웅인 이 흑인 주인공은 배경이라든가 소속이 전혀 드러나지 않습니다. 사실 바바라는 처음부터 상황 판단을 잘하지 못하고 도와 달라고 하다가 오히려 위기를 자초하는 인간이에요. 주디를 챙기려다가 쓸데없이 차 안에 들어가 애매하게 희생을 당하는 인물로 묘사돼요. 유일하게 지금 제정신으로 공동체 내지 사회를 나타내는 집을 수호하는 인물은 벤이에요.
영화의 아이러니 중 아이러니는 지하실에 고립되면 안 된다고 주장했던 벤이 고립될 수밖에 없게 된다는 플롯이에요. 미국 사회에서 흑인은 고립되지 않아야 된다고 강조했던 마틴 루서 킹 같은 인물들이 있었지만 사회의 냉대를 겪으며 고립을 겪을 수밖에 없는 사회적 귀결을 영화 속 상황에 빗댄 거죠.

강 마틴 루서 킹을 상징하는지도 몰라요. 이 작품 주인공도 공개적으로 죽었잖아요. 백인 우월주의가 보여요. 그래서 인종차별에 대한 메타포라고 결론 내리기에는 찜찜한 구석이 있어요. 가족이라는 주제로 봐도 작품 전체가 깔끔하게 해석되지는 않고요. 전염병에 대한 메커니즘으로만 해석하기에도 불분명한 영역이 남아요. 굉장히 복잡한 영화죠. 이 영화는 최소한, 공포 영화를 만들려는 사람한테는 굉장한 참조이자 상상의 보고로 작용할 것 같아요. 이중 한두 구조만 가지거나 몇 가지만 엮으면 근사한 공포물이 하나 나올 거예요. 공포 영화, 괴기 영화, SF물 기타 등등 그런 것들을 만들어 내는 맹아적인 문법이 이 영화 안에 다 들어 있다는 게 새삼 놀랍게 느껴집니다.

질문 1 「싸이코」 살인 신을 봤던 기억 때문인지 모종삽이 나오는 살인 장면에서 컷을 세게 되더라고요. 컷 분할에 감독의 의도가 있을까 싶어서요. 마지막 엔딩은 사진으로 마무리되는데, 그 스틸의 효과는 뭔가요?

이 모종삽 촬영은 히치콕의 「싸이코」와 종종 비교됩니다. 「싸이코」에서 어머니의 자식 세대에 대한 억압을 다뤘다면 이 장면은 아이들의 반격이잖아요. 역전된 상황에서 아이들이 집을 수 있는 모종삽이 살해 도구로 설정됐다는 게 재밌죠.

사진 컷의 효과는 명백하죠. 다큐멘터리처럼 느끼도록 실제감을 주는 거예요. 마지막에 등장하는 실제 사건에 대한 르포 기록처럼 보이게 연출함으로써 이때까지 판타지 세계에 빠져 있던 관객에게 '현실감'을 일깨우는 역할을 하죠. 영화 자체는 16밀리미터 흑백필름으로 만들어졌어요. 사실 1968년만 해도 컬러영화가 범람했던 시기라 좋은 카메라와 고가 장비로 촬영하는 게 가능했지만 로메로 감독에겐 제작비 여유가 별로 없었어요. 겨우 7만 달러 규모의 저예산 영화였기에 피나 특수 분장을 공들여 준비하기 힘들었죠. 시원찮게 만들면 가짜 티가 확연히 나거든요. 그런 약점을 가리기 위해 흑백 매체를 전략적으로 사용한 거죠.

질문 2 저도 마지막 장면에 대한 궁금증인데요. 스틸 컷에서 영화에서 안 나왔던 갈고리가 보이거든요. 인간을 짐승 다루듯 하는 상황을 드러내는 오브제 같기도 해서 매우 충격적으로 느껴졌는데요.

이 상당히 도발적인 장면입니다만 의도는 분명하죠. 민병대원들이 죽인 건 인간이 아니었죠? 좀비였어요. 민병대원은 좀비를 마치 고깃덩어리처럼 대합니다. 그런 점에서 민병대원들이나 좀비나 사실은 동일한 괴물적 존재라는 거예요.

강 몇십 년 전만 해도 문둥병 환자들을 꽤 흔하게 볼 수 있었는데요. 우리는 아무렇지 않게 그들을 나무 작대기로 밀고 그들에게 돌을 던졌습니다. 불가촉천민이라는 말이 있죠. 우리나라에는 부곡이란 단위 지역이 있었잖아요? 다 천민들이 살던 덴데 지금도 많이 남아 있어요. 신분이 낮은 사람과의 접촉을 막으려고 만들었던 마을인 거예요.

옛날에는 사랑조차 전염이라고 봤던 것 같아요. 같이 못 앉게 하고 손만 닿는 것도 금지했잖아요. '남녀수수불친'이라는 말 보세요. 감염의 논리는 사회 도처, 우리 의식 도처에 깊숙이 깔려 있는 것 같아요.

질문 3 건물 윗층의 풍경이 클로즈업되면서 시체가 하나 보이는 장면이 있었잖아요? 사실 저는 그 사람이 다시 부활해서 내부에 있는 사람들을 공격할 줄 알았거든요. 결국에는 살인이 외부로부터가 아니고 내부에 있던 시체로부터 자행되는 걸로 전개될 줄 알았는데 아니더라고요. 안에 있던 시체의 역할은 없었던 거죠?

이 그 친구는 쉽게 설명할 수 있겠죠. 뇌 손상을 입었던 거였잖아요. 얼굴 반쪽이 날아가 있는 상태였으니까요. 사실 그 장면의 효과란 건 복선이 아니고 공포 영화다운 연출을 강조한 거예요. 2층에서 핏덩어리가 뚝뚝 떨어지는 것을 보여 주는 것 자체에 목적이 있었던 거죠. 그 시체가 중요한 게 아니라, 집 안을 좀비들이 다녀갔고 여긴 이미 초토화되었음을 말해 주는 지표이기도 하고요. 고어 영화의 기본을 보여 주는 잔인한 장면일 뿐 아니라, 앞으로 더 무서운 것들이 실체를 드러내겠구나 하는 기대를 주죠. 귀신이나 괴물을 본 순간보다, 그 존재들을 암시하는 전조에서 관객은 심리적 공포를 느끼기 마련이니까요.

질문 4 벤은 공동체의 유대를 계속 중요시하는 캐릭터로 보여요. 패닉 상태에 빠져 정신이 나간 바바라를 대하는 데 있어서도 참을성이 있고, 의리 있는 캐릭터로 보입니다. 해리 쿠퍼가 짜증나는 캐릭터이긴 하지만, 그래도 벤이 그를 죽이지는 않을 거라고 생각했는데요. 끝에 가서 벤은 해리를 총으로 쏴 죽입니다. 이 행동에는 어떤 의미가 있는 걸까요?

이 죽을 만한 짓을 했죠. 왜냐하면 문을 안 열어 줬기 때문에 자기를 배제하여 죽이겠다고 표시를 했고 총을 또 뺏어 갔던 인물인데요.

강 저도 그 대목을 보고서 흐름상으로 좀 과하다는 느낌을 받았는데 역시 B급 영화라서 너그럽게 이해해 줄 수 있지 않나요? 그 캐릭터를 죽일 수밖에 없는 갈등 구조를 만들려면 예산이 많이 들어요. 시퀀스 사이에 추가적인 장면을 많이 집어넣어야 하거든요. 한 사람을 죽이기까지는 굉장히 많은 원한들(개연적으로 인식될 만한)이 축적이 되어야 하잖아요.

이 영화는 뼈다귀 구조는 잘 만들었어요. 그 주변에 살을 못 붙인 건 사실이고요. 설득되려면 5분 이상의 신이 더 필요해질 테니까요. 90분짜리가 아니라 2시간짜리 영화로 바뀌어야 가능해지겠죠. 마지막에 가서는 필름이 떨어졌는지 어쨌든지 아예 스틸컷으로 마무리한 로메로 감독인데 더 할 말 없죠.

질문 5 전 공포 영화를 잘 안 보는 편인데, 긴장하면서 봤거든요. 앞으로는 좀비 캐릭터가 어떤 방향으로 흘러갈 거라고 생각하세요? 선생님 생각이 궁금합니다.

이 좀비라는 캐릭터가 득세하기 시작한 게 「28일 후」라는 영화부터예요. 좀비 캐릭터가 대중화되기 시작하면서 다른 괴물들도 변했어요. 대표적인 게 「트와일라잇(Twilight)」(2008)이거든요. 이전에는 고전적 공포의 대상이었던 서구에서 흡혈귀, 늑대인간이 로맨스의 대상이 되는 거예요. 여주인공의 고민이 흡혈귀와 사귀어야 되나 늑대인간과 사귀어야 되나 하는 건데 세상에 이런 고민이 어딨어요. 로맨스의 대상이 둘 다 괴물이예요. 옛날 같으면 어떻게 도망칠까를 고민했던 여주인공이 이제는 누구를 자기 연인으로 선택할 것인가를 고민하기 시작했어요.

강 거꾸로는 인간이 비인간적으로 변했다는 이야기도 되죠. 괴물이 오히려 더 인간적이잖아요. 전쟁에서부터 9·11 같은 테러까지 우리 사회에 정말 많은 문제들이 있잖아요? 늑대인간이 훨씬 좋죠. 그리고 감염을 견디는 사랑이라는 개념도 매력 있죠. 키스와 포옹을 통해 타인과 동화되는 겁니다. 사랑이라는 게 그런 거잖아요. 자기 자신을 뿌리째 뽑히면서 타인에게 흡수되는 경험이요.

이 「트와일라잇」에서 보면 여주인공의 고민이 창백한 예술가 타입의 손가락 가는 남자를 선택할 것인가, 몸집 좋고 강한 늑대인간 같은 남자를 선택할 것인가잖아요. 육체냐 정신이냐 하는 건 헤르만 헤세의 『지와 사랑』 때부터 저울질되어 온 오랜 주제죠.

앞으로 또 새로운 괴물이 나오겠죠. 좀비가 20세기 이후 서서히 급부상하다가 21세기에 메인 캐릭터로서 바뀌면서 이동 속도 같은 기본적인 스펙도 바뀌었잖아요. 어떻게 진화할지는 사실 상상하고 기대하는 우리들의 몫이죠. 「웜 바디스(Warm Bodies)」(2013) 같은 경우에서처럼 기억을 품은 존재로 나타났다는 것도 유의미한 전환이었어요. 기억은 자의식의 증거이기도 하거든요. 성찰적 능력이 괴물에게 주어진 겁니다. 여기서 수많은 가지들이 뻗는 양상을 보일 거예요.

강 이제 괴물과 같은 인간과 인간 같은 괴물 사이의 괴리로 갈등이 본격화될 것 같기도 해요. 사실 공포 영화의 가장 큰 미덕은 미리 공포를 느끼게 해 줌으로써 진짜 세상을 살 만하게 보이게 해 준다는 점에 있어요. 공포 영화나 전쟁 영화를 많이 보면 우리 사는 세상에는 평화로움이 느껴져서 좋다니까요. 이런 장르는 인간이 가진 공포에 대한 일종의 면역, 백신 같은 역할을 하는 것 같아요.

질문 6 이 영화가 언론의 오보를 비판적으로 보여 준 걸까요?

이 미디어에 대한 비판이죠. 방송이 실상을 왜곡한다는 주제를 담은 영화들이 많죠. 「28일 후」에서는 방송에서 군인들이 보호하는 지역이라고 소개한 곳에 주인공이 가 봤더니 죄다 미친놈들뿐이었죠. 미디어가 거짓말을 한다는 건 특히 감염이나 바이러스적인 요소를 다루는 영화들에서 많이 사용하는 코드예요. 한국 영화에서도 봉준호 감독의 「괴물」에서 미디어가 실상을 제대로 파악하지 못해서 진실을 전달하지 못하잖아요. 1950년대에서부터 미국 영화에서는 미디어 불신이 강하게 드러납니다. 매카시즘 같은 진실 공방전의 역사를 거쳤으니까요. 1970년대에는 음모론이 대중화되기 시작했

조지 로메로, 「살아 있는 시체들의 밤」

"로메로 감독이 주인공을 흑인으로 캐스팅한 대목도 의미심장하죠. 1960년대면 인종차별이 대단히 심했을 때잖아요. 벤이라는 이 흑인이 얼마나 긍정적이고, 고귀하고, 품격이 있으며, 인간을 구하려 했고, 도와주려 했는지를 한참 보여 주고 나서 비극적인 결말을 제시했죠. 거기서 느껴지는 좀 서늘한 정서가 있고요."

죠. 참고로 1970년대 가장 유명했던 음모론은 뭘까요? 아폴로 우주선이 달에 갔잖아요. 그런데 크리스토퍼 놀런 감독의 「인터스텔라」 초반 장면은 그게 거짓말이라고 말해요. 여기에서도 음모론이 미국 문화에 얼마나 깊은 뿌리를 내리고 있는지 알 수 있어요.

강 민주 시민이 가져야 할 역량과 핵심적인 태도는 음모론자가 되는 거예요. 증명의 책임은 정부가 지면 되고요. 우리는 정보가 차단되어 있기 때문에 공개된 데이터만 보잖아요. 그러니 정부가 진실을 얘기해 주도록 유도해야 해요. 시민들이 음모론자가 되지 않으면 우리 사회는 통제될 수밖에 없어요. 음모론마저 없으면 모든 정보는 국가 손에 놓이죠. 실제로 우리는 음모론의 한가운데 있죠. 매일 일어나는 사건의 핵심이 다 음모론과 연결되어 있어요. 그것에 대해 의문을 던지는 정당한 권리를 행사하는 것 자체가 두려운 시대가 된 거죠. 국가가 미디어를 통해 시민들로 하여금 자기 검열을 하게 하는 것, 이게 가장 무서운 현실입니다. 「살아 있는 시체들의 밤」도 결국 자기 검열에 의해서 모든 자율성이 통제되는 사회야말로 좀비의 출현보다 더 끔찍하다는 사실을 암묵적으로 제시합니다.

철학자의 눈
강신주

좀비, 혹은 특수 귀신론의 문법서

눈엔 안 보이지만 무언가 나를 보고 있다는 느낌이 들 때, 우리는 공포에 휩싸인다. 등골을 오싹하게 만드는 그 무언가를 귀신이라고 부를 수 있다. 여기서 중요한 건 그 대상은 보이지 않는다는 사실이다. 보이지 않는다는 건 식별되지 않는다는 것이다. 적인지 친구인지, 여자인지 남자인지, 정상인인지 광인인지, 짐승인지 사람인지 전혀 분별할 수 없지만 무언가 나를 보고 있다. 이것이 바로 히치콕이 매력적으로 영상화한 일반 귀신론의 핵심이다. 눈치 빠른 독자라면 일반 귀신론이 있다면 특수 귀신론도 있을 거라고 기대했을 것이다. 그렇다. 특수 귀신론도 분명 존재한다. 동양에서 공포를 안겨 주는 존재가 강시, 구미호, 처녀귀신 등이었다면, 서양에서 그 무언가는 늑대인간, 흡혈귀, 좀비, 정신 분열증 환자 등이었다. 1967년 권철휘 감독이 제작한 「월하의 공동묘지」는 동양적, 아니 한국적 공포에 적용되는 특수 귀신론의 좋은 사례라고 할 수 있다.

「월하의 공동묘지」는 원한을 품고 죽은 여자가 귀신이 되어 맺힌 한을 푼다는 내용이다. 기괴한 조명 속에 묘지가 갈라지고 피를 흘리며 나타나는 원귀의 모습은 공포와 전율을 안겨 주기에 충분했다. 아직 흡혈귀나 좀비에 익숙하지 않았던 당시 사람들에게는 말이다. 원귀가 되어 나타난 그녀는 자신을 해코지한 사람에게 복수를 하고, 마침내 맺힌 한을 풀고 이 세상을 떠난다. 성리학의 대가 주희(1130-1200)는 귀신을 뜻하는 귀(鬼) 자에는 돌아온다는 귀(歸)의 의미도 있다고 말했다. 사람이 죽으면 기(氣)가 흩어져야 하는데, 원한이 있으면 기가 흩어지지 않고 부자연스럽게 맺히게 된다. 그러니 무언가 다시 돌아오는 것처럼 보인다는 것이다. 떠나지 않으니 돌아오는 것처럼 보이는 셈이다. 원한이 풀린 귀신은 마치 얼음이 녹아서 없어지는 것처럼 사라진다. 정말 이제는 다시 돌아올 수 없는, 그래서 더 이상 이 세상 사람들에게 느껴지지 않는 존재가 되는 것이다.

동양의 특수 귀신론은 단순하다. 삶의 대차대조표를 만드는 귀신론이니 말이다. 이승에서 힘이 없어 억울하게 죽은 원귀는 저승의 존재가 가진 압도적인 힘으로 그 억울함을 풀어 버리는 것, 이것이 바로 동양의 귀신론이다. 그러니 원귀에게 빚지지 않은 이승 사람들은 원귀를 무서워할 이유가 없다. 거꾸로 만약 원귀에게 생전에 도움을 주었던 사람들은 원귀로부터 도움을 받을 수도 있다. 누군가에게 빚을 졌다면 원귀는 그에게 저승의 힘을 빌려 그 빚을 갚는 셈이다. 동양의 귀신론이 선택적 귀신론이라고 불릴 수 있는 건 이런 이유에서다. 눈에는 눈, 귀에는 귀라는 방식으로 동양의 귀신은 자신에게 고마운 사람에게 은혜를 갚고, 해악을 끼친 사람에게는 그만큼 해코지를 하니 말이다. 이익과 손실을 대조해서 정확히 0으로 만드는 균형감을 가진 귀신이니, 동양의 귀신은 지적인 동시에 의지적이라고 할 수 있다.

「월하의 공동묘지」는 동양에서 특수 귀신론이 어떻게 전개되는지 보여 주는 전범이라 할 수 있다. 대조적으로 1968년에 상영된 로메로 감독의 B급 공포 영화 「살아 있는 시체들의 밤」은 서양의 특수 귀신론의 가장 탁월한 사례라고 할 수 있다. 한편 저예산으로 만든 B급 영화인 탓으로 「살아 있는 시체들의 밤」은 배우들의 연기도 그렇고 세트의 정교함에서도 많은 흠을 보이고 있다. 그렇지만 이 영화를 만만하게 보아서는 큰 코 다치기 십상이다. 로메로의 영화에는 이후 모든 서양 공포 영화가 따를 수밖에 없는 서양 특수 귀신론의 핵심 문법이 고스란히 들어 있기 때문이다. 그러니 유치하다고 비웃어서는 안 된다. 최근에 제작한 서양 공포 영화들이 아무리 세련되고 근사하다 할지라도, 그 영화들은 모두 로메로의 공포 영화가 없었다면 만들어질 수조차 없었을 것이다. 그러니 우리는 서양 공포 영화의 전통에서 로메로를 무시해서도 안 되고 무시할 수도 없다.

이제 점점 더 로메로가 자신의 영화에 녹여 넣은 서양 특수 귀신론적 문법에는 어떤 특징이 있을지 궁금해진다. 가장 중요한 특징은 그가 '전염(contagion)'에 대한 서양인 특유의 공포심을 명료히 했다는 데 있다. 동양의 귀신이 인격적이라면 서양의 귀신, 즉 좀비는 비인격적이다. 더 노골적으로 서양의 귀신은 전염병을 일으키는 세균과 비슷한 위상을 가진다고 할 수 있다. 전염병 균에게서 선과 악을 선택하는 의지를 찾아서는 안 된다. 다시 말해 전염병 균은 악한 사람이든 착한 사람이든 가리지 않고 무차별적으로 전염시킨다는 점이다. 그렇다. 전염병 균은 그저 맹목적으로 생명체를 감염시키고, 그 생명체를 매개로 해서 다른 생명체를 다시 감염시키면서 번식해 갈 뿐이다. 감염되는 순간 아무리 선한 사람일지라도 예외 없이 전염병 균에 지배되고 만다. 무서운 것은 전염병에 걸리는 순간 인간이 자랑하는 선, 의지, 이성 모두 무기력하게 파괴되고 만다는 점이다.

전염병이 창궐할 때, 인간들은 서로를 불신하게 된다. 육안으로 상대방이 전

「살아 있는 시체들의 밤」에서 좀비들이 서성이는 장면

염병의 숙주인지 아닌지를 구별할 수 없기 때문이다. 가까운 가족이나 친구, 아니면 애인이라도 상관없다. 바로 여기서 공포와 비극이 시작된다. 아들이나 딸이라고 해서 안아 줄 수도 없고, 친구라고 해서 손을 잡아 줄 수도 없고, 심지어 애인이라고 해서 키스를 건넬 수도 없다. 그렇지만 육안으로는 분명 그들은 아들이나 딸, 친구, 아니면 애인이 분명하다. 얼마나 비극적인 일인가? 그들은 과거 분명히 서로를 안았었고 지금도 안아 주고 싶지만 더 이상 안을 수 없는 존재니까 말이다. 만일 과거의 애정에 집착해서 지금 전염병에 오염된 사람들과 접촉하는 순간, 우리는 치명적인 대가를 치르게 될 것이다. 반면 과거 애정일랑 집어 던지고 그들을 제거하거나 그들로부터 떠난다면, 우리는 죄책감에 시달릴지라도 자신의 동일성은 지킬 수 있을 것이다.

죽느냐 사느냐 하는 햄릿의 고민은 서양 특수 귀신론에서는 전염되느냐 전염되지 않느냐 하는 고민으로 변주된다. 그래서 「살아 있는 시체들의 밤」에서 좀비가 된 딸이 엄마를 모종삽으로 잔인하게 살해하는 장면은 인상적이다. 분명 겉모습은 사랑하는 딸이지만, 그 아이의 본질은 이미 좀비이기 때문이다. 엄마는 그 사실을 알지만 모성애에 사로잡혀 그 사실을 인정하려 들지 않는다. 그러니 그녀는 딸, 아니 꼬마 좀비에게 살해당하는 것이다. 얼마나 무서운 일인가? 여기서 우리는 서양인 특유의 공포심, 즉 타자에 대한 공포심을 읽을 수 있다. 타자에 대한 공포는 서양 특유의 동일성의 논리를 가능하게 한다. 자신의 동일성을 유지하기 위해서는 타자의 타자성을 제거해야 한다는 것이 동일성의 논리니까 말이다. 그래서 전염병에 대한 공포의 심리학만큼 동일성의 논리를 잘 보여 주는 것도 없다.

결국 중요한 건 동일성의 논리이다. 좀비에게 물려 좀비라는 타자가 되는 것이 무서웠던 것이다. 전염병에 걸려 과거 자신과는 다른 존재가 되는 것이 무서웠던 것이다. 서양의 특수 귀신론은 타자가 되는 것에 대한 공포심, 혹은 같은 말이지만 자기 동일성이 와해되는 사태에 대한 두려움에 뿌리를 내리고 있었던 셈이다. 아이러니한 것은 자신의 동일성을 지키기 위해 타자를 무차별적으로 공격하는 순간, 우리는 인간이 아니라 전염병 균이 된다는 점이다. 돌아보라. 나치는 유대인이 독일인의 삶을 파괴하는 전염병이라고 생각했지만, 반대로 유대인에게는 나치야말로 자신의 삶을 위협하는 치명적인 전염병처럼 보였을 것이다. 그래서일까, 로메로는 자신의 영화를 충격적인 엔딩으로 마무리한다. 좀비와 맞서 싸우던 벤이라는 흑인 주인공은 좀비로 오인 당해 백인 민병대원의 총격으로 살해된다. 좀비와 벤을 어떻게 구별할 수 있을까? 민병대원과 좀비는 어떻게 구별할 수 있을까? 이런 질문을 던질 수 있었다는 것, 이것이야말로 B급 영화의 대가 로메로가 결코 B급이 아니라는 충분한 증거는 아닐는지.

비평가의 눈

이상용

최후의 인간

좀비로 가득한 세상은 무섭다. 그것은 좀비에 대한 공포 때문이 아니다. 느릿느릿 움직이는 좀비 한두 마리는 큰 위협이 되지 못한다. 물론 집단으로 등장하는 좀비들은 위압적이긴 하다. 2000년대 이후 제작된 영화 속의 좀비가 무척이나 빨라졌다는 것도 색다른 위협이 될 수 있다. 그러나 1968년 조지 로메로 감독에 의해 첫선을 보인 좀비에게는 이름이 없었다. 그것은 '그것'이라고 불리거나 '살아 있는 시체'들이라 불렸고, 아주 느리게 다가오는 소외된 존재에 불과했다.

그런데 이 느릿한 좀비가 공포를 준다. 이유는 좀비에 있지 않고 모든 인간을 좀비화한다는 데 있다. 좀비에게 물리고 나면 가족 정신이 투철한 가장도, 사랑스러운 연인도, 연약한 아이도 좀비가 된다. 최근 좀비 영화에서는 기르던 반려 동물도 좀비로 변하는 것을 흔하게 볼 수 있다. 좀비의 무차별적인 감염과 확산은 영화의 제목에 들어 있는 '어두운 밤'에는 더욱 끔찍하다. 살아 있는 인간은 한밤중에 나타난 존재에게 선뜻 다가가기가 어렵다. 어둠은 인간과 좀비의 구별을 불가능하게 만들고, 좀비가 확산되기에 좋은 시간을 마련해 준다. 어둠은 내가 상대에게 손쉽게 다가가지 못하게 한다. 그것이야말로 진정한 공포의 근원이다. 다가가지 못하는 당신은 점점 더 고립된다. 그리하여 마침내 세상 모든 것이 좀비로 보이고, 홀로 있는 나는 최후의 인간이라는 깨달음에 이르게 된다. 이 거대한 지구에 홀로 남은 인간이라는 것은 너무나 큰 공포다. 생물학적 종의 마지막이 된다는 것, 더 이상 인간의 문화와 언어를 나눌 수 없다는 것. 이 상태에 빠지게 되면 이성이 마비된 좀비가 차라리 행복한 존재일지도 모른다는 생각이 들 것이다.

2007년에 만들어진 좀비 영화 「나는 전설이다(I am Legend)」(2007)에서 군인이자 과학자인 로버트 네빌은 뉴욕에 홀로 남은 최후의 인간이다. 그는 군인답게 규칙적으로 생활한다. 정오에는 생존자를 찾는 전파 방송을 내보내며, 정기적인 순찰을 하고, 태양이 지는 시간이면 집으로 돌아와 저녁을 먹고 좀비를 치유할 수 있는 방법을 연구한다. 네빌은 꾸준히 좀비(변종 인류)를 잡아다가 치료를 위한 실험을 한다. 「나는 전설이다」가 기존의 좀비 영화와 차별되는 지점은 여기에 있다. 기존의 좀비 영화들은 좀비를 괴물 혹은 죽여야만 하는 대상으로 다루었다. 그런데 네빌은 감염을 견뎌 낸 자신의 피로 새로운 '혈청'을 만들어 낸다. 그렇다. 그는 좀비를 죽여야 하는 대상이 아니라 치료의 대상으로 바라본다. 이를 위해 네빌은 자신의 피를 기꺼이 치료약의 원천으로 내놓는다. 좀비가 만연한 세상은 공포스럽지만, 그는 이 좀비들과 피를 통한 접촉(치료)을 통해 회복할 수 있다는 희망을 지닌다. 네빌은 군인이기보다는 과학자 혹은 의사에 가깝다.

좀비 영화가 알려 주는 역설은 여기에 있다. 접촉은 두려운 것이지만 접촉하지 않으면 변화가 일어나지 않는다. 내가 배운 언어, 음악, 음식을 나눌 상대가 없을 때 인간이라는 존재는 인간성을 상실하기가 쉽다. 인간은 인간성을 유지하기 위해 타인과의 접촉을 필요로 한다. 접촉은 사랑, 우정, 연대, 인류애, 공동선의 또 다른 이름이다. 남녀 간의 사랑 또한 접촉의 내밀화 과정으로 요약할 수 있다. 인간의 문화는 감염이고, 인간의 사랑은 감염을 통한 사랑이다. 감염을 두려워하는 것은 사랑을 두려워한다는 것이다.

좀비는 이러한 접촉을 파괴하는 현상이다. 좀비는 현대사회의 접촉 공포와 불감증을 드러낸다. 대니 보일(1956-)의 좀비 영화 「28일 후」는 병실에서 깨어난 주인공이 외치는 말로 시작한다. "아무도 없어요?" 좀비의 등장은 인간이 인간과 접촉하려는 의지를 차단시켜 버린다. 「살아 있는 시체들의 밤」 이후 무수한 좀비 영화의 핵심적인 공식이 새로운 공동체를 이루려는 사람들 사이의 내부적 갈등이라는 것은 분명하다. 그들은 외부의 적인 좀비를 막기 위해 연대하지만, 서로의 차이로 인해 항상 갈등하며 죽음의 굿판을 벌인다.

그리하여 영화 속 연인들은 쉽게 고립되고, 영웅은 홀로 남게 된다. 이러한 접촉의 공포 속에서 새로운 연인이 탄생하는 것은 불가능하다. 「살아 있는 시체들의 밤」에서 흑인 주인공 벤과 그와 함께 생존하게 된 백인 여성 바바라 사이에 로맨스가 피어나지 않는다는 점을 여러 평자들이 지적한 바 있다. 많은 이들이 이를 인종차별을 드러내는 지표라고 여겼다. 하지만 좀 더 섬세해질 필요가 있다. 벤과 바바라는 좀비가 출현한 위기 속에서 만난 연인이다. 다른 커플들은 좀비 출현 전에 이미 가족이거나 연인이었다. 그러나 벤과 바바라는 좀비를 피해 달아나다가 집 안에서 조우하게 된 커플이다. 그들은 이미 접촉을 두려워한다. 인종적 차이는 접촉의 공포를 더욱 극대화하는 부가적 요소일 따름이다. 영화 속에서 흥미로운 것은 이미 관계가 지어진 이들은 좀비의 접촉에 대해 무기력하다는 점이다. 바바라는 기꺼이 좀비로 변한 오빠 조니에게 물려 죽고, 지하실에 누워 있던 어린 소녀 캐런은 부모를 물어뜯는다. 어머니는 캐런에게 저항하지 못한다. 좀비의 등장은 저항하기 힘든 관계의 무기력함이기도 하다. 어머니는 불가항력적으로 아이에게 팔을 내주고, 여동생은 오빠에게 자신의 머리를 내준다.

좀비를 향한 접촉의 공포와 불가항력적인 관계의 역설은 「살아 있는 시체들의 밤」을 가득 채운다. 타인을 사랑함으로써 사회를 유지할 수 있었던 인간이, 서로를 불태움으로써 생존할 수 있는 존재로 탈바꿈된다. 이제 인간과 괴물 사이의 경계는 무의미해진다. 인간을 무차별로 습격하는 좀비들도 무섭지만, 그 이상으로 잔혹한 것은 좀비들을 학살하는 민병대원들이다. 그들은 인간이라는 종의 보호를 앞세워 눈앞에 보이는 것은 무차별적으로 학살한다. 민병대의 총은 정확하게 머리를 겨냥한다. 그것은 좀비를 한 방에 잠재우는 해법이지만, 총을 맞은 인간 역시 좀비와 같은 시체로 바꾸어 놓을 수 있는 한 방인 것이다.

영화의 마지막 장면에서 지하실에 숨어 있던 벤이 민병대의 총탄으로 '시체'가 되는 것은 한 방의 총알이 모든 인간을 좀비로 만드는 만능열쇠임을 풍자적으로 보여 주는 대목이다. 벤은 물려서 좀비가 된 것이 아니라 시체가 됨으로써 좀비가 되었다.(엄밀한 의미에서는 좀비 취급을 받았다.) 더 큰 공포가 여기에 있다. 인간이 타인과의 접촉을 두려워할 때, 좀비뿐만 아니라 살아 있는 인간도 단 한 방의 총탄으로 좀비가 될 수 있다. 당신은 타인이라는 이유로 좀비가 되는 것이다. 좀비는 20세기를 관통하는 수많은 학살과 수용소를 떠올리게 한다. 세상에는 수많은 좀비가 있다. 이념이라는 좀비, 인종이라는 좀비, 종교라는 좀비, 약자라는 좀비 등 수많은 좀비의 근본 작동 원리는 접촉을 두려워하는 인간들의 공포다. 접촉의 공포는 다양한 형태의 잠복기를 거쳐 총알과 폭격으로 학살을 감행한다.

좀비의 확산은 현대의 풍경이다. 좀비와 오늘날 유행하는 소셜 네트워크는 서로 닮아 있다. 사람들은 시대의 흐름에 편승하여 불가항력적으로 소셜 네트워크에 가입하지만, 그로 인해 상처를 받거나 공포를 경험하는 일이 점점 증가하고 있다. 소셜 네트워크는 소통인 동시에 감염이며, 감염인 동시의 폭력의 현장이다. 소셜 네트워크는 '살아 있는 매체'다. 단순하게 던진 한마디가 잠들어 있는 사이에 거대한 폭풍이 되어 나에게 돌아오기도 한다. 이처럼 증식하는 것은 좀비적이라고 할 수 있다. 그것은 무차별적이고 불가항력적이라는 점에서 기존의 통제 방식에서 벗어난다. 이제 좀비는 다양한 문화의 대변자가 되었다. 노래를 부르고 춤을 추는 슬랩스틱 좀비들은 물론이고, 좀비 스캔들, 좀비상열지사, 좀비 포르노 등 수많은 좀비 장르가 양산될 것이다. 이유는 간단하다. 우리 자신이 바로 좀비이기 때문이

「살아 있는 시체들의 밤」 주인공 바바라와 벤

다. 이제 좀비는 더 이상 B급 영화의 주인공이 아니다. 그는 무기력함과 불가항력적인 관계를 바탕으로 현대인의 일상 속으로 스며든다. 좀비가 바로 A급의 자화상이다.

21세기 주요한 화두 중 하나는 좀비다. 그것은 로메로가 완성해 낸 새로운 피조물이다. 이 좀비는 변화를 거듭한다. 영화 「웜 바디스」의 좀비는 우리가 아는 '괴물'이 아니다. 원작 소설을 쓴 아이작 마리온(1981-)은 '만약 좀비에게 의식이 있다면 어떨까?'라는 질문으로 책을 쓰기 시작했다고 한다.
미국 남부에서 괴담처럼 떠돌던 '좀비'가 영화에 등장한 것은 1930년대의 일이다. 「화이트 좀비(White Zombie)」(1932)를 시작으로 「나는 좀비와 함께 걸었다(I Walked with a Zombie)」(1943) 등의 공포 영화에서는 무당의 저주로 '살아 있는 시체'가 된 좀비가 등장했다.
최근의 좀비들은 좀 달라졌다. 좀비가 대중적인 공포로 부상하게 된 건 대니 보일의 「28일 후」 덕분이다. 초자연적 설정을 배제하고 '분노 바이러스' 때문에 괴물로 변한 사람들의 공포를 그린 「28일 후」는 느린 좀비가 아니라 빠르게 움직이는 좀비와 대결하는, 이전까지 볼 수 없었던 기동력을 지닌 좀비를 구현해 낸 액션 영화다. 오늘날 우리는 신종 좀비와 함께 걷고 있는 중이다.
이 좀비들은 빠르게 확산되면서 도시를 잠식해 간다. 현대 영화는 이들과 함께 살아 있는 시체들이 즐비한 쇼핑센터, 학교, 거리를 담아낸다. 좀비는 어느새 현대 영화의 초상이 되었다.

un film de
LUIS BUNUEL
LE CHARME DISCRET
DE LA BOURGEOISIE

17강 부르주아의 노골적인 매력

부르주아의 은밀한 매력

루이스 부뉴엘

시놉시스

"내가 여기서 뭘 하는 거지? 도무지 모르겠어."

— 등장인물 세네샬의 대사

「부르주아의 은밀한 매력」 Le Charme Discret de la Bourgeoisie, 1972

프랑스 | 102분 | 루이스 부뉴엘

한껏 성장(盛粧)한 여인의 몸에서 향긋한 분 냄새가 피어오른다. 점잖은 신사와 요조숙녀들이 어디론가 길을 서두른다. 그들을 태운 리무진은 꽤 웅장한 정원 길을 지나 어느 저택의 현관 앞에 멈춰 선다. 고급 코트를 걸치고 중절모를 눌러쓴 남성들과 눈부시게 차려입은 여성 두 명이 들장미와 담쟁이덩굴로 장식한 집 안으로 막 들어서려 한다. 그들은 오늘 밤에도 어떤 즐거운 축제가 벌어질지 제법 기대하는 눈치다. 때마침 실내복 차림의 안주인 세네샬 부인이 2층에서 걸어 내려온다. "어머, 반가워요. 그런데 무슨 일이죠?" 세네샬 부인의 반응에 손님들의 얼굴이 당황스러운 기색으로 물들기 시작한다. "아니, 세네샬 부인 무슨 일이라뇨?" 정답게 인사를 나누던 프랑스 주재 미란다공화국 대사 라파엘, 테베노 부부와 테베노 씨의 여동생 플로랑스는 애써 놀란 마음을 억누른다. "오늘 세네샬 씨가 우리들을 만찬에 초대했잖습니까?" 테베노 부부는 어처구니없다는 듯 상황을 설명한다. "아뇨, 만찬은 내일입니다. 여러분." 세네샬 부인은 애써 밝게 대꾸하며, 잘못된 정보를 정정한다.

"이왕 이렇게 된 거 저녁이라도 함께 들죠, 세네샬 부인. 제가 이곳 근처에 있는 한 레스토랑을 잘 알고 있습니다." 프랑수아 테베노는 엉망이 된 저녁 시간을 조금이나마 유쾌하게 활용하기 위해 급히 다른 방안을 제시한다. 테베노의 부인 시몬은 과장된 칭찬을 늘어놓으며 세네샬 부인을 이끌고 식당으로 향한다. 프랑수아 테베노는 자신이 소개한 레스토랑에 상당한 자부심이 있는 듯싶다. 그러나 막상 식당에 도착해 보니 그동안 알고 지내던 지배인은 온데간데없고, 오직 낯선 여자 종업원만이 그들을 퉁명스럽게 맞이할 뿐이다. 테베노 씨의 심기가 살짝 언짢다. 아무튼 고매한 부르주아의 저녁 식사가 시작되려 한다. 그들은 끼니를 때운다기보다 자신들의 취향을 뽐내려는 듯 값비싼 와인과 그것에 합당한 마리아주에 대해 일대 토론을 벌인다. 바로 그때 수상한 낌새를 알아챈 여성들이 레스토랑 뒤편, 칸막이로 으슥하게 가려진 안채 쪽으로 다가선다. 음침한 기운이 감도는 그곳에 한 사람의 시체가 가지런히 놓여 있다. 시몬은 경악한다. "아니 이게 무슨 일이죠?" 여자 종업원은 담담하게 설명한다. "오늘 이곳 사장님이 돌아가셨어요. 좋은 분이셨죠. 저희들은 장의사를 기다리고 있답니다." 모두 어리둥절한 표정이다. "저는 집에 가겠어요. 이런 곳에선 식사할 수 없어요." 시몬은 조의를 표하기는커녕 불만을 터뜨린다. 이렇게 부르주아의 식사는 끝나고 만다.

다음 날 라파엘은 앙리 세네샬과 프랑수아 테베노를 미란다공화국 대사관으로 초대한다. 그들은 엉뚱하게 끝나 버린 지난 만찬에 대해 형식적인 대화를 나눈 후 주말에 다시 만나자고 새로운 약속을 잡는다. 이때 창밖을 내다보던 프랑수아 테베노는 건강한 피부색을 지닌 한 여성의 미모에 시선을 빼앗긴다. "이보게, 아름다운 여성이 있군." 아닌 게 아니라, 대사관 바깥 길거리에는 한 명의 여성이 행인들에게 강아지 장난감을 팔려는 듯 서 있다. 그러나 라파엘은 프랑수아의 의견에는 대꾸도 않고, 곧장 엽총 한 자루를 꺼내 온다. "라파엘, 자네 지금 뭐하는 건가?" 앙리 세네샬과 프랑수아 테베노는 라파엘이 보이는 기괴한 행동에 경악한다. "잠자코 보기나 해." 라파엘은 주변 반응엔 조금도 아랑곳하지 않고, 창밖 여성이 바닥에 놓아둔 강아지 인형을 조준해 방아쇠를 당긴다. '탕!' 바로 명중했다. 그 여성은 마치 중대한 음모를 꾸미다가 발각된 사람처럼 황급히 자리를 떠난다. "저 여자는 미란다공화국의 테러리스트야. 나를 노리고 있지. 그들은 나를 납치해서 살해하려고 해." 앙리 세네샬과 프랑수아 테베노는 '별일 다 보겠다.'라는 얼굴로 태연히 담배를 피운다. 이제 그들은 본론으로 들어간다. 라파엘은 아무리 프랑스 세관이라도 감히 손댈 수 없는 '대사 가방'을 꺼내 놓고, 마치 무용담처럼 마약 밀수 과정에 대해 이야기한다. 앙리 세네샬과 프랑수아 테베노는 순도 높은 마약을 들여다보며 황홀해한다. 그들은 주말에 다시 한 번 더 앙리 세네샬의 저택에서 오찬을 즐기기로 새로이 약속을 잡는다.

화창한 정오, 잘 다듬어진 정원 길을 가로질러 근사한 리무진이 들어선다. 하지만 세네샬 부부는 손님맞이엔 별 관심이 없는 모양이다. 그들은 오찬 약속을 까맣게 잊은 듯 2층 침실에서 섹스를 나누려 한다. 아무도 그들의 욕정을 막을 수 없다. "세네샬 부부는 지금 어디 계신가?" 손님들의 질문에 하녀는 곧장 알아보겠다며 2층으로 올라간다. 손님들은 거실에서 근사한 오찬을 기대하며 저마다 들떠 있다. 하지만 세네샬 부부는 섹스를 포기할 생각이 없다. "일단 이곳에선 안 되겠어." 앙리 세네샬의 갑작스러운 만류에 아내의 표정이 일그러진다. "당신은 섹스를 할 때 너무 큰 소리를 낸다고. 다른 데에서 하자." 그들은 체면이고 뭐고 일단 섹스부터 즐기기로 결심한다. 결국 부부는 손님들의 이목을 피해 2층 창문으로 탈출한다. 그리고 정원 풀밭에서 진한 정사를 나눈다.

한편 손님들은 세네샬 부부를 기다리는 동안, 손수 마티니를 제조해 마시며 자신들만의 즐거움을 찾는다. 프랑수아 테베노는 '정통 드라이 마티니'의 진수를 알려 주겠다며 다른 사람들의 의향에는 개의치 않고 일장 연설을 늘어놓는다. 급기야 프랑수아 테베노는 자신의 개똥철학에 도취되어, 사람들에게 한 가지 실험을 해 보자고 제안한다. 그의 느닷없는 발상에 다들 어리둥절해하지만, 마땅히 할 일도 없던 터라 흔쾌히 승낙한다. "최고의 마티니를 제대로 즐기는 사람은 드물지. 못 배운 사람들은 어림도 없어. 라파엘, 자네 운전사 좀 불러 주겠나? 그가 이 고급 마티니를 즐길 수 있는지 없는지 확인해 보지." 라파엘은 마지못해 자신의 운전사를 불러들인다.

"우리와 같이 한잔하지 않겠나?" 프랑수아 테베노가 운전사에게 마티니를 권한다. "감사합니다, 선생님. 신사 숙녀 여러분의 건강을 위해!" 운전사는 마치 쫓기는 사람처럼 한 입에 마티니를 털어 넣는다. "자네의 건강도!" 프랑수아 테베노는 운전사에게도 축복을 빌며 '역시나 그럴 줄 알았다.'라는 얼굴이 된다. "수고했어, 모리스. 이제 가 보게." 이제 프랑수아 테베노는 더욱 득의양양해져 자신의 이론을 펼친다. "다들 봤지? 저렇게 마티니를 마시는 건 완전히 잘못된 거야." 이 상황을 보다 못한 시몬이 나선다. "당신은 참 짓궂군요. 모리스는 '서민'이에요. 가방끈도 짧은 사람이라고요." 그녀는 마치 자신이 성인군자라도 되는 양 행동한다. "어떤 사회 시스템도 대중에게 올바른 품위를 부여해 줄 순 없지. 자네도 알겠지만, 나는 보수주의자는 아니네." 라파엘은 교묘히 에둘러 자신의 입장을 밝힌다.

아무리 기다려도 세네샬 부부가 나타나지 않자, 돌연 라파엘과 프랑수아 테베노는 불안해진다. 며칠 전에 마약을 주고받은 일도 있고, 아무래도 켕기는 일들이 있다 보니 좌불안석이다. "설마 누가 우리를 경찰에 밀고한 것은 아닐까?" 라파엘이 먼저 운을 뗀다. "정말 그렇게 생각하나?" 지금껏 별 생각이 없던 프랑수아 테베노마저 초조해진다. "누군가가 밀고하지 않았다면, 그들이 왜 갑자기 사라졌겠나?" 그들은 만취한 플로랑스와 한가롭게 노니는 시몬을 데리고 급히 세네샬의 저택을 빠져나온다. 지난 만찬에 이어 이번 오찬 모임도 엉망으로 마무리되고 만다. 심지어 식탁에 앉아 보지도 못한 채로 말이다.

한편 세네샬 부부는 자신들만의 '내밀한 용무'를 해결하고, 마치 아무 일도 없었다는 듯 집 안으로 돌아온다. 옷매무새가 엉망이고 머리카락에는 잔디가 들러붙어 있지만, 도리어 당당하다. "손님들은 다 어디 가셨지?" 부부의 질문에 하녀가 대답한다. "다들 돌아가셨어요." 그러자 세네샬 부부는 볼멘소리를 낸다. "고작 이십여 분밖에 안 지났는데, 그렇게 가 버리다니!" 그때 정원사 복장으로 갈아입은 뒤포르 신부가 등장한다. 세네샬 부부는 가뜩이나 머릿속이 복잡한 와중에, 남루한 복장을 한 초로의 남성까지 집 안으로 난입하자 기분이 불쾌해진다. "안녕하세요, 저는 이곳의 주교인 뒤포……." 앙리 세네샬은 다짜고짜 정원사 행색의 신부를 내쫓아 버린다. "저런 낯선 사람을 함부로 집 안에 들여?" 그들은 도무지 어이없다는 듯 하녀를 나무란다. "자기가 주교라고 말했단 말예요." 하녀는 달리 반박하지도 못하고 순순히 자신의 잘못을 인정한다. 이때 다시 초인종이 울린다. 뒤포르 신부가 위엄 있는 주교 복장을 입고 다시 저택의 문을 두드린 것이다. "이제 믿으시겠습니까?" 그제야 세네샬 부부는 자신들의 경솔한 행동을 사죄하며 신부의 손등에 입을 맞춘다. "제발 용서해 주세요, 주교님." 신부는 대수롭지 않다는 듯 괘념하지 말라고 당부한다. "제가 이곳을 찾아온 이유는 이 집의 정원사가 되고 싶어서입니다." 뒤포르 신부의 황당한 제안에 세네샬 부부는 적잖이 놀란다. "아니, 주교님. 정원사라뇨?" 뒤포르 신부는 너털웃음을 지으며 자신의 생각을 털어놓는다. "요즘 가톨릭도 많이 변했어요. '노동하는 목사'에 대해 들어 본 적 있으시죠? 우리 주교들도 마찬가지입니다." 그는 최근에 일어나고 있는 교회의 진보적인 행보에 동참하고자 이곳의 '정원사 자리'를 얻으려는 것뿐이라고 설명한다. 저는 어렸을 때 큰 저택에서 자랐죠. 훌륭한 정원사를 곁에 두고 있었습니다. 아아, 부모님들에게 평안을! 사실 제 부모님들은 비참하게 돌아가셨답니다. 비소로 독살당하셨죠." 세네샬 부인은 딱한 얼굴로 신부를 위로한다. "누가 그런 짓을?" 신부는 다 지난 일이라는 듯 "아직 밝혀지지 않았습니다."라고 무심히 대답한다. 어쨌든 이번 오찬도 실패다.

세네샬 부인, 시몬, 플로랑스는 카페에 모여 티 파티를 즐기려 한다. 그들은 각자 취향에 맞게 홍차를 주문한다. 플로랑스는 첼로가 혐오스럽다며 투덜대고, 세네샬 부인은 어느 낯선 장교의 묘한 시선 때문에 자꾸 신경이 쓰인다. "보셨어요? 저쪽에 앉은 군인이요. 계속 쳐다보는군요." 세네샬 부인은 젊은 남성의 시선이 싫지 않은 듯 괜히 몸을 비튼다. 그때 카페 종업원이 다가와 달갑지 않은 사실을 알린다. "죄송합니다, 부인. 지금 홍차가 전부 품절이라는군요. 다른 걸 드셔야겠습니다." 세 사람은 다소 황당하지만 어쩔 수 없이 커피로 바꿔 주문한다. 그런데 종업원이 다시 그녀들의 자리로 찾아온다. "이거 죄송합니다. 커피마저 다 떨어졌다고 합니다. 오늘 손님이 유달리 많이 오셔서……." 결국 그녀들은 물을 마시기로 결정한다. 이렇게 티 파티마저 실패하고 만다.

시몬은 엉망이 된 티 파티를 털고 일어나 곧장 라파엘의 관저로 향한다. 둘은 몇 번이고 이렇게 만나 남몰래 정사를 나눴던 모양이다. 그런데 뜻밖의 방문객이 라파엘을 찾아온다. 바로 시몬의 남편 프랑수아 테베노다. 프랑수아 테베노는 세네샬을 대신해 지난 오찬 모임이 제대로 진행되지 못한 점을 사과하려고 들렀다. 하지만 이미 아랫도리가 뜨거워진 라파엘에게 그따위 일은 아무래도 상관없다. "마침 시몬이 여기 와 있다네." 라파엘은 망신스러운 방식으로 불륜이 발각되기 전에 임기응변으로 아무렇게나 둘러댄다. "이런 우연이 다 있다니!" 시몬은 마치 공적인 사유로 라파엘의 관저를 방문했다는 듯 사무적인 태도를 보인다. "오늘 밤 다시 만찬 모임이 있다는 걸 알려 주려고 제가 왔죠. 초대장을 드리려고요." 시몬은 활짝 웃으며 천연덕스럽게 변명한다. 그렇게 프랑수아 테베노와 시몬이 함께 자리를 뜨려는 찰나, 라파엘은 시몬에게 '쉬르시크(sursick)'를 보여 주겠다며 발길을 잡는다. 프랑수아 테베노는 도대체 '쉬르시크'가 뭐냐고 그에게 되묻는다. "쉬르시크가 뭔가요, 라파엘?" 그러자 라파엘은 시몬에게만 긴히 보여 줄 거라면서, 프랑수아 테베노만 먼저 돌려보낸다. '쉬르시크'가 무엇인지는 시몬으로서도 알 길이 없다. 이제 그녀는 그저 의아하다는 얼굴로 라파엘을 바라본다. "라파엘, 그 '쉬르시크'가 뭐죠?" 프랑수아 테베노가 관저 바깥으로 사라지자마자, 드디어 라파엘이 본색을 드러낸다. "그게 무슨 상관이람!" 애초부터 '쉬르시크'라는 것은 존재하지도 않았다. 시몬과 잠깐이라도 즐기기 위해 라파엘이 대충 지어낸 엉터리 빌미였던 것이다. 하지만 시몬은 벌써 남편의 얼굴을 봐 버린 탓인지 영 내키지 않는다며 재빨리 관저를 떠난다. 라파엘은 의기소침해져 창밖을 바라보다가, 예전부터 자신을 뒤쫓고 있던 테러리스트 여성이 관저 쪽으로 접근해 오는 모습을 목격한다. 그는 곧장 호신용 권총을 챙겨 테러리스트 여성을 제압한 후 성적으로 굴복시키고자 음탕한 손길을 내뻗는다. "감히 나에게 손을 대다니, 역시 모택동이 옳았어!" 라파엘의 성적 폭압에 격분한 테러리스트 여성은 샴페인 잔을 집어던지고, 혼란을 틈타 자신의 권총을 재빨리 거머쥔다. 하지만 총탄의 장전은 라파엘 쪽이 빨랐다. 결국 테러리스트 여성은 순순히 물러난다.

마침내 다시 세네샬의 저택에서 만찬이 열린다. 최고급 와인과 풍성한 요리가 '격식'에 맞게 줄지어 차려질 것이다. 그런데 바로 그 순간, 한 무리의 군대가 집 안으로 밀려든다. 기갑 부대를 맡고 있는 콜로넬 대령과 그 부하들이다. 기동 작전이 하루 앞당겨지면서, 불쑥 군인들이 만찬 자리에 끼어들게 된 것이다. 수십 명의 사람들을 갑자기 대접하려니, 미리 준비해 둔 만찬 음식만으로는 턱도 없다. 결국 냉장고에 처박아 두고 아무 때나 꺼내 먹을 수 있는 미트파이와 햄 따위로 대신할 수밖에 없다. 세네샬 부인은 주교 복장 대신에 양장을 입은 뒤포르 신부에게 의자를 가져오라며 당당히 분부한다. 주교도 마치 이곳의 집사인 양 그녀의 지시를 묵묵히 따른다. 마침내 장시간 중단됐던 만찬이 겨우 재개된다.

그런데 대령이 푸아그라를 한 스푼 떠낸 순간, 새로운 첩보가 도착하면서 만찬은 또다시 중단된다. 이런 와중에 첩보를 들고 온 정보병이 자신의 기이한 꿈 이야기를 들려준다. 그것은 돌아가신 어머니를 비롯해 오래전에 죽은 사람들과 재회했다는 내용의 해괴한 이야기다. 다들 넋이 나간 얼굴로 그 말을 듣고 있다가, 콜로넬 대령의 명령으로 식탁 분위기는 급전된다. 그는 이번 참에 세네샬 부부와 다른 손님들에게 큰 신세를 졌다면서 새로운 만찬 약속을 남긴다. 그 후 대령은 자신들의 부대원들과 함께 전선으로 향한다.

이튿날 그들은 콜로넬 대령이 초대한 만찬 장소로 향한다. 그런데 그곳은 어쩐지 가건물 같고 수상하다. 실내는 전부 그림으로 장식되어 있고, 위스키의 맛도 가짜 콜라처럼 괴상하다. 식탁에 오른 치킨 바비큐 또한 고무로 만든 모조품이다. 그들이 이 점을 알아챈 순간, 식탁 뒤편의 장막이 걷히면서 식당 전체가 연극 무대로 뒤바뀐다. 관객은 저마다 심각한 얼굴을 하고 마치 동물원을 구경하듯 부르주아의 식사 광경을 유심히 들여다본다. 이런 끔찍한 장난에 기분이 상한 테베노 부부와 플로랑스, 뒤포르 신부, 세네샬 부인과 라파엘은 급히 자리에서 일어난다. 오직 앙리 세네샬만이 무대 위에 남아 식은땀을 흘릴 뿐이다. "나도 내 처지를 모르겠어." 앙리 세네샬이 혼잣말을 되뇌고 있는데, 갑자기 눈이 떠진다. 이 모든 것이 앙리 세네샬의 꿈이었던 것이다. 그는 낮잠을 자다가 콜로넬 대령이 주최하는 '진짜 만찬'에 늦고 만다.

세네샬 부부는 얼른 정신을 가다듬고, 콜로넬 대령의 집으로 향한다. 라파엘은 콜로넬 대령이 불러 모은 사람들과 이런저런 이야기를 나누다가 점차 기분이 불쾌해진다. 그곳에 모인 '프랑스 사람들'은 전부 자기 나라에는 타락한 구석이 단 한 군데도 없다는 양 미란다공화국의 추악한 면만을 일부러 꼬집어 낸다. 그런 소리를 듣는 라파엘의 심경이 불편해지는 건 당연하다. 이제 그의 기분은 언짢다 못해 거의 절망적인 수준에 빠진다. 라파엘은 시몬에게 슬쩍 귓속말을 건넨다. "난 이곳에 속해 있지 않은 것 같아." 시몬은 카나페를 한입 베어 물더니 '예의상' 라파엘을 위로한다. "도대체 뭐가 문제죠?" 라파엘은 나중에 이야기해 주겠노라며 조용히 연회장을 떠나려 한다. 그때 콜로넬 부인이 라파엘을 불러 세우고, 대령과 대사는 억지로 사교적인 대화를 나누기 시작한다. 하지만 분위기는 점점 더 험악해진다. 급기야 두 사람은 서로의 조국을 모욕하는 지경에 이르면서 콜로넬 대령은 라파엘의 뺨을 때리고 만다. 이에 분노한 라파엘은 끝내 콜로넬 대령을 향해 권총을 발사한다. 그런데 이마저도 프랑수아 테베노의 꿈이었다. "여보, 내가 이상한 꿈을 꿨어. 콜로넬과 라파엘이 서로 다투다가……." 프랑수아 테베노는 여전히 꿈속을 헤매는 사람처럼 현실감 없는 목소리로 방금 자기가 꾼 꿈에 대해 이야기한다. 그러자 시몬은 "바보 같아요. 다시 잠이나 자요." 하고 그의 말을 잘라 버린다.

예정대로 세네샬 부부 저택의 정원사로 취직한 뒤포르 신부는 기쁜 얼굴로 화단을 가꾸고 있다. 그는 세네샬 부인에게 정문 쪽 화단에 새로 수국을 심으면 좋을 것 같다고 제안한다. 마침 주변 마을에 사는 한 아주머니가 신부님을 뵙고 싶다면서 갑자기 저택을 찾아온다. 세네샬 부인은 신부님을 찾으려거든 지역 교구에 가서 물어보라고 신경질적으로 대답한다. 세네샬 부인은 또 뒤포르 신부가 이곳의 주교라는 사실을 망각한 듯하다. 그가 아무리 주교라 해도 저택 안에서는 정원사 옷을 입고 있으니, 그녀로서는 당최 기억할 수가 없다. 아무튼 뒤포르 신부는 마을 아주머니의 부탁을 받고, 죽어 가는 환자의 고해성사를 치르러 길을 떠난다. 헛간 같은 허름한 집에 도착한 뒤포르 신부는 어느 늙은 정원사의 고해성사를 주관하면서, 그가 바로 자신의 부모를 살해한 원수라는 사실을 깨닫게 된다. 늙은 정원사는 자신의 죄를 고백하면서 뒤포르 신부의 부모가 워낙에 잔악한 성격의 인간이라 죽일 수밖에 없었다고 용서를 호소하지만, 신부는 마치 『성경』이 강조하는 '용서'에 예외가 있다는 듯 늙은 정원사를 엽총으로 쏴 죽여 버린다.

한편 세네샬 부부의 저택에서는 다시 오찬 모임이 열린다. 하지만 이번 오찬도 실패하고 만다. 갑자기 경찰이 들이닥치더니 이들 모두를 마약 사범으로 구속한 것이다. 이 우아한 양반들은 달리 항변해 보지도 못하고 전부 철장에 갇히고 만다. 그리고 잠시 후 담당 형사는 이상한 꿈을 꾼다. 바로 전설적인 고문 기술자

'피의 경사'가 나타나 라파엘 대사와 부르주아 일당을 몰래 석방해 주는 꿈 말이다. 그런데 정말로 형사가 꾼 황당무계한 꿈 그대로, 내무부 장관의 석방 지시가 떨어진다. 형사의 항의에도 불구하고 부르주아 일당은 전부 풀려난다.

이윽고 또 만찬이 시작된다. 이제야 애초에 모이기로 했던 손님들이 전부 식탁에 둘러앉았다. 그들은 훌륭한 양고기와 콩요리를 먹으며, 각자 자신들의 이야기를 늘어놓는다. 그들은 누군가와의 대화를 원한다기보다, 오직 자신이 하고 싶은 말만을 중얼거릴 뿐이다. 식사 때 필요한 에티켓부터 점성술, 세계 정세에 이르기까지 그들의 웃는 얼굴 사이로 지루한 이야기들이 흘러넘친다. 이것이 바로 부르주아의 매력이다. 안주인 세네샬 부인은 눈앞에 모인 손님들이 양고기와 술을 맛있게 먹는 모습을 보면서 차오르는 기쁨을 만끽한다. 바로 그때, 낯선 무장 괴한들이 세네샬 부부의 저택 안으로 거칠게 침입해 온다. 눈치 빠른 라파엘만이 식탁 밑에 몸을 숨긴다. 나머지 사람들은 모두 무장 괴한의 한 마디 말과 함께 깨끗이 총살당하고 만다. "너희들은 이제까지 잘못된 길을 걸어왔어!" 지옥의 심판관이 죄인들을 단죄하듯 총구는 죽음의 불꽃을 토해 낸다. 라파엘은 식탁 밑에 숨어 있다가, 넘치는 식욕을 주체하지 못하고 맛 좋은 양고기를 슬쩍 더듬어 잡는다. 그러다 그마저도 끔찍하게 죽임을 당하고 만다. 그런데 이것 역시 라파엘의 꿈이었다. 악몽에 시달린 라파엘의 신음에 놀라 담당 부관이 방 안으로 뛰어들어온다. 그는 대사에게 안부를 묻는다. "그냥 악몽이었을 뿐이다. 모두 무사하고, 나 또한 건재하다!" 한편 잠에서 깬 라파엘은 기괴할 정도로 격한 식욕을 느낀다. 이제껏 누리고자 했던 모든 만찬이 연거푸 실패하고 말았지만, 어쨌든 냉장고 안에는 햄과 빵이 가득하다. 라파엘은 식탁에 초라하게 쪼그려 앉아 바게트를 뜯으며, 허겁지겁 햄을 먹어 치운다. 그의 식사는 이렇게나마 소기의 목적을 달성한다.

작가에 대하여

루이스 부뉴엘

Luis Buñuel, 1900-1983

"오스카상을 타는 것보다 도덕적으로 타락할 수 있을까!"

루이스 부뉴엘은 1900년 2월 22일 스페인 아라곤 남쪽에 있는 테루엘 지방의 조그만 마을 칼란다에서 부유한 지주의 일곱 남매 중 장남으로 태어났다. 칼란다는 1차 세계대전이 일어날 때까지 중세 시대라고 할 만큼 과거의 문화적 전통이 고스란히 이어져 내려온 지역이었다. "나는 어린 시절을 거의 중세적인 분위기에서 지냈다. 나의 어린 시절에는 두 가지 근본적인 감정이 존재했다. 그것은 종교적인 믿음에서 승화된 깊은 에로티시즘과 죽음에 관한 영속적인 의식이다. 이는 매우 스페인적인 특징이다. 스페인의 예술은 이 두 감정으로 충만해 있다."

부뉴엘은 1917년 마드리드 대학에 입학하여 학생 기숙사에서 지냈다. 처음에는 농공학을 전공했지만 친구들과의 교류를 통해 인문학으로 진로를 바꾸었다. 그는 대학에서 친구들과 함께 문학과 시에 대한 토론을 펼쳤고, 가르시아 로르카(1898-1936) 등과 교류하기 시작했다. 특히 살바도르 달리를 만나 초현실주의에 관심을 품게 되었다. 부뉴엘은 자서전 『내 마지막 한숨』에서 이렇게 회상한다. "그 시절에 대한 나의 기억은 어찌나 풍요롭고 생생한지, 그 기숙사에서 보낸 시간이 없었다면 내 인생은 아주 많이 달라졌을 거라고 주저 없이 말할 수 있다."

1925년 부뉴엘은 영화 아카데미 학생으로 파리 유학을 떠난다. 영화감독의 꿈을 키워 가던 중 우연히 장 엡스탱(1897-1953) 감독이 운영하는 배우 학교가 있다는 소식을 듣고 찾아간다. 부뉴엘은 조수이자 실습생으로 일을 돕다 엡스탱의 걸작 「어셔가의 몰락(La Chute de la Maison Usher)」(1928) 조감독으로 일하게 된다.

1928년 달리와 부뉴엘은 「안달루시아의 개(Un Chien Andalou)」(1929)를 계획한다. 영화는 두 사람의 꿈에서 시작되었다. 달리는 손에 개미가 득실거리는 꿈을, 부뉴엘은 눈을 베어 내는 꿈을 꾸었다. 달리가 기괴한 요소를 섞어 영화를 만들자고 제안했다. 그들은 대화를 하며 장면을 이어 갔다. "그가 뭘 보지?" "날아다니는 개구리." "그건 별로야." "코냑 한 병." "그것도 별로인데." "그래 좋아, 난 두 개의 로프를 본다." "괜찮은데! 로프 다음에 뭐가 오는 거지?" 영화는 이러한 방식으로 전개되었다. 이러한 태도는 두 번째 작품인 「황금시대 (L'Age d'Or)」(1930)에서 절정에 이른다. 「황금시대」는 1930년 12월 상영 금지 처분을 받게 되었고, 종교계와 정치계, 보수적 단체로부터 끊임없이 공격을 받았다. 이 영화는 1980년대까지 스페인에서 상영 금지당했다. 하지만 영화에 대해 입소문이 퍼지면서 그는 할리우드 MGM의 계약을 따내기에 이른다. 그러다 1932년에 다큐멘터리 「빵 없는 대지(Las Hurdes)」(1932)를 만든 후에는 한동안 소강상태에 빠진다.

1938년 스페인 내전이 일어나자 부뉴엘은 할리우드로 건너가 내전에 관한 다큐멘터리를 계획하지만, 프랑코(1892-1975)가 이길 것이 확실해지자 포기한다. 한동안 방황의 시기를 보내던 그가 작품을 위해 새롭게 선택한 곳은 멕시코였다. 멕시코에는 스페인 내전으로 인해 스페인에서 온 이민자들이 많았다. 1947년에서 1960년까지 부뉴엘의 멕시코 영화와 멕시코에서의 삶이 이어진다. 그는 「잊혀진 사람들(Los Olvidados)」(1950)을 만들면서 결코 잊힐 수 없는 감독이 된다. 부뉴엘은 그의 작품 서른두 편 중 스무 편을 멕시코에서 머무는 동안 제작했다. 그의 영화는 냉소적이지만 낙담하지는 않는다. 인간은 말과 행동이 다르지만 그렇다고 해서 더욱 사악해지는 존재는 아니다. 부뉴엘의 영화는 위선이야말로 인간의 본성임을 강조한다.

초현실주의 영화, 꿈의 세계를 탐구하다

초현실주의자 루이스 부뉴엘을 만나는 것은 특별한 경험이다. 그는 인간의 꿈을 영화라는 무대로 끌어올린 인물이기 때문이다. 사실 인간은 다양한 꿈을 꾼다. 대부분 꿈은 다음날 어렴풋이 기억났다가도 어느새 사라져 버린다. 물론 강렬한 꿈도 있다. 「부르주아의 은밀한 매력」은 자본주의에 적응한 부르주아들이 꾸는 거의 모든 꿈을 다루는 영화다. 여기서도 어떤 꿈들은 매우 인상적인 족적을 남기지만 어떤 꿈들은 손가락 사이로 달아나 버린다. 도대체 꿈은 어떤 이야기를 들려주려는 걸까? 더군다나 영화가 다루는 꿈은 어느 차원까지 나아갈 수 있을까? 부뉴엘은 꿈을 통해 인간의 억압된 욕망과 공포, 그리고 불안을 보여 준다. 그래서일까? 이 영화에는 '은밀한(혹은 사려 깊은) 매력'이라는 제목이 달려 있다. 따지고 보면 꿈은 추악한 욕망일 수도 있고, 엄청난 성욕일 수도 있지만 그 모든 게 인간의 꿈임을 인정할 수 있다면 추악함조차도 사랑스러워질 수 있다. 그게 바로 이 영화다. 꿈속으로 들어가 보자. 꿈이 암시하는 너무나 인간적인 너무나 섬뜩한 욕망에 직면하도록 하자.

부뉴엘이 점점 좋아지는 이유

이 개인적으로 부뉴엘에게 매력을 느끼긴 했지만 좋아하진 않았던 감독이에요. 그런데 시간이 흐를수록 재미있을 뿐만 아니라 세상의 비밀을 가장 적합하게 건드려 주는 감독이라는 생각이 드네요.

강 그게 왜 그런지 아세요? 이상용 선생님이 부르주아가 되신 거예요. 이 영화에서 보면 카페에서 식사하고 레스토랑에서 만찬을 즐기고 가끔 가식적이고 의례적인 파티에 나가잖아요. 선생님도 나이 들고 신분이 올라가면서 이런 부류에 속하게 된 거예요. 기자들, 정치인들, 변호사들 모임에 한번 가 보면 허위의식에 놀라게 되죠. 그런데 이런 생각도 잠시, 저나 선생님도 어느 사이엔가 거기 동참하죠. 아마도 선생님은 이제 그런 경험을 통과하고 나니 이 영화가 보이는 겁니다.
이렇게 마이크 잡고 떠들면 얼굴이 좀 알려져요. 그래서 우리 같은 사람들 초청하는 데 가면 거기 모인 사람들의 속성이 보여요. 허위! 바깥에 있는 사람들이 보면 굉장히 부러워할 수 있죠. 영화에서도 부르주아들은 미란다공화국 대사 라파엘의 운전사 모리스를 불러 마티니를 단번에 마시는지 음미하면서 즐기는지 시험해 보잖아요. 여러분들은 운전사인 거죠. 모리스의 시선에서 그 허위의식은 절대 안 보여요, 그 속에 속하고 싶은 부러움과 질투가 있을 뿐이죠. 부르주아가 모여 자기네들은 값어치 있는 걸 향유하고 있다고 자찬하며 가식을 떨죠. 여러분도 이런 자각에 도달해야 해요, 부르주아에게 공감할 것이 아니라. 운전사처럼 평범한 사람이 이런 가식적인 모임에 가서 역겹다고 느낀다면, 이 영화를 바로 읽을 수 있다는 겁니다. 운전사가 오히려 리얼한 세계에 살고 있는데도 부르주아의 헛된 세계를 읽지 못한다면 그 세계를 동경하게 되죠. 그래서 영화 제목이 역설적이게도 '은밀한' 매력인 겁니다.

국내외 영화 평론가들이 1950년대 김기영 감독의 「하녀」를 보고 "한국에서 부뉴엘을 만나는 충격."이라고 평했어요. 부뉴엘적 시선을 이미 앞 장에서 공부했으니, 다시 한번 「하녀」를 떠올리면서 운전사의 시선으로 영화를 재차 보시면 부르주아에 대한 신랄한 풍자가 보이실 겁니다.

부뉴엘은 초현실주의 화가 살바도르 달리의 친구예요. 달리의 그림에서는 딱딱한 시계가 흘러내리잖아요. 우리의 욕망과 내면이 투사된 거죠. 약속의 무거움을 피하려는 욕망 말이에요. 세상 사람들과 합의를 보는 게 아니라 무의식의 소리에 귀를 기울이는 거죠. 예를 들어 대부분의 사람들이 편안해하는 공간에 들어갔는데 나 혼자 갑자기 무섭다는 느낌이 들 때가 있는데, 나만의 무의식 속에 있는 트라우마가 문뜩 밖으로 드러난 경우일 수 있어요. 이게 불교의 핵심 지혜인 일체유심조(一切唯心造)[1]예요. 우리도 실연당하거나 했을 때 건물들이 휘청휘청해 보이잖아요. 나의 정신 상태에 따라 세계가 달라 보이죠. 그러니까 초현실주의는 현실을 넘는다는 것이 아니라 내면을 향하는 거라 보시는 게 더 정확합니다.

1 모든 것은 오로지 마음이 지어내는 것임을 뜻하는 불교 용어. 즉 길흉화복이나 흥망성쇄, 희로애락은 바깥으로부터 오는 게 아니라 인간의 마음으로부터 만들어진다는 사상.

부르주아의 은밀한 고통

강 「부르주아의 은밀한 매력」에는 세 남자가 등장하죠. 첫 번째 남자 세네샬이 제일 무서워하는 건 대중이 자기를 조롱하거나 쳐다보는 거죠. “너희들은 배우처럼 살고 있어.”라는 대사와 함께 식은땀을 흘리면서 꿈에서 깨는 장면 보셨죠? 까발려지는 데 대한 두려움이에요. 두 번째 사업가는 꿈에서 파티에 갔다가 총 쏘는 장면에 놀라서 깨죠. 이 우유부단한 남자는 기존 관계가 깨지는 게 무서운 거예요. 세 번째 미란다공화국 대사는 암살에 대한 공포가 있죠. 프로이트에 따르면 꿈은 억압된 욕망의 실현이에요. 우리가 성적으로 억압되어 있으면 도넛은 여성의 성기를 상징하고, 우산처럼 뾰족한 것은 남성의 성기를 상징하는 것처럼 느끼게 되죠. 예를 들어 성적 금기에서 자유롭지 못한 분들에게 내가 성기를 지칭하는 용어를 언급하면서 마이크를 들이대면 그분들은 당황해서 대답을 못해요. 침묵한다는 건 참는다는 건데, 겉으로는 점잖게 보이려 하지만 실은 미숙해서 그런 겁니다. 이렇게 성적으로 억압되면 현실에서 실현하지 못한 욕망이 꿈에서 드러나기 때문에 꿈을 연극화된 세계라고도 보고, 문학의 기원으로 보기도 합니다. 억압된 욕망이니 꿈에서조차 노골적으로 구체화할 수 없는 거예요. 그래서 문학작품에서처럼 상징적으로 실현한다는 게 프로이트의 『꿈의 해석』의 핵심입니다.

그런데 악몽은 욕망의 실현이 아니잖아요. 대표적인 예가 세월호라든가 비행기 추락이라든가 하는 대형 참사가 났을 때인데, 생존자들은 그 꿈을 계속 꾸는데 당사자에게는 힘든 일이죠. 프로이트 이론에 따르면, 피하고 싶은 것, 즉 죽음에 대한 공포가 있을 때 그 공포를 일으키는 형태의 죽음을 반복적인 꿈을 통해 거리 두기를 하는 겁니다. 충격을 일상화해서 오히려 트라우마로부터 벗어나게 하려는 기제죠. 예를 들어 소설에서 죽음에 대한 이야기를 많이 읽으신 분들은 오히려 죽음에서 자유로운 반면, 죽음에 대한 언급을 피하는 사람일수록 죽음의 공포에서 벗어나지 못해요. 마치 이별을 여러 번 경험해 본 사람은 실연에 대한 두려움 없이 연애에 빠져들고, 전쟁 영화를 많이 본 아이들은 전쟁에 대한 공포를 실감하지 못하는 것처럼 말입니다.

이 영화의 캐릭터들이 과장되어 보일 수도 있겠지만, 실제 부르주아의 삶이 이래요. 최근에 사회 지도층이 모인 어느 강연장에서 한 여교수가 저에게 말했어요. "제가 대학 시절에 독일에서 야스퍼스를 들었는데, 선생님 이야기 속에 야스퍼스가 있는 것 같아요." 속으로 동의하지 못했어요. 내 얘기는 야스퍼스랑 전혀 무관했거든요. 그래도 꾹 참고 넘겼더니, 또 지레짐작하는 거예요. "선생님은 자유로우신 것 같아요. 저도 자유를 지향하고 있어요." 그래서 스테이크로 배만 채우고 그 자리를 얼른 피했어요. 부르주아는 스스로 교양 있다고 생각하지만 솔직하지 못하니까 외로울 수밖에 없고 이런 가식적인 모임을 계속 이어 나갈 수밖에 없죠, 그런 만찬 모임이야말로 자신들을 치장하는 옷이니까.

꿈과 무의식

이 「부르주아의 은밀한 매력」을 볼 때, 크게 세 가지 층위가 있다는 것에 주목해야 해요. 현실이 하나 있고, 꿈이 있고, 그리고 걷는 장면이 있죠. 단체로 걸어가는 장면은 꿈인지 현실인지 경계가 모호해요. 영화 속에서 꿈꾸는 사람들은 다 남자예요. 꿈은 비논리적이고 비인과적인 세계잖아요. 그래서 꿈을 해석한다는 건 매끄럽지 못하죠, 우리가 꿈 전체를 다 기억하지도 못하고 애매한 부분이 많으니까요. 이 영화 역시 루이스 부뉴엘 감독이 초현실주의자이기 때문이기도 하겠지만 꿈의 세계를 영화적 세계와 연결했기 때문에 확실한 해석을 내리기가 힘들어요. 「미드나잇 인 파리」에서 주인공 길이 1920년대 파리에 가서 초현실주의자 세 명을 만나는 장면을 생각해 보세요. 루이스 부뉴엘, 살바도르 달리, 그리고 사진작가 만 레이(1890-1976)가 있었어요. 이들은 실제로 마드리드대학을 같이 다녔던 친구들이었고, 초현실주의 예술 운동을 꿈꾸며 1920년대에 파리로 건너왔죠. 그렇게 예술가들이 모여 있는 곳에서 이런저런 궁리를 하면서 루이스 부뉴엘은 조각을 했는데, 그 와중에 달리를 만나 새로운 영화를 계획해 만든 작품이 「안달루시아의 개」예요. 이 영화는 무슨 내용인지 이해하기 힘들어요. 꿈은 주관적인 세계이기도 하지만 기본적으로 우리가 관습적으로 받아들이는 것에 대해 "그게 아니거든."이라고 말하는 것이 초현실주의자들의 태도거든요. 'A는 B다.'라는 식으로 규정되는 순간, 어떤 식으로든 그 논리를 미끄러지게 만드는 이미지들을 끌어내려고 했던 것이 초현실주의의 가장 큰 목표였어요.

다시 「부르주아의 은밀한 매력」으로 돌아오면, 현실에서 벌어지는 층위에서 가장 큰 사건은 만찬이죠. 식욕으로 대변되는 원초적 욕망은 이 영화에서 매우 중요한 모티프예요. 그런데 만찬이 계속 지연되죠. 레스토랑을 찾아갔는데 장례식 때문에 못 먹고, 꿈이기 때문이기도 하지만 드디어 만찬을 열었는데 갑자기 군인들이 들이닥쳐 지연되고요. 그런데 이렇게 식사를 방해하는 것은 이 영화에서 죽음의 인지와 관계가 깊어요. 프로이트의 『쾌락원칙[2]을 넘어서』를 보면 에로스와 타나토스[864쪽 키워드 참고]는 밀접하게 연결되어 있습니다. 이 작품도 욕망이라는 것이 죽음과 어떻게 맞물려 있는지를 잘 보여 줍니다.

인간에게는 모두 쾌락원칙이 있어요. 행복해지고 싶은 욕망이 바로 그겁니다. 그런데 가끔 이해하기 힘든 행동을 하죠, 강 선생님처럼 힘들게 한라산 꼭대기도 올라가잖아요. 목숨까지 걸면서 몇 시간을 고통스럽게 올라가서 얻는 게 없잖아요. 프로이트는 이러한 인간의 욕구 저변에는 죽음 충동이 있다고 설명해요. 고통을 고요하고 은밀하게 반복함으로써 죽음을 부드러운 형태로 바꾼다는 게 프로이트 쾌락원칙의 핵심입니다. 워커홀릭들 보면 일이 싫다고 하면서도 자기 일에 성취감을 만끽하는데, 그것도 일종의 쾌락이거든요. 쾌감은 반드시 즐거운 경험을 통해서만 오는 건 아닙니다. 프로이트에 의하면 죽음 충동을 향한 쾌락이야말로 가장 본질적인 욕구이기 때문입니다.

그런데 「부르주아의 은밀한 매력」에서 진짜로 꿈꾸는 사람은 누구일까요? 처음에는 앙리 세네샬이 연극 무대에 꿈을 꾸는 사람으로 등장하잖아요. 그런데 그 앙리 세네샬이 다시 대령이 연 파티에 갔는데 라파엘 대사가 총을 쐈을 때 깬 사람은 프랑수아 테베노예요. 그래서 아내한테

2 될 수 있는 한 불쾌감을 피하고 쾌감을 추구하려는 무의식적 경향. 이드와 유아의 행동 원칙이다.

이야기하죠. "처음에 앙리가 꿈을 꾼 걸 내가 꿨고, 그다음에 라파엘이 총을 쏘는 꿈을 꿨다."라고 말이죠. 꿈속의 꿈을 꾼 거죠. 마치 「인셉션」처럼요.

그런데 이 영화에서 중요한 건 욕망의 본질을 건드린다는 점입니다. 만찬 약속 날짜가 어긋나서 찾아간 레스토랑에서는 주인장 장례식 때문에 못 먹은 채 그냥 나오고, 카페에서도 여자들이 차를 못 마시고 그냥 나와요. 그런 식으로 주인공들 모두 욕망의 대상을 손에 잡을 듯하면서도 잡지 못해요. 이처럼 부뉴엘의 영화는 일종의 영원한 순환 사이클 위에 있는 욕망의 본질을 보여 주고 있어요. 그래서 한 평론가는 이렇게 설명해요. "이 영화를 보고 주변의 부르주아를 비판하는 작품이라고 본다면 그건 첫 번째 인상이고, 사실 이 영화가 나 자신을 건드리는 영화라고 보기 시작한다면 당신은 드디어 통찰력이라는 것을 얻은 거다. 그게 사실 부뉴엘이 건드리고자 했던 세계다." 이 영화는 인간 사회의 위선과 허영만 공격한 것이 아니라 "바로 너 자신이 부르주아야. 그걸 부르주아라고 부르든 프롤레타리아라고 부르든 간에 당신이 이런 사람이야."라고 말해 주죠. 따라서 일견 씁쓸하지만 한편으로는 그런 불쾌감이야말로 부뉴엘 영화가 주는 묘한 쾌감이죠. 나의 위선을 건드리는 영화이니까요. 그런 점에서 홍상수 영화와 상당히 흡사해요. 홍상수 감독은 항상 지식인이나 중산층을 대변하는 캐릭터를 내세워 계급의 위선과 허영을 폭로하잖아요.

부뉴엘의 농담

강 설문 조사를 해 보면 여자분들은 유머 감각 있는 남자를 제일 좋아한대요. 나를 웃기는 남자에 대해 대부분 나와 잘 통한다고 생각하게 되죠. 상대를 웃길 수만 있다면 설득은 쉬워져요. 시니컬하면 짜증나잖아요. "선생님 강의 재미있었어요."라는 말은 사실 "선생님 얘기가 정리가 잘돼요."라는 뜻이거든요. 감정선을 건드리는 웅변가가 청중을 쥐락펴락하는 겁니다. 감정이 움직여야 지적으로도 동화된다는 뜻입니다.

부뉴엘의 전략도 바로 이겁니다. 정색을 하고 부르주아계급은 위선적이라고 주장해 봤자 안 먹히니까, 유머 감각을 동원한 겁니다. 위선적인 사람들을 크리스마스 만찬에 초대해서 너희들은 허영 덩어리라고 직접적으로 말하면 빈정 상하니까 크리스마스 파티는 부르주아만 즐기는 거라고 유머러스하게 던지면, 그 자리에서는 다들 웃어도 돌아갈 땐 뭔가 씁쓸해지죠. 웃으면서 들을 때는 무장 해제되니까 여과 없이 흡수했는데, 나중에 생각하면 불쾌해지는 거예요.

이 그러니까 부뉴엘의 유머는 냉소적이죠. 부르주아들은 마티니를 마시는 법에 대한 토론을 벌입니다. 운전사 모리스를 불러 마티니를 마시게 하더니 원샷 하는 걸 확인하고는 뒤에서 비웃죠. 그럼 마티니를 부르주아답게 마시는 건 뭘까요? 영화는 결코 그걸 말해 주지 않아요. 부르주아의 허영을 가장 크게 상징하는 사례는 '쉬르시크'라는 단어죠. 미란다공화국 대사가 밀월을 즐기려는 마음에 상대의 남편을 내쫓으려고 여자에게 쉬르시크를 보여 줘야 한다고 했더니, 그 남편은 자신이 모르는 걸 들킬까 봐 겁을 먹고 나가잖아요. 여자가 그게 뭐냐고 물으니, 자기도 모른다면서 갑자기 덮치잖아요. 마티니를 진짜 어떻게 마셔야 하는지 말해 주진 않은 채 "마티니는 저렇게 마시는 게 아니야."라고 하는 게 바로 부르주아 위선의 핵심입니다.
뭔가 있는 것처럼 말하지만 사실은 텅 비어 있죠. 본질이 없으니 가치판단할 것도 없는 겁니다. 손님을 내팽개치고 마당에서 몰래 섹스하고 들어오는 집주인 세네샬 부부의 머리에 엉겨붙은 지푸라기를 카메라가 끊임없이 비추는 것처럼, 이 영화에는 지푸라기와 같은 잉여적인 것을 폭로하는 은밀한(사려 깊은) 매력이 있어요. 자기들이 잘못해 놓고도 손님들이 못 기다리고 갔다는 하녀의 말에 화내는 세네샬 부부의 허세가 지푸라기를 통해 폭로되는 거죠. 부르주아의 예의라는 게 신의 없는 허영에 불과하다는 것을 이 작은 지푸라기가 폭로하는 겁니다.
역사학자들도 자주 하는 이야기인데, 인간이 만든 매너라고 하는 것들이 사실 동물적 본성을 덮기 위한 방식이라는 거죠. 예를 들어 옛날에는

루이스 부뉴엘, 「부르주아의 은밀한 매력」

"부르주아의 허영을 가장 크게 상징하는 사례는 '쉬르시크'라는 단어죠. 미란다공화국 대사가 밀월을 즐기려는 마음에 상대의 남편을 내쫓으려고 여자에게 쉬르시크를 보여 줘야 한다고 했더니, 그 남편은 자신이 모르는 걸 들킬까 봐 겁을 먹고 나가잖아요. 뭔가 있는 것처럼 말하지만 사실은 텅 비어 있죠."

음식을 손으로 집어 먹었는데 짐승과 구별되도록 포크를 만들었잖아요.

강 아리스토텔레스가 인간을 "생각하는 동물"이라고 해서 사람들은 '생각'에만 집중하는데, 사실 인간은 생각을 가끔 해요. '동물'에 강조점을 두어야 합니다. 우리는 대개 통찰력보다는 동물적인 습관에 의지해 살아요. 「부르주아의 은밀한 매력」을 욕망의 구조로 설명했는데, 그렇다고 성욕과 식욕에 대한 영화라고 생각하시면 피상적인 결론에 이릅니다. 이 영화는 꿈속에서 꿈을 꾼다는 구조가 반복되죠. 또 쉽게 끝나지 않고 계속 길을 걷는 장면을 보여 줌으로써 우리가 개념을 맴돌 수밖에 없게 해요. 탄탄한 토대 같은 건 없어요. 여성에 대한 시각 차이를 생각해 보세요, 조선시대와 지금 우리의 생각에 어떤 절대적인 토대가 있나요? 없어요, 맹목적이죠. 그러니까 문화의 기초가 식욕이나 성욕이라고 생각하면 많은 오해를 불러일으키게 되고, 부뉴엘 감독이 영화 기법이나 구성을 통해 피해 나가는 것이 바로 이겁니다. 사실 그 누구도 허영에서 자유롭지 못해요. 누가 저에게 이 책 읽어 봤냐고 물었을 때 내가 안 읽었다고 강조한다면 그것 역시 맥락에 따라 허영일 수도 있는 겁니다.

이 병원에 가면 의사한테 무슨 소리냐고 자주 물어보게 되는데, 종종 어려운 용어가 나오죠. 설명 듣고 나면 별것 아닐 때가 많아요. 사실 전문가라고 하는 것이 20세기 중반에 생긴 신흥 부르주아예요. 그래서 그들끼리만 아는 언어를 공유하려고 하죠. 무언가 있는 듯 보이지만, 별것 아니죠. 어쩌면 별것 아니기에 무언가 있는 듯 보이려고 한다는 것이 정확한 표현이겠네요.
마지막으로 초현실주의 문학이 궁금하신 분은 앙드레 브르통(1896-1966)의 소설 『나자』[3]를 읽어 보세요. 발터 벤야민은 초현실주의에 대해 쓴 한 논문에서 『나자』를 크게 상찬합니다.

3 앙드레 브르통이 1928년 발표한 초현실주의 소설. 일반적인 로맨스 소설을 벗어나 예술과 세계, 꿈과 현실 사이의 구별을 뒤엎는 서술로 발터 벤야민에게 "속세의 계몽을 실현한 작품."이라는 평가를 받았다.

질문 1 부뉴엘이 만든 것 중에 영어로 되어 있는 영화들도 봤습니다. 어떤 연유로 모국어가 아닌 다른 언어로 제작된 건가요?

이 부뉴엘이 1950년대에 내놓은 영화는 칸 영화제에서 그랑프리까지 탔지만 스페인 자국 내에서는 상영 금지되거나 신성모독이라는 이유로 거부됐죠. 심지어 부뉴엘은 귀국마저 거절당했고, 그 바람에 1960년대까지는 주로 멕시코에서 영화를 만들었습니다. 카트린 드뇌브(1943-)를 출연시켰던 「세브린(Belle de Jour)」(1967)이 엄청나게 성공을 거두면서 부뉴엘은 1970년대에 세계적인 감독이 됩니다. 그래서 프랑스에서 글로벌 자본으로 영화를 만들게 되는데, 「부르주아의 은밀한 매력」도 그중 한 편이었고 이 작품으로 그는 아카데미 최우수 외국어 영화상을 탔어요.

질문 2 신부의 포지셔닝이 부르주아와 노동자계급 사이에 있는 것 같습니다.

이 부뉴엘의 다른 작품 「비리디아나(Viridiana)」(1961)에서는 부랑자들이 어떤 여자의 집에서 술판을 벌이는데 그 구도가 「최후의 만찬」과 비슷하다는 이유로(예수님을 부랑자로 묘사했다는 이유로) 신성모독이라는 비판을 받아 화제가 된 적이 있습니다. 부뉴엘은 종교 문제에 늘 관심을 두었고 모든 영화가 그 문제를 건드리고 있는데, 「부르주아의 은밀한 매력」의 신부는 아무래도 부르주아에 속합니다. 그래서 정원사로 들어갈 수 있었던 것이고, 나중에는 보복 살인을 저지르잖아요. 그러니까 총 꺼내는 부르주아가 두 명 나옵니다. 테러리스트에게 총을 겨누다 갑자기 강아지 장난감을 쏘았던 라파엘은 테베노의 꿈에서도 콜로빌 대령을 쏩니다. 한편 신부는 고해성사를 듣다가 "네가 내 아비의 원수구나." 하고 바로 쏘지요. 신부도 겉으로는 용서를 설교하는 사람이지만 지체 없이 복수를 하는 걸 보면, 감독이 총을 통해 부르주아의 위선을 드러내고 있다고 할 수 있겠습니다.

강 기독교 성직자의 핵심 가치는 원수까지 사랑하는 겁니다. 그런데 원수를 만나자마자 바로 죽입니다. 이제까지 그 사람이 한 얘기가 다 헛소리라는 게 증명되는 순간이죠. 신부라면 신부라는 정체성을 증명해야 하는데, 대부분 성직자 의상으로 자신을 포장했을 뿐이라는 게 밝혀졌어요. 모성은 언제 나오나요? 자식이 서울대 붙고 좋은 직장 갈 때 나오는 건 모성애가 아닙니다.

자식이 대학 떨어지고 상처받았을 때 나오는 엄마의 행동이 바로 모성애의 척도가 될 수 있습니다.

이 이 영화에서는 신부가 신부임을 증명하는 방법이 간단히 드러나죠. 처음에 정원사 하려고 작업복 차림으로 오니까 무시당하는 바람에 바로 옷을 갈아입고 오죠. 그제서야 "아, 신부님." 하고 존중해 주잖아요. 이거야말로 인간 사회에 대한 부뉴엘의 냉소적인 농담의 결정체죠. 신부는 신부의 옷을 입었을 때에만 신부로 대접받는다는 페티시적 반응을 통해 인간의 허영을 유머러스하게 보여 주는 겁니다.

부뉴엘 영화에서는 인물들 표정이 굉장히 중요합니다. 인간이 얼마나 어설프고 어리숙한 존재인지를 보여 주고 싶었기 때문에 익스트림 클로즈업을 많이 썼던 거죠. 그렇게 느껴지셨다면 감독의 의도를 제대로 이해하셨다고 볼 수 있어요. 당혹감과 함께 임팩트를 주는 거죠. 대부분의 할리우드 감독들이 친밀감을 주기 위해 클로즈업을 썼다면 부뉴엘은 반대로 당혹감과 거리감을 주기 위해 클로즈업을 이용했던 거죠. 소격 효과를 낸 셈입니다.

질문 3 이 영화에서 꿈이 어떤 전략으로 쓰이고 있는지 좀 더 자세히 듣고 싶습니다.

이 꿈에서는 죽음과 관련된 것들이 많아요. 우리가 품은 에로스적 욕망, 생산적 욕망을 어떻게 지연하는가를 보여 줍니다. 그리고 욕망뿐 아니라 삶을 유예하는 기능도 있어요. 우리는 현실에서 늘 쫓기며 살잖아요, 빨리 리포트 제출해야 하는데, 빨리 이 프로젝트를 마무리 지어야 하는데……. 우리 머리가 스물네 시간 쫓기면 스트레스가 과해지는데 꿈에서 다른 세계로 이동함으로써 이런 쫓김에서 벗어날 수도 있는 거죠. 이런 체계를 구조화해서 보여 주는 영화라고 이해할 수도 있어요.

강 꿈은 이중적입니다. 억압된 욕망의 실현이기는 하지만, 그나마 직접적으로 욕망을 실현하지 않으니까요. 그래서 프로이트는 '연극화'라는 개념을 씁니다. 예를 들어 유부남인 직장 상사와 섹스하려는 욕망이 있다고 해 봐요. 이건 현실에서 통용되지 않으니 억압되는 욕망이지요. 그러나 이 욕망은 사라지지 않고, 아니 더 정확히 말해 억압할수록 강해집니다. 용수철을 누르는 것처럼 말이지요. 그래서 꿈을 꿉니다. 꿈에서 그 직장 상사는 귀여운 강아지로 변하고, 섹스의 욕망은 그 강아지를 물에서 구하는 것으로 변할 수 있습니다. 그러니까 불가피하게 강아지를 구했듯이, 불가피하게 그 상사와 섹스를 하는 욕망을 피력한 것이죠. 그러니까 허영의 구조를 뚫고 맨얼굴의 욕망에 이르려면, 꿈을 거쳐야 하지요. 부뉴엘이 따랐던 '초현실'이란 바로 이 꿈을 말하는 거죠. '당신들 부르주아의 맨얼굴은 이거야!' 이렇게 진단하면 거부반응이 생길 테지만, 이렇게 간접적으로 꿈을 다루면 거부반응이 수그러들 겁니다. 왜냐고요? 꿈은 이야기처럼, 코미디처럼 재미있으니까요. 현실에서의 두려움보다 악몽에서의 두려움이 더 견딜 만한 법입니다.

질문 4 이 영화에서 제일 인상적인 부분은 여자 셋이 카페에 들어와 차를 주문했는데 다 떨어졌다고 해서 다시 커피를 시켰는데 커피도 없다고 한 장면입니다. 이 영화에 나오는 여자들의 역할에 특별한 의미가 부여되어 있나요?

강 대체로 지적인 남자들은 현실적이기도 해요. 부부가 정원에서 섹스하는 장면만 봐도 여자가 정신 못 차리고 아무 데서나 옷을 벗으려고 하니까 남자가 인적 없는 덤불 속으로 데리고 들어가죠. 여자는 욕망에 더 적극적이고, 남자는 주위 환경에 신경 써요. 영화에서 남자들만 꿈을 꾸는 건 그들이 현실적이기 때문이기도 할 겁니다. 남의 눈치를 더 보니 억압이 심한 겁니다. 그러니 꿈을 꾸죠.

저는 영화 캐릭터 가운데 처제를 재미있게 눈여겨봤습니다. 딱히 별 역할 없는 주변 인물 같은데 술을 엄청 마시면서 쿨하게 행동해요. 그래서 부뉴엘의 시선이 이 여자에 숨어 있는 건 아닐까도 싶습니다.

이 세네샬 부인에 대해서도 얘기해 봅시다. 세네샬 부인이 처음에는 만찬을 준비하는 안주인 행세를 톡톡히 하는데, 두 번째 만찬 날에는 남편과 섹스하느라 아무것도 안 해요. 남편은 "당신은 너무 소리가 커서 안 돼!"라며 거부하는데도, 아내가 붙들고 늘어지니까 남편이 하는 수 없이 정원으로 끌고 나가죠. 프랑수아 테베노의 아내 시몬은 불륜 상대 라파엘 대사를 찾아가요.

그렇다면 이 작품의 여성들은 성적인 욕망이 강한 인물로 묘사가 된 걸까요? 그렇지는 않아요. 「부르주아의 은밀한 매력」에서 꿈꾸는 주체들은 남자이기 때문에 남성들의 이야기가 더 크게 부각되죠. 그들의 공포와 불안이 주제입니다.

부뉴엘이 여성의 욕망을 다룬 대표적인 영화는 「세브린」인데, 부르주아 계층의 여자가 자발적으로 매춘부가 되는 이야기라서 당시 화제가 되었던 작품입니다. 이 작품과 「부르주아의 은밀한 매력」에 등장하는 여성들을 비교해 보면, 그녀들은 처음에는 자신의 욕망이 무엇인지 잘 몰라요. 그저 유행이나 트렌드를 따라가지요. 더 들어가지는 않아요. 「세브린」은 상대적으로 한 걸음 들어가 그녀의 욕망을 보여 줍니다. 남성의 불안과는 다른 공허함이 전면에 등장하지요.

질문 5 부르주아들이 시골길을 걷는 모습에서 부조화롭지만 생명력도 느껴지는데요?

이 걷는 장면은 현실 같기도 하고 꿈 같기도 해요. 먼저 황량한 시골길을 걷는 것치고는 너무 잘 차려입은 의상에 주목해야겠죠. 장소와 목적에 어울리는 차림이 아니죠. 다른 이미지의 충돌로 부조화를 의도했다고도 볼 수 있어요. 목적지는 제시되지 않았지만 걸어가는 이미지, 즉 꿈이라고도 볼 수 있겠죠. 도돌이표처럼 같은 곳을 헤매는, 맴도는 꿈 같기도 해요. 불안할 때 우리가 종종 꾸게 되는 그런 꿈의 한 장면처럼 보셔도 될 것 같아요. 갈망하는 것이 이루어지지 않는 불안을 형상화한 거죠. 그저 무표정한 얼굴로 터덜터덜 걸을 뿐인 무상한 태도를 보여 주는 것 같기도 하고요.

강 무인도에서 자기들끼리 사는 삶처럼 느껴졌어요. 부르주아 저들끼리 사는 삶을 묘사했다고 할까요? 저들만의 욕망, 저들만의 쾌감에 주목한 채로 살아가는 존재인 거죠. '그들만의 리그'를 보여 주는 장면 같았습니다.

질문 6 종종 대화가 안 들리는 부분이 있는데요. 감독이 스리슬쩍 넘어가는 이유가 뭘까요?

강 이 영화에 나오는 부르주아는 정확히 알지 못하는 것에 대해 잘 아는 것처럼 떠듭니다. 『모비 딕』은 지적인 척하는 사람들이 좋아한다고들 떠들지만 선박 용어, 뱃사람들 용어가 어려워서 완독하기 쉽지 않아요. 부르주아의 대화라는 것의 텅 빈 속성을 보여 주는 사례죠. 『지리산』을 쓴 이병주(1921-1992)라는 소설가는 《르 몽드》를 들고 읽었어요. 영어를 하는 사람이 많지 않았던 시대에 지식인들이 명동 다방에서 《타임》을 보는 게 시대적 풍경이던 때였죠. 그러니 이병주는 얼마나 잘나 보였을까요. 김수영은 그게 못마땅해서 '딜레탕트(dilettante)'라고 했죠. 지적 허영이 가득한 예술가나 그들이 가진 태도를 말하는 이 용어가 한때 굉장히 유행했었죠.

철학자의 눈
강신주

그들만의 인생! 그들만의 탐욕! 그들만의 공포!

다람쥐 쳇바퀴! 아무리 뛰고 뛰어도 다람쥐는 쳇바퀴에서 벗어날 수 없다. 정확히 말하면 뛰고 또 뛰어도 쳇바퀴가 회전하기에 다람쥐는 다시 뛸 수밖에 없다고 확신하고 있다. 자신이 쳇바퀴를 돌리고 있으면서도 그걸 모른 채 쳇바퀴가 자신을 뛰도록 만든다고 착각하고 있는 것, 이것이 바로 다람쥐의 비극이다. 쳇바퀴의 진상을 알려면 넘어질 각오를 하고 뜀박질을 멈추어야만 한다. 아마 관성의 힘으로 쳇바퀴에서 나뒹굴지도 모른다. 상처가 날 수도 있고 심하면 어딘가 부러질지도 모를 일이다. 다행스럽게도 큰 상처가 없다면 다람쥐는 쳇바퀴 옆을 보게 될 것이다. 그렇다. 바로 옆에 있었던 것이다. 쳇바퀴에서 벗어날 수 있는 넓게 열린 공간 말이다. 단지 지금까지 앞만 보고 뛰느라 전혀 옆을 볼 새가 없었던 것이다. 쳇바퀴와 다람쥐 사이의 관계만큼 자본주의 체제와 부르주아의 삶 사이의 관계를 상징하는 비유도 없겠다. 자본이 던져 준 미끼를 쫓느라, 혹은 지키느라 부르주아는 다람쥐처럼 벗어날 수 없는 쳇바퀴의 궤적, 끝이 보이지 않는 무한궤도를 따라 달려가고 있다.

1972년에 상영된 「부르주아의 은밀한 매력」이라는 영화로 루이스 부뉴엘 감독이 우리에게 보여 주려고 했던 것도 바로 이 점이었다. 부뉴엘의 영화는 부르주아 계급에 속하는 세 명의 남자와 세 명의 여자가 어떤 삶을 영위하는지 초현실주의적 기법을 동원해 유머러스하게 보여 준다. 흥미롭게도 하나의 에피소드가 끝날 때마다 반복적으로 등장하는 장면이 하나 있다. 이 여섯 명의 사람들이 드넓은 평원 위로 길게 뚫린 길을, 아무도 없이 그들만이 걷고 있는 길을 마치 산보라도 하듯, 조금은 더운 듯 약간은 심드렁해진 채 걸어가는 장면이다. 시작도 끝도 없는 길을 걷는 그들의 모습은 다람쥐 쳇바퀴나 혹은 탈출 불가능한 무한궤도를 연상시킨다. 시작도 끝도 없는 길을 걷는 짧은 장면 사이에 등장하는 에피소드들은 무의미를 잊기 위해 의미를 만들려는 부르주아의 절망적인 노력과 그 좌절을 보여 준다.

여섯 명의 부르주아들은 이곳저곳 함께 다니며 근사한 레스토랑에서 식사도

하고, 자신의 만찬에 사람들을 초대하거나 타인의 만찬에 초대되어 즐겁고 세련된 사교 생활을 즐긴다. 그들은 첼로 소리도 듣고, 근사한 차도 즐겨 마신다. 그리고 불륜도 삶의 디저트라도 되는 양 가볍게 즐기기도 한다. 여섯 명의 부르주아들 중 세 명의 남자, 즉 앙리 세네샬, 프랑수아 테베노 그리고 라파엘은 이 영화의 주인공이다. 처음에는 이들 세 사람이 서로 친밀한 친구인 것처럼 보인다. 하지만 라파엘이 프랑수아 테베노의 부인과 부적절한 관계를 맺고 있고, 앙리 세네샬 또한 자기 아내와 섹스를 즐기느라 지인들과의 약속을 무시하는 것으로 보아, 세 사람이 정말 친구 관계인지는 의심스럽다. 이런 우리의 의심은 미란다공화국의 대사 라파엘이 자신의 직급을 악용해 마약을 밀수하는 장면을 통해 가중된다. 라파엘이 앙리 세네샬과 프랑수아 테베노에게 마약을 공급하고 돈을 받는 장면 말이다. 결국 세 사람은 불법적인 사업에 연루된 파트너였던 셈이다.

세 명의 부르주아가 즐기는 매력적인 사교 생활의 물질적 토대는 자본의 부당한 힘에 의해 가능했던 것이다. 하긴 부당하지 않은 자본의 논리가 어디 있겠는가. 자본의 힘으로 노동하지 않고도 이득을 챙길 수 있도록 만드는 체제가 바로 자본주의이기 때문이다. 당연히 부르주아들이 자본을 통해 얻는 이득은 궁극적으로 노동하는 사람들에게서 착취한 것에 다름 아니다. 일을 하지 않고 이익을 얻었다면, 그 이득은 실제로 일하는 사람들에게서 나올 수밖에 없는 법이다. 이건 단순한 산수의 문제다. 일하지 않고 이득을 얻었다면, 그건 다른 사람에게서 빼앗은 것일 수밖에 없다. 부뉴엘은 간결하게도 세 남성의 마약 거래 장면을 통해 부르주아적 삶의 경제적 토대를 상징하려 했던 것이다.

「부르주아의 은밀한 매력」에 자주 등장하는 만찬 장면

잊지 말아야 할 건 앙리 세네샬, 프랑수아 테베노 그리고 라파엘이라는 세 명의 부르주아, 그리고 그들의 가족인 세 명의 여자가 누리는 근사하고 세련된 생활의 토대에 마약 거래가 도사리고 있다는 점이다. 흥미롭게도 세 명의 부르주아는 무의식적이나마 자신의 부르주아적 삶이 어디에 토대하고 있는지 잘 알고 있는 것으로 보인다. 그래서 앙리 세네샬, 프랑수아 테베노 그리고 라파엘의 악몽은 무척 중요하다. 프로이트를 언급하지 않더라도 인간의 악몽은 그가 무의식적으로 두려워하는 것을 드러내기 때문이다. 즉 꿈은 무의식으로 들어가는 왕도인 셈이다. 부뉴엘은 앙리 세네샬의 꿈, 프랑수아 테베노의 꿈 그리고 라파엘의 꿈이 이어지는 순으로 영화를 연출하고 있다. 이건 묘한 효과를 낳는다. 앙리 세네샬이 꿈꾸는 장면을 프랑수아 테베노가 꿈꾸고, 이어 프랑수아 테베노의 꿈을 라파엘이 마지막으로 꿈꾸니 말이다. 지금 부뉴엘은 부르주아적 악몽의 기원을 심층적으로 탐구하려는 속내를 드러내고 있다.

먼저 앙리 세네샬의 악몽을 살펴보자. 자신과 동료 부르주아가 모여 만찬을 하는 도중, 느닷없이 만찬 장소가 사실 연극 무대라는 사실이 밝혀진다. 이때 앙리 세네샬은 식은땀을 흘리며 악몽에서 깨어난다. 앙리 세네샬은 자신의 부르주아적 삶이 리얼리티라고는 전혀 없는 배우의 연기와 다를 바 없다는 걸 알고 있었던 것이다. 그는 이 사실을 다른 사람들이 눈치채는 걸, 혹은 자신이 자각하는 걸 죽도록 싫어한 거다. 두 번째로 앙리 세네샬의 악몽마저 꿈꾼 프랑수아 테베노의 악몽을 살펴보자. 프랑수아 테베노는 친구 미란다공화국 대사 라파엘이 모국을 독재 국가라고 조롱하는 사령관을 향해 총을 쏘는 광경을 보고는 소스라치게 놀라 잠에서 깬다. 만약 꿈이 사실이라면 라파엘, 즉 마약 공급상이 자신의 삶에서 사라지게 된다. 사실 그가 자기 아내와 라파엘의 불륜을 못 본 척 묵인한 건 마약 밀매로 발생하는 엄청난 이득이 사라질까 두려웠기 때문은 아니었을까. 그러니 남의 시선을 의식하는 앙리 세네샬보다 여러모로 프랑수아 테베노가 더 현실적인 부르주아, 더 속물적인 부르주아라고 할 수 있다. 프랑수아 테베노는 자신의 아내를 다른 남자에게 뺏기는 모멸감보다 그것을 감내했을 때 발생하는 경제적 이득을 최우선으로 생각하기 때문이다.

마지막으로 라파엘의 악몽을 살펴보자. 그는 독재자가 지배하는 미란다공화국의 대변인이다. 그러니 그가 가장 두려워하는 건 민주주의를 요구하는 학생이나 시민의 저항이다. 그가 항상 자신이 암살될까 노심초사하는 것도 이런 이유에서다. 따라서 라파엘이 가장 무서워하는 건 죽음이다. 앙리 세네샬의 집에서 열린 만찬에 기관총을 든 괴한들이 난입했을 때, 라파엘은 가장 먼저 식탁 밑으로 숨는 데 성공한다. 그래서 만찬에 참석했던 다른 부르주아들이 모두 기관총에 살해됐을 때도 그는 식탁 밑에 안전하게 숨어 있을 수 있었다. 하지만 식탁에 놓인 양고기가 먹고 싶어 손을 뻗치다 그만 괴한들에게 들켜 총격을 받는다. 부당한 탐욕 때문에 자신이 항상 죽임을 당할 수 있다는 것, 이것이 바로 악몽으로 드러난 라파엘의 무의식적인 공포였던 셈이다. 이렇듯 앙리 세네샬이나 프랑수아 테베노보다 라파엘은 더 현실적인 사람이다. 적어도 라파엘은 미란다공화국 시민들을 억압하고, 사람들을 마약에 찌들게 해서 자신의 부르주아적 삶이 가능하다는 걸 알았으니 말이다.

부르주아적 사교 생활이 실상 남이 알면 부끄러운 허영일 뿐이라는 앙리 세네샬의 불안감. 부르주아적 삶이 경제적 이해관계에 기초한다는 프랑수아 테베노의 불안감. 부르주아의 경제적 이득은 민주주의와 결을 함께할 수 없다는 라파엘의 불안감. 앙리 세네샬의 불안감 이면에는 프랑수아 테베노의 불안감이 도사리고 있고, 프랑수아 테베노의 불안감 이면에는 라파엘의 불안감이 자리하고 있다. 「부르주아의 은밀한 매력」이라는 부뉴엘의 영화가 은밀하게 매력적인 이유도 바로 여기에 있는 것 아닐까. 결국 자본주의가 마련한 쳇바퀴에서 무의미하게 질주하는 다람쥐와 같은 부르주아의 삶은 자기만의 허영과 탐욕을 도모하는 고독한 삶일 수밖에 없다. 그래서 부뉴엘은 다양한 에피소드 사이에 부르주아의 산보 장면을 반복적으로 넣었는지도 모른다. 그들만의 삶, 그들만의 산보, 그들만의 허영, 그들만의 탐욕! 부르주아, 그들은 타자와 동행하지 않은 채 그렇게 시작도 끝도 없는 길을 걸어가려 할 뿐이다. 오늘도 그들의 산보는 계속된다. 조금은 더운 듯, 다소 심드렁하게.

비평가의 눈
이상용

마티니를 제대로 마시는 법

회사에 친한 두 사람이 승진을 앞두고 경쟁을 벌이게 됐다. 이런저런 과정이 있기는 했지만 결과는 나의 승리로 끝이 났다. 이때 내가 친구에게 해야 할 적절한 행동은 "네가 됐어야 했는데. 회사에 다시 말해서 네가 더 적합하다고 이야기할게." 정도의 언질이다. 그런데 나를 대신해 친구가 승진하도록 양보하는 이 말에 화답하는 친구의 반응이 더욱더 중요하다. 친구는 "무슨 소리야. 될 사람이 된 거지. 그런 소리 말고 열심히 해. 축하해."이다. 나는 친구에게 양보의 제스처를 취하고, 친구는 내 제안을 거절함으로써 두 사람 사이의 관계는 유지된다. 그것은 예절이자 교양의 세계다.

그런데 여기에 다른 가능성을 생각해 보자. 내 말에 친구가 거절이 아니라 승인의 답을 보냈다고 생각해 보자. "그래 좋아. 내가 되어야 마땅하지."라고 말하는 순간, 두 사람의 관계는 파괴되어 버린다. 중요한 것은 진짜 속마음이 아니다. 겉으로 표현되는 것이야말로 세상의 질서를 이루는 본질이며, 그것은 교양과 만찬으로 가득한 부르주아의 세계를 채우고 있다. 부르주아 질서를 움직이는 것 안에 담긴 내용은 진짜가 아니라 텅 빈 것이며, 유일하게 중요한 것은 형식 그 자체에 있다. 우리는 이것을 부르주아 예절이라고 일컬을 수 있을 것이며, 오늘날의 현대인을 지배하고 있는 것이기도 하다.

부뉴엘의 「부르주아의 은밀한 매력」이 진정으로 매력적일 수 있는 이유는 텅 빈 의미가 '만찬'과 '만남'이라는 형식을 통해 반복되기 때문이다. 여섯 명의 부르주아는 만찬을 위해 매번 만난다. 하지만 만찬은 매번 이루어지지 않는다. 여러 평론가들은 '만찬이 이루어지지 않기 때문에' 이 영화가 부르주아의 결핍을 다룬다고 설명하곤 했다. 하지만 절반만 맞는 말이다. 더욱 중요한 것은 결핍이 아니라 결핍된 것, 텅 비어 있는 것이야말로 이들의 사교 모임을 지속시키는 동력이 된다는 사실이다. 부르주아가 포만감에 사로잡힌다면, 더 이상 만찬은 필요 없을 것이다. 그들은 배가 고프기에, 아니 배고픔을 가장하며 만난다. 만찬이라는 우아한 형식이야말로 부르주아적 삶의 본질이기 때문이다. 그 안에 담긴 내용은 본질적인 것이 아니다. 어떤 요리가 나와도 상관없다.

음식과 관련한 대표적인 장면 중의 하나가 한 잔의 마티니를 들고 논쟁을 벌이는 대목이다. 부르주아는 '어떻게 하면 마티니를 제대로 마시는가?'를 두고 설전을 벌인다. 이때 문제가 되는 건 마티니의 맛이라든가 마티니가 좋은 음료이냐 하는 게 아니다. 마티니를 음미하면서 부르주아답게 마시는 것이야말로 중요한 일이다. 그들이 운전사를 불러 시험해 보는 것도 바로 이것이다. 겉으로는 맛이 좋은가를 물어보지만, 그들이 유심히 보는 것은 마시는 방법일 뿐이다.

그러므로 부르주아에게 본질은 마티니가 아니라 '마티니를 마시는 법'에 있다. 오늘날 '브랜드'로 대변되는 명품의 세계도 마찬가지다. 가방의 기능이나 재질이 문제가 되는 것이 아니라 이 가방이 루이비통인지 프라다인지 따위가 중요한 것이다. 그것은 겉으로 보이는 기호의 세계다.

이처럼 부르주아의 텅 빈 형식은 영화를 이어 가는 동력이 된다. 정원사 복장을 하고 나타난 신부가 세네샬 부부에게 무시를 당하자 다시 주교의 복장을 하고 나타나는 장면을 보자. 주교라는 신분을 결정하는 것은 주교의 신앙도 믿음도 아니다. 중요한 것은 주교의 복장이다. 부뉴엘의 영화에 페티시(복장 도착)가 있다는 것은 자주 지적되어 왔다. 다른 영화를 통해 발이나 구두에 집착하는 인물들을 다룬 것도 사실이다. 그런데 「부르주아의 은밀한 매력」에 한정해서 페티시가 중요한 것은 복장이 바로 존재를 규정해 준다는 데 있다. 주교는 주교의 복장을 입어야 하고, 하인은 하인의 복장을 입어야 하며, 경찰은 경찰의 복장을 입어야 하고, 군인은 군인의 복장을 입어야 한다. 「부르주아의 은밀한 매력」에서 관객이 인물을 파악하게 되는 것도 바로 이러한 복장을 통해서다. 주교의 경우처럼 두 복장을 왔다 갔다 하는 인물은 이 영화에서 지극히 드물다. 대부분 각 계층을 드러내는 복장에 충실하다. 우리는 이를 통해 인물의 성격을 파악하게 된다.

이와 관련하여 흥미로운 장면이 있다. 「부르주아의 은밀한 매력」의 다양한 꿈 장면 중의 하나는 부르주아가 잘 차려입고 만찬을 하는 장면이 갑작스럽게 '연극 무대'로 전환되는 순간이다. 부르주아는 당혹한다. 현실 속에서 그들의 복장은 자신의 계급과 성격을 규정해 주는 것이었지만, 무대 위에서 '상연'이 되면 하나의 캐릭터로 전락한다. 그것은 이 영화가 보여 주는 전체적인 효과이기도 하다. 여러 부르주아 캐릭터를 '영화'라는 무대 위에 올려놓음으로써 관객으로 하여금 그들의 우스꽝스러운 면모를 지켜보게 만든다. 하지만 꿈 혹은 영화를 벗어나 현실에서 그들을 만나게 된다면, 그들의 신분과 돈과 복장에 호감을 느끼게 될 것이다.

「부르주아의 은밀한 매력」의 주인공 커플들

이처럼 복장은 어떤 장소에 속해 있는가에 따라 새로운 맥락을 얻는다. 복장과 관련하여 주목해야 하는 또 하나의 장면은 세 번에 걸쳐 반복되는 길을 걷는 부르주아의 모습이다. 그들은 한적한 시골길을 걷는다. 하지만 부르주아가 입은 복장은 걷기에 적합하지 않다. 그들의 복장은 주변의 자연 경관과 대비되어 기묘한 느낌을 자아낸다. 과학적 관찰을 통해 잘 알려진 것처럼 동물들이 보호색이나 카무플라주를 사용하는 것은 자신을 보호하기 위함이 결코 아니다. 생물학자들에 따르면 보호색을 띤 곤충과 보호색이 없는 곤충 사이에 잡아먹힐 확률은 차이가 거의 없다고 한다. 이를 통해 생물학자들은 보호색의 본질이 자기 보존이 아니라 주변 환경에 적응하기 위한 생물의 단순한 모방 능력임을 깨닫게 되었다. 부르주아의 복장 역시 마찬가지다. 그들은 자신들이 속한 세계의 만찬에 어울리기 위해 옷을 입을 뿐이다. 길을 걷는 장면이 기묘한 것은 주변과 어울리지 않기 때문이다.

부르주아의 옷은 그들의 특성을 나타내 주지만 결코 보호해 주지는 못한다. 만찬을 벌이는 도중에 부르주아는 테러리스트들에 의해 총살을 당하기도 하고, 마약사범으로 경찰서에 잡혀 가기도 한다. 부르주아의 복장은 그들의 환경을 보여 줄 따름이다. 영화는 부르주아의 복장으로 시골길을 걸어가는 인물들을 관객에게 문득 생각하게 만든다. 이 얼마나 불편한가. 구두는 딱딱하고, 넥타이는 목을 조인다.

부르주아의 복장이야말로 그들의 특성을 드러내는 텅 빈 형식 그 자체다.

부르주아의 텅 빈 형식은 언어적 차원에서도 등장한다. 대사관 관저에서 라파엘 대사는 불륜 상대인 프랑수아 테베노의 아내를 만난다. 그런데 공교롭게도 남편 프랑수아 테베노 또한 같은 시각에 대사를 방문한다. 기지를 발휘해 상황을 무마한 라파엘 대사는 프랑수아 테베노를 먼저 차에 가 있으라고 이야기한다. 그리고 그녀에게 쉬르시크를 보여 주기 위해서라며 얼버무린다. 프랑수아 테베노가 관저를 먼저 나간 후 시몬은 라파엘에게 물어본다. "그게 뭐예요?" 라파엘 대사는 의미 없는 말이라고 답한다. 그렇다. 이 말은 의미 없이 만들어 낸 부르주아의 언어다. 다만 기능이 있다면, 그건 그녀의 남편을 쫓아내고, 그녀와 시간을 보낼 수 있는 기회비용의 언어다. 그러나 내용은 텅 빈 것이다. 그녀는 서둘러 자리를 뜬다. 물론, 훗날을 기약하는 몸짓과 함께 말이다.

텅 빈 형식, 의미 없는 언어, 식사하지 않는 만찬, 마티니를 마시는 법 등은 부르주아의 세계를 이루는 요소이며, 그것은 마치 인간의 과거와 미래를 지시하는 꿈 장면과 같다. 꿈이야말로 인간이 지닌 가장 독특한 텅 빈 형식들이다. 우리는 매번 꿈에 과도한 의미를 부여하려고 한다. 이 꿈이 부자가 되려는 꿈은 아닌지, 좋은 일에 대한 기대가 아닌지, 위험을 경고하는 것은 아닌지……. 이러한 의미를 만드는 이유는 사실 꿈의 내용이 텅 빈 것이기 때문이다. 꿈은 맥락이 닿지 않는 장면의 연속체이며, 꿈은 해석자에 따라 자유롭게 다가갈 수 있는 열린 문이다. 그래서 꿈은 중요하기도 하고 중요하지 않기도 하다.

부르주아의 만찬에 대해서도 동일하게 말할 수 있다. 만찬은 먹고 마시기 위해 열리는 것이 아니다. 부르주아에게 중요한 것은 만찬이 열렸으며, 만찬에 초대를 받았다는 것이다. 우리는 만찬이라는 내용 속에 만찬이라는 행위 자체를 포함시켜야 한다. 어떤 성대한 파티를 보도하는 방식에 대해 생각해 보면 금세 알 수 있다. 파티의 내용을 상세하게 증언하는 경우는 지극히 드물다. 중요한 것은 파티가 열렸고, 누가 참석했으며, 그렇게 파티가 끝났다는 사실이다. 이 파티에서 A라는 인물이 스시를 먹었는지, B라는 인물이 캐비아를 먹었는지는 다뤄지지 않는다. 더 중요하게 다뤄지는 건 A라는 인물의 패션이 어떠했고 B라는 인물의 드레스는 얼마짜리인지다. 정말 그렇지 않은가, 파티를 채우는 것은 파티의 내용이 아니다. 파티가 어떻게 진행되었고, 무슨 축사가 있었는지는 언급되지 않는다. 다만 파티가 그 자리에 있을 뿐이다. 그리고 파티에 참석한 사람들과 그 사람들이 입은 옷이 중요하다. 그게 괜찮았다면 파티는 훌륭하게 치러진 것이다. 정말 이상한 꿈과 같지 않은가.

부뉴엘의 영화 대부분은 관객에게 즐거움과 쾌락을 주기 위한 것이기보다 불편함과 충격을 유발하기 위해 기획된 것이다. 관객을 불편하게 만드는 영화를 제작하면서도 서른 편이 넘는 장편을 완성한 건 놀라운 일이다. 부뉴엘의 진정한 영향력은 여기에 있다. 관객에게 오락을 제공하는 것이 아니라 충격을 제공할 것, 즐거움을 제공하는 것이 아니라 불쾌함을 제공할 것. 그래서 관객에게 이미지적 충격을 주고 인간의 위선과 허위를 까발리는 영화들은 부뉴엘의 영향 아래 있다고 할 수 있다.
한국에서는 홍상수 감독의 영화가 부뉴엘과 많이 닮아 있다. 「돼지가 우물에 빠진 날」(1996)에서부터 홍상수 감독의 영화는 불편함을 주었다. 그는 수많은 연애담을 이야기하면서도 정작 여성 관객을 끌어당긴 적은 없다. 이유는 간단하다. 홍상수는 연애의 위선과 허영을 다루며, 기껏해야 술 취한 연애담이 대부분이기 때문이다.
초현실주의자로서 부뉴엘의 스타일은 크게 받아들여지기 어려웠지만 종종 기괴한 꿈을 다루는 영화에서 부뉴엘의 영향력을 찾아볼 수 있다. 데이비드 린치(1946-)의 「멀홀랜드 드라이브」나 중산층 가정의 해체를 다룬 「블루 벨벳(Blue Velvet)」(1986)과 같은 작품은 스타일이 다르긴 하지만 부뉴엘의 스타일에 대한 미국적 해석이라고 볼 수 있다.

4부

불안한 영혼, 방황하는 영화

1974 ~ 2004

이제 영화 속 인간은 불안감에 휩싸인다. 모든 것이 불안했다. 먹는 것, 입는 것, 자는 것, 살아가는 것. 우디 앨런은 말한다, 조증과 울증 사이에서 우리가 선택할 수 있는 것이 있느냐고. 인간은 두 가지 혹은 세 가지 증상을 오고가는 방황하는 존재일 따름이다. 그러나 간절한 소망과 열정이 있다면 우리는 친구의 공책을 끝내 친구에게 돌려줄 수 있을 것이다. 촛불을 옮기며 세상을 구원할 수도 있을 것이다. 숨가쁘게, 그러나 조심스럽게 방황을 시작한다.

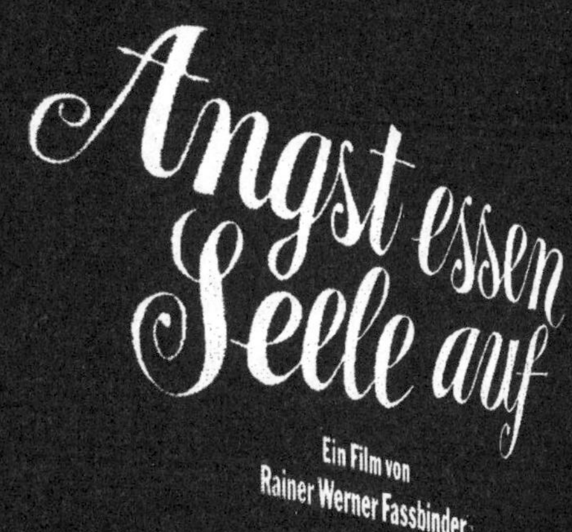

18강 우리 곁의 파시즘

불안은 영혼을 잠식한다

라이너 베르너 파스빈더

"저는 지금 너무 행복해서 두려워요."

— 등장인물 에미의 대사

「불안은 영혼을 잠식한다」 Angst Essen Seele Auf, 1974

독일 | 93분 | 라이너 베르너 파스빈더

해가 저물고 비가 쏟아진다. 에미는 고층 건물의 청소부로 근무하는 초로의 미망인이다. 에미는 청소부로 일하는 건물 근처에 위치한 한 선술집을 지나칠 때마다 그곳에서 흘러나오는 기묘한 노랫가락에 마음이 끌리곤 했다. 그날은 비가 내려 날이 차가웠고, 서둘러 퇴근해 봤자 텅 빈 집은 그녀를 반겨 주지 않을 터였다. 에미는 진짜로 몸이 오싹했던 까닭인지, 아니면 단지 사람의 온기가 그리웠던 까닭인지 용기를 내서 그 묘한 선술집의 문을 열고 들어선다. 선술집 바에는 행색이 추레한 외국인 노동자들과 그들과 어울려 술을 축내는 여성들이 몇몇 모여 있다. 주크박스에서는 이상한 노래가 울려 퍼진다. 에미가 이런 낯선 광경에 놀란 만큼, 외국인 노동자들만 찾는 허름한 선술집의 사람들도 늙은 독일 여성의 존재가 해괴하긴 마찬가지다. '도대체 저 여자는 여기에 왜 온 거야?' 술집 여사장 바바라는 그다지 내키진 않지만, 일단 손님으로 왔으니 주문을 받기로 한다. "손님, 뭘 드시겠어요? 보통 다른 사람들은 맥주나 콜라를 마시곤 하죠." 에미는 살짝 긴장이 밴 말투로 콜라를 주문하면서 상대가 묻지도 않은 이야기들을 두서없이 쏟아낸다. 바바라는 투덜대면서 에미의 자리에 콜라 한 병을 내려놓는다. "늙은 여자가 주책이 심하군." 이때 낯선 독일 여성을 지켜보는 한 사람이 있다. 그는 모로코 출신의 외국인 노동자로, 독일 사람들이 발음하기 어려운 본명 대신 '알리'라는 별명으로 불린다. 알리는 독일인들의 모진 냉대에도 불구하고 카센터에 근무하며 착실히 생활하고 있다. 그는 비록 독일인들이 '버러지' 취급하는 아랍인이지만, 제법 근사한 외모에 근육질 육체를 지닌 남성이다. 이곳 술집을 드나드는 여성들은 물론, 여사장 바바라도 그에게 호감을 가지고 있다.

마침 한 술집 여성이 알리에게 추파를 던진다. “오늘 나랑 함께 시간 보낼까, 알리?” 알리는 맥주를 들이켠다. “아니, 관심 없어.” 여성은 자신의 데이트 신청이 단칼에 거절당하자 기분이 상한다. “그럼, 저 늙은 여자랑 춤이라도 춰 봐.” 여성은 주크박스의 음악을 무도곡으로 바꾼다. 알리는 악의적으로 대들고 나선 술집 여자의 행동에 맞불을 놓듯 늙은 에미에게 춤을 청한다. “저랑 춤 한번 추시겠어요?” 에미는 영문도 모른 채 달뜬 마음으로 알리의 제안을 받아들인다. “춤을 춰 본 지가 언제더라? 제대로 출 수 있을지 모르겠어요.” 에미와 알리는 손을 맞잡고 홀 중앙으로 나가 다정하게 파트너 댄스를 춘다. 완전히 이질적인 존재로만 보이던 두 남녀는 원래 하나의 덩어리였던 듯 서로에게 녹아든다. 이런 의아스러운 광경을 바라보는 술집 사람들의 시선이 격하게 흔들린다.

한편 에미와 알리는 주변 사람들의 반응 따위에는 아무런 관심도 없다. 이 지구상에 오직 두 사람만 남은 것처럼, 그들은 서로에게 이끌린다. 에미는 알리의 품에 안겨 느릿한 리듬을 타고 도는 사이 자기 앞에 선 이방인의 진짜 얼굴을 조금씩 알아 간다. 그의 고향, 그의 실제 이름, 그의 직업, 그가 독일에서 살아가는 방식……. 알리 또한 이 늙은 여성의 이름이 에미라는 사실을 깨닫게 된다. 그녀는 과부이고, 세 명의 자식을 모두 결혼시켰으며 친구라고는 고독뿐인 사람……. 음악이 끝나고 에미와 알리는 같은 자리에 마주 앉는다. 알리는 에미의 콜라를 대신 계산해 주고, 그녀를 집까지 바래다준다. 오늘 만난 이 두 사람이 어둑한 밤거리를 걸으며 어떤 이야기를 나눴을까? 또 차가운 빗방울은 얼마나 거세게 두 사람의 뺨을 때렸을까? 하지만 알리와 에미는 쉬이 흩어져 버릴 하룻밤의 인연이 아쉽다. 두 남녀는 벌써 목적지에 도착했음에도 가볍게 돌아서지 못한다.

그러다 에미는 여전히 쏟아져 내리는 비를 핑계로 알리의 발걸음을 붙잡는다. “커피라도 드시고 가세요. 좀 더 이야기를 나누고 싶어요.” 이게 얼마 만에 찾아온 기회인가? “당신에게는 밝은색 옷이 더 잘 어울려요. 어두운 색은 사람을 우울하게 만들죠.” 알리는 에미의 따뜻한 마음 앞에서 무장 해제된다. 그는 독일에 들어온 뒤로 단 한순간도 인간다운 삶을 살지 못했다. 벌레 같은 취급을 받으며 개처럼 일만 해야 했다. 카센터와 여섯 명의 노동자와 함께 모여 사는 비좁은 단칸방, 그리고 낯선 외국인들이라도 흔쾌히 받아 주는 퀴퀴한 선술집을 제외하고는 그 어느 곳에도 마음을 둘 수 없었다. 그런데 느닷없이 이 늙은 독일 여성이 나타난 것이다. 두 사람은 에미의 아파트로 올라가 고급 브랜디와 향긋한 커피를 몇 잔 더 기울이며 진솔한 이야기를 나눈다. 입방아 찧기 좋아하는 이웃 사람들의 시선은 잊은 지 오래다. 사실 그녀는 나치 독일 시절에도 폴란드 남자를 만나 결혼한 적이 있었다. 에미의 눈에는 상대의 피부색, 인종, 국적보다 영혼의 깊이가 먼저 보이는 듯하다. 그녀는 죽은 남편의 잠옷을 알리에게 입혀 본다. 어차피 막차도 끊겼고 두 사람 모두 이른 아침부터 출근해야 하니, 차라리 이곳에서 자고 가는 편이 낫다. "칫솔이 열 개나 돼요. 할인할 때 덕용으로 사 뒀죠." 그녀의 배려에 알리의 가슴이 두근거리기 시작한다. 이제껏 이런 감정을 잊은 채 살아왔다니! 결국 알리는 잠을 이루지 못하고 에미의 침실의 문을 연다. 그리고 조심스럽게 사랑을 청한다. "알리는 일과 술밖에 모르죠. 독일 사람들 말처럼 아랍인은 정말 인간도 아닌 것 같아요. 알리는 외로워요." 에미는 상처 입은 짐승의 등을 쓰다듬듯 알리를 위로한다. "생각이 많으면 슬픈 법이죠. 인생은 한정돼 있고, 그동안 우리가 무엇을 할 수 있겠어요? 삶은 한순간의 꿈이에요. 결국 뭐가 남겠어요?" 에미는 알리의 품에 안긴다.

다음 날 아침, 에미는 자신처럼 늙고 추한 여자가 스무 살이나 젊은 남자에게서 사랑을 받았다는 사실에 적잖이 당황한다. 어젯밤에는 브랜디의 취기로 인해 아무런 부끄럼 없이 그의 곁에 누웠지만, 이제는 감히 용기를 낼 수 없다. 그녀는 세수를 하면서 자신의 얼굴을 들여다본다. 주름진 피부, 세월의 풍파가 휩쓸고 지나간 폐허일 뿐이다. 하지만 알리는 말없이 에미를 끌어안는다. "저의 사랑은 진실해요." 이제 그녀 또한 알리의 진실한 마음을 있는 그대로 받아들인다. 에미는 그야말로 오랜만에 자신이 아닌 다른 누군가를 위해 아침 식사를 차렸다. "알리, 나 같은 늙은 여자를 어찌……." 알리는 당당히 선언한다. "마음만 착하면 돼요." 에미는 북받치는 감정을 주체하지 못하고 눈물을 터뜨린다. "저는 지금 너무 행복해서 두려워요." 알리는 에미의 눈동자를 들여다보며 부디 눈물을 거두라고 말한다. 이어 그는 어설픈 독일어 문법을 활용해 모로코의 격언을 들려준다. "불안해하지 말아요. 불안은 영혼을 잠식한다고 해요." 에미는 빙그레 웃는다. "멋진 표현이군요." 두 사람은 이제 각자 자신들의 일터로 향한다. 이 모든 일이 그저 꿈이 아니길 바랄 뿐이다.

하지만 두 사람의 사랑은 온전히 그들만의 것이 아니었다. 에미와 알리를 에워싼 편견과 차별의 장벽은 생각보다 높고 두껍다. 에미의 친구들은 "아랍인은 계집질에 환장한 짐승, 더러운 놈"이라고 욕하면서 "그들과 어울리는 독일 년들은 죄다 화냥년, 목을 매달고 죽어야 한다."라고 가차 없이 비난을 퍼붓는다. 에미는 직장 동료들의 강경한 반응에 입을 다문다. 마찬가지로 딸 크리스타와 난봉꾼 사위 유겐은 에미가 어렵사리 아랍인과 사귄다는 말을 꺼내자 헛웃음을 터뜨린다. "아랍인은 전부 개새끼들이에요, 장모님." 에미는 더 이상 말을 잇지 못한다. "아무래도 장모님이 실성한 것 같아. 노망이 난 거야." 유겐은 진저리를 치며, 아내 크리스타를 바라본다. 전부 필요 없다. 지금 에미에게는 알리만 있으면 된다. 그녀는 다시 자신의 아파트를 찾아온 알리를 발견하고는 와락 껴안는다. 아랍인을 멸시하는 자식들, 직장 동료들, 아파트 이웃들, 알리를 하숙인 정도로 생각하는 집주인 등 에미는 다른 사람들의 생각 따윈 조금도 신경 쓰지 않는다. 이것은 알리도 마찬가지다. 그들은 곧장 시청에서 결혼식을 올리고, 평생 먹어 본 적 없는 진귀한 음식으로 성대한 만찬을 즐긴다. "이곳은 히틀러가 자주 다녔다고 하는 유명한 레스토랑이에요." 에미는 메뉴판의 독일어도 제대로 읽지 못한다. 그녀는 암호처럼 복잡한 정식을 주문하는 내내 진땀을 뺀다. 이제 두 사람은 정말로 부부가 되었다.

가시밭길은 이제부터다. 에미는 자식들을 전부 불러 알리의 존재를 알린다. "애들아, 이 사람이 내 남편이다. 우린 결혼했단다." 에미의 소개에 맞춰 양복을 잘 차려입은 알리가 등장한다. 에미의 자식들은 이 광경을 지켜보다가 결국 분을 참지 못하고 자리를 박차고 나가 버린다. 급기야 아들 브루노는 텔레비전을 발로 차 부수고, 다른 자식들도 저주를 내뱉는다. "어머니, 너무 추해요. 당신 같은 창녀와는 달리 할 말이 없군요." 그들의 고난은 이 정도로 끝나지 않는다. 동네 생필품 가게의 주인은 노골적으로 "독일어도 제대로 못하는 아랍 놈에겐 물건을 팔 수 없다."라며 혐오감을 드러내고, 아파트의 이웃들이며 직장 동료들까지 에미를 대놓고 따돌리기 시작한다. 한편 알리의 술집 친구들도 "그 늙은 백인 여자랑 얼마나 오래 붙어먹는지 두고 보겠다."라며 비아냥댄다.

알리와 에미는 편견에 사로잡혀 악의로 가득 찬 시선을 피해, 어느 한적한 카페테라스에 자리를 잡는다. 그러나 이 두 사람을 '비난하는 시선'은 어디에나 도사리고 있다. "저 사람들이 우리를 지켜보는군요." 알리가 겸연쩍이 말을 꺼낸다. "신경 쓰지 마요. 우리를 질투하는 거니까." 에미는 의외로 당당하게 응수한다. 에미는 솟구치는 눈물을 참지 못한다. 슬픔인지 분노인지, 정녕 행복에 겨워 흐르는 눈물인지 알 도리가 없다. "너무 행복해요. 하지만 견딜 수가 없어요. 모두가 우리를 미워해요. 세상에 우리 단 두 사람만 있었으면 좋겠어요." 그녀는 잠긴 목소리로 말을 잇는다. "그동안 아닌 척했지만, 너무 괴로웠어요. 죽고 싶어요." 에미는 다시 목을 가다듬고, 그들을 둘러싼 사람들을 향해 소리친다. "이 돼지 같은 인간들, 짐승 같은 놈들! 이 사람이 내 남편이다!" 에미는 알리의 손을 맞잡고 울분을 토해 낸다. 알리로서는 뭐라 해 줄 말이 없다. 그저 울지 말라는 말밖에는……. "알리, 우리 떠나요. 우리를 노려보는 사람들이 없는 곳으로요. 돌아오면 모든 게 달라져 있을 거예요." 그렇게 알리와 에미는 잠시 동안 여행을 다녀오기로 결심한다.

정말 놀랍게도, 여행에서 돌아오니 모든 게 바뀌어 있다. 야멸차게 알리와 에미를 내쫓았던 생필품 가게의 주인과 온갖 꼬투리를 잡아 가며 시비를 걸던 이웃 주민들, 아들 브루노와 직장 동료들까지도 갑자기 이들에게 관대해진 것이다. 그들은 각자 자신들의 잇속을 챙기느라 마치 에미와 알리에게 아량을 베푸는 양, 또 그들의 관계를 너그러이 이해했다는 듯 행동하기 시작한다. 결국 두 사람의 사랑은 관용과 이해를 상실한 독일 사회에서 여전히 기이하고 이질적인 대상일 뿐이다. 가게 주인은 한 명이라도 아쉬운 손님을 다시 붙잡기 위해, 이웃들은 에미의 지하실 창고를 빌려 쓰기 위해, 아들 브루노는 자식을 어머니에게 맡기기 위해, 직장 동료들은 값싼 외국인 노동자의 침입을 막기 위해 '편의상' 이들에게 손을 내밀었을 따름이다. 하지만 에미로서는 주변 사람들의 이런 '거짓된 존중'이 싫지만은 않다. 그녀는 이제야 겨우 제자리를 찾은 듯한 착각마저 든다. 이처럼 에미가 독일 주류 사회에 편승하고, 그들과 타협하려 할수록 알리의 공허감은 걷잡을 수 없이 커진다. 이제 알리는 '정상적인 독일인'이 되어 버린 에미의 얼굴에서 예전의 선한 모습을 찾아내지 못한다. 그녀는 마치 아랍인 노예를 부리는 백인 여주인처럼 변해 간다. 두 사람은 많지 않은 월급을 모으며 "천국의 한 조각이라도 사고 싶다."라고 밝게 떠들어 대던 천사 에미는 지금 어디로 사라져 버렸는가? 급기야 에미는 아랍 음식 쿠스쿠스가 먹고 싶다는 알리를 향해 괜한 신경질을 부리며 "당신은 왜 늘 내가 모르는 것만 찾죠? 독일에서는 쿠스쿠스 같은 건 안 먹어요!"라고 매몰차게 대꾸한다. 알리는 이제 갈 곳이 없다. 결국 알리는 여사장 바바라가 사는 아파트의 문을 두드린다. 평소 알리에게 연정을 품고 있던 바바라는 우울에 젖은 그의 모습을 보고는 직접 쿠스쿠스를 만들어 대접한다. 그러고는 자신의 온 몸을 던져 알리의 허탈한 마음을 어루만져 준다.

세상에 단 두 사람만 있었으면 좋겠다고 사랑을 속삭이던 에미와 알리 사이에 매서울 정도로 냉랭한 기운이 감돈다. 이제 두 사람은 단지 '부부'라는 이유만으로 얼굴을 맞대고 살 뿐이다. 에미는 남편 알리를 자랑스러운 전리품처럼 취급하며 친구들의 구경거리로 삼고, 알리는 바바라의 아파트를 드나들며 공공연하게 외도를 일삼는다. 알리는 점차 집 밖으로 나도는 날이 잦아진다. 에미는 도대체 어디서부터 잘못된 것인지, 어처구니없이 어긋나 버린 사랑을 되찾을 수 있을지 고민하며 기나긴 밤을 눈물로 하얗게 불태운다. 결국 에미는 알리를 찾아 나선다. 에미는 알리가 근무하는 카센터까지 몸소 찾아와 화해를 구하지만, 알리는 에미에게 어떤 대꾸도 하지 않는다. "당신만 돌아와 준다면 난……." 그녀는 절박하게 애원한다. 바로 그때, 알리의 직장 동료가 짓궂게 놀려 댄다. "뭐야, 모로코에서 알리 할머님이 찾아온 거야?" 카센터는 이내 웃음바다가 된다.

에미의 간절한 요청에도 불구하고 알리는 술집과 바바라의 아파트 사이를 전전한다. 그는 수중에 월급이 들어오는 대로 전부 노름과 술값으로 탕진해 버린다. "키프키프!(아무렴 어때!)" 이때 에미가 불쑥 술집 안으로 들어선다. 에미는 두 사람이 처음 만났던 날처럼 입구 쪽 테이블에 홀로 앉아 콜라를 주문한다. 이어 과거에 알리와 함께 춤을 추며 들었던 집시의 노래를 틀어 달라고 바바라에게 부탁한다. 알리 또한 에미의 존재를 의식한다. 그는 자신이 쥐고 있던 카드를 전부 내려놓고, 한때 그랬던 것처럼 에미의 뒤쪽으로 다가선다. "저와 함께 춤을 출까요?" 에미는 묵묵히 시선을 내리깐다. 하지만 별다른 저항 없이 금세 알리의 품에 안긴다. "에미, 난 다른 여자와 잤어요." 알리는 느릿느릿한 리듬을 타며 솔직하게 고백한다. "상관없어요, 알리." 에미도 자신의 속내, 아니 그에게 전하고자 했던 모든 말을 털어놓는다. "당신의 주인은 당신이에요, 알리. 저도 제가 얼마나 늙었는지 알아요. 저도 가끔은 거울을 보니까요. 제가 당신에게 이래라저래라 할 수는 없어요." 에미는 담담하면서도 강한 확신이 담긴 어조로 말을 이어 간다. "우리, 함께 있을 때만큼은 서로에게 잘해 줘요. 그러지 않으면 인생은 살 가치가 없어요." 알리의 목구멍을 타고 그의 진심이 우러나온다. "에미, 다른 여자는 싫어요. 당신만을 사랑해요." 에미도 동조한다. "저도 사랑해요." 이렇게 두 사람이 서로의 사랑을 확인한 순간, 알리는 평소 앓고 있던 위궤양으로 쓰러진다. 결국 알리는 병원에서, 당장 수술을 권고받을 정도로 중태에 빠진다. 에미는 정신을 잃고 병상에 누운 알리의 곁에 앉는다. 그녀는 흐느끼며 그의 손을 꽉 움켜잡는다. 에미는 두 번 다시 불안해하지 않으리라 다짐하며 환하게 빛나는 창밖을 내다본다.

작가에 대하여

라이너 베르너 파스빈더

Rainer Werner Fassbinder
1945-1982

"고통이 아름다울 수 있음을 깨닫는 순간이 있다."

라이너 베르너 파스빈더는 마흔 편의 장편영화와 세 편의 단편영화, 두 편의 TV 영화 시리즈, 스물네 편의 희곡을 무대에 올린 다작하는 예술가다. 이 다작의 작품을 관통하는 키워드가 있다. 파스빈더는 "사랑이란 사회적인 억압을 극복해 내기 위한 최선의, 가장 교활하며, 가장 효과적인 수단이다."라며, 대다수의 영화를 인물간의 사도마조히즘(sadomasochism, 가피학증)적인 관계의 드라마를 펼쳐 보였다.

파스빈더는 영화사상 가장 복잡한 인물 중 하나다. 그는 남자와 여자 모두를 사랑한 양성애자였으며 이를 감추지 않았다. 나이가 많든 적든, 이 역시 가리지 않았다. 모두에게 사랑을 받던 양성애자다. 라이너 베르너 파스빈더는 '리이니 베르너 마리아 파스빈디'이기노 한데, '마리아'는 여성의 역할을 할 때 스스로 붙였던 이름이다. 파스빈더의 사생활은 공공연히 드러났고, 그의 사생활은 예술 작품에 거침없이 연결되어 있다. 파스빈더는 바로 자신의 영화와 같은 삶을 살았다. 그는 뉴욕 '가죽 바(leather bar)'의 단골손님으로 유명했다. 그의 트레이드마크인 가죽점퍼와 지저분한 청바지에 늘 찌푸린 듯한 얼굴은 종종 사진에 찍히기도 했다. 파스빈더의 영화들은 당시 예술 영화관의 단골 상영작이었지만, 여론에 드러났던 그의 사생활은 가십과 스캔들투성이였다. 촬영 현장에서 불만에 찬 배우들은 파스빈더의 포악한 행동들을 자세히 열거했다. 파스빈더의 이름은 종종 신문지면을 장식했고 어떤 인터뷰에선 조국을 심하게 비난하기도 했다. 그중 가장 유명한 말이 "독일에서 영화감독을 하는 것보다는 멕시코의 거리 청소부가 훨씬 낫다!"였다.

독일의 영화사가인 토마스 앨새서(1943-)는 파스빈더에 대한 수다한 논의들이 개인적인 삶에 집중한 나머지 그의 작품이 지닌 진정한 가치, 예를 들어 독일 역사를 표상한 작품의 진정한 함의를 과소평가해 왔다고 지적했다. "이탈리아 영화감독 피에르 파올로 파솔리니(1922-1975)와 마찬가지로 파스빈더의 격렬하고 광적인 개인적 삶(그의 성적지향성과 복잡한 사생활 등)은 그의 영화가 표상하는 것들을 상당 부분 가려 왔다. 파스빈더는 무엇보다 다작으로 유명하다. 대략 15년 정도에 파스빈더는 장편극 영화 서른여덟 편, 중단편 세 편, TV 시리즈 두 편, 그리고 다수의 연극을 만들었다. 파스빈더가 영화를 만든 때는 전후 독일 사회에 각성을 요하던 시기였고, 장 뤽 고다르의 말처럼 영화가 역사의 현실성, 현실성의 역사를 구성한다는 점을 일깨운다."

파스빈더는 빔 벤더스, 베르너 헤어조크(1942-) 등과 함께 1960년대 말부터 독일의 새로운 영화 운동을 이끈 뉴저먼 시네마[865쪽 키워드 참고]의 기수이기도 하다. 그는 연극, TV 영화, 라디오에 이르기까지 매체를 가리지 않았으며, 자신의 작품에 주조연으로도 자주 출연했다. 그런 점에서 파스빈더의 제작 시스템이 일종의 패밀리를 이루는 형태였고, 영화의 주조연들이 서로 엇갈려 가며 캐릭터를 이끌어 갔다. 1969년 「사랑은 죽음보다 차갑다(Liebe ist Kalter als der Tod)」로 데뷔한 그는 브레히트의 소외 효과와 더글러스 서크(1897-1987)의 할리우드 멜로드라마를 접합시킨 새로운 스타일의 영화를 선보였다.

그의 영화는 점점 더 폭넓게 변해 갔다. 154일 동안 촬영하여 총 13부로 구성된 「베를린 알렉산더 광장(Berlin Alexanderplatz)」(1980)과 같은 대작도 있고, 전체 화면 수가 마흔 개를 넘지 않을 만큼 긴 화면 호흡으로 찍은 「왜 R 씨는 미쳐 날뛰는가(Warum Läuft Herr R.Amok)」(1970)와 같은 실험적인 작품도 있다. 파스빈더의 독일사에 관한 연작 「마리아 브라운의 결혼(Die Ehe der Maria Braun)」(1979), 「베로니카 포스의 갈망(Die Sehnsucht der Veronika Voss)」(1982), 「롤라(Lola)」(1982) 등은 그의 후기작으로, 인물을 통해 현실과 역사를 들여다보게 한다는 점에서 주목할 만한 작품들이다.

뉴저먼 시네마,
영혼을 삼키는 현실의 기록

새로운 독일 영화 '뉴저먼 시네마'가 시작되었다. 뉴저만 시네마의 기수들은 기성세대의 영화와 파시즘에 물든 독일 사회를 비판하면서 영화를 통한 새로운 문화 생성을 꿈 꾸었다. 라이너 베르너 파스빈더, 빔 벤더스, 알렉산더 클루게(1932-), 베르너 헤어조크 등이 바로 1970년대 독일 영화를 이끈 인물들이다. 그중 불꽃같은 삶을 살다 간 파스빈더는 독일 영화의 발원지인 뮌헨을 중심으로 연극과 영화를 오가며 1년에 두세 편의 영화를 만들어 낸다. 저예산으로 빠르게 영화를 제작하는 그의 방식은 놀라운 에너지의 산물이었고, 그의 작품들은 독일 사회는 물론이고 유럽 사회를 향한 도발적인 발언으로 여겨졌다. 「불안은 영혼을 잠식한다」는 파스빈더의 초기 영화 중 가장 절제된 스타일의 작품이다. '잠식한다'로 번역된 'essen'은 원래 '먹는다'는 뜻의 동사다. 영혼을 삼켜 버리는 현실은 무엇이었을까? 그 불안의 흔적으로 들어가 보자.

소수자를 대변하는 영화감독

강 저는 1960-1970년대 영화가 제일 좋아요. 영화 산업이 자본주의에 포획되기 전에는 어차피 돈벌이가 되지 않으니, 당시 영화감독들은 한마디로 자유롭게, 농담처럼 얘기하자면, 영화를 막 만들었던 겁니다. 그러니 당시가 영화의 황금기였던 것 같아요. 어쨌든 돈이 모이면 소중한 것들은 부패하나 봐요.
'불안한 영혼, 방황하는 영화'라는 4부 제목을 보면 영화의 발버둥이 느껴져요. 3부의 키워드가 '발산하는 욕망'이었다면, 4부의 키워드로 '불안'의 시대가 찾아온 거죠. 이제 우리가 지금 느끼는 정조와 가까운 영화를 만나게 됩니다. 영화가 환기시키는 것을 통해 자신의 삶을 관찰해볼 기회가 될 거예요.

이 4부의 첫 영화를 파스빈더로 정한 건 의미가 큽니다. 그는 양성애자였는데 과격한 행동으로 유명했어요. 그가 남긴 작품 중 이 영화가 제일 부드럽고 얌전합니다. 파스빈더의 1980년대 작품들은 사디즘, 마조히즘 경향과 자극적인 정조가 전면에 드러났어요. 이 무렵 페미니즘이 부상하면서 성적 소수자의 문제를 강렬하게 다뤘던 파스빈더의 영화들이 크게 주목받게 되었죠.
파스빈더는 일부러 오버사이즈 가죽 재킷만 입고 못나 보이려고 노력했다고 합니다. 콤플렉스가 강하기도 했고, 자신을 포장하는 방식을 고민한 탓이기도 해요.

강 파시즘과 차별 문제를 노골적으로 작품화했기 때문에 보수 쪽에선 달가워하지 않았을 것 같아요. 그의 작품들은 굉장히 양심적입니다. 오즈 야스지로 같은 경우에는 패전한 일본도 일종의 피해자라는 타협적인 시선을 보여 줬지만요. 파스빈더는 정공법으로 싸웁니다. 나치에 대해 철저히 날이 서 있습니다. 파시즘은 남녀 관계 사이의 폭력성, 아이에 대한 학대, 변태성…… 여러 가지로 그의 영화에서 변주됩니다. 이 작가처럼 아픔을 구체적으로 그려 낸 감독은 없다고 생각합니다. 우리가 프랑스 영화를 보고 감동받는 건 약간의 사치인 것 같고요. 우리나라 사람이라면 독일 감독의 영화를 진지하게 볼 필요가 있어요. 특히 파스빈더의 영화는 스토리가 명확하기 때문에 더 비판적으로 날카롭게 봐야 할 것 같아요.

이 파스빈더가 그렸던 자극적인 현실 세계가 오늘날에는 일상적으로 느껴지는 건 참 신기한 일이에요. 요즘 한국의 막장 드라마들 보면 가관이잖아요. 어쩌면 파스빈더가 막장 드라마의 선구자를 자처했다고 볼 수도 있겠어요.

강 그런데 무엇보다 주인공 알리가 에미한테 다시 돌아가는 결말은 이해가 안 가더군요. 쿠스쿠스를 먹고 싶다는 남편의 소원을 무시하는 여자잖아요. 거기서 급하게 마무리되는 느낌이 마음에 들지 않네요. 이웃들 앞에서 우쭐대고 싶어서, 사랑하는 사람한테 짐 나르라고 명령하는 것도 웃기고요. 알리가 마네킹도 아닌데 아줌마들한테 남편의 근육을 만져 보라고 허락하다니, 화날 만도 하죠. 저도 이런 추억이 있었어요. 대학 시절에 저를 여기저기 끌고 다니면서 왜 이런 옷을 입느냐는 둥 구박하는 여자 친구가 있었거든요. 사람들한테 나를 보이려고 데리고 다닌 거죠. 알리가 다시 진정한 사랑을 찾아 떠났으면 좋겠어요. 에미와 알리의 스토리에는 뭔가 미흡하고 불가해한 느낌이 있어요. 알리가 에미로부터 거의 모독을 당했는데도 떠나지 않죠. 연기력이나 완성도가 좀 떨어진다 했더니, 이 영화는 단 보름 만에 만든 작품이라고 하네요. 하지만 이 영화가 중요한 건 파시즘의 토대가 자본주의에 있다는 통찰을 보여 주기 때문입니다. 유고슬라비아 여자를 가혹하게 따돌리는 것 보셨죠? 파시즘이라는 건 근대 시민사회 이후에 생긴 현상이죠. 끔찍한 파시즘의 역동적인 부분이 어떻게 일상에서 드러나는지, 그 흐름을 잘 포착한 영화 같습니다.

일상적 파시즘에 대항한 독일 감독

이 드라마가 엉성하다거나 설득력이 부족하다고 느끼실 수 있어요. 이 작품은 1955년 더글러스 서크라는 유명한 멜로 감독의 작품에 대한 패러디입니다. 서크의 멜로드라마 「천국이 허락한 모든 것(All That Heaven Allows)」(1955)[866쪽 키워드 참고]의 구조를 그대로 들고 왔어요. 그 대신 파스빈더 식으로 재해석했죠. 최고의 할리우드 미남 배우 록 허드슨(1925-) 대신 아랍계 소외된 인물로 바꿔 놓았어요. 파스빈더는 영화의 구조를 새롭게 창안하고 창작하는 감독이기보다는 기존의 할리우드 공식에 전혀 다른 캐릭터를 끼워 넣는 영리한 감독이었어요.

이러한 스타일을 통해 그의 영화는 고립감을 전달하죠. 좁은 벽, 좁은 공간 안에 철저하게 두 연인만 담겨 있습니다. 그리고 타인의 시선이 개입합니다. 주인공 알리의 심경에 대한 디테일한 복선이 깔리거나 섬세하게 감정이입을 유도하기보다는 폭력적인 현실을 툭 개입시켜 논쟁을 야기하는 스타일이라고 할 수 있습니다. 섬세한 묘사보다는 주제 의식에만 집중한 겁니다. 실제 촬영할 때도 감독은 배우에게 상세히 디렉팅하지 않았어요. 게다가 주변 친구나 연인에게 연기를 부탁했고요. 알리라는 아랍인도 파스빈더의 실제 연인이었습니다. 감독이 자기 이야기를 영화를 빌려 말한 거겠죠. 1970년대 독일에서는 동성애 커뮤니티가 인정받지 못했으니까요.

파스빈더가 중요하게 생각했던 주제에 주목한다면 이 영화만의 고유한 의미를 발견할 수 있어요. 친숙할 것을 기대한(멜로 드라마트루기에 익숙해져 있는) 관객을 향해 주제 의식을 통해 불편함을 던지는 영화죠. 감독이 캐릭터의 대사를 빌려서 정치적·사회적 발언을 내뱉기도 하고, 당시 독일 사람들이 불편하게 느낄 만한 상황과 시선을 반복적으로 영화 안에 끼워넣습니다.

강 독일이라는 조건을 숙고해 보면 좋겠어요. 미국 멜로드라마에는 정치적·사회적·경제적 맥락이 제거되어 있습니다. 그런데 파스빈더는 그 문제를 쑤셔 넣었죠. 독일 영화를 우리가 친숙하게 보지 못하는 이유는 우리와 너무 닮아 있어서인지도 몰라요. 분단 국가였던 독일에서 히틀러 추종자들은 우리의 친일파와 유사하다고 볼 수 있을 것 같아요. 한마디로 구조적으로 '나치 = 친일파'라는 공식이 가능하다는 겁니다. 공산주의를 가장 싫어했던 게 나치입니다. 대표적인 진성당원 지식인이 하이데거(1889-1976)였고요. 우리나라에서도 하이데거가 굉장히 인기 많았잖아요. 친일파적 지식인이 많아서 그런 거예요. 1968년에 독일 학생운동도 굉장히 강력했습니다. 호르크하이머(1895-1973), 아도르노, 하버마스(1929-)가 주도했죠. 『도구적 이성 비판』에서 호르크하이머가 비판한 것은 바로 나치 관료주의였습니다. '뉴저먼 시네마' 운동도 궤가 같아요. 우리 안의 나치즘, 우리 안의 파시즘에 주의하자는 거죠. 파시즘을 다룬 영화를 불편해하는 건 그게 우리 이야기이기 때문이기도 해요. 북한과 대치하면서 친일파를 흡수했던 한국과 독일의 상황이 비슷한 거죠. 동독과 대치하던 서독도 나치의 관료주의를 수용했던 겁니다. 「마리아 브라운의 결혼」 같은 파스빈더의 다른 작품만 봐도 이런 문제들을 굉장히 예리하게 다루고 있어요. 단순히 이민자 문제가 아니에요. 한나 아렌트가 『예루살렘의 아이히만』[1]에서 아이히만을 부정했던 이유를 생각해 보세요. 시키는 대로 했다는 것, 그것이 바로 죄인 거죠. 무사유에 대한 비판입니다. 먹이를 준다고 그 사람을 무비판적으로 따른다면, 그건 사람이 아니라 개입니다.

파스빈더의 모든 영화는 여전히 유효해요. 분단 국가에 사는 우리는 자식들에게 이런 영화를 보여 줄 의무가 있습니다. 그렇기 때문에 이 영화는 멜로드라마의 약점을 상쇄하고도 남음이 있어요. 우리 일상에 남아 있는 파시즘적 잔재에 대한 보고서 같아요. 불편하더라도 직시해야 하지 않을까요? 남의 일이 아니니까요.

이 강 선생님이 지적하신 것처럼, 독일 사회의 전후 상황은 파시즘이 거대한 정치 담론에서 일상화 영역으로 전환됩니다. 한국에서도 일상적 파시즘, 미시적 파시즘이라는 단어가 몇 년 전에 등장했죠. 가령 이 영화에서 아랍인에 대한 차별이 드러나는 에피소드가 있어요. 독일인 주인을 모시고 사는 아랍 개처럼 보인다는 대사를 알리 자신이 하지요. 에미의 이웃은 그녀의 전남편이 폴란드인이었다며 비아냥거리는 뉘앙스로 말해요. 전남편 쿠르코브스키라는 성을 거론하면서 놀려 먹지요. 2차 세계대전 당시 독일이 처음으로 침공했던 국가가 폴란드잖아요. 단순하게 볼 수 없는 장면이에요.

그런데 우스꽝스러운 것은 에미조차도 직장에 새롭게 들어온 유고슬라비아 여성을 따돌리잖아요. 알리와 결혼한 후 이웃과 직장 동료들에게 왕따를 당했던 에미가 어느새 새로운 사회적 약자를 공격하기 시작하지요. 피해자라고 할 수 있는 에미가 새로운 가해자가 되는 상황, 이것이 바로 일상적 파시즘이 어떻게 전개되는가를 보여 주는 영화의 중요한 전개 방식이에요.

1 유대인 대학살을 집행했던 아돌프 아이히만은 위에서 시키는 대로 했을 뿐인데 그것이 무슨 잘못이냐고 일관되게 주장했다. 이에 대하여 한나 아렌트는 평범한 인간의 무조건적인 복종을 '악의 평범성'과 연결한다. "그의 말을 오랫동안 들으면 들을수록, 그의 '말의 무능력함'은 그의 '생각의 무능력함', 즉 타인의 입장에서 생각하지 못하는 것과 매우 깊이 연관되어 있음이 점점 분명해진다."

에미와 알리, 예전으로 돌아갈 수 있을까?

강 파시즘은 자본주의경제 때문에 생기는 겁니다. 자본주의가 가진 호황과 불황의 주기적 메커니즘을 보세요. 불황일 때, 고용이 되지 않거나 고용이 불안한 사람들은 잠재적 경쟁자들을 제거하려고 하지요. 인종, 혈연, 지연, 문화적 배경 등 자신과 다른 사람들을 제거하는 것이 가장 편한 방법일 겁니다. 아무래도 자신과 유사한 사람들을 제거하는 건 위험한 일입니다. 동시에 자신도 제거될 위험에 노출될 테니까 말입니다.

전후 독일 경제 침체기에 독일 내 거주하는 외국인 이민자들에게 그 화살이 돌아갔습니다. 유대인이라든가 아랍인이라든가 하는 외국인 노동자들 탓에 독일 자국민이 일자리를 잃었다는 거죠. 우리나라에도 이런 문제 심각해졌죠. 불경기에 대한 책임을 특정 대상에 전가하는 행태죠. 경제적 이해관계 속 갈등만 사라지면 파시즘의 문제는 일단락되는 것처럼 보입니다. 파시즘을 낳은 건 자본주의 체제와 경기 불황입니다. 이 조짐들이 지금 현재 우리 사회에도 존재하고요. 다문화를 존중하자는 얘기가 왜 나왔겠어요. 파시즘적 조짐이 심각해지고 있기 때문인 거예요.

동대문에 아랍타운이 있는데 벌써 오륙 년 됐어요. 조금 있으면 한국 노동자들이 그들과 일자리를 놓고 싸우게 될 텐데, 그러면 우리가 그들을 공격하게 될 거예요. 자본주의 체제가 파시즘적 경향을 만들어 내니까요. 마지막 부분에서 에미가 자기 안의 파시즘적 징후를 자각하고는 알리를 있는 그대로 인정해 주는데, 여행 가기 전에 그 둘이 좋았던 상태, 순수했던 시절로 과연 다시 돌아갈 수 있을까요? 저는 이것이 힘들다고 봅니다. 에미는 여행 후에는 과거의 순수했던 모습과는 달라졌잖아요.

이 「천국이 허락한 모든 것」에서는 중산층 여성과 하층민 남성이 커플입니다. 그런데 「불안은 영혼을 잠식한다」에서는 주인공 남녀 모두 노동자계급이죠. 그게 연대의 시작이었을 거예요.

에미가 아랍 음악이 흘러나오는 카페를 찾아가 콜라를 주문하고 남자를 기다리는 장면을 보세요. 알리와 재회한 에미가 이렇게 말합니다. "우리

라이너 베르너 파스빈더, 「불안은 영혼을 잠식한다」

"한국에서도 일상적 파시즘, 미시적 파시즘이라는 단어가 몇 년 전에 등장했죠. 가령 이 영화에서 아랍인에 대한 차별이 드러나는 에피소드가 있어요. 독일인 주인을 모시고 사는 아랍 개처럼 보인다는 대사를 알리 자신이 하지요."

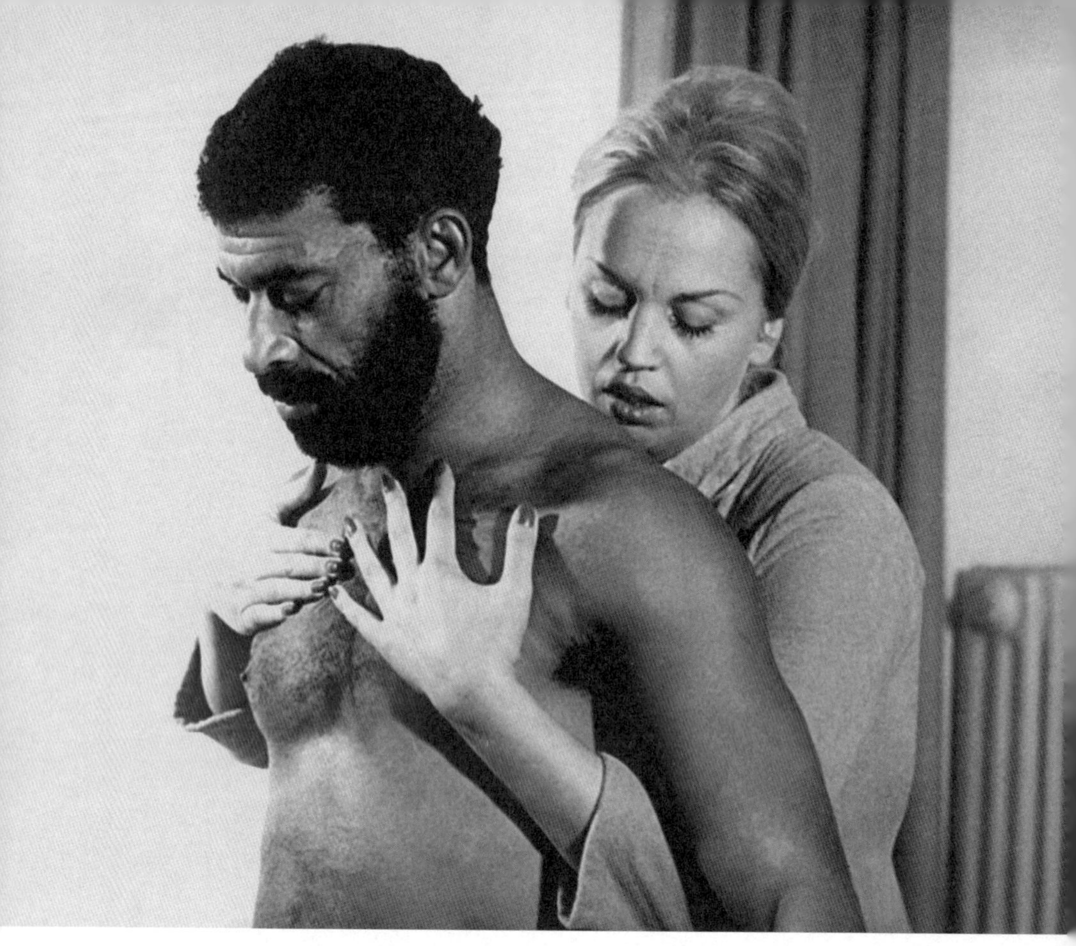

라이너 베르너 파스빈더, 「불안은 영혼을 잠식한다」

“그들의 섹스가 굉장히 슬퍼 보이지는 않았던가요? 알리가 에미와 함께 할 때는 귀엽고 순수한 정서가 나오는데, 바바라와의 사이에서는 서글픈 정서가 흘러나와요. 그녀는 위로의 대상이기는 합니다만 사랑의 대상으로 나아가지는 못합니다.”

가 함께 있을 때는 우리 서로 잘해 줘요."라고 말예요. 둘 다 멸시받는 존재들이지만 적어도 우리 안에서만큼은, 서로에게만큼은 잘해 주자는 거죠. 그런 용기를 내는 게 사실 어려워요. 전 그래서 에미가 용기 있는 여성 같아요. 조금 잘못된 방향으로 접어들기도 합니다만, 연대의 중요성을 잘 알고 인간의 외로움을 잘 아는 여성입니다. 알리를 집에 들인 것도 에미의 용기였습니다. 아랍 남자에 대한 시선을 의식하면서도 깨려고 합니다. 물론, 에미의 외로움이라는 게 크게 작용을 합니다만 약한 사람들끼리 연대하는 것을 통해 "우리가 함께라면 괜찮아."라는 멜로드라마의 기초 공식을 보여 주는 겁니다.
좋은 커플은 서로가 항상 괜찮고 근사한 상태이기 때문에 유지될 수 있는 것은 아니라고 생각해요. 남자가 어려울 땐 여자가 도와주고, 여자가 힘들 땐 남자가 이끌어 주는 거죠. 서로 이끄는 몸짓이 계속 나와요. "모로코 할머니"라는 수치스러운 말을 들으면서도 계속 기다리는 것을 보면, 에미가 품고 있는 감정의 깊이가 보입니다. 그래서 저는 이 영화를 비관적인 엔딩으로 보지 않았어요. 무엇보다 두 사람은 현실의 고통과 방황의 길을 걷기는 합니다만 '연대'야말로 지속적인 행복을 가능케 하는 토대라는 것을 놓치지는 않아요.

강 쿠스쿠스 만들어 준 여자의 사랑이 진짜 아닌가요? 화장 진하게 한 바바라가 알리를 안아 주는 장면 기억나시죠? 알리가 에미를 사랑하느라 자신을 떠날 것을 알지만, 그녀는 그를 사랑하기에 그런 슬픔을 참고 있는 거죠. 그러면서 쿠스쿠스를 만들어 주고요. 예나 지금이나 상대방이 원하는 음식을 만들어 준다는 것만큼 강한 사랑의 표현도 없을 것 같아요.
그들의 섹스가 굉장히 슬퍼 보이지는 않았던가요? 알리가 에미와 함께 할 때는 귀엽고 순수한 정서가 나오는데, 바바라와의 사이에서는 서글픈 정서가 흘러나와요. 그녀는 위로의 대상이기는 합니다만 사랑의 대상으로 나아가지는 못합니다.
알리의 본명은 굉장히 길죠. 김춘수 시인의 「꽃」을 떠올려 보실래요? "내가 그의 이름을 불러 주기 전에는/ 그는 다만 하나의 몸짓에 지나지 않았다./ 내가 그의 이름을 불러 주었을 때/ 그는 나에게로 와서 꽃이 되었다." 결혼할 때가 이들 관계의 정점이었어요. 남자의 이름이 굉장히 길어서 외우기도 힘든데, 에미가 결혼식 날에는 알리의 본명을 또박또박 다 불러 주죠. 그런 만큼 둘 사이의 거리가 가까워지죠. 그런데 나중에는 '알리'라고 간단히 불러요. 이걸 보면, 앞으로 에미가 알리를 계속 힘들게 할 것 같아요.

이 미래는 알 수 없다고 생각해요. 현실의 편견이나 불안을 끝까지 견디는 게 어디 쉬운 일이겠어요. 하지만 이 영화의 시작은 분명 시사하는 바가 있어요. 알리가 에미의 집에 들어가 처음 커피 맛을 볼 때 "커피가 정말 맛있어요." 하고 말하는 장면은 의미가 있다고 생각합니다. 쿠스쿠스도 중요하지만 알리는 고향을 떠나 독일에 와서 살아보려고 하는 인물이에요. 하지만 현실은 씁쓸하지요. 그러던 중 에미를 만나 밤늦게 맛나고 뜨거운 커피 한 잔을 대접받으면서 새로운 인생을 경험하게 됩니다. 영화 엔딩도 중요해요, 알리가 병에 걸려 있는데 독일 의사가 그의 병이 도질 거라는 식으로 말하니까 에미가 자신이 잘 돌볼 테니 걱정 말라고 하죠. 그때 에미가 꽤 강한 의지를 보여 주고 있어요. 단지 일시적인 애정은 아니라고 생각해요. 중간에 시련을 겪고 난 후 단단해졌어요.

강 또 흥미로운 지점이 하나 있는데요, 우리나라 영화에서는 경찰이 정말 밥맛없게 그려지는 경우가 많거든요. 그런데 이 영화에 나오는 경찰 두 명은 상당히 균형 잡힌 히피적 경찰이에요. 파스빈더가 왜 이렇게 그렸을까 재밌어요. 부르주아 법률에 따라 인종차별을 할 것처럼 생기지 않았죠. 집주인 아저씨도 근사해요. 그렇게 긍정적으로 그려지는 주변 캐릭터의 공통점은 그들이 젊다는 점입니다. 감독이 젊은 사람들에게서 희망을 찾으려 했던 걸까요? 강남 좌파처럼. 젊은 조연 덕분에 전반적으로 우울했던 영화에서 그나마 장밋빛을 찾을 수 있었어요.

라이너 베르너 파스빈더, 「불안은 영혼을 잠식한다」

"에미도 외국인 노동자 알리처럼 독일 사회 내에서 청소부라는 신분으로 멸시받는 노동자예요. 그 점이 바로 연대의 시작입니다. 관계에서 시행착오가 있기는 했지만, 에미는 인간의 외로움을 잘 아는 여성입니다."

이 파스빈더는 주로 기성세대에 대한 혐오감을 드러냈어요. 다른 영화에서도 끈질기게 같은 의식을 표명하고요. 루르 지방의 오버하우젠은 국제 단편영화제로 유명한 도시인데, '오버하우젠 선언문'은 뉴저먼 시네마를 출범시킨 기초가 되었어요. 이 선언문의 첫 문장이 "아버지 세대의 영화는 죽었다."예요. 그때는 빔 벤더스나 파스빈더 같은 사람들이 젊은 감독으로 등장하면서 독일 영화판이 이전과는 전혀 다른 분위기로 변모했어요. 이들에게는 미국 문화에 대한 경도도 있었습니다. 하지만 독일 사회를 이전 세대와는 다르게 바라보면서 독일 영화의 진정한 부흥기를 일구어 냈지요. 그게 뉴저먼 시네마라고 불리게 됩니다.

강 히피 운동의 낭만처럼 젊은 세대를 막연히 긍정하고 있는 것 같기도 하고요. 아버지 세대만 제거하면 될 것 같지만, 사실 그게 그리 쉽지는 않아요. 중요한 것은 생물학적 나이가 아니라 가치관일 테니 말입니다.

질문 1 바바라는 알리뿐 아니라 다른 남자도 배려해 줄 것 같은 여자예요. 진짜 사랑이기보다는 외로움에 대한 대응을 사랑으로 착각한 것 아닐까요?

강 올봄에 다들 꽃 보셨죠? 참 사랑스러웠잖아요. 하지만 내년 봄은 어떨까요? 내년에도 또 예쁠 거예요. 그 순간에 아름다움을 마주한 우리가 얼마나 성실하고 진실했는지가 중요한 거죠. 평생 단 한 번의 아름다움만 간직해야 된다, 이런 생각은 위험해요. 바바라가 알리를 맞이했을 때 동시에 다른 남자를 들이지 않았잖아요. 그 순간 충실했으면 된 거예요. 결혼이나 일부다처제 같은 건 임의적으로 우리가 선택한 제도예요. 제도 차원의 경험이라는 거죠. 감정은 그보다 훨씬 더 자연스러운 거고요.

질문 2 알리와 에미가 거주하는 건물은 무채색입니다. 에미가 입은 옷도 굉장히 차분한 색깔이고요. 의상이나 공간의 색채를 통해 캐릭터를 드러내려고 한 건가요?

이 의상을 통해 캐릭터의 성격을 형상화하는 건 영화의 친숙한 방식 중 하나예요. 언젠가 홍상수 감독과 대화를 하는 자리가 있었는데, 배우의 속옷까지 통제하고 싶다고 말하더군요. 의상은 감독이 캐릭터를 입체적으로 구축하는 방법 중 하나인 거죠. 파스빈더처럼 지인들을 배우나 캐릭터로 구축하는 경우 그들의 습성이나 패션에 대해서 잘 알고 있었고, 그가 촬영한 장소는 낯선 도시가 아니라 뮌헨처럼 자라고 성장해 온 곳이었어요. 그 집에 어떤 인물들이 살아야 하는지를 누구보다 잘 알고 있었던 거지요. 파스빈더와 같은 감독은 인공적인 것보다는 주변적인 것을 자연스럽게 카메라에 담는 스타일이라고 할 수 있어요.

질문 3 에미는 알리에게 자신의 아버지가 나치 당원이었음을 스스럼없이 고백해요. 함께 간 레스토랑은 히틀러의 단골 식당이었고. 일상 속의 파시즘을 비판한 거라고 볼 수 있을까요?

이 영화가 발표된 시기는 2차 세계대전 이후 파시즘적 반유대주의가 어느 정도 청산된 시대였습니다. 파시즘이 낳은 유대인에 대한 증오는 외국인 노동자들, 이민자들로 옮겨 갔지요. 중요한 것은 바로 이 점이에요. 유대인은 사라지지 않아요. 유대인은 이민자가 되고, 외국인 노동자가 되어 차별과 멸시를 계속 받게 됩니다. 종종 인간 사회는 희생양을 만들어 내지요. 그것이 어느 시대에는 경제적 문제로 인해 차별받는 하위 계급이 되기도 하고, 어느 시대에는 여성이 되기도 하지요. 인간처럼 같은 종을 이념을 앞세워 차별하는 동물도 없는 것 같아요.

질문 4 알리와 에미가 진정한 사랑을 했다기보다는, 서로에게 필요한 존재가 되어 준 거 아닐까요?

강 진정한 사랑에 대한 판타지는 모든 불화의 씨앗이에요. 사랑의 궁극적 귀결은 판타지가 아니에요. 굉장히 더럽고 비루하고 비참한 거예요. 성숙한 사람만이 간신히 감내할 수 있는 거고요. '진정한' 사랑? '진정한' 호빵은 있나요? 호빵은 그냥 호빵일 뿐입니다. 사랑도 마찬가지예요. 만약 영원성을 말해도 된다면, 그건 시간적인 영원성이 아니라 수직적인 영원성, 질적으로 고강도인 영원이겠죠. 죽을 때까지 잊을 수 없는 것, 이것이 인간에게 허용된 유일한 영원성인지도 몰라요.

강신주

불안을 먹이로 팽창하는 파시즘이라는 악마

모든 것이 자본주의 때문이다. 처음에 자본주의는 우리에게 풍요와 안정을 약속해 주는 듯했다. 그렇지만 시간이 지나면 자본주의 체제는 마르크스가 말한 '이윤율 하락의 경향성 법칙'에 지배된다. 초기와는 달리 점점 이윤율이 하락된다는 것이다. 여기서 이윤율은 물론 철저하게 자본가 입장에서 사유된 것이다. 한마디로 자본가는 돈을 많이 벌지 못하게 된다는 말이다. 이건 자본가로서는 몸서리치게 두려운 상황이다. 방법은 두 가지, 공동체 내부에서 이윤을 창출하거나, 아니면 외부로 눈을 돌리는 것이다. 내부의 방법은 단순하다. 노동자들에게 임금을 적게 주는 식이다. 노동 시장의 유연화 정책이 바로 이것이다. 구체적으로 정규직을 줄이고 비정규직을 늘리는 방식, 아니면 제3세계 노동자를 들여와 임금 수준을 낮추는 방식이 있다. 외부의 방법은 다른 세계로 공장을 옮겨 그곳의 저임금 노동자를 고용하여 이윤을 창출하는 방식이다.

내부의 방식이든 외부의 방식이든, 노동자에게 임금을 적게 주는 순간 자본가는 이윤을 남기게 된다. 그래서 결국 마르크스가 간파했던 것처럼 자본주의 생존의 비밀은 착취에 있었던 셈이다. 물론 자본주의는 '노동 시장의 유연화'라는 근사한 미사여구로 자신의 치부를 가리려 하지만 말이다. 경기가 어려워지면, 다시 말해 이윤율이 하락하는 경향을 보이면, 노동자들은 노동 시장의 유연화, 정확히는 고용 불안에 시달리게 된다. 직장을 구하는 사람이 많을수록, 임금은 동결되거나 삭감될 수밖에 없다. 회사 측은 당당히 노동자에게 말할 것이다. "월급에 불만이 있으면 그만두세요. 취업하려는 사람은 주변에 넘쳐 나니 말이에요." 이렇게 고용이 불안해지면, 임금 상승 요구나 파업 등 노동자의 권리는 유명무실한 것으로 치부될 수밖에 없다. 더 심각한 건 함께 살아가야 할 동료 노동자들에게 동물적 적대감을 갖게 된다는 것 아닐까.

생존의 위기에 처하게 되면 누구에게나 공동체적 감수성보다는 이기적인 본성이 꿈틀거리게 된다. 당신의 삶을 위태롭게 만드는 건 자본이 구조적으로 만든 노동시장 유연화 정책이라고 말해도 소용이 없다. 머리로는 이해해도 당장 먹고 입고 자는 것이 먼저이기 때문이다. 자본주의가 덫처럼 쳐 놓은 구조는 너무나 멀고 직장을 두고 경쟁하는 내 눈앞에 보이는 저 경쟁자가 더 가깝게 느껴진다. "저 놈만 없었어도 내가 취업할 수 있었을 텐데." "저놈만 없었어도 이번에 임금을 올려 받을 수 있었을 텐데." 자본주의 구조 혹은 자본가에 대한 분노가 어이없게도 자신과 마찬가지로 피해자라고 할 수 있는 만만한 동료에게 폭발하는 것이다. 이것이 바로 자본주의 체제에서 살아가야 하는 서러움과 남루함의 기원이다. 힘센 놈에게는 꼼짝도 못하다가 약한 놈에게 화풀이를 하는 삶, 아니 화풀이할 수밖에 없는 삶만큼 남루한 것이 또 어디에 있겠는가.

동쪽에서 뺨 맞고 서쪽에서 화풀이하는 자기 모습을 직시한다는 건 정말 서글픈 일이다. 그래서일까, 아무런 잘못이 없는 서쪽에서 우리는 잘못을 찾으려 한다. 그래야 우리의 남루함을 조금이나마 가릴 수 있을 테니 말이다. 만약 찾지 못한다면, 상상으로나마 잘못을 구성해서 투사하기까지 한다. 자본주의 체제에 위기가 도래할 때, 그러니까 고용 불안과 생계 불안이 찾아올 때, 다양한 왕따 문화가 우후죽순으로 변주하고 발생하는 것도 다 이유가 있는 셈이다. 혈연, 학연, 혹은 지연과 같은 배타성의 문제, 혹은 인종차별의 문제가 발생하는 것은 바로 이러한 문맥에서 찾을 수 있다. 전혀 합리적이지 않지만 합리성을 가장해서 누군가를 악마로 만들어 기꺼이 화형식을 치르는 것이다.

이렇게 같은 인간을 오만 가지 편견에 사로잡혀 죽인다 하더라도, 자본주의의 구조적 문제가 해결되지 않는 한, 고용과 생계 불안은 끊이지 않고 벌어질 수밖에 없다. 그러나 무슨 상관이란 말인가. 계속 악마를 만들고 화형에 처하면 그뿐이니 말이다. 마침내 자신이 악마가 되어 소외되고 죽어 가야만 끝나는 게임 아닌가. 자본주의에 정면으로 도전하지 못한 나약함과 비겁함의 대가치고는 아이러니한 일이지만 말이다. 자본주의가 조장한 위기 국면을 교묘하게 이용하는, 위기에 기생하는 정치 이데올로기가 있다. 바로 파시즘이다. 파시즘은 위기 국면을 조장하는 구조적 문제에 직면하지 않고 주변 동료를 악마로 만들기 쉬운 인간의 어리석고 잔인한 본성에 불을 댕긴다. 타인을 악마로 몰아가는 인간의 악마성을 거대하게 증폭하는 것, 혹은 상호 파괴로 귀결하는 인간의 비루함에 화려한 무대를 마련해 주는 것, 이것이 바로 파시즘의 역할이다. "그들 때문이에요. 그들 때문에 당신들이 힘들게 사는 겁니다. 그들이 악마입니다."

파시즘은 히틀러로 상징되는 나치즘처럼 국가가 주도적인 역할을 할 수도 있고, 아니면 파괴된 영혼을 가진 종교 지도자나 정치 지도자, 혹은 왜곡된 지식인이 이끌 수도 있다. 어느 경우든 삶에서 불안이 팽배할 때, 그래서 타인을 부정하거나 적대시하는 심리적 메커니즘이 작동할 때, 파시즘은 조용히 우리 삶을 잠식해 들어온다. 마치 암세포처럼 우리의 불안을 먹고 우리를 시들게 하고 마침내 우리를 잡아먹는다. 뉴저먼 시네마의 기수였던 파스빈더가 평생 싸우려 했던 것도 바로 이것이다. 파시즘이라는 암세포와의 전쟁, 그건 파스빈더의 숙명이자 소명이었다. 나치즘을 온몸으로 겪고 간신히 살아남은 파스빈더가 파시즘의 내적 논리를 폭로하는 영화를 만드는 데 평생을 불태웠던 것도 이런 이유에서다. 1974년에 상영된 「불안은 영혼을 잠식한다」가 중요한 이유도 여기에 있다. 파시즘에 대한 가장 명료하고 가장 차가운 이 영화를 통해 파스빈더는 파시즘이 우리 주변에서 어떻게 자라고 어떻게 소멸되는지를 탐색하고 있으니까.

모로코 이주 노동자인 젊은 남자 알리와 자식을 모두 출가시키고 홀로 사는 나이 많은 독일 여자 에미는 서로 사랑에 빠진다. 두 사람은 모두 경제적으로나 사적으로나 외롭고 지쳤던 탓이다. 또한 비록 인종적으로는 차이가 있지만, 알리와 에미는 독일 사회에서 최하층 노동자로 살아가고 있다는 동질감도 한몫했을 것이다. 카센터에서 일하는 알리나, 건물 청소부로 일하는 에미나 경제적으로 풍족할 리는 없을 테니까. 파스빈더의 영화는 인종적 편견을 넘어서 사랑을 이루는 두 사람, 알리와 에미의 이야기에서 시작된다. 그렇지만 그들의 사랑은 얼마 지나지 않아 위기에 봉착한다. 주변 모든 사람, 특히 독일 이웃들은 두 사람의 사랑을 거의 범죄시하기 때문이다. 심지어 두 사람과 함께 있다는 것조차 마치 역병에라도 걸릴 것처럼 혐오스럽게까지 여긴다. 에미의 출가한 자식들도 마찬가지다. 새로운 사랑을 시작한 어머니 에미에게 창녀라는 표현도 서슴지 않을 정도다. 이웃 상점에서는 에미에게 물건 팔기를 거부할 정도였다.

파시즘이 생활 도처에서 기승을 부리는 상황에서도 알리와 에미는 사랑의 힘으로 힘겨운 싸움을 펼쳐 나간다. 그렇지만 이런 싸움은 끝이 없을 것만 같은 외로운 투쟁일 수밖에 없다. 아니나 다를까, 고립무원의 신세에 지친 두 사람은 잠시나마 편견의 눈초리가 적은 곳으로 여행을 떠난다. 돌아왔을 때 이웃들이 자신들의 사랑을 인정해 주는 기적과도 같은 일이 벌어지기를 기대하면서 말이다. 여행에서 돌아왔을 때, 기적은 정말로 벌어진다. 창고를 빌려 주고 짐을 옮겨 주는 것으로 주민들은 에미와 알리를 이웃으로 받아들이기 시작하고, 수입이 시원치 않았던 상점 주인은 구매자가 아쉬웠던지 에미를 고객으로 받아들인다. 심지어 창녀라고 어머니를 멸시했던 아들도 맞벌이 때문에 아이를 맡겨야 하는 경제적 이유로 에미와 알리의 결혼 생활을 인정한다. 그리고 동유럽에서 온 새로운 청소부를 견제하기 위해 한때 에미를 따돌렸던 동료 청소부들은 에미의 삶을 못 본 척하고 넘어간다.

기적에 취해서인지, 에미는 알리에게 사랑한다면 해서는 안 되는 일을 하기 시작한다. 마치 하인처럼 알리에게 이웃의 짐 나르는 것을 돕도록 명령하고, 마치 애완견처럼 알리를 동료들에게 근육을 만져 보라며 자랑하기도 한다. 심지어는 알리가 가장 좋아했던 모로코 전통 음식 '쿠스쿠스'마저도 싫다고 역정을 내기까지 한다. 에미는 자신도 모르게 파시즘에 오염되어 있었던 것이다. 이주 노동자는 하인과도 같고 문화적으로 열등하다는 편견에 사로잡혔으니 말이다. 에미와 알리 사이에 진짜 위기가 찾아온 것이다. 파스빈더의 영화는 우여곡절 끝에 위기가 무마되며 두 사람이 서로 사랑을 확인하는 것으로 훈훈하게 마무리된다. "불안은 영혼을 잠식하지만, 사랑은 그나마 불안을 완화시킬 수 있다." 영화를 통해 파스빈더가 말하고 싶었던 것이 단지 이것만이었을까? 아니다, 그건 표면에 불과하다. 멜로드라마는 파스빈더가 우리에게 던지는 미끼가 아니었을까? 멜로드라마라는 양식으로 그가 싸늘하게 전해 주는 것은 파시즘이란 항상 우리의 불안을 먹고 자라는 암세포와도 같다는 가르침이다. 그래서 간신히 회복된 에미와 알리 사이의 관계도 경제적 이해 문제로 다시 불안해질 수도 있다. 이렇게 사랑과 불안 사이의 아찔한 균형, 조금만 부주의하면 파시즘의 먹이가 될 수 있는 불길한 예감! 파스빈더가 생각보다 훨씬 더 차가운, 그래서 뜨거운 감독이었던 것도 바로 이런 불길한 예감 때문은 아닐지.

비평가의 눈

이상용

침묵을 대신하는 시선

영화의 줄거리는 단순하다. 남편과 사별한 건물 청소부 에미가 우연히 함께 춤을 추게 된 모로코인 알리와 결혼한다. 그런데 이 결혼식에 대해 말들이 많다. 나이 많은 에미가 나이 어린 알리와 결혼한다는 것 자체도 문제가 될 수 있지만, 더욱 근본적인 사안은 인종이 다르다는 것. 결혼 발표 소식에 자식들은 노골적으로 불편함을 드러낸다. 이웃의 태도도 미묘하다. 사람들은 수군거린다. 그러나 속내를 직접적으로 드러내지는 않는다. 직장 동료들은 에미를 불결한 존재로 여기고, 없는 사람 취급할 따름이다. 영화의 전반부는 이들을 바라보는 사람들의 태도를 보여 주면서, 꿋꿋하게 결혼식을 이어 가는 알리와 에미 부부의 행적을 따라간다. 사람들은 침묵하지만 결단코 침묵하는 것은 아니다. 그들은 말을 대신하여 시선을 던진다. 고급 레스토랑에서, 가게에서, 사람들은 불편하게 이들을 바라본다. 시선의 차가움, 시선의 편견은 길게 찍은 장면 사이에 등장하여 관객의 마음을 무겁게 만든다. 그런데 시선을 통한 편견은 스크린 저 너머에 있는 것만은 아닌 것 같다. 강의 도중 파스빈더 감독이 양성애자였으며, 알리 역할을 했던 배우와 연인 사이였음을 언급할 때였다. 객석에서 몸서리치는 반응이 시야에 들어왔다. 나는 재빠르게 그쪽을 향해 말을 던졌다. "그게 뭐 어때서요?"

인간이 지닌 시선의 편견은 그 누구도 자유로울 수 없는 일이다. 한 사회의 구성원으로 교육받고 자라면서 자연스럽게 몸에 체득되는 순간 그것은 피부가 아니라 뼛조각처럼 정신의 근간을 이룬다. 누구나 타인에게는 냉철한 태도를 보이지만, 자신은 잘 들여다보지 못한다. 그 보지 못하는 부분이 바로 편견을 이루는 토대다.

「불안은 영혼을 잠식한다」는 파시즘의 광풍이 독일 사회를 휩쓸고 지나간 뒤에 선보여진 영화 중 하나다. 독일인들의 시선에는 히틀러로 대변되는 파시즘의 기운이 여전히 감돈다. 당연한 일이다. 그들은 오랫동안 파시즘에 길들여져 살아왔기 때문이다. 영화에서 상세하게 다뤄지지 않지만, 에미는 전남편이 폴란드인이었다고 말한다. 2차 세계대전 당시 독일은 가장 먼저 폴란드를 침공했다. 그 때문에 폴란드인에 대한 차별적 태도가 스며 있는 것인지도 모른다. 아파트 1층에 사는 부인은 에미 쿠르코브스키라는 이름을 언급하면서, 남편의 성을 따라 폴란드 성을 지닌 것에 대해 흉을 본다. 어쩌면 에미의 남편은 폴란드의 유대인이었는지도 모른다.

전쟁이 끝나고 시간이 흘러 '반유대주의'는 금기어가 되었지만, 그 자리를 대신하게 된 것이 바로 이주 노동자로 온 아랍인들이다. 독일인들은 아랍인 노동자들이 짐승과도 같고, 여자만 밝히며, 노예근성으로 가득한 종자라고 단언한다. 파시즘에 대한 철학적·사회적·정치적 분석이 가능하겠지만, 그 뿌리 중 하나가 '인종차별(racism)'이다. 인종차별은 자연의 논리로 보자면 대단히 이상한 현상이다. 모든 동물계를 통틀어 같은 종이 같은 종을 지배하거나 차별하는 것은 오로지 인간밖에 없다. 그것도 피부색과 출생지가 '다르다'는 이유로 말이다. 이처럼 비동물적이고 비자연적인 인종차별의 폭력은 오랫동안 다양한 정치적 이데올로기로 활용되다가 파시즘의 든든한 뿌리가 되었다. 그런데 이 뿌리는 잘 뽑히지 않는다. 독일 사회에서 파시즘은 물러났지만, 사람들은 여전히 파쇼적인 사고를 한다. 그것은 지금의 한국 사회에서도 발견할 수 있다. 자본에 의한 차별, 학벌, 성 정체성의 차별, 지역 이기주의 등은 피부색이 아니더라도 다양한 방식의 인종차별이 얼마든지 가능하다는 것을 보여 주는 사례다. 진정한 파시즘의 무서움은 정치적 파시즘이 아니라 일상에 자연스럽게 스며 있는 '일상의 파시즘'이다.

「불안은 영혼을 잠식한다」는 파시즘으로부터 벗어난 듯 보이는 독일 사회가 다양한 파시즘으로 재무장할 것을 예고했다. 에미의 직장에서 유고슬라비아인을 따돌리는 장면을 보자. 이 동유럽인은 아랍인과 결혼한 에미보다 한 단계 더 낮은 인종으로 취급받는다. 시선의 무서움이 발휘되는 장면이다. 또 한 가지 예언은 파시즘을 능가하는 새로운 형태의 파쇼가 사회를 지배하리라는 것이다. 에미의 아파트 근처 가게 주인은 아랍인과 결혼한 에미를 불쾌해하면서 쫓아 버린다. 하지만 여행을 다녀오고 나니, 주인은 갑작스레 화해 무드를 취한다. 이유는 간단하다. 근처에 새로운 가게들이 생겨나는 바람에 운영이 어려워졌고, 단 한 명의 고객이라도 아쉬워졌기 때문이다. 이처럼 자본은 '파시즘'을 능가하여 모든 것을 무가치하게 만드는 놀라운 위력을 발휘한다. 아직까지 자본주의의 파시즘이라는 식으로 설명되지는 않지만, 돈의 위력 앞에 모든 것이 노예화되는 현상은 파시즘보다 더욱 강력한 힘을 만들어 낸다. 자본은 모든 것을 식민지로 만들어 버린다.

알리와 함께 여행을 다녀온 후 에미가 사람들로부터 인정을 받는 것은 그녀의 자본력과 노동력 덕분이다. 에미가 결혼을 발표하였을 때 화를 내며 텔레비전을 발길질로 부수어 버렸던 장남은 갑작스럽게 어머니에게 화해를 청한다. 에미가 손자를 돌봐주기를 원했기 때문이다. 같은 건물에 거주하는 여성들 역시 지하 창고 자리를 빌려 달라며 화해를 청한다. 에미는 덤으로 남편의 노동력까지 제공한다.

자본을 앞세워 사람들과 화해를 이룰 때 여태껏 침묵하던 알리가 화를 내기 시작한다. 에미는 독일 사회의 자본가와 다를 것이 없다. 자본을 앞세워 사람들을 굴복시킨다. 그것이야말로 자동차 공장에서 일하는 알리가 느끼는 분노의 이유 아니겠는가. 자본은 모든 것을 식민지화하기 때문이다.

에미가 어느새 자본가 행세를 한다. 사태를 간과할 수 없었던 알리는 집을 나간다. 그는 단골 카페 여주인에게 '쿠스쿠스'를 해 달라고 청한다. '쿠스쿠스'를 청하는 대목은 단순히 고향의 음식을 그리워하는 것으로 이해해서는 안 된다. 쿠스쿠스는 최후의 보루다. 서구의 자본이 폭력적으로 다가올 때, 쿠스쿠스는 자신을 망각하지 않으려는 최소한의 노력으로 이해할 수 있다. 이미 알리는 독일의 맥주와 감자에 길들여져 있다. 쿠스쿠스는 자신을 길들이려고 하는 것들로부터 깨어나는 주문이다.

알리가 아랍인들이 출입하는 선술집 여사장을 사랑한 것은 결코 아니다. 독일인들만이 이들 부부에게 편견의 시선을 보냈던 것도 아니다. 아랍인들 역시 늙은 독일 여자와 젊은 아랍인 커플을 불편해했다. 알리가 떠났을 때 에미는 알리의 직장과 단골 술집을 찾아간다. 직장 동료들은 알리에게 아내가 찾아온 것이 아니라 할머니가 찾아왔다고 비아냥거린다. 이 역시 '나이'를 빙자한 인종차별이다.

애초부터 이들의 자리는 매우 좁았다. 에미의 대사는 이 좁은 자리의 의미를 이해할 때 용인될 수 있다. "우리가 함께 있을 때, 우리는 서로에게 잘해 줘야만

알리와의 결혼 후 이웃들의 구설수에 오른 에미

해." 어쩌면 부지런한 알리와 에미는 자본력과 노동력을 앞세워 주변 사람들을 제압할 수도 있다. 하지만 이것은 인종차별을 앞세워 자신들을 바라보던 이들과 다르지 않은 방법이다. 그것은 폭력을 응징하는 방법이 될지언정 결단코 불안을 치유하지는 못한다. 세상의 편견 어린 시선에 아랑곳하지 않고 서로에게 잘 해 주는 것을 행복으로 여기며 사는 방식이야말로 불안을 잠재울 수 있는 유일한 치료제다.

파스빈더의 영화 세계는 할리우드 멜로드라마에 대한 예찬으로 시작되었다. 그중 단연 큰 영향을 끼친 인물은 「천국이 허락한 모든 것」, 「슬픔은 그대 가슴에(Imitation of Life)」(1959)를 만든 더글러스 서크다. 라이너 베르너 파스빈더는 서크에 대한 예찬론자였고, 스페인의 거장 페드로 알모도바르(1949-)는 서크의 「바람에 쓴 편지(Written on the Wind)」(1956)를 1000번쯤 봤다고 언급했다. 미국의 감독 토드 헤인즈(1961-)는 서크에 대한 영향 아래 「천국이 허락한 모든 것」을 응용해 「파 프롬 헤븐(Far from Heaven)」(2002)을 만들었다. 서크를 가장 먼저 발견한 파스빈더는 「천국이 허락한 모든 것」을 「불안은 영혼을 잠식한다」로 재해석해 냈으며, 서크의 과잉된 멜로드라마 스타일을 게이와 레즈비언 들이 등장하는 멜로드라마와 「마리아 브라운의 결혼」과 같은 역사적 멜로드라마에 고스란히 적용했다. 파스빈더는 눈물을 빼내는 감정 과잉의 멜로를 좀 더 냉철하게 변모시켰다. 이는 신파적 정서의 멜로를 작가주의 영화로 탄생시키는 계기가 되었다.
이후 서크와 파스빈더의 영향 아래 멜로드라마는 새로운 길을 잠식해 왔다. 그것은 성정치학과 인종, 계급을 아우르는 감정의 드라마가 되었다.

"ANNIE HALL"
A nervous romance.

WOODY ALLEN
DIANE KEATON
TONY ROBERTS
CAROL KANE
PAUL SIMON
JANET MARGOLIN
SHELLEY DUVALL
CHRISTOPHER WALKEN
COLLEEN DEWHURST

19강 섹스 앤 더 시티

애니 홀

우디 앨런

"그래도 우리에겐 계란이 필요하니까요."

—등장인물 앨비의 대사

「애니 홀」 Annie Hall, 1977

미국 | 93분 | 우디 앨런

앨비 싱어는 뉴욕에 거주하는 스탠드업 코미디언이다. 그는 두 번 결혼에 모두 이혼했고, 무대 활동을 하며 간간이 시나리오와 연극 대본도 쓰고 있다. 그는 냉소적인 데다가 불만이 많고 투덜대기만 한다. 한때 연인이었던 애니와 헤어진 지는 벌써 1년이 되어 간다.

앨비의 유년 시절은 평탄치 못했다. 그의 냉소주의와 염세적 가치관은 불안을 만들었다. 또래 아이들과 다르게 모든 상황을 비웃고 바보로 여기면서, 우주가 계속 팽창하다가 결국 터져 버릴 거라는 공상으로 성장기를 보냈다. 어느 부모가 걱정하지 않을 수 있겠는가. 앨비는 벌써 15년째 정신과를 들락날락거리고 있는데, 그는 자기가 롤러코스터 아래에서 성장한 탓에 그렇게 됐다고 굳게 믿고 있다. 그런데 앨비는 항상 '죽음'에 골몰하면서도 성적으로는 왕성한 욕구를 지닌 인물이다. 앨비의 첫 결혼 상대는 코미디쇼 진행 보조자 앨리슨이었다. 그녀는 젊고 매력적인 여성으로 앨비와 말도 꽤 잘 통했다. 그러나 어느새 앨리슨과 잠자리를 해야 할 때마다 이런저런 이야기를 늘어놓으며 상황을 회피했다. 그녀는 앨비의 본심을 읽어 냈다. 두 번째 부인은 자신의 출세와 명성, 체면만을 신경 쓰는 전형적인 뉴욕 속물이었나. 앨비의 취향이나 생각을 귀담아듣지도 않는, 오직 주변 사람들의 시선만 의식하는 여성이었다. 앨비는 하나부터 열까지 자로 재듯 상황을 판단하고 분석하는 두 번째 아내에게 싫증을 느껴 결국 이혼을 결심한다.

혼자가 된 앨비는 친구 롭과 함께 테니스를 치러 나간다. 롭의 지인 자넷과 그녀가 데리고 온 또 한 명의 여성 애니 홀이 함께하는 자리다. 그들은 2 대 2로 친목 게임을 한다. 앨비는 단순히 기분 전환 삼아 스포츠를 즐기러 나온 와중에도 끊임없이 수다를 떤다. 그는 뉴욕을 예찬하면서 서부는 야만적이라느니, 세상 사람들이 좋다고 권하는 것들은 죄다 해롭다느니 하면서 궤변과 유머를 늘어놓는다. 테니스 경기를 치른 후 그녀는 앨비에게 "테니스를 잘 치던데요?"라고 너스레를 떤다. 그러자 앨비는 퉁명스럽게 "그쪽도요."라고 대꾸한다. 하지만 애니는 앨비를 향해 호기심을 보인다. '라디다, 애니. 오 이런.'

앨비는 자신이 '라디다'라고 흥얼거리는 여자와 만나게 된 것을 흥미로워한다. 애니는 앨비를 자기 옆자리에 태우고 자신의 집으로 데려온다. 바야흐로 이렇게 데이트 아닌 데이트가 시작된다. 서로를 향한 본심과 예의가 교차된, 아니 엇갈린 남녀의 대화가 진행된다.

"저건 당신이 찍은 사진인가요?" 앨비가 묻는다. "그냥 흉내만 낸 거예요." 애니는 민망한지 미간을 찌푸린다. 이어 앨비가 대꾸한다. "정말 품위 있는 작업이군요."(본심은 "애니, 당신 얼굴이 참 괜찮아요.") 애니는 앨비의 칭찬에 살짝 당황한다. "전 전문적인 사진 공부를 하지 않았어요. 정식으로 배우고 싶기는 해요."(본심은 "이 남자가 나를 바보로 여기는 건 아니겠지.") 앨비는 애니의 전신을 훑으며 계속 떠들어 댄다. "사진 작업은 정말 흥미롭죠. 새로운 예술형식이랄까. 그래서 미적 기준이 아직 형성되지 않았죠."(본심은 "이 여자의 벗은 모습은 어떨까?")

두 사람의 본심이 교차한다. "애니, 혹시 금요일에 바빠요?" 애니는 마치 기다렸다는 듯이 "저요? 아니요!"라고 대답한다. 그러자 곧장 앨비가 자신의 이마를 때리며 방금 꺼낸 말을 정정한다. "아, 맞다! 금요일에는 일이 있구나. 애니, 토요일은요?" 애니는 화사하게 웃으며 "토요일도 좋아요."라고 앨비의 데이트 신청을 승낙한다. "근데 토요일 밤엔 제가 노래를 불러요. 오디션 같은 거랄까. 첫 무대죠." 그렇다, 애니는 가수 지망생이었다. 앨비는 한층 호기심이 발동한다. "저도 가 볼게요!"

애니는 겸연쩍다는 듯이 얼굴을 굳히며 "근데 제가 첫 오디션이라 좀……."이라고 말끝을 흐린다. 앨비는 스탠드업 코미디언인 자신이 그런 심정을 누구보다 잘 이해한다면서 꼭 함께하겠다고 약속한다. 이렇게 그들의 공식적인 첫 데이트가 시작된 것이다. 애니의 첫 무대는 긍정적인 결과를 얻지 못한다. 두 사람은 심야 식당에 앉아 출출한 배를 채운다. 그러면서 서로의 감정과 지난 사랑이 남긴 궤적에 대해 두런두런 이야기를 주고받는다. 마침내 그들은 역사적인 첫 섹스를 갖는다. 애니는 앨비의 '능력'이 훌륭하다며 칭찬한다. "이제껏 코미디를 제외하고 이렇게 재미있는 건 처음이야!" 애니는 거사를 치르고 앨비에게 마리화나를 권한다. “애니, 난 환각성 물질은 이용하지 않아.” 애니도 자신은 중독자가 아니라면서, 긴장이 심할 때만 가끔 태운다고 둘러댄다.

두 사람은 서점에서 책을 읽기도 하고, 극장에서 잉마르 베리만[868쪽 키워드 참고]의 「고독한 여심(Face to Face)」를 보려다가 시작 시간을 놓쳐 「슬픔과 동정」 같은 나치 시대를 다룬 다큐멘터리 영화를 보기도 한다. 어떤 때는 바닷가로 여행을 떠나, 함께 가재 요리를 만들어 먹으며 단란한 시간을 보낸다.

며칠이 지난 후, 애니는 허드슨 강가에서 앨비에게 고백한다. “앨비, 난 당신을 좋아해.” 그러자 앨비는 “애니, 중요한 건 이거야. 날 사랑해?”라고 반문한다. 애니는 특유의 환한 미소를 지어 보이며 “만난 지는 얼마 되지 않았지만, 그렇다고 할 수 있어. 그럼 넌 날 사랑해?”라고 마찬가지로 되묻는다. 앨비는 능청스럽게 “‘사랑’이라는 말로는 부족하지. 좀 더 좋은 게 없을까? ‘사우라웅해.’ 아니 쌍시옷을 넣어서 ‘싸랑해.’라고 할까?” 두 사람은 근사한 야경을 배경으로 입맞춤을 나눈다.

그런데 곧장 성사된 동거 계획은 시작부터 삐걱대기 시작한다. 애니가 자신의 아파트를 정리하고, 온갖 잡동사니를 끌고 앨비의 아파트로 밀려들자 앨비는 진담 반 농담 반, 아니 유머 속에 진심을 녹여 애니에게 투덜대기 시작한다. 애니는 자신의 가족 식사에 앨비를 초대해 진지한 관계를 더욱 공고히 하려 하지만, 그는 자신의 삶과 판이하게 다른 ‘보통 백인 가정’의 분위기에 융화되지 못한다.

이젠 다른 일들이 일어난다. 앨비는 애니에게 대학 교육을 강요하더니, 막상 그녀가 학업에 몰두하자 학교를 그만두라고 설득한다. 애니는 황당할 뿐이다. 앨비는 애니가 수강하는 강좌의 선생이 전형적인 호색한이라면서 질이 나쁜 사람이니 그런 수업 따윈 들을 필요가 없다고 단언한다. 하지만 애니는 각자의 사생활을 존중해 달라고 말한다. 그리고 이것은 앨비가 원하던 생활 방식이었다. 애니는 앨비의 강압에도 수업을 그만둘 생각이 없다. 급기야 그녀는 “당신 같은 인간이랑은 절대로 결혼 안 해!”라고 못 박는다. 그럼에도 불구하고 같이 지내 온 세월 탓일까, 아니면 미련 혹은 사랑이 남았기 때문일까? 애니는 앨비의 충고에 따라 정신과 상담 치료를 받으며 돌파구를 모색해 보지만, 앨비의 끊임없는 집착과 비아냥, 편집증적 망상을 끝내 견디지 못한다. 그녀는 잠정적으로 이별을 통보한다. “앨비, 우리 이제 끝내!”

앨비는 망연자실해 다른 여자를 만난다. 팸이라는 여기자와 불편한 데이트를 한다. 앨비는 애니를 잊기 위해 팸과 내키지 않는 잠자리까지 한다. 그런데 팸과 섹스를 나눈 후 이야기를 하던 중 새벽 3시경 애니에게서 전화가 온다. 앨비는 데이트 여성을 제쳐 두고 부리나케 애니의 곁으로 달려온다. 그녀는 욕실에 갑자기 거미가 나타났다면서 앨비에게 잡아 달라고 애원한다. "뷰익 자동차만 한 거미로군!" 앨비는 황당한 상황을 받아들일 틈도 없이 커다란 거미를 보고 기겁한다. 그 역시 겁이 나지만, 평소처럼 온갖 불만을 쏟아 내며 거미를 소탕한다. 소동이 마무리되고 돌아서려는 앨비를 애니가 붙잡는다. "가지 마, 앨비." 앨비는 대충 짐작하면서도 농담을 던진다. "왜 이젠 또 흰개미의 습격인가?" 앨비는 애니의 손을 잡는다. "앨비, 정말 보고 싶었어." 앨비와 애니는 화해 무드를 맞는다.

그러나 두 사람의 화해는 오래가지 않는다. LA행 비행기를 타고 파티에 갔던 두 사람은 뉴욕으로 돌아오는 비행기 안에서 결별을 선언한다. "앨비, 현실을 직시하자. 우리 관계는 끝났어." 애니의 직격탄에 앨비도 순순히 항복한다. "사랑은 상어 같아서 전진하지 않으면 죽어 버리지. 지금 우리는 죽은 상어를 안고 있어." 이어 두 사람은 길지 않은 동거 생활을 정리하며 각자의 살림살이를 나눈다. 이들 또한 긴 인연을 짧은 이별로 마무리한다.

그러나 상실감을 견디지 못한 앨비가 애니가 있는 로스앤젤레스를 찾아가 간청한다. 그는 이야기 도중 청혼을 한다. "앨비, 나는 우리가 친구로 남길 원해. 당신 덕에 나는 진짜 나를 찾게 됐어. 그 점은 참 고마워. 그나저나 당신은 어떻게 지내." 애니는 침착하게 대응하려고 노력한다. "나는 지금 희곡을 쓰고 있어. 그나저나 나랑 같이 뉴욕으로 돌아가지 않을래?" 결국 앨비는 애니와의 관계를 회복하지 못하고, 자기 일생 최고의 사랑을 목전에서 날리고 만다. 그는 애니에 대한 미련을 정리하고, 자신의 잘못을 반성 혹은 합리화하기 위해 자전적 희곡을 완성한다. 하지만 희곡의 결말은 실제와 달리 해피엔드다. 앨비는 멋쩍게 혼잣말을 내뱉는다. "사람들은 항상 완벽한 작품을 원하죠. 실제 인생에서는 이루기 어려우니까."

그는 자신의 작품을 무대에 올리고, 지난날의 감정을 정리하던 중에 애니와 우연찮게 만난다. 그녀는 다시 뉴욕에 살고 있으며, 새로운 연인도 생긴 모양이다. "애니와 다시 만날 수 있어서 기뻤어요. 그런데 곧 헤어져야 했죠, 예전처럼. 이젠 알아요. 그녀가 얼마나 멋진 여자였는지, 얼마나 재미있는 사람이었는지. 예전에 들었던 한 농담이 생각나네요. 한 사람이 정신과를 찾아가 의사에게 이렇게 말했죠. '우리 형이 미쳤어요. 자기가 닭이라고 생각해요.' 그러자 의사는 '그럼, 형을 데리고 오셨어야죠.'라고 답했답니다. 이에 환자는 '그러면 형이 계란을 못 낳잖아요.'라고 태연히 대꾸했다는 거예요. 남녀 관계도 그런 거 같아요. 비이성적이고 광적이고 부조리하죠. 하지만 계속 사랑을 할 거예요. 우리에겐 계란이 필요하니까요."

우디 앨런

Woody Allen, 1935-

"의식이라는 걸 지니게 된 순간부터 줄곧 섹스에 대해 생각했다."

우디 앨런은 가장 걸출한 코미디언 가운데 한 사람으로 꼽힌다. 10대 시절부터 직업 코미디언들에게 개그 소재를 팔기 시작했고, 이후 시드 시저(1922-2014) 아래에서 작가로 일했다. 앨런 자신도 스탠드업 코미디언으로 무대에 서면서 유명 인사가 됐다.

1965년 그는 클라이브 도너(1926-2010)의 풍자극 「고양이에게 무슨 일이?(What's New Pussycat?)」의 시나리오를 쓰고 단역으로 출연했다. 우디 앨런의 공식 데뷔작은 세상에서 제일 멍청한 강도를 주인공으로 한 코미디 「돈을 갖고 튀어라(Take the Money and Run)」(1969)다. 2년 후에는 정치와 매스컴에 대한 풍자극 「바나나 공화국(Bananas)」(1971)을 발표했다.

우디 앨런 영화의 전환점은 1977년작 「애니 홀」이다. 인생에 대한 파토스를 담기 시작한 우디 앨런은 이 영화를 기점으로 삶의 아이러니와 우울한 낭만을 결합하기 시작한다. 또한 잉마르 베리만과 페데리코 펠리니와 장 르누아르 등 유럽 감독이 시도했던 영화 언어를 코미디에 결합했다. 앨런이 열렬히 찬양한 감독은 베리만으로, 덧없는 사랑이나 언제 부서질지 모르는 행복과 같은 우디 앨런의 비관주의에서는 베리만의 냄새가 난다.

우디 앨런은 이후 뉴요커로서 뉴욕에 대한 예찬이 담긴 흑백영화 「맨해튼(Manhattan)」(1979)을 선보인다. 이 작품은 평생 뉴욕에서 살아온 그의 인생 찬가였다. 이듬해 그는 영화 만들기에 관한 영화 「스타더스트 메모리(Stardust Memories)」(1980)를 발표한다. 이 영화는 펠리니의 「8과 1/2」을 떠올리게 한다. 그는 베리만과 펠리니의 그늘에서 벗어나 기상천외하고 독특한 스타일의 코미디 「젤리그(Zelig)」(1983)를 만든다. 이 영화는 허구와 현실의 구분을 감쪽같이 지웠다는 점에서 포스트모더니즘 영화의 효시로 남았다. 그는 1986년 뉴욕 중산층 가정의 세 자매를 중심으로 성과 도덕에 관한 강박관념에 휩싸인 뉴요커의 부조리한 일상을 경쾌하게 묘사한 「한나와 그 자매들(Hannah and Her Sisters)」로 아카데미 각본상을 수상하면서 작가로서 대중적 평가도 얻는다.

1990년대 들어서 앨런은 한층 과감한 형식적 모험을 계속했다. 「그림자와 안개(Shadows and Fog)」(1991)에서는 독일 표현주의 영화와 1930년대 할리우드 고전 공포 영화를 뒤섞어 놓은 듯한 스타일을 보여 줬다. 1995년과 1996년에는 연이어 뮤지컬 영화를 발표한다. 「마이티 아프로디테(Mighty Aphrodite)」(1995)에서는 고대 그리스 비극을 본뜬 코러스를 삽입해 인물의 심리를 우회적으로 묘사했고, 전례 없이 낙천적인 세계관을 바탕에 깔고 사랑을 예찬한 「에브리원 세즈 아이 러브 유(Everyone Says I Love You)」(1996)도 어린 시절부터 품어 온 뮤지컬에 대한 그의 동경을 짐작하게 한다.

우디 앨런은 재즈에도 조예가 깊다. 실제로 공연도 선보인 앨런은 「슬리퍼(Sleeper)」(1973)에서는 1920년대 재즈 스코어를 사용했고, 「애니 홀」에서는 다이앤 키튼에게 「당신이어야 했죠(It Had To Be You)」를 부르게 했으며, 「맨해튼」의 타이틀 시퀀스의 배경음악으로 조지 거슈윈(1898-1937)의 「랩소디 인 블루(Rhapsody in Blue)」를 택했다. 음악의 풍부함만큼이나 그의 영화는 코미디와 SF, 섹스와 죽음, 범죄와 행복 사이를 자유롭게 오간다. 최근에는 「블루 재스민(Blue Jasmine)」(2013)과 「매직 인 더 문라이트(Magic in the Moonlight)」(2014)를 선보이면서, 여전히 건재함을 과시하고 있다.

우디 앨런의 뉴욕, 현대인의 삶을 담다

뉴욕으로 간다는 것은 우디 앨런을 만나러 간다는 것에 다름 아니다. 우디 앨런의 뉴욕에는 음악을 듣고 술을 마시는 클럽이 있으며, 아파트가 좁긴 해도 연인들이 몸을 맞댈 수 있는 침대로 놓여 있다. 줄을 서서 기다려야 하는 극장도 있다. 뉴욕은 쇼비즈니스의 세계이기도 하다. 크고 작은 방송사와 다양한 규모의 극장이 있는 이곳에서는 주인공 앨비의 농담을 듣기 위해 사람들이 모여들기도 한다. 앨비는 두 번이나 결혼을 한 남자다. 그의 주변에는 여러 명의 여성이 있었다. 하지만 '애니'는 그에게는 너무나 특별했던 여자였다. 한마디로 쿨한 뉴요커 앨비에게도 애니는 결코 쿨할 수 없었던 사랑이었던 것이다. 쿨하지만 또한 동시에 그렇지도 못한 도시인의 사랑이 「애니 홀」의 뉴욕 풍경을 배경으로 펼쳐지니, 이미 도시에 길들여진 우리가 우디 앨런에게 이목을 집중하는 것도 어쩌면 당연한 일이리라. '인생이 이럴 수만 있다면 얼마나 좋을까.'라는 소망에서부터, 씁쓸한 현실과 이별 후 찾아오는 후회에 이르기까지 도시인의 삶과 사랑의 달콤쌉쌀한 본질이 모두 녹아 있는 한 편의 영화, 그것이 바로 「애니 홀」이다.

우디 앨런의 뉴욕, 우디 앨런의 애니 홀

이 「애니 홀」은 우디 앨런의 1977년작입니다. 우디 앨런은 굉장히 다작하는 작가이고, 에너지가 넘치는 감독이죠. 「애니 홀」, 「맨해튼」, 「한나와 그 자매들」을 만들었던 시기가 우디 앨런의 역량이 최고점에 이른 첫 번째 시점이에요. 최근에는 「블루 재스민」 같은 경우가 수작이라는 생각이 들고요. 초기 영화에는 앨런이 직접 주연으로 출연하는 경우가 대부분이었죠. 위대한 코미디 감독이 대개 그랬듯, 주연 배우이자 연출가이자 시나리오 작가였던 거죠. 그중에서도 뉴요커로서 우디 앨런의 정체성이 가장 잘 드러났던 작품이 바로 「애니 홀」입니다. 다이앤 키튼의 본명이 다이앤 홀이었고, 앨런은 다이앤을 애니라고 불렀어요. 전기 영화는 아니지만 어느 정도 감독 자신의 삶이 모티프가 되었어요. 그러나 자전적 성격이 강한 영화를 마주할 때 '삶 = 작품'이라는 단순한 도식으로 해석하는 건 지양해야 합니다. 이 작품은 특히 그렇게 접근하면 매력이 반감됩니다.

「애니 홀」은 사랑에 관한 놀라운 통찰을 보여 주는 영화입니다. 고다르가 즐겨 사용하는 브레히트적 소외 효과를 차용하기도 합니다. 당대 모더니즘 영화의 핵심적 요소를 앨런이 어떤 관점으로 해석하고 어떤 식으로 활용했는가 하는 게 보이죠. 세상의 모든 연인은 헤어질 수밖에 없고 모든 헤어짐에는 이유가 있다는 교훈을 굉장히 흥미로운 방식으로 전달하는 영화인데, 이 명제는 영화 속 대사 "나를 받아 주는 클럽에는 들어가고 싶지 않다."에서 확연히 드러납니다. 자신에 대한 혐오를 드러내며 시작되는 영화는, 뉴욕에 사는 남자 주인공이 그녀와 관계를 맺는 데 어떻게 실패하는가를 보여 줍니다.

강 사랑의 참을 수 없이 가벼운 속성을 보게 되는 영화 같아요. 가벼운 두 사람이 만났는데 둘의 사랑이 갑자기 근사하고 무거워지긴 어렵죠. 도시적 사랑을 정말 잘 녹여낸 영화 같아요. 다만 저는 개인적으로 '영화=영상'이라고 생각하는 사람이에요. 영화를 보고 나면 몇몇 장면이 뇌리에 박히기 마련이잖아요? 그런데 앨런의 작품은 보고 나서도 인상적이라 할 만한 영상을 꼭 집어내기가 어려워요. 몇 달 지나면 남는 영상은 없고, 그 끊임없이 조잘대는 수다만 남을 것 같거든요. 영화가 라디오는 아니라고 생각하는데, 이 영화는 특이해요. 이 영화가 수입되던 1977년 우리나라에 우디 앨런의 팬이 생겼다는 게 한편으로는 고깝기도 해요. 제 눈에 우디 앨런은 강남 좌파같이 보이거든요. 아직 강남 부르주아가 형성되지 않았을 때 「애니 홀」에 열광했던 사람들은 어떤 사람들이었을까 궁금해집니다. 지금 보면 확실히 우리 삶과 근접해진 이야기를 보여 주고 있죠. "진보, 진보!" 하지만 과격하게 행동은 못 하는 우리의 현재와 비슷하잖아요. 우디 앨런은 두터운 마니아층을 보유한 감독이죠. 그런데 그에 대한 호불호는 분명히 갈리는데, 강남 좌파적 의식이 보이기 때문이겠죠. 진보입네 하지만 하는 행동은 가부장적이고 기득권적이니까요.

끔찍하게 민감한 마음

이 이 영화를 고른 가장 큰 이유는 우디 앨런이라는 자기 분열적 캐릭터의 매력 때문입니다. 애니메이션 「개미(Antz)」(1998)에서 목소리 역할을 맡은 성우가 우디 앨런이었다는 사실을 아는 분도 계실 텐데요. 공동체 안에서 혼자 섞이지 못하고 불만을 토로하는 외톨이 역할에 우디 앨런이 적격이라고 할 수 있죠. 미국 문화 안에서 우디 앨런은 수다스러운 개인주의자, 자기 분열적인 사회 불만분자, 즉 '투덜이 스머프' 같은 인물이죠. 그런데 이건 요즘 현대인들에게서 보이는 공통적인 성격인 데다가 널리 확산되는 것 같아요. 지금 우디 앨런 작품은 세계적으로 흥행하고 있잖아요? 우리나라에서 인기를 얻은 건 정말 최근의 일이라고 할 수 있는데, 이 현상은 우디 앨런이 그려 낸 투덜이 캐릭터가 어느새 도시의 보편적인 캐릭터로 안착했음을 보여 주는 증거일 수 있습니다.
이 영화를 선택한 두 번째 이유는 도시의 '사랑 이야기'이기 때문입니다. 아무리 불만이 많아도 결국 하고 싶은 것은 사랑이고, 사랑은 홀로 할 수 없는, 누군가와 관계를 맺어야 하는 것이지요. 그게 현대인이 개인주의자이면서도 관계를 맺고 싶어 하는 분열적 상황을 만들어 냅니다.

강 뉴욕은 유대인의 공간이에요. 양차 세계대전 때 굉장히 많은 유대인이 이 도시에 몰려들었습니다. 반유대주의가 심한 러시아, 독일 같은 나라에서 뉴욕으로 흘러 들어온 겁니다. 사실 전쟁 전에 이미 조짐이 있었죠. 1910-1920년대부터 유입이 상당했으니까요. 커크 더글러스(1916-) 같은 유명한 영화배우도 일찍이 뉴욕에 정착했죠. 뉴욕 위쪽에 뉴헤이번에 있는 예일대를 예로 들면 1960년대 초반까지만 해도 유대인 교수가 정년(테뉴어)을 맞지 못했습니다. 뉴욕에서 조금만 올라가도 유대인들이 설 자리가 없었다는 사실을 알 수 있죠. 그만큼 뉴욕은 유대인에게는 각별했던 것이죠. 제2의 고향과도 같은 곳이니까요. 우디 앨런은 뉴욕이라는 공간을 통해 친근한 유대인 이미지를 만들어 냈습니다. 이 공간에서 진보적인 사랑을 하는 평범한 유대인의 사랑 이야기를 그린 게 「애니 홀」이죠.

이 저는 영화가 라디오나 소설일 수도 있다고 생각해요. 뉴욕이라는 도시를 거점으로 진행되는 스토리텔링이라는 점에 주목해 보면, 유명한 미국 드라마 「섹스 앤 더 시티(Sex and the City)」(1998-2004)와 주제적으로 상당히 유사해요. 우디 앨런의 작품이나 이 시트콤을 보면 굉장히 일상적인 이야기를 가볍게 떠벌이는 것 같아도 성, 정치, 사회 문화에 대해 결코 가볍지 않은 담론을 꺼내 들죠. 우디 앨런의 1970년대 영화가 없었다면 「섹스 앤 더 시티」 같은 시트콤은 만들어지기 힘들었을 거예요. 두 작품 모두 뉴욕이라는 공간 안에서 어떤 것이 유행하고 어떤 현상이 득세하고 있는가를 보여 준다는 특징을 공유하고 있습니다.

영화를 보다 보면 이 연인 사이에서 불화가 시작하는 지점이 흥미롭습니다. 동거를 결정하는 지점에서부터 불화의 씨앗이 보이거든요. 관리비, 생활비 부담 같은 지극히 생활적인 문제부터 갈등이 시작되는 거죠. 문화적인 공유도 욕심내고, 정신적으로 장악력을 행사하려 하죠. 강의도 추천하고, 책들도 읽어 보라고 제안하잖아요. 그게 우리들의 현재 모습이에요.

강 사실 영화 속 두 주인공은 먼저 육체적으로 끌렸던 거예요. 정신적인 것 이전에요. 육체적인 유대가 강했던 거죠. 테니스 장면만 봐도 굉장히 섹슈얼함이 강조되잖아요. 첫 매력은 그렇게 느낀 거죠. 땀에 젖은 몸의 실루엣이 적나라하게 드러나고 남자 주인공의 남성성도 부각되지요. 그런데 그다음부터 복잡해지는 거죠. 정신적인 것을 나누려 하지만 그게 여간 힘든 게 아니잖아요. 정신적 교감이란 상대방의 고유한 역사를 인정해야 하는데, 두 사람은 자신만의 역사를 강요하니 말입니다. 한마디로 두 사람은 서로 변할 생각도, 그런 의지도 없었던 겁니다. 이렇게 대도시는 인간을 성숙한 어른이 아니라 응석꾸러기로 만드나 봅니다. 뉴요커, 그들은 겉만 번지르르한 어린아이들이었던 겁니다.

우디 앨런의 캐릭터를 분석해 보면 우리 자신을 분석하는 데 도움이 될 거예요. 사랑의 기묘한 형태에 대해서도 고민해 보게 되고요. 20세기 철학자들이 가장 좋아했던 작가 중 하나가 도스토예프스키였어요. 그런데

DUN

우디 앨런, 「애니 홀」

"앨비가 주장하는 순수성은 웃긴 겁니다. 그는 오히려 섹스를 순수하게 향유하지 못합니다. 정서적인 만족까지 확인하기 바라거든요. 성적으로 굉장히 개방되어 있고 밝히는 것 같지만, 한편으로는 성에 순수하게 몰입하지 못하는 사람입니다."

도스토예프스키의 작품을 제대로 읽으려면 마르크스의 『자본론』을 먼저 읽는 게 유익합니다. 모든 게 돈, 자본에 대한 이해로부터 시작되거든요. 20세기 인문학자들이 제일 좋아하는 책 중 하나가 『지하 생활자의 수기』[1]입니다. 이 소설에는 타인의 마음을 미리 짐작해서 얘기하는 주인공이 나옵니다. 지하 생활이 가능하다는 얘기는 도시가 어느 정도의 규모를 가지고 있고, 자동화되었다는 뜻입니다. 화폐 경제가 어느 정도 발달하고 인프라가 갖춰져야만 고독한 개인의 (최소한의 물리적인) 생활이 가능해지는 거죠. 바로 이 소설의 캐릭터에 해당하는 말이에요. 우디 앨런은 과도할 정도로 타인에게 민감합니다. 공격당하지 않기 위해 날이 서 있는 것 같아요. 어찌 보면 실연을 자초하는 캐릭터라고 볼 수 있죠.
에마뉘엘 레비나스(1906-1995)를 비롯한 많은 철학자가 『지하로부터의 수기』를 좋아하는 이유는 고독한 개인이 타인을 마주하게 되었을 때 보이는 자기 분열, 과도한 타인에 대한 짐작, 집착, 알고자 하는 욕망에 흥미가 갔기 때문이에요. 앨비도 유대인임을 숨기고 싶은 마음이 있으면서도 미리 유대인이라고 말해 버리죠. 자기 조롱임에 분명해요. 타인의 평가에 너무 민감한 거예요. 타인의 내면을 짐작해서 미리 방어하고 스스로를 검열하는 존재가 바로 대도시 뉴욕에 사는 시민의 전형적인 캐릭터죠. 그렇기에 우리는 여기서 전형적인 자본주의의 징후, 대도시화의 징후를 발견할 수 있는 겁니다.

이 도시에서의 연애를 한마디로 표현하면(버지니아 울프 글의 제목처럼) '끔찍하게 민감한 마음'이라고 할 수 있습니다. 강 선생님 말씀대로 많은 현대인들이 연애하는 과정에서 미리 짐작하고 미리 방어하는 태도를 보이죠. 애니와 헤어지고 나서 남자 주인공은 "나는 나를 받아들이는 클럽에는 가고 싶지 않다."라고 할 정도로 따지고 듭니다. 애니와 섹스를 하려 할 때 애니가 유체를 이탈하는 장면이 있잖아요. 거기서 애니의 영

1 도스토예프스키의 『지하로부터의 수기』는 20년간 아무도 만나지 않은 주인공의 독백으로 이루어진 소설이다. "나의 삶은 그때도 음울하고 무질서하고 야생에 가까울 만큼 고독했다. 나는 그 누구와도 사귀지 않고 심지어 말하는 것조차 피하면서 점점 더 나만의 구석으로 숨어들었다. 근무처인 관청에서도 아무도 보지 않으려고 노력했는데, 나의 동료들이 나를 괴짜 취급한다는 걸 아주 잘 인지했을 뿐만 아니라 줄곧 이런 생각이 들었다. 어쩐지 역겨움이 담긴 시선으로 나를 바라보는 것만 같았다."

혼이 몸 안에 없다는 것을 알아채고 불평하는 앨비에게 애니는 "몸이라도 가졌으면 됐잖아."라고 말합니다. 이에 대해 앨비는 "나는 둘 다 원해."라고 말합니다.

강 앨비가 주장하는 순수성은 웃긴 겁니다. 그는 오히려 섹스를 순수하게 향유하지 못합니다. 정서적인 만족까지 확인하기 바라거든요. 성적으로 굉장히 개방되어 있고 밝히는 것 같지만, 한편으로는 성에 순수하게 몰입하지 못하는 사람입니다.

대도시인의 지적 허영과 지식인의 나약함

이 코미디의 가장 기본적인 수법이 자기 비하라고 합니다. 프로이트 정신분석에서도 분석 최초의 대상은 '나'예요. 이 영화를 보면 애니가 누구인지 잘 알 것 같습니다. 애니는 지적 허영도 있고, 복장에서 드러나듯 히피적이고 자유를 추구하는 진취적인 성향이기도 하죠. 그녀의 여러 가지 취향이나 행동을 통해 성향을 구성해 볼 수 있어요. 우디 앨런의 캐릭터를 통해 말해지고 회상되는 타자화된 대상이기 때문이죠.
그런데 정작 주인공 앨비는 잘 모르겠습니다. 그는 왜 애니에게 죽음에 대한 책을 선물했을까? 그는 애니를 향해 어째서 그런 반응을 보였을까? 여러 가지 수수께끼가 남는데, 이렇다 할 명백한 답을 찾기가 힘들죠. 의뭉스러운 캐릭터이기 때문에 속내를 알 수가 없어요. 솔직하고 순도 높은 캐릭터 같지만 알고 보면 그의 진심을 모르겠어요. 끊임없이 농담과 수다 속에 그의 본심은 미끄러져 달아나 버려요.
그러다 헤어짐을 겪고 나서야 앨비의 진정한 마음을 엿볼 기회가 생기게 됩니다. 앨비가 애니를 만나기 위해 LA행 비행기에 오를 때는 이 사람이 진짜로 원하는 게 무엇인지 보여요. 그런데 조금만 지나면 예의 그 의뭉스러운 캐릭터로 돌아오죠. 명함을 찢고 후회하는 장면도 그렇고요. 초반 20분에서 보이는 유년 시절도 진짜인지 가짜인지 헷갈려요. 그러고 보면 앨비가 보여 주는 후회라든가 여러 상황은 어쩌면 우디 앨런 감독이 영리하게 꾸며 놓은 거짓말인지도 모르겠어요.

강 유대인의 역사에 대해서도 생각해 볼 필요가 있어요. 유대인의 역사는 굉장히 유구하죠. 나치, 러시아, 여러 다른 나라에서도 차별을 많이 받았으니까 기본적인 피해 의식은 짐작이 가고도 남죠. 존재 불안 같은 것들 말이에요. 카프카도 독일에 살았지만 체코어를 쓰는 유대인이었고, 레비나스도 리투아니아계 유대인이었고요. 존재의 불안감을 극복하기 위해 유대인은 지성을 추구하게 됩니다. "아는 것이 힘이다."라는 표어는 정말 유대인에게는 절실한 것이었던 셈이지요. 미리 알아야, 그래서 미리 위험을 피하거나 대비해야, 존재의 불안감에서 벗어날 수 있을 테니까요. 앨비는 분명 지적인 캐릭터예요. 대도시에 살려면 모든 걸 알아야 하지요. 어디서 버스를 타는지, 건물은 어디에 있는지, 직업은 어디서 구할 수 있는지, 음식과 옷은 어디서 구하는지 등등. 이 모든 걸 알아야 살 테니까 말입니다. 그러니 낯선 도시에 들어온 사람은 이미 도시에 적응해서 웬만한 걸 모두 아는 사람을 만나려고 하는 겁니다. 지적인 사람을 만나면 보호받을 수 있을 것만 같죠, 하지만 환상입니다. 우디 앨런은 그 환상을 이용하는 거예요. '아는 척'이 '강한 척'이 될 수 있다는 걸 아는 거죠. 우디 앨런이 지적으로 보이려고 하는 이유는 마초처럼 강한 남자라고 허풍을 떨려는 데 있습니다. 대도시의 딜레탕트, 지적 허영이라는 건 뉴요커의 특징이기도 하지만 지식인들은 굉장히 무기력해요.

이 실제적으로 무기력이 드러나는 장면이 있죠. 바닷가재 한 마리 못 잡아서 쩔쩔매는 거 보셨죠? 「부르주아의 은밀한 매력」에서도 봤던 것처럼 실체를 모르거나 실제적으로 어떻게 처리할지 모르는 거죠. 지식인 캐릭터의 취약함이 분명히 드러나요.
그것을 돌파하려는 허영과 판타지가 뒤섞인 장면이 어쩌면 이 영화의 백미라고도 할 수 있죠. 첫 번째가 극장에서 줄을 서서 기다리다가 컬럼비아대 교수가 아는 체하는 걸 보고 있다가 대화에 끼어드는 장면이에요. 앨비는 영화에 대해 아는 체하는 인물을 가만두지 않지요. 이에 대해 컬럼비아대 교수가 자신의 전공을 운운하면서 항변을 하니 앨비는 캐나다의 미디어 이론가인 마셜 맥루언[867쪽 키워드 참고](사실 앨런은 맥루언이 아니라 펠리니를 섭외하려고 했습니다만)을 불러들입니다. 그는 화면 안에서 갑자기 튀어나와 교수를 망신 주죠. 앨비는 이 장면이 끝난 후 관객을 바라보며 말을 건넵니다. "세상이 이럴 수만 있다면 얼마나 좋겠습니까?"

두 번째로는, 헤어진 애니와 화해하려고 LA에 갔다가 실패한 이야기를 희곡으로 씁니다. 그 연기의 마지막은 (영화 속 현실과 달리) 해피엔드로 끝나요. 이 장면이 끝난 후 "이건 연극이잖아요."라고 또 관객을 바라보며 말합니다. 리얼리즘적 관점에서 말도 안 되는 이야기라고 손가락질할 수도 있겠지만, 딱딱하게 굴 필요는 없는 겁니다. 이들 장면을 통해 앨런은 현실의 남루함을 벗어나기 위해 판타지가 필요하다는 것을 거부하지 않아요. 오히려 기묘하게 강조를 하지요.

'언어'로 애무하는 도시의 커플과 스크루볼 코미디

강 이번엔 사랑 이야기라는 데 초점을 맞춰 볼까요. 카페에 앉아 있다 보면 잡담하고 있는 커플이 종종 보여요. 지적인 체하는 커플이 떠드는 지성적인 수다가 궁극적으로 내달리는 지점은 섹스입니다. 앞의 것들은 모조리 다 곁가지, 쓸데없는 소리에 불과하죠. 지성은 허영이며 진심은 오염된, 한마디로 붕괴된 삶 속에서 우리가 경험할 수 있는 연결성은 결국 섹스에 국한되는 겁니다. 슬프죠. 우리는 절망적인 심정으로 서로의 몸에 매달리는 거예요. 개인주의가 발달하고 내면이 과도한 지적 허영으로 가득 차 있는 세계에 남은 유일한 관계 방식에 대해 생각해 보자고요. 끊기지 않는 대화가 진정으로 원하는 것은 다른 데 있습니다. 말이라는 것도 성적인 코드로 이해해 볼 수 있죠. 남녀 관계에서 반복적인 수다는 서로에게서 성적인 매력을 느끼지 않는다면 불가능할 테니 말입니다.

이렇게 우리는 서로를 말로 자극하고, 말로 애무합니다. 이 애달픈 현실을 우디 앨런은 그래도 위트 있게 전해 주죠.

이 장르로도 설명할 수 있죠. 우디 앨런 영화의 토대는 스크루볼 코미디입니다. 슬랩스틱 코미디가 막스 형제처럼 몸으로 웃기는 장르였다면 스크루볼 코미디는 남녀 커플의 말장난 가득한 코미디거든요. 「해리가 샐리를 만났을 때」가 1980년대를 풍미했던 스크루볼 코미디의 대표작이죠. 식당에서 맥 라이언이 오르가슴을 목소리로 흉내 내는 장면도 굉장히 유명하죠. 섹스 장면 자체는 없지만 그것에 대한 은유는 쏟아지는 대사로 확인할 수 있죠. 할리우드에서 섹스 장면이 검열되었던 시절, 감독들은 언어 유희를 통해 밀고 당기는 남녀 관계를 묘사했던 겁니다.
현대 도시인들의 삶이 실상 그렇게 변화해 가고 있어요. 몸을 쓰기보다는 말로 모든 걸 대신하죠. 모든 관능적 기관이 입과 혀 쪽으로 돌출되고 기능이 이 기관으로 몰리잖아요. 우디 앨런 영화만 봐도 입만 보여요. 모든 에너지는 말과 목소리에 집중되어 있죠.

강 남녀 간에 대화가 있다면, 그 대화는 단순히 정보 전달로 끝나지 않습니다. 직감적으로 우리는 서로 알아요. 애니가 연애 초반부터 대마초를 피우지는 않았을 겁니다. 남자의 잘난 체에 지치고 의사 불통에 절망했겠죠. 그래서 육체관계밖에 안 남았을 테고, 종국에는 그마저도 해결책이 되지 못한 겁니다. 그러니 대마초에 의존해서라도 육체적 관계만은 잡으려고 절망적으로 애니는 노력하죠. 그마저 안 되면 앨비와의 관계는 끝장나리라는 것, 애니는 그걸 직감했던 거죠.

질문 1 홍상수 감독의 영화와 굉장히 비슷하게 보였는데(주로 성적인 주제로 대화를 이어 간다든가, 살고 있는 도시, 살아가는 시대상을 포착한다든가 하는 점이), 두 감독의 영향 관계나 차별성을 집어 주실 수 있나요?

이 「생활의 발견」(2002), 「극장전」(2005), 「우리 선희」(2013) 같은 영화를 보면 서울의 골목골목들을 감독이 속속들이 잘 알고 있다는 느낌이 들죠. 「극장전」 같은 경우는 남산타워를 계속 줌 인 하는 장면이 나와요. 서울이라는 도시의 랜드마크를 보여 주는 거죠. 그 타워가 바라다보이는, 조금은 남루하고 고적한 공간을 중심으로 이야기가 전개됩니다. 우디 앨런이나 홍상수 둘 다 도시라는 공간에 대해 천착합니다. 그들이 「인터스텔라」 같은 영화를 만든다는 것은 상상하기 힘들죠. 이들은 익숙한 도시의 생명력과 이미지를 지속적으로 탐구합니다. 자의식이 강한 감독이라고도 볼 수 있어요. 우디 앨런의 뉴욕도, 홍상수의 서울도 모두 자신들이 산책하고 숨 쉬는 곳이죠. 홍상수 감독은 서울 중에서도 강북만 보여 주는데, 자신에게 친숙한 거리를 잡아내기에 마치 살아 있는 것처럼 느껴지지요. 최근 영화 「북촌 방향」(2011)을 한번 보세요.

강 대도시를 배경으로 한다는 점에서 같고, 뉴욕과 서울이란 도시의 디테일이 다른 만큼 두 감독은 다르죠. 구조적으로 뉴욕을 강북이라 보고 LA를 강남이라 보아도 재미있죠. 그래도 어떤 도시를 '안다'라고 강조하는 남자는 조심하세요. 그건 자기의 장악력을 자랑하는 것뿐이니까요. 거기서 조금만 벗어나도 아무것도 몰라요. 연극의 결론 장면에서 희망적인 단서가 나오긴 하지만, 애니가 앨비한테 돌아갈 일은 없을 거예요.

질문 2 앨비라는 캐릭터가 신경질적이고 불안하잖아요. 그 불안감을 덜어 내기 위해서 말도 많고 자기방어적으로 구는 것 같은네요. 우디 앨런의 주인공 성격이 이렇게 늘 일관적이었는지 궁금합니다.

이 우디 앨런 영화의 주인공은 거의 일관됩니다. 우디 앨런은 많이 변하는 사람은 아닌 것 같아요. 다만 그의 작품 세계에는 몇 가지 패러다임이 있어요. 1977년에 스태프들이 대거 바뀌고 코미디적 요소가 이전 작품보다 줄어들기 시작합니다. 이 무렵 「맨해튼」, 「한나와 그 자매들」로 넘어가면서 인생

드라마에 집중하게 되지요.

우디 앨런은 가장 뉴욕적인 작품을 만드는 인물인 것 같아요. 뉴욕에서 자기만의 시스템을 통해서 소수의 전문적인 스태프와 작품을 만들어 가는 사람이기 때문에 스칼릿 조핸슨 등 잘나가는 배우를 영입할 수 있는 거고요. 「블루 재스민」에 케이트 블란쳇(1969-) 같은 유명 배우가 주인공으로 출연하는 것은 우디 앨런에 대한 존중을 보여 주는 겁니다. 그게 앨런의 예술가적 위상이자 지금도 저예산으로 좋은 영화를 계속할 수 있는 배경이 됩니다. 우디 앨런은 파리가 가장 사랑하는 미국 감독이기도 해요.

강 뉴욕은 예로부터 파리를 동경했죠. 양차 세계대전 때 유럽의 화가들, 소설가들 같은 모더니스트들 대거가 뉴욕으로 몰려왔잖아요. 뉴욕은 유럽의 축소판 같아요. LA 같은 여타 지역과는 다르다는 걸 알 수 있을 겁니다. 또한 유대인이 보호받았던 유일한 곳이었고요. 좀 전에 말씀드렸다시피 뉴헤이번만 해도 보호받지 못했던 유대인들이 숨 쉴 수 있는 유일한 곳이었던 거예요. 어쩌면 주인공은 LA에서 지나치게 밝고 깨끗한 분위기를 느끼고 힘들었던 것 같아요. 망명자부터 외지인, 아웃사이더 등이 있어도 되었던 뉴욕과는 다른 불편을 느꼈던 거죠.

뉴욕부터 신대륙 개척이 시작되었는데 그때는 영국에서 못사는 사람들이 들어왔었죠. 그런데 두 번째 이민은 완전히 다르죠. 세계대전 전후에 들어왔던 사람들은 교육받은 상류층이었다고요. 그들은 문화를 선도하면서 도시의 위상을 끌어올렸습니다.

이 파리와 뉴욕의 공통점은 걸어 다닐 수 있는 도시라는 거죠. LA만 해도 블록과 블록 사이를 이동하려면 이동 수단이 필요합니다.

질문 3 정면을 보고 관객에게 이야기하는 장면이 많은데요.

이 카메라 법칙 중에 '5도 법칙'이라는 것이 있습니다. 관객과 배우가 정면으로 눈을 마주치면 깜짝 놀라게 되기 때문에, 일부러 조금 비틀어 촬영하기 시작하면서 생긴 규칙인 것이죠. 그런데 「애니 홀」에서는 앨비가 관객을 똑바로 쳐다보는 장면이 종종 등장해요. 이를 두고 영화적 소격 효과라고 하는데, 프랑스의 장 뤽 고다르가 자신의 초기 영화에서 종종 썼던 기법입니다. 앨비가 "이 여자 보세요." "세상에 이럴 수만 있다면 얼마나 좋을까요." 이런 식으로 관객에게 직접 말을 던지잖아요. 당신이 지금 보는 것은 영화이고, 영화에서 벌어지는 상황이 정말 말이 되는 것인지 한번 생각해 보라고 제안하는 거예요. 정면을 바라보면서 관객에게 말을 걸고, 몰입하는 것을 방해하고 생각할 거리를 직접 던져 주는 거죠.

강 고다르 영화에도 외로움이 많이 담겨 있었는데, 우디 앨런도 외로운 것 같아요. 여자에 대해서, 세상에 대해서 굉장히 민감한 주인공이었잖아요? 관객에게도 민감한 것 같아요. 관객은 어떻게 생각할까, 관객에게 말을 걸어 보고 싶다, 이렇게 말하고 있는 것 같거든요. 관객에게 자기 속내를 언뜻언뜻 전하면서 동의를 구하기도 하고, 관심을 끌기도 하잖아요. 외로워 보여요. 앨런이 연기하는 자신감 없고 분열적인 캐릭터가 영화적 기법과도 일치하는 거죠.

이 소격 효과에도 사실 여러 가지 층위가 있습니다. 유럽 감독이 대개 사용한 소격 효과는 '관객 모독'에 가까워요. 성찰을 자극하죠. 하지만 앨런은 강신주 선생님의 견해처럼 소외감에 집중하는 것 같아요. 소통을 희구하는 모습 같아 보이거든요.

할리우드 영화에서 소격 효과를 쓴다는 건 사실 하나의 도전입니다. 그걸 앨런은 지적 과시보다는 위축되어 있음을 보여 주려고 썼죠.

질문 4 앨비의 과거 회상 신에서 앨비 부모가 다투는 모습, 허세 부리며 괴롭히는 동급생 등이 나오는데, 앨비가 자신의 꼬인 성격을 합리화하려는 것같이 느껴졌어요.

강 스피노자만 해도 암스테르담에서 유대인이라고 괄시받았거든요. 유대인 가정은 어렸을 때부터 암기 교육을 강하게 시켜요. 유대인들은 주로 신생 대도시에 숨어들었어요. 그런데 어린 시절 교육을 엄하게 시켜 놓지 않는다면 그들이 와해되어 버리는 건 한순간이겠죠. 우디 앨런의 회상 신에서 봤던 것처럼 유대인 가정의 가족 구도는 굉장히 폐쇄적입니다. 이런 폐쇄성이 성장한 우디 앨런에게 일종의 유아성을 만듭니다. 그러니 자신의 유아성을 정당화하기 위해 우디 앨런은 과거 어린 시절로 자꾸 돌아가는 겁니다.

이 이 영화 전체가 회상 구조라고 할 수 있어요. 애니랑 헤어지고 1년 뒤에 왜 그녀와 헤어지게 됐을까 고민하면서 영화가 출발해요. 그런데 이별의 상황을 생각해 보면 단순히 상대방인 애니의 문제만은 아닌 것 같아요. 그래서 주인공 자신의 유년 시절까지 회상해 보는 거죠. 그래도 해결되지는 않습니다. 애니라는 여자는 참 예쁘고 지적이기도 했는데 그녀랑 헤어졌어요, 왜 그랬을까요? 이 과정에서 가족의 기원까지 탐구해 봅니다. 나에게 어떤 증상이나 이상이 있는 것일까, 어쩌면 그것은 자신을 이해하기 위한 절박한 고민일 수도 있어요.

강 앨비는 상담을 받기는 하는데 정작 마음은 안 여는 캐릭터예요. 변명하는 캐릭터는 대부분 자기 검열이 심해요. 방어 기제가 발달한 이 남자 주인공이 어쩌면 애니를 통해 구원을 받았을 수도 있었을 거예요. 자기도 그런 가능성을 직감적으로 느꼈기에 애니에게 그토록 집착했는지도 모르죠.

질문 5 할리우드 중심의 영화 사회에서 뉴욕을 고집하는 감독이 얼마나 될까요?

이 뉴욕이 미국 인디 영화의 주 무대였던 적이 있었어요. 그런데 요즘엔 점점 뉴욕에서 영화를 만든다는 게 어려워지고 있다고 합니다. 영화 산업은 점점 더 자본에 침윤되고 있어요. 이익을 내지 못하는 영화는 극장에서 보기가 어렵죠. 유럽에서는 방송사나 다른 고민을 하는 자본이 있기는 한데 그 역시 유명한 감독에게만 해당되는 이야기이고, 신인 감독이 자본을 구하기는 쉽지 않아요.

강 자본주의는 움직이는 괴물 같아요. 역사적으로 한번 볼까요. 초반에 네덜란드가 패권을 차지합니다. 그러다 런던한테 뺏기죠. 남는 건 금융뿐입니다. 영국에서 산업 혁명으로 맨체스터니 리버풀이니 하는 도시들이 풀가동되죠. 그러다 미국으로 자본이 이동하고 나니 영국엔 금융만 남았지요. 미국 안에서도 또 자본이 뉴욕에서 디트로이트로 가면 뉴욕은 금융 도시가 되는 거지요. 금융마저 가고 나면 관광 도시가 되는 거고요. 제왕의 마지막 모습이 금융입니다. 지금 뉴욕은 금융 도시인데, 이는 저물어 간다는 명확한 표시예요. 이제 구도시가 되어서 향후 이렇다 할 발전은 없을 겁니다. 그러니 저물어 가는 뉴욕에서 영화 산업은 점점 사라져 가게 되는 거지요.

강신주

섹스 앤 더 시티, 영화계의 게오르크 지멜

너무나 일찍 보았고, 그만큼 빨리 망각된 감독이 있다. 바로 우디 앨런이다. 탁월한 재간꾼인 이 유대인 뉴요커 감독이 아니었다면, 1970년대 뉴욕이라는 대도시와 그곳의 거주민 뉴요커가 영위하는 특이한 삶을 아마 엿볼 수 없었을 것이다. 한마디로 그는 영화계의 게오르크 지멜(1858-1918)이었다고 할 수 있다. 마르크스 이후 자본주의적 삶을 가장 예리하게 포착했던 사상가가 바로 지멜이었으니까. 지멜이 중요한 이유는 그가 추상적인 수준에서 자본주의를 다루지 않았다는 데 있다. 한마디로 그는 자본주의가 나쁘다는 식으로 가치 평가를 수행하기보다는, 자본주의 속에서 인간이 어떻게 변하는지 보여 주려 했다. 구체적으로 자본주의는 어떻게 우리의 내면에 영향을 끼치는지, 그리고 인간은 어떤 식으로 자본주의에 대응하는지 이런 질문에 성실하게 답하려 했다는 점이 지멜을 매력적으로 만든 원인이다.

자본주의 발전의 산물이라고 할 수 있는 대도시, 그리고 그 속에 살 수밖에 없는 인간의 내적 변화는 지멜 초미의 관심사였다. 사실 노동 시장과 소비 시장을 일치시켜 잉여 가치를 남기려는 자본의 맹목적 의지가 아니었다면 대도시라는 특이한 삶의 환경은 애초부터 만들어질 수도 없었을 것이다. 「대도시와 정신적 삶(Die Groβstädt und das Geistesleben)」이라는 소논문에서 지멜은 대도시가 우리 내면에 깊게 각인시킨 특징을 성찰한다. 그중 가장 중요한 대도시인의 특징은 다음 두 가지라고 할 수 있다. 하나는 대도시인은 시골이나 소도시인에 비해 더 지적이라는 점이다. 그의 말대로 "대도시인은 급변하는 외부 환경에 대해 심장으로 반응하는 것이 아니라 본질적으로 머리로 반응할" 수밖에 없기 때문이다. 다른 하나는 대도시인은 시골이나 소도시인에 비해 자유롭지만 그만큼 고독하다는 점이다. 하긴 자유롭다는 건은 관계로부터 단절된다는 것을 의미하기에, 자유로운 사람은 동시에 고독한 사람일 수밖에 없는 법이다.

1977년 「애니 홀」, 1979년 「맨해튼」을 제작하면서 우디 앨런은 뉴욕과 뉴요커의 이야기를 우리에게 수다스럽게 들려준다. 우디 앨런의 영화를 보면, 지멜을 알고 있는 사람은 누구나 감독이 지멜을 읽었거나 지멜과 거의 유사한 통찰에 이르렸다는 느낌을 받게 될 것이다. 특히 「애니 홀」은 이 점에서 매우 시사하는 바가 크다. 대도시인의 과도하게 지적인 성격, 혹은 자유의 대가로 얻은 치명적인 고독에서 벗어나려는 대도시인의 몸부림이 이 영화에서처럼 선명하게 드러났던 경우도 없으니까. 「애니 홀」은 다이앤 키튼이 연기했던 애니와 감독 본인이 연기했던 앨비 사이의 사랑 이야기다. 기본적으로 애니는 지적이라기보다는 감성적인 여자였고, 풍채가 보잘것없고 두꺼운 안경을 쓴 유대인 앨비는 모든 일에 지나치게 냉소적이고 풍자적일 정도로 지적인 남자였다. 애니는 지나치게 냉소적이지만 지적인 앨비가 좋았고, 앨비는 감성적이지만 약간은 맹한 애니가 좋았다.

영화 초반부, 그러니까 두 사람이 서로에게 끌렸을 때 애니는 지적인 앨비가 성숙한 남자라고 생각했다. 하긴 대학생보다 대학원생이, 대학원생보다는 교수가 더 어른으로 보이는 건 어쩔 수 없는 사실이다. 그렇지만 이건 너무나 성급한 첫인상일 뿐. 지적인 커리어를 쌓았다고 해서, 혹은 지적인 판단력이 탁월하다고 해서, 어떤 이가 다른 사람보다 더 어른스럽다고 할 수는 없는 법이다. 사랑이라는 관점에서 어른과 아이의 차이를 생각해 보면 분명해진다. 아이는 사랑을 받으려 하고, 반면 어른은 사랑을 주려는 경향이 강하기 때문이다. 여기서 중요한 건 사랑을 준다 하더라도, 상대방으로부터 사랑을 받으려는 무의식적 동기에서 사랑을 줄 수도 있다는 점이다. 그러니까 누군가 나를 아껴 준다고 해서 그가 어른으로서 나를 사랑하는 건 아니다. 오히려 사랑을 받기 위해 나를 아껴 줄 수도 있으니까 말이다. 함께 동거를 시작하면서 애니는 앨비의 정체를 알게 된다. 앨비는 첫인상과는 달리 타인으로부터 인정과 사랑을 받으려고 몸부림치는 아이였던 것이다.

그래서 애니가 앨비의 정체를 알아 가게 되는 두 가지 장면은 매우 인상적이다. 첫 번째는 앨비가 애니를 질투하는 장면이다. 노골적인 잘난 척에도 불구하고 애니는 앨비의 지성을 부러워했다. 심지어 그녀는 난해한 책을 사 주며 읽으라고 하고 평생 교육원 같은 곳에 다녀 공부를 하라는 앨비의 충고를 그대로 받아들일 정도였다. 앨비에게 빠지지 않았다면, 그녀는 자신을 무식하다고 노골적으로 표현하는 그에게 분노를 느꼈을 수도 있을 일이다. 어쨌든 그녀는 앨비의 충고대로 평생 교육원에서 인문학을 배우게 된다. 다행히 그곳 선생은 앨비처럼 지적이지만 앨비처럼 오만하지는 않았다. 당연히 애니는 그 선생에 대한 호감을 앨비에게 피력한다. 이때 앨비는 평생 교육원 선생을 폄하하며 자신의 질투심을 드러낸다. 처음에는 평생 교육원에서 공부를 하라고 오만하게 충고했던 사람이 이제는 평생 교육원에 다니지 말라고 떼를 쓰는 형국이다. 결국 앨비에게 지성이나 지식은 그

「애니 홀」의 커플 앨비와 애니

저 마음에 드는 여자에게 인정을 받으려는 수단에 지나지 않았던 것이다. 상장을 보여 주며 어머니로부터 사랑을 받으려는 아이처럼, 앨비도 지성을 무기로 애니에게 사랑을 받으려 했던 것이다.

두 번째는 앨비와 애니 사이에 섹스와 관련된 갈등이 벌어지는 장면이다. 앨비와 섹스를 하려고 할 때 애니는 마리화나를 피우려 한다. 마리화나가 주는 약물 효과가 그녀에게 섹스의 희열을 가중했던 셈이다. 마음과 몸도 적당히 이완되고,

아울러 성감도 민감해지니 일석이조였던 것이다. 그러나 앨비는 마리화나를 피우지 말고 섹스를 하자고 투정을 부린다. 아기 같은 투정에도 논리는 그럴듯하다. "마약에 취해 내 코미디를 본다고 쳐. 웃는 건 마약 때문이지 나 때문이 아니야." 앨비의 그럴듯한 주장에서 우리는 '나 때문에 웃어야 하고, 나 때문에 섹스의 희열을 느껴야 한다.'는 강력한 인정 욕구를 발견할 수 있다. 지금 앨비의 안중에는 애니의 성적 희열은 이차적일 뿐이다. 중요한 건 애니의 성적 희열이 자신을 통해서만 일어나야 한다는 것이니까. 물론 자신이 원하는 방식으로 성적 희열이 애니에게 찾아온다면, 앨비는 애니에게서 지속적인 사랑을 기대할 수 있을 터다. 결국 여기서도 앨비는 타인으로부터 사랑을 받으려는 아이 같은 욕망을 드러낸 것이다.

앨비라는 뉴요커는 지적이지만 외롭다. 뉴욕이라는 대도시가 그를 이렇게 키운 것이다. 더군다나 그는 뉴욕에 숨어들어 온 유대인 아닌가. 아니 숨어들어 올 수밖에 없었던 유대인 아닌가. 서로에 대해 정서적인 반응을 극도로 삼가는 대도시인들 속에 있어야 20세기 세계 도처에서 벌어진 반유대주의라는 화염으로부터 안전을 확보할 수 있었으니까. 뉴요커는 수많은 인종을 만나기 때문에 그들에 대해 일일이 감정적으로 반응하지 않는다. 너무나 피곤하고 성가신 일이니까. 당연히 유대인이 아닌 뉴요커도 뉴욕에서 만나는 타인에 대해 감정적으로 반응하지 않는다. 그러니 유대인 뉴요커는 그 분위기에서 편안함을 누릴 수 있었던 것이다. 결국 유대인이든 아니든 대부분의 뉴요커는 지적인 내면을 갖추게 된다. 당연한 일 아닌가. 감성은 세계와의 친밀한 거리에서 생기지만, 이성은 세계로부터 거리 두기를 하면서 발생하는 것이니 말이다.

앨비가 아무리 동료 뉴요커에게 신랄하고 냉소적인 조롱을 던진다고 하더라

「애니 홀」의 두 남녀가 쉴 새 없이 나누는 대화

도, 그가 결코 뉴욕을 떠날 수 없었던 것도 다 이유가 있었던 셈이다. 그는 뉴욕이라는 물을 떠나는 순간 죽어 버릴 수밖에 없는 물고기였던 셈이다. 그렇지만 앨비는 외롭다. 지성을 과대하게 발달시킨 대가로, 감성이 제공하는 세계와의 유대감이 희미해졌기 때문이다. 앨비가 애니를 통해 사랑을 꿈꾸었던 것도 이런 이유에서다. 세계로 나가고 싶었던 것이고, 세계를 지성이 아닌 감성으로 품고 싶었던 것이다. 그렇지만 불행히도 앨비라는 뉴요커는 지금까지 너무나 세계로부터 떨어져 있는 데 익숙해 있었다. 세계와 감성적으로 부딪치며 희로애락을 충분히 느껴 봐야 어른이 되는 법이다. 간신히 애니를 통해 외부로 나올 실마리를 찾았지만, 앨비는 아직도 아이였다. 그저 자신이 가진 지성이든 무엇이든 간에 그걸 이용해서 그는 애니로부터 인정과 사랑을 받으려 했을 뿐이다. 만남과 이별을 반복하면서 마침내 LA에서 뉴욕으로 다시 돌아왔지만, 애니가 앨비와 다시 연인 관계가 되지 못한 건 이런 이유에서다. 개 같은 남자와는 함께할 수 있지만 아이 같은 남자와는 함께할 수 없다는 것, 모든 여자가 아는 진실 아닌가.

비평가의 눈
이상용

사랑의 낭만과 현실을 오가며

처음의 사랑이 지나간 후에 헤어졌던 앨비와 애니가 재회를 한다. 한밤중에 애니가 앨비에게 전화를 걸어 "거미를 잡아 달라."라고 요청한 것이 재회의 시작이다. 이 기회에 그들은 이전의 실수를 상기하고는 잘해 볼 것을 다짐한다. 그 후 무대에 다시 서게 된 애니는 성공적인 공연을 선보인다. 애니는 노래의 가사를 통해 "예전처럼 그렇게 느껴져. 당신과 함께 걷기만 해도 아직도 나는 설레."라고 말한다. 애니의 눈빛은 기대감으로 충만하다. 아마도 두 사람의 재회가 노래에 힘을 실어 주었을 것이다. 그녀가 부르는 노래는 청중을 향한 것이기도 하지만 자신의 소망을 담은 것이다.

애니는 무대에서 내려온 후에 토니 레이시라는 프로듀서를 만나게 된다. 그는 애니의 무대를 상찬하면서 파티에 함께 가자고 제안한다. 이때 곁에 있던 앨비가 끼어드는 바람에 애니는 파티에 가고 싶었지만 토니의 청을 거절한다. 그러자 토니는 기회가 되면 앨범을 내기 위해 LA로 오라고 제안한다. 앨비는 씁쓸한 표정으로 이들을 바라본다. 두 사람은 재회는 했지만, 어쩌면 그 시간이 아주 길지 않을 것 같은 느낌을 전한다. 장면이 바뀌면 두 사람은 토니가 있는 LA로 향하게 된다.

현실 속에서 남녀가 만나고 헤어지는 일은 지극히 평범한 일이다. 「애니 홀」도 예외는 아니다. 주인공 앨비를 중심으로 애니와 만나고 헤어지고, 다시 만나고 헤어지는 과정을 보여 준다. 아주 특별한 것은 없다. 줄을 서서 영화를 보고, 와인을 마시고, 음식을 만든다. 침대 머리맡에서 이런저런 대화를 나누기도 한다. 그런데 「애니 홀」은 무언가 특별한 느낌을 준다. 어째서일까? 그것은 남녀의 로맨스를 다룬 보통 영화의 방식과 구별이 되기 때문이다. 프랑스의 영화 평론가인 레이몽 벨루(1939-)는 1950년대까지 할리우드 영화의 대부분이 "커플 서사"로 이루어졌다고 분석한 바 있다. 갱 영화이든 코미디 영화이든 서부극이든 대다수의 할리우드 고전 영화는 남녀 커플의 상황이 이야기의 중심을 이룬다. 그만큼 미국 영화에서 남녀의 사연은 흔한 소재다. 그런데 이들 영화는 역설적이게도 이들 남녀의 사연은 아주 특별하다고 말하는 데 중점을 두려고 노력한다.

우리는 앨비와 애니를 정면보다는 측면으로 더 자주 보게 된다.

「애니 홀」은 반대의 전략을 취한다. 이 영화는 특별함보다 사소함에 집중한다. 테니스를 치며 시작된 애니와의 첫 만남이 있고, 애니의 차를 얻어 타고 그녀의 집을 방문하기도 한다. 첫 키스와 첫 섹스, 그리고 책을 선물하는 장면이 이어진다. 그러나 동거가 시작되면서 두 사람 사이에는 다른 점이 드러난다. 앨비는 애니에게 대학교 강의를 들어 보라고 권유하고, 애니는 점점 앨비와의 섹스를 거부한다. 서로의 차이는 자연스럽게 두 사람을 멀어지게 한다. 그리고 위기가 다가온다.

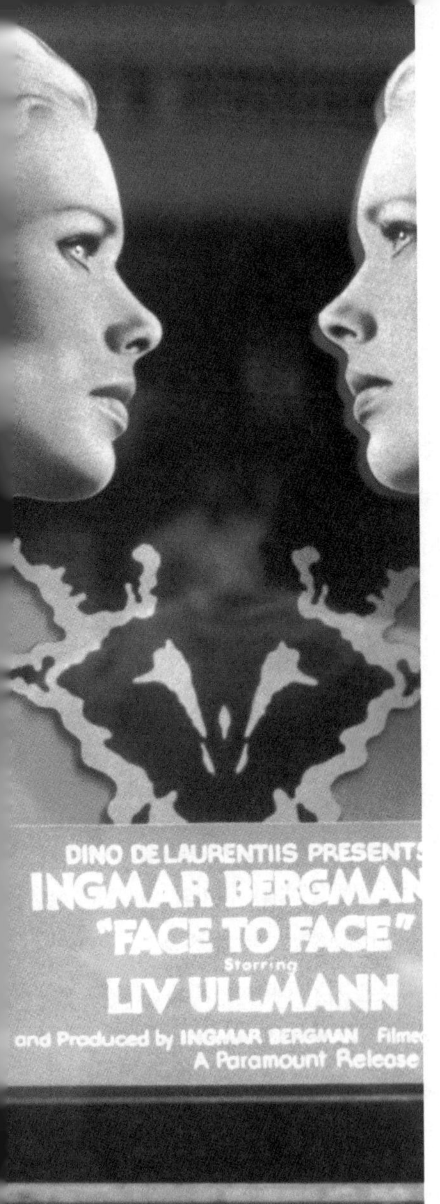

이처럼 빤하게 보이는 남녀의 사연은 장면 사이사이에 다른 것들을 집어넣음으로써 활력을 얻는다. 가령 앨비의 안내를 따라 유대인으로 성장한 그의 어린 시절이나 과거의 기억 속으로 들어가 보기도 하고, 두 주인공의 마음속에 있는 생각을 자막이나 목소리로 들려주기도 한다. 심지어 애니메이션 기법으로 상황을 표현하는 장면도 있다. 이것이 얼마나 모던한 스타일인가 하는 문제와는 별개로, 이들 표현은 직접적으로 두 사람의 연애와 상관이 없는 것이기도 하다. 「애니 홀」은 이처럼 연애와 직접적으로 상관 없는 불필요한 요소의 구성을 통해 연애담을 구현해 낸다. 이것은 현실의 리얼리즘을 끌어들인 우디 앨런의 실험이 이루어 낸 결과다. 선남선녀들이 만나는 '로맨스 영화'는 두 사람 사이에 놓인 열정과 오해, 그리고 화해의 순간에 '집중'하기 마련이다. 그러나 제아무리 연애에 집중하고 있다 할지라도 사소한 순간이 빠질 수는 없을 것이다. 오히려 이 사소한 순간은 남녀의 일상을 구성하고, 이들의 관계가 어디로 흘러가는가를 보여 준다. 앨런의 영화가 건드리는 것이 바로 이 지점이다.

앨비는 애니와 헤어지고 1년이 되었다고 말하면서 영화의 문을 연다. 그 후 그가 들려주는 이별의 사연은 얼마나 뜨거웠는가를 진술하는 것도 아니고, 얼마나 큰 오해가 있는가를 짐짓 과장된 톤으로 말하는 것도 아니다. 오히려 평범한 일상으로 채워져 있다. 로브스터 요리를 하느라고 난리를 친다든가, 괜한 두려움에 잠 못 든 밤의 이야기를 들려준다든가, 어떤 책을 읽을까를 두고 논쟁을 벌이는 장면으로 채워져 있다. 그것은 '이것이 사랑이야'라고 직접적으로 말하거나 근사하게 표현하려는 순간이 아니라 그들의 연애담이 지극히 사소하고 미묘한 순간의 흘러감 속에 구현되는 것임을 보여 준다. 이 영화에 인간미가 넘친다면 그것은 화려하거나 극적인 러브스토리 따위에 집착하지 않는 우디 앨런 영화의 독특한 태도 때문일 것이다. LA로 간 애니가 그리워 앨비가 찾아가는 장면이 있다. 그러나 이 과정 역시 사랑을 둘러싼 극적 긴장감을 만들어 내는 것과는 거리가 멀다.

이 영화는 사랑의 판타지를 거부한다. 이로 인해 애니와 앨비의 사연은 더욱 현실적으로 보이며, 역설적이게도 그것이 진짜 사랑의 비밀처럼 보인다. 이 영화는 영화 속 사랑이 아니라 우리의 사랑에 대해 생각을 하게 만든다. 사랑은 도대체 뭐지? 「애니 홀」이 보여 주는 것은 사랑 역시 우리 삶의 일부라는 것이다. 수많은 영화가 다루는 것처럼 '사랑밖에 난 몰라'라고 말하는 것이 아니라 사랑은 밥을 먹는 일이며, 빤한 대화를 나누는 일이며, 화끈하지 않은 섹스를 하는 일이고, 정신과 치료를 받는 일이며, 지루한 영화를 보는 일이라는 것이다. 뉴욕과 같은 대도시에서는 더더욱 그러하다. 우리가 만나 사랑을 하게 되는 이들은 멋진 왕자나 아름다운 공주가 아니다. 그들은 앨비처럼 말 많고 노심초사 신경질적인 환자이거나 지적인 콤플렉스에 시달리거나 자신감이 없는 애니와 같은 이들이다.

「애니 홀」은 이러한 현실감을 끝까지 견지한다. LA에 머물던 애니는 또다시 뉴욕으로 돌아오지만 그들은 친구 이상의 관계로 발전하지 않는다. 그것은 한 번으로 족한 일이다. 현실은 이미 두 사람의 차이를 알고 있으며, 또다시 타오르기는 어렵다는 것을 잘 알고 있다. 우디 앨런은 빤한 현실을 통해 씁쓸한 유머와 인생 찬가를 만들어 내는 코미디언이다. 사랑이라는 것은 매번 반복되는 기대감으로 시작되지만 끝이 있기 마련이며, 그 사랑은 또다시 타오르기가 어렵다. 혹자는 이 영화의 현실감에 실망을 느낄지도 모르겠다. 끊임없이 수다를 떠는 남녀 주인공의 스크루볼 코미디 식의 대화는 일상의 사소한 감정과 연민으로 가득 차 있으며, 그것은 도무지 충만한 로맨스의 감정에 집중하지 못하게 한다.

영화의 대사들은 로맨스를 진행시키는 것이 아니라 로맨스를 방해하기 위해 쓰인 것들이다. 영화에 삽입되는 콜라주 장면이나 인서트 화면처럼 흐름을 차단하고, 감정이 이어지는 것은 단절시킨다. 「애니 홀」은 이를 끝까지 밀고 나간다. 그런 점에서 우디 앨런의 영화는 가장 집요한 리얼리즘을 그려 내고 있다. 수많은 기법과 효과를 흥미롭게 인용한다 할지라도, 그의 코미디는 농담 속에 담긴 세상의 맨얼굴을 직시하려고 한다. 이러한 태도는 지금까지도 우디 앨런을 지나간 거장이 아니라 현재의 감독으로 만들어 놓는다.

하지만 가끔씩 우디 앨런의 영화는 세상이 원하는 판타지를 은근슬쩍 수용하기도 한다. 그것은 영화관 앞에서 잘난 체를 하는 컬럼비아대 교수의 눈앞에 캐나다의 미디어 학자인 마셜 맥루언을 불러내 한방 먹이는 장면의 효과와 비슷하다. 맥루언이 교수를 향해 자신의 책을 하나도 이해하지 못한다는 식으로 말하자, 앨비는 관객을 바라보며 "세상일이 이렇게만 될 수 있다면 얼마나 좋겠어요?"라고 말한다. 사랑 또한 그러할 것이다. 잘 이루어지지 않고 제대로 진행되지 않는 것이 사랑이지만 매번 우리의 마음속에는 "이번에는 잘될 거야."라는 기대감이 자리 잡고 있고, 이번에는 멋진 섹스를 할 거라는 환상에 사로잡히게 된다. 그래서였을까? 영화 속 코미디언 앨비는 사랑이 지나간 후에 쓴 희곡을 통해 자신이 겪은 현실과는 다른 결론으로 각색을 한다. 현실에서 앨비와 애니는 헤어졌지만 희곡에서 두 사람은 화해를 하고 영원한 사랑을 약속한다. 그리고 뻔뻔하게 관객을 향해 말을 건넨다. "그래요, 이건 연극이잖아요!"

우디 앨런이 아무리 현실을 집요하게 담아내고 성찰하는 감독이라고 해도 낭만과 환상을 부정하는 것은 아니다. 영화 속 대사를 빌리면, '계란'은 필요하다. 애니와의 과거를 회상하면서 해변가의 키스나 커다란 로브스터를 집어 올리던 기억을 아름답게 떠올리는 것처럼, 그의 영화는 계란이 되기를 거부하지는 않는다. 그래서 「애니 홀」은 씁쓸한 현실 사이에서 때때로 계란이 된다. 누군가에게는 달걀프라이가 된다.

우디 앨런의 영화는 감히 흉내 내기 어렵다. 그의 코미디 스타일이 워낙 독특하고 또렷해서 어설프게 흉내를 내려다가는 철퇴를 맞기 십상이다. 무엇보다 각본, 연출, 주연에 이르기까지 1인 다역을 하다 보니 영화 속 깊이 우디 앨런의 영혼이 박혀 있다고 해도 과언이 아니다. 그가 끼친 영향력은 단순하면서도 다채롭다. 단순함으로 보자면 「섹스 앤 더 시티」처럼 섹스와 일, 그리고 도시에 관한 수다를 펼치는 일상적 드라마에 우디 앨런의 그림자가 드리워져 있다. 다양함으로 보면 우디 앨런의 영화는 코미디를 단순히 우스꽝스러운 장르가 아니라 '인생'의 통찰을 담을 수 있는 장르로 확장했다. 우디 앨런은 「브로드웨이를 쏴라(Bullets over Broadway)」(1994)처럼 갱스터와의 궁합을 시도하기도 했고 「에브리원 세즈 아이 러브 유」처럼 뮤지컬을 인용하기도 했고, 「맨해튼 살인 미스터리(Manhattan Murder Mystery)」(1993)처럼 스릴러 장르를 끌어다 코미디에 결합하기도 했다. 이러한 장르적 확장은 우디 앨런의 영화 세계가 이룩해 낸 탁월한 성과로, 이를 통해 앨런은 코미디가 모든 장르의 기본 토대가 될 수 있음을 입증해 냈다. 코미디와 인생의 다양한 드라마가 조화를 이루는 영화로는 아네스 자우이(1964-)의 「타인의 취향 (Le Goût des Autres)」(2000)이나 「룩 앳 미(Comme Une Image)」(2004)와 비교해 보면 좋다.

NOSTALGHIA

in un film di

ANDREY TARKOVSKY

⑳강 영상의 시학

노스탤지아

안드레이 타르코프스키

“기름 한 방울에
다른 한 방울을 부어도
두 방울은 아니죠.”
—등장인물 도메니코의 대사

「노스탤지아」 Ностальгии, 1983

이탈리아, 러시아 | 120분 | 안드레이 타르코프스키

시인 안드레이 고르차코프는 18세기의 러시아 출신 음악가 파벨 소스노프스키의 책을 쓰기 위해 이탈리아를 찾는다. 동행 중인 유제니아는 통역사이자 현지 가이드다. 그녀는 고르차코프에게 피에로 델라 프란체스카(1420-1492)가 그린 「출산의 성모」를 보여 주기 위해 토스카나 지역 몬테르키에 위치한 성당에 도착한다. “그냥 내게 이탈리아어로 말해.” 러시아로 말하는 그녀에게 고르차코프가 말한다.

“이제 여기에서부터는 걸어가야 해요.” 유제니아는 차를 세우고 안개가 자욱한 이탈리아의 들판을 가로질러 간다. “마치 모스크바의 가을 같지 않나요? 곧 그 성당이 보일 거예요. 어서 같이 가요.” 그녀는 풍성한 금발을 쓸어 올리며 성당 쪽으로 걸음을 재촉한다. 고르차코프는 자동차 주변을 맴돌 뿐 성당에는 관심조차 없다. 성당에 들어선 유제니아는 마침 거행 중인 ‘출산의 성모 의식’을 보게 된다. 그때 예배당 안에 서 있던 한 남자 직원이 유제니아에게 묻는다. “아이를 낳고 싶으신가요? 기도하러 온 건가요?” 유제니아는 순간 당황한다. “아뇨, 그냥 구경하러…….” 그러자 관리인 남성은 의미심장한 얼굴로 혼잣말을 한다. “정성을 다해 기도하지 않으면, 아무것도 이뤄지지 않죠.”

유제니아는 직원의 말에 따라 무릎을 꿇고 기도를 시도한다. “아무래도 안 되겠어요.” 그 순간 ‘출산의 성모 의식’이 본격적으로 치러진다. 순백의 꽃과 푸른색의 비단, 금으로 치장한 장엄한 성모상이 수많은 여신도의 찬양을 받으며 제단에 안치된다. “왜 여자들은 유독 기도를 올리는 걸까요?” 관리인은 유제니아의 질문에 조심스럽게 입을 뗀다. “제 의견을 말씀 드리자면, 여자는 아이를 낳아 기르면

서 참을성이 강해지고, 힘든 일에도 과감히 맞섭니다. 그래서 아마도……." 유제니아가 반문한다. "여자의 삶은 그런 일뿐일까요?" 관리인 남성도 확신하지 못한다. "그건 모르죠." 이제 그녀는 홀로 성당을 둘러본다. 유제니아는 「출산의 성모」 제단에서 멀찍이 물러나, 그곳에서 기도를 올리는 한 임산부의 모습을 살핀다. 만들어진 「출산의 성모」의 옷 속에서 작은 새들이 날아오른다. 여인은 은총을 받은 표정으로 새의 몸짓을 느낀다. 한편 성당 바깥에 있던 고르차코프는 창백한 깃털을 보며 환영에 젖어든다.

"이해할 수 없군요. 여기까지 와서 「출산의 성모」를 보지 않다니." 유제니아는 어이없다는 듯 말을 내뱉지만 고르차코프는 대꾸하지 않는다. "유제니아, 무슨 책을 읽는 거지?" 그는 갑자기 대화의 주제를 바꾼다. "아르제니 타르코프스키의 시집이요." 그녀는 자신의 책을 응시한다. "러시아어인가?" "아뇨, 번역본이에요. 번역이 아주 훌륭하죠." 유제니아의 말이 다 끝나기도 전에 고르차코프가 소리를 지른다. "당장 내버려!" "왜죠? 옮긴이도 훌륭한 시인이라고요." "시를 번역하는 건 불가능해. 다른 모든 예술도 마찬가지야." "그럼 음악은요? 그것도 그럴까요? 음악은 어떨지 모르겠네요." 유제니아는 시선을 떨군다. 그때 고르차코프가 노래를 흥얼대기 시작한다. 유제니아는 그의 색다른 모습에 순간 웃음이 터진다. "무슨 노래죠? 무슨 뜻이에요?" 그는 짧게 대꾸한다. "러시아 노래야." "번역 없이 알 수나 있겠어요? 톨스토이, 푸슈킨……. 번역의 도움 없이 어떻게 러시아를 이해할 수 있겠어요?" 고르차코프는 "러시아가 무엇인지는 아무도 몰라."라고 답한다. 그녀는 곧장 말꼬리를 잡는다. "이탈리아도 마찬가지죠. 단테, 마키아벨리…… 그들 없이 누가 이탈리아를 알겠어요?" 고르차코프는 알기 위해서는 "경계를 없애야 해."라고 말한다. "국경 말이야." 고르차코프는 고향의 이미지를 본다.

호텔 방으로 온 고르차코프는 빗물을 바라본다. 한 방울, 하나씩, 똑 그리고 똑. 러시아의 들판을 노닐던 셰퍼드 한 마리가 그의 곁으로 다가온다. 검은 머리카락을 곱게 틀어 올린 아내가 나타나 유제니아의 눈물을 훑는다. 고르차코프는 만삭의 아내를 건너다 본다. "안드레이." 누군가가 그의 이름을 부른다. 유제니아다. 고르차코프의 흑백 꿈은 이내 중단된다. "안드레이, 오늘 성 카타리나 온천에 가기로 했잖아요. 아래층에서 아침 식사하세요. 기다릴게요." 유제니아는 고르차코프의 방문을 거세게 두들기더니 복도를 나간다.

그들은 시에나에 위치한 '성 카타리나 온천'을 찾는다. 고르차코프는 과거에 소스노프스키가 종종 방문했다고 전해지는 '성 카타리나 온천' 주변을 배회하며 전기(傳記)에 수록할 만한 단서를 더듬는다. 하지만 쓸모 있는 정보는 없는 듯하다. "소스노프스키라는 작곡가에 대해 조사하고 있어요. 그는 이곳 처녀와 결혼했지만, 고국에 있는 여자를 사모하다가 결국 죽어 버렸죠." 유제니아의 세세한 설명에도 마을 사람들의 반응은 시큰둥하다. 고르차코프는 직접 마을 주민들을 상대하는 대신, 온천 주변을 둘러보며 소스노프스키의 흔적으로 찾으려고 애쓴다. 그때 한 사람의 남성이 그의 눈에 들어온다. 갑자기 어디에선가 셰퍼드 한 마리와 함께 나타난 의문의 남성, 그의 이름은 도메니코다. 마을 사람들은 각자 도메니코에 대해 떠들어 대기 시작한다. "저자는 미친놈이야. 세계의 종말을 기다린답시고 자기 가족을 7년 동안 집에 가뒀지. 결국 그 집 마누라는 자식을 데리고 도망가 버렸어. 저 사람은 확실히 미쳤어!" 온천욕을 즐기던 마을 사람들은 이제 도메니코에 대해 갑론을박한다. "그는 미친 게 아니라 아내에 대한 질투 때문에 그랬을 거야." 그러자 다른 사람이 나선다. "아니, 세상 모든 게 두려워서 그런 거겠지." 그중 한 여성은 분명 종교적인 문제였을 거라고 추측한다.

고르차코프는 유제니아와 함께 도메니코의 집을 찾아간다. "도메니코는 미친놈이 아니야. 믿음을 지닌 사람이야." 고르차코프는 확신한다. "아무도 그런 사람을 이해하려 하지 않아. 그래서 그들은 지독하게 고독할 수밖에 없어. 여하튼 그들은 진실에 가까이 다가서 있어." 유제니아는 동의하지 않는다. "전 늘 통역을 하면서 말하는 사람보다 더 잘 전달하려고 최선을 다했어요. 직접 대화를 나누고 싶다면 그렇게 하세요. 저는 로마로 돌아가겠어요." 결국 고르차코프는 직접 도메니코에게 말을 건넨다. 그의 집 안에서 러시아의 구릉을 본다. '여기는 어디인가?' 그때 도메니코가 올리브유가 든 유리병을 들고 오더니 자기 손바닥에 한 방울씩 떨어뜨린다. "기름 한 방울에 또 한 방울을 부어도, 더 큰 한 방울일 뿐이죠. 두 방울이 아닙니다." 고르차코프는 도메니코에게 담배를 권한다. "담배를 태우지 말고, 좀 더 중요한 일을 해야 해요." 다시 물방울이 낙하하는 소리가 들린다. "더 중요한 생각을 품어야 합니다. 촛불이 있다고 해 봅시다. 촛불을 켜고 뜨거운 물을 건너야 해요. '성 카타리나 온천' 말예요. 항상 김이 피어오르죠. 곧 감행할 생각인데, 저로서는 할 수가 없어요. 제가 촛불을 들고 온천에 들어가면 사람들이 쫓아내죠. '너는 미치광이다!'라고 하면서……." 안드레이는 "괜찮다."라고 대답한다. "괜찮은 게 아니야! 구해 줘요." 도메니코는 순간 역정을 내다가, 곧장 구원을 요청한다. 고르차코프는 도메니코가 건넨 초를 집어 들어 외투 안주머니에 넣는다.

고르차코프가 호텔 방으로 돌아오자, 그의 침대 위에는 이제 막 목욕을 마친 유제니아가 앉아 있다. 그녀는 다리를 벌리고, 물기를 가득 머금은 금색 머리카락을 말리고 있다. 그녀는 안드레이를 유혹하려다 화를 낸다. "당신은 언제까지 두려워할 건가요? 열등감에 사로잡혀 자유로워지지도 못하고……. 그렇게 자유를 갈구하던 사람이! 지금은 주어진 자유를 감당하지 못하고 있죠. 아니 자유가 뭔지도 모르죠!" 유제니아는 절규한다. "이탈리아에서 자유는 공기와 같죠. 모스크바에서 내가 상대했던 남자들은 제 젖가슴만 탐했죠. 당신은 격이 달라요. 나를 집에 가둬 두는 인텔리 남자? 어째서 괜찮은 남자를 만날 수 없는 걸까? 당신은 그런 축에 끼지도 못해요. 최하급이라고요! 아니지, 이미 괜찮은 남자를 찾았어요. 그는 로마에 있죠. 더는 참을 수 없어요!" 그녀는 손에 쥐고 있던 빗을 집어던진다. "열흘쯤 깊은 잠에 빠져 당신을 내 기억 속에서 지우고 싶어. 하기는 존재하지도 않으니 그럴 수 있을지도 몰라……. 바보 같고 매력 없는 남자를 사랑한 내가 잘못이지." 유제니아는 짐을 챙겨 로마로 되돌아간다. 떠나기 전에 소스노프스키의 편지 사본을 안드레이의 방문 앞에 놔둔다. '……태어나고 자란 러시아로 되돌아갈 수 없다는 생각은 죽음보다 괴롭습니다.'

한편 고르차코프는 침수된 교회 안을 거닌다. "어렸을 적 병에 걸렸었지. 배고픔과 두려움에 입술을 깨물었지. 그때 느꼈던 차가운 소금 맛……. 나는 간다, 가노라. 현관 계단까지 따뜻함을 찾아서. 비틀거리며 방에 도착한다. 더위에 옷깃을 풀어헤치고 비스듬히 누워 나팔을 분다. 빛이 비춘다. 어머니가 다리에서 뛰어내려 손을 흔들며 날아간다. 지금 사과나무 밑에서 병원을 떠올린다. 어렸을 적 아팠던 기억을……" 물방울 소리가 들린다. 과거를 부르고, 기억을 적신다. 다시, 아니 모든 순간마다 러시아의 구릉이 보인다. 고르차코프는 기억의 샘에 몸을 누이고, 독한 보드카를 마시며 아르제니 타르코프스키의 시를 읽는다. "아버지를 만나러 갈 때 입으려고 양복을 준비했지. 3년 동안 선반에 그대로 있었지. 아무 데도 가지 않고, 아무도 만나지 않았지." 그때 한 아이가 기억의 샘 안으로 슬며시 걸어 들어온다. "내가 다 놀랐잖니. 네가 날 쏠지도 모르니까. 이탈리아에서는 누구든 총을 쏘지. 구두도 너무 많아." 고르차코프는 보드카 때문에 살짝 취기가 올랐는지 기분 좋은 얼굴로 온갖 말을 내뱉는다. "혹시 '위대한 사랑'에 대해 아니? 고전 중의 고전이지. 키스도 없고, 아무것도 없는…… 순결함 그 자체야. 그래서 위대한 거야! 감정을 표현하지 않아, 그래서 더욱 잊히지 않지. 여기는 러시아 같아. 그냥 그런 거 같아, 이유를 모르겠어." 물방울의 크기가 한층 굵어진다. "이 이야기를 아니? 어떤 이가 늪에 빠진 사람을 구해 준 이야기. 생명을 구해 준 거지. 여하튼 늪에서 빠져나온 두 사람은 기진맥진해져 제대로 말도 못 했어. 이윽고 구출된 남자가 물었지. '왜 날 끄집어낸 거죠?' '뭐, 왜라니?' 그러자 구출된 남자가 계속 이야기를 하는 거야. '바보! 난 저 늪에 산단 말이야!' 정말 화낼 일이 아니겠어?" 고르차코프는 껄껄 웃기 시작한다. "애야, 네 이름이 뭐니?" 아이가 답한다. "안젤라(Angela)예요."

안드레이 고르차코프는 이탈리아를 떠나기로 결심한다. 그는 호텔 로비에 앉아 택시를 기다린다. 바로 그때 로마로 떠난 유제니아로부터 전화가 온다. "잘 계셨죠? 제가 왜 전화했는지 아세요? 도메니코가 지금 로마에 와 있어요. 그 온천 마을의 미치광이 말이에요. 그런데 그는 미친 사람이 아니었어요." 유제니아도 이제 '어떤 무언가'를 깨닫게 된 것일까, 믿음을 얻은 후 새로운 눈을 뜨게 된 걸까? "그는 집회 때문에 로마에 와 있죠. 정말 엄청난 집회예요. 도메니코는 사흘 밤낮으로 연설을 했어요. 마치 카스트로처럼요. 안드레이, 그를 만나 보는 게 어때요?" 고르차코프는 일부러 냉담하게 대답한다. "난 곧 떠나." 유제니아는 아랑곳하지 않고 계속 도메니코에 대해 이야기한다. "안드레이, 도메니코가 당신에 대해 묻더군요. 자기가 부탁한 일은 어찌 됐느냐고." 고르차코프는 짧게 대꾸한다. "물론 했지." 그녀는 도메니코에게 그렇게 전달해 주겠다고 말하면서, 자신의 근황을 밝힌다. "나도 빅토리오와 떠나요. 아마도 인도로 가게 될 듯해요. 빅토리오가 애인이냐고요? 그는 영혼에 대해 연구하고 있죠. 게다가 유서 깊은 집안 사람이에요." 고르차코프는 조금도 동요하지 않는다. "유제니아, 행복하길 빌게." 그들의 대화는 이것으로 끝이다. 유제니아는 담배를 사러 밖으로 나온다. 고르차코프는 자신을 데리러 온 사람에게 일정 변경을 요청한다. "이틀 정도 후에 떠나고 싶군요. 표를 바꿔야겠어요."

도메니코가 로마 광장에서 마르쿠스 아우렐리우스 동상에 올라가 외치기 시작한다. "내 소리는 이 시대에는 존재하지 않는 머리와 육체의 소리다. 난 이미 한 개인이 아니다. 난 시간과 공간을 초월한 존재를 대변하는 자다. 우리 시대의 불행은 위대한 사람이 존재하지 않는 것. 우리 마음에는 수심의 그림자가 가득 차 있다. 그러니까 이 소리를 들어야 한다. 소용없는 말까지도, 머릿속이 아무리 복잡해도, 하찮은 소리까지도 들어야 한다. 우리들의 눈과 귀에 모일 원대한 꿈의 소리가 들리는 게 좋지 않은가? 피라미드를 짓자고 누군가는 외쳐야 한다. 실현되고 안 되고는 중요하지 않다! 정녕 중요한 것은 우리가 꿈을 꾸고, 우리들의 영혼이 모든 곳을 향해 한없이 펼쳐질 수 있게끔 만드는 것이다. 세계가 진보하기를 원한다면 손에 손을 잡고 모두 함께 어울려야 해. 모든 정상인도, 모든 병든 이도! 정상인이여,

너희가 말하는 '정상'이란 대체 뭐란 말인가! 인류는 지금 낭떠러지에 서 있다. 자유가 무슨 소용이라는 말인가! 너희가 우리를 바로 보지 않고, 이른바 정상적인 사람들이 이 세상을 움직이는 바람에 지금 이 세계가 파국에 이른 것이다! 불이여, 재여, 잿더미 속의 뼈들이여! 큰 존재는 망해도, 작은 존재는 살아 있는 법. 세계는 다시 하나가 되어야 해! 본래 모습으로 돌아가야 해, 모두 함께!" 도메니코는 제 신념대로 분신(焚身)을 기도한다. 마르쿠스 아우렐리우스 동상 위에 우뚝 선 그는 자기 몸을 불사르기에 앞서 최후의 연설을 남긴다. "아아, 어머니여! 공기는 이렇게도 가볍게 얼굴을 스치고 지나가네. 그대 웃으면 당신은 한층 더 맑아집니다." 도메니코는 무신경한 군중에 둘러싸여 한 떨기 불꽃으로 고통스럽게 타들어 간다. 개가 짖는다. 조롱하는 이들마저 있다. 그런 사람들 사이로 유제니아가 달려 나온다. 경찰차가 내뿜는 날카로운 사이렌이 광장을 찢는다.

한편 고르차코프는 도메니코와의 약속을 지키기 위해 '성 카타리나 온천'에 들어선다. 마침 온천 시설을 청소하는지 욕장의 물이 싹 빠져 있다. 시야를 어지럽히는 희뿌연 수증기만 제외하면, 촛불을 들고 온천 속을 걷는 데는 별 무리가 없을 듯 보인다. 고르차코프는 반신반의하며 초에 불을 붙인다. 고작 몇 걸음도 떼지 못했는데, 촛불은 서글프게 춤을 추다 속절없이 꺼진다. '너무 만만하게 생각했나? 나조차도 도메니코를 믿지 못하는 걸까? 그래, 믿음!' 고르차코프는 수차례 실패한 뒤, 도메니코의 촛불을 성심껏 감싸고 부둥켜안음으로써 마침내 목적지에 도달한다. 그는 끝내 쓰러진다. 사람들이 그를 향해 달려온다.

영화의 마지막 장면은 이탈리아 성당에 그의 고향과 아이들이 고스란히 봉인되는 순간이다. 카메라는 서서히 뒤로 물러선다. 러시아와 이탈리아는 하나의 공간이 된다. 눈이 날리기 시작한다. 시간이 봉인된다.

안드레이 타르코프스키

Андре́й Тарко́вский
1932-1986

"그는 새로운 영화 언어를 만들어 냈다."
— 잉마르 베리만

21세기 영화사에서 안드레이 타르코프스키는 잊혀 가는 이름인 것처럼 보인다. 영화를 예술로 믿었던 지난 세기의 감독이 있다. 이를테면 잉마르 베리만, 페데리코 펠리니, 루이스 부뉴엘, 로베르 브레송은 대표적인 이름일 것이다. 이 계보의 마지막이라고 할 수 있는 것이 바로 안드레이 타르코프스키다.

타르코프스키는 1932년 러시아의 볼가 강 유역에 있는 자브라체에서 태어났다. 타르코프스키의 아버지 아르제니 타르코프스키는 시인이었으며, 어머니 마리아 이바노바 비슈나코바는 인쇄소 교정일을 했다. 그러나 이 두 사람은 1936년 별거에 들어갔고, 아버지는 자브라체를 떠났다.

타르코프스키는 1952년 스무 살이 되던 해에, 동양어 전문학교에 입학하여 일본의 하이쿠[俳句]를 공부하였다. 그는 1954년에서 1956년까지 시베리아에서 지질학을 공부했다. 그 심해에서 타르코프스키 본인 말에 따르면 "자신의 눈에 보이는 해저의 느린 물결의 움직임을 카메라로 잡아낼 수 있지 않을까?"라는 생각에 영화감독을 하겠다고 결심했다. 모스코바에 온 타르코프스키는 1956년 당시 소련의 국립영화학교였던 VGIK에 입학하였고, 거기서 예이젠시테인의 제자이기도 했던 미하일 롬의 지도로 영화를 공부하기 시작했다. 예이젠시테인의 입학 동기는 안드레이 콘찰로프스키(1937-)와 오타르 이오셀리아니로 알려져 있는데, 안드레이 콘찰로프스키와는 VGIK 졸업 작품이었던 「증기 기관차와 바이올린(Каток и скрипка)」(1960)의 시나리오를 함께 썼고, 「안드레이 루블료프(Андрей Рублёв)」(1966)까지 함께 작업을 했다. 1960년 타르코프스키는 「증기 기관차와 바이올린」으로 당시 뉴욕 영화제 대상을 받았고, 2년 뒤에는 도중에 제작이 중단되었던 「이반의 어린 시절(Иваново детство)」(1962) 프로젝트를 맡으면서 본격적으로 데뷔했다. 이 영화를 통해 타르코프스키는 그해 베네치아 영화제에서 그랑프리를 받았다.

그의 관심은 시간이었다. 초기작 「이반의 어린 시절」과 「안드레이 루블료프」에서 타르코프스키는 과거의 역사 안으로 직접적으로 들어가 연대기적 방법을 통해 실제 역사를 재구성했다. 그다음 영화인 「솔라리스(Солярис)」(1972)는 미래를 배경으로 했지만 그 안에서 주인공 켈빈은 과거에 죽은 아내의 기억을 통해 아내를 부활시키면서 과거의 시간 안에 사로잡힌다. 「거울(Зеркало)」(1975)에선 아버지가 사라진 과거의 기억이 계속 등장하며, 「스토커(Сталкер)」(1979)에선 과거에 운석 충돌로 인해 생성된 구역으로 세 남자가 들어간다. 「노스탤지아」와 「희생(Жертвоприношение)」(1986)에선 과거의 사건이 배경이 되어 인물들을 강박의 세계로 이끌어 간다. 타르코프스키는 시간을 일관되게 쫓아가지 않았다. 각각의 숏은 연속적인 체계 안에 존재하는 것이 아니라, 그 자체의 형상으로 존재하였다. 하나의 이미지는 다른 이미지를 품거나 밀어내면서 시적 영상의 긴장감을 불어넣는다.

그는 「스토커」를 만든 후, 더 이상 러시아에서 영화를 만들 수 없으리라는 것을 직감적으로 알고, 이탈리아로 가서 고향 러시아를 그리워하는 「노스탤지아」를 만들었다. 그리고 자신이 죽을 것을 염두에 두고 「희생」을 만들었다. 「희생」을 만든 후 차기작으로 평생 염원하던 셰익스피어를 영화로 옮기고자 '햄릿'을 준비했지만, 1986년 12월 29일 파리에서 암으로 세상을 떠났다. 「스토커」의 '구역'을 촬영하기 위해 당시 소련이 공업지대로 개발하여 오염된 에스토니아 탈린에서의 촬영에서 얻은 병이었다.

시네토크

영화,
가장 진실하고 서정적인 예술

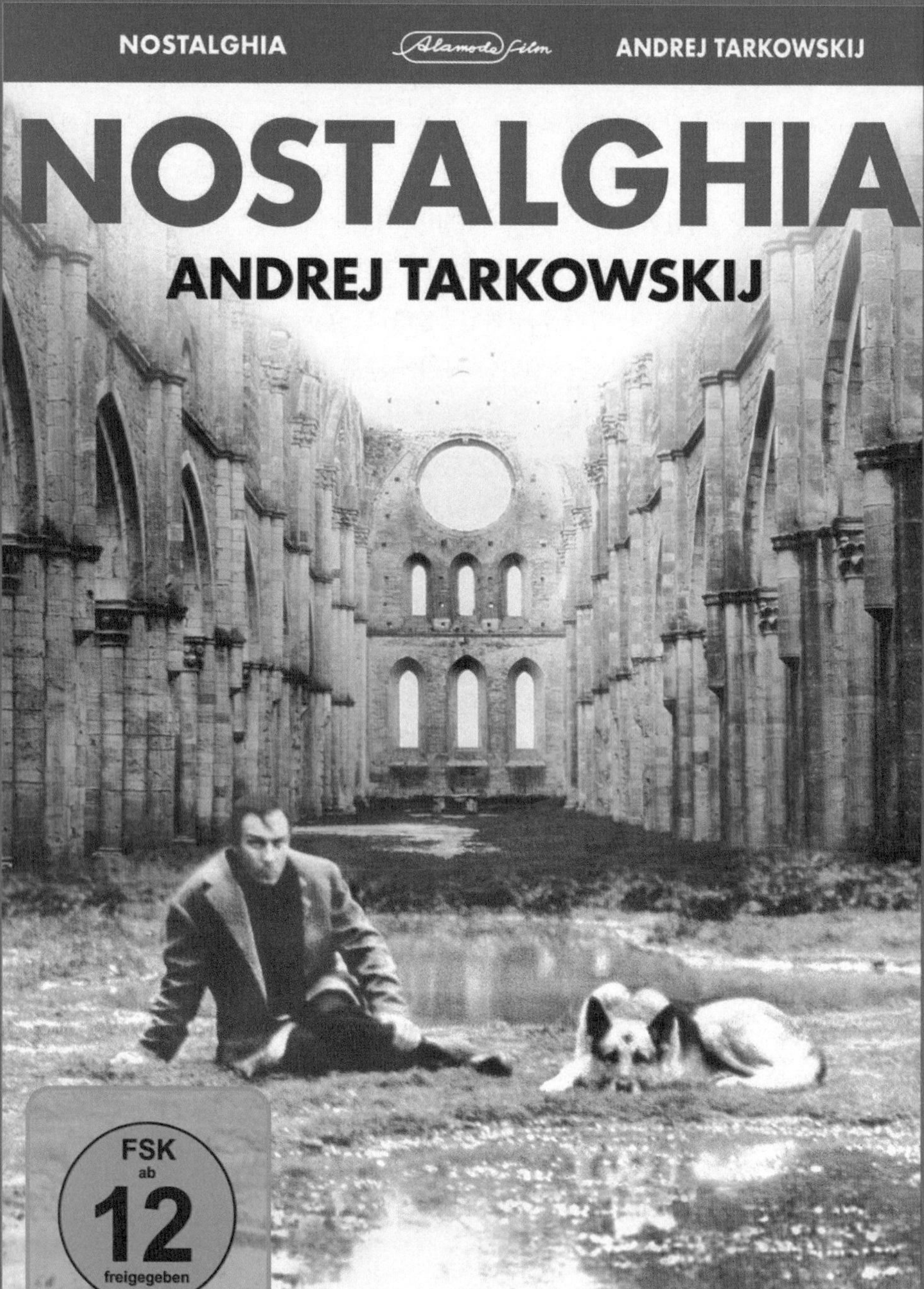

NOSTALGHIA
Alamode film
ANDREJ TARKOWSKIJ
NOSTALGHIA
ANDREJ TARKOWSKIJ
FSK
ab
12
freigegeben

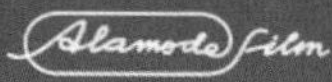

영화는 애초에 무엇이었을까? 영화의 시작은 이야기가 아니었다. 그것은 하나의 심상, 이미지, 시어였다. 그러나 영화의 길이가 점점 늘어나면서 시의 자리를 산문이 차지하기 시작했다. 타르코프스키는 영화의 자리를 시로 되돌리고자 한다. 하나의 이미지, 길고도 긴 이미지가 화면을 채우고, 마음을 채우고, 공감의 폭을 확산한다. 타르코프스키의 모든 것이 집약된 「노스탤지아」에서 러시아 시인 고르차코프는 이탈리아 토스카나 지역의 「출산의 성모」를 본 뒤 온천 마을로 들어간다. 이곳에서 그는 끊임없이 향수에 시달린다. 향수에서 시작된 이야기는 어느새 세계의 파멸과 그것을 막고자 하는 광인에 대한 이야기로 이어진다. 무엇이 정상이고, 무엇이 소통이라는 말인가? 무엇이 절망이고, 무엇이 불가능성이라는 말인가? 타르코프스키의 영화는 그 모든 것을 매력적이고 시적인 영상 이미지로 표현하고자 한다. 그 표현의 통로를 향해 느릿느릿하면서도 집요하게 달려간다.

영화, 가장 서정적인 예술

강 영화의 핵심은 영상이라고 생각해요. 그래서 저는 타르코프스키 감독이 좋아요. 타르코프스키의 영상은 압권이죠. 그의 세계관에 동감하는 건 아니지만 자신의 세계관을 이런 방식으로 영상화했다는 게 기막혀요. '타르코프스키가 울고 가겠다.'라고 할 만한(그러면서도 주제 의식은 현대적이고 세련된) 감독들이 나왔으면 좋겠어요. 서정주 시를 보면 그의 주제 의식은 마음에 안 들어도 그 문장의 아름다움에 압도되잖아요.
'김수영이 시귀(詩鬼)라고 불리는 서정주의 기법을 가지고 있었다면 얼마나 좋았을까!' 가끔 이렇게 생각하거든요. 평론가나 이론가는 타르코프스키를 싫어해도 감독 지망생은 이 감독을 정말 좋아할 거라는 생각이 듭니다. 하긴 예술가는 기의를 만드는 사람이 아니라 기표를 만드는 사람이기 때문이지요. 평론가는 작품을 보고 그 뜻이 무엇인지를 해명하지만, 예술가는 기표를 만드는 것에 희열을 느끼는 겁니다. 영화감독에게 중요한 기표가 바로 영상이니까, 타르코프스키는 어떻게 영화의 기표를 만들 수 있는지 그 가능성을 보여 준 것이지요. 그러니 어떻게 영화감독이나 그 지망생들이 타르코프스키를 우회할 수 있겠습니까?

이 저는 타르코프스키의 『순교 일기』 한 대목으로 시작하고 싶어요. "영화에서 나를 매혹하는 것은 정서적 연결, 그 시적 서정성의 논리다. 나의 견해로는 바로 이 점이 영화가 모든 예술 중에서 가장 진실되고 서정적일 수 있는 가능성을 내포한다. 이 시적 정서의 연결이야말로 어떠한 경우에도 각 장면을 직선적이며 논리적으로 시종일관되는 주제 전개를 통해 연결하는 전통적인 드라마투르기보다 진실적·서정적 예술에 보다 더 접근해 있는 것이다. 정서적 연결은 커다란 감정적 반응을 불러일으키고, 관객을 활동적으로 움직이게 한다. 바로 이 정서적 연결이 관객의 삶의 인식 과정에 참여시킨다. 정서적 연결이야말로 영상을 빚어내는 원료가 그 찬란한 제 빛을 내게 하는 내적인 힘을 머금는 것이다." 오늘날 정서적 연결을 느끼지 못하는 것이 우리의 비극입니다. 아마 우리가 살고 있는 이 시대가 속도, 자극, 충격에 익숙해져 있어 정서적 연결을 쉽게 이해하지 못하는 것 같아요.

영화라는 예술을 시의 경지로 끌어올린 타르코프스키

강 스토리는 의외로 단순해요. 두 남자가 등장해서 향수에 대한 이야기를 나누죠. 펼쳐지는 풍경은 주인공의 내면을 형상화하는 거고요. 사실상 타르코프스키의 앵글에 잡힌 모든 것이 주인공의 내면을 잡아내고 있습니다. 정보 전달이 아니라 서정적 연결을 추구하는 거잖아요. 시인이었던 아버지의 영향을 많이 받았고요. 영상적 시, 시적 영상이라는 걸 음미해 보세요. 감정이입에 욕심내지 말고. 아주 사랑하는, 잘 아는 남자의 내밀한 감정이 적힌 일기, 내면 풍경을 엿본다고 상상해 보세요.

이 씨네샹떼를 통해 현재 상영되는 영화에 큰 틀을 제시해 준 작품을 감상하고 있습니다. 뤼미에르의 출발점과 요즘 영화를 비교해 보면 너무나 다르죠. 그런데 1970-1980년대에 타르코프스키가 나온 거예요. 그는 영화를 하나의 극점으로 밀고 간 사람이에요. 타르코프스키는 영

안드레이 타르코프스키, 「노스탤지아」

"「노스탤지아」에는 세 명의 번역자가 나옵니다. 러시아어를 이탈리아어로 통역하는 유제니아는 세속적인 여자이고, 행복에 대한 물적 욕망을 많이 품고 있는 사람입니다. 아이러니컬하게도 번역을 하고 있으면서도 피상적인 수준에 그칠 뿐 진정한 의미의 '번역'에는 끊임없이 실패하는 인물입니다."

화라는 형식이 시라는 장르와 굉장히 닮아 있다는 걸 안 사람이에요. 그러면서 타르코프스키는 영화가 시간의 예술이라는 것을 탐구하기 시작합니다. 시간의 흐름과 의식의 흐름 속에서 영화는 인물의 밑바닥까지 내려가 기억을 탐사할 수도 있습니다.

영화 초반부에 남자 주인공이 창문을 열자 비가 내리고 있습니다. 비가 오는 것 같은데 침대 끄트머리에 앉아 있죠. 남자가 보이지 않기 시작해요. 창을 통해 비가 오는 게 보이죠. 나무 위에서 무언가 무너져 내리는 것이 살짝 보입니다. 현실적인 장면처럼 보이지만 사실은 외부의 현실과 인물의 내면에 뒤엉켜 있는 장면이에요. 갑자기 욕실에서 개가 걸어 나오죠. 중요한 것은 이 모든 것이 하나의 영상, 하나의 앵글 속에 담겨 있다는 겁니다. 타르코프스키의 책 제목을 빌리면 '봉인된 시간'이죠. 서로 반대 극점에 있는 것들이 한 장면 속에 모이고 엉키는 것을 표현합니다.

노스탤지아의 시간성과 에너지

강 재미있는 건 이 영화를 이탈리아에서 찍고서는 아이러니컬하게도 타르코프스키 자신이 향수에 빠진 겁니다. 타르코프스키 자신이 망명객이 되어 버리니까요. 당연히 그는 러시아라는 아버지의 땅을 그리워하게 되죠. 타르코프스키의 영화 장편을 몇 편 봤는데, 「희생」이라는 마지막 작품을 볼 때는 눈물이 나왔어요. 「노스탤지아」는 「희생」만큼 저를 울리지는 않았지만, 찡하기는 했습니다.

영화 속 주인공 고르차코프는 어느 러시아 작곡가에 대한 책을 준비 중이죠. 봉건 시대 노예 출신이었던 작곡가 소스노프스키가 있었는데, 주인이 더 공부하라고 이탈리아에 보내 준 거죠. 노예 음악가는 이탈리아에서 능력을 발휘하고 성공합니다. 러시아에 돌아가지 않아도 되는데, 향수 때문에 돌아가요. 돌아가서는 죽죠. 편지 읽는 부분 기억하시죠? 이탈리아에 있을 때 러시아 친구에게 보낸 겁니다. 악몽을 꾼다고 했잖아요. 옷 벗고 조각상처럼 있는데 추워서 잠에서 깨어나 깜짝 놀랐고 꿈인지 현실인지 분간되지 않았다고 말하죠. 가면 뻔히 적응하지 못하고 죽으리라는 걸 아는 데도 갈 수밖에 없습니다.

이런 캐릭터에 납득할 수 있는지는 관객의 몫이겠지만, 그 음악가는 실존 인물입니다. 러시아적 향수예요. 소스노프스키와는 달리 타르코프스키는 향수를 견뎌 내고 러시아로 돌아가지 않았습니다. 향수병에 시달리다 암에 걸려서 50대에 죽음을 맞이하긴 했지만요.

이 영화에서 가장 많이 나오는 소재는 번역입니다. 번역과 향수는 밀접한 개념입니다. 「노스탤지아」에는 세 명의 번역자가 나옵니다. 러시아어를 이탈리아어로 통역하는 유제니아는 세속적인 여자이고, 행복에 대한 물적 욕망을 많이 품고 있는 사람입니다. 그녀는 「출산의 성모」를 보고도 이해하지 못합니다. 관리인에게 "기도는 왜 여자들만 하죠?"라고 반문하며 무릎을 꿇지도 않죠. 전형적인 도시 여자, 즉 전통 문화를 '번역'할 수 없는 사람입니다. 아이러니컬하게도 번역을 하고 있으면서도 피상적인 수준에 그칠 뿐 진정한 의미의 '번역'에는 끊임없이 실패하는 인물입니다.

또 한 명의 번역자는 고르차코프입니다. 이탈리아어와 러시아어를 자유롭게 구사하지만, 이탈리아에 와서 옛 음악가를 추적하면서 그의 이야기를 모티프 삼아 제 이야기를 완성하려는 사람입니다. 과거 예술가의 삶을 복원해 내는 번역자죠. 선대 예술가의 삶을 재구성하고 이해하려는 시도 자체가 번역입니다. 이전의 문화적 감각을 지금의 삶으로 육화할 수 있는가 하는 것이 문제입니다. 러시아 시절 느꼈던 감정을 이탈리아에서 구현할 수 있는가?

도메니코가 마지막 번역자죠. 가장 중요한 번역 대상은 신의 언어입니다. 사흘 동안 로마 광장에서 떠들며 광기 어린 언어를 번역해 내려 하지만 세속적인 관점에서는 정신병자인 거죠. 어떻게 신의 언어를 옮길 수 있겠습니까. 현실과 환상 사이에서 괴리를 느끼는 사람인 거죠. 이 영화는 다른 지역의 삶, 다른 문화를 여기로 가져올 수 있을까를 세 층위(세 명의 번역자)로 고민합니다. 이 영화의 맨 마지막 장면은 토스카나 성당에 고스란히 고르차코프 집이 들어오는 장면입니다. 이는 번역의 완성을 뜻합니다. 영화는 하나의 통합된 이미지를 이루는 것이 진정한 번역, 진정한 이해, 진정한 공감이라고 말하는 거죠. 이로써 감정과 문화가 통용될 수 있게 되는 겁니다.

두 사람의 죽음은 번역 과정을 상징합니다. 물방울 하나에 물방울 하나를 더하면 커다란 물방울이 된다. 이건 하나의 통합, 번역이 만드는 큰 그림을 말합니다. 온천에서, 광장에서 두 개의 불꽃이 일어나야 하는 거죠. 도메니코는 분신하여 스스로 촛불이 되고, 고르차코프는 그 사명을 다하고 죽습니다. 전혀 다른 장소에서 전혀 다른 육신을 통해 같은 사건이 일어납니다. 타르코프스키의 신비주의자적 측면도 드러난다고 하겠지만, 전혀 다른 타인 둘 사이에 대화, 번역이 가능하냐는 문제의식은 보편적이며 오랜 주제입니다.

강 이상용 선생님이 말씀하신 번역은 시라는 장르로 얘기하면 이해가 쉬워요. 번역 가능성을 염두에 두는 건 시에 관한 거죠. 수학은 번역이 됩니다만, 개인의 내밀한 경험과 정서를 얘기하는 시는 번역하기 어렵죠. 김수영 시는 정말로 번역하기 힘듭니다. 욕이든 뭐든 감정적인 것이 거칠게 고스란히 적혀 있거든요. 그냥 느낌이 오는 거예요, 번역이 안 돼요.

언제 우리가 제일 외로워지는지 아세요? 감정이 전달이 안 될 때예요. 향수라는 시제를 잘 생각해 보셔야 해요. 거의 죽음에 가까운 경험이 필요하다는 이 선생님 말씀에 동의합니다. 다른 사람이 향수하는 세계와 내가 향수하는 세계가 공존할 수 있을까 이런 문제 같아요. 전혀 다른 타인이 결혼해서 행복하더라도, 언젠가 그들은 각각 이전 가족들을 그리워하는 순간이 오잖아요. 결합된 커플도 전혀 다른 세계를 각자 가지고 있잖아요.

1+1=1은 단순한 문제가 아니죠. 불교에서 말하는 화두 같아요. 당신 둘은 하나가 될 수 있을까요? 하나가 된다는 게 대체 뭘까 고민해 봐야겠죠. 타르코프스키는 전혀 다른 타인 사이에 생기는 신뢰를 영화로 그려낸 겁니다. 도메니코가 남자에게 준 초는 생명과도 같아요. 두 남자의

안드레이 타르코프스키, 「노스탤지아」

"도메니코는 분신하여 스스로 촛불이 되고, 고르차코프는 그 사명을 다하고 죽습니다. 전혀 다른 장소에서 전혀 다른 육신을 통해 같은 사건이 일어납니다. 타르코프스키의 신비주의자적 측면도 드러난다고 하겠지만, 전혀 다른 타인 둘 사이에 대화, 번역이 가능하냐는 문제의식은 보편적이며 오랜 주제입니다."

관계가 재미있어요. 썰렁한 거리에 놓인 장롱의 문을 고르차코프가 여는 장면은 무척 인상적이죠. 문을 열자 나타난 거울에 비친 고르차코프 이미지가 빛이 통하자 도메니코로 바뀌는 장면 말이에요. 1+1=1이 완성되는 근사한 영상이지요. 친정어머니의 만둣국이 먹고 싶은데 갈 데가 없다고 생각해 보세요, 막막하죠. 이 영화의 남자 주인공에게도 갈 데가 없어요. 도메니코의 그런 모습과 서로 끌렸던 것에 이유가 있겠죠. 애써 부정했지만, 도메니코는 주인공 자신의 모습이죠. 주인공 내면의 풍경을 그대로 닮아 있는 사람. 이런 인상적 장면과는 달리 영화의 마지막 부분은 뭔가 시적인 순도가 덜한 것 같아요. 이념을 주입하는 것 같아서요. 이제껏 보여 주다가 마지막에 말하는 것같이 느껴지더군요. 시적 영상은 보여 주는 게 그 특징인데 말입니다. 안타까운 순간입니다.

이 맞아요, 타르코프스키도 마지막 장면을 후회하는 발언을 했어요. 지나쳤다고 말했었죠. 번역의 불가능성은 유제니아와 고르차코프가 러시아 시 이야기를 할 때 "시집 버려!"라고 하면서 시를 번역하는 건 불가능하다고 말하죠. 유제니아가 그럼 어떻게 해야 하냐고 묻자 "국경을 없애 버리면 돼."라는 모호한 답을 주는데요, 경계나 국경을 없애 버려야 한다는 것이 영화의 핵심 주제입니다. 그게 지나칠 정도로 명징하게 드러난 부분이 마지막 장면입니다. 두 개의 세계가 통폐합되는 걸 보여 주죠. 물론 과잉된 느낌이 있어요. 타르코프스키의 다른 영화에서도 이렇게까지 감독의 의지가 투사된 장면은 등장하지 않죠.

마지막 장면 이외에도 고르차코프와 도메니코의 이미지가 겹치는 장면이 하나 더 있습니다. 침수된 교회를 홀로 거닐다가 안젤라라는 소녀를 만나는 장면이 있죠. 교회에 들어가면서 고르차코프가 읊는 것이 감독의 아버지가 쓴 타르코프스키의 시입니다. 러시아어로 읽습니다. 그런데 태우면서 시를 읊을 때는 도메니코의 목소리(이탈리아어)가 나옵니다. 한 번은 고르차코프의 러시아어로, 또 한 번은 도메니코의 이탈리아어로 하나의 시가 두 번에 걸쳐 낭송되는 거죠. 그 신비스러운 공간 속에서 안젤라라는 소녀는 천사적 이미지로 구상화된 거라고도 볼 수 있고요.

물과 불, 자궁의 이미지

강 물에 잠겨 있는 그 장면, 그 느낌, 맑은 물에 들어가는데 흙탕물이 이는 느낌은 잊히지 않을 것 같아요. 번역 불가능한 시…… 그건 태워지지 않는 이상 번역되기는 힘든 거죠. 경계를 없애는 방법은 세 가지밖에 없죠. 취하거나 죽거나 사랑하거나.

온천장이란 공간은 자궁을 이미지화한 것 같기도 해요. 축축하고 어두운 공간에서 시도 불태우고요. 시인은 이전과는 전혀 다른 사람이 되는 거예요. 집이라는 상징 구조는 사실 여성적이거든요. 안젤라가 다리를 꼬아 앉아 있고, 예쁜 물이 반사되어 배경으로 나오고, 술 마시고 얘기하고, 폐허가 된 풍광 속에서 시 태우고, 스르르 잠들었다가 일어나죠. 일어난 다음부터 주인공은 이전과는 전혀 달라집니다.

이 왜 그런가 하면 유제니아가 「출산의 성모」 앞에서 무릎을 꿇지 못했을 때 믿음이 필요하다고 얘기합니다. 전혀 다른 세계와 만나기 위해서는 믿음이 필요합니다. 믿음이 없으면 믿어지지가 않아요. 열려야 열리는 거고요. 촛불을 옮기는 심정은 도메니코의 마음을 고스란히 전달받았다, 약속을 수행하겠다는 선언이기에, 그 몸짓 하나하나가 크게 다가왔습니다. 믿음이 없다면 할 필요도 없을 뿐만 아니라 행위 자체가 무의미해지겠죠. 세상의 진실, 의미를 만드는 것은 믿음입니다. 광기에 휩싸일 수밖에 없었던 1970-1980년대의 정치적 현실을 영화로 어떻게 타개해야 하는가 하는 감독의 시대적 고민도 있는 거고요.

강 여기에 한 가지 덧붙이고 싶은 게 있습니다. 그건 믿음이란 바로 사랑이기도 하다는 사실입니다. 그냥 믿습니다. 그게 사랑이죠. 믿음이 배신당할 때도 있지만, 그래도 믿어야 합니다. 그게 사랑이니까요. 그렇지 않으면 우린 타인을 결코 이해할 수 없을 겁니다. 한 가지 단서를 달고 싶네요. 타르코프스키의 믿음은 종교와는 별다른 상관이 없다는 겁니다. 삶에서 마주치는 세속적인 타자, 그게 믿음의 대상인 셈이지요.

질문 1 영화를 타르코프스키 전과 후로 나눌 수 있다고까지 말씀하셨는데, 전반적인 작품 세계에 대해 충분히 듣고 싶습니다.

이 러시아 영화감독이었던 타르코프스키는 작품 활동에 상당히 제한을 받았어요. 모스필름이라는 국영 영화 제작소에 한정될 수밖에 없었고요. 자주 만들 수도 없었기에 5, 6년에 한 편 정도 제작했습니다. 그런데도 영화를 만들 때마다 장르적 변주도 있는 데다 모두 걸작이에요.

「이반의 어린 시절」부터 일곱 편을 만드는데, 나중에 리메이크된 바 있는 「솔라리스」도 그중 하나고요. 도스토예프스키의 『백치』를 원작 삼아 「거울」을 제작했는데, 이 영화는 가장 난해한 작품으로 정평이 나 있습니다. 작업하지는 못했지만 「햄릿」도 영화화하고 싶었다고 해요.

질문 2 영화에 나온 집의 의미가 어떤 건가요? 긍정적으로 그려지지 않아서요. 보통은 집이라고 하면 그립고 편안한 이미지잖아요.

이 주인공이 밖에서 들어올 때는 분명 집이 멀쩡해 보였는데, 도메니코의 집에 들어오자 그 안은 폐허임을 알죠. 집이 무너진다는 건 세계가 붕괴된다는 거나 다름없어요. 세계가 폐허가 되어 가고 있는 걸 직시하는 거죠. 폐허로부터 보호받을 수 있으리라 생각한 자기 자신을 부숴 버리는 겁니다.

세계는 계속 무너져 내리고 있고, 폐허 속에서 어떤 구원을 기대할 수 있을 것인가 하는 고민을 그린 영화니까요.

카타리나 온천이 처음에는 채워져 있었잖아요? 근데 촛불을 옮기는 장면에서는 온천이 비어 있었죠. 물과 불의 이미지가 대비됩니다. 이 역시 도메니코의 집에서 대비적으로 제시되는 이미지입니다.

타르코프스키 작품에 등장하는 집은 편안하거나 그리운 것과는 거리가 멀어요. 오히려 가고 싶기는 하지만 도달할 수 없는 장소라고 말하거나 인물의 내면 속에서 서서히 붕괴되어 가는 장소예요. 「희생」을 보면 주인공의 집이 마지막에 불타오릅니다. 붕괴된 집은 새로운 구원의 가능성으로 이어지게 되기도 합니다.

질문 3 영화 초반에 안드레이가 환각을 보는 장면이 나옵니다. 자기를 유혹했던 이탈리아 여자와 부인이 서로 껴안고 눈물 흘리는 장면이 나오는데, 이 장면의 의미가 궁금합니다. 혹시 그의 죽음을 암시하는 건가요?

강 임신 중인 부인이 남편과 서먹하게 누워 있던 장면 기억나시죠? 정상적인 관계였다면 그렇게 냉담하거나 서먹서먹한 분위기가 연출되지는 않았을 겁니다. 타인의 마음을 시인은 거의 못 읽습니다. 부인은 분명 과거에 고통스러웠을 겁니다. 이탈리아 여인을 부인이 안아 주면서 시인 탓에 힘들었고 아팠을 그런 심정을 보듬어 주는 거죠. 남자 주인공의 환각 장면 구조를 생각해 보면, 부인은 남편이 주는 아픔을 먼저 겪었고, 이제 이 여자는 두 번째로 겪은 겁니다. 이미지가 중첩되는 거죠. 진실로 타인을 위해서 시인이 어떤 일을 감행하는 것은 초를 든 행위가 처음일 겁니다. 결국 이 영화는 철저히 두 남자에 대한 이야기인 거죠.

"이게 세계의 끝이야?" 하고 아들이 물어보는 장면 있잖아요. 정말 애절한 대사인데요. 멜로드라마 라인 자체에 비중을 두시면 큰 메시지를 놓치게 됩니다. 시인과 이탈리아 연인의 로맨스에 집중하는 건 바람직하지 못한 것 같아요. 어떤 여자도 진정 사랑하지 못했던 러시아 시인이 한 남성을 통해 타인의 세계를 경험하게 되는 이야기니까요.

질문 4 안드레이가 호텔 침대에서 잠들 때 병이 굴러다니는 소리가 납니다. 도메니코와의 만남을 암시하는 건가요? 물속으로 들어갈 일에 대한 복선인가요?

이 병 소리, 물소리의 유사성이 나오는 장면이죠. 사실 도메니코와 안드레이가 그리 긴 대화를 나누진 않습니다만 이심전심하게 되죠. 다른 공간에 있었던 그들이 일종의 운명에 이끌려 한곳에서 만나고 소망을 들어주게 되는 것, 이렇게까지 연대하기까지 수없는 우연과 아이러니가 반복되어 왔죠.

강 물이랑 불이란 게 상징적인 이미지니까요. 불은 타인을 위한 성스러움을 표현하고 물은 고독, 폐쇄, 음울한 느낌을 배가하죠. 주인공이 타인과의 관계가 좋을 때는 밝은 빛이 띄워지지만, 숙소에서는 계속 축축하고 어두운 실내와 비가 연일 오는 날씨를 경험하게 되잖아요. 이런 것들이 외로움, 쓸쓸함을 자아내죠. 타르코프스키 영화 전반에 이 대조적 이미지가 쓰여요. 「희생」에서도 불의 이미지는 굉장히 셉니다. 눅눅하고 축축했던 곳에서 밝고 활활 타오르는 불의 세계로 가는 방향성이 그의 영화 전편에 있어요. 유일하게 시인이 이탈리아 여자한테 집적거리는 장면 있잖아요. 그때는 밝죠. 한순간이긴 하지만요.

타르코프스키는 영상 시인이라고 불려요. 그런데 시라는 것은 기표만 있기 때문에 독자가 채워 넣어야 하는 거잖아요. 좋은 작품은 스펀지처럼 의미를 흡수해요. 좋은 시에 대해서도 의미 부여는 사람마다 각자 달라요. 시인들은 알아도 대답해 주지 않죠. 이를테면 황지우의 「너를 기다리는 동안」에서 '너'는 《중앙일보》 후배 기자예요. 후배가 돈을 꿔 주기로 했어요. 그래서 급전을 기다린 거예요. 하지만 우리는 거기다 애인, 친구를 다 갖다 붙이죠. 좋은 시는 기표성이 강합니다.

타르코프스키 영화에서도 병이 나오든 뭐가 나오든, 자유롭게 해석해 보셨으면 좋겠어요. 과감하게 대입해 보세요. 나는 서정적 교감을 원한다, 서정을 전달하고 싶다고 타르코프스키가 말했잖아요. 우리도 나누자고요. 알려고 하지 말고 느끼려고 했으면 좋겠습니다. 예술 영화는 오히려 친절해요. 해석의 여지를 열어 두니까요.

이 영화뿐만 아니라 모든 예술을 향유하는 방식이 그렇겠지만요, 특히 영화같이 폭력적인 매체를 볼 때 우리는 대개 수동적이 될 수밖에 없습니다. 관객이 직접 스크린 안으로 걸어 들어와 직접 의미를 찾고, 빈 부분을 메워 주기를 바라는 의도가 작품 속에 있는 거죠.

강신주

촛불처럼 애달픈 영화, 그만큼 서러운 우리의 삶

가스통 바슐라르(1884-1962)라는 프랑스 과학 철학자가 있다. 상대성 이론이나 양자 역학의 철학적 의미를 숙고하는 멋진 글을 많이 써 왔던 철학자였다. 그러던 그가 어느 순간 갑자기 문학에 대한 글을 쓰기 시작했다. 그래서일까, 우리에게 그는 탁월한 문학 평론가로 알려져 있다. 그렇지만 바슐라르의 고민은 다른 데 있었다. 양자 역학이든 상대성 이론이든, 새로운 과학 이론이 발생하게 되는 그 창조성의 비밀이 그는 궁금했던 것이다. 바슐라르가 문학에 관심을 둔 것도 이런 이유에서다. 문학만큼 인간이 가진 창조성이 빛을 발하는 장르도 없으니까. 그래서 바슐라르의 문학 평론 혹은 문학 철학은 특이한 구석이 있다. 개별 작가나 개별 작품에 대해 그는 별다른 관심을 두지 않는다. 오히려 인간의 상상력과 창조력을 자극하는 근본적인 계기만이 그에게 중요했다. 마침내 그가 찾은 것이 바로 네 가지 뿌리에 대한 이론이다. 지수화풍(地水火風)! 그러니까 땅, 물, 불, 그리고 바람이다.

서양의 경우 고대 그리스 철학자 엠페도클레스가 모든 것은 땅, 물, 불, 그리고 바람이 결합되어 탄생하고, 그것들이 흩어질 때 사라진다고 이야기했던 적이 있다. 마찬가지로 동양의 경우도 불교에서는 이 네 가지 요소를 사대(四大)라고 강조하면서 엠페도클레스와 유사한 주장을 했던 적이 있다. 바슐라르는 지수화풍을 세계를 구성하는 네 가지 원소나 뿌리로 보기보다는 인간 상상력의 네 가지 기원이라고 보았다. 그러니까 땅이 주는 이미지에서 유래한 땅의 상상력, 물이 주는 이미지에서 유래하는 물의 상상력, 불과 관련한 이미지에서 유래하는 불의 상상력, 마지막으로 바람이 주는 이미지와 관련된 바람의 상상력이 바로 그것이다. 물론 땅, 물, 불, 그리고 바람의 상상력 중 어느 하나가 지배적이라고 해도, 나머지 세 상상력이 없다는 건 아니다. 그렇지만 중요한 건 그중 어느 하나가 지배적인 상상력이 될 때, 나머지 상상력은 그 지배적인 상상력에 의해 크게 위축되거나, 아니면 지배적 상상력에 종속된다는 점이다.

1962년 바슐라르가 죽던 그해, 타르코프스키는 베네치아 영화제에서 황금 사자상을 받은 첫 장편영화 「이반의 어린 시절」을 세상에 내놓으면서 20세기 영화사

에 화려하게 등장한다. 이후 1986년 사망할 때까지 타르코프스키는 「안드레이 루블료프」, 「솔라리스」, 「거울」, 「스토커」, 「노스탤지아」, 그리고 「희생」 등 장편영화 여섯 편을 4, 5년 주기로 선보인다. 소련 당국의 정치적 압력에도, 그리고 서구 세계의 자본주의적 압력에도 결코 굴하지 않았던 타르코프스키 영화는 누벨바그 감독이 강조했던 작가 정신의 구현체라고 할 수 있다. 자신만이 느낀 것, 자신만이 만들 수 있는 영화를 만들려 했고, 또 그걸 근사하게 구현했을 때 영화는 이미 예술의 지위를 얻은 것이다. 바로 이것이 타르코프스키이고, 이것이 바로 그의 영화였다. 그래서일까, 잉마르 베리만 감독도 이렇게 말했다. "만약 영화를 예술이라고 부를 수 있다면, 그것은 타르코프스키와 같은 위대한 영상 시인이 있기 때문이다."

영상을 예술로 승화시킨 타르코프스키의 영화를 보았다면 바슐라르는 경악했을 것이다. 자신의 상상력 이론이 글이 아니라 영상으로 이처럼 멋지게 구현되어 있다는 걸 확인했을 테니 말이다. 타르코프스키 영화가 어렵다면, 그건 그의 영화가 구체적인 사물이나 사건 혹은 인물을 따라가는 것이 아니라, 우리의 근본적인 상상력을 자극하는 시적인 영상으로 이루어졌기 때문이다. 어쨌든 타르코프스키로 인해 우리는 우리 내면의 상상력을 자극하고, 당연히 우리 서정을 뒤흔들어 놓는 영화를 만나는 행운을 거머쥔 것이다. 이 점에서 일곱 편의 장편영화 중 가장 압권은 「노스탤지아」일 것이다. 촛불을 든 채 물이 빠진 노천 온천을 가로지르는 인상적인 장면인 「노스탤지아」의 엔딩 장면을 떠올려 보라. 바슐라르가 이야기했던 인간의 가장 근원적인 상상력 네 가지가 영상에 그대로 녹아 있지 않은가. 바람에 불안하게 떨고 있는 촛불. 물은 빠져 있지만 듬성듬성 고여 있는 물을 처절하게 밟고 가는 촛불을 든 남자. 지수화풍이다!

마지막 엔딩 장면에는 지수화풍의 상상력, 아니 지수화풍의 서정성이 그대로 녹아들어 밀고 당기는 사랑과 갈등의 찬란한 군무가 펼쳐진다. 축축함과 서늘함의 감성을 일깨우는 물. 덧없음과 불안함의 감성을 자극하는 바람. 물과 바람에도 흔들리지 않는 굳건함의 느낌을 전해 주는 땅. 불안하지만 밝음과 따뜻함을 전해 주는 불. 바람은 촛불을 위태롭게 만든다. 그렇지만 촛불은 땅에 든든히 발을 내딛어야 하늘로 꽃처럼 피어날 수 있다. 다행스러운 것은 물이 땅을 범람하지 않고 있다는 점이다. 비록 완전히 없어지지는 않았지만 온천 바닥이 충분히 허용할 수 있을 정도만 남아 있으니 말이다. 그래서 마지막 엔딩 장면에서 다행스럽게도, 물과 땅은 이미 나름대로 공존, 아니 정확히 말해 사랑의 관계로 맺어 있다. 물론 이제 남은 갈등은 바람과 촛불 사이에 놓여 있지만 말이다. 주인공은 바람과 촛불을 중재하기 위해 무던히도 애를 쓴다. 촛불이 두 차례나 꺼졌지만, 삶을 내어 놓은 주인공의 노력으로 촛불은 마침내 한쪽 끝에서 온천 바닥을 가로질러 다른 한쪽 끝 난간, 그 위태로운 대지 위에 자리를 잡게 된다.

「노스탤지아」는 두 명의 남자 이야기다. 정확히 말해, 과거에 사로잡혀 사느라 거의 유아론적 자폐 상태에 있는 두 남자가 향수에서 벗어나는 이야기다. 향수는 다시 돌아갈 수 없는 곳에 대한 애절한 그리움이라고 정의할 수 있는 감정이다. 그러니 쉽게 돌아갈 수 있다면, 향수란 애당초 불가능한 것이다. 두 남자의 향수는 모두 가족과 관련되어 있다. 도메니코는 세상이 몰락할 것이라는 잘못된 믿음으로 가족을 집에 유폐시킨 경험이 있고, 지금은 가족과 절연해서 혼자 살고 있는 이탈리아 남자다. 반면 고르차코프는 무슨 이유인지는 모르지만 부인과 자식들과는 더 이상 살 수 없는 처지에 있는 러시아 남자다. 이 두 남자가 이탈리아 토스카나 지역에서 만나면서, 「노스탤지아」는 무거운 향수의 세계로 우리를 초대한다. 고르차코프가 토스카나에 발을 디디게 된 이유는 그곳이 러시아 출신 음악가 소스노프스키가 자주 머물던 곳이기 때문이다. 시인이기도 한 고르차코프는 소스노프스키에 대한 책을 집필 중이었다.

가족과 함께 있고 싶지만 그들과 함께할 수 없는 도메니코와 고르차코프, 이 두 사람의 애절한 향수에 스토리를 부여해 주려는 생각에서인지, 타르코프스키는 소스노프스키 이야기를 영화에 삽입한다. 18세기에 살았던 소스노프스키는 노예의 신분이었지만 귀족인 주인의 허락으로 이탈리아로 건너와 음악가로 대성하게 된다. 이탈리아에서는 위대한 예술가지만, 러시아로 돌아가면 다시 노예 신분으로 전락하리라는 것, 이것이 소스노프스키의 고민이다. 당시 이탈리아에서 소스노프스키가 러시아에 있는 친구에게 편지를 보낸 적이 있다. "영원히 러시아로 되돌아가지 않으려고 노력해 볼 수도 있겠지. 그러나 그런 생각은 내게 죽음을 의미하는 걸세. 자작나무와 내 어린 시절의 추억이 묻어 있고 내가 태어난 고향을 다시는 볼 수 없다니, 그건 있을 수 없는 일 아닌가." 불행히도 러시아에 대한 향수를 이기지 못한 소스노프스키는 러시아로 돌아가지만, 채 2년도 못 되어 목을 매달아 자살하고 만다. 향수가 사람을 죽인 셈이다. 향수에 굴복해도 죽고 거부해도 죽으니, 이거야말로 진퇴양난의 상황 아닌가.

그렇다면 어떻게 향수를 넘어설 수 있을까? 소스노프스키의 비극이 반복되지 않을 방법은 무엇인가? 여기서 중요한 건 향수의 감정 상태는 내면에 갇혀 있다는 점이다. 아무리 향수를 부정한다고 해도, 내면에 갇혀 있어서는 아무런 소

「노스탤지아」의 주인공 도메니코

용이 없는 법. 과거는 과거일 뿐이라고 아무리 외쳐도, 아니 그렇게 거부하는 행위 자체로 인해 과거는 오히려 더 지울 수 없는 무게로 내면에 각인될 뿐이다. 여기서 타르코프스키는 향수를 넘어서는 방법, 그러니까 내면에서 벗어날 수 있는 방법을 진지하게 모색한다. 타자와의 만남, 혹은 타자에 대한 사랑이 아니면, 내면에서 벗어날 수 없는 법이다. 그래서 도메니코는 인류를 위해 자기 몸에 불을 붙이고, 고르차코프는 도메니코를 위해 촛불을 들고 온천 바닥을 건너는 것이다. 나 자신이 아니라 누군가를 위해 무언가를 하는 것, 누군가에게 촛불이 되어 주는 것, 이것이 향수라는 암흑에서 벗어나는 유일한 방법인 셈이다. 초는 언젠가는 녹아 촛불은 꺼질 것이고, 영화도 언젠가는 끝나 영사기의 불도 꺼질 테지만 말이다. 촛불이 애달프듯 타르코프스키의 영화도 애달프다. 그리고 우리 삶도 애달프기만 하다.

이상용

근원적 향수에 대하여

한 달 남짓 유럽에 머문 적이 있다. 다음 여정을 위해 프라하에 유숙하고 있을 때였다. 불현듯 공허한 마음이 찾아왔다. 마음을 달래기 위해 검색을 통해 한국 식당을 찾아보았다. 위치를 확인한 후 바츨라프 광장에서 조금 떨어진 곳에 있는 한국 식당으로 향했다. 그런데 식당의 문이 굳게 닫혀 있었다. 휴업한다는 내용이 체코어로 적혀 있는 것 같았고(내 입장에서는 알 수 없는 노릇이다.), 공사로 인해 당분간 영업을 하지 않는다는 내용이 한글로 적혀 있었다. 간단히 샌드위치로 점심을 해결한 후 '알폰스 무하' 미술관을 찾았다. 그때까지도 허기는 쉽사리 가시지 않았다. 미술관 주변에는 한국 관광객들이 주변에 삼삼오오 모여 있었다. 나는 자연스럽게 그들의 대화에 귀를 기울이기 시작했다.

무언가 편안해지는 느낌이 들었다. 선뜻 다가가 말을 나누고 싶었다. 그제야 깨달았다. 불현듯 다가온 허기는 단순히 쌀밥이 그리워서가 아니었다. 한 달 남짓 한글을 쓰지 않는 생활을 하면서 어느새 한글이 고파진 것이다. 타지에서 고향이 그리워질 때 일어나는 증세를 흔히 '향수'라고 부른다. 그런데 향수는 집과 같은 장소나 어머니와 같은 존재에게만 국한된 것이 아니다. 그것은 내가 속한 공동체의 경험과 기억이 그리워질 때 일어나는 전 방위적인 현상이다.

안드레이 타르코프스키의 여섯 번째 영화 「노스탤지아」가 다루는 내용도 유사하다. 러시아의 시인 고르차코프는 이탈리아 토스카나 지역의 풍경을 통해 러시아의 고향을 떠올린다. 그가 이곳에 온 것은 음악가 소스노프스키에 대해 글을 쓰기 위해서다. 러시아인이었던 노예 신분의 소스노프스키는 이탈리아에서 융숭한 대접을 받았지만 고향을 그리워하다 끝내는 러시아로 돌아간다. 고향에 대한 향수가 그의 발걸음을 옮기게 한 것이다. 이상한 것은 돌아간 후의 일이다. 그토록 그리워하던 러시아로 돌아간 소스노프스키는 끝내 죽음을 맞이했다. 이번에는 '이탈리아'가 그리웠던 것일까.

고르차코프가 관심을 갖는 선배 예술가 소스노프스키의 사연은 '향수'라는 현상이 일방향적으로 일어나는 것이 아니라는 것을 말해 준다. 이탈리아에서 명성을 누리며 행복을 누릴 때 불현듯 고향이 그리워졌다. 그러나 러시아에서 노예로 머물 수밖에 없었던 음악가는 명성을 누리던 이탈리아가 그리워 또 다른 향수를 앓게 된다. 이처럼 향수는 단순히 '고향'에 정박된 것이 아니라 한 인간의 마음속에 부재하는 기원을 향한 그리움을 의미한다. 향수를 일으키는 것은 음식, 언어, 사람, 공기, 장소, 햇살 등 다양한 요소를 통해 일어나며, 그것은 프루스트의 『잃어버린 시간을 찾아서』에 등장하는 '마들렌'처럼 한 존재 속에 가라앉아 있는 깊은 시원이다.

그러나 향수의 원인을 단순히 상실되어 있거나 부재되어 있는 상태로 말할 수는 없다. 「노스탤지아」의 미묘한 지점은 여기에서 시작된다. 이탈리아의 아름다운 풍경은 고르차코프를 자극한다. 그는 토스카나 지역의 아름다움 풍광을 보며 러시아의 고향을 떠올린다. 하지만 고향의 이미지들은 쉽게 가져올 수 없을 뿐만 아니라 마음속에서도 단단한 심상으로 끌어오지 못한다. 그것은 한낮의 몽상이나 한밤중 꿈속에서 다가오는 잔상이 고작이다. 이탈리아의 풍경이 제아무리 고향의 풍경을 떠올리게 하고, 닮아 있다 해도 그것이 될 수는 없다. 이 거리감의 깊이야말로 향수를 발생시키는 근본적인 원인이다. 그것은 부재가 아니라 존재하는 것들을 서로 묶어 하나로 연결할 수 없기에 일어나는 현상이다.

「노스탤지아」는 이 점을 강조한다. 영화 초반부에 고르차코프는 통역사 유제니아와 번역의 문제를 두고 대화를 나눈다.

"유제니아, 무슨 책을 읽는 거지?"

"아르제니 타르코프스키의 시집이요." 그녀는 자신의 책을 응시한다.

"러시아어인가?" 고르차코프가 묻는다.

"아뇨, 번역본이에요. 번역이 아주 훌륭하죠." 유제니아의 말이 다 끝나기도 전에 고르차코프가 소리를 지른다. "당장 내버려!"

"왜죠? 옮긴이도 훌륭한 시인이라고요." 유제니아도 물러서지 않는다.

"시를 번역하는 건 불가능해. 다른 모든 예술도 마찬가지야." 고르차코프는 대답한다.

"그럼 음악은요? 그것도 그럴까요? 음악은 어떨지 모르겠네요." 유제니아는 시선을 떨군다. 그때 고르차코프가 노래를 흥얼대기 시작한다. 유제니아는 그의 색다른 모습에 순간 웃음이 터진다. "무슨 노래죠? 무슨 뜻이에요?" 그는 짧게 대꾸한다. "러시아 노래야."

"번역 없이 알 수나 있겠어요? 톨스토이, 푸슈킨…… 번역의 도움 없이 어떻게 러시아를 이해할 수 있겠어요?" 유제니아의 주장이다.

하지만 고르차코프의 생각은 완전히 다르다. "러시아가 무엇인지는 아무도 몰라." 그녀는 곧장 말꼬리를 잡는다. "이탈리아도 마찬가지죠. 단테, 마키아벨리…… 그들 없이 누가 이탈리아를 알겠어요?" 고르차코프는 순순히 동의한다.

"그래, 가엾게도 우리는 알 수가 없어. 그걸 알기 위해서는 경계를 없애야 해." 유제니아는 그가 끄집어낸 '경계'라는 말을 자세히 되묻는다. "경계라뇨?"

러시아어를 이탈리어로 옮기는 것은 어렵지 않다. 문제는 아르제니 타르코프스키의 시에 담긴 러시아적인 것은 쉽사리 번역되지 않는다. 그것은 러시아어의 형태를 띨 때에만 발현될 수 있는 것이며, 오로지 러시아어로만 표현될 수 있는 것이다. 하나의 언어가 그 지역의 태양, 공기, 땅, 물을 모두 품고 있다고 한다면 이해가 더 쉬울 것이다. 고르차코프는 이 점을 강조하면서 경계의 뜻을 묻는 유제니아의 질문에 '국경'이라는 답을 제시한다. 시가 번역되기 위해서는 국경이 사라져야 한다. 즉 세계가 하나로 통합되어야 한다. 그것은 바벨탑의 언어를 추구하는 것인 동시에 세계가 하나의 언어를 통해 땅과 문화와 사유의 경계가 허물어질 수 있음을 시사하고 있다.

「노스탤지아」는 서로 다른 세계가 하나로 통합될 수 있을지를 묻는 영화다. 이 영화의 유명한 마지막 장면은 토스카나 지역의 폐허가 된 성당 터전에 고르차코프가 기억하는 러시아의 집이 온전히 담기는 것이다. 경계를 훌쩍 넘어 버리는 서로 다른 두 개가 하나가 되는 과정은 「노스탤지아」, 즉 향수라는 것이 단순한 그

러시아적인 것에 대해 고민하는 고르차코프

리움이나 부재를 이야기하는 것이 아니라 강렬한 그리움으로 서로 다른 두 세계를 하나로 봉인해 내는 것임을 표방하고 있다.

영화의 전개 과정을 통해서도 이 점은 강조된다. 고르차코프는 도메니코에 관심을 보인다. 그는 가족을 7년간 가두었던 사내다. 마을 사람들로부터 광인 취급을 받는 도메니코는 자신의 가족만을 구원하고자 했던 것이 문제였다며, 이제는 세상을 구원하겠노라 다짐하며 로마로 향한다. 그리고 고르차코프에게는 한 가지 부탁을 한다. 작은 초를 건네면서 이 초에 불을 붙여 카타리나 온천 끝에서 끝으로 옮겨 달라고 부탁한다. 도메니코는 로마에서 3일간 연설을 한 후 분신자살을 한다. 그사이 고르차코프는 힘겹게 초에 불을 당기고 온천 끝에서 끝으로 옮겨 놓는 일을 행한다. 두 개의 불꽃은 영화의 절정에서 서로 공명한다. 서로 다른 듯 보이는 두 개의 불꽃은 하나가 될 수 있으며, 그것은 시간과 공간을 초월하여 하나가 된다. 도메니코의 집에 쓰여진 것처럼 물방울 하나 더하기 물방울 하나가 커다란 물방울 하나임을 이해할 수 있다면, 신비주의적인 성향을 띤 이 영화의 절정에서 세상을 건져 낼 기적과 희망이 있다는 것을 느낄 수 있게 된다. 「노스탤지아」는 이처럼 이질적인 사람(것)들의 번역 가능성을 탐구한다.

「노스탤지아」에 등장하는 세 명의 인물은 각기 번역자의 역할을 한다. 이탈리아 여성인 유제니아는 통역사이면서 단순하게 번역하는 일을 한다. 그녀는 "고르차코프의 말을 훌륭하게 전달한다."고 믿는 인물이지만 그가 어떤 생각을 품고 사는 인간인지를 알려고 하지 않는다. 그녀는 고르차코프가 자신의 유혹에 넘어가지 않으며, 고매한 인간의 행색을 한다고 비난할 따름이다. 시인 고르차코프 역시 번역자다. 그는 이탈리아에 머물렀던 한 음악가의 생애를 쓸 요량이다. 누군가의 생애를 쓴다는 것은 일종의 번역이라고 할 수 있다. 그는 과거의 예술가의 삶을 통해 현재를 번역하고, 자신의 처지를 번역해 내려고 애쓴다. 그런 점에서 최소한 그의 번역은 시간과 공간을 초월하는 수준을 다루고 있다.

마지막으로 등장하는 번역자는 도메니코다. 그는 신의 말을 번역하여 전하려 한다. 그는 종말이 다가왔음을 고하며 타락한 세계에서 회심을 전하려 애쓴다. 어쩌면 도메니코의 번역자 역할을 서구 종교사 속에서 무수히 반복되고 시도되어 온 근본을 향한 번역이라고 할 수 있을 것이다. 세상 사람들이 그를 광인 취급하는 것도 당연하다. 이러한 번역 과정 속에서 유제니아는 고르차코프와 소통이 이루어지지 않는다. 고르차코프는 도메니코와의 대화를 통해 그의 시도에 동참하여 촛불을 옮겨 주기로 약속한다. 그것은 마음의 통합과 이동이다. 「노스탤지아」에 등장하는 세 인물의 관계도는 한 인간의 마음이 다른 인간의 마음에 전달되는 것이 얼마나 어려운 일인가를 명백히 보여 준다. 그럼에도 불구하고, 기적처럼 무언가 이루어질 수 있는 것은 바로 '믿음'이 남아 있기 때문이다.

「출산의 성모」를 보기 위해 사원을 찾은 유제니아를 향해 사원 직원은 "정성을 다해 기도하지 않으면, 아무것도 이뤄지지 않죠."라고 말한다. 유제니아는 기도를 하는 일이 관습처럼 보인다. "관습이겠죠?" 그러나 직원은 "신앙심의 차이입니

로마의 광장에서 사흘간 연설을 하고 있는 도메니코

다."라고 답한다. 어쩌면 하나의 장소에서 다른 장소로 번역될 수 있는 것, 한 사람의 마음이 다른 사람의 마음으로 전달되고 퍼질 수 있는 것은 커뮤니케이션 이론에서 말하는 의사소통의 도구나 합리성의 문제가 아니라 전달 가능성 혹은 번역 가능성을 추진하는 믿음의 문제다.

우리는 종종 기도한다. 나의 마음이 사랑하는 이에게 순전히 전달될 수 있기를, 내 소망이 간절하게 이루어질 수 있기를, 나의 영혼이 당신에게 옮겨 갈 수 있기를. 그것은 간절히 믿는 자에게 기적은 일어난다. 「노스탤지아」는 그 순간을 향해 달려가는 성화다.

타르코프스키의 스타일은 느릿느릿한 롱 테이크 화면으로 특징지을 수 있다. 이 화면 속에 어떤 정서를 담아낼까 하는 것이 그의 주된 관심사였다. 이 심상은 후대에 고스란히 이어져 왔다. 그리스의 영화감독 테오 앙겔로풀로스(1935-2012)는 타르코프스키의 롱 테이크 기법을 집요하게 추구한 인물이다. 그의 대표작 「안개 속의 풍경(Τοπίο στην Ομίχλη)」(1988)이나 「율리시스의 시선(Το βλέμμα του Οδυσσέα)」(1995)은 타르코프스키의 영화를 처음으로 국내에 개봉한 영화사 백두대간을 통해 소개된 바 있다. 앙겔로풀로스는 롱 테이크 화면 속에 발칸 반도의 역사를 담아냈다.
러시아 감독 중에는 알렉산더 소쿠로프(1951-)를 꼽을 수 있다. 타르코프스키와 같은 모스크바 국립영화학교 출신이기도 한 그는 타르코프스키와 여러 차례 만나기도 했다. 소쿠로프의 시적인 영상과 느린 화면, 그리고 집요하고도 강렬한 영상의 추구는 그를 타르코프스키의 계승자로 꼽는 데 이견이 없도록 한다. 다른 점이 있다면 소쿠로프는 다큐멘터리를 비롯한 다양한 장르의 영역으로 자신의 영화를 확장해 가고 있다는 점이다. 그는 역사적 소재나 문학 작품을 원전으로 삼아 자신만의 스타일로 각색하기도 한다. 국내에 개봉된 적은 없지만 국제영화제에서 그의 작품은 꾸준히 소개되어 왔다. 1997년 발표한 「어머니와 아들(Мать и сын)」(1997)은 그의 대표작이다. 아돌프 히틀러와 에바 브라운의 관계에 기초를 둔 「몰로치(Молох)」(1999)와 같은 영화를 만들기도 했다.

خانه دوست کجاست

کارگردان :

عباس کیارستمی

21강 희망을 찾아가는 순수

내 친구의 집은 어디인가

압바스 키아로스타미

시놉시스

"사람들은 영원히 쓸 수 있다는 말에 홀려 나무 문을 버리고 쇠문을 달지."

—등장인물 포시테 영감의 대사

「내 친구의 집은 어디인가」 خانه دوست کجاست, **1987**

이란 | 83분 | 압바스 키아로스타미

교실에 아이들이 모여 있다. 살짝 열린 창문을 타고 건조하고 스산한 기운이 밀려 들어 온다. 교실 벽면의 페인트칠은 거의 다 벗겨졌고, 책걸상도 곧 부서질 듯 낡았지만 아이들은 즐거운 듯 왁자지껄한다. 이때 선생님이 고함을 치며 등장한다. "잠시라도 자리를 비우면 이 난리가 난다니까! 숙제나 꺼내 놔." 선생님은 미간을 잔뜩 찌푸리고 무성한 콧수염을 실룩이면서 아이들의 숙제 공책을 골똘히 살핀다. 그런데 네마자데는 불안한 표정이다. 선생님이 네마자데의 공책을 살핀다. 아이는 공책이 아니라 종이 낱장에다가 한 숙제를 내민다. "네마자데, 또 너냐? 이런 식으로 숙제를 하면 안 된다고 몇 번이나 말했지?" 겁에 질린 네마자데는 제대로 대꾸도 못한다. 그저 손가락으로 '세 번'이라고 표할 뿐이다. "몇 번?" 선생님의 분노가 차츰 달아오른다. 네마자데는 목이 메고, 눈물이 차올라 겨우 대답한다. "세 번이요." 급기야 선생님은 숙제를 보란 듯이 박박 찢어발긴다. "세 번이나 경고했는데, 또 이 따위로 숙제를 해 오다니." 네마자데는 이제 아예 눈물을 터뜨리며 엉엉 울기 시작한다. 아마드는 그런 친구의 모습을 애처롭게 지켜볼 따름이다.

네마자데에게는 나름의 사정이 있다. "포시테에 사는 사촌 집에 놀러 갔다가, 그곳에 공책을 두고 온 바람에 그만……." 선생님의 귀에는 같잖은 변명처럼 들린다. 그때 학교 쪽에서 한참이나 멀리 떨어진 포시테 마을에 사는 네마자데의 사촌이 교실로 들어선다. 선생님은 다른 주제로 훈계를 이어 간다. "먼 동네에 사니까 당연히 지각한다고 생각하지 마. 30분 일찍 자고, 30분 일찍 일어나서 부지런히 등교하면 돼." 그러면서 다시 네마자데가 왜 잘못한 것인지, 어째서 공책에다가 숙제를 해야만 하는지에 대해 아마드의 공책을 들고 설명한다. "공책에다가 매일매일 숙제를 해야 자기가 무엇을 배우고 있는지 알 수 있는 거야. 일종의 훈련인 거지. 다음에 또 이런 식으로 숙제를 해 오면 퇴학당할 각오해라." 선생님의 엄포에 네마자데는 눈물로 얼룩진 얼굴을 들더니, 겨우겨우 고개를 끄덕인다.

아마드는 방과 후 골목길에서 잠깐 시간을 보낸 후 집으로 돌아와 가방을 열어 본다. 그리고 필통과 공책을 끄집어내다가 깜짝 놀란다. '왜 같은 공책이 두 개나 있지?' 두 권의 공책을 이리저리 꼼꼼히 살펴보던 아마드는 둘 중 한 권이 친구 네마자데의 것임을 알아챈다. 모양이나 색깔이 완전히 똑같은 물건이다 보니, 자기 가방을 챙기다가 무심코 그 녀석의 공책까지 들고 와 버린 것이다. '아, 이 일을 어쩐다! 내가 네마자데의 공책을 가지고 와 버렸으니, 그 친구는 또 자기 공책에다가 숙제를 해 오지 못하겠구나. 선생님이 잘못을 되풀이하면 퇴학시키겠다고 말씀하셨는데, 이거 참 큰일이다!' 아마드의 머릿속엔 눈물로 범벅이 된 선량한 네마자데의 얼굴과 도깨비처럼 무시무시한 선생님의 성난 모습이 떠오른다. 오늘 네마자데가 그렇게 혼나고 급기야 '퇴학 경고'까지 받았는데, 자신의 실수로 착한 친구가 비극에 빠지게 될지도 모른다고 생각하니 눈앞이 아찔해진다. 아마드는 어머니에게 도움을 요청하지만, 오히려 꾸중만 듣는다. "아마드, 그런 시시한 일은 신경 쓰지 마라. 그냥 네 숙제나 똑바로 하고, 동생이나 돌봐라. 뭐 하고 서 있는 거야. 뜨거운 물 떠다가 동생에게 좀 가져다 먹여라."

아마드는 재차 어머니에게 도움을 구해 보지만 역시 실패다. 자기가 던질 수 있는 모든 카드를 내보인 것이다. "아마드, 일단 빵부터 사 오거라." 어머니는 요람에 있는 어린 동생과 이불 빨래에 모든 정신이 팔려 있다. 아마드는 빵을 사러 가는 척하면서 네마자데의 공책을 꺼내 든다. 코케 마을에서 포시테 마을까지는 제법 거리가 있다. 네마자데를 만난 뒤 바로 마을 장터에서 빵을 구입해 집으로 제때 돌아와야 한다. 아마드는 지그재그 모양으로 길이 난 언덕을 뛰어오르고, 올리브나무 숲을 지나 겨우 포시테 마을에 도착한다. 그러나 포시테 마을에 도착한 것만으로 모든 문제가 해결된 게 아니었다. 아마드는 마주치는 포시테 마을의 주민들에게 닥치는 대로 네마자데의 집을 물어보지만, 그들에게서 돌아오는 대답이라고는 '모른다.'라는 한마디뿐이다. 마침 한 아주머니가 도움을 준다. "얘야, 포시테가 얼마나 넓은 마을인 줄 아니? 이곳 마을은 동네가 여러 군데로 나뉘어 있단다. 그것도 모르면서 무턱대고 네마자데라는 친구를 찾으면 어떡하니!" 다행히도 학교 친구를 만난다. 그런데 그 녀석도 제대로 된 네마자데의 집 주소를 모르는 듯싶다. “네마자데? 나도 걔가 어디 사는지 몰라. 하지만 네마자데의 사촌이 어디 사는지는 알지.” 아마드는 지푸라기라도 붙잡는 심정으로 네마자데 사촌의 집을 가르쳐 달라고 애원한다. 아마드는 이야기를 들은 후 골목길을 달리고, 또 달린다. 우연찮게 들어선 어느 집 마당에서 오늘 낮에 네마자데가 입고 있던 바지와 똑같은 옷을 발견한다. ‘어쩌면 이 집에 네마자데가 살고 있을지도 몰라.’ 아마드는 희망에 부풀어 그 집의 현관문을 두드린다. 하지만 반응이 없다. 아무도 없는 모양이다. 결국 급한 마음에 이웃집 노파를 찾아가 귀찮을 정도로 캐물어 보지만, 달리 소득을 얻지 못한다. 잠시 기다리고 있으니, 그곳 집주인이 나타나 딱 잘라 대답한다. “여긴 네마자네의 집이 아니야. 저 바지도 네마자데의 옷이 아니고!” 그 후 아마드는 어렵사리 네마자데의 사촌 헤마티의 집을 찾아낸다. 하지만 그 아이도 벌써 코케로 가고 없단다. 멀리 헤마티의 모습이 보이는 것 같다. 네마자데는 황급히 코케 마을로 향한다.

‘하는 수 없이 네마자데의 숙제까지 대신해 가야 하는 걸까. 어쨌든 착한 친구를 퇴학당하게 만들 순 없어.’ 지그재그 길을 내달리는 아마드의 발걸음이 무겁다. 이제 남은 것은 실낱같은 희망뿐이다. ‘헤마티가 이쪽으로 왔다니까, 어쩌면!’ 고개를 푹 숙이고 마을 골목을 터벅터벅 걷고 있는데, 아마드의 할아버지가 손자를 불러 세운다. “아마드, 담배 좀 사 와라.” 그러자 아마드는 어머니가 시킨 빵 심부름도 있고, 숙제도 마무리해야 한다면서 할아버지의 부탁을 거절한다. 물론 할아버지는 조금도 물러서지 않는다. “다시 말하고 싶지 않구나. 당장 사 오거라.” 아마드는 별수 없이 담배 심부름에 나선다. 손자가 자리를 뜨자 아마드 할아버지는 주머니 속에서 담배를 꺼내 보인다. “사실 난 담배가 있어. 내 의도는 담배 심부름이 아니지. 저 애가 장래에 훌륭한 사람이 되도록 교육하는 거야.” 아마드의 할아버지는 동네 친구 영감에게 자신의 입장을 담담히 이야기한다. 동네 영감은 그의 말이 지당하다는 듯 고개를 끄덕인다. “자네도 봤지? 나는 아마드에게 담배 심부름을 시키려고 무려 세 번이나 같은 말을 반복했어. 그래서 교육이 필요한 거야. 어린이들이 사회의 규칙을 잘 지키고, 그것을 배우려면 된통 맞아야 해. 그래서 난 교육을 위해 그 아이를 때릴 거야. 때릴 만한 구실이 없으면 찾아내서라도 때릴 거야. 이틀에 한 번꼴로 때릴 만한 꼬투리를 만들 테야. 우리 부모님 세대만 해도 ‘완전한 복종’이 당연시됐지.” 동네 영감은 충분히 납득한다는 뜻으로 계속 맞장구를 친다. “그건 맞는 말이야.” 이때 쇠문을 만들어 파는 장사꾼이 나타나자, 갑자기 주변이 소란스러워진다. 그는 온갖 사람들을 붙잡고 “이제 나무 문을 버리고 새로 쇠문을 설치하라."라고 열심히 권한다. 물론 거의 산송장이나 다름없는 동네 늙은이들은 그의 제안을 귀담아듣지 않는다. "어차피 곧 죽을 텐데, 무슨 이유로 생돈을 날리겠는가?" 장사꾼은 쉬지 않고 계속 같은 말을 떠들어 댄다. 그때 한 남성이 자신의 집에 쇠문을 설치하겠노라며 장사치와 흥정을 시작한다. 문짝 장수는 빈손으로 돌아와 할아버지에게 혼나고 있는 아마드의 곁으로 다가선다. 그는 아마드의 손에 들려 있는 네마자데의 공책을 북 찢어 계약 내용을 휘갈겨 적는다. "아가 칸 네마자데. 여기에 서명하면……." 침울해 있던 아마드의 정신이 순간 번쩍 뜨인다. '네마자데? 그래, 저 아저씨가 네마자데의 아버지일지도 몰라.' 아마드는 계약서와 돈을 주고받는 두 사람의 바짓가랑이를 붙들고 집요하게 묻는다. "아저씨가 네마자데 씨 맞나요? 모하메드 레자가 아저씨의 아들 맞죠?" 그러나 두 사람 전부 외마디 대꾸조차 않는다. 절박한 아마드는 그들 주변을 하루살이처럼 맴돈다. 결국 장사가 마무리되고 문짝 장수는 포시테 쪽으로 떠난다. 아마드는 포시테 마을로 향하는 아저씨가 네마자데의 아버지이리라 짐작해 본다. 약간의 추측과 불분명한 감(感)에 의지해 아마드는 다시 달린다. "정말 네마자데 씨가 맞는 거죠?"

숨이 턱 끝까지 차올라 현기증마저 느껴지지만 달리기를 멈출 순 없다. 겨우 찾아낸 실마리인데 여기에서 놓쳐 버리면 끝장이다. 아마드는 잰걸음으로 문짝 장수의 뒤를 쫓아 겨우 그의 집에 당도한다. 그러나 그곳에도 친구 네마자데의 모습은 없다. 문짝 장수의 어린 아들은 자신의 성(姓)이 '네마자데'인 건 맞지만, '모하메드 레자 네마자데'가 누군지는 모르겠다고 대답한다. 따라서 문짝 장수의 아들은 아마드가 떠들어 대는 '공책 이야기' 따위에는 관심조차 보이지 않는다. "난 네가 누군지 모르겠지만, 이 동네에는 '네마자데'라는 이름을 가진 사람들이 많아. 여하튼 난 네 친구가 아니야. 그리고 네 친구가 누군지도 모르겠어." 그렇다고 쉬이 포기할 아마드가 아니다. 그는 작은 단서라도 잡기 위해 오늘 처음 만난 아이에게 이것저것 자세히 묻는다. "나도 잘 모르지만, 어쩌면 대장간 집 아이일지도 몰라. 그곳에 가면 큰 우리가 있을 거야. 양들도 보일 테고." 아마드는 곧장 또 달음질친다. 그러나 아무리 달려도 어디가 어딘지 도통 모르겠다. 심지어 땅거미까지 내린다. 공기는 한층 차가워졌고, 골목은 창백한 어둠 속에 가라앉는다. 눈앞엔 몽땅 똑같이 생긴 집들만 즐비해 있다. 헤매고 헤맨 끝에 아마드는 한 할아버지와 만나게 된다. 역시나 아이는 그 할아버지를 보자마자, 냉큼 네마자데 집이 어디에 있는지 아느냐고 묻는다. "이 동네엔 말라죽은 나무가 숱하게 많단다. 여하튼 네마자데는 이곳에 살지 않아. 하지만 난 네 친구 네마자데가 사는 곳을 알고 있지." 그 말을 듣자 아마드의 시름이 살짝 가신다. "얘야. 너 공중목욕탕이 어디에 있는지 아니? 네마자데는 그 근처에 살고 있단다." 그러나 포시테 마을이 난생처음인 아마드에게 할아버지의 조언은 여전히 뜬구름 잡기다. "할아버지, 전 코케에 살아요. 이곳에 대해선 아무것도 몰라요." 그러자 할아버지는 딱하다는 표정으로 대답한다. "조금만 기다려라. 내가 데려다주마." 아마드는 친절한 할아버지를 따라나선다.

"그런데 너는 왜 그 아이를 찾는 거니?" 할아버지가 묻는다.

"네마자데에게 이 공책을 돌려줘야 해요." 아마드는 차분하게 대답한다.

"네가 5분만 일찍 왔더라면 그 아이를 만났을 텐데. 오래 헤매지 말고 곧장 내게 왔다면 좋았으련만. 그나저나 네 이름은 뭐니? 나는 모르는 사람이 없지." 할아버지는 주절주절 기나긴 이야기를 풀어 놓는다.

"그래, 압둘라 아마드푸어의 아들이라고? 내가 그 집의 문짝이며, 네 아버지의 요람도 만들어 줬단다. 그리고 창문도 만들어 줬지. 벌써 40년 전에 말이다. 그 물건들은 여전히 말짱해. 그런데 요즘 사람들은 그것들을 죄다 새것으로 바꾸고 있어. 이를테면 쇠문으로 말이다. 내가 만든 나무 문에는 아무런 결함도 없어. 애초에 문제가 있을 것이었다면 아무도 그 나무 문을 사지 않았을 게다. 사람들은 '쇠문이라면 영원히 쓸 수 있다.'라는 말에 홀려 구입했을 게다. 그런데 쇠문만큼 오래 사는 사람은 아무도 없지." 노인은 요즘 세태를 비판하며 자신이 만든 문과 창을 자랑하기 시작한다. "나는 한때 이런 멋진 창문과 문짝을 내버려 두고 도시로 떠나는 사람들의 마음에 대해 알고 싶었단다. 난 과연 그들이 도시에서 이런 아름다운 창문과 문짝을 구할 수 있을지, 또 어디에서 찾아낼지 궁금했단다. 하지만 이젠 그런 일에는 관심이 없어. 조카의 모습이 내 기억에서 잊히듯 말이다. 여하튼 늙는다는 건 끔찍한 일이야." 너무 오래 걸은 탓인지, 할아버지는 잠시 쉬면서 목을 축이자고 한다. 할아버지는 길가 샘터에서 땀을 닦고 얼굴을 씻으며 갈증을 해소한다. 아마드는 쉬는 시간마저 아깝다는 눈치다. 아이는 발을 동동 구르며 할아버지를 재촉한다. "아마드, 이 꽃을 받으렴. 공책에 넣고 잘 간수하도록 해라." 할아버지는 샘에서 주운 들꽃을 아마드에게 건넨다. 아이는 수줍게 핀 꽃을 공책 사이에 대충 껴 둔다.

드디어 네마자데의 집이다. 그런데 할아버지가 데려다준 네마자데의 집은 낮에 찾아왔던 곳이다. 아무런 인기척도 없고, 문은 잠겨 있다. 이제야 아마드도 포기한다. 끝끝내 네마자데를 만나지 못한 것이다. 아마드로서는 어쩔 도리가 없다. 이제 한시라도 빨리 집으로 돌아가야 한다. 자신의 것은 물론 네마자데의 숙제까지 대신해 줘야 하는 데다, 어머니가 자신을 찾고 있을지도 모르기 때문이다. 게다가 식사 때 집을 비웠다간 귀가한 아버지에게 크게 혼날 수도 있다. 아마드는 성하지 않은 관절 탓에 점차 걸음이 느려지는 동네 할아버지를 등 뒤에 남겨 두고 잽싸게 달려 나간다. 하지만 아마드는 복잡하게 얽힌 어둑한 길거리에서 또다시 방향 감각을 잃고 만다. 심지어 큰 개가 짖어 대는 통에 정신마저 산란해진다. 결국 아마드는 수다스러운 할아버지의 도움으로 자신의 마을로 무사히 돌아온다. 집에 도착하긴 했으나, 아마드의 머릿속은 복잡하기만 하다. 저녁때가 지났는데도 허기조차 느껴지지 않는다. 아마드는 저녁상도 물리고, 곧장 숙제를 시작한다. 아마드는 자기 방에 쪼그려 앉아 공책에 고개를 처박는다. 어머니는 그런 아들이 걱정스러운지 저녁 식사를 작은 접시에 담아 그의 곁에 내려놓는다. "숙제를 마무리하면 불을 끄고 자거라." 그때 거센 돌풍이 불더니 방문을 쾅 하고 열어젖힌다. 어둑한 마당 저편에서 빨랫감을 부지런히 걷어드는 어머니의 모습이 눈에 들어온다.

다음 날 아침, 숙제 검사 시간이다. 선생님의 등장에 시끌시끌했던 교실 분위기가 곧장 얼어붙는다. 숙제 공책을 잃어버린 네마자데는 겁에 질려 고개를 푹 숙인다. 뒷줄에 앉은 다른 친구를 혼내는 선생님의 목소리가 마치 작살처럼 네마자데의 가슴을 후벼 판다. 이윽고 네마자데가 숙제 검사를 받을 차례에, 아마드가 부은 눈을 하고 교실에 들어선다. 지각한 아마드는 후딱 자리에 앉더니 네마자데 앞에 한 권의 공책을 꺼내 놓는다. "네마자데, 내가 네 숙제까지 했어." 네마자데의 얼굴이 환해진다. 선생님은 아마드와 네마자데의 공책을 꼼꼼히 살피더니 흡족한 표정을 짓는다. "그래, 숙제를 아주 잘했구나." 두 아이 모두 칭찬을 받는다. 아마드가 온종일 품고 다닌 네마자데의 공책 사이에 작은 들꽃이 수줍게 피어 있다.

작가에 대하여

압바스 키아로스타미

عباس کیارستمی, 1940-

"좋은 영화란 믿을 수 있는 영화다."

1940년 테헤란에서 태어난 압바스 키아로스타미는 1980년대 말에 이미 40대 후반의 감독이었다. 그는 1960년대 말부터 카눈(청소년지능개발연구소)에서 설립한 영화부를 통해 아미르 나데리(1946-), 자파르 파나히(1960-) 등과 함께 작업한다. 1970년부터는 단편 작업에 몰두하며 1991년까지 '어린아이'를 다루는 다양한 작품을 만들어 내기 시작한다.

키아로스타미가 아이들을 위한 영화를 제작하는 위치에서 국제적으로 중요한 감독으로 급부상한 것은 「클로즈업(کلوزآپ)」을 만든 1990년 무렵이다. 이 영화를 계기로 세계 영화 평단은 일흔 개가 넘는 국제영화제에 초청된 「내 친구의 집은 어디인가」가 우연히 성공한 작품이 아니었음을 확신했다. 키아로스타미는 「그리고 삶은 계속된다(زندگی و دیگر هیچ)」(1991)와 「올리브나무 사이로(زیر درختان زیتون)」(1994)로 이어지는 이란 북부 3부작[869쪽 키워드 참고]을 완성하며 자신의 독특한 스타일을 구축한다.

키아로스타미의 영화가 다큐멘터리에 가까운 현실성을 보여 준다고 해서 꼭 사실주의 영화로 묶을 수 있는 것은 아니다. "내가 영화 속에서 추구하는 것은 겉으로 드러난 현실 뒤에 가려진 현실이다. 카메라 뒤에서는 영화의 주제와 별 관련이 없는 여러 사건이 일어나고 다양한 관계가 이뤄진다. 그것들이 영화의 주제보다 더 흥미로울 수 있다. 그래서 때때로 그 사건들을 찍고 싶은 충동에 사로잡힌다." 카메라 앞에서 연출되는 사건보다 카메라 뒤의 현실에 더 관심을 기울이는 키아로스타미의 태도가 바로 그의 영화가 갖춘 생생한 진실의 힘이다. 이런 자세로 영화를 찍기 때문에 키아로스타미는 조작된 형식에 별 관심이 없다. 배우가 고개를 돌려서 얼굴을 볼 수 없다고 촬영 감독이 불평해도 그는 개의치 않는다. 때로는 배우의 뒷모습이 아니라 발이 나와도 그의 영혼 상태를 더 잘 보여 줄 수 있다고 믿는다. 「올리브나무 사이로」와 「그리고 삶은 계속된다」의 마지막 장면에서 키아로스타미는 길게 찍은 화면으로 연출했는데 참을성 있게 기다려서 관객이 관찰하길 바랐기 때문이다.

사실과 기록의 경계를 허무는 키아로스타미의 미학은 1997년 칸 영화제 대상 수상작인 「체리 향기(سالیک معط)」(1997)를 기점으로 새로운 활로를 모색한다. 서구 모더니즘 영화의 유려한 형식미와 기록 영화 작가의 눈을 결합한 그가 개척한 영화 스타일은 이란 영화의 보편적인 어법이자, 더 이상 새로운 기법과 정신을 기대할 수 없는 세계 영화계에 귀중한 모범이 되었다.

1999년 「바람이 우리를 데려다주리라(درب دهاوخ ار ام داب)」로 베네치아 영화제 심사 위원 대상 특별상을 수상하는 등 이란 영화뿐만이 아닌, 아시아 영화의 새로운 거장으로 인정받고 있다. 「사랑에 빠진 것처럼(قشاع کی لثم)」(2012)이나 「사랑을 카피하다(لصا ربارب یپک)」(2010)에는 현실과 허구의 경계를 오가는 스타일이 여전히 엿보이지만 국제적인 배우들과 국제적인 제작 형태를 통해 좀 더 대중적이면서도 이야기를 스스로 해체해 버리는 특유의 스타일을 조금씩 변주해 가고 있다.

키아로스타미가 본격적으로 장편을 만들어 낸 1980년대 말은 이란 영화의 뉴웨이브 물결이 불어오기 시작한 시기이기도 하다. 모흐센 마흐말바프(1957-)를 비롯하여 몇몇 감독이 국제영화제에 두각을 나타내기 시작했다. 이들 영화를 하나로 묶기는 어렵지만 키아로스타미 영화의 초기작들이 그러하듯이, 이들은 네오리얼리즘의 영향을 크게 받았다. 로케이션 촬영, 아마추어 배우, 단출함의 미학 등의 성향이 작품에 드러난다. 이중에는 「천국의 아이들」 시리즈처럼 상업화된 양식으로 나아가기도 했지만 정치적으로 불안한 이란의 현실은 어느새 영화 제작을 압박하기 시작하여 오늘에 이르고 있다.

소년이 맞닥뜨린 최초의 위기

A Film by Abbas Kiarostami

내 친구의 집은 어디인가

Where is the Friend's House?

유년의 책갈피에 꽂힌
한 장의 꽃잎같은 영화

로카르노 영화제 6개 부문 수상

파르 국제 영화제 그랑프리 수상, 깐느 영화회의(RCC) 국제 예술영화 연맹상 수상

1990년대는 이란 영화의 르네상스였다. 그 선두에 압바스 키아로스타미가 있었다. 그가 아이들과 시골 사람들을 주인공으로 내세워 만든 일련의 영화는 유럽 사람들에게 커다란 충격을 던졌다. 아쉽게도 칸 영화제가 그에게 황금종려상을 수여한 것은 이보다 한참 뒤인 1997년 「체리 향기」를 선보였을 때다. 이 무렵부터 이란 영화는 아시아를 넘어 세계 영화의 중심에 놓이게 된다. 그런데 키아로스타미의 영화가 다루는 세계는 소박하고 단순하다. 그는 한 소년이 잘못 가져온 숙제 공책을 돌려주기 위해 친구의 집을 찾아가는 단순한 여정을 통해 책임, 윤리, 우정, 연대에 대해 이야기한다. 세계가 품고 있는 진정한 고통은 기아나 전쟁처럼 큰 사건에만 있는 게 아니다. 우리는 작은 이야기를 통해서도 얼마든지 커다란 윤리적 문제를 다룰 수 있다. 그러기 위해 우리는 아마드와 함께 '친구의 집을 찾아 나설' 필요가 있다. 지그재그로 난 길을 따라 언덕을 넘어, 올리브나무 사이로 들어가서 끊임없이 이어지는 삶의 풍경을 만나야만 한다. 그곳 어딘가에 우정을 나눌 수 있는 우리들의 친구가 살고 있으니까.

시골 아이가 주인공인 소박한 영화

강 다큐멘터리 느낌이 물씬 나는데, 한편으로는 「동경 이야기」 같기도 했어요. 네오리얼리즘 느낌도 나고요. 무명 배우를 기용해서 아주 일상적인 마을의 풍경을 담았는데도 참 세련됐어요. 편집된 느낌도 색다르고, '이란적'인지는 잘 모르겠지만요. 학창 시절도 떠오르더라고요. 영화를 보면서 계속 '친구의 집은 어디일까?' 생각해 보세요. 친구의 집을 찾았을까, 찾지 못했을까 하는 점에 주목해 보시면 정말 재밌어요. 결말 부분을 보면 아침에 또 친구의 집에 갔다 왔다는 느낌이 들어요. 그래서 지각한 것 같고. 선생님이 "너 거기서 왔니?"라고 묻는데 "아…… 아니요."라고 우물쭈물하며 대답하죠. 친구가 주인공이 생각한 것보다 아침 일찍 등교해 버린 거죠. 내 친구의 집은 어디인지 결국 주인공은 알게 되었다고 보이네요.

소박하지만 진정성 있는 연기를 보여 줬다는 것도 이 영화의 매력이에요. 시골이라는 공간도 그래요. 못 배운 사람들의 전형적인 사유가 있거든요. 시골에 여행 가서 길 물어보면 정확하게, 객관적으로 알려 주지 않죠. 죽은 나무를 돌아가서 우물을 지나고…… 어쩌고저쩌고 하면 나온다는 안내는 도시인의 설명과는 아주 다르죠. 철저히 자기 경험 위주의 설명이기 때문에, 경험을 공유한 이웃 사람들이라면 이해하겠지만 타지인과 소통될 리는 만무하죠. 또 한가지 농촌 사회에서 자식의 위상도 눈에 띕니다. 전통적인 농가에서 자식이라는 존재의 일차적 의미는 소와 크게 다르지 않아요. 부모의 재산인 거죠. 그에 비해 선생님이 "너희는 너희 스스로의 인생을 살아라."라고 말할 때 강조하는 가치는 다르죠. 이렇게 기성세대 사이에도 서로 다른 가치들이 부딪치는 것도 보여 주는 영화고요.

소년이 최초로 맞닥뜨린 윤리적 문제 상황

이 플롯은 굉장히 단순합니다. "친구가 매 맞지 않게끔 공책을 전해 줘야 한다." 한 문장이거든요. 이야기가 전개되어 가는 와중에 설상가상 시퀀스도 나오고요. 그런데 이건 버스터 키튼의 재미와는 좀 다르거든요. 아마드의 고민은 커다란 물리적 외부 상황이 아니라 인간 내면에 이는 아주 작은 감정의 진폭에 관련된 것이거든요. 아주 단순하고 일상적인 임무가 주어진 것 같지만, 밑바닥에는 '윤리'라는 심오한 문제가 깔려 있는 거죠. 윤리적인 곤궁함이야말로 설상가상 시퀀스를 만드는 제대로 된 동력이죠.

많은 영화들이 보이는 매력이 그렇죠. 결론은 뻔해요. 커플이 되거나 실연당하거나. 그런데 로맨스 영화를 개별적으로 만드는 것, 또 다른 재미를 느끼게 되는 것은 결국 '지연 작전'의 개별성에 달린 겁니다. 시간을 끄는 방해물이나 미끼가 그 영화의 개별성을 만들어요. 전형적인 게 부모의 반대 같은 거고요. 그래서 영화 대부분은 얼마나 적절하고 그럴듯한 지연 작전을 쓰느냐가 가장 중요해져요.

영화의 첫 번째 지연 작전이 '이름'입니다. 포시테에 사는 네마자데가 굉장히 많아요. 황토색 바지를 쫓아가지만 실패하죠. 거기 가서 어른들에게 자문을 구해 보지만 들어주지 않습니다. 할머니가 시간을 끌기도 하고요. '속도'가 두 번째 지연 작전이죠. 특히 밤늦게 나타난 할아버지 보시면요. 지연 작전의 압권입니다. 할아버지가 천천히 가면서 계속 네마자데에 대한 힌트를 줄 듯 안 줄 듯 하죠. 하지만 지연 작전에 우리는 슬며시 귀 기울여요. 시골 사람들의 생각이 재미있잖아요? 결코 하찮지 않은 우리 생활의 이야기입니다. 대부분 할리우드의 지연 작전은 이야기 전개를 위해 스펙터클을 만드는 장치에 불과한데, 이 영화의 지연 작전은 우리에게 숨 돌릴 틈을 줄 뿐 아니라 사회적인 생각, 특정 세대의 여러 가지 견해를 들려준다는 주요한 역할을 합니다.

강 유년 시절을 많이 떠올리게 되는 영화였어요. 등장하는 어머니도 한번 보세요. 공부하라고 해 놓고는 뭐 가져오라고 심부름 시키고 그러기 일쑤죠. 우리 세대 어렸을 때 엄마들이 그랬거든요. 할아버지는 애가 잘못되면 패야 한다는 이론을 가지고 있지만 실제 과격하게 대하지는 않으시죠. 옛날 시골 분위기가 나지요. 영화 속 어른들이 겁주는 게 실은 말뿐인 것 같아요. 실제로 폭력적으로 구는 어른들은 별로 나오지 않거든요.

이 이 영화에는 나쁜 사람이 전혀 등장하지 않아요. 가치관이 다를 수는 있지만, 틀리고 맞고의 문제는 아닙니다. 다만 어른들이 대개 바쁠 뿐이죠. 먹고사는 데 바쁜 존재는 한편으로는 자기 생활에 충실하다는 뜻도 되니까요. 물론 원초적 책임감을 가장 잘 보여 주는 캐릭터는 아마드임에 분명합니다. 이 아이가 집으로 무사히 귀환할까? 공책은 어떻게 될까? 우리는 여기에 몰입하게 됩니다. 공책을 전해 주기 위해 펴는 순간 나온 꽃의 의미도 꽤 의미심장합니다. 이 작고 아름다운 삶의 선물이 큰 감동을 주죠. 저는 1990년대 초반에 이 영화를 보면서 '세상에 이런 영화도 있을 수 있구나.' 하고 놀랐습니다. 복잡하고 정치적인 얘기를 하지 않아도 단순하고 소박한 데에 어떤 힘이 있거든요. 한 송이 꽃, 한 권의 공책에 삶의 보람, 의미가 담겨 있다고 느꼈어요.

이란 영화, 어린이 영화의 등장

강 이 영화 개봉으로 우리나라에서 이란에 대한 이미지 자체가 변했을 것 같아요. 야수적이고 야만적이고 테러 행위가 떠오르는 국가라는 편견이 있었을 텐데요. 오히려 우리보다 더 인간적이라는 인상을 키아로스타미의 영화에서 받을 수 있을 것 같습니다. 조금 더 심화시킨다면 자본주의가 발달할수록 인간성이랄까 아니면 사랑의 가치가 훼손된다고 말할 수 있을 것 같아요.
이와 함께 키아로스타미의 영화로 상징되는 이란 영화의 카메라워크도 우리와는 사뭇 달라요. 로셀리니와 야스지로의 중간 정도 느낌이랄까. 지리적으로도 중동은 이탈리아와 아시아 사이라는 점이 떠오르더군요. 이란 고유의 다큐멘터리 느낌이라고나 할까요. 뭐 그런 게 있어요. 물론 저예산 영화의 특징 때문일 수도 있지만, 작위적이지 않은 삶의 모습이랄까 정감을 잡으려는 의도도 한몫 단단히 한 것 아닐까 싶어요.

이 이 시기의 이란 영화에는 공통점이 있어요. 첫째, 현실과 허구의 경계를 넘나드는 스타일을 보여 줘요. 키아로스타미뿐만 아니라 모흐센 마흐말바프(1957-)와 같은 동시대 감독의 영화에서도 고스란히 드러나요. 중남미와는 다른 마술적 리얼리즘의 효과도 드러나는데, 현실과 허구라는 경계를 허물면서 이란 영화가 아시아 영화의 새로운 흐름으로 급부상하게 됩니다. 또한, 이란 영화가 주인공으로 내세운 것은 성인 남자가 아니라 이란 사회에서 억압받는 아이들이나 여성들이었어요. 약자인 그들을 통해 자연스럽게 이란 사회의 모습을 드러냈던 것이지요. 그것은 노골적인 현실 비판은 아니었지만 영화의 강력한 환기 효과를 드러내면서 이란 사회의 문제점을 폭로하게 됩니다.

강 전반적으로 봤을 때 아이의 동심이나 순수성을 말하는 영화라서 유쾌하지는 않아요. 기실 아이는 멀리서 보면 예쁘지만 가까이서 보면 무섭잖아요. 아이들끼리 자발적으로 조직을 만들고, 약자를 괴롭히고 그래요. 개인적으로 동심을 강조하는 영화에 거부 반응이 있는 편인데요, 인간에게는 어렸을 때 자신이 예뻤고 똑똑했고 착했다는 식으로 유년 시절을 미화하는 근원적이고 본능적인 습관이 있습니다. 나약하고 여리다고 해서 선한 것도 아니죠. 강하고 압도적이어도 악한 것은 아니듯이 말이죠.

이란 영화이니, 어른들이 못살고 남루하기 때문에 아이들 세대에서 새로운 희망의 단서를 찾고 싶지 않을까 싶기도 해요. 중국만 해도 홍위병들이 다 젊습니다. 성숙이라는 걸 생각해 보자고요. 이 영화에는 다 자란 어른들은 성숙하지 않다, 오히려 제대로 된 책임감은 아이에게 있다는 루소적 전망도 있는 듯해요. 하지만 아이를 신성시하는 영화나 그런 매체가 정당할까 하는 점도 고민해 봐야 합니다. 존재하지 않는 에덴에 대한 향수에 불과할 수도 있으니까요.

이 실제로 「내 친구의 집은 어디인가」가 성공한 이후 이란에서 아이를 주인공으로 하는 영화가 굉장히 많아졌습니다. 대표적으로는 「천국의 아이들」 시리즈가 있어요. 「천국의 아이들 2」(2005)부터는 이란 방송사가 붙으면서 아이들 이미지를 이용해 착취하는 영화라는 생각이 들 정도인데요. 아이들의 순수성을 절대시하면서 팔아먹은 영화라는 느낌이 들었고요. 그만큼 키아로스타미 감독이 중요한 것이겠죠. 영화사적으로 아이와 여성의 상징적인 이미지를 활용한 대표적인 장르가 네오리얼리즘이기도 해요. 네오리얼리즘의 대표작, 「자전거 도둑」에서도 아이가 절대적 순수성의 상징으로 나왔으니까요. 아이가 아버지의 손을 잡는 순간, 아버지가 구원되는 것처럼 등장해요. 사실 아이의 순수성을 그려 낸다는 것은 전시 상황에는 있을 수 없는 허구적 요소입니다. 오히려 「독일 영년」에서 보듯이 아이가 더 타락할 수 있다고 말하는 게 옳을 거예요.

키아로스타미는 '카눈'이라는 이란의 어린이연구소로부터 의뢰를 받아 영화를 제작하기 시작한 감독입니다. 「방과 후(زنگ تفریح)」(1972), 「빵과

압바스 키아로스타미, 「내 친구의 집은 어디인가」

"이란 영화가 주인공으로 내세운 것은 성인 남자가 아니라 이란 사회에서 억압받는 아이들이나 여성들이었어요. 약자인 그들을 통해 자연스럽게 이란 사회의 모습을 드러냈던 것이지요. 그것은 노골적인 현실 비판은 아니었지만 영화의 강력한 환기 효과를 일으키면서 이란 사회의 문제점을 폭로하게 됩니다."

삶(هچوک و نان)」(1970) 같은 실제 어린이들의 생활을 찍는 것부터 시작했어요.
이란 영화도 그렇고, 오늘날에는 아이에 대한 관심은 다소 희박해진 것 같아요. 세계적으로 2000년대 이후에는 아이에서 '노인'으로 대상이 옮겨 갔습니다. 사회경제적인 상황이나 문화적으로 소외된 존재가 노인으로 바뀌었어요. 가령 미하엘 하네케(1942-)의 「아무르」 같은 작품도 노인의 죽음이나 안락사와 같은 문제가 작가 감독에게도 중요하게 다가오고 있음을 보여 주고 있습니다. 1990년대까지 아이들이 주인공인 새로운 영화가 많았다면 앞으로는 노인이 그 자리를 대신할 경우가 많을 것 같습니다.

좋은 영화는 우리가 믿을 수 있는 것

이 오래전 키아로스타미를 인터뷰할 기회가 있었는데 이런 얘기를 해 주더라고요. 「체리 향기」를 두고 관객들끼리 얘기를 나누는데 "그 영화에 연출이 따로 있었어?"라고 하더래요. 감독 귀에는 그게 최고의 칭찬으로 들렸다고 합니다. 카메라도, 감독의 존재도 느껴지지 않을 정도로 자연스러운 영화를 만들고 싶었던 거죠.
코케는 낯선 지역입니다. 테헤란 같은 도심이 아니라 시골에서 일어난 일을 이전에는 이란에서 카메라에 담는 일이 거의 없었습니다. 상업 영화들이 득세했던 시기였죠. 키아로스타미는 전혀 낯선 외곽 지역 사람들을 담았어요. 하나의 도전이고 굉장히 새로운 시도였던 거죠.
키아로스타미는 프랑스 유학을 통해 사진을 배웠던 인텔리겐치아였습니다. 최근 영화 「사랑을 카피하다」를 봐도 이 사람의 평생 관심사는 영화적 현실과 현실 사이의 간극을 좁히고자 하는 것임을 확인할 수 있습니다. 「사랑을 카피하다」도 초반에는 쉬운 영화 같은데 뒤로 가면 갈수록 이게 진짜라는 건지 가짜라는 건지 모르겠고 점점 더 헷갈려요. 영화 뒤에서는 모든 것이 무너지기 때문에 영화라고 하는 형식의 틀을 깨부수려는 감독의 의도가 또 한 번 느껴졌던 작품입니다.

강 "좋은 영화는 우리가 믿을 수 있는 것이고 나쁜 영화는 우리가 믿을 수 없는 것이다." 키아로스타미의 이 말이 감독 세계에 대해 말해 줄 수 있을 것 같아요. 영화는 한 세계를 믿게 합니다. 있음 직한 공간을 창출해 내요. 믿음과 실제의 경계선. 사실과 진실의 경계선이 그 사람의 고민이었던 것 같아요. 이 고민은 계속되겠죠. 영화를 안경에 비유하면 쉽죠. 그러니까 영화는 하나의 믿음 체계라는 겁니다. 좋은 안경은 제대로 된 현실을 경험하도록 한다면, 나쁜 안경은 그런 경험을 방해하게 되지요.

이 안경이라는 표현이 유효적절하다고 생각합니다. 실제로 영화 발달사를 보면, 사운드나 화질이 계속 변해 가잖아요. '진짜'라는 개념은 계속 바뀌어요. 더 정교해진다는 것만으로 진실성이 획득된다고 보기는 어렵죠. 영상의 충실도와 현실성은 별개라고 키아로스타미는 말해 줍니다. 안경의 정확도가 높아지더라도 안경을 통해 세상과 우리 인식의 거리가 좁혀진다고 말할 수는 없잖아요.
네마자데를 못 찾고 돌아간 집에서 바람이 붑니다. 네마자데를 걱정하는 그 마음이 느껴지죠. 진짜 바람일 수도 있지만 비바람 치는 바깥 풍경은 소년의 내면이기도 하죠.

코케 3부작

이 키아로스타미는 일련의 영화를 만들어 가면서 '영화'라는 매체 자체에 관한 고민을 계속합니다. 코케 3부작 중 하나인 「그리고 삶은 계속된다」(1991)를 보면 1990년도에 코케 지방에 지진이 일어납니다. 그 안에 나오는 작은 이야기 중 하나가 신혼부부 이야기인데 그걸 모티프 삼아 확장해 만든 것이 「올리브나무 사이로」입니다. 이로서 코케 3부작은 「내 친구의 집은 어디인가」, 「그리고 삶은 계속된다」, 「올리브나무 사이로」로 완성됩니다.
코케에 지진이 났다는데 「내 친구의 집은 어디인가」에 출연했던 아이들이 살아 있을까라는 궁금증을 풀어 나가는 이야기가 「그리고 삶은 계속된다」입니다. 감독이 아들과 함께 코케 지방으로 떠납니다. 이 모험에도 역시 아들로 나오는 아이가 중요한 역할을 하죠. 지진이 심하게 나서 차로 운전하기 힘든 길이 꼬불꼬불 이어집니다. 길을 물어 물어 가는데 결국 아이들을 찾지 못합니다. 「올리브나무 사이로」는 영화 찍는 현장을 다루고 있는데, 놀랍게도 여기에 「내 친구의 집은 어디인가」에 등장한 아이들이 성장한 모습으로 나옵니다. 아마드가 포시테로 갈 때 지났던 올리브 숲길 공간이 그대로 나오기도 하고요. 「내 친구의 집은 어디인가」에서 선생님의 직업이 진짜 교사였음이 밝혀지기도 하죠. 지금 이 영화에서는 네마자데가 아마드라고 나와요. 그런데 사실은 이것조차 허구일 수 있죠. 이런 식으로 자신의 영화 속 이야기들을 서로 간섭시키면서 만들기 때문에 이 코케 3부작 자체만으로도 영화사상 유례가 없는 작품입니다.

강 3부작을 다 보면 더 헷갈려요. 뭐가 진짜인지, 뒤에 나오는 거라고 해서 실제를 밝히는 것도 아니고, 메타의 메타의 메타쯤 되려나. 시점, 관점도 뒤죽박죽이고요. 그래서 보면 볼수록 의심이 생겨요. 뒤쪽 영화를 후일담으로 봐서도 안 되는 것 같아요. 마을 아이들을 배우로 고용해서 찍었죠. 그러고는 또 뽑아서 배치를 다시 한 거예요. 그렇지만 이건 지적인 분석이고요. 그냥 보면 아무 문제 없이 감상할 수 있지요. 아이들의 눈에 비친 세계와 그 세계를 보는 아이들의 마음을요.

질문 1 메타 영화라는 게 자기 반영적인 영화라고 생각했는데요. 이 영화의 메타성은 방향이 다른 것 같아요. 영화의 환영성을 거부하고, 영화는 환상, 허구일 뿐이라는 주장은 기존의 메타 영화와 궤가 다른 것 같아요.

이 자기 반영성이라고 하면 거울 이미지죠. 자기를 거울을 통해 투사해 본다면 어떻게 이미지가 달라질까 하는 거니까 거울을 통한 변형과 왜곡이 특징인데요. 이 영화가 자기 반영적이라고 하기 어려운 이유는 '현실'이 자꾸 개입하기 때문입니다. 코케에 지진이 일어난 것도 사실이고 대화 주제도 사실이고요. 우리가 믿지 않으면 머리가 터지는 순간이 옵니다. 믿는 편이 편해요. 그런데 또 사실만을 보여 주지는 않고 허구적 설정을 끼워 넣는 거죠. 극 이야기의 구조를 완전히 갖추기 때문에 헷갈리죠. 어떤 이야기를 재현한다고 해요. 근데 재현을 맡은 배우들이 그 경험을 실제 겪었던 당사자라면, 이 시도를 사실 내지는 다큐라고 할 수 있을까요? 구분 짓기 어려워지죠.

강 '꿈을 꾸었구나.'라고 느낄 때, 아이러니컬하게도 그때가 바로 현실이라고 할 수 있지요. 진짜 악몽에서는 잘 못 깨요. 자기 반영성을 해결하고 싶으시다면 역사에 주목하면 답이 나옵니다. 우리가 보고 있는 걸 현실이라 생각하죠. 하지만 500년 정도 지나 보면 이건 꿈이에요. 반대로 진짜 꿈에는 '리얼리티'가 있습니다. 진짜 악몽에서 깨기 힘들어요. 조선 시대에는 조선의 꿈을 꾸고 살아간 거예요. '지금 내가 살아가고 있는 건 진짜 현실이고 조금도 거짓이 없어.' 하고 단언하는 사람은 실제에 가까워지기 힘들어요.

역사성을 집어넣으면 단순해져요. 특정 시기 사람들은 그걸 현실이라고 생각하는 거고요. '이건 꿈일 거야.' 하고 의심하는 사람들은 그나마 현실에 가까워지는 거고요. 그래서 감독은 영화를 통해 현실에 조금 더 가 닿는지도 모릅니다. 문학과 영화라는 예술이 주는 해방감은 거기서 와요. 동성애 영화를 보면, 우리가 얘기하는 이성애라는 것도 하나의 꿈이라는 게 보이거든요.

이 진정한 판타지는 현실을 강력히 끌어당길 때 발생합니다. 현실을 찍고자 하면 판타지가 탄생해요. 「인셉션」 같은 영화처럼 판타지를 설계해야 판타지가 생겨나는 것은 아니에요. 현실을 정확히 포착해서 확대하면 거기서 판타지가 연출되죠.

질문 2 영화에서 문이라는 소재가 많이 나왔는데요. 학교 문이 열린다거나 선생님이 창문을 여닫거나 어른들이 일하면서 철문에 대한 얘기를 많이 하는데 문에 특별한 의미가 있나요?

이 포시테에 갔을 때 창문 장면이 굉장히 아름다운 구도로 찍힙니다. 요즘 사람들은 유용하니까 철문을 만드는 게 유행이 된 거죠. 근데 낡은 창문이 주는 느낌은 대단히 아름답거든요. 현대에서 사라지고 있는 것, 시골에서마저 추방되고 있는 것, 때 묻고 길든 것들이 사라져 가는 데 대한 아쉬움이 드러나는 소재입니다.

물론 아이에게는 철문이든 나무 문이든 상관없어요. 단지 그걸 열고 싶은데, 열 힘이 없는 존재죠. 재미있는 장면은 동명이인인 네마자데를 만났을 때 문을 들고가느라 얼굴이 확인되지 않죠. 실제 인물이 다 안 보이고 앞 풍경만 보이는 장면들은 키아로스타미 영화에 반복되는 것입니다.

강 문이라는 게 묘해요, 단절과 연결이죠. 독일의 사회학자이자 철학자인 게오르크 지멜의 에세이에 나오는데요. 세계로부터 나를 보호하거나 단절시키지만, 열릴 수 있는 것이죠. 한마디로 문은 단절과 소통을 동시에 상징하는 기묘한 존재라는 겁니다. 그래서 지멜은 '문 = 벽 + 벽 없음'이라고 정리했죠. 묘해요, 차라리 벽이면 포기하고 마는데 말이죠.

질문 3 키아로스타미는 이 영화에서 아이들의 순수성을 인위적으로 강조한 것 같은데 현실을 그대로 드러내려는 의도에 반하는 것 아닌가요? 현실의 특정 부분을 배제한다는 것은 상당히 의도적인 편집이잖아요.

이 특정 부분(순수성)을 강조했다고 할 수는 있지만, 특정 부분을 일부러 제거해서 빼내었다고 보기는 어렵습니다.

한편 키아로스타미가 현실성을 추구하는 감독이라고 설명한 기억은 없습니다. 현실을 중요한 테마로 삼는 감독이긴 하지만 현실과 환상의 경계를 드러내는 데 더 관심을 두고 있습니다. 특히 「사랑을 카피하다」나 「사랑에 빠진 것처럼」을 보시면 더욱더 수긍이 가실 거예요. 「사랑을 카피하다」는 영국 작가와 프랑스 여자가 갑자기 부부 행세를 하는 영화입니다. 카피는 모조죠. 원제는 증명된, 거의 진품과 유사한 카피본을 말합니다. 거의 진품과 진배없는 모조품을 말하는 거죠. 영국 작가가 갑자기 쥘리에트 비노슈(1964-)와 부부 행세를 하게 되는데, 영화를 보다 보면 저들은 원래 부부 아니었을까 하는 생각이 듭니다. 애초의 설정이 있기 때문에 부부가 아니라는 것을 분명히 알고 있음에도 사실 부부였던 것이 아닌가 싶죠. 그럴 수도 있고 아닐 수도 있는 열린 결말로 영화가 막을 내려요. 감독은 확실하게 알려주지 않아요. 영화라는 형식을 통해 '진짜'라는 것의 개념에 대해 질문을 던지는 겁니다. 감독이 관객에게 역으로 질문을 던지죠. 관객은 어떻게 해야 '진짜'임을 증명해 낼 수 있을지에 대해 고민하게 되고요. 그런 부분들이 키아로스타미의 주된 관심 중 하나이고 그걸 계속해서 변주하기 때문에, 단순히 현실 그대로를 영화화했다고 말하면 그의 주제 의식을 축소하는 실례를 범할 수 있습니다.

강 바슐라르가 학생들에게 현미경이 먼저냐 세포가 먼저냐 하는 질문을 던진 적이 있어요. 학생들은 세포가 먼저라고 하죠. 그런데 아니에요, 현미경이 있어야 세포를 보니까요. 현미경 이전에는 사람들이 작은 악마들이 있었을 거라고 추정할 수도 있죠. 그러나 현미경이 생기면, 이런 추정은 사라지죠. 그러니까 엄연한 현실이 있으니 인간이 그것을 발견하는 것이 아니라, 우리가 의도를 먼저 가져야 그 대가로 현실이란 것을 겨우 얻는 거예요. 진보의 에너지는 바로 거기 있어요. 안경 이전에는 저 멀리 지나가는 다람쥐는 존재하지 않는 법입니다. 그러니 안경 이전의 세계는 공허해요. 잘 생각해 보시면 현미경 이전의 세계, 이후의 세계를 구분 짓는 것이 역사가 됩니다. 우리는 영화 이후의 세계를 살고 있습니다. 영화를 통해 우리는 식물이 움직인다는 것을 알게 되었습니다. 저속 촬영으로 보면 식물이 빠르게 자라고 움직인다는 것을 알게 됩니다.

우리가 영화를 '보고 말았을' 때 더 이상 세계는 이전과 전혀 달라집니다. 현미경 같은 시도가 있는 겁니다. 영화를 통해 우리는 세포를 발견해요. 현실을 반복해서 보여 주는 것 같아도, 이전의 현실과 전혀 다른 현실을 구축해 냅니다.

철학자의 눈
강신주

우정, 그 멀고 먼 길에 대한 성찰

집에 돌아온 아마드는 깜짝 놀랐다. 자기 책가방에서 짝꿍 네마자데의 공책을 발견했기 때문이다. 학교에서 선생님이 네마자데를 혼내던 장면이 떠오르는 순간, 아마드는 모골이 송연해지는 느낌마저 들었다. 선생님은 한 번만 더 공책에 숙제를 해 오지 않는다면 퇴학을 시키겠다고 네마자데에게 마지막 경고를 던졌기 때문이다. 도대체 무슨 일일까? 왜 네마자데의 공책이 자신의 책가방에 들어 있는 것일까? 이유야 어쨌든 이제 네마자데의 운명은 아마드에게 달린 셈이다. 빨리 공책을 돌려주어 네마자데가 숙제를 하도록 해야만 한다. 자기 숙제를 할 틈도 없고, 빵을 사 오라는 어머니의 심부름을 할 때가 아니다. 담배를 가지고 오라는 할아버지의 명령도 귀에 들어올 리 만무하다. 아마드의 뇌리에는 온통 네마자데 생각뿐이다. 문제는 아마드가 살고 있는 코케로부터 네마자데가 살고 있는 포시테라는 마을은 너무 멀다는 점이다. 포시테는 아마드가 한 번도 가 본 적이 없는 마을이 아니었던가.

네마자데에 대한 걱정 때문인지, 아마드는 코케와 포시테 사이의 거리도, 가족들의 명령도, 심지어 낯선 곳에 대한 공포감도 잊은 지 오래다. 최소 두 번 이상 숨이 멎을 정도로 달려서 아마드는 포시테에 들러 네마자데를 찾으려고 했다. 그렇지만 아마드는 네마자데의 집을 찾지 못한 채 저녁이 되서야 간신히 집에 돌아온다. 식사도 못했지만 밥맛도 없었다. 밤이 깊을수록 네마자데에 대한 걱정이 더 커졌으니까. 이제 곧 날이 밝아져 학교에 도착하면 네마자데가 퇴학당할 것이고, 아마드는 네마자데의 눈물을 지켜봐야 한다. 그래서 아마드는 자기 숙제뿐만 아니라 네마자데의 숙제도 함께 하게 된다. 학교에서 네마자데에게 숙제를 한 공책을 건네주면, 네마자데의 퇴학만큼은 막을 수 있을 테니까 말이다. 그다음 날 아슬아슬하게 아마드는 네마자데에게 공책을 건네주는 데 성공한다. 네마자데의 공책 갈피 사이에는 작은 들꽃 하나가 끼워 있었다. 아마드가 넣어 둔 들꽃이었다.

압바스 키아로스타미의 1987년 영화 「내 친구의 집은 어디인가」의 엔딩은 이 작은 들꽃에 우리의 모든 시선을 가두어 놓은 채 감동적으로 마무리된다. 어디서 우리는 감동을 받게 되는 것일까? 그건 바로 '우정'이다. 그러니 키아로스타미의 이 영화는 무엇보다도 먼저 우정에 대한 영화라고 해야 할 것이다. 물론 친구들과 놀이를 즐기는 것이 우정은 아니다. 다시 말해 우정은 쾌락과는 전혀 상관이 없다. 키아로스타미의 탁월함은 바로 여기에 있다. '우정'은 쾌락을 추구하는 것보다는 오히려 불쾌함을 기꺼이 감당하는 자세와 관련이 있기 때문이다. 영화의 주인공 아마드가 네마자데의 예상되는 불행과 고초, 그리고 슬픔이 안겨 주는 불쾌함을 감당하려 한다. 돌아보라. 지그재그로 올라가야만 하는 언덕배기를 넘어 올리브 숲을 지나, 그리고 가파른 마을 도처를 헤매며 친구의 집을 찾으려는 그 가상한 노력을. 그리고 친구의 집을 찾지 못하자 식음을 전폐하며 친구의 숙제마저 기꺼이 감당하려는 그 성숙한 자세를.

아마드가 우정을 배운 곳은 '학교'가 아니다. 아마드의 선생님은 집안일을 도와야 하지만, 반드시 숙제부터 해야 한다고 강조하는 사람이었다. 분명 선생님은 나름 훌륭한 선생님(?)이었다. 집안일에 사로잡혀 공부를 등한시하는 순간, 제자들의 미래가 어두울 수밖에 없다는 근대적 시선을 가지고 있으니 말이다. 자식은 부모의 일을 도와야만 한다는 전통적 생각으로부터 상당히 자유로운, 심지어 은연중에 그런 전통적 생각을 부정하고 스스로의 삶을 개척해야 한다는 생각을 제자들에게 각인시키려고 노력한 선생님이었다. 선생님이 제자들에게 강압적으로 보였던 이유도 바로 여기에 있다. 제자들의 부모가 가진 전통적 관념과 맞서 싸우려면 선생님은 더 단호하고 고압적일 필요가 있었을 테니 말이다. 그렇지만 불행히도 선생님은 아마드와 그 친구들에게 '우정'을 가르치지 않는다.

아마드가 우정을 배운 곳은 '가정'도 아니다. 아마드의 어머니와 할아버지를 보라. 네마자데의 공책을 부여잡고 노심초사하는, 정확히 말하면 우정의 무게에 짓눌려 힘들어하는 아들이자 손자의 고뇌 따위는 안중에도 없다. 선생님의 우려처럼 그들에게 아마드는 이제 나이를 어느 정도 먹었으니 가족 일을 도와야 하는 당연한 의무를 수행해야 하는 아이일 뿐이다. 우정의 고뇌를 이야기하자 아마드의 어머니는 "네 숙제나 하고, 빵이나 사 오라."고 이야기한다. 그리고 아마드의 할아버지는 친구의 집을 찾아 방황하고 있는 손자에게 담배가 있으면서도 없는 척 담배를 사 오라는 명령을 내리기까지 한다. 손아랫사람은 무조건적으로 손윗사람에게 복종하는 법을 배워야 한다는 얼토당토하지 않는 교훈을 읊조리면서 말이다. 가족 중 누구도 진지하게 아마드의 고뇌를 품어 주지 않는다. 그들은 지금 아마드가 단지 게으름을 피우거나 놀 궁리나 한다고 지레짐작하고 있을 뿐이다.

친구 대신 숙제를 하는 것, 그것은 선생님의 권위를 부정하는 것이다. 빵을 사

네마자데를 찾으러 갔던 아마드가 만난 할아버지

오라는 어머니의 말과 담배를 구해 오라는 할아버지의 말을 어긴 것, 그것은 어머니와 할아버지의 명령을 거부한 것이다. 그렇다면 궁금해진다. 도대체 아마드가 선생님의 권위를 부정하도록 만든 힘은 어디에서 유래한 것일까? 도대체 약한 아마드가 어머니와 할아버지의 명령을 거부하도록 만든 원인은 무엇이었을까? 그게 바로 '우정'이다. 올리브 숲을 지나 처음으로 낯선 곳에 가게 한 것도 '우정'이고, 예상되는 어머니나 할아버지의 야단도 기꺼이 감당하도록 만든 것도 '우정'이었다. 심지어 식음을 전폐하고 밤새워 친구의 숙제를 대신하게 만든 것도 바로 '우정'이었다. 우정의 힘은 놀랍기만 하다. 그건 일체의 수직적인 권위 구조 자체를 일순간이나마 산산이 부수어 버리는 아주 강력한 수평적 의식이기 때문이다. 누구의 명령에 의해서도 혹은 관습 때문도 아니다. 그렇다고 해서 주위의 평판 때문에 그런 것도 아니다. 우정은 어떤 타인에 대한 완전히 자발적인 희생이라는 점이 중요하다.

자발성이 관건이다. 우정의 사건 이후 아마드와 네마자데는 어떻게 될 것인가? 아마 네마자데는 다른 누구보다 아마드를 좋아하게 될 것이고, 아마드에게 실질적으로 도움이 되는 일을 하게 될 것이다. 두 아이는 친구가 될 수도 있다는 말이다. 여기서 한 가지 고민해야 할 것이 있다. 예상되는 네마자데의 반응은 과연 우정일 수 있을까? 아니다. 그건 네마자데의 부채감에서, 잘해야 감사의 마음에서 나온 반응일 테니 말이다. 그래서 네마자데에 대한 아마드의 행동, 그리고 아마드의 행동에 대한 네마자데의 예상되는 반응 사이에는 미묘한 차이가 있다. 아마드는 네마자데를 친구로 만들기 위해 노심초사하지는 않았다. 반면 네마자데는 아마드를 친구로 생각하고 기꺼이 그와 함께하려고 한 것이다. 달리 말하면 아마드는 네마자데와 친구라는 작은 공동체를 만들려고 의도하지는 않았지만, 네마자데는 친구라는 작은 공동체를 만들려고 할 거라는 점이다.

언젠가 데리다는 『우정의 정치학』에서 우정에 대해 숙고했던 적이 있다. 아리스토텔레스로부터 유래한 유명한 구절을 진득하게 음미하면서 그의 우정론은 멋지게 전개된다. "오, 나의 친구여! 친구란 없는 것이라네." 이게 무슨 소리인가? 친구라고 부르는 사람에게 친구가 없다고 말하다니. 역설적인 표현에서 심오한 진실을 읽어 내는 데 능숙한 데리다가 이 구절을 놓칠 리 없다. 정치철학자 카를 슈미트(1888-1985)는 주저 『정치적인 것의 개념』에서 말했다. "정치적인 것은 적과 동지를 구분하는 것이다." 동지! 그렇다. 친구다. 다른 사람을 심하면 적으로 여기거나, 아니면 최소한 무관심한 대상으로 여길 때에만, 친구든 동지든 의미가 있는 법이다. 지금 데리다는 슈미트를 염두에 두면서 "친구란 없는 것이네."라는 발언을 반복하고 있는 것이다. 누구든 친구가 될 수 있어야 우정이 의미가 있는 법이니까. 그렇지 않고 이제 친구가 되었으니 제3자에게 우정을 표해서는 안 된다는 논리로 나가는 순간, 우정은 사라지고 정치만 남게 될 것이다. 그러니 데리다는 아리스토텔레스의 표현에서 일종의 서글픔을 발견한 것이다. 그렇다. 아마도 어린 아마드가 충분히 성숙했다면, 이제 "아마드! 이제 너는 나의 친구야."라고 말하는 네마자데에게 말했을 것이다. "오, 나의 친구! 친구란 없는 것이라네."

비평가의 눈
이상용

기다림을 가르쳐 주는 영화

「내 친구의 집은 어디인가」는 단순하다. 주인공 아마드가 네마자데에게 공책을 돌려주기 위해 지그재그 길을 넘어 친구가 사는 포시테를 찾아가는 이야기다. 그런데 예상치 못한 일이 일어난다. 포시테는 생각보다 큰 동네여서 친구의 집을 찾기란 쉽지가 않다. 마을 사람들에게 물어보아도 문제가 해결되지 않는다. 시골 동네(친족 중심의 사회)가 그러하듯이 '네마자데'라는 이름을 가진 아이도 한둘이 아니다. 아마드에게 포시테에 사는 친구의 집을 찾는 것은 "서울에서 김 서방 찾는 일" 수준이다.

그것은 이 영화의 지향점을 보여 준다. 네마자데가 아마드의 동네에 사는 친구였다면 이야기는 10분 만에 끝나 버렸을 것이다. 영화 초반부 교실 장면에서 포시테에서 온 아이들이 지각하는 장면을 집어넣은 것도 다 이유가 있었다. 포시테는 그만큼 먼 곳이고, 낯선 장소다. 그곳에 가기 위해서는 시간과 노력이 필요하다. 「내 친구의 집은 어디인가」를 이루는 것이 바로 시간과 노력이다. 무언가를 찾기 위해서는 반드시 기다림의 시간과 인내의 노력이 필요하다. 그것은 압바스 키아로스타미 감독 영화의 트레이드 마크가 지그재그 길의 맥락을 생각하게 만든다. 지그재그 길은 단순히 아마드의 곤궁함을 표현하는 것이 아니다. 오히려 반대다. 인간은 지그재그로 난 고난의 길을 넘어서 비로소 '타인(친구)'에게 이를 수 있다. 지그재그는 고난이 아니라 필수 과정이며, 이 길을 통과하는 자만이 새로운 세계를 경험할 수 있다. 학교 장면에서 출발한 「내 친구의 집은 어디인가」는 길을 통과하는 여정을 통해 진정으로 교육을 다루는 영화가 된다. 교육은 정해진 숙제를 반복적으로 베끼는 학습법이나 훈육 방식을 통해 오는 것이 아니다. 교육이란 직접 '경험'하는 것이며, 경험의 충돌은 낯선 것들을 통해 부딪친다.

하지만 새로운 경험을 위해서는 무엇보다 결단이 필요하다. 영화 속에서 펼쳐지는 대다수 장면은 아마드가 어른들로부터 혼이 나거나 공책을 돌려줄지, 친구의 집을 물어볼지, 길을 어떻게 찾을지 망설이는 모습들이다. 주저함과 망설임은 아이가 머무는 현실 세계다. 그런데 놀랍게도 아마드가 지그재그 길을 넘어갈 때는 주저함(기다림)을 찾아볼 수 없다. 내일 친구에게 공책을 갖다 주라는 엄마의 말도, 할아버지의 꾸지람도 단박에 물리치고 아마드는 지그재그 길을 넘는다. 그 순간 영화에서는 이란 특유의 경쾌한 음악이 사용된다. 아마드의 행동은 지그재그 길이 고난의 상징일 뿐만 아니라 결단의 순간이라는 것을 알게 해 준다. 지그재그 길을 넘어설 때 아이는 학교에서 배웠던, 어른들에게 들었던 진정한 올바름에 순응한다. 역설적이게도 빨래를 하는 엄마의 말을 따랐거나, 할아버지의 훈육을 듣느라 멈춰 섰다면 아마드는 어제의 아이와 같았을 것이다.

그런 점에서 진정한 올바름은 실천하는 행위의 과정에서 일어나고 있다는 것을 이 영화는 보여 준다. 그것은 역설적이게도 어른들의 말에 저항하는 것이 되어 버린다. 어른이 된다는 것은 이런 것이다. 말은 하지만 행동하지 않는, 세계와 모순된 존재로 남는 것이다. 그러나 아이에게는 모순이 없다. 올바른 것이기에 행동한다. 여기에는 이데올로기가 없으며, 실익을 따지는 행위도 없다. 비록 아마드는 어른들 앞에서 우물쭈물하며 말하지만 행동만큼은 확신에 차 있고 과감하다. 행동이야말로 책임을 지는 일이다. 이 영화는 교육 과정이 가르침과 배움이라는 수동적인 관계 속에 있는 것이 아니라 상대를 책임지는 행위 속에 있음을 명백히 보여 준다. 책임은 끝내 아름다운 우정을 만든다. 현대의 영화는 인간이 짊어져야 하는 책임과 우정의 문제를 다양한 상황과 장르를 통해 만들어 왔다. 가령 아마드는 전쟁의 포화를 뚫고 라이언 일병을 찾아 나선 용감한 군인에 비할 수 있을 것이며, 적군과 아군을 구별할 수 없는 상황 속에서 신념에 따라 행동해야 하는 스파이라고도 말할 수 있다. 그러나 「내 친구의 집은 어디인가」는 상황을 과장하여 말하는 영화가 아니다. 이 작품은 작은 것들을 통해 보여 준다. 거대한 스펙터클은 없지만 소년이 겪어야 하는 세계의 곤궁함이 있으며, 크나큰 이동 경로는 없지만 마을과 마을을 넘나드는 소중한 결단의 순간이 있다. 이 영화가 사랑스러울 수밖에 없는 이유가 여기에 있다.

물론 어려움은 다양한 방식으로 찾아온다. 친구에게 전해 줘야 하는 공책을 찢어 계약서를 작성하는 현대적 쇠문을 만드는 어른도 있고(그는 일방적으로 자기 말만 하는 외눈박이 거인이 아닌가.), 과거에 나무로 만든 아름다운 문을 만들었던 우정 넘치는 노인도 있다.(그는 아마드에게 애정을 느낀 마녀가 아닌가.) 아마드는 이 모든 것을 감내하는 키 작은 오디세우스다. 공포란 자신의 인식이나 능력이 통하지 않는 낯선 장소나 사람들 앞에서는 무용지물이 된다. 포시테를 넘어가면서 아마드는 공포에 직면한다. 그러나 아이의 의지는 난관을 거부하지 않는다. 아마 가장

익스트림 클로즈업으로 비춰진 아마드

두려운 대상은 한밤중에 짖는 개 한 마리였을 것이다.(영화 속에서 이 장면은 크게 부각되어 있다.) 아마드는 이 과정을 통해 친구의 집을 찾는 것에는 실패한다. 그러나 영원한 패배는 아니다.

「내 친구의 집은 어디인가」의 놀라운 반전은 이를 통해 일어난다. 아마드는 자신이 할 수 있는 모든 행동을 실천해 본 뒤 폭풍우가 치는 밤을 보낸다. 기다림의 하룻밤을 보낸 뒤 아마드는 학교에 지각을 한다. 관객은 지각한 소년을 보며 마음을 졸인다. 이제 네마자데가 혼날 일만이 남았다. 전날 선생님의 으름장처럼 네마자데는 퇴학을 당할지도 모른다. 그러나 이 모든 불행에 맞서 아마드는 기적과도 같은 해결책을 발견했다.

친구의 숙제(짐)를 대신함으로써 새로운 길을 찾은 것이다. 이를 두고 숙제를 대신한 비윤리적 행위라고 비판할 수 있을지도 모르겠다. 그러나 영화를 지켜본 관객의 마음속에는 전혀 다른 작용이 일어난다. 공책을 돌려주기 위해 지그재그 길을 달린 것은 아마드만이 아니었던 것이다. 소년의 결단을 따라 관객(나)도 달렸던 것이다. 아마드와 함께 나(관객)는 포시테의 곳곳을 헤맸던 것이다. 우리는 아마드의 기다림에 동참했으며, 아이와 함께 헤매던 것이다. 그리하여 아마드가(그리고 영화가, 시간이) 놀라운 해결책을 찾아냈을 때 고마움을 느낀다. 우리는 이 영화와 함께 끝까지 해결책을 찾고 있었다.

그것이야말로 우정의 약속을 통해 더 나은 꿈을 꾸도록 만들어 내는 통찰력을 발휘한다. 독일의 철학자 에른스트 블로흐는 대작 『희망의 원리』 1권에서 다음과 같이 기술한다.

> 우리는 기다림 또한 배운다. 왜냐하면 어린아이가 바라는 것이 즉시 충족되는 일은 드물기 때문이다. 그렇다, 우리는 갈망 자체를 기다린다고 할까. 그것도 갈망이 명확하게 떠오를 때까지. 어린아이는 자신이 생각한 것을 찾기 위하여 모든 것을 거머쥐려 한다. 어린아이는 모든 것을 죄다 집어던지며, 쉴 새 없이 궁금해하지만, 무엇을 원하는지 자신도 모른다. 그렇지만 바로 여기에 우리가 꿈꾸는 신선한 무엇과 어떤 또 다른 무엇이 숨어 있다.

「내 친구의 집은 어디인가」를 보고 나면 아마드의 행동이 공책을 돌려주는 것 이상의 무엇이 있다고 열망을 품게 된다. 공책을 돌려주는 마지막 장면을 통해(결국 이 작품은 공책을 돌려주는 이야기다. 너무 늦지는 않게, 하지만 꼭 적절하지도 않게.) 우리가 꿈꾸는 신선한 무엇과 어떤 또 다른 무엇이 숨어 있음을 엿보는 이야기다. 그것을 부를 수 있는 적절한 말은 아마 '기적'밖에 없을 것이다.

그것은 관객에게만 해당되는 말은 아니었다. 언젠가 부산 국제영화제에서 심사 위원장으로 참여한 키아로스타미를 만났을 때 다음과 같은 말을 들려준 적이 있다.

> 한 가지 말할 수 있는 것은 「내 친구의 집은 어디인가」를 찍기 이전에 내 영화는 어두웠다. 그런데 「내 친구의 집은 어디인가」를 촬영하면서 변해 갔다. 아마도 영화가 삶을 변화시켰다고 말할 수 있을 것 같다. 나로서도 놀라운 체험이었고, 그것이 '삶의 예찬'을 가능하게 만들었다.

아마드의 행위를 만들어 가면서 키아로스타미는 영화가 할 수 있는 예찬을 경

초조한 기다림이 담긴 아마드의 뒷모습

험한다. 진정한 기적은 관객뿐만 아니라 기적을 일구는 사람들에게도, 또 전혀 무관한 사람들에게도 영향을 미친다. 그것은 바로 기적이기 때문이다. 한참 동안 내 친구의 집을 찾지는 못했지만 우리는 더 놀라운 우정의 약속을 찾았다. 그것은 더 길고 오래갈 것이다. 영화 속에서 펼쳐진 아름다운 창문의 문양처럼 과거와 현재를 넘어 사람들의 마음에 남을 만한 인상을 새길 것이다.

키아로스타미의 「사랑을 카피하다」로 칸 영화제 여우주연상을 수상한 쥘리에트 비노슈는 시상식장에서 '자파르 파나히'라는 이름표를 들고 나왔다. 그녀는 이란 정부가 취한 파나히에 대한 처벌과 구금을 철회해 달라고 요청했다. 그해 칸 영화제 심사 위원 중 한 사람이 바로 자파르 파나히였는데, 당시 그는 이란에 구금된 상태였다. 자파르 파나히는 압바스 키아로스타미의 「올리브나무 사이로」에서 조감독으로 호흡을 맞췄던 인물이다. 자파르 파나히 외에도 키아로스타미에게서 영화를 배운 신예 감독은 이란에 꽤 된다. 정치적 현실 때문에 이들이 이란 내에서 자유롭게 영화 활동하는 게 쉽지 않지만 국제영화제를 통해 1990년대 전성기를 누렸던 이란 영화의 독특한 스타일은 하나의 분파를 이룰 정도다. 때때로 현실과 허구의 경계를 허무는 방식은 이란의 현실을 우회적으로 고발하는 방법이 되기도 하고, 이란 사회가 열망하는 것을 흥미롭게 전하는 기초가 되기도 한다. 자파르 파나히의 영화 중 「거울(آینه)」(1997)을 비롯해 「오프사이드(آفساید)」(2005)와 같은 작품이 국내에서 개봉된 바 있다. 또 그의 최신작 「택시(تاکسی)」는 2015년 베를린 국제영화제에서 황금곰상을 수상했다.

㉒강 중국의 붉은 미학

붉은 수수밭

장이머우

“앞만 보고 가,
뒤돌아보지 말고.
고량주를 함께 마시자고!”

— 등장인물 위잔아오의 노래

붉은 수수밭 紅高粱, 1988

중국 | 90분 | 장이머우

추알은 얼굴이 달아오른다. “꽃가마에서 신부가 울거나 토하지 않으면 재수가 없단다. 그리고 붉은 베일을 벗어도 부정을 타지.” 그러나 흔들리는 꽃가마에 몸을 실은 추알은 붉은 베일을 벗어 던진다. 가마꾼들은 신부를 골탕 먹이려고 수작을 부린다. “가난한 여자는 참 가엾지. 사랑도 없이 문둥이한테 시집가니까. 넌 문둥이한테 팔려 가는 거야. 네 부모가 너를 팔았어. 신랑이 손 못 대게 해. 안 그럼 너도 썩어 버릴 테니까.” 가마꾼들의 농담이 점차 격해진다. “이봐, 우리가 이렇게 고생하는데 노래라도 불러야지. 그게 싫다면 치마를 적시게끔 만들어 줄 테야.” 꽃가마는 가마꾼들의 어깨 위에서 성난 파도처럼 널뛰기 시작한다. 가마꾼들의 노랫소리가 절정에 이를 무렵 꽃가마 바깥으로 울음소리가 새어 나온다. 마침내 ‘청살로 갈림길’이 보인다. 수수들은 마치 밀림처럼 빽빽하다. 그 순간, 복면을 뒤집어쓴 권총을 든 괴한이 꽃가마 앞에 나타난다. “다들 가마 뒤로 가 있어. 허튼 짓하지 마. 총을 쏠 테니까. 몸에 지니고 있는 거 다 가져와 봐.” 이윽고 괴한은 꽃가마를 감싼 붉은 장막을 걷어 본다. 괴한은 붉은 베일을 벗기고 추알의 작은 발을 꼭 쥐어 본다. 그러나 추알은 당돌한 웃음을 지어 보이며 괴한을 응시한다. 추알의 태연한 반응에 괴한이 당황한다. 하지만 그녀의 미모에 욕구가 동한다. “저기 수수밭으로 들어가.” 괴한에게 겁박당하는 추알의 발걸음이 놀랍도록 가볍다. 이때 가마꾼인 위잔아오가 괴한에게 달려들고, 추알은 무사히 풀려난다.

리의 양조장은 마을에서 18리나 떨어진 외딴곳이다. 이곳에서 추알은 첫날밤을 맞이한다. 그녀는 미리 챙겨 온 가위를 꼭 쥔 채 남편 리를 기다린다. 밤이 지나고 추알은 전통 예법에 따라 사흘 후 친정으로 돌아간다. 추알은 노새를 몰아 수수밭 갈림길을 유유히 지나며 황야를 지나온 뜨겁고 건조한 바람을 느낀다. 그때 또다시 복면을 쓴 괴한이 추알을 덮친다. 그런데 복면을 벗어던진 괴한은 다름 아닌 위잔아오다. 그녀가 꽃가마 안에서 슬며시 훔쳐보았던 넓은 어깨를 지닌 가마꾼 말이다. 추알은 순순히 그에게 몸을 맡긴다. "어이, 앞으로 쭉 가라고. 앞만 보고 가, 뒤돌아보지 말고! 9999리 길은 우리를 천국으로 이끈다네!" 위잔아오는 수수밭에서 길을 떠나는 추알에게 애끓는 노래를 바친다. 추알의 아버지는 노래를 엉터리로 불러 대는 놈이 짜증스럽다. 집으로 돌아온 딸아이를 앞에 두고 아버지는 잔소리를 늘어놓는다. 문둥이라도 돈만 많으면 괜찮다느니, 그동안 낳고 길러 준 보답을 하라느니 하면서 말이다. 하지만 그녀는 자신을 '노새'와 다를 바 없이 취급하는 아버지가 원망스럽다. 그녀는 서둘러 집을 나선다.

한편 양조장에선 리가 살해당하는 사건이 발생한다. 이유는 밝혀지지 않는다. 졸지에 과부가 된 추알은 '18리 양조장'의 새로운 주인이 된다. 하지만 일꾼들은 추알을 수상히 여기며 떠날 채비를 한다. 추알이 말문을 연다. "우리는 양조장을 닫을 수 없어. 로한, 말 좀 해 봐. 나는 한낱 여자에 불과해. 모두의 도움이 필요하다고. 물론 떠나겠다면 붙잡지는 않겠어. 하지만 이번 달 임금은 받아야 하지 않겠어? 제발 이곳에 남아 줘. 우리가 힘을 모으면 예전보다 더 큰돈을 만질 수도 있어. 내 제안 어때?" 추알의 당찬 연설에 의기소침해 있던 양조장 사람들이 돌연 의욕을 불태우기 시작한다. "나를 '주인님'이라고 부르지 마. 우린 다 같은 사람이야. 내 이름은 추알이야. 9월 9일에 태어난 아홉 번째 아이지. 그냥 추알이라고 불러."

일꾼들은 '주인과 인부가 똑같다.'는 추알의 말을 선뜻 이해하지 못한다. 하지만 새 술은 새 부대에 담듯, 새로운 주인 추알을 맞이하는 의미에서 양조장 전체를 깨끗이 단장한다. 청소가 마무리될 무렵 위잔아오가 행패를 부리며 등장한다. 그는 추알의 안채가 자신의 집이라며 고래고래 소리를 질러 댄다. "뭐, 누구? 리? 난 그가 죽었든 살았든 무섭지 않아. 추알은 내 여자라고! 내 마누라야! 그녀가 날 좋아한다고 말했어!" 추알은 위잔아오의 고약한 술주정을 듣고 있다가, 불쑥 그의 면전에 나타난다. "내 말이 마, 맞지? 추알……." 그러나 그녀는 냉담하게 반응한다. 결국 웃음거리가 된 위잔아오는 자신의 보따리를 챙겨 추알의 방으로 들어간다. 물론 그는 보기 좋게 내쫓기고 만다.

그는 술독에 내동댕이쳐진 채로 사흘이나 보낸다. 그사이 추알은 흉악한 도적 '속사포 박'에게 속절없이 납치당한다. 그녀는 값비싼 몸값을 지불하고 나서야 겨우 풀려난다. 이 일을 알게 된 위잔아오는 끓어오르는 분노를 주체하지 못한다. 그는 마땅한 계획도 없이 일단 속사포 박이 자주 드나드는 푸줏간으로 향한다. 그는 다짜고짜 술과 고기 안주를 주문한다. 그는 살코기가 없다는 칼잡이의 말에 큼직한 쇠머리를 받아 넉살맞게 통째로 뜯어먹는다. 그러고는 계산할 돈이 부족하다며 일부러 시비를 건다. 푸줏간 주인은 하도 기가 막혀 칼부터 빼어 든다. "두목, 이놈 새끼가 고기랑 술을 다 처먹고 돈이 없다고 하네요." 드디어 속사포 박이 모습을 드러낸다. "그럼 혀를 잘라 버려. 어서 술 좀 가져와."

위잔아오는 곧장 비굴한 모습을 보이며 속사포 박에게 싹싹 빌기 시작한다. 그리고 상대가 방심한 틈을 타 칼을 집어 든다. 그는 속사포 박의 목덜미에 시퍼런 칼날을 밀어 넣는다. "너 이놈, 추알을 건드렸어?" 속사포 박은 거센 숨을 몰아쉬며 짧게 대꾸한다. "누가 문둥이랑 잔 여자를 건드리겠어." 그는 안도감을 느끼며 속사포 박을 놓아준다.

18리 양조장은 축제 분위기다. 추알이 무사히 살아 돌아온데다, 마침 그녀의 생일날이기 때문이다. 일꾼들은 축배를 올리기 위해 새로이 고량주를 빚는다. 추알도 그들과 함께 풀무질을 하고 수수를 찌며 고량주의 탄생을 지켜본다. "9월 9일에 좋은 술을!" 비로소 붉은 고량주가 완성된다. 18리 양조장 사람들은 먼저 신에게 새 술의 첫 잔과 노래를 바친다. 추알도 피처럼 붉은 고량주를 단숨에 들이켠다. 일꾼들의 입가에서는 웃음이 떠나지 않는다. 바로 그때 위잔아오가 걸어 들어온다. "뭐 좋은 술이라고?" 그는 잔뜩 토라진 얼굴로 볼멘소리를 쏟아 낸다. 그는 권하는 새 술도 마다하고, 갓 담아낸 술독에다가 시원하게 오줌을 갈긴다. "두고 보라고!" 그는 괜히 으름장을 놓더니, 추알을 옆구리에 끼고 안채로 들어간다. 며칠이나 지났을까?

오줌이 들어간 고량주의 맛을 본 로한은 흥분해 추알을 찾아간다. "주인님, 이런 명주는 10년 동안 처음입니다. 이 술에 이름을 붙여 주세요. 아마 최고의 술로 기억될 겁니다." 로한은 끝까지 추알을 깍듯하게 대한다. "이곳의 이름이 18리 양조장이니 '18리 홍'이라고 부르는 게 어떨까요." 로한은 마지막으로 그녀의 이름을 부른다. "추알, 이곳에 술을 두고 가겠습니다." 그리고 그는 아무런 말도 남기지 않고 홀연히 양조장을 떠난다.

9년이 흐른다. 추알과 위잔아오 사이에 아들이 생겼고, '18리 홍'은 근방에서 가장 맛 좋은 술로 유명해진다. 아이를 돌보던 추알은 양조장 건너편 산등성이에서 로한의 모습을 발견한다. 그녀는 마치 넋을 빼앗긴 사람처럼 로한의 뒤를 쫓아간다. 하지만 끝내 로한을 따라잡지 못한다. 그저 수수밭을 가로지르는 메마른 바람 소리만 비정하게 들려올 뿐이다.

중일 전쟁을 일으킨 일본 군인들이 산둥 성 가오미 현까지 밀려든다. 그들은 마을 사람들을 강제로 동원해 '청살로'의 수수밭을 밟아 없앤다. 그들은 중국 사람들에게 총검과 기관총을 겨누고 노역을 강요한다. 일본군 앞잡이가 나서더니 마을 백정에게 '특별한 명령'을 전달한다. "우리 일본 제국에 반항하면 어떤 꼴이 되는지 똑똑히 보여 주겠다. 산 채로 가죽을 벗길 테다." 그와 동시에 마을 사람들의 시선이 한군데로 쏠린다. 가만 보니 속사포 박이 밧줄에 묶여 마치 도륙된 소처럼 덜겅 매달려 있다.

이어 로한의 모습이 보인다. 일본군은 칼잡이 조수의 손에 도살용 칼을 쥐어 주더니, 로한의 가죽을 벗겨 내라고 강압한다. 겁에 질린 조수는 비명을 토해 내며 로한의 살점을 도려 낸다. 일본군들은 속사포 박, 로한, 다른 중국인들의 피가 물든 자리에 고속 도로를 뚫는다. 로한의 죽음을 목도한 추알은 복수를 다짐한다. 그녀는 양조장 사람들을 불러 모아 붉은 고량주에 '로한의 복수'를 맹세하라고 촉구한다. "당신이 남자라면 이 술을 마셔요. 내일 일본군 트럭에 폭탄을 던져 로한의 복수를 하라고요!" 추알의 눈빛은 그 어느 때보다 단호하고 매섭다. 위잔아오는 말없이 술잔에 붉은 고량주를 쏟아붓는다. 그리고 술에다가 이글대는 불꽃까지 올린다. "술의 신이시여, 우리의 술을 드소서. 싸움이 시작되면 청살로 갈림길에 갈 수 있는 용기를 주소서. 9월 9일에 빚은 이 술을 드소서." 바야흐로 결전의 날이 밝았다. 양조장 사람들은 밤새 위장 폭탄을 설치하고, 화염병까지 준비해 놓았다. 그녀는 양조장 남정네들의 배가 출출할까 봐, 혹시나 기력이 달려 제대로 싸우지 못할까 봐 미리 잔칫상을 따로 챙겨 청살로 갈림길로 향한다. 추알이 음식을 짊어지고 수수밭에 들어선 순간, 일본군의 트럭도 함께 나타난다. 그녀는 일본군의 총탄에 의해 쓰러지고, 양조장 사람들도 장렬히 최후를 맞는다. 선홍색 석양과 검붉은 화염에 뒤엉킨 수수밭은 마치 붉은 피를 토해 내듯 활활 타오른다. 추알의 아이는 이때부터 세상 모든 것이 붉게 보이기 시작한다. 환희와 고통에 젖어 울부짖는 수수밭 사이로 위잔아오의 노랫소리가 다시금 들려온다. "뒤돌아보지 말고 붉은 비단에 내 몸을 실으라고. 그리고 고량주를 함께 마시자고." 이제 끝으로 아이가 추알에게 고한다. "엄마, 천국으로 가세요. 넓은 길 위의 큰 배처럼. 엄마, 천국으로 가세요. 잘생긴 말과 함께. 힘든 일 모두 잊으시고……."

장이머우

張藝謀, 1951-

"내 영화는 중국어로 말해져야 한다."

장이머우는 천카이거(1952-)와 함께 대표적인 중국 5세대 감독[871쪽 키워드 참고]으로 꼽힌다. 국민당 장교의 아들로 성장한 그는 어려서부터 공산주의 사회에서 차별을 받으며 자라야 했다. 1966년 문화혁명이 시작되자 그는 고향 시안에서 산시 성의 농촌으로 내려가야 했으며, 부모가 반(反)혁명 분자로 체포된 뒤에는 동생을 부양하기 위해 1969년부터 1976년까지 섬유 공장에서 일한다. 공장에 다닐 때 카메라와 가까워진 그는 1978년 베이징 영화학원 촬영과에 입학하여 장쥔자오(1952-) 감독의 「하나와 여덟(一個和八個)」(1984)의 촬영을 맡아 영화계의 주목을 받기 시작한다.

1년 후 천카이거 감독의 「황토지(黃土地)」(1984), 「대열병(大閱兵)」(1985)의 촬영 감독으로 새로운 영화 언어에 눈을 뜨게 되었으며 명성도 얻기 시작한다. 두 사람은 함께 시안 영화 촬영소에 배속되었다. 이곳에서 장이머우는 우톈밍(1939-) 감독의 「오래된 우물(老井)」의 주연을 맡아 1987년 도쿄 영화제 남우주연상을 수상하기도 했다.

장이머우의 작품 세계는 크게 1992년도 작품 「귀주 이야기(秋菊打官司)」를 기점으로 나뉜다. 전반부에 해당하는 작품은 데뷔작 「붉은 수수밭」, 「국두(菊豆)」(1990), 「홍등(大紅燈籠高高掛)」(1991)으로 이어지는 '레드 3부작'이다. 이 시기의 영화들은 붉은 색채를 중심으로, 나이가 많은 남자에게 시집가는 여성의 삶을 다루고 있다. 늙은 남자들은 대부분 봉건제적 사고방식에 속한 인물이며, 상대적으로 여성 주인공들은 새로운 가치관과 시대성을 대변한다.

「국두」에서 폐쇄된 가옥 구조나 배경을 담아내는 영상 형식은 장이머우 감독의 집착을 엿볼 수 있다. 이런 형식적 측면과 더불어 초기 영화는 주로 닫힌 중국사의 전모를 우울하게 그려 냈다는 평가를 받는다. 이어서 연극적인 미장센과 붉은 색채 이미지를 이어 나가 「홍등」을 완성한다. 이 영화는 중국의 독특한 가옥 구조와 여성 심리에 대한 섬세한 묘사로 베네치아 영화제 감독상을 수상한다. 하지만 지나친 형식주의로 사실성은 놓쳤다는 비판을 받기도 했다.

「귀주 이야기」부터는 붉은색에 대한 탐닉보다 민초의 삶을 적극적으로 구현하기 시작한다. 장이머우는 「귀주 이야기」에선 낙관주의적 시각으로 중국인들의 삶을 공시적으로 살핀다. 그 후 「인생(活着)」(1994)을 통해서는 중국의 봉건제 시대부터 문화 대혁명에 이르는 시기를 다루면서, 중국의 통시적 역사성을 사실적 관점에서 그려 낸다. 위화의 원작을 스크린에 담은 「인생」은 평범한 민중 가정을 사실적인 시각으로 묘파해 냈다.

1996년 칸 영화제에 출품한 「상하이 트라이어드(搖呀搖! 搖到外婆橋)」(1995)는 1930년대의 할리우드 뮤지컬과 홍콩 누아르를 버무린 상업적인 스타일의 영화다. 결국 이 작품은 장이머우의 필모그래피에서 곧 잊히고 만다. 이후 연인이었던 공리(鞏利)와 헤어진 후 「책상 서랍 속의 동화(一個都不能少)」(1999)를 내놓는다. 그는 이 작품에서 과거에 지니고 있던 문화 대혁명에 대한 비판적인 시선을 덜어 내고, 이전과 다른 태도를 취하기 시작한다. 한편 장쯔이와 함께한 「집으로 가는 길(我的父親母親)」(1999)에서는 자신의 건재함을 과시했으나, 친정부 성향을 보여 주는 영화라고 비판을 받기도 했다. 이후 그는 중국 정부와 손잡고 「영웅: 천하의 시작(英雄)」(2002)과 「연인(十面埋伏)」(2004)과 같은 블록버스터 영화를 내놓기 시작한다. 2008년 베이징 올림픽 개·폐막식의 총연출을 맡기도 한다. 장이머우는 「산사나무 아래(山楂树之戀)」(2010)에서 다시 초심으로 돌아간 듯한 행보를 보여 준다. 최근에는 「5일의 마중(归来)」(2014)을 선보였다. 이 작품은 '문화혁명 시기'를 또 다른 관점으로 바라본다.

베이징의 봄,
붉은 영화의 봄!

"'RED SORGHUM' does for the Chinese cinema what 'RASHOMON' did for the Japanese
...it opens a whole world of myth and beauty." – Donald Richie

Golden Bear
Berlin
1988

THE
MOST
IMPORTANT
FILM
FROM
CHINA'S
NEW WAVE

紅高粱

RED
SORGHUM

Starring GONG LI, JIANG WEN, LIU JI Directed by ZHANG YIMOU Produced by the XI'AN FILM STUDIO A NEW YORKER FILMS

1980년대 중국은 변화하고 있었다. 새로운 문학, 새로운 영화의 등장과 함께 새로운 세대는 변화를 요구했다. 그 열기는 1987년 톈안먼 광장에까지 이어진다. 우리는 이러한 전조를 중국 5세대 감독의 영화를 통해 들여다볼 수 있다. 베를린과 칸의 새로운 주인공이 된 중국 영화 흐름의 선두에 장이머우가 있다. 「붉은 수수밭」은 장이머우를 세계적 수준의 감독으로 각인시킨 영화다. 이 영화는 일본의 중국 침략 시기를 배경으로 시골에서 고량주를 빚던 사람들의 신화적 이야기를 전쟁 상황을 배경으로 전해 준다. 장이머우는 이 영화를 통해 중국이 무엇인지, 중국의 민중이 누구인지를 보여 줬다. 강인한 여성, 다양한 남성 캐릭터의 얼개는 이 영화의 강렬한 빛깔만큼이나 중국의 특징을 대변해 준다. 장이머우의 강렬한 캐릭터를 따라 고량주의 붉은 색채, 수수의 붉은 빛깔, 희생당한 민중의 붉은 피, 붉게 타오르는 화면의 기운 속으로, 그리고 그리 오래되지 않은 과거의 중국 대륙으로 들어가 보자.

중국 영화의 새로운 시대

이 5세대 감독은 정부에 의존하지 않고 자기들 각자의 개성을 살려서 작가주의적 영화를 생산하기 시작했고, 중국 영화를 세계 관객이 재인식하도록 하는 계기를 만들었습니다. 원래는 천카이거 감독의 「황토지」를 보여 드리고 싶었어요. 5세대 영화의 출발점이자 붉은 흙의 기운이 진하게 배어 있는 영화라서요. 그렇지만 지속적인 작품 활동 및 대중적 인지도 차원에서 장이머우 감독의 「붉은 수수밭」을 다루고자 합니다.

「붉은 수수밭」은 2012년 노벨문학상을 수상한 모옌[872쪽 키워드 참고]의 원작을 영화화한 겁니다. 그러니까 덤으로 중국 대륙의 문학성도 엿보는 계기도 얻을 수 있을지도 모르죠.

강 저는 대만 영화를 대표하는 이안(1954-)의 「와호장룡(臥虎藏龍)」(2000)이 제일 재미있었거든요. 영상이 기억에 남아야 한다고 했는데,

이 영화는 아주 강렬하고 동양적이며 중국적인 이미지를 만드는 데 성공했다고 생각합니다. 여기서 동양적이고 중국적이라는 것을 토속적이기 때문에 흥미진진하다고 오해해서는 안 됩니다. 오히려 동양적이고 중국적인데도 서양인들이 보아도 충분히 감동받을 수 있는 그런 영상을 만들었다는 겁니다. 가장 특수한 것이 가장 보편적인 것이 될 수도 있다는 가장 강렬한 예라고 할 수 있겠지요.

수수밭, 중국의 붉은 땅

이 수수밭이라는 무대가 재미있죠. 대륙의 기질을 나타내기도 하고 은밀한 무대로 설정되기도 하고요. 우리나라에는 물레방아로 설정되어 있죠. 단순히 성적인 의미만 있는 것이 아니라 항일 격전지가 되기도 하고요. 영국 켄 로치(1936-) 감독의 「보리밭을 흔드는 바람(The Wind that Shakes the Barley)」(2006)도 그렇죠. 아일랜드의 보리밭이 역사적인 무대로 설정되어 있죠. 성적인 의미와 역사적 의미가 한데 모이는 대자연의 장소인 거죠.

강 양조장 인부들이 부르는 노래에 '감기를 예방한다. 음양을 조화한다. 왕 앞에서도 졸지 않는다.'라는 내용이 있었잖아요? 술에 취해서는 권위도 두렵지 않다는 게 굉장히 강력한 문장이죠. 장이머우 감독이 뒤에 만든 두 영화들이 중국 정부의 검열을 당해서 영화 상영 금지 처분을 받기도 했잖아요. 우리가 아는 장이머우는 복잡한 인물이죠. 중국 영화계의 거장, 지금 그는 엄청난 권력자인 거고요. 문화혁명 이후 영화를 했던 다른 5세대 감독에 비하면 점점 권력에 순응하는 쪽으로 기울었고요. 그런데 「붉은 수수밭」에서는 아직 그러지 않았어요. 1986년부터 시작되는 중국의 톈안먼은 동유럽이 자본주의를 조금씩 받아들이고 체제가 변해 오는 시점이랑 엇비슷하거든요. 고르바초프의 시대를 화면에 넣지 않을 수 없는 거죠. 톈안먼 민주 시위 때 시위 군중들이 술을 마시며 「붉

장이머우, 「붉은 수수밭」

"붉은색을 잘 팔아먹었다는 점을 장이머우의 가장 큰 공로로 평가하기도 해요. 「홍등」에서 붉은 등 켜는 장면, 「국두」에서 붉은 천 염색하는 장면 같은 걸 보면 영상미가 뛰어나죠. 영화가 하는 가장 놀라운 일 중 하나는 어떤 눈에 보이지 않는 개념을 이미지화한다는 거죠."

은 수수밭」에 등장하는 양조장 인부들의 노래를 따라 불렀다는 건, 그래서 매우 의미심장하죠.

베이징의 봄과 5세대 감독들

강 장이머우가 동시대를 비판하면서도 검열을 피하는 방법으로 삼은 게 뭐냐 하면요, 억압당한 예전의 시대를 다룸으로써 자기가 진짜 하고 싶은 현재 이야기를 들려주는 거였어요. 장이머우의 인문주의적, 민주주의적 성향을 볼 수 있죠. 이 영화에서는 현재 공산당 정부와 지식인의 관계를 일제 관료 얘기로 치환해서 합니다.

중국의 20세기 담론에서 가장 소중한 사람이 진시황과 공자입니다. 마오쩌둥을 진시황의 부활로 보는 측면이 있거든요. 진시황은 평등한 법을 제창했어요. 진나라에서는 간통죄만 해도 남녀의 죗값이 동일했어요. 다른 시대에는 여자가 받는 벌이 열 배나 더 무거웠던 데 반해서요. 진나라의 붕괴는 기득권의 공격 때문이었던 거고요. 진시황을 제외한 모든 사람은 동등했습니다. 물론 장수들은 졸병 출신이었고요.

진시황의 반대 축이 공자예요. 공자는 귀족 계급과 하층민 계급이 각각 있다고 봤고, 그 두 계층이 서로 조화를 이뤄야 한다고 생각했습니다. 물론 그러기 위해 귀족 계층이 '노블리스 오블리주'를 해야 한다는 거죠. 바로 문화혁명은 저러한 공자의 생각에 반대한 겁니다. 그때 공자의 묘가 많이 파괴됐지요. 문화혁명은 기득권 계층을 인정하지 않으려 했으니까요. 엄격히 분리된 상하 계급의 조화에 반기를 든 거죠. 요컨대 중국 근현대에는 공자, 덩샤오핑(1904-1997), 시진핑(1953-)이라는 불평등 라인, 그리고 진시황과 마오쩌둥이라는 평등 라인이 있다고 정리하면 됩니다. 현대 중국을 이해하려 할 때 반드시 이 두 라인을 잘 알아야 합니다.

이 흥미로운데요. 장이머우가 2002년에 만든 「영웅」이라는 작품을 보면 진시황과 그를 암살하려는 민중의 상징인 암살자 이연걸의 이야기로 진행됩니다. 이 영화를 두고 말씀하신 중국 근대의 두 가지 계열을 생각해 볼 수 있을 것 같아요. 「영웅」의 결론은 천하를 통일하기 위해서 진시황의 존재를 인정하는 쪽으로 귀결됩니다. 이를 두고, 장이머우의 변심이라는 비판이 일기도 했었죠. 장이머우의 영화 세계 안에도 진시황 계열과 공자 계열의 충돌을 읽어 볼 수 있을 것 같아요.

강 「붉은 수수밭」을 이해하려 해도 마찬가지입니다. 가령 톈안먼 집회 참석자들의 일부는 민주주의를 요구했는데요, 그럼에도 그런 주장의 내부에는 '가진 자'와 '못 가진 자'에 대한 구분이 명확히 있었습니다. 그러니까 톈안먼 사태에서 저항했던 사람들이 단지 자본주의에 반대했다고 생각하면 곤란해요. '공산당을 반대하니 자본주의로 간다.' 이렇게 단순히 읽어 내면 복잡한 상황을 볼 수 없습니다. 즉 영화를 보면서도 균형을 찾아야 합니다. 공산당을 반대했던 사람들이 자본이 가지고 있는 독점 자체도 반대하는 운동이었던 거고요.

베이징의 봄(1986-1989) 같은 사건이 있을 때 사람들은 두 가지를 얘기했습니다. 공산당 독재라는 반민주적 요소와 함께 자본주의에 대한 공격도 깔려 있습니다. 중국에서나 가능합니다. 묘한 포지셔닝입니다. 단순히 부르주아혁명이라고 보긴 어려워요.

이 1989년 베이징의 봄이 일어났죠. 5세대 감독들은 그 시기와 밀접하게 관련된 인물들이었고요. 1980년 「황토지」를 시작으로 감독들은 붉은 땅의 빛깔을 영화에 도입하기 시작했습니다. 그 당시 영화가 현대의 중국상을 대변하는 역할을 맡았던 겁니다. 이 시대 역사를 영화를 통해 추적하는 연구도 많이 나왔고요.

「붉은 수수밭」에서 일단은 표면적으로 보이는 게 있습니다. 민중의 이미지를 5세대 감독들이 굉장히 중요시했다는 점이죠. 특히 여성의 지위에 주목해 보세요. 여성은 억압된 민중을 상징하니까 말이죠. 추알(공리는 실제 장이머우의 연인이기도 했죠.)이 부잣집에 팔려 가는데 부모가 노새와 맞바꿔 버렸죠. 사흘 후 집에 돌아가는 장면 보시면 팔려 간 딸이 아버지에게 "내가 노새만도 못하단 말이야?"라며 화내고 집을 당당하게 떠나 버리죠. 이런 당찬 여성 이미지는 붉은색 3부작인 「국두」, 「홍등」에서 이어집니다.

특히 재미있는 건 이 당찬 여성이 전통적인 세대의 지배자가 있는 집으로 들어가게 된다는 점입니다. 이때는 대저택의 압도감 같은 것이 잘 드러납니다. 주인의 목소리가 계속 들리지만 주인은 보이지 않습니다. 이 영화에서도 문둥병자라고 하는 리를 우리가 실제로 볼 수는 없습니다. 마치 유령 같은 존재로 나오죠. 위잔아오라는 캐릭터를 제외하고는 나머지 인물 모두가 그 집에 소속되어 있습니다. 집주인을 욕하기도 하고 신부를 놀리기도 하는 와중에 계급적 차이는 확연하게 드러나지만 리라는 인물에 대한 디테일이나 그의 직접적인 등장은 없습니다.

첫날밤 장면에서도 추알이 가위를 계속 가지고 있죠. 그런데 실제로 무슨 일이 있었는지는 추알 이외에는 우리 모두 알지 못합니다. 극중 인물들도 알지 못하고요. 어쩌면 추알은 그 가위로 리라는 문둥병 걸린 남편을 죽였을 수도 있지요.

추알 캐릭터에 담긴 다면적 여성성

이 가부장적인 앞 세대 인물(부르주아)을 농민, 민중이 타파한다는 것이 영화의 기본 주제인데, 특이하게 이 주체가 여성이죠. 여성은 이중 고리에 묶여 있는 존재입니다. 억압의 억압을 겪고 있는 계층이니까요.

남편의 죽음이라는 미스터리한 사건을 겪고서 추알은 양조장 사람들이 떠나려 하자 자신을 도와 달라고 외치죠. "우린 다 같은 사람이야. 내 이름은 추알이야. 주인이라고 부르지 않아도 되니까 날 좀 도와줘."라고 말하죠. 이 사소한 외침이 실은 커다란 혁명입니다. 주종 관계의 변화, 신분의 변혁을 얘기한 거죠. 그리고 그 최초의 울림은 여성에게서 나온 거고요. 나중에는 항일운동까지 하게 되잖아요. 가장 중요한 노동자 로

한이 일본군에게 잡혀 죽임을 당한 걸 보고서는 일본군을 격파하라고 술을 주며 부추기죠. 이 영화는 여성에게 항일운동가의 이미지까지도 부여한 겁니다. 모옌의 원작 소설에는 더욱더 명확히 드러나고요. 여러 가지 검열이 있었기 때문에 원작만큼 직설적으로 표현하지는 못했습니다만…….

그런데 또 묘한 건 이 여자가 모든 걸 타파하는 인물인가 하면 그것도 아니에요. 어떤 의미에서 굉장히 남성에 종속된 면도 있거든요. 물론 수수밭 장면에서 여성의 성적 욕망을 드러냈다고 볼 수도 있겠지만, 위잔아오가 행패를 부리니까 쫓아냈는데 다시 돌아오자 그 남성성을 즉시 받아들이며 종속적인 이미지를 보입니다. 그래서 추알에 대한 평가는 엇갈리죠. 이러한 다면적인 여성성은 「국두」와 「홍등」에서도 일관됩니다.

강 저는 좀 다르게 보는데요. 추알이 남자에게 순종적이라고 보지는 않아요. 오히려 남자를 마음대로 조종한다고 봤거든요. 소를 탔다고 해서 소에게 순종적이라고 볼 수는 없잖아요? 앞선 사회적 의미보다 더 주목했던 부분은 남녀 관계에 있어서 추알의 주도권이에요. 여자가 수위를 조절하고 있는 거예요. 오히려 남자를 길들이고 있다고 봐야죠.

버티지 않고 이용해 먹는다는 건 더 영리한 캐릭터예요. 여성이 남성을 통제하는 방법 중 하나인 거죠. 마지막에 총에 맞아 죽는데 추알이 죽으니까 월식도 일어나고요. 이건 황제나 죽을 때 일어나는 거잖아요. 장이머우 영화에서 여성 캐릭터가 굉장히 강한데, 외유내강의 캐릭터, 즉 낭창낭창한 이미지를 입고 있지만 실은 강한 거죠.

이 비단 이 작품뿐 아니라 붉은색 3부작을 크게 보면 저항적인 이미지와 수동적인 이미지가 배치됩니다. 강 선생님처럼 해석했을 때 풀리지 않는 장면은 로한을 따라가는 장면입니다. 둘 사이에 어떤 일이 있었겠어요. 저는 이쪽이냐 저쪽이냐라기보다는 둘 다를 담은 것 같아요. 중국에 대한 통념을 그대로 잇는 것과, 자기가 제시하고 싶은 현대 여성의 이미지를 구축하려는 혁신적인 두 축이요. 특히 「국두」에는 이 갈등이 더 확연하게 드러납니다.

이 영화에서 중요한 구조 하나는 삼각관계입니다. 두 번 반복되죠. 리와 위잔아오, 그리고 추알, 이렇게가 첫 삼각관계고요. 가마를 타고 갈 때 위잔아오의 어깨를 보면서 매력을 느끼는 것이 시각적으로 연출되어 있습니다. 그 느낌을 받았다가 결국 리가 제거되고 나서는 로한이 삼각관계의 한 점이 되죠.

추알이 쫓아가고 나서 위잔아오가 쫓아가는 장면이 나오는데 갈피를 잡기 어렵죠. 두 남자 사이에 놓인 추알을 주목하면 추알의 이미지를 캐치하게 됩니다. 취할 것을 취하는 적응력이 강한 여자, 혹은 질서를 개편하고자 하는 혁명가의 이미지, 한편으로는 가부장적인 악습, 구체제를 활용하고 이용하는 여주인이라는 복합적인 이미지가 있다는 겁니다. 여전사의 이미지만 있는 것이 긍정적이라고 볼 수는 없죠. 오히려 그렇게 복합적인 것이 여성의 성격임을 우리는 알게 되죠.

강 로한에 대한 추알의 애정에는 주목을 해야겠죠. 그녀는 9년 뒤에 돌아온, 모자를 쓰고 있는 로한을 멀리서도 바로 알아봅니다. 강한 애정이 없다면 불가능한 일이죠. 추알은 로한이 죽은 데 가장 큰 분노를 느꼈던 것 같아요. 거기서 사생결단을 내린 거고요. 로한과의 관계가 묘하죠. 표면적으로는 잘 드러나지 않지만 그 이야기의 중심에는 로한이 있었던 것 같아요. 로한이 없었다면 양조장도 재가동될 수 없었죠. 그리고 로한이 살해되자, 양조장 전체를 희생해서라도 로한의 복수를 하려고 하죠. 그러니 여주인공 추알을 움직이는 진정한 동력은 로한이라는 느낌이 드는 겁니다.

이 모옌의 원작 소설에서 위잔아오는 저항군의 대명사로 나옵니다. 그런데 장이머우 영화에서는 우직하고 아둔하게 묘사되어 있어요. 그러다 보니까 로한이 저항군처럼 나오는데 원작에는 없는 부분입니다. 공리의 마음속에서 훨씬 더 영웅에 대한 연민의 정이 더 강해질 수 있었던 거죠. 정말 로한은 어떤 남자였을까, 9년 동안 어떻게 지냈을까 하는 건 수수께끼로 남죠.

새 술을 확인하는 사람이 바로 로한입니다. 10년간 먹었던 술 중에 최고라면서 추알을 찾으러 가죠. 마님을 부르면서 주인에 대한 존중을 보여 주면서 처음으로 추알 이름을 불러 준 사람이 로한이기도 하죠. 이건 긴밀한 애정이 없으면 불가능합니다.

중일 전쟁이 벌어지면서 가오미 현까지 일본군이 들어와 싸우게 되죠. 산적이 왜 잡혔는지는 잘 모르겠어요. 무슨 저항을 했는지는 잘 모르겠는데 로한이 거기 있다는 건 깜짝 반전이죠. 사라진 줄 알았던 인물이 사실 저항군이었구나 하면서 인물이 격상되는 것을 우리는 확인하게 됩니다. 그리고 그 격상된 인물이 클라이맥스 부분에서 죽게 만듦으로써 감정선의 밀도는 높아지죠.

중국의 색 레드

강 문둥병에 걸린 양조장 주인을 죽인 게 로한일 가능성이 짙습니다. 내레이터는 할아버지가 죽인 것 같다고 했지만 할아버지는 그런 분이 아니에요. 살인은 아무나 하는 게 아닙니다. 자의식이 굉장히 강해야 하는 겁니다. 또 한 가지 생각해 보고 싶은 것이 있어요. 중국 영화의 매력이 수수밭 영상이었다고 느꼈는데요. 붉은 장면(일식)과 붉은 고량주, 이런 색채가 중국 영화의 가장 큰 매력 같아요. 서양에서는 카메라로 담기 힘든 색입니다. 중국적 이미지 비슷한 것도요.

이 붉은색을 잘 팔아먹었다는 점을 장이머우의 가장 큰 공로로 평가하기도 해요. 「홍등」에서 붉은 등 켜는 장면, 「국두」에서 붉은 천 염색하는 장면 같은 걸 보면 영상미가 뛰어나죠. 영화가 하는 가장 놀라운 일

중 하나가 어떤 눈에 보이지 않는 개념을 이미지화한다는 거죠. 장이머우는 중국다움(Chineseness)이라는 것을 이미지화해 낸 거예요. 물론 여기에는 비판적 견해도 있겠지만요. 강렬한 시각적 이미지를 만들었다는 상찬은 당연한 거죠. 이후 「인생」 같은 영화에서 장이머우는 색채 이미지를 더 이상 쓰지 않게 됩니다. 다른 방식을 연구하죠.

강 붉은색, 피, 노을, 죽음의 이미지가 있잖아요. 술의 붉은색도 그렇고요. 장이머우를 기억하게 하는 색깔인 것 같아요. 허허롭게 부는 바람들, 연기들이 올라가면서 하늘마저도 붉게 변하는데 엔딩이 정말 스타일리시하게 나와요.

이 술의 의미도 재미있죠. 이 작품 속 인물들은 술 덕분에 화해를 합니다. 추알의 생일날 술을 빚기도 하고 나중에는 폭탄으로도 쓰고요. 타오르는 불도 붉은색(고량주는 40도가 넘기 때문에 불이 붙죠.)인데, 영화를 흥미롭게 해 주는 미끼였어요.

강 「진용(秦俑)」(1989)이라는 진시황 토우 중 하나가 부활한 영화를 보면요. 장이머우는 여자들에게 항상 휘둘려요. 왜 이렇게 여자에게 연연할까. 8, 9년간 연애했고 예닐곱 편을 더 찍었던 공리와의 관계도 흥미롭습니다. 2014년에는 「5일의 마중」이라는 작품에서 다시 결합해 활동하기도 했죠. 그렇게 사랑했는데 전처와 이혼하고 나서 공리와 결혼하기를 거부했던 장이머우를 떠올려 보면 로한의 이미지가 오버랩되는 것 같아요. 기질적으로 가정적인 사람은 아닌 것 같아요.

끝없는 삼각관계

강 이 영화 인물관계를 다시 들여다보죠. 귀여운 아이의 아버지가 위잔아오라고 생각하시는 분도 꽤 되시죠? 아들이랑 위잔아오랑 마지막 장면에 둘만 남고 다 죽잖아요? 두 사람이 덩그러니 남아 있는 정서적 느낌에 주목하셔야 해요. 상갓집 예의를 떠올려 보면 아들이 로한의 아들이라는 느낌까지도 들어요. 로한의 복수를 다짐하는 술자리에서 추알은 위잔아오에게 "남자라면 이 술을 먹어야 해."라고 하죠. 남편을 사지로 모는 발언입니다. 독립운동으로서 한 것은 절대 아닙니다. 로한만을 위한 거죠. 이건 양조장의 붕괴를 의미합니다. 그런데도 감행한다는 거예요. 남편의 죽음까지도 불사한다는 거죠. 순서를 자세히 보세요. 영정이 있고 술을 마시고, 남편의 자리는 인부들 사이에 있죠. 남자라면 이 술을 마시고 일본군 트럭을 습격하라고 부인이 지시하자, 남편은 빼도 박도 못하는 겁니다. 위잔아오가 추알을 사랑한 것은 맞지만 추알이 진심으로 위잔아오를 사랑했다고 보이지는 않아요, 저는. 추알이 먼저 술을 마신 다음 아들에게 절을 시키고 술을 마시게 합니다. 그다음이 위잔아오였습니다. 위잔아오가 무슨 상관이 있다고요. 아들은 로한의 아이일 가능성이 있습니다. 위잔아오의 아이였다면, 위잔아오 다음으로 인사를 시켰을 거예요. 아니 정확히 말해 위잔아오의 아들이었다면, 굳이 로한에게 인사 시킬 이유도 없죠. 위잔아오도 그 사실을 알지 않았을까요? 스스로 인부들 사이에 자리 잡는 걸 보면요. 자기가 차지해야 할 위치를 아는 거죠.

9년이 지나고도 서로를 먼발치에서도 알아봤던 사랑이에요. 그런데 자기 앞에서 그 사랑하는 남자가 껍질이 벗겨지면서 죽은 거죠. 플라토닉 러브냐 육체적 사랑이냐 하는 이분법은 의미 없어요. 사랑은 원래 정신적인 거예요. 육체적인 행위는 수반되는 거고요.

이 추알이 모든 남자와 관련 맺는다는 사실이 굉장히 중요합니다. 속사포 박에 끌려가기도 했고, 리에게 시집오기도 했고, 위잔아오와 수수밭에서 육체적 관계를 맺기도 했고, 돌아와 보니 죽어 있는 남편을 마주하고는 일꾼을 추슬러서 사기를 높이기도 합니다. 그리고 위잔아오가 돌아오자 내쫓고, 그사이에 속사포 박에게 끌려 가고, 위잔아오가 복수한답시고 쫓아가고…… 남자들 행동의 소용돌이 안에 추알이 있습니다.

그런데 이 영화는 옛이야기의 형식을 빌리고 있어요. 전설이기 때문에 점핑한다는 느낌이 드는 건 당연해요. 신화적 스토리텔링의 전형적인 특징이니 말입니다. 그렇기에 알레고리적 독해도 가능해지고요.

추알이 관계 맺는 남자들은 제각기 어떤 가치관이나 세대를 대변해요. 리가 과거, 전통, 가부장적인 중국 사회를 상징한다면, 추알은 지배자로서가 아니라 새로운 평등의 질서를 주창합니다.

로한은 연대 의식 속에서 추알을 도와 노동자들을 이끌어 가는 사람, 속사포 박은 저 멀리 외지에서 공동체를 이끌면서 나중에는 항일운동과 관련해 사라지는 인물 등으로 나오는 거죠. 이 영화는 90분이라는 길지 않은 시간 속에서 긴밀하게 스토리를 전개하지 않습니다. 이건 5세대 감독 영화 특징이기도 해요. 이 세대들은 1960년대에 자라난 문화혁명 세대죠. 마오쩌둥은 기존 중국 질서를 전복했습니다. 장이머우의 「책상 서랍 속의 동화」라는 영화가 있습니다. 선생님이 아주 어린 사람으로 나와요. 선생님이 그런 식으로 선정되고 롤이 그렇게 우연적으로 주어졌던 겁니다. 그 안에서 인물들은 정체성의 갈등도 겪었을 거고요. 데이비드 크로넌버그(1943-) 같은 경우는 이 영화가 중국 공산당을 찬양한다고 비판하기도 했습니다.

장이머우 초기작에는 문화혁명이 완벽하고 정교한 형태로 진행된 것이 아니고 어리숙하고 혼란스러웠다고 보는 관점이 드러납니다. 「붉은 수수밭」은 30년 전 중일 전쟁 시기를 다루고 있는데 1937년 난징 대학살, 즉 중일 전쟁 한복판이 배경입니다. 산둥 성 가오미 현 이야기이죠. 그때 이야기를 빌려서 하고 있지만 혁명가의 이미지를 띤 추알이 제대로 된 완벽한 의미의 혁명을 일으킬 수 있는가를 우회적으로 묻고 있는 영화이기도 한 거죠.

육체성, 과거의 낭만성(위잔아오)을 대표하는 관점에서는 추알을 비판할 수도 있고 위잔아오의 세계와 추알의 세계가 뒤섞여 있는 곳이 바로 중국, 붉은 수수밭이라고 볼 수도 있는 거죠. 그래서 로한의 편에 설 수도, 위잔아오에게 공감할 수도, 추알을 매력적으로 느낄 수도 있는 영화인 겁니다. 여러 가지 독해를 가능하게 하는 이유는 촘촘히 짜인 영화가 아니라 구성이 성긴 영화이기 때문이기도 합니다. 판단과 감상은 관객의 몫인 듯합니다.

강 저는 개인적으로 두 장면이 기억나요. 수수밭 정사 신과 마지막 붉은 장면이요. 사실 굉장히 해석하기 애매한 장면이었거든요. 허허로움, 남겨진 자의 헛헛함. 모옌보다 장이머우가 똑똑한 것 같아요. 모옌은 소설에서 자기 할머니 추알이 로한과 잤을 수도 있다, 그것은 자기 할머니가 개성을 존중하고 일본과 싸우셨던 당당한 분이니까 충분히 가능하다고 추정합니다. 그렇지만 장이머우는 추정을 넘어서 추알이 로한을 사랑했다, 그러니 두 사람은 몸을 섞은 사이라고 단정하는 것 같아요.
노새 대신 팔려 갔던 한 여자가 있었는데, 자기를 처음으로 인간적으로 대우해 준 한 남자를 만나게 됩니다. 로한은 공산주의자였잖아요. 그가 추알의 님이 된 거예요. 처음으로 평등한 대접을 받았으니까요. 사지로 모두를 내몰 정도로, 삶의 의미는 바닥난(로한이 죽고 나서) 여자의 한 많은 인생 얘기를 본 것 같아요.
그러니까 장이머우는 아주 근사한 사랑 이야기를 절묘하고도 애매하게 표현해 놓은 겁니다. 전반적인 구조는 모옌을 따랐지만 강조점을 조금씩 다르게 주면서 독특한 리듬을 만들어 낸 겁니다.

이 사랑의 감정이란 보편적으로는 인정받길 원하는 거잖아요. 누군가 나를 알아봐 주길 바라게 되는 감정. 리에게 끌려가긴 싫었고요. 위잔아오는 내가 먼저 반한 존재입니다. 뒷모습을 훔쳐보게 되잖아요. 그에 비해 로한은 같이 일하면서 연대하는 느낌, 공동체 의식이란 걸 알게 해 준 남자죠. 정신적인 연대감과 더불어 연모, 사랑이라는 감정은 느꼈으리라 생각합니다.

질문 1 이 영화를 삼각관계에 집중해서 보면 남편이 속사포 박에게 덤비러 가는 장면이 있는데요. 이 행동이 바로 용기(항일 전사의 이미지까지 유추할 수 있는)를 상징하고 마을 사람들에게 용기를 부여해 줬다고 볼 수도 있을까요?

이 일단은 이 영화는 추알이 주인공처럼 보이지만 냉정하게는 수컷들의 세계를 다룬 작품이라고 볼 수 있어요. 경쟁의 목적은 여성일 수도 있고, 땅(세계)일 수도 있습니다. 하지만 처음 기치를 외친 것은 추알이었어요. 동기 부여는 여성이 처음 해 준 거죠.

술독에 앉아서 이박 삼일 있었다거나 하는 말이 안 되는 이야기는 신화적 서술임을 보여 주는 한 예인 거죠. 실제로 믿을 필요는 없어요. 속사포 박과의 관계도 모호하게 기술되어 있는데요. 뒷이야기는 생략되어 있죠. 말씀하신 부분은 위잔아오의 남성성이 드러나는 장면이 가마꾼으로서의 모습, 오줌 싸는 모습이죠. 남성성의 과잉 앞에서 추알은 그저 피하죠.

질문 2 마지막 장면에서 아버지와 아들이 손 잡고 있고 내레이터 손자가 한 화면에 잡히면서 개기일식 장면이 보였는데요. 계몽 영화로 느껴졌거든요. 중국의 후손들은 이랬으면 좋겠다라고 감독이 말하는 것 같아서요. 몸이 거대한 남편, 왜소한 로한, 근육질인 속사포 박. 속사포 박은 자기 동료를 약탈하는 비겁한 캐릭터였는데요. 남자에게 용기, 힘, 지혜를 다 가져가야 한다는 교훈을 마지막 장면에서 느꼈습니다.

강 태양은 남성, 달은 여성을 상징합니다. 마지막 장면이 뜬금없게 느껴졌을 수도 있어요. 여성은 복잡성을 받아들이고 품습니다. 다수의 남성을 받아들인 대지를 상징하는 여성인 거예요. 개기일식은 그렇게 여성이 남성을 압도하는 순간을 상징하는 거죠. 진정한 승자가 추알이라는 것, 추알이 로한, 위잔아오, 그리고 아들이란 모든 남성성을 품어 버리는 상징인 셈이지요.

은나라 때부터 여와라는 대지의 여신이 있었습니다. 이 이미지도 강하게 느껴지거든요, 이 영화에서. 장이머우의 다음 영화에서 여성성이 어떻게 발현될지는 모르겠지만 이 영화 때부터 지키고 있던 중심적 이미지는 변하지 않을 거라 생각해요. 감독의 자리는 로한인 것 같고요. 장이머우의 다른 영화에서도 장이머우의 캐릭터를 찾게 될 것 같아요.

철학자의 눈
강신주

붉은 수수밭보다 그리고 붉은 세상보다 더 붉었던 사랑

1988년 상영된 장이머우의 「붉은 수수밭」은 당시 우리에게는 문화적 충격을 주기에 충분했다. 중국 영화라고 하면 홍콩과 대만에서 만들어진 무술 영화, 거의 묘기에 가까워 입에서 침이 흐르는지도 모르게 보았던 무협 영화를 연상했기 때문이다. 「붉은 수수밭」은 바람에 허허롭게 흔들리는 거대한 수수밭 장면으로 이런 우리의 선입견을 산산이 그리고 찬란하게 부숴 버린 것이다. 건장한 가마꾼 위잔아오는 보쌈을 하듯 양조장네 새색시 추알을 옆에 끼고 수수밭 깊은 곳으로 들어간다. 위잔아오가 수수밭을 밟아 만든 임시 신방에 추알은 몽환적인 눈빛으로 눕는다. 바로 이 순간 우리는 누워 있는 추알의 시선에 들어오는 그 근사한 수수밭의 군무에 동참하게 된다. 수수밭에 누워 바람에 흔들리는 수수 사이로 푸른 하늘을 보았던 사람이라면 누구나 알 것이다. 얼마나 매력적이고 근사한 장면인가? 큰일이 아니라는 듯, 지금껏 수많은 남녀의 사랑을 품어 주었다는 듯, 커다란 수수들은 바람에 흔들리며 두 사람의 사랑을 환영하고 있으니 말이다.

1986년 모옌의 중편 소설 『붉은 수수밭』은 장이머우에 의해 매력적인 영상으로 승화되었다. 사실 명성과는 달리 그다지 문학성이나 기교가 탁월하지 않았던 모옌으로서는 자신의 소설이 영화화되자 이것이 자신의 삶에 어떤 나비효과를 일으킬지 짐작도 못했을 것이다. 장이머우의 영화가 1988년 베를린 영화제 황금곰상을 받으며 각광을 받는 순간, 얼떨결에 모옌도 세계적으로 주목받는 유명 작가가 되어 버린다. 미디어셀러가 아닌 시네마셀러의 탄생! 마침내 2012년 모옌은 노벨 문학상을 받는 것으로 그 결실을 맺는다. 그러니 모옌은 노벨 문학상을 차치하더라도 함께 받은 상금 중 일부는 반드시 장이머우에게 주어야 하는 것 아닐까? 바람에 흔들리는 수수밭 장면을 보아 버린 서양인이 어떻게 장이머우를 잊을 수 있겠는가? 그러니 그들이 어떻게 그 인상적인 장면의 원작자 모옌을 무시할 수 있겠는가? 이제 모옌의 소설을 읽는 순간, 그들의 내면에는 광대한 수수밭에서의 헛헛한 수수들의 군무가 떠오를 테니 말이다.

초반부에 등장하는 수수밭에서의 정사 신과 함께 장이머우 영화를 예술의 경지로 이끈 장면은 아무래도 제일 마지막 엔딩 장면일 것이다. 위문을 왔던 양조장 주인 추알도 죽고 양조장 인부들도 죽고 그들이 기습했던 일본군들도 모두 죽는 장면 말이다. 드넓은 수수밭에 매복하고 있다가 화염병과 매설된 폭약으로 일본군들을 몰살시켰지만, 위잔아오와 그의 아들만은 살아남은 것이다. 일본군의 트럭에는 불이 붙어 타고 있고, 주변의 수수밭도 붉은 화염이 일어 검은 연기를 내뿜는 장면이 이어진다. 검은 연기 탓인지, 아니면 추알의 죽음 탓인지, 마침 일식이 일어나 하늘도 온통 붉은빛, 아니 핏빛을 띤다. 하늘과 땅, 그리고 사람마저도 모조리 붉은빛을 띠는 장엄하고 숭고한 장면이 펼쳐진다. 장이머우의 영상적 야심이 노골적으로 드러나는 명장면이라고 할 수 있다. 「붉은 수수밭」이라는 영화가 품고 있는 정서적 아우라는 이 마지막 엔딩 장면에서 화려하게 펼쳐지고, 마침내는 영원성을 획득한다.

도대체 무슨 일로 추알과 위잔아오 부부, 그리고 양조장 인부들은 목숨을 걸고 일본군을 기습했던 것일까? 이것은 모옌의 소설에서도 그렇지만 장이머우의 영화를 이해하는데 관건이 되는 질문이다. 그건 바로 로한이라는 남자 때문이다. 일본군에 맞서 싸우다 로한은 다른 포로들과 함께 산 채로 껍질이 벗겨지는 참극을 겪는다. 일본군들은 자신에게 저항하면 어떤 대가를 치르게 되는지 중국인들에게 알려 주고 싶었던 것이다. 잔인한 장면을 목도한 중국인들은 모두 공포에 질려 버리지만, 오직 추알만은 오히려 로한을 위한 복수를 다짐한다. 로한이 세상을 떠난 그날 밤, 횃불 아래 양조장에서는 비장한 의식이 벌어진다. 붉은 고량주를 놓고 로한의 복수를 위해 목숨을 거는 의식이었다. 붉은 횃불에 비친 추알의 모습에는 오직 복수만을 염두에 두고 있는 여자의 독기가 서려 있었다.

추알은 먼저 고량주를 마시고 로한의 영정에 절을 올린 뒤, 아들에게도 영정에 절을 하고 고량주를 마시도록 시킨다. 이어 추알은 남편 위잔아오에게 말한다. "만일 당신이 진짜 남자라면 이 술을 마셔요. 그리고 내일 아침 일본군 트럭에 폭탄을 던져요. 로한의 죽음에 복수하기 위해." 무언가에 홀린 듯 남편 위잔아오는 추알의 요구대로 고량주를 들이켠다. 이어서 양조장의 모든 인부도 고량주를 들이켜며 목숨을 내던지는 출정식을 치른다. "왕 앞에서도 일어날 수 있는" 용기를 술의 신에게 기원하면서 말이다. 바로 이 대목이 중요하다. 로한이 죽은 그다음 날, 거의 즉흥적으로 일본군 기습이 결정되었다. 그리고 그 기습은 글자 그대로 목숨을 기약하기 힘든 모험일 수밖에 없다. 근대적 무기로 무장한 훈련받은 일본군과 맞서 싸우기에는 양조장 사람들은 전투에 너무나도 미숙한 사람들이었다.

18리 양조장의 새 주인 추알

무기라고 해봐야 기껏해야 구식 폭약과 술로 만든 화염병이 전부였으니, 말해 무엇 하겠는가.

여기서 우리는 위잔아오와 추알 사이의 사랑보다 더 중요한 사랑이 있다는 걸 직감하게 된다. 그건 바로 추알과 로한 사이의 사랑이다. 수수밭의 정사 신에서도 로한은 등장하지 않는다. 그리고 엔딩 부분의 붉은빛에 물든 수수밭 장면에서도 로한은 등장하지 않는다. 그렇지만 로한은 양조장 여주인 추알의 내면과 행동을 규정하는 절대적인 무언가로 작용한다. 바로 이것이 장이머우의 영화에서도 가장 매력적인 부분 아닌가? 바람에 휘날리는 수수밭에서 벌어졌던 위잔아오와 추알 사이의 육체적 사랑과는 전혀 다른 사랑이 있었던 것이다. 처음 추알이 양조장네로 시집갔을 때를 돌아보라. 말이 시집이지, 문둥병 걸린 양조장 주인에게 겨우 노새 한 마리에 팔려 간 신세 아니었던가. 이 양조장의 집사 역할을 하던 사람이 바로 로한이었다. 어쩌면 친정집에 추알이 돌아간 사이에 양조장 주인을 죽인 것도 분명 로한이었을 것이다. 자신을 노새 한 마리에 팔았던 아버지, 혹은 자신을 성욕의 대상으로 삼았던 위잔아오와는 전혀 다른 사람이 바로 로한이었던 것이다.

양조장 여주인 노릇을 제대로 하도록 도왔던 사람도 로한이었다. 그리고 위잔아오가 남편 노릇을 하러 양조장으로 들어왔을 때, 조용히 양조장을 떠났던 사람도 바로 로한이었다. 가난한 집 딸로 태어난 추알은 아버지도 남편도 아닌 바로 이 로한이라는 남자를 사랑했던 것이다. 자신을 당당한 인간으로 만들어 준 사람. 모든 것을 주었지만 어떤 것도 받으려고 하지 않았던 사람. 어떻게 이런 남자를 사랑하지 않을 수 있겠는가. 그렇다, 추알이 자기 마음을 준 사람은 남편 위잔아오도 자신의 아들도 아니라, 바로 로한이었던 셈이다. 로한이 떠난 지 9년이 지나도 추알의 마음은 항상 로한에게 있었다. 그러니 9년 만에 나타나 저 멀리서 양조장을 보고 있는 어떤 남자가 바로 로한이라는 걸 알아차릴 수 있었던 것이다. 『대학(大學)』에서도 "마음이 없다면 눈이 있어도 볼 수가 없다(心不在焉目不見)."라는 구절이 있지 않은가.

바로 이 로한이 자기 보는 앞에서 산 채로 껍질이 벗겨 죽어 갔다. 당당함을 그대로 유지한 채로 말이다. 오매불망 그리던 사람이 죽은 것이다. 이제 추알은 더 이상 살아갈 이유를 찾을 수조차 없었다. 아니, 사랑하는 님이 있는 곳으로 하루 속히 가야 할 일이다. 로한이 잔혹하게 죽던 날 밤, 복수를 염원하는 추알의 귀기는 이래서 생긴 것 아닐까? 이제 그녀는 로한의 핏빛 영정 앞에서 모든 것을 태워 버릴 결심을 한 것이다. 자신도, 자신의 남편도, 자신의 아이도, 양조장 인부들까지 모조리 사랑의 화염 속에 던져 버릴 생각, 이 모든 세상을 붉은 핏빛으로 덮을 생각이었던 것이다. 마침내 그녀의 붉은빛 소원은 붉은 수수밭에서 이루어졌다. 그 사실을 알 리 없는 남편과 아들만을 덩그러니 붉은 세상에 남겨 둔 채. 모옌이 결코 짐작할 수 없는 장이머우의 예민한 감수성은 바로 이 대목에서 빛을 발하지 않는가. 헛헛하게 남겨진 두 남자를 떠나 지금 추알은 로한의 손을 잡고 있는 것 아닐까? 달과 태양이 교차하는 일식 장면처럼.

비평가의 눈
이상용

옛날 옛적 오래지 않은 중국에서

장이머우 감독의 데뷔작 「붉은 수수밭」은 이상한 매력이 넘친다. 영화를 감싸고 있는 붉은 색깔 때문만은 아니다. 추알 역으로 나온 공리나 위잔아오 역으로 나온 배우 장원(1963-)의 매력이 크기는 하지만 그렇다고 해서 아시아 최고의 선남선녀들은 아니다. 장원은 1990년대 들어 감독으로도 변신했다. 「햇빛 쏟아지던 날들(陽光燦爛的日子)」(1994)이나 「귀신이 온다(鬼子來了)」(2000)의 연출력은 중국의 새로움을 대변하기도 했다. 하지만 중국 정부와의 불화로 인해 그는 더 매력적인 영화인으로 활동할 기회를 놓쳐 버렸는데, 그의 최근 출연작은 「삼국지: 명장 관우(關雲長)」(2011)에서 조조 역할로 등장한 것이다. 그의 주요 작품과 비교하면 의외의 선택이다. 「귀신이 온다」 이후 몇 편의 영화에 출연하고 연출을 하면서 세월의 격랑을 견뎌 왔다.

장원의 현재는 낯설다. 1988년에 중국 영화의 새로움이라고 불렸던 「붉은 수수밭」과는 묘한 격세지감이 있다. 이 시차야말로 「붉은 수수밭」을 들여다보게 되는 중요한 이유다. 장이머우 감독이 초창기에 선보인 「붉은 수수밭」, 「국두」, 「홍등」은 모두 20세기 중국 현대사의 초반부를 스쳐 간다. 1988년도 이후에 나온 작품임에도 불구하고, 자신이 속한 당대의 중국도 아닌 할아버지와 할머니 시대의 이야기를 풀어놓는다. 이 선택은 두 가지 모두를 가능하게 만든다. 하나는 조부의 시대를 조망함으로써 장이머우 감독은 현실을 변형할 수 있는 가능성을 갖게 된다. 또한 너무 먼 과거의 이야기를 선택하지 않았기에 그의 작품은 에둘러 중국의 현재에 대한 적절한 비판의 가능성을 지니게 된다.

「붉은 수수밭」의 배경은 중국과 일본이 전쟁을 벌이기 시작한 때부터 중일 전쟁까지의 시기다. 중일 전쟁의 가장 큰 사건이 당시 수도였던 난징에서 벌어신 난징 대학살(1937)이니 영화의 배경인 산둥 성 가오미 현은 전쟁의 중심에서 다소 비켜 간 변방의 이야기라고 할 수 있다. 그러나 변방의 농부들이야말로 중국의 오래된 중심이며, 그들의 신화와 삶의 모습은 이 영화가 구현하는 매력의 중심에 놓인다. 「붉은 수수밭」이 강조하는 것은 민중의 질긴 생명력이다. 중일 전쟁 당시 중국인들은 1945년에 해방을 맞이하기까지 끝까지 항쟁했다. 일본에 저항한 영화 속 인물 중에는 한때 산적이었던 '속사포 박'도 있고, 추알의 양조장을 떠났던 로한이라는 인물도 있다. 이러한 태도는 국민당과 공산당의 제2차 국공합작(國共合作)으로 일본에 대항했던 중국의 모습을 떠올리게 한다. 공공의 적인 일본군 앞에서 중국인들은 이념과 정치색을 넘어 항일 민족 통일 전선을 형성했다. 로한의 죽음을 목격한 후 여주인공 추알이 남편 위잔아오와 남자들을 독려하는 장면 또한 모든 것을 초월하는 결단이라고 할 수 있다. 항일 투쟁 앞에서 중국의 민초들은 도적, 방랑자, 노동자 할 것 없이 모두가 하나였다.

추알은 이 모든 인물(남성)을 엮는 캐릭터로 등장한다. 「붉은 수수밭」에서 공리가 지닌 매력은 여기에 있다. 추알은 중국의 모든 남성을 묶어 '일본'이라는 외부의 적에 대항하는 동력을 마련한다. 영화 속 추알의 행적을 따라가다 보면 그녀가 지닌 생명력이 얼마나 강력한 것인지에 대해 영화 전편에 걸쳐 드러난다. 이 영화의 첫 장면은 추알이 문둥병에 걸렸다고 소문난 양조장의 지배자 '리'에게 시집가는 것으로 시작한다. 그녀의 운명은 중국의 전통에 따라 부잣집에 팔려 가는 가난한 집의 여식이었다. 가마를 타고 시집을 가는 그녀는 집에서 숨겨 온 가위를 품고 있다. 그것은 아버지가 정해 준 결혼이라는 전통의 굴레에 그대로 순종하지만은 않겠다는 태도를 보여 준다. 이처럼 도발적인 면모를 지닌 그녀이다 보니 혼행길에 가마를 타고 가던 중 가마꾼인 위잔아오의 어깨를 훔쳐보기도 한다. 그렇게 두 사람은 불륜을 맺고, 부부의 연을 맺는다.

추알은 자신의 방식대로 중국의 전통에 저항하는 인물이다. 중국의 인습을 거부하면서 자신만의 인생을 만들어 간다. 친정에 다녀온 후 남편 리가 의문사를 당하자 그녀는 새로운 '주인'으로 등극하게 된다. 하지만 그녀에게 카리스마가 넘칠망정 단순히 지배자 행세를 하려는 모습은 없다. 추알은 고량주를 만드는 사람들에게 자신을 '주인님' 대신 이름을 불러 달라고 말한다. 9월 9일에 아홉 번째로 태어난 아이라는 뜻을 지닌 추알은 가난한 집의 여식으로 태어났으니 인부들과 다를 바가 없다고 말한다. 추알은 전통적인 주인 행세를 하지도 않으며, 남성들이 유지하려는 권위를 앞세우지도 않는다. 그것은 일정하게 문화혁명의 변혁을 떠올리게 한다. 빈부의 격차와 신분의 격차를 철폐했던 1966년 마오쩌둥의 정책 말이다. 「붉은 수수밭」은 그 시기보다 앞서 추알이라는 캐릭터를 통해 계급, 인종, 학벌 따위에 구애받지 않는 혁명가의 위상을 보여 준다.

하지만 이런 추알의 모습이 전부는 아니다. 추알의 생각은 영화 속 현실에서

「붉은 수수밭」의 여주인공 추알의 옷마저 붉은색이다.

가능한 일은 아니었을 것이다. 오히려 영화 전편에 흐르는 것은 위잔아오의 노랫소리다. 그의 노래는 전통적인 사랑과 낭만을 노래하고 있으며, 새로운 신화를 써 내려가는데 일조하고 있다. 추알이 이상화된 인물이라면, 위잔아오는 과거의 남성상을 강조하면서 이야기를 신화적 차원으로 끌고 간다. 새롭게 빚어낸 고량주 위에 오줌을 뿌리는 그의 모습은 중국의 남성상이 지닌 위력을 과시적으로 묘사해 낸다. 위잔아오의 오줌 덕분에 새로 빚어낸 고량주는 지역에서 가장 유명한 술로 탄생한다. 그것은 신화와 마술의 영역에 속한 것이다. 위잔아오는 바람이 부는 붉은 수수밭 한가운데서 매력적인 여성 추알을 납치하여 한낮의 정사를 벌이기도 한다. 또한 불붙은 고량주 단지를 들고 일본군에게 돌진하는 저항군의 대명사가 되기도 한다. 남성성을 강조하는 위잔아오의 모습은 추알의 모습과 대비되는 신화의 세계를 구축하고 있다.

추알 대 위잔아오, 여성 대 남성, 새로운 변화 대 전통의 위상이라는 대결 구도는 「붉은 수수밭」에서 함께 찾아볼 수 있다. 이 작품은 어느 입장에 서 있는가에 따라 다양한 독해가 가능하게 한다. 영화의 매력은 여기에 있다. 이 작품은 단순한 상징으로 얼룩져 있기보다는 과거와 현재의 역사를 오가며 영화를 통한 역사 쓰기를 행하고 있다. 변화와 전통이라는 것은 추알과 위잔아오가 부부가 되었다는 것을 통해 서로 섞여 있음을 대변하며, 그것이 바로 중국이라고 태연스럽게 말한다. 그러한 가운데 영화 속 인물이 부자나 정치인이 아니라 민중에 불과하며, 이 영화가 중국 민중의 세계사라고 제시한다. 모든 것은 옛날 옛적, 그러나 아주 멀지 않은 중국에서의 민중의 삶, 할아버지와 할머니의 삶을 통해 제시된다.

그렇다면 영화가 만들어진 1988년의 중국은 어디를 향해 가고 있었는가? 장이머우를 포함한 중국 5세대 감독이 문화혁명을 끊임없이 비판했다는 것은 잘 알려진 사실이다. 그들이 보기에 변화의 중심에 있었던 1966년 마오쩌둥 문화혁명은 제대로 완수되지 못한 혁명이거나 잘못된 혁명이었다. 장이머우는 차라리 혁명 이전의 시기로 돌아가 그때만큼은 살아 있었던 민중의 생명력과 중국인의 결기를 보자고 말한다. 그것이 바로 중국 5세대 감독이 새롭게 써 내려간 정치적 위상이었다. 그들은 직접적으로 중국의 현재를 비판하기보다는 가까운 중국의 과거를 통해 그들만의 역사적 해석을 내놓았다. 과거에 대한 비판과 발견은 현재를 향한 화살이 된다.

비록 장이머우의 영화가 정중앙을 향해 날카롭게 시위를 당기지는 않았어도, 1988년에 선보인 「붉은 수수밭」의 과녁은 민중의 삶이라는 핏줄기로 붉게 물들어 있었다. 누군가에게는 보수적으로 보이고, 누군가에게는 여전히 새로운 가능성으로 보일 이 작품은, 아주 잘 만들어진 한 편의 영화이기보다는 에너지 넘치는 젊은 세대의 영화 언어로 또 하나의 신화가 되었다. 중국의 변화를 앞둔 시기에 선보인 영화 언어는 당대를 뛰어넘어 지금까지도 강렬한 인상을 남긴다. 1980년대 중국 젊은 영화는 인민을 위한 아방가르드(최전방 부대)였다.

현재 중국을 대표하는 지아장커 감독은 한 인터뷰에서 자신이 속한 6세대 감독은, 한결같이 장이머우를 비롯한 5세대 감독의 영화를 보며 감독의 꿈을 키웠다고 말한 바 있다. 그러나 정작 장이머우의 '후계자'라고 할 수 있는 중국 감독은 드물다. 매번 새로운 감독과 세대가 등장할 때마다 중국은 단절의 역사를 보여 주었다. 장이머우가 후대에 끼친 영향력은 중국 영화를 1980년대 세계 영화사 속에 기입하면서 국제적 스타일의 영화 제작을 가능케 했다는 데 있다. 그는 영화 문화를 거의 개방하지 않았던 중국 영화 산업의 흐름 속에서 무협 영화 장르까지 건드리며 다양한 문법을 스스로 만들어 냈다. "오늘날 영화 산업의 새로운 흐름과 자본이 중국에 있다."라고 회자될 정도로 중국은 주변국의 감독과 배우들을 결집해 영화 산업을 확장하고 있다. 이러한 흐름 속에서 장이머우는 「영웅: 천하의 시작」과 「연인」처럼 영화 산업을 선도하기도 했고, 「5일의 마중」처럼 현재의 흐름과는 완전히 상반된 영화를 내놓기도 했다. 그래서 그의 영향력은 폭이 넓을 뿐 아니라, 여전히 중국 영화의 대명사로 손꼽히고 있다. 그의 영향력은 그의 존재감에 있다고 해야 옳을 것이다. 전형적인 '다거(大哥, 큰형이라는 뜻)' 스타일의 장이머우는 예술적 재능과 상업적 감각을 동시에 타고난 중국 영화의 자존심이다.

23강 자본주의라는 진흙탕

로제타

다르덴 형제

"나는 평범한 삶을 산다. 너는 평범한 삶을 산다."

— 등장인물 로제타의 독백

「로제타」 Rosetta, 1999

벨기에 | 95분 | 다르덴 형제

오늘도 로제타는 자신이 처한 상황을 도무지 납득할 수 없다. 어제 공장 관리자는 그녀를 불러 "내일부터 출근하지 않아도 된다."라고 통보했는데, 로제타로서는 당최 저 말을 이해할 수 없다. 분명 고용할 때만 해도 "수습 기간이 끝나면 정규직이 될 수 있다."라고 말했는데, 느닷없이 이제야 "수습 기간이 끝났으니 출근할 필요가 없다."라고 딴소리를 해 대니 말이다. 어째서 같은 사람이 같은 입으로 같은 자리에서 완전히 다른 말을, 그것도 매우 천연덕스럽게 내뱉을 수 있을까? 로제타는 여전히 현재 상황을 실감할 수 없다. '어쩌면 그넌이 나를 해코지한 게 아닐까?' 로제타는 여느 때처럼 근무복을 말끔히 차려입고 작업장으로 당당히 들어선다. '이건 틀림없이 음해다. 누군가가 내 자리를 차지하기 위해 못된 소리를 지껄여 댄 것이다.' 로제타의 머릿속에 한 사람이 떠오른다. 때마침 그녀의 성난 모습을 알아챈 공장 관리자가 모습을 드러내 로제타의 진입을 필사적으로 저지한다. 그녀는 분명 어제 날짜로 계약이 만료돼 '정당하게' 해고되었다. 그런데 뭐가 저렇게 불만인가? 공장 관리자로서는 어린애처럼 악을 쓰며 미쳐 날뛰는 로제타의 행동이 그저 성가실 따름이다. "로제타, 그만해. 수습 기간이 만료된 거라고!" 급기야 로제타는 공장 관리자와 몸싸움까지 벌인다. "네가 그런 거야? 내가 지각한 건 집이 멀어 멀리서 버스를 타고 오기 때문이야! 그런 일로 나를 해고하라고 말한 거야?" 그녀는 공장 관리자의 만류에도 어제까지 함께 근무했던 한 여직원을 상대로 노기 가득한 고성(高聲)을 마구 질러 댄다. "네가 그렇게 고자질한 거지?" 공장 관리자는 반쯤 이성을 잃은 로제타를 붙들고 현재 상황을 다시 차분히 설명한다. “로제타, 수습 기간이 만료돼 계약이 해지된 거야. 그런 일로 해고된 게 아니래도?” 로제타는 그를 정면으로 노려본다. ‘저들은 분명 계약할 당시만 해도 이런 일 따윈 없을 것처럼 이야기했다. 그래서 난 최선을 다했고, 정규직의 절반밖에 안 되는 봉급도 감사히 받았다. 그렇게 날 싼값으로 부려 먹더니, 이젠 내다 버려! 지금 내 인생을 가지고 장난해?’ 로제타는 절대 이곳의 유니폼을 벗지 않으리라. 그녀는 공장 관리자의 얼굴에 침을 뱉고, 다른 직원의 손아귀에서 벗어나 냅다 탈의실로 뛰어들어 간다. 아무래도 숨을 데가 없다. 결국 화장실 변기 칸에 숨어 있다가, 단 몇 분 만에 사로잡히고 만다. 로제타는 또 축축하고 차가운 길거리로 내쫓긴다. 이제 그 공장 안에 그녀가 머물 자리라고는 어디에도 없다.

그녀는 집으로 돌아가는 길에 버스 정류장 근처에 있는 노점에서 값싼 와플과 생수 한 병으로 끼니를 때운다. 로제타는 어디에서 새로운 일자리를 찾아야 할까. 로제타의 집은 트레일러다. 캠핑장에서 쓰이는 주거용 ‘카라반’이다. 말하자면 그곳은 임시 거주를 위해 돈 없는 사람들이 밀집해 있는 장소다. 발이 푹푹 빠지는 진탕 위에 트레일러 수십 대가 모여 있다. 로제타는 이곳 사람들처럼 살고 싶지 않다. 그녀는 입구가 아니라 숲 속 길을 따라 마을로 들어온다. 로제타는 ‘바깥’에 나갈 때만 신는 깨끗한 운동화를 벗어 따로 챙긴다. 트레일러 마을에 들어설 때는 낡은 고무장화를 꺼내 신는다.

트레일러 관리자의 눈을 피해 낚시도 한다. 이런 식으로라도 먹을 것을 구해야 한다. ‘나는 엄마처럼 술독에 빠져 살지 않겠어. 절대로 몸을 팔지도 않겠어.’ 로제타는 트레일러 앞에 묘목을 심고 있는 엄마의 모습을 보자 화가 치민다. “엄마, 여긴 우리 집이 아니야. 그런 거 심지 마.” 그녀의 엄마는 잔뜩 찌들어 있다. 엄마는 로제타의 불평에도 묘목을 묵묵히 옮겨 심는다. 찔끔대는 수돗물을 겨우 받아 세수를 하던 로제타가 결국 엄마 곁에 우뚝 다가선다. “엄마, 또 술 마셨어? 맥주 냄새 나. 그놈한테 술을 얻어먹고 대 준 거야?” 엄마는 쥐고 있던 삽을 내던진다. “난 네 엄마야, 말조심해!” 로제타도 지지 않는다. “술부터 깨고 말하시지?” 로제타의 엄마는 치료를 거부하는 알코올의존증 환자인데다, 쓰레기 같은 작자들에게 가랑이를 벌리고 술을 얻어 마신다. 정상적으로 살고 싶은 로제타에게 엄마의 삶은 끔찍하다.

로제타는 식사를 준비하는 엄마를 바라본다. 어디서 구해 온 것인지 알 수 없는 생선을 손질하고 있다. 로제타는 엄마가 가져온 물고기를 수풀 속으로 던져 버린다. 그러고는 흙바닥에서 지렁이를 찾아내 낚시를 시도한다. 한편 로제타는 부업으로 헌 옷을 수거해 내다 판다. 그녀가 낡은 옷가지를 수거해 오면, 엄마가 약간씩 수선해 뭉치로 팔아 치우는 것이다. 지금처럼 절박한 상황에서 앞뒤 가릴 수 있겠는가? 로제타는 헌 옷을 비닐봉지에 담아 시내로 나간다. 헌 옷 가게 주인은 값을 깎기에 바쁘고, 로제타는 단 몇십 프랑이라도 더 받고 싶다. 요즘 날이 춥다 보니 여름옷은 몽땅 거부당한다. '이 따위 것들을 주워다 파는 것도 일인데, 마냥 헐값에 넘길 순 없지.' 로제타는 셔츠 몇 벌만 팔고, 여름옷은 도로 챙긴다. "혹시 판매원은 필요 없나요?" 로제타는 혹시나 하는 심정으로 헌 옷 가게 주인에게 한마디 건넨다. 대답은 역시나 "지금은 필요 없어."

로제타는 곧장 관공서로 향한다. 실직 수당을 신청해 보지만 '자격 미달'이라 접수조차 거절당한다. "주소지가 그랜드캐니언?" 공무원은 미간을 찌푸리며 되묻는다. "그 카페 근처예요." 얼마나 더 비참해져야 한다는 말인가? 거절에 익숙한 그녀는 군말 없이 관공서 문을 나선다. 로제타는 다시 헌 옷 가게로 찾아가 나머지 여름옷들을 처분해 버린다. 오늘도 와플을 우적대며 맥주 몇 캔을 구입한다. 때마침 수금을 나온 와플 가게 사장의 돈뭉치가 로제타의 눈에 들어온다. 잘 익은 석류처럼 무수히 많은 지폐가 흐드러져 있다. 로제타는 당장 그 사장에게 달려가 일자리를 얻을 수 있겠냐고 묻는다. 상대방의 대답은 '필요 없다.' 한마디가 전부다. 그 모습을 지켜보고 있던 와플 가게 종업원 리케가 먼저 로제타에게 말을 건넨다. "일자리 필요해요?" 로제타는 자신을 고용할 만한 사람이 아니라면 말을 섞고 싶지 않다.

집으로 돌아온 로제타는 복통으로 자리에 주저앉는다. 이런 증상이 시작된 지는 꽤 오래됐다. 진통제 몇 알과 헤어드라이어의 온기로 겨우 버티고 있다. 어느 날 로제타는 엄마가 남자를 트레일러로 불러들이는 광경을 목격한다. 로제타는 성난 파도처럼 트레일러로 뛰어든다. 엄마를 미치광이로 만들고, 창녀 짓하게 만드는 술 따윈 이제 보기도 싫다. 로제타는 와인 병을 집어다 땅바닥에 내던진다. 엄마는 비명을 내지르고, 술병을 들고 트레일러로 찾아온 인간쓰레기는 로제타를 잡아 죽일 듯이 마구잡이로 달려든다.

그때 버스 정류장 와플 가게의 종업원 리케가 낡은 오토바이를 타고 등장한다. "저기, 일자리가 생겼어." 로제타는 순식간에 잠잠해진다. 와플 가게 사장은 한 종업원을 해고했다. 여종업원은 자식을 돌본다는 이유로 너무나 자주 지각에 결근까지 했기 때문이다. 로제타는 저 여자가 해고된 것으로 인해 앞치마를 두르고 와플을 만드는 일을 할 수 있게 되었다. 로제타는 자신의 몸무게만큼 무거운 밀가루 포대를 부지런히 나른다. 로제타는 앞치마에 붙은 상표까지 뜯어내 몰래 챙긴다. 헌 옷에 상표를 붙여 팔면 돈을 더 받을 수 있기 때문이다.

그러나 엄마는 로제타의 뜻대로 움직여 주지 않는다. 엄마는 여전히 술을 마셔 대고, 술을 얻기 위해 남자들을 불러들인다. 이곳에 더 이상 엄마를 방치할 순 없다. 로제타는 엄마를 치료 시설에 보내려 한다. 하지만 엄마는 도망친다. "지금 이 생활이 좋아. 그냥 이렇게 쓰레기처럼, 시궁창에서 살게 내버려 둬!" 엄마는 실성한 사람처럼 맨발로 달려 나간다. 이 와중에 로제타가 진흙투성이 개울에 빠져 버린다. 좀처럼 빠져나올 수가 없다. 엄마에게 살려 달라고 애원해 봐도 그녀는 이미 사라진 지 오래다. 로제타는 간신히 빠져나오지만, 하나뿐인 장화를 잃어버린다. 모든 것이 엉망진창이다.

엄마가 도망친 저녁. 로제타는 일자리를 소개해 준 리케의 집을 찾아간다. 그녀는 리케가 사는 곳의 이모저모를 물어본다. 그것은 정상적인 삶이다. 리케는 저녁으로 맥주와 토스트를 대접하며 자신이 직접 연주한 음악까지 선보인다. "난 한때 마루 운동 챔피언이었지. 나중에 와플 가게를 차릴 거야. 집에 와플 기계도 있어." 로제타의 눈에는 허름한 집에 사는 리케의 삶마저 사치스럽게 보인다. 리케는 로제타의 얼굴을 들여다보며 설레는 감정을 느끼지만, 로제타는 무감각하다. "와플 가게 근처에서 뭐하고 있었어?" 리케는 슬쩍 로제타의 심중을 떠본다. "아무것도. 그냥 네가 일하는 모습을 지켜보고 있었어."

리케는 신이 나서 이야기를 한다. "집에 있는 와플 기계로 와플을 만들어 가게에서 몰래 팔고 있어. 그럼 꽤 많은 돈을 몰래 챙길 수 있지. 취직한 이후로 줄곧 그러고 있어." 로제타는 리케의 손에 이끌려 난생처음으로 춤도 춰 본다. 하지만 마냥 어색하다. 이윽고 로제타는 리케의 집을 나섰다가 또다시 그의 집을 찾는다. 아까 챙겨 둔 장화를 놓고 갔다면서 문을 두드린다. 그리고 이내 "혼자 있기 싫다."고 말한다. 로제타는 리케의 집에서 하룻밤을 보낸다. 그녀는 벽을 마주 보고 누워 조용히 읊조린다. "네 이름은 로제타, 내 이름은 로제타. 너는 일자리를 구했어, 나는 일자리를 구했어. 너는 평범한 삶을 산다, 나는 평범한 삶을 산다. 너는 시궁창을 벗어난다, 나는 시궁창을 벗어난다. 잘 자, 잘 자."

그런데 다음 날 로제타는 다시 해고를 당한다. "로제타, 미안하지만 당분간 출근하지 마. 내 못난 아들이 퇴학당해 이제 이곳에서 일을 거들기로 했거든. 이제 이곳에 나올 필요 없어." 그녀는 또 울고불고 발악해 보지만, 결국 질 수밖에 없는 게임이다. 사장은 로제타에게 일자리가 생기면 바로 연락을 주겠다는 약속으로 마무리한다. 로제타는 또 일을 찾아 나선다. 그러다 로제타는 와플 가게에서 일하고 있는 리케의 모습을 발견한다.

로제타는 다시 와플 가게 사장을 찾아가 확답을 듣는다. "빈자리가 생기면 다시 저를 채용하실 거죠? 그런 거죠? 맞죠?" 그녀는 자신의 트레일러로 돌아간다. 로제타는 자기가 불법으로 설치해 둔 낚싯대를 은밀히 확인하다가, 갑자기 오토바이 모터 소리가 들려오자 화들짝 놀란다. 마을 관리인에게 들켰다가는 봉변을 당할 수도 있기 때문이다. 오토바이 소리의 주인은 리케다. 해고당한 로제타가 걱정돼 먼 길을 달려온 것이다. 그러나 로제타는 그의 마음 따위엔 관심이 없다. 다만 그의 오토바이 소리 때문에 놓쳐 버린 낚싯대가 아까울 따름이다. 리케는 미안한 마음에 그녀를 도와 물에 빠진 낚싯대를 건져 내려고 안간힘을 쓴다. 급기야 리케는 진창에 발이 미끄러지며 강물에 빠지고 만다. 뭍에 선 로제타는 허우적대는 리케를 잠자코 바라본다. '그가 죽으면 그 자리는 내 것이다. 차라리 이대로 리케가 죽었으면 좋겠어.'

그녀는 간신히 마음을 돌린다. 로제타는 철조망 건너편에서 나뭇가지를 가져와 리케의 생명을 구한다. 그녀는 구사일생한 리케에게 손이 미끄러졌다며 둘러댄다. 리케는 점퍼에서 물을 짜낸 후 오토바이를 타고 서둘러 집으로 돌아간다. 그 후 로제타는 죄책감 탓에 리케를 피한다. 그러나 리케는 아무렇지도 않게 그녀를 대하며 손수 커피까지 한 잔 내준다.

일자리가 간절한 로제타는 끝내 일을 벌인다. 그녀는 와플 가게 사장에게 리케의 사기 행각을 낱낱이 밀고한다. 물론 사장은 격분해 리케를 곧장 해고한다. 로제타는 리케가 입었던 앞치마를 걸치고, 막 생긴 빈자리에 잽싸게 앉는다. '이제 내게도 진짜 일자리가 생겼어. 정상적인 삶을 살게 될 것이다. 평범한 삶을…….' 로제타는 퇴근길에 오토바이를 탄 리케와 마주친다. 그녀는 그를 보고 싶지 않다. 아무리 자신의 '밀고'를 정당화해 봐도, 불현듯 떠오르는 켕기는 마음을 감출 수 없다. 그의 얼굴을 볼 용기가 없다. '부우우우웅!' 리케의 오토바이 모터 소리가 들려온다. "로제타, 너 도대체 나한테 왜 그랬어!" 리케가 로제타의 멱살을 틀어쥔다. "놔 줘!" 로제타는 달리 변명하지 않는다. "그래, 일을 구하려고 그랬어!" 리케는 순간 맥이 풀리지만 분한 감정마저 사라진 건 아니다. "차라리 네가 물에 빠져 죽었으면 좋겠다고 생각했어!" 로제타는 자신이 무너지고 있음을 직감한다. 로제타는 리케를 뿌리치고 가던 길을 서두른다. 그렇게 또 며칠이 지난다. 일하다가 웃고, 일하다가 절망하는 나날이 이어진다.

로제타는 퇴근하고 마을로 돌아오다가 트레일러 앞에 쓰러져 있는 엄마를 발견한다. 도망친 후 만신창이가 되어 돌아온 것이다. 트레일러 안에 엄마를 누인 후 로제타는 달걀 하나를 삶는다. 그리고 와플 가게 사장에게 전화를 걸어 직장을 그만둔다. 왜 그랬을까. 그녀는 달걀을 맛나게 먹은 후 창틈을 막고 가스 밸브를 돌린다. '쉬이이이이익.' 매캐한 냄새가 로제타의 코를 자극한다. 그런데 자살마저 쉽지 않다. '푸이이이익.' 갑자기 가스가 떨어진 것이다. 로제타는 죽기 위해 가스통을 구입하러 길을 나선다. '왜 이 시궁창에서 벗어날 수 없는 거야!' 그녀는 자살의 대가로 돈을 지불해야 하는 것도 모자라, 육중한 철제 가스통까지 몸소 옮겨야 한다. 잔혹한 비극은 종종 지독한 희극으로 돌변한다. 바로 그때 다시금 리케의 오토바이 모터 소리가 들려온다. '부우우우우웅!' 그 소리가 로제타의 가슴을 갈가리 찢어발긴다. 이젠 도려낼 심장도, 뜯어낼 살점도 없다. 때마침 격한 복통이 불쑥 치민다. 로제타는 차가운 가스통을 부둥켜안고 진흙탕에 주저앉는다. 대성통곡을 한다. 분노했기 때문에? 억울해서? 아니면 속죄의 눈물일까! 그런 그녀 앞에 리케가 다가선다. 그는 쓰러진 로제타를 일으켜 세우고 말없이 자리를 지킨다. 로제타는 침묵 속에서 그의 얼굴을 들여다본다. 마침내 두 사람은 다시 서로를 마주한다.

작가에 대하여

장 피에르 다르덴, 뤽 다르덴

Jean-Pierre Dardenne, 1951-
Luc Dardenne, 1954-

"우리는 벨기에라는 작은 나라의 수공예 작가다."

형 장 피에르 다르덴과 동생 뤽 다르덴은 벨기에 리에주에서 태어났다. 형은 드라마를 전공했으며, 동생은 철학을 전공했다. 두 사람은 1970년대 초에 모나코 출신의 프랑스 극작가 겸 영화감독인 아르망 가티(1924-) 문하에서 연극과 연기, 그리고 비디오 매체의 유용성을 배웠다.

고향 리에주의 세랭으로 돌아온 형제는 시멘트 공장과 원자력 발전소에서 일해 마련한 돈으로 장비를 구입하고, 다큐멘터리를 만들기 시작한다. 1975년에 설립한 다큐멘터리 제작사 데리브는 그 영역을 더욱 확장하는 계기를 마련해 주었다. 「레옹 M의 보트가 처음으로 뫼즈 강을 내려갈 때(Lorsque le Bateau de Léon M. Descendit la Première Fois)」(1979), 「전쟁을 끝내기 위해, 벽은 무너져야 했다(Pour Que la Guerre S'achève, les Murs Devaient S'écrouler)」(1980)와 같은 노동자들을 다룬 작품은 주로 세랭에서 촬영했고, 그들과 함께 영화를 만들어 갔다. 이후 영화에서도 세랭은 중요한 장소다. 다르덴 형제의 걸작 「로제타」를 포함하여 「아들(Le Fils)」(2002)이나 「자전거 탄 소년(Le Gamin Au Velo)」(2011)은 모두 세랭에서 촬영된 작품이다. 이들의 관심사가 벨기에 동부 리에주, 직업을 잃은 노동력 20퍼센트가 빠져나가 철강 산업 도시로서의 명성을 이미 과거에 넘겨주고 죽어 버린 도시에 있다. 리에주에서도 외곽에 위치한 세랭에서 다르덴 형제는 "닫힌 그 공간의 종류를 재창조해야 한다."라고 의지를 밝힌다. 이들의 다큐멘터리에 대한 관심사는 「어느 임시 대학의 강의(Leçons d'une Université Volante)」(1982)나 미술에 대한 관심으로까지 확장된다.

다르덴 형제의 첫 번째 극영화는 1986년에 제작한 「거짓(Falsch)」다. 이후 두 번째 극영화 「당신을 생각해요(Je Pense à Vous)」를 1992년에 만든다. 1994년에 설립한 극영화 제작사 레 필름 뒤 플뢰브를 설립한 후 세 편의 영화 「약속(La Promesse)」(1996), 「로제타」, 「아들」을 선보인다. 「약속」은 「더 차일드(L'Enfant)」(2005)의 제레미 레니에(1981-)가 아역으로 주연을 맡았던 작품으로 다르덴 형제의 기본적인 스타일이 담겨 있다. 불필요한 요소나 정보를 제거하는 방식으로 인물에 집중하면서 그들이 겪는 사회적, 윤리적 갈등을 따라간다.

이들에게 첫 번째 황금종려상을 안겨 준 「로제타」는 절망적으로 일자리를 찾아 헤매는 한 소녀의 움직임을 따라가고 있으며, 「아들」은 자신의 아들을 살해한 소년이 소년원의 학생으로 들어오게 되면서 갈등하는 아버지의 모습을 따라간다. 이 소년이 살해범이라는 사실조차도 영화의 중반 이후에나 나온다. 영화의 마지막은 놀라운 결단과 반전의 장면으로 마무리된다.

이들은 여섯 번째로 만든 극영화 「더 차일드」로 빌리 오거스트, 프랜시스 포드 코폴라, 에미르 쿠스트리차(1954-)와 함께 칸의 황금종려상을 두 차례나 수상한 감독 중 하나가 되었다. 이들의 연출 방식에는 놀라운 구석이 있다. 다르덴 형제는 "우리는 한 사람이지만, 눈은 네 개"라고 표현한다. 두 명이 공동 연출할 때 두 사람의 분업은 형제애 이상의 신뢰 속에서 이루어진다. 주로 촬영과 편집을 맡는 장 피에르 다르덴과 사운드를 맡는 뤽크 다르덴은 한 사람은 모니터를 보고, 또 한 사람은 배우를 본다. 모니터 뒤에 있는 사람은 배우의 연기에 대해서 거론하지 않는다. 그러고서는 자리를 바꾼다.

무엇보다 독특한 것은 리허설이다. 그들은 자신들이 배우에게 요구하는 것은 결국 "육체적인 것"이라고 설명한다. 작업은 먼저 카메라맨 없이 시작되어, 많은 리허설로 동선을 구성해 보고, 또 몇 가지 버전으로 바꿔 본다. 그렇게 함으로써 배우의 움직임과 디테일이 살아난다. 그때에 가서야 대사를 시작하고 조정해 나간다. 롱 테이크 화면으로 따라가는 이들의 영화는 알고 보면 수많은 예행연습을 통해 이루어진 것이다. 현실감이란 이와 같은 연출의 노력 위에서 표현되는 것이다.

장화를 신고 들어가야 하는 흙탕물 자본주의사회

PALMA DE ORO CANNES 1999
PREMIO DE INTERPRETACION FEMENINA

Rosetta

Un film escrito y dirigido por Luc y Jean-Pierre Dardenne

무심히도 카메라는 일자리를 구하는 애달픈 소녀의 뒤를 따라간다. 그녀의 이름은 로제타. 그녀는 일을 하고 싶은 10대 소녀다. 하지만 현실은 만만치가 않다. 다르덴 형제의 카메라로 우리가 바라볼 수 있는 건 오직 로제타의 뒷모습뿐이다. 그녀가 어떤 고통을 당하는지, 그녀의 표정이 어떤지 목격하는 순간은 아주 많지 않다. 그녀의 뒷모습을 바라본다는 것은 역설적이게도 그녀가 바라보는 것을 함께 바라본다는 것이 된다. 그녀의 고통스러운 현실은 어떻게 시작되었을까. 벨기에의 한 마을에서 시작되는 이야기는 어떤 궁금증을 안겨 줄 것인가. 우리는 종종 로제타의 울부짖는 목소리를 듣는다. 그리고 침묵하는 눈길을 본다. 울먹이는 소녀의 울음을 따라 자본주의가 열어 놓은 각박한 현실 속으로 들어간다.

와플의 나라, 벨기에의 영화

이 이 영화를 보면서 제일 먼저 든 생각은 '벨기에 와플은 원래 저런 거였구나.' 하는 거였어요. 한국에서는 벨기에 와플이 아이스크림을 얹은 고급스러운 음식이잖아요. 그런데 「로제타」를 보면 버스 정류장 근처에서 파는 값싼 먹거리예요. 허기를 달래기 위한 노동자들의 음식인 거죠. 「로제타」는 알려 주는 것 같아요, 와플의 정체와 태생을.

다르덴의 영화에 대한 개인적인 관심이 일어났던 계기는 칸 영화제에 소개된 「아들」을 보게 되면서부터였습니다. 너무 낯설었습니다. 카메라가 계속 주인공의 뒤통수만 찍습니다. 할리우드는 리버스 숏이나 인서트를 써서 인물의 방향을 알려 주지요. 우리는 한 인물을 정면이나 측면에서 바라보게 돼요. 그런데 다르덴은 쫓아가기만 해요. 다르덴 특유의 리얼리즘을 느끼실 수 있으면 좋겠습니다.

감독 소개에도 썼지만 이들은 벨기에 태생이고 다큐멘터리 감독으로 출발했습니다. 1970-1980년대 초까지 만들었던 다큐멘터리 필름을 전주국제영화제에서 특별 상연한 적이 있습니다. 현재 다르덴이 발표하고 있는 극영화를 이해하기 위해서는 초기 다큐멘터리를 보는 것도 중요하다고 생각해요. 다르덴 형제는 초기에 벨기에 리에주 지역에서 노동자들과 함께 파업 현장 등을 담아 왔는데요. 이미 현장을 따라다니면서 찍는 것에 숙련된 상태에서 극영화를 찍기 시작한 거죠.

강 「로제타」는 정말 신기하게도 계속해서 눈으로 쫓아가게 만드는 다큐멘터리 필름이에요. 로제타의 숨소리가 들리는 것 같다고 느낄 정도예요. 영화 내용도 그렇지만 카메라 워크에 대해 좀 더 얘기해 보고 싶어요. 우선은 숙련도가 필요하겠지만 워크만 흉내 낸다고 해서 저 느낌이 날까 싶기도 해요. 우리나라 다큐멘터리 「3일」 같은 프로그램을 보면 카메라앵글이 위에서 내려다보잖아요. 모든 걸 다 알고 있는 신처럼요. 근데 이 영화는 안 그래요. 우리랑 같은 높이에서 쳐다보고, 우리랑 아는 것도 같아요. 그래서 어떻게 진행될지 잘 모르겠어요.
예전에 어떤 모임에서 덕담을 한마디한 적이 있어요. 인생에는 기승전결이 없다는 내용이었어요. 삶은 그래요. 꼬맹이들은 권선징악이 있다고 생각하죠. 하지만 복도 벌도 안 받을 수 있어요. 거꾸로 교훈이 강한 영화나 문학은 허구성이 짙다고 보시면 돼요. 삶에는 존재하지 않는 권선징악을 넣으니 허구적이라는 겁니다. 영화를 통해 스트레스를 해소해야지, 나의 무미건조한 삶을 보상받아야지 하고 생각하시는 분에게는 「로제타」 같은 영화는 불편했을 거예요. 그냥 우리네 인생 같으니까요. 보기 싫거나 불편하지 않았다면 여러분들은 충분히 성숙한 거예요. 비정규직, 제3세계 노동자에 대해서 비난하지 않을 정도의 수준은 되는 거예요.

뒷모습의 리얼리즘, 몸짓의 리얼리즘

이 다르덴 감독은 주로 뒷모습을 잡습니다. '뒷모습의 리얼리즘'이라고 명명하고 싶어요. 다르덴의 극영화에서 카메라는 최소한으로 등장하는데요. 단 한 대의 핸드헬드로 영상을 구축하죠. 카메라 고정 숏이 없습니다. 불안정한 로제타의 상황을 자연스럽게 전달하는 스타일이기도 하고요. 때로는 인물에 밀착하기도 하고 때로는 거리를 두기도 합니다.

한 사람을 쫓다 보니 놓치는 풍경도 생깁니다. 일반적인 할리우드 영화였다면 리버스 숏이나 인서트 화면을 통해 보충 설명하겠지만 다르덴은 그러지 않습니다. 세상을 완결된(봉합된) 형태로 보여 주겠다는 의지를 보이지 않는 겁니다. 편집이라는 인위적 보완도 최소화하는데, 이 때문에 리얼리즘이 발생하는 것이 아니라 인물과 카메라 사이의 거리를 통한 긴장감으로 리얼리즘이 구현되는 듯합니다.

할리우드 영화에서 프로필(정면 사진)이 제대로 보이는 경우는 별로 없죠. 관객의 불편을 줄이려는 의도에서입니다. 많은 사람이 프로필을 통해 매혹적으로 보이는 것이 관객을 끌어들인다고 생각하지만 다르덴은 주어진 상황에 충실한 인물을 잡을 뿐입니다. 얼굴은 웃거나 찡그리게 됩니다. 스스로 가증스러울 때가 있어요. 얼굴의 표정이란 드러내려는 의지가 있기 때문에 통제받습니다. 그런데 등은 정직해요. 다르덴의 영화는 절망하는 등, 고통스러워하는 등을 잡습니다. 뒷모습[873쪽 키워드 참고]을 통해 우리는 그 인물의 진실, 요동치는 내면에 대해 알게 됩니다.

강 슬픔을 표시할 때 얼굴은 지나치게 슬픔을 나타낼 수 있는 법입니다. 그래서일까요, 얼굴보다는 몸이 더 정직하다고 할 수 있지요. 클림트나 에곤 실레 그림을 보면 어깨 구부리고 등이 굽은 듯한 모습이 많습니다. 얼굴 표정이 아니라 몸의 큰 동작으로 보이는 거죠. 슬프다고 눈물을 그릴 게 아닙니다. 로제타의 그 몸동작, 구부정한 등, 커다란 겉옷, 이런 것들이 굉장히 슬퍼 보였거든요. 제일 슬픈 장면은 소리는 안 나지만 등이 들썩거릴 때였거든요. 울음을 바깥으로 넘치게 하지 않고 삼키려고 수그리는 거죠.

음악이 없는 영화

강 이 영화에 음악이 없다는 것도 중요한 특징입니다. 이렇다 할 음향 효과가 없어요. 과장하지 않으려는 것 같아요. 다르덴은 차 시동 소리, 물에 빠지는 소리, 덜그럭거리는 삶의 소리, 수도꼭지 트는 소리로 얘기합니다. 이들 소리는 어정쩡한 음악보다 훨씬 강한 정서적 공감을 불러 일으키죠.

이 다르덴 형제가 음악을 쓰기 시작한 건 「자전거 탄 소년」(2011) 때부터였어요. 음악이란 것도 인위적인 매체이기 마련이니까요. 우디 앨런만 해도 박수 치면서 웃으라고 유도하는 것과 비슷한 역할을 하는 백그라운드 뮤직이 있죠. 그걸 최소화하는 것도 다르덴 리얼리티의 한 특질이라고 볼 수 있을 거고요.
이 영화는 실제로 사회적 파장을 일으키기도 했는데 벨기에에서 청년 실업 문제가 상당히 심각했거든요. 이 영화가 그때의 사회를 뒤흔들어 버렸습니다. 로제타 플랜[874쪽 키워드 참고]이라는 게 시행됐습니다. 청년 실업 대책으로서 최초 고용 계약에 대한 법률을 마련하게 되었죠. 종업원 50인 이상인 기업은 3퍼센트 이상을 청년으로 채용해야 한다는 원칙을 만들었고, 이를 어길 시 받은 벌금을 모아 청년 실업을 돕기로 했고요. 한국에서도 가끔 로제타 플랜에 대한 언급이 들립니다. 영화가 이런 식으로 현실에 영향을 미칠 수 있다는 건 놀랍죠.

로제타 앞에 펼쳐진 길

강 정서적 유인 장치를 극도로 억제한 리얼리즘 영화가 분명한데, 흡인력의 정체가 궁금해지죠. 카메라 한 대로 돌린다고 하니 우리도 만들 수 있다는 거예요. 우리도 충분히 찍을 수 있어요. 물론 그렇다고 해서 다르덴 형제만큼 감동을 주기 힘들겠지만 말입니다.
로제타의 상황이 굉장히 힘들죠. 인물이 처해 있는 상황은 딱 외줄타기 상태입니다. 자기를 좋아해 줬던 리케를 배신하죠. 로제타는 평범하게 살고 싶어 했어요. 그 친구를 고발하고 밀어냈지만요. 로제타는 자기 자리를 쟁취하려면 누군가를 밀어내야 한다는 걸 알게 되었어요. 외줄이에요. 돈도 많이 벌고 싶고 정상적으로 인간적으로 살고 싶어요. 인간답게 살고 싶어서 발버둥치는데, 그렇게 겨우 자리를 찾으려 하면 자기 탓에 누군가 나뒹굴게 돼요. 또 다른 의미의 인간답지 못한 삶이 시작되는 거죠. 엄마를 다그쳤던 자기 모습에서 엄마를 발견하죠. 시궁창에는 두 종류가 있어요. 로제타가 시궁창을 벗어나려면 타인을 시궁창에 넣어야 돼요. 다른 로제타가 생겨 버려요. 그래서 이 영화가 아픈 거예요.

이 영화가 보여 준 것이 휴머니즘이었다고 결론 내리고 덮기가 찜찜한 거예요. 로제타 생존에 주어진, 선택의 가느다란 폭이, 이 얇은 선이 8차선 도로가 돼야 해요. 로제타에게 주어진 길의 영역은 너무 폭이 좁아요. 최소한 경제적 삶도 살고, 최소한 인성도 지킬 수 있는 삶이 가능한 영역의 너비가 그 정도는 돼야 한다고 생각해요. 로제타의 위대함은 그런 거예요. 그나마 균형 잡고 인간적인 매력을 뿜어내는 유일한 캐릭터잖아요.

자살조차 불가능한 사회

이 정보가 최소한으로 주어지는 영화에서 분명하게 드러나는 부분은 엄마와 로제타와의 관계입니다. 로제타는 확실히 엄마를 혐오합니다. 정상적으로 평범하게 살고 싶다고 주문처럼 외우는 딸의 눈에 엄마는 정상적이지 않아 보여요.[1] 알코올의존증 환자인 엄마는 남자를 이용해 술을 얻어먹습니다. 알코올의존증 환자는 자기를 파괴합니다. (물론 종국에는 가족까지 파괴합니다만 기본적으로는 자기 파괴를 보여요.) 로제타는 정상 중독자같이 보여요. 자기 집착에 사로잡힌 그녀는 타인을 파괴하게 돼요.

가장 자신에게 호의적이었던 남자 리케를 파괴하죠. 정상 중독자라는 건 자본주의 중독자라고도 볼 수 있어요. 파괴 지향적이며 의존적이라는 점에서 엄마와 로제타는 역설적이게도 서로 닮아 있어요.

로제타가 리케를 찾아가는 순간이 매우 중요하다고 생각해요. 엄마가 도망쳤을 때 그녀는 처음으로 타인에게 도움을 구합니다. 엄마가 사라

1 영국의 문화 인류학자 메리 더글러스는 『순수와 위험』에서 하나의 사물이 어떤 맥락에서는 순수하고 다른 맥락에서는 불순할 수 있음을 지적하면서 사회적으로 부과되는 경계를 위반한다는 사실, 즉 정상과 비정상을 구분하는 생각이 그 대상을 혐오하게 만든다고 설명한다.

진 순간 정상적인 삶이 가능하리라 생각해서 여기저기 집세를 물어보고 조건을 알아봅니다. 엄마와의 다툼 끝에 잃어버린 장화를 얻자마자 그냥 가 버립니다. 집에 돌아가기 싫다면서 결국 다시 돌아오긴 하지만요. 그랬던 인물이 자살을 결심하는 건 엄마가 돌아왔을 때입니다. 이 가족이라는 사슬이 로제타의 정상적인 삶을 불가능하게 하는 압박인 거죠. 끝내 선택한 자살은 가스가 똑 떨어짐으로써 미수에 그치게 됩니다. 어떤 평론가들은 다르덴의 선배 격으로 브레송을 비교하기도 합니다. 인간을 냉철하게 쫓아가면서 존재론적 고민을 심화했다는 측면에서요. 또 같이 비교되는 사람이 아키 카우리스마키(1957-)라는 핀란드 감독인데 그가 찍은 「나는 살인 청부업자를 고용했다(Vertrag Mit Meinem Killer)」(1990)는 장 피에르 레오가 자살하는 얘깁니다. 가스로 죽으려고 하는데 자살 시도가 몇 번이나 미수로 그칩니다. 가스 회사 파업으로 인해 가스가 중단되었기 때문이죠. 이 영화는 '자살조차 불가능한 사회', 자살조차 최소한의 자본이 있어야 가능한 사회라는 엄정한 현실을 보여 주죠.

강 전 자살이라는 느낌이 안 들었어요. 일 그만두고 왔다 갔다 하는 모습만 인상 깊어서 문틈 막는 장면도 거꾸로 생각한 거예요. 추울까 봐 문틈을 막은 거지, 자살하려고 문틈을 막은 것 같지는 않아요. 엄마를 보호하고 따뜻하게 해 주려는 쪽으로 이해했거든요. 오히려 삶의 의지를 느꼈어요. 진짜 죽겠다 싶으면 리케로부터 뺏은 일자리를 그만두겠다고 사장에게 연락 안 해요. 다시 추락하는 느낌, 엄마가 돌아왔고 만신창이 된 엄마를 들여다 앉혀 놓고 살아가야 하는 현실이 펼쳐진 거죠. 여기서 로제타는 새롭게 시작하려고 결심한 것 아닐까요.

장화를 신고 들어갈 수밖에 없는 흙탕물 사회

이 정상성에 대한 강박 얘기를 말씀드렸는데 로제타뿐 아니라 자본주의사회 구성원 누구나 품고 있는 관념입니다. 우리가 생각하는 정상적

다르덴 형제, 「로제타」

"로제타도 어느 순간 괴물이 되어 버려요. 엄마랑 실랑이하다가 진흙탕에 빠졌죠. 살려 달라고 소리치는데도 엄마가 뒤도 안 돌아보고 도망칩니다. 가장 친밀한 혈육에 대해 끔찍하다는 느낌을 받았던 로제타가 자신에게 잘해 주는 사람을 배반하는데, 그녀가 엄마와 똑같아진 거죠."

인 코스라는 게 있잖아요. 고등학교는 어디 가고 대학교 어디 가서 취직은 어디로 해야 한다는 식의 고정관념이 있잖아요.

로제타도 어느 순간 괴물이 되어 버려요. 엄마랑 실랑이하다가 진흙탕에 빠졌죠. 살려 달라고 소리치는데도 엄마가 뒤도 안 돌아보고 도망칩니다. 가장 친밀한 혈육에 대해 끔찍하다는 느낌을 받았던 로제타가 자신에게 잘해 주는 사람을 배반하는데, 그녀가 엄마와 똑같아진 거죠. 물고기 잡다가 갑자기 관리소 사람이 온 줄 알고 리케한테 도와 달라고 하죠. 실수긴 하지만 리케가 도와 달라고 하는데 로제타가 도망가죠. 그러고는 리케가 사라진다면, 죽는다면 어떻게 될까 하고, 해서는 안 될 상상을 하는 거죠. 이 영화는 로제타가 끝내 리케의 일자리를 차지하는 것으로 나아갑니다.

강 우리가 사는 경쟁 사회에서는 로제타보다 더 나쁜 사람들이 대부분이에요. 로제타는 괴물까진 아닌 것 같아요. 주저함이 있잖아요. 균형 감각이 없지 않아요. 저는 어머니라는 관계보다는 남자 친구에게 집중해서 봤어요. 남자아이는 인생을 쉽게 삽니다. 아무 생각 없이 와플을 주인 몰래 빼돌리면서 자본주의사회에서 잘 살아가요. 로제타는 나쁜 짓을 못 하는 애예요. 그러다 남자아이한테 딱 한 번 잘못을 저질렀는데, 그러니 더 비참해진 거예요. 한 번 저지른 잘못 때문에 더 곤궁한 처지에 빠진 거예요. 여기에 절망도 희망도 같이 있어요. 두 가지 비참함 속에서 갈팡질팡하는 아이의 곤란함 속에요.

이 재미있는 장면 중 하나가 밖에 나갈 땐 운동화를 신고, 집에 들어올 때는 장화로 갈아 신는다는 점입니다. 초라한 집이 있는 동네는 운동화를 신고 들어갈 수도 없고 운동화가 어울리지도 않아요. 장화를 신고 들어갈 수밖에 없는 세계예요.

질문 1 로제타가 생리통을 호소하는데 그녀의 엄마가 엄마로서의 기능을 못 하기 때문에 모성애에 대한 결핍감으로 배가 아픈 게 아닐까 하는 생각을 했어요.

강 로제타에게 엄마는 반면교사입니다. 로제타에게는 엄마처럼 되지 않아야겠다는 각오가 스스로 되어 있어요. 왜 로제타의 엄마는 술을 얻으려고 몸을 팔잖아요. 이건 역으로 남자가 여자의 몸을 욕망한다는 자각과 같은 겁니다. 그런데 남자애와 만나면서 남자에게 의존적인 모습이 엄마를 상기시키는 거죠. 자연히 그 공포가 남성 혐오증으로 이어지는 거고요. 이것이 생리통의 느낌으로 표현된 것 아닐까요.

이 경제학적 관점에서 두 가지 원리가 있죠. 흔히들 기브 앤 테이크라고 부르는 교환 체제가 있고요. 선물 내지는 증여라는 개념이 있어요. 이 동기에 대한 연구는 늘 진행되고 있죠. 냉정하게 보면 환심 사려는 거겠지만 순수하게 줌으로써 상호 신뢰로 이어지는 관계인데요. 특히 증여의 관계는 사랑에서 자주 보이죠. 『아낌없이 주는 나무』의 나무처럼요.

엄마의 사랑, 엄마는 술을 얻기 위해 성을 제공했죠. 목적이 있는 사랑이었어요. 그런데 남자애의 사랑은 다르죠. 대가를 바라지 않는 사랑을 보이죠. 그때 로제타는 처음으로 마음을 서서히 열게 됩니다. 실익 관계가 아닌 데서 인간관계가 생기고 발전하게 되는 걸 로제타가 맨 처음 느끼게 되는 거죠. 맥주와 토스트를 대접받으면서요.

질문 2 로제타가 자본주의 모순을 절절하게 겪는 캐릭터인데요. 로제타가 한 명을 떨어뜨리게 되는데 그게 리케라는 동료잖아요. 윗선에 있는 (고용주라든가) 다른 사람들 문제는 제기하지 않은 것 같아요. 이 영화에서 가진 자와 못 가진 자의 관계가 부각되지는 않는 것 같습니다.

강 예술은 인간을 다루지만, 선전물은 이념을 다루지요. 아니 더 정확히 말해 예술은 인간을 다루면서 그의 내면, 그를 둘러싼 구조 등을 드러냅니다. 질문하신 분은 이미 「로제타」라는 영화로 구조적 문제를 느꼈잖아요. 바로 그게 중요합니다. 로제타라는 어린 소녀에 공감하면서, 우리는 구조적 문제를 직감하게 되니까요. 그렇지만 그건 이념적 강요가 아니라 자연스러운 공감으로 가능했다는 점이 중요합니다.

이 다르덴의 다른 영화 「약속」은 약속의 파기를 다루고 있습니다. 다르덴 영화의 주제는 그래요. 자본주의의 약속은 늘 파기된다는 것을 알려 주죠. 자본주의의 세계는 약속이 지켜지지 않는 세계입니다. 약속이 정교하게 구체적으로 명시되어 있지만 지켜지지 않습니다. 만약에 좋은 사회라면 지킬 약속만 하면 됩니다. 약속했으면 지키면 됩니다. 그런데 그게 잘 안 되죠. 우선은 약속을 지키지 않는다는 것에 대해 분노하다가 차후에는 약속 자체가 자본가의 룰일 뿐이고 노동자나 사회적 약자는 고려되지 않았다는 것에 대해 분노하게 되죠. 로제타도 종국에는 약속 자체가 모순되었다고 느낀 겁니다.

질문 3 다르덴의 극영화들이 비슷하다고 느꼈습니다. 삶의 비극성이 일관된다고 생각해요. 관객 입장에서는 비슷비슷한 영화가 반복되다 보니 점점 정서적 감동이 줄어든다는 느낌이 있더군요. 최근작 「내일을 위한 시간」도 조금 식상하다는 느낌을 받았거든요.

강 스위스 갔다가 너무 좋다고 거기서 영원히 살겠다는 건 잘못이에요. 이제 다르덴은 안 보면 돼요. 다르덴은 한 사람이고 주제는 계속 반복될 거예요. 그만 볼 때가 된 거예요. 다만 우리가 살고 있는 이 사회에서 로제타의 고민은 계속해야 합니다. 굉장히 큰 문제라서 고민해 봤자 해결될 기미는 보이지 않을지도 몰라요. 그런데 그렇게 포기하고 나면 정말로 끝나는 거죠. 영화를 통해 문제의식을 가지게 되었으면 이제는 그 문제를 풀려고 노력해야 해요.

철학자의 눈
강신주

로제타는 정말 자살하려고 했을까?

자본주의사회에서 산다는 건 참 치사한 일이다. 전체든 일부분이든, 어쨌든 자신의 몸을 팔아야 하니, 인간이 자본주의에서 자신의 존엄성을 지키기는 정말 낙타가 바늘구멍 통과하는 것만큼이나 힘든, 아니 거의 불가능한 일이다. 돈이 없으면 식사도 할 수도 없고, 난방도 할 수 없고, 입을 것도 제대로 못 입게 만드는 것이 바로 자본주의니까 말이다. 돈이 없어서 의식주 시스템이 붕괴되면 그저 죽을 수밖에 없는 일이다. 그러니 취업하려고 하고, 그러니 몸이라도 팔려고 하는 것이다. 한마디로 목숨을 연명하기 위해 기꺼이 자존심이나 자존감 따위는 버려야 하는 곳이 바로 자본주의사회다. 마르크스가 자본주의 시대를 '보편적 매춘'의 시대라고 말했던 것도 다 이유가 있었던 셈이다. 그래서 인간의 존엄성을 강조하는 모든 인문 정신이 앞 다투어 자본주의를 공격하는 것이다. 인간의 자유와 존엄성을 위해서. 이 점에서 다르덴 형제는 우리가 결코 우회할 수 없는 매우 중요한 영화감독이다. 이들 형제만큼 자본주의의 메커니즘과 인간의 자존심 사이의 모순 관계를 탁월한 영상 미학으로 포착했던 영화인도 없을 것이다.

1999년에 상영되어 그해 칸 영화제 황금종려상을 받은 「로제타」는 다르덴 형제의 인문 정신과 예술 정신의 원점이라고 할 수 있다. 술만 주면 어느 남자와도 몸을 섞는 알코올의존증 환자인 어머니와 누추한 트레일러에서 함께 살고 있는 소녀에 대한 이야기다. 로제타는 항상 엄마에게 "엄마는 매춘부가 아니야!"라며 화를 낸다. 이건 로제타가 인간으로서의 자긍심을 유지하고 있다는 걸 말해 준다. 그렇지만 시궁창이라고 묘사된 트레일러 생활을 벗어 던지기 위해 로제타는 일을 해야 한다. 그래야 안정적으로 돈을 벌어 평범한 삶을 영위할 테니 말이다. 그렇지만 로제타는 항상 누군가에게 일자리를 빼앗긴다. 수습이라는 이유로 수습 기간이 끝났다고 해고되기도 한다. 물론 자본가는 다른 수습 사원을 또 쓰면 그만이다. 혹은 자기 아들에게 아르바이트를 시키려는 사장에 의해 해고당하기도 한다. 이것도 아들을 나름 사랑하는 자본가의 마음이다. 그렇지만 어린 로제타는 타인이 자기의 직장을 빼앗는다는 피해 의식에만 사로잡혀 있다. 자본주의 메커니즘

리케의 집에 초대받아 함께 춤추게 된 로제타

이 눈에 들어오기에는 너무나 미숙했으니까.

로제타는 자본가가 아니라 일자리를 놓고 경쟁하는 타인을 미워하고 있었던 것이다. 그들이 나의 일자리를 빼앗고 있다고 생각하니, 그들은 그냥 제거해야 할 적일 뿐이라는 것이다. 바로 이 순간 로제타의 내면을 뒤흔드는 청년 리케가 등장한다. 기꺼이 장화도 주고, 샌드위치와 맥주도 주고, 잠자리도 내주는 청년이다. 리케도 로제타가 마음에 들었던 것이다. 다행히도 로제타는 자신의 의식주를 기꺼

이 내주는 사람을 만난 것이다. 그러나 언 발에 오줌 누기였을까? 이것으로 동료 인간에 대한 로제타의 적대 의식이 사라지지 않는다. 리케의 환대를 자연스럽게 받아들였지만, 로제타는 리케의 환대를 무표정하게 배신하게 된다. 와플 판매 사원으로 있던 리케는 사장 몰래 삥땅을 뜯고 있었는데, 로제타는 그 사실을 사장에게 고자질한 것이다. 그렇게 해서 와플 판매 사원이라는 일자리가 그녀에게 돌아온다.

이제 경제적 안정을 도모할 수 있으니, 생존을 위협받는 생활고에서 벗어날 수 있다. 돈이 없어 거지처럼 잠자리를 전전하는 모습, 로제타는 자신이 그렇게도 싫어했던 자존감 붕괴 상태에서도 이제 벗어나리라 믿었다. 그렇지만 도대체 로제타가 자신의 호의를 배신했는지 의아했던 리케, 심지어 로제타의 행위에 깊은 분노를 느끼고 있는 리케가 그녀를 스토커처럼 따라다니면서, 로제타의 소박하고 순진하기까지 한 기대는 산산이 부서진다. 그제서야 로제타는 자신이 정말 지켜야 했던 자존감을 잃어버렸다는 사실을 자각했으니까. 그건 바로 돈 때문에 타인의 애정을 배신했다는 자괴감이었다. 로제타가 리케의 얼굴을 당당히 보지도 못하고, 그를 피해 자꾸 도망치려 하는 것도 이런 이유에서다. 여기서 로제타는 자신이 그렇게도 찾았던 인간의 품위와 자존심의 다른 차원을 발견하게 된다. 로제타가 그렇게 다짐했던 '평범한 삶', 경제적 궁핍에서 해방된 삶도 인간의 자존감에 대한 필요조건일 뿐 충분조건이 아니라는 사실이다.

이제야 로제타는 자각한 것이다. 알코올 때문에 모든 자존감을 버리고 몸을 내주는 어머니나 안정된 돈벌이 때문에 모든 자존감을 내버리는 자신이나 모두 마찬가지로 남루한 삶이라는 자각이다. 어머니는 알코올의존증 때문에 딸을 배신했고, 자신은 일자리 중독 때문에 리케를 배신한 것이다. 와플 판매를 마치고 트레일러로 돌아온 로제타는 알코올의존증 때문에 집을 나갔던 어머니가 만취 상태로 트레일러 근처의 추운 땅바닥에 누워 있는 걸 발견한다. 로제타는 어머니를 트레일러로 부축해서 침대에 누인다. 자신도 춥고 배가 고팠는지 로제타는 가스 불을 켜고 그 위에 물이 가득 담긴 냄비를 올려놓는다. 계란을 삶아 먹으려는 생각에 날계란을 넣는다. 아마 영화 전반부에 있던 두 가지 에피소드가 그녀의 머리를 스치고 지나갔을 것이다. 한 번은 리케가 물에 빠진 사건이고, 다른 하나는 자신이 물에 빠진 사건이다. 그래서 로제타는 한 가지 결심을 실행한다. 사장에게 전화를 걸어 내일부터 출근하지 않겠다고 말한 것이다.

다시 트레일러로 돌아온 로제타는 생기를 조금 회복한다. 리케가 일자리를 되찾을 수는 없겠지만, 자신이 최소한의 자존감은 회복했으니 말이다. 이제 문제의 엔딩 장면, 해석이 구구한 마지막 장면이 등장한다. 로제타는 삶은 계란을 경쾌하게 머리로 깨어 맛나게 먹는다. 계란을 먹으면서 로제타는 가스 불을 올리고 트레일러 문틈을 옷가지로 막는다. 이어 침대로 가서 남은 계란을 마저 먹는다. 바로 이 대목에서 대부분의 우리나라 사람들은 로제타가 어머니와 함께 자살을 시도하고 있다고 생각한다. 가스가 새어 나오는 소리, 그리고 문틈을 막는 로제타의 행동을 바로 동반 자살의 징후로 생각한 것이다. 침대에 몸을 누이고 쉬고 있던 로제타는 갑자기 장화를 신는다. 가스가 떨어져 더 이상 나오지 않는다는 사실을 알아챘기 때문이다. 우리 관객은 여기서 신파조의 감정을 느끼는 경우가 많다. 너무나 궁핍해서 자살하려 해도 자살할 수도 없는 처지에 로제타가 있다고 판단했기 때문이다.

어쨌든 로제타는 트레일러 관리인에게 돈을 주고 새로운 가스통을 산다. 궁핍한 건 맞지만, 그리고 와플 가게 일도 그만두었지만, 로제타에게는 가스통을 살 수 있는 돈은 있었던 것이다. 여자가 들기에는 너무 무거운 가스통을 들고 트레일러로 돌아오던 로제타에게 리케가 다시 나타난다. 리케는 자신이 타고 온 오토바이로 그녀 주변을 맴돈다. 비록 리케에게서 뺏은 일자리를 포기했지만, 그의 빚을 다 갚지 못한 로제타는 쫓기듯 가스통을 힘겹게 들고 가다가 넘어진다. 그러고는 가스통을 부여잡고 흐느낀다. 세상을 모두 적으로 생각했던 로제타가 처음으로 누군가에게 눈물을 보이는 인상적인 장면이다. 로제타의 눈물에는 자신을 환대했던 남자를 배신했다는 죄책감도, 그리고 그걸 어느 정도는 갚았다는 작은 안도감도 숨어 있다. 오토바이에서 내린 리케는 가스통에 쓰러져 있는 로제타를 부축해서 일으킨다. 일어선 로제타가 리케를 나름 당당하게 돌아보는 장면으로 영화는 마무리된다.

이제 조금이나마 죄책감을 씻은 로제타가 자살할 이유가 어디에 있겠는가. 문제는 다르덴 형제가 핸드헬드 기법으로 로제타의 등 뒤를 따라가며 촬영을 진행했다는데 있다. 그러니 그녀의 등에 가려 지금 그녀가 가스 불을 올린 것인지 가스만을 틀어놓은 것인지 식별이 되지 않는다. 전자라면 어머니와 자신을 살리게 될 것이고, 후자라면 어머니와 자신을 죽이게 될 것이다. 어쨌든 삶은 계란을 머리로 깨어 먹는 장면은 로제타의 삶의 의지가 새롭게, 그리고 성숙한 형태로 살아나고 있음을 상징하는 것이 아닐까? 식욕은 삶의 의지를 상징하기 때문이다. 경제적 자존감보다 더 중요한, 연대에 대한 자존감을 자각한 로제타는 이제 다시 어머니를 돌볼 자격을 갖춘 셈이다. 그런데 지금 차가운 트레일러 안에서 어머니의 몸은 얼음처럼 굳어 있다. 난방이 불가능한 트레일러를 따뜻하게 하는 방법은 물을 끓여 그 수증기로 방을 훈훈하게 하거나, 아니면 문틈으로 들어오는 찬바람을 막는 게 아니었을까?

가스로 자살하려다 가스가 떨어져 죽지도 못한다는 신파조의 해석은 로제타가 회복한 유대의 자존감의 중요성을 간과하게 만들기 쉽다. 더군다나 다르덴 형제의 지적처럼 로제타는 '전사이자 생존자'로 그려지도록 의도된 캐릭터다. 이것은 로제타가 동반 자살이라는 신파조로 해석될 여지를 원천 봉쇄하는 것 아닐까? 과연 다르덴 형제는 경제적으로 궁핍한 사람은 죽기도 힘들다는 걸 보여 주고 싶었던 것일까? 그렇지는 않을 것이다. 지금 다르덴 형제는 로제타와 리케 사이의 유대와 배신, 그리고 후회라는 메커니즘을 통해 자본주의를 극복하는 유일한 비법을 넌지시 알려 주고 있다. 그건 바로 동료애, 인간애, 혹은 유대나 사랑이다. 어쩌면 자본주의사회에서 생존을 유지하려는 우리의 어린 전사 로제타는 이제 정말 제대로 된 전쟁에 뛰어든 셈이다. 한 가지 확실한 것은 생존의 전사와 연대의 전사라는, 논리적으로는 모순된 지위를 동시에 감당하기 위해선 로제타가 더 강해져야 한다는 사실이다.

비평가의 눈

이상용

일자리보다 가치 있는 손길

한나 아렌트는 『인간의 조건』에서 사색적인 인간을 가치 있는 것으로 말하던 과거 철학을 대신하여 '활동적인 삶'을 새로운 인간의 조건으로 예찬한다. 노동, 작업, 행위는 인간의 근본 활동이며, 전체주의 사회를 넘어서는 새로운 인간의 조건이다. 그런데 근대사회는 자본주의의 발달과 함께 아렌트의 기획을 어렵게 만들어 버렸다. 근대사회는 강력한 노동 사회로 전환되었고, 노동은 인간 활동의 요소이기보다는 여가 시간에 쓸 수 있는 돈을 벌기 위한 수단으로 전락했다.

인간은 노동 후 밀려오는 피로감을 해소하기 위해 휴식을 취한다. 그러나 오늘날에는 여가를 즐기기 위해 필요한 자본을 벌어들일 목적으로 노동을 한다. 노동은 활동적인 삶과는 거리가 먼, 돈을 버는 단순한 활동이 되어 버렸다. 「로제타」의 주인공 로제타가 보여 주는 노동 역시 그러하다. 그녀의 노동은 결코 활동적인 삶이나 인간의 조건을 구성하는 것과는 거리가 멀다. 그녀의 노동은 생계를 유지하기 위해 돈을 벌어야 하는 수단에 불과하다. 문제는 이마저도 쉽지 않다는 것이다. 로제타가 원하는 것은 오로지 일을 하는 것이다. 그러나 공장이든 개인 사업자든 간에 로제타를 임시 계약직으로 쓰기는 해도 제대로 된 일자리를 보장해 주지는 않는다. 로제타에게는 제대로 갖춰진 것이 없다. 영화 속에서 그녀의 아버지는 보이지 않으며, 어머니는 알코올의존증 환자이며, 이들이 사는 곳은 임시로 마련된 트레일러 차량이다. 로제타는 주소를 적을 때마다 '그랜드캐니언'이라고 적는다. 상대방이 주소에 대한 질문을 던지면 "그 카페 근처예요."라고 말끝을 흐린다.

로제타는 노동하지 않는 인간을 부끄럽게 여긴다. 알코올의존증 환자인 엄마가 술과 음식을 얻어 내는 방법은 노동이 아니라 남자들과 섹스를 하는 것이다. 로제타는 성을 빌미로 생존하는 것이 수치스럽다. 로제타는 몸으로 직접 노동을 하는 것이 다른 삶을 살 수 있는 가능성이라고 믿는다. 그것은 정치철학자 한나 아렌트가 지닌 노동에 대한 신념을 대변하는 것처럼 보일 수도 있다. 그러나 로제타가 놓친 것이 있다. 로제타의 시대에 노동은 인간 활동이나 인간 존재를 위한 계약서를 보장해 주지 않는다. 자본가는 미래를 약속하는 척하면서도 결코 계약서에 도장을 찍지 않는다. '미래의 노동'을 미끼로 '현재의 노동'을 착취하려 한다. 더 나은 삶, 더 안정된 삶, 미래의 보장이 강조될수록 현재의 노동은 착취에 시달릴 수밖에 없다. 그 가운데 로제타는 이상한 경험을 하게 된다. 그것은 이 영화의 전환점이나 노동의 부속품이 된 인간의 가치를 묻는 상황으로 이어지는 설정이다.

가끔씩 끼니를 해결하는 버스 정류장 근처의 와플 가게에서 일하는 리케의 호의를 얻게 된 것이다. 와플 가게 사장이 종업원 한 명을 해고하자, 리케는 오토바이를 타고 달려와 로제타에게 말한다. "일자리가 생겼어." 이 과정을 통해 로제타는 한 가지를 배운다. 만약에 누군가 해고된다면, 자신이 빈자리(일자리)에 들어갈 수 있다. 사실, 그것은 배움이기보다는 로제타 스스로가 부속품이기를 자청하는 행위다. 톱니바퀴처럼 돌아가는 자본주의 순환과 '교환의 원리'를 로제타는 터득한 것이다.

그런데 리케는 좀 이상한 남자다. 그는 로제타에게 장화를 줄 뿐만 아니라 맥주와 토스트를 대접한다. 로제타는 겁이 난다. 어머니를 통해 본 경험으로 미뤄 보았을 때 술을 주는 남자들은 여자의 성과 교환하기를 원하는 것일 수 있기 때문이다. 리케는 딱히 그러한 태도를 취하지 않는다. 자신이 연주한 음악을 들어 달라고 하고, 음악에 맞춰 춤을 추자고도 한다. 어쩌면 혹시 이거, 이상한 조짐인지도 모르겠다. 로제타는 서둘러 자리를 빠져나온다. 잠시 후 로제타는 다시 리케의 집을 찾는다. 그녀에게 더 무서운 것은 홀로 있는 외로움이기 때문이다. 로제타는 한낮에 엄마와 실랑이를 벌이다 물에 빠져 죽을 뻔하기도 했다. 엄마는 도망쳐 버렸다. 이제 그녀 혼자다. 그녀는 리케에게 마음을 조금은 열어 놓는다. 남자는 친절하게 잠자리를 마련해 준다. 홀로 남겨진 방에서 로제타는 읊조린다. "너는 평범한 삶을 산다, 나는 평범한 삶을 산다. 너는 시궁창을 벗어난다, 나는 시궁창을 벗어난다." 그녀는 여전히 외롭다. 스스로를 나와 너라고 칭하면서 반복적으로 말해야 한다.

리케와의 관계 속에서 로제타가 이해하지 못한 것이 한 가지 있다. 제아무리 자본주의사회라고 해도, 모든 것이 교환 속에 놓인 숙명이라고 해도, 그것만이 세상을 바라보고 이해하고 통용되는 전부는 아니기 때문이다. 프랑스의 인류학자 마르셀 모스(1872-1950)는 『증여론』에서 교환과는 다른 '선물(포틀래치)'이라고 하는 것이 얼마나 중요한 원리인가를 설명해 보인다. 누군가에서 선물을 준다고 하는 것은 반드시 답례를 전제로 삼지 않는다. 여기에는 상대방에 대한 호의나 감정이 포함되어 있다. 물론 전통적인 사회의 답례는 내가 준 것보다 더 크게 돌아오기 마련이다. 그러나 이 답례의 경우에도 동등한 가치로 교환된다는 전제는 없다. 오히려 답례는 보다 커진다. 그것은 서로의 신뢰에 대한 강조와 호혜의 원칙 속에서 쌓아 가는 것이 되기 때문이다.

이러한 선물 경제의 원리는 자본주의의 냉혹함 속에서 새로운 가치로 주목받았다. 예를 들어, 협동조합이나 공동체 경제의 운영 방식이 가능한 것은 상호 간의 신뢰와 호의를 기반으로 하는 '선물 경제'의 방식을 현대적으로 작동시키기 때문이다. 물론 선물 경제에도 교환 과정은 필요하다. 그러나 자본주의의 기계적인 교환과 다른 것은 신뢰와 호의를 바탕으로 한다. 상대방을 향한 믿음과 애정이 없다면 선물은 전해지지 않는다. 처음에 로제타가 이해한 것은 냉혹한 교환의 원리만이 지배하는 세상이다. 로제타는 자신의 일자리뿐만 아니라 옷을 내다 팔 때에도 단돈 10프랑이라도 더 받아 내기 위해 협상을 벌인다. 옷 가게 사장과 로제타 사이에 친밀성이라고는 눈을 씻고 보아도 찾아볼 수 없다. 로제타와 어머니의 관계도 마찬가지다. 로제타는 가족 관계 역시 친밀성으로 대하기보다는 의무감으로 행한다. 어머니는 막말을 해 대는 딸을 향해 "난 엄마야."라고 항변하지만, 경제력을 상실한 엄마에게는 더 이상 권위가 없다.

리케는 좀 다르다. 그는 별 대가 없이 로제타에게 일자리를 소개해 주고, 자신의 아파트에 싼 비용으로 들어오라고 제안해 주고, 저녁과 음악까지 제공한다. 리케는 로제타가 금방 와플 가게 일자리를 잃어버리자 커피를 대접하고, 자신의 일을 도와 달라고 말하기도 한다. 그것은 로제타에게 익숙하지 않은 세계다. 로제타는 직장을 잃은 자신에게 몰래 만든 와플의 판매 수익을 주겠다는 리케의 파격적인 제안까지 거절한다. 로제타는 표면적으로 아르바이트를 원하지 않는다고 말하지만, 속마음은 분명 리케의 호의가 어색하고 낯설었기 때문일 것이다.

그리하여 「로제타」의 반전은 그토록 호의를 베풀던 리케를 배신하는 로제타의 모습을 두 차례에 걸쳐 보여 주는 것이다. 한 번은 로제타를 찾아온 리케가 낚싯줄을 건져 내기 위해 물에 빠져 허우적거리자 구해 주기를 멈칫거리는 장면에서 드러난다. 그가 사라진다면, 그의 일자리를 로제타가 차지할 수 있다. 로제타는 간신히 유혹에서 빠져나와, 커다란 나뭇가지를 강가로 드리운다. 그러나 얼마 후 로제타는 사장에게 리케가 몰래 자신이 만든 와플을 팔고 있다고 일러바친다. 그리하여 로제타는 리케의 자리에서 와플을 굽는다. 그것은 로제타가 알고 있는 방식, 냉혹한 교환의 원리에 충실한 선택이다.

마르셀 모스에 따르면, 고대사회에서는 어떤 물건을 오래 간직하면 그 물건이

로제타에게 있어 호감의 대상인 동시에 경쟁 상대인 리케

지닌 영혼의 저주를 받아 불행해진다고 생각했다. 그것은 단순히 마술적인 생각이기보다는 소유에 집착하지 않고, 자본의 축적에 집착하지 않으려는 지혜가 담긴 생각이기도 하다. 더 많이 주는 자에게 명예가 돌아가는 선물 경제의 사회는 인간 사이에 선을 실천할 수 있는 가능성을 열어 준다. 그러나 로제타는 선물 경제 속에 담긴 호의와 명예를 제대로 이해하지 못한다. 모든 것은 일을 저지르고 난 뒤에 온다. 리케를 대신해 일자리를 차지한 후 로제타는 끊임없는 불안에 시달린다. 그것은 일자리가 없을 때 느꼈던 불안과는 다른, 남의 일자리를 정당하지 않은 방법으로 차지했을 때 일어나는 불안이다. 일자리만 생기면 모든 것이 정상적일 줄 알았지만, 진짜 정상적인 인간이 된다는 것은 일자리만으로는 보장되지 않는 모양이다.

세상에는 교환되지 않는 것들이 있다. 사랑, 모성, 가족의 가치는 일대일로 호응하여 교환되지 않는다. 그리고 이것들이 있을 때 또 하나의 인간다움, 즉 정상성이 가능해진다. 이 영화의 마지막 순간은 그것을 보여 준다. 로제타를 일으켜 세우는 리케의 손은 인간에게 진정으로 필요한 것은 일자리만이 아니라 '도움의 손길' 그 자체라는 것을 명시적으로 보여 준다.

인물의 뒤통수를 따라다니는 다르덴 형제의 스타일은 후대의 많은 감독에게 영향을 끼쳤다. 인물의 삶을 들여다보는 다큐멘터리적 극영화는 어느 정도 다르덴 영화의 자장 아래 놓여 있다고 해도 과언이 아니다. 가장 가까운 사례로는 「무산일기」(2010)와 「산다」(2014)를 만든 한국의 박정범 감독을 꼽을 수 있다. 탈북 노동자 전승철의 삶을 따라갔던 「무산일기」는 다르덴 영화의 장면을 떠올리게 한다. 「로제타」의 주인공 로제타가 계급적으로 소외된 인물인 것처럼, 탈북자 전승철 또한 소외된 계급이다. 뒷모습을 보여 주는 것은 이들이 처한 소외의 감정을 유발한다.

그러나 뒤를 따라가는 것이 더 중요한 이유는 인물의 삶에 불필요하게 개입하기보다는 긴장감을 안은 채 지켜보고자 하는 카메라의 의지가 드러나기 때문이다. 그것은 '윤리적 거리'라고 부를 만한 긴장감을 만들어 낸다. 그 혹은 그녀의 삶에 함부로 개입하지 않으면서도 인물의 내면에 대한 궁금증을 일으킨다. 윤리적 거리를 두고 지켜본다는 것은 카메라에 성찰의 무게를 더한다. 성찰이 빛나는 때는 화면 앞에 놓인 그들의 삶이 숙연해지는 순간이기도 하다. 우리는 다르덴이 이룩한 이 순간을 '영화적 시선'이라고 부른다.

24강 잃어버린 이름을 찾아서

센과 치히로의 행방불명

미야자키 하야오

"한번 겪은 일은 잊히지 않아. 생각해 내지 못할 뿐이지."

— 등장인물 제니바의 대사

「센과 치히로의 행방불명」 千と千尋の神隠し, 2001

일본 | 125분 | 미야자키 하야오

치히로는 시무룩한 얼굴로 흔들리는 자동차 뒷좌석에 누워 있다. 전학을 가는 치히로는 모든 것이 마음에 들지 않는다. "꽃다발이 벌써 다 시들어 버렸어. 처음 받은 꽃다발이 이별의 꽃다발이라니……." 치히로는 친구 리사가 준 쪽지를 보며 생각에 잠긴다. 그런데 언덕길로 들어선 자동차가 길을 잘못 든 모양이다. 울퉁불퉁한 돌길이 이어진다. "이 길이 맞아요?" 아무래도 엄마는 아빠의 운전이 의심스러운 모양이다.

차가 멈춰선 곳은 붉은색의 커다란 문과 석상이 있는 입구다. 아빠는 차에서 내려 성큼성큼 건물 쪽으로 다가간다. 문을 통과한 후 나타난 풍경은 놀라울 정도로 광활하다. "아아, 알겠다! 여기도 거품 경제가 무너지면서 함께 망한 놀이공원인가 보다. 일본엔 이런 데가 한두 군데가 아니야." 급기야 치히로의 아빠는 주변에서 맛있는 냄새가 풍긴다면서 발길을 서두른다. "여기야! 여기!" 멀찌감치 앞서간 아빠가 마치 신이 난 어린아이처럼 발을 동동 구르며 야단이다. "냄새가 끝내주는군!"

치히로는 인적이 끊긴 곳에 음식들이 차려져 있다는 게 괴이하다고 여긴다. 그러다 갑자기 들려온 기차 기적 소리에 주의가 분산된다. "여기 있으면 안 돼! 당장 돌아가!" 갑자기 나타난 한 소년이 대뜸 등을 떠밀듯 다급히 치히로를 돌려보낸다. "내가 시간을 끌 동안, 넌 빨리 도망가!" 치히로는 뭐라고 따질 겨를도 없이 부모님이 계신 식당 쪽으로 달려간다. 그런데 식당에 가 보니 부모님은 온데간데없고 웬 돼지 두 마리만 꿀꿀대고 있다. 텅 비어 있던 가게에 갑자기 혼령의 기운이 감돈다. 치히로는 출구를 향해 힘껏 내달려 보지만 길은 이미 깊은 물에 가로

막혀 버렸다. "꿈일 거야. 꿈일 거야. 깨어나야 해. 깨어나야 해. 전부 사라져라, 사라져라!" 치히로는 망연자실해 결국 주저앉고 만다. 그때 호화스럽게 치장한 유람선 한 척이 뭍에 닿더니 난생 본 적 없는 '존재들'을 한바탕 쏟아 낸다. 치히로는 그런 광경에 몸이 떨려 온다. "치히로, 이걸 먹어. 이 세계의 음식을 먹지 않으면, 넌 사라지고 말 거야. 괜찮아, 먹어 봐. 그래야 돼지로 변하지 않을 테니까."

두 사람이 다다른 곳은 신들을 위한 온천장 입구다. 인간은 이곳에 들어갈 수 없다. 치히로는 숨을 참으며 소년을 붙잡고 온천장 다리를 건넌다. "내 이름은 하쿠야. 네가 이곳에 온 이상, 넌 이 온천장에 취직하는 수밖에 없어. 안 그러면 이곳의 주인 유바바가 너를 돼지나 석탄으로 만들어 버릴 테니까." 하쿠는 치히로에게 숨 돌릴 틈도 주지 않고, 곧장 가마 할아범을 찾아가 일자리를 얻어 내라고 당부한다. 그런데 거미 손을 지닌 가마 할아범은 치히로에게 달리 관심을 보이지 않는다. "여기엔 네가 할 일이 없어! 다른 데나 가 봐." 가마 할아범은 치히로의 존재가 성가시다. "그래도 저는 일하고 싶어요." 그때 한 검댕이 석탄의 무게를 이기지 못하고 풀썩 주저앉고 만다. 치히로는 반사적으로 석탄을 들어낸 후 그 밑에 깔린 검댕의 신상을 걱정한다. 가마 할아범이 말을 던진다. "석탄을 들었으면 끝까지 마저 해!" 그 순간 온천장에서 허드렛일을 도맡아 하는 린이 나타난다. "가마 할아범, 식사하세요!" 린의 시선이 곧장 치히로에게 가 닿는다. "뭐, 뭐야! 인간이잖아. 너 때문에 지금 난리가 났다고!" 이때 가마 할아범이 나서서 거짓말을 늘어놓는다. "내 손녀다. 유바바에게 데려다주고, 일자리를 알아보게 해." 린은 치히로를 몰래 숨겨 온천장의 유바바가 머무는 곳으로 안내한다.

치히로는 떨리는 가슴을 간신히 다잡아 목청껏 외친다. "여기서 일하고 싶습……." 유바바는 가소롭다는 듯이 자신의 마력으로 치히로의 입을 봉해 버린다. "너처럼 비리비리한 아이를 어디다가 써! 네 부모가 함부로 신들의 음식을 먹어 치운 죄로 돼지가 됐지. 이곳은 800만 신령께서 휴식을 취하러 오는 온천장이다. 네가 할 수 있는 일 따윈 없어. 돼지로 만들까, 석탄으로 만들어 버릴까?" 치히로의 머릿속은 천 리 밤길처럼 깜깜하기만 하다. "근데 여기까지 용케 온 걸 보면, 분명 누군가가 뒤를 봐준 거겠지? 그에게 상을 내릴 수 있게 내게 이름을 말해 보렴." 유바바의 심술궂은 미소가 치히로의 턱밑까지 날아와 꽂힌다. "일하고 싶습니다!" 치히로는 하쿠와 가마 할아범의 조언대로 무작정 일자리를 달라고 외쳐 댄다. 바로 그 순간, 유바바의 아들 보의 우렁찬 울음소리가 방 안 전체에 울려 퍼진다. 어찌나 난폭한 아이인지 발걸음 소리와 칭얼대는 목소리만으로도 세상천지에 지진이 일어난 듯 쩌렁쩌렁하다. “우리 아가, 왜 그러니!” 그녀는 간드러지는 콧소리를 내며 잠투정하는 아이를 절박하게 달랜다. “일하게 해 주세요!” 유바바는 이미 넋이 반쯤 나간 듯하다. 결국 그녀는 아무렇게나 대답해 버린다. “알았으니까 입 좀 다물어! 보, 어서 자렴.” 유바바는 자신의 말에 책임을 다하기 위해 치히로와 계약을 맺는다. “네 이름은 이제 치히로가 아니라 센이다. 앞으로 이곳에서 하게 될 일은 하쿠에게 배우도록 해라.”

다음 날 이른 시간부터 부모를 만나게 해 주겠다며 하쿠가 찾아온다. 돼지로 변한 부모를 보고 나서야 센은 모든 것을 현실로 받아들인다. 앞으로 어찌해야 할지 까마득하다. ‘역시 돼지로 변한 건 꿈이 아니었구나.’ 그때 하쿠가 센의 원래 옷을 꺼내 보인다. 센은 ‘자신의 세계’와 모든 연이 끊긴 것만 같아 막막했는데, 옷가지라도 다시 보니 한결 마음이 편안해진다. 와락 껴안은 옷 꾸러미 속에서 종이가 구깃대는 소리가 들린다. “치, 히, 로. 아! 잊고 있었어. 내 이름을……. 치히로.” 그러자 하쿠가 손수 만든 주먹밥을 건네며 한마디 거든다. “이름을 까먹으면 돌아가는 길도 잊게 돼. 치히로, 이름을 소중히 기억해 둬. 난 내 이름조차 기억하지 못하지만 어쩐지 네가 낯설지 않아.” 치히로는 갑자기 감정이 복받쳤는지 엉엉 울기 시작한다.

연회를 준비하면서 센이 바닥 청소를 하고 있다. 두꺼비 지배인이 나타나더니 임무를 던진다. “대욕장을 청소해!” 린은 갑자기 골치 아픈 일을 떠맡게 되자 잔뜩 볼멘소리를 한다. “센, 서둘러! 욕실 담당한테 가서 약물을 받을 수 있는 나무패를 달라고 해! 우리 손으로는 도저히 안 되겠어.” 센은 린의 지시에 따라 욕실 담당을 찾아가 보지만 역시나 보기 좋게 거절당한다. “뭐? 비싼 약물을 청소하는데 쓴다고? 당장 돌아가!” 센의 끈질긴 애원에도 불구하고 욕실 담당은 꿈쩍도 않는다. 바로 그때, 어디에선가 불현듯 나타난 가오나시가 자신의 염력으로 나무패를 몰래 빼내 센에게 던져 준다.

센이 겨우 한숨 돌리고 있을 즈음, 때마침 오물신이 등장하면서 온천장은 대혼란에 빠진다. 센은 엉겁결에 오물신 접대를 맡게 된다. 고약한 냄새와 흘러넘치는 오물 덩어리는 기본이고 정체를 알 수 없는 고통에 신음하는 오물신을 어찌해야 할지 감조차 잡을 수 없다. 그때 센은 오물신의 몸속 깊숙이 박힌 자전거 손잡이를 발견한다. “여기 이상한 게 박혀 있어요. 뽑아내야 해요.” 돈 냄새에 민감한 유바바가 심상치 않은 기운을 먼저 알아차린다. “저분은 오물신이 아니다. 귀한 신령이시다. 어서 센을 도와 몸에 박힌 것들을 뽑아 드려!” 결국 자전거 한 대가 쑥 뽑아져 나오더니, 급기야 산더미 같은 오물이 터져 나온다. 모두 인간이 버린 폐기물이다.

강의 신령은 자신의 몸을 정화시켜 준 데에 대한 감사의 표시로 센에게 영험한 환약 하나와 엄청난 양의 사금을 남기고 떠난다. 다음 날 잠에서 깬 센은 황급히 온천장 쪽으로 내려가 본다. 그곳에서 마주친 린은 황금을 뿌려 대는 통이 큰 손님이 나타났다며 들떠 있다. 센은 창밖을 부유하는 은빛의 용 한 마리를 목격한다. 용은 온몸에 상처를 입은 채 피까지 토하고 있다. 센은 갑자기 온천장 안으로 뛰어든 용, 즉 하쿠를 보호하기 위해 사방 창문을 닫아 따라오던 종잇조각들을 저지한다.

한편 온천 연회장은 아수라장이다. 개구리 직원을 집어삼킨 뒤 새로 목소리를 얻은 가오나시가 사방에 황금을 흩뿌리며 자신의 탐욕을 유감없이 드러낸다. "배고파, 더 가져와. 더, 더, 더!" 가오나시는 무한정한 식탐을 자랑하며 자신의 재력과 존재감을 과시한다. 굽실대는 직원들의 어깨가 파도처럼 일렁인다. 바로 그때 느닷없이 나타난 센이 가오나시의 길을 가로막는다. "센, 여기 금이다. 다 가져라!" 가오나시는 센을 다시 만났다는 사실에 무척 기뻐하며 엄청난 양의 금을 만들어 내보이지만, 센은 조금도 감동하지 않는다.

유바바가 외출을 마치고 돌아온다. '이대로라면 하쿠가 죽을지도 몰라!' 센의 마음이 다급해진다. 결국 최선을 다해 뛰어올라 왔지만, 유바바 쪽이 한걸음 앞서고 만다. 유바바는 상처 입은 하쿠를 보자마자 "이젠 쓸모없으니 처리해 버려!"라고 몰인정하게 소리친다. 일단 센은 유바바에게 들키지 않기 위해 침구 속에 몸을 숨긴다. 유바바가 사라진 후 하쿠의 몸 상태를 살펴보니 죽을 수 있겠다 싶을 정도로 위독하다. 이때 센의 등짝에 붙어 있던 종이 인형이 유바바와 같은 모습으로 변신한다. "당신은?" 그녀는 유바바가 아니라 쌍둥이 언니 제니바다. 제니바는 하쿠가 자신의 '계약 도장'을 몰래 훔쳐 간 대가로 이런 화를 입게 됐다며, 강한 주술에 걸려 곧 죽게 될 거라고 암시한다. 그녀는 보를 생쥐로 만들어 버리고, 돌머리 삼형제는 보로 바꿔 놓는다. 이렇게 제니바가 정신을 팔고 있는 사이, 용이 된 하쿠는 자신의 꼬리로 종이 인형을 없애 제니바의 환영을 파괴한다. 센은 강의 신령이 주고 떠난 환약이 떠오른다. '분명 효험이 있을 거야.' 그녀는 자신의 부모에게 줄 몫을 생각하며 절반만 잘라 내 하쿠의 입속에 집어넣는다. '약효가 있을까?' 하쿠는 약을 삼키자마자 자신의 몸속에서 문제의 '계약 도장'과 사악한 기운을 지닌 벌레 한 마리를 뱉어 낸다. 센은 다급한 마음에 그 요물을 밟아 죽이고, 다시 숨을 내쉬는 하쿠를 성심껏 품에 안는다.

“가마 할아버지, 이 도장을 주인에게 돌려주고 와야겠어요. 제니바가 사는 곳은 어디죠?” 가마 할아범은 너무 오랜 일이라 기억이 안 난다는 듯 머리를 긁적이다가 겨우 생각해 낸다. “제니바는 늪의 바닥에 살지. 여기서 기차를 타고 가면 되는데, 되돌아오는 열차가 없어. 일단 내가 표를 찾아볼게.” 린이 등장하여 급하게 센을 찾는다. “센, 아주 난리가 났어. 가오나시는 통이 큰 손님이 아니라 요괴였어. 벌써 세 명이나 집어삼켰다고! 유바바는 네가 이런 일을 저질렀다며 난리야. 가오나시가 계속 널 찾거든.” 분노한 가오나시가 센을 잡아 죽일 기세로 달려든다. 센을 쫓으면서 가오나시는 먹었던 모든 것을 토해 낸다. 그는 점점 처음의 모습으로 돌아온다. 그리하여 센은 서글픈 얼굴의 가오나시와 함께 기차에 오른다.

“제니바, 제가 대신 사과할 테니 하쿠를 살려 주세요. 여기 도장도 돌려 드릴게요.” 제니바는 센의 태도가 대견스럽다는 듯 진지한 눈길을 보내며 “도장에 걸린 주술은 이미 풀렸다. 네가 밟아 죽인 건 유바바가 하쿠를 조종하기 위해 몸속에 심어 둔 벌레란다.”라고 상황을 명쾌히 정리한다. “하지만 센, 내가 아무리 마법을 부린다고 해도 네 문제를 대신 해결해 줄 순 없단다. 네 부모님, 남자 친구인 용의 문제도 마찬가지야.” 제니바는 유바바의 사악한 주술로부터 풀려나기 위해서는 자기 스스로 ‘이름’을 찾는 수밖에 없다고 넌지시 조언한다. “그래요, 전 언젠가 하쿠를 만난 적이 있는 거 같아요.” 센은 기억의 저편에서 들려오는 물소리에 귀를 기울이며, 하쿠와 맞물린 온갖 희미한 파편을 하나하나 꿰어 본다. “센, 네가 그렇다면 일이 훨씬 쉽게 풀릴 거 같구나. 누구나 한 번 겪은 일은 잊지 못하거든. 다만 기억해 내지 못할 뿐이란다.” 제니바는 말끝을 흐리더니 센 일행에게 하룻밤 정도 쉬어 가라고 당부한다. 더불어 제니바는 자기가 손수 만든 머리 끈을 센에게 선물한다. 바로 그때 문밖에서 묘한 기운이 느껴진다. 센은 하쿠가 자신을 데리러 이곳까지 찾아왔음을 직감한다.

하쿠는 유바바와 담판을 지었다. 제니바의 마법에 걸려 생쥐로 변한 보를 제자리로 데려오는 대신, 센에게 부모님과 인간 세계로 돌아갈 수 있는 기회를 주는 것이다. 하쿠의 등을 타고 온천장으로 향하던 센은 마침내 자신의 진짜 이름을 기억해 낸다. “이제 기억이 나. 엄마에게 들은 적이 있어. 내가 신발을 줍다가 강물에 빠졌던 적이 있다고 말이야. 근데 그 강 말이야, 지금은 사라져 버렸대. 아파트를 지으면서 매립해 버렸다나. 그래, 네 진짜 이름은 고하쿠야!” 그 순간 하쿠에게 걸려 있던 유바바의 주술이 완전히 산산조각 나면서 비로소 그는 잊고 있던 자신을 되찾게 된다. "그래, 내 이름은 니기하야미 고하쿠누시(饒速水小白主). 그게 내 진짜 이름이야." 하쿠가 자신의 이름을 외치자, 덩달아 치히로의 눈가까지 뜨거워진다. "마치 신의 이름 같아. 그래, 그때 네가 날 구해 준 거였어. 고마워." 두 사람은 마치 혜성처럼, 유바바가 내건 마지막 관문과 맞닥뜨리기 위해 온천장으로 날아간다.

온천장 앞에 도착하자, 유바바는 이미 돼지 수십 마리를 준비해 대기하고 있다. 치히로와 하쿠는 온천장 식구들의 환대를 받으며 유바바와 마주 선다. "보를 데려온다는 약속은 지켰겠지?" 바로 그때 생쥐로 변해 있던 보가 제 모습으로 돌아온다. 유바바는 감격에 겨워 보의 모습을 살피지만, 보는 "센을 울리면 앞으로 엄마를 미워할 거야!"라며 유바바에게 으름장을 놓는다. "자, 여기에서 네 엄마와 아빠를 찾아내 보거라." 유바바는 자신만만하게 문제를 던진다. "우리 부모님은 이곳에 없어요." 유바바는 일부러 되묻는다. "여기에 없다고?" 치히로는 확신을 감지한다. "확실해요, 여기에 없어요." 센의 말이 끝나기 무섭게 유바바의 손에 쥐여 있던 계약서가 흔적도 없이 사라진다.

이제 센은 치히로가 되었다. "그동안 신세 많이 졌습니다. 모두들 안녕." 그러고는 하쿠에게 부모님의 안부를 묻는다. "네 부모님은 먼저 가 계셔. 어서 가!" 하쿠는 개울이 시작되는 계단까지 따라 나와 치히로를 배웅한다. "난 여기까지야. 이곳을 지나 터널이 다 끝날 때까지 뒤를 돌아봐서는 안 돼." 치히로는 기괴한 온천장에서 벗어났다는데 만족하면서도, 내심 하쿠의 존재가 마음에 걸린다. "하쿠, 넌 어쩌려고?" 하쿠는 미소를 지어 보인다. "내 걱정은 하지 마. 이젠 이름을 되찾았으니까 유바바와 결판을 낼 거야. 또 제자 노릇도 그만둘 거야. 언젠가 다시 만날 수 있어." 치히로는 이 약속이 곧 잊힐 것만 같아 불안하다. "정말이지, 다시 만날 수 있지?" 하쿠는 치히로를 안심시키려는 듯 말을 돌린다.

엄마와 아빠는 언제 무슨 일이 있었냐는 듯 아무렇지도 않게 서 있다. 오히려 치히로가 꾸물댄다면서 닦달한다. "치히로, 빨리 와! 벌써 이삿짐 센터가 와 있다고." 치히로는 부모님을 따라 묵묵히 터널을 빠져나온다. 이제야 마음을 놓고 뒤돌아본 터널 입구는 예전의 그곳이 아니다. 단칠(丹垩)은 온데간데없고, 그저 덩굴줄기만 잔뜩 껴 있는 낡은 돌문이다. 정말 이 모든 게 꿈이었을까? 아니다. 아빠의 자동차 보닛엔 며칠이나 지난 듯 낙엽과 잔가지가 수북이 쌓여 있고, 치히로가 머리를 묶은 머리띠도 제니바가 준 그것이 분명하다. 세 가족이 탄 자동차는 기나긴 나무 동굴을 지나 마을 속으로 빨려 들어간다. 치히로는 아스라이 사라져 가는 '저편의 세계'를 바라보며 생각에 잠긴다.

미야자키 하야오, 「센과 치히로의 행방불명」

"하지만 센, 내가 아무리 마법을 부린다고 해도 네 문제를 대신 해결해 줄 순 없단다. 네 부모님, 남자 친구인 용의 문제도 마찬가지야." 제니바는 유바바의 사악한 주술로부터 풀려나기 위해서는 자기 스스로 '이름'을 찾는 수밖에 없다고 넌지시 조언한다.

작가에 대하여

미야자키 하야오

宮崎駿, 1941-

"나는 이야기의 힘을 믿는다."

1941년 1월 5일 도쿄에서 태어난 미야자키 하야오는 비행기 회사를 경영하는 큰아버지와 공장장인 아버지 덕분에 어릴 적부터 비행에 친숙했다. 단순한 그림쟁이가 되기 싫었던 탓에 대학에서 일부러 정치 경제학을 공부했던 미야자키 하야오는 도에이 동화에 공채로 입사하면서 훗날 함께할 여러 지인을 만난다. 그가 꿈꾸었던 것은 조금 더 자유롭게 애니메이션을 창작하는 것이었고, 스튜디오 지브리는 그에게 요람이 되어 주었다. 비행기를 보며 성장한 배경은 최근작 「바람이 분다(風立ちぬ)」(2013)를 통해 엿볼 수 있다.

그러나 미야자키 하야오가 만든 것은 비행기 회사가 아니라 지브리 스튜디오였다. 그는 다카하다 이사오(高畑勳)를 비롯한 여러 걸출한 애니메이터와 함께 애니메이션의 역사를 새롭게 써 내려갔다. 프로듀서인 스즈키 토시오(1948-)를 비롯하여 인간적 유대로 똘똘 뭉친 미야자키 하야오의 세계를 엿볼 수 있다. 지브리 스튜디오를 만들기 전, 그는 방송 애니메이션 산업에 뛰어들었다. 1970년대 말은 일본의 민영 방송사 사이에서 애니메이션 제작의 새로운 붐이 조성되던 시기였다. 아사히, 후

지, TBS 등이 애니메이션 제작에 열을 올리는 가운데 국영 방송인 NHK도 애니메이션은 피해 갈 수 없는 과제였다. 기획안을 검토하던 NHK의 눈을 반짝이게 한 것은 세계 명작 동화 시리즈로 이름난 닛폰 애니메이션의 기획서였다. 닛폰 애니메이션의 「알프스 소녀 하이디(アルプスの女ハイジ)」(1974), 「플랜더스의 개(フランダースの犬)」(1975), 「엄마 찾아 3000리(母をたずねて三千里)」(1976), 「빨간머리 앤(赤毛のアン)」(1979)의 기획서는 미래에 대한 이야기를 다룬다는 공통점이 있었다. 닛폰 애니메이션에서 경력을 쌓아 가던 미야자키 하야오는 「플랜더스의 개」에서는 원화를 담당했고, 다른 작품 속에서는 작화나 화면 구성의 일부를 담당하기도 했다. NHK와 닛폰 애니메이션은 새로운 애니메이션 시리즈로 「2222년 미래소년 코난(未來少年コナン)」(1978)을 채택한다. 그 책임자로 미야자키 하야오가 발탁된다. 이 작품은 「미래소년 코난」(1984)으로 완성되었다.

1984년에는 대표작 가운데 하나인 「바람 계곡의 나우시카(風の谷のナウシカ)」를 선보인다. 《아니마주》에 연재했던 자신의 만화를 원작 삼아, 여성을 주인공으로 한 영웅 서사, 환경 문제, 일본 사회에 대한 통찰 등을 담은 이 작품은 상업적으로 큰 성공을 거둔다. 이 시기부터 미야자키 하야오는 자신의 뚜렷한 색깔을 지속적으로 낼 수 있는 시스템을 고민한다. 「바람 계곡의 나우시카」에 참여한 스태프를 기반으로 다카하다 이사오와 같은 또 다른 거장 애니메이터와 연합하여 이듬해인 1985년에 지브리 스튜디오를 설립한다. 이곳에서 「천공의 성 라퓨타(天空の城ラピュタ)」(1986), 「이웃집 토토로(となりのトトロ)」(1988) 등의 작품을 발표하며 미야자키 하야오 월드의 역사가 이어진다.

미야자키 하야오의 작품 속에 드러나는 색채는 전형적인 마르크스주의자이기보다는 무정부주의자에 가깝다. 다양한 영웅을 그려 내는 특유의 태도가 무정부주의자에 더 가깝도록 보이게 하는 것인지도 모를 일이다. 2001년 개봉한 「센과 치히로의 행방불명」은 일본에서 주말 사흘 동안 122만 명의 관객을 동원, 16억 3000만 엔의 흥행 수입을 올렸다. 애니메이션으로는 최초로 베를린 영화제 최우수 작품상과 아카데미 영화제 최우수 장편 애니메이션 대상을 수상했다.

「바람이 분다」 이후 미야자키 하야오는 작업의 잠정적인 중단을 선언했다. 그가 설립한 지브리 스튜디오는 새로운 활로를 모색 중이다.

애니메이션, 상상 이상의 것을 표현하다

미야자키 하야오가 그려 내는 이상한 나라로 들어가 보자. 그의 작품은 살아 있는 인간이 움직이는 실사가 아니라 새로운 세계를 그려 내는 애니메이션의 세계다. 애니메이션의 어원 '애니메이트(animate)'란, 생명을 불어넣어 움직이게 만든다는 뜻이다. 놀랍게도 그것은 실사보다 더 강렬한 현실감을 만들어 낸다. 또한 애니메이션은 강한 사실감을 중심으로 상상할 수 있는 모든 것을 자연스럽게 표현해 낸다. 그렇다. 애니메이션은 인간의 상상력, 또 상상 이상의 것을 표현할 수 있는 매체다. 이러한 상상의 여정을 이끄는 인물은 치히로 혹은 센이다. 생각해 보면, 누구에게든 한 개 이상의 이름이 있다. 왜 우리의 이름은 하나가 아닐까. 치히로가 들려주는 이름의 신비와 사랑의 모험, 그리고 용과 함께 하늘을 나는 비행의 세계로 이제 빠져 보도록 하자.

하야오 월드의 익숙한 풍경

강 이 영화는 '이름'이라는 주제를 다뤄요. 마녀 유바바는 자기 아이를 끔찍이 사랑하는데, 비대한 아이 모습이 그 과잉된 애정을 단적으로 보여 주죠. 자기 아이만 사랑하니 다른 타인을 사랑할 리 없죠. 그래서 유바바는 모든 타인을 자본주의적 이해관계로 만납니다. 그런 유바바가 새롭게 고용된 소녀를 '센'이라고 부릅니다. 반면 유바바의 언니 제니바는 자신을 찾아온 '센'이라 불리는 소녀를 아껴 줍니다. 그러니 소녀의 본래 이름 '치히로'라고 부르는 겁니다. 주인공을 '센'이라고 부르는 쪽과 '치히로'라는 진짜 이름으로 불러 주는 쪽이 있어요. 환대와 애정의 이름이 '치히로'라면, 착취와 괴롭힘의 이름이 '센'입니다.

보통 애니메이션은 아이들만 좋아한다는 통념이 있는데, 미야자키 하야오 작품의 특징은 나이 든 사람도 볼 수 있다는 거예요. 어른들도 건드리는 포인트가 있어요. 성찰하게 하거든요. 마녀 자매가 각각 상징하는 세계는 환대의 세계(제니바는 치히로에게 머리 끈도 만들어 주고 소녀의 이름도 귀히 여기죠.)와 그 반대의 세계인 거죠. 사랑하는 사람을 노예처럼 부리기는 어렵잖아요? 생각하면 물질문명에 대한 특유의 비판 의식일 수 있고요. 다양한 요소가 있는 작품임에는 분명해요.

미야자키 하야오, 「센과 치히로의 행방불명」

"기본적으로는 중세적 세계관에 기반해 있지만, 핵심적인 주제에는 동양적 균형 감각이 자리 잡고 있어요. 사랑받을 때 불린 게 본래 이름이고, 사무적이거나 도구적으로 불린 이름은 편의상 붙여진 이름이죠."

이 문명 비판은 미야자키 하야오의 전반적인 작품을 관통하는 주제 의식이라고 할 수 있습니다. 「바람 계곡의 나우시카」에서도 토양오염에 대해 말합니다. 나우시카 공주가 쓰레기 더미 밑에 가 보니 그것이 공기와 물을 정화하는 시스템이기도 하다는 걸 알게 되죠. 가장 더러운 것 안에 가장 깨끗한 것의 가능성이 있는 거죠. 「미래소년 코난」에서도 인간의 기술이 비행장을 만드는 동시에 자연을 파괴하고 있다는 사실을 경고하거든요. 미야자키 하야오는 세계의 균형이라는 것이 무엇인가, 그 가운데 있는 원리, 즉 이름이 무엇인가에 대해 질문을 던지죠. 「이웃집 토토로」도 엄마가 아픈 아이가 시골로 가는 중에 요정을 만나는 이야기이지만, 무시무시한 자연의 공포를 다루고 있는 작품이기도 해요. 미야자키 하야오에게 자연은 양면적인 개념입니다. 「센과 치히로의 행방불명」에서도 오물신이 등장하죠. 오물신이 가시 같은 걸로 고생하고 있는데 꺼내 보니 자전거였죠. 하천에 버려진 인간의 쓰레기들을 걷어 내고 보니 진짜 용이 나타납니다. 강의 신이었던 거죠. 오물이라고 규정했던 것들이 환경 파괴로 인해 무너진 숭고한 자연이었던 셈입니다. 본래 개념을 찾으려는 의지를 보이면, 원래의 모습을 찾을 수 있다는 것이 영화의 주제죠.

사랑의 이름 vs. 도구적 이름

강 이름이란 무엇일까 하는 고민은 굉장히 철학적인 주제입니다. 「센과 치히로의 행방불명」이란 영화는 선악의 대비가 분명하기 때문에 근본 얼개는 그다지 어렵지는 않지만 호명에 대한 성찰이 빛나는 영화입니다. 저에게 강신주라는 이름은 센일 수도 있고 치히로일 수도 있어요. 그러니까, 부려지는 사람의 이름일 수도, 아니면 사랑받는 사람의 이름일 수도 있어요. 이렇게 이름의 위상은 다릅니다. 그렇기 때문에, 섬세하게 살펴보아야 해요. 본래적 이름이 뭐냐 하는 생각을 많이 해 보게 됩니다. 본래 이름을 찾으면 곤궁에서 벗어나게 되는 구조잖아요. '이름'이라는 건 사랑받으면서 붙여지는 겁니다. 이름은 사랑의 기억일 수 있어요. 사랑받았다는 증거죠.

이 이름이라는 건 본인보다는 누군가 불러 주는 경우가 많잖아요? 불려진다는 '수동성'이 필연적으로 있어요. 치히로는 센으로 살다가 하쿠가 가져다 준 옷을 통해 이름을 기억해 냅니다. 친구 리사가 써 준 쪽지를 통해 잊힌 자기 이름을 기억하면서, 그 순간 자기 존재를 자각하기 시작하죠. 하쿠의 경우도 그가 본래 속해 있던 개천의 이름을 기억해 내지 못했는데 치히로가 그 이름을 불러 주는 순간 하쿠의 몸에서 용의 비늘이 드러나죠. (타인이) 진짜 이름을 불러 주었을 때 본래 가치가 드러납니다. 사랑받을 때 불린 게 본래 이름이고, 사무적이거나 도구적으로 불린 이름은 편의상 붙은 이름이죠.

강 일본에는 기본적으로 다신(多神) 개념이 있어요. 유성이 떨어져 도둑을 잡았다고 하면 유성(돌)을 신사에 모셔요. 이 작품에서도 하천의 신용이 사랑을 상징합니다. 쓰레기를 다 받아들이고 그래서 자신은 썩어가는 거예요. 의미심장해요. 더러움 안의 숭고미죠. 복수나 배척이 아니라 수용하는 태도를 보이죠. 그래서 그 거대한 목욕탕이 연옥 같다는 느낌이 들어요. 피곤하고 지친 신이 쉬잖아요. 기꺼이 더러운 걸 수용하는 신에 대한 경외가 느껴집니다. 전체 구조를 보면 중세적 세계관에 기반하지만, 핵심적인 주제에는 동양적 균형 감각이 자리 잡고 있어요.

이 이름이라는 추상적 문제도 중요하지만 작품이 다루는 현실적 공간도 생각해 볼 필요가 있어요. 이 작품의 시간적·공간적 배경이 혼종적 느낌이 강해요. 시대를 알 수 없다는 게 특징이기도 한데, 그래도 어느 정도 현대적 외양이 갖춰진 편이에요, 아우디를 타고 들어갔잖아요. 거품 경제 때 우후죽순처럼 생겨났던 유흥 시설이 망하고 나서 폐허에 가까운 모습을 보여 주죠. 일본의 1980-1990년대 전형적인 풍경을 그대로 드러낸 거라 볼 수 있어요. 처음에 치히로는 수상한 주변을 경계하는데도 아빠는 아랑곳하지 않고 자신은 돈도 있고 신용카드도 있으니 걱정하지 말라고 말하는 장면을 보면, 일본 거품 경제 이후의 자기비판을 드러냈다고도 볼 수 있죠. 반추하고 반성하는 자세가 돋보여요.

현대사회와 관련해 많은 이야기를 할 수 있는 작품이에요. 온천탕이라는 시스템이 자본가와 관련되어 있어요. 첫 번째로는 계약서를 쓰는 장면이 있죠. 가마 할아범의 공방 시스템도 하청업체를 대변하죠. 가마 할아범은 인간적인 면모도 보이는 캐릭터고요. 이 세계는 확실히 성인의 세계인 데 반해 치히로는 전형적인 10대 소녀고요. 전학을 가는 것도, 여기 놀러 온 것도 마음에 들지 않아 했죠. 시골로 내려온 이유는 부모님이 재정적으로 위기를 겪어서였을 수도 있고, 한때 유행이었던 귀농 때문이었을 수도 있어요.

성인 온천장에서 노동자들이 입는 옷을 치히로가 입게 되었다는 것 자체가 굉장히 묘한 뉘앙스를 낳죠. 한 명의 일꾼으로서 역할을 하게 된 '아이'가 탄생한 거죠. 그리고 자신의 존재를 증명해야 했고. 아이의 순진성은 어른들의 위선, 허례허식을 극복해서 본질적인 인간성을 찾는데 열쇠가 되는 역할을 하죠. 사랑이란 어쩌면 자본주의적 냉혹함이라든가 교환가치, 폭력적 현실을 유일하게 견디게 하고, 그것을 유일하게 변화시킬 수 있는 힘이라고 보입니다.

중세적 세계관과 근대적 인간

강 제가 주목한 건 미야자키 하야오가 전제하는 세계가 우리가 맹목적으로 살아 내고 있는 세계와는 다르다는 점입니다. 단도직입적으로 미야자키 하야오는 중세적 세계관을 가지고 있어요. 중세 세계관의 특징은 공간이 질적으로 분배되는 반면, 근대에서는 공간이 동질적이에요. 좋은 땅, 성스러운 곳…… 이렇게 장소마다 다른 의미가 주어진 게 중세적 세계관을 보여 줘요. 버스나 지하철에 노약자석이 있다거나 하는 건 중세적 세계관이 적용된 문화라고 보시면 됩니다. 완전한 의미의 근대화가 이루어지지 않은 거죠. 중세적 세계관은 공간을 개별적인 의미를 지닌 '다른' 공간으로 만듭니다. 당연히 근대적 세계가 왔다고 해서 중세적 세계가 완전히 폐기되는 건 아니죠. 교회나 박물관이 대표적인 중세적 공간입니다. 이 작품에서 저는 미야자키 하야오의 향수를 느낄 수 있었어요. 시간적으로도 질적인 구분이 있는 거죠. 지금보다 예전이 더 나았다는 판단이 보입니다. 질적인 차이를 둔다는 건 중세적 세계관이라고 보시면 됩니다. 근대적 세계관이라면 큰 방 하나에서 잠도 자고 밥도 먹고 공부도 하면 됩니다. 근대적 인간은 생일을 챙기지 않아요, 생일을 기념하는 건 특별한 날이라고 느끼는 거잖아요. 우리는 퍼펙트한 근대적 인간은 아니에요. 시간적으로도 공간적으로도 중세적인 감각이 남아 있어요.

미야자키 하야오는 확실히 보여 줍니다. 치히로가 있던 세계와 센이 만난 세계는 질적으로 다르다는 것을요. 이런 중세적 세계관을 이해하시면 영화 구조가 좀 더 단순하게 보일 거예요.

이 선생님이 말씀하신 중세적 시간성, 질적 시간성, 획일화된 시간성의 문제를 투사해서 보여 주는 존재가 가오나시입니다. '가오'는 '얼굴', '나시'는 '없음'이란 뜻이에요. 즉 가오나시는 얼굴 없는 요괴입니다. 얼굴 없는 존재가 욕망을 드러내는 유일한 방법은 바로 흉내 내기입니다. 사실 진정한 의미의 욕망은 없다고 할 수 있죠. 다들 사금을 좋아하니까 자신도 사금으로 타인을 지배하려 들죠. 타인의 투사된 욕망이라고도 할 수 있고, 모방 욕망이라는 점에서 가오나시는 현대인과 가장 닮아 있는 존재라고 볼 수 있습니다. 몸의 덩치는 점점 커지잖아요? 모방 욕망이란 게 그렇죠. 불어날 수밖에 없어요, 채워지지 않으니까요. 그런데 치히로는 원하는 게 없다고 말하니까 가오나시는 미치기 시작합니다. 가오나시가 가장 흉내 내고 싶었던 치히로의 욕망을 알지 못하니까 좌절하는 겁니다.

강 가오나시라는 이름은 누가 붙여 준 걸까요? 누군가 사랑하는 마음으로 이름을 붙여 줬으면 좋았을 텐데요. 이름을 지어 달라고 치히로를 쫓아다니는 모습이 너무나 안타까워요. 이름을 불러 달라는 건, 자신을 사랑해 달라는 것에 다름 아니니까요. 기억해 보세요. 과거 사랑했던 사람

미야자키 하야오, 「센과 치히로의 행방불명」

"가오나시는 얼굴 없는 요괴입니다. 얼굴 없는 존재가 욕망을 드러내는 유일한 방법은 바로 흉내 내기입니다. 사실 진정한 의미의 욕망은 없다고 할 수 있죠. 다들 사금을 좋아하니까 자신도 사금으로 타인을 지배하려 들죠. 타인의 투사된 욕망이라고도 할 수 있고 모방 욕망이라는 점에서 가오나시는 현대인과 가장 닮아 있는 존재라고 볼 수 있습니다."

은 그 사람의 이름과 함께 소멸되는 법입니다. 반대로 과거 사랑했던 사람이 남긴 선물이나 사진 등을 볼 때, 갑자기 그 사람의 이름이 떠오를 때도 있지요. 그러니까 사랑과 이름은 항상 함께 한다는 걸 잊어서는 안 될 것 같아요. 애완견이 생기면, 그리고 그 개가 너무나 좋으면, 우리는 사랑을 가득 담아 이름을 붙입니다. 반대로 이름 부르기를 포기하거나 게을러질 때, 우리는 더 이상 그 대상을 사랑하지 않게 된 겁니다. 그러니 사랑한다면, 사람이든 동물이든 식물이든 그의 이름을 폐부에 새기도록 하세요. 그것이 사랑일 테니까요.

질문 1 유바바가 자본가의 모습을 보여 준다고 하셨잖아요? 치히로에게 일을 주는 과정에서 말에 책임을 지라고 하잖아요. 상징 구조가 많은 것 같은데, 머리 끈의 의미는 뭘까 궁금했어요.

이 자본가의 신화적 설정이 강한 작품이에요. 저도 머리 끈에 대해서는 많이 생각해 봤습니다. 통상적으로 머리 끈은 『오즈의 마법사』에 나오는 신발 같은 역할이 아닐까 싶은데, 정확히 보면 특별한 기능은 없습니다. 그런데 기능이 없다는 게 가장 중요한 포인트인 것 같아요. 머리 끈에는 마법이 걸려 있지 않거든요. 그저 단순히 손으로 만들어 낸 산물이죠. 그래서 노동의 원래 의미에 가장 가까운 물건이에요. 보잘것없는 사소한 것, 쓸모없는 것(기능 없음)이지만, 오히려 그래서 더 소중할 수도 있는 거죠.

강 선물로 다이아몬드보다 네잎클로버가 더 소중할 수 있어요. 가치 없는 것에 무형의 가치를 부여할 수 있다는 것이 사랑의 위대함이잖아요. 다이아몬드는 누가 언제 선물하더라도 그 가치가 일정하죠. 터무니없는 것에 부여된 가치만이 오래갑니다.

질문 2 미야자키 하야오 감독의 최근작 「바람이 분다」는 전쟁을 미화했다는 비판을 많이 받았죠? 그의 정치적 입장을 어떻게 보면 좋을까요?

이 순수하게 볼 수 있는 영화 작품은 없습니다. 모든 예술 작품은 정치적인 성향을 지니고, 또 정치적으로 해석될 수밖에 없습니다. 정치적으로 자유로운 순수한 작품을 만든다는 말은 솔직하지 않죠. 오히려 '작품의 정치적 목표는 이렇다.'라고 밝히는 게 더 깊이 있다고 봅니다.

한국인들은 늘 미야자키 하야오에 대해서 양가감정을 품는데요. 이는 일본인이라는 이유로 붙는 선입견 같은 것입니다. 「바람이 분다」를 한국인 시각으로 보면 기분 나쁠 수밖에 없죠. 2차 세계대전 직전에 실제 미야자키 하야오 감독의 큰할아버지가 비행기를 만드는 사람이었고, 그러니 「바람이 분다」는 어린 시절을 회상하며 미화한 작품인 것입니다. 그런데 한편으로 개인의 입장에서 보면 있음 직합니다. 이 영화는 한 작품을 만들 때 감독이 표현할 수 있는 정치적 지향을 드러낸 영화라기보다는 미야자키 하야오 개인의 비전을 그대로 드러낸 상당히 용기 있는 작품입니다. 「붉은 돼지(紅の豚)」(1992) 같은 작품에서도 이러한 경향이 묻어납니다. 그렇다고 미야자키 하야오를 군국주의적 작가로 매도할 수는 없습니다. 그는 「하울의 움직이는 성(ハウルの動く城)」(2004), 「천공의 성 라퓨타」, 「바람 계곡의 나우시카」, 「미래 소년 코난」 등의 작품을 통해 군국주의에 끊임없이 대항해 왔습니다. 이 맥락을 지운 채 「바람이 분다」가 역사적 사실 관계를 건드린 작품이라는 이유만으로 제국주의자라고 매도하는 것은 어불성설이죠.

강 사람들은 일본에 미야자키 하야오 감독이 있어서 부럽다는 말을 하곤 하죠. 반일 감정을 내려놓고 보면 미야자키 하야오는 인문주의적 경향이 강한 애니메이션 감독일 뿐입니다. '모든 예술은 정치적이다.'라는 앞선 의견에 첨언하자면, '정치적'이라는 것은 어떤 정치적 지향을 따른다는 것이 아니라 '공동체의 변화를 염두에 둔다.'는 말로 해석해야 합니다. 한 영화 작품을 두고도 예술 영화라든지 반체제 영화라든지 다양한 해석이 가능하기 때문입니다.

어느 작가라도 정치적 의도로 작품을 만든다면 그것은 프로파간다일 뿐 더 이상 예술이 아니게 됩니다. 예술가가 정치적이라는 비평은 예술가 본인에 대한 평가가 아니라 그가 작품을 통해 건드린 감수성과 그의 예술관, 세계관이 많은 이와 공유하는 지점에 체제가 개입할 때 발생하는 사건이죠.

질문 3 오물신을 씻길 때 물에 빠진 치히로는 '포뇨'를 연상시키고, 하쿠는 아무리 봐도 머리 색만 바꾸면 「하울의 움직이는 성」의 '하울' 같아 보입니다. 기존 작품의 틀에서 벗어나지 못한 느낌이 드는데 어떻게 봐야 할까요?

이 미야자키 하야오의 초기작에는 「미래소년 코난」의 '라나'가 수없이 다른 작품의 캐릭터로 변주됩니다. 하나의 모델을 여러 캐릭터로 묘사한 여느 화가처럼 미야자키 하야오 역시 그랬던 것입니다. 기존의 틀에서 벗어나지 못한 것이 아니라 미야자키 하야오가 이상적으로 생각한 여성상이 계속해서 등장하고 있다고 봐야죠. 미야자키 하야오는 전기에서 「미래소년 코난」의 강인한 캐릭터 '라나'가 자신의 어머니와 관련 있다고 고백한 바 있습니다.

강 작가의 작품이란 작가 자신을 표현하는 방법입니다. 만약 어떤 작가가 작품에 항상 각기 다른 구조의 틀을 쓴다면, 그 사람은 미쳤다고 보면 됩니다. 분열되었거나 사기꾼이라고 볼 수 있죠. 대부분의 예술가들은 평생을 두고 하나의 정점을 향해 작품을 만들어 갑니다. 그것이 한 예술가의 예술관이자 세계관이죠. 도스토예프스키나 톨스토이, 카프카와 같은 작가 또한 하나의 주제를 지속적으로 변주했습니다. 미야자키 하야오의 새로운 작품 역시 그 정점을 향해 가는 과정인 것입니다.

독자는 종종 '내가 예술을 소비했으니 예술가는 항상 새로운 것을 내놔야 한다.'라는 착각에 빠집니다. 예술가는 독자의 요구에 맞춰 작품을 개발하는 사람이 아닙니다. 가장 잘 표현할 수 있는 그 무엇을 향해 가는 와중에, 어떤 작품에서는 그것이 미진할 수도 있고 다른 작품에서는 그 정점이 아주 잘 표현될 수도 있는 것이죠. 미야자키 하야오가 그 정점에 이르지 못했더라면 은퇴 선언을 하지는 않았겠죠. 예술 작품에서 변주란 결국 들뢰즈가 말한 '차이와 반복'을 의미합니다. 어제와 완전히 다른 작가는 한번쯤 의심해 봐야 합니다. 작품 감상에 있어 디테일에 집착하지 않고 작가의 호흡을 읽어 내는 태도가 필요해요. 차이와 반복을 하면서 울림을 주는 좋은 작가를 찾았다면, 그의 정점은 어디일까 고민해 보는 겁니다. 그의 다른 작품은 그 정점에 가기 위한 훈련 과정이고요.

질문 4 미야자키 하야오가 영향을 받은 작가나 예술가가 있나요?

이 어슐러 르 귄[874쪽 키워드 참고]이라는 뛰어난 SF 판타지 작가가 있습니다. SF에 노벨상이 있다면 르 귄이 수상할 거라고 언급되는 작가이거든요. 대표작에 어스시(earthsea) 시리즈가 있습니다. 『어스시』는 『반지의 제왕』의 중간계처럼 작가가 창조한 새로운 영역입니다. 용과 인간이 같이 살고 있는 곳으로 '땅바다'라는 뜻이고, 마법사가 활동합니다. 1권인 『어스시의 전설』은 '새매'라는 소년의 성장기를 다루고 있는데, 게드가 원래 이름입니다. 미야자키 하야오의 장남인 미야자키 고로의 「게드 전기: 어스시의 전설」(2006)은 이 원제를 그대로 가져온 것입니다. '하이타카'는 새매라는 뜻이고요. 이 작품은 모든 사물에 본래 이름이 있다고 얘기합니다.

이러한 설정은 고스란히 미야자키 하야오의 작품에 영향을 끼쳤어요. 유바바가 치히로와 계약할 때 '센'이라는 글자만 남기잖아요. 이러한 상상력의 원천을 제공한 사람이 바로 르 귄이라고 할 수 있죠. 『어스시의 전설』을 여러 차례 애니메이션으로 만들려고 했는데 허락하지 않았습니다. 그래서 미야자키 하야오 나름대로 리메이크적 요소를 만들어 낸 거죠.

마법 능력을 타고난 새매가 어릴 적 해적을 물리칩니다. 그때 대현자 마법사가 나타나서 세상의 균형에 대한 얘기를 합니다. 자신이 여기서 비를 멈추는 것은 어렵지 않지만 그렇게 한다면 그 때문에 다른 곳에 태풍이 몰아닥칠 수도 있다고 말하죠. 생태계의 균형을 알고 절제할 줄 아는 것이 마법사의 도리라는 뜻이죠. 이러한 요소 역시 미야자키 하야오의 작품에 등장하는 세계의 균형이라는 주제 의식과 맞닿아 있습니다. 미야자키 하야오에게 할머니와 같은 위상을 갖는 작가가 르 귄이라고 할 수 있겠죠.

철학자의 눈

강신주

잃어버린 이름을 찾아서

어른이 보아도 되고 아이가 보아도 되는 만화 영화, 그게 아마도 일본 애니메이션의 가장 큰 매력이 아닐까? 일본 애니메이션을 버젓한 영상 예술로 만든 일등 공신은 분명 미야자키 하야오 감독일 것이다. 1978년에 처음 상영된 TV 장편 애니메이션 「미래소년 코난」도 그렇지만, 극장에서 상영된 그의 대표작 「바람 계곡의 나우시카」나 「모노노케 히메(もののけ姫)」(1997)를 보면 누구나 그가 얼마나 탁월한 애니메이션 감독인지 수긍하게 될 것이다. 자연을 파괴하는 자본주의사회나 거기에 길들여진 어른의 세계를 비판적으로 성찰한다는 점에서, 분명 미야자키 하야오 감독은 근본적인 생태주의자 아니면 기성 질서를 부정하는 아나키스트로서의 면모를 보이고 있다. 2001년에 예순을 넘은 미야자키 하야오 감독은 자신의 영화적 성찰을 집대성하면서 삶의 절망과 희망을 동시에 노래하는 장편 애니메이션 영화를 한 편 만든다. 그것이 바로 「센과 치히로의 행방불명」이다.

미야자키 하야오의 영화는 치히로라는 소녀가 세 가지 공간을 넘나들면서 펼쳐지는 에피소드로 이루어져 있다. 첫 번째 공간은 자본주의나 권력의 지배를 받는 인간의 세상이다. 그나마 다행스러운 건 모든 다른 부모와 마찬가지로 아버지와 어머니도 어린 딸 치히로를 사랑한다는 점이다. 나머지 두 공간은 모두 현실과는 동떨어진 이상한 세계에 속해 있다. 소설 『이상한 나라의 앨리스』에서 앨리스라는 소녀가 깊고 어두운 토끼 굴을 지나 이상한 나라에 이르는 것처럼, 치히로도 깊고 어두운 성곽 문을 지나 이상한 세계에 이른다. 치이로가 도착한 이상한 세계에는 두 가지 공간이 존재한다. 하나는 탐욕스러운 마녀 유바바가 지배하는 목욕탕의 세계이고, 다른 하나는 유바바의 언니 제니바가 지배하는 한적하지만 정감 어린 시골 같은 세계다.

유바바가 지배하는 목욕탕에서, 세상을 관장하느라 시친 다양한 신은 그동안 묵은 때를 벗고 휴식을 취한다. 물론 그 대가로 유바바는 이윤을 취하고 있다. 한마디로 유바바는 신을 대상으로 목욕업을 관장하는 자본가인 셈이다. 유바바가 지배하는 세상에 살고 있는 모든 존재는 목욕탕 일에 도움이 되어야만 존재할 수 있다. 한마디로 이곳은 모든 것이 그에 걸맞은 대가로 교환되어야 한다는 자본주의 원리가 철저하게 관철되는 곳이었다. 반면 제니바가 지배하는 공간은 목욕탕의 세계와는 사뭇 다르다. 제니바는 동생 유바바처럼 마술을 부릴 수 있지만, 직접 노동을 하며 삶을 영위하고 있다. 더구나 제니바는 자신의 공간에 들어오는 누구에게나 애정과 환대를 아끼지 않는다. 영화가 진행되면서 분명해지지만, 유바바의 세계가 이윤에 따라 움직이는 세계라면, 제니바의 세계는 사랑과 유대가 지배하는 세계인 것이다.

「센과 치히로의 행방불명」에서 전개되는 이 세 가지 공간은 여러모로 단테의 『신곡』에 등장하는 지옥, 연옥, 그리고 천국과 구조적으로 유사하다. 카드나 현금만 있다면 무엇이든지 지배할 수 있다고 믿는 세계, 그래서 이런 맹목적 의지에 사로잡혀 인간이 자연뿐만 아니라 자신도 파괴하는 이 세계가 지옥이 아니라면 무엇이겠는가. 반면 인간의 어리석음을 돌보다가 지친 신이 휴식을 취하는 유바바의 세계, 그렇지만 동시에 휴식의 대가로 이윤을 취하는 유바바의 세계는 분명 좋은 점과 나쁜 점이 공존하는 연옥을 닮아 있다. 유바바의 세계와는 달리 서로를 환대하고 사랑해 주는 제니바의 세계는 단테의 천국과 너무나도 유사한 곳 아닌가.

앨리스의 여행과는 달리 치히로의 여행은 부모와 함께 이루어진다. 깊고 어두운 성곽 문을 지나자 세 사람이 도달한 곳은 유바바의 세계가 관장하는 근사한 거리였다. 이곳 음식점에서 치히로의 부모는 주인의 허락도 받지 않고 음식을 게걸스럽게 먹는다. 카드도 돈도 지갑에 있으니 걱정하지 말라는 허풍을 떨면서 말이다. 비록 치히로를 사랑하기는 하지만, 그녀의 부모는 자본주의에 젖어든 사람이었던 것이다. 그렇지만 이곳에서는 돈이나 카드는 무용지물일 뿐이니, 치히로의 부모는 일종의 무전취식을 한 셈이다. 그 벌로 두 사람은 돼지로 변하게 된다. 자, 이제 치히로에게는 심각한 숙제가 생긴 것이다. 돼지로 변한 부모를 다시 인간으로 만들어 세상으로 돌아가야 하는 숙제다. 바로 이때 치히로는 유바바의 세계에 살고 있는 하쿠라는 소년을 만나게 된다.

유바바의 세계에서는 일을 하지 않으면 살아갈 수 없다는 걸 너무나 잘 알고 있던 하쿠는 책략을 써서 치히로가 목욕탕 직원으로 할 수 있도록 도와준다. 치히로를 채용한 유바바는 '치히로'라는 이름을 '센'으로 바꾼다. 그렇지만 하쿠는 치히로에게 자신의 본래 이름이 '치히로'라는 사실을 잊어서는 안 된다고 충고한다. 만일 '센'이란 이름만 기억하고 있다면, 그녀는 결코 인간 세상으로 다시 돌아갈 수 없다는 경고와 함께 말이다. 바로 이 대목이 미야자키 하야오 영화에서 매우 중요하다. 미야자키 하야오는 우리에게 묻고 있는 것이다. '치히로'와 '센'이라는 이름의 차이가 무엇인지 아냐고. 단도직입적으로 말해 '치히로'가 사랑의 관계를 함축하고 있다면, '센'은 지배의 관계를 상징한다.

비록 자본주의에 젖어 있지만 그녀의 부모는 사랑의 마음을 담아 딸을 불러 왔던 것이다. "치히로야! 에고, 예쁜 내 딸!" 그래서 치히로라는 이름을 기억한다는 건 자신을 사랑하는 사람을 기억한다는 것에 다름 아니다. 반면 '센'은 목욕탕 노동자로서 호명되는 이름이다. "센! 네가 오물신의 목욕을 도와라!" 그러니까 이상한 세계에 들어온 한 소녀가 자기의 이름이 센이라고 기억하는 순간, 그녀는 사랑받기는커녕 지배의 대상이나 부려지는 대상임을 받아들이게 된다. 사실 하쿠라는 소년이 유바바의 세계를 떠나지 못하는 것도 같은 이유다. 유바바는 소년에게도 원래 이름 대신 하쿠라는 이름을 붙였던 것이다. 그러니 유바바는 하쿠를 자기 마음대로 부릴 수 있는 것이다.

유바바의 세계에서 벗어나기 위해서는 하쿠도 자신의 예전 이름을 되찾아야 한다. 자신이 사랑받았을 때 불렸던 그 원래 이름 말이다. 여기서 가능한 오해 하나를 잡아야겠다. 어릴 적 이름이 원래 이름은 아니라는 사실이다. 원래 이름은 사랑받았을 때 불리던 이름이라는 사실이 중요하다. 폭력적인 부모가 지었고 호명했던 본명이라고 해서 원래 이름이 아니다. 그건 저주받은 이름일 뿐이다. 삶을 위축시키는 기억을 떠오르게 하는 이름이 어떻게 원래 이름일 수 있겠는가. 만일 이런 경우라면, 오히려 누군가 사랑하는 사람을 만나서 붙여진 별명이 원래 이름에 가깝다고 할 수 있다. '냥이'라고 부르며 누군가 사랑을 주었다

「센과 치히로의 행방불명」의 쌍둥이 마녀 중 유바바

면, '냥이'라고 불린 사람에게는 '냥이'야말로 지켜야 할 원래 이름인 것이다.

유바바의 세계에서 하쿠는 치히로를 도와주고, 그런 하쿠를 치히로도 무척 아낀다. 두 사람은 사랑하게 된 것이다. 치명적인 상처를 입은 하쿠를 살리기 위해, 치이로가 되돌아올 수 없다는 제니바의 세계로 가는 것도 바로 사랑 때문이다. 깨어난 하쿠가 치히로를 걱정해서 용으로 변신해 그녀를 찾는 비행에 나서게 된 것도 사랑 때문이다. 우여곡절 끝에 하쿠는 제니바의 집에서 환대받던 치히로를 태우고 유바바의 세계로 되돌아온다. 그리고 비행 도중 하쿠는 치히로의 도움으로 자신의 원래 이름을 되찾는다. "니기하야미 고하쿠누시!" 아주 어릴 때 개천에 빠져 죽을 위기에 있던 치히로를 얕은 곳으로 건져 내 살려 주었던 개천의 신이 바로 하쿠였던 것이다. 사랑이 사랑으로 갚아졌다고나 할까? 치히로의 도움으로 하쿠는 사람들을 구해 주어 사랑받던 자기의 본래 이름을 되찾은 것이다.

「센과 치히로의 행방불명」을 통해 미야자키 하야오 감독은 우리에게 묵직한 교훈을 준다. 본래 이름, 다시 말해 사랑하는 사람이 호명했던 이름을 잊지 않는다면, 우리의 삶은 그만큼 행복해질 것이라고 말이다. 자신의 본래 이름을 빼앗기지 않는다면, 우리는 자신을 사랑했던 사람을 반드시 되찾게 된다. 결말에서 유바바가 마지막 농간을 부리는 장면이 나온다. "돼지 열 마리 중에 너의 부모를 찾아라. 그러면 부모와 너는 원래 세상으로 돌아갈 수 있다." 치히로가 아무런 어려움 없이, 눈앞에 있는 열 마리 돼지 중에는 자신의 부모는 없다고 말한다. 어떻게 치히로라는 이름을 잊지 않은 소녀가 자신의 이름을 사랑으로 부른 사람을 찾지 못하겠는가. 영화를 보고 나서 우리는 되돌아보아야 할지도 모른다. 정말 지금 우리는 본래 이름을 가지고 있기라도 한 것인가? 어쩌면 우리는 지금 치히로가 아니라 센으로 살고 있는 것은 아닌가?

비평가의 눈

이상용

이름이라는 마법

유바바가 온천장에서 일하게 된 치히로의 이름에서 글자를 떼어 낸다. 치히로(千尋)에서 센(千)만 남긴다. 그것은 지배의 원리(마법)로 작동한다. 그 사람의 본성을 감춘 채 온천장의 노동자로서의 모습만을 앙상하게 담은 '센'이라는 기호만이 남게 된다. 이것은 단순한 상징이나 비유가 아니다. 현실 속에서 누구나 이름을 지니고 있다. 그러나 이름은 항상 동일하게 불리지 않을 뿐만 아니라 다양한 관계 속에서 변형되거나 아예 새롭게 바뀌어 불린다. 나의 경우, 누군가는 이상용이라는 이름으로 부르기도 하지만 누군가는 '선생님'이라고 부르는 것을 선호한다. 그것은 내가 선생이기 때문일 것이다. 누군가는 이 씨라고 부른다. 그것은 나의 성이 이 씨이기 때문일 것이다. 단순한 존재의 관점에서 보자면, 이상용도 이 씨도 선생님도 모두 같은 존재라고 여겨질 것이다. 그러나 이들 존재는 전혀 같지 않다. 이름을 부르는 방식은 부르는 사람과 불리는 사람 사이의 관계를 보여 주고, 이름으로 이어진 관계에 따라 존재의 무게감은 각각 달라진다. 어떻게 불리는지가 중요하다. 이상용만이 진짜 이름은 아니다. 진짜 이름은 애정과 친밀성을 담아 부르는 것, 그리하여 상대 존재에게 다가갈 수 있는 힘을 발휘하는 것, 그것이 진짜 이름이다.

「센과 치히로의 행방불명」에는 이름을 부르는 방식에 대한 장면이 의외로 많이 등장한다. 온천장 맨 아래쪽에서 일하는 가마 할아범은 치히로가 처음 만났을 때 '가마지 상'이라고 불렀다. '상'은 상대를 존칭하는 일본어 표현이다. 그런데 피 흘리는 하쿠를 따라 아래쪽으로 또다시 내려가게 되었을 때 치히로는 가마 할아범을 보고 '오지짱'이라고 부른다. 아저씨를 친근하게 부르는 오지짱처럼 들리기도 하는데, 오지짱은 할아버지의 친근한 호칭이다. 일본어에서 '짱'은 상대를 향한 애정을 담고 있다. 가마 할아범은 치히로의 표현에 거부감을 드러내지 않는다. 검댕을 거느리며 분주하게 일을 하는 가마 할아범이지만 하쿠와 함께 등장한 소녀에 대해서도 방해받았다고 화를 내지 않으며, 걱정스러운 눈길로 하쿠와 치히로를 바라봐 준다. 그 속에서 오지짱이 등장한다. 누군가를 다르게 부를 수 있다는

것은 관계가 변했음을 의미한다. 그 이름이 친밀해졌을 때 마음을 움직이며 도움을 청할 수 있는 마력이 생기는 것이다.

이러한 맥락에서 「센과 치히로의 행방불명」은 좀 더 섬세하게 번역될 필요가 있는 작품이다. 자막은 이름이 변하는 미묘한 차이를 제대로 짚어 주지 못한다. 어리광만 부리던 치히로는 종종 어른을 향해 '짱'이라고 부른다. 처음에 등장한 치히로의 모습이었다면 짱이라는 호칭을 일종의 어리광처럼 여길 수 있지만, 온천장에서 온갖 험한 일을 경험하고 성장한 치히로가 짱이라는 말을 사용할 때는 자신감처럼 들린다. 그것은 "당신의 마음을 알아요."라는 친밀성이 강조되어 있다.

이러한 친밀성의 표현은 유바바의 쌍둥이 마녀 제니바를 만나는 대목에서도 등장한다. 치히로가 일행과 함께 돌아오지 않는 전차를 타고 제니바가 사는 곳에 당도하여 인사를 건넬 때 처음에는 '제니바 상(さん)'이라고 부르면서 존칭을 쓴다. 치히로는 그녀에게 마녀의 도장을 건네주면서 하쿠를 용서해 달라고 청한다. 그런데 함께 시간을 보내고 헤어질 때에는 '오바짱'이라고 부른다. 이 말은 할머니를 친근하게 부르는 말이다. 제니바 역시 치히로에게 친근한 미소를 지으며 하쿠와 함께 무사히 돌아갈 것을 기원한다. 치히로는 헤어지면서 "할머니 고마워, 안녕.(おばあちゃん、ありがとう。)"이라고 말한다.

친밀성의 표현은 치히로에게 무시무시한 힘을 발휘하도록 도와준다. 그것은 이 작품의 가장 중요한 비밀을 드러내는 순간으로 이어진다. 하쿠와 함께 온천장으로 돌아가던 중 치히로는 하쿠의 본명을 생각해 낸다. 지금은 아파트 단지로 바뀌었지만 원래는 강이 있었다. 어린 시절 치히로는 강에 빠져 위험에 처한 적이 있

「센과 치히로의 행방불명」의 귀여운 커플 센과 하쿠

다. 그때 강 속에서 무언가가 치히로를 강가로 데려와 목숨을 구해 주었다. 개울이나 강이 '용'과 관련되어 있다고 상상하는 것은 아시아 문화에서는 상당히 친숙하다. 치히로는 그러니까 너의 이름은 '고하쿠누시'라고 말한다. 누시는 강이라는 뜻이다. 하쿠의 이름은 고하쿠 강이었다. "니기하야미 고하쿠누시." 유바바는 그의 이름에서 '고'를 떼어 냈을 것이다. 치히로의 기억을 통해 하쿠의 이름이 복원되면서 그는 자연스럽게 마법(계약)에서 풀려난다.

초반으로 돌아가면, 치히로의 이름을 기억해 준 것도 친구 리사였다. 앞날의 상황으로 인해 암울했던 치히로에게 하쿠는 옷을 가져다준다. 옷에는 시골로 전학을 오면서 친구 리사에게 받은 쪽지가 있었다. 거기에는 '치히로'라는 이름이 쓰여 있었다. 센이 되었던 치히로는 자신이 유바바와 계약을 맺은 후 진짜 이름을 망각하고 있었다는 것을 깨닫는다. 하쿠는 진짜 이름을 기억해야 돌아갈 수 있다고 말한다. 그것은 진짜 이름을 부르던 사람들의 품속으로 돌아갈 수 있다는 뜻이기도 하다.

이처럼 누군가 이름을 기억해 주고 있다는 것은 누군가를 소중히 생각하고 사랑하고 있다는 것을 뜻한다. 사랑의 기억은 서로의 이름을 부르면서 회자된다. 치히로는 어릴 적 강의 신이었던 고하쿠의 도움으로 목숨을 건졌다. 그 기억은 시간이 지나 아파트로 인해 강이 메워지면서 희미해졌지만 완전히 사라진 것은 아니었다. 이제 하쿠의 본래 이름에 대한 치히로의 기억으로, 그를 덮고 있던 마법의 사슬이 풀린 것이다. 상대의 진짜 이름을 기억한다는 것은, 상대를 사랑했던 순간을 기억한다는 것이다. 치히로의 놀라운 능력이자 진짜 마법은 상대를 사랑하고 좋아하는 마음을 숨기지 않음으로써 친밀성의 위력으로 상대를 무화하는 데에 있다.

하쿠와 함께 온천장으로 돌아온 치히로는 처음에 온천장에 들어올 때 숨을 참아야 했던 온천장 다리 입구에 내려선다. 치히로는 유바바를 향해 당당하게 '오바짱'이라고 부른다. 쌍둥이 마녀 제니바를 친근하게 끌어안으며 부른 것처럼 자신의 이름을 빼앗았던 유바바를 향해 친밀한 선방을 날린 것이다. 이에 대한 유바바의 반응이 재미있다. 그녀는 치히로의 당당한 태도를 당혹해하면서 "오바짱?" 하고 되뇐다. "재가 뭐래?" 하는 듯한 이 반응은 작품 속에서 아주 뚜렷하게 표현되어 있다. 그것은 고용주이자 힘의 우위에 있던 유바바가 치히로의 태도에 당혹감을 표출하는 장면이기도 하다. 이로 인해 두 사람 사이에 존재하던 힘의 크기가 바뀌었다. 치히로는 당당하게 계약과 규칙을 받아들이겠다면서 유바바의 퀴즈에 도전한다. 그리고 손쉽게 수수께끼를 풀어 버린다.

수많은 돼지 무리 속에서 자신의 부모를 찾아야 하는 퀴즈는 분명 쉽지 않다. 그러나 유바바의 간교한 술수에 치히로가 넘어가지 않을 것이다. 왜냐하면 간교가 통하는 것은 나의 힘이 약할 때거나 간교가 통할 수밖에 없는 약점을 지니고 있을 때다. 치히로는 이제 상대를 오바짱이라고 부르는 당당한 소녀다. 마녀의 술수 따위는 통하지 않는다. 이름은 그렇다. 당신을 얼마나 친근하게 부를 수 있는

가에 따라, 친근하게 부를 수 있는 자신감이 있는가에 따라 진정한 마법이 흘러나온다. 이 순간만큼은 치히로가 진짜 마법사가 되는 것이다. 그녀는 이름이 지닌 의미와 원리를 알고, 마법의 계약서가 아니라 오바짱이라고 부르는 한마디로 상대를 제압한다.

현실에서는 계약서를 찍은 도장(마녀의 도장)이 무서울 것이고, 계약서가 무서울 것이다. 그러나 현실에서도 상대를 대하는 마음에 따라 계약서를 넘어서는 힘이 존재한다는 것을 종종 경험하게 된다. "말 한마디에 천 냥 빚도 갚는다."는 속담은 말을 잘해서 천 냥 빚을 진 계약서를 무효화한다는 것이 아니다. 그 말이, 상대를 부르는 이름에 절박함과 진실이 묻어날 때 계약서에 명시된 날짜를 연기할 수도 있고 무효화할 수도 있음을 말한다. '빚을 갚는다.'의 올바른 번역은 빚쟁이의 마음을 움직인다는 뜻이다. 그것을 실천해 보이는 인물이 바로 치히로다. 치히로가 온갖 험한 일 끝에 낯선 세상에서 배운 것은 이름을 진정으로 부르고 마음을 다하면 상대의 이름이 변화하고(다르게 부르게 되고), 마음이 움직인다는 사실이다. 이름은 하나가 아니다. 그녀의 이름은 치히로, 센, 그리고 또 다른 무엇이 되어 세상을 움직이며 성장해 나간다.

미야자키 하야오는 애니메이션 감독이다. 모든 애니메이터가 미야자키 하야오에게 매력을 느끼지만 그의 스타일을 따라 한다는 것은 실사 영화와 달리 너무 또렷하기에 쉽지가 않다. 미야자키 하야오의 작품은 스스로 자신의 그림체와 캐릭터를 유사하게 유지해 왔다. 「바람 계곡의 나우시카」의 공주나 「천공의 성 라퓨타」의 시타, 「미래소년 코난」의 라나와 같은 캐릭터는 엇비슷한 외형을 지녔다. 하지만 닮은꼴의 여성 캐릭터를 진정으로 묶어 주는 것은 순정이 넘치면서도 위기에 강한 여성상을 그려 내기 때문이다. 이외에도 많은 이가 미야자키 하야오의 작품에 등장하는 토토로, 가오나시, 허수아비 등에 마음을 빼앗긴다.
애니메이션답게 미야자키 하야오의 캐릭터는 과장되어 있거나 추상적으로 표현되어 있다. 많은 후대의 애니메이터가 미야자키 하야오가 그려 내는 마술적 공간을 혁신적으로 따라잡을 수는 있어도, 끝내 부족한 것은 미야자키 하야오처럼 매력적인 여성이나 마술적 캐릭터를 창조해 내지 못하기 때문이다. 그 점에 있어 미야자키 하야오의 스타일은 독보적이다. 애니메이션의 자유로운 붓 칠 위에 미야자키 하야오는 물고기 포뇨를 주인공으로 삼기도 하고, 비행사 돼지를 주인공으로 삼기도 했다. 우리는 이 캐릭터들 속에서 인간의 얼굴을 발견하는 놀라운 경험을 하게 된다.

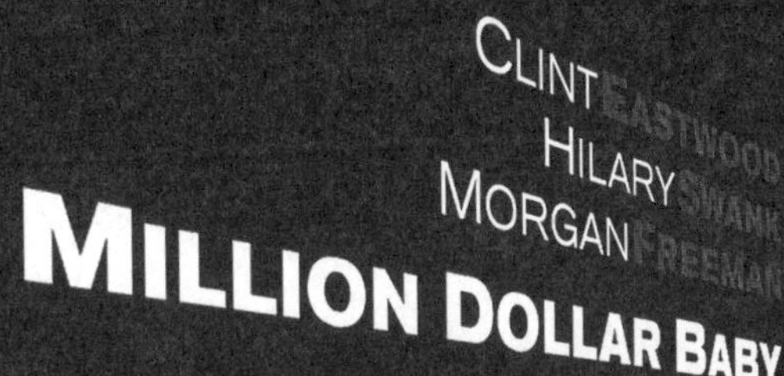

25강 인생이라는 링 위에서

밀리언 달러 베이비

클린트 이스트우드

"주먹을 날리려면 뒤로 물러나야 해."

—등장인물 프랭키의 대사

「밀리언 달러 베이비」 Million Dollar Baby, 2004

미국 | 133분 | 클린트 이스트우드

프랭키 던은 권투계에서 잔뼈가 굵은 양반이다. 그는 근사한 체육관을 소유한 것도 아니고, 거물급 선수만 거느린 큰손도 아니지만 제자리에서 묵묵히 경력을 쌓아 왔다. 본래 프랭키는 선수를 따라다니며 권투경기에서 상처 지혈을 돕는 커트맨(지혈사)이었다. 그는 이루 헤아릴 수 없는 숱한 경기를 관전하고 경력이 다양한 선수와 호흡을 맞추면서 어깨너머로 여러 값진 것을 배웠다. 그중에는 오직 현장에서만 터득할 수 있는 날선 기술은 물론이고, 링에 오르는 선수라면 반드시 알아 두어야 할 교훈도 있다. 바로 '자신을 보호하라.'라는 가르침이다.

프랭키는 엄한 트레이너이지만 경기 운영에 있어서는 상당히 방어적인 편이다. 아닌 게 아니라, 그는 방어를 최선의 공격이라 여기며 선수가 링 위에서 무너지지 않도록 위험한 도박은 늘 피해 다녔다. 최근에는 빅 윌리라는 선수를 키웠다. 그는 거물급 선수로 성장하여 권투계를 차례로 평정해 나갔다. 하지만 프랭키는 꼭 마지막 순간에 '챔피언 결정전'을 거부한다. 챔피언 결정전만 잘 치르면 엄청난 상금과 명예까지 거머쥘 수 있다. 그런데 프랭키는 좀처럼 결단을 내리지 못했다. 판이 커지면 커질수록 잃는 것도 많아진다. 코앞에 놓인 번쩍이는 챔피언 벨트는 선수를 미치게 만든다.

이와 관련된 프랭키의 기억은 쓰라리다. 젊은 시절 그는 챔피언 결정전에 출전한 한 선수를 따라 경기장에 들어섰다. 엄청난 접전이 벌어졌고, 도대체 누가 왕관을 쓰게 될지 종잡을 수 없는 상황이었다. 프랭키는 피와 땀으로 범벅이 된 선수의 모습을 바라보며 묘한 두려움을 느꼈다. 프랭키가 담당하고 있던 한 선수가 위기를 맞는다. 그는 무슨 수를 써서라도 해당 선수의 출전을 막고 싶었지만 지혈사의 권한으로는 아무것도 할 수 없었다. 더구나 선수 본인이 질 수밖에 없는 게임인데도 계속 도전하겠다며 의연히 나선 것이다. 그 선수는 패배와 함께 한쪽 눈마저 실명하고 만다. 그가 바로 현재 프랭키의 체육관을 관리하고 있는 '스크랩'이다. 스크랩은 실명한 뒤 통상 109회 경기를 끝으로 선수 생활을 접었고, 프랭키 또한 그날 이후로 일말의 죄책감과 회한을 느끼며 살아왔다. '자신을 보호하라.'라는 가르침을 가슴에 새긴 채로 말이다. 프랭키는 결국 이번에도 빅 윌리에게 주어진 챔피언 결정전을 고사한다. "빅, 한두 경기만 더 뛰고 출전하는 거야."

하지만 빅으로서는 더 이상 물러설 수 없다. 프랭키의 노파심(혹은 신중한 판단)을 이해 하지 못하는 건 아니지만, 적수가 없을 정도로 잔뜩 물오른 상태인 빅으로서는 더 이상 참을 수가 없다. "미안해요, 프랭키. 이제는 챔피언이 되고 싶어요." 프랭키는 순간 욱하고 치미는 분노와 허탈감을 꾹꾹 눌러 삼킨다. 어차피 그는 빅의 챔피언 결정전을 감당하지 못했을 테다. 프랭키는 앞서 스크랩으로부터 "빅이 다른 매니저를 찾고 있는 듯하다."라는 경고를 듣고도 가볍게 묵살했더랬다. 물론 빅을 신뢰했기 때문이기도 하지만, 다른 한편으로는 자신에게 확신이 서지 않았던 탓이기도 하다.

유일한 혈육인 딸과 의절한 지도 수십 년이 되어 간다. 편지를 보내 봐도 묵묵부답이다. 프랭키는 일요일마다 성당을 찾아가 응답받지 못할 기도를 올리며 인생의 답을 찾고 있다. 프랭키는 TV를 통해 빅의 챔피언 결정전을 관람한다. 그는 여전히 빅의 코치인 것처럼 브라운관에 비친 선수의 움직임을 따라 스냅과 스텝을 이리저리 옮겨 본다. 결국 승기를 잡은 빅 윌리가 새로운 챔피언으로 등극한다. 프랭키는 기쁨과 허탈감을 동시에 느낀다. 역시 인생은 한판의 커다란 도박인 걸까? 프랭키는 다시 고개를 절레절레 젓는다. 판돈을 걸지 않으면 적어도 잃지는 않으니 다행이지 않은가? 하지만 스크랩의 생각은 좀 다르다. 인간이라면 누구나 삶의 모든 것을 걸더라도 자신만의 목표에 도전하고 싶어질 때가 있는 법이라고 말이다. 그때 어둑한 체육관 한구석에서 홀로 권투 연습을 하고 있는 한 여성이 눈에 들어온다. 매기 피츠제럴드다. 지난 몇 주 동안 프랭키의 뒤를 졸졸 따라다니며 제발 자신의 트레이너가 되어 달라고 애원하던 여자다.

그녀에게도 한 가지 소망이 있다. 프로 권투 선수가 되어 링 위에 서는 것이다. 몸무게 140킬로그램의 신경질적인 어머니, 벌써 몇 년째 감방을 들락날락하는 오빠와 사지 멀쩡한데도 정부 보조금에만 의지해 살아가는 여동생까지, 그녀의 인생에서 가족은 모두 짐스럽다. 매기는 권투를 통해 모든 것을 훌훌 털어 내고 싶다. "난 계집애는 안 키워!" 프랭키는 매기의 제안을 단칼에 거절했다. 그녀가 아무리 애를 쓰고 노력해도 대답은 늘 같았다. "이봐, 난 계집애는 안 키운다고!"

매기는 일부러 체육관에 등록한 후 프랭키가 신경을 쓰든 말든 묵묵히 홀로 연습을 이어 간다. 이때 스크랩이 먼저 그녀의 재능과 집념을 알아보고 슬며시 도움을 준다. 남몰래 프랭키의 펀치볼을 꺼내 주는가 하면, 체육관이 문을 닫은 후에도 계속 연습할 수 있도록 배려해 준다. 그녀는 낮에는 식당에서 서빙을 하고, 저녁에는 밤늦게까지 연습을 한다. 쉴 틈 없이 고단한 나날을 보내고 있음에도 '권투' 생각만 하면 저절로 웃음이 번진다. 그녀는 서른한 살이다. 자신의 인생과 권투에 대한 애정이 없다면 어느 누구도 이렇게 열정적일 수 없다. 결국 프랭키는 그녀를 맡아 키우기로 결정한다.

"첫째, 절대 질문하지 말 것. 둘째, 자신을 여자라고 생각하지 말 것." 프랭키는 괜히 퉁명스럽게 툴툴거리며 매기를 성심껏 가르친다. 그렇게 매기는 자신의 약점과 강점, 손동작과 발걸음 하나하나까지 새로 익혀 간다. 그녀는 훈련을 시작한 지 단 몇 달 만에 정말 놀라운 발전을 이룬다. 그런데 바로 그 순간에 프랭키가 갑자기 한 발짝 물러난다. 그는 이제 슬슬 경기를 잡고, 매기를 프로 무대에 세울 때가 되자 거의 일방적으로 트레이너 직책을 그만둔다. 매기는 서운한 감정을 잠시 뒤로하고 일단 다른 매니저의 손을 통해 프로 게임에 데뷔한다. '그래, 프랭키가 그동안 나를 맡아 가르쳐 준 것만으로도 감사한 일이다!' 그녀는 프랭키의 가르침을 머릿속에 되새기며 마침내 첫 대전(對戰)에 임한다. 하지만 연습과 실전은 전혀 다른 것이었다. 새 매니저는 잔인하게 그녀를 덫 속으로 밀어 넣는다. 결국 참다 못한 프랭키가 직접 나선다. 그는 아무 예고 없이 매기 앞에 나타나 느닷없이 코치를 맡는다. "내가 이 선수의 트레이너입니다. 제가 코치할게요." 프랭키의 등장에 엉터리 매니저는 욕지거리를 퍼부으며 자리를 떠난다. "대장!" 매기는 다시 함박웃음을 짓는다.

그 이후로 매기는 적수가 없을 정도로 연전연승한다. 프랭키도 매기와 함께 경기장을 누비며 타오르는 불꽃을 느낀다. 한편 의절한 딸에게선 여전히 답이 없고, 신앙에 대해서도 여전히 의문투성이다. 그러나 경기장에서만큼은 두 사람 모두 혼신을 다한다. '영국 챔피언 오픈 게임' 티켓을 잡은 매기는 프랭키를 설득해 런던으로 향한다. 그때 프랭키는 국제적 수준에 걸맞은 실크 권투 가운 한 벌을 매기에게 내민다. 고급스러운 진녹색 가운에는 '모쿠슈라'라는 단어가 아름답게 수 놓아져 있다. “대장, 너무 멋져요. 근데 ‘모쿠슈라’가 무슨 뜻이죠?” 프랭키는 멋쩍은 얼굴로 한마디 툭 던진다. “게일어야.” 이번에도 승리를 거둔다. 매기는 환희에 찬 얼굴로 프랭키에게 묻는다. “도대체 모쿠슈라가 무슨 뜻이죠? 사람들에게 물어봐도 되죠?” 프랭키는 넉살스레 대꾸한다. “그 뜻을 알게 되면 나한테도 좀 알려 줘.” 이때부터 매기는 ‘모쿠슈라’라는 별명으로 불리며 유럽과 미국을 차례로 제패해 나간다. 마침내 프랭키와 매기는 ‘100만 달러’의 대전료와 함께 챔피언 결정전을 받아들인다.

매기는 그동안 받은 상금을 악착같이 모아 어머니와 남매에게 번듯한 집을 마련해 주지만, 게으르고 탐욕스러운 그녀의 가족들은 오히려 볼멘소리만 해 댄다. 집이 생기면 보조금이 끊긴다느니, 이럴 바에는 차라리 현금을 주는 게 좋다느니…… 하면서 말이다. 프랭키는 말없이 매기의 가정을 지켜볼 따름이다. “대장, 혹시 개 키워 봤어요?” 프랭키는 씩 웃으며 농을 던진다. “아니, 개 같은 선수만 키워 봤지.” 매기는 갑자기 회상에 젖어든다. “예전에 아빠가 엑셀이라는 이름의 셰퍼드 한 마리를 키웠어요. 뒷다리를 거의 못 쓰게 돼 앞다리로만 방을 돌아다니곤 했죠. 동생과 난 그런 모습이 우스워 깔깔대며 놀리곤 했어요. 아빠는 그런 엑셀이 보기 싫었는지, 어느 날 아침 엑셀을 차에 싣고 숲으로 들어가더군요. 그리고는 저녁때 혼자만 돌아오셨는데, 차에는 삽이 실려 있더군요. 하늘에서도 둘은 같이 있겠죠?” 잠시 정적이 흐른다. 프랭키는 마땅히 대꾸할 말을 찾지 못해 침묵을 지킨다. “프랭키, 제겐 대장뿐이에요.” 프랭키는 당연하다는 듯이 대답한다. “이미 가졌잖아? 최소한 새 매니저가 생기기 전까지는 말이야.”

그즈음 한 음식점이 눈앞에 보인다. 평소 프랭키가 먹고 싶어 하던 ‘진짜 레몬파이’를 만들어 파는 가게다. 매기는 프랭키에게 레몬파이를 대접하며 이렇게 말한다. “아빠랑 자주 오던 가게죠.” 프랭키는 자기 앞에 놓인 레몬파이를 말끔히 먹어 치운다. 마침내 매기는 챔피언 타이틀을 두고 ‘푸른 곰’ 빌리와 숙명의 대결을 펼친다. 빌리는 현재 챔피언으로 무자비한 기술과 반칙으로 악명이 높은 선수다. 역시 챔피언 결정전답게 승부가 쉬이 나지 않는다. 서로 주먹을 주거니 받거니 하다가 매기가 승기를 낚아챌 무렵, 끝내 빌리가 야비한 반칙을 저지르고 만다. 이 일로 치명상을 입은 매기는 전신불수가 되고, 프랭키는 다시 나락으로 떨어진다. 매기는 평생 움직일 수 없다는 진단을 받고 나서도 오히려 프랭키가 심적으로 고통받지 않을까 걱정한다. ‘손을 내리지 말았어야 했는데, 프랭키가 항상 자신부터 보호하라고 말했는데…….’

프랭키는 스크랩에게 한탄을 퍼붓는다. "자네 잘못이야. 저 애는 자네 때문에 저 지경이 된 거라고. 나보고 맡아 가르치라고 자네가 졸랐잖아. 여자애라 더더욱 안 받으려고 그랬는데, 자네 때문이야!" 스크랩은 아무 대꾸도 하지 않는다. 그는 어느 누구보다 프랭키와 매기의 심정을 잘 이해하기에 그저 담담히 침묵을 지킨다. 그 이후로 프랭키는 보호자 역할을 도맡는다. 그녀의 몸을 씻기고, 예이츠의 시를 읽어 주며 최대한 많은 시간을 함께 보낸다. 하지만 프랭키의 노력에도 매기의 몸은 점차 욕창으로 썩어들기 시작한다. 급기야 다리까지 절단하게 된 매기는 프랭키에게 한 가지 부탁을 한다. "대장, 부탁이 있어요. 혹시 제가 전에 말씀드렸던 아빠의 개 엑셀 이야기 생각나세요?" 순간 프랭키의 얼굴이 어두워진다. "꿈도 꾸지 마. 그건 절대 안 돼." 그러나 매기는 조금도 물러서지 않는다. "대장, 이렇게 살 수는 없어요. 전 제가 바라던 바를 해 냈고, 세상을 둘러봤어요. 사람들은 제 이름을 부르며 환호했고…… 물론 대장이 지어 준 뜻 모를 이름이긴 하지만요. 이제 더는 바라는 게 없어요. 이 문제로는 대장과 싸우기 싫어요. 전 원하는 걸 가져 본 거예요. 그걸 제게서 빼앗지 말아 주세요. 그 환성이 사라질 때까지 여기 눕혀 두지 마세요."

프랭키는 짧고 단호하게 대답한다. "안 돼. 그런 부탁은 하지 마." 프랭키는 끝까지 매기의 부탁을 거절한다. 매기는 자살을 목적으로 혀를 베어 문다. 그것은 전신불수가 된 그녀가 할 수 있는 유일한 선택지였다. 그러나 가까스로 생명은 구한다. 프랭키는 신을 원망하고, 운명을 저주하며 신부에게 자신의 속내를 털어놓는다. 신부는 아무리 옳은 일이라도 '안락사'는 곧 '살인'이라며 프랭키를 말린다. "그런데 신부님. 그 애를 살려 두는 게 그 애를 죽이는 일이라고요." 프랭키의 얼굴이 일그러진다. 신부는 강경하게 "모든 것을 신에게 맡기세요."라고 타이를 뿐이다. "제기랄. 그 애는 지금 하느님이 아니라, 저한테 부탁하고 있다고요!" 프랭키의 얼굴에서 뜨거운 눈물이 흘러내린다. 그런 모습을 본 신부는 살짝 태도를 바꿔 다시 고쳐 말한다. "그래요. 하느님이나 지옥이 없다고 해요. 그런 것을 다 떠나서 그 일은 당신을 파멸시킬 거예요. 당신 마음속에 깊이 남아, 평생 후회하며 살게 만들 거예요." 프랭키는 주먹을 깨물며 울먹인다. "이미 후회하고 있다고요." 프랭키는 마지막으로 자신의 결심을 확인하기 위해 매기의 병실을 찾아간다. 그녀는 진통제 탓인지 이젠 정신까지 몽롱해진 듯하다.

프랭키는 담담히 아드레날린 주사를 챙긴 후 체육관 한구석에 앉아 생각에 잠긴다. 그때 어둠을 가르고 스크랩이 나타난다. "자책하지 마. 그 애는 용기 하나로 여기까지 왔어. 솔직히 프로 권투 선수가 되리라고는 꿈도 못 꿨을 거야. 근데 고작 1년 반 만에 챔피언 결정전 출전권을 따낸 거야. 자네가 그렇게 만들어 준 거야. 자네는 매기에게 기회를 줬어. 그 애는 죽으면서도 이렇게 생각할 거야. '난 정말 행복했다.'라고 말이야. 나라도 그랬을 테니까." 스크랩의 말에 프랭키의 눈동자가 격하게 흔들린다. 마침내 그는 주사기가 든 가방을 챙겨 매기를 찾아간다. "매기, 나다. 이제 내가 네 산소호흡기를 뗄 거야. 그리고 주사도 놓아 줄 테니 편히 잠들어." 매기는 눈꺼풀을 껌뻑인다. "그리고 모쿠슈라는…… '내 소중한 혈육'이라는 뜻이야." 프랭키는 마지막 말을 내뱉고는 매기에게 지그시 입을 맞춘다. 매기는 눈시울을 붉히며 희미한 미소를 지어 보인다. 프랭키는 매기가 두 번 다시 고통을 겪지 않도록 충분한 양의 주사를 놓는다.

그날 밤 스크랩은 체육관에 앉아 프랭키가 돌아오기만을 기다린다. 그러나 날이 밝도록 프랭키는 되돌아오지 않았다. 다만 스크랩이 '통상 110번째 경기'를 통해 구해 준 데인저라는 얼빠진 녀석만이 어슬렁거릴 뿐이다. "스크랩, 당신 말이 맞았어요. '게임에선 질 때도 있다.' 정말 맞는 말이에요!" 스크랩은 데인저를 훈계하며 자신이 내뱉었던 말을 새삼 곱씹어 본다. '게임에서는 질 때도 있지.' 여하튼 프랭키는 몇 날 며칠 밤이 지나도 끝내 돌아오지 않는다. 결국 스크랩은 펜을 들어 한 통의 편지를 쓴다. '케이티, 네 아버지를 용서하렴. 분명 어디에선가 회한 속에 살고 있을 것 같은데, 그게 어디든 그가 평화를 찾았으면 좋겠어. 삼나무가 울창한 곳일까? 여하튼 우리가 전혀 모르는 곳에 있을 테지. 그러나 그건 내 바람일 뿐이겠지? 그가 지금 어디에 있든, 네 아버지가 훌륭한 분이었다는 사실만은 꼭 알아 두렴.' 스크랩은 프랭키가 매기를 만난 후 겪은 거의 모든 일을 정리해 케이티에게 보낼 편지를 마무리한다. 한편 프랭키는 예전에 매기가 소개해 준 허름한 식당으로 홀로 찾아가 '진짜 레몬파이'를 주문한다. 매기와 매기의 아버지가 그랬던 것처럼, 또 매기와 프랭키가 그랬던 것처럼.

EVERLAST

클린트 이스트우드

Clint Eastwood, 1930-

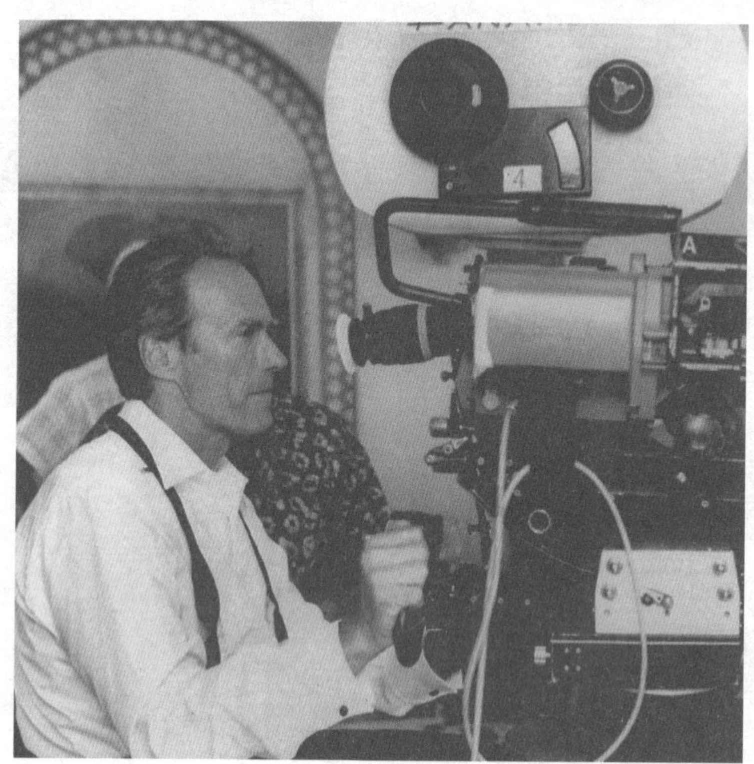

"내 영혼에는 반역자가 산다."

2차 세계대전이 끝나고 1950년대 들어서며 클린트 이스트우드가 배우 일을 시작한다. 1930년 가난한 노동자의 아들로 태어나 제대로 된 연기 수업을 받아 본 적이 없는 그에게 주어진 것은 단역뿐이었다. TV 쪽에서 새로운 제안이 들어왔다. 세 명의 카우보이가 주인공인 시리즈 「로하이드(Rawhide)」(1959)의 주연으로 출연하게 되었고, 192센티미터에 달하는 큰 키에 카우보이가 제법 잘 어울리는 남자는 이탈리아로 건너가 세르지오 레오네 영화의 히어로가 되었다. '이름 없는 남자' 3부작인 「황야의 무법자(A Fistful of Dollars)」(1964), 「석양의 건맨(For a Few Dollars More)」(1965), 「석양의 무법자(The Good, the bad and the Ugly)」(1966)를 통해 그는 스타덤에 오른다. 이 영화 속에서 이스트우드는 기존 존 웨인 스타일의 선하고 정의로운 카우보이도, 혹은 제임스 코번(1928-2002)이나 리 밴 클리프(1925-1989)가 단골로 맡았던 피도 눈물도 없는 악당도 아닌 독특한 영웅상을 만들어 냈다. "그는 과거도 없고 미래도 없다. 아무에게도 신경 쓰지 않고, 그 누구도 믿지 않으며, 환경 조건에 따라 가능한 한 많은 폭력을 저지르는 데 거리낌이 없다."

이후 25년간 이스트우드는 할리우드의 빅 스타였다. 그중에서도 배우로서의 명성을 굳힌 작품은 망나니 형사물의 원조인 「더티 해리(Dirty Harry)」다. 그는 여기에서 해리 캘러핸을 맡아 액션 스타로 폭을 넓혔다. 1971년에 시작된 「더티 해리」 시리즈는 1988년까지 이어진다. 그것은 스파게티 웨스턴과 마찬가지로 반영웅적인 주인공의 모습이었다.

그의 영화 인생의 새로운 국면은 감독을 맡게 되면서 시작되었다. 1971년 「어둠 속에 벨이 울릴 때(Play Misty for Me)」를 시작으로 이스트우드는 서른 편이 넘는 장편영화를 연출해 왔다.

1992년에 선보인 「용서받지 못한 자(Unforgiven)」(1992)를 통해 감독상과 작품상을 동시에 거머쥐었고, 이스트우드 자신은 이 작품으로 서부 영화의 종말을 고했다. 이 작품은 제작자로서는 주로 중간 규모 예산의 영화를 만드는 '맬파소'라는 프로덕션을 통해 완성했으며, 이때부터 거장의 풍모를 보이기 시작한다. 탈옥수와 소년의 우정을 그린 「퍼펙트 월드(Perfect World)」(1993)는 미국 사회의 폭력성과 새로운 사회에의 동경을 그린 1990년대 할리우드의 걸작이다. 「미드나잇 가든(Midnight in the Garden of Good and Evil)」(1997)을 통해 이스트우드는 정점의 역량을 구사한다. 사바나라는 작은 마을에서 벌어지는 사건을 한 기자의 눈으로 관찰한 이 영화는 반전과 스릴은 아랑곳없다는 듯 극히 느린 발걸음으로 흐르다가, 마침내 이 호화롭고 잡다하고 나른하고 추악한 도시가 미국 사회의 정밀한 축도임을 확인케 한다.

스타일을 앞세우기보다는 이야기와 캐릭터로 묵직한 의미를 전하는 클린트 이스트우드의 행보는 2000년대에 들어서 더욱 원숙함을 발휘하고 있다. 「미스틱 리버(Mystic River)」(2003), 「밀리언 달러 베이비」, 본격적으로 전쟁을 다룬 「아버지의 깃발(Flags of Our Fathers)」(2006)과 「이오지마에서 온 편지(Letters from Iwo Jima)」(2006)는 태평양 전쟁을 다룬 걸작 영화이며, 「그랜 토리노(Gran Torino)」(2008)를 비롯하여 이스트우드는 현재 내놓는 영화마다 기대감을 품게 하는 감독으로 자리매김했다.

1992년 《카이에 뒤 시네마》와의 인터뷰에서 이스트우드는 "사실 저의 첫 연출작에도 유럽에서 더 많은 용기를 주었습니다. 미국에서는 저를 배우로 인정하는 데에도 시간이 걸렸고, 감독으로 인정하는 데에도 똑같이 시간이 걸렸죠."라고 회고한다. 그러나 더 이상 그 혹은 그의 영화를 인정하지 않는 경우는 없을 것이다. 50년 넘게 영화와 함께해 온 그의 인생은 그 자체로 영화이기 때문이다.

이스트우드의 보수성과 영웅주의

「밀리언 달러 베이비」는 링 위의 인생을 묘사한다. 그것은 아메리칸드림을 품은 인생이었지만 어느 순간 몰락을 경험하고 끝내 죽음으로 이어진다. 익숙한 스포츠 영화의 공식 위에 변칙과 반대의 길을 섞어 놓은 영리한 시나리오는 많은 이에게 감동을 주었다. 하지만 이러한 변칙의 방식을 긴밀하게 들여다볼 필요가 있다. 이스트우드의 영화가 지닌 보수성과 영웅주의에 관해, 그것과 상관없이 뿜어져 나오는 캐릭터의 마력에 관해 이야기할 수 있어야만 한다. 그만큼 클린트 이스트우드의 영화는 우리와 가까이 살고 있는 인물을 보여 준다. 공감을 자아내는 너무나 현실적인 인간의 삶은 미국 영화를 보고 있다는 경계심마저도 쉽게 무장해제한다. 이 영화는 뮤지컬도, 코미디도, 액션도, 블록버스터도 아니다. 하지만 그 어떤 작품보다 우리에게 더 강력한 자극을 준다. 그 비밀은 무엇일까?

평가 이전에 감동을 선사하는 작품

강 슬픈 영화입니다. 저는 눈물을 훔치기도 했어요. 어떤 영화를 보고 울었다면, 그 영화에 대한 감상과 비평은 거기서 끝났다고 봅니다. 대개는 다른 사람은 무엇을 느꼈는지 궁금해서 비평을 보는 거니까요. 사실 평론이 감상을 대신하지는 못합니다. 평론의 근본적인 원칙에 대해 이야기하자면, 평론은 심오한 이론에서 출발하는 것이 아니라 영화에 대한 개인적 감상에서 출발합니다. 감동받지 않는 작품에 평론을 한다는 건, 그냥 노동에 불과하니까요. 또한 영화감독들 역시 평론가의 추앙을 받기보다는 관객에게 '감동'이 전달되기를 원할 겁니다.

이 그래서 평론가는 슬픈 운명에 처해 있는 거죠. 기본적으로 평론은 논리와 이해의 세계를 추구하는 것이기는 합니다. 하지만 영화라는 예술은 분명 감정의 매체이니까요. 평론의 세계가 아니라 평론의 표현과 논리가 예술의 감정을 전할 수 있다면 금상첨화이겠지요. 『씨네샹떼』 작업을 해 나가면서 철학자와 교감하고, 관객과 교감하고, 책이라는 활자와 교감하는 것은 자연스럽게 이러한 감정의 여러 가지 결을 들여다

EVERLAST

보게 됩니다. 때로는 시적인 영감을 받기도 해요.

강 시인 김수영[1]이 "시의 궁극적인 목적은 침묵이다."라고 말했죠. 여기서의 침묵은 말이 필요 없는 교감 상태를 이릅니다. "너 나 사랑하긴 해?"라고 묻지 않아도 되는 것. 인문학에서 침묵이란 '삶에서의 확신'을 의미합니다. 영화를 감상하고 난 후 의견이 분분한 것이 아니라, 침묵 속에서 각자 감동을 만끽하게 하는 것이 좋은 영화, 좋은 예술이라고 생각합니다. 「밀리언 달러 베이비」는 이러한 이유로 좋은 영화였습니다. 안락사와 존엄사라는 묵직한 논점을 던지기도 하지만요.

권투란 거꾸로 하는 스포츠

강 먼저 감독이자 주연인 클린트 이스트우드의 보수성에 대해 이야기해 봅시다. 여주인공은 권투경기 중 일어난 사고로 전신이 마비되죠. 마지막에 프랭키는 여주인공의 안락사를 돕죠. 꼭 그럴 필요가 있었을까요? 너무 쉽게 안락사를 허용한 것이 아닌가 하는 생각이 듭니다. 진보적 시선에서는 안락사를 허용한다면 자살도 인정하는 것 아니냐고 공격할 수 있습니다. 반면 보수의 핵심 논지는 안락사와 자살을 허용할 수 있다는 것이죠. 보수주의자는 영웅성을 강요합니다. '나라를 구하기 위해 배수진을 치고 목숨을 바친 이순신'을 추앙하는 사람은 보수적인 것이죠. 흔히 보수적인 사람은 보통 사람과는 다른 사람, 무언가 이념과 신념을 지키기 위해 삶마저도 초개(草芥)처럼 버리는 사람, 즉 영웅을 숭배합니다. 그러니 당연히 목숨보다 중요한 이념과 신념을 맹신하게 됩니다.
영화를 보면 매기는 일종의 영웅으로 그려집니다. 매기에게 다른 세계가 있다는 것을 보여 줬다면 다른 삶도 가능하지 않았을까요? 일어나지

1 『김수영 전집: 산문』에서 시인은 이렇게 기록하고 있다. "가장 민감하고 세차고 진지하게 몸부림을 쳐야 하는 것이 지식인이다. '진지하게'라는 말은 가볍게 쓸 수 없는 말이다. 나의 연상에서는 '진지'란 '침묵'으로 통한다. 가장 진지한 시는 가장 큰 침묵으로 승화되는 시다."

못해도 다른 사람이 충분히 가능할 겁니다. 왜, 물리학자 스티븐 호킹도 있잖아요. 그래서 제가 프랭키였다면 매기에게 다른 삶의 가능성을 말해 줬을 거예요. 영웅이 되지 말고, 삶의 가능성을 즐기는 사람이 되라고 충고했을 거예요.

물론 보는 도중에는 극의 전개에 납득이 가고 눈물이 납니다. 이게 이 영화의 매력이고 힘이죠. 그러나 감정을 조금 접고 보면 안락사라는 문제가 그제서야 눈에 들어옵니다. 인문학적 시각에서 이 영화는 '죽음이 어떤 이에게는 안락일 수 있다.'라는 메시지를 전달하는 것이죠. 안락사를 찬양하고 허락하는 정치적 쿠데타라고도 볼 수 있습니다.

이 보수성과 관련해 가장 중요한 대사는 "권투란 거꾸로 해야 하는 스포츠다."란 정의입니다. 주먹을 내지르기 위해 몸은 뒤로 물러나는 것과 같이 반대로 해야 한다는 것이 이 영화를 관통하는 주제입니다. 안락사 또한 개인의 자존감, 존엄성을 위해 반대로 그를 죽여야 하는 문제라는 거죠. 반대로 한다는 것이 말은 쉽지만 프랭키같이 평생 조심스러운 캐릭터에게는 무척 어려운 일이었을 겁니다. 보수적인 프랭키는 '지키는 것'이 가장 잘 어울리는 캐릭터였습니다. 하지만 매기를 만나면서 달라집니다. 프랭키는 매기를 만난 뒤 정반대의 삶을 살게 되죠. 프랭키와 매기 모두 잘나갈 뻔했지만 기회를 얻지 못한 채 밑바닥 인생을 사는 인간 군상입니다.

두 사람은 함께 승승장구하고 챔피언 결정전에서 우승을 거머쥘 문턱까지 갑니다. 그러나 이 운명은 거꾸로 뒤집어지지요. 통상적 스포츠 영화[876쪽 키워드 참고]라면 아메리칸드림을 선취했겠죠. 대표적인 권투 영화, 존 아빌드센 감독(1935-)의 「록키(Rocky)」(1976)에서 하층민 인생을 살던 록키는 우연히 기회를 얻고, 비록 승리를 거두지는 못하지만 단박에 영웅의 자리에 오르게 됩니다. 아메리칸드림을 따라가는 것처럼 보이는 「밀리언 달러 베이비」는 정상의 순간에 매기가 쓰러지면서 또 다른 삶의 가능성을 추구합니다. 그런 점에서 전형적인 스포츠 영화의 규칙과는 반대로 흘러가 버립니다. 모든 게 반대인 셈이죠.

강 권투의 원리에 대해 이야기하면서 제일 먼저 나온 단어가 '존중(respect)'입니다. 존중, 존엄, 자기 존중(self-respect). 이들 단어의 코드가 안락사까지 쭉 이어집니다. 프랭키가 "권투란 자기가 존중하는 것을 지키고 타인이 존중하는 것을 빼앗는 것이다."라고 말하죠. 그리고 마지막에서 매기가 '자기 존중'을 얻기 위해 프랭키를 설득해 내죠. 녹다운이 되지만 선택의 여지가 없는 거죠. 프랭키가 애초에 이기면 이야기해 주겠다고 약속한 대로 마지막에 '모쿠슈라'의 뜻을 알려 줍니다. 그런 의미에서 보자면 매기는 이긴 것이고, 프랭키는 KO당한 것입니다. 존중이라는 게 뭘까 생각하게 되는 지점입니다. 프랭키는 제자를 안락사시킨 살인자가 되고 싶지 않아 처음에는 매기의 요구를 거절하지만, 매기가 계속 혀를 깨물며 자살 시도를 하는 바람에 끝내는 그 요구를 들어줍니다. 여기서 프랭키는 아버지와 같은 트레이너로서의 자존감을 상실하게 되죠. 반대로 매기는 자살을 통해 자신의 자존감을 지킵니다.

결국 프랭키는 처음에 트레이너로서 아버지 같은 위치에서 자존감을 지키고 있었는데, 종국에는 결국 아끼는 제자를 죽인 겁니다. '모쿠슈라'의 아이러니가 느껴지죠. 모쿠슈라[876쪽 키워드 참고]에서 '쿠슈라'는 박동 소리(pulse)라는 뜻이고, '모'는 '나'라는 뜻이라고 합니다. 즉 모쿠슈라는 내 심장 소리, 내 가족이자 친척을 의미한다고 해요. 결국 매기를 안락사시켰을 때, 프랭키는 자신의 심장 박동을 멈추어 버리게 된 겁니다. 그러니 떠나야죠, 죽은 사람처럼. 이미 자존감이 상실된 사람이 어떻게 사람들과 어울릴 수 있겠어요.

이 영화의 재미있는 점은 스크랩이 프랭키의 딸에게 "너희 아버지는 이런 사람이었다."라고 전하는 플롯이라는 점입니다. 너희 아버지는 외로웠지만 자신을 존중하기 위해 애썼던 사람이다, 당신에게 보낸 편지가 반송되었음에도 계속해서 편지를 보냈던 사람이다, 한 여자아이를 권투 선수로 키워 내기 위해 노력했던 사람이다, 그가 혹여 너를 찾아간다면 그것은 아버지로서의 존중을 버리고 가는 것이다……. 독한 딸이 또 한 명의 주인공인 셈이죠. 실제 딸이 독하고 무정했기 때문에 오히려 더 매기를 친자식처럼 아꼈을지도 모릅니다. 모쿠슈라, 혈육으로 본 것이죠. 물론 매기 역시 프랭키를 아버지처럼 여겼죠. 그렇게 끈끈했던 사제 관

클린트 이스트우드, 「밀리언 달러 베이비」

"이 영화의 재미있는 점은 스크랩이 프랭키의 딸에게 '너희 아버지는 이런 사람이었다.'라고 전하는 스토리 구성이라는 점입니다. 너희 아버지는 외로웠지만 자신을 존중하기 위해 애썼던 사람이라고 설명해요. 독한 딸이 또 한 명의 주인공인 셈이죠. 실제 딸이 무정했기 때문에 오히려 더 매기를 친자식처럼 아꼈을지도 모릅니다. 모쿠슈라, 혈육으로 본 것이죠."

계였는데 자신을 죽여 달라고 하니 프랭키는 궁지에 몰리게 됩니다.

육체를 단련하며 성장하는 정신

이 스포츠 영화의 매력은 몸을 쓰는 데 있습니다. 인간의 신체가 주는 고유한 아름다움과 긴장감이 이 영화에 담겨 있어요. 스포츠 영화에서 훈련하는 과정은 자연스레 인생의 드라마와 연결됩니다. 복수심, 아메리칸드림 등 제각기 다른 목표를 향해 훈련하는 과정에서 느껴지는 긴장감, 그리고 그것을 숙련했을 때 오는 즐거움. 이 영화에서도 권투의 스텝 밟기 훈련을 위해 식당에서 밥 먹을 때조차 발을 놀리는 장면이 나옵니다. 걷는 법, 호흡법 등 기초적인 것까지 무엇이든 차근차근 익혀야 제대로 배울 수 있다는 진리를 담은 것입니다. 훈련 과정이자 성장 과정인 셈이죠. 매기가 경기에서 이긴 전적이 있다고 해도, 프랭키 입장에서는 아직 제대로 걷지도 못하는 애송이로 보이는 겁니다.
가족이라는 테두리 안에서 부모가 자식에게 걷는 법, 먹는 법 같은 아주 기초적인 것을 가르쳐 나가는 것처럼 스포츠 영화도 마찬가지입니다. 성장 과정을 지켜보는 데서 오는 묘한 재미와 쾌감이 있어요. 곽남굉 감독의 「소림사 18동인(少林寺十八銅人)」(1976) 같은 쿵후 영화를 보면, 단계별로 훈련 코스를 밟아 나가는 과정이 굉장히 우스꽝스럽고 코믹하게 연출되어 있음에도, 보는 이로 하여금 쾌감을 줍니다. 운전면허증을 취득하는 것처럼 별것 아닌 일도 성취했을 때 오는 쾌감이 상당하죠.

강 몸은 사실 가족과 스포츠를 연결하는 테마입니다. 그러니 이상용 선생님의 지적은 매우 흥미진진합니다. 몸은 자존할 수 없고, 무언가 외부의 도움, 음식이랄까 아니면 교육이랄까 뭐 그런 것이 필요하지요. 이걸 가장 극적으로 표현하는 것이 바로 스포츠 아닐까요. 훌륭한 코치와 근사한 부모는 몸이라는 점에서 동일한 효과, 성장과 강인함을 우리에게 주니까 말이지요.

반대로 하는 용기

이 영화 제목 '밀리언 달러 베이비'는 프랭키 입장에서 골든 보이, 황금 수탉 같은 돈을 벌어다 주는 존재를 의미합니다. 그런 존재가 될 수 있었지만 종국에는 그렇게 되지 못하는 역설적인 영화죠. 앞서 '반대로 하는 것이 권투의 원리'라는 대사를 빌려 말하자면 우리 인생도 이와 비슷합니다. 이 영화는 인생의 호흡, 드라마(어떻게 걷고, 호흡하고, 손을 내밀어야 하는가)를 자연스레 보여 주는 동시에, 그 과정 속에서 가끔은 '반대로' 할 용기도 필요하다는 것을 가르쳐 줍니다. 남들이 하는 순리 그대로 따라가면 무언가를 해 볼 수 있는 기회는 오지 않는다는 거죠. 배우는 단계에서는 그런 자세가 필요하지만, 어느 정도 정상의 위치에 섰을 때는 한번쯤 반대로 해 봐야 한다는 교훈을 줍니다.

영화의 엔딩에서는 결국 무너지는 결말을 보여 주지만, 씁쓸하게 생각할 일만은 아닙니다. 왜냐하면 스크랩이 그런 인물이었기 때문입니다. 자신은 그것이 되든 안 되든 질러 보고 싶었다고 말합니다. 그래서 매기를 (프랭키에게) 연결해 주는 역할을 하기도 하죠. 그렇게 살 수 있는 인생이 있다는 것을 스크랩이라는 인물이 보여 주는 것입니다. 이 영화의 인간관계에서 스크랩이라는 인물도 잘 봐야 하는데, 그가 모든 것을 관찰하고 말하는 화자이기 때문입니다.

스크랩의 관점에서 프랭키는 매기에게 새로운 인생을 준 것입니다. 남들과 똑같이 해서는 기회가 찾아오지 않는다고 프랭키를 설득하죠. 프랭키가 아니라면 누가 서른 살이 넘은 권투 선수를 훈련시켜서 정상에 세울 생각을 했겠어요? 더구나 여성은 제자로 키우지 않는데 매기를 제자로 받아들인다는 것 역시 '반대로 하는' 일이죠. 이러한 점이 이 영화의 핵심적인 메시지가 아닐까 생각합니다.

보수성의 토대는 존중과 그에 따른 책임

강 사실 저는 보수성에 대해 더 이야기해 보고 싶어요. 보수성은 사람들이 서로 같지 않다는 것을 전제합니다. 예를 들면, 장수는 적진에 제일 먼저 들어가서 가장 마지막에 나와야 합니다. 선배는 후배를 위하지 않으면 건달이 되죠. 어떤 회사 사장이 내 식솔이라 정리 해고는 못 하겠다고 말하면 그는 보수성을 견지하는 경영자인 겁니다. 반면 계산기를 두드려 보고 몇 명 자르자고 하면, 그는 건달인 거고요. 그러니까 진정한 의미에서 보수성이란 존중에 대한 의식이 있어야 합니다.

매기 역시 존중받고 싶어 하는 캐릭터입니다. 주먹 한방에 인생을 역전시키고 싶어 하죠. 매기의 삶이 가장 슬픕니다. 열심히 싸워 이겨서 돈은 벌었는데 가족이란 작자들이 자신을 존중해 주질 않으니 화가 났을 법합니다. 운이 나빠 병실에 누워 있는 신세가 되었을 때조차 존중받지 못하는 삶이었어요. 그래서 프랭키가 산소호흡기를 떼어 주는 것으로 그녀에게 존중을 표현합니다. 프랭키가 안락사를 도와준 것은 아끼던 제자를 위해 할 수 있는 유일한 일이었습니다.

안락사를 원하는 이의 입장을 생각해 봅시다. 현대 의학의 발달로 생명연장이 가능해진 오늘날 비일비재하게 일어나는 일이죠. 노쇠한 환자를 의학의 힘으로 1-2년 더 살게 할 수 있는데도 "그렇게 살아서 무슨 의미가 있겠어요. 힘들게 하지 말고 그냥 보내 드리도록 하죠."라며 치료를 거부하는 가족이 많다고 합니다. 합법적 안락사인 셈입니다. 인간에 대한 존중이 없는 사람들이죠. 아무리 보수적이어 보여도 '존중'에 대한 느낌이 없다면, 그건 가짜 보수일 뿐입니다.

모든 직원이 다 나가더라도 가장 마지막까지 자리를 지키는 사람이 사장이듯, 모두에게 음식을 다 먹이고서 마지막 밥 한 숟가락을 먹는 사람이 책임감 있는 아버지입니다. 그래서 존중받는 것입니다. 배의 선장도, 비행기의 조종사도 끝까지 자리를 지켜야 존중받습니다. 세월호의 선장이 존중받지 못했던 이유도 그 때문입니다. 클린트 이스트우드의 「밀리언 달러 베이비」에는 진정한 의미의 보수적인 사람이 나옵니다. 보수성은 영웅주의를 수반합니다. 진정한 보수란 책임질 수 없는 일은 하지 않습니다. 아무리 힘들어도 자신의 자리를 지키죠.

이 선생님의 지적대로 이 영화에서 존중, 존경은 중요한 키워드입니다. 존중에는 책임이 따릅니다. 프랭키는 딸과의 관계에서 상처를 지닌 인물이기 때문에 여성을 제자로 받아들이기를 거부하죠. 그것을 알기에 매기는 프랭키를 더 깍듯하게 모시며 존경심을 표합니다. 그런데 프랭키가 매기를 진정으로 받아들이게 되는 사건이 있어요. 하루는 매기가 "나랑 상관없으면 앞으로 나와 대화하지 마세요."라고 짜증을 부립니다. 그때 프랭키가 한발 물러서며 두 사람이 악수를 합니다. 이때부터 두 사람은 마음을 터놓게 된 거죠. 하지만 그 후에도 프랭키는 약간 거리를 두면서 자신이 직접 매니저는 하지 않을 것이라고 공언하죠. 그런데 다른 사람에게 매니저 역할을 시켰더니 매기가 시합에서 얻어맞게 됩니다. 그것을 프랭키가 목격하게 돼요. 여기에 책임감을 느낀 프랭키는 시합 도중에 그 매니저를 나가게 하고 자신이 매기의 매니저임을 자청하며 심판을 설득합니다. 그 후로는 줄곧 매기를 책임지죠. 존중이란 관계 안에서 책임이 따르는 것임을 알게 하는 대목입니다. 이 영화는 끝까지 책임을 짊어지고 가려는 프랭키라는 인물이 존중받게 되는 과정을 그린 것입니다.

강 프랭키의 대사 중에 이런 게 있죠. "넌 나의 입장을 이해하지 못해. 나는 트레이너이고, 너의 인생 선배야. 이야기하지 마." 자신이 선생이고 선배이니 상의하지 않겠다는 것은 아주 무서운 입장입니다. 이러한 보수주의자는 자기 자신이 끌고 가야 하는 책임감 때문에 그 누구와도 상의하지 않습니다.
인문학자로서 말하자면, 이들을 고집쟁이로 매도하며 폄하하고 싶지는 않습니다. 왜냐하면 이들은 적어도 건달은 아니니까요. 클린트 이스트우드의 영화에서는 묵묵하게 혼자서 모든 것을 감당하는 캐릭터가 많이 등장합니다. 보수주의자, 존중을 아는 사람은 혼자 짐을 짊어지려 하기 때문에 안타깝고 답답하기는 하지만 그 사람의 삶을 인정할 수밖에 없습니다.

「밀리언 달러 베이비」를 두고 신자유주의를 담고 있다는 식의 비평은 맞지 않습니다. 품위, 선배로서 존중받기 위해 해야 할 일에 대한 이야기인 것입니다. 끝내 매기라는 애제자를 존중하기 위해서, 사람을 죽였다는 혐의를 기꺼이 감당한다는 내용이죠. 이것이 아련하게 다가오기 때문에 감동을 주는 것입니다.

질문 1 클린트 이스트우드는 굉장히 다작하는 데다가 작품 수준이 평균적으로 뛰어납니다. 그 비결은 뭔가요?

강 정직하기 때문이지요. 삶에는 마찰과 저항이 불가피한데, 바로 여기서 오는 진지한 성찰이 한 작가의 정직함을 상징합니다. 사랑을 해 보고 쓴 사랑 소설은 그렇지 않은 것과는 완전히 다릅니다. 분명 이스트우드는 보수적이지만, 그건 마찰과 저항을 통해서 얻은 그의 정직한 삶의 귀결인 겁니다. 박완서 작가를 예로 들고 싶네요. 상당히 보수적인 여인상을 소설에 담고 있지만, 인정할 수밖에 없습니다. 그녀는 그렇게 살았으니까요. 일제 강점기와 6·25를 거쳤고, 개발 독재 시절도 아프게 건너간 겁니다. 자연히 거의 짐승처럼 자신의 자식만 아는 맹목적인 보수성, 거의 뱀과 같은 이기심이 자라나 있는 겁니다. 그러나 어쩌겠어요. 그게 박완서인데. 마찬가지로 이렇게 말하고 싶네요. 어쩌겠어요. 그게 클린트 이스트우드인데.

이 클린트 이스트우드는 배우 경험을 바탕으로 감독이란 인생도 개척했지요. 이스트우드의 놀라운 점은 영화 인생에 있는 성실성이에요. 그의 대표적 연출작인 「퍼펙트 월드」나 「용서받지 못한 자」, 그리고 「그랜 토리노」 같은 작품을 보면 성실한 인생을 살아가는 주인공들이 어느 순간에 세상의 균열을 경험합니다. 그의 영화에서는 균열을 메우고 지키려는 인물이 많이 등장해요. 보수적이라고 할 수 있겠지만 그의 작품이 매력적인 것은 세상이 온전하지 않다는 것, 균열의 위험이 도사리고 있다는 것, 그 속에서 견디거나 버티는 인간이 있다는 것을 놓치지 않는다는 겁니다. 배우 출신의 감독인 만큼 캐릭터의 매력과 복잡한 내면묘사를 통해 이스트우드는 자신만의 세계를 구축하고 있어요. 무엇보다 오랫동안 함께해 온 주변 스태프와의 관계도 그의 성실성과 꾸준함을 드러내 주는 것이겠지요.

질문 2 25강을 모두 들었는데요, 그래서 결국 영화가 우리에게 주는 의미는 무엇일까요?

이 결국 삶이죠. 웃는 것, 우는 것, 잠자는 것, 꿈꾸는 것 등 모든 것이 담겨 있는 작품을 두 시간 동안 집중적으로 볼 수 있는 경험은 영화라는 매체를 통해서만 가능하다고 생각합니다. 어둠 속에서 빛이 나오는 스크린을 응시하면서 온전히 나만의 특별한 경험을 할 수 있는 매체는 아직까지 영화가 유일하다고 봅니다. 무엇보다도 드는 비용이 저렴하고, 또 특이하게도 영화관에서 영화를 보는 행위는 공동체적인 경험이거든요. 극장에서 얻을 수 있는 일체감에는 파시즘으로 이어질 수 있는 가능성의 위험도 도사리고 있지만요. 그럼에도, 오늘날과 같이 극도로 개인화된 시대에 하나의 텍스트를 함께 경험한다는 것은 마치 축제와도 같은 느낌을 줍니다. 한국에서 영화제가 이만큼 성장할 수 있었던 이유 중 하나도 영화의 축제적 의미 때문이기도 하죠.

강 제게 영화와 극장에서의 경험이란 마치 롤러코스터와 같은 것입니다. 어린 시절 책을 읽을 때는 모두 이해하지는 못했습니다. 이해가 되든 안 되든 그냥 읽었죠. 하지만 나이가 들면서 책을 잡았는데 이해가 되지 않으면 진도가 나가지 않았습니다. 반면 영화관에서는 싫으나 좋으나 두 시간 동안 그 텍스트를 이해해야 합니다. 그러다 보면 실제로 와 닿는 부분, 영화를 보지 않았다면 느끼지 못할 부분이 있을 겁니다. 그래서 영화는 '어른들을 위한 롤러코스터'라고 생각합니다. 롤러코스터에 탄 어린아이로 돌아간 듯한 느낌이 들게 하는 강력하고 편안한 매체인 것입니다. 티켓을 산 이상 두 시간 동안은 앉아서 몰입하게 되죠.

이 저는 영화가 전부라고 생각하지는 않습니다. 영화를 통해 무엇을 공유하고 경험하는가가 더 중요하다고 생각합니다. 평론가와 철학자 둘이 하나의 주제에 대해 이야기를 하면서 시너지를 낼 수 있다는 것은 영화만이 줄 수 있는 유의미한 경험입니다. 씨네샹떼를 통해 그러한 영화의 가능성을 실험해 보고 싶었습니다.

철학자의 눈
강신주

존중 혹은 존경! 삶을 살아 내는 힘 혹은 사랑의 정수

모든 인간은 동등할까? '예.'라고 대답한다면, 당신은 진보를 표방하는 사람일 것이다. 그렇지만 '아니.'라고 대답하는 순간, 당신은 보수적인 사람일 가능성이 농후하다. 고상한 인간과 비루한 인간! 진보적인 사람은 이런 질적 차이가 단지 사회경제적 신분 차이 때문이라고 이야기한다. 부유한 부모를 둔 사람은 고상해지기 쉽고, 반면 불행히도 가난한 부모를 둔 사람은 비루한 품성을 얻기 쉽다는 것이다. 그러니 사회경제적 차별이 제거된다면, 인간은 거의 비슷한 품성을 유지하리라 확신한다. 진보적인 사람이 사회구조나 제도를 뜯어고치려는 것도 이런 이유에서다. 그러나 보수적인 사람은 이런 주장에 고개를 심하게 흔들기 마련이다. 부유한 사람도 비루한 품성을 보일 수 있고, 가난한 사람도 고귀한 품성을 보일 수 있다는 걸 역설하면서 말이다.

고귀함과 비루함의 차이가 선천적이라고 주장하는 소수의 사람을 제외하고, 대부분의 보수적 성향의 사람은 인간의 고귀함과 비루함은 사회경제적 제도와는 무관하게 개개인의 각고의 노력으로 달성될 수 있다는 것을 긍정한다. 보수적인 사람의 정치철학은 바로 여기서 유래한다. 고귀한 사람은 누군가의 지배자가 되어야만 하고, 비루한 사람은 고귀한 사람에게 지배받아야 한다는 정치철학 말이다. 동양에서는 공자와 맹자로 대표되는 유학자들이 그런 정치철학을 표방했다면, 서양에서는 플라톤의 정치철학이 그 대표라고 할 수 있다. 결국 비루함을 드러낸 지도자는 지도자의 자격이 없다는 것, 이것이 바로 보수의 정신일 것이다. 예를 들어 보자. 장군은 부하를 많이 거느린 지도자다. 그래서 장군은 전쟁터에 부하보다 먼저 들어가야만 한다. 후퇴할 때는 그 반대다. 부하를 안전하게 먼저 후퇴시키고, 제일 나중에 전선에서 빠져나와야 한다.

반대로 전쟁터에 먼저 부하를 보낸 다음 안전한 걸 확인하고 제일 마지막에 전쟁터에 들어가는 장군이 있다면, 그는 부하로부터 존경받을 수 없을 것이다. 그저 자신의 직위만 믿고 안전을 도모하는 양아치에 불과할 테니 말이다. 참고로 신자유주의가 지배하는 사회에서 이제는 별다른 저항 없이 이루어지는 제도가 하나 있다. 바로 '정리 해고'다. 그렇지만 진정한 보수의 정신을 지닌 사람이라면 정리 해고라는 제도는 보수적이라기보다는 양아치적 제도, 혹은 비루한 제도라고 혀를 끌끌 찰 것이다. 왜냐고? 회사가 어렵다거나 경기가 좋지 않다는 이유로 직원을 정리 해고하는 자본가는 위기에 빠졌다고 부하를 희생하는 장군과 같기 때문이다. 전쟁터에 먼저 들어가고 전쟁터에서 가장 늦게 빠져나오는 것이 제대로 된 장군이라고 한다면, 비용을 아껴야 할 때 자기 월급부터 줄이고 직원의 봉급은 가장 늦게 줄이는 사람이야말로 제대로 된 사장이라고 할 수 있다.

자본가든 정치가든 간에 공자라면 아마 지도자는 선난후획(先難後獲)의 정신, 즉 '어려움은 먼저 선택하고 이득은 나중에 도모하는' 정신을 품고 있어야 한다고 말할 것이다. 바로 이럴 때 인간은 고귀해진다. 아니, 정확히 말해 자신이 고귀하다는 걸 증명하는 데 성공한다. 당연히 그는 다른 사람들로부터 존경과 존중을 받게 된다. 존경과 존중, 영어로 '리스펙트(respect)'라는 관념은 바로 여기서 출현한다. 선난후획하는 사람, 그래서 자신이 고귀하다는 걸 증명하는 사람을 우리는 존경하게 되니 말이다. 주변을 돌아보자. 다양한 삶의 분야 중 선난후획의 정신을 가장 절실히 표방하는 곳은 어딜까? 바로 스포츠의 세계다. 훈련이라는 지극히 고독한 과정, 혹은 타인과 목숨을 걸고 경쟁하는 힘든 과정을 거친 뒤에 비로소 승리를 쟁취하는 것이 바로 스포츠니 말이다. 당연히 우리는 승리자 혹은 챔피언에게 아낌없는 박수를 보낸다. 그리고 그에게 존경의 마음을 품게 된다.

그래서 클린트 이스트우드의 감동적인 영화 「밀리언 달러 베이비」는 숙명적으로 보수적일 수밖에 없는 영화다. 권투라는 스포츠 세계를 고귀한 인간의 가능성을 고민하면서 만들었으니, 어떻게 보수적이지 않을 수 있겠는가. 「밀리언 달러 베이비」는 감독 클린트 이스트우드가 직접 연기한 프랭키라는 늙은 트레이너, 그리고 그에게 조련을 받는 매기라는 여자 권투 선수를 주인공으로 드라마가 펼쳐진다. 영화는 프랭키가 운영하는 권투 도장 관리인이었던 스크랩이 프랭키의 딸에게 보내는 편지라는 형식을 띠고 있다. 어떤 과거사가 있었는지는 모르겠지만 프랭키의 딸은 아버지와 거의 의절하다시피 지내고 있기에, 스크랩은 자신의 친구이기도 했던 프랭키가 어떤 아버지인지를 알려 주고 싶은 마음에 편지를 썼던 것이다. 그래서 영화의 내레이션은 스크랩을 연기했던 연기파 배우 모건 프리먼이 맡고 있다. 영화 도입부에 스크랩은 다음과 같은 의미심장한 이야기를 던진다. "권투에는 존경(respect)이라는 게 있어. 자기 것을 지키면서 상대에게서 그것을 빼앗지."

그렇다. 챔피언은 자신에 대한 존경을 지키면서 상대에게 넘어갈 수 있는 존경을 빼앗는 사람이다. 물론 그건 야비한 책략이나 기득권의 발휘로 이루어지지 않는다. 만약 그런 게 통한다면, 그건 스포츠가 아니니까. 몸이 부서져라 챔피언이 될 준비를 하고, 피와 땀을 흩뿌리는 링에서 자신이 챔피언이라는 사실을 처절하게 보여 주어야 한다. 상대방을 때려눕히고 링에 우뚝 홀로 서 있는 챔피언에게 사람들이 존경의 환호를 보내는 이유도, 또 그만큼 챔피언 본인도 스스로에게 존경의 마음을 품는 이유도 그들이 모두 선난후획의 가치를 알고 있기 때문이다. 그래서일까? 권투는 존경받지 못한 사람이 존경을 받기 위해 뛰어드는 경우가 다른 스포츠에 비해 흔하다. 일종의 헝그리 정신, 그러니까 지금은 배고프고 가난해서 멸시받고 있지만 각고의 노력으로 챔피언이 될 수 있는 스포츠, 오직 두 주먹과 몸뚱이, 그리고 노력만 있으면 부와 존경을 얻을 수 있는 스포츠가 바로 권투였다.

프랭키의 제자 매기도 그랬다. 가정과 사회에서 보잘것없는 삶, 존경과는 너무나 먼 삶을 살아 내던 그녀는 챔피언이 되어 현재의 모든 남루함에서 벗어나려 했던 것이다. 다행스러운 건 매기가 최고의 트레이너 프랭키를 만났다는 점이다. 그녀의 치열한 노력과 프랭키의 능숙한 트레이닝이 어우러지면서, 매기는 챔피언을 노릴 정도로 승승장구하게 된다. 이 와중에 프랭키는 매기에게 근사한 권투 가운을 선물한다. 녹색의 가운 뒤쪽에는 '모쿠슈라'라고 적혀 있다. 마침내 매기에게는 챔피언이 될 수도 있는 격전의 순간이 찾아온다. '모쿠슈라'라는 단어의 뜻이 궁금한 매기에게 프랭키는 말한다. 챔피언이 되는 순간, 그러니까 오늘 챔피언을 꺾는 순간, '모쿠슈라'의 의미를 말해 주겠다고. 그러나 불행히도 매기는 상대의 반칙으로 게임에서 진다. 그런데 단순히 경기에서 진 것이 아니라 머리를 제외한 몸 전체가 마비되는 청천벽력 같은 사고까지 당하게 된다.

프랭키는 매기를 치료하기 위해 동분서주한다. 그러나 매기의 상태는 나아질 기미가 보이지 않는다. 오랜 병실 생활로 온몸에 욕창까지 생겨 두 발을 잘라 냈을 정도다. 그러자 매기는 프랭키에게 자신을 안락사시켜 달라고 부탁까지 한다. 자신의 상태가 존경 혹은 존중과는 무관한 상태가 되었으니 말이다. 매기는 프랭키에게 말한다. "사람들은 제 이름을 부르며 환호했어요. 그 환호 소리가 안 들릴 때까지 여기에 누워 있게 하지 말아요." 이제 존경을 둘러싼 진정한 게임이 시작된 것이다. 스스로 죽을 수 없었던 매기는 죽으려 했고, 그런 매기를 딸처럼 사랑했던 프랭키는 안락사를 받아들일 수 없었다. 그렇지만 매기는 링에서처럼 치열하게 어려움을 감당하며 프랭키를 집요하게 공격하기 시작한다. 스스로 몇 번이나 혀를 깨문 것이다.

「밀리언 달러 베이비」의 부녀 관계에 가까운 스승과 제자 프랭키와 매기

링에서는 챔피언이 되지 못했지만 매기는 끝내 프랭키를 이기게 된다. 스스로 자기 존엄을 지키려고 자살하려는 매기의 노력에 지쳤는지, 프랭키는 늦은 밤 아드레날린 주사를 들고 그녀의 병실을 찾는다. 그러고는 매기의 생명을 연명해 주던 호흡기를 떼고 고통을 줄여 주기 위해 아드레날린 주사를 놓아 준다. 매기의 안락사를 도와주면서 프랭키는 그녀에게 '모쿠슈라'의 의미를 알려 준다. 당연한 일 아닌가. 승리를 하면 '모쿠슈라'를 가르쳐 주기로 약속했으니까. 모쿠슈라, 그건 게일어로 '내 소중한 혈육'이라는 뜻이었다. 매기는 행복한 눈물을 보이며 이 세상을 떠난다. 이제 남겨진 건 제자와의 싸움에서 진 프랭키뿐이었다. 링에서의 결투와 마찬가지로 프랭키는 매기에게 존경을 빼앗겨 버린 것이다. 매기가 이겼으니, 그는 진 것 아닌가. 딸보다 귀하게 여겼던 제자의 목숨을 끊는 순간, 그는 트레이너로서 혹은 보스로서 모든 자존감을 박탈당한 것이다. 그러나 사실 사랑하는 사람의 승리를 위해 기꺼이 패배를 껴안은 것, 그래서 사랑하는 사람을 죽였다는 모든 죄책감을 감당한 것, 이 점에 대해 우리만이라도 프랭키에게 존경을 보내야 하지 않을까?

비평가의 눈
이상용

다시, 숨 쉬는 법을 배운다

프랭키는 여자 선수를 키우지 않는다는 자신만의 원칙을 버리고 매기를 받아들이기로 결정한다. 매기는 이미 권투 선수였고, 그녀의 말에 따르면 이미 승리를 거두기도 했다. 그러나 프랭키와 함께 모든 것이 다시 시작된다. 매기는 가르침에 복종한다. 그녀는 숨을 쉬는 법을 배우고, 걷는 법을 배우며, 왼손과 오른손을 뻗는 법을 배운다. 그것은 참으로 이상한 일이다. 인간으로 태어나면 누구나 숨을 쉴 수 있기 마련이다. 또한 걷는 법도 알고 있다. 숨을 제대로 쉬지 못하거나 걸음을 제대로 걷지 못한다는 것은 신체적 결함이 있을 뿐이다.

그런데 프랭키의 관점으로 보면, 매기는 숨을 쉴 줄 모르고 걸을 줄도 모른다. 그것은 생명체로서의 인간을 바라보는 것이 아니다. 트레이너 프랭키는 링 위에서 살아가는 법을 가르친다. 매기는 권투 선수답게 숨 쉬고 걸어야 한다. 하지만 이를 통한 프랭키의 가르침이 링 위의 절대 강자가 되는 것을 가르치는 데 있다고 오해해서는 안 된다. 프랭키는 매기에게 핵 펀치를 날리는 법을 가르치지 않는다. 스텝을 빠르게 밟으며 재빨리 도망치는 법을 가르치지도 않는다. 프랭키가 강조하는 것은 제대로 걷고 제대로 숨을 쉬는 것이다. 아마추어 선수는 상대에게 주먹을 날리다 지친 나머지 숨이 턱까지 차오르기 마련이며, 상대의 주먹을 피하다 제대로 된 걸음을 걷지 못하고 휘청거리기 십상이다.

모름지기 프로 선수라면 링 위에서 자연스럽게 걸을 수 있어야 한다. 그래야만 정해진 라운드의 경기를 뛸 수 있다. 제대로 숨 쉬고, 제대로 걷는 법을 통해 프랭키는 '자신의 몸을 지키는 법'을 가르친다. 이와 같은 가르침은 보수주의자의 철학이다. 보수주의라는 말은 한국 사회에서 꽤 왜곡된 말 가운데 하나이지만, 핵심은 다음과 같다. 보수주의는 변화보다는 현 체제의 유지를 선호한다. 보수주의는 '지키려는 사상이나 태도'에 가깝다. 흔히 사회의 기득권자가 되거나 나이가 들면 보수주의자가 된다고 말한다. 그 이유는 현 상태의 유지를 선호하기 때문이다. 보수주의의 지상 과제는 '지켜라!'다. 참고 삼아 진보주의의 지상 과제는 '변해라!'다.

실제 클린트 이스트우드는 '지켜라' 쪽에 서 있는 감독이다. 그는 미국의 양당

체제에서 공화당을 지지하는 정치적 보수주의자로 알려져 있다. 더욱 중요한 것은 지키는 태도야말로 클린트 이스트우드 영화의 근간이 된다는 것이다. 서부극의 주인공으로 영화계에 입문하여 형사물인 「더티 해리」 시리즈로 명성을 얻은 클린트 이스트우드는 배우 시절뿐 아니라 감독으로 전환한 이후에도 서부, 형사, 갱스터와 같은 영화의 틀을 통해 '법과 질서'를 두고 갈등을 벌이는 상황을 즐겨 다뤄 왔다. 그렇다면 클린트 이스트우드는 왜 영화를 매번 변화시키지 않은 채 현 체재의 유지만을 주장하는 영화만을 만들어 온 것일까?

보수주의자는 지키는 입장이라는 이유 때문에 '수구주의'와 혼동을 일으키곤 한다. 수구주의는 타인의 의견이나 상황을 무시한 채 자신의 고집만을 주장하는 태도를 말한다. 클린트 이스트우드의 영화 속 주인공은 꽤나 고집이 센 것은 사실이지만 외곬으로 하나의 주장만을 반복하지 않는다. 그들은 세계의 변화를 몸소 느끼면서 그에 따른 자신의 위치를 수정하기도 한다. 그가 다루는 영화 속에서 법과 질서는 항상 위험에 처하거나 공격을 받으며, 주인공은 새로운 법과 질서를 만들어 내기 위해 현실의 모순과 직면한다. 그 가운데 지킬 만한 것의 가치를 탐구하는 것이야말로 진정한 보수주의자의 입장이다.

프랭키를 이러한 측면에서 바라보면 흥미롭다. 그는 여자 권투 선수를 키우지 않는다는 입장을 포함한 원칙을 깨고 매기를 선택한다. 그때부터 프랭키의 태도가 달라진다. 자신의 입장을 바꾸기 전에는 냉정하게 그녀를 대했지만 일단 받아들이고 난 후에는 그녀를 지키고 돌봐 주기 위해 노력한다. 그것은 내 가족만 중요하다고 말하는 이기적인 보수주의가 아니라 '지킬 가치가 있는 것을 지켜 내고자 하는' 신념의 보수주의다.

물론 프랭키의 태도를 면밀하게 들여다볼 필요는 있다. 그의 모습에는 일그러진 부분과 이중적인 태도가 있다. 가령 프랭키는 일요일마다 성당에 나가 신부에게 엉뚱한 질문을 던진다. 유일한 가족인 자신의 외동딸에게 끊임없이 편지를 쓰기도 한다. 그러나 신부는 교리에서 벗어난 질문을 던지는 프랭키에게 매번 화를 낸다. 딸에게서는 물론 답장이 오지 않는다. 그것은 프랭키의 인생이 가족과 자신의 인생을 지키는 데 실패한 것임을 말해 준다. 그는 실패한 신도이며, 실패한 아버지다. 이처럼 무너져 내리고 있는 프랭키 앞에 기적처럼 등장한 인물이 바로 매기였다. 영화 제목인 '밀리언 달러 베이비'는 1센트짜리 물건만 모아 놓은 상점에서 백만 달러 이상의 값어치가 있는 물건을 찾아낸다는 뜻으로, 전혀 기대하지 않았던 곳에서 진귀한 보물을 얻었을 때 쓰는 말이다.

EVERLAST

프랭키가 이러한 기적의 보물을 얻을 수 있었던 데는 여러 가지 이유가 있다. 자신이 키우던 흑인 권투 선수의 배신이 있었고, 자신의 권투 도장에서 일을 돕는 전직 권투 선수 스크랩의 충고도 있었다. 더욱 중요한 것은 매기의 등장으로 인해 프랭키는 딸에 대한 미안한 마음을 심리적으로나마 극복할 수 있는 기회도 얻었다. 무엇보다 더 큰 것은 무너진 트레이너로서의 명성을 회복할 수 있었다. 그런데 이 작품이 불우한 환경에 놓인 매기나 무너져 가는 말년의 인생을 사는 프랭키의 명예 회복기에 그쳤다면 이처럼 오래 기억되는 영화가 되지는 않았을 것이다.

두 사람 사이에 일어나는 진정한 교감은 그들이 승리할 때가 아니라 또다시 밑바닥으로 떨어졌을 때 일어난다. 챔피언전에 나간 매기는 상대의 반칙으로 인해 링 위에 쓰러지고, 그 후 반신불수가 된다. 이때부터 두 사람은 하나가 된다. 많은 이가 분석하는 것처럼 프랭키와 매기는 진짜 부녀 사이 같은 관계가 된다. 그것은 트레이너와 선수라는 상하 관계가 무너졌을 때 가능한 것이며, 두 사람 사이의 공통 목표였던 링이 사라졌을 때 일어나는 일이다. 병상에 누운 매기를 향해 프랭키는 더 이상 숨 쉬는 법을 가르치지 않는다. 그저 살아 있는 것에 감사한다. 프랭키는 매기의 침상 곁에서 예이츠의 시를 읽어 준다. 두 사람은 서로를 향한 필요충분조건이 아니라 존재함으로써 감사하는 존재, 아무런 대가 없이 돌봐 주는 존재가 된다.

「밀리언 달러 베이비」가 놀라운 가치를 옹호하는 대목이 여기에 있다. 보수주의적 가치가 생각하는 진정한 명예는 무언가를 바라는 보상 심리가 아니다. 그것은 상대를 지켜 주기 위해 기꺼이 헌신하는 명예의 가치다. 매기는 이러한 명예를 위해 프랭키에게 세상에서 가장 어려운 부탁을 한다. 그것은 점점 무기력해지는 자신의 모습이 더 추해지기 전에 안락사를 시켜 달라는 것이다. 「밀리언 달러 베이비」는 지키는 것에 관한 영화이되, 명예롭게 지키는 것을 강조하는 영화다. 한때 챔피언의 자리를 넘보며 살았던 매기는 침상에 누워 식물인간처럼 살아가야 하는 것을 수치스러워한다. 프랭키는 매기의 소원을 거부하지만, 끝내 그녀의 청을 들어준다.

그것은 명예로운 삶의 가치를 두 사람 모두 중요하게 여겼기 때문에 가능한 일이다. 다소 극단적인 예이긴 하나 명예로운 삶에 대한 집착을 엿볼 수 있는 사례는 주군에게 충성을 맹세하며 할복자살을 하는 사무라이의 최후와 비교할 수 있을 것이다. 사무라이의 죽음을 두고 세상 사람은 묘한 심리 상태에 빠진다. 그의 죽음에 숭고함을 느끼면서도 때로는 과도한 것은 아닌지 의문이 들고는 한다. 장르와 형식은 다르지만 「밀리언 달러 베이비」의 마지막 장면은 사무라이의 할복자살에 비견할 수 있다. 여기서 중요한 것은 인간의 생명이라는 원초적 가치보다 더한 가치를 추구하는 것이 과연 가능한 일인지 질문하는 것이다. 명예로움을 중시하는 보수주의는 모든 가치를 여기에 던진다. 인간이 놀랍게 숭고할 수 있는 것은 생명보다 더한 것에 가치를 둘 수 있기 때문이라고 항변한다. 그래서 위험하기도 하다. 명예를 강조하는 것이 개인을 넘어서 집단에게 공유되거나 강조될 때는 위험천만한 파시즘의 논리로 작동할 수 있기 때문이다.

물론 클린트 이스트우드의 경우는 개인적 차원에 머문다. 그것은 인간이라는 동물이 얼마나 특별할 수 있는가를 보여 주는 사례에 해당한다. 내가 숨 쉬는 법과 걷는 법을 가르친 당신에게 죽음을 선물할 수 있다는 것은, 현실에서는 만나기 힘든 질서의 세계에 해당될 것이다. 그리하여 이렇게 질문하게 된다. 무엇이 더 아름다운 삶인가? 무엇이 더 명예로운 삶인가? 그냥 인간이라면, 버티고 견디는 것 또한 삶이지 않겠느냐고? 답을 정하는 것은 쉽지 않다. 다만 우리는 알고 있다. 종종 버티기보다는 보다 인간답게 살고 싶어 한다는 것을. 또한 보다 인간답게 죽고 싶어 한다는 것을. 이 영화의 결말은 그 순간을 따라간다.

클린트 이스트우드가 큰 영향을 받은 인물은 이탈리아의 명감독 세르지오 레오네다. 그는 레오네 영화의 주인공인 동시에 레오네를 영화 연출 스승으로 모실 수 있었다. 할리우드로 복귀하여 다음 감독 일을 행하기보다는 형사물인 「더티 해리」 시리즈로 명성을 쌓았다. 가장 큰 영향력을 보인 분야는 연기였고, 사람들이나 후대 영화인은 배우 클린트 이스트우드를 앞자리에 내세웠다.
이제는 달라졌다. 여러 편의 작품을 연출하고 직접 주인공으로 등장하기도 하면서 클린트 이스트우드는 작가로서 존경받기 시작했다. 「용서받지 못한 자」의 아카데미 수상 경력도 중요하게 작용했지만 그는 자신만의 시스템을 구축한 몇 안 되는 할리우드 감독 중 하나가 되었다. 그의 스태프는 오랜 시간 함께 호흡을 맞추면서 나이를 먹어 왔다. 클린트 이스트우드는 독자적인 스태프를 갖춘 감독으로 손꼽힌다.
그의 가장 큰 영향력은 존경받는 영화인이라는 것이다. 정치적으로는 공화당 지지자이지만 약자와 소수자를 위한 지지를 아끼지 않았고, 그에 대한 존경심은 좌와 우를 넘나들며 골고루 퍼져 있다. 2009년에는 칸 영화제에서 명예 황금종려상을 받았고, 그의 전작은 파리 시네마테크에서 회고전을 펼칠 정도로 작가로서의 역량을 인정받은 지 오래다.
클린트 이스트우드 영화의 가장 큰 장점은 캐릭터 구축에 있는데, 배우 출신 감독답게 인물의 섬세한 묘사는 시종일관 영화의 긴장감 속에 구현된다. 오늘날 조지 클루니, 벤 애플렉(1972-), 베라 파미가(1973-) 등 좋은 배우의 감독 진출 계보에는 클린트 이스트우드의 선행이 있다.

감사의 말

고마운 분들을 기억합니다.

2014년 7월 21일부터 2015년 1월 19일까지 강신주와 이상용의 '시네토크' 자리를 지켜주었던 고마운 분들…… 어쩌면 이 두툼한 책의 진정한 저자들은 바로 이분들이 아닐는지. 그래서 우리의 만남을 영원히 기억하려고, 소리 내어 한 사람 한 사람 고마운 분들의 이름을 불러봅니다.

강정욱, 고선영, 고지훈, 고진희, 권서경, 권소연, 권현정, 권형진, 김경령, 김구슬, 김나희, 김도헌, 김미경, 김미진, 김보람, 김 빈, 김사원, 김서현, 김선미, 김선웅, 김선진, 김성연, 김수경, 김수진, 김승숙, 김승아, 김연이, 김우정, 김은선, 김잉걸, 김재영, 김지성, 김지숙, 김지연, 김지현, 김지희, 김진희, 김태희, 김 현, 김현방, 김혜민, 김혜진, 나수정, 노정희, 노한나, 노혜민, 박근섭, 박샛별, 박상준, 박수경, 박연진, 박연향, 박은주, 박은진, 박정영, 박제현, 박지수, 박치훈, 박하영, 박혜미, 방지현, 방혜진, 배현경, 변원준, 변현준, 서유정, 성중헌, 송지현, 송지훈, 송해용, 신현아, 신현진, 심재훈, 안세영, 안아현, 안애숙, 안정연, 안희선, 양기태, 양새미, 엄정원, 연창근, 오용선, 원치현, 유동석, 윤사라, 윤서영, 윤주희, 이경남, 이나은, 이미경, 이미진, 이민정, 이선화, 이설라, 이세연, 이수언, 이승희, 이예름, 이예준, 이용경, 이 은, 이은미, 이재환, 이정희, 이지은, 이지혜, 이해인, 이혜민, 이희윤, 임문영, 임재현, 장소희, 장유진, 장유진, 장주원, 전준모, 전진아, 전현선, 정송은, 정용실, 정유정, 정윤미, 정은정, 정지현, 정창환, 정혜원, 정홍주, 조민영, 조아라, 조영예, 조영진, 조은경, 조정훈, 조효협, 지승현, 천보미, 최경섭, 최기혁, 최세정, 최윤영, 최은주, 최은하, 최지원, 최하진, 최휘병, 최희정, 한난영, 한미화, 한소희, 한 솔, 한지혜, 한효영, 허 균, 허 란, 허수진, 홍소연, 홍윤정, 황미경, 황연재, 그리고 하쿠 사장님……

마침내 우리들의 책, 『씨네샹떼』가 나왔습니다. 정말 고맙습니다.

강신주, 이상용의 '시네토크'

"1895년! 찬양할지어다. 이 해에 세계와 자신을 이해하는 새로운 혁명적 매체, 영화가 탄생한다. 이때 우리는 영화를 보아 버렸다. 이다지도 관능적이고 이다지도 충격적인 매체를 보았는데 우리가 어떻게 과거의 감성 구조를 유지할 수 있겠는가. 백여 년이 지난 지금 우리는 자신이 영화 때문에 어떻게 변했는지 생각해 보려고 한다. 잃어버린 시간을 찾지 않고 우리가 어떻게 새로운 영화를 기약할 수 있다는 말인가? 그래서 지금 우리는 영화를 다시 읽어야 한다."

에필로그

화려했던 잔치를 마치며

강신주

감정은 내적이거나 심적인 사실이 아니라, 타인과 세계에 대한 우리의 관계가 변화한 것이다. 이 변화는 우리의 육체적 태도 속에서 읽을 수 있다. 그렇기 때문에 외부 사람에게는 분노나 사랑의 기호만이 주어져 있다거나 이런 기호의 해석을 통해 타인을 간접적으로 파악할 수 있다고 말해서는 안 된다. 오히려 타인이 나에게 행위로서 분명하게 주어져 있다고 말해야 한다. —모리스 메를로퐁티, 『의미와 무의미』에서

1

철학자는 저주받은 사람이다. 책이든 그림이든 아니면 정치적 사건이든 그것이 무엇이든 간에 의미가 명료하지 않을 때, 철학자는 주어진 것에 몰입하기보다는 스스로의 생각에 몰두하기 때문이다. '뭐야! 이건 무슨 말이지? 무얼 말하려는 거야?' '어쩌면 저 붉은색 부분이 전체 그림을 상징하는 중요한 지점일 수도 있을 거야.' '여당의 이번 정책은 도대체 무엇을 얻으려는 의도일까?' 등등. 책은 잠시 덮고 생각하면 된다. 그림도 잠시 눈을 감고 그 의미를 생각하면 된다. 또 정치적 사건도 잠시 인터넷을 끄고 산책하며 그 문맥을 짚어 보면 된다. 내가 생각한다고 해서 책이 어디로 도망가거나 그림이 갑자기 사라지거나 혹은 정치적 사건이 없었던 것이 되지는 않으니까 말이다. 이런 나에게 정말 당혹스러운 매체가 하나 있다. 그것이 뭐냐고? 바로 영화다.

영화관에 들어간다. 지루한 광고 화면이 지나간 뒤 마침내 영화가 시작된다. 시작과 함께 강력한 음향이 내 귀뿐만 아니라 심장마저 강타한다. 커다란 화면에서 화려한 영상, 때로는 시적인 영상이 펼쳐진다. 이어서 등장인물들이 화면을 꽉 채우며 나를 압도한다. 생각할 것이 너무나 많다. 오프닝 크레디트와 음향의 의미, 등장인물들의 성격과 그들 사이의 관계……. 그러나 이런 것들을 일일이 생각할 틈이 없다. 화면에는 다른 장면, 음향, 사건들이 연이어 펼쳐지기 때문이다. 20분쯤 지나면 나는 이제 더 이상 생각하지 않게 된다. 아니, 정확히 말해 너무나 많은 정보들이 밀려 들어와 흡수하기도 벅차니 정리할 엄두도 내지 못하는 것이다.

바로 이 시간부터 나는 철학자에서 벗어나, 영화관에 들어와 있는 다른 사람과 마찬가지로 철저하게 수동적인 관객으로 변하게 된다. 이제 감독의 의지와 의도에 무방비 상태로 몸을 맡긴 신세가 되는 것이다.

영화가 끝날 때까지 몰입이 유지되었을 때, 나는 너무나 행복한 마음으로 영화관을 떠나곤 한다. 그러고는 나를 이렇게 만든 감독의 능력에 감탄사를 연발하게 된다. 그렇지만 중간에 다시 생각의 힘을 되찾는 불행한 때도 있다. 그건 감독의 생각이나 연출 기법이 나를 압도하지 못하는 경우다. 영화를 통해 감독이 전하려고 했던 자신만의 세계관과 인생관이 유치찬란할 수도 있겠고, 반대로 감독의 관점은 나름 훌륭하지만 그걸 영상으로 표현하는 기술이 조잡할 수도 있겠다. 수동적인 관객이 아니라 철학자로 다시 되돌아갈 때 나는 화가 난다. 시간도 아깝고 돈도 아깝다. 그렇다. 어쩌면 나는 나의 생각을 접고 영화를 통해 감독의 생각에 흠뻑 젖어들고 싶었는지도 모른다. 그래서 나는 영화관에 들른 것이다. 나의 이런 무의식적인 기대를 좌절시켰으니, 내가 어떻게 분통을 터뜨리지 않을 수 있겠는가. '젠장, 집에서 책이나 읽을걸.'

어쩌면 어른에게만 영화가 의미 있는지도 모를 일이다. 어른이 영화를 본다는 건, 어쩌면 어린 시절의 독서 경험과 유사하다고 할 수 있기 때문이다. 어린아이였을 때 내용도 잘 파악하지 못하면서도 책을 끝까지 다 읽었던 경험은 누구나 해 보았을 것이다. 그냥 자기도 모르게 한 장 한 장 책을 넘기며 시간 가는 줄 몰랐던 경험 말이다. 롤러코스터를 탄 느낌이랄까, 아니면 마녀의 마술 빗자루에 올라탄 느낌이랄까. 책 속에 빨려 들어가 한번 다른 세계를 경험하고 나면 어린아이였던 우리는 그만큼 정신적 키가 한 뼘 자랐다는 뿌듯함을 느끼곤 했다. 반대로 어른들은 내용이 파악되지 않으면 절대로 페이지를 넘기지 않는다. 이해되는 것만을 읽으려고 하는 것, 이것이 바로 어른들의 독서 아닌가. 그러니 책을 통해 성숙한다는 건 기대할 수도 없는 법이다. 그냥 롤러코스터를 타듯이 몸을 맡기는 독서만이 우리를 성숙하게 하는 것 아닐까? 그래서 책을 덮고 어른들은 영화를 보러 가는지도 모른다. 어린 시절 독서 경험처럼 타인의 이야기에 그냥 몸을 맡기는 경험을 하려고.

2

영화는 마셜 맥루언의 표현을 빌리자면 정말로 '뜨거운 매체(hot media)'라고 할 수 있다. 영화를 접한 사람들은 이 매체가 뜨겁기 때문에 함부로 만질 수 없다.

마치 찰흙을 만지듯 주물럭거리며 자신이 원하는 걸 만들 수 있는 편한 매체가 아니다. 너무나 뜨거워 선뜻 만질 수 없는 영화는 그냥 받아들이거나 아니면 거부하거나, 둘 중 하나를 선택해야 한다. 함부로 만질 가능성, 그러니까 관객의 참여나 해석의 여지를, 영화는 애초에 남기지 않는다. 감독의 연출 의도, 치밀한 시나리오, 그리고 관객의 정서적 반응을 유도하는 여러 기술적 장치 등등. 여기서 관객이 할 수 있는 건 오직 두 가지뿐. 끈덕지게 앉아 영화를 보든가 아니면 못 견디고 나오든가. 그러니까 영화는 관객에게 절대적인 인내를 요구하는 셈이다. 물론 영화는 그 인내의 분명한 대가를 약속한다. 영화가 강요하는 인내에 대한 대가는 둘 중 하나는 반드시 주어져야 한다. 하나는 말초적 재미이고, 다른 하나는 성찰의 힘이다.

우리는 말초적 재미를 위해 영화를 보기도 한다. 오락 영화가 그런 경우에 해당된다. 현실의 시름을 잠시라도 잊게 만드니, 또한 부정할 수 없는 영화의 매력이다. 더군다나 영화를 통해 이윤을 얻으려는 제작자 입장에서는 말초적 재미만큼 확실하게 흥행을 보장하는 것도 없다. 여배우의 옷을 벗겨도 좋고, 좀비가 사단 병력 규모로 나와도 좋고, 슈퍼맨과 아이언맨이 결투를 벌여도 좋고, 수녀와 스님 사이에 벌어지는 에로틱한 장면이어도 좋다. 관객을 극장에 머무르게 할 수만 있다면, 제작자는 정말 온갖 수단을 총동원하려고 할 것이다. 물론 너무 노골적으로 말초적이면 관객의 허영과 맞지 않을 수도 있다. 그러니 적당히 지적인 척, 비판적인 척, 문학적인 척, 철학적인 척하는 것도 잊어서는 안 된다. 그렇지만 여전히 말초적인 재미가 핵심일 뿐, 나머지 성찰적 요소들은 그저 딜레탕트적인 조미료에 지나지 않을 뿐이다.

반면 우리는 성찰적 힘을 얻기 위해 영화를 보러 가기도 한다. 자신의 삶을 반성하는 데 가장 좋은 건 여행을 가는 것이다. 낯선 여행지에서 타인과 섞이다 보면, 누구나 자연스럽게 자신이 지금까지 어떤 삶을 영위해 왔는지 반성하게 되니 말이다. '어머, 이들은 이렇게 애정 표현을 하네…… 나는 이렇게 하는데.' '사장을 이렇게 심하게 비판하기도 하는구나, 우리는 불만이 있어도 내색도 못 하는데.' 이렇게 타자는 나를 돌아보게 만드는 거울인 셈이다. 영화를 통해 우리는 너무나 쉽게 여행을 떠나게 되고, 타인의 생각, 삶과 섞이게 된다. 영화에서의 타인이란 표면적으로는 영화에 등장하는 등장인물들이겠지만, 보다 정확하게는 바로 등장인물들로 한 편의 영화를 근사하게 만든 감독이라고 할 수 있다. 그는 자신이 느끼고 경험하고 생각한 바를 한 편의 영화로 우리에게 들려준다. 여기서 감독도 오락 영화를 만드는 제작자와 같은 고민에 빠지게 된다. 어떻게 하면 관객들이 자신의 이야기를 제대로 음미하도록, 그래서 끝까지 다 듣도록 만들 수 있을까?

새 술은 새 부대에 담아야 그 향이 제대로 보존되는 법이다. 그래서일까, 내용뿐만 아니라 기법에서도 성찰적 영화는 일단은 너무나 낯설고 난해해 보인다. 그러니 정말 마셜 맥루언이 말한 것처럼 '뜨거운 매체'가 되어 버린 것이다. '뜨거움'에 미리 겁을 먹지 않으려면 여행이 가진 성찰적 힘을 다시 떠올릴 필요가 있겠다. 더 낯선 곳으로 갈수록 우리의 성찰은 그만큼 더 강해지고 깊어지리라는 사실을. 그러나 능숙하고 친절한 안내자만 있으면 여행은 덜 지루하고 덜 피곤해지는 법이다. 이상용 선생님과 내가 반년 동안 '씨네샹떼'라는 영화 토크쇼를 진행하고, 그 결과물인 이 책을 출간하게 된 것도 그런 연유에서다. 예술가의 반열에 오른 탁월한 감독들, 그리고 그들의 빛나는 대표작을 통해 우리 이웃들에게 성찰의 계기를 마련하고 싶었던 것이다. 먼저 멋진 여행을 했던 사람들이 아직 그곳에 가보지 않은 사람들에게 침을 튀기며 자신의 여행담을 들려주고 싶어 하듯이 말이다.

3

매주 월요일 오후 6시만 되면 나는 서울 압구정동 CGV로 가는 지하철에 몸을 실었다. 월요일 7시 30분에 시작되는 '씨네샹떼'에 참여하기 위해서. 씨네샹떼는 2014년 7월 21일 시작되어 해를 넘긴 2015년 1월 19일에 마무리된 일종의 영화 토크쇼였다. 영화의 시작을 알리는 뤼미에르 형제에서부터 영화가 시가 될 수 있다는 걸 보여준 타르코프스키를 거쳐 마침내 건강한 보수성에 천착했던 클린트 이스트우드까지, 전체 25주로 구성된 빡빡한 일정이었다. 매주 형식은 동일했다. 우선 지난주에 공부했던 영화에 대한 복습 시간을 30분 정도 가졌다. 이어서 50분 내외로 편집된 이번 주 영화를 보고, 이어서 나와 이상용 선생님 사이에 토크가 벌어졌다. 때로는 살벌하게 때로는 달콤하게. 이러다 보면 어느 사이엔가 저녁 10시쯤이 된다. 그리고 객석 관객들의 질문에 대한 우리 두 사람의 대답을 마지막으로 10시 30분을 넘길 즈음 씨네샹떼는 막을 내린다.

다음 주 새로운 영화로 씨네샹떼가 열리기 전, 이상용 선생님과 나는 그 주에 보았던 영화에 대한 글을 한 편씩 집필했다. 영화는 감성적 매체이기에, 아직 영상에 젖어 있을 때 글을 써야만 했다. 시간이 너무 흐른 다음에 쓴 글은 건조하고 지적인 글이 될 가능성이 크기 때문이다. 시간이 흐르면 기억의 왜곡과 날조가 불가피하다는 우려도 단단히 한몫한 결정이었다. 글을 쓰기 위해 키보드 앞에 앉을 때, 이미 우리 두 사람은 영화 토크를 마친 상태였다. 당연히 철학자였던 내 글에는 영화평론가 이상용 선생의 흔적이 남아 있고, 반대로 이상용 선생님의 글에는 나의 흔적이 남겨질 수밖에 없었다. 사실 씨네샹떼라는 영화 토크가 끝난 뒤 우리는 영화뿐만 아니라 서로의 생각에 대해 더 많은 감명을 받았던 적이 많았다. 어쩌면 우리가 반년이나 영화 토크를 할 수 있었던 것도 매번 이런 묘한 설렘과 기대감 때문이었는지도 모를 일이다. '오늘 이 영화에 대해 선생님은 어떤 이야기를 하실까?' 이렇게 우리 두 사람의 글은 매주 작성되어 한 편 한 편 모아졌다.

지금 여러분이 보고 있는 이 책의 핵심은 아무래도 이상용 선생님과 나의 글일 것 같다. 영화평론가와 철학자 사이에 이루어진 교감의 흔적들, 혹은 영화와 철학 사이에서 태어난 자식들이기 때문이다. 너무나도 기쁘고 감사한 일 아닌가. 그러나 이보다 더 멋진 것은 이상용 선생님과 반년이라는 시간을 함께 보낸 경험일 것이다. 완전한 신뢰와 애정을 바탕으로 공동의 작업을 할 수 있다는 건 아무나 누리는 호사는 아닐 테니 말이다. 이상용 선생님은 혼자서는 결코 보지 않았을 너무나 좋은 영화와 감독들을 내게 알려주었다. 그뿐 아니라 선생님은 영화에 문외한이었던 나의 말을 항상 친절하게 경청해 주었고, 때로는 냉철하게 때로는 유머러스하게 나의 오류를 잡아 주었다. 한마디로 반년 동안 이상용 선생님은 철학자 강신주를 아꼈던 나의 영화 선생님이었던 것이다. 그러니 이 책은 무엇보다도 먼저 선생 이상용과 제자 강신주의 글로 기억되어야 할 것이다. '청출어람청어람(青出於藍青於藍)'의 장관이 펼쳐진 것인지 모를 일이다.

이상용 선생님과 나의 힘만으로 '씨네샹떼'라는 이름이 붙여진 토크와 이 책이 만들어진 것은 아니다. 인연(因緣)의 마주침이 없다면 모든 것은 만들어질 수 없는 법이니까 말이다. 우선 영화 토크쇼에 참석했던 150분 관객들의 얼굴이 떠오른다. 그들의 설레는 눈빛이 없었다면, 우리는 그렇게도 치열하고 달콤했던 토크를 펼칠 수 없었을 테니 말이다. 영화 토크를 진행했던 CGV아트하우스 식구들, 특히 안현주 님과 김지연 님의 얼굴이 떠오른다. 두 사람 덕에 나나 이상용 선생님, 그리고 관객들 모두 행복하게 영화에 몰입할 수 있었다. 그리고 아직도 영화를 너무나 사랑하는 한승희 님, 씨네샹떼 현장을 한 컷 한 컷 정성스레 담았던 이호준 님, 그리고 어두운 영사실에서 우리와 호흡을 함께했던 윤자영 님도 빼놓을 수 없는 분들이다. 그리고 스물다섯 차례나 영화를 편집해 주었던 문유정 님의 공도 잊어서는 안 될 것 같다. 문유정 님의 빼어난 영상적 감수성이 없었다면 씨네샹떼 자체는 결코 빛나지 않았으리라. 끝으로 토크쇼에서부터 이 책을 완성하는 데 시종일관 애를 쓴 민음사 식구들도 기억하고 싶다. 이상용 선생님과 나의 토크를 도와주고 그 결과물을 녹취하고 정리했을 뿐만 아니라 이 책을 이 정도로 멋지게 만들 수 있게 된 것은 모두 민음사 편집자 유상훈 님과 김미래 님의 공이다. 또한 늦게 합류해 너무나 고생했던 문정민 님, 그리고 책에 대한 고민이 많았던 양희정 님도 빼놓을 수 없다. 아, 참! 한 사람 빼먹을 뻔했다. 탁월한 미적 감각으로 이 책에 이처럼 근사한 아우라를 부여한 디자이너, 나로부터 구박도 많이 받았지만 싫은 내색도 하지 않았던 우리 착한 디자이너 이경민 님. 마지막으로 우리 작업을 따뜻하게 격려해 주었던 민음사 박맹호 회장, 박근섭 사장과 박상준 사장에게 감사의 마음을 전하고 싶다.

키워드

건너뛰어도 좋지만
반드시 읽을 필요가 있는

1강 영화와 영화적인 것에 대하여

시네마토그라프

cinématographe

1894년 2월 13일 영화 카메라 겸 영사기인 시네마토그라프가 특허를 얻었다. 이후 '시네마토그라프'는 뤼미에르 방식의 장치로 영화를 상영하는 행위를 뜻하는 말이 되었다. 그런데 이 단어는 원래 1892년에 레옹 기욤 불리가 연속 사진을 영사하는 광학 기계의 발명 특허를 내면서 그리스어로 '움직임(kinema)'과 '기록하다(grafhein)'를 합성해 만들어 낸 것이다. 처음에는 cynématographe로 등록했다가 다음 해에 특허 등록을 하면서 y를 i로 고쳤다. 이 단어는 점차 '시네마(cinema)'로 줄여 불리기 시작했다. 오늘날 시네마는 영화라는 뜻의 명사가 되었다.

몸짓

gesture

조르조 아감벤의 『목적 없는 수단』의 5장 제목은 "몸짓에 관한 노트"다. "영화의 중심은 이미지가 아니라 몸짓에 있기 때문에 영화는 본질적으로 윤리와 정치 분야에 속한다."(따라서 단순히 미학 분야에 속하는 것이 아니다.) 이를 설명하기 위해 아감벤이 제시하는 것은 영화가 태동하기 시작한 19세기 말의 풍경이다. 세계 영화사를 읽어 본 독자라면 에드워드 머이브리지가 촬영한, 말이 움직이는 연속 사진을 본 기억이 있을 것이다. 이 시기 의사들은 신경학적으로 인간의 걸음걸이에 대한 연구를 본격적으로 하기 시작했고, 여러 동작을 연속 사진과 그림으로 담아내기 시작했다. 초기 영화는 몸짓의 기록이다. 뤼미에르 형제 영화의 시대적 맥락도 여기에 있다. 아감벤은 "자신의 몸짓을 잃어버린 사회는 잃어버린 것을 영화에서 되찾고자 하며, 동시에 영화에 그 상실을 기록하고자 한다."라고 말한다.

다큐멘터리, 극영화

documentary, fiction film

흔히 뤼미에르는 다큐멘터리의 아버지이고, 멜리에스는 극영화의 어머니라고 말한다. 뤼미에르는 사실 기록에 집착했고, 멜리에스는 트릭과 마술로 판타지를 불어넣었기 때문이다. 그러나 이것이 전부는 아니다. 뤼미에르의 영화 중에 집을 부수는 장면에 이어 카메라를 거꾸로 돌려 부수기 전으로 돌아가는 과정을 보여 주는 작품이 있는데, 이는 사실성에 대한 집착을 버리고 무엇을 보여 줄 것인가를 고민했다는 사실을 알려 준다. 멜리에스의 「달세계 여행」에서도 반복이 등장한다. 포탄이 달의 얼굴에 박히는 장면은 화면 사이즈를 달리하여 반복된다. 그것은 강조의 의미다. 초기 영화는 특정한 장르에 국한된 것이 아니라 다큐가 허구의 경계를 잠식해 감으로써 더 강한 메시지를 전하기 원했고, 극영화의 판타지는 점점 더 사실적 트릭을 만들어 냄으로써 다큐를 침범했다. 다큐와 극영화는, 서로 다른 이름 혹은 뤼미에르와 멜리에스가 아니라 하나의 이름인 영화(cinema)다.

2강 몸짓, 영화가 주는 매력

어트랙션 시네마

attraction cinema

어트랙션 시네마라는 개념은 초기 영화를 연구한 톰 거닝에 의해 유명해졌다. 그는 초기 영화가 관객을 유혹한 요소는, 스토리(또는 서사)가 아니라 스펙터클(spectacle, 구경거리) 자체의 매력이라고 설명했으며, 이를 '어트랙션 시네마(견인 영화)'라고 했다. 거닝은 어트랙션 시네마가 끝나는 시기를 1907년 정도로 잡고 있지만, 이러한 스펙터클의 구현은 무성 코미디에서도 흔히 발견된다. 버스터 키튼과 해럴드 로이드의 영화 역시 어트랙션 시네마의 요소를 주축으로 삼고 있다는 게 보편적인 이해다.

어트랙션 시네마의 개념이 다시 등장한 때는 지난 밀레니엄 시기다. 「아마겟돈」, 「딥 임팩트」처럼 동일한 세기말 현상을 다룬 일련의 영화가 지구의 종말이라는 대전제를 두고 새로운 이야기를 들려주기보다는 각 장면마다 볼거리를 제공하면서 어트랙션 요소를 만들어 냈다는 분석이 제기되기도 했다. 어트랙션 요소가 다시 한 번 반복된 최근의 사례는 3D 영화일 것이다. 이안 감독이 만든 「라이프 오브 파이(Life of

Pi)」(2012), 알폰소 쿠아론 감독의 「그래비티」가 그 예이다. 이들 두 작품은 매 장면마다 긴장된 상황과 새로운 어트랙션을 이어 가면서 짧은 시간 안에 볼거리와 긴장감을 제공한다. 그것은 초기 영화적 개념이 새로운 테크놀로지와 만난 것으로, 그러한 시도가 여전히 영화적 매력으로 건재할 수 있음을 보여 주는 중요한 사례다.

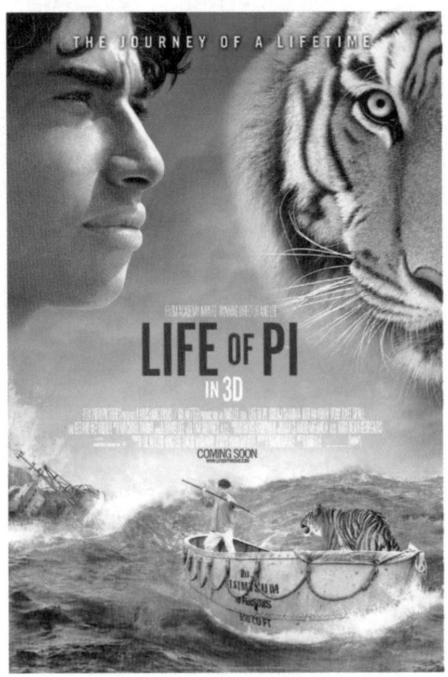

이안, 「라이프 오브 파이」(2012)

개그와 코미디

gag&comedy

조르조 아감벤의 글을 통해 '개그'에 대한 정의를 살펴보자. 이탈리아 철학자 아감벤은 개그라는 것은 "기억이 안 나거나 말이 안 나올 때 얼버무리려고 배우가 즉석에서 하는 연기"를 뜻한다고 설명했다. 개그는 인간의 언어 활동 안에 있는 거대한 구멍이며, 치유할 수 없는 인간의 언어장애를 전시하는 역할을 한다. 그것은 언어 활동 안에 있는 노출이다. 이 노출이야말로 인간을 순수하게 만들며, 인간을 인간답게 만든다.

코미디는 흔히 희극이라고 번역된다. 희극은 비극과의 관련 속에서 생기는 연극적인 개념이다. 코미디(희극)는 인생을 모방한 한 편의 드라마를 상정하고 있으며, 그것은 인간의 삶을 우스꽝스럽고 행복하게 바라보려는 태도와 연관된다. 개그가 언어의 부재를 대신해 표현되는 존재의 드러남이라면, 코미디는 하나의 장르를 염두에 둔 말이라고 할 수 있다. 그러나 두 개념은 뒤섞여 쓰일 뿐만 아니라 서로를 포괄한다. 개그 안에 단막극의 개념이 들어온 지 오래고, 코미디 안에 개그적 몸짓이 표현된 지 오래다.

설상가상 시퀀스

「셜록 주니어」에서 어트랙션을 만들어 내는 것이 어떻게 구현되는가는 마지막 추격 장면을 통해 설명 가능하다. 탐정은 자신의 조수가 바닥에 떨어진 줄도 모르고 홀로 오토바이를 몰고 간다. 무엇보다 홀로 간다는 설정 자체가 관객으로 하여금 긴장감을 느끼게 만든다. 그리고 매 장면이 바뀔 때마다 상황은 점점 더 커지고 심각해진다. 최고의 절정은 끊어진 다리 사이를 건너는 장면일 것이다. 이 부분에는 이야기(서사)가 없다. 하나의 상황과 그 상황을 더욱 긴박하게 만드는 요소가 배열되어 있을 따름이다.

엎친 데 덮친 격으로 점점 증폭되는 장면 연출은 어트랙션 시네마의 전형적인 사례다. 이러한 연출 방법은 바다 한가운데에서 점점 더 상황이 강렬해지는 「라이프 오브 파이」나 우주에서 지구로 아슬아슬하게 귀환해야 하는 「그래비티」에서도 찾아볼 수 있다. 어트렉션적 요소가 하나의 장면에서 집중적으로 활용될 때, 이를 두고 엎친 데 덮친 격이라는 뜻으로 '설상가상 시퀀스'라고 부를 수 있을 것이다.

몽타주

montage

'조립하다'라는 뜻과 '영화 편집'을 의미하는 프랑스어에 뿌리를 둔 이 단어는, 영화뿐만 아니라 러시아의 모든 예술 매체를 좌우하는 미학적 수단으로 자리 잡았다. 예이젠시테인이 한때 가르침을 얻은 연극 연출가 메이예르홀트는 "인간의 기억력은 두 가지 이상의 사실을 기억 속에서 나란히 병치해 놓고 상호 관련지을 수 있다. 병치와 상호 관련을 통해 구성과 개념이 생기는 것이다."라고 말했는데, 이것이 바로 몽타주다. 「영화의 원리와 표의문자」는 1929년 예이젠시테인이 발표한 글이다. 일본을 통해 한자의 원리를 알게 된 그는 몽타주를 다음과 같이 설명한다.

견(犬, 개)+구(口, 입)→폐(吠, 짖다)
구(口, 입)+조(鳥, 새)→명(鳴, 울다)

개와 입, 입과 새라는 상충되는 두 요소가 결합해 '짖다', '울다'라는 완전히 새로운 개념으로 전환된다. "이것이 바로 몽타주다! 그렇다, 정확하게 우리가 영화에서 하고 있는 것이 바로 이것이다. 다시 말해, 묘사적이며 의미상으로 단일하고 내용상으로 중립적인 숏을 조합해 지적인 내용과 계열을 만들어 내는 것이다." 또 예이젠시테인이 설명한 상형문자의 원리는 '정반합'으로 이루어진 변증법의 원리로 제시되기도 한다.

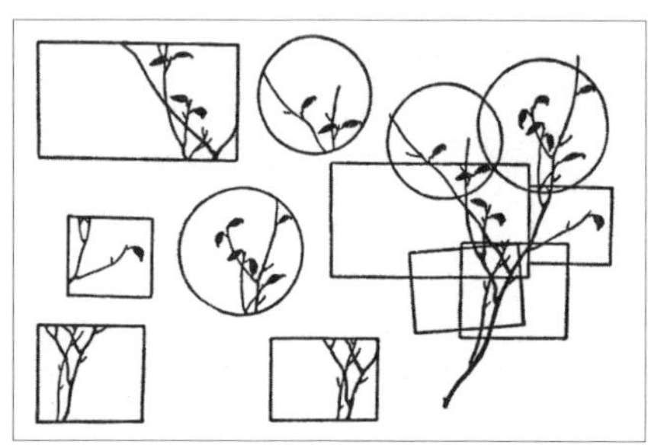

[그림] 예이젠시테인이 설명한 상형문자의 원리

[그림]은 예이젠시테인이 제시한 것으로, 몽타주는 '현실이라는 전체를 어떻게 도려낼 것인가?'라는 문제를 설명하기 위한 자료로 활용되었다. 그는 일본 회화의 방법을 차용해 "영화는 렌즈라는 도구를 통해 현실의 부분을 도려내는 것"이라고 정의했다. 세계의 복잡한 총체성은 뤼미에르 형제가 사용한 롱 테이크를 통해 얻을 수 있는 것이 아니라, 총체성으로부터 도려낸(추출한) 숏을 충돌시킴으로써만 얻을 수 있다. "숏은 몽타주 요소가 아니라, 몽타주의 세포다. 세포가 분리됨으로써 유기체나 태아 등 또 다른 차원으로 변화하듯이, 숏으로부터 변증법적 도약이 이루어진 또 다른 측면의 몽타주가 있다." 세포의 분화를 통해 하나의 개체가 탄생하는 것처럼, 숏의 분화를 통해 몽타주가 이루어지고 새로운 의미가 탄생한다. 예이젠시테인은 숏들 사이에 일어나는 근본적인 관계가 충돌과 갈등이라고 생각했다. 메이예르홀트의 실험극에서 힌트를 얻어 그는 1924년 '견인의 몽타주(montage of attraction)'라는 개념을 발전시킨다. 예이젠시테인의 글을 통해 '견인'에 대한 설명을 직접 들어 보자.

우리가 이해하는 견인이란 특정 효과를 내기 위해 압력을 가함으로써 관객의 관심과 감성을 시험하고, 다른 것과 결합해 관객의 감정을 영화가 목적으로 하는 특정한 방향으로 강화시키는 데 적절한 것, 즉 제시 가능한 모든 사건(행위, 대상, 현상, 의도적 결합 등)이다. 이런 측면에서 영화는 단순한 보여 주기나 사건의 제시가 될 수 없다. 영화는 사건을 주관적으로 선택, 결합한 것이다. 여기서 사건은 꽉 짜인 줄거리 중심 과제로부터 자유로우며, 자신의 의도에 따라 관객을 적절하게 다룬다.

— 예이젠시테인, 『견인의 몽타주』에서

마지막으로 한 가지 유념해야 할 점은 당대나 지금이나 몽타주가 예이젠시테인의 전유물은 아니라는 사실이다. 예이젠시테인은 미국의 D. W. 그리피스 감독으로부터 몽타주 개념을 가져왔고, 그를 비판하면서 새롭게 발전시켰다. 또한 푸도프킨을 비롯한 러시아의 다른 몽타주 감독들과도 빈번히 충돌했다. 그럼에도 말할 수 있는 것은, 누구에게나 저마다의 몽타주가 있겠지만 예이젠시테인의 몽타주가 가장 멀리 나아갔다. 게다가 그는 '지적 몽타주'를 통해 영화가 새로운 지성과 개념을 창조할 수 있다고 믿었다.

몽타주의 충격 효과는 뇌의 피질을 자극해 사유의 운동을 이끌어 내는데, 예이젠시테인은 이를 가리켜 "충돌을 통해 충돌을 사유한다."라고 말했다. 충돌의 파장 혹은 신경의 진동은 더 이상 '나는 본다, 듣는다.'라고 말하는 대신, '나는 느낀다.'라고 말할 수 있는 '총체적으로 생리학적인 감각'이다. 이러한 운동 이미지가 사유 이미지로 전환되는 지적 영화의 개념은, 현존하는 가장 중요한 감독 장 뤽 고다르의 영화관에 지대한 영향을 끼쳤다. 또한 철학자 들뢰즈의 유명한 후기 저작 『시네마』의 핵심적인 개념으로도 제시되었다. 지적 영화와 거의 동의어로 쓰이거나 깊은 관련을 맺고 있는 '지적 몽타주'는 예이젠시테인의 다섯 가지 몽타주의 원리 중 하나로 제시되었다. 첫째는 운율의 몽타주(metric montage), 둘째는 리듬의 몽타주(rhythmic montage), 셋째는 음조의 몽타주(tonal montage), 넷째는 배음의 몽타주(over-tonal montage), 그리고 마지막으로 지적 몽타주(intellectual montage)다. 지적 몽타주는 지적 영화와 마찬가지로, 몽타주를 통해 관객들에게 사유의 잠재성을 자극하고 사유의 운동을 불러일으키기 위해 고안되었다.

4강 마지막 표현주의 블록버스터

표현주의 영화
expressive film

표현주의는 1908년 무렵 회화와 연극의 양식으로 대두되었다. 다른 유럽 국가들에서도 나타났지만, 특히 독일에서 아주 강렬하게 표명됐다. 표현주의는 19세기 사실주의와 인상주의에 대한 반작용으로 나타난 경향 중 하나였는데, 외양을 관찰하거나 보여 주기보다는 오히려 감정적인 내적 현실을 표현하기 위해 극단적인 왜곡 방식을 선택했다.

회화에서 표현주의는 에른스트 키르히너를 중심으로 하는 '다리파(Die Brücke)'의 결성과 함께 시작되었고, 1911년 프란츠 마르크와 칸딘스키로 잘 알려진 '청기사파(Der Blaue Reiter)'가 출범함으로써 확산되었다.

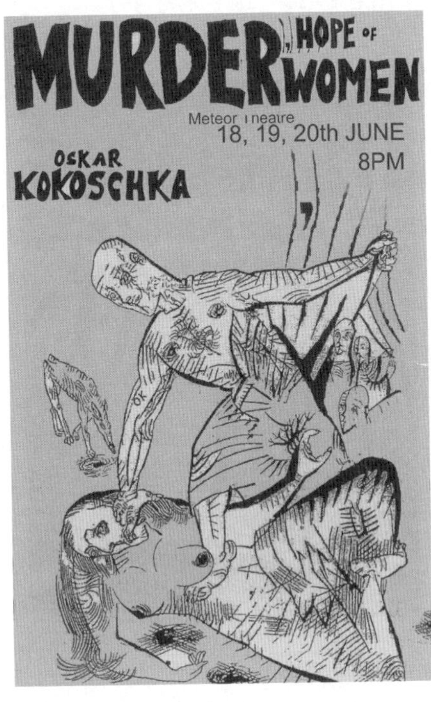

오스카 코코슈카, 「살인자, 여인들의 희망」(1909)

연극에서 나타난 표현주의는 영화와 밀접한 관련을 맺는데, 1908년에 오스카 코코슈카의 『살인자, 여인들의 희망』이라는 작품이 대표적이다. 이 희곡에 활용된 무대 세트와 연기 방식은 표현주의 양식을 만들어 냈다. 이때 배우들은 양식화된 세트 사이에서 소리를 지르고 크게 몸짓하면서 패턴화된 안무를 선보였다. 그러나 1910년대 후반에 이르자, 표현주의는 실험적이기보다는 대중화되기 시작했다.

영화에서의 표현주의는 1919년에 로베르트 비네가 연출한 「칼리가리 박사의 밀실」에서 출발한다. 표현주의 영화는 1920년에서 1927년 사이에 대략 스물네 편 정도 상영되었다. 한편 표현주의 영화의 특징으로는 (표현주의 연극과 마찬가지로) 양식화된 화면 세팅, 과장된 연기를 꼽을 수 있다. 하지만 각각의 영화마다 표현주의적 표현을 완벽하게 구현하기는 어려웠다. 왜냐하면 영화는 움직이는 화면인 탓에 표현주의가 표방했던 조형적 특징을 유지하기가 어려웠다. 즉 배우의 이동이나 화면 전환이 이루어질 때 표현주의적 표현은 깨지기 일쑤였다. 그래서 1920년대의 표현주의 영화는 당대 영화에 비해 화면 전환, 이야기의 전개 속도가 느린 편이다.

로베르트 비네, 「칼리가리 박사의 밀실」 (1919)

표현주의 영화의 대표작으로는 「칼리가리 박사의 밀실」을 시작으로, 1920년에 파울 베게너가 선보인 「골렘」, 1922년작인 프리츠 랑의 「도박사 마부제 박사」와 무르나우의 흡혈귀 영화 「노스페라투」, 파울 레니가 1924년에 제작한 「밀랍 인형(Das Wachsfigurenkabinett)」과 프리츠 랑의 「니벨룽겐」 2부작, 「지그프리트」 등을 꼽을 수 있다. 그 후, 무르나우 감독이 1926년에 선보인 「파우스트(Faust)」와 1927년 작인 「메트로폴리스」를 정점으로 표현주의 영화의 시대는 저물게 된다.

가장 널리 알려진 표현주의 영화의 특징은 왜곡과 과장법을 사용한다는 것이다. 표현주의 영화에 등장하는 건축물들은 뾰족하고 뒤틀려 있으며(고딕 양식을 즐겨 사용한다.) 의자들은 길쭉하고 계단들은 구부러져 있는 데다 울퉁불퉁하다. 오늘날의 관객에게 표현주의 영화의 연기는 '무성영화 연기'의 가장 극단적인 사례로 보일 것이다. 하지만 이렇듯 과장된 연기는 영화의 세트, 배경과 조화를 이루기 위한 방법이었다. 가령 이런 비교도 해볼 수 있다. 버스터 키튼의 영화가 다소 과장된 세트나 배경 속에 무표정한 주인공을 배치해 대비 효과를 노렸다면, 표현주의 영화는 더욱 과장된 세트와 배경에다가 과장된 주인공의 얼굴까지 보여 줌으로써 기괴함을 자아냈다. 그림자 왜곡과 같은 특수한 조명 사용은 표현주의 영화에서 빼놓을 수 없는 요소다. 한편 표현주의 영화의 이야기적 주제는 주로 광인, 전설, 신화, 괴담 등이었는데, 이것은 영화를 통해 기괴한 이미지를 만들어 내는 데 적합했다.

SF

science fiction

한때 SF는 일본어 번역어를 따라 '공상과학'이라고 불렸는데, 오늘날에는 '과학 서사'라고 일컫는다. 통상적으로는 영어의 축약어를 그대로 따라 'SF 영화'라고 한다. 원래 의미에서의 SF는 과학적 사실에 기초해 미래 사회나 과학 문명을 전망하는 예언적 성격을 지니고 있었다. 20세기 초의 대표적인 SF 작가는 웰스다. 양차 세계대전을 경험한 웰스의 작품들은, 대체로 디스토피아(암울한 미래상)적 색채를 지니고 있다. 그는 『우주 전쟁』, 『닥터 모로의 섬』 등을 썼으며, 그중 상당수가 영화로 옮겨졌다. 하지만 모든 SF 작품이 디스토피아적 미래상만을 그린 것은 아니다. 오히려 초기의 진화론적인 상상력은 유토피아적이었다. 영국의 정치가이자 작가인 토머스 모어가 내놓은 '유토피아'라는 말은, 본래 그리스어의 '없는(ou-)'과 '장소(toppos)'라는 두 단어를 결합해 만든 용어다. 원뜻은 '어디에도 없는 장소'라는 것이지만, 이상향이라는 의미로 쓰이기 시작했다. 1902년에 멜리에스가 선보인 「달세계 여행」은 SF 영화의 효시가 된 작품이다. 그 후에 나온 「메트로폴리스」는 멜리에스의 작품보다 훨씬 복잡하다.

5강 자본주의의 희비극

홀림(혹은 실수하는 인간)

에드가 모랭은 『스타』에서 채플린의 '홀림'을 다음과 같이 묘사한다.

희극의 주인공은 충동에 따라 움직이며, 몽유병 환자처럼 행동한다. 버스터 키튼의 얼굴, 찰리 채플린의 자동인형 같은 걸음걸이는 거의 최면술에 걸린 것 같은 홀림을 나타낸다. 이 홀림은 그들로 하여금 있을 수 있는 모든 실수를 하게 하지만, 또한 그들을 최종적인 승리에 이르게 할 수 있다. 실수한 나머지 그 자체에 의해, 코미디의 주인공은 적을 이길 수도 있으며, 심지어 사랑하는 여자를 유혹할 수도 있다.

'실수하는 인간'은 「모던 타임즈」의 핵심을 이룬다. 공장에서의 실수는 정신병원으로 이어지고, 거리에서의 실수는 감옥으로 이어지며, 감옥에서의 실수는 석방으로 이어지고, 백화점에서 술 먹는 실수는 강도를 막는 것으로 이어지고, 다시 실직으로 연결된다. 그리고 감옥에 가고자 저지른 고백의 실수는 어여쁜 여인을 얻는 것으로 이어진다. 실수는 삶을 가득 메우는 기호다. 실수와 희극이 만났을 때 실수는 '아이러니'로 번역해도 무방할 것이다. 아이러니한 순간은 삶의 비극과 희극이 교차하는 순간을 만들어 낸다. 채플린의 대다수 영화는 이러한 아이러니의 순간을 찾는 코미디의 드라마를 구성한다.

파토스, 페이소스
pathos

파토스란 그리스어로 '깊은 감정'을 뜻하는데, '에토스(ethos)'와 대립되는 말이다. 에토스는 특정한 시대, 지역, 집단을 지배하는 이념적 원칙이나 도덕적 규범을 지칭하는 것이다. 아리스토텔레스의 『시학』에서 본격적으로 등장한 파토스는 '격정'이라는 말로 옮길 수도 있지만 전반적으로 정서적 호소력을 가지고 있음을 뜻한다. 어원적으로 파토스는 불운, 고뇌, 격정 등 병적 상태를 뜻하며, 절제를 떠난 방황하는 마음 상태를 가리키기도 한다. 예술 작품에서 중요한 점은 파토스가 단순히 감상적인 요소를 넘어서서 고통의 원인이나 비극적인 이유가 함께 제시되어야 한다는 것이다. 그러지 못할 때는 파토스가 아니라 감상적인 것으로 전락한다. 채플린의 영화가 파토스를 담고 있다는 것은 시대적 공기와 함께 숨쉬기 때문이다. 「모던 타임즈」가 경제공황에 처한 미국을 바탕에 깔고 있는 것처럼 말이다.

6강 삶의 달콤 씁쓸한 규칙

리얼리즘과 모방
(카메라의 리얼리즘)

흔히 영화사에서는 1930년대 프랑스 영화의 지배적인 경향을 두고 '시적 리얼리즘'이라고 일컫는다. 장 르누아르의 영화는 이러한 시적 리얼리즘의 대표적 작품이라고 불리곤 한다. 시적 리얼리즘의 영화들은 주로 노동계급이나 범죄자들을 주인공으로 다루면서, 이들이 이상적인 사랑이라는 기회를 찾아 노력하는 모습을 그렸다. 하지만 주인공들은 환멸이나 죽음으로 결론을 맺게 된다. 이러한 영화의 전반적인 분위기는 향수와 비탄이었다. 이러한 진단에 맞는 르누아르의 대표작은 「강에서 구출한 부뒤(Boudu Suavédes Eaux)」(1932)와 「토니(Toni)」(1935)다.

「게임의 규칙」은 훨씬 풍성하다. 이 영화에는 하층 계급뿐만 아니라 상층 계급도 주요하게 등장한다. 그들은 서로의 삶을 모방하면서 유려하고 긴 파티 장면처럼 서로 뒤엉킨다. 이 영화에는 특정한 주인공이 없다. 서로의 삶을 모방하는 태도는 1930년대 초반의 하층민을 주인공으로 한 시적 리얼리즘 영화보다 훨씬 더 넓은 시야를 대변한다. 중요한 것은 영화가 삶을 어떻게 모방해 내는가 하는 것이다.

오늘날 나는 표면적인 리얼리즘으로부터 벗어나 더욱 통제된 스타일을 발견해 마침내 우리가 '고전적'이라고 부르는 것에 도달하기 위해 애쓰고 있다. 새로운 표현의 형식에 이르기 위해 우리는 커다란 위험을 피해 가야만 한다. 리얼리즘에 대한 세간의 관념이 지닌 이 위험은 무작위로 선택된 리얼리티의 사진적 재현에 대한 믿음이다. 사물이 '리얼하게 보이기'를 바라는 것은 어마어마한 실수다. 예술은 인위적이어야만 하고 지속적으로 재창조되어야 한다. 이 재창조의 능력은 영화의 존재 이유다. 만약 우리가 그것을 잃는다면 예술을 잃는 것이다. 영화의 치명적인 죄의 뿌리는 그것이 허구로 남아 있어야 함을 종종 잊어버리는 것이다.

르누아르가 주목하는 것은 카메라의 리얼리즘이 리얼리티의 존재 방식과 그에 대한 인간의 지각을 명료하게 해 준다는 것이었다. 그것은 사실을 재현하는 것이 아니라 표현의 리얼리즘적 형식을 찾고자 하는 노력이었다.

장 르누아르, 「강에서 구출한 부뒤」(1932)

롱 테이크, 디프 포커스

long take, deep focus

리얼리즘과 관련한 1930년대 르누아르 영화의 가장 중요한 스타일 두 가지는 롱 테이크와 디프 포커스로 대변된다. 롱 테이크는 한마디로 말하자면 숏의 길이가 긴 것이다. 「전함 포템킨」처럼 짧은 숏들이 결합되어 영화가 이루어지는 것이 아니라 하나의 긴 숏이 인물과 장면의 움직임을 유려하게 보여 주면서 영화를 쌓아 간다. 몽타주의 원리와 달리 롱 테이크는 현실의 단면을 쪼개어 개입하려는 의지가 크지 않다.

이와 더불어 디프 포커스는 화면의 심도가 깊이 있게 드러나는 것을 의미한다. 지금까지 본 영화들을 생각해 보면, 대부분 화면이 2D의 느낌에 충실한 평면의 감각이었다. 그런데 르누아르의 「게임의 규칙」에서는 공간의 다양한 면모가 한 화면에 담긴다. 잠들기 전 복도에서 사람들이 인사를 나누며 헤어지는 장면을 생각해 보자. 주인 로베르가 사람들과 인사를 나누는 장면은 화면 앞쪽에서부터 뒷쪽까지 제시되고 있음을 알 수 있다. 이것은 이전 영화에서는 보기 힘든 것이었다. 심도 깊은 공간이라고 번역할 수 있는 '디프 포커스'는 「게임의 규칙」이 그려 내는 혼돈을 한 화면에 담아 낸다. 이 기법은 사건이 벌어지는 공간에 있는 각각의 인물에게 평등한 관점과 시점을 부여할 뿐만 아니라, 화면 바깥에 있는 인물과 사물에도 관심을 기울이게 만든다. 복도 장면에서 카메라는 한 인물을 따라가다가 다른 인물로 바통을 터치하듯이 이어 간다. 카메라는 성에 초대된 또 한 명의 손님처럼, 결코 보이지는 않지만 호기심 가득한 눈으로 살롱과 복도를 누비며 사람들을 따라다닌다. 심도 깊은 공간의 구현은 인물들 간의 뒤엉킨 양상을 그대로 드러내면서 혼돈의 상황을 고스란히 전달한다. 그것은 현실을 아주 적절히 모방한 공간의 리얼리즘이기도 하다.

7강 전쟁과 네오리얼리즘

네오리얼리즘

Neorealism

영화사의 한 페이지를 차지하는 네오리얼리즘은 문자 그대로는 '새로운 리얼리즘'이다. 이 말은 문학과 조형 예술 분야에서 1930년대부터 이미 쓰이던 말이었고, 이탈리아 영화감독 루키노 비스콘티의 말에 따르면 '네오리얼리즘'을 영화에 처음으로 적용한 이는 자신의 작품인 「강박관념(Ossessione)」(1942)의 편집인 마리오 세란드레이였다고 한다.

흔히 네오리얼리즘은 예술적 유파나 흐름이기보다는 전쟁의 고통에서 신음하는 이탈리아와 레지스탕스의 사실성을 새롭게 바라보고 조명하려고 한 리얼리즘적 태도의 하나였다. 네오리얼리즘은 시대가 안고 있는 공통의 문제를 정면 대결하는 것으로 끝나는 것이 아니라, 그에 대한 해답을 제시하고 개인과 사회를 일신하려는 고귀한 목적을 의도하고 있다.

하지만 통상적으로 영화사에서는 사실을 토대로 한 일상적인 장면 제시(야외촬영과 자연광), 전문 배우와 아울러 비전문 배우들의 대거 활용, 일상적인 사회 문제와 에피소드, 카메라의 담담한 시선과 편집 등을 지적하는데, 이러한 요소가 일정하게 있기는 하지만 이를 통해 네오리얼리즘을 규정하는 것에 대한 반론도 만만치 않다. 무엇보다 네오리얼리즘은 특별한 운동이나 유파가 아니었으며 시대와 함께 등장한 일련의 분위기였다. 전문 배우들 역시 많은 네오리얼리즘 영화에 등장했고 전문 스태프들이 참여해 영화의 성취가 이루어졌다. 대부분의 네오리얼리즘 영화들이 개인과 사회의 관계에만 집중하는 것과는 달리, 로셀리니는 '윤리'에 더욱 집착하면서 새로운 방향을 제시한 감독으로 평가받는다. 「자전거 도둑」으로 잘 알려진 비토리오 데 시카의 「구두닦이」, 「움베르토 D」 등은 네오리얼리즘의 걸작으로 평가받는다.

비토리오 데 시카, 「자전거 도둑」(1948)

네오리얼리즘에 대한 입장은 분분하고 예술 분야마다 차이가 있다. 많은 이들이 동의하는 것은, 전쟁 경험이 영화에 녹아들어 사람들의 인식을 변화시켰고 아울러 네오리얼리즘 영화들이 빠르게 좌파적 입장을 내놓았다는 점이다. 이탈리아의 유명한 작가 칼비노는 네오리얼리즘 시기에 『거미집으로 가는 오솔길』이라는 매력적인 작품을 내놓았는데, 그는 "네오리얼리스트가 이야기 자체보다는 표현, 말해지는 이야기의 형식에 더욱 관심을 갖는다."라고 주장한다. 칼비노는 네오리얼리스트를 "악보가 가사보다 더 중요하다."고 생각하는 강박적인 형식주의자라고 일컬으며, 또한 네오리얼리즘의 중요성은 그 제재나 이데올로기에 있는 것이 아니라 우미한 글쓰기를 거부하고 쓰기 형식을 구어에 양보하는 데 있다고 주장한다. 칼비노의 말은 폐허가 된 세상을 어떻게 보여 줄 것인가를 고민한 로셀리니의 입장과 닮아 있다.

8강 춤추고 노래하는 필름

「사랑은 비를 타고」의 배경음악

이 영화의 곡들은 기존 뮤지컬에서 선보였던 것들을 재활용한 경우가 많다.

「원기왕성하죠(Fit as a Fiddle)」는 돈과 코스모가 젊은 시절에 광대로 일하면서 춤추던 노래로 영화 「콜리지 코치(College Coach)」(1933)에서 나온 것이다. 「당신 꿈만 꿔요(All I Do is Dream of You)」는 캐시가 시사회 뒤풀이 파티에서 단원들과 부른 노래로, 영화 「새디 루키(Sadie Mckee)」(1934)에서 나온 것이다. 「싱잉 인 더 레인(Singin' in the Rain)」은 돈이 비를 맞으면서 춤추는 장면에서 나왔다. 이 노래는 영화의 주제곡이 되었고, 미국영화연구소에서 선정한 100대 음악 중에서 3위를 차지하였다. 또한 「심슨 가족」, 폭스바겐 광고 등에서도 패러디되었다. 이 노래 역시 임자가 있다. 「할리우드 리뷰 오브 1929(The Hollywood Revue Of 1929)」에서 나온 것이다. 「그들을 웃겨 봐요(Make'em Laugh)」는 코스모가 돈에게 불러 준 노래로 「해적(The Pirate)」(1948)에서 나온 것이다. 「굿 모닝(Good Morning)」은 코스모와 캐시, 그리고 돈이 부르는 노래로 원래는 미키 루니와 주디 갈랜드가 나온 「베이비 인 암스(Babes In Arms)」(1939)에서 나온 것이다. 주디 갈랜드는 MGM의 뮤지컬 대표작 「오즈의 마법사」의 여주인공으로 캐스팅되어 스타가 된 여배우다. 「뷰티풀 걸(Beautiful Girl)」 곡은 「할리우드에 가다(Going Hollywood)」(1933)에서 나온 노래다. 「브로드웨이 멜로디 발레(Broadway Melody Ballet)」는 영화 속에서 사장에게 발레를 동원하자고 설명하는 장면에 이어지는 브로드웨이 멜로디에서 쓰인 노래로 「브로드웨이 멜로디 오브 1929(Broadway Melody)」(1929)에서 나온 것이다. 「당신은 내 행운의 별(You are My Lucky Star)」은 마지막 장면에서 쓰인 노래로 「브로드웨이 멜로디 오브 1936(Broadway Melody of 1936)」(1936)에서 나왔다. 「당신은 나를 위한 존재예요(You were Meant for Me)」는 「브로드웨이 멜로디 오브 1929」에서 쓰인 노래다. 「모세가 말하기를」은 유일하게 이 영화를 위해 작곡된 곡으로, 말장난의 재미를 잘 살린 곡이다.

뮤지컬의 종류

뮤지컬은 배우들이 노래와 춤을 중심으로 작품의 스토리를 전달하는 특징을 지니고 있다. 노래와 춤으로 전달하는 스토리는 이해하기 쉽고, 이전에 있었던 무성영화의 몸짓을 극대화했다고도 생각해 볼 수 있다. 노래를 통해 본격적으로 소리가 등장하기는 하지만, 뮤지컬을 통한 유성영화의 출발점은 '몸짓'의 극대화였다.

초기 뮤지컬 영화는 「리오 리타(Rio Rita)」(1929), 「쇼 보트(Show Boat)」(1929)와 같이 브로드웨이 뮤지컬을 스크린으로 옮긴 것이었다. 공연 뮤지컬과 크게 다르지 않다는 점에서 영화적인 특징이 많이 드러나지는 않는다.

백스테이지 뮤지컬은 무대에서 춤추고 노래하는 이들을 주인공으로 내세워, 무대 자체를 전면에 내세우는 전략을 선보였다. 이는 뮤지컬 영화의 고유한 스타일이자 정점을 이루게 되었다. 「브로드웨이 멜로디」를 비롯하여 로이드 베이컨이 감독한 「42번가(42nd Street)」(1933)는 백스테이지 뮤지컬이자 흔히 떠올리는 뮤지컬 영화의 원형을 보여 주었다. 정교한 무대 장치, 섬세한 안무, 역동적인 촬영 등으로 기념비적인 장면을 연출해 냈다. 무대를 이야기의 주요 배경으로 만들어 내는 영리함을 선보이기는 했지만 여전히 무대 중심이라는 점에서 초기 뮤지컬 영화에서 많이 벗어나지는 못했다고 평가할 수 있겠다.

통합 뮤지컬(Integrated Musical)은 노래와 춤을 추는 장면을 영화의 이야기 속에서 일어나는 갈등과 쟁점에 대한 직접적인 표현과 유기적으로 확장한 영화를 말한다. 좀 더 쉽게 설명하자면 노래와 춤이 무대만을 위해 존재하는 것이 아니라 영화 속 현실과 결부되는 것이다. 통합 뮤지컬을 본격적으로 창조해 낸 이는 프레드 아스테어로 그는 "세상이 음악 리듬과 품위로 이루어진 놀랍고도 로맨틱한 곳"이라고 생각하는 인물이었다. 통합 뮤지컬의 전략은 빈센트 미넬리, 진 켈리, 스탠리 도넌으로 이어지면서 뮤지컬 영화의 황금기를 이루었다.

얼핏 보기에 통합 뮤지컬과 백스테이지 뮤지컬은 비슷

「브로드웨이 멜로디」(1929)

한 것처럼 보이기도 한다. 하지만 백스테이지 뮤지컬에서는 공연과 스토리는 완전하게 구별되었고, 배우에게 공연과 스토리를 왔다 갔다 하게 함으로써 구별되는 의식을 드러내도록 만들었다. 그러나 통합 뮤지컬에서는 두 가지를 자연스럽게 결합한다. 인생은 곧 음악이라는 것이 바로 통합 뮤지컬의 핵심이다.

프레드 아스테어(1899-1987)

기(컷의 기운)를 느끼고 전달받는 것이 중요하다.

더불어 오즈의 영화에서 카메라가 움직일 때는 대단히 의미심장한 순간이라고도 할 수 있다. 이러한 움직임 중 유명한 장면은, 대부분 두 사람이 나란히 걷거나 평행으로 마주보며 걷는 장면들이다. 두 사람이 같은 방향으로 움직이는 동작과 그에 따른 감정의 표현은 수많은 감독들로 하여금 따라 하고 싶은 충동을 일게 한다. 고레에다 히로카즈의 최근작 「그렇게 아버지가 된다」의 클라이맥스 장면을 보라. 아버지 료타가 자신이 기른 아들 케이타를 향해 달려가 두 사람이 평행으로 걷게 되는 장면은, 정확하게 오즈 야스지로의 영화에 대한 존경의 표시(오마주)다. 오즈의 가족 영화들은 이렇게 새로운 영화마다 인장을 새기고 있다.

나란히 나란히, 둘 혹은 셋이서

오즈의 영화 속 사람들은 나란히 앉아서 많은 시간을 보낸다. 오즈의 영화는 두세 명이 일렬로 앉아 있는 것을 좋아한다. 이러한 구도가 할리우드의 고전적 법칙을 위반하는 것일지라도 말이다. 그래서 오즈 영화에는 한 사람이 말할 때 이 말을 듣는 사람의 등을 정면에서 보여 줄 때가 많다. 말하는 사람과 듣는 사람을 동시에 보여 주는 효과적인 방법이 이것 이외에 또 있을까.

여기에서 파생된 오즈 영화를 향한 질문은 많다. 하지만 지금은 그의 영화가 사람들을 나란히 놓아둠으로써, 삶과 인생의 같은 방향을 볼 수 있도록 배려한 '영화적 공감 능력'에 주목하기로 하자. 아타미 온천에 간 다음 날 아침, 제방에 나란히 앉은 노부부의 모습은 인상적이다. 이것이 바로 오즈가 인물을 나란히 놓은 전형적인 사례다. 이 '나란히'는 두 사람이 함께 해 온 세월을 짐작하게 하고, 인물들의 대화나 상황을 통해 아내의 죽음을 예감하게 만들기도 한다. 제방에서 일어나려고 할 때, 아내가 잠깐 힘들어하는 장면은 자연스럽게 영화의 결말로 이어지게 된다.

한 발 더 나아가, 노부부가 나란히 있는 장면은 둘째 며느리 노리코의 상황과 대구(對句)를 이룬다. 둘째 아들이 전쟁에서 죽은 후 며느리 노리코가 홀로 되었

9강 가족의 뒷모습

고정과 이동

「동경 이야기」에서 카메라의 이동 장면은 단 한 번 등장한다. 아타미에서 돌아와 딸의 집에 들렀다가 나온 노부부는 잠시 앉아 이야기를 나눈 후 도쿄 시내의 전경을 바라본다. 그리고 두 부부는 걷기 시작한다. 카메라는 노부부의 뒤를 따라간다. 그 외의 장면들은 고정 숏으로 제시된다. 오즈 영화의 대부분은 하나의 숏이 하나의 구도를 갖는다.

그래서 대부분의 오즈 영화에서 움직임이 보일 때 그 움직임이 카메라에서 비롯되는 경우는 지극히 예외적이다. 대체로 화면 안의 사람이나 자연물이 움직인다. 화면 안의 움직임과 관련해 흥미로운 점은, 인물이 화면 안에 들어오기 전에 빈 방을 보여 주기도 하고 사람들이 방이나 특정 공간을 나간 후에 방을 응시하기도 한다. 마치 무언가를 기다리는 것처럼.

오즈의 고정된 화면은 많은 이에게 경이로움을 자아냈다. 누구는 엄밀하다고 말하기도 하고, 누구는 텅 빈 여백의 숏이라고 말하기도 한다. 또 다른 누구는 일본식 찻주전자가 놓인 정물화 같다고 언급하기도 했다. 이 모든 것이 오즈의 우주다. 그의 영화에 다가가기 위해서는 어떤 정답이 아니라 고정된 화면의 공

다면, 노부부의 경우에는 아내 도미의 사망으로 남편 슈키치만 혼자 남게 된다. 둘에서 하나가 된 두 사람은 영화의 맨 마지막에 이르러서야 함께 일대일로 마주 앉아, 장차 다가올 인생에 대해 이야기를 나누게 된다. 이처럼 「동경 이야기」에는 시의 운율을 연상시키는 대구와 통합의 과정이 여러 군데에 배치돼 있다. 이것은 오즈의 후기작 속에 반복적으로 나타나는 것이기도 하다. 오즈의 엄밀함 속에 깃든 이러한 리듬은, 그의 작품에 삶의 질서와 자연성을 부여하면서 영화를 살아 있는 것으로 세워 준다.

단순함의 복잡성

오즈의 후기 영화는 단순한 이야기 전개를 목표로 삼았다. 오즈는 점점 더 이야기가 의미가 없다고 여기기까지 했다. 이제 '중요한 것은 하나의 감정을 영화가 어떻게 전달할 것인가?' 하는 것이다. 하지만 인생은 이 감정을 전달하기에 너무 복잡하다. 「동경 이야기」에서 노인 슈키치는 사람들이 말할 때마다 웃음을 지으며 "그래."라고 대꾸한다. 아내의 장례식을 치른 후, 이웃집 여자가 말을 걸 때도 그의 주된 답변은 "그래."다. 때때로 이 말은 긍정이기도 하고 가끔은 부정적 뉘앙스를 지니며, 어쩌면 깊은 회한이고, 혹은 자신을 향한 다짐이 되기도 한다. 우리의 인생도 그러하다. 단순한 한마디 말 속에, 간단한 동작 속에 수많은 맥락들이 교차하면서, 우주를 향한 천만 가지의 갈림길을 뻗어 내지 않는가.

10강 서부극의 마지막 신화

서부극

Western

서부극의 특징은 크게 몇 가지로 요약된다. 첫째, 백인 문명과 그 반대인 '야만성'을 구분 짓는 경계선인 국경이 그 배경이다. 한쪽에는 법과 질서, 공동체, 안정된 사회의 가치가 있다. 다른 한쪽에는 무법적이고 야만적인 인디언이 있다. 통상적으로 이것은 인디언 구역과 백인 구역의 경계선 이야기가 되기도 하지만, 후기작에서는 동부와 서부를 가르는 것이 되기도 했다.

둘째, 서부극의 갈등은 국경 지대에서 백인의 문명과 법의 질서 밖에 존재하는 무법적인 행위가 자행되고, 문명과 야만 사이의 투쟁이 발생한다. 이러한 사건에는 법질서가 부여되기 전에 강제적인 폭력이 필요하다.

셋째, 서부극의 주인공인 영웅은 이러한 폭력의 과정 속에서 탄생하거나 질서 이전 단계까지 개입하는 역할을 맡는다.

대부분의 서부극은 정확한 역사적 배경이 없다 하더라도 대략 1865년에서 1890년의 이야기를 다루고 있다. 이러한 설정이 나온 가장 큰 이유는 1890년이 인디언의 조직적인 저항이 끝난 운디드니 전투가 있던 해였으며, 대략 이 시기를 백인과 인디언의 갈등이 역사적으로 끝난 해로 본다. (『나를 운디드니에 묻어주오』는 인디언의 역사를 다룬 고전으로 국내에도 소개되어 있다.)

스파게티 웨스턴

Spaghetti Western

1950년대에 할리우드는 130편의 서부극을 제작했다. 그러나 1960년대에 들어서는 스물여덟 편으로 줄어들었다. 하지만 할리우드 스타들(특히 클린트 이스트우드)은 로마로 이주하면서 스파게티 웨스턴을 만들어 냈다. 할리우드에서 경험을 쌓은 세르지오 레오네 감독과 함께 「황야의 무법자」를 비롯하여 1960년대 말까지 이탈리아에서 만들어진 서부극은 300편을 넘었다. 그중 20퍼센트 정도가 전 세계에 배급되었고, 우리에게 알려진 리스트도 여기에 속하는 것들이다.

세르지오 레오네, 「옛날 옛적 서부에서」(1968)

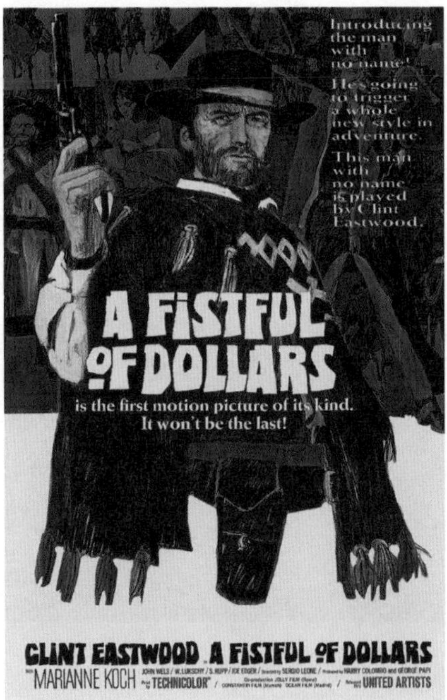

세르지오 레오네, 「황야의 무법자」(1964)

「석양의 건맨」, 「석양의 무법자」, 그리고 「옛날 옛적 서부에서(Once upon a Time in the West)」(1968)는 역으로 미국의 후기 서부영화에 지대한 영향을 끼쳤다.

스파게티 웨스턴은 할리우드의 백인 영웅 중심에 대해 냉소적인 태도를 취했다. 그리하여 영웅은 악당에 가까워지거나 악당과 별반 차이가 없는 경우가 많았다. 이탈리아 웨스턴이 그려 낸 서부의 공간에서는 누구나 생존을 위한 악인이 된다.

11강 구원에 이르는 기이한 길

손

「소매치기」는 손에서 시작해 손으로 끝나는 영화라고 해도 과언이 아니다. 여기서 중요한 것은 특정 인물의 손이 아닌 '어떤 손'이라는 사실에 있다. 그 손은 익명적이며 아무런 감정도 싣고 있지 않지만, 매우 섬세한 촉수를 지니고 우아하게 움직인다. 정교한 소매치기의 가장 기본적인 법칙은 마치 손으로 발레를 하듯, 타인의 은밀한 부위를 미끄러지듯 스쳐 지나가는 것이다. 브레송은 이 손들을 몸이나 얼굴과 분리된 독립적인 신체의 일부처럼, 그 자체로 완전한 존재처럼 클로즈업한다. 얼굴과 손의 움직임이 함께 포착된 숏은 거의 없다. 소매치기의 얼굴이 나오는 숏에서는 그의 현란한 손이 부재하고, 재빠른 손이 화면을 채울 때는 그의 얼굴이 사라진다. 더욱이 이 얼굴들은 대부분 별다른 표정의 흐트러짐 없이 지극히 고요하다. 얼굴과 손의 분열 혹은 손의 세속적인 움직임과 얼굴의 금욕적인 이미지의 공존, 그사이 어딘가에 브레송의 세계가 있고 구원의 가능성이 있다.

『죄와 벌』
Crime and Punishment

장 뤽 고다르는 "도스토예프스키가 러시아 소설이고 모차르트가 독일 음악이라면, 로베르 브레송은 프랑스 영화다."라고 말한 적이 있다. 그만큼 브레송의 영향력은 지대하다. 그런데 「소매치기」는 실제로 도스토예프스키의 『죄와 벌』로부터 모티프를 얻었다. 타락한 세상을 살아가는 데 범죄는 어쩔 수 없다며 스스로를 정당화하는 소매치기 청년의 모습은 『죄와 벌』의 대학생 라스콜리니코프와 흡사하다. 라스콜로니코프는 고리대금업자인 노파를 살해하고 돈을 빼앗았다.

한편으로는 어리석고, 의미 없고, 하찮고, 못됐고, 아무짝에도 쓸모없는, 아니 오히려 모든 사람에게 해만 끼치는 그런 병든 노파가 있어. 그 노파는 자기가 왜 사는지도 모르고, 또 그렇지 않아도 얼마 안 있으면 저절로 죽게 될 거야. (……) 다른 한편으로는, 도움을 받지 못하면 좌절하고 말 싱싱한 젊은이가 있단 말이야. 그런 젊은이는 도처에 있어! 그리고 수도원으로 가게 될 노파의 돈으로 이루어지고 고쳐질 수 있는 수백 수천 가지의 선한 사업과 계획들이 있단 말이야! 어쩌면 수백, 수천의 사람들이 올바른 길로 갈 수도 있고, 수십 가정들이 극빈과 분열, 파멸, 타락, 성병 치료원으로부터 구원을 받을 수도 있어. 이 모든 일들이 노파의 돈으로 이루어질 수 있단 말이야. 그래서 빼앗은 돈의 도움을 받아 훗날 전 인류와 공공의 사업을 위해 자신을 헌신하겠다는 결심을 가지고, 노파를 죽이고 돈을 빼앗는다면, 너는 어떻게 생각하니? 그 작은 범죄 하나가 수천 가지의 선한 일로 보상될 수는 없는 걸까?
—도스토예프스키, 『죄와 벌』에서

그러나 주인공 라스콜리니코프는 돈을 유효하게 쓰기는커녕 어딘가에 버리고 계속 양심의 가책만 받는다. 이와 마찬가지로 「소매치기」의 주인공은 어머니의 죽음 이후 2년 동안 여행하면서 인생을 탕진한다. 소냐라는 소설 속 캐릭터와 영화 속 잔 사이의 닮은 모습 또한 여러 차원으로 이야기될 수 있을 것이다.

감옥과 자유

수전 손택의 『해석에 반대한다』에 실린 '로베르 브레송 영화의 영적 스타일'에 주요한 문장들은 다음과 같다. 이 문장들은 브레송 영화의 핵심을 건드린다.

곧바로 감정을 불러일으키는 예술이 있는가 하면, 지적 이해라는 경로를 통해 감정에 호소하는 예술이 있다. 감정을 끌어들이거나 감정 이입을 야기하는 예술이 있는가 하면 초연하면서도 깊이 사색하도록 만드는 예술이 있다.
영화 분야에서 보자면, 이처럼 사색하게 만드는 양식의 대가는 로베르 브레송이다. 사색적인 예술은 관객에게 어떤 자제심을 유도하는 예술(손쉬운 만족을 뒤로 미루게 만드는 예술)이다. 자제심을 유도하는 수단으로라면 지루함도 무방하리라.
브레송은 자신이 만든 영화의 전형적인 특징인 거리두기를 전혀 다른 이유에서 시도했던 듯싶다. 등장인물을 철저히 이해해 그들과 하나가 된다는 것 자체가 주제넘은 일이라는 이유로 말이다. 이는 인간의 행위나 마음이라는 수수께끼를 모욕하는 일인 것이다.
브레송의 모든 영화에는 공통된 주제가 있다, 감금과 자유의 의미라는 주제가……. 이를 위해 종교적 사명과 범죄의 이미지가 함께 이용되며, 두 경우 모두 '감옥'으로 이어진다.
드라마의 속성이 갈등이라면 브레송이 들려주는 이야기의 진짜 드라마는 내면의 갈등, 자기와의 싸움이다. 그의 영화가 지닌 정적이고 형식적인 특성은 모두 이 목적을 위한 것이다. 브레송은 자기가 보여 주고 있는 것에 반박의 여지가 없음을 주장하고 있다. 우연히 일어나는 일은 아무것도 없다. 선택의 여지도, 환상도 없다. 세상은 우리가 아무리 기를 쓴대도 결코 움직이지 않는다. 없어서는 안 될 것이 아닌 모든 것, 일화나 장식에 지나지 않는 모든 것을 내버려야 한다.

수전 손택(1933-2004)

12강 내 안에 거주하는 괴물

아브젝시옹
abjection

「싸이코」에서 가장 중요한 표현 방식 중의 하나는 일상적 공간을 클로즈업한 것이 아닌가 싶다. 이 영화에서 가장 유명한 장면 중 하나는 욕실에서 일어나는 살인 장면이다. 이전의 대중 영화에서 화장실은 '금기'의 장소였다. 인간의 은밀함을 담고 있는 화장실을 보여 주는 것도 부족해 변기에서 물이 내려가는 모습까지 클로즈업한다는 것은, 「싸이코」 이전에는 없었던 묘사다. 마리온이 훔쳐 온 돈을 계산한 종이를 찢어 변기 물에 내리는 장면은 '배설'이라는 인간의 기묘한 쾌락 심리를 대변하는 것과 동시에 그녀의 무의식 저편에 있는 욕망을 훔쳐보는 것과 같은 느낌을 준다. 이 강렬함은 노먼 베이츠가 마리온을 훔쳐보는 것에 비할 바가 아니다.
화장실을 들여다볼 때의 혐오감을 줄리아 크리스테바가 『공포의 권력』에서 핵심적으로 사용한 개념을 빌려 '아브젝시옹(abjection)'이라고 할 수 있다. 이 말에는 폐기(廢棄), 혐오, 비천한 것, 방기(放棄), 폐물

등이 포함된다. 영어 사전에는 혐오스러운 것들로 흔히 규정된다. 화장실에 대한 혐오가 인간 욕망의 경계성을 드러내게 되는데, 히치콕은 그것을 살인과 이어가는 영화를 통해 초과된 욕망들을 구현한다. 그리고 그것은 후대에 의해 더욱 적극적으로 활용된다.

프랜시스 포드 코폴라는 「컨버세이션」의 한 장면에서 변기에서 핏물이 넘치는 장면을 만들어 냈다. 그것은 배설하는 변기가 아니라 구토하는 변기의 이미지다. 대니 보일 감독은 「트레인스포팅(Trainspotting)」(1996)의 초반 장면에서 이완 맥그리거가 연기하는 마약 중독자가 변기 속으로 아예 들어가는 상황을 연출한다. 그것은 변기 속 태아의 이미지인 동시에 변기에 관한 가장 강렬한 상상력 중 하나를 제공한다.

언캐니
uncanny

프로이트의 유명한 논문 「운하임리히(unheimlich)」를 영어로 번역한 말이다. 어근이 되는 heim이 바로 '집' 또는 '안락함', '편안함'이라는 뜻을 지닌다. 여기에 un이 붙게 되면 불편함, 불안함 등의 뜻이 된다. 그런데 프로이트는 unheimlich라는 단어에도 '집'이나 '편안함'의 뜻이 사전에 등재돼 있다고 지적한다. unheimlich는 친숙하면서도 어쩐지 낯설고 두려운 감정을 가리키는 것이다. 한밤중에 집에 홀로 편안하게 있는데 창밖을 보다가 갑작스럽게 무서운 감정이 드는 순간이 바로 unheimlich가 일어나는 때다.

「싸이코」의 베이츠 모텔이나 노먼의 집은 이러한 unheimlich가 발생하는 장소다. 종종 '낯선 두려움(uncanny)'이라는 용어로 설명하는 이 개념은 최근에는 독일어 대신 언캐니라는 말을 그대로 쓰고는 한다. 이 미묘한 말을 번역하기가 어렵기 때문이다. 언캐니한 상황은 히치콕 영화의 대부분에서 찾아볼 수 있다. 1974년 링컨센터 영화협회가 주최한 히치콕을 위한 파티에 건강 문제로 참석하지 못한 히치콕은 미리 준비한 답사 장면을 필름으로 보내왔다. "안녕하세요. 사람들은 물에 빠졌을 때 자신이 그동안 살아온 생애가 눈앞에서 번쩍거린다고 합니다. 나는 발을 적시지 않은 채 이와 비슷한 경험을 하게 되어 운이 좋다고 생각해요. 아시다시피 내가 잘 다뤘던 주제는 살인입니다. 그러나 내 영화에서 살인은 주로 집 안에서 이루어졌습니다. 간결하고도 가정적인 분위기를 자아내는 주방 식탁이나 목욕탕에서 말이죠. 무엇보다 나는 여러분들이 살인은 매혹적이고 즐길 만한 것이라고 생각하리라고 확신합니다. 희생자에게조차 그렇습니다."

히치콕이 살인이라는 말을 강조했지만 그의 무의식적인 핵심은 '가정적인 분위기'를 자아내는 공간에서 이루어졌다. 살해당하는 인물들은 모두 편안한 자기만의 공간에서, 지인들에 의해 능욕을 당했다. 히치콕 미학의 대변자였던 평론가 로빈 우드는 히치콕을 가리켜 현대의 셰익스피어라고 칭송했다. 하지만 히치콕 무대는 '로미오와 줄리엣'의 비극을 위한 무덤이 아니라 평온하고 안온한 저녁 식탁이다. 그 안온함 속에 담긴 언캐니한 순간이 히치콕의 영화를 현대적으로 만든다.

13강 하녀, 소외된 악마

미장센
mise en scène

프랑스어에서 유래한 용어로 '연출하다'라는 뜻이다. 프랑스어권 연극이나 영화에서는 연출자를 가리켜 '미장센'이라고 하기도 한다. 일반적으로 영화에서는 화면 안에서 시각적인 배치나 효과를 드러낼 때를 말한다. 「하녀」에서 계단, 거울을 활용한 장면이나 베란다 유리창을 통해 비치는 장면 등이 모두 영화적 미장센에 해당한다. 미장센이 도드라지는 영화들은 아무래도 몽타주 효과보다는 롱 테이크로 촬영되었거나 롱 숏을 활용하여 공간을 넓게 드러내는 경우가 많다. 「게임의 규칙」도 방이나 가옥의 미장센들이 잘 활용된 영화라고 할 수 있다.

오늘날에는 시각적인 장치나 효과를 넘어서서 소리의 의도적인 연출을 사운드 미장센이라고 설명하기도 하는 등 영화 전반에 걸친 연출 효과를 총칭하여 미장센이라고 표현하는 경우가 많다. 김기영의 「하녀」는 한국 영화 중에서 탁월하게 집 안 곳곳의 미장센이 두드러지는 영화다. 계단을 통해 펼쳐지는 계급간의 갈등, 피아노가 있는 이층 방의 풍경 등 공간의 변화가 많지 않은 영화임에도 캐릭터와 맞물려 정서와 주제를 전달한다.

멜로드라마

melodrama

사전적으로는 음악(melo)과 드라마(drama)가 결합된 이야기라는 뜻이다. 내용적으로는 연애 감정을 이야기의 축으로 다루고, 커플이 등장하는 장르를 뜻한다. 여기에서 파생된 '가족 멜로드라마'는 한 가족을 중심으로 그들 사이에서 벌어지는 사랑과 갈등, 그리고 시련과 비극이 포함된다. 유수한 감독들은 멜로드라마를 통해 자신의 색깔을 표현해 왔다.

통상적으로 멜로드라마의 결말은 해피엔드다. 「동경 이야기」는 관점에 따라 해피엔드가 아닐 수 있다. 이러한 것을 기존 장르의 관습에 대한 '저항'이라고 부르며, 관습의 재해석을 통해 영화의 역사는 풍성해졌다.

김기영의 「하녀」 역시 가족 멜로드라마의 관습을 따라간다. 그러나 이 영화는 한 가족이 시련을 겪으며 행복을 찾아가는 할리우드식 이야기가 아니라 파멸에 이르는 이야기다. 김기영 감독은 특유의 과잉(excess)을 사용하여 파멸 과정을 극단적으로 표현한다. 멜로드라마의 관습에 저항하는 방식으로 '과잉'이라는 용어는 자주 다루어진다. 「하녀」의 과잉은 살인이나 자살 등의 사건에서부터, 음악, 기괴한 사운드의 활용과 같은 요소, 대사와 언어 사용 등이 있다. 무엇보다 1층과 2층을 이어 가는 과잉된 미장센의 활용이 대표적이다.

관습의 저항을 통해 멜로드라마는 새로운 해석을 얻게 된다. 보수적인 기존 관습과 이데올로기에 충실한 멜로드라마의 틀을 깨면서, 작가들이 만들어 내는 멜로드라마는 당대의 현실과 사회적 인식을 첨예하게 드러낸다. '하녀'라는 존재는 중산층 가정을 파멸시키는 괴물이면서도, 당대의 변화상을 보여 주는 새로운 계급을 상징한다. 이를 통해 1960년대 서울에 거주하는 사람들의 욕망을 드러낸다.

브레히트적 영화와 거리 두기

distanciation

베르톨트 브레히트는 독일의 시인이자 극작가다. 브레히트의 '서사극'이라는 개념은 기존의 연극에 대한 통념을 뒤집어 놓았다. 브레히트는 서사성이라는 것을 통해 연극 내부의 상황에 관객이 빠져들지 않도록 감정이입을 중단시키고자 했다. 따라서 브레히트의 서사극은 감정이입시키는 것이 아니라 의식을 깨우는 연극을 말하며, 이러한 맥락에서 '비(非)아리스토텔레스' 연극 이론이라고도 한다. 이에 따라 두드러진 기법이 바로 낯설게 하기 혹은 소격 효과다. 그것은 극의 상황에 대한 몰입을 방해하고, 나아가 관객이 지금 보고 있는 것이 '연극'이라는 것을 환기하며, 이를 통해 관객이 연극에 비판 의식을 갖고 참여할 가능성을 만든다.

브레히트적 영화는 이를 영화에 도입하려는 일련의 움직임과 스타일을 말한다. 이를 위해 활용된 기법을 낯설게 하기나 소격 효과를 대신하여 '거리 두기'라는 표현을 쓴다.

영화의 거리 두기는 시각적인 스타일 측면에서 보면 빠른 편집과 점프 컷, 매치되지 않는 숏, 스크린 바깥에서 관객에게 이야기하는 등장인물들, 예기치 않은 자막의 삽입 등을 통해 구현된다. 「미치광이 피에로」에서 자동차를 타고 가던 남녀 주인공이 대화를 나누던 중 마리안이 페르디낭에게 누구에게 말을 하는 거냐고 질문하는 장면이 있다. 그때 페르디낭은 "관객에게."라고 대답한다. 그러자 마리안이 화면을 정면으로 바라보며 "그렇군."이라고 반응한다. 관객을 참여시켜 거리 두기의 효과를 만들어 내는 이 순간이 바로 고다르 식의 브레히트 효과가 이루어지는 때다.

영화의 거리 두기는 내러티브 측면에서 보면, 내러티브에 과도하게 의미를 부여하거나(과잉), 과소하게 부여함으로써 이루어진다. 이야기 전달을 위한 내러티브의 상식 수준을 넘어서거나 아예 비움으로써 관객이 '비판'적으로 영화에 접근하는 경로를 만들어 주는 것이다. 과도한 경우의 대표적인 인물로 고다르를 들 수 있다. 「하녀」를 만든 김기영의 영화도 거리 두기의 측면에서 보면 과도함을 무기로 삼는다. 과소의 사례는 상대적으로 드문데, 샹탈 애커만(1950-)과 같은 프랑스 감독을 꼽을 수 있다.
마지막으로 성격화의 측면에서 거리 두기가 이루어지기도 한다. 등장인물의 익명성과 평면성이 거리 두기의 좋은 예다. 이것은 브레송 감독이 즐겨 사용하는 것이다. 독특한 외모 또한 거리 두기를 발생시키며, 현대 영화감독들이 여전히 활용하는 방식이다.

점프 컷
jump cut

점프 컷은 두 개의 컷을 부드럽게 이어 붙이는(동일시 효과와 연속성(continuity)을 구현하는) 매치 컷(match cut)과 반대되는 개념으로 이해된다. 「미치광이 피에로」에 사용된 대표적인 점프 컷의 예는 마리안이 아파트를 떠나는 장면이다. 장면이 부드럽게 이어지는 것이 아니라 불연속적으로 연결되면서 두 개의 숏이 갑작스럽게 연결되는 것을 통해 시각적 충격과 함께 당혹감도 제공한다.
내러티브가 시간과 공간에 대한 별다른 설명 없이 전환되기 때문에 역설적이게도 관객은 비판적으로 이러한 장면을 바라보게 되며(그런 점에서 거리 두기 효과가 발휘되는 예가 된다.) 장면 혹은 영화 전체를 다시 생각해 보게 만든다. 점프 컷에는 다양한 사용 방식이 있다. 고다르의 영화에서 활용된 점프 컷은 시각적 충격 그 자체에 머물거나 재미를 추구하기보다는, 영화를 비판적으로 사유할 수 있는 가능성을 열어 놓고자 한다.

누벨바그
Nouvelle Vague

하나의 전설이 된 누벨바그는 영어로 풀이하면 '새로운 물결(New Wave)'이라는 뜻이다. 누벨바그 세대에 속한 감독 중 상당수는 프랑스 영화 잡지《카이에 뒤 시네마》에 글을 기고한 평론가 출신들이다. 프랑수아 트뤼포, 클로드 샤브롤, 장 뤽 고다르, 에릭 로메르, 자크 리베트 등이 대표적인 인물이다. 시간이 흐른 뒤 살펴본 누벨바그 감독들은 저마다의 접근 방식과 감수성을 갖고 있었다. 누벨바그라는 이름으로 1950년대 말과 1960년대 초반 새로운 감독을 대거 등장시키는 것을 가능케 만들었고, 그들은 스타 시스템을 거부하면서 자신들만의 배우와 스태프와 함께 영화 만들기의 즐거움을 누렸다. 누벨바그는 기존 관습에 대한 거부였다.
이들은 영화 현장에서 가벼운 장비를 활용했고, 현지 촬영과 야외 촬영을 선호했다. 그것은 제작비가 부족했기 때문이기도 하고, 또 영화를 즉흥적으로 대하는 접근 방식 때문이기도 했다. 영화 내용을 보면 인물은 저항적이거나 당돌하다. 「미치광이 피에로」의 인물들은 기성 사회에서 도저히 포용하기 힘든 캐릭터다. 형식적인 측면에서 보자면 점프 컷을 포함한 생략적 편집이 많다. 이렇게 누벨바그는 새로움이 되었다.

15강 카메라의 가능성 저편에

반문화와 쿨 브리타니아
counter culture & Cool Britannia

1960년대에 역동적이었던 런던을 부르는 말 중에는 '신 나는 런던(Swinging London)'이라는 말이 있다. 1960년대의 쟁점으로 떠오른 단어들은 자유 발언, 흑인 인권 운동, 반핵, 베트남전 반대 등이었고, 이러한 반역의 움직임은 곧바로 부르주아적인 라이프 스타일에 대한 전반적인 공격으로 확대되었다. 이들이 내건 대안은 섹스, 마약, 록에 기댄 쾌락적인 반문화 운동이었다.
급진적인 반문화주의자들은 주류 사회를 억압적인 것으로 인식하며, 이러한 경직된 사회에 대해 진정성이 부족하다고 믿는다. 주류 사회에 속한 사람들은 자신이 느끼는 바를 솔직하게 표현하지 못한다고 생각한다. 정치인들은 진실을 말하지 않고, 제조업자들은 잡동사니 폐물질을 가지고 플라스틱 물건이나 만들어 낸다. 반문화는 순수성과 진정성에 대한 생각을 그들이 타락한 가치로 간주하는 것과 대립시키려 했다. 이러한 면모들은 안토니오니의 「확대」의 기저에 흐르는 것이기도 하다.
반문화적인 특징을 오늘날 흡수한 단어는 1990년대에 등장한 '쿨(cool)'이다. 물론 1950년대 등장한 비트족에서부터 1990년대의 유럽과 미국의 젊은 세대의 문화를 전반적으로 아우르는 말이다 보니 복잡하고 미묘해졌다. 반문화가 기성 문화에 대한 저항에서 튀어나왔다면, 쿨은 '멋있다'라는 일상적인 뜻이 강조되며 반문화 자체를 하나의 상품으로 소비하는 지경에 이른다.

영화 「확대」의 무대가 되는 영국과 관련해서 쿨을 정치 문화적으로 사용한 1990년대의 용례는 '쿨 브리타니아'(멋진 영국)다. 이 말은 1997년에 집권한 토니 블레어가 "새로운 노동당, 새로운 영국"을 부르짖으면서 내걸었던 구호다. 토니 블레어는 18년간 정권을 잡았던 영국의 보수당을 무너뜨렸다. 블레어는 '쿨 브리타니아' 건설이라는 기치를 내걸면서 "아이디어와 감수성이 반짝이는 사회, 독창성과 개성이 어우러진 활기찬 사회, 그것을 원동력으로 경제가 발전하는 사회"를 만들겠다고 공약했다. 과거 다른 나라와 민족들에게 못된 짓은 아주 많이 했을망정, '영국' 하면 떠오르는 건 역시 '역사와 전통'이라는 이미지다. 그러나 그게 밥 먹여 주진 않는다. 오히려 무언가 '낡았다'라는 느낌을 주기에 족하다. 문화도 예외일 수는 없다. '셰익스피어'만 팔아선 장사가 안 된다. 자꾸 새로운 것이 나와야 한다. 그런 문제의식에서 나온 게 바로 '쿨 브리타니아'다. 《배너티 페어》 1997년 3월호는 '쿨 브리타니아' 특집을 게재하면서 표지에 "London Swings! Again!"이라는 제목을 달았다.

이러한 분위기는 1990년대 영국 영화와 문화 산업과 대중문화에 새로운 활력을 불어넣었다. '스파이스걸스'를 비롯하여 「브레스트 오프(Brassed off)」(1996), 「풀몬티(The Full Monty)」(1997), 「빌리 엘리어트(Billy Elliot)」(2000)가 이러한 붐 속에 등장했다는 것을 상기할 필요가 있다. 이들 영화는 보수당 시대인 대처리즘을 공격한다. 오늘날 쿨이라는 용어를 정의하는 것은 너무나 광범위하지만, 젊은 세대를 중심으로 변화를 요구할 때 '쿨한 감성'은 언제나 앞자리에 선다. 영화는 이러한 감성의 대변자를 자처하면서 시대와 함께 호흡해 왔다.

1960년대 스타일과 시간의 활용

1960년대는 예술 영화와 작가 영화라는 개념이 본격적으로 탄생했다. 이들은 기존의 내러티브 구조와 규칙을 바꾸거나 아예 무시해 버릴 수 있는 자유, 그리고 이야기를 산만하게 이끌어 가거나 아무 일도 벌어지지 않는 '죽은 시간(dead time)'을 표현할 자유를 지녔음을 강조했다. 철학자 질 들뢰즈는 영화에 관한 저서를 통해 이렇게 요약한다. 주로 고전적인 영화 시기를 다룬 『시네마1』의 부제는 '운동-이미지'이고, 1960년대 이후의 영화사를 본격적으로 다루기 시작한 『시네마2』의 부제는 '시간-이미지'다. 1960년대 영화들은 '시간-이미지'를 본격적으로 활용했다. (물론 그 이전에도 '시간-이미지'의 영화들은 얼마든지 존재했다.) '시간-이미지' 영화들은 종종 죽은 시간을 하나의 인물처럼 만들어 낸다. 소멸하거나 정지해 있는 시간들이 영화 전면에 등장하면서 영화는 흡사 그 시간들을 관찰하거나 탐구하는 태도로 펼쳐지기도 한다. 이에 대해서는 알랭 레네의 「지난해 마리앙바드에서(L'Année Derniere à Marienbad)」(1961)를 참조하는 것이 도움이 될 것이다.

「확대」의 공원 장면에서 펼쳐지는 바람 부는 나뭇가지의 모습은 통상적인 시간을 무화시켜 버린다. 그것은 일반적인 상업 영화에서 시간을 다루는 방식과는 완연하게 다른 작가 영화의 스타일이자 영화를 새롭게 욕망하는 예술적 모델이 되었다.

1960년대에 활약한 많은 예술 영화인들은 장르 영화의 구성 규칙을 무시하고 개방적인 내러티브, '죽은 시간'의 빈번한 사용, 소외된 영웅이나 반영웅을 즐

알랭 레네, 「지난해 마리앙바드에서」(1961)

겨 다뤘다. 하지만 저항하거나 일탈하는 정도의 차이는 감독들마다 크다. 감독들은 저마다의 이름으로 기성화된 관습을 타파하는 것을 공통의 목표로 삼았다. 현대 영화는 1960년대의 자양분을 밑거름 삼아 현재까지 명맥을 이어 가고 있다.

16강 좀비, 현대인의 초상

불균질성
incoherence

전통적인 예술은 경험에 질서를 부여하는 것을 추구하며, 이러한 과정을 통해 균질성(coherence)의 추구를 목표로 삼기 마련이다. 바로크 음악이나 고전주의 회화를 언급하지 않아도, 예술의 균형 감각을 향한 균질성의 추구는 예술의 오래된 이상이었다.

그러나 20세기에 들어서면서 지속적으로 텍스트를 파기하고 파편화하려는 경향이 생겼다. 물론 이러한 경향 또한 하나의 특징이 되어 모더니즘 예술이나 실험적인 것에 친숙한 이들에게는 꽤 균질한 듯 보이기도 한다. 원래 균질적인 작품과 불균질한 작품 사이의 경계가 뚜렷한 것은 아니고, 문화에 따라 균질성에 대한 판단이 달라지기도 한다.

영화에 있어서도 균질성의 경계는 모호하다. 하지만 1960년대에는 기존의 관습이나 의도에 저항하려는 움직임이 있었다. 할리우드에서조차 조화를 거부하는 경향이 생기기 시작했다. 작품의 특성상 이들 영화가 더 잘 만들어졌더라면 더 잘 이해되었을지는 몰라도, 영화에 대한 흥미는 오히려 반감되었을 것이다.

서로 다른 문화권에 속한 영화이기는 하지만 김기영의 「하녀」가 지닌 불균질성은 이 영화를 더욱 매력적으로 만들어 준다. 장 뤽 고다르의 「미치광이 피에로」가 지닌 장면의 연결과 삽입은 영화의 태도를 더욱더 정치적으로 만들어 준다. 어떤 예술 작품이든 어느 구석에선가 불균질적인 영역이나 층위를 본격적으로 드러내는 이유는 예술가의 의식 바깥에 있는 것들을 포함하려 하기 때문이다. 조화로운 이야기 자체에만 집중하는 것이 아니라 바깥에 넘치는 무의식으로 확장될 때 '불균질성'은 예술의 힘이 된다.

미국 영화의 불균질성은 크게 두 가지 변화로 인해 일어났다. 하나는 1950년대 텔레비전 보급과 함께 검열의 주축이 된 '헤이즈 코드' 제도가 사라지고, 스튜디오와 장르 체계가 붕괴되는 과정이 일어났다. 다른 하나는 베트남전쟁과 함께 워터게이트 사건이 이어졌으며, 흑인 인권 운동, 페미니즘, 동성애 해방 운동의 영향력이 커져 갔다.

다양한 흐름이 표출되던 1960년대 중반 이후 대중 영화는 이러한 흐름을 담으려 하면서 균질성을 유지하기보다는 불균질함을 자연스럽게 내세울 수 있었다. 미국의 평론가인 로빈 우드는 이 시기의 영화들을 집중적으로 다루면서 크게 두 가지 주장을 내세운다. 첫째, 이 영화들은 일반적인 수용 범위를 넘어서는 복잡한 경험을 제공하며, 그것이 상당한 즐거움과 그에 상응하는 혼란을 준다는 것. 둘째, 이 영화들의 불균질성이 해결될 수 있는 유일한 방법은 진보적 태도를 적용하는 것이라는 점. 즉 영화의 결론에 이르러 진보의 필요성을 강조하게 된다는 점이다.

이러한 관점에서 「살아 있는 시체들의 밤」을 새롭게 읽어 볼 수 있을 것이다. 첫째, 이 영화가 기존의 공포 영화의 관습이나 요소를 어떻게 바꿔 버렸는지에 대해, 그리고 모종삽으로 어머니를 살해하는 장면 등이 제시하는 복잡한 경험과 혼란에 대해 말해야 할 것이다. 둘째, 영화의 결말로 제시되는 흑인의 죽음과 백인 민병대원 사이의 대립을 통해 밤이 지나고 오는 새벽의 시간이 의미하는 역설을 생각해 볼 수 있을 것이다. 또한 좀비의 출현이 외부로부터 이입된 것이 아니라 가족 중 오빠나 딸이 변한 것이라는 끔찍한 내부성에 대해 통찰해 볼 수 있을 것이다.

스티븐 킹 가라사대……

조지 로메로 감독에게 자신의 원작을 영화로 옮기도록 허용한 바 있는 스티븐 킹은 『죽음의 무도』를 통해 자신이 평소 사랑하고 생각하는 공포의 요소를 다양하게 서술한다. 그중에는 「살아 있는 시체들의 밤」에 대한 의미 있는 해설도 상당 부분 들어 있다.

죽음과 부패라는 주제를 논의하기 위해, 불안감의 특성을 잘 표현한 영화 두어 편을 고찰해 보겠다. 가장 뛰어난 사례는 「살아 있는 시체들의 밤」이다. 여기서 죽음과 부패라는 최종 단계에 대한 우리의 공포는 관객들이 이 영화가 도저히 견딜 수 없는 영화라는 것을 깨닫게 한다. 이 영화는 다른 금기들 또한 깨고 있다. 한 장면에서 어린 소녀가 정원 모종삽으로 어머니를 죽인다. 그러고 나서 어머니를 먹기 시작한다. 이 정도면 금기를 깨뜨리는 것을 넘어 충격을 준 것이다. 영화의 제목에서 핵심 단어는 '살아 있는'이 아니라 '시체들'이다. (……) 만약 부지불식간에 부조리한 생각에 빠져드는 일만 없다면, 훌륭한 공포 영화 감독은 반드시 금기의 경계선이 어디에 있는지에 대한 명확한 감각을 지니고 있어야 하고, 그 금기 영역의 변방에 있는 지방이 어떤 모습일지 아는 본능적인 이해력을 지니고 있어야 한다. 「살아 있는 시체들의 밤」에서 조지 로메로 감독은 다수의 악기를 음악의 거장처럼 연주한다. 그 연주의 상당 부분은 이 영화의 생생한 폭력 장면을 통해 만들어졌다. 이 영화의 가장 무서운 장면은 거의 클라이맥스에 이르러서야 나타나는데, 그 장면에는 좀비가 된 여주인공의 오빠가 다시 등장한다. 여전히 운전 장갑을 낀 상태의 그는 굶주린 시체답게 무자비한 우악스러움으로 바바라를 움켜잡는다. 이 영화는 속편 「시체들의 새벽」만큼이나 폭력적이다. 그러나 그 폭력은 나름대로의 논리를 지니고 있고, 공포 장르에서의 논리는 도덕성을 시험하는 데 큰 효과가 있다고 생각한다.

17강 부르주아의 노골적인 매력

초현실주의에 관하여

초현실주의는 삶 속에서 스스로 자유롭게 벗어날 수 없는 도덕 체계가 존재한다는 것을 일깨워 주었다. 인간이 자유롭지 못하다는 사실을 처음으로 깨닫게 해 준 것이다. 난 인간의 절대적인 자유를 믿었지만, 연마되어야 할 질서가 존재한다는 것을 초현실주의 안에서 발견했다. 이것은 내 인생에서 놀라우면서도 시적으로 한 걸음 나아갈 수 있는 계기가 되었을 뿐만 아니라 훌륭한 교훈이 되었다.

—루이스 부뉴엘

초현실주의는 부르주아지의 불평 같은 것이다. 초현실주의의 신봉자들이 초현실주의를 보편적인 것으로 여겼다는 것 자체도 초현실주의가 전형적으로 부르주아적이라는 사실을 보여 주는 징후일 뿐이다. 초현실주의는 정치학이 되기를 갈망하는 미학으로서, 스스로 패배자가 되는 쪽을 선택했을 뿐만 아니라 사람들의 인정을 못 받는 비공식적 현실 속에서 살아가기를 선택했다. 그렇지만 초현실주의라는 미학이 부추겼던 온갖 추문은 부르주아사회의 질서가 은폐해 왔던 상투적인 수수께끼, 즉 성과 빈곤에 불과했음이 곧 밝혀진다.

—수전 손택, 「우울한 오브제」,
『사진에 관하여』에서

초현실주의는 유머의 힘으로 태어났고 해방시키는 힘으로서 유머에 근거하고 있다. 현재 사회에서 시적인 전복을 위한 최후의 요소로서 유머는 초현실주의의 일부를 이룬다. (……) 유머는 전율적이고 잔인하고 해방적이다. 웃음을 통해 전복적이고 불쾌한 감정을 만들기 위한 하나의 도피다. 감상적인 것은 유머의 정반대다. 감상적인 것은 순응적이고 사람들의 감정적 습관에 맞춰 주는 것이다.

—루이스 부뉴엘, 오거스틴 산체스 비달,
『루이스 부뉴엘』에서

에로스와 타나토스

인간의 에로티즘은 내적 삶을 문제 삼는 인간의 의식 내면에 존재하는 것으로 단순한 생식의 기능을 넘어선다. 여기서 내적 삶은 죽음에 대한 인식이다. 원숭이도 때때로 감각적 관능이 극도로 고조될 때가 있지만, 에로티즘을 알지는 못한다. 왜냐하면 원숭이는 죽음이 무엇인지를 모르기 때문이다. 반대로 우리가 폭력적이면서 필사적인 차원의 에로티즘을 인식하는 것은 우리가 인간이고, 또한 죽음이라는 어두운 미래를 보며 살아가고 있기 때문이다.

—올리비에 가잘레, 『철학적으로 널 사랑해』에서

프로이트는 유명한 후기 저작인 『쾌락원칙을 넘어서』에서 에로스와 타나토스를 정리했다. 프로이트가 생각한 인간의 쾌락원칙은 단순하다. 인간은 언제나 '쾌'를 구하고 '불쾌'를 피하려 한다는 것이다. 그런데 이상하게도 고통의 자리로 가려는 경향이 발견된다. 힘든 산을 반복적으로 오르거나 마라톤 완주를 하고 나서도 또다시 도전하는 식으로 말이다.

프로이트는 이러한 밑바탕에는 죽음을 향한 동경이 있다고 생각했다. 육체적 고통이나 정신적 압박을 선호하는 것은 아니지만, 껍질과도 같은 고통의 경험 아래 있는 '고요한 죽음'의 상태를 향한 충동이 있다. 인간은 죽음의 충동인 '타나토스'를 만족시키기 위해 자극을 더욱더 비자극적인 것으로 반복해서 바꾸려 한다. 그래서 매번 마라톤에 또다시 나설 수 있는 것이다.

에로스(사랑)는 이러한 맥락에서 이해할 수 있다. "우리가 얻을 수 있는 가장 큰 즐거움인 성행위가 고도로 강화된 흥분의 순간적 소멸과 연관되어 있다는 것을 우리 모두는 경험한 바 있다." 사랑의 행위는 죽음을 향한 충동과 떼어서는 생각할 수 없다. 사랑이나 욕망의 충동 배후에는 늘 모든 긴장과 집중된 에너지의 소멸을 갈망하는 죽음에의 충동이 흡사 '사랑을 작동시키는 모터'처럼 자리 잡고 있다. 부뉴엘의 「부르주아의 은밀한 매력」은 이를 잘 표현해 낸다. 주인공들은 매번 만찬이나 식사를 하려고 하지만 그때마다 방해물이 등장했다. 이 방해물은 모두 죽음과 관련되어 있다. 레스토랑 사장의 죽음, 카페에서 장교가 의붓아버지를 죽였다는 고백, 사병이 죽은 어머니를 비롯한 죽은 자들을 만났다는 꿈의 내용 등 죽음의 사연을 통해 그들의 식사(욕망)는 지연되고, 식욕(혹은 성욕)은 더욱 왕성해진다.

어쩌면, 에로스는 죽음을 망각하기 위해 인간이 몸부림치는 것인지도 모른다.

18강 우리 곁의 파시즘

뉴저먼 시네마

New German Cinema

2차 세계대전에서 패배한 후 이어진 동서의 분단과 함께 독일 영화는 초토화되었다. 서독의 경우는 1970년대 초까지 '독일 영화'라고 부를 만한 현상은(포르노, 할리우드 아류의 싸구려 오락물, 소수의 전위영화를 제외하고는) 거의 존재하지 않았다. 유럽 영화의 변두리 취급을 받던 서독 영화는 1970년대 초를 전후하여 갑자기 쏟아져 나오기 시작한다. 여기에는 '문화적 자존심' 회복을 위한 서독 정부의 투자와 의식 있는 영화인들의 끊임없는 집단적 노력이라는 배경이 있었다. 한 무리의 감독들이 1960년대 말에서 1980년대 초까지 만들어 낸 영화들을 영어권의 평론가들은 보통 '새로운 독일 영화'라고 부른다. 이들은 전쟁 세대와 결별을 선언하면서 새로운 세대의 감성과 미국 문화를 자유의 상징으로 받아들였다.

"아버지 세대의 영화는 죽었다."라고 언급된 1962년의 오버하우젠 선언문은 뉴저먼 시네마의 시작으로 불린다. 이때부터 1979년 함부르크 공표까지 독일 영화는 젊은 감독들을 중심으로 이전과는 다른 영화들이 대거 등장했다. 1960년대 프랑스의 누벨바그와는 달리 이들은 처음부터 개인적인 친분이나 함께 활동을 해본 경험을 지니지 않았다. 거의 우연이라 할 만큼 비슷한 시기에 데뷔하여 자신들의 세계를 구축해 갔다. 분명한 것은 이들이 독일 사회에서의 자신들의 영화 작업이 지닌 의미에 대하여 비슷한 의견을 품고 있었다는 점이다.

상당수의 뉴저먼 시네마 감독들은 미국 문화에 대한 동경을 드러내기도 했다. 빔 벤더스는 할리우드에서 영화를 찍을 정도였고, 파스빈더는 더글러스 서크 감독과 같은 할리우드 멜로드라마에 대한 존경심을 표했다.

브레히트적 영화

브레히트가 자신의 연극인 서사극에 적용했던 낯설게 하기 혹은 소격효과를 영화에 적용시킨 방식들을 일컬어 브레히트적 영화라고 부를 수가 있다. 브레히트의 낯설게 하기의 첫 번째 목표는 관객들로 하여금 비평가의 자리에 위치하도록 만드는 것이다. 고전 연극처럼 극에 빨려 들어가는 것이 아니라 거리를 두고 연극을 관람하면서 일종의 논평자가 될 수 있는 위치를 부여한다. 이것이 낯설게 하기의 효과이고, 거리두기의 방식이다. 영화에서도 마찬가지로 영화에 몰입하게 하기보다는 거리를 두고 영화가 보여 주는 현실을 비판적으로 바라볼 수 있는 기법들을 만들어 내기 시작했다.

장 뤽 고다르의 영화에 등장하는 다양한 낯설게 하기 기법들(주인공이 차를 타고 가다 관객을 향해 말을 한다.)이나 파스빈더의 「불안은 영혼을 잠식한다」에 등장하는 주인공들을 싸늘하게 바라보는 주변 인물들의 시선을 롱 테이크로 보여 주는 장면들은 영화로부터 빠져나와 영화가 상영되고 속해 있는 현실을 생각해 보게 만든다.

브레히트적 낯설게 하기는 이러한 스타일의 활용을 통해 관객들로 하여금 스크린 위에 펼쳐진 것이 아니라 '영화'라는 매체의 특성을 이해하기를 원했다. 낯설게 하기 혹은 거리 두기의 두 번째 특징은 예술의 매체적 속성을 이해하기를 권유한다. 영화가 쓰는 과장이나 과잉들은 그 자체로 현실이 아니라 관객들로 하여금 현실을 비판적으로 바라보도록 만들어 주는 도구의 역할을 자임하게 된다.

베르톨트 브레히트(1898-1956)

브레히트적 영화는 반드시 1960년대와 1970년대의 유럽 감독에 의해서만 존재하는 것은 아니다. 일찌감치 예이젠시테인의 '몽타주 영화들'도 영화적 거리두기와 충격 효과를 통한 낯설게 하기를 구성하였다고 볼 수 있으며, 오늘날 다르덴 형제의 인물을 따라가며 현실을 보여 주는 스타일 역시 일종의 거리두기를 구현한 사례로 꼽을 수가 있다. 이들 영화는 대부분 현실을 환기하고, 관객들이 비판적으로 현실에 참여할 것을 요청한다. 지적 충격과 함께 성찰적 영화 보기를 권유하는 영화의 중요한 전통이다.

「천국이 허락한 모든 것」
All That Heaven Allows

「불안은 영혼을 잠식한다」는 1955년에 더글러스 서크 감독이 만든 할리우드의 대표적 멜로드라마 「천국이 허락한 모든 것」을 리메이크한 작품이다. 영화사에서 리메이크를 하는 경우는 흔한 편이다. 마치 한 곡의 노래를 각 시대마다 가수들이 다시 녹음하는 것처럼, 영화의 리메이크는 고전들을 시대에 맞게 각색하여 새로운 해석을 내놓게 된다. 대작 영화들 가운데서도 「혹성탈출」의 경우처럼 새로운 특수효과를 첨가하여 제작하는 경우도 많고, 새로운 감독에 의해 재해석되는 경우도 있다. 알프레드 히치콕의 「싸이코」 역시 거스 반 산트에 의해 리메이크된 바 있는데, 이 경우는 새로운 해석이 가해지기보다는 거의 동일한 숏으로 구성된 탓에 커다란 비판을 받기도 했다.

「천국이 허락한 모든 것」은 오래전 국내에 "순정이 맺은 사랑"이라는 제목으로 소개된 적도 있는데, 기본적인 줄거리는 다음과 같다. 과부인 캐리 스코트는 정원사인 론 커비와 사랑에 빠진다. 그러나 1950년대 미국의 소도시에서는 이렇게 계급 차가 큰 인물들의 러브스토리는 비판의 대상이었다. 아이들이 론을 새 아버지로 받아들여 같은 집에 살 수는 없다고 하자, 캐리는 론을 포기하기에 이른다. 그러나 두 사람은 서로 어긋나 버리기는 했지만 서로의 마음을 간직한 채 재회의 순간을 기다린다. 캐리는 론이 자신을 기다리고 있음을 깨닫고, 론은 자신을 찾아온 캐리의 차를 보고 반가운 마음에 달려오다가 비탈길에서 떨어지는 사고를 당한다. 다행히 병원에서 론의 의식이 돌아오게 되고, 두 사람은 함께하기로 약속을 한다. 파스빈더는 이 영화의 설정이나 분위기를 고스란히 가져왔다. 다만 더 냉혹하게 1960년대 말 독일 사회의 냉랭한 톤을 롱 테이크의 화면 속에 담아낸다. 답답하게 보이는 화면 구도의 장면들도 눈여겨 봐야 할 스타일이다. 「천국이 허락한 모든 것」은 마지막 장면에서 론이 깨어나지만, 「불안은 영혼을 잠식한다」의 알리는 깨어나지 않았다. 그 미묘한 차이가 현실을 어떻게 반영할 것인가의 밀도를 드러낸다. 이처럼 리메이크는 감독에 따라 오리지널 작품을 전혀 다른 차원으로까지 끌고 갈 수가 있다. 그것은 영화의 또 다른 흥미를 제공한다.

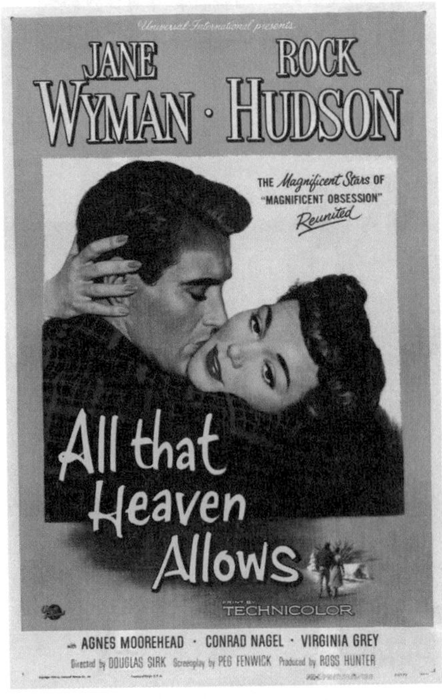

더글러스 서크, 「천국이 허락한 모든 것」

인용된 것들

「애니 홀」에는 인용이나 자료가 삽입된 장면들이 꽤 많은 편이다. 그런 점에서 이 영화는 고다르의 콜라주 기법을 연상시키기도 한다. 동시대 뉴욕의 문화를 끌어안는 이 전략은 애니메이션을 비롯한 다양한 화면 분할과 음성 분할을 통해 한 인물의 복잡한 내면을 관객에게 전달한다.

(1) 마셜 맥루언

극장에서 논쟁을 벌이다가 마셜 맥루언을 직접 불러오는 장면은 독특한 '낯설게 하기'와 '소격효과'를 만들어 낸다. 이른바 우디 앨런식의 브레히트 기법을 쓴 셈이다. 한 가지 재미있는 사실은 앨런은 원래 이탈리아의 거장 감독 페데리코 펠리니를 이 장면에 캐스팅하려고 했다.

마셜 맥루언은 캐나다의 미디어 이론가이다. 그의 주저인 『미디어의 이해』는 예언적 성격을 지니고 있다. 예를 들어 "책이 활판 인쇄술 이전으로 돌아가 제작자가 소비자를 겸한 시대로 복귀할 것이며, 일정한 주제에 따라 순서에 맞게 구성되는 선형적인 책은 차츰 사라질 것"이라는 예언은 개인 주문 제작 형태의 책과 하이퍼텍스트라는 현실로 등장하였다. 또한 '공간 소멸'과 '지구촌'에 대한 예언은 인터넷을 통해 구현되고 있다. 『미디어의 이해』가 출간된 이후 1965년 가을 《뉴욕 헤럴드 트리뷴》은 마셜 맥루언을 "뉴턴, 다윈, 프로이트, 아인슈타인과 파블로프 이후 가장 중요한 사상가"로 지목하기도 하였다.

1부 2장인 '뜨거운 미디어와 차가운 미디어'의 구별은 유명하다. 뜨거운 미디어(Hot media)는 정보의 전달량 풍부, 수용자의 낮은 참여 요구, 라디오, 영화, 서적, 사진, 신문, 잡지로 볼 수 있으며, 차가운 미디어(cool media)는 정보의 전달량 부족, 수용자의 높은 참여 요구, 전화, TV, 만화를 예로 든다.

(2) 잉마르 베리만

애니와 영화를 보러 갔을 때 극장 앞에는 「고독한 여심」의 포스터가 걸려 있다. 영화가 시작되었다는 것을 알고 앨비는 다른 극장으로 향한다. 그들은 나치 시대를 다룬 다큐멘터리를 본다. 「고독한 여심」은 스웨덴의 거장 잉마르 베리만의 작품이다. 앨런은 베리만의 열광적인 관객이었으며, 베리만의 촬영감독으로 유명한 스벤 닉비스트를 데려와 자신의 작품을 만들기도 했다. 여의사가 주인공인 「고독한 여심」은 일종의 치유를 다루는 영화로, 자신의 어두운 과거와의 대면을 통해 여의사가 성장하는 과정을 그려 내고 있다. 「애니 홀」은 「고독한 여심」의 남자 버전이자 코미디의 형식을 빌어 과거와 대면하는 영화로 만들어졌다.

(3) 뉴욕과 로스앤젤레스

「애니 홀」에서는 두 도시가 대비적으로 등장한다. 도시를 묘사하는 방식은 우디 앨런의 생각과 그의 라이프스타일을 들여다볼 수 있게 해 준다.

사람들은 내가 그곳(로스앤젤레스)을 싫어한다고 생각하지만 반드시 그런 것은 아니에요. 그곳에는 내 친구들이 많이 살고 있습니다. 난 단지 그런 빛이 싫을 뿐입니다. 햇빛을 좋아하지 않아서요. 그리고 모든 게 넓게 퍼져 있어서 어디를 가더라도 차가 있어야 하는 게 싫습니다. 어떤 코스모폴리탄적인 느낌 혹은 특성이 없습니다. 런던이나 파리, 스톡홀름, 코펜하겐 혹은 뉴욕 같은, 그리고 내가 익숙한 그런 특성이 없습니다. 그곳은 도시 근교 변두리 같은 느낌이 강하지요. 그래서 난 그곳이 편안하지 않습니다. 나는 집에서 걸어 나오면 도시 전체가 내 주변에 있고 걸어 다닐 수 있는 보도가 있고 가게들과 갈 만한 장소들이 있는 곳이 좋습니다. 일단 뉴욕이나 파리 등의 대도시들에 익숙해 있다면 로스앤젤레스 같은 도시에는 적응하기가 매우 힘듭니다.

영화 속에서 애니를 캐스팅하려는 로스앤젤레스 남자가 뉴욕의 특징으로 영화를 보기 위해 줄을 서서 기다린다는 장면을 생각해 보라. 대도시의 모습이 모두 같은 것은 아니다. 줄을 서서 기다림은 뉴욕의 풍경이다. 「애니 홀」은 「맨해튼」과 더불어 우디 앨런이 뉴욕 사람들과 길을 얼마나 사랑하는가를 선명하게 보여 주는 작품이다.

우디 앨런, 「맨해튼」(1979)

20강 영상의 시학

제목에 대하여

향수란 과거라는 시간에 대한 그리움과는 다르다. 향수란 헛되이 흘러가 버린 시간의 공간에 대한 그리움이다.
—안드레이 타르코프스키

영화를 이해하는 데 있어 향수에 대한 타르코프스키의 말보다 더 정확한 표현은 없을 것 같다. 향수는 단순한 과거에 대한 그리움이 아니다. 과거의 경험이 형성해 놓은 것에 대한 그리움이며, 그것이 헛되이 지나가버렸다는 것에 대한 아쉬움이다. 영화의 제목인 '향수'를 가리키는 일반적인 표기는 Nostalgia이지만 이 영화의 제목은 Nostalghia이다. h는 이 말을 이 글자의 추가를 통해 러시아 발음처럼 들리게 한다. 영화 속에는 러시아어와 이탈리어가 공통으로 등장한다. 통역사인 유제니아는 차를 타고 도착하여 고르차코프에게 러시아어로 말한다. 이내 고르차코프는 이탈리아어로 말하라고 한다. '아르제니 타르코프스키'의 시를 논하면서 번역의 불가능성을 이야기하는 대목도 있다. 인간의 향수를 다루는 「노스탤지아」는 과거의 경험이나 예술의 정신이란 단순히 번역될 수 없는 것임을 강조한다. 고르차코프의 말을 빌리자면, 번역은 경계가 허물어질 때, 국경이 사라질 때 가능할 수 있다.

어머니(여성)에 대하여

1979년 10월 5일에 쓴 타르코프스키의 일기 전문은 다음과 같다.

> 오늘 오후 1시쯤 어머니가 돌아가셨다. 어머니가 돌아가시기 전 두 달 동안 이탈리아에 다녀왔다. 이 두 달간의 일기는 이탈리아 여행 일기에 적었다. 「노스탤지아」에 관해서도 이탈리아 일기에 적었다. 어머니가 오늘 돌아가셨다.
>
> 어머니는 매우 고통스러워하셨다. 돌아가시기 이틀 전에는, 나의 바람이었지만 극심한 통증은 없으셨다. 어머니는 가셨다. 삶에 대해서도 잘 모르는 우리들이 죽음에 대해서 무엇을 안단 말인가? 그리고 우리가 안다고 하더라도 인간은 다시 잊으려고 노력하지 않는가? 하느님, 어머니의 영혼에 평화를 주시옵소서!

「노스탤지아」에서 마지막 자막을 통해 어머니를 추모하는 것은 이 때문이다. 이 영화의 향수는 '어머니'에 대한 향수이자 '여성'들을 향한 향수가 되기도 한다. 이 작품은 어머니에게 바친 영화다.

물, 물소리, 물의 이미지

타르코프스키는 많은 영화를 통해 물의 다양한 측면을 활용했다. 「노스탤지아」에서 비가 오는 장면은 꼭 자연적으로 보이지 않는다. 물이 흐르는 소리는 주인공을 고향으로 이끌고, 침수된 교회를 거닐며 주인공은 술병을 기울이며 시집을 태워버리며, 바닥을 드러낸 온천을 횡단하여 촛불을 옮긴다. 물과 관련된 이미지가 등장할 때 타르코프스키의 영화에 귀를 기울여 보면, 그것은 작가가 힘주어 표현하는 순간들이자 우리의 마음을 흐르는 개울을 찾는 것처럼 여겨진다. 내리는 비는 영화의 마지막 장면에서 눈송이로 변하여 화면을 채운다.

21강 희망을 찾아가는 순수

지그재그 3부작 혹은 코케 3부작의 연대기

이 영화는 지역과 이미지에 따라 '이란 북부 3부작', '코케 3부작', '지그재그 3부작' 등 여러 방식으로 부를 수 있다. 내용적인 측면에서 이들 작품은 '곤경'을 다루는 영화다.

(1) 「내 친구의 집은 어디인가?」(1987) —3부작의 시작

아마드의 목적을 방해하는 우연한 일들(주로 어른들의 편견과 불친절에서 비롯된 곤경들)과 목적을 교란시키는 단서들(친구집은 파란 대문이라는 정보, 빨랫줄에 널린 바지, 친구의 아버지로 오인되는 나귀 탄 남자)이 공책을 돌려줘야 하는 아마드의 애를 태우지만 아이다운 태도를 하나하나 드러내 준다. 날은 어두워져 가고 여러 장애가 길을 방해한다. 느리게 걷고 가장 말을 많이 하는 나무 문을 만드는 할아버지는 가장 큰 복병이다. 할아버지의 걸음에 보조를 맞추느라 아마드는 더욱 전전긍긍한다.

이날 아마드의 노력은 헛수고로 끝났다. 그러나 집으로 돌아온 아마드는 폭풍우가 치는 밤 잠들지 않는다. 네마자데를 대신하여 숙제를 하는 것이다. 다음 날 아마드는 지각을 한다. 아마 늦잠을 잤을 것이다. 그는 네마자데에게 공책을 건넨다. 아마드가 수줍어하는 그 장면은 감동을 준다. 많은 이란 사람들은 이 작품을 TV에서 보고는 영화가 아니라 현실인 줄 알았다고 한다. 마치 현실처럼 보이는 허구, 그것이 바로 키아로스타미의 영화적 출발점이다.

(2)「그리고 삶은 계속된다」(1992)
— 현실과 영화의 공존 가능성

「그리고 삶은 계속된다」는 현실 자체에서 출발한다. 출발점은 1990년 이란 북부를 강타했던 대지진(코케와 포시테가 포함된)이다. 「내 친구의 집은 어디인가?」를 찍었던 영화 속의 감독은 어린 아들을 동반하고 코케로 향한다. 목적은 두 소년 아마드와 네마자데의 생사를 확인하는 것이다. 그런데 주인공의 자동차는 정체와 지체를 반복하고 우회로로 들어서면서 길을 잃는다.

이 모든 것은 현실의 기록일까? 그렇지 않다. 차창 밖으로 보이는 이란의 현실 풍경(폐허가 된 참사의 현장, 피난민들의 고통과 슬픔)은 리얼하지만, 그 또한 재구성된 가짜 다큐멘터리적 요소들이다. 이때부터 키아로스타미는 자신의 이전 영화를 밑천 삼아 허구와 현실의 경계를 자유롭게 넘나든다. 허구에서 현실로, 현실에서 허구로 들어가고 나오는 구조의 독특함은 키아로스타미 영화의 중요한 핵심이 된다. 가장 흥미로운 장면은 「내 친구의 집은 어디인가?」에서 선생님 역할을 했던 배우를 만나는 장면이다. 아이를 찾으려고 했지만 영화 속 감독은 선생님으로 만족해야 했다.

(3)「올리브나무 사이로」(1994)
— 영화와 현실의 일치

「올리브나무 사이로」는 이야기는 갈수록 단순해지지만 구조는 복잡해지는 형식을 보여 준다. 노총각 후세인은 연기자가 되는데 그의 아내 역을 맡은 테헤레는 감독의 전작 「그리고 삶은 계속된다」에서 그가 오랫동안 짝사랑하던 이웃 여자다. 「올리브나무 사이로」는 이 두 사람의 이야기를 영화로 만드는 과정을 담았다. 후세인의 경험담이 영화가 되는 과정은 경이롭게까지 느껴진다.

「올리브나무 사이로」는 후세인의 이야기를 찍으면서 두 가지 차원의 물음을 제기한다. 하나는 영화 속 감독인 케사바르즈가 영화를 완성할 수 있을 것인지, 다른 하나는 후세인이 상대역이자 짝사랑하는 테헤레의 마음을 얻을 수 있을까 하는 것이다. 이 과정에

압바스 키아로스타미, 「올리브나무 사이로」(1994)

서 「내 친구의 집은 어디인가?」의 아이들이 훌쩍 자라 등장하는 모습을 보게 된다. 이미 아이의 시절을 지난 모습은 세월의 변화를 고스란히 보여 준다. 그런데 흥미로운 것이 있다. 네마자데라고 불리는 아이의 이름이 '아마드'였다. 이것이 사실인지 허구인지 알 수 없는 일이다. 키아로스타미는 허구와 현실의 경계를 이러한 장면을 통해 뒤섞어 놓으면서, 마지막에서 후세인의 짝사랑이 끝내 통하는 장면을 보여 준다. 이제 그것이 현실이든 허구이든 상관없다. 마음을 움직이고 건드린다면, 현실과 허구의 구별은 중요하지 않은 것이다. 진심이 통하는 것이 진짜 영화다.

영감을 준 시

"친구의 집은 어디인가?"
말 탄 자의 목소리가 새벽에 울려 퍼진다.
순간 하늘이 멈춰 서고
사막의 어둠을 향해 행인은 손을 내민다.
빛나는 종려나무 가지를 입술 안에 머금고,
은백양나무를 가리키며 말한다.

이 나무로부터 그리 멀지 않은 곳에
숲이 우거진 오솔길이 있지.
신의 환영보다 더욱 푸른 곳,
그곳의 사랑은 진실의 깃털만큼이나 푸르다.
너는 이 작은 길의 깊숙한 곳까지 가 보렴.
길의 저편에서 청춘이 시작되리니,
그러면 너는 고독의 향기를 향해 몸을 돌리겠지.
향기를 향해 두 걸음을 옮기고 멈춰 설지도 몰라.
네가 선 곳은 그 땅의 신화가 용솟음치는 샘, 그 언저리.
그곳에서 너는 투명한 공포에 떨게 되겠지
이 신성한 공간에서 친한 벗과 너울대며
너는 듣게 되리라, 무언가 희미한 소리를
너는 보게 되리라, 흐드러지게 늘어진 소나무 위에 앉아
빛의 보금자리에 사는 아이들의 넋을 빼앗으려 하는
한 아이를.
그리고 너는 아이에게 묻겠지
"친구의 집은 어디인가?"

—소흐랍 세페리, 「친구가 머무는 곳」에서

소흐랍 세페리는 이란의 시인이다. 이란 영화의 뉴웨이브 시기에 이란의 뛰어난 시인들은 지대한 영향을 끼쳤다.

감독과의 인터뷰

(1) 현실과 허구를 교묘히 뒤섞는 방식에 대해

"분장도, 배우도, 특수 효과도 없다. 그래서 늘 다큐멘터리 방식을 염두해 둔다. 「내 친구의 집은 어디인가?」가 이란 TV에 첫 방영된 후 출국을 위해 공항에 간 일이 있다. 나를 알아본 공항 직원이 옆 사람에게 나를 「내 친구의 집은 어디인가?」의 감독이라고 귀띔해 주었다. 그때 옆 사람이 그 영화에 감독이 있었냐고 반문했다. 나는 그 말을 최고의 찬사로 받아들였다. 좋은 영화는 감독도, 촬영도, 음악도 영화 속에서 드러나지 않는다."

(2) 배우는 어떻게 고르는가?

"단편 「빵과 삶」에 일곱 살배기 아이가 나온다. 전문 배우를 찾을 수 없었고 나 역시 전문 감독이 아니었다. 그렇게 시작됐다. 머릿속에서 그렸던 가장 유사한 이미지의 인물을 찾았다. 「체리 향기」의 배우 역시 길거리에서 찾았다. 그를 쫓아가 제안을 했다. 그런데 영화를 찍겠다고 응낙하면서도 얼굴 표정은 기쁜 것이 아니었다. 그래서 이 사람이야말로 「체리 향기」의 주인공으로 가장 적합하다고 생각했다. 이 작품에서 감정은 배우 스스로가 표현한 것이다. 아마추어 배우들은 말을 듣지 않는다. 가령 「체리 향기」에 등장하는 할아버지는 두 번째 대사에 이의를 제기했고, 결국 그가 하자는 대로 촬영했다. 그들의 눈을 통해 많은 것을 배운다. 아마추어 배우와 찍을 때 주의할 것은, 자신감을 유지해 주는 일이다."

(3) 당신 영화에서 나타나는 길은 왜 구불구불한가?

"길은 주인공의 환경과 관계 있다. 「내 친구의 집은 어디인가」에서는 소년의 안타까운 심정을, 「체리 향기」에서는 자살을 시도하는 사내의 심리를 드러내고자 했다. 아마 이란에서 영화를 찍는 한 길은 계속될 것이다."

22강 중국의 붉은 미학

중국 5세대 감독

장이머우는 천카이거 감독과 함께 중국의 5세대 감독이라고 불리었다. 중국 영화의 5세대 감독들은 1980년대 중반 이후에 등장했으며, 비슷한 성장 과정을 거친 세대였고, 영화 속에서 '문화혁명'(1966)을 자주 다룬다는 공통점이 있다. 이들은 같은 북경전영학원 출신으로, 중국 영화 안에 실험적인 내용과 과감한 표현을 도입함으로써 1980년대 후반 세계 영화사의 흐름을 주도했다.

이들의 영화는 1980년대 후반에 일어난 중국 사회의 변화와도 맥락을 함께한다. 장이머우의 데뷔작 「붉은 수수밭」에서 고량주를 빚으며 기원하는 의미로 부르는 「임금 앞에서도 당당해져라」는 1989년 천안문 사

건 때 시위대의 노래로 유명세를 탔다. 「붉은 수수밭」에 등장하는 주종 관계의 변화상은 곧 1980년대 후반 중국의 변화를 의미하는 것이 되었다. 그것은 중국의 지배층에게 부담이 되었다. 「붉은 수수밭」은 베를린 영화제에서 그랑프리를 수상했지만, 중국 정부는 이러한 사실을 반가워하지만은 않았다. 장이머우나 천카이거의 영화는 종종 상영 금지를 당하기도 했다. 5세대 감독들 뒤에 등장한 6세대 감독들은 베이징을 중심으로 도시의 감성을 그려냈는데, 이들은 5세대가 지녔던 저항의 기운을 보며 영화를 꿈꾸었다고 술회하고는 한다.

하지만 5세대 감독들도 기성세대로 전환하면서 부침을 겪는다. 천카이거는 더 이상 영화를 만들기가 쉽지 않았고, 이따금 내놓는 블록버스터 영화들은 실망스러웠다. 장이머우가 2000년대 들어서 만든 「영웅」, 「연인」은 스스로를 부정하는 듯한 문법과 스타일의 영화였고, 중국 정부와 친화적인 태도를 보여 주면서 배신감마저 들게 한다는 소리를 듣기도 했다. 이러한 과정은 대립과 갈등을 축으로 삼던 중국 사회가 자본주의와 함께 많은 것을 녹여 내는 쪽으로 변화했음을 보여 준다고 할 수 있다.

5세대 영화는 중국 현대사와 함께한다. 1966년에 일어나는 문화혁명은 '농촌에서의 생활과 작업을 통한 교육'이라는 기치 아래 모든 도시의 학생들을 동원하기에 이른다. 도시 젊은이들에게 농촌 체험은 인생의 전환점이 되었다. 이들은 농촌 생활을 통해 중국의 생활양식과 전통에 대해 느낄 수가 있었다. 이 체험이 농촌을 즐겨 다뤘던 5세대 영화에 드리워진 것은 당연한 일이다.

그런데 1970년대 후반 마오쩌둥의 시대가 끝나고 젊은이들이 도시로 돌아왔을 때 환멸이 시작되었다. 지난 10년간의 경험은 도시에서 아무런 소용이 없었고, 기득권층은 여전히 권력을 휘두르며 변하지 않는 태도로 일관했다. 그 결과 '베이징의 봄'이 일어났다. 5세대 감독 영화의 출발점은 이 베이징의 봄이다. 민주주의, 개성의 존중, 창작의 자유와 같은 정신들은 5세대 감독들이 1980년대에 만든 영화에 남아 문화혁명을 비판하고 과거를 극복하는 저마다의 방식을 내세운다. 그러나 검열과 통제가 강했던 영화를 만들 때의 현실은 이를 자유롭게 표출하기보다는 우회적이고 상징적으로 영화를 만들도록 이끌었다. 이는 중국의 새로운 영화가 가능케 하는 토대가 되었다.

모옌

莫言

1955년 산둥성 가오미 지방에서 출생했다. 본명은 관머우예, 필명 모옌은 '글로만 뜻을 표할 뿐 입으로 말하지 않는다.'라는 의미를 지녔다. 중국이 정치적으로 혼란스럽고 극도로 궁핍했던 시기에 어린 시절을 보낸 모옌은 소학교를 중퇴한 뒤 농사를 짓고 면화 가공 공장에서 일하다가, 20세에 인민해방군에 입대한 뒤부터 문학을 공부하고 소설을 쓰기 시작했다.

「붉은 수수」는 모옌이 해방군예술대학에서 공부하던 1986년에 발표한 중편소설로 "1980년대 문단의 이정표적인 작품"이라는 호평을 받았다. 1987년 전국 중편소설상을 수상하면서 30대 초반의 신예 작가 모옌은 일약 독창적인 문학 세계를 구축한 작가의 반열에 올랐다. 이어 연작으로 발표한 네 편을 붙여 『붉은 수수밭』이 출간되었고, 이 작품은 1987년 장이머우 감독에 의해 영화로 옮겨졌다.

1988년 베를린 국제영화제에서 황금곰상을 수상하면서 모옌 또한 국제적으로도 유명해졌다. 『붉은 수수밭』은 중국어권의 저명 주간지 《아주주간》이 선정한 '20세기 중국어 소설 100선'과 영미학계의 저명 저널 《월드 리터러처 투데이》가 선정한 '세계문학 명저'에 포함되는 영예를 안기도 했다. 원작과 영화 사이에는 차이가 있기 마련이다. 일본군에게 잡힌 로한이 죽는 장면은 소설에선 다음과 같이 서술된다. 화자는 당국의 기록을 인용한다.

> 농민 로한이 밤을 틈타 잠입해서 쇠삽으로 노새의 발굽이랑 말의 다리들을 무수하게 분질러 놓다가 붙잡혔다. 다음 날 일본군은 로한을 말뚝에 매달아 놓고 로한의 껍질을 벗기고 살점을 발라서 사람들에게 보였다. 로한에게 두려워하는 기색이라곤 전혀 없었고, 죽을 때까지도 입에서 욕설이 그치지 않았다.

원작은 영화에서 묘사하는 것처럼 동포의 껍질을 벗

기는 것과 같은 극적인 장면은 아니다. 원작은 담담한 서술을 통해 끔찍했던 역사를 상기시킨다.
그런데 원작에서는 영화를 보며 궁금했던 몇 가지 대목들이 상세하게 서술되어 있기도 하다. 가령 로한과 여주인공 추알 사이의 미묘한 눈길은 다음과 같이 서술된다.

로한은 충실한 한집 식구처럼 우리 집안의 역사를 만드는 데 동참했고, 그뿐만 아니라 틀림없이 우리 집안의 역사에 영광을 보탠 존재였다. 우리 할머니가 그와 사랑을 했었는지 아닌지, 그가 우리 할머니 방의 구들 위에 올라갔었는지 아닌지 하는 건 모두 윤리적인 문제와는 상관이 없다. 사랑했으면 또 어떠랴? 난 우리 할머니가 원하기만 하면 어떤 일이든 과감하게 할 수 있는 분이었다고 믿는다. 할머니는 항일전의 영웅이었을 뿐만 아니라 개성 해방의 선구자이며 여성 해방의 모범이기도 했던 것이다.

이 밖에도 영화 속에서는 원작과 비교했을 때 추알의 항일 전사로서의 모습이나 다양한 모습이 많이 삭제되었고, 남자 주인공 위잔아오가 항일 게릴라전의 사령관으로 불리며 활약하는 여러 대목들도 빠져 있다. 모옌은 이 점에 대해 아쉬움을 표한다.

『붉은 수수밭』에서 나의 할머니는 화려하고 신선한 어떤 여성의 전형인데, 영화에서는 배우 공리가 그 역을 맡아 열연한 바 있다. 그런데 나는 결코 현실의 일반 여성을 이해하려고 했던 것이 아니며, 내가 묘사하고자 했던 것은 상상력 속에서 재탄생한 여성이었고, '나의 할머니'는 상상 속의 인물이라고 할 수 있다. 나는 소설 속의 여성과 우리들이 현재 늘 보고 있는 여성은 구별하여 묘사하는데, 내 소설 속의 여성들은 괴로움을 참고 견디는 품위를 지녔다. 그것은 일종의 독특한 낭만적인 정서에서 비롯된다.

장이머우의 영화 덕분에 자기의 작품이 유명해지기는 했지만, 모옌에게는 소설과 영화의 차이가 있다는 것을 지면을 통해 강조하고는 했다. 하지만 그 역시 2012년에 노벨 문학상을 수상하였으니 비슷한 성장 환경을 지닌 작가와 예술가의 만남이 중국 문화를 이끌어 왔다는 사실에 주목할 필요가 있을 것 같다. 모옌의 주요 작품으로 『사십일포(四十一炮)』, 『술의 나라(酒國)』, 『개구리(蛙)』 등이 있다. 민중의 삶과 생명력을 강조하는 그의 필치는 종종 중국의 '마술적 리얼리즘'이라고 불리기도 한다.

23강 자본주의라는 진흙탕

뒷모습의 리얼리즘

다르덴 형제가 만들어 온 극영화에서 카메라는 항상 최소한으로 등장한다. 그들은 카메라 한 대에 들고 찍기(핸드헬드) 방식을 활용하여 인물을 쫓아간다. 때로는 밀착하면서, 때로는 거리를 두고 말이다. 한 사람을 쫓다 보니(로제타를 쫓는 것처럼), 그 나머지 풍경과 상황은 수시로 놓쳐버린다. 일반적인 극영화라면 놓쳐버린 풍경이나 상황을 보충하기 위해 리버스 숏이나 인서트 숏을 삽입하기 마련이다. 그러나 다르덴의 영화에서는 지극히 드문 사례에 해당한다.
그것은 다른 리얼리즘이다. 숏, 리버스 숏을 통해 세상을 완결된 형태로 담아 보여 주겠다는 의지를 내세우지 않으며, 인서트를 통해 세상을 보충 설명하지 않으며, 화면의 편집 과정을 통한 보완도 하지 않는다. 다르덴 형제의 영화가 단지 소외된 계급의 인물을 다룬다고 해서, 인위적인 편집을 최소화한다고 해서 리얼리즘이 발생하는 것이 아니다. 다르덴 형제의 리얼리즘은 인물과 카메라 사이의 물리적 거리를 통한 긴장감으로 구현된다.
카메라에 뒷모습이 담기는 인물은 카메라에 순응하려고 애쓰지 않는다. 할리우드 영화에서 프로필이 담기는 배우들은 항상 카메라에 순응하려고, 보여 주려고 인물을 표현한다. 프로필을 통해 매혹적으로 보이는 것이 곧 관객들을 끌어들이는 방식이 된다고 믿기 때문이다.(최소한 현재까지도 그러한 통념이 영화사를 지배하고 있다.) 그러나 다르덴의 인물들은 프로필로 내비친 얼굴의 표현을 통해 관객들을 끌어당기려고 노력하지 않는다. 그들은 주어진 상황에 충실하려고 노력한다. 다르덴의 영화가 낯설게 느껴진다면 바로 이러한 방식 때문이라고 할 수 있을 것이다.
관객들은 보이는 얼굴이 없으니, 인물을 따라가는 것에 어려움을 느낀다. 이것이 다르덴 형제가 만들어 내는 독특함이다. 그들은 리얼리즘을 넘어서 한 인간의 내면에 요동치는 세계를 전하려고 한다. 그러나 뒷모습이야말로 새로운 차원의 인간 발견이다. 뒷모습의 의미를 설명하기 위해 작가 미셸 트루니에가 에두아르 부바의 사진에 글을 단 『뒷모습』의 역자 김화영의 해설을 들여다보자.

> 뒷모습은 정직하다. 눈과 입이 달려 있는 얼굴처럼 표정을 억지로 만들어 보이지 않는다. 마음과 의지에 따라 꾸미거나 속이거나 감추지 않는다. 뒷모습은 나타내 보이려는 의도의 세계가 아니라 그저 그렇게 존재하는 세계다. (……) 뒷모습은 단순 소박하다. 복잡한 디테일들로 이루어진 것이 아니라 그저 한 판의 공간, 한 자라의 옷, 하나의 전체일 뿐이다. 뒷모습은 골똘하다. (……) 그 골똘함을 얼굴보다 더 잘 나타내는 것이 등이다.

다르덴 형제의 영화가 등장하기 전까지 영화사는 인간의 앞모습과 그 혹은 그녀들의 표정에 골몰해 있었다. 그런데 다르덴 형제의 영화와 함께 인간의 뒷모습을 바라본다. 그것은 인간이 지닌 또 하나의 리얼리즘이다. 때로는 생과 사를 넘다드는 결연한 표현이다. 때로는 희망과 절망을 넘나드는 움츠린 어깨다. 로제타를 보라. 아니, 로제타의 '뒷모습'을 보라.

로제타 플랜
Rosetta plan

1998년 벨기에 정부는 신규 졸업자의 50퍼센트에 이르는 심각한 청년 실업 사태가 발생하자, 종업원 스물다섯 명 이상을 거느린 기업을 대상으로 1년 동안 한 명 이상의 청년 실업자를 의무적으로 고용하도록 한 제도를 실시했다. 실업 문제의 심각성을 현실감 있게 고발한 영화 「로제타」가 1999년 칸 영화제 황금종려상을 수상하는 등 사회적으로 큰 반향을 일으키자 2000년에는 벨기에 정부는 영화 주인공의 이름을 빌려 청년 실업 대책을 더욱 강화하여 '로제타 플랜'을 시행했다.
로제타 플랜은 크게 두 가지 정책으로 구성되었다. 하나는 청년들에게 직업 상담 및 훈련을 하고 캠페인을 벌이는 일반적인 정책이며, 다른 하나는 최초고용계약이다. 이에 따르면 종업원 쉰 명 이상인 기업은 고용 인원의 3퍼센트에 해당하는 청년 노동자를 의무적으로 채용해야 하며, 이를 위반한 기업은 벌금을 내야 한다. 이 벌금을 모아 청년 실업자들을 추가로 채용한 기업들에 대한 고용지원금을 마련하였고, 추가적으로 청년 실업자들을 기용한 기업들에 대해 세금 경감 혜택을 주기도 했다. 중요한 것은 청년 채용 시 기존의 장년층 노동자들을 해고하지 못하도록 규정함으로써 사회적 위화감 역시 일으키지 않았다는 것이다. 제도 시행 뒤 첫해에 벨기에는 약 5만 건의 고용계약을 체결하는 효과를 본 것으로 알려졌다. 로제타 플랜은 그 계획만으로도 놀랍지만, 한 편의 영화가 사회적 변혁의 도화선이 될 수 있다는 점에서 새로운 불씨를 일으킨 사례로 손꼽힌다.

24강 잃어버린 이름을 찾아서

어슐러 르 귄
Ursula Le Guin

'땅바다' 혹은 '지구바다'라는 제목으로 번역할 수 있는 『어스시』는 여섯 권으로 이뤄진 어슐러 르 귄의 판타지 소설이다. 일본에서는 '게드 전기'라는 이름으로 소개되었다. 태초의 어스시에는 인간과 용이 공존하며 살았다. 하지만 세월이 흘러 태초의 이름은 점차적으로 사라졌다. 『어스시』 시리즈에서 최고의 마법사 지위에 오르는 인물이 바로 '새매' 혹은 '게드'이다. 평소 그는 새매라고 불린다. 새매는 일상적으로 통용되는 주인공의 이름이다. 게드는 진짜 이름으로 신뢰를 얻은 자만이 이 이름을 알 수 있다. 이름을 알고 있다는 것은 마법을 통해 지배하고 소유할 수 있는 힘의 원천을 지니게 된다는 의미이다. 이것은 하야오의 「센과 치히로의 행방불명」에서도 익히 보았던 설정이다. 마녀 유바바와 계약을 맺은 치히로는 자신의 이름에서 글자 하나를 떼어내고 '센'이라는 이름으로 살아간다. 하쿠는 센이 된 치히로에게 자신의 진짜 이름을 잊지 말라고 충고한다. 결국 자신의 진짜 이름을 기억해 낸 치히로는 마녀의 마법으로부터 풀려나올 수 있는 힘을 얻게 된다.

『어스시』 시리즈에서 진짜 이름과 함께 중요하게 강조되는 것은 세계의 균형이다. 사람들의 부러움을 사는 마법사는 그 힘으로 날씨를 마음대로 조절할 수 있고, 모습도 마음대로 바꿀 수 있다. 그러나 현자의 반열에 오른 마법사들은 '마법의 사용'을 극도로 자제한다. 마법이 세상의 균형을 무너뜨릴 수 있기 때문이다. 만일 이곳에서 비를 내리게 하는 마법을 사용한다면, 그 힘을 남용함으로 인해 다른 곳은 가뭄에 목말라할 수 있기 때문이다.

「바람계곡의 나우시카」는 '부해(腐海)'로 가득한 오염된 세계를 묘사한다. 곰팡이의 숲인 부해는 유독가스를 내뿜으며 사람이 살 수 있는 땅을 점점 더 좁히고 있다. 부해의 숲으로 들어간 나우시카 공주는 진정한 부해의 의미를 깨닫게 된다. 부해는 단순한 파괴의 산물이 아니라 공기와 물을 정화하기 위한 균형의 시스템이었던 것이다. 「하울의 움직이는 성」에서는 하울이 거대한 새 모양으로 변신한 뒤 제 모습으로 돌아오기 힘들어하는 장면이 있다. 이 역시 『어스시』에서 경고하는 부분이다. 변신 마법은 본성을 망각시킬 뿐더러 이를 함부로 사용했다가는 본래대로 돌아오기 어려워진다.

이처럼 하야오의 작품 속에는 르 귄의 세계가 중요한 철학으로 깔려 있다. 하야오의 장남인 미야자키 고로는 지브리의 후계자로서 「게드 전기: 어스시의 전설」를 만들어 국내에 방문했을 때 인터뷰를 나눈 적이 있다. 그는 르 귄과의 관련성을 묻는 질문에 대해 "미야자키 하야오는 어슐러 르 귄이 쓴 판타지 소설 『어스시』 시리즈에서 영향을 받아 「바람계곡의 나우시카」를 만들었다. 그 이후의 모든 작품이 『어스시』 시리즈의 영향을 받았다고 할 수 있다. 「이웃집 토토로」 역시 그중 하나다. 예전에 토토로와 인간은 하나였다."고 답하였다. 하야오의 작품이 판타지와 SF의 특성을 띠는 것도 이 분야의 대표적 작가인 르 귄의 영향이라고 할 수 있을 것이다.

미야자키 하야오, 「바람계곡의 나우시카」(1984)

비행

「붉은 돼지」의 비행사, 「천공의 성 라퓨타」에 등장하는 비행석과 하늘을 나는 성 라퓨타, 「마녀 배달부 키키」에 등장하는 빗자루를 타고 하늘을 나는 마녀 키키, 「하울의 움직이는 성」에 등장하는 마법사와 공중을 걸어가는 장면 등 하야오의 모든 작품에 비행은 꼭 들어간다. 그것은 어릴 적 자전적인 성장 환경 때문이기도 하고, 비행을 통한 인간의 욕망과 이상을 표현하는 특성 때문이기도 하다. 하지만 하야오의 작품에서 비행은 종종 군국주의적인 색체를 띠면서 폭력적인 세계를 대변하기도 한다. 「바람계곡의 나우시카」에 등장하는 군사국가 토르메키아의 대형 비행정이나 「미래소년 코난」에 등장하는 대형 비행정은 세상을 파괴한 주범으로 손꼽힌다. 「천공의 성 라퓨타」에 나오는 천공의 성 역시 하늘을 날 수 있는 기술을 만들어 냈지만, 그 힘을 과신한 탓에 스스로 파멸하고 끝내 주인 없는 성이 되어 버렸다. 하야오는 비행이 아름답다고 말하지만은 않는다. 한 개인의 비행은 변화를 향한 열망이 포함되어 있지만, 전체가 비행하려는 의지는 지배와 폭력의 역사를 대변한다. 하야오

미야자키 하야오, 「천공의 성 라퓨타」(1986)

의 세계는 이 두 가지 형태의 비행 속에서 조화를 찾으려는 세계관을 보여 준다.

25강 인생이라는 링 위에서

모쿠슈라

Mo Chuisle

'모쿠슈라'는 아일랜드의 고어인 게일어로 그 뜻은 '진정한 나의 사랑, 나의 핏줄'이라는 말이다. 「밀리언 달러 베이비」는 일종의 가족 영화다. 자신의 친딸과는 불화를 겪는 프랭키가 수양딸이나 다름없는 매기를 가르치고 보살핀다. 불행하게도 링에서의 사고로 매기가 불구가 됐을 때도 그녀를 아끼는 건 그녀의 가족이 아니라 프랭키다.

그는 예이츠의 시를 읽거나 게일어로 된 책을 읽는다. 명확하지는 않아도 프랭키가 아일랜드계 미국인이라는 것을 강하게 암시한다. 병실에서 프랭키가 매기에게 읽어주는 시는 "나 이제 일어나 이니스프리로 가리……"로 예이츠의 「호수 섬 이니스프리」다. 흔히 목가적인 시로 읽기도 하지만, 엄밀히 말해서 아일랜드의 정신과 예이츠의 이상이 담겨 있다. 어쩌면 두 사람은 함께 이니스프리로 가고 싶었을지도 모를 일이다.

「밀리언 달러 베이비」의 원작에 해당하는 『불타는 로프(Rope Burns: Stories from the Corner)』를 쓴 F. X. 툴 역시 아일랜드인이다. 그뿐만 아니라 영화 중간과 맨 마지막에 등장하는 레몬파이는 아일랜드의 전통적인 음식 중 하나다. 매기가 아버지와 함께 레몬파이를 즐겼다는 것은 그녀 역시 아일랜드계라는 뜻이 될 수 있다. 모쿠슈라가 새겨진 가운의 바탕인 초록색은 아일랜드 민족과 국가를 나타내는 색깔이기도 하다.

스포츠 영화의 공식

누군가는 말한다. "스포츠는 한 편의 드라마와도 같다." 스포츠 영화는 더더욱 그렇게 보일 것이다. 상당수의 스포츠 영화는 아메리칸드림을 다룬다. 밑바닥 인생을 살다가 주먹 하나로 영웅이 되는 과정은 「록키」를 통해 증명된 스포츠 영화의 매력이다. 「밀리언 달러 베이비」의 영화 제목도 이러한 스포츠 영화의 공식을 천명하는 것처럼 읽힌다. 이 영화의 중반부까지는 「록키」라고 해도 과언이 아니다. 매기가 연습을 하고 경기를 통해 승승장구하는 과정은 스포츠 영화의 매력을 고스란히 차용해 온다. 한 가지 차이가 있다면, 매기만이 주인공이 아니라 말년에 그늘진 인생을 살고 있는 프랭키도 추락하는 인생을 살고 있기는 마찬가지라는 것.

이 영화의 반전은 중반 이후에 일어난다. 경기 중 상대의 반칙으로 척추를 다치게 된 매기는 스스로 몸을 움직일 수 없는 상태에 이른다. 중반 이후 「밀리언 달러 베이비」는 더 이상 할리우드식 스포츠 영화로부터 멀리 달아난다. 스스로 세상을 보았다고 말하는 매기, 그녀와 함께 새로운 삶에 대한 희망을 가질 수 있었던 프랭키. 이 작품의 중반 이후는 어떻게 물러날 것인가를 다루고 있다. 대다수의 스포츠 영화는 정상에 올라서는 데서 영화를 끝낸다. 정상이 있으면 추락도 있는 법. 「밀리언 달러 베이비」가 마음을 건드리는 것은 정상과 추락을 모두 다루기 때문이다. "추락하는 것에도 날개가 있다." 잉게보르크 바하만의 시구이다. 이 영화는 날개들로써 마음을 건드린다.

24쪽: © EUROCREON/ SSPL:Science & Society Picture Library

40, 86쪽: © EUROCREON/ The Granger Collection

48, 56, 64, 74, 247, 260, 262, 306, 432, 457, 512, 568, 618, 630, 648, 746, 748, 778, 787쪽: © ALBUM/ EUROCREON

60, 226, 311, 372, 378, 382, 603, 814쪽: © Mary Evans/ EUROCREON

69, 79, 88, 242, 256, 339, 470, 522, 542, 712쪽: © Rexfeatures/ Alphaphoto

81, 97, 118, 132, 136, 140, 143, 152, 154, 158, 180, 191, 197, 216, 229, 250, 252, 274, 291, 295, 304, 311, 312, 321, 325, 334, 346, 351, 432, 481, 489, 492, 502, 506, 522, 526, 546, 563, 589, 590, 612, 617, 618, 632, 634, 653, 703, 714, 721, 732, 755, 776, 780, 782, 795, 799, 810, 816, 820, 830, 833, 839, 842, 846, 847, 855, 858쪽: © Everettdigital/ Alphaphoto

104, 106, 226, 603, 814쪽: © Mary Evans/ EUROCREON

110쪽: © Iberfoto(Photoaisa)/ EUROCREON

208쪽: © Bettmann/CORBIS

240쪽: © John Springer Collection/CORBIS

332쪽: © Ronald Grant Archive/ Mary Evan

374쪽: © Sunset Boulevard/Corbis

387쪽: © Underwood & Underwood/Corbis

398쪽: © 씨네21/오계옥

400, 420쪽: © 한국영상자료원

438, 452쪽: © Georges Pierre/Sygma/Corbis

610쪽: © Michael Ochs/Corbi

717, 787쪽: © 씨네21

838쪽: © 이호준

씨네샹떼 세계 영화사의 걸작 25편,
두 개의 시선, 또 하나의 미래

1판 1쇄 펴냄 2015년 4월 25일
1판 3쇄 펴냄 2020년 3월 30일

지은이 강신주·이상용
발행인 박근섭·박상준
펴낸곳 (주)민음사

출판등록 1966. 5. 19. 제16-490호
주소 서울특별시 강남구 도산대로1길 62(신사동)
강남출판문화센터 5층 (우편번호 06027)
대표전화 02-515-2000 | 팩시밀리 02-515-2007
홈페이지 www.minumsa.com

ISBN 978-89-374-3170-8 (03680)